J. von Staudingers
Kommentar zum Bürgerlichen Gesetzbuch
mit Einführungsgesetz und Nebengesetzen
Buch 2 · Recht der Schuldverhältnisse
§§ 830–838
(Haftung mehrerer Schädiger, Tierhalter-, Gebäudehaftung)

Kommentatorinnen und Kommentatoren

Dr. Christoph Althammer
Professor an der Universität Regensburg

Dr. Georg Annuß, LL.M., M.A.
Rechtsanwalt in München, Außerplanmäßiger Professor an der Universität Regensburg

Dr. Christian Armbrüster
Professor an der Freien Universität Berlin, Richter am Kammergericht a. D.

Dr. Arnd Arnold
Professor an der Universität Trier, Dipl.-Volksw.

Dr. Karin Arnold
Wiss. Mitarbeiterin an der Universität Tübingen

Dr. Markus Artz
Professor an der Universität Bielefeld

Dr. Martin Avenarius
Professor an der Universität zu Köln

Dr. Ivo Bach
Professor an der Universität Göttingen

Dr. Christian Baldus
Professor an der Universität Heidelberg

Dr. Wolfgang Baumann
Rechtsanwalt und Notar a. D. in Wuppertal, Professor an der Bergischen Universität Wuppertal

Dr. Winfried Bausback
Professor a. D. an der Bergischen Universität Wuppertal, bayerischer Staatsminister der Justiz a. D., Mitglied des Bayerischen Landtags

Dr. Oliver Becker
Notarassessor Notarkammer Pfalz

Dr. Roland Michael Beckmann
Professor an der Universität des Saarlandes, Saarbrücken

Dr. Andreas Bergmann
Professor an der Fernuniversität in Hagen

Dr. Falk Bernau
Richter am Bundesgerichtshof, Karlsruhe

Dr. Felix Berner, M. Jur.
Akad. Rat a. Z., Privatdozent an der Universität Tübingen

Dr. Martin Bialluch, LL.M.
Rechtsanwalt in Hamburg

Dr. Stephanie Bialluch-von Allwörden
Notarin in Hamburg

Dr. Marcus Bieder
Professor an der Universität Osnabrück

Dr. Werner Bienwald †
Professor an der Evangelischen Fachhochschule Hannover, Rechtsanwalt in Oldenburg

Dr. Tom Billing
Rechtsanwalt in Berlin

Dr. Reinhard Bork
Professor (em.) an der Universität Hamburg

Dr. Jan Busche
Professor an der Universität Düsseldorf

Dr. Georg Caspers
Professor an der Universität Erlangen-Nürnberg

Dr. Dr. h. c. Tiziana Chiusi
Professorin an der Universität des Saarlandes, Saarbrücken

Dr. Michael Coester, LL.M.
Professor an der Universität München

Dr. Dr. h. c. Dagmar Coester-Waltjen, LL.M.
Professorin an der Universität Göttingen

Dr. Johanna Croon-Gestefeld, LL.M.
Professorin an der Universität Lüneburg

Dr. Thomas Diehn, LL.M.
Notar in Hamburg, Lehrbeauftragter an der Universität Hamburg

Dr. Katrin Dobler
Richterin am Oberlandesgericht Stuttgart

Dr. Heinrich Dörner
Professor an der Universität Münster

Dr. Werner Dürbeck
Vorsitzender Richter am Oberlandesgericht Frankfurt a. M., Honorarprofessor an der Universität Frankfurt a. M.

Dr. Anatol Dutta, M. Jur.
Professor an der Universität München

Dr. Christina Eberl-Borges
Professorin an der Universität Mainz

Dr. Dres. h. c. Werner F. Ebke, LL.M.
Professor an der Universität Heidelberg

Dr. Jan Eickelberg, LL.M. †
Professor an der Hochschule für Wirtschaft und Recht, Berlin

Jost Emmerich
Richter am Oberlandesgericht München

Dr. Volker Emmerich †
Professor an der Universität Bayreuth, Richter am Oberlandesgericht Nürnberg a. D.

Dr. Cornelia Feldmann
Rechtsanwältin in Freiburg i. Br.

Dr. Matthias Fervers
Professor an der Universität zu Kiel

Dr. Timo Fest, LL.M.
Professor an der Universität Erlangen-Nürnberg

Dr. Karl-Heinz Fezer
Professor em. an der Universität Konstanz, Honorarprofessor an der Universität Leipzig, Richter am Oberlandesgericht Stuttgart a. D.

Dr. Philipp S. Fischinger, LL.M.
Professor an der Universität Mannheim

Dr. Holger Fleischer
Direktor am Max-Planck-Institut für ausländisches und internationales Privatrecht in Hamburg, Professor an der Bucerius Law School, Hamburg

Dr. Robert Freitag, Maître en droit
Professor an der Universität Erlangen-Nürnberg

Dr. Jörg Fritzsche
Professor an der Universität Regensburg

Dr. Tobias Fröschle
Professor an der Universität Siegen

Dr. Helge Großerichter
Rechtsanwalt in München, Honorarprofessor an der Universität München

Dr. Beate Gsell, Maître en droit
Professorin an der Universität München, Richterin am Oberlandesgericht München

Dr. Thomas Gutmann, M. A.
Professor an der Universität Münster

Dr. Martin Gutzeit
Professor an der Universität Gießen

Dr. Martin Häublein
Professor an der Universität Innsbruck

Dr. Johannes Hager
Professor an der Universität München

Dr. Felix Hartmann, LL.M.
Professor an der Freien Universität Berlin

Dr. Wolfgang Hau
Professor an der Universität München, Richter am Oberlandesgericht München a. D.

Dr. Rainer Hausmann
Professor an der Universität Konstanz

Dr. Stefan Heilmann
Vorsitzender Richter am Oberlandesgericht Frankfurt, Honorarprofessor an der Frankfurt University of Applied Sciences

Dr. Jan von Hein
Professor an der Universität Freiburg i. Br.

Dr. Jörn Heinemann
Notar a. D. in Neumarkt i.d. Opf., Professor an der Hochschule für Wirtschaft und Recht, Berlin

Dr. Christian Heinze
Professor an der Universität zu Köln

Dr. Stefan Heinze
Notar in Köln

Dr. Tobias Helms
Professor an der Universität Marburg

Dr. Silas Hengstberger, LL.B.
Wiss. Mitarbeiter an der Universität Mannheim

Dr. Dr. h. c. mult. Dieter Henrich
Professor an der Universität Regensburg

Dr. Carsten Herresthal, LL.M.
Professor an der Universität Regensburg

Christian Hertel, LL.M.
Notar in Weilheim i. OB.

Dr. Stephanie Herzog
Fachanwältin für Erbrecht in Würselen

Dr. Clemens Höpfner
Professor an der Universität zu Köln

Dr. Bernd von Hoffmann †
Professor an der Universität Trier

Dr. Rainer Hüttemann
Professor an der Universität Bonn

Dr. Martin Illmer, M. Jur.
Richter am Landgericht Hamburg, Privatdozent an der Bucerius Law School

Dr. Florian Jacoby
Professor an der Universität Bielefeld

Dr. Ulrich von Jeinsen
Rechtsanwalt und Notar in Hannover, Honorarprofessor an der Universität Hannover

Dr. Dagmar Kaiser †
Professorin an der Universität Mainz

Dr. Bernd Kannowski
Professor an der Universität Bayreuth

Dr. Christoph A. Kern, LL.M.
Professor an der Universität Heidelberg

Dr. Christian Kesseler
Notar in Düren, Honorarprofessor an der Universität Trier

Dr. Martin Kessen
Richter am Bundesgerichtshof, Honorarprofessor an der Universität zu Köln

Dr. Walter Klein
Rechtsanwalt in Köln

Dr. Fabian Klinck
Professor an der Universität Bochum

Dr. Frank Klinkhammer
Richter am Bundesgerichtshof a.D., Karlsruhe, Honorarprofessor an der Universität Marburg

Dr. Steffen Klumpp †
Professor an der Universität Erlangen-Nürnberg

Dr. Jürgen Kohler
Professor an der Universität Greifswald

Dr. Sebastian Kolbe
Professor an der Universität Bremen

Dr. Stefan Koos
Professor an der Universität der Bundeswehr München

Dr. Lena Kunz, LL.M.
Professorin an der Universität zu Kiel

Dr. Steffen Kurth, LL.M.
Rechtsanwalt, Fachanwalt für Erbrecht, Notar und Fachberater für Unternehmensnachfolge (DStV e.V.) in Bielefeld

Dr. Friederike Lang
Richterin am Oberlandesgericht Celle

Dr. Clemens Latzel
Privatdozent an der Universität München

Dr. Arnold Lehmann-Richter
Professor an der Hochschule für Wirtschaft und Recht Berlin

Dr. Saskia Lettmaier, B.A., LL.M.
Professorin an der Universität Hamburg, Richterin am Schleswig-Holsteinischen Oberlandesgericht in Schleswig

Stefan Leupertz
Richter a. D. am Bundesgerichtshof, Honorarprofessor an der TU Dortmund

Dr. Johannes Liebrecht
Professor an der Universität Zürich

Dr. Jan Lieder, LL.M.
Professor an der Universität Freiburg i. Br., Richter am Schleswig-Holsteinischen Oberlandesgericht

Dr. Dimitrios Linardatos
Professor an der Universität des Saarlandes, Saarbrücken

Dr. Martin Löhnig
Professor an der Universität Regensburg

Dr. Dirk Looschelders
Professor an der Universität Düsseldorf

Dr. Stephan Lorenz
Professor an der Universität München

Dr. Sigrid Lorz
Professorin an der Universität Greifswald

Dr. Katharina Lugani
Professorin an den Universitäten Düsseldorf und Linz

Dr. Tobias Lutzi, LL.M., M. Jur.
Professor an der Universität Augsburg

Dr. Gerald Mäsch
Professor an der Universität Münster, Richter am Oberlandesgericht Hamm a. D.

Dr. Robert Magnus
Professor an der Universität Bayreuth

Dr. Ulrich Magnus
Professor an der Universität Hamburg, Affiliate des MPI für ausländisches und internationales Privatrecht, Hamburg, Richter am Hanseatischen Oberlandesgericht zu Hamburg a. D.

Dr. Mark Makowsky
Professor an der Universität Mannheim

Dr. Peter Mankowski †
Professor an der Universität Hamburg

Dr. Dr. h. c. Heinz-Peter Mansel
Professor an der Universität zu Köln

Dr. Peter Marburger †
Professor an der Universität Trier

Dr. Wolfgang Marotzke
Professor an der Universität Tübingen

Dr. Sebastian A. E. Martens
Professor an der Universität Passau

Dr. Dr. Dr. h. c. mult. Michael Martinek, M.C.J.
Professor an der Universität des Saarlandes, Saarbrücken, Honorarprofessor an der Universität Johannesburg, Südafrika

Dr. Annemarie Matusche-Beckmann
Professorin an und Vizepräsidentin der Universität des Saarlandes, Saarbrücken, Stellv. Richterin am Verfassungsgerichtshof des Saarlandes

Dr. Felix Maultzsch, LL.M.
Professor an der Universität Frankfurt a. M.

Dr. Johannes Meier
Akad. Rat a. Z. an der Universität Marburg

Dr. Patrick Meier
Notar in Bischofsheim i.d. Rhön, Privatdozent an der Universität Würzburg

Dr. Dr. Detlef Merten
Professor an der Deutschen Universität für Verwaltungswissenschaften Speyer

Dr. Tanja Mešina
Staatsanwältin, Stuttgart

Dr. Rudolf Meyer-Pritzl †
Professor an der Universität zu Kiel, Richter am Schleswig-Holsteinischen Oberlandesgericht in Schleswig

Dr. Morten Mittelstädt
Notar in Hamburg

Dr. Oliver Moufang
Rechtsanwalt in Frankfurt a. M., Honorarprofessor an der Hochschule Wiesbaden

Dr. Peter O. Mülbert
Professor an der Universität Mainz

Dr. Hans-Heinrich Nöll
Rechtsanwalt in Hamburg

Dr. Jürgen Oechsler
Professor an der Universität Mainz

Dr. Hartmut Oetker
Professor an der Universität zu Kiel, Richter am Thüringer Oberlandesgericht in Jena a. D.

Dr. Dirk Olzen
Professor an der Universität Düsseldorf

Dr. Sebastian Omlor, LL.M., LL.M.
Professor an der Universität Marburg

Dr. Gerhard Otte
Professor an der Universität Bielefeld

Dr. Frank Peters †
Professor an der Universität Hamburg, Richter am Hanseatischen Oberlandesgericht zu Hamburg a. D.

Dr. Christian Picker
Professor an der Universität Tübingen

Dr. Andreas Piekenbrock
Professor an der Universität Heidelberg

Dr. Jörg Pirrung †
Richter am Gericht erster Instanz der Europäischen Gemeinschaften i. R., Honorarprofessor an der Universität Trier

Dr. Paul Popescu
Rechtsanwalt in Köln

Dr. Maximilian Freiherr von Proff zu Irnich
Notar in Köln

Dr. Lukas Rademacher M. Jur.
Professor an der Universität zu Kiel

Dr. Thomas Raff
Notar in Ludwigshafen

Dr. Manfred Rapp †
Notar a. D., Landsberg am Lech

Dr. Dr. h.c. Dipl. math. Thomas Rauscher
Professor a. D. an der Universität Leipzig, Professor h.c. an der Eötvös Loránd Universität Budapest

Dr. Peter Rawert, LL.M.
Notar in Hamburg, Honorarprofessor an der Universität zu Kiel

Dr. Wolfgang Reetz
Notar in Köln

Eckhard Rehme
Vorsitzender Richter am Oberlandesgericht Oldenburg i. R.

Dr. Moritz Renner
Professor an der Universität Mannheim

Dr. Tilman Repgen
Professor an der Universität Hamburg

Dr. Robin Repnow, M.A.
Akademischer Mitarbeiter an der Universität Heidelberg

Dr. Bettina Rentsch, LL.M.
Professorin an der Freien Universität Berlin

Dr. Philipp Reuß, M. Jur.
Professor an der Universität Göttingen

Dr. Joel Reyes y Ráfales
Notar in Wissen

Dr. Christoph Reymann, LL.M. Eur.
Notar in Landsberg am Lech, Professor an der Privaten Universität Liechtenstein

Dr. Reinhard Richardi †
Professor an der Universität Regensburg, Präsident a. D. des Kirchlichen Arbeitsgerichtshofs der Deutschen Bischofskonferenz, Bonn

Dr. Volker Rieble
Professor an der Universität München, Direktor des Zentrums für Arbeitsbeziehungen und Arbeitsrecht

Dr. Daniel Rodi
Akad. Rat a. Z. an der Universität Heidelberg

Dr. Christian Rolfs
Professor an der Universität zu Köln

Dr. Dr. h. c. Herbert Roth
Professor an der Universität Regensburg

Dr. Ludwig Salgo
Apl. Professor an der Universität Frankfurt a. M.

Dr. Adam Sagan, M. Jur.
Professor an der Universität Bayreuth

Dr. Anne Sanders
Professorin an der Universität Bielefeld

Dr. Daniel Schäuble
Notar in Waldshut-Tiengen

Dr. Renate Schaub, LL.M.
Professorin an der Universität Bochum

Dr. Martin Josef Schermaier
Professor an der Universität Bonn

Dr. Gottfried Schiemann
Professor an der Universität Tübingen

Dr. Eberhard Schilken
Professor an der Universität Bonn

Dr. Martin Schmidt-Kessel
Professor an der Universität Bayreuth

Ulf Schönenberg-Wessel
Notar und Rechtsanwalt in Kiel

Dr. Günther Schotten
Notar a. D. in Köln, Honorarprofessor an der Universität Bielefeld

Dr. Andrea Schulz
Bundesministerium der Justiz und für Verbraucherschutz

Dr. Holger Schulz
Direktor des Amtsgerichts Meldorf

Dr. Roland Schwarze
Professor an der Universität Hannover

Dr. Andreas Schwennicke
Rechtsanwalt und Notar a. D. in Berlin

Dr. Stephan Seiwerth, LL.M.
Professor an der Universität Halle-Wittenberg

Dr. Stephan Serr
Notar in Ochsenfurt

Dr. Reinhard Singer
Professor an der Humboldt-Universität Berlin, Richter am Oberlandesgericht Rostock a. D.

Dr. Stephanie Sittmann-Haury, M.M.
Wiss. Mitarbeiterin an der Universität Mainz

Dr. Martin Soutier
Notar in Roth

Dr. Dr. h. c. Ulrich Spellenberg
Professor an der Universität Bayreuth

Dr. Ansgar Staudinger
Professor an der Universität Bielefeld

Dr. Björn Steinrötter
Professor an der Universität Potsdam

Dr. Malte Stieper
Professor an der Universität Halle-Wittenberg

Dr. Markus Stoffels
Professor an der Universität Heidelberg

Dr. Benedikt Strauß
Notar in Illertissen

Dr. Benedikt Strobel
Professor an der Universität Konstanz

Dr. Michael Stürner, M. Jur.
Professor an der Universität Konstanz, Richter am Oberlandesgericht Karlsruhe

Dr. Felipe Temming, LL.M.
Professor an der Universität Hannover

Burkhard Thiele
Präsident des Oberlandesgerichts Rostock a. D., Präsident des Landesverfassungsgerichts Mecklenburg-Vorpommern a. D.

Dr. Christoph Thole
Professor an der Universität zu Köln

Dr. Karsten Thorn
Professor an der Bucerius Law School, Hamburg

Dr. Gregor Thüsing, LL.M.
Professor an der Universität Bonn

Dr. Madeleine Tolani, LL.M.
Professorin an der Hochschule Wismar

Dr. Johannes Ungerer, LL.M. oec.
Senior Research Lecturer in Law an der University of Oxford, Global Associate Professor of Law an der University of Notre Dame (USA) in England

Dr. Barbara Veit
Professorin an der Universität Göttingen

Dr. Bea Verschraegen, LL.M., M.E.M.
Professorin an der Universität Wien, adjunct professor an der Universität Macao

Dr. Klaus Vieweg
Professor an der Universität Erlangen-Nürnberg

Dr. A. Olrik Vogel
Rechtsanwalt in München

Dr. Markus Voltz
Notar in Offenburg

Dr. Reinhard Voppel
Rechtsanwalt in Köln

Dr. Rolf Wagner
Professor an der Universität Potsdam, Ministerialrat im Bundesjustizministerium

Dr. Christoph Andreas Weber
Privatdozent an der Universität München

Gerd Weinreich
Vorsitzender Richter am Oberlandesgericht Oldenburg a. D., Rechtsanwalt in Oldenburg

Dr. Matthias Wendland, LL.M.
Professor an der Universität Oldenburg

Dr. Domenik H. Wendt, LL.M.
Professor an der Frankfurt University of Applied Sciences

Dr. Olaf Werner
Professor an der Universität Jena, Richter am Thüringer Oberlandesgericht Jena a. D.

Dr. Denise Wiedemann, LL.M.
Professorin an der Universität zu Kiel

Dr. Daniel Wiegand, LL.M.
Rechtsanwalt in München

Dr. Wolfgang Wiegand †
Professor an der Universität Bern

Dr. Peter Winkler von Mohrenfels †
Professor an der Universität Rostock, Richter am Oberlandesgericht Rostock a. D.

Dr. Felix Wobst
Notar in Gerolzhofen

Dr. Luitpold Graf Wolffskeel von Reichenberg, LL.M.
Notar in Bamberg

Dr. Hans Wolfsteiner †
Notar a. D., Rechtsanwalt in München

Dr. Anton S. Zimmermann, B.Sc.
Professor an der Universität Heidelberg

Dagmar Zorn
Dipl.-Rechtspflegerin, Großbeeren

Redaktorinnen und Redaktoren

Dr. Christian Baldus
Dr. Christine Budzikiewicz
Dr. Dr. h. c. mult. Christian von Bar, FBA
Dr. Tobias Fröschle
Dr. Hans Christoph Grigoleit
Dr. Johannes Hager
Dr. Rafael Harnos
Dr. Dr. h. c. mult. Dieter Henrich
Dr. Carsten Herresthal, LL.M.
Sebastian Herrler
Dr. Jürgen Kohler
Stefan Leupertz
Dr. Dr. h. c. Manfred Löwisch
Dr. Robert Magnus
Dr. Heinz-Peter Mansel
Dr. Peter O. Mülbert
Dr. Gerhard Otte
Dr. Thomas Raff
Dr. Volker Rieble
Dr. Christian Rolfs
Dr. Markus Stoffels
Dr. Barbara Veit

J. von Staudingers Kommentar zum Bürgerlichen Gesetzbuch mit Einführungsgesetz und Nebengesetzen

Buch 2
Recht der Schuldverhältnisse
§§ 830–838
(Haftung mehrerer Schädiger, Tierhalter-, Gebäudehaftung)

Neubearbeitung 2026
von
Falk Bernau
Christina Eberl-Borges

Redaktor
Johannes Hager

ottoschmidt

DE G DE GRUYTER

Die Kommentatorinnen und Kommentatoren

Neubearbeitung 2026
§§ 830; 833, 834: Christina Eberl-Borges
§§ 831, 832; 835–838: Falk Bernau

Neubearbeitung 2022
§§ 830; 833, 834: Christina Eberl-Borges
§§ 831, 832; 835–838: Falk Bernau

Neubearbeitung 2018
§§ 830; 833, 834: Christina Eberl-Borges
§§ 831, 832; 835–838: Falk Bernau

Neubearbeitung 2012
§§ 830; 833, 834: Christina Eberl-Borges
§§ 831, 832; 835–838: Detlev W. Belling

Neubearbeitung 2008
§§ 830; 833, 834: Christina Eberl-Borges
§§ 831, 832; 835–838: Detlev W. Belling

Neubearbeitung 2002
Detlev W. Belling/Christina Eberl-Borges

Sachregister

Dr. Martina Schulz, Pohlheim

Zitierweise

Staudinger/Eberl-Borges (2026) § 830 Rn 1

Zitiert wird nach Paragraph bzw Artikel und Randnummer.

Hinweise

Der **Staudinger ist auf juris und Otto Schmidt online** abrufbar. Nähere Angaben dazu finden Sie auf http://www.staudinger-bgb.de.

Der **Stand der Bearbeitung** ist Juli 2026.

Am Ende eines jeden Bandes befindet sich eine Übersicht über den aktuellen Stand des Gesamtwerks Staudinger.

ISBN 978-3-8059-0020-1

Bibliografische Information der Deutschen Nationalbibliothek
Die Deutsche Nationalbibliothek verzeichnet diese Publikation in der Deutschen Nationalbibliografie; detaillierte bibliografische Daten sind im Internet über http://dnb.dnb.de abrufbar.

Fragen zur allgemeinen Produktsicherheit: productsafety@degruyterbrill.com

Umschlaggestaltung: Bib Wies, München.

Druck: CPI books GmbH, Leck.

Inhaltsübersicht

* Zitiert wird nicht nach Seiten, sondern
nach Paragraph bzw Artikel und Randnummer;
siehe dazu auch „Zitierweise“.

Allgemeines Schrifttum

Das Sonderschrifttum ist zu Beginn der einzelnen Kommentierungen bzw in Fußnoten innerhalb der Kommentierung aufgeführt.

Alternativkommentar zum Bürgerlichen Gesetzbuch, Band 3 (1979), zit.: AK-BGB/Bearbeiter
Baumgärtel/Laumen/Prütting, Handbuch der Beweislast BGB (§§ 812–2385) (5. Aufl 2023), zit: Baumgärtel/Laumen/Prütting/Bearbeiter
Baur/Stürner, Sachenrecht (18. Aufl 2009), zit: Baur/Stürner
beck-online.GROSSKOMMENTAR, Gesamthrsg: Gsell/Krüger/Lorenz/Reymann, zit: BeckOGK/Bearbeiter
Beck'scher Online-Kommentar BGB, Hau/Poseck (77. Edition), zit: BeckOK/Bearbeiter
BGB-RGRK (12. Aufl 1989), zit: BGB-RGRK/Bearbeiter
Dauner-Lieb/Langen, BGB (4. Aufl 2021), zit: Dauner-Lieb/Langen/Bearbeiter (s auch NomosKommentar)
Deutsch/Ahrens, Deliktsrecht (6. Aufl 2014), zit: Deutsch/Ahrens
Erman BGB (17. Aufl 2023), zit: Erman/Bearbeiter
Esser/Weyers, Schuldrecht II/2 (8. Aufl 2000), zit: Esser/Weyers, Schuldrecht II/2
Geigel, Haftpflichtprozess (29. Aufl 2024), zit: Geigel/Bearbeiter
Gernhuber/Coester-Waltjen, Lehrbuch des Familienrechts (7. Aufl 2020)
Grüneberg, BGB (85. Aufl 2026), zit: Grüneberg/Bearbeiter
Jauernig, BGB (19. Aufl 2023), zit: Jauernig/Bearbeiter
jurisPK-BGB (10. Aufl 2023), zit: jurisPK-BGB/Bearbeiter
Larenz/Canaris, Lehrbuch des Schuldrechts II/2 (13. Aufl 1994), zit: Larenz/Canaris, Schuldrecht II/2
Medicus/Lorenz, Schuldrecht II (19. Aufl 2025), zit: Medicus/Lorenz, Schuldrecht II
Musielak/Voit, ZPO (22. Aufl 2025), zit: Musielak/Voit/Bearbeiter
Münchener Kommentar, BGB (9./10. Aufl), zit: MünchKommBGB/Bearbeiter
Münchener Kommentar, ZPO (7. Aufl 2025), zit: MünchKommZPO/Bearbeiter
NomosKommentar, BGB (4. Aufl 2021), zit.: NK-BGB/Bearbeiter (s auch Dauner-Lieb/Langen)
Prütting/Wegen/Weinreich, BGB (20. Aufl 2025), zit: PWW/Bearbeiter
Schulze ua, BGB (12. Aufl 2024), zit: Hk-BGB/Bearbeiter
Soergel, BGB (13. Aufl 2005), zit: Soergel/Bearbeiter
Wagner, Deliktsrecht (14. Aufl 2021), zit: Wagner
Wolf, Lehrbuch des Schuldrechts, Besonderer Teil (1978), zit: Wolf, Schuldrecht BT
Wussow, Unfallhaftpflichtrecht (17. Aufl 2021), zit: Wussow/Bearbeiter
Zöller, ZPO (36. Aufl 2026), zit: Zöller/Bearbeiter.

§ 830
Mittäter und Beteiligte

(1) Haben mehrere durch eine gemeinschaftlich begangene unerlaubte Handlung einen Schaden verursacht, so ist jeder für den Schaden verantwortlich. Das Gleiche gilt, wenn sich nicht ermitteln lässt, wer von mehreren Beteiligten den Schaden durch seine Handlung verursacht hat.

(2) Anstifter und Gehilfen stehen Mittätern gleich.

Materialien: E I § 714; II § 753; III § 814; Mot II 738; Prot II 2790.

Schrifttum

Araghi, Mass Toxic Torts – Zur Entwicklung des Umwelthaftungsrechts in den USA (2004)
Assmann, Multikausale Schäden im deutschen Haftungsrecht, in: Fenyves/Weyers, Multikausale Schäden in modernen Haftungsrechten (1988) 99
Bauer, Die Problematik gesamtschuldnerischer Haftung trotz ungeklärter Verursachung, JZ 1971, 4
Becker/Weidt, Die deliktische Haftung mehrerer, JuS 2016, 481
Benicke, Deliktische Haftung mehrerer nach § 830 BGB, Jura 1996, 127
Bodewig, Probleme alternativer Kausalität bei Massenschäden, AcP 185 (1985) 505
Brambring, Mittäter, Nebentäter, Beteiligte und die Verteilung des Schadens bei Mitverschulden des Geschädigten (1973)
Brehm, Zur Haftung bei alternativer Kausalität, JZ 1980, 585
Brüggemeier, Die Haftung mehrerer im Umweltrecht, Multikausalität – Nebentäterschaft – „Teilkausalität", UTR 12 (1990) 261
Buxbaum, Solidarische Schadenshaftung bei ungeklärter Verursachung im deutschen, französischen und anglo-amerikanischen Recht – Zur Anwendung des § 830 Abs 1 S 2 BGB (1965)
Bydlinski, Haftung bei alternativer Kausalität – Zur Frage der ungeklärten Verursachung, besonders nach österreichischem Zivilrecht, JurBl 1959, 1
ders, Mittäterschaft im Schadensrecht, AcP 158 (1959/60) 410
ders, Probleme der Schadensverursachung nach deutschem und österreichischem Recht (1964) 76
ders, Aktuelle Streitfragen um die alternative Kausalität, in: FS Beitzke (1979) 3
Cypionka, Deliktsrechtliche Haftung trotz ungeklärter Schadensverursachung (1985)
Deubner, Zur Haftung bei alternativer Kausalität – BGHZ 33, 286, JuS 1962, 383
Deutsch, Das Verhältnis von Mittäterschaft und Alternativtäterschaft im Zivilrecht, JZ 1972, 105
ders, Die dem Geschädigten nachteilige Adäquanz – Zur einschränkenden Auslegung des § 830 I 2 BGB durch den BGH, NJW 1981, 2731
Diekmann, Voraussetzungen und dogmatische Grundlagen des § 830 I 2 BGB (Diss Göttingen 1971)
Eberl-Borges, § 830 BGB und die Gefährdungshaftung, AcP 196 (1996) 491
dies, Vertragliche Haftungstatbestände im Rahmen des § 830 I 2 BGB, NJW 2002, 949
Ehricke, Zur Teilnehmerhaftung von Gesellschaftern bei Verletzungen von Organpflichten mit Außenwirkung durch den Geschäftsführer einer GmbH, ZGR 2000, 351
Eichelberger, Deliktische Haftung mehrerer (Habilitationsschrift Jena 2014 – noch unveröffentlicht), s dazu ders AcP 216 (2016) 330
Fleischer, Zur zivilrechtlichen Teilnehmerhaftung für fehlerhafte Kapitalmarktinformation nach deutschem und US-amerikanischem Recht, AG 2008, 265

FOERSTE, Zur Haftung deutscher Warenkäufer für unzureichenden Arbeitsschutz bei ausländischen Herstellern, JZ 2023, 587
FROMMHOLD, Der „Rohrloch"-Fall und die Anwendung von § 830 I 2 BGB, Jura 2003, 403
GERNHUBER, Haftung bei alternativer Kausalität, JZ 1961, 148
GOTTWALD, Kausalität und Zurechnung, Karlsruher Forum 1986, 1
HAGER, Die Kausalität bei Massenschäden, in: FS Canaris (2007) 403
HARTUNG, Möglichkeiten und Grenzen des zivilen Haftpflichtrechts bei Massenauffahrunfällen, VersR 1981, 696
vHEIN, Neutrale Beihilfe im Zivilrecht, AcP 2004 (2004) 781
HEINZE, Zur dogmatischen Struktur des § 830 I S 2 BGB, VersR 1973, 1081
HENNE, Eine fragwürdige Karriere des § 830 Abs 1 S 2 BGB: Analoge Anwendung beim vertraglichen Schadensersatzanspruch?, VersR 2002, 685
KLUGE, Alternative Kausalität (Diss Tübingen 1973)
KRAUSE/WESTPHAL, Demonstration als unerlaubte Handlung – Anmerkung zum Grohnde-Urteil des OLG Celle vom 16. 12. 1981, Krit Justiz 1982, 179
KREUTZIGER, Die Haftung von Mittätern, Anstiftern und Gehilfen im Zivilrecht (1985)
KRUSE, Alternative Kausalität im Deliktsrecht – Eine historische und vergleichende Untersuchung (2006)
ders, Zu den Voraussetzungen der Tierhalterhaftung bei ungeklärter Verursachung, VersR 2012, 1360
LAUENSTEIN, Ist § 830 Abs 1 Satz 2 BGB auf Verkehrsunfälle anwendbar?, NJW 1961, 1661
ders, Zu den Voraussetzungen der Tierhalterhaftung bei ungeklärter Verursachung, VersR 2012, 1360
MEHRING, Beteiligung und Rechtswidrigkeit bei § 830 I 2 BGB. Zugleich ein Beitrag zur Behandlung der Fälle von Anteilszweifeln und Opfermehrheiten (2003)
MENSCHING, Die zivilrechtliche Haftung für „neutrale" berufstypische Beihilfehandlungen nach § 830 Abs 2, Abs 1 S 1 BGB – alter Wein in neuen Schläuchen?, VersR 2012, 411
MÜLLER, Wahrscheinlichkeitshaftung von Alternativtätern: ein Beitrag zur Dogmatik des § 830 BGB (2001)
OECHSLER, Teilnahme an der vorsätzlichen sittenwidrigen Vermögensschädigung im Gesellschafts- und Kapitalmarktrecht (§§ 826, 830 Abs 1 Satz 1 und Abs 2 BGB), AcP 214 (2014) 542
ders, Neutrale Beihilfe zur fehlerhaften Kapitalmarktinformation?, BKR 2025, 673
RIES, Zur Haftung der Nebentäter nach § 830 und § 840 BGB, AcP 177 (1977) 543
RÖCKRATH, Kausalität, Wahrscheinlichkeit und Haftung. Rechtliche und ökonomische Analyse (2004)
RÖTHEL, Mittäter, Alternativtäter, Nebentäter (§ 830 BGB), Jura 2019, 1058
SANDER, Teilnahme an unerlaubten Handlungen im Zivilrecht, insbesondere der Begriff der unerlaubten Handlung in § 830 BGB (Diss Göttingen 1925)
SCHANTL, Zum Anwendungsbereich des § 830 Abs 1 Satz 2 BGB, VersR 1981, 105
SEYFERT, Mass Toxic Torts: Zum Problem der kausalen Unaufklärbarkeit toxischer Massenschäden – Eine rechtsvergleichende und interdisziplinäre Studie (2004)
STAUDER, Probleme der Mehrtäterschaft im deutschen, französischen und englischen Deliktsrecht (Diss Bonn 1964)
STÜBINGER, Teilnehmerhaftung bei fehlender Kapitalmarktinformation in Deutschland und den USA – Zugleich ein Beitrag zur Systematik des § 830 Abs 1 S 1, Abs 2 BGB (2015)
TRÄGER, Der Kausalbegriff in Straf- und Zivilrecht – Zugleich ein Beitrag zur Auslegung des BGB (1904) 273
WECKERLE, Die deliktische Verantwortlichkeit Mehrerer (1974)
WEIMAR, Die gesamtschuldnerische Haftung Beteiligter nach § 830 I 2 BGB, MDR 1960, 463.

Systematische Übersicht

Alphabetische Übersicht

I. Grundgedanken der Norm

1 Das Deliktsrecht des BGB beruht auf dem Verursachungsprinzip, dh Schadensersatz kann nur von demjenigen verlangt werden, der den Schaden verursacht hat. Die Verursachung, und zwar sowohl haftungsbegründende als auch haftungsausfüllende Kausalität, hat nach den allgemeinen Regeln über die Beweislastverteilung der Geschädigte zu beweisen.

2 Diese Grundsätze durchbricht § 830 BGB im Hinblick auf zwei Fallgruppen, die beide dadurch gekennzeichnet sind, dass nicht nur eine einzige Person als Schädiger in Betracht kommt, sondern bei der Entstehung des Schadens mehrere Personen im Spiel sind. Die in § 830 Abs 1 S 1 und Abs 2 BGB geregelte Fallgruppe betrifft die Mittäterschaft (§ 830 Abs 1 S 1 BGB) und die Teilnahme (Anstiftung und Beihilfe, § 830 Abs 2 BGB) und zeichnet sich durch das bewusste und gewollte Zusammenwirken mehrerer bei einer unerlaubten Handlung aus (bzw die bewusste Mitwirkung an der Tat eines anderen). Die Norm bestimmt, dass Mittäter und Teilnehmer für den eingetretenen Schaden verantwortlich sind, und entbindet auf diese Weise den Geschädigten von dem Nachweis der Kausalität im Hinblick auf jeden einzelnen Mittäter und Gehilfen.

3 Die in § 830 Abs 1 S 2 BGB geregelte zweite Fallgruppe unterscheidet sich von der ersten dadurch, dass die verschiedenen Beteiligten unabhängig voneinander handeln, also nicht bewusst und gewollt zusammenwirken. Sie ist dadurch gekennzeichnet, dass jeder Beteiligte den Schaden verursacht haben kann, der wirkliche Urheber aber nicht zu ermitteln ist. Die Norm ordnet an, dass jeder Beteiligte für den Schaden verantwortlich ist, befreit den Geschädigten also auch hier vom Kausalitätsnachweis (s hierzu aus rechtshistorischer Sicht Kruse, Alternative Kausalität im Deliktsrecht [2006]).

4 § 830 BGB verfolgt somit bei beiden Fallgruppen das Ziel, die Beweisnot des Geschädigten zu beheben. Dabei verzichtet die Norm allerdings nicht auf das Kausali-

tätserfordernis, sondern kehrt lediglich die Beweislast um. Dem in Anspruch Genommenen steht also die Möglichkeit offen, sich zu entlasten.

5 Die nach § 830 BGB Verantwortlichen haften dem Geschädigten nach §§ 840 Abs 1, 421 BGB als Gesamtschuldner. Den Ausgleich im Innenverhältnis regelt § 426 BGB (vgl BGHZ 9, 65, 67).

6 Liegt keine der beiden genannten Fallgruppen vor, so bleibt es bei der Haftung der – dann als Nebentäter bezeichneten – mehreren Personen nach den allgemeinen Zurechnungsregeln. Soweit sie für ein und denselben Schaden verantwortlich sind, haften auch sie nach § 840 Abs 1 BGB gesamtschuldnerisch (BGHZ 17, 214, 221; NK-BGB/Katzenmeier § 830 Rn 3).

II. Mittäterschaft und Teilnahme (§ 830 Abs 1 S 1, Abs 2 BGB)

1. Zweck der Norm

7 In den von § 830 Abs 1 S 1, Abs 2 BGB erfassten Fällen ist der Anspruchsteller durch *eine* Tat geschädigt worden. Insofern steht die Ursache des Schadens fest. Außerdem ist sicher, dass ihm dieser Schaden zu ersetzen ist: nämlich von denjenigen, die diese Tat begangen haben. Da mehrere Personen an der Herbeiführung des Schadens teilgenommen haben und somit mehrere Kausalketten von verschiedenen Personen in Gang gesetzt worden sind und zusammengewirkt haben, ist es oft schwierig festzustellen, ob und inwieweit sich der Verursachungsbeitrag einer Person in dem eingetretenen Schaden niedergeschlagen hat. In dieser Situation hilft § 830 Abs 1 S 1, Abs 2 BGB dem Geschädigten aus seiner Beweisnot.

8 Die ratio des § 830 Abs 1 S 1, Abs 2 BGB erschließt sich von der Täterseite her, und zwar aus einem Element im subjektiven Bereich. Mittäter wollen die Tat als gemeinsame verwirklichen (vgl Rn 11 f, Rn 17 f); der Vorsatz von Anstiftern und Gehilfen ist nicht nur auf den eigenen Beitrag, sondern auch auf die Vollendung der Tat durch den Täter gerichtet (vgl Rn 31 f, Rn 46). Aus dieser zwischen den Beiträgen bestehenden Abhängigkeit ergibt sich die Beweisschwierigkeit im Hinblick auf die Kausalität. Da gerade das eingetreten ist, was Mittäter, Anstifter und Gehilfen wollten und worauf sie auch bewusst hinwirkten, erscheint es gerechter, diese mangels angetretenem oder gelungenem Entlastungsbeweis hinsichtlich der Kausalität haften zu lassen, als den Anspruch des Geschädigten abzuweisen (vgl näher Eberl-Borges AcP 196 [1996] 491, 495 ff).

2. Mittäterschaft (§ 830 Abs 1 S 1 BGB)

9 § 830 Abs 1 S 1 BGB regelt die Haftung für den Fall, dass mehrere eine unerlaubte Handlung gemeinschaftlich begangen haben, also die Haftung von Mittätern (vgl § 830 Abs 2 BGB).

a) Der Begriff des Mittäters; das Kausalitätserfordernis

10 Zu der Frage, wie der Begriff des Mittäters zu bestimmen ist, werden unterschiedliche Ansichten vertreten.

aa) Bewusstes und gewolltes Zusammenwirken hinsichtlich des Taterfolges; Verzicht auf das Kausalitätserfordernis

11 Die Rechtsprechung hat keinen eigenen zivilrechtlichen Begriff der Mittäterschaft entwickelt. Sie nimmt vielmehr auf das Strafrecht Bezug: Mittäterschaft ist iS von § 25 Abs 2 StGB zu verstehen (BGHZ 8, 288, 292 = NJW 1953, 499, 500; 63, 124, 126; 89, 383, 389 = NJW 1984, 1226, 1228; BGH LM Nr 15 = NJW 1972, 40, 41 = VersR 1971, 820, 821; BGH VersR 1967, 471, 473; BGH NJW 1998, 377, 381 f; BGH GRUR 2015, 485, 488 Rn 35; BGH NJW 2016, 3445, 3448 Rn 40; BGH NZG 2021, 1419, 1420 Rn 11; ebenso: Esser/Weyers, Schuldrecht II/2 § 60 I 1 a; Soergel/Krause § 830 Rn 4; Grüneberg/Retzlaff § 830 Rn 3; Hk-BGB/Staudinger § 830 Rn 7; MünchKommBGB/Wagner § 830 Rn 7, 9, 17; Erman/Wilhelmi § 830 Rn 3; kritisch vHein AcP 204 [2004] 761, 770 ff; Larenz/Canaris, Schuldrecht II/2, § 82 I 1 d). Das bedeutet, dass ein bewusstes und gewolltes Zusammenwirken zur Herbeiführung des Verletzungserfolges erforderlich ist (BGHZ 8, 288, 294 = NJW 1953, 499, 500; BGHZ 17, 327, 333 = NJW 1955, 1274, 1275; BGH VersR 1960, 540; BGH NJW-RR 1990, 604, 605; BGH GRUR 2015, 485, 488 Rn 35; OLG Koblenz NJW-RR 2011, 315; vgl MünchKommBGB/Wagner § 830 Rn 17; Soergel/Krause § 830 Rn 4; Larenz/Canaris, Schuldrecht II/2, § 82 I 2 c).

Dabei trat das objektive Element der Mittäterschaft gegenüber dem subjektiven ursprünglich in den Hintergrund: Auf Art und Umfang des objektiven Tatbeitrags komme es nicht an. Es sei auch gleichgültig, wie viel der einzelne Mittäter zum Schaden beigetragen hat (BGHZ 8, 288, 294 = NJW 1953, 499, 500; BGHZ 17, 327, 333 = NJW 1955, 1274, 1275; BGH LM Nr 15; vgl MünchKommBGB/Wagner § 830 Rn 17). Inzwischen verlangt die Rechtsprechung in objektiver Hinsicht eine Beteiligung an der Ausführung der Tat, die in irgendeiner Form deren Begehung fördert und für diese relevant ist (BGH NZG 2010, 550, 552; BGH NJW-RR 2011, 551, 553 Rn 44; BGHZ 2011, 1188, 1191 Rn 38; BGHZ 2011, 1193, 1195 Rn 26).

Einer physischen Mitwirkung bei der Ausführung der Tat bedurfte es zumindest ursprünglich nicht; auch eine rein intellektuelle, geistig bestimmende oder den Täter ermunternde Tätigkeit sollte genügen (BGHZ 8, 288, 294 = NJW 1953, 499, 500; BGHZ 17, 327, 333 = NJW 1955, 1274, 1275; BGHZ 63, 124, 126; BGH VersR 1960, 540; Erman/Wilhelmi § 830 Rn 3). Wer mit einem anderen einen gemeinschaftlichen Überfall verabredet, sollte daher haften, auch wenn die Tat von dem anderen in Ausführung des gemeinsamen Plans allein verübt wird (BGH VersR 1963, 1141). Im Einzelfall könne der mit der bloßen Anwesenheit verbundene psychische Unterstützungsbeitrag für die Begründung der Mittäterschaft ausreichen (BGHZ 8, 288, 294 = NJW 1953, 499, 500; BGH VersR 1960, 540). Für den Fall unfriedlicher Großdemonstrationen ist die Rechtsprechung bedeutend restriktiver (Rn 55). Ob die neue Formel hinsichtlich des objektiven Tatbeitrags (s den vorherigen Absatz) bedeutet, dass generell ein strengerer Maßstab an die psychische Mitwirkung angelegt wird, ist noch nicht geklärt (s dazu noch Rn 56).

12 In subjektiver Hinsicht ist ein gemeinschaftlicher Entschluss erforderlich. Die Mittäter müssen derartig vorsätzlich zusammenwirken, dass sich jeder Mittäter an der schadensstiftenden Handlung mit dem Willen beteiligt, sie als eigene Tat gemeinschaftlich mit anderen zu verwirklichen (BGHZ 63, 124, 126; BGH VersR 1960, 540; OLG Hamm NJW 1985, 203; AG Hamburg NJW 1981, 1454, 1455; s auch OLG München GRUR-RS 2017, 106248 Rn 35). Dabei braucht er nicht jede einzelne Handlung des oder der anderen zu kennen und den Schaden nicht in allen Einzelheiten vorauszusehen und zu billigen, vielmehr genügt es, wenn er ohne Weiteres alles in Kauf nimmt, was der ande-

re tut, um das gemeinsame Ziel zu erreichen (BGH VersR 1960, 540; RG WarnR 1929 Nr 144). Der gemeinsame Handlungswille kann aus äußeren Umständen geschlossen werden (BGH NJW 1972, 1571, 1572; s auch BGH NJW 2019, 3638, 3642 Rn 47).

13 Das ursprünglich alleinige Abstellen auf das subjektive Element der Mittäterschaft hatte zur Konsequenz, dass die Rechtsprechung nicht verlangt, der Tatbeitrag des einzelnen Mittäters müsse für den Erfolg kausal sein (BGHZ 63, 124, 126; BGH LM Nr 15; OLG Schleswig VersR 1977, 183; im Ergebnis ebenso in der Literatur BECKER/WEIDT JuS 2016, 481, 483; BeckOK-BGB/FÖRSTER [1. 2. 2026] § 830 Rn 7; JAUERNIG/KERN § 830 Rn 3; Hk-BGB/STAUDINGER § 830 Rn 6; BGB-RGRK/STEFFEN § 830 Rn 5; MünchKommBGB/WAGNER § 830 Rn 18). Das Tatbestandsmerkmal der Kausalität wird vielmehr durch den gemeinsamen Willen kompensiert: Weil jeder Mittäter den Willen habe, durch seine Handlung zugleich dieselbe Tat des anderen als eigene zu verwirklichen, hafte er gemäß § 830 Abs 1 S 1 BGB ohne Rücksicht darauf, ob nun er oder der andere den Schaden verursacht hat (BGH LM Nr 15). Oder anders ausgedrückt: Schon der gemeinschaftliche Wille erzeugt die gemeinschaftliche Verursachung (BGHZ 17, 327, 333; BGH LM Nr 15; die Formulierung geht zurück auf RG Gruchot 51, 990, 994; vgl zu diesem Problemkreis BRAMBRING 20–29). Auch wenn die Rechtsprechung für die Mittäterschaft heute nicht mehr allein auf das subjektive Element abstellt (Rn 11), hat sich im Hinblick auf das fehlende Kausalitätserfordernis nichts geändert. Lediglich im besonderen Bereich unfriedlicher Großdemonstrationen legt der BGH § 830 Abs 1 S 1 BGB (und auch Abs 2) restriktiver aus (Rn 53) und begründet dies mit dem hohen Stellenwert der Demonstrationsfreiheit (Rn 55).

14 Durch den Verzicht auf das Kausalitätserfordernis erlangt § 830 Abs 1 S 1 BGB die Funktion einer haftungsbegründenden Norm (BGHZ 72, 355, 358; HEINZE VersR 1973, 1081, 1085; Hk-BGB/STAUDINGER § 830 Rn 6): Indem die Vorschrift den Verletzungserfolg allen Mittätern zurechnet, regelt sie nicht nur die Art und Weise einer sie nach anderen Deliktsvorschriften treffenden Verantwortlichkeit, sondern begründet selbst ihre Haftung; die einzelnen Mittäter müssen nicht etwa schon nach § 823 BGB verantwortlich sein (BGH LM Nr 15). Dies entspreche gerade dem Zweck der Regelung: Für den Geschädigten könne es schwierig sein, den Nachweis zu führen, dass ohne den Beitrag des einzelnen Mittäters sein Schaden nicht eingetreten wäre; diesen Nachweis wolle die Norm dem Geschädigten ersparen. Da die Tat vom Bewusstsein und Wollen des Mittäters mitgetragen werde, liege es auf der Linie des Verschuldensprinzips, Kausalitätszweifel und -lücken zurücktreten zu lassen (BGHZ 63, 124, 126; BGB-RGRK/STEFFEN § 830 Rn 2).

15 Die von der Rechtsprechung abweichenden Auffassungen interpretieren den Begriff des Mittäters entweder im Hinblick auf die subjektive Komponente weiter (Rn 16 ff) oder im Hinblick auf die Kausalität der Tatbeiträge enger (Rn 20).

bb) Verzicht auf das Erfordernis vorsätzlichen Zusammenwirkens hinsichtlich des Taterfolges

16 Die ältere Rechtsprechung und Teile des (auch neueren) Schrifttums verzichten für die Mittäterschaft auf das Erfordernis vorsätzlichen Zusammenwirkens hinsichtlich des Taterfolges. Auch das bloße tatsächliche Zusammentreffen mehrerer vorsätzlicher oder fahrlässiger Handlungen soll nach der älteren Ansicht genügen, wenn der eingetretene Schaden das Ergebnis einer Gesamtwirkung aller feststellbaren Hand-

lungstatbestände bildet (RGZ 58, 357, 359; vgl auch OLG Hamburg Recht 1912 Nr 1001: § 830 BGB verlange die objektive Tatsache gemeinschaftlichen Handelns; PLANCK's Kommentar zum Bürgerlichen Gesetzbuch nebst Einführungsgesetz, Bd II/2 [4. Aufl 1928] § 830 Anm 1a; OERTMANN Anm 2b). Nach einer etwas neueren Ansicht setzt Mittäterschaft bei fahrlässigen Delikten voraus, dass jeden Täter dieselbe Pflicht trifft und sie durch ihr subjektiv gemeinschaftliches Zusammenwirken bei Steuerung des Geschehensablaufs unter Außerachtlassung der von jedem zu fordernden Sorgfalt den tatbestandsmäßigen Erfolg herbeiführen (WECKERLE 69; DEUTSCH JZ 1972, 105, 106; DEUTSCH, Allgemeines Haftungsrecht [2. Aufl 1996] Rn 507; K SCHMIDT JZ 1978, 661, 666).

17 Diese Ansichten verwischen die Grenze zwischen § 830 Abs 1 S 1 und S 2 BGB und führen zu einem Wertungswiderspruch (KREUTZIGER 131). Lässt sich nicht aufklären, wer von mehreren vorsätzlich oder fahrlässig Handelnden den Erfolg verursacht hat, es aber feststeht, dass es einer gewesen sein muss und jeder gewesen sein kann, so ist dies ein klassischer Fall für den Anwendungsbereich des § 830 Abs 1 S 2 BGB. Steht der unmittelbare Verursacher fest oder kann jedenfalls ein Beteiligter beweisen, dass er für den Erfolg nicht kausal geworden ist, so trifft diesen Beteiligten keine Haftung nach § 830 Abs 1 S 2 BGB (Rn 92, Rn 120). Dieses Ergebnis würde überspielt, rechnete man diesem Beteiligten den Erfolg nach § 830 Abs 1 S 1 BGB zu, weil seine Handlung mit den Handlungen anderer Beteiligter rein tatsächlich zusammentraf oder er gemeinsam mit den anderen lediglich *handeln* wollte, ohne dass ein gemeinsamer Tatentschluss bezüglich des *Erfolges* bestand (vgl auch BGH NJW 1988, 1719, 1720 bzgl des bloßen Einverständnisses mit dem gefährlichen *Tun* der anderen Täter).

18 Im Übrigen begründen bei fahrlässigem Verhalten oft bereits die allgemeinen Zurechnungsnormen eine Haftung, weil jeder Beteiligte für den Erfolg kausal geworden ist. So liegt es etwa in WECKERLES Beispiel der beiden Bauarbeiter, die gemeinsam einen Balken sorgfaltswidrig vom Gerüst werfen (WECKERLE 70): Hier haften beide Bauarbeiter gemäß § 823 Abs 1 BGB auf vollen Schadensersatz, weil sie den Erfolg pflichtwidrig (mit-)verursacht haben (KREUTZIGER 128 f).

Die Ansichten, die auf die subjektive Komponente der Mittäterschaft ganz verzichten oder jedenfalls einen gemeinsamen *Handlungs*willen genügen lassen, ohne einen gemeinsamen *Tat*willen zu fordern, sind daher abzulehnen.

cc) Erfordernis der Kausalität

19 Ein Teil der Literatur sieht in § 830 Abs 1 S 1 BGB im Gegensatz zur Rechtsprechung keine haftungsbegründende, sondern lediglich eine haftungsklarstellende Norm. Das bedeutet, dass Mittäter nur sein kann, wer bereits Täter einer unerlaubten Handlung ist. Jeder Mittäter muss deshalb eine ursächliche Bedingung für den Schadenserfolg gesetzt haben. Der Sinn des § 830 Abs 1 S 1 BGB liege darin, dass es auf das Maß des von jedem einzelnen Mittäter verursachten Schadens nicht ankomme. Vielmehr hafte jeder Mittäter für den gesamten Schaden, denn er wisse, dass er nicht allein, sondern mit anderen zusammen handele, und wolle deren Handlungen, gleichgültig, ob als eigene oder als fremde (BRAMBRING 48, 50 f; TRAEGER 278; TODENHÖFER, Die deliktische Haftung des Hehlers unter besonderer Berücksichtigung des § 830 BGB [Diss Freiburg 1969] 42, 45).

dd) Umkehr der Beweislast hinsichtlich der Kausalität

Eine weitere Ansicht in der Literatur verzichtet bei der Mittäterschaft nicht wie die Rechtsprechung auf das Kausalitätserfordernis, befürwortet hinsichtlich der Kausalität aber eine Umkehr der Beweislast. Sie leitet aus dem gemeinsamen Vorsatz nicht schlechthin die Feststellung, sondern nur die Möglichkeit oder Wahrscheinlichkeit der Kausalität ab. Das bewusste Zusammenwirken mehrerer Täter löse gegen jeden Beteiligten einen Kausalitätsverdacht aus. Die Haftung entfalle, wenn ein Beteiligter nachweisen könne, dass er durch seinen Beitrag keinen Schaden angerichtet habe (Bydlinski AcP 158 [1959/60] 410, 416 ff; Henne NJW 2001, 1472, 1473; Kreutziger 91; Larenz/Canaris, Schuldrecht II/2, § 82 I 2 b). 20

ee) Kritik

Bei der Bestimmung des Begriffs Mittäterschaft – wie der Begriffe Anstiftung und Beihilfe – an das Strafrecht anzuknüpfen, ist richtig und entspricht der Vorgehensweise des historischen Gesetzgebers, der diese Begriffe aus dem Strafgesetzbuch von 1871 übernommen und von einer eigenen Bestimmung abgesehen hat (vgl Kreutziger 15 ff). Dabei war der Begriff der Mittäterschaft vor allem früher im Strafrecht selbst nicht unbestritten. Die Strafgerichte wandten ursprünglich die extreme „animus-Theorie" an, stellten also für die Mittäterschaft auf das Wollen der Tat als eigener ab. Demgegenüber folgte (und folgt) die strafrechtliche Literatur im Wesentlichen der sog Tatherrschaftslehre (vgl dazu Roxin, Täterschaft und Tatherrschaft [11. Aufl 2022] 67 ff), dh sie bestimmt Mittäterschaft danach, ob der Beteiligte den tatbestandsmäßigen Geschehensablauf steuernd in Händen hält – und verlangt damit übrigens auch Kausalität als objektives Element (vgl statt aller Roxin 310 ff, 355 ff). Später ist hinsichtlich des umstrittenen Mittäterbegriffs im Strafrecht ein gewisser Wandel eingetreten. Die „animus-Theorie" wird heute im Strafrecht nicht mehr vertreten. Sie wird vielmehr ergänzt durch objektive Kriterien (s etwa BGH NStZ-RR 2016, 335 mwNw: wertende Gesamtbetrachtung). Das ist gerade auf die in der Literatur entwickelte Tatherrschaftslehre zurückzuführen, die zumindest in Teilaspekten auch von der Rechtsprechung akzeptiert wurde und demgemäß gerade im Strafrecht eine Abkehr von der rein subjektiven Betrachtungsweise bewirkt hat. Indem der BGH in Zivilsachen bei der Mittäterschaft heute auch objektive Kriterien heranzieht (Rn 11), hat er diese Entwicklung inzwischen zu Recht nachvollzogen (explizit auf die Tatherrschaft abstellend BGH GRUR 2021, 1303, 1306 Rn 30 f; OLG Frankfurt MMR 2019, 313, 314 Rn 19; OLG Frankfurt GRUR-RR 2021, 450, 452 Rn 24; LG Hamburg 12. 3. 2021 – 315 O 464/19, juris Rn 53; LG Hamburg 7. 10. 2021 – 327 O 407/19, juris Rn 60 f). 21

Den Schritt, nicht nur einen objektiven Tatbeitrag, sondern auch dessen Kausalität für den Taterfolg zu verlangen, ist die Rechtsprechung damit aber noch nicht gegangen (s aber BGH GRUR 2021, 1303, 1306 Rn 31). Im Hinblick auf den Zweck des § 830 Abs 1 S 1 BGB, dem Geschädigten aus seiner Beweisnot zu helfen, verzichtet die Rechtsprechung dabei unnötigerweise auf das Kausalitätserfordernis. Dieser Zweck kann auch erreicht werden, wenn insofern die Beweislast dem Mittäter auferlegt wird. Steht fest, dass ein Beteiligter nicht für den eingetretenen Schaden kausal geworden ist, so ist kein schützenswertes Interesse des Geschädigten dafür erkennbar, diesen Beteiligten dennoch haften zu lassen. 22

Zu einem Fall mit ausgeschlossener Kausalität s auch Henne NJW 2001, 1472 f. Die von ihm besprochene Entscheidung OLG Brandenburg NJW 2000, 3579 f (einem 23

Mittäter wurde sexuelle Nötigung zur Last gelegt, während die beiden anderen zusätzlich gemeinschaftliche gefährliche Körperverletzungen begangen hatten; das Gericht hielt alle drei als Gesamtschuldner zur Zahlung von Schmerzensgeld [§ 847 aF] in Höhe eines einheitlichen Betrages für verpflichtet) lehnt allerdings Mittäterschaft des einen Beteiligten hinsichtlich der Körperverletzungen ebenfalls ab; er schulde dennoch Schmerzensgeld in gleicher Höhe, weil er bei der sexuellen Nötigung einen vergleichsweise stärkeren Tatbeitrag geleistet habe. Hier stand also nicht die richtige Anwendung des § 830 Abs 1 S 1 BGB in Frage, sondern die des § 840 Abs 1 BGB.

24 Die Ansicht, die § 830 Abs 1 S 1 BGB nur eine klarstellende Funktion zuweist, berücksichtigt die Belange des Geschädigten insoweit zu wenig, als Zweifel an der Kausalität im haftungsbegründenden Bereich immer zulasten des Geschädigten gehen sollen.

25 Im Ergebnis ist deshalb an der Kausalität als Voraussetzung für eine Haftung nach § 830 Abs 1 S 1 BGB festzuhalten. Die Beweislast trifft allerdings die Mittäter. Das bedeutet, dass der Geschädigte im Prozess lediglich ein Verhalten des Mittäters darlegen und beweisen muss, das den Schaden verursacht haben *kann*. Gelingt ihm das, so obliegt es dem Mittäter, sich zu entlasten (vgl dazu Kreutziger 110 ff).

b) Fallbeispiele aus der Rechtsprechung

26 Der Grundstückseigentümer veräußert einzelne Inventarstücke zum Nachteil der Hypothekengläubiger an einen oder mehrere Erwerber, die Inventarstücke werden vom Grundstück weggeschafft (RG WarnR 1915 Nr 52); Verletzung durch mehrere bei einer Schlägerei (RG Gruchot 51, 990); Jugendliche bewerfen sich gegenseitig mit Steinen (BGH LM Nr 15 = NJW 1972, 40); gemeinsames Verprügeln eines Dritten (OLG Schleswig VersR 1977, 183); grober Behandlungsfehler bei gemeinsamer Operation durch zwei Tierärzte (OLG Oldenburg NJW 1978, 594, 595); an einem gestellten Unfall Beteiligte täuschen aufgrund gemeinsam gefassten Tatplans die Haftpflicht- oder Kaskoversicherung (OLG Frankfurt Zfs 1995, 405, 406); gemeinsames Anhäufen von Verpackungsmüll durch Demonstranten (AG Hamburg NJW 1981, 1454); eine GmbH veranlasst Anleger ohne hinreichende Risikoaufklärung zu Warenterminoptionsgeschäften und verwirklicht dadurch § 826 BGB, eine Vermittlungs-GmbH, die die wesentlichen Geschäftspraktiken kennt, wirkt an dem schädigenden Verhalten umfassend mit, die Geschäftsführer der Vermittlungs-GmbH verhindern die Schädigungshandlungen bewusst nicht (BGH NJW-RR 1999, 843 f m **abl** Anm Oechsler WuB IV A § 826 BGB 2. 99); Verabredung und Durchführung eines Kartells (BGH NJW 2012, 928, 935; BGH ZfBR 2020, 900, 903; BGH 29. 11. 2022 – KZR 42/20, juris Rn 90, NZKart 2024, 24, 28; OLG München 8. 3. 2018 – U 3497/16 Kart, juris Rn 47; OLG Düsseldorf 8. 5. 2019 – U [Kart] 9/18, juris Rn 45; Köhler GRUR 2004, 99, 101; BeckOK-BGB/Förster [1. 2. 2026] § 830 Rn 37; s dazu auch Staudinger/Looschelders [2022] § 421 Rn 89a); Urheberrechtsverletzung durch sog Filesharing, wobei die Teilnehmer an einer Internettauschbörse Dateifragmente bereitstellen, die auf dem Computer zur Gesamtdatei zusammengefügt werden können (BGH NJW 2018, 784, 785 f Rn 26 f).

3. Anstiftung und Beihilfe (§ 830 Abs 2 BGB)

27 Im zivilen Deliktsrecht werden Teilnehmer im Interesse des Geschädigten gegenüber dem unmittelbaren Schädiger haftungsrechtlich nicht privilegiert: Anstifter und Ge-

hilfen stehen Mittätern gleich (§ 830 Abs 2 BGB). Damit legt das Deliktsrecht den extensiven Täterbegriff zugrunde, wodurch die im Strafrecht erforderliche Abgrenzung zwischen Täterschaft und Teilnahme hinfällig ist. Das ist interessengerecht: Das Strafrecht, das die Strafwürdigkeit eines Verhaltens zum Gegenstand hat, geht bei der Teilnahme von einem Unrecht minderer Art aus (vgl die obligatorische Strafmilderung bei der Beihilfe in § 27 Abs 2 S 2 StGB). Demgegenüber geht es im zivilen Deliktsrecht lediglich um den Ausgleich eines Schadens, bei dem der Grad der Verursachung bzw der Grad des Verschuldens – zumindest im Außenverhältnis zum Geschädigten – keine Rolle spielen darf (Kreutziger 138).

a) Anstiftung

Auch bei der Bestimmung des Begriffs Anstifter ist an das Strafrecht anzuknüpfen (§ 26 StGB; vgl BGHZ 8, 288, 292 = NJW 1953, 499, 500; BGHZ 89, 383, 389 = NJW 1984, 1226, 1228; BGH VersR 1967, 471, 473; BGH GRUR 2015, 485, 488). Anstifter ist danach, wer vorsätzlich einen anderen zu der von ihm vorsätzlich begangenen unerlaubten Handlung bestimmt hat. 28

„Bestimmen" bedeutet, dass der Anstifter beim Täter den Entschluss zur Tat hervorrufen muss. Im Einzelnen ist die Auslegung dieses Tatbestandsmerkmals im Strafrecht umstritten. Nach einer Ansicht soll es für Anstiftung bereits genügen, eine Situation zu schaffen, die einen anderen zu einer rechtswidrigen Tat provoziert. Andere verlangen einen geistigen Kontakt zwischen Angestiftetem und Anstifter. Eine dritte Ansicht verlangt darüber hinaus ein kollusives Verhalten zwischen Anstifter und Angestiftetem (heute hM im Strafrecht; vgl die Darstellung der Meinungen bei Kreutziger 143 ff; MünchKommStGB/Scheinfeld [5. Aufl 2024] § 26 Rn 10 ff). Die zivilrechtliche Rechtsprechung hat zu dieser Problematik noch nicht Stellung genommen. 29

Da der Begriff der Anstiftung seinen Ursprung im Strafrecht hat, muss die Auslegung bei § 26 StGB ansetzen. Diese Norm gibt zwar nicht selbst eine Auslegungshilfe, wohl aber ihr Vorläufer, § 48 aF StGB. Darin waren als Mittel der Anstiftung beispielhaft aufgezählt: die Bestimmung durch Geschenke oder Versprechen, durch Drohung, durch Missbrauch des Ansehens oder durch Gewalt oder durch absichtliche Herbeiführung oder Beförderung eines Irrtums. Durch die Neufassung der Norm im heutigen § 26 StGB war keine sachliche Änderung beabsichtigt (vgl D Meyer, Das Erfordernis der Kollusion bei der Anstiftung [Diss Hamburg 1973] 57). Das Wesen der Anstiftung besteht demnach in der Willensbeeinflussung eines anderen bezogen auf ein konkretes Ziel. Diese Auslegung gilt auch für das Zivilrecht (vgl Kreutziger 151). 30

Hinsichtlich der Schuldform ist im Zivilrecht umstritten, ob – wie § 26 StGB bestimmt – Anstiftung nur eine *vorsätzliche* Bestimmung zum *vorsätzlichen* Delikt sein kann. Rechtsprechung und herrschende Lehre bejahen dies (BGH VersR 1967, 471, 473; vgl zur Beihilfe auch BGHZ 42, 118, 122; BGHZ 70, 277, 285; RGZ 129, 330, 332; RGZ 133, 326, 329; Grüneberg/Retzlaff § 830 Rn 4; BGB-RGRK/Steffen § 830 Rn 6; MünchKommBGB/Wagner § 830 Rn 25; Erman/Wilhelmi § 830 Rn 3). Nach einer anderen Ansicht in der Literatur kommen alle denkbaren Kombinationen von Vorsatz und Fahrlässigkeit in Frage: vorsätzliche Bestimmung zum vorsätzlichen Delikt, vorsätzliche Bestimmung zum fahrlässigen Delikt sowie fahrlässige Bestimmung zum vorsätzlichen und fahrlässigen Delikt (Weckerle 77; Fraenkel, Tatbestand und Zurechnung bei § 823 Abs 1 BGB [1979] 272, 279 ff). Eine weitere Ansicht verlangt Vorsatz beim Anstifter, lässt aber beim Ange- 31 stifteten eine fahrlässige (Deutsch, Allgemeines Haftungsrecht [2. Aufl 1996] Rn 515; Ehricke ZGR 2000, 351, 356 ff; Soergel/Krause § 830 Rn 9; K Schmidt JZ 1978, 661, 666; K Schmidt ZIP 1980, 328, 329) Tatausführung genügen. Diese Ansicht ist in erster Linie zur Bewältigung der Teilnahme an Pflichtverletzungen von Gesellschaftsorganen, insbesondere von GmbH-Geschäftsführern, entwickelt worden, wobei es vor allem um die Insolvenzantragspflicht nach § 15a Abs 1 InsO (§ 64 Abs 1 aF GmbHG) geht. Teilweise wird vertreten, es solle sogar eine schuldlose Tatausführung ausreichen (Deutsch Rn 515).

32 Auch im Strafrecht war bis zum Inkrafttreten des 2. Strafrechtsreformgesetzes 1975 sehr streitig, welche Schuldform bei der Anstiftung zu verlangen sei. Der BGH hat zunächst auch die vorsätzliche Bestimmung zu unvorsätzlicher (dh meist fahrlässiger) Tat als Anstiftung anerkannt (vgl BGHSt 4, 355, 357 f; BGHSt 5, 47 f), verlangte dann aber die vorsätzliche Bestimmung zu vorsätzlicher Begehung (vgl BGHSt 9, 370, 375; ihm folgend für das Zivilrecht BGH VersR 1967, 471, 473). Diese Rechtslage ist heute in § 26 StGB klargestellt. Bereits die Anknüpfung des Begriffs Anstifter in § 830 Abs 2 BGB an das Strafrecht spricht dafür, auch im Zivilrecht die vorsätzliche Bestimmung zu vorsätzlicher Tat zu fordern.

33 Dieses Ergebnis folgt auch aus dem Erfordernis des kollusiven Zusammenwirkens zwischen Anstifter und Angestiftetem, also aus dem Wesen der Anstiftung als Willensbeeinflussung eines anderen bezogen auf ein konkretes Ziel (Rn 30). Danach muss der Anstifter einen *Tat*entschluss beim Täter wecken, nicht einen irgendwie gearteten *Handlungs*entschluss (vgl BGHSt 9, 370, 379 f). Das entspricht der Rechtslage bei der Mittäterschaft, wo sich der gemeinsame Tatentschluss nicht nur auf die Verletzungs*handlung*, sondern auch auf den Verletzungs*erfolg* beziehen muss (Rn 17 f). Es reicht also nicht aus, wenn beim Schädiger der Entschluss nur bezogen auf ein gefährdendes Handeln geweckt wird oder wenn der Täter durch ein fahrlässiges Handeln des „Anstifters" zu seinem Entschluss gelangt.

34 In den Fällen der vorsätzlichen Bestimmung zu einem objektiv rechtswidrigen Verhalten, insbesondere einem Fahrlässigkeitsdelikt, hilft oft die Kategorie der mittelbaren Täterschaft. Sie kommt allerdings nicht in Betracht, wenn der „Hintermann" nicht Täter sein kann, weil ein Pflichtdelikt (zB § 15a Abs 1 InsO) in Rede steht und der „Hintermann" die erforderliche Pflichtenstellung nicht innehat (vgl Kreutziger 162 ff). Hier ist an eine Haftung nach § 826 BGB zu denken, auf den die Rechtsprechung im Gesellschaftsrecht inzwischen verstärkt zurückgreift (s auch Rn 57; MünchKommBGB/Wagner § 830 Rn 49).

35 Diese Grundsätze gelten auch bei Schutzgesetzverletzungen im Rahmen des § 823 Abs 2 BGB, wenn das Schutzgesetz ein Fahrlässigkeitsdelikt zum Gegenstand hat. Lediglich bei Gefährdungs- (vgl RGZ 166, 61, 63) und schlichten Tätigkeitsdelikten, die einen Verletzungserfolg gerade nicht tatbestandlich voraussetzen, ist Anstiftung möglich, ohne dass ein auf einen Verletzungserfolg gerichteter Tatentschluss beim Täter geweckt wird und ohne dass der Anstifter diesen Verletzungserfolg in seinen Vorsatz mit aufnimmt. In diesen Fällen genügt es, dass der Täter vorsätzlich dazu bestimmt wird, den Tatbestand des Gefährdungs- oder schlichten Tätigkeitsdelikts vorsätzlich zu erfüllen.

Parallel zu den bei der Mittäterschaft dargelegten Grundsätzen (Rn 22 ff) trägt der Anstifter die Beweislast dafür, dass seine Handlung für den Verletzungserfolg nicht kausal geworden ist (vgl dazu Kreutziger 185 ff). Das bedeutet, dass der Geschädigte – neben der Verursachung des Schadens durch den Täter – lediglich ein Verhalten des als Anstifter in Anspruch Genommenen darlegen und beweisen muss, das den Entschluss des Täters geweckt haben *kann*, also eine kollusive Einwirkung des Anstifters auf den Täter. Es ist dann Sache des Anstifters zu beweisen, dass seine Einwirkung für die Entstehung des Schadens nicht kausal geworden ist, der Täter also bereits zur Tat entschlossen war (vgl Kreutziger 189). 36

Wie im Strafrecht (vgl Tübinger Kommentar/Weisser, StGB [31. Aufl 2025] Vorbem zu §§ 25 ff Rn 30) wird die Haftung des Anstifters nicht dadurch berührt, dass der Angestiftete – was der Anstifter nicht erkannte – deliktsunfähig (§§ 827, 828 BGB) ist (ebenso Jauernig/Kern § 830 Rn 6; Hk-BGB/Staudinger § 830 Rn 13; **aA** Jauernig/Teichmann [18. Aufl 2021] § 830 Rn 6) oder dass er zwar einsichtsfähig iS des § 828 Abs 2 BGB ist, seine Schuld aber bei Anwendung des alterstypischen Verschuldensmaßstabs verneint werden muss und er daher selbst nur ggf nach § 829 BGB haftet. Denn § 26 StGB verlangt lediglich eine vorsätzlich begangene rechtswidrige Haupttat; die Schuld des Täters ist nicht Voraussetzung für eine Anstiftung. Kennt der Tatbeteiligte die Schuldunfähigkeit des Täters, so liegt regelmäßig mittelbare Täterschaft vor (vgl BGHZ 42, 118, 122).

Fallbeispiele aus der Rechtsprechung: Aufforderung zum Schießen an bewohnten Orten (RGZ 166, 61); Aufforderung, eine gemeinschaftliche Schwarzfahrt zu unternehmen (OLG Königsberg VerkehrsR 1941, 1821); Aufforderung, gegenüber einer Bank, mit der ein Globalabtretungsvertrag zur Sicherung eines Kredites besteht, zu verschweigen, dass die Forderungen selbst eingezogen werden (OLG Frankfurt VersR 1979, 162); ein Kreditinstitut verleitet einen Kunden dazu, vor der Antragstellung auf Eröffnung des Konkursverfahrens über sein Vermögen der Belastung seines Kontos aufgrund einer berechtigten Einziehungsermächtigungslastschrift allein deshalb zu widersprechen, um den Lastschriftbetrag einem anderen Gläubiger noch vor der Konkurseröffnung zuzuwenden, wodurch die Kreditverbindlichkeit dieses anderen Gläubigers gegenüber dem Kreditinstitut getilgt wird (BGH NJW 1987, 2370). 37

b) Beihilfe

Bei der Bestimmung des Begriffs Gehilfe ist wiederum an das Strafrecht anzuknüpfen (§ 27 StGB; vgl BGHZ 63, 124, 126; BGHZ 70, 277, 285 = NJW 1978, 816, 819; BAG NJW 1964, 887; BGH GRUR 2015, 485, 488; BGH NZG 2021, 1419, 1420 Rn 11, 16: Gleichlauf von § 830 Abs 2 BGB und § 27 StGB, weshalb die strafrechtliche Wortlautgrenze auch im Deliktsrecht für den Begriff der Beihilfe gelte; BGH 11. 7. 2024 – III ZR 176/22, juris Rn 13; BGB-RGRK/Steffen § 830 Rn 7; Erman/Wilhelmi § 830 Rn 3). Gehilfe ist danach, wer vorsätzlich einem anderen zu dessen vorsätzlich begangener unerlaubter Handlung Hilfe geleistet hat. 38

Als Beihilfehandlung kommt jede physische oder psychische Förderung der Haupttat, auch im Stadium ihrer Vorbereitung, in Betracht (BGHZ 63, 124, 130; BGB-RGRK/Steffen § 830 Rn 7). Sehr umstritten ist dabei, ob die Beihilfehandlung für den Erfolg der Tat kausal geworden sein muss. Das gilt für das Zivilrecht genauso wie für das Strafrecht. 39

40 Die ältere Rechtsprechung des Reichsgerichts hat eine Haftung des Gehilfen gemäß § 830 Abs 2 BGB nur bejaht, wenn der Erfolg der Haupttat durch den Tatbeitrag des Gehilfen mitverursacht wurde (RGZ 65, 157, 160; RGZ 101, 135, 140; RG WarnR 1917 Nr 17). Der BGH hat diese Rechtsprechung nicht fortgesetzt. Er geht von der Prämisse aus, der Tatbeitrag des Gehilfen brauche für den Taterfolg nicht ursächlich zu sein (BGH NZG 2012, 1303, 1305 Rn 24; NZG 2021, 1419, 1420 Rn 11 mwNw; ebenso OLG Düsseldorf 15. 1. 2015 – I-10 U 76/14, juris Rn 36; OLG Dresden 11. 5. 2018 – 8 U 1618/17, juris Rn 54; OLG Dresden 28. 3. 2019 – 8 U 1249/17, juris Rn 77; OLG Frankfurt 15. 4. 2020 – 23 U 67/18, juris Rn 79; OLG Köln 18. 9. 2025 – 24 U 51/25, juris Rn 34). Das bedeutet, dass auch bloße Solidarisierungshandlungen, die lediglich nach außen erkennbar geworden sind, sich aber nicht im Erfolg ausgewirkt haben, Beihilfehandlungen iS des § 830 Abs 2 BGB darstellen (BGHZ 63, 124, 130; BGHZ 70, 277, 285 = NJW 1978, 816, 819; ebenso BAG NJW 1964, 887; OLG Celle NJW-RR 1999, 102). Dabei verweist der BGH auf die strafrechtliche Rechtsprechung, die die Formel geprägt hat: Der Gehilfe muss den *Erfolg* der Tat nicht ursächlich mitbewirkt haben; es genügt, dass die den Tatbestand verwirklichende *Handlung* durch die Hilfeleistung gefördert wird (vgl dazu RGSt 6, 169, 170; RGSt 58, 113, 114 f; RGSt 67, 191, 193; RGSt 71, 176, 178; RGSt 73, 52, 54; BGH bei Dallinger MDR 1972, 16; BGH StrafV 1981, 72 f; BGH NStZ-RR 2016, 136, 137; diese Rechtsprechung wird von der ganz überwiegenden Meinung in der strafrechtlichen Literatur abgelehnt, vgl zum Meinungsstand Tübinger Kommentar/Weisser, StGB [31. Aufl 2025] § 27 Rn 3 ff).

41 Die Literatur folgt teilweise der Rechtsprechung ohne eigene Begründung (Soergel/Krause § 830 Rn 8; Jauernig/Kern § 830 Rn 6; Erman/Wilhelmi § 830 Rn 3). Manche Autoren kommen zum gleichen Ergebnis, indem sie auf den gemeinschaftlichen Willen von Täter und Gehilfen abstellen, der Mängel im objektiven Bereich kompensiere (Fraenkel 285 f; Spitzer, Teilnahme an unerlaubten Handlungen [1931] 34 f; Stübinger 307 f; Weckerle 75 ff). Auch Steffen (BGB-RGRK/Steffen § 830 Rn 7) meint, der Beitrag des Gehilfen müsse für den Erfolg nicht ursächlich gewesen sein. Steffen fordert allerdings, dass dieser Beitrag auf das Verhalten des Haupttäters eingewirkt, in der konkreten Tatverwirklichung wenigstens die Modalitäten in Richtung auf eine Erleichterung oder Begünstigung des Erfolgs, eine Verbesserung der Situation des Haupttäters beeinflusst haben müsse (unter Bezugnahme auf Roxin, in: Strafgesetzbuch, Leipziger Kommentar [10. Aufl 1985] § 27 Rn 3 ff; sog Verstärkerkausalität). Im Falle psychischer Beihilfe reiche es aus, wenn dem Haupttäter das Gefühl der Alleinverantwortung genommen und er dadurch in seinem noch nicht ganz gefestigten Tatentschluss bestärkt werde; oder wenn ihm der Gehilfe – auch durch bloßes Dabeistehen – das Gefühl vermittle, in einer gewissen Anonymität wirken zu können. Ein weiterer Teil der Literatur versteht die Kausalität in einem abgewandelten Sinne; so soll es ausreichen, wenn die Mitwirkung des Gehilfen wenigstens möglicherweise den Erfolg herbeigeführt hat (NK-BGB/Katzenmeier § 830 Rn 9), bzw es soll bei der Förderung der Haupttat nicht auf Kausalität iS einer conditio sine qua non ankommen (MünchKommBGB/Wagner § 830 Rn 28; vgl auch BeckOK-BGB/Förster [1. 2. 2026] § 830 Rn 22). Eine weitere Ansicht will beim Gehilfen auf einen kausalen Tatbeitrag grundsätzlich nicht verzichten; es solle aber die psychische Beihilfe genügen, wenn sich ein physischer Tatbeitrag im Erfolg nicht ausgewirkt hat (Rumpf, Die Teilnahme an unerlaubten Handlungen nach dem BGB [1904] 59 ff; Traeger 280). Eine letzte Ansicht hält streng am Kausalitätserfordernis fest (BeckOK-BGB/Spindler [1. 11. 2021] § 830 Rn 11, anders jetzt BeckOK-BGB/Förster [1. 2. 2026] § 830 Rn 22; s auch Oechsler BKR 2025, 673, 675 f im Kontext der neutralen Beihilfe), teilweise wird diesbezüglich allerdings eine Umkehr der Beweislast zugunsten des Geschädigten gefordert (Kreutziger 229, 255).

Der hM, die auf das Kausalitätserfordernis bei der Beihilfe verzichtet, ist vorzuwerfen, dass sie die Grenze zwischen versuchter und vollendeter Beihilfe verwischt (vgl Kreutziger 211 ff). Diese Abgrenzung ist aber von entscheidender Bedeutung, da § 830 Abs 2 BGB eine Schadensersatzpflicht desjenigen anordnet, der Hilfe geleistet hat, nicht aber desjenigen, der versucht hat, Hilfe zu leisten. Nicht der Eintritt des Schadens ist daher für die Frage der Schadensersatzpflicht ausschlaggebend, sondern die Beziehung des Verhaltens des Gehilfen zu diesem Schaden (vgl auch Staudinger/Oechsler [2021] § 826 Rn 136 f, der bei einer Beihilfe zu § 826 BGB das zentrale Problem in der objektiven Zurechnung der Teilnahmehandlung sieht und dabei unmittelbare und mittelbare Verletzungshandlungen des Teilnehmers unterscheidet; Oechsler BKR 2025, 673, 674 f). Die Abgrenzung zwischen versuchter und vollendeter Beihilfe kann allein durch die Erfolgskausalität erreicht werden. Die bloße Absicht, Hilfe zu leisten, reicht für vollendete Beihilfe genauso wenig aus wie eine Einwirkung auf das Verhalten des Haupttäters, die für den Erfolg nicht kausal ist. Der gleiche Vorwurf der Grenzverwischung ist der Literaturmeinung zu machen, die die generell-abstrakte Eignung zur Schadensverursachung ausreichen lässt. Die Kausalität wird durch dieses Kriterium, das die Beihilfe zum Gefährdungsdelikt umfunktioniert, gerade ersetzt. 42

Auch bei der Beihilfe ist daher am Kausalitätserfordernis festzuhalten. Dabei ist jede Hilfe, die die Rechtsgutsverletzung objektiv fördert, als kausaler Tatbeitrag ausreichend. Der Tatbeitrag des Gehilfen muss über die Tathandlung des Haupttäters bis zur Tatvollendung fortwirken (Kreutziger 232 f). Das gilt auch für die psychische Beihilfe. Beim Einwirken auf die intellektuelle Psyche des Täters (Fall der Rathilfe) liegt Erfolgskausalität vor, wenn der Täter den Rat des Gehilfen befolgt. Beim Einwirken auf die voluntative Psyche lässt sich die Erfolgskausalität nicht einfach damit begründen, der Haupttäter sei in seinem Tatentschluss bestärkt worden. Es kommt vielmehr darauf an, ob die vom Haupttäter herbeigeführte Rechtsgutsverletzung durch die psychische Bestärkung modifiziert worden ist oder nicht. Nur wenn das der Fall ist, also der Erfolg ohne die psychische Bestärkung so nicht eingetreten wäre, ist der Tatbeitrag des Gehilfen für den Erfolg kausal (Kreutziger 248 f). 43

Physische Beihilfe liegt danach beispielsweise vor, wenn der Gehilfe bei einem Einbruchsdiebstahl Wache steht und über das bloße Wachestehen hinaus irgendetwas tut, was auf den Eintritt des tatbestandlichen Erfolges Einfluss hat (Ablenken von Passanten, Warnen des Diebes usw). Psychische Beihilfe durch Bestärkung des Tatentschlusses liegt beispielsweise vor, wenn der Eintritt des Erfolges erleichtert oder beschleunigt wurde, etwa wenn Hemmungen des Täters beseitigt wurden. In jedem Fall ist die Gehilfenhandlung kausal, wenn der Haupttäter die Tat ohne den (physischen oder psychischen) Unterstützungsbeitrag nicht gewagt hätte. 44

Wie bei der Mittäterschaft und der Anstiftung ist es auch bei der Beihilfe gerechtfertigt, in der Kausalfrage die Beweislast umzukehren. Der potenzielle Gehilfe trägt daher die Beweislast dafür, dass sein Tatbeitrag für den Erfolg nicht mitkausal geworden ist. 45

46 Nicht anders als der Anstifter muss auch der Gehilfe vorsätzlich handeln und muss die unterstützte Haupttat vorsätzlich begangen werden (so die hM: RGZ 129, 330, 332; RGZ 133, 326, 329; BGHZ 42, 118, 122; BGHZ 70, 277, 285 f = NJW 1978, 816, 819; BGH VersR 1967, 471, 473; BeckOK-BGB/Förster [1. 2. 2026] § 830 Rn 27 f; Grüneberg/Retzlaff § 830 Rn 4; vgl Soergel/Krause § 830 Rn 8; Larenz/Canaris, Schuldrecht II/2 § 82 I 2 c; BGB-RGRK/Steffen § 830 Rn 7; MünchKommBGB/Wagner § 830 Rn 43; Erman/Wilhelmi § 830 Rn 3; ausführlich Kreutziger 264 ff). Nicht ausreichend ist die vorsätzliche Förderung einer Fahrlässigkeitstat (BGH 10. 7. 2023 – VIa ZR 1119/22, juris Rn 21, WM 2023, 1530 Rn 21; OLG Frankfurt 11. 4. 2024 – 26 U 11/22, juris Rn 57; anders aber Konow GmbH-R 1975, 104, 106; K Schmidt JZ 1978, 661, 666; K Schmidt ZIP 1980, 328, 329; dagegen Klöhn, Münchener Kommentar zur InsO [5 Aufl 2025] § 15a Rn 305; Stübinger 298–302; Wagner, in: FS Schmidt [2009] 1665, 1690 f zur Insolvenzverschleppungshaftung) oder die fahrlässige Förderung einer vorsätzlich oder fahrlässig begangenen unerlaubten Handlung (so aber Deutsch, Allgemeines Haftungsrecht [2. Aufl 1996] Rn 516; Fraenkel 274; Weckerle 76 f). Die Anknüpfung des Gehilfenbegriffs an das Strafrecht (§ 27 StGB) spricht für das Erfordernis des Vorsatzes sowohl beim Täter als auch beim Gehilfen. Im Übrigen ist die vorsätzliche „Beihilfe" zu einer Fahrlässigkeitstat konstruktiv keine Beihilfe, sondern mittelbare Täterschaft. Mittelbare Täterschaft scheidet allerdings im Rahmen des § 823 Abs 2 BGB aus, wenn es sich bei dem verletzten Schutzgesetz um ein Pflichtdelikt handelt und der „Hintermann" die betreffende Pflichtenstellung nicht innehat. Es bleibt dann nur der Weg über § 826 BGB. Wer eine fremde Tat nur fahrlässig unterstützt, ist nicht Gehilfe, sondern Täter (Nebentäter), weil er selbstständig eine Ursache für die Erfolgsherbeiführung setzt. Im Falle der Verletzung eines Pflichtdelikts hilft allerdings § 826 BGB nicht weiter, da es am notwendigen Vorsatz zur Schadensherbeiführung fehlt.

47 Verstärkt in der Diskussion ist in den letzten Jahren die sog „neutrale" Beihilfe. Hier geht es um Verhaltensweisen, die alltäglich oder berufstypisch sind (Beispiel nach MünchKommBGB/Wagner § 830 Rn 31: Verkauf eines als Tatwaffe geeigneten Werkzeugs). Diese Fallgruppe ist bei modernen Geschäftsformen wie Broking (BGH NJW-RR 2011, 197; BGH NJW-RR 2011, 551; BGH NJW-RR 2011, 1188), auch online-Broking (BGH NZG 2010, 550), Internethandelsplattformen (OLG Hamburg WRP 2008, 1569) oder Immobilienfonds (BGH NJW 2014, 1098) betroffen. So steht beispielsweise die Haftung eines ausländischen Brokers in Rede, der einem Vermittler von Optionsgeschäften, die wegen überhöhter Gebühren chancenlos sind, den Zugang zur Börse eröffnet hat (vgl etwa BGH NJW 2004, 3423; BGH NJW-RR 2011, 197). Da das fragliche Verhalten berufstypisch und damit für sich genommen ordnungsgemäß ist, ist die Einordnung als Beihilfe eine Frage des Vorsatzes (vgl Fleischer AG 2008, 265, 270; teilweise wird noch eine weitergehende Begrenzung der Haftung für „neutrale" Beihilfe befürwortet, etwa durch die Rechtsfigur des erlaubten Risikos, so MünchKommBGB/Wagner § 830 Rn 36, oder indem eine Haftung nur eintreten soll, wenn der Gehilfe gegen eine ihn treffende Schutzpflicht verstoßen hat, so Foerste JZ 2023, 587, 593 f mwNw; Oechsler BKR 2025, 673, 675, 677).

48 Im Strafrecht, an das auch insoweit anzuknüpfen ist, wird die Handlung des Hilfeleistenden als Beihilfe bewertet, wenn dieser von der Absicht des Täters, eine strafbare Handlung zu begehen, weiß; hält der Handelnde es lediglich für möglich, dass sein Tun zur Begehung einer Straftat benutzt wird, so liegt regelmäßig noch keine strafbare Beihilfe vor, es sei denn, das von ihm erkannte Risiko strafbaren Verhaltens des von ihm Unterstützten war derart hoch, dass er sich mit seiner Hilfeleistung die För-

derung eines erkennbar tatgeneigten Täters angelegen sein ließ (hM im Strafrecht: BGH NStZ 2000, 34; BGH NJW 2000, 3010; BGH NJW 2001, 2409, 2410; BGH NStZ 2004, 41 Rn 11 f; BGH NZWiSt 2014, 139, 141; aus zivilrechtlicher Sicht BGH NJW-RR 2011, 551, 553 f; BGH 11. 7. 2024 – III ZR 176/22 Rn 13, NJOZ 2024, 1141; s zum Meinungsspektrum im Strafrecht auch MünchKommBGB/Wagner § 830 Rn 31).

Zu Recht hat die zivilrechtliche Rechtsprechung daher die Gehilfenhaftung des Betreibers einer Internetplattform für Markenverletzungen mangels Vorsatzes verneint (BGH MMR 2007, 507, 509; BGH MMR 2011, 459, 460; BGH GRUR 2015, 485, 489; ebenso die Gehilfenhaftung eines File-Hosting Dienstes für Urheberrechtsverletzungen von Nutzern: BGH NJW 2013, 784 f; BGH NJOZ 2014, 296, 297 f; ebenso zum Broking LG Düsseldorf BeckRS 2011, 22776), ebenso die Gehilfenhaftung einer Bank wegen Gewährung eines Darlehens an eine Gesellschaft, die Kapitalanlagebetrug beging (BGH NJW 2014, 1098, 1100). In dem zuletzt genannten Fall erwarb ein Immobilienfonds Grundstücke von einer Verkäuferin, die den maßgeblichen Fondsbetreibern gehörte. Dabei lag der gezahlte Kaufpreis deutlich über dem Preis, den die Verkäuferin selbst zuvor entrichtet hatte. Die Fondsbetreiber konnten sich auf diese Weise heimlich Sondervorteile einverleiben und fügten den außenstehenden Kleinbeteiligten am Fonds entsprechende Verluste zu. Die auf Schadensersatz in Anspruch genommene Bank hatte die Objektbeteiligung finanziert; ihr war im Vorfeld auch der Unterschied zwischen beiden Kaufpreisen bekannt geworden. Diese Kenntnis allein ließ der BGH zu Recht nicht für den Gehilfenvorsatz ausreichen. Anders wäre es, wenn die Bank auch Kenntnis vom Inhalt des den Anlegern vorgelegten Prospekts gehabt hätte, in dem ein Hinweis auf die Kaufpreisdifferenz fehlte (vgl BGH NJW 2014, 1098, 1100 und dazu Oechsler AcP 214 [2014] 542, 559 f, der eine objektive Zurechnung des Gehilfenbeitrags nach zivilrechtlichen Grundsätzen befürwortet; Oechsler BKR 2025, 673, 677; auch MünchKommBGB/Wagner § 830 Rn 36, der eine Haftung davon abhängig macht, ob der Gehilfe mit seinem Verhalten das rechtlich erlaubte Risiko überschritten hat, insbes weil ihn als sog Gatekeeper eine Pflicht zum Schutz der Rechtsgüter Dritter vor Verletzungen durch den Haupttäter trifft; zur erforderlichen Kenntnis vom Prospektinhalt bei der Beihilfe zum Kapitalanlagebetrug s auch OLG Dresden 28. 6. 2018 – 8 U 1802/17, juris Rn 69). Auch der Fall aus dem Bereich des Dieselskandals (Manipulation einer Motorsteuerung durch Aufspielen einer Abschalteinrichtung), der der Entscheidung BGH NZG 2021, 1419 (s dazu bereits Rn 38) zugrunde liegt, lässt sich mit den Grundsätzen der neutralen Beihilfe lösen: Beklagte war die Zulieferin (Bosch GmbH), die der VW AG die Software für ihre Abschalteinrichtung geliefert hatte. Es ging um eine Mithaftung der Zulieferin gegenüber Erwerbern von Aktien der VW AG, die diese mit Verlust weiterverkauft hatten. In Frage stand, ob die Zulieferin Beihilfe dazu geleistet hatte, dass die VW AG den Kapitalmarkt nicht rechtzeitig über die Verwendung der Abschalteinrichtung informiert hatte (§§ 31, 823 Abs 2 BGB iVm §§ 331 Nr 1 HGB, 400 Abs 1 S 1 AktG; §§ 31, 826 BGB). Eine solche Beihilfe würde voraussetzen, dass die Zulieferin eine entsprechende Absicht der VW AG kannte oder die VW AG zumindest erkennbar tatgeneigt war; das war jedoch nicht festgestellt. Der BGH hat eine Beihilfe ebenfalls verneint, allerdings mit anderer Begründung: Die Lieferung der Software lasse sich nach natürlichem Sprachgebrauch nicht als Erleichterung oder Förderung der der VW AG angelasteten Kapitalmarktdelikte begreifen (BGH NZG 2021, 1419, 1420 Rn 13), denn die Softwarelieferung könne überhaupt erst die Pflicht der VW AG mitbegründet haben, den Kapitalmarkt über die spätere Verwendung der Software in ihren Dieselfahrzeugen zu informieren; durch eine Handlung, die eine Handlungspflicht eines anderen erst begründe, werde aber regelmäßig nicht zugleich ihre

Verletzung gefördert (BGH NZG 2021, 1419, 1420 Rn 14; kritisch zu dieser Begründung Eberl-Borges LMK 2022, 800925; Hellgardt AG 2021, 284, 785 Rn 9; im Sinne des BGH dagegen Staudinger/Oechsler [2021] § 826 Rn 136, der auf die Mittelbarkeit der Verletzungshandlung der Gehilfin abstellt, weshalb eine Zurechnung nur bei Verstoß gegen eine – im konkreten Fall nicht vorliegende – Gefahrvermeidungspflicht erfolgen könne; s dazu noch Rn 59).

Nicht unbedenklich ist es, wenn die Rechtsprechung eine Beihilfe aufgrund unterlassener Kontrolle bejaht: So hat es der XI. Zivilsenat des BGH für ausreichend erachtet, dass ein ausländischer Broker die sittenwidrigen Geschäftsmodelle eines deutschen Terminoptionsvermittlers nicht kontrolliert, sondern bewusst keine Kontrolle ausübt, sodass er die Augen vor den Risiken verschließt und damit bedingt vorsätzlich Beihilfe leistet (BGH NZG 2010, 550, 553; BGH NJW-RR 2011, 197, 201 Rn 53; BGH NJW-RR 2011, 551, 553 f Rn 51; BGH NJOZ 2011, 1278, 1281 Rn 30 f; dem BGH folgend OLG Düsseldorf 18. 5. 2015 – I-14 U 173/14, juris Rn 44; OLG Frankfurt 15. 4. 2020 – 23 U 67/18, juris Rn 82). Diese Rechtsprechung sollte auf Sonderfälle beschränkt bleiben (ebenso Leistner GRUR-Beil 2010, 1, 25; BeckOK-BGB/Förster [1. 2. 2026] § 830 Rn 25; Förster GRUR 2011, 101, 104). Die Grenze zwischen grober Fahrlässigkeit und Vorsatz darf nicht aufgeweicht werden. Entscheidend ist in den zitierten Fällen, dass die jeweiligen Broker die zurückliegenden zahlreichen Missbrauchsfälle kannten. Hier mag die Grenze zum bedingten Vorsatz ausnahmsweise überschritten sein (s auch Lorenz/Wittinghofer NZG 2010, 1096, 1098). Dann steht aber auch eine vorsätzliche sittenwidrige Schädigung und damit eine Haftung aus § 826 BGB in Rede, sodass die neutrale Beihilfe keine eigenständige Bedeutung mehr hat (vgl Mensching VersR 2012, 411, 412 ff; auf eine Haftung aus § 826 BGB und nicht Beihilfe abstellend auch die Rspr zu sog Schwindelunternehmen, s dazu Staudinger/Oechsler [2021] § 826 Rn 135 mwNw). Zutreffend hat der VI. Zivilsenat des BGH – in einem Verfahren, in dem der Prokurist einer GmbH auf Schadensersatz als Gehilfe einer unerlaubten Anlagevermittlung in Anspruch genommen wurde, weil er den unerlaubten Geschäftsbetrieb der Beklagten nicht unterbunden habe – betont, dass einen Prokuristen keine Verpflichtung trifft, den Geschäftsführer dahingehend zu kontrollieren, ob dieser die ihm nach § 32 Abs 1 S 1 KWG obliegenden Pflichten erfüllt (BGH NJW 2021, 3177, 3180 f Rn 39).

Den Anbieter eines Sharehosting-Dienstes trifft grundsätzlich keine Gehilfenhaftung für Urheberrechtsverletzungen der Nutzer (Haftungsprivilegierung des § 10 S 1 Nr 1 TMG, s OLG München GRUR-RS 2017, 106248 Rn 40 ff).

Dagegen kommt im Dieselskandal eine Gehilfenhaftung des Unternehmens, das dem Autohersteller die Steuerungssoftware zur Verfügung gestellt hat, für Schäden der Fahrzeugkäufer in Betracht. So wird in einigen Verfahren vorgetragen, der Autozulieferer habe dem Autohersteller die Steuerungssoftware zunächst lediglich als „Programmiergerüst" zu Verfügung gestellt und der Autohersteller habe auf dieser Basis entsprechende erweiternde oder modifizierende Softwaremodule entwickelt. Da der Autohersteller keinen unmittelbaren Zugang zum Quellcode der Steuerungseinheit habe, seien die vom Autohersteller entwickelten Erweiterungen und Modifikationen vom Zulieferer in den Quellcode übernommen worden, wobei zuvor geprüft worden sei, ob die Modifikationen mit den eigenen Standards vereinbar gewesen seien. Der Zulieferer habe daher „letzte Hand angelegt" und sei sich vollständig über die Funktionsweise der Steuerungssoftware – einschließlich der verbotenen Abschalteinrichtungen – im Klaren gewesen (OLG Stuttgart 1. 3. 2019 – 1 W 41/

18, juris Rn 37; OLG Stuttgart 1. 3. 2019 – 1 W 42/18, juris Rn 35). Insofern besteht nach OLG Stuttgart 1. 3. 2019 – 1 W 41/18, juris Rn 31, 38 f; OLG Stuttgart 1. 3. 2019 – 1 W 41/18, juris Rn 29, 36 f für den Zulieferer die Gefahr, deliktisch auf Schadensersatz in Anspruch genommen zu werden, so dass er im Verfahren gegen den Autohersteller ein Zeugnisverweigerungsrecht nach § 384 Nr 1 ZPO hat und keine Unterlagen vorlegen muss (§§ 142 Abs 2 S 1, 144 Abs 2 S 1 ZPO).

Im Strafrecht bereitet die Abgrenzung der Mittäterschaft von der Beihilfe mitunter **49**
Schwierigkeiten (s etwa BGH NStZ-RR 2016, 335). Die praktische Bedeutung der Frage ergibt sich im Strafrecht daraus, dass nach § 27 Abs 2 StGB der Gehilfe milder als der Haupttäter (Mittäter) bestraft wird (s bereits Rn 27). Im Zivilrecht hat die Frage keine praktische Bedeutung, da § 830 Abs 2 BGB haftungsrechtlich den Gehilfen dem Mittäter gleichstellt, einen Beteiligten also – soweit nicht ein Exzess des andern vorliegt – ohne Rücksicht darauf, inwieweit der Schaden gerade durch sein Verhalten verursacht ist, in vollem Umfang für den von einem Haupttäter verursachten Schaden neben dem Haupttäter gesamtschuldnerisch haften lässt (BGHZ 63, 124, 126; BGH 28. 2. 2018 – 2 StR 45/17, juris Rn 21; LG Itzehoe NJW 1987, 1269, 1270). Die Rechtsprechung benennt denn auch die Voraussetzungen für Mittäterschaft und Beihilfe heute in einer einheitlichen Formulierung (s etwa BGH NJW 2004, 3423, 3425; BGH NZG 2010, 550, 552), wenngleich nach wie vor zwischen Mittäterschaft und Beihilfe unterschieden wird (vgl BGH NGZ 2010, 550, 551; BGH NJW-RR 2011, 1193, 1195; noch weitergehend MünchKommBGB/Wagner § 830 Rn 16: Die Rechtsprechung verschmelze den strafrechtlichen Teil des § 830 BGB – Abs 1 S 1 und Abs 2 – zu einem einheitlichen Haftungstatbestand der „Teilnahme“).

Fallbeispiele aus der Rechtsprechung: Die Gewerkschaft, die einen arbeitsrechtlich **50**
unzulässigen Streik zwar nicht beginnt und auch nicht übernimmt, jedoch an die Streikenden Gemaßregelten-Unterstützung zahlt und sie dadurch in ihrem Streikwillen bestärkt, haftet dem bestreikten Arbeitgeber als Gehilfin der streikenden Arbeitnehmer für alle durch den Streik entstandenen Schäden (BAG NJW 1964, 887). Der Hersteller von Tonbandgeräten, die für die Aufnahme und Wiedergabe von Musik eigens eingerichtet sind, haftet für Urheberrechtsverletzungen der Gerätebenutzer (§ 97 UrheberrechtsG 1965), wenn er die Geräte ohne Sicherungsmaßregeln in einer Weise vertreibt, dass sie von den Gerätebenutzern vorwiegend unter Verletzung urheberrechtlicher Rechte verwendet werden (BGHZ 42, 118, 133 zu § 36 des früheren LitUrhG). Der Verkäufer eines nicht zugelassenen und unversicherten Kfz, das der Käufer so im öffentlichen Verkehr benutzen will, begeht Beihilfe zum Verstoß gegen § 6 PflVG (OLG München VersR 1979, 656). Der Fluglotsenverband unterstützt einen Bummelstreik der Fluglotsen: Grundsätzlich kann der Koalition auch nicht im Blick auf Haftungsinteressen untersagt werden, sich in Verfolgung eigener koalitionsmäßiger Aufgaben mit den Zielen von Aktionen „Außenstehender“ zu solidarisieren, die als solche rechtlich neutral und nur in ihrer Durchführung zu beanstanden sind, auch wenn damit zugleich das Vorgehen der „Außenstehenden“ psychisch unterstützt wird; anderes muss gelten, wenn die Koalition als Repräsentant solcher Aktionen auftritt, mag sie sich auch innerlich von ihnen distanzieren (BGHZ 70, 277, 288 ff = NJW 1978, 816, 819 f). Ein Rechtsanwalt begeht Beihilfe zur Erpressung durch Verfassen des entsprechenden Anwaltsschreibens (OLG Frankfurt NJW 2015, 3584).

c) Begünstigung, Strafvereitelung und Hehlerei

51 Begünstiger, Strafvereitler und Hehler (§§ 257, 258, 259 StGB) können Anstifter oder Gehilfen iS des § 830 Abs 2 BGB sein, wenn sie durch die Inaussichtstellung eines späteren entsprechenden Verhaltens den Entschluss des Täters zur Tatbegehung hervorgerufen (Anstiftung; vgl OLG Koblenz NJW-RR 1988, 662, 663) oder ihn in seinem Entschluss zur Durchführung der Tat bestärkt haben (psychische Beihilfe; vgl OLG Koblenz NJW-RR 2009, 1247; zu den genauen Voraussetzungen s Rn 43 f). Von diesen Fällen abgesehen, findet § 830 Abs 2 BGB auf Begünstiger, Strafvereitler und Hehler keine Anwendung, weil ihr Verhalten nicht kausal für die vorangegangene unerlaubte Handlung des Vortäters ist (AG Essen VersR 1987, 472). Eine besondere Vorschrift für ihre Haftung hielt der Gesetzgeber nicht für erforderlich (Mot II 738, 749). Sie begehen selbstständige unerlaubte Handlungen gemäß §§ 823, 826 BGB und haften nach Maßgabe des von ihnen verursachten Schadens, zB wenn sie die Wiedererlangung der gestohlenen Sache verhindern (RG JW 1921, 1532; BGHZ 8, 288, 292). Ob, wenn der durch sie bewirkte Schaden mit dem durch die Vortat verursachten Schaden zusammenfällt, gesamtschuldnerische Haftung – gemäß § 840 Abs 1 BGB oder nach §§ 823 iVm 421 BGB – eintritt, ist streitig (mit Recht bejahend Mantey LZ 1917, 455; verneinend Starck LZ 1917, 314; s auch LG Berlin JW 1924, 333 mit **abl** Anm Merkel).

4. Der Sonderfall der unfriedlichen Großdemonstration

52 Die Grundsätze der mittäterschaftlichen Haftung und der Teilnehmerhaftung finden auch im Falle unfriedlich verlaufender Demonstrationen Anwendung (BGHZ 89, 383, 389 ff = NJW 1984, 1226, 1228 = JZ 1984, 521 mAnm Stürner; BGHZ 59, 30, 41 f; BGHZ 63, 124, 126; BGHZ 137, 89, 102 = NJW 1998, 377, 382; OLG Hamm NJW 1985, 203; AG Hamburg NJW 1981, 1454, 1455; NK-BGB/Katzenmeier § 830 Rn 13; vgl MünchKommBGB/Wagner § 830 Rn 29; Dimski VersR 1999, 804, 805 f). Zwar ist in der Literatur teilweise versucht worden, dort, wo es um Eingriffe in den Gewerbebetrieb oder um den Nötigungstatbestand geht, über die Mittel-Zweck-Relation eine begrenzte Anwendung von Gewalt zuzulassen und demgemäß durch Art 8 GG als gedeckt anzusehen (Deutsch, Allgemeines Haftungsrecht [2. Aufl 1996] Rn 511; Diederichsen/Marburger NJW 1970, 777, 780 ff; Säcker ZRP 1969, 60, 65). Diese Ansicht haben auch einige Untergerichte vertreten (LG Köln JZ 1969, 80, 82; AG Bremen JZ 1969, 79, 80; AG Frankfurt DRiZ 1969, 94, 95). Die hM verneint jedoch bei Gewaltanwendung zu Recht eine Kollision des Demonstrationsrechts mit den Grundrechten der Betroffenen, da Art 8 GG nur das Recht zu friedlichen Versammlungen gewährleistet und damit jegliche Gewaltanwendung gegen Personen oder Sachen rechtswidrig bleibt (so ausdrücklich BVerfG NJW 1985, 2395, 2400 [Brokdorf]).

53 In der Grundsatzentscheidung BGHZ 89, 383 (= NJW 1984, 1226 = JZ 1984, 521 mAnm Stürner) ist der BGH in wesentlichen Punkten von seiner bisherigen Rechtsprechung zu § 830 Abs 1 S 1, Abs 2 BGB abgerückt und hat die Norm bedeutend restriktiver ausgelegt. Er verlangt für die Haftung als Mittäter oder Gehilfe in objektiver Hinsicht eine Beteiligung an der Ausführung der Tat, die in irgendeiner Form deren Begehung fördere und für diese relevant sei (BGHZ 89, 383, 389 = NJW 1984, 1226, 1228; bestätigt in BGHZ 137, 89, 102). Einen derartigen Tatbeitrag findet der BGH nur bei solchen Demonstranten, die sich aktiv an Gewaltaktionen beteiligt haben (BGHZ 89, 383, 395 = NJW 1984, 1226, 1229; bedenklich insofern LG Itzehoe NJW 1987, 1269, 1270, das Mittäterschaft eines Sympathisanten bejahte, der am Werkszaun stehend über ein Funksprechgerät mit Schornsteinbesetzern Kontakt hielt; vgl auch OLG Hamm NJW 1985, 203; in beiden Fällen handelte

es sich allerdings nicht um Großdemonstrationen). Damit hat sich der BGH über den weiten Mittäterbegriff hinweggesetzt, der über Jahrzehnte hinweg mit dem Satz begründet worden war, der gemeinschaftliche Wille erzeuge die gemeinschaftliche Verursachung. Der BGH hat die entscheidenden Haftungskriterien mit dieser Entscheidung vom subjektiven in den objektiven Bereich verlagert. Indem der BGH eine Haftung nur derjenigen Demonstrationsteilnehmer bejaht, die selbst aktiv Gewalt ausgeübt haben, erkennt er an, dass im haftungsbegründenden Bereich ein Kausalbeitrag vorliegen muss.

Darüber hinaus schränkt der BGH im subjektiven Bereich die Reichweite des ge- 54
meinschaftlichen Tatentschlusses ein. Der BGH unterscheidet zwischen denjenigen Demonstrationsteilnehmern, die sich maßgeblich an vorbereitenden Planungen von bestimmten Gewalttätigkeiten beteiligen, und denjenigen, die sich nur verabreden, im Rahmen einer Großdemonstration ein Gelände notfalls mit Gewalt zu besetzen, bzw sich erst im Verlauf der Demonstration aufgrund eines spontanen Entschlusses an der einen oder anderen gewalttätigen Handlung beteiligen (BGHZ 89, 383, 392 f = NJW 1984, 1226, 1228). Der BGH stellt klar, dass selbst die Planung von bestimmten Gewaltaktionen nicht allein das haftungsbegründende Kriterium sein könne, sondern nur die zusätzliche Beteiligung zur Durchsetzung des Planes in leitender Funktion (BGHZ 89, 383, 390, 392 f = NJW 1984, 1226, 1228). Bezüglich der zweiten Gruppe sei kein gemeinschaftlicher Tatentschluss im Hinblick auf alle im Verlauf der Demonstration von Mitdemonstranten verübten Körperverletzungen und/oder Beschädigungen anzunehmen. Der jeweilige Wille des einzelnen Demonstrationsteilnehmers zur Begehung von Gewalttaten sei in der Regel nur auf einen bestimmten Tatkomplex zu beziehen (BGHZ 89, 383, 392 = NJW 1984, 1226, 1228).

Den Anwendungsbereich der psychischen Beihilfe beschränkt der BGH bei Groß- 55
demonstrationen auf wenige Fälle, wobei er auch hier zu mehr objektiven Kriterien tendiert. Der sich an gewalttätigen Ausschreitungen nicht aktiv beteiligende Demonstrant werde nicht dadurch zum Mittäter oder Gehilfen, dass er bei Ausschreitungen an Ort und Stelle verharre, auch wenn er von vornherein mit Gewalttätigkeiten einzelner oder ganzer Gruppen rechne und wisse, dass er allein schon mit seiner Anwesenheit den Gewalttätern durch Gewährung von Anonymität Förderung und Schutz gewähre (BGHZ 89, 383, 395 = NJW 1984, 1226, 1229). Eine Haftung könne erst dort beginnen, wo sich der Demonstrant in eine überschaubare Gruppe begebe, aus der heraus Gewalt gegen Personen und Sachen verübt werde, und dort während schwerer Auseinandersetzungen ohne äußeren Zwang verbleibe, obwohl für ihn die Möglichkeit bestanden habe, sich vorher zu entfernen (BGH NJW 1984, 1226, 1232 [insofern in BGHZ 89, 383 nicht abgedruckt]). Es müsse sich allerdings um ein „ostentatives“ Zugesellen (BGHZ 89, 383, 395 = NJW 1984, 1226, 1229) handeln oder um ein Verharren in der Gruppe in der „offenkundigen“ Absicht, durch das Verschaffen eines Gefühls größerer Stärke Unterstützung zu leisten (BGH NJW 1984, 1226, 1234 [insofern in BGHZ 89, 383 nicht abgedruckt]). Das sei bei Bestärkung der Gruppe durch Anfeuerungsrufe (BGHZ 89, 383, 395 = NJW 1984, 1226, 1229) oder bei einem freiwilligen und bewaffneten Anschluss an die Gruppe (BGH NJW 1984, 1226, 1235 [insofern in BGHZ 89, 383 nicht abgedruckt]) der Fall.

Der BGH hat diese restriktive Auslegung des § 830 Abs 1 S 1, Abs 2 BGB damit be- 56
gründet, die Demonstrationsfreiheit dürfe nicht dadurch unterlaufen werden, dass

an die Bejahung einer haftungsbegründenden Teilnahme an Gewalttaten anderer Demonstranten zu geringe Anforderungen gestellt würden (BGHZ 89, 383, 395 = NJW 1984, 1226, 1229). Es ist zu wünschen, dass diese Auslegung nicht auf Großdemonstrationen heutigen Stils beschränkt bleibt (vgl auch Kreutziger 313). Die Entscheidung sollte vielmehr zum Überdenken des allzu subjektiven Verständnisses der Mittäterschaft und Teilnahme im Allgemeinen Anlass geben (so auch Erman/Wilhelmi § 830 Rn 4; im Hinblick auf psychische Beihilfe auf BGHZ 89, 383 verweisend BGH NJW 1990, 2553, 2554 und hieran anschließend OLG Oldenburg NJW-RR 2004, 1671, 1672 in Fällen zündelnder Kinder). Zwar knüpft der BGH in neueren Entscheidungen an die zu Demonstrationen entwickelte Formel hinsichtlich des objektiven Beitrags an der Tat (Rn 53) an (s insbes BGH NJW 2004, 3423, 3425, wo allein auf BGHZ 137, 89, 102 f = NJW 1998, 377 verwiesen wird; und später BGH NJW-RR 2011, 551, 553; BGH NJW-RR 2011, 1188, 1191; BGH NJW 2012, 3177, 3179; BGH NJW 2014, 1098, 1099 f; ebenso OLG Frankfurt 16. 12. 2021 – 3 U 90/20, juris Rn 69, AG 2022, 452; vgl NK-BGB/Katzenmeier § 830 Rn 5). In diesen Entscheidungen stand aber ein solcher Beitrag fest (Fallgruppe der sog neutralen Beihilfe, s dazu Rn 47 f), problematisch war nur, ob auch das subjektive Element vorlag. Ob § 830 Abs 1 S 1 BGB nunmehr generell Kausalität erfordert (zu dieser Problematik s Rn 13 f), kann also noch nicht als geklärt gelten (vgl auch OLG Frankfurt 16. 12. 2021 – 3 U 90/20, juris Rn 88 und OLG Köln 8. 11. 2019 – 6 U 187/18, juris Rn 77 f, wo die Kausalität geprüft und bejaht wird).

5. Einzelfragen

a) Anwendungsbereich

57 Die in § 830 Abs 1 S 1, Abs 2 BGB normierte Voraussetzung der Beteiligung an einer „unerlaubten Handlung" bedeutet nicht, dass alle Beteiligten nach den allgemeinen Deliktsvorschriften haften müssten. Gefordert wird nur, dass die Tat, wegen der neben dem Täter auch der Teilnehmer zur Verantwortung gezogen wird, die Merkmale einer unerlaubten Handlung (vorwiegend iS der §§ 823 ff BGB, aber auch der in anderen Haftungsgesetzen normierten Deliktstatbestände, zur Haftung der Bundesrepublik Deutschland nach Art 5 Abs 5 EMRK, § 830 Abs 2 BGB wegen konventionswidriger Gesetzgebung s KG NJW-RR 2016, 346, 347; auf Straftatbestände ist § 830 BGB nicht beschränkt, OLG Stuttgart 31. 1. 2025 – 5 U 89/24, juris Rn 70; kein Deliktstatbestand ist etwa § 64 S 1 GmbHG aF [s jetzt § 15b Abs 4 S 1 InsO], s BGH NJW-RR 2008, 1066, 1067; BGH NJW-RR 2019, 1181, 1182 Rn 20) aufweist. Ist das zu bejahen, dann kann eine Sondervorschrift, die die Haftungsfolgen für einen Beteiligten besonders regelt (im Fall: § 78 BBG bzw § 14 BAT), allenfalls für *diesen* die Anwendung des § 830 BGB einschränken. Für die übrigen Beteiligten, denen die Sonderregelung nicht zugutekommt, hat das keinen Einfluss (BGH NJW 1978, 816, 818 [insofern in BGHZ 70, 277 nicht abgedruckt]).

§ 830 Abs 1 S 1, Abs 2 BGB, also der „strafrechtliche" Teil des § 830 BGB, hat die Rechtsprechung im Gegensatz zu § 830 Abs 1 S 2 BGB lange Zeit nur wenig beschäftigt (vgl MünchKommBGB/Wagner § 830 Rn 17). Inzwischen hat sich das aber geändert, und im Bereich des Wirtschaftsrechts (etwa im Kapitalmarktrecht, Kartellrecht oder Urheberrecht, s Rn 26, 47 f, 59) stehen Mittäterschaft und Beihilfe immer häufiger in Rede. Ein neues Anwendungsfeld hat sich für die Teilnehmerhaftung insbesondere erschlossen (hierauf weist Fleischer NJW 2009, 2337, 2341 hin), seit der BGH die Geschäftsführer- und die Gesellschafterhaftung auf die deliktsrechtliche Generalklausel des § 826 BGB stützt (s nur BGHZ 160, 134 [Informatec] zur Kapitalmarktinformationshaftung; BGHZ 173, 246 [Trihotel] zur Existenzvernichtungshaftung). Insbesondere Aufsichtsratsmitglieder werden seitdem erfolgreich als Teilnehmer in Haftung genommen. Beispiele aus der Rechtsprechung: unterbliebenes Einschreiten gegen betrügerische Kapitalerhöhungen des Vorstands trotz gravierender Verdachtsmomente (OLG Düsseldorf NZG 2008, 713); fehlendes Einschreiten eines Aufsichtsratsvorsitzenden trotz Verdachtsmomenten für das kriminelle Handeln eines Vorstandes (OLG Düsseldorf BeckRS 2009, 6379 Tz 34 ff, 39; OLG Düsseldorf BeckRS 2008, 18212 Rn 28; s auch OLG Karlsruhe WM 2009, 1147, 1149 ff; weitere Beispiele bei STAUDINGER/OECHSLER [2021] § 826 Rn 134). OECHSLER (Rn 135 mwNw) verweist im Übrigen auf die Rechtsprechung des BGH zum sog Schwindelunternehmen und vermutet, dass die Bedeutung des § 830 BGB im Rahmen des § 826 BGB künftig deutlich abnimmt (s in dieser Hinsicht etwa OLG Dresden 31. 8. 2022 – 5 U 798/22, juris Rn 40, AG 2023, 749, 751).

Unter den Voraussetzungen des § 31 BGB haftet auch die juristische Person für Schäden, für die ihre Organe verantwortlich sind. Zur Haftung mehrerer juristischer Personen, wenn Organe verschiedener juristischer Personen mit ein und derselben natürlichen Person besetzt sind, s BGH 6. 3. 2025 – III ZR 137/24, NJW 2025, 2906 Rn 28 m kritischer Anm HORN ZGR 2025, 822. Im Fall (sog Infinus-Skandal) gehörten die F-KGaA und die P-AG zu einer Unternehmensgruppe auf dem Gebiet der Finanzdienstleistung. Vorstand der P-AG und zugleich persönlich haftender Gesellschafter der F-KGaA war J.B. Die F-KGaA deckte ihren Finanzierungsbedarf durch Ausgabe von Ordnerschuldverschreibungen. Ab einem bestimmten Zeitpunkt konnten die Zinsen für die bestehenden Orderschuldverschreibungen nur durch neue Abschlüsse gezahlt werden, so dass das Geschäft zu einem „Schneeballsystem" geworden war. Um dennoch fortgesetzt Anleger gewinnen und diesen gegenüber Gewinne darstellen zu können, schloss die F-KGaA unter Vermittlung anderer Unternehmen der Gruppe, wie der P-AG und (zumeist) der I-AG, selbst Lebens- und Rentenversicherungen ab (sog Eigenverträge). Infolge eines Gewinnabführungsvertrages wirkten die seitens der I-AG vom jeweiligen Versicherer vereinnahmten Provisionen auch bei der F-KGaA bilanziell gewinnerhöhend, obwohl die F-KGaA diese Provisionen – nach außen nicht erkennbar – über die Versicherungsprämien wirtschaftlich zu tragen hatte. Der BGH rechnet das betrügerische Handeln des J.B. gem § 31 BGB einerseits der F-KGaA zu, als deren Organ J.B. bei der Organisation des Vertriebs der Orderschuldverschreibungen handelte. Andererseits rechnet er es der P-AG zu, die J.B. zur Vermittlung der Eigenverträge der F-KGaA einsetzte (Fall der „neutralen" Beihilfe, siehe dazu Rn 47 f). Gem § 840 Abs 1 BGB haften beide Gesellschaften als Gesamtschuldner.

Der BGH wendet § 830 Abs 1 S 1, Abs 2 BGB auch bei vorbeugenden Unterlassungsansprüchen an (BGH MMR 2007, 507, 509 [drohende Markenverletzung]).

Auf die Gefährdungshaftung ist § 830 Abs 1 S 1, Abs 2 BGB nicht anwendbar. Sie **58**
betrifft die Haftung für Schäden, die durch eine an sich gestattete, spezifische Gefährdung entstehen. Von einem Vorsatz im Hinblick auf die Rechtsgutsverletzung – die unabdingbare Voraussetzung für Mittäterschaft, Anstiftung und Beihilfe (Rn 17 f, Rn 31 f, Rn 46) – ist die Gefährdungshaftung unabhängig, dieser Vorsatz hat im Rahmen der Gefährdungshaftung keinerlei Bedeutung. Bei der Gefährdungshaftung ist deshalb eine bewusst und gewollt gemeinschaftliche Herbeiführung des Schadens nicht möglich. Ebenso wenig ist ein auf Verwirklichung des Schadens durch einen anderen gerichteter Wille bei demjenigen haftungsrechtlich relevant, der den anderen

zur Unterhaltung einer Gefahrenquelle im Sinne eines Gefährdungshaftungstatbestandes veranlasst oder ihn dabei unterstützt hat. Weder Mittäterschaft noch Anstiftung oder Beihilfe sind demnach bei der Gefährdungshaftung denkbar (vgl dazu Eberl-Borges AcP 196 [1996] 491, 498 ff; dem folgend MünchKommBGB/Wagner § 830 Rn 15). Unzutreffend ist daher die Ansicht des AG Hannover (NJW-RR 1986, 704; zu dieser Entscheidung Eberl-Borges AcP 196 [1996] 491, 500, 523 f), das über einen Fall zu entscheiden hatte, in dem sich drei Hunde ineinander verbissen hatten, wodurch einer der Hunde verletzt wurde. Das Gericht entschied, die beiden anderen Hunde hätten nicht gemeinschaftlich gehandelt, wenn einer von ihnen zugebissen haben sollte, prüfte also offenbar § 830 Abs 1 S 1 iVm § 833 S 1 BGB, allerdings nicht im Hinblick auf eine Mittäterschaft der Hundehalter, sondern der Hunde (!). Zweifelhaft insoweit auch die – allerdings nicht zu § 830 BGB ergangene – Entscheidung BGH NJW 2015, 1824, 1826, wo das Gericht darauf abstellt, alle Ponys einer Reitgruppe seien „gemeinschaftlich" durchgegangen (s dazu noch Rn 91). Richtigerweise wäre im Fall des AG Hannover nicht § 830 Abs 1 S 1 BGB, sondern § 830 Abs 1 S 2 BGB anzuwenden gewesen. Der danach dem Grunde nach zu bejahende Anspruch hätte aber in der Höhe gekürzt werden müssen, weil sich der Halter des verletzten Hundes die von diesem ausgehende Tiergefahr entsprechend § 254 BGB anrechnen lassen muss (zu dieser Problematik Eberl-Borges AcP 196 [1996] 491, 523 f).

b) Pflichtverletzung

59 Wenn es um die **Verletzung besonderer Pflichten** geht (§§ 142, 332 StGB), kommt als Mittäter nur der Pflichtenträger in Frage (BGH 10. 7. 2023 – VIa 1119/22, juris Rn 20, WM 2023, 1530 Rn 20 zur Sonderpflicht des Fahrzeugherstellers, eine mit den [unions-]gesetzlichen Vorgaben konvergierende Übereinstimmungsbescheinigung herauszugeben; vgl zu Kartellrechtsverstößen OLG Düsseldorf NZKart 2014, 68, 72). Entsprechendes gilt für Delikte mit besonderen Tätermerkmalen. Eigenhändige Delikte (Meineid: RGSt 61, 199, 201; § 173 StGB) können nur in Alleintäterschaft begangen werden. Insoweit kommt aber für den „Außenstehenden" eine Haftung nach § 830 Abs 2 BGB in Betracht.

Eine deliktische Außenhaftung von Organmitgliedern (insbes Vorstandsmitgliedern einer Aktiengesellschaft) für fehlerhafte Ad-hoc-Mitteilungen lässt sich über § 830 Abs 1 S 1, Abs 2 BGB nicht begründen (ebenso BeckOK-WpHR/Buck-Heeb [1. 1. 2026] § 97 WpHG Rn 124–127 mwNw; Maier-Reimer/Webering WM 2002, 1857, 1864; MünchKommBGB/Wagner § 830 Rn 12, 41; Schwark/Zimmer/Zimmer/Steinhaeuser, Kapitalmarktrechts-Kommentar [5. Aufl 2020] §§ 97, 98 WpHG Rn 154 mwNw; **aA** wohl Rieckers BB 2002, 1213, 1220; Schwark EWiR 2001, 1049, 1050). Die Ad-hoc-Publizitätspflicht nach § 17 MAR trifft nämlich nur den Emittenten (das Unternehmen), während die Organmitglieder keiner eigenständigen Pflicht unmittelbar gegenüber den Anlegern unterworfen sind und daher nicht als Mittäter in Betracht kommen. Normadressat der zum Schadensersatz verpflichtenden Normen, §§ 97, 98 WpHG, ist vielmehr nur der Emittent (zu der Frage, ob die Haftung aus §§ 97, 98 WpHG überhaupt als deliktische Haftung oder vielmehr als Vertrauenshaftung zu sehen ist, vgl BeckOK-WpHR/Buck-Heeb [1. 1. 2026] § 97 WpHG Rn 10–13 mwNw; Schwark/Zimmer/Zimmer/Steinhaeuser, Kapitalmarktrechts-Kommentar [5. Aufl 2020] §§ 97, 98 WpHG Rn 11–15 mwNw). Geben die Organmitglieder eine fehlerhafte Ad-hoc-Mitteilung ab, verletzen sie daher nur ihre Pflichten gegenüber dem Unternehmen, das sie leiten. Eine Haftung als Anstifter oder Gehilfe kommt ebenfalls nicht in Betracht (ebenso BeckOK-WpHR/Buck-Heeb [1. 1. 2026] § 97 WpHG Rn 127; Fleischer AG 2008, 265, 271; Maier-Reimer/Webering WM 2002, 1857, 1864; Schwark/Zimmer/Zimmer/Steinhaeu-

SER, Kapitalmarktrechts-Kommentar [5. Aufl 2020] §§ 97, 98 WpHG Rn 154; entsprechend zur Haftung des Geschäftsleiters für Datenschutzverstöße SCHMITT ZGR 2021, 559, 577). Denn die juristische Person handelt (und unterlässt) durch ihre Organe. Die Organmitglieder als Anstifter oder Gehilfen der juristischen Person im Hinblick auf eben diese Handlung oder Unterlassung anzusehen, würde die juristische Konstruktion überstrapazieren. Den geschädigten Anlegern haften Organmitglieder daher nur, wenn sie ein über die Verletzung der Ad-hoc-Publizität hinausgehendes Delikt verwirklicht haben, sie also eine Straftat begangen oder eine vorsätzliche sittenwidrige Schädigung (§ 826 BGB) einzelner Anleger bezweckt haben.

Die Frage eines Pflichtenverstoßes wird vor allem auch bei mittelbaren Verletzungshandlungen relevant. So ging es im Rahmen des sog „Abgasskandals" darum, ob der Zulieferer, der die Motorsteuerungssoftware geliefert hatte, dadurch Beihilfe zur nicht rechtzeitigen Unterrichtung über die Verwendung dieser Software durch den Automobilhersteller (§§ 31, 823 Abs 2, 826 BGB) geleistet hatte. Der Zulieferer wurde von Kapitalanlegern, die an dem belieferten Hersteller beteiligt waren, auf Schadensersatz in Anspruch genommen. Der BGH hat einen solchen Anspruch verneint und darauf abgestellt, dass den Zulieferer keine Verhaltenspflicht trifft, in deren persönlichen Schutzbereich diese Kapitalanleger fallen (BGH NZG 2021, 1419, 1421 f Rn 20; s dazu bereits Rn 48; zust GIEDINGHAGEN/SCHIRRMACHER EWiR 2021, 613 f; s dazu auch STAUDINGER/OECHSLER [2021] § 826 Rn 136 und im Unterschied dazu Rn 137 zu unmittelbaren Verletzungshandlungen).

c) Mittäterexzess

Überschreitet ein Täter den Rahmen des gemeinsam Gewollten, so haften die anderen für diesen **Exzess des Mittäters** nicht (BGHZ 59, 30, 42; BGHZ 63, 124, 128; BGHZ 89, 383, 396 = NJW 1984, 1226, 1229; BGH VersR 1960, 540; BGH NStZ-RR 2015, 320; BGH NStZ 2017, 277, 278; BGH NStZ-RR 2018, 121, 122; OLG Frankfurt NJW-RR 1989, 794, 795; zu der Frage, wann ein solcher Exzess vorliegt, s MünchKommStGB/SCHEINFELD [5. Aufl 2024] § 25 Rn 246 ff). Das gilt auch für Anstifter und Gehilfen, dh die Haftung nach § 830 Abs 2 BGB greift nicht ein, soweit der Täter über das vom Vorsatz des Teilnehmers Umfasste hinausgeht (BGHZ 89, 383, 396 = NJW 1984, 1226, 1229; BGH NJW 2005, 3137, 3140). **60**

d) Rechtswidrigkeit

§ 830 Abs 1 S 1 BGB ist nur anwendbar, wenn und soweit alle Mittäter **rechtswidrig** handeln. Haben mehrere Personen durch teils erlaubte, teils unerlaubte Handlungen als einheitliche Ursache einen Schaden herbeigeführt, so ist für den ganzen Schaden nur haftbar, wem eine unerlaubte Handlung zur Last fällt (vgl RGZ 73, 289, 290). Auch Anstiftung und Beihilfe müssen rechtswidrig sein und sich auf eine rechtswidrige Haupttat beziehen. **61**

e) Deliktsfähigkeit

Mittäterschaft, Anstiftung und Beihilfe werden nicht dadurch ausgeschlossen, dass einer der Mitwirkenden nicht **deliktsfähig** ist (§§ 827, 828 BGB). Dieser haftet dann nur nach § 829 BGB (BGH LM Nr 15). Bei Deliktsunfähigkeit des „Haupttäters" wird aber vielfach mittelbare Täterschaft des „Anstifters" oder „Gehilfen" vorliegen (vgl MünchKommBGB/WAGNER § 830 Rn 14). **62**

f) Mitverschulden

63 § 830 Abs 1 S 1 BGB ist entsprechend anwendbar bei **Mitverschulden** (§ 254 BGB) des durch unerlaubte Handlung Verletzten, wenn an dem als Verschulden anzurechnenden Verhalten mehrere mittäterartig beteiligt sind (RG Recht 1911 Nr 2091). Handeln umgekehrt die Schädiger als Mittäter oder Gehilfen, sind im Rahmen der Prüfung eines Mitverschuldens des Geschädigten gemäß § 254 BGB ihre Verursachungs- und Schuldbeiträge in einer Gesamtschau dem Beitrag des Geschädigten gegenüberzustellen (BGH NJW 2018, 1751, 1753 Rn 22 mwNw; OLG Köln 8. 11. 2019 – 6 U 187/18, juris Rn 106). Da fahrlässiges mitwirkendes Verhalten im Falle eines vorsätzlich handelnden Schädigers in der Regel nicht angerechnet wird (BGH NJW 2018, 1751, 1753 Rn 21 mwNw), ist bei Mittäterschaft, Anstiftung und Beihilfe ein Mitverschulden bereits dann in der Regel ausgeschlossen, wenn einer der Mittäter, Anstifter oder Gehilfen mit zumindest direktem Vorsatz handelte (BGH NJW 2018, 1751, 1753 Rn 22; OLG Köln 8. 11. 2019 – 6 U 187/18, juris Rn 106).

g) Rücktritt von einer Verabredung

64 Verabreden A und B die gemeinsame Begehung einer unerlaubten Handlung und führt nur A die Tat aus, während B abredewidrig nicht mitwirkt oder gar seine Mitwirkung ausdrücklich verweigert, so ist B gleichwohl für den von A herbeigeführten Schaden in vollem Umfang haftbar, wenn sein vorangegangenes Verhalten kausal im Tun des A (durch Weckung des Tatentschlusses, Hinweise für die Durchführung der Tat) weiterwirkt (BGH VersR 1963, 1141).

h) Fortsetzungstat

65 Der Anwendungsbereich der **Fortsetzungstat** ist für das Strafrecht durch den Beschluss des GrSenBGH v 3. 5. 1994 (BGHSt 40, 138) auf Ausnahmefälle eingeschränkt worden (vgl dazu MünchKommStGB/El-Ghazi [5. Aufl 2025] § 52 Rn 86; Tübinger Kommentar/Sternberg-Lieben/Bosch, StGB [31. Aufl 2025] Vorbem zu §§ 52 ff Rn 31, die das Rechtsinstitut der Fortsetzungstat als abgeschafft betrachten). Im Zivilrecht spielt diese Rechtsfigur erst recht keine Rolle. Die zivilrechtliche Haftung des Teilnehmers für den angerichteten Schaden beschränkt sich in jedem Fall auf den Teil einer „fortgesetzten Handlung", an dem er ausführend, bestimmend oder fördernd mitgewirkt hat (BGH LM § 823 BGB [BE] Nr 4).

i) Abgrenzung Mittäterschaft und Teilnahme

66 Ob im Einzelfall Mittäterschaft und Teilnahme vorliegen, **entscheidet der Zivilrichter selbstständig**. An eine abweichende rechtliche Beurteilung im Strafverfahren ist er nicht gebunden (BGHZ 8, 288, 293 = NJW 1953, 499, 500; BGH NJW 2022, 705, 706 Rn 11 [s auch Rn 12 zur Darlegungs- und Beweislast im Falle einer rechtskräftigen strafrechtlichen Verurteilung]; OLG Koblenz NJW-RR 1009, 1247 f).

III. Beteiligte (§ 830 Abs 1 S 2 BGB)

1. Regelungsbereich

67 Auch § 830 Abs 1 S 2 BGB betrifft – wie § 830 Abs 1 S 1, Abs 2 BGB – den Fall, dass nicht nur eine Person als Schädiger in Betracht kommt, sondern bei der Entstehung des Schadens mehrere Personen im Spiel sind. Anders als bei § 830 Abs 1 S 1, Abs 2 BGB wirken diese mehreren Personen allerdings nicht bewusst und gewollt zusam-

men, sondern handeln unabhängig voneinander. Die Kategorie der Beteiligten iS des § 830 Abs 1 S 2 BGB ähnelt somit in subjektiver Hinsicht der nicht im Gesetz geregelten Kategorie der Nebentäter, die durch selbstständige Einzelhandlungen ohne bewusstes Zusammenwirken einen Schaden mitverursachen (BGHZ 30, 203, 206). Der Unterschied zwischen Nebentätern und Beteiligten besteht in folgendem: Der Nebentäter hat für die Folgen seines eigenen rechtswidrigen Verhaltens nach den allgemeinen Zurechnungsregeln einzustehen (BGH NJW 1988, 1719, 1720). Er haftet also auf das Ganze, wenn sein Verhalten den Gesamtschaden mitverursacht hat (vgl BGH NJW 1994, 932, 934 [Kindertee]), sonst auf den bestimmten, unterscheidbaren Teil des Schadens, den sein Verhalten verursacht hat (Hk-BGB/Staudinger § 830 Rn 2). Die Kausalität muss somit feststehen. Demgegenüber ist das Handeln der Beteiligten iS des § 830 Abs 1 S 2 BGB nur potenziell kausal für den eingetretenen Schaden: Die Vorschrift ordnet die Verantwortlichkeit jedes Beteiligten an, wenn sich nicht ermitteln lässt, welcher Beteiligte ihn durch seine Handlung verursacht hat. Beteiligte sind damit potenzielle Nebentäter.

2. Zweck der Norm

68 § 830 Abs 1 S 2 BGB verhilft dem Geschädigten zu einem Ersatzanspruch in Fällen, in denen sich nicht ermitteln lässt, wer von mehreren Beteiligten den Schaden verursacht hat. Damit ist es Zweck der Vorschrift – nicht anders als bei § 830 Abs 1 S 1, Abs 2 BGB – eine Beweisnot des Geschädigten zu beheben. Es haften dann neben dem, der den Schaden wirklich verursacht hat, aber nicht genau ermittelt werden kann, auch die weiteren Handelnden, die ihn nur möglicherweise verursacht haben. Die ratio des § 830 Abs 1 S 2 BGB erschließt sich – anders als bei § 830 Abs 1 S 1, Abs 2 BGB – nicht von Seiten des potenziellen Schädigers her, sondern aus der Position des Geschädigten. Dieser hat einen Schaden erlitten, der nach den Gerechtigkeitsentscheidungen der Haftungsordnung unzweifelhaft auszugleichen, dh von Dritten zu ersetzen ist. Demgegenüber hat der Beteiligte – abgesehen vom Merkmal der Kausalität – einen Haftungstatbestand verwirklicht. Er hat eine Handlung vorgenommen, die zu dem eingetretenen Schaden führen konnte. Ob sie tatsächlich für ihn kausal wurde, war nur noch eine Frage des Zufalls. Wurde sie nicht kausal, so war dies jedenfalls kein Verdienst des Beteiligten. Unter diesen Voraussetzungen erscheint es gerechtfertigt, das Interesse des Geschädigten, überhaupt Ersatz zu erlangen, gegenüber den Interessen der Beteiligten, nicht ohne Kausalitätsnachweis haften zu müssen, höher zu bewerten und das Unaufklärbarkeitsrisiko auf die Beteiligten zu verlagern (vgl Bauer JZ 1971, 4, 6 f; Eberl-Borges AcP 196 [1996] 491, 502 ff, insbes 510 f; Soergel/Krause § 830 Rn 14; Spindler AcP 208 [2008] 283, 310).

3. Alternative und kumulative Kausalität

69 Seinem Wortlaut nach betrifft § 830 Abs 1 S 2 BGB zunächst den Fall, dass der wirkliche Urheber des Schadens nicht ermittelt werden kann. Diese sog alternative Kausalität (auch Urheberzweifel genannt) ist durch vier Kriterien gekennzeichnet (vgl BGHZ 25, 271, 274; BGHZ 33, 286, 292; BGHZ 67, 14, 19; BGHZ 72, 355, 358; BGH LM Nr 23; BGH NJW 1987, 2810, 2811):

(1) Mehrere Personen haben unabhängig voneinander eine für den Rechtskreis des Geschädigten gefährliche Handlung begangen.

(2) Eine dieser Handlungen hat den Schaden tatsächlich verursacht.

(3) Die Handlung einer jeden Person kann den Schaden verursacht haben.

(4) Der wirkliche Urheber des Schadens ist nicht zu ermitteln.

70 Seinem Sinn und Zweck nach wird § 830 Abs 1 S 2 BGB auch auf den Fall erstreckt, dass sich nicht ermitteln lässt, welchen Schadensanteil der einzelne Beteiligte verursacht hat, sein Verhalten aber für den gesamten Schaden kausal sein kann. Diese sog kumulative Kausalität (auch Anteilszweifel genannt) lässt sich durch folgende vier Kriterien kennzeichnen (vgl BGHZ 33, 286, 292 f; BGHZ 55, 86, 92 f; BGHZ 72, 355, 358; BGHZ 85, 375, 383; OLG Düsseldorf MDR 1984, 400, 401):

(1) Mehrere Personen haben unabhängig voneinander eine für den Rechtskreis des Geschädigten gefährliche Handlung begangen.

(2) Eine dieser Handlungen hat den Schaden tatsächlich verursacht, oder mehrere dieser Handlungen haben den Schaden gemeinsam tatsächlich verursacht.

(3) Die Handlung einer jeden Person kann den gesamten Schaden verursacht haben.

(4) Welchen Anteil jeder einzelne an dem Schaden wirklich hat, ist nicht zu ermitteln.

71 Eine kumulative Kausalität iS des § 830 Abs 1 S 2 BGB liegt nicht vor, wenn feststeht, dass die Beteiligten nur je einen Teil des Schadens verursacht haben, aber unklar ist, wie groß die einzelnen Anteile sind (**aA** Mehring 54–67). Hier besteht die für § 830 Abs 1 S 2 BGB charakteristische Beweisnot des Verletzten nicht, weil der Schaden durch richterliche Schadensschätzung gemäß § 287 ZPO auf die verschiedenen Schädiger aufgeteilt werden kann (BGHZ 101, 106, 113; KG NZV 1989, 232; s auch Becker/Weidt JuS 2016, 481, 484, 485). Diese – nicht von § 830 Abs 1 S 2 BGB erfasste – Fallgruppe ist in der Praxis anhand von Fallgestaltungen entwickelt worden, bei denen mehrere Täter gleichzeitig oder nacheinander in Ausnutzung derselben Gelegenheit, jedoch ohne Verbindung miteinander, aus einem Warenlager plünderten, ohne dass sich ermitteln ließ, wie hoch der Anteil des einzelnen an dem insgesamt entstandenen Schaden war (vgl OLG Bamberg NJW 1949, 225 f; OLG Koblenz AcP 150 [1949] 453 f; OLG Braunschweig JR 1951, 658 f; OLG Hamburg MDR 1956, 676 f; Bauer JZ 1971, 4, 8; MünchKommBGB/Wagner § 830 Rn 56, 75).

Ebenfalls nicht unter § 830 Abs 1 S 2 BGB fällt die seit einiger Zeit diskutierte Problematik von Gremienentscheidungen, die insbesondere das Gesellschaftsrecht betrifft: Ein Gremium (zB Vorstand, Aufsichtsrat) fasst einen pflichtwidrigen Beschluss (Bsp: ein die Gesundheit der Nutzer gefährdendes Produkt nicht zurückzurufen, so im berühmten Lederspray-Fall BGHSt 37, 106 = NJW 1990, 2560), was in der Folge zu Schäden Dritter führt. Haften hierfür diejenigen Gremienmitglieder, die für den Beschluss gestimmt haben? Für die rechtliche Beurteilung ist zu unterscheiden zwischen Beschlüssen mit knapper Mehrheit und solchen mit darüber hinausgehender Mehrheit bzw sogar einstimmig gefassten Beschlüssen. Im ersten Fall liegt kumulative Kausalität vor (erst durch das Zusammenwirken mehrerer Handlungen tritt ein Schaden ein), denn jede Stimme ist für die Beschlussfassung verantwortlich: Kein Gremienmitglied kann sich nämlich darauf berufen, dass die Mehrheit auch ohne seine Stimme zu Stande gekommen wäre. § 830 Abs 1 S 2 BGB ist aber nicht betroffen, denn es fehlt an dem Kriterium, dass die Handlung einer jeden Person den gesamten Schaden verursacht haben kann (Rn 70 [3]): Eine einzelne Stimme kann ja keinen Beschluss zustande bringen und demzufolge auch nicht den gesamten Schaden verursachen. Letzteres gilt natürlich auch im Falle komfortablerer Mehrheiten und bei einstimmig gefassten Beschlüssen, sodass auch diese nicht unter § 830 Abs 1 S 2 BGB fallen. – Problematisch an der Haftung für Gremienentscheidungen ist, dass die Mitglieder bei knappen Entscheidungen – eben wegen der zu bejahenden kumulativen Kausalität – haften, und zwar nicht nur anteilig, sondern nach § 840 Abs 1 BGB als Gesamtschuldner; bei größeren Mehrheiten oder Einstimmigkeit haften sie dagegen mangels Kausalität nicht: Die einzelne Stimme kann ja hinweggedacht werden, ohne dass der Beschluss entfiele. Diese unterschiedliche Behandlung erscheint nicht gerechtfertigt. Ob aber nicht oder immer gehaftet werden soll, liegt nicht von vornherein auf der Hand. So kann sich im Hinblick auf fahrlässige Pflichtverletzungen die drohende Haftung auf die Entscheidungsfähigkeit des Gremiums auswirken, was wiederum eine unerwünschte Konsequenz ist. Das berücksichtigen Vorschriften wie § 93 Abs 1 S 2 AktG, demzufolge eine Haftung (im Innenverhältnis) ausgeschlossen ist, wenn ein Vorstandsmitglied vernünftigerweise annehmen durfte, auf der Grundlage angemessener Information zum Wohl der Gesellschaft zu handeln. Insofern mag auch im Außenverhältnis ein reduzierter Haftungsmaßstab gelten. Andererseits kommt bei vorsätzlicher Pflichtverletzung unter Umständen eine Mittäterschaft und damit eine Haftung nach § 830 Abs 1 S 1 BGB in Betracht. Im Bereich dazwischen kann die Haftung im Falle größerer Mehrheiten und einstimmiger Beschlüsse an die Haftung bei knapper Mehrheit angeglichen werden (im Sinne einer Analogie), denn es ist nicht einzusehen, warum es dem einzelnen pflichtwidrig abstimmenden Gremienmitglied zugutekommen soll, dass auch andere – „mehr als genug" – dies tun. Eine andere, in der Literatur vertretene Ansicht wendet demgegenüber § 830 Abs 1 S 2 BGB analog an (Becker/Weidt JuS 2016, 481, 487; Fleischer BB 2004, 2645, 2647; Röckrath NStZ 2003, 641, 644; MünchKommBGB/Wagner § 830 Rn 84). Da die Norm allerdings für einen eng umgrenzten Anwendungsbereich konzipiert ist, stehen einer analogen Anwendung Bedenken entgegen. – Das Kausalitätsproblem vermeidet Ernst (AcP 223 [2023] 170, 200 ff, 211), indem er davon ausgeht, der Deliktstatbestand werde erst dadurch verwirklicht, dass der Vorsitzende den Beschluss feststellt. Eine fördernde Mitwirkung (im Sinne von Mittäterschaft oder Beihilfe) der Gremienmitglieder, die mit JA gestimmt haben, lässt sich dann unschwer bejahen. Ob dem eher formellen Akt der Beschlussfeststellung tatsächlich eine solche haftungsrechtliche Bedeutung zukommen kann, ist allerdings fraglich. Auch im Strafrecht wird das Gremienproblem als Kausalitätsproblem begriffen (Übersicht über die im Strafrecht vertretenen Lösungsansätze bei Porath ZJS 2023, 1218, 1219 ff). Dabei ist nach einer von Puppe (JR 1992, 30, 32) als Alternative zur conditio-Formel entwickelten Kausalitätslehre jedes Verhalten kausal, das notwendiger Bestandteil einer (von möglicherweise mehreren) eingetretenen hinreichenden Mindestbedingung ist. Mit diesem Konzept lässt sich die Kausalität auch der einzelnen Stimme bei Gremienentscheidungen ohne weiteres bejahen. Es ist nach Porath (ZJS 2023, 1218, 1228) auch auf das Zivilrecht zu übertragen.

4. Unabhängigkeit der Handlungen

72 Beiden Fallgruppen des § 830 Abs 1 S 2 BGB ist das erste Kriterium gemein, dass mehrere Personen unabhängig voneinander eine für den Rechtskreis des Geschädigten gefährliche Handlung begangen haben. Dieses Kriterium bezeichnet zunächst die Beteiligung als „potenzielle Nebentäterschaft" und grenzt die Vorschrift von § 830 Abs 1 S 1, Abs 2 BGB ab (Rn 67): Die mehreren Personen haben nicht bewusst und gewollt zusammengewirkt, sind also nicht Mittäter; sie sind auch nicht Anstifter oder Gehilfen.

5. Verwirklichung eines Haftungstatbestandes

73 Darüber hinaus ist mit dem Merkmal der Begehung einer für den Rechtskreis des Geschädigten gefährlichen Handlung gemeint, dass jeder Beteiligte einen Haftungstatbestand verwirklicht haben muss, wobei abgesehen von der Kausalität alle Tatbestandsvoraussetzungen vorliegen müssen.

a) In Betracht kommende Haftungstatbestände

74 Es kommen alle Haftungstatbestände des Titel 27 in Betracht, einschließlich der Haftung für vermutetes Verschulden und der Gefährdungshaftung (BGHZ 55, 96, 98; BGH VersR 1956, 627, 629; OLG Düsseldorf VersR 1980, 1171; MünchKommBGB/Wagner § 830 Rn 57) sowie der Billigkeitshaftung nach § 829 BGB (RGZ 74, 143; MünchKommBGB/Wagner § 830 Rn 57). Außerdem ist § 830 Abs 1 S 2 BGB auf alle Gefährdungshaftungstatbestände außerhalb des BGB entsprechend anwendbar (MünchKommBGB/Wagner § 830 Rn 58).

75 Das RG hat die Anwendbarkeit des § 830 Abs 1 S 2 BGB auf Gefährdungshaftungstatbestände noch abgelehnt (RGZ 102, 316, 319 zu einem Fall der Haftung für Bergschäden nach § 148 des Preußischen Allgemeinen Berggesetzes) und darauf abgestellt, die Beweiserleichterung der Norm finde ihre Rechtfertigung im deliktischen Charakter der Handlung, der ein rechtswidriges und schuldhaftes Verhalten des Täters voraussetze (RGZ 102, 316, 320; zu dieser Argumentation Eberl-Borges AcP 196 [1996] 491, 503 ff). Die Gefährdungshaftung betrifft demgegenüber Tatbestände, in denen eine Gefahrenquelle in rechtmäßiger und erlaubter Weise unterhalten wird.

76 Der innere Grund des § 830 Abs 1 S 2 BGB erklärt sich jedoch nicht im Hinblick auf die Person des Beteiligten und sein vorwerfbares Verhalten, sondern im Hinblick auf die Person des Geschädigten und seine Beweisnot. Die Vorschrift hat die Überwindung einer Beweisschwierigkeit des Geschädigten zum Ziel, dessen Ersatzanspruch nicht daran scheitern soll, dass nicht mit voller Sicherheit festgestellt werden kann, wer von mehreren Beteiligten der eigentliche Schädiger gewesen ist. Dieser Gesetzeszweck kann auch dann zutreffen, wenn die mehreren Beteiligten eine Gefährdungshaftung trifft (vgl BGH LM Nr 12). Die dem § 830 Abs 1 S 2 BGB zugrundeliegende Sach- und Interessenlage (Rn 68) ist keine Besonderheit der Verschuldenshaftung; sie kann genauso vorliegen, wenn die Verwirklichung von Gefährdungshaftungstatbeständen in Rede steht. Der BGH ist der Argumentation des RG daher zu Recht nicht gefolgt und wendet mit der allgemeinen Meinung in der Literatur § 830 Abs 1 S 2 BGB auch auf die Gefährdungshaftungstatbestände an (BGH LM Nr 12 [zu § 7 StVG]; BGHZ 101, 106, 111 = NJW 1987, 2811, 2812; BGH NJW 2018, 3439 Rn 12; ebenso OLG

Stuttgart VersR 1973, 325, 327; Eberl-Borges AcP 196 [1996] 491, 512 f; vgl Bauer JZ 1971, 4, 10; Soergel/Krause § 830 Rn 14; Schantl VersR 1981, 105, 106; MünchKommBGB/Wagner § 830 Rn 57 f; Weimar MDR 1960, 463, 464; die analoge Anwendbarkeit ist allerdings – wegen weitgehend fehlender Gesetzeslücke – eingeschränkt im Hinblick auf § 89 WHG [§ 22 WHG aF] und § 1 UmweltHG, vgl Eberl-Borges AcP 196 [1996] 491, 541 ff, 547 ff; sowie § 84 Abs 2 AMG, vgl MünchKommBGB/Wagner § 830 Rn 59).

77 Es wird befürchtet, dass es durch diese Anwendung zu einer zu weitgehenden Ausdehnung der Gefährdungshaftung kommen könnte, weil sich neben dem sowieso schon entfallenden Verschuldensnachweis zusätzlich der Kausalitätsnachweis erübrige (vgl Schantl VersR 1981, 105, 106). Eine derartige Gefahr besteht jedoch nicht. Eine Ausuferung der Gefährdungshaftung wird verhindert durch das dritte Kriterium der alternativen und der kumulativen Kausalität: Die Unterhaltung der Gefahrenquelle muss den (gesamten) Schaden verursacht haben *können*. Diese potenzielle Kausalität liegt nicht schon durch die generelle, abstrakte Gefährlichkeit der betriebenen Anlage, des gehaltenen Tieres usw vor, an die die Gefährdungshaftungstatbestände anknüpfen (Rn 91).

78 § 830 Abs 1 S 2 BGB ist auch anwendbar, wenn ein Verschuldenshaftungstatbestand mit einem Gefährdungshaftungstatbestand zusammentrifft (BGB-RGRK/Steffen § 830 Rn 15).

79 Auf vertragliche Schadensersatzansprüche ist § 830 Abs 1 S 2 BGB entsprechend anwendbar (OLG Hamm, einschlussweise wiedergegeben in BGH VersR 1968, 493, 494; OLG Hamm MDR 2009, 138; OLG Düsseldorf 15. 1. 2016 – 22 U 92/15, BeckRS 2016, 01669; Schantl VersR 1981, 105, 107; MünchKommBGB/Wagner § 830 Rn 60; **aA** Henne VersR 2002, 685, 687 f; der BGH hat die Frage in VersR 1968, 493, 494 noch offen gelassen, dann aber in NJW 2001, 2538, 2539 bejaht [zu einem Anspruch aus positiver Forderungsverletzung; auf die Verwirklichung eines Haftungstatbestandes durch einen weiteren Beteiligten geht das Gericht allerdings nicht ein, ausführliche Kritik bei Eberl-Borges NJW 2002, 949; Frommhold Jura 2003, 403, 408 ff und Henne VersR 2002, 685, 686 f]; ebenso OLG Düsseldorf NZBau 2015, 769, 771 Rn 21; OLG Naumburg 7. 12. 2018 – 7 U 40/18, juris Rn 66). Der historische Gesetzgeber hat den Fall, dass dem Geschädigten der Verursachungsnachweis infolge der Beteiligung mehrerer Vertragspartner erschwert sein kann, nicht absichtlich ungeregelt gelassen. Das gesetzgeberische Motiv für die Beweiserleichterung des § 830 Abs 1 S 2 BGB rechtfertigt die analoge Anwendung (vgl Schantl VersR 1981, 105, 107 f). Sie setzt ein vertragswidriges Verhalten jedes Beteiligten voraus (BGH VersR 1968, 493, 494; OLG Hamm NJW 1982, 2005, 2007). Die entsprechende Anwendbarkeit auf vertragliche Schadensersatzansprüche bedeutet nicht, dass § 830 Abs 1 S 2 BGB generell im Vertragsrecht entsprechend anwendbar wäre. Die Beweiserleichterung kommt daher nicht einem Versicherungsnehmer zugute, wenn in der Kfz-Vollkaskoversicherung gegen Diebstahl ein Versichererwechsel stattgefunden hat und unklar ist, ob das Fahrzeug vor oder nach dem Versichererwechsel entwendet worden ist (OLG Frankfurt 25. 6. 2025 – 7 U 69/24, juris Rn 44). Zwar ist umstritten, wie die Pflicht des Versicherers einzuordnen ist (zum Meinungsstand s Prölss/Martin/Armbrüster VVG § 1 Rn 120 ff). Schadensersatz schuldet er aber jedenfalls nicht. Die (analoge) Anwendbarkeit des § 830 Abs 1 S 2 BGB verlangt zumindest eine Verantwortlichkeit des Anspruchsgegners für die Schadensquelle (vgl OLG Frankfurt 25. 6. 2025 – 7 U 69/24, juris Rn 44).

80 Entsprechend anwendbar ist § 830 Abs 1 S 2 BGB schließlich auch auf den Ausgleichsanspruch nach § 906 Abs 2 S 2 BGB (BGHZ 101, 106, 111 = NJW 1987, 2811, 2812; Grüneberg/Retzlaff § 830 Rn 13; MünchKommBGB/Wagner § 830 Rn 57; **aA** Staudinger/Tolani [2026] Einl 222 zum UmweltHR), auf den Beseitigungsanspruch nach § 1004 Abs 1 BGB (BGH NVwZ 2020, 1207, 1210 Rn 29; LG Köln NJW-RR 1990, 865, 866; einschränkend BeckOK-BGB/Förster [1. 2. 2026] § 830 Rn 43, 43.1; MünchKommBGB/Wagner § 830 Rn 57), auf Entschädigungsansprüche aus enteignendem und enteignungsgleichem Eingriff (BGHZ 101, 106, 111 = NJW 1987, 2811, 2812; Grüneberg/Retzlaff § 830 Rn 13; MünchKommBGB/Wagner § 830 Rn 57), den Anspruch auf Ersatz von Wildschaden nach § 29 BJagdG (Staudinger/Bernau § 835 Rn 5; **aA** LG Krefeld, Jagdr Entsch, Bd II, Sachg IX, Nr 21) sowie auf Schadensersatzansprüche des Dienstherrn nach öffentlichem Dienstrecht (BVerwG NJW 1999, 3727, 3729 zu § 24 Abs 1 Soldatengesetz; MünchKommBGB/Wagner § 830 Rn 57).

b) Verwirklichung der Tatbestandsmerkmale durch jeden Beteiligten

81 Die Voraussetzung, dass jeder Beteiligte einen Haftungstatbestand verwirklicht haben muss, bedeutet, dass abgesehen vom Tatbestandsmerkmal der Kausalität bei jedem Beteiligten die Voraussetzungen einer unerlaubten Handlung nach §§ 823 ff BGB, eines außerhalb des BGB geregelten Gefährdungshaftungstatbestandes oder eines sonstigen Tatbestandes, auf den § 830 Abs 1 S 2 BGB entsprechend anwendbar ist, vorliegen müssen (vgl BGH NJW 1989, 2943, 2944).

82 Im Falle eines Verschuldenshaftungstatbestandes muss das Verhalten jedes Beteiligten also insbesondere rechtswidrig sein (BGH VersR 1979, 822; vgl LG Essen, Jagdr Entsch, Bd XI, Sachg XI, Nr 101 – keine Anwendung des § 830 Abs 1 S 2 BGB, wenn bei einer Wildtaubenjagd Brieftauben getötet werden). § 830 Abs 1 S 2 BGB entfällt, und zwar auch für den oder die anderen Beteiligten, wenn für einen Täter ein Rechtfertigungsgrund eingreift. Denn es besteht die Möglichkeit, dass die Verletzung des Geschädigten zulässig war, und diese Zweifel räumt die Vorschrift nicht aus (BGH LM Nr 2; Soergel/Krause § 830 Rn 21; BGB-RGRK/Steffen § 830 Rn 17; MünchKommBGB/Wagner § 830 Rn 67).

83 Gleiches gilt für das Verschulden: Handelt einer der möglichen Schädiger nicht vorsätzlich oder fahrlässig, so steht dem Geschädigten ein Ersatzanspruch nicht zweifelsfrei zu. § 830 Abs 1 S 2 BGB ist in diesem Fall unanwendbar (BGH LM Nr 2; OLG Karlsruhe OLGRspr 9, 41; OLG Düsseldorf NJW-RR 2010, 1106, 1107; Bauer JZ 1971, 4, 7; Larenz/Canaris, Schuldrecht II/2 § 82 II 3 a; vgl auch OLG Stuttgart 25. 11. 2025 – 12 U 117/25, juris Rn 44 f). Umstritten ist, ob dies auch dann gilt, wenn einem Schädiger die Deliktsfähigkeit fehlt. Teilweise wird die Ansicht vertreten, dass die Deliktsunfähigkeit eines Beteiligten die übrigen nicht entlasten könne. Die Ersatzpflicht der anderen Beteiligten bleibt danach unberührt, und nur die Haftung des Zurechnungsunfähigen wird nach Maßgabe des § 829 BGB beschränkt (BGB-RGRK/Steffen § 830 Rn 17; ebenso noch Staudinger/Schäfer[12] § 830 Rn 34; die zitierte Entscheidung RGZ 74, 143 besagt lediglich, dass im Rahmen des § 830 Abs 1 S 2 BGB auch eine Haftung nach § 829 BGB in Betracht kommt). Dem ist zu widersprechen (ebenso OLG Schleswig MDR 1983, 1023, 1024; LG Berlin 5. 6. 2018 – 55 S 132/17, juris Rn 8 f; LG Lübeck 11. 4. 2025 – 10 O 205/23, juris Rn 58; Bauer JZ 1971, 4, 7; Bydlinski, in: FS Beitzke [1979] 3, 19 ff; Soergel/Krause § 830 Rn 21; MünchKommBGB/Wagner § 830 Rn 67). § 830 Abs 1 S 2 BGB betrifft den Fall, dass dem Geschädigten ein Ersatzanspruch zweifelsfrei zusteht und lediglich unklar ist, gegen wen er sich richtet. Ist ein Beteiligter deliktsunfähig, steht dem Geschädigten ein Ersatzanspruch gerade nicht zweifelsfrei zu: Ist der Deliktsunfähige der tatsächliche Verursacher, so kann

ihn der Geschädigte nach der Risikoverlagerung der §§ 827, 828 BGB nicht in Anspruch nehmen, sondern hat den Schaden hinzunehmen – es sei denn, die Billigkeitshaftung nach § 829 BGB greift ein. Das Risiko, dass einer der Beteiligten schadensersatzrechtlich nicht belangt werden kann, soll dem Geschädigten nicht durch § 830 Abs 1 S 2 BGB abgenommen werden. Er hat dieses Risiko genauso hinzunehmen, wie wenn er durch einen deliktsunfähigen Alleinbeteiligten geschädigt worden wäre. Bestünde dem deliktsunfähigen Beteiligten gegenüber ein Anspruch aus § 829 BGB, so haften alle Beteiligten nur in dem sich daraus ergebenden Umfang.

Ist zweifelhaft, ob dem in Anspruch Genommenen überhaupt eine unerlaubte Handlung zur Last fällt, so ist für die Anwendung des § 830 Abs 1 S 2 BGB kein Raum 84
(BGH NJW 1989, 2943, 2944; BGHZ 89, 383, 399 f = NJW 1984, 1226, 1230; BGH VersR 1961, 85, 86; BGH VersR 1965, 1046, 1048; OLG Stuttgart NJW 1968, 2202; OLG Hamburg MDR 1968, 321; OLG Hamm VersR 2000, 55, 57; OLG Oldenburg BeckRS 2008, 14174 [Brand infolge weggeworfener Zigarettenkippen, wobei unklar war, ob die Zigarettenkippe der einen Person noch gebrannt hat]; vgl BGB-RGRK/Steffen § 830 Rn 17; MünchKommBGB/Wagner § 830 Rn 65, 67). § 830 Abs 1 S 2 BGB kommt also nicht zum Tragen, wenn nur möglicherweise mehrere Beteiligte vorhanden sind (so aber LG Freiburg MDR 1981, 497). Hat sich ein Demonstrant erst ab einem bestimmten Zeitpunkt einer Gruppe von Gewalttätern angeschlossen und ist nicht feststellbar, ob die eingetretenen Schäden vor oder nach diesem Zeitpunkt entstanden sind, so lässt sich die Haftung nicht über § 830 Abs 1 S 2 BGB begründen (BGHZ 89, 383, 399 f = NJW 1984, 1226, 1230).

6. Unzweifelhaftes Bestehen eines Ersatzanspruchs

Nach dem zweiten Kriterium muss eine der gefährlichen Handlungen den Schaden 85
tatsächlich verursacht haben (so bei alternativer Kausalität), oder es müssen jedenfalls mehrere dieser Handlungen den Schaden gemeinsam tatsächlich verursacht haben (so bei kumulativer Kausalität). Daraus folgt in Zusammenhang mit dem ersten Kriterium, dass dem Geschädigten auf jeden Fall ein Ersatzanspruch zustehen muss (vgl BGHZ 60, 177, 181; MünchKommBGB/Wagner § 830 Rn 68). Es muss also sicher sein, dass der Schaden nicht auf anderen Ursachen als dem Verhalten der möglichen Schädiger beruht. § 830 Abs 1 S 2 BGB ist demnach unanwendbar, wenn der Schaden auch durch Naturereignisse verursacht worden sein kann (BGB-RGRK/Steffen § 830 Rn 18; vgl MünchKommBGB/Wagner § 830 Rn 68; **aA** Erman/Wilhelmi § 830 Rn 7).

Das Gleiche gilt, wenn der Verletzte selbst als Verursacher des Schadens in Betracht 86
kommt (BGHZ 60, 177, 181; 67, 14, 20; BGH NJW 1973, 1283; vgl Looschelders, Die Mitverantwortlichkeit des Geschädigten im Privatrecht [1999] 324 ff; BGB-RGRK/Steffen § 830 Rn 19; MünchKommBGB/Wagner § 830 Rn 68, 71 f; s auch Eberl-Borges NJW 2002, 949, 950 f in kritischer Auseinandersetzung mit der Entscheidung BGH NJW 2001, 2538). Die Gegenmeinung bejaht eine nach § 254 BGB geminderte Haftung (OLG Celle NJW 1950, 951 f; Deutsch, Allgemeines Haftungsrecht [2. Aufl 1996] Rn 526 f; Heinze NJW 1973, 2021, 2022; Heinze VersR 1973, 1081, 1086; Koziol AcP 212 [2012] 1, 53 f; Soergel/Krause § 830 Rn 22; Weckerle 146 f; ähnlich Erman/Wilhelmi § 830 Rn 7, der die Grundsätze der gestörten Gesamtschuld anwenden will). Diese Ansicht verkennt, dass es nicht dem Zweck der Vorschrift entspricht, dem Geschädigten auch bei nur möglicher Berechtigung einen Ersatzanspruch zu verschaffen. Kommt allerdings nur eine Mitbeteiligungsquote des Geschädigten in Betracht, so bleibt § 830 Abs 1 S 2 BGB wegen der (hypothetischen) Restquote an-

wendbar. Auszugehen ist dann von derjenigen Konstellation, die dem Geschädigten am ungünstigsten ist. Nur bezüglich dieser „geringsten" (hypothetischen) Restquote steht eine Haftung eines der übrigen Beteiligten zweifelsfrei fest (BGHZ 72, 355, 363; BGH LM Nr 23; BGH VersR 1976, 992, 995; BGB-RGRK/Steffen § 830 Rn 19).

87 Trifft den Geschädigten im Verhältnis zu einem von mehreren nach § 830 Abs 1 S 2 BGB haftenden Beteiligten ein Mitverschulden, so können auch die anderen Beteiligten, wenn ihr Verursachungsbeitrag nicht positiv festgestellt ist, nur zu der geringsten (hypothetischen) Haftungsquote verurteilt werden (BGH LM Nr 23; MünchKomm-BGB/Wagner § 830 Rn 70).

88 Vor allem im Rahmen der Gefährdungshaftung – namentlich bei der Kraftfahrzeughalterhaftung nach § 7 StVG angesichts der heutigen Intensität des Straßenverkehrs – kann die Situation eintreten, dass neben den sicheren Beteiligten weitere nur mögliche Beteiligte vorhanden sind oder nicht ausgeschlossen werden kann, dass es weitere mögliche Beteiligte gibt. Der ratio des § 830 Abs 1 S 2 BGB entspricht es, die Norm auch in solchen Fällen anzuwenden, sofern nur der Geschädigte mit Sicherheit einen Ersatzanspruch hat. Der Geschädigte kann dann lediglich die erwiesenermaßen Beteiligten nach § 830 Abs 1 S 2 BGB in Anspruch nehmen. Die nur möglicherweise Beteiligten sind insofern von Bedeutung, als in ihrer Person – die Verwirklichung eines Haftungstatbestandes unterstellt – kein Grund für einen Haftungsausschluss vorliegen darf (vgl Eberl-Borges AcP 196 [1996] 491, 530 ff).

7. Potenzielle Kausalität

89 Nach dem sowohl für die alternative als auch für die kumulative Kausalität maßgeblichen dritten Kriterium muss die Handlung eines jeden Beteiligten den Schaden verursacht haben können (und zwar – auch bei der kumulativen Kausalität, s Rn 70 – den gesamten Schaden; das übersieht OLG Düsseldorf NZBau 2015, 769, 771 Rn 43; s auch Eberl-Borges NJW 2002, 949, 951 in kritischer Auseinandersetzung mit der Entscheidung BGH NJW 2001, 2538; Ipsen/Wassmuth/Plappert ZIP 2021, 1843, 1845 f im Hinblick auf Klimaklagen). Auf diese Weise wird die für einen Ersatzanspruch allgemein erforderliche (wenn auch – wie bei der Arzthaftung – teilweise vermutete) Kausalität durch die Voraussetzung ersetzt, dass das Verhalten jedes Beteiligten geeignet sein muss, den schädigenden Erfolg herbeizuführen. Die Anforderungen an diese potenzielle Kausalität sind je nach Art des in Frage kommenden Haftungstatbestandes unterschiedlich zu bestimmen.

90 Bei der Verschuldenshaftung kommt eine Anwendung des § 830 Abs 1 S 2 BGB nur in Betracht, wenn eine rechtswidrige und schuldhafte Verletzungshandlung im Sinne der Haftungsnorm vorliegt (Rn 80 f). Eine Verletzungshandlung iS eines Verschuldenshaftungstatbestandes begründet bereits als solche die Gefahr eines Schadens. Bei der potenziellen Kausalität geht es dann nur noch um die Frage, ob der tatsächlich eingetretene Schaden von eben dieser Art ist. Ist das der Fall, so liegt ohne Weiteres die potenzielle Kausalität vor. Das gilt für die Deliktshaftung ebenso wie für die vertragliche Haftung.

91 Anders als bei der Verschuldenshaftung lässt sich bei der Gefährdungshaftung die potenzielle Kausalität nicht auf die Entstehung einer Gefahr stützen: Die Gefährdungshaftungstatbestände knüpfen an das – erlaubte – Unterhalten einer Gefahrenquelle an, eine Gefahr liegt also von vornherein vor. Da das betreffende Verhalten somit generell Schäden verursachen kann, stellt sich die Frage nach dem maßgeblichen Wahrscheinlichkeitsgrad. Die abstrakte, von der Gefahrenquelle generell ausgehende Gefahr genügt für die Bejahung der potenziellen Kausalität nicht. Vielmehr ist erforderlich, dass sich diese abstrakte Gefahr in einer bestimmten Weise konkretisiert hat (s auch Kruse VersR 2012, 1360, 1362 f [spezifische Tiergefahr]; MünchKommBGB/Wagner § 830 Rn 66 [konkrete Rechtsgutsgefährdung]), sodass die Verursachung des Schadens nicht nur als theoretisch denkbar, sondern als praktisch möglich erscheint (vgl Bodewig AcP 185 [1985] 505, 520; Entsprechendes muss für die der Gefährdungshaftung angenäherte Obhutshaftung – vgl BeckOK-HGB/Kirchhof [1. 1. 2026] § 425 vor Rn 1 – etwa nach § 425 Abs 1 HGB gelten, das übersieht Ramming RdTW 2021, 47, 52 f Rn 32). Es muss eine Situation eingetreten sein, in der sich die ständig vorliegende, abstrakte Gefahr derart verdichtet hat, dass die Verursachung der Rechtsgutsverletzung nur noch eine Frage des Zufalls ist. Bei der Bestimmung dieser Situation im Einzelnen kommt es auf die Art der Gefahrenquelle und die von ihr ausgehende abstrakte Gefahr an. Da die Gefährdungshaftung kein einheitlicher Tatbestand ist, sind die Anforderungen an die potenzielle Kausalität für jeden Gefährdungshaftungstatbestand gesondert zu spezifizieren (vgl dazu eingehend Eberl-Borges AcP 196 [1996] 491, 522 ff). Für die Beteiligung an einer nach § 7 StVG zu beurteilenden Körperverletzung eines von einem Kraftfahrzeug überfahrenen Mopedfahrers reicht es beispielsweise nicht aus, dass der in Anspruch genommene Kraftfahrer zur fraglichen Zeit mit seinem Kraftfahrzeug an der Unfallstelle vorbeigefahren ist und den Mopedfahrer daher überfahren haben könnte. Der Geschädigte hat vielmehr den Nachweis einer verkehrswidrigen Fahrweise des in Anspruch Genommenen zu führen (vgl OLG Düsseldorf VersR 1987, 568; strenger Schantl VersR 1981, 105, 106: Der Geschädigte müsse nachweisen, dass der in Anspruch Genommene ihn tatsächlich überfahren habe, offen könne nur bleiben, ob ihn nicht möglicherweise noch ein weiterer Kraftfahrer überfahren habe), einen Fehler in der Beschaffenheit des Fahrzeugs oder sonst den Eintritt einer kritischen Situation nachzuweisen, in der es nur noch vom Zufall abhing, ob ein Unfall passierte oder nicht.

Insbesondere im Rahmen der Tierhalterhaftung nach § 833 S 1 BGB ist in der Praxis immer wieder die Anwendbarkeit des § 830 Abs 1 S 2 BGB fraglich. Grundvoraussetzung ist die Anwesenheit der Tiere am Unfallort. Entlaufen also drei Pferde von einer Weide und kommt es 800 m von der Weide entfernt zu einem Zusammenstoß zwischen einem Pkw und einem Pferd, wobei sich mehr als drei Pferde an der Unfallstelle aufhalten, so ist im Hinblick auf eine Haftung des Halters jener drei Pferde nach §§ 833 S 1, 830 Abs 1 S 2 BGB die potenzielle Kausalität nicht zu bejahen (**aA** OLG Köln NZV 1990, 351, 352). Denn da sich mehr als drei Pferde an der Unfallstelle befanden, liefen nicht nur diese drei frei herum; damit stand nicht fest, dass sich gerade jene drei Pferde zum Unfallzeitpunkt an der Unfallstelle befanden (Eberl-Borges AcP 196 [1996] 491, 524 f). Nicht anwendbar ist § 830 Abs 1 S 2 BGB auch in dem Fall, wenn nur ein Schaf – unklar welches – aus einer Herde von Tieren verschiedener Halter ausbricht und einen Menschen verletzt (**aA** OLG München NJW-RR 2012, 1233, 1234; diese Entscheidung ablehnend auch Kruse VersR 2012, 1360, 1363 f). Nicht jede Anwesenheit reicht allerdings aus. Vielmehr müssen sich die Tiere zur Zeit der Verletzung in einer solchen räumlichen Nähe zum Ort der Verletzung befinden, dass sie die kritische Situation wahrnehmen und dass die den Schaden verursachenden tiertypischen Instinkte und Triebe ausgelöst werden können (Eberl-Borges AcP 196 [1996] 491, 523). Das ist nicht der Fall bei bloßer Anwesenheit mehrerer Pferde auf einer Koppel; diese Anwesenheit begründet daher keine Haftung der Pferdehalter nach §§ 833 S 1, 830 Abs 1 S 2 BGB, wenn später ein Pferd eine Trittverletzung aufweist (BGH NJW 2018, 3439, 3440 Rn 13 f und dazu Eberl-Borges LMK 2018, 410817; Schwab JuS 2018, 1239, 1240; Wertenbruch NJW 2018, 3440 f; OLG Düsseldorf 19. 1. 2017 – I-5 U 63/16, 5 U 63/16, juris Rn 22). Ist es andererseits über die erforderliche räumliche und zeitliche Nähe hinaus bei mehreren Tieren bereits zu einem Ausbruch der tierischen Natur gekommen, so liegt ein Fall des § 830 Abs 1 S 2 BGB vor, wenn lediglich unklar ist, welcher dieser Ausbrüche den eingetretenen Schaden verursacht hat. § 830 Abs 1 S 2 BGB ist somit anwendbar, wenn alle vier auf einer Weide befindlichen Pferde geschlossen als Herde in Richtung auf eine die Weide überquerende Person galoppieren und diese Person verletzt wird (OLG Koblenz VersR 2013, 328, 329 m zust Anm Kruse VersR 2013, 728, 729). Dagegen ist die der Entscheidung BGH NJW 2015, 1824 zugrundeliegende Konstellation kein Fall des § 830 Abs 1 S 2 BGB (**aA** offenbar MünchKommBGB/Wagner § 830 Rn 66): Hier waren sämtliche Ponys einer Reitgruppe durchgegangen und in einen Feldweg galoppiert, wo eines der Ponys mit einem Radfahrer kollidierte. Dabei stand fest, um welches Pony es sich handelte (s die – allerdings nicht ganz zweifelsfreie – Formulierung in Rn 13 des Urteils BGH NJW 2015, 1824, 1826), sodass die Schadensursache klar war. Der BGH hat daher zu Recht nicht mit § 830 Abs 1 S 2 BGB argumentiert (s aber auch Rn 58 zu § 830 Abs 1 S 1 BGB). Der BGH bejaht allerdings eine Haftung des Halters der übrigen Ponys unter dem Gesichtspunkt der mittelbaren Mitverursachung (BGH NJW 2015, 1824, 1825 f), und insoweit kann ihm nicht gefolgt werden: Auch im Rahmen des § 833 S 1 BGB ist zwar eine mittelbare Mitverursachung ausreichend (§ 833 Rn 27), diese darf aber nicht mit den Fällen des § 830 BGB vermischt werden.

8. Unaufklärbarkeit der Verursachung

92 Nach dem vierten Kriterium setzt § 830 Abs 1 S 2 BGB voraus, dass unaufklärbar ist, welcher der Beteiligten den Verletzungserfolg verursacht hat (so bei alternativer Kausalität) oder jedenfalls zu welchem Anteil jeder daran mitgewirkt hat (so bei kumulativer Kausalität). Haftet auch nur einer der Beteiligten aus nachgewiesener Kausalität für den ganzen Schaden, kommt deshalb eine Haftung der übrigen, nur möglicherweise kausalen Schädiger nicht in Betracht (OLG Köln NJW-RR 2018, 464, 465 Rn 36; vgl MünchKommBGB/Wagner § 830 Rn 75; umfangreiche Nachweise aus Rechtsprechung und Schrifttum bei MünchKommBGB/Stein [3. Aufl 1997] § 830 Rn 28. Zu Unrecht nimmt OLG Naumburg 7. 12. 2018 – 7 U 40/18, juris Rn 68 einen Fall des § 830 Abs 1 S 2 BGB an: Hier hatte das aus § 280 Abs 1 BGB in Anspruch genommene Unternehmen verunreinigtes Abwasser in ein Reinabwassernetz abgeführt, was unstreitig zu einer Grenzwertüberschreitung geführt hatte; streitig war, ob auch noch andere Unternehmen verunreinigtes Abwasser eingeleitet hatten. Da aber die Haftung des in Anspruch genommenen Unternehmens feststand, kam es insoweit auf § 830 Abs 1 S 2 BGB gar nicht an).

a) Sogenannte Folgeschadensfälle

93 Diese Konsequenz ist Gegenstand einer Kontroverse im Hinblick auf die Fälle, in denen die mehreren Beteiligten zeitlich nacheinander unerlaubte Handlungen begehen, namentlich im Hinblick auf Verkehrsunfälle. Hier hat häufig der Ersttäter durch sein Verhalten schon eine adäquate Ursache für den gesamten Schaden gesetzt und haftet deshalb aus nachgewiesener Kausalität. So liegt es, wenn ein bei einem Verkehrsunfall Verletzter auf dem Transport ins Krankenhaus erneut einen Unfall erleidet (Fallkonstellation nach BGHZ 55, 86) oder ein auf der Straße liegendes Unfallop-

fer von einem weiteren Fahrzeug erfasst wird (Fallkonstellation nach BGHZ 33, 286). Umstritten ist, ob der Geschädigte in diesen Fällen auch den Zweitschädiger über § 830 Abs 1 S 2 BGB in Anspruch nehmen kann.

Der BGH hat die Anwendbarkeit des § 830 Abs 1 S 2 BGB unter Hinweis auf die **94** Beweisschwierigkeiten des Geschädigten zunächst bejaht (BGHZ 33, 286, 291, 292 = NJW 1961, 263, 264). Das Schrifttum hat diese Rechtsprechung überwiegend gebilligt (statt vieler zB DEUTSCH, Allgemeines Haftungsrecht [2. Aufl 1996] Rn 524; so heute noch SOERGEL/KRAUSE § 830 Rn 25). Teilweise hat sich aber auch Widerspruch erhoben: Da der Erstschädiger erwiesenermaßen den Schaden in vollem Umfang adäquat verursacht habe, komme eine Anwendung des § 830 Abs 1 S 2 BGB und damit eine zusätzliche Haftung des potenziellen Zweitschädigers nicht in Betracht (sog Subsidiarität der Haftung aus § 830 Abs 1 S 2 BGB; BRAMBRING 113; HEINZE VersR 1973, 1081, 1086; GERNHUBER JZ 1961, 148; KÖNDGEN NJW 1970, 2281). Der BGH hat seine Rechtsprechung in BGHZ 55, 86 (= NJW 1971, 506) verteidigt: Auch wenn der Erstschädiger unter dem Gesichtspunkt der adäquaten Kausalität rechtlich für den gesamten Schaden hafte, sei ein berechtigtes Interesse des Geschädigten anzuerkennen, den Zweitschädiger in Anspruch zu nehmen, so wenn der Erstschädiger der Person nach nicht mehr festgestellt werden könne oder vermögenslos sei. § 830 Abs 1 S 2 BGB verstehe das alternative Kausalverhältnis nur in einem natürlichen Sinne (BGHZ 55, 86, 90 ff).

Beginnend mit der Entscheidung BGHZ 67, 14 (= NJW 1976, 1934) hat der BGH seine **95** Rechtsprechung geändert: Die Anwendbarkeit des § 830 Abs 1 S 2 BGB entfalle, wenn einer der für die Beteiligung in Betracht Kommenden erwiesenermaßen hafte, denn in diesem Fall bestehe nicht die Beweisnot des Geschädigten, die dem Gesetzgeber Veranlassung zu der Sonderregelung des § 830 Abs 1 S 2 BGB gegeben habe (BGHZ 67, 14, 19 f). Allerdings hat der BGH in dieser Entscheidung noch offen gelassen, ob an der früheren Rechtsprechung festzuhalten sei, sofern es nicht nur ein Schadensereignis gebe, sondern jeder „Beteiligte" selbstständig einen Schadensfall verursacht habe und sich der zweite Schadensfall als ein dem ersten Schädiger ursächlich zuzurechnender Folgeschaden darstelle (BGHZ 67, 14, 21 f). Erst in BGHZ 72, 355 (= NJW 1979, 544) hat der BGH entschieden, dass diese „Privilegierung der Folgeschadensfälle" nicht aufrechterhalten werden könne (BGHZ 72, 355, 361; ihm folgend KG NZV 1989, 232). § 830 Abs 1 S 2 BGB dürfe nicht dazu missbraucht werden, dem Geschädigten weitere, eventuell solventere Schuldner zu verschaffen (BGHZ 72, 355, 361, 362). Im Schrifttum hat die Abkehr von der früheren Rechtsprechung teils Zustimmung gefunden (BAUMGÄRTEL/LAUMEN/PRÜTTING/LUCKEY Rn 10 mwNw; SCHNEIDER JR 1977, 330, 331; BGB-RGRK/STEFFEN § 830 Rn 20), teils ist sie – insbesondere im Hinblick auf die ratio des § 830 Abs 1 S 2 BGB – auf Kritik gestoßen (vgl insbes BREHM JZ 1980, 585; BYDLINSKI, in: FS Beitzke [1979] 3, 16 ff; DEUTSCH NJW 1981, 2731; ESSER/WEYERS, Schuldrecht II/2, § 60 I 1 d; FRAENKEL NJW 1979, 1202 f; vgl detaillierter zur geschichtlichen Entwicklung STAUDINGER/SCHÄFER[12] § 830 Rn 22 ff).

Der neueren Rechtsprechung des BGH ist beizupflichten. Die Durchbrechung des **96** Kausalitätsprinzips in § 830 Abs 1 S 2 BGB rechtfertigt sich aus dem Gedanken, dass es gerechter erscheint, auch die nur möglichen Schadensverursacher haften als den Geschädigten leer ausgehen zu lassen, falls eine Beweisnotlage eingetreten ist, die gerade darin besteht, dass der Geschädigte nicht nachzuweisen vermag, welche Gefährdungshandlung der potenziellen Schädiger seinen Schaden tatsächlich verursacht hat. Diese Beweisnotlage besteht in den Folgeschadensfällen gerade nicht. Der Schadensausgleich scheitert nicht an der Unmöglichkeit festzustellen, wer von mehreren den Schaden verursacht hat. Der Geschädigte erhält nur deshalb keinen Ausgleich, weil er den bestehenden Anspruch nicht durchsetzen kann, da sich die Identität des Schädigers nicht ermitteln lässt oder dieser vermögenslos ist. Diese Umstände sind von der in § 830 Abs 1 S 2 BGB gemeinten Beweisnotlage völlig verschieden (Brambring 116). Es handelt sich um Risiken, die bei jedem Schadensereignis auftreten können und keine Spezialität von Schadensfällen mit Beteiligung mehrerer Personen darstellen (vgl Brambring 112; das verkennen Brehm JZ 1980, 585 f; Bydlinski, in: FS Beitzke [1979] 4, 8 ff). Es ist nicht Zweck des § 830 Abs 1 S 2 BGB, dem Geschädigten auch diese Risiken abzunehmen.

97 Die gegen die neuere Rechtsprechung von Teilen der Literatur vorgebrachten Einwände greifen nicht durch. Die von Deutsch (NJW 1981, 2731, 2732) der Vorschrift des § 830 Abs 1 S 2 BGB zugrunde gelegte Zweckerwägung, es erscheine gerecht, lieber mehrere gefährlich Handelnde gemeinschaftlich haften als den Verletzten ohne Anspruch ausgehen zu lassen, ist zwar nicht falsch. Diese Zweckerwägung gilt aber nur auf der Grundlage der soeben dargelegten Beweisnot des Geschädigten, nicht im Hinblick auf sonstige Umstände, die bei Folgeschadensfällen allein vorliegen, wie die Nichtermittelbarkeit der Person des Schädigers oder dessen Vermögenslosigkeit. Ob es eine zweite wesentliche Funktion des § 830 Abs 1 S 2 BGB ist, einen gerechten Ausgleich zwischen Erst- und Zweitschädiger zu ermöglichen (so Deutsch NJW 1981, 2731, 2732; Fraenkel NJW 1979, 1202), erscheint zumindest zweifelhaft. Jedenfalls hat diese Erwägung allein den Ausgleichsanspruch des Erstschädigers gegen den Zweitschädiger im Blick. Für den – auf der Grundlage dieser Ansicht – vom Geschädigten nach § 830 Abs 1 S 2 BGB in Anspruch genommenen Zweitschädiger ist dagegen ein gerechter Ausgleich gerade nicht möglich, wenn die Person des Erstschädigers nicht zu ermitteln oder dieser vermögenslos ist.

b) Fälle vom Typ des „Kanalschachtbeispiels" des BGH

98 Eine ähnliche Problematik wie in den Folgeschadensfällen entsteht, wenn neben einer Schadensursache, die aus einem Kreis von Alternativtätern stammt, eine eigenständige weitere Schadensbedingung vorliegt, für die ein anderer aus feststehender Verursachung haftet. Zur Veranschaulichung diene das berühmte „Kanalschachtbeispiel" des BGH: Auf der Straße steht ein Kanalschacht offen, weil der für die Abdeckung Verantwortliche schuldhaft seine Pflicht versäumt hat; der Verletzte fällt, von zwei Personen angestoßen, infolge des einen (welchen?) der Stöße in den Kanalschacht (BGHZ 67, 14, 20; BGHZ 72, 355, 359). In diesem Fall haftet der für die Nichtabdeckung des Schachts Verantwortliche für die Verletzungen aus dem Sturz, so dass – wie in den Folgeschadensfällen – ein dem Geschädigten erwiesenermaßen Haftender feststeht. Gleichwohl soll nach Ansicht des BGH (BGHZ 67, 14, 20; BGHZ 72, 355, 359) – ihm folgend die Literatur (Soergel/Krause § 830 Rn 26; BGB-RGRK/Steffen § 830 Rn 21; MünchKommBGB/Wagner § 830 Rn 78) – § 830 Abs 1 S 2 BGB gegenüber den beiden Alternativtätern anwendbar bleiben.

99 Die vom BGH für diese Privilegierung gegenüber den Folgeschadensfällen angegebenen Gründe leuchten nicht ein. Der BGH führt an, der Zugriff auf den sicher Haftenden könne aus rechtlichen wie aus wirtschaftlichen Gründen weniger erfolgreich sein (BGHZ 72, 355, 359). Jedoch können wirtschaftliche Gründe für die Frage der Anwendbarkeit des § 830 Abs 1 S 2 BGB keine Rolle spielen (Rn 93 f). Welche rechtlichen Gründe der BGH im „Kanalschachtbeispiel“ im Blick hat, ist nicht erkennbar. Denkbar sind andere Fälle, in denen der aus feststehender Verursachung Haftende nicht für den gesamten Schaden einzustehen hat, weil er ihn nur zum Teil verursacht hat. Hier ist bezüglich des restlichen Schadensanteils § 830 Abs 1 S 2 BGB ohne Weiteres auf die Alternativtäter anwendbar, die als Verursacher ausschließlich in Frage kommen. In wieder anderen Fällen mag dem feststehenden Verursacher ein Rechtfertigungsgrund zur Seite stehen oder er mag entschuldigt gehandelt haben oder deliktsunfähig sein. Jedoch besteht das Risiko, von einer solchen Person geschädigt zu werden, auch in Alleintäterfällen. Der Geschädigte hat dieses Risiko nach der Rechtsordnung zu tragen, und auch § 830 Abs 1 S 2 BGB nimmt es ihm nicht ab (Rn 82 f).

Die selbstständige Anwendung des § 830 Abs 1 S 2 BGB auf den Gefahrenkreis der **100**
beiden Beteiligten, die den Geschädigten angerempelt haben – im Unterschied zur Anwendung des § 830 Abs 1 S 2 BGB auf das Schadensereignis als solches – rechtfertigt sich allerdings mit der Erwägung, dass im Unterschied zu den Folgeschadensfällen eine haftungsbegründende Schadensverursachung aus ihrem Kreis feststeht (vgl Soergel/Krause § 830 Rn 26). Der Geschädigte hat also insbesondere auch dann mit Sicherheit einen Ersatzanspruch, wenn die Haftung des für die Abdeckung des Kanalschachts Verantwortlichen entfällt, weil er beispielsweise gerechtfertigt oder entschuldigt handelte. § 830 Abs 1 S 2 BGB verhilft dem Geschädigten somit in Fällen vom Typ des „Kanalschachtbeispiels“ zu einem (uU zusätzlichen) Ersatzanspruch gegen die Alternativtäter.

c) Sonstige Fälle

Der Grundsatz, wonach eine Haftung der nur möglicherweise kausalen Schädiger **101**
nicht in Betracht kommt, wenn ein weiterer Beteiligter aus nachgewiesener Kausalität für den ganzen Schaden haftet, steht der Anwendung des § 830 Abs 1 S 2 BGB nicht entgegen, wenn ein sicherer Ersatzanspruch aufgrund eines Versicherungsvertrages besteht (BGHZ 55, 86, 90; MünchKommBGB/Wagner § 830 Rn 78). Denn der Versicherer haftet nicht aus feststehender Verursachung für den Schaden. Aus dem gleichen Grund schließt die rechtskräftige Verurteilung eines der Alternativtäter die Inanspruchnahme eines anderen nicht aus (BGH LM Nr 23; Soergel/Krause § 830 Rn 26 mit Fn 80). Dagegen führt § 830 Abs 1 S 2 BGB nicht zur Haftung aller Beteiligter an einem sog Shitstorm im Internet (zB durch das sog Teilen von Beiträgen in Social-Media-Kanälen sich sehr schnell verbreitende negative Kritik, die nicht berechtigt sein kann, etwa weil sie auf falschen oder irreführenden Informationen beruht, und daher das allgemeine Persönlichkeitsrecht des Betroffenen verletzt): Wer einen Shitstorm initiiert, indem er eine unwahre Tatsache verbreitet und dabei dazu aufruft, diese weiterzuverbreiten, verursacht dadurch letztlich den gesamten durch den Shitstorm entstehenden (immateriellen) Schaden. Ein Fall der unaufklärbaren Verursachung liegt also nicht vor (vgl Köhler RDi 2024, 509, 511).

9. Weitere Voraussetzungen für eine Beteiligung iS des § 830 Abs 1 S 2 BGB

Ob die Anwendbarkeit des § 830 Abs 1 S 2 BGB von weiteren Voraussetzungen im **102**
Hinblick auf den Begriff des Beteiligten abhängt, ist in Rechtsprechung und Literatur umstritten.

103 Die Rechtsprechung und ihr folgend ein Teil des Schrifttums verlangen, dass die mehreren selbstständigen Gefährdungshandlungen in räumlicher und zeitlicher Hinsicht einen tatsächlich zusammenhängenden einheitlichen Vorgang bilden, der insbesondere durch die Gleichartigkeit der Gefährdungshandlungen gekennzeichnet ist (BGHZ 25, 271, 274; BGHZ 33, 286, 291; 55, 86, 93, 95 f; OLG Köln MDR 1982, 408 f; OLG Brandenburg NJW-RR 2021, 1034, 1035 Rn 7 f; offen gelassen in BGHZ 101, 106, 112). Teilweise zusätzlich zu dieser objektiven Voraussetzung fordert eine weitere Ansicht in der Literatur, dass zwischen den potenziellen Schädigern auch eine subjektive Verbindung besteht, indem sie voneinander wissen (Oertmann Anm 3; Traeger 284 ff; ebenso noch die ältere Rechtsprechung, RGZ 96, 224, 226; vgl auch RG JW 1909, 687; gegen das Erfordernis einer inneren Beziehung zwischen den Beteiligten OLG Frankfurt NJW 2015, 3522) oder wissen müssen (Deutsch, Allgemeines Haftungsrecht [2. Aufl 1996] Rn 523; Deutsch JZ 1972, 105, 106 f). Die hL lehnt demgegenüber jede Einschränkung objektiver oder subjektiver Art ab (Bauer JZ 1971, 4, 5; Brambring 48; Bydlinski JurBl 1959, 1, 12; Deubner JuS 1962, 383, 385 f; Esser/Weyers, Schuldrecht II/2 § 60 I 1 b; Hk-BGB/Staudinger § 830 Rn 22; BGB-RGRK/Steffen § 830 Rn 25; Erman/Wilhelmi § 830 Rn 8; vgl Soergel/Krause § 830 Rn 27; MünchKomm-BGB/Wagner § 830 Rn 82).

104 Die Ansicht, die auf eine subjektive Verbindung der Beteiligten abstellt, ist abzulehnen. Haftungsgrundlage des § 830 Abs 1 S 2 BGB ist nicht das besondere Risiko gemeinschaftlicher Gefährdung oder deren Erkennbarkeit durch die Beteiligten, sondern die zurechenbare Rechtsgutsgefährdung durch jeden einzelnen der Beteiligten (vgl auch MünchKommBGB/Wagner § 830 Rn 82). Würde gerade die bewusste Beteiligung an einem gefährlichen Tun die Mitverantwortung aller Beteiligten begründen, hätte § 830 Abs 1 S 2 BGB den Charakter eines Gefährdungstatbestandes. Jeder Beteiligte müsste bereits wegen dieser Beteiligung haften, ohne Rücksicht darauf, ob er oder ein anderer den Schaden verursacht hat, sodass eine Entlastung insoweit ausgeschlossen wäre. Über die Zulässigkeit des Entlastungsbeweises besteht jedoch seit RGZ 121, 400, 404 in Rechtsprechung und Lehre zu Recht Einigkeit (vgl Bauer JZ 1971, 4, 5; Brambring 88 f; s zum Entlastungsbeweis auch Rn 120 ff). Im Übrigen dürften Fallgestaltungen, in denen mit einer hinzutretenden Gefährdungshandlung eines weiteren Beteiligten nach dem Sorgfaltsmaßstab des § 276 Abs 1 S 2 BGB nicht gerechnet werden müsste, kaum denkbar sein (vgl BGB-RGRK/Steffen § 830 Rn 25).

105 Auch das Erfordernis eines objektiv einheitlichen Vorgangs ist durch das Ziel des § 830 Abs 1 S 2 BGB, die Beweisnot des Verletzten zu beheben, nicht bedingt. Zwar wird sich in den meisten Fällen gerade infolge eines nahen örtlichen und zeitlichen Zusammenhangs der Handlungen und der Gleichartigkeit der Gefährdung die Schadensursache sehr schwer oder gar nicht aufklären lassen. Doch ist das allenfalls die typische Situation, die nicht allein deswegen zur einschränkenden Haftungsvoraussetzung erhoben werden darf. Die gleichen Beweisschwierigkeiten können sich bei zeitlich und örtlich weit auseinanderliegenden, verschiedenartigen Deliktshandlungen ergeben, so namentlich bezüglich einer alternativen Kausalität für Spät- und Folgeschäden (Bauer JZ 1971, 4, 6; Deubner JuS 1962, 383, 385 f). Sofern eine Ersatzberechtigung des Verletzten feststeht, ist es auch in diesen Fällen interessengerecht, die Unaufklärbarkeit des Kausalzusammenhangs dem möglichen Schädiger anzulasten.

106 Die Bedeutung des Streits relativiert sich dadurch, dass das Erfordernis des objektiv einheitlichen Vorgangs soweit ersichtlich in der Praxis bisher nur ein einziges Mal, und zwar in einer Entscheidung des RG vom 9. 6. 1913 (RG Recht 1913 Nr 2415) streitentscheidend gewesen ist. Dort war die Klägerin, die in längeren Zeitabständen mit mehreren syphilitisch erkrankten Männern geschlechtlich verkehrt hatte, an Syphilis erkrankt. Das Gericht verneinte die zeitliche und örtliche Einheitlichkeit des Vorgangs. In den beiden anderen Entscheidungen des RG (RGZ 96, 224 und RG Warn 1908 Nr 315), die immer wieder als Beleg für das Erfordernis des objektiv einheitlichen Vorgangs in der Rechtsprechung angeführt werden (vgl BGB-RGRK/Steffen § 830 Rn 24; ebenso Staudinger/Schäfer[12] § 830 Rn 39), scheiterte die Anwendbarkeit des § 830 Abs 1 S 2 BGB schon aus anderen Gründen (vgl Weckerle 127). In der Entscheidung RGZ 96, 224, die einen ähnlichen Sachverhalt wie RG Recht 1913 Nr 2415 betrifft, schied eine Haftung bereits deshalb aus, weil nicht nachgewiesen war, dass der Beklagte zu der Zeit, als er mit der Klägerin geschlechtlich verkehrte, geschlechtskrank war; es stand somit nicht fest, ob der Beklagte überhaupt – abgesehen vom Merkmal der Kausalität – den Tatbestand einer unerlaubten Handlung verwirklicht hatte. In RG Warn 1908 Nr 315 ging es um einen Fall, in dem sich in einem Treppenhaus Glatteis gebildet hatte, auf dem der Kläger ausrutschte und zu Fall kam. Es ließ sich nicht feststellen, ob das Wasser, das zur Glatteisbildung führte, durch das schadhafte Dach eingedrungen oder ob es vom Dienstmädchen eines Mieters dort verschüttet worden war. Es stand demnach gar nicht fest, ob mehrere zur Herbeiführung des Schadens geeignete Handlungen gegeben waren; es mangelte also nicht am einheitlichen Vorgang, sondern am Nachweis mehrerer rechtsgutsgefährdender alternativ ursächlicher Handlungen.

Dem BGH lagen zunächst keine Fälle zur Entscheidung vor, in denen eine Haftung **107** am Fehlen des objektiv einheitlichen Vorgangs hätte scheitern müssen. Erst die Intensivierung des Kraftfahrzeugverkehrs führte zu Sachverhalten, in denen dieses Kriterium problematisch wurde (vgl Brambring 86). Der BGH ließ allerdings in keinem Fall die Haftung wegen des fehlenden zeitlichen oder örtlichen Zusammenhangs scheitern, sondern verringerte schrittweise die Anforderungen an die Einheitlichkeit. Der zeitliche Zusammenhang wurde beispielsweise in einem Fall bejaht, in dem der hilflos auf einer wenig befahrenen Straße liegende Geschädigte nachts in Abständen von vielen Stunden mehrfach überfahren wurde (BGH VersR 1967, 999). Am örtlichen Zusammenhang sollte es in einem Fall nicht fehlen, in dem der bei einem Verkehrsunfall Verletzte auf dem Transport ins Krankenhaus 2,5 km von der ersten Unfallstelle entfernt einen zweiten Unfall erlitt (BGHZ 55, 86, 95 f; vgl auch OLG Brandenburg NJW-RR 2021, 1034, 1035 Rn 8). Der zeitliche und örtliche Zusammenhang ist damit so weit relativiert, dass diesen beiden Merkmalen heute keine praktische Bedeutung mehr zukommen dürfte. Die Gleichartigkeit der Gefährdungshandlungen – die vom Kriterium des objektiv einheitlichen Vorgangs noch übrigbleibt – ist bereits in dem Merkmal enthalten, dass das Verhalten jedes Beteiligten geeignet sein muss, den Schaden herbeizuführen. Insofern erscheint das Kriterium der Einheitlichkeit heute nur noch als Sicherheitsvorbehalt der Rechtsprechung gegenüber nicht abschätzbaren besonderen Fallkonstellationen, für die Möglichkeiten der Haftungsbeschränkung nicht verschlossen werden sollen (BGB-RGRK/Steffen § 830 Rn 25). Ein solcher Sicherheitsvorbehalt ist allerdings unnötig. Die Gefahr einer „uferlosen Ausweitung" (BGHZ 55, 86, 94) des § 830 Abs 1 S 2 BGB besteht nicht, wenn nur das Tatbestandsmerkmal der potenziellen Kausalität (s dazu Rn 91) mit der erforderlichen Genauigkeit angewandt wird.

10. Die Anwendbarkeit des § 830 Abs 1 S 2 BGB bei Massenschäden

108 Die Anwendbarkeit des § 830 Abs 1 S 2 BGB kann auch bei sog Massenschäden in Frage stehen, dh Schadensereignissen, durch die Rechte und Rechtsgüter einer Vielzahl von Personen betroffen sind (vgl vBar, in: Verh d 62. DJT [1998] Bd I, A 9; Müller VersR 1998, 1181), und zwar dann, wenn sich ein bestimmter Schädiger nicht finden lässt, vielmehr neben einer Vielzahl von Geschädigten auch zahlreiche Beteiligte in die Schadensverursachung verwickelt sind. In derartigen Fallkonstellationen bereitet bereits die Suche nach dem richtigen Anspruchsgegner Schwierigkeiten. Das BGB geht im Grundsatz davon aus, dass sich bei der Schadensregulierung allein der Geschädigte und der Schädiger gegenüberstehen, und knüpft an die individuelle Verantwortlichkeit an (Müller VersR 1998, 1181). Mit einer Mehrzahl von Personen auf Schädigerseite befasst sich § 830 BGB. Der Fall, dass zugleich auf Geschädigtenseite mehrere Personen vorhanden sind, ist vom BGB dagegen nicht erfasst.

a) Massenunfälle im Straßenverkehr

109 Die eine Fallgruppe, bei der eine Anwendung des § 830 Abs 1 S 2 BGB diskutiert wird, betrifft Massenkarambolagen im Straßenverkehr mit einer Vielzahl von Geschädigten, die auch noch selbst in die Schadensverursachung verwickelt sind: Zahlreiche Fahrzeuge fahren teils aufeinander auf, teils werden sie aufeinander aufgeschoben, auch wieder auseinandergerissen, und bleiben schließlich in einem wilden Durcheinander liegen, das es auch dem Sachverständigen unmöglich macht zu entscheiden, wer der Schädiger und wer der Geschädigte ist.

110 Die Anwendbarkeit des § 830 Abs 1 S 2 BGB scheitert hier deswegen, weil die Norm nicht Zweifel daran überbrückt, ob ein auf Schadensersatz in Anspruch Genommener überhaupt einen Haftungstatbestand (abgesehen vom Merkmal der Kausalität) verwirklicht hat (Rn 84). Die Vorschrift findet auch deswegen keine Anwendung, weil der einzelne Geschädigte nicht beweisen kann, dass eine Verursachung durch ihn selbst außer Betracht bleibt. § 830 Abs 1 S 2 BGB setzt voraus, dass ein Ersatzanspruch des Geschädigten unzweifelhaft feststeht. Im Falle einer möglichen Selbstverletzung ist daher für die Anwendung der Norm kein Raum (Rn 86; gegen eine Anwendbarkeit des § 830 Abs 1 S 2 BGB bei Massenunfällen im Straßenverkehr auch vBar, in: Verh d 62. DJT [1998] Bd I, A 18; Müller VersR 1998, 1181, 1182; kritisch auch Braun NJW 1998, 2318, 2319 f).

Zu Vorschlägen de lege ferenda betr Massenkarambolagen im Straßenverkehr s vBar, in: Verh d 62. DJT (1998) Bd I, A 23 f; Braun NJW 1998, 2318, 2320; Müller VersR 1998, 1181, 1182 f.

b) Produkt- und Arzneimittelhaftung

111 Die zweite Fallkonstellation, bei der eine Anwendung des § 830 Abs 1 S 2 BGB in Frage steht, kennzeichnet sich dadurch, dass fehlerhafte Produkte, insbesondere Arzneimittel, die von mehreren Herstellern vertrieben werden, Schäden verursachen und sich später nicht mehr ermitteln lässt, welcher Geschädigte das Produkt welchen Herstellers verwendet hat oder wenn ein Geschädigter Produkte mehrerer Hersteller verwendet hat. So wird von Fällen berichtet, in denen Personen durch HIV-verseuchte Blutkonserven oder Blutgerinnungsmittel für Bluter mit dem Aids-Virus infiziert wurden und nicht nachzuweisen vermochten, welcher Hersteller die Anste-

ckung verursacht hatte (vBAR, in: Verh d 62. DJT [1998] Bd I, A 57 f). Arbeiter, die über Jahre hinweg mit Asbestprodukten zu tun hatten und dabei dauernd Asbeststaub einatmeten, erlitten schwere Lungenschäden. Da diese oft erst nach 20 Jahren zutage traten, waren die Betroffenen nur in den seltensten Fällen in der Lage nachzuweisen, welche Produkte, mit denen sie im Laufe der Zeit gearbeitet hatten, ihre Schäden verursacht hatten (vBAR, in: Verh d 62. DJT [1998] Bd I, A 59; BODEWIG AcP 185 [1985] 505, 507; zum englischen Recht: Fairchild v Glenhaven [2003] 1 AC 32; 2002 WL 820081 [HL] und dazu KRUSE 196 ff; Zu weiteren Fällen – dem Agent-Orange-Fall und dem Fall des vergifteten spanischen Speiseöls – s vBAR A 59 f; BODEWIG AcP 185 [1985] 505, 506).

Aus den USA ist eine weitere Arzneimittelkatastrophe mit dem Mittel DES bekannt: 112
Ca 200 Unternehmen stellten zwischen 1941 und 1971 in unterschiedlichem Umfang Diethylstilbestrol (DES) her, ein synthetisch produziertes weibliches Sexualhormon, das Schwangeren zur Vermeidung von Fehlgeburten verschrieben wurde. Dabei war es in den USA Praxis, dass die Ärzte das Mittel häufig nur unter der Gattungsbezeichnung DES verschrieben. Auch waren die Apotheker an den in einem Rezept eventuell angegebenen Markennamen nicht gebunden, sondern es stand ihnen frei, welches Mittel welchen Herstellers sie der Patientin aushändigten. Nach 12 bis 20 Jahren wurde bei Töchtern der betreffenden Frauen eine seltene Art von Unterleibskrebs festgestellt, der auf DES zurückgeführt werden konnte. Die Geschädigten waren in vielen Fällen nicht in der Lage, den Hersteller des Mittels zu identifizieren, das ihre Mütter eingenommen hatten (vBAR, in: Verh d 62. DJT [1998] Bd I, A 58 f; BODEWIG AcP 185 [1985] 505, 507, 509).

Angesichts der DES-Problematik ist die Ansicht entwickelt worden, die Produkt- 113
und Arzneimittelhaftungsfälle könnten nach US-amerikanischem Vorbild über eine Marktanteilshaftung gelöst werden, mit § 830 Abs 1 S 2 BGB als gesetzlicher Grundlage (BODEWIG AcP 185 [1985] 505). Nach der vom California Supreme Court in der Entscheidung Sindell v Abbott Laboratories (26 Cal 3d 588, 607 P 2d 924; die Entscheidung hat in den USA viel Kritik erfahren, und ihr sind andere Gerichte nicht gefolgt, s die Nachweise bei ARAGHI 105 ff; BODEWIG AcP 185 [1985] 505, 508 Fn 11 f; SEYFERT 223) entwickelten Theorie entspricht die Wahrscheinlichkeit, dass die Mutter einer Geschädigten das DES-Präparat eines bestimmten Herstellers eingenommen hat, im Großen und Ganzen dessen Marktanteil. Entsprechend diesem Marktanteil soll er deshalb auch Schadensersatz leisten, wenn er nicht nachweisen kann, dass er als Verursacher im konkreten Fall nicht in Frage kommt. Das führt insgesamt dazu, dass sich bei jedem Hersteller die Ersatzleistungen, die in den verschiedenen Fällen auf ihn entfallen, zu einem Anteil am Gesamtschaden summieren, den er tatsächlich bei allen Geschädigten zusammengenommen verursacht hat. Zwar muss nicht jeder Schädiger konkret bei der Person, deren Schaden gerade er verursacht hat, den Schaden ausgleichen; er ist vielmehr allen Geschädigten jeweils nur zu einem Teil ersatzpflichtig. Insgesamt wird jedoch jedem Geschädigten sein gesamter Schaden ersetzt und jeder Schädiger gemäß seiner tatsächlichen Verursachung belastet (BODEWIG AcP 185 [1985] 505, 507, 509 f).

BODEWIG (AcP 185 [1985] 505, 507, 516 ff; ebenso SEYFERT 238 f; ähnlich HAGER, in: FS Canaris 114
[2004] 403, 413 f, ergänzt durch eine Poolbildung der Geschädigten) hält § 830 Abs 1 S 2 BGB in Fällen wie denen der DES-Schäden für anwendbar. Die für die potenzielle Kausalität bei Gefährdungshaftungstatbeständen erforderliche Gefahrkonkretisierung (Rn 89) liege vor, wenn der Geschädigte zu einem ganz bestimmten Zweck eines aus

einer Gruppe von Arzneimitteln eingenommen habe, die alle zur fraglichen Therapie eingesetzt wurden und alle die eindeutig geklärte schadensbegründende Eigenschaft besaßen (ähnlich ASSMANN, in: FENYVES/WEYERS 99, 125). In den DES-Fällen habe für jede schwangere Frau und ihr Ungeborenes die abstrakte Gefahr bestanden, dass der sie betreuende Arzt einmal Anlass sehen könnte, sie mit DES zu therapieren. Spätestens mit dem Griff des Arztes zum Rezeptblock sei diese Gefahr konkret geworden (BODEWIG AcP 185 [1985] 505, 507, 521 f). Alle Hersteller von DES müssten danach an sich jeder Geschädigten gesamtschuldnerisch haften, wobei für den Innenausgleich der jeweilige Marktanteil maßgeblich sein soll (BODEWIG AcP 185 [1985] 505, 507, 523 f). Die gesamtschuldnerische Haftung erscheint BODEWIG allerdings als zu weitreichend (für eine gesamtschuldnerische Haftung übrigens der niederländische Hoge Raad HR 9. 10. 1992 NJ 1994 Nr 535 sowie französische Gerichte, s dazu MünchKommBGB/WAGNER § 830 Rn 87 mwNw; ebenso der englische Compensation Act 2006, Section 3 speziell zu Mesotheliom, einer durch Asbest verursachten Krebsart, s dazu MünchKommBGB/WAGNER § 830 Rn 87 mwNw; WAGNER ZEuP 2007, 1122, 1128 f). Bei einer Mehrzahl von Geschädigten, also insbes bei Massenschäden, trete deshalb – in Weiterentwicklung des § 830 Abs 1 S 2 BGB – neben die Solidargemeinschaft der Schädiger eine Solidargemeinschaft der Geschädigten (BODEWIG AcP 185 [1985] 505, 507, 542 ff) mit der Konsequenz, dass jeder Geschädigte von jedem Hersteller nur denjenigen prozentualen Anteil seines individuellen Schadens ersetzt verlangen kann, der dem Marktanteil des Herstellers entspricht (BODEWIG AcP 185 [1985] 505, 507, 548 f). Damit ist diese Ansicht bei einer Marktanteilshaftung auf der Basis des § 830 Abs 1 S 2 BGB.

115 Gegen diese Ansicht spricht, dass sie das Erfordernis der Gefahrkonkretisierung falsch interpretiert. Sie stellt auf den Griff des Arztes zum Rezeptblock ab, macht den Eintritt einer konkreten Gefahr aber zugleich davon abhängig, dass der Patient ein Mittel einnimmt. Tritt diese Situation ein, so konkretisiert sich die Gefahr aber nur für dieses eine Mittel. Warum gleichzeitig alle anderen, vergleichbaren Mittel in das Stadium der konkreten Gefahr eintreten sollten, ist nicht erkennbar. Zwischen der von dem eingenommenen Mittel einerseits und den übrigen Mitteln andererseits ausgehenden Gefahr besteht vielmehr ein wesentlicher gradueller Unterschied. Eine Verursachung des Schadens durch die übrigen Mittel wird durch die Einnahme des einen Mittels ausgeschlossen. Unklarheiten in der Kausalkette bestehen nicht, unbekannt ist lediglich die Identität des (einen) Beteiligten. Bei dieser Sachlage findet § 830 Abs 1 S 2 BGB keine Anwendung (EBERL-BORGES AcP 196 [1996] 491, 537; gegen eine Anwendbarkeit des § 830 Abs 1 S 2 BGB in den Produkthaftungsfällen auch vBAR, in: Verh d 62. DJT [1998] Bd I, A 69; MÜLLER VersR 1998, 1181, 1185 jeweils mit der Begründung, die verschiedenen Hersteller seien keine Beteiligten im Sinne eines einheitlichen Lebensvorgangs; SPINDLER AcP 208 [2008] 283, 308; MünchKommBGB/WAGNER § 830 Rn 86; für eine Anwendbarkeit des § 830 Abs 1 S 2 BGB dagegen BRAUN NJW 1998, 2318, 2320 f). Nach richtiger Ansicht wird eine Beteiligung iSd § 830 Abs 1 S 2 BGB vielmehr erst dann begründet, wenn der Geschädigte ein Arzneimittel des betreffenden Herstellers tatsächlich eingenommen hat und sich damit die abstrakte, von dem Arzneimittel ausgehende Gefahr für den Geschädigten konkretisiert hat (DEUTSCH NJW 1990, 2941, 2942; DEUTSCH VersR 1979, 685, 689; EBERL-BORGES AcP 196 [1996] 491, 536; MÜLLER, in: Verh d 62. DJT [1998] Bd I, I 128 f; RÖCKRATH 170; vgl auch BARTRAM, in: Verh d 62. DJT [1998] Bd I, I 122). Die Norm betrifft Fälle, in denen der Geschädigte mehrere Medikamente verschiedener Hersteller eingenommen hat, die alle geeignet waren, den eingetretenen Schaden herbeizuführen, ohne dass aber die tatsächliche Kausalität eines der Medikamente nachweisbar wäre (die

Einnahme des Medikaments als maßgebliches Kriterium wird auch bestätigt durch den im Jahr 2002 neu eingeführten § 84 Abs 2 S 1 AMG). Eine Marktanteilshaftung ließe sich im deutschen Recht nur de lege ferenda einführen. Wegen der damit verbundenen praktischen Schwierigkeiten, etwa der Bestimmung der Marktanteile (zu weiteren Schwierigkeiten Bodewig AcP 185 [1985] 505, 507, 552 ff), kann ihre Einführung allerdings nicht befürwortet werden (gegen eine Marktanteilshaftung im deutschen Recht auch vBar, in: Verh d 62. DJT [1998] Bd I, A 71; Röckrath 174 ff).

116 In Deutschland werden die Beweisschwierigkeiten der Geschädigten auch nicht in der gleichen Schärfe auftreten wie in den USA, da die Ärzte hierzulande bestimmte Medikamente verschreiben und die Apotheker diese auch nicht ohne Weiteres substituieren können (s dazu den Diskussionsbeitrag von Bartram, in: Verh d 62. DJT [1998] Bd I, I 123; inzwischen sind allerdings auch in Deutschland die Möglichkeiten der Substitution erweitert worden, um Einsparungen im Arzneimittelbereich zu erreichen). S auch den Diskussionsbeitrag von Martin (in: Verh d 62. DJT [1998] Bd I, I 114), der darauf verweist, eine Identifikation des tatsächlich verantwortlichen pharmazeutischen Herstellers lasse sich ohne Weiteres durch entsprechende ärztliche Dokumentations- und Befundsicherungspflichten erreichen (s auch Bartram, in: Verh d 62. DJT [1998] Bd I, I 123 f).

117 In Deutschland sind die HIV-Schäden – ebenso wie seinerzeit die Contergan-Schäden (bei denen das verursachende Unternehmen feststand) – durch ein besonderes Hilfegesetz geregelt worden (Gesetz über die humanitäre Hilfe für durch Blutprodukte HIV-infizierte Personen [HIV-Hilfegesetz] v 24. 7. 1995, BGBl I 972; Gesetz über die Errichtung einer Stiftung „Hilfswerk für behinderte Kinder" v 17. 12. 1971, BGBl I 2018). Es hat die Haftung durch periodische Leistungen aus einem Fonds ersetzt. Dazu wurde eine rechtsfähige Stiftung des öffentlichen Rechts unter dem Namen „Humanitäre Hilfe für durch Blutprodukte HIV-infizierte Personen" errichtet, für die Mittel in Höhe von insgesamt 250 Millionen DM aus Bundes- und Ländermitteln, von pharmazeutischen Unternehmen und von den Blutspendediensten des Deutschen Roten Kreuzes vorgesehen wurden (s dazu vBar, in: Verh d 62. DJT [1998] Bd I, A 58; Deutsch NJW 1996, 756). Es erscheint vorzugswürdig, auf besondere Fälle mit individuellen Lösungen dieser Art zu reagieren, anstatt haftungsrechtliche Grundprinzipien allgemein aufzugeben.

118 Sofern die fragliche Erkrankung als Berufskrankheit anerkannt ist, wie im Falle von Asbestschäden (Rn 111), tritt die gesetzliche Unfallversicherung ein. Die Frage nach einer Proportionalhaftung anstelle der gesamtschuldnerischen Haftung erübrigt sich dadurch. Auch auf diese Weise wird die Entschädigung der Opfer sichergestellt, ohne den einzelnen Arbeitgeber mit übermäßigen Kosten zu belasten (Wagner, in: FS Schäfer [2008] 193, 305 f).

Zu Vorschlägen de lege ferenda betr die Produkthaftung vBar, in: Verh d 62. DJT (1998) Bd I, A 70 f, 73 und die Diskussionsbeiträge von Bartram, in: Verh d 62. DJT (1998) Bd I, I 121 f, Martin I 113–115 und Wagner I 136 f; Braun NJW 1998, 2318, 2320; Müller VersR 1998, 1181, 1185.

Gegen eine Änderung des § 830 Abs 1 S 2 BGB im Hinblick auf Massenschäden vBar, in: Verh d 62. DJT (1998) Bd I, A 22 f; Müller VersR 1998, 1181, 1182 f.

Bei Schäden durch den Klimawandel steht zwar eine Haftung von Großemittenten im Raum (OLG Hamm 28. 5. 2025 – 5 U 15/17, NJW 2025, 2171 Rn 156 ff), die Frage einer analogen Anwendung des § 830 Abs 1 S 2 BGB stellt sich dabei allerdings nicht (OLG Hamm 28. 5. 2025 – 5 U 15/17, NJW 2025, 2171 Rn 176), denn die Kausalität des Emittenten steht fest (s dazu OLG Hamm 28. 5. 2025 – 5 U 15/17, NJW 2025, 2171 Rn 174 ff – Fall der sog komplementären Kausalität als Unterfall der kumulativen Kausalität) und entsprechende Beweisschwierigkeiten müssen nicht überwunden werden. Der Gedanke einer Marktanteilshaftung (Rn 113) könnte dennoch herangezogen werden, aber nicht zur Haftungsbegründung, sondern zur Haftungsbegrenzung. Denn nach allgemeinen Grundsätzen haftet im Fall der kumulativen Kausalität jeder Verursacher für den vollen Schaden (MünchKommBGB/Oetker § 249 Rn 139 mwNw) als Gesamtschuldner (§ 840 Abs 1 BGB). In Konstellationen, in denen – wie im Fall von Schäden durch den Klimawandel – eine Vielzahl von Schädigern (Emittenten) mit jeweils einem relativ geringen Beitrag vorliegt (im Fall des OLG Hamm: Anteil von 0,38 bzw 0,24 %, s OLG Hamm 28. 5. 2025 – 5 U 15/17, NJW 2025, 2171 Rn 188), erscheint die gesamtschuldnerische Haftung jedoch nicht sachgerecht. Die anteilige Haftung ermöglicht demgegenüber einen gerechteren Interessenausgleich zwischen Schädiger und Geschädigtem bzw Störer und Gestörtem.

Ähnlich strukturiert wie die Haftung für Klimawandelschäden ist die Haftung nach einem Shitstorm. Auch hier tritt der Schaden erst durch das Zusammenwirken sehr vieler Beiträge ein. Dabei gibt es größere und kleinere Beteiligungen: Initiatoren und Inhaber von Social-Media-Accounts mit großer Followerzahl einerseits (entsprechend den Großemittenten) und Inhaber von Social-Media-Accounts mit geringer Followerzahl andererseits. Abgrenzbare Teilschäden liegen hier ebenfalls nicht vor, sodass grundsätzlich eine gesamtschuldnerische Haftung aller „Schwarmmitglieder" eintritt. Auf § 830 Abs 1 S 2 BGB (analog) muss und kann dabei nicht zurückgegriffen werden, denn mit dem Initiator des Shitstorms liegt ein Schädiger vor, der erwiesenermaßen für den ganzen Schaden haftet (Köhler/Korch JZ 2025, 685, 687 mwNw; zur Unaufklärbarkeit der Verursachung als Kriterium des § 830 Abs 1 S 2 BGB s Rn 92). Die Frage der Haftungsbegrenzung stellt sich schließlich auch hier und ist insbesondere für kleinere Beteiligungen relevant (zu Lösungsansätzen s Köhler/Korch JZ 2025, 685, 691 f mwNw; s auch Gomille ZUM 2024, 827, 828; Gomille ZUM 2021, 81, 84). Der österreichische Oberste Gerichtshof hält allerdings in einer neueren Entscheidung den Nutzer eines sozialen Netzwerks für den Repost einer unwahren Tatsachenbehauptung für den gesamten Schaden haftbar, den das Opfer infolge des Shitstorms erlitten hat (OGH 26. 4. 2024 – 6 Ob 210/23k, ZUM 2024, 817 Rn 74, 80; in diese Richtung für das deutsche Recht auch Köhler/Korch JZ 2025, 685, 691 ff mit Einschränkungen im Hinblick auf die Geldentschädigung wegen Verletzung des allgemeinen Persönlichkeitsrechts).

11. Beweislastverteilung

119 Der Geschädigte muss für jeden Beteiligten die Voraussetzungen eines Haftungstatbestandes – allerdings ohne die haftungsbegründende Kausalität – nachweisen. Der Geschädigte hat ferner zu beweisen, dass das Verhalten aller Beteiligten geeignet war, den schädigenden Erfolg herbeizuführen (BGHZ 89, 383, 399 = NJW 1984, 1226, 1230; BGH MDR 1968, 399, 400; vgl MünchKommBGB/Wagner § 830 Rn 79 f).

120 Jeder Beteiligte vermag sich durch den Nachweis zu entlasten, dass sein Verhalten für den Verletzungserfolg nicht ursächlich war (ganz hM, vgl ua BGHZ 33, 286, 292; BGH

NJW 1960, 862, 863; OLG Köln NJW-RR 2018, 464, 465 f Rn 37; OLG Dresden 18. 4. 2023 – 14 U 1551/22, juris Rn 20, NJW-RR 2023, 1181 Rn 20; MünchKommBGB/Wagner § 830 Rn 55, 79; weitere Nachweise aus Rechtsprechung und Schrifttum bei Baumgärtel/Laumen/Prütting/Luckey Rn 7; **aA** – gegen die widerlegbare „Kausalitätsvermutung" – Deutsch, Allgemeines Haftungsrecht [2. Aufl 1996] Rn 528). Für einen solchen Beweis des Gegenteils gelten keine erleichternden Beweisregeln. Der Beweis ist nur geführt, wenn das Gericht die Überzeugung gewonnen hat, dass der in Anspruch Genommene als Verursacher nicht in Betracht gezogen werden kann (BGH VersR 1962, 430, 431; OLG Dresden 18. 4. 2023 – 14 U 1551/22, juris Rn 20, NJW-RR 2023, 1181 Rn 20).

Nach den zu den Folgeschadensfällen dargelegten Grundsätzen (Rn 93 ff) kann sich **121**
jeder Beteiligte außerdem dadurch entlasten, dass er nachweist, dass ein anderer Beteiligter den ganzen Schaden tatsächlich verursacht hat. Denn bei feststehender Verursachung eines der Beteiligten scheidet nach den oben dargelegten Grundsätzen eine Anwendung des § 830 Abs 1 S 2 BGB aus.

Schließlich entlastet es den Beteiligten, wenn er nachweist, dass ein anderer Beteilig- **122**
ter einen Rechtfertigungs- oder Entschuldigungsgrund hat, als Deliktsunfähiger handelte, ohne dass § 829 BGB eingreift, oder der Geschädigte sich selbst verletzt hat bzw als potenzieller Schadensurheber in Betracht kommt (vgl Grüneberg/Retzlaff § 830 Rn 11).

12. Fallbeispiele aus der Rechtsprechung

Zwei Jäger schießen gleichzeitig, getroffen wird ein Passant (RG Recht 1911 Nr 1551; **123**
s auch LG Passau, Jagdr Entsch, Bd VII, Sachg XI, Nr 68 – Jagdunfall, Verletzung eines Treibers); Gallenanfall, ausgelöst durch drei von verschiedenen Personen schuldhaft verursachte Erregungen in derselben Nacht, von denen jede den Anfall zur Folge haben konnte (RGZ 148, 154, 166; BGHZ 33, 286, 288); ein Hauseinsturz konnte sowohl auf Mängeln der gelieferten Tragbalken wie auch auf dem fehlerhaften Einbau dieser Balken durch einen anderen Unternehmer beruhen (BGH LM Nr 4); Gesundheitsschädigung einer Frau, mit der zwei Personen in derselben Nacht und in demselben Raum den Beischlaf vollzogen (RG WarnR 1912 Nr 387); mehrere Personen bewerfen sich mit Steinen, ein Mensch wird verletzt (RG JW 1909, 136; BGH NJW 1960, 862); mehrere Personen werfen Knallerbsen auf Menschen, ein Mensch wird verletzt (RGZ 58, 357); ein infolge schuldhafter Vernachlässigung verkehrsunsicherer Weg verläuft über die unmittelbar benachbarten Grundstücke verschiedener verkehrssicherungspflichtiger Eigentümer, und ein Wegebenutzer kommt infolge dieser Vernachlässigung im Grenzbereich zu Fall, wobei nicht festgestellt werden kann, ob sich der Unfall auf dem einen oder auf dem anderen Grundstück ereignet hat (BGHZ 25, 271); Steine, die von Häusern verschiedener Eigentümer herabfallen, beschädigen eine Sache (BGH VersR 1956, 627, 629); ein von einem Bau, an dem Arbeiter mehrerer Baufirmen arbeiten, herabfallender Stein verletzt einen Fußgänger, beide Baufirmen haben ihre Pflicht zur Sicherung des Verkehrs gegen herabfallende Steine und sonstige Gegenstände schuldhaft verletzt (BGH BB 1960, 1181); bei einem Silvesterfeuerwerk entsteht durch einen Feuerwerkskörper ungeklärter Herkunft ein Schaden (OLG München MDR 1967, 671; OLG Köln MDR 1982, 408); auf ein haltendes Kfz fährt schuldhaft das nachfolgende und auf dieses schuldhaft ein drittes Kfz auf; ob der an dem haltenden Kfz entstandene Schaden schon durch den ersten oder erst durch den zweiten Aufprall verursacht wurde,

ist nicht festzustellen (LG Essen VersR 1963, 100); zwei benachbarte Hauseigentümer haben beide ihre Streupflicht verletzt; unaufklärbar ist, welcher von ihnen die Ursache für den Sturz eines Passanten auf dem vereisten Bürgersteig gesetzt hat (OLG Bamberg VersR 1968, 1069); eine Kirmesbesucherin stürzt über eine von mehreren Versorgungsleitungen, die Schausteller dort unsorgfältig (ohne Abdeckung) verlegt hatten, wobei sich später nicht mehr feststellen lässt, über welche Versorgungsleitung (welches Schaustellers) die Besucherin gestürzt ist (OLG Hamm NJW-RR 2015, 860, 862); auf Maifeiern starten mehrere Personen auf ihren Grundstücken sog Sky-Ballons (bestehend aus leicht brennbarem Reispapier und mit offenem Feuer an der Unterseite zwecks Lufterhitzung und Auftrieb), eine Produktionshalle gerät durch Sky-Ballons in Brand (OLG Saarbrücken r+s 2016, 176, 181; entsprechend für [ähnlich funktionierende] chinesische Himmelslaternen OLG Koblenz 15. 10. 2015 – 6 U 923/14, juris Rn 25; s auch OLG Frankfurt 24. 7. 2015 – 24 U 108/14, juris Rn 33 ff).

§ 831
Haftung für den Verrichtungsgehilfen

(1) Wer einen anderen zu einer Verrichtung bestellt, ist zum Ersatz des Schadens verpflichtet, den der andere in Ausführung der Verrichtung einem Dritten widerrechtlich zufügt. Die Ersatzpflicht tritt nicht ein, wenn der Geschäftsherr bei der Auswahl der bestellten Person und, sofern er Vorrichtungen oder Gerätschaften zu beschaffen oder die Ausführung der Verrichtung zu leiten hat, bei der Beschaffung oder der Leitung die im Verkehr erforderliche Sorgfalt beobachtet oder wenn der Schaden auch bei Anwendung dieser Sorgfalt entstanden sein würde.

(2) Die gleiche Verantwortlichkeit trifft denjenigen, welcher für den Geschäftsherrn die Besorgung eines der im Absatz 1 Satz 2 bezeichneten Geschäfte durch Vertrag übernimmt.

Materialien: E I §§ 711, 712; II § 754; III § 815;
Mot I 736, Prot II 596.

Schrifttum

ALTMEPPEN, Deliktshaftung in der Personengesellschaft, NJW 2003, 1553
vBAR, Verkehrspflichten (1980)
ders, Gutachten und Vorschläge zur Überarbeitung des Schuldrechts, Bd II (1981) 1716
ders, culpa in contrahendo und Schutzwirkung zugunsten Dritter, JuS 1982, 1615
ders, Gemeineuropäisches Deliktsrecht, Bd I (1996)
BAUMS, Haftung für Verrichtungsgehilfen nach deutschem und schweizerischem Recht, in: FS Rudolf Lukes (1989) 623
BAUR, Zur dogmatischen Einordnung der Haftung für „Verrichtungsgehilfen“, Karlsruher Forum 1962, 16
BELLING, Die Haftung des Betriebsrats (1990)
BELLING/RIESENHUBER, Beweislastumkehr und Mitverschulden, ZZP 108 (1995) 455
vBODENHAUSEN, Haftung des Geschäftsherrn für Verrichtungsgehilfen im Straßen- und Schienenverkehr (2000)
BRÜGGEMEIER, Organisationshaftung, AcP 191 (1991) 33
ders, Haftungsrecht: Struktur, Prinzipien, Schutzbereich (2006)
BURHOFF, Haftungsfragen beim Einsatz von

Hilfspersonal. Abgrenzung von Erfüllungs- und Verrichtungsgehilfen, Neue Wirtschaftsbriefe 1989, 2569
vCAEMMERER, Wandlungen des Deliktsrechts, Hundert Jahre deutsches Rechtsleben, in: FS zum hundertjährigen Bestehen des DJT Bd 2 (1960) 49
CANARIS, Ansprüche wegen „positiver Vertragsverletzung" und „Schutzwirkung für Dritte" bei nichtigen Verträgen, JZ 1965, 475
ders, Schutzgesetze – Verkehrspflichten – Schutzpflichten, in: 2. FS Karl Larenz z 80. Geburtstag (1983) 26
DENCK, Die Haftung des Vertragsschuldners für den Hauptgläubiger als Erfüllungsgehilfen im Vertrag mit Schutzwirkung für Dritte, JuS 1976, 429
ders, Der Schutz des Arbeitnehmers vor der Außenhaftung (1980)
DEUTSCH, Allgemeines Haftungsrecht (2. Aufl 1996)
DIETZ, Anspruchskonkurrenz bei Vertragsverletzung und Delikt (1939)
DUBISCHAR, Richtiges und Mißverständliches am Begriff der Haftungseinheit, NJW 1967, 608
ECKARDT, Deliktische Haftpflicht im Konkurs, KTS 1997, 411
ERDSIEK, Karlsruher Forum (1960)
ESSER, Grundfragen der Reform des Schadensersatzrechts, AcP 148 (1943) 121 = Wege der Rechtsgewinnung (1990) 3
ders, Grundlagen und Entwicklung der Gefährdungshaftung (1969)
ders, Die Verantwortung des Verletzten für mitwirkendes Verschulden seiner Hilfspersonen, JZ 1952, 257
ESSER/WEYERS, Schuldrecht II, Teilband 2 (8. Aufl 2000)
FIKENTSCHER/HEINEMANN, Schuldrecht (12. Aufl 2022)
FLEISCHER/KORCH, Konzerndeliktsrecht: Entwicklungsstand und Zukunftsperspektiven, DB 2019, 1944
FLUME, Allgemeiner Teil des Bürgerlichen Rechts, 1. Band, 2. Teil, Die juristische Person (1983)
ders, Die persönliche Haftung der Gesellschafter einer BGB-Gesellschaft für deliktisches Handeln der geschäftsführenden Gesellschafter, DB 2003, 1775
FOERSTE, Deliktische Haftung für Schlechterfüllung, NJW 1992, 27
FUCHS, Arbeitsteilung und Haftung, JZ 1994, 533
FUNDEL, Die Haftung für Gehilfenverhalten im Bürgerlichen Recht (Diss Tübingen 1999)
GERNHUBER, Drittwirkungen im Schuldverhältnis kraft Leistungsnähe, in: FS Arthur Nikisch (1958) 249
ders, Gläubiger, Schuldner und Dritte, JZ 1962, 553
ders, Das Schuldverhältnis (1989)
vGIERKE, Der Entwurf eines bürgerlichen Gesetzbuchs und das deutsche Recht (1889)
ders, Deutsches Privatrecht, Dritter Band, Schuldrecht (1917)
GROSS, Deliktische Außenhaftung des GmbH-Geschäftsführers, ZGR 1998, 551
GRUNEWALD, Können Gesellschaften Verrichtungsgehilfen iSv § 831 I 1 BGB sein? NZG 2018, 481
HAAS, Geschäftsführerhaftung und Gläubigerschutz (1997)
HAMMEN, Die Rechtsnatur der Gefälligkeitsverhältnisse, in: „Rechtswissenschaft im Wandel" FS des Fachbereichs Rechtswissenschaft zum 400-jährigen Gründungsjubiläum der Justus-Liebig-Universität Gießen (2007) 435
HASSOLD, Die Lehre vom Organisationsverschulden, JuS 1982, 583
HEINZE, Zur Verteilung des Schadensrisikos bei unselbständiger Arbeit, NZA 1986, 545
HEISEKE/LARENZ, Zur Schutzwirkung eines Schuldvertrages gegenüber dritten Personen, NJW 1960, 77
HELM, Rechtsfortbildung und Reform bei der Haftung für Verrichtungsgehilfen, AcP 166 (1966) 389
HERBER, Das neue Haftungsrecht der Schiffahrt (1989)
HIRTE, Berufshaftung: ein Beitrag zur Entwicklung eines einheitlichen Haftungsmodells für Dienstleistungen (1996)
HUBER, Zivilrechtliche Fahrlässigkeit, in: FS Ernst Rudolf Huber (1973) 255
HÜBNER, Diskussionsbeitrag, Karlsruher Forum 1962, 24

H H Jakobs, Über die Notwendigkeit einer Reform der Geschäftsherrenhaftung, VersR 1969, 1061
vJhering, Culpa in contrahendo oder Schadensersatz bei nichtigen oder nicht zur Perfektion gelangten Verträgen, JherJb 4 (1861) 1
Kadel, Die Haftung für Verrichtungsgehilfen nach deutschem und japanischem Recht, ZfRV 1997, 56
Katzenstein, Die Außenwirkung der arbeitsrechtlichen Haftungsbeschränkungen, RdA 2003, 346
Kleindiek, Deliktshaftung und juristische Person (1997)
Konow, Probleme der Eisenbahnhaftung, DB 1983, 1185
Kreuzer, Culpa in contrahendo und Verkehrspflichten, Freiburger Habilitationsschrift (1972)
ders, Prinzipien des deutschen außervertraglichen Haftungsrechts, in: FS Werner Lorenz (1991) 109
Kupisch, Die Haftung für Verrichtungsgehilfen (§ 831 BGB), JuS 1984, 250
Landwehr, Die Haftung der juristischen Person für körperschaftliche Organisationsmängel, AcP 164 (1964) 482
Larenz, Vertrag und Unrecht, Teil 1 (1936), Teil 2 (1937)
Lessmann, Haftung für schädigendes Drittverhalten, JA 1980, 193
Lorenz, Die Einbeziehung Dritter in vertragliche Schuldverhältnisse – Grenzen zwischen vertraglicher und deliktischer Haftung, JZ 1960, 108
Looschelders, Die Mitverantwortlichkeit des Geschädigten im Privatrecht (1999)
Lüke, Die persönliche Haftung des Konkursverwalters (1986)
Martinek, Repräsentantenhaftung (1979)
Matusche-Beckmann, Das Organisationsverschulden (2001)
Medicus/Petersen, Bürgerliches Recht (28. Aufl 2021)
Medicus, Zur Verantwortlichkeit des Geschädigten für seine Hilfspersonen – Das Zusammentreffen von Sonderverbindung und Delikt, NJW 1962, 2081
ders, Deliktische Außenhaftung der Vorstandsmitglieder und Geschäftsführer, ZGR 1998, 571
ders, Zum Anwendungsbereich der Übernehmerhaftung nach § 831 Abs 2 BGB, in: FS Erwin Deutsch (1999) 291
ders, Verschuldensabwägung bei Beweislastumkehr, in: FS Ulrich Huber (2006) 437
Münzberg, Verhalten und Erfolg als Grundlagen der Rechtswidrigkeit und Haftung (1966)
Nipperdey (Hrsg), Grundfragen der Reform des Schadenersatzrechts, 1. Arbeitsbericht des Ausschusses für Personen-, Vereins- und Schuldrecht der Akademie für Deutsches Recht, Unterausschuß Schadenersatzrecht (1940)
ders, Rechtswidrigkeit, Sozialadäquanz, Fahrlässigkeit, Schuld im Zivilrecht, NJW 1957, 1777
Nitschke, Die Anwendbarkeit des im § 31 BGB enthaltenen Rechtsgedankens auf alle Unternehmensträger, NJW 1969, 1737
Oertmann, Bürgerliches Gesetzbuch, Zweites Buch, Recht der Schuldverhältnisse (3. u 4. Aufl 1910)
Passmann, Schutzpflichtverletzungen im Spannungsverhältnis von schuldrechtlichem und deliktischem Haftungsregime (2010)
Picker, Positive Forderungsverletzung und culpa in contrahendo – zur Problematik der Haftung „zwischen" Vertrag und Delikt, AcP 183 (1983) 369
ders, Vertragliche und deliktische Schadenshaftung, JZ 1987, 1041
Rack, Die rechtlichen Voraussetzungen für ein Compliance-Management-System, CB 2014, 279
Renner, Die deliktische Haftung für Hilfspersonen in Europa (2002)
Richter/Hannes/Trotz, Kommentar zum Seehandelsschiffahrtsgesetz der Deutschen Demokratischen Republik – SHSG – vom 5. 2. 1976 (1979)
Sandmann, Die Haftung von Arbeitnehmern, Geschäftsführern und leitenden Angestellten (2001)
Schäfer, Die Erfüllung deliktsrechtlicher Pflichten durch Übertragung der Verkehrssicherungspflicht auf Dritte (2005)
Scherping/Vollbach, Das Reichsjagdgesetz vom 3. Juli 1934 (4. Aufl 1938)
Schlechtriem, Vertragsordnung und außervertragliche Haftung (1972)
E Schmidt, Zur Dogmatik des § 278 BGB, AcP 170 (1970) 502
K Schmidt, Die Gesellschafterhaftung bei der

Gesellschaft bürgerlichen Rechts als gesetzliches Schuldverhältnis, NJW 2003, 1897
SCHMITZ, Die deliktische Haftung für Arbeitnehmer (1993)
SCHULZE, Vermeidung von Haftung und Straftaten auf Führungsebene durch Delegation, NJW 2014, 3484
SEILER, Die deliktische Gehilfenhaftung in historischer Sicht, JZ 1967, 525
SPICKHOFF, Die Grundstruktur der deliktischen Verschuldenshaftung, JuS 2016, 865
THIELE, Leistungsstörung und Schutzpflichtverletzung, JZ 1967, 649
TISCHENDORF, Anm zu OLG München, Urt v 20. 3. 2002 – 27 U 576/01, NZV 2003, 473
TRULI, Probleme und Entwicklungen der Dienstleistungshaftung im griechischen, deutschen und Gemeinschaftsrecht (2001)
WEITNAUER, Grundsätze der Haftung, Karlsruher Forum 1962, 3
WESTERMANN, Haftung für fremdes Handeln, JuS 1961, 333
WICKE, Respondeat Superior, Haftung für Verrichtungsgehilfen im römischen, römisch-holländischen, englischen und südafrikanischen Recht (2000)
WIETHÖLTER, Der Rechtfertigungsgrund des verkehrsrichtigen Verhaltens (1960)
ZIMMERMANN (Hrsg), Grundstrukturen des Europäischen Deliktsrechts (2003)
ZWEIGERT/KÖTZ, Einführung in die Rechtsvergleichung auf dem Gebiete des Privatrechts (3. Aufl 1996).

Systematische Übersicht

Alphabetische Übersicht

I. Grundsätze

1. Entstehungsgeschichte

Das ältere deutsche Recht sah in erheblichem Umfang eine deliktische Haftung für widerrechtliche Schadenszufügung durch andere vor (Dernburg, Das bürgerliche Recht des Deutschen Reichs und Preußens, 2. Bd, 2. Abteilung [1901] § 387 I). Haftungsgrund war die personenrechtliche Verbundenheit, die dem Angehörigen einer Gemeinschaft eine Verantwortlichkeit für die von einem Gemeinschaftsangehörigen ausgehende Schädigung Dritter auferlegte (näher vGierke, Privatrecht III 922). Das römische Recht kannte die sog Noxalhaftung des pater familias für sämtliche Delikte seiner Hauskinder und Sklaven sowie – davon ausgehend – mehrere Tatbestände einer Haftung für Hilfspersonen (Seiler JZ 1967, 525, 526; vorzüglich Wicke 42 ff), namentlich die auf prätorischem Edikt beruhende Haftung der Schiffer, Wirte, Stallhalter und Zollpächter (nautae, caupones, stabularii, publicani. Waentig, Über die Haftung für fremde unerlaubte 1

Handlungen nach römischem, gemeinem, königlich sächsischem und neuerem deutschen Reichsrechte [1875] 51 ff, 57 ff; vWYSS, Die Haftung für fremde Culpa nach römischem Recht [1867] 57 ff), aber keine geschlossene Regelung der Gehilfenhaftung (H H JAKOBS VersR 1969, 1061, 1065 Fn 26) wie nach § 831 BGB. Im Anschluss an das gemeine Recht (WINDSCHEID, Lehrbuch des Pandektenrechts Bd II, § 455, 642 Fn 12, 645 Fn 27a) und das preußische Recht (ALR I 13 § 36, 6 §§ 50, 53, 64, 65; zur Rechtsentwicklung s auch FUNDEL 28 ff) erkannte E I, strikt am *Schuldprinzip* festhaltend, die Ersatzpflicht des Geschäftsherrn für den durch Handlungen seiner Angestellten oder Arbeiter in Ausübung ihrer geschäftlichen Verrichtungen verursachten Schaden nur insoweit an, als den *Geschäftsherrn* ein *eigenes Verschulden für eigenes Tun oder Unterlassen* (culpa in eligendo vel in custodiendo [vBODENHAUSEN 20 ff]) trifft (§ 50: Wer einem Anderen einen in den Gesetzen nicht gemissbilligten Auftrag macht, haftet nicht für den von selbigem bei Ausrichtung dieses Auftrages verursachten Schaden. § 53: Hat der Machtgeber bei der Auswahl eines untüchtigen Bevollmächtigten sich ein grobes oder mäßiges Versehen zu Schulden kommen lassen, so haftet er für den von selbigem auch bei der Ausrichtung eines erlaubten Auftrages durch seine Untüchtigkeit verursachten Schaden so weit, als der Beschädiger selbst zum Ersatz unvermögend ist [s auch vBODENHAUSEN 26 f]). Gesetzesvorschläge, die sich von dem Erfordernis eigenen Verschuldens des Schadenersatzpflichtigen lösten und – wie Art 1384 Code Civil (Abs 5: „Les maîtres et les commettants, du dommage causé par leurs domestiques et préposés dans les fonctions auxquelles ils les ont employés“ [vBODENHAUSEN 28]), Art 2049 Codice Civile („I padroni e i committenti sono responsabili per i danni arrecati dal fatto illecito dei loro domestici e commessi nell'esercizio delle incombenze a cui sono adibiti.“) oder Art 55 Schweiz OR (Abs 1: „Der Geschäftsherr haftet für den Schaden, den seine Arbeitnehmer oder andere Hilfspersonen in Ausübung ihrer dienstlichen oder geschäftlichen Verrichtungen verursacht haben, wenn er nicht nachweist, dass er alle nach den Umständen gebotene Sorgfalt angewendet hat, um einen Schaden dieser Art zu verhüten, oder dass der Schaden auch bei Anwendung dieser Sorgfalt eingetreten wäre.“) – darauf abzielten, dass der Geschäftsherr für den durch seinen Vertreter bzw der Unternehmer für den durch die von ihm zur Leitung oder Beaufsichtigung des Betriebs oder der Arbeitnehmer eingesetzten Personen einem Dritten zugefügten Schaden unbedingt verantwortlich sei, wurden abgelehnt (Prot II 597 ff; vBODENHAUSEN 41 ff). Namentlich O MEYER setzte sich auf dem 17. Deutschen Juristentag (Verh I S 125 ff; II S 124 ff; s auch vBODENHAUSEN 40) für eine unbedingte *Einstandspflicht* der Dienstherren und Auftraggeber für ihre Leute im Dienst ein. Das Prinzip, dass derjenige, der einen anderen zur Verrichtung einer Rechtshandlung oder tatsächlichen Handlung beauftragt, für die vom Beauftragten in Vollziehung des Auftrags begangenen Delikte hafte, wurde zurückgewiesen (Mot II 736: „… es würden hierdurch Fälle hineingezogen, in welchen die Haftung des Auftraggebers in hohem Maße bedenklich wäre.“) und hat sich bis heute im deutschen Deliktsrecht nicht durchgesetzt, obwohl es entsprechende rechtspolitische Vorstellungen gab (Referentenentwurf eines Gesetzes zur Änderung und Ergänzung schadensersatzrechtlicher Vorschriften 1967: „[§ 831] Wer einen anderen zu einer Verrichtung bestellt, ist, wenn der andere in Ausführung der Verrichtung durch eine vorsätzlich oder fahrlässig begangene unerlaubte Handlung einem Dritten einen Schaden zufügt, neben dem anderen zum Ersatz des Schadens verpflichtet.“ – Zu den Reformbestrebungen s Rn 187 ff). Stattdessen begründet § 831 BGB die Pflicht, eine geeignete Person zur Verrichtung auszuwählen und die zu einer Verrichtung bestellte Person zu beaufsichtigen (Mot II 736 f) und knüpft an die Verletzung dieser Pflicht die Haftung des Geschäftsherrn. Sein Verschulden wurde darin gesehen, dass dieser es bei der Auswahl oder bei der Beaufsichtigung des Ausführenden an der erforderlichen Sorgfalt hat fehlen lassen oder zur Ausführung fehlerhafte Werkzeuge (culpa in eligendo sive custodiendo sive inspiciendo) gestellt hat (so auch schon DREYER auf dem 17. Deutschen Juristentag, Verh I S 46 ff, 52 ff). Diese Pflichten sind nicht abschließend, sondern beispielhaft (E SCHMIDT AcP 170 [1970] 502, 520).

2. Grundgedanke der Regelung

a) Haftung für vermutete eigene Schuld

Die Vorschrift begründet eine Haftung für die Verletzung einzelner *Verkehrssicherungspflichten,* die sich daraus ergeben, dass der Geschäftsherr nicht selbst tätig wird, sondern ungeeignete Hilfspersonen einsetzt, deren Tun und Lassen er steuern (beherrschen) kann. Die Haftung des Geschäftsherrn greift ein, wenn er schuldhaft iSv § 276 BGB seine Auswahl-, Ausrichtungs- oder Überwachungspflicht (zur letzten RGZ 128, 149, 153) verletzt und ein anderer dadurch einen Schaden erlitten hat, der von der Hilfsperson durch eine unerlaubte Handlung rechtswidrig herbeigeführt wurde (BGH 7. 6. 1951 – III ZR 85/50, LM Nr 1 zu § 831 Fc). Durch die Verletzung der Auswahl-, Ausrichtungs- oder Überwachungspflicht und das dadurch ermöglichte unerlaubte Gehilfenhandeln muss der Geschäftsherr nicht in ein nach § 823 Abs 1 BGB absolut geschütztes Rechtsgut des Geschädigten eingegriffen haben. Der Geschäftsherr haftet auch, wenn der Tatbestand einer Vermögensinteressen schützenden Haftungsnorm (§ 823 Abs 2 BGB [zB iVm §§ 263 oder 266 StGB] oder § 826 BGB) durch den Verrichtungsgehilfen verwirklicht worden ist (vgl dazu LARENZ/CANARIS, Schuldrecht II/2 § 79 III 1c; CANARIS, Schutzgesetze, in: FS Larenz [1983] 26, 82; Hk-BGB/STAUDINGER § 831 Rn 8; SOERGEL/KRAUSE § 831 Rn 35; BGH 7. 6. 1951 – III ZR 85/50, LM Nr 1 zu § 831 Fc). 2

Der Tatbestand von § 831 Abs 1 BGB wird gelegentlich vergröbernd dadurch gekennzeichnet, dass er sich aus dem (vermuteten) ursächlichen Verschulden des Geschäftsherrn und aus der Tat des Gehilfen zusammensetze (RG JW 1933, 830, 831). Das *haftungsbegründende deliktische Verhalten* besteht in der Verletzung von Verhaltenspflichten (Verkehrspflichten), nämlich der Auswahl-, Ausrichtungs- oder Überwachungspflicht, durch den Geschäftsherrn. Dem Geschäftsherrn wird vorgeworfen, dass er Verrichtungen von dazu ungeeigneten Personen vornehmen lässt, ohne die notwendigen Sicherheitsmaßnahmen zu treffen (H H JAKOBS VersR 1969, 1061, 1065). Darauf muss sich das Verschulden beziehen. Die Haftung wird dadurch freilich noch nicht ausgelöst. Denn der Pflichtverstoß als solcher hat noch keine schädigende Außenwirkung, sondern ist nur eine *mittelbare Verletzung* (LARENZ/CANARIS, Schuldrecht II/2 § 79 III 1a). Der Pflichtverstoß des Geschäftsherrn lässt nur eine von der Rechtsordnung missbilligte Gefahr entstehen, indem das sorgfaltswidrige Handeln des Gehilfen tendenziell begünstigt wird (E SCHMIDT AcP 170 [1970] 502). Die Gefahr muss sich erst durch ein nachfolgendes Ereignis, eine fremde (nicht notwendig schuldhafte) Tat, nämlich das unerlaubte rechtswidrige Handeln des unzureichend ausgewählten, angeleiteten oder überwachten Gehilfen, realisieren. Da es sich um die Tat eines anderen handelt, wird sie dem Geschäftsherrn nicht vorgeworfen, sondern ist für seine Haftung nur insofern von Bedeutung, als sie *weitere* notwendige *Bedingung für den Schadenseintritt* ist *(schadensauslösende Ursache).* 3

Nicht jede Schädigung durch einen Gehilfen führt zur Haftung des Geschäftsherrn 4
nach § 831 BGB, sondern nur eine solche, die unter einen Haftungstatbestand des

Deliktsrechts fällt (BGHZ 24, 21, 24) und widerrechtlich ist. Ohne Bedeutung ist folglich, ob der Gehilfe Haftungsnormen iSd §§ 823 BGB ff oder Haftungstatbestände außerhalb des BGB verwirklicht hat (zB im UWG oder etwa §§ 92 ff BinSchG, §§ 734 ff HGB) (vgl RG HRR 1929 Nr 704). § 831 BGB bezieht sich auf unerlaubte Handlungen aller Art, auch solcher, die unter § 823 Abs 2 BGB und § 826 BGB fallen, also dem Schutz reiner Vermögensinteressen dienen (Canaris, Schutzgesetze, in: FS Larenz [1983] 26, 82). § 831 BGB setzt eine Handlung des Gehilfen voraus. Daher kommt es zu keiner Haftung des Geschäftsherrn, wenn der Verrichtungsgehilfe nicht handeln konnte, weil er vor dem Unfall handlungsunfähig war (BGH VersR 1978, 1163 betr Entgleisen eines Zugs infolge plötzlich eingetretener Handlungsunfähigkeit – Verlust oder Trübung des Bewusstseins – des Lokomotivführers). Es ist erforderlich, aber hinreichend, dass der Verrichtungsgehilfe *objektiv rechtswidrig* gehandelt hat, also sein Handeln nicht gerechtfertigt ist (BGHZ 24, 21). Ein Verschulden des zur Verrichtung Bestellten ist nicht erforderlich (RGZ 50, 60, 65, 67; RGZ 91, 60; BGHZ 24, 21, 29; **aA** vCaemmerer, Wandlungen Ges Schr I 537 – restriktive Interpretation). Die Haftung des Geschäftsherrn greift daher auch ein, wenn beim Verrichtungsgehilfen die Verantwortlichkeit nach §§ 827, 828 BGB fehlt (RGZ 129, 60; RGZ 135, 149, 155; RGZ 142, 368; RG JW 1931, 3319).

5 § 831 BGB knüpft nicht einfach an die Schädigung durch die Hilfsperson eine Haftung des Geschäftsherrn (keine Verursachungshaftung; Böhmer JR 1963, 134). Es handelt sich nicht um eine Haftung für unerlaubte Handlungen anderer, wie vLiszt (Die Deliktsobligationen im System des Bürgerlichen Gesetzbuchs [1889] 101) noch annahm. Der Geschäftsherr hat nur für die von ihm selbst aus *(vermutetem) eigenem Verschulden begangene unerlaubte Handlung* einzustehen (BGHZ 32, 53, 59), nämlich die *Verletzung einer* vom Gesetzgeber aufgestellten *Verkehrspflicht* (Esser/Weyers, Schuldrecht II/2 § 58 I 1; Larenz/Canaris, Schuldrecht II/2 § 79 III 1a). Er haftet aber nicht für die unerlaubte Handlung der Hilfsperson (so schon Mot II 736; RGZ 78, 107, 108; RGZ 140, 386, 392; RGZ 151, 296, 297; Kupisch JuS 1984, 250, 251), *nicht für fremdes Delikt* (dazu H H Jakobs VersR 1969, 1061, 1064; Flume, Die Juristische Person § 11 III 4). Die Tat des Verrichtungsgehilfen wird also nicht zur eigenen Tat des Geschäftsherrn. Es handelt sich somit um eine Haftung für (vermutetes) *Geschäftsherrnverschulden* und nicht um eine Haftung für (nachzuweisendes) Gehilfenverschulden. § 831 BGB beruht auf dem *individualistischen Haftungskonzept:* Jeder haftet nur für die eigene unerlaubte schuldhaft begangene Handlung, nicht für eine fremde Tat und nicht für fremde Schuld (sehr klar H H Jakobs VersR 1969, 1061). § 831 BGB knüpft an die persönliche Verantwortung des Geschäftsherrn an. Zweck der Bestimmung ist aber nicht die Zuordnung der Wagnisse, die mit der Arbeitsteilung verbunden sein mögen. Das Haftungskonzept, das § 831 BGB zugrunde liegt, unterscheidet sich damit von demjenigen der §§ 31, 89 BGB (Organhaftung), § 278, § 3 HaftPflG, § 33 Abs 2 HS 2 BJagdG, §§ 3, 4, 7, 92b, 114 BinSchG, §§ 485, 510 HGB. Es geht nicht – wie in diesen Bestimmungen – um eine Haftung für fremde Schuld und auch nicht um eine Haftung für fremde objektive Schadenszufügung. Die deliktsrechtliche Einstandspflicht (gegenüber jedermann) folgt nicht schon daraus, dass jemand die wirtschaftlichen Vorteile der Arbeitsteilung für sich nutzt; denn diese hat als solche keine besondere Gefährdung anderer zur Folge (vCaemmerer, Wandlungen Ges Schr I 531; Böhmer JR 1963, 134; H H Jakobs VersR 1969, 1061, 1064; anders Weitnauer VersR 1970, 585, 593; Wicke 23). Erst wenn jemand die Arbeitsteilung nicht ordnungsgemäß betreibt, indem er seine Hilfspersonen nicht sorgfältig genug auswählt, anleitet, ausrüstet oder beaufsichtigt, schafft er einen erhöhten Gefahrenbereich (ähnlich E Schmidt AcP 170 [1970] 502), für dessen typische Folgen er einstehen muss. Deliktisch wird nur für die Risiken gehaftet, die aus der vom Geschäftsherrn *fehlerhaft* organisierten und geführten Unternehmens-, Betriebs- oder (allgemein) Arbeitsorganisation hervorgehen. In der Regelung kommt – wenn auch unvollkommen – der **Gedanke des Einstehens für das Betriebsrisiko**, namentlich das Organisationsrisiko, zum Ausdruck (BGHZ 24, 21, 30) – freilich nicht losgelöst vom Vorwurf des persönlichen Verschuldens. Dieses Risiko trägt der Unternehmer im Verhältnis zum Arbeitnehmer (BAG 12. 6. 1992 – GS 1/89, NZA 1993, 547 = AP Nr 101 zu § 611 BGB Haftung des Arbeitnehmers, nachfolgend sich im Ergebnis anschließend BGH 21. 9. 1993 – GmS-OGB 1/93, NJW 1994, 856; BAG GS NJW 1995, 210) zwar verschuldensunabhängig, im Verhältnis zum geschädigten Dritten dagegen nur, wenn er es schuldhaft ausgelöst hat. Das Personalrisiko, also das Risiko, dass dem Gehilfen bei Ausführung der ihm übertragenen Tätigkeit ein Versehen unterläuft, liegt aber nicht beim Geschäftsherrn (anders nach § 278 BGB, dazu BGHZ 31, 358, 366). Denn nach dem Willen des Gesetzgebers ist er gegenüber der Allgemeinheit nur zur ordnungsgemäßen Auswahl und Aufsicht der Hilfsperson (Mot II 736 f), also nur zur Beachtung von eigenen Verkehrssicherungspflichten, verpflichtet, aber gerade nicht zur ordnungsgemäßen Verrichtung selbst. Das letzte ist typischerweise eine vertragliche Pflicht, die grds nur gegenüber dem Gläubiger besteht; dieser hat einen Anspruch auf obligationsmäßige Erfüllung (vgl Staudinger/Caspers [2025] § 278 Rn 1, 7 f). Damit bleiben die deliktsrechtlichen Pflichten deutlich hinter den vertragsrechtlichen zurück. Daraus folgt: Hat der Geschäftsherr seine Sphäre ordnungsgemäß organisiert, haftet er *deliktisch nicht,* wenn bei der Ausführung Störungen durch seine Hilfspersonen auftreten (BGH 9. 5. 1957 – II ZR 327/55, BGHZ 24, 188, 194; Esser/Weyers, Schuldrecht II/2 § 58 I 1). Gegenüber dem Partner in einer individualisierten und konkretisierten Rechtsbeziehung (Sonderverbindung) wird dagegen schärfer gehaftet. Der Schuldner in einer Sonderverbindung hat gegenüber seinem Partner erklärt oder zumindest in ihm das Vertrauen hervorgerufen, dass *er* alle eingegangenen Verpflichtungen *ordnungsgemäß* erfüllen, die Leistungshandlung also fehlerfrei durchführen werde, damit der Leistungserfolg eintritt. Der Schuldner trägt alle Einzelverbindlichkeiten selbst; denn er hat sie willentlich übernommen, ohne Rücksicht darauf, ob er sie „eigenhändig" erfüllt oder durch einen anderen ausführen lässt. Bedient er sich dazu eines Gehilfen, muss er sich nach § 278 BGB so behandeln lassen, als wäre er selbst tätig geworden (Staudinger/Caspers [2025] § 278 Rn 1 f). Die Arbeitsteilung soll nicht zulasten dessen wirken, der an sich eigenes Tätigwerden des Schuldners erwarten kann (E Schmidt AcP 170 [1970] 502). Die Erfüllungshandlungen werden daher an der Person des Schuldners gemessen (E Schmidt AcP 170 [1970] 502): Das Gehilfenhandeln wird dem Schuldner wie eigenes zugerechnet. Im Gegensatz dazu hat der Geschäftsherr im Sinne von § 831 BGB keine derartige Verpflichtung gegenüber dem Geschädigten übernommen. Dieser kann grds berechtigterweise nicht erwarten, dass der Geschäftsherr selbst handelt. Der Haftungsgrund ist also jeweils verschieden: Die Haftung nach § 831 BGB kompensiert nur die schuldhaft erzeugten Gefahren gegenüber der Allgemeinheit, die daraus erwachsen, dass der Geschäftsherr andere für sich arbeiten lässt, ohne diese sorgfältig ausgewählt, angeleitet oder ausgerüstet zu haben. Die Haftung in der Sonderverbindung beruht darauf, dass der Schuldner diese willentlich (privatautonom) für seine Person eingegangen ist und für die ordnungsgemäße Ausführung einsteht. Diese strukturellen Unterschiede rechtfertigen die vergleichsweise schwächere Haftung nach § 831 BGB, wenn auch nicht einzelne Unzulänglichkeiten, die der Entlastungsbeweis mit sich bringt. Die §§ 31, 89, § 3 HaftPflG, §§ 3, 92b BinSchG, §§ 485, 510 HGB, § 33 Abs 2 HS 2 BJagdG, § 7 Abs 1

StVG zeigen freilich, dass auch dem deutschen Recht die Haftung für das Verschulden Dritter außerhalb von Sonderbeziehungen nicht fremd ist, jedoch lässt sich diesen Bestimmungen kein verallgemeinerungsfähiger Grund für die Zurechnung fremden Verschuldens entnehmen, der im Deliktsrecht tragfähig wäre; zu denken ist allenfalls an die Beweisnot des Geschädigten. Zu berücksichtigen ist aber stets, dass das Deliktsrecht des BGB nur allgemeine Rechtspflichten begründet (BGH 28. 4. 1953 – I ZR 47/52, BGHZ 9, 301, 302; BGH 9. 5. 1957 – II ZR 327/55, BGHZ 24, 188, 191), „die allen Rechtsgenossen im Interesse des Zusammenlebens auferlegt sind" (Stoll AcP 136 [1932] 257, 298), also nur die gesamtgesellschaftlichen Rahmenbedingungen für ein Minimum an gesicherten Lebensverhältnissen der Bürger zueinander schafft (Staudinger/J Schmidt [1995] § 242 Rn 1223). Gegenüber der Allgemeinheit wird nicht ordnungsgemäße Verrichtung, nur gegenüber dem Vertragspartner wird ordnungsgemäße Erfüllung geschuldet. Das rechtfertigt es, die deliktsrechtlichen Pflichten des Geschäftsherrn – wie oben beschrieben – zu begrenzen.

6 Zwar hält § 831 BGB am Verschuldensprinzip fest. Der Geschädigte braucht das Verschulden des Geschäftsherrn aber nicht zu beweisen. § 831 BGB regelt somit die Haftung für vermutetes Eigenverschulden des Geschäftsherrn (Wagner Kap 6 Rn 5). Das Gesetz stellt eine – widerlegbare – *Verschuldens- und Kausalitätsvermutung* auf und bewirkt dadurch eine Umkehr der Beweislast zulasten des Geschäftsherrn (Belling/Riesenhuber 460). Durch die Verschuldensvermutung wird das Verschuldensprinzip abgeschwächt. Denn zur Haftung kann es auch kommen, wenn der Entlastungsbeweis misslingt, ein Verschulden positiv aber nicht festgestellt werden kann (vBar, Verkehrspflichten 240). Vermutet wird, dass a) der Geschäftsherr bei der Auswahl, Überwachung und Leitung des Verrichtungsgehilfen und bei der Beschaffung der erforderlichen Vorrichtungen und Gerätschaften nicht die gebotene Sorgfalt hat walten lassen und b) zwischen der Sorgfaltsverletzung und dem durch den Verrichtungsgehilfen bewirkten Schaden ein ursächlicher Zusammenhang bestehe (BGHZ 32, 53, 59; BGH 15. 2. 1966 – VI ZR 201/64, VersR 1966, 564). Die Verschuldensvermutung bezieht sich nicht auf das Handeln des Gehilfen, denn dessen Handeln muss nur rechtswidrig sein (BGHZ 24, 21, 29; **aA** vCaemmerer, Wandlungen Ges Schr I 537 – restriktive Interpretation). Bei ungeklärtem Schadenshergang begünstigt die Verschuldensvermutung den Geschädigten insofern, als er bei einer eigenen unmittelbar schädigenden Handlung des Geschäftsherrn dessen Verschulden beweisen müsste (BGHZ 24, 21, 30; ablehnend vCaemmerer, Wandlungen Ges Schr I 540).

7 Da es sich – im Gegensatz zur Gefährdungshaftung aus § 833 S 1 BGB – um eine Verschuldenshaftung handelt, muss die gesetzliche Vermutung durch den Beweis des Gegenteils widerleglich sein (Wochner, Einheitliche Schadensteilungsnorm im Haftpflichtrecht [1972] 58, sieht wegen der Möglichkeit der Exculpation dennoch strukturelle Gemeinsamkeiten zu § 833 S 2). Der Exculpationsbeweis ist das Gegenstück zur Verschuldensvermutung. Es ist einseitig, die „Schwäche der Rechtsposition des Geschädigten" auf die „Möglichkeit des Entlastungsbeweises" zurückzuführen (Hassold JuS 1982, 583, 584). Durch den Exculpationsbeweis wird die Verschuldensvermutung kompensiert. Welches Gewicht dem Verschulden im Rahmen von § 831 BGB zukommt, wird dadurch bestimmt, welche Anforderungen an die Entlastung gestellt werden: Sind diese hoch, wird die Vermutung zunehmend unwiderleglich oder gar fiktiv. Wer die Abschaffung des Entlastungsbeweises forciert oder durch die Konstruktion von Organisationspflichten in § 823 BGB oder in § 31 BGB ausweicht, muss bekennen, dass er das Verschuldensprinzip preisgibt und nicht mehr Unrecht auszugleichen, sondern Unglück „nach objektiven, sozial abgestuften, Verantwortungskreisen" (Esser AcP 148 [1947] 121, 139) zu verteilen bestrebt ist. Esser (VersR 1953, 129) führte dieses Streben „auf die allgemeine Versorgungsmanie und die populäre Überzeugung zurück, dass es keinerlei Unfallrisiko ohne Haftpflichtigen geben dürfe". Nach § 831 Abs 1 S 2 BGB entgeht der Geschäftsherr der Haftung, wenn er wenigstens *eine* der beiden Vermutungen widerlegt. Dazu ist der Nachweis erforderlich, entweder dass der Geschäftsherr die ihm durch § 831 BGB auferlegten Verkehrssicherungspflichten erfüllt hat oder dass die Schädigung unabhängig von seiner Pflichtverletzung eingetreten ist, also etwa auch ein sorgfältig ausgewählter und beaufsichtigter Angestellter in der gegebenen Lage nicht anders hätte handeln können (RGZ 79, 312, 315). Die gesetzlichen Vermutungen sind weniger dadurch gerechtfertigt, dass der Geschäftsherr Gefahren geschaffen hat, indem er die Verrichtung auf einen Gehilfen übertragen hat und nur jener die daraus erwachsenden Gefahren übersehen und kraft seiner Organisationsgewalt beherrschen kann. Wesentlich ist, dass es für den Geschädigten kaum möglich ist, Unzulänglichkeiten in der Organisationssphäre des Geschäftsherrn (dem „‚Innenverhältnis' zwischen Geschäftsherrn und Gehilfen" [BGB-RGRK/Steffen § 831 Rn 2; Larenz/Canaris, Schuldrecht II/2 § 79 III 1b; BGH 9. 5. 1957 – II ZR 327/55, BGHZ 24, 188, 195]) darzulegen und zu beweisen und noch den Beweis zu erbringen, dass gerade diese zum Schaden geführt haben. Dagegen ist der Schädiger, der den Einsatz des Gehilfen beherrscht, eher als der Geschädigte in der Lage, seine schadensverhütenden Vorkehrungen offenzulegen. Daher ist es gerechter, ihm das Risiko der Unaufklärbarkeit aufzuerlegen (BGHZ 51, 91, 106). Demjenigen, der das Betriebsrisiko trägt, ist die Beweisführung über das Zustandekommen der Schädigung eher zuzumuten, als demjenigen, auf den das Ereignis zugekommen ist (BGHZ 24, 21, 30; krit Larenz/Canaris, Schuldrecht II/2 § 79 III 1b).

b) Folgerungen

Da § 831 BGB den Schadenersatzanspruch an die *schuldhafte* Verletzung bestimmter **8**
Verkehrssicherungspflichten knüpft, entfällt die Haftung, wenn der Geschäftsherr nach §§ 827, 828 BGB nicht verantwortlich ist (zu der in Rspr und Lit sehr umstr Frage, ob die Haftung Minderjähriger über § 242 BGB beschränkt werden kann, wenn deren Inanspruchnahme die Vernichtung ihrer wirtschaftlicher Existenz zur Folge hätte s Staudinger/Olzen/Looschelders [2024] § 242 Rn 902 ff). Der Beweis obliegt ihm (BGHZ 39, 103, 108). Möglich bleibt aber die Haftung des deliktsunfähigen Geschäftsherrn nach § 829 BGB.

c) Geschäftsherrenpflichten als gesetzlich konkretisierte Verkehrssicherungspflichten – Verhältnis zu den Organisationspflichten

Verkehrssicherungspflichten obliegen demjenigen, der eine Gefahrenquelle schafft. **9**
Er haftet für die Gefahrenverwirklichung, wenn er schuldhaft mögliche (und zumutbare) Maßnahmen zur Abwehr der Gefahr unterlassen hat. § 831 BGB ist ein *Sondertatbestand* gegenüber § 823 BGB (Canaris, Schutzgesetze, in: FS Larenz [1983] 26, 82; Larenz/Canaris, Schuldrecht II/2 § 79 III 1d; Matusche-Beckmann 98; **aA** H H Jakobs VersR 1969, 1061, 1062; Esser/Weyers, Schuldrecht II/2 § 58 I 1 entnehmen § 831 nur eine Regelung der Beweislast) insofern, als *einzelne Verkehrssicherungspflichten* im Rahmen der Exculpation (§ 831 Abs 1 S 2 BGB) beispielhaft konkretisiert werden. Der Geschäftsherr hat unter anderem die *Pflicht,* eine geeignete Person zur Verrichtung auszuwählen, sowie die *Pflicht,* die zu einer Verrichtung bestellte Person zu beaufsichtigen. Nach heutigem Verständnis ist dem Geschäftsherrn eine allgemeine und dauernde Aufsichts-

pflicht auferlegt (BGH 29. 5. 1959 – VI ZR 76/58, VersR 1959, 994, 995). Kleindiek (S 290 ff) spricht von einem „pointillistischen Konzept" des § 831 BGB, weil die (erst) durch den Einsatz eines Gehilfen entstehenden Pflichten des Geschäftsherrn zur ordnungsgemäßen Auswahl, Instruktion, Anleitung und laufenden Überwachung spezifische Verkehrspflichten des Geschäftsherrn beschreiben. Diese Pflichten wurden im I. Entwurf zum BGB (§§ 711, 712 BGB) noch ausdrücklich statuiert. Daneben hat die Rspr später im Rahmen von § 823 BGB allgemeine Verkehrssicherungspflichten, namentlich die (betrieblichen und körperschaftlichen) Organisationspflichten entwickelt (allgemein zu Verkehrs-[sicherungs-]pflichten iRv § 823 BGB Voss, Die Verkehrspflichten [2007]; Passmann, Schutzpflichtverletzungen im Spannungsverhältnis von schuldrechtlichem und deliktischem Haftungsregime [2010]). Dadurch entstand die Frage nach dem Verhältnis von § 831 BGB zum deliktsrechtlichen Grundtatbestand des § 823 BGB (dazu Rn 21) und zur Organhaftung nach § 31 BGB (dazu Rn 65 ff). *Betriebliche Organisationspflichten* sollen den Geschäftsherrn treffen, wenn er die Erfüllung ihm obliegender Verkehrssicherungspflichten an Hilfspersonen delegiert (Matusche-Beckmann 100, 108 f). Dabei kann es sich um allgemeine Verkehrssicherungspflichten (zB Streupflicht, BGH VersR 1962, 1013, 1014) handeln oder auch um die besonderen Pflichten aus § 831 BGB, also die Pflicht zur ordnungsgemäßen Auswahl, Überwachung und Anleitung. In den letztgenannten Fällen obliegt es dem Geschäftsherrn, durch allgemeine Aufsichtsanordnungen dafür zu sorgen, dass die Aufsichtspersonen unerlaubte Handlungen durch die Arbeitnehmer unterbinden (BGHZ 32, 53, 59). *Körperschaftliche Organisationspflichten,* die aus § 31 BGB hervorgehen, betreffen Mängel der körperschaftlichen Struktur, die unzureichende Organbestellung (Rn 67). Es wird als haftungsbegründender Organisationsmangel angesehen, wenn die Körperschaft nicht für die Bestellung eines verfassungsmäßigen Vertreters nach § 31 BGB oder eines Sondervertreters nach § 30 BGB gesorgt hat, für die sich die Körperschaft nicht wie nach § 831 Abs 1 S 2 BGB entlasten kann, sondern „nur" Verrichtungsgehilfen einsetzt (dazu BGH NJW-RR 1998, 250, 252; Esser/Weyers, Schuldrecht II/2 § 58 I 2). Das Organisationsverschulden gipfelt darin, dass die Körperschaft sich die Exculpationsmöglichkeit im Wege der Einsetzung eines Verrichtungsgehilfen offen zu halten versucht (zu der parallelen Entwicklung körperschaftlichen Organisationsverschuldens einerseits und der teleologischen Erweiterung der Haftung nach § 31 BGB näher Rn 67).

10 Vereinzelt wird ein tatbestandliches Nebeneinander von § 831 BGB und § 823 BGB angenommen: Dieselben Verkehrssicherungspflichten, die § 831 BGB begründe, seien auch § 823 BGB zu entnehmen (Wagner Kap 6 Rn 40 f). § 831 BGB betreffe danach nur gesetzlich geregelte Anwendungsfälle aus dem Haftungsspektrum von § 823 BGB (so BGB-RGRK/Steffen § 831 Rn 4). Folgerichtig wird § 831 BGB für weitgehend obsolet gehalten (vBar, Verkehrspflichten S 243), zumindest wenn Kausalität und Verschulden feststehen (BGB-RGRK/Steffen § 831 Rn 4). Andererseits wird gefordert, beide Haftungsgrundlagen sorgfältig auseinanderzuhalten (Hassold JuS 1982, 583, 585; Matusche-Beckmann 98). Der tatbestandlichen Abgrenzung zwischen § 831 BGB und § 823 BGB bedarf es vor allem deshalb, weil die Darlegungs- und Beweislast unterschiedlich verteilt ist (RGZ 53, 53, 57; Hassold JuS 1982, 583, 585; Matusche-Beckmann 98). Eine Kausalitäts- und Verschuldensvermutung und eine Exculpationsmöglichkeit ist in § 831 Abs 1 S 2 BGB, aber nicht in § 823 BGB vorgesehen, wenngleich die Vermutung – im Bereich der Produzentenhaftung – auf § 823 BGB übertragen wird. Hinzu kommt, dass § 831 BGB – im Gegensatz zu § 823 Abs 1 BGB – auch zur Haftung führt, wenn der Geschäftsherr fahrlässig Vermögensschäden durch sein Auswahl-,

Leitungs- und Aufsichtsverschulden herbeiführt, indem der Verrichtungsgehilfe gegen ein entsprechendes Schutzgesetz (etwa § 263 StGB oder § 266 StGB) verstößt oder den Tatbestand von § 826 BGB erfüllt (dazu Rn 2; Kupisch JuS 1984, 250, 253). Die Abgrenzung ist umstritten und wirkt mitunter zufällig: § 831 BGB sei anzuwenden, wenn der Schaden durch das fehlerhafte Verhalten eines mit einer bestimmten Aufgabe betrauten Gehilfen verursacht worden sei. Dagegen sei auf § 823 BGB zurückzugreifen, wenn den Geschäftsherrn ein sonstiges Organisationsverschulden, namentlich Vernachlässigung der allgemeinen Aufsicht, treffe (Wagner Kap 6 Rn 40 ff; RGZ 53, 53, 57; RGZ 128, 149, 153; BGHZ 4, 1, 2 f; 24, 200, 214; BGH 6. 11. 1956 – VI ZR 71/56, MDR 1957, 214, 215 m zust Anm Esser; anders früher RGZ 78, 107, 110; RG JW 1914, 758, 760; RG JW 1920, 492; RG JW 1933, 831). Die „konkrete, praktische Aufsicht", die „Aufsicht im Einzelnen" sei Gegenstand der Pflichten aus § 831 Abs 1 BGB, die fehlerhafte Wahrnehmung der Leitungsfunktionen der Unternehmensführung im Großbetrieb stelle dagegen ein Organisationsverschulden dar (Hassold JuS 1982, 583, 585). Kaum erklären lässt sich, warum die Verletzung der in § 831 BGB erfassten speziellen Organisationspflichten hinsichtlich der Kausalitäts- und Verschuldensvermutung anders zu behandeln sein soll als die Verletzung der allgemeinen Organisationspflichten. Wenn § 831 BGB den Zweck hat, die Verletzung der in dieser Bestimmung konkretisierten Verkehrssicherungspflichten „einer abweichenden Beweislastregel zuzuführen" (BGB-RGRK/Steffen § 831 Rn 4), so müsste ein Differenzierungsgrund ersichtlich sein. Erkannt wurde dieser bislang nicht.

Canaris (Schutzgesetze, in: FS Larenz [1983] 26, 82) bezeichnet es als gedankenlos, all- **11**
gemeine Organisationspflichten in § 823 BGB anzusiedeln. In der Tat: *Sedes materiae* für diese ist § 831 BGB. Hat der Geschäftsherr seine Auswahl-, Leitungs-, Aufsichtspflichten oder andere Verkehrssicherungspflichten Hilfspersonen auferlegt, so stellt die Verletzung der dem Geschäftsherrn obliegenden Organisationspflichten – entgegen der herrschenden Lehre und Rspr – keine eigenständige unerlaubte Handlung iSv § 823 BGB dar, sondern schließt nur den Entlastungsbeweis nach § 831 Abs 1 S 1 BGB aus. Denn diese Organisationspflichten erwachsen dem Geschäftsherrn anstelle seiner ursprünglich eigenen Verkehrssicherungspflichten (vgl Landwehr AcP 164 [1964] 482, 486). Die weithin vorherrschende Ansicht, die Organisationspflichten seien Teil der allgemeinen Verkehrssicherungspflichten, erklärt sich aus dem rechtspolitischen Anliegen, die Schwächen der Gehilfenhaftung nach § 831 BGB – vor allem wegen der Möglichkeit des (dezentralen) Entlastungsbeweises – zu vermeiden (vBar, Gutachten, Bd II [1981] 1716) und im Ergebnis eine unbedingte Einstandspflicht zu begründen (Esser, Grundlagen 37). Ausgangspunkt nicht nur für die Lehre vom körperschaftlichen Organisationsverschulden waren Fälle, „wo das Unerträgliche einer Entlastungsmöglichkeit aus § 831 […] besonders in die Augen sprang" (RGZ 162, 129, 166). Pointiert, aber keineswegs unzutreffend, meint H H Jakobs (VersR 1969, 1061, 1063) freilich, die angeblichen Mängel von § 831 BGB seien vor allem Mängel des herrschenden Verständnisses dieser Vorschrift. Es ist ihre gegenwärtige Interpretation, die das Bemühen nahelegt, den Anwendungsbereich einzuschränken, die Vorschrift „zu entschärfen" (vBar, Verkehrspflichten 241), „sozusagen scheibchenweise auszuschalten" (Kupisch JuS 1984, 250, 256). Man versucht dieses Ziel zu erreichen, zum einen indem der Tatbestand von § 823 BGB um Organisations-Verkehrssicherungspflichten erweitert wird (vgl Kupisch JuS 1984, 250, 256), zum anderen indem Verrichtungsgehilfen von juristischen Personen fiktiv zu verfassungsmäßigen Vertretern oder Sondervertretern gemacht werden (Beispiele bei Esser, Grundlagen 34). Die Gel-

tung von § 31 BGB, der zur Haftung für fremdes Verschulden (ohne Exculpation) führt, soll auf nicht zu Organen bestellte Personen erstreckt werden (Nitschke NJW 1969, 1737, 1739; Landwehr AcP 164 [1964] 482, 513; vgl dazu Staudinger/Schwennicke [2023] § 31 Rn 2 ff mwNw). Methodisch ist das aber eine – vom RG (RGZ 78, 107, 110; 79, 101, 106) noch gemiedene – Fehlentwicklung, die Landwehr (AcP 164 [1964] 482, 514) hinsichtlich der Lehre vom körperschaftlichen Organisationsverschulden bereits aufgezeigt hat. Heute wird zugegeben, dass die Lehre vom betrieblichen und körperschaftlichen Organisationsverschulden überholt wäre, wenn der Gesetzgeber den Exculpationsbeweis fallen ließe (Hassold JuS 1982, 583, 585). Damit erweist sich die Lehre vom betrieblichen und körperschaftlichen Organisationsverschulden als nur scheinbar „geschickter Kunstgriff", um den Entlastungsbeweis abzuschneiden (Nitschke NJW 1969, 1737, 1739; Kleindiek, 284 f mwNw), also eine rechtspolitische Korrektur vorwegzunehmen, die vorzunehmen der Gesetzgeber bislang nicht bereit war. Mit einer restriktiven Auslegung oder teleologischen Reduktion hat das wenig zu tun. Es geht vor allem darum, das Schuldprinzip zurückzudrängen, indem die Beweislast des Geschädigten durch den Beweis des ersten Anscheins erleichtert wird, während der Entlastungsbeweis ausgeschlossen ist. Das wird durch die Heranziehung von § 31 BGB in Bezug auf das körperschaftliche Organisationsverschulden besonders deutlich (vgl OLG Stuttgart NJW 1951, 525). In Wahrheit handelt es sich um einen methodischen Missgriff, der zu Wertungswidersprüchen führen muss (Kleindiek, 285, sieht indes „keine contra legem entwickelte Konstruktion"). Sie ergeben sich daraus, dass die Verletzung ähnlicher Verkehrssicherungspflichten verschieden behandelt wird. Weitere Konsequenz ist, dass die juristische Person – und im Wege der Analogie auch die OHG und KG (BGH 8. 2. 1952 – I ZR 92/51, NJW 1952, 537, 538; BGH 27. 4. 1962 – VI ZR 210/61, VersR 1962, 664) – uU im Vergleich zur natürlichen Person schärfer haftet, nämlich ohne Entlastungsmöglichkeit, indem man ihr die Möglichkeit abschneidet, Verrichtungsgehilfen einzusetzen. Warum eine Körperschaft sich nur in geringerem Maße der Tätigkeit von Verrichtungsgehilfen bedienen können soll als eine natürliche Person, lässt sich deliktsrechtlich nicht rechtfertigen (dazu auch Martinek, Repräsentantenhaftung [1979] 32 ff). Darüber hinaus ist es widersinnig, den dezentralen Entlastungsbeweis (BGHZ 4, 1, 2 f) infolge einer Überspannung des Schuldprinzips oder aus Zweckmäßigkeits- und Billigkeitsgründen zuzulassen, das als unbefriedigend empfundene Ergebnis aber durch die Entwicklung von Verkehrssicherungspflichten (Organisationsverschulden) zu korrigieren, die § 823 BGB zugeordnet werden, um schließlich bei einer Erfolgshaftung zu enden. Auf diesen Zusammenhang weisen deutlich Esser/Weyers (Schuldrecht II/2, § 58 I 2) hin. Dieser Vorwurf trifft freilich nicht in erster Linie das RG, sondern vor allem den BGH hinsichtlich seiner frühen Rspr (BGHZ 4, 1, 2 f), wie H H Jakobs (VersR 1969, 1061, 1068 f) nachgewiesen hat. Des Rückgriffs auf § 823 BGB, des „Gegengewichts" (so BGB-RGRK/Steffen § 831 Rn 8), bedarf es im Übrigen nicht, um den dezentralen Entlastungsbeweis zu vermeiden: Hat der Geschäftsherr seine Verkehrssicherungspflichten auf Gehilfen übertragen, so genügt zu seiner Entlastung nicht schon, dass er diese sorgfältig ausgewählt und überwacht hat. Denn mit der Delegation erwachsen für ihn allgemeine (den von § 831 BGB vorausgesetzten eng verwandte) Organisationspflichten, die er zusätzlich erfüllen muss, um sich nach § 831 Abs 1 S 2 BGB zu exculpieren. Er kann sich nicht schon durch den bloßen Nachweis entlasten, dass er Aufsichtspersonen ordnungsgemäß ausgewählt und überwacht hat. In diesem Sinne ist auch das RG (RGZ 78, 107, 110; RGZ 79, 101, 106; RG JW 1914, 758, 760; RG JW 1933, 831) zu verstehen. Wie das OLG München (28. 3. 1963 – 1 U 739/61, VersR 1963, 1208, 1209) zutreffend erkannt hat, führt daher ein schuldhafter Organisationsmangel, der sich in der Lückenhaftigkeit von Dienstanweisungen äußere, zur Haftung nach § 831 Abs 1 BGB. Der BGH lässt in BGHZ 32, 53, 59 (9. 2. 1960 – VIII ZR 51/59) offen, wo das Organisationsverschulden anzusiedeln ist, weist aber zutreffend darauf hin, dass die Entlastungsmöglichkeit entfällt (zum dezentralen Entlastungsbeweis näher Rn 174 ff).

Auszugehen ist davon, dass die in § 831 Abs 1 S 2 BGB im Rahmen der Exculpation konkretisierten Verkehrssicherungspflichten nur *beispielhaften Charakter* haben (E Schmidt AcP 170 [1970] 502, 520, Fn 67). Danach lassen sich sämtliche Organisationspflichten, die den von § 831 Abs 1 S 1 BGB vorausgesetzten Pflichten wesentlich ähneln, durch die (analoge) Anwendung dieser Bestimmung erfassen. Zugleich müssen freilich ihre Schwächen punktuell beseitigt werden. Das bedeutet vor allem, die Exculpationsmöglichkeit einzuschränken (Esser/Weyers, Schuldrecht II/2 § 58 I 2). Wird der dezentrale Entlastungsbeweis gemieden, was der Tendenz der Rspr ohnehin entspricht (BGH 17. 10. 1967 – VI ZR 70/66, NJW 1968, 247, 248; 19. 6. 1973 – VI ZR 178/71, NJW 1973, 1602, 1603; BGH NJW 1978, 1681 f; BGH VersR 1979, 844; BGH 10. 3. 2009 – VI ZR 39/08, NJW 2009, 1740, 1741), besteht kein Grund, durch neue Rechtsinstitute wie die Lehren vom betrieblichen bzw körperschaftlichen Organisationsverschulden auf § 823 BGB oder § 31 BGB auszuweichen. Anstatt betriebliche Organisationspflichten im Rahmen von § 823 BGB und körperschaftliche Organisationspflichten im Rahmen von § 31 BGB zu konstruieren, ist § 831 BGB auf derartige Pflichten (analog) anzuwenden. Dem Geschäftsherrn ist demnach die Exculpation zu versagen, wenn er die ihm nach § 831 BGB obliegenden Verkehrssicherungspflichten durch Hilfspersonen (leitende Angestellte) erfüllen lässt, diese also zur Auswahl, Überwachung und Anleitung seiner Arbeitnehmer einsetzt, ohne seine Gehilfen so einzuteilen, ihre Vertretung so zu regeln und sie zur Sorgfalt derart anzuhalten, wie es unter den gegebenen Umständen von einem sorgfältigen Unternehmer zu verlangen war. Es ist auch kaum zu rechtfertigen, dass der Geschäftsherr nach § 831 BGB haften soll, wenn sein Kontrollpersonal bei der Aufsicht versagt, er aber nach § 823 BGB haftet, wenn er kein Aufsichtspersonal eingeteilt, also weniger für die Sicherung getan hat (so aber BGHZ 11, 151, 155). Wertungsmäßig liegt es näher, beide Fälle gleich zu behandeln, indem § 831 BGB analog auf den zweiten Fall angewendet wird. Begeht der Gehilfe eine Vermögensstraftat (vgl dazu Rn 2), so müsste die Haftung des Geschäftsherrn wegen Organisationsverschuldens nach § 823 BGB ausscheiden, während die analoge Anwendung von § 831 BGB seine Haftung zulässt. In § 823 BGB sind dagegen diejenigen Verkehrssicherungspflichten anzusiedeln, die sich von den in § 831 BGB vorausgesetzten im Wesentlichen unterscheiden, wie zB die Pflichten, die daraus resultieren, dass jemand sein Eigentum dem allgemeinen Verkehr öffnet oder einen gefährlichen Gewerbebetrieb ausübt (vgl RGZ 53, 53, 57). 12

II. Verhältnis der Haftung des Geschäftsherrn zu derjenigen des Verrichtungsgehilfen

1. Gesamtschuld im Außenverhältnis

Im Verhältnis zum Geschädigten bestehen die Haftung des Geschäftsherrn und die des Verrichtungsgehilfen unabhängig voneinander. Erfüllt der Verrichtungsgehilfe selbst die Voraussetzungen der §§ 823 ff BGB, weil er nicht nur objektiv rechtswidrig, sondern auch schuldhaft unerlaubt gehandelt hat, haftet er persönlich und unabhän- 13 gig davon, ob der Geschäftsherr nach § 831 BGB verantwortlich ist (RG JW 1910, 653; Recht 1911 Nr 1745). Haften Geschäftsherr und Verrichtungsgehilfe nebeneinander, so sind sie Gesamtschuldner nach § 840 Abs 1 BGB. Der Geschädigte kann also nach § 421 BGB wählen, ob er den Geschäftsherrn oder den Verrichtungsgehilfen in Anspruch nimmt. *Rechtspolitisch* wird von Heinze (NZA 1986, 545, 550) gefordert, entsprechend § 771 BGB nur eine subsidiäre Außenhaftung des Arbeitnehmers (für den Fall der Insolvenz des Arbeitgebers) neben einer primären Außenhaftung des Arbeitgebers einzuführen (zu den Ansichten Katzenstein RdA 2003, 346). Es ist zumindest widersprüchlich, die Gleichstufigkeit der Haftung des Geschäftsherrn und derjenigen des Verrichtungsgehilfen aufzugeben, im Innenverhältnis aber – so Heinze (NZA 1986, 545, 550) – den Gesamtschuldnerausgleich nach § 426 Abs 1 BGB zuzulassen. Was im Außenverhältnis (zum Geschädigten) keine Gesamtschuld mehr ist, wird im Innenverhältnis (zwischen den Schädigern) als solche behandelt.

2. Regress im Innenverhältnis

14 Hat der Geschäftsherr Schadenersatz geleistet, kann er im Innenverhältnis beim Verrichtungsgehilfen in **vollem Umfang** Regress nehmen (§ 840 Abs 2 BGB). Dabei handelt es sich um eine andere Bestimmung des Ausgleichs im Sinne von § 426 Abs 1 S 1 BGB zulasten des Verrichtungsgehilfen. Sie beruht auf der Erwägung, dass im Verhältnis der Gesamtschuldner zueinander die Haftung aus wirklichem Verschulden der aus vermutetem Verschulden vorgehen soll (Erman/Wilhelmi § 840 Rn 11). Der Regress des Geschäftsherrn entfällt jedoch ganz oder teilweise, wenn der Verrichtungsgehilfe Arbeitnehmer ist und im Wege des innerbetrieblichen Schadensausgleichs einen Freistellungsanspruch gegen den Arbeitgeber bzw Geschäftsherrn hat (dazu Rn 15 f). Hat der Verrichtungsgehilfe seinerseits Schadenersatz geleistet, kann er grds – wegen § 840 Abs 2 BGB – keinen Regress (nach § 426 Abs 2 BGB) beim Geschäftsherrn nehmen. Ist der Verrichtungsgehilfe aber Arbeitnehmer, so führt der innerbetriebliche Schadensausgleich dazu, dass jener entsprechend seinem Verschuldensanteil bei seinem Arbeitgeber (Geschäftsherr) vollständig oder teilweise Regress nehmen kann (dazu Rn 15 f). § 840 Abs 2 BGB wird insoweit durch das arbeitsrechtliche Haftungsprivileg verdrängt.

3. Innerbetrieblicher Schadensausgleich und Freistellungsanspruch

15 Ist der Verrichtungsgehilfe Arbeitnehmer und haftet er dem Geschädigten etwa nach § 823 BGB, so steht ihm gegenüber seinem Arbeitgeber, dem Geschäftsherrn, im Wege des *innerbetrieblichen Schadensausgleichs* ein *Freistellungsanspruch* zu (RAG ARS 41, 55, 61; RAG ARS 43, 108, 111 f; BAGE 1, 5, 19; BAG NJW 1963, 1940, 1941; BAG NJW 1963, 411, 412; BAG 18. 1. 1966 – 1 AZR 247/63, VersR 1966, 881; BAG 23. 6. 1988 – 8 AZR 300/85, NJW 1989, 854; BGHZ 41, 203, 204; BGH NJW 1961, 2156; Helm AcP 160 [1961] 134; Achterberg AcP 164 [1964] 14, 47; Canaris RdA 1966, 47; Köbler RdA 1975, 97; Gick JuS 1980, 399; MünchArbR/Reichold Bd 1 [2009] § 52 Rn 14 f), der sich nach dem Verschuldensmaß des Arbeitnehmers richtet. Dabei ist es ohne Bedeutung, ob sich der Arbeitgeber nach § 831 Abs 1 S 2 BGB gegenüber dem Dritten exculpieren kann. Der Freistellungsanspruch besteht auch, wenn sich der Geschädigte nicht aus dem Vermögen des Arbeitnehmers bzw Verrichtungsgehilfen befriedigen kann (BGHZ 66, 1). Da der Freistellungsanspruch grds pfändbar (BAG AP Haftung des Arbeitnehmers Nr 37 Anm Hueck = NJW 1967, 238 und Nr 45; Noel Hardt DB 2000, 1814) ist, kann sich der geschädigte Dritte den Anspruch zur Einziehung überweisen lassen und diesen anschließend selbst gegen den Arbeitgeber geltend machen, ohne dass sich dieser exculpieren könnte (vgl MünchArbR/Reichold Bd 1 [2009] § 52 Rn 16). Hat der Arbeitnehmer den Schadenersatzanspruch bereits erfüllt, so hat er einen – ebenfalls von seinem Verschuldensmaß abhängigen – *Regressanspruch* gegen den Arbeitgeber bzw Geschäftsherrn.

4. Zusammentreffen von Freistellungsanspruch und gestörter Gesamtschuld

An die anerkannten Grundsätze des innerbetrieblichen Schadensausgleichs knüpft 16 die Problematik der Haftung gegenüber dem Geschädigten im Fall der gestörten Gesamtschuld im Arbeitnehmer-Arbeitgeber-Verhältnis an. Grds haften Geschäftsherr und Verrichtungsgehilfe unabhängig voneinander, sodass sich der Geschädigte aussuchen kann, gegen wen er vorgehen will (Rn 13). Dass der Verrichtungsgehilfe Arbeitnehmer ist, ändert daran grds nichts. Besonderheiten ergeben sich aber, wenn die Arbeitnehmereigenschaft des Verrichtungsgehilfen mit Haftungsprivilegierungen zusammentrifft, so zB, wenn der Verrichtungsgehilfe – vorbehaltlich einer vorsätzlichen Schädigung – einen Dritten schädigt, der mit ihm auf einer gemeinsamen Betriebsstätte iSd § 106 Abs 3 Var 3 SGB VII arbeitet. Das gem § 840 BGB zwischen Geschäftsherrn und Verrichtungsgehilfen bestehende Gesamtschuldverhältnis ist durch die sozialversicherungsrechtliche Haftungsprivilegierung des Verrichtungsgehilfen gestört. Das führt nach den von der Rspr entwickelten Grundsätzen zum gestörten Gesamtschuldnerausgleich zu einer Beschränkung der Haftung des Geschäftsherrn auf den Anteil, den er im Innenverhältnis nach § 426 BGB tragen müsste, wenn die Schadensverteilung nicht gestört wäre (BGH MDR 1993, 623; ausf Staudinger/Looschelders [2022] § 426 Rn 160 f). Danach haftete der Arbeitgeber im Endeffekt gar nicht aus § 831 BGB, weil § 840 Abs 2 BGB es im Innenverhältnis dem Arbeitnehmer zuweist, den Schaden zu tragen. Grundgedanke der Norm ist, dass derjenige, der wegen erwiesenen Verschuldens haftet, im Innenverhältnis zu dem, der nur aus vermutetem Verschulden haftet, den ganzen Schaden tragen soll (BGH NJW 2004, 951, 953). Wenn dem Verrichtungsgehilfen als Arbeitnehmer aber ein Freistellungsanspruch gegen den Geschäftsherrn zusteht, müsste dieser – entgegen der Regelungsintention von § 840 Abs 2 BGB – auch (bei leichtester Fahrlässigkeit des Arbeitnehmers) den Schaden voll tragen, wäre der Verrichtungsgehilfe nicht in der Haftung privilegiert. Resultat wäre, dass der Geschädigte im Endeffekt doch in voller Höhe gegen den Geschäftsherrn vorgehen könnte.

Das OLG Hamm (NJW-RR 2003, 1026, 1028; siehe auch OLG Oldenburg 23. 5. 2001 – 2 U 74/01, OLGR 2001, 349, 350) hat dementsprechend erkannt: Der Freistellungsanspruch des haftungsprivilegierten Arbeitnehmers sei im gestörten Gesamtschuldverhältnis zu berücksichtigen und gehe dem § 840 Abs 2 BGB vor. Der Arbeitnehmer müsse so geschützt werden, weil ihm das Risiko verbleibe, trotz der gesetzlich geregelten Haftungsprivilegierung in Anspruch genommen zu werden.

Das OLG München (NZV 2003, 472) hat dagegen erkannt, dass im Rahmen des gestörten Gesamtschuldnerausgleichs der Freistellungsanspruch unbeachtlich sei. Der BGH (mittlerweile gefestigte Rspr, zB BGH NJW 2004, 951, 953; BGH NJW 2005, 2309, 2310, NZV 2005, 515, 517; BGH NZV 2011, 181, 182; sich anschließend OLG Schleswig-Holstein 15. 6. 2011 – 7 U 23/11) hat sich der Argumentation des OLG München angeschlossen. Der Freistellungsanspruch betreffe nur das Innenverhältnis des Arbeitsverhältnisses und führe nicht zur Erweiterung der haftungsrechtlichen Verantwortlichkeit des Arbeitgebers. Dessen Fürsorgepflicht und die Verteilung des Risikos im Rahmen des innerbetrieblichen Schadensausgleichs zwischen Arbeitgeber und Arbeitnehmer gehe den Geschädigten nichts an (siehe dazu auch BGH AP § 611 Haftung des Arbeitnehmers Nr 104). Auch sei es widersprüchlich, dass der Geschädigte in Fällen leichter oder mittlerer Fahrlässigkeit des Arbeitnehmers gegen den Arbeitgeber weitergehende Schadenersatzansprüche geltend machen könne als im Fall grober oder gröbster Fahrlässigkeit. Im Ergebnis ist dem BGH darin beizupflichten, dass der arbeitsrechtliche Freistellungsanspruch in Bezug auf den geschädigten Dritten keine Wirkungen entfalten kann (so auch Waltermann NJW 2004, 901). Dem Anspruch sind „keine auf den Geschädigten bezogene Schutzzwecke" immanent, deshalb kann er nicht „ins Haftungsrecht implantiert werden" (so Tischendorf NZV 2003, 473). Erst nach einer umfassenden haftungsrechtlichen Beurteilung eines Falls unter Einschluss der Problematik der gestörten Gesamtschuld könne mit Blick auf das Verhältnis zwischen Arbeitgeber und Arbeitnehmer möglicherweise festgestellt werden, dass diesem ein Freistellungsanspruch zusteht; vor allem lässt die mangelnde soziale Schutzbedürftigkeit des Arbeitnehmers wegen der Deckung des Schadens durch einen Pflichtversicherer einen Freistellungsanspruch von vornherein entfallen (BGH VersR 1972, 166; BGHZ 116, 200 207 ff; Imbusch VersR 2001, 1485). Tischendorf (NZV 2003, 473) verweist zutreffend darauf, dass im Fall der Exculpation des Arbeitgebers nach § 831 Abs 1 S 2 BGB die Haftung des Arbeitnehmers nach § 823 BGB nicht übergeleitet wird; es stellt sich lediglich die Frage, ob der Arbeitnehmer einen Freistellungsanspruch hat. Wenn der Arbeitnehmer nun privilegiert ist, steht allein der Anspruch aus § 831 BGB gegen den Arbeitgeber zur Debatte, es liegt keine Konstellation vor, „in der über einen Freistellungsanspruch eine Übernahme von eigentlich den Arbeitnehmer treffenden Lasten möglich wäre". Das Arbeitnehmerprivileg findet nach den allgemeinen Regeln erst im Innenregress der beiden Schädiger gem §§ 840 Abs 1, 426 Abs 1 S 1, 254 BGB Berücksichtigung (Staudinger/Vieweg/Lorz [2023] § 840 Rn 64).

5. Mehrzahl von Gesamtschuldnern

17 Kommt eine Haftung noch anderer Gesamtschuldner – außer dem Geschäftsherrn und dem Verrichtungsgehilfen – in Betracht, so bilden bei der Ausgleichung Geschäftsherr und Verrichtungsgehilfe eine Einheit, weil die Haftung des Geschäftsherrn von der des Gehilfen „abgeleitet" ist (BGHZ 6, 3, 27 f; BGHZ 55, 344, 349; BGHZ 61, 213, 219 f; vgl Dubischar NJW 1967, 608). Gemeint ist damit, dass die *Haftungseinheit* beim Ausgleich unter den Gesamtschuldnern wie ein einziger Schuldner zu behandeln ist. Die „Zusatzhaftung", die durch § 831 BGB im Außenverhältnis entsteht, wird im Innenverhältnis eliminiert (Dubischar NJW 1967, 608), weil die Haftung für den Verrichtungsgehilfen im Interesse des Geschädigten besteht, nicht aber, um einen Mitschädiger zu entlasten. Diese „abgeleitete" Haftung ist allerdings nicht „adjektizischer Natur" wie die des Reeders und Schiffseigners (Rn 75 ff), derart, dass bei rechtskräftiger Abweisung der Klage gegen den Verrichtungsgehilfen der Geschäftsherr nicht mehr in Anspruch genommen werden könnte (vgl BGH 3. 12. 1964 – II ZR 117/63, VersR 1965, 230). Vielmehr liegt eine gewöhnliche Gesamtschuld vor, für welche der Grundsatz der Einzelwirkung des § 425 BGB gilt.

6. Haftungsausschluss

Ein zugunsten des Geschäftsherrn vereinbarter Haftungsausschluss umfasst im Allgemeinen auch die Haftung aus § 831 BGB (OLG Hamm VersR 1976, 764; s auch BGH VersR 1976, 1129; beachte aber die Einschränkung in § 276 Abs 3 BGB für vorsätzliches Handeln innerhalb des bestehenden Schuldverhältnisses). Ein **formularmäßiger Haftungsausschluss** kann indes nur in den Grenzen der §§ 305 ff BGB, vor allem von § 309 Nr 7 BGB, erfolgen. Die Vorschriften über die Allgemeinen Geschäftsbedingungen sind auf deliktische Ansprüche analog anwendbar (BGH NJW 1995, 1488; BGHZ 100, 158; Erman/Looschelders § 309 Rn 64; MünchKommBGB/Wurmnest § 309 Nr 7 Rn 9). Der Geschäftsherr kann sich somit durch Verwendung einer AGB-Freizeichnungsklausel nicht von seiner Haftung nach § 831 BGB befreien, soweit ihn ein grobes Auswahl-, Organisations- oder Überwachungsverschulden treffen würde (BGH 12. 3. 1985 – VI ZR 182/83, ZIP 1985, 687, 689). 18

Anders als nach § 278 S 2 BGB für den Erfüllungsgehilfen kann sich der Geschäftsherr (Schuldner) nicht von der Haftung für vorsätzliche Pflichtverletzungen seines Verrichtungsgehilfen durch vorherige Vereinbarung befreien. Während sich der Geschäftsherr iRv von § 278 S 2 BGB nämlich nicht für eigenen, sondern fremden Vorsatz (des Erfüllungsgehilfen) freizeichnet, beruht die Haftung iRv § 831 BGB gerade auf vermutetem eigenen Verschulden des Prinzipals (Rn 2 ff); ob der Verrichtungsgehilfe schuldhaft gehandelt hat, ist für die deliktische Haftung nach § 831 BGB ohne Belang (dazu RGZ 157, 228, 232 f; RG HRR 1929 Nr 1728). 19

III. Verhältnis von § 831 BGB zu anderen Vorschriften

1. Vorschriften des BGB

a) § 823 BGB

aa) Grundlagen

Das Verhältnis der §§ 823, 831 BGB wird von der hM dahingehend bestimmt, dass § 831 BGB für eine beschränkte Zahl von Verkehrssicherungspflichten, die grds bei § 823 BGB zu lokalisieren sind, eine Sonderregelung enthalte. Es handelt sich danach bei § 831 BGB wie bei § 836 BGB (§ 836 Rn 3) um einen Fall normierter Verkehrssicherungspflichten, bezüglich derer die Beweislastverteilung besonders ausgestaltet ist. 20

Zur Eigenhaftung des Gehilfen aus § 823 BGB bereits unter Rn 13.

bb) Haftung für betriebliches Organisationsverschulden*

Die Haftung für betriebliches Organisationsverschulden (zum körperschaftlichen Organisationsverschulden s Rn 67) wurde im Rahmen von § 823 BGB mit dem Ziel entwickelt, den Anwendungsbereich von § 831 BGB zu verlassen. Methodisch handelt es sich dabei – wie bereits gezeigt (Rn 11) – um eine Fehlentwicklung. Betriebliche Organisationspflichten sollen den Geschäftsherrn treffen, wenn er ihm obliegende Verkehrssicherungspflichten durch Hilfspersonen erfüllen lässt (grundlegend RGZ 53, 53, 57; RGZ 21

* **Schrifttum**: Hassold JuS 1982, 583 ff; Kern, Organisationsverschulden – Ausdruck institutioneller Sorgfaltspflichtverletzungen, MedR 2000, 347.

128, 149, 153; BGHZ 4, 1, 2 f; RGZ 24, 200, 214; BGH 6. 11. 1956 – VI ZR 71/56, MDR 1957, 214, 215; BGH 9. 7. 1962 – III ZR 50/61, VersR 1962, 1013, 1014). Er kann sich durch deren Einsatz seiner Verkehrssicherungspflichten nicht völlig entledigen. Anstelle der ursprünglichen Pflichten muss er den Einsatz der Hilfspersonen ordnungsgemäß organisieren. Da durch deren Versagen der Schaden ausgelöst wird, liegt das haftungsbegründende Verhalten des Geschäftsherrn offenkundig nicht darin, die letzte Verletzungsursache gesetzt zu haben. Ihm wird vielmehr vorgeworfen, bei der Organisation des von ihm zu betreuenden Verkehrsbereichs die erforderliche Sorgfalt nicht beobachtet und dadurch Gefahren nicht vermieden zu haben, sodass diese sich in einem Schaden realisieren konnten. Dadurch, dass die Haftung auf § 823 BGB zurückgeführt wird, wird der dezentrale Entlastungsbeweis (dazu Rn 174 ff) vermieden.

22 Während das Reichsgericht in gewissem Umfang eine Haftung für Organisationsverschulden § 831 BGB unterstellte (RGZ 78, 107, 110; RG JW 1914, 758, 760; RG JW 1920, 492; RG JW 1933, 831; anders dagegen RGZ 53, 53, 57; RGZ 113, 293, 297: § 823 BGB), ordnet die hM (BGB-RGRK/Steffen § 831 Rn 6; MünchKommBGB/Wagner § 831 Rn 3; Erman/Wilhelmi § 831 Rn 2 f, Wilhelmi § 823 Rn 83 ff) nunmehr die Organisationspflichten den allgemeinen Verkehrspflichten nach § 823 BGB zu (dazu kritisch Rn 11). Für den Geschädigten hat das beweisrechtliche Nachteile zur Folge, da ihm keine Kausalitäts- und Verschuldensvermutung zugutekommt. Dementsprechend entfällt auch die Exculpationsmöglichkeit nach § 831 Abs 1 S 2 BGB (dazu sogleich).

Wegen Organisationspflichtverletzung haftet der Geschäftsherr, wenn er es schuldhaft versäumt hat, die stets ihm verbleibende allgemeine Oberaufsicht auszuüben, vor allem allgemeine Aufsichtsanweisungen zu geben (BGH 17. 10. 1967 – VI ZR 70/66, NJW 1968, 247, 248). Namentlich der Unternehmer eines größeren, arbeitsteilig organisierten Betriebs hat die erforderliche Organisation derart auszugestalten, dass Schädigungen vermieden werden (BGH 19. 6. 1973 – VI ZR 178/71, NJW 1973, 1602; Fikentscher/Heinemann, Schuldrecht § 107 III 2 l Rn 1598).

23 Nach verbreitetem Verständnis steht die Haftung wegen Organisationsverschuldens selbständig neben der Haftung aus § 831 BGB. Sofern das Organisationsverschulden sich auf eine der in § 831 BGB normierten Verkehrspflichten bezieht, wird die Haftung aus § 823 BGB praktisch jedoch nicht zum Zuge kommen (BGH 9. 5. 1957 – II ZR 327/55, BGHZ 24, 188, 199). Wird dem Geschäftsherrn ein Organisationsverschulden außerhalb der ordnungsgemäßen Auswahl und Überwachung vorgeworfen, liegt eine echte *Anspruchskonkurrenz* vor (etwa RGZ 53, 53, 57: Die Eisenbahn konnte sich hinsichtlich der Auswahl des Gehilfen entlasten, der für die verletzungsursächlich unzureichende Beleuchtung des Zufahrtswegs zuständig war; das RG erwägt eine Haftung wegen mangelhafter Überwachung aus § 823; ähnlich RGZ 113, 293, 295: – Streupflicht – Exculpation hinsichtlich des Gehilfen, aber Haftung wegen Verletzung der allgemeinen Aufsichtspflicht).

24 Ansprüche wegen Organisationsverschuldens nach § 823 BGB erfordern den vollen *Beweis* einschließlich der Schuld; eine Kausalitäts- oder Verschuldensvermutung greift nicht ein (RGZ 53, 53, 57). Allerdings hat die Rspr die Darlegungs- und Beweislast des Geschädigten durch den *Anscheinsbeweis* (vgl BGH 6. 11. 1973 – VI ZR 76/72, VersR 1974, 263) erleichtert. Bestand über längere Zeit ein nach der Lebenserfahrung im Organisationsverschulden fußender sorgfaltswidriger Zustand, so begründet das die vom Beklagten zu erschütternde Vermutung des Verschuldens bzw des Pflichtwidrigkeitszusammenhangs (RGZ 113, 293, 294: „Die in ihrem äußeren Tatbestand gegebene Verletzung des öffentlich-rechtlichen Schutzgesetzes über die Streupflicht rechtfertigt zunächst [für die erste Betrachtung] auch die Folgerung des Berufungsgerichts, dass die Unterlassung gehörigen Streuens auf einem Verschulden der Beklagten als der Trägerin der Streupflicht beruhe. Es ist Sache der Beklagten, den Widerlegungsbeweis zu führen, dass sie dasjenige getan habe, was geeignet gewesen sei, die Ausführung des Schutzgesetzes zu sichern, oder welche besonderen Umstände sie von dem Vorwurf eines für den Unfall ursächlichen Verschuldens entlasten." [zuvor ähnlich RGZ 89, 136]). Auch der BGH wendet seit NJW 1968, 247, 248 f (17. 10. 1967 – VI ZR 70/66, bestätigt in NJW 1969, 269; 19. 6. 1973 – VI ZR 178/71, NJW 1973, 1602; BGH NJW 1975, 1827) in Produzentenhaftungsfällen den Anscheinsbeweis an: „Schon nach der Lebenserfahrung deutet es zunächst auf einen fahrlässigen Mangel im Organisationsbereich der Beklagten hin, wenn diese dem Autohersteller ein für die Betriebssicherheit des Kraftwagens entscheidendes Werkstück in schadhaftem Zustand anliefert und wenn zudem feststeht, dass die Herstellung fehlerhaft und eine Stückkontrolle unzureichend war. (...) Es ist (...) Sache des Produzenten, sich zu entlasten (...)."

Die Organisationshaftung greift weiterhin unabhängig von der *Gehilfen*eigenschaft eines etwaigen Letztverursachers ein. 25

Schließlich sind Organisationspflichten nur beschränkt *delegierbar* (Rn 11). 26

b) Vertragshaftung und § 278 BGB*

Nach § 278 BGB hat der Schuldner ein Verschulden der Personen, deren er sich zur Erfüllung seiner Verbindlichkeit bedient (dazu sowie zur Erweiterung der „Haftung für eingeschaltete Gehilfen" vgl die Kommentierung von Staudinger/Caspers [2025] § 278 Rn 2, 60 ff), in gleichem Umfang zu vertreten wie eigenes Verschulden. 27

aa) Unterschiede zu § 831 BGB

Strukturell unterscheiden sich die vertragliche und vertragsähnliche Haftung „in Verbindung mit" § 278 BGB von derjenigen nach § 831 BGB dadurch, dass jene auf einer Zurechnung (nachzuweisenden) fremden Verschuldens, des Erfüllungsgehilfen, beruht, diese hingegen einen Haftungstatbestand für vermutetes eigenes Verschulden des Geschäftsherrn vorsieht (kritisch H H Jakobs VersR 1969, 1061, 1063, der in § 831 BGB lediglich eine Vorschrift über die Beweislast sieht). Wie aufgezeigt (Rn 5), setzt der Plan des Gesetzes für die garantiegleiche Einstandspflicht über § 278 BGB das Bestehen einer **Sonderverbindung** voraus, also einer Verbindlichkeit, die bereits vor dem Schadenseintritt besteht, und nicht erst durch den Schadenseintritt entsteht (BGH 9. 5. 1957 – II ZR 327/55, BGHZ 24, 188, 192). § 278 BGB bringt dieses Erfordernis dadurch zum Ausdruck, dass sich die Bestimmung auf den „Schuldner" und die „Erfüllung seiner Verbindlichkeit" bezieht. Der Gesetzgeber ging dabei ersichtlich von einem eng umgrenzten Begriff der „Verbindlichkeit" aus. Gedacht war vornehmlich an die Vertragsverbindung (Mugdan II 16: „Wenn der Schuldner eine Leistung *versprochen* hat, so erblickt der heutige Verkehr in diesem Versprechen auch die Übernahme einer Garantie für das ordnungsmäßige Verhalten derjenigen, deren Mitwirkung bei der Leistung sich zu bedienen dem Schuldner ausdrücklich oder stillschweigend gestattet ist."); nichts Abweichendes gilt für die Legalobligationen etwa des Vormunds (§ 1833 BGB) oder des Testamentsvollstre- 28

* **Schrifttum**: Canaris, Schutzgesetze, in: 2. FS Larenz (1983) 27 ff; Passmann, Schutzpflichten §§ 14 f; Picker AcP 183 (1983) 369 ff; ders JZ 1987, 1041 ff.

ckers (§ 2219 BGB). Die nachzuzeichnende (Rn 32 ff) Ausdehnung der Vertragshaftung hat den Anwendungsbereich von § 278 BGB erheblich erweitert. Außerhalb des vertraglichen Kontakts sind danach Sonderverbindungen auch in sozialen Beziehungen zu erblicken, sofern diese bestimmte *Pflichtverstärkungsfaktoren* aufweisen, nämlich die Inanspruchnahme gewährten Vertrauens und die erhöhte Einwirkungsmöglichkeit auf die Rechtsgüter des Partners (dazu mwNw zum Diskussionsstand Belling, Haftung 89 ff; krit Picker AcP 183 [1983] 369 ff; Picker JZ 1987, 1042 ff: Picker nimmt an, jegliche Ersatzhaftung beruhe auf einem einheitlichen Rechtsgrund, der dem vorpositiven Grundsatz „neminem laedere" entstamme. Die unterschiedliche Ausgestaltung von Vertrags- und Deliktshaftung rühre nur aus einer technisch auf verschiedenen Wegen begründeten Haftungsbegrenzung. Im Deliktsrecht verwirkliche die Beschränkung auf die sozial offenkundigen Schutzgüter des § 823 Abs 1 BGB die Haftungsbeschränkung, in der Sonderverbindung die anfängliche Individualität und Vereinzelung der Partner. Zur Rechtsnatur von Gefälligkeitsverhältnissen Hammen, in: FS Gießen [2007] 435).

29 Auf der Grundlage dieser Strukturen sind im Einzelnen folgende Hauptunterschiede hervorzuheben: Da § 278 BGB eine Garantiehaftung für zu beweisendes fremdes Verschulden bedeutet, nicht eine Haftung für vermutetes eigenes Verschulden, kommt ein Entlastungsbeweis des Geschäftsherrn nicht in Betracht. Nach § 280 Abs 1 S 2 iVm § 278 BGB wird das schuldhafte Handeln des Erfüllungsgehilfen vermutet (MünchKommBGB/Ernst § 280 Rn 32). Will der Schuldner eine Eigenhaftung verhindern, muss er folglich – anders als nach § 831 Abs 1 S 2 BGB – den Vorwurf, sein Erfüllungsgehilfe habe schuldhaft gehandelt, entkräften. Andernfalls haftet er garantiegleich ohne die Möglichkeit des Entlastungsbeweises.

30 Die iVm § 278 BGB begründete Vertragshaftung greift entsprechend der allgemeinen Systematik auch bei bloßen *Vermögensschäden* ein und nicht allein bei der Verletzung deliktisch geschützter Rechtsgüter und absoluter Rechte (§ 823 Abs 1 BGB; anders nur §§ 823 Abs 2 BGB und 826 BGB). Der Begriff des Erfüllungsgehilfen ist von dem des Verrichtungsgehilfen verschieden: Während in § 831 BGB der Kreis der Hilfspersonen auf Weisungsunterworfene beschränkt ist (Larenz/Canaris, Schuldrecht II/2 § 79 III 2a), können auch selbständige Unternehmer *Erfüllungs*gehilfen iSv § 278 BGB sein (zum Begriff des Erfüllungsgehilfen BGHZ 13, 111; 72, 92; 98, 330; BGH 1. 12. 1964 – VI ZR 39/64, VersR 1965, 240, 241; 25. 1. 2017 – VIII ZR 249/15, WuM 2017, 138 Rn 43 mwNw). Art und Umfang des Ersatzes aufgrund der Vertragshaftung unterliegen der Beschränkung auf das Gläubigerinteresse (wohingegen im Rahmen von §§ 844 Abs 2, 845 BGB in begrenztem Umfang auch *Drittschäden* zu ersetzen sind). Den *Beweis* erleichtern im Rahmen der Vertragshaftung die Vorschriften der §§ 280 Abs 1 S 2, 286 Abs 4 BGB, von denen § 280 Abs 1 S 2 BGB auch bei positiver Vertragsverletzung, §§ 280 Abs 1, 241 Abs 2 BGB, Anwendung findet.

31 In der Praxis hat sich die – auch nur drohende – Entlastungsmöglichkeit als ein wesentliches Hindernis herausgestellt. Um den Mängeln der Deliktshaftung (zu nennen sind neben der Gehilfenhaftung vor allem die anfänglich unzureichend ausgebauten Verkehrs-[sicherungs-]pflichten) zu begegnen und um die bereits vor Erlass von § 831 BGB geforderte Garantiehaftung zu erreichen, haben Literatur und Rspr verschiedene Wege zur Ausdehnung der Vertragshaftung gefunden (Esser/Weyers, Schuldrecht II/2 § 58 I 3).

bb) Ausdehnung der Vertragshaftung*

(1) Vertragliche und vertragsähnliche Nebenpflichten

Als „genuin deliktisch“ (vBAR JZ 1979, 7; NIRK RabelsZ 18 [1953] 310, 311, 350 ff; dagegen CANARIS, Schutzgesetze, in: FS Larenz [1983] 27, 85 ff) angesehene Pflichten zur Integritätswahrung wurden von der Rspr weithin zugleich zu Vertragspflichten erhoben und somit – auch – der Gehilfenhaftung iVm § 278 BGB unterstellt. 32

Im Bereich der Haftung wegen Verschuldens bei *Vertragsverhandlungen* (rechtsvergleichend dazu NIRK RabelsZ 18 [1953] 310 ff) nahm diese Entwicklung ihren Ausgang in der *Linoleumteppich*-Entscheidung des RG (RGZ 78, 239). Eine von einem Angestellten des Kaufhauses versehentlich gekippte Linoleumrolle fiel um und verletzte die Kundin. Ein Vertrag kam nicht zustande. Anders als in früheren Entscheidungen, die auf dem Boden der Deliktstheorie gestanden hatten (RG JW 1909, 683, 684; RG JW 1910, 784), gewährte das RG nunmehr einen „vertraglichen“ Schadenersatz gegen den Inhaber des Kaufhauses als potenziellen Vertragspartner. 33

Die Entscheidung des RG aus dem Jahre 1911 bildete den Ausgangspunkt für eine Entwicklung, die eine Hilfsfunktion (SOERGEL/WIEDEMANN [12. Aufl] vor § 275 Rn 108) der von JHERING begründeten Lehre (JherJb 4 [1861]) in den Vordergrund rückte, nämlich den Integritätsschutz. Entgegen der ursprünglichen Konzeption geht es nicht allein um vertragsbezogene Pflichten; Ansprüche aus cic werden auch außerhalb des Bereichs gewährt, der allein die *Sonderverbindung* der Parteien ausmacht. 34

Aus dem Schrifttum: KREUZER, Culpa in contrahendo und Verkehrspflichten (1972); ders JZ 1976, 778 ff; LÜSING, Die Pflichten aus culpa in contrahendo und positiver Vertragsverletzung (2010); POHLMANN, Die Haftung wegen Verletzung von Aufklärungspflichten (2002).

Mit der im Jahr 2002 erfolgten Schuldrechtsreform erfuhr das in Rspr und Literatur weitgehend anerkannte Institut der culpa in contrahendo (vgl zB § 11 Nr 7 AGBG, der ein vorvertragliches Schuldverhältnis unausgesprochen voraussetzte) in § 311 Abs 2 und 3 BGB erstmals eine ausdrückliche gesetzliche Kodifikation, ohne dass damit eine sachliche Änderung verbunden ist (Begr BT-Drucks 14/6040, 161). Die in vorvertraglichen Schuldverhältnissen bestehenden Pflichten nach § 241 Abs 2 BGB begründen somit nun ein gesetzliches Schuldverhältnis ohne Primärleistungspflichten (STAUDINGER/FELDMANN [2023] § 311 Rn 100). 35

Eine entsprechende Tendenz, allgemeine Verkehrspflichten in größerem Umfang vertragsrechtlich zu bewehren, ist auch bezüglich der (nach-)*vertraglichen Nebenpflichten* festzustellen. Zunächst – im Jahr 1926 – wurde eine Vertragshaftung des Zeitungsunternehmens für Verletzungen, die ein Kunde nach Aufgeben einer Anzeige bei einem Sturz auf dem unzureichend gestreuten Gehweg vor dem Geschäftshaus erlitt, noch abgelehnt (RGZ 113, 293, 294; sa RGZ 74, 124, 125). Entsprechend der Annahme von STAUB (in: FS DJT [1901/1902] 29), blieb die positive Vertragsverletzung zunächst auf die Bewehrung von leistungsbezogenen Pflichten 36

* **Schrifttum**: vBAR, Verkehrspflichten § 8 II, 220 ff; ESSER JZ 1952, 257 ff; GERNHUBER JZ 1962, 553 ff; LORENZ JZ 1960, 108 ff.

beschränkt. Die grds Möglichkeit eines Ersatzanspruchs wegen vertraglicher Schutzpflichtverletzung neben dem Erfüllungsanspruch war demgegenüber in dieser Fallkonstellation im Wege einer Gesamtanalogie zu den §§ 280, 285, 325, 326 aF gewohnheitsrechtlich allgemein anerkannt (s nur Soergel/Wiedemann [12. Aufl] vor § 275 Rn 509, 518; Wertheimer/Eschbach JuS 1997, 605). So hat der BGH (1. 12. 1964 – VI ZR 39/64, VersR 1965, 240, 241) eine Vertragshaftung für die Verletzung durch ein herabfallendes Brett bei Verlassen des Ladenlokals bejaht. Mit der Schaffung des einheitlichen Haftungstatbestands in § 280 Abs 1 BGB für Verletzungen von Haupt- und Nebenpflichten ist auch die positive Forderungsverletzung durch das Schuldrechtsmodernisierungsgesetz 2002 kodifiziert worden, ohne dass damit sachliche Veränderungen beabsichtigt waren.

37 Sofern das Eigentum im Rahmen der Vertragsdurchführung der Einwirkung des Vertragspartners ausgesetzt ist, vor allem bei Miet- und Werkverträgen, führt die Verletzung von Obhutspflichten ebenso zu einer Vertragshaftung (BGH VersR 1966, 1154 – Brennprobe –: Vertragshaftung für Feuerschäden am Gebäude des Bestellers, die aufgrund eines von Arbeitern des Unternehmers „aus Neugier“ verursachten Brandes entstanden; BGH VersR 1983, 891: Werkvertrag über den Ausbau von Mieträumen schützt auch den Mieter).

38 Die – uU erst durch Annahme vertraglicher Schutzpflichten eröffnete – Vertragshaftung hat die Rspr noch um ein Element des Deliktsschutzes erweitert: Im Wege der entsprechenden Anwendung von § 618 BGB, vor allem § 618 Abs 3 BGB, im Bereich des Werkvertrags finden im Rahmen der Vertragshaftung (§ 278 BGB!) auch die §§ 842–846 BGB Anwendung (RGZ 159, 268, 269 ff; BGH [GS] BGHZ 5, 62, 66: „[Es] wäre in hohem Maße unbillig, den Hinterbliebenen vertragliche Schadensersatzansprüche aus dem formalen Grunde zu versagen, dass nur der tödlich Verunglückte, aber nicht sie selbst Vertragspartner gewesen seien, und sie, obwohl der tödliche Unfall auf ein *vertragliches* Verschulden des Dienstherrn zurückgeht, auf den Nachweis einer unerlaubten Handlung zu verweisen, und dem Dienstherrn die weitgehende Entlastungsmöglichkeit des § 831 BGB für Verrichtungsgehilfen zu eröffnen.“ [Hervorhebung im Original]; BGHZ 26, 365, 370, 372 [„Fürsorgepflicht“ unabdingbar]; BGH 21. 6. 1963 – VI ZR 250/62, VersR 1963, 1076, 1077). Argumentativ handelt es sich um einen beachtlichen Kunstgriff, der praktisch bedeutet, sich selbst an den eigenen Haaren emporzuheben. Denn auf der selbstgeschaffenen Plattform der Vertragshaftung für Deliktsunrecht wird nunmehr postuliert, diese Haftung dürfe hinter der deliktischen nicht zurückstehen und damit die Erweiterung der Vertragshaftung begründet.

39 Die Annahme vertraglicher Ersatzansprüche wegen Integritätsverletzung stellt im internationalen Vergleich eine Besonderheit dar (zur cic: Soergel/Wiedemann [12. Aufl] vor § 275 Rn 124 mwNw; zur pVV: Soergel/Wiedemann [12. Aufl] vor § 275 Rn 484; Lorenz JZ 1995, 317). Die Ursache ihrer Ausbildung liegt besonders in der Ausgestaltung der Deliktshaftung (MünchKommBGB/Emmerich § 311 Rn 49; auch Soergel/Wiedemann [12. Aufl] vor § 275 Rn 484). Ohne den Exculpationsbeweis wären die Figuren der culpa in contrahendo, §§ 241 Abs 2, 311 Abs 2 und 3 BGB, der Schutzpflichtverletzung aus Vertrag (§§ 280 Abs 1, 241 Abs 2 BGB; pVV) und des Vertrags mit Schutzwirkung zugunsten Dritter kaum so stark ausgebaut worden (vBar, Gesamteuropäisches Deliktsrecht I Rn 189; Wicke 27; kritisch dazu Böhmer MDR 1964, 968 ff).

(2) Vertrag mit Schutzwirkung zugunsten Dritter*

Die Rspr hatte in Anlehnung an § 328 BGB und als besondere Art der vertraglichen Drittberechtigung den Vertrag mit Schutzwirkung zugunsten Dritter herausgebildet. Dieses Rechtsinstitut beruhte nach richterlicher Rechtsfortbildung auf der Grundlage von § 242 BGB und ergänzte das dispositive Recht. Teilweise stützte sich die Rspr auf die Regeln der Vertragsauslegung, §§ 133, 157 BGB (BGHZ 56, 269, 273; BGH NJW 2004, 3035). Die Schutzwirkung für Dritte war und ist bislang fast einhellig anerkannt (GERNHUBER, Schuldverhältnis § 21; MünchKommBGB/GOTTWALD § 328 Rn 170 ff mwNw zu zunehmend kritischen Stimmen aus der Lit; grds ablehnend: ZIEGLER JuS 1979, 328; HATTENHAUER, Grundbegriffe des Bürgerlichen Rechts [2000] 106 f). Der Grund für die Entwicklung dieses Rechtsinstituts war der begrenzte Schutz des Deliktsrechts, das in § 823 Abs 1 BGB das Vermögen nicht schützt, in § 831 Abs 1 S 2 BGB die Exculpation des Geschäftsherrn zulässt und vormals nur die dreijährige Verjährungsfrist nach § 852 aF kannte. Die durch das Schuldrechtsmodernisierungsgesetz in § 311 Abs 3 S 1 BGB geschaffene Regelung stellt nun klar, dass Schutzpflichten iSv § 241 Abs 2 BGB auch gegenüber Dritten bestehen können. Geschützt werden alle Rechte, Rechtsgüter und Interessen, auf die sich eine Schutzpflicht nach § 241 Abs 2 BGB beziehen kann (LOOSCHELDERS, Schuldrecht AT [18. Aufl 2020] § 9 Rn 3). Beim Vertrag mit Schutzwirkung für Dritte handelt es sich um ein vertragsähnliches gesetzliches Schuldverhältnis. Das Entstehen der Ersatzansprüche des objektiv geschützten Dritten ist daher vom Willen der Parteien unabhängig. Durch den Vertrag mit Schutzwirkung für Dritte soll ein bei der Vertragsabwicklung geschädigter Dritter in der Weise in die vertraglichen Sorgfalts- und Obhutspflichten einbezogen sein, dass er bei deren Verletzung vertragliche Schadenersatzansprüche geltend machen kann (vgl BGHZ 49, 350, 353; BGH NJW 1959, 1676). Die vertragliche Ersatzpflicht stellt den Geschädigten günstiger, weil sie das Verschulden des Erfüllungsgehilfen dem Schuldner der Pflicht ohne Exculpationsmöglichkeit zurechnet (§ 278 BGB) und die Verschuldensvermutung des Schädigers nach § 280 Abs 1 S 2 BGB vorsieht. Nachteilig für den geschädigten Dritten wirkt sich freilich aus, dass er sich gegenüber einem deliktischen Anspruch ein Mitverschulden seiner gesetzlichen Vertreter und Hilfspersonen sowie nach hM auch des Gläubigers analog zu den §§ 334, 846 BGB anrechnen lassen muss, § 254 BGB (vgl dazu BGHZ 9, 316, 318; 33, 247, 250; BGH NJW 1995, 392; BGHZ 186, 253; BGH BB 2011, 2383; BGB-RGRK/BALLHAUS § 328 Rn 84; **aA** BAYER JuS 1996, 473; BERG JuS 1977 363; LOOSCHELDERS 526 ff, die eine Anrechnung des Gläubigermitverschuldens nach §§ 254 Abs 2 S 2, 278 BGB befürworten). 40

Wurde mit dem Ausbau von Nebenpflichten die Vertragshaftung in ihrem sachlichen Anwendungsbereich erweitert, so ermöglichte die Konstruktion von drittschützenden Vertragspflichten den Ausbau in persönlicher Hinsicht. Die Schutzwirkung bedeutet, dass nunmehr die – wie dargestellt erheblich ausgeweiteten – vertraglichen Nebenpflichten auch Dritten gegenüber bestehen. Der Anwendungsbereich kann sich auf schuldrechtliche Verpflichtungsverträge jeder Art, die culpa in contrahendo (§§ 241 Abs 2, 311 Abs 2 und 3 BGB; vgl BGHZ 66, 51, 56) und nichtige Verträge wie auch öffentlich-rechtliche Nutzungsverhältnisse (BGH NJW 1974, 1816 f) erstrecken. 41

---

* **Schrifttum**: vBAR JuS 1982, 16; CANARIS JZ 1965, 475; GERNHUBER JZ 1962, 553; ders, in: FS Nikisch (1958) 249 ff; ders, Das Schuldverhältnis § 21; HEISEKE/LARENZ NJW 1960, 77; LARENZ Anm NJW 1956, 1193 f; LORENZ JZ 1960, 108; SCHWERDTNER Jura 1980, 493.

Der Haftungsgrund ist also unabhängig vom Abschluss und der Wirksamkeit des Vertrags zwischen den Hauptparteien (Gernhuber, Schuldverhältnis § 8 I 1 c).

42 Zur Vermeidung einer konturenlosen Ausdehnung der vertragsähnlichen Haftung sind an die Einbeziehung Dritter in den vertraglichen Schutz strenge Anforderungen zu stellen (vgl BGHZ 51, 91, 96; 69, 82, 86; BGH 7. 7. 1976 – VIII ZR 44/75, NJW 1976, 1843, 1844). Die Einbeziehung des Dritten setzt deshalb voraus: (1) *(Leistungsnähe)* Der Dritte muss sich durch Vermittlung oder mit Willen des primären Anschlussgläubigers (iSv Gernhuber 514 f) obligationsgemäß im Leistungsbereich aufhalten und den Gefahren von Schutzpflichtverletzungen ebenso ausgesetzt sein wie der Gläubiger selbst (vgl BGHZ 49, 350, 354; BGHZ 70, 327, 329). Ein nur zufälliger Leistungskontakt genügt nicht. Der einbezogene Personenkreis muss eng und überschaubar sein. (2) *(Gläubigernähe)* Der Gläubiger muss ein berechtigtes Interesse am Schutz des Dritten haben. Die Rspr hat eine solche Schutzpflicht ursprünglich nur bejaht, wenn der Gläubiger für das *„Wohl und Wehe"* des Dritten mitverantwortlich war (vgl BGHZ 51, 91, 96; BGHZ 56, 269, 273; BGH NJW 1970, 38, 40) (Fälle sozialer Abhängigkeit des Dritten im Bereich des Familien-, Arbeits- und Sozialrechts). Nunmehr ist anerkannt, dass ein Drittschutz auch zu bejahen ist, wenn der Dritte mit der im Vertrag versprochenen Leistung bestimmungsgemäß in Kontakt kommt (vgl BGH 7. 7. 1976 – VIII ZR 44/75, NJW 1976, 1843, 1844; BGH NJW 1985, 489; BGH NJW 2004, 3630; OLG Düsseldorf MDR 2007, 988) oder wenn sich aus dem Verhältnis des Dritten zum Leistungsgegenstand Anhaltspunkte für einen auf den Schutz des Dritten gerichteten Parteiwillen ergeben (vgl BGHZ 69, 82, 86; BGH NJW 1984, 355, 356; dazu Canaris, Bankvertragsrecht Rn 21 ff; Gernhuber, Schuldverhältnis § 21 II 6 h). Die Entwicklung geht nunmehr in die von Gernhuber schon früh (in: FS Nikisch [1958] 249 ff) vorgeschlagene Richtung, wonach die Leistungsnähe, nicht die Gläubigernähe das entscheidende Kriterium darstellt. (3) *(Erkennbarkeit)* Leistungsnähe und Gläubigerinteresse müssen für den Schuldner bei Vertragsschluss subjektiv erkennbar, dh übersehbar, kalkulierbar und ggf versicherbar sein (vgl BGHZ 49, 350, 354 f; 75, 321, 323; BGH NJW 1985, 489 u 2411). Grund: Er muss wissen, auf welches Risiko er sich einlässt. (4) *(Schutzbedürftigkeit)* Der Dritte muss schutzbedürftig sein. Daran soll es fehlen, wenn der Dritte selbst vertragliche Ansprüche gegen den Anschlussgläubiger hat (vgl BGHZ 70, 327, 329 f [Mietvertrag schützt nicht den Untermieter, der selbst Vertragsansprüche gegen den Mieter hat]; BGH NJW 1995, 1739, 1747). Etwaige eigene deliktische Ansprüche des Dritten schließen dessen Einbeziehung in den Schutzbereich nicht aus, weil dieser vor den Schwächen der deliktischen Haftung gerade geschützt werden soll (Rn 40). Der Schadenersatzanspruch erstreckt sich auf alle Rechtsgüter des Dritten, also nicht nur auf Personen-, sondern auch auf Sach- und Vermögensschäden (vgl BGHZ 49, 350, 355; BGHZ 69, 82; BGH NJW 1977, 2073, 2074). Er setzt voraus, dass das Integritätsinteresse des Dritten verletzt ist. (Zur Kritik der vorgestellten Konzeption der Schutzwirkung, wie sie von der Rspr im Anschluss an Larenz NJW 1956, 1193 entwickelt wurde, sowie zu anderen Ansätzen Gernhuber, Schuldverhältnis § 21; Gernhuber selbst hat bereits früh [in: FS Nikisch <1958> 249 ff, 270] eine eigene Konzeption entwickelt und hebt hervor, dass es sich um die Teilhabe am Schuldverhältnis als Fall der Sozialwirkungen des Schuldverhältnisses handelt.)

43 *Beispiele* für die drittschützende Wirkung finden sich besonders im Mietrecht, im Arbeitsrecht sowie im Werkvertragsrecht (vgl Riesenhuber, Die Rechtsbeziehungen zwischen Nebenparteien [1997]). Familienangehörige und Hausangestellte sowie sonstige Dritte, die mit der Mietsache bestimmungsgemäß in Kontakt kommen, unterstehen dem

Schutzbereich (BGHZ 49, 350, 353; BGH NJW 1965, 1757, 1758: Mietvertrag des Vereins schützt dessen Mitglieder). Arbeitnehmer, die vertragsgemäß mit dem Arbeitgeber gelieferten Material in Berührung kommen, können von dem Schutzbereich des Liefervertrags erfasst sein (BGH 6. 5. 1959 – IV ZB 6/59, VersR 1959, 645, 646 ff – Capuzol – und dazu HEISEKE/LARENZ NJW 1960, 77, 79). Gehilfen einer Werkvertragspartei, die der Vertragssphäre ausgesetzt sind, genießen vertraglichen Integritätsschutz (BGHZ 33, 247, 248 f [von Unternehmer errichtete Decke stürzt auf Arbeitnehmer des Bestellers]; BGH VersR 1983, 891, 892 [Werkvertrag mit dem Eigentümer schützt auch den Mieter und dessen Eigentum]). Entgegen überkommener Rspr zu Schutzpflichten zugunsten Dritter im Bankverkehr lehnt der BGH nunmehr im bargeldlosen Zahlungsverkehr Drittschutzwirkungen der Vertragsverhältnisse der beteiligten Banken ab (BGHZ 176, 281 Rn 26, 29, 35, 38).

(3) Faktische Vertragsverhältnisse und Verträge aus sozialtypischem Verhalten

Schließlich mag auch die Annahme „faktischer Verträge" („fehlerhafte Gesell- **44**
schaft"; „faktisches Arbeitsverhältnis"; zum Ganzen FLUME, Das Rechtsgeschäft [4. Aufl 1992] § 8) im Zusammenhang mit den Defiziten der Deliktshaftung gesehen werden. Namentlich der erstrebte Vertragsschutz für Dritte (Rn 40) war anfänglich mit der Konstruktion faktischer Verträge gesucht worden (vgl SOERGEL/HADDING [12. Aufl] Anh § 328 Rn 3 mwNw). Heute ist vor allem bei in Vollzug gesetzten Dauerschuldverhältnissen anerkannt, dass „vertragliche" Verhaltenspflichten trotz Vertragsnichtigkeit entstehen können. Freilich dürften diese eher dem Bereich der erörterten gesetzlichen Schutzpflichten zuzuordnen sein (Rn 32 ff; zur Diskussion um das „einheitliche gesetzliche Schutzpflichtverhältnis" vgl SOERGEL/WIEDEMANN [12. Aufl] vor § 275 Rn 362 f; GERNHUBER, Schuldverhältnis § 2 IV 4).

cc) Anspruchskonkurrenz und Wechselwirkungen*

(1) Grundsätzliche Gleichrangigkeit

Vertrags- oder vertragsähnliche Ansprüche wegen Integritätsverletzung werden auf- **45**
grund des parallelen Ausbaus vertraglicher Nebenpflichten und deliktischer Verkehrspflichten weithin zusammentreffen mit deliktischen Ansprüchen. Diese Ansprüche stehen grds gleichrangig nebeneinander. Es handelt sich um eine Anspruchskonkurrenz im Gegensatz zur Gesetzeskonkurrenz. Erfüllt ein Vorgang sowohl den Tatbestand des Vertragsrechts als auch den des Deliktsrechts, so folgt aus jedem Rechtsgrund ein Schadenersatzanspruch (st Rspr s BGHZ 9, 301, 302; 66, 319; 116, 297; BGH NJW 2004, 1032). Jeder Anspruch folgt seinen eigenen Regeln (BGHZ 17, 214, 217 f – Rübenschnitzel – [Deliktsansprüche bestehen neben Ansprüchen aus Beförderungsvertrag; die Haftungsbeschränkung der §§ 82 ff EVO betrifft nur die beförderten Gegenstände, nicht sonstiges Eigentum]; 9. 5. 1957 – II ZR 327/55, BGHZ 24, 188, 191 f [die beschränkte Vertragshaftung der Eisenbahn gem §§ 454, 459 aF HGB iVm EVO stellt keine „erschöpfende Regelung" dar und berührt daher deliktische Ansprüche nicht]; 32, 194, 203 f [Ersatzansprüche aus KVO und Delikt stehen gleichrangig nebeneinander]; 46, 140, 141 [die Beschränkung der Frachtführerhaftung gem § 430 aF HGB jetzt § 429 HGB lässt deliktische Ansprüche unberührt]; BGHZ 86, 256, 260 = JZ 1983, 499 mAnm STOLL – Gaszug – [Abgrenzung von Produzenten- und Gewährleistungshaftung]; BGHZ 101, 337 – Korkenfall – [kein Ausschluss der Deliktsansprüche durch Rügeversäumnis nach § 377 Abs 1

* **Schrifttum:** DENCK JuS 1976, 429 ff; DIETZ, Anspruchskonkurrenz bei Vertragsverletzung und Delikt (1939); LARENZ, Vertrag und Unrecht II: Die Haftung für Schaden und Bereicherung (1937) §§ 38–40 (S 74 ff); MEDICUS NJW 1962, 2081 ff; SCHLECHTRIEM, Vertragsordnung (1972).

HGB des Käufers]; BGH NJW 2004, 1032 [gesonderte Verjährungsregeln gelten jeweils nur für vertragliche oder deliktische Schadenersatzansprüche]; BGH VersR 2005, 282 [grds Ausschluss eines deliktischen Schadenersatzanspruchs durch gesetzliches Erfordernis einer Fristsetzung mit Ablehnungsandrohung]). Die vor Inkrafttreten des Schuldrechtsmodernisierungsgesetzes bestehenden Unterschiede in der Verjährung vertraglicher (§ 195 aF) und deliktischer (§ 852 aF) Ansprüche sind durch §§ 195, 199 nF aufgehoben. Gleiches gilt für die Hemmung der Verjährung (vgl § 203 BGB sowie § 852 Abs 2 aF). Ausnahmen können sich ergeben, wenn eine gesetzliche Beschränkung der Vertragshaftung – etwa durch Modifizierung des Haftungsmaßstabs (dazu Rn 47 f) – ihrem Sinn und Zweck nach einen Sachverhalt abschließend regelt, sodass die Möglichkeit des Geschädigten, bei dem Ausschluss eines vertraglichen Schadenersatzanspruchs auf einen ggf bestehenden deliktischen Anspruch auszuweichen, den Zweck der Haftungsbeschränkung vereiteln und diese somit aushöhlen würde (BGH VersR 2005, 282).

46 Die Vertragshaftung in Verbindung mit § 278 BGB und die Deliktshaftung nach § 831 BGB schließen sich nicht gegenseitig aus, wenn sie sich tatbestandlich überschneiden. Vertraglich und deliktisch haftet daher der Geschäftsherr, wenn seine Hilfsperson, die zugleich Verrichtungs- und Erfüllungsgehilfe ist, vertrags- und rechtswidrig sowie schuldhaft seinen Vertragspartner schädigt (RGZ 88, 433; 131, 67, 73 f; RGZ 99, 265; BGH 9. 5. 1957 – II ZR 327/55, BGHZ 24, 188, 193 ff; Anders BGHZ 4, 138, 152 wonach neben § 278 im Rahmen eines öffentlich-rechtlichen Schuldverhältnisses für § 831 BGB kein Raum ist). So kann die Hilfsperson beispielsweise gleichzeitig die Verkehrssicherungspflicht und die sich aus Vertrag ergebende Obhutspflicht verletzen (BGH 1. 12. 1964 – VI ZR 39/64, VersR 1965, 240, 241).

(2) Wechselwirkungen

47 Jedoch können die Haftungsregimes nicht ohne Wechselwirkungen nebeneinander bestehen, da sonst verschiedene Haftungsprivilegierungen – etwa jene der §§ 521, 599, 690, 708 BGB – aber auch ein Ausschluss von Schadenersatz (BGH NJW 1954, 145) oder eine Haftungsverschärfung vereitelt würden. Dieser komplexe Bereich kann nur andeutungsweise behandelt werden (näher F Lent, Die Gesetzeskonkurrenz im bürgerlichen Recht und Zivilprozeß, Bd 1 [1912]; R Schmidt, Die Gesetzeskonkurrenz im bürgerlichen Recht [1915]; A Klein, Konkurrenz und Auslegung [1997]); im Übrigen ist auf die Kommentierung zu den jeweiligen Normen zu verweisen (vgl Staudinger/Jacoby [2024] § 195; Staudinger/Emmerich [2024] § 548). Eine einheitliche Aussage über die Wechselwirkungen kann mit Rücksicht auf die jeweilige Zwecksetzung der Haftungsausgestaltung nicht gemacht werden (zum Ganzen ausführlich Schlechtriem, Vertragsordnung, 3. Teil; MünchKommBGB/Grothe § 195 Rn 46 ff).

48 Die Rspr hat weithin angenommen, die **Haftungsbeschränkung** auf Vorsatz und grobe Fahrlässigkeit (§§ 521, 599 BGB und §§ 690, 708 iVm 277 BGB) finde auch im Rahmen deliktischer Haftung Anwendung (RGZ 66, 363; RGZ 88, 317; BGH NJW 1954, 145 [Rücktritt vom Vertrag schließt auch den deliktischen Schadenersatzanspruch wegen eines Verhaltens aus, das zugleich den Tatbestand der Vertragsverletzung erfüllt]; BGH 17. 5. 1960 – VI ZR 121/59, VersR 1960, 802 mAnm Böhmer VersR 1960, 943; Esser/Weyers, Schuldrecht II/2 § 112 V 3; Enneccerus/Lehmann § 232, 934, 935; BGHZ 93, 23 ff – Kartoffelpülpe – mAnm Schlechtriem BB 1985, 1356 und Stoll JZ 1985, 384 ff). Anderen Haftungsbeschränkungen wurde diese „durchschlagende" Wirkung nicht zuerkannt (BGHZ 46, 140, 144 f [Frachtführerhaftung aus § 430 aF HGB]; BGH 9. 5. 1957 – II ZR 327/55, BGHZ 24, 188, 192 f mwNw [Haftung der Eisen-

bahn nach §§ 454, 459 aF HGB]). Vertragliche Erweiterungen der Zurechnung können sich auch auf deliktische Ansprüche auswirken (Medicus NJW 1962, 2081 zur Anwendung von §§ 254, 278 BGB auf deliktische Ansprüche).

Diese Rspr hat nicht uneingeschränkt Zustimmung gefunden. Problematisch ist besonders die Anwendung einer vertraglichen Haftungsmilderung (zB § 521 BGB im Kartoffelpülpe-Fall) im Bereich der (Integritäts-)Schutzpflichten; insoweit kann die Privilegierung schon im Bereich der Vertragshaftung nicht überzeugen (Schlechtriem, Vertragsordnung [1972] 333, 442 und BB 1985, 1356). Eine Ausdehnung auf die Deliktshaftung überzeugt erst recht nicht (so aber BGHZ 93, 23, 29 ohne Begründung mit Hinweis auf BGHZ 46, 140, 145).

Hinsichtlich der **Verjährung** gilt zunächst der Grundsatz, dass nebeneinander beste- 49
hende vertragliche und deliktische Ansprüche jeweils eigenständig nach den für sie geltenden Fristen verjähren (BGH NJW 2004, 3420 mwNw; BGH NJW 2006, 2410). Die Schuldrechtsreform 2002 hat indes eine weitgehende Harmonisierung der Verjährungsregelungen zur Folge gehabt. Soweit dennoch eine *kurze Verjährung* eingreift, hat die Rspr diese tendenziell – aber nicht ohne Einschränkungen – auch im Deliktsbereich eingreifen lassen (RGZ 66, 363 – §§ 558, 606; aber RGZ 49, 92, 95; RGZ 77, 317, 321 betr § 414 HGB). Maßgeblich dafür ist, ob die kurze Verjährung ihrem Schutzzweck nach auch die konkurrierenden Ansprüche erfassen will (BGHZ 116, 297, 300; BGHZ 123, 394, 398 f). Das soll nach Rspr des BGH der Fall sein, wenn die Befugnis des Gläubigers, nach Verjährung des einen Anspruchs auf die aus demselben Sachverhalt hergeleiteten anderen Ansprüche mit längerer Verjährung ausweichen zu können, den Zweck der besonders kurz bemessenen Verjährungsfrist vereiteln und die gesetzliche Regelung im Ergebnis aushöhlen würde (BGHZ 66, 315, 319). Bei vertraglich vereinbarten kürzeren Verjährungsfristen ist wegen der unterschiedlichen Schutzrichtungen der konkurrierenden Ansprüche ein Eingreifen der vertraglichen Verjährung bei den Deliktsansprüchen nur nach eingehender Prüfung des erklärten Willens der Beteiligten und deren Interessen zu bejahen.

Anderes gilt für die Rügepflicht nach § 377 HGB (BGHZ 101, 337 – Korkenfall): Die 50
Verletzung der Rügepflicht hat nicht den Verlust deliktischer Ansprüche zur Folge, da diese auf der Verletzung von Verkehrspflichten durch den Verkäufer beruhen und nicht auf der vertraglichen Beschaffenheit der gelieferten Sache; aus der Unterlassung der Rüge kann nicht geschlossen werden, der Käufer habe in die Verkehrspflichtverletzung und die daraus resultierende Beschädigung eigener Rechtsgüter eingewilligt.

dd) Stellungnahme

Der Ausbau der (deliktischen) Verkehrspflichten durch die Rspr könnte es ermög- 51
lichen, integritätsschützende vertragliche Nebenpflichten in den Bereich der Deliktshaftung zurückzuführen (vBar, Verkehrspflichten 248; Medicus/Petersen Rn 199). Das **Sachproblem** der deliktischen **Gehilfenhaftung** bleibt einstweilen jedoch ungelöst. Insoweit behalten die vorgestellten Instrumentarien des vom Vertragsrecht beeinflussten Deliktsrechts (MünchKommBGB/Wagner § 823 Rn 479 ff) – trotz weithin zweifelhafter Konstruktionen – ihre Bedeutung (Soergel/Wiedemann [12. Aufl] vor § 275 Rn 125).

Die Vertragshaftung bietet jedoch zum einen nur in begrenztem Umfang Lösungen: etwa hinsichtlich der mitunter willkürlich ausfallenden Abgrenzung des Kreises vertraglich geschützter Dritter. Zum anderen sind die immanenten Grenzen der Vertragshaftung (vCaemmerer, Wandlungen Ges Schr I 466 f), namentlich die Möglichkeit der Freizeichnung (dazu Soergel/Hadding Anh § 328 Rn 21 f) zu erwähnen.

Weiterhin verdeutlicht die angesprochene Problematik der Anspruchskonkurrenz die Gefahren einer *unbedachten* Ausweitung vertraglicher Schutzpflichten. Denn wie die Diskussion um § 521 BGB ausweist, entspricht die Anwendung der Vertragsnormen auf diese Pflichten nicht dem Plan des Gesetzes. Die von der Rspr gefundene Lösung des – erst durch die Ausweitung von integritätsschützenden Vertragspflichten entstandenen – Konkurrenzproblems, wonach die Haftungsprivilegierung auch außerhalb der Sonderverbindung gelten soll, stellt sodann lediglich eine Verschärfung der Problematik dar. Positiv gewendet ist bei der – kaum noch umkehrbaren – Anwendung der Vertragshaftung wegen Schutzpflichtverletzung im Einzelfall sorgsam zu prüfen, ob die vom Gesetz vorgegebenen Vertragshaftungsinstrumentarien ihrem Zweck nach auf die Schutzpflichten zugeschnitten sind. Dies gilt freilich erst recht bei Annahme ihres Durchwirkens auf den Bereich der Deliktshaftung.

Es ist aber im Blick zu behalten, dass das Sachproblem im Bereich der deliktischen Gehilfenhaftung zu lokalisieren ist; hier ist in erster Linie anzusetzen. Zur Korrektur ist freilich angesichts der derzeitigen Rechtslage der Gesetzgeber aufgerufen (z Reformbestrebungen näher Rn 187 ff). Solange eine Reform ausbleibt, sind jedoch Restriktionen hinsichtlich des Entlastungsbeweises und Erweiterungen hinsichtlich der von § 831 BGB erfassten Verkehrspflichten angebracht. Nur eine anforderungsgerechte Auslegung vermag die zu verzeichnende „zentrifugale Wirkung“ abzumildern.

c) § 254 BGB*

52 Im Verhältnis zu § 254 BGB sollen hier nur zwei Problemkreise vorgestellt werden, die im Zusammenhang mit der Struktur des § 831 BGB, der *Verschuldensvermutung* und dem *Entlastungsbeweis* stehen. Auf angrenzende Fragen, die sich etwa bei § 17 StVG stellen, kann nur hingewiesen werden.

aa) „Gehilfenhaftung“ des Geschädigten

53 § 254 Abs 2 S 2 BGB sieht vor, dass auch der Geschädigte für seine Erfüllungsgehilfen einzustehen hat, § 278 BGB. Nach überwiegender Meinung gilt das auch für den Tatbestand des Abs 1 (Staudinger/Höpfner [2021] § 254 Rn 95). Wie oben (Rn 28) ausgeführt, setzt die Haftung iVm § 278 BGB eine Sonderverbindung voraus. Nichts anderes gilt auch hinsichtlich der Mitverschuldenszurechnung. § 254 Abs 2 S 2 BGB ist insoweit als Rechtsgrundverweisung zu verstehen (RGZ 62, 346, 349 f; Medicus NJW 1962, 2081; Staudinger/Höpfner [2021] § 254 Rn 95 ff). Relevant ist die Frage der Sonderverbindung jedoch nur im Fall des Abs 1. Denn in den Fällen des Mitverschuldens bei der Schadensabwendungs- oder Schadensminderungspflicht besteht die Sonderverbindung bereits in Form der Ersatzpflicht.

54 Auch außerhalb von Sonderverbindungen soll sich jedoch der geschädigte Geschäftsherr das bei der Schadensentstehung mitursächliche Verhalten seines Verrichtungs-

* **Schrifttum**: Medicus NJW 1962, 2081 ff.

gehilfen iRv § 254 BGB entgegenhalten lassen. Die Rspr wendet insoweit *§ 831 BGB entsprechend* an: Der Geschädigte muss sich sein vermutetes, nicht widerlegtes (Entlastungsbeweis!) Auswahl- oder Überwachungsverschulden iRv § 254 BGB zurechnen lassen (BGHZ 1, 249; BGHZ 3, 49; BGHZ 68, 142; 73, 192; BGH NJW 1980, 2573, 2575; NJW-RR 1995, 248, 252; OLG Köln NJW 2000, 2905; BGB-RGRK/Alff § 254 Rn 72 mwNw; nach Wochner, Einheitliche Schadensteilungsnorm im Haftpflichtrecht [1972] 184, dürfte die Beachtung von § 831 bei § 254 „als Mindestregel wohl allgemein anerkannt" sein). Bei der Organhaftung einer juristischen Person ist eine Anwendung des § 254 BGB hingegen nicht möglich. In der juristischen Person, die als solche nicht handeln kann, sind die Pflichten der für sie tätigen Organe so ausgestaltet, dass sie nebeneinander bestehen; jedes Organ ist für die Erfüllung seiner Pflichten im Rahmen seines gesetzlichen und satzungsmäßigen Geschäftsbereichs selbständig verantwortlich und hat deshalb im Falle einer Pflichtwidrigkeit für den verursachten Schaden der juristischen Person auch voll einzustehen. Kein Gesellschaftsorgan kann der Gesellschaft gegenüber einwenden, seine Ersatzpflicht sei gemindert, weil ein anderes Gesellschaftsorgan für den Schaden mitverantwortlich sei. Der Mitverschuldenseinwand des Organs, es sei wegen mangelnder Eignung schlecht ausgewählt oder nachlässig überwacht worden, ist ihm versagt (BGH 14. 3. 1983 – II 103/82, NJW 1983, 1856 f; BGH 26. 11. 2007 – II ZR 161/06, NJW-RR 2008, 484 Rn 4; BGH 20. 11. 2014 – III ZR 509/13, VersR 2015, 1179 Rn 22 f). Diese Grundsätze gelten in gleicher Weise für eine Stiftung. Wird der Vorstand einer Stiftung von der Stiftung wegen einer Pflichtverletzung auf Schadensersatz in Anspruch genommen, so kann dieser der Stiftung gegenüber nicht einwenden, dass für den von ihm herbeigeführten Schaden ein anderes Stiftungsorgan mitverantwortlich ist (BGH 20. 11. 2014 – III ZR 509/13, VersR 2015, 1179 Rn 22 f; hingegen den Mitverschuldenseinwand bejahend für eine Stiftungsaufsicht, die jedoch kein Organ ist: BGH 3. 3. 1977 – III ZR 10/74, BGHZ 68, 142, 151).

Die Beachtlichkeit der Haftung des Geschädigten für Gehilfenverhalten kann auch **55**
in der Sonderverbindung eine Rolle spielen. Wenn etwa der verschuldensunfähige Gehilfe den Lieferwagen des Verkäufers derart einweist, dass ein Schaden am Eigentum des Geschäftsherrn entsteht, so kommt eine Haftung über §§ 278, 276 Abs 1 S 3, 827, 828 BGB nicht in Betracht. §§ 254 Abs 2 S 2, 831 BGB heranzuziehen hat dann für den Schädiger den Vorteil der Verschuldensvermutung.

bb) Mitwirkendes Verschulden des Verletzten

Bei der nach § 254 BGB vorzunehmenden Abwägung ist stets im Auge zu behalten, **56**
dass es sich bei der Haftung nach § 831 BGB um eine solche *wegen vermuteten eigenen Verschuldens* handelt. Das eigene Verschulden des Geschäftsherrn ist also jenem des Verletzten gegenüberzustellen, nicht ein etwaiges Verschulden des Gehilfen. Auf dessen Verschulden kommt es nicht an. Für den Grundsatz, dass im Falle vorsätzlicher Schädigung eine Schadensteilung zulasten des Geschädigten nicht in Betracht kommt (dazu und zu den Einschränkungen Staudinger/Höpfner [2021] § 254 Rn 106, 120 f; RGZ 148, 48, 58; BGHZ 98, 148, 158), kommt es also nicht auf das Verhalten des Gehilfen, sondern jenes des Geschäftsherrn an, dem regelmäßig nur Fahrlässigkeit zur Last fallen wird (RGZ 157, 228, 233).

Das ist im Grundsatz unbestritten. Gleichwohl wird sich dafür ausgesprochen, „auch das gesamte **Verhalten des Verrichtungsgehilfen** zu berücksichtigen, da die unmittelbare Verletzungshandlung zusammen mit der mangelnden Sorgfalt des Geschäftsherrn die Haftungsgrundlage bildet" (Staudinger/Höpfner [2021] § 254 Rn 106; BGB-

RGRK/Steffen § 831 Rn 13; RGZ 139, 302, 304; RGZ 140, 386, 392; RGZ 142, 356, 368; RGJW 1931, 3306, 3308). Dem liegt der Gedanke zugrunde, dass der Tatbestand von § 831 BGB gleichsam die Zusammenfügung des objektiven Deliktstatbestands des Gehilfen mit dem vom Geschäftsherrn verwirklichten subjektiven Tatbestand darstellt (RG JW 1933, 830, 831). Da es aber für die Frage des Mitverschuldens auch auf die Kausalitätsbeiträge ankommt, soll der objektive Tatbestand, also das Gehilfenverhalten, ebenfalls Gewicht gewinnen.

57 Die vorgestellte Meinung ist **abzulehnen**, das Gehilfenverhalten ist – jedenfalls vom Standpunkt des § 831 BGB aus – nicht in die Abwägung nach § 254 BGB einzubeziehen. Bereits das Bild von dem „zusammengesetzten Tatbestand" ist schief: Die Haftung nach § 831 BGB ist eine solche für durch eigenen schuldhaften Verstoß gegen die Verkehrssicherungspflicht herbeigeführte Verletzung (Rn 3). Die klare Abgrenzung zu der Haftung für zugerechnetes fremdes Verschulden (nämlich über § 278 BGB) ist auch im Rahmen von § 254 BGB durchzuhalten. Es kommt überhaupt nicht darauf an, ob ein Gehilfenverschulden vorliegt. Neben diesen aus der Normstruktur abgeleiteten Bedenken ist zu beachten, dass die Zurechnung des Gehilfenverhaltens zu dem Beitrag des Geschäftsherrn im Falle schuldhaften Gehilfenhandelns dazu führte, das „Gehilfenverhalten" doppelt zu berücksichtigen, nämlich auch noch im Rahmen von dessen Eigenhaftung. Liegt auf der anderen Seite ein Verschulden des Gehilfen nicht vor, so bedeutete die Berücksichtigung seines Verhaltens zulasten des Geschäftsherrn die Begründung einer Haftung für das allgemeine Lebensrisiko des Geschädigten: Denn von zB einem Verschuldensunfähigen geschädigt zu werden, ist nur allgemeines Lebensrisiko. Darüber hinaus würde die Funktion des Entlastungsbeweises maßgeblich eingeschränkt: Eine Exculpation kann nur für eigenes, nicht aber (auch) für fremdes Verschulden erfolgen. Der Geschäftsherr müsste gleichwohl – über den Entlastungsbeweis hinaus – den Nachweis des schuldlosen Gehilfenhandelns erbringen, wollte er eine Zurechnung des Gehilfenhandelns über § 254 BGB und damit eine Besserstellung des Mitschädigers vermeiden. Letztlich liefe die Berücksichtigung des schuldhaften Gehilfenhandelns auf ein – zumindest teilweises – Vertretenmüssen iSv § 278 BGB hinaus. Damit ginge eine Loslösung vom den §§ 823 BGB ff zugrundeliegenden Verschuldensprinzip (dazu MünchKommBGB/Wagner Vor § 823 Rn 17 ff; ausf auch Brüggemeier, Haftungsrecht 40 ff) einher.

Freilich wird hier nicht verkannt, dass in der Auswahl eines (im Beispiel) Verschuldensunfähigen selbst ein (erhöhtes) Auswahlverschulden liegen mag; das aber ist nicht im Rahmen einer „Berücksichtigung des gesamten Verhaltens des Verrichtungsgehilfen" einzustellen. Es gilt die allgemeine Regel, dass die nach § 254 BGB maßgebenden *Umstände* kein Einfallstor für eine allgemeine Billigkeitshaftung sind (MünchKommBGB/Oetker § 254 Rn 117; Staudinger/Höpfner [2021] § 254 Rn 111). Auch hinsichtlich der Berücksichtigung des *Verursachungsbeitrags* gilt nichts anderes: Auch insoweit ist nur der aus der Verletzung der Verkehrssicherungspflicht fließende eigene Verursachungsbeitrag des Geschäftsherrn in die Abwägung einzustellen.

58 Völlig unberücksichtigt bleibt aber das Verhalten des Gehilfen letztendlich nicht: Im Rahmen von § 254 BGB selbst, der dem Wortlaut nach auf Zwei-Personen-Verhältnisse zugeschnitten ist, hat – nachdem die Haftungsanteile nach je eigenem Verschulden dem Grunde nach erkannt wurden – eine *Gesamtschau* zu erfolgen (im Einzelnen Staudinger/Höpfner [2021] § 254 Rn 136 ff mwNw).

Die Maßgeblichkeit des – bis dahin **nur vermuteten** – Geschäftsherrn-Verschuldens bringt Schwierigkeiten hinsichtlich der **Abwägung** mit sich. Denn für § 254 BGB kommt es maßgeblich auf den *Grad des Verschuldens* an. Demgegenüber wird das *Vorliegen eines Verschuldens* gem § 831 BGB vermutet und ist der Verschuldensgrad gem § 276 BGB für den Haftungsgrund nicht entscheidend. § 254 BGB erfordert sogar die Feststellung des Verschuldensumfangs, § 831 BGB verzichtet völlig auf einen Nachweis des Verschuldens. Entsprechende Fragen tauchen auch an anderer Stelle auf, wenn es nicht nur auf das Vorliegen, sondern auf den Grad des Verschuldens ankommt (dazu näher Rn 75 ff; zu solchen Konstellationen BELLING/RIESENHUBER 455 ff). 59

Unproblematisch sind Fälle, in denen sich im Rahmen des Entlastungsversuchs auch der Verschuldensgrad ergibt. Bleibt aber der Verschuldensgrad unklar – etwa weil ein Entlastungsbeweis gar nicht angetreten wurde – so stellt sich die Frage, welcher Verschuldensgrad auf Seiten des Schädigers einzustellen und mit dem – feststehenden – Mitverschulden des Geschädigten abzuwägen ist.

Die Rspr und ihr folgend die hL lösen die Problematik mit dem Hinweis, dass bei der Abwägung im Rahmen von § 254 BGB nur feststehende Umstände berücksichtigt werden dürften, bloß vermutetes Verschulden müsse außer Betracht bleiben; die Verschuldensvermutung des § 831 BGB habe Bedeutung nur für die Haftungsbegründung, nicht auch für die Schadensteilung (BGH 16. 10. 1956 – VI ZR 162/55, LM StVG § 17 Nr 10 = NJW 1957, 99; vgl jetzt auch BGH 20. 3. 2012 – VI ZR 3/11, NJW 2012, 2425 zu § 832; MünchKommBGB/OETKER § 254 Rn 118, 138 aE; kritisch STAUDINGER/HÖPFNER [2021] § 254 Rn 106, 121; ebenso BELLING/RIESENHUBER 457 f; kritisch dazu MEDICUS, in: FS Huber [2006] 437, 442, 446).

Die hM greift indes zu kurz. Sie führt zunächst praktisch zu einer Art Culpacompensation, insofern als die Haftung *wegen* des Mitverschuldens des Geschädigten gekürzt wird oder entfällt; das widerspricht dem in § 254 BGB ausgedrückten Verantwortungsprinzip. Die Behauptung des BGH, die Schadensteilung sei losgelöst von der Haftungsbegründung zu sehen, trifft nicht zu und kann deshalb einer Anwendung der Beweislastregel im Rahmen der Schadensteilung nicht entgegenstehen. Darüber hinaus verfehlt die hM den Normzweck der Beweislastregel, der für deren Anwendung auch im Rahmen der Schadensteilung Geltung beansprucht (ebenso STAUDINGER/HÖPFNER [2021] § 254 Rn 121; LOOSCHELDERS 584). § 831 BGB beruht auf einer Sphärenabgrenzung, die dem Geschäftsherrn das Betriebsrisiko zuweist (zum Sphärengedanken s BELLING/RIESENHUBER 461 ff). Der Geschädigte, der den Bereich des Geschäftsherrn regelmäßig schwerlich einsehen kann, wird um den Verschuldensnachweis entlastet; dem Geschäftsherrn wird die Widerlegung der „Verschuldensvermutung" zugemutet, da sie ihm praktisch unschwer möglich sein wird. Darüber hinaus soll der Geschäftsherr das durch den Gehilfeneinsatz erweiterte Betriebsrisiko tragen. Diese Normzwecke greifen auch ein, wenn den Geschädigten ein Mitverschulden trifft. 60

Allerdings erfordert die Anwendung der Beweislastregel im Falle des Mitverschuldens eine teleologische Erweiterung: Denn eine Beweislastregel ermöglicht nur die Bestimmung des „Ob", nicht des „Wie". Für die Schadensteilung ist es aber – darin ist dem BGH zuzustimmen – erforderlich, einen bestimmten Verschuldensgrad einzustellen. Um der Beweislastregel einen bestimmten Verschuldensgrad zu entnehmen, ist sie dahin zu modifizieren, dass sie eine Vielzahl von Einzelregeln enthält, welche die verschiedenen Verschuldensstufen betreffen. Vereinfachend kann man sich die Beweislastregel fünfstufig vorstellen: Sie betrifft dann den direkten und den Eventualvorsatz sowie die grobe, die mittlere und die leichte Fahrlässigkeit. Gelingt dem Geschäftsherrn die Entlastung auf der Ebene der Haftungsbegründung nicht, so ist es im Rahmen der Schadensteilung an ihm, sich *graduell zu entlasten* (zum Ganzen ausführlich Belling/Riesenhuber 465 f; zustimmend Looschelders 585; BeckOGK/Makowsky [1. 6. 2026] § 831 Rn 7.4; dazu kritisch mit eigenem Ansatz Medicus, in: FS Huber [2006] 437, 442, 446).

d) § 839 BGB, Art 34 GG

61 Soweit der „Beamte im haftungsrechtlichen Sinne“ (vgl dazu die Kommentierung zu § 839 BGB) **in Ausübung öffentlicher Gewalt** durch Verletzung einer drittbezogenen Amtspflicht schuldhaft einen geschützten Dritten verletzt, kommt eine Haftung der Anstellungskörperschaft gem § 839 BGB iVm Art 34 GG in Betracht (RGZ 155, 257, 266 f; BGH 9. 10. 2014 – III ZR 68/14, VersR 2015, 323 Rn 8 mwNw). Für **§ 831 BGB**, vor allem für den **Entlastungsbeweis**, ist insoweit **kein Raum** (RGZ 139, 149, 151 f; OLG Köln 21. 1. 2015 – 16 U 99/14, juris Rn 24 f: Sanierung städtischer Abwasserkanal durch private Baufirma). Die Bedeutung der Amtshaftung ist besonders mit Rücksicht auf den weiten haftungsrechtlichen Beamtenbegriff, die Verantwortlichkeit für Organisationsfehler sowie die Entbehrlichkeit der Individualisierung des betreffenden Beamten erheblich (MünchKommBGB/Papier/Shirvani § 839 Rn 190 f).

62 Im **fiskalischen Bereich** kommt dagegen eine Haftung des Staats allein nach **§ 831 BGB** bzw §§ 31, 89 BGB in Betracht; Art 34 GG ordnet die Haftungsübernahme nur im Falle der Ausübung öffentlicher Gewalt an (BGH 22. 4. 1980 – VI ZR 121/78, NJW 1980, 1901, 1902; BGH 17. 2. 2004 – VI ZR 39/03, VersR 2004, 785: Krankenbehandlung durch beamteten Arzt; vgl aber BGH 29. 11. 2016 – VI ZR 208/15, BGHZ 213, 120 Rn 8: ärztliche Heilbehandlung regelmäßig nicht Ausübung eines öffentlichen Amtes iSv Art 34 GG; zur haftungsrechtlichen Verantwortlichkeit im Fall der Organleihe vgl BGH VersR 2006, 803). Es ist zu beachten, dass die vorgenannte Haftung der Körperschaft nur eintritt, *soweit zugleich eine allgemeine deliktische Verhaltenspflicht verletzt wurde.* Für die Wahrung von Amtspflichten steht die Körperschaft nur nach Art 34 GG („nach außen gewandte Innenhaftung“), nicht aber nach §§ 831, 31, 89 BGB ein (RGZ 78, 325, 329; RGZ 131, 239, 249; BGHZ 42, 176, 178).

63 Die **Eigenhaftung des Beamten** (nunmehr: im statusrechtlichen Sinne, vgl die Kommentierung zu § 839) kann in diesem Bereich aus allgemeinen Deliktsnormen ebenso wie aus § 839 BGB begründet sein; doch umfasst der Kreis der Amtspflichten zugleich sämtliche deliktische Verhaltenspflichten und stellt § 839 BGB die *lex specialis* dar. Die Eigenhaftung aus § 839 BGB hat in zweierlei Hinsicht Bedeutung: Auf der einen Seite kann die Haftung aus § 839 BGB gegenüber jener aus § 823 BGB weiter gehen, insofern die Amtspflichten über den Bereich der Verkehrspflichten hinausgehen können. Andererseits greift im Falle der nur in § 839 BGB begründeten Eigenhaftung die Subsidiaritätsklausel des § 839 Abs 1 S 2 BGB, die eine Realisierung der Eigenhaftung praktisch ausschließt, soweit eine Haftung des Staats nach §§ 831, 31, 89 BGB gegeben ist, es sei denn, der Beamte hätte vorsätzlich gehandelt (RGZ 155, 257, 269). Die Körperschaft kann sich auf die Haftungsprivilegien des § 839 BGB nicht berufen.

Die **Eigenhaftung eines nicht-beamteten Mitarbeiters** richtet sich allein nach allgemeinem Deliktsrecht, § 839 BGB greift nicht ein. Die Gehilfenhaftung des Dienstherrn kann auch hier nur aus § 831 BGB oder §§ 31, 89 BGB begründet sein. Allerdings erfasst der haftungsrechtliche Beamtenbegriff iSv § 839 Abs 1 S 1 BGB jede Person, der ein öffentliches Amt im funktionellen Sinn anvertraut ist; das setzt nicht notwendig einen Beamten im staatsrechtlichen Sinn voraus (BGH 31. 1. 1991 – III ZR 184/89, MDR 1991, 1145, 1146 mwNw). Verletzt eine mit der Wahrnehmung eines öffentlichen Amts betraute Person drittbezogene Amtspflichten, kommt auch hier eine Haftung der Anstellungskörperschaft gem § 839 BGB iVm Art 34 GG in Betracht (BGHZ 146, 17, 20 ff; BGH NJW-RR 2009, 658 f; vgl dazu Näheres bei STAUDINGER/WÖSTMANN [2020] § 839 Rn 37 ff). Die Haftung aus § 839 BGB iVm Art 34 GG (hoheitliches Handeln) kann somit mit jener aus §§ 831, 31, 89 BGB (fiskalisches Handeln) konkurrieren (BGH NJW 1955, 1025: Amtspflichtverletzung ist zugleich Verkehrspflichtverletzung im nicht-hoheitlichen Bereich; RGZ 151, 385: Verkehrspflichtverletzung durch nicht-beamtete Gehilfen im fiskalischen Bereich wirkt mit Amtspflichtverletzung im hoheitlichen Bereich zusammen). 64

e) §§ 31, 89 BGB*

Für amtliches Handeln von verfassungsmäßig berufenen Vertretern haften juristische Personen sowie OHG und KG wie für eigenes Verhalten (Organhaftung). Auf das Verständnis einer allgemeinen Repräsentantenhaftung ist hier nur hinzuweisen (näher BeckOGK/OFFENLOCH [1. 4. 2026] § 31 Rn 44.1). Das Organverschulden wird der Körperschaft zugerechnet; ein Eigenverschulden der juristischen Person gibt es nicht (FLUME, Die Juristische Person § 11 I); eine Entlastung oder Beschränkung auf weisungsabhängige Gehilfen kommt hier nicht in Betracht (insoweit missverständlich der BGH, wonach das Verschulden des Organs als unmittelbar eigenes Verschulden der juristischen Person anzusehen sein soll [BGH 15. 4. 2010 – IX ZR 79/09, juris Rn 6]). Soweit diese Organhaftung reicht, ist § 831 BGB ausgeschlossen (RGZ 55, 171, 176; 155, 257, 266 f). Im Verhältnis zu § 831 BGB ist daher besonders die Abgrenzung von Gehilfen und Organen von Bedeutung. Dabei sind die verschiedenen Erweiterungen der Organhaftung zu berücksichtigen, die weithin aus dem Bestreben ersonnen wurden, den Entlastungsbeweis des § 831 BGB zu vermeiden (BGHZ 49, 19, 21: „Bei einer solchen Sachlage wäre es unangemessen, der juristischen Person den Entlastungsbeweis nach § 831 zu eröffnen"). 65

Während § 31 BGB nur Vorstandsmitglieder und verfassungsmäßig berufene Vertreter erwähnt, knüpft die Rspr nicht so sehr an diese formalen Kriterien an. Maßgeblich sind vorwiegend materielle, einer teleologischen Auslegung entnommene Gesichtspunkte. Danach sind verfassungsmäßig berufene Vertreter „nicht nur Personen, deren Tätigkeit in der Satzung der juristischen Person vorgesehen ist; auch brauchen sie nicht mit der rechtsgeschäftlichen Vertretungsmacht ausgestattet zu sein. Vielmehr genügt es, dass dem Vertreter durch die allgemeine Betriebsregelung und Handhabung bedeutsame, wesensmäßige Funktionen der juristischen Person zur selbständigen, eigenverantwortlichen Erfüllung zugewiesen sind, dass er also die juristische Person auf diese Weise repräsentiert" (BGHZ 49, 19, 21 [Filialleiter einer Auskunftei]; BGH 22. 4. 1980 – VI ZR 121/78, NJW 1980, 1901, 1902 [im medizinischen Bereich weisungsfrei arbeitender Chefarzt]; BGH NJW 1972, 334 [Behandlungsfehler des Chefarztes]; NJW 1984, 922 [unzutreffende Auskunft eines Filialleiters]; OLG Nürnberg NJW-RR 1988, 1319 [untreuer 66

---

* **Schrifttum**: MARTINEK, Repräsentantenhaftung (1979) und dazu JOHN AcP 181 (1981) 150 ff.

Zweigstellenleiter einer Bank]; BAG NJW 1989, 57, 61 = JZ 1989, 85 mAnm Löwisch/Rieble [Streikleitung der Gewerkschaft]; BGH NJW 1998, 1854, 1856 [selbständiger Handelsvertreter in einer Außendienstorganisation]; OLG Karlsruhe NJW-RR 2006, 1167 [Sicherheitspersonal des Betreibers eines atomaren Wiederaufbereitungslagers]; KG 23. 7. 2004 – 5 U 61/03 [Bankfilialleiter]). Der Vertreter muss eine gewisse Selbständigkeit haben (RGZ 157, 228, 236). Entscheidend ist der „Verkehrsschutz im Außenverhältnis, nicht (der) interne ‚Rang' des Berufenen" (BGH 12. 7. 1977 – VI ZR 159/75, NJW 1977, 2259, 2260 [Leiter der Zweigstelle einer Bank]; BGH 19. 10. 1989 – III ZR 92/88, BB 1990, 94 [Filialleiter einer Bank]; OLG München 27. 2. 2012 – 17 U 1924/11 [Firmenkundenbetreuer], diesbzgl unbeanstandet nachfolgend BGH 15. 10. 2013 – VI ZR 124/12, NJW 2014, 1380). So bejahte bereits das RG (RGZ 129, 166) die Zurechnung der unerlaubten Handlung eines Sachbearbeiters zu der ihn beschäftigenden Gesellschaft nach § 31 BGB, solange diesem eine wichtige Angelegenheit zur eigenverantwortlichen Erledigung übertragen ist.

67 In anderer Hinsicht hat die Rspr die Organhaftung mittels der Haftung für korporatives Organisationsverschulden (auch sog Fiktionshaftung) erweitert (RGZ 89, 136, 137 f; RGZ 157, 228, 234 f; RGZ 162, 129, 166; RGZ 163, 29, 30; RG JW 1932, 2076 Nr 9; RG JW 1932, 3702 Nr 1; RG JW 1936, 915 Nr 1; RG DR 1944, 287; BGHZ 24, 200, 212 ff; 39, 124, 130 ff; BGH 13. 7. 1965 – VI ZR 73/64, VersR 1965, 1055, 1056; NJW 1980, 2810; BGH 15. 4. 2010 – IX ZR 79/09, juris Rn 6; OLG Stuttgart NJW 1951, 525; OLG Celle VersR 1961, 1143; OLG Hamburg 17. 4. 2002 – 5 U 24/01, OLGR 2002, 423; Landwehr AcP 164 [1964] 482, 483, 498; Weitnauer VersR 1970, 585, 593 f; Hassold JuS 1982, 583, 586), wenn auch die Notwendigkeit dieser Lehre mit Blick auf die vorgestellte weite Definition des verfassungsmäßigen Vertreters obsolet bzw redundant erscheinen mag (vgl Flume, Die Juristische Person § 11 III 2). Diese Lehre fußt einerseits auf einer teleologischen Auslegung von § 31 BGB, andererseits auf den Grenzen der Übertragbarkeit von Verkehrspflichten. Die korporative Organisationspflicht geht dahin, genuine Organpflichten von Organen betreuen zu lassen, für die keine Entlastungsmöglichkeit nach § 831 Abs 1 S 2 BGB besteht. Werden diese nicht bestellt, obwohl der Vorstand nicht in der Lage ist, den Verpflichtungen zu genügen, denen eine Körperschaft wie jede natürliche Person nachkommen muss, soll darin ein Organisationsmangel liegen. MaW soll die Organhaftung nicht durch das Unterlassen des Einsatzes von Organen oder durch den Einsatz von Verrichtungsgehilfen umgangen werden (teleologische Auslegung). Hinsichtlich nicht-delegierbarer Pflichten wird die juristische Person so gestellt, als sei eine Übertragung auf ein Organ erfolgt. Die Definition der genuinen Organpflichten bereitet freilich Schwierigkeiten (Sandmann, Haftung 446 ff, am Beispiel des GmbH-Geschäftsführers). Bei ihrer Bestimmung darf nicht der rechtspolitische Wunsch der Haftungsbegründung maßgebend sein; das öffnete die Tür zu einer Billigkeitshaftung (bedenklich daher Formulierungen wie zB anderenfalls „könnten sich Körperschaften ihrer Haftung aus § 31 BGB allzu leicht entziehen" [RGZ 163, 21, 30] oder mit Blick auf den „gebotenen Rechtsschutz" sei so zu organisieren, dass eine haftungsrechtliche Entlastung nicht in Betracht komme [BGH NJW 1980, 2810, 2811]). Auch hier gilt, dass die Mängel von § 831 BGB primär in ihren Ursachen zu beheben sind (dazu bereits Rn 11). Entscheidendes Sachkriterium für die Bestimmung ist die Unentbehrlichkeit der Tätigkeit für die juristische Person, die anzunehmen ist, wenn ohne den Vertreter Grundfunktionen der Rechtsperson nicht ausgefüllt werden könnten (RGZ 157, 228, 235 f; BGH NJW 1980, 2810, 2811 [Übertragung der Prüfung eines gefährlichen Buchbeitrags auf einen dem Unternehmen nicht angehörenden Rechtsanwalt begründet Fiktionshaftung]; BGHZ 11, 151, 155 f [Pflicht, Monteure auf der Baustelle zu überwachen, kann delegiert werden, sodass nur noch die Gehilfenhaftung aus § 831 verbleibt]; BGH NJW-RR 1998, 250 [Potenziell ehr- und persönlichkeitsrechtsverletzende Artikel müssen Verleger und Herausgeber grds selbst oder von in Organstellung stehenden Personen überprüfen lassen]; OLG München 9. 8. 2002 – 21 U 2654/02, OLGR 2002, 416 [Unerlaubte Veröffentlichung von Nacktbildern begründet Fiktionshaftung]).

Der vorgestellte weite Bereich der Organhaftung gilt im Wesentlichen auch für ju- **68** ristische Personen des öffentlichen Rechts, § 89 BGB (RGZ 62, 31, 34 ff; BGH NJW 1972, 334 [zur Definition des verfassungsmäßigen Vertreters]; RGZ 53, 53, 57; RGZ 157, 228, 235; BGH 22. 4. 1980 – VI ZR 121/78, NJW 1980, 1901, 1902 [zum Organisationsverschulden]). So ist ein Gemeindevorstand kein Verrichtungsgehilfe der Kommune, sondern ein verfassungsmäßig berufener Vertreter iSd § 31 BGB (VG Gießen 25. 2. 2016 – 4 K 2446/15.GI, juris Rn 57).

Ferner haften nichtrechtsfähige Vereine, § 54 BGB, analog § 31 BGB für das Han- **69** deln verfassungsmäßiger Vertreter nach den vorgestellten Grundsätzen (Soergel/Hadding § 54 Rn 22; BGHZ 42, 216; BAG NJW 1989, 57, 61 [Gewerkschaft]; anders noch die Rspr des RG in RGZ 135, 242).

In jüngerer Zeit hat die Rspr im Zuge der Anerkennung der Rechtssubjektivität der **70** (Außen-)Gesellschaft bürgerlichen Rechts die entsprechende Anwendung von § 31 BGB auf die Gesellschaft bürgerlichen Rechts erweitert (BGH 29. 1. 2001 – II ZR 331/00, BGHZ 146, 341, 358 = NJW 2001, 1056; BGH 24. 2. 2003 – II ZR 385/99, BGHZ 154, 88, 93 ff = NJW 2003, 1445; BGH NJW 2003, 2984; **aA** noch BGH 30. 6. 1966 – VII ZR 23/65, BGHZ 45, 311, 312 = NJW 1966, 1807; zum Ganzen Staudinger/Schwennicke [2023] § 31 Rn 101 ff). Die Rspr und mittlerweile hM (vgl MünchKommBGB/Schäfer [8. Aufl 2020] § 705 Rn 311 ff mwNw; Soergel/Hadding § 31 Rn 7) erkennt an, dass auch deliktisches Verhalten als Zurechnungsgrund in Betracht kommt. So bejaht der BGH die Haftung einer als Gesellschaft bürgerlichen Rechts organisierten Rechtsanwaltssozietät für das deliktische Handeln eines Scheinsozius, und zwar auch für berufshaftungsrechtliche Verbindlichkeiten der Gesellschaft (BGH 3. 5. 2007 – IX ZR 218/05, BGHZ 172, 169, 175). Gegen die damit verbundene Gesellschafterhaftung für deliktisch begründete Verbindlichkeiten der Gesellschaft analog § 128 HGB wird eingewandt, dass im deutschen Recht niemand ohne – zumindest vermutetes – eigenes Verschulden für fremde Delikte haften muss (Altmeppen NJW 2003, 1553; Flume DB 2003, 1775, 1776; siehe dazu auch Seibt NJW-Spezial 2004 Heft 4, 171; K Schmidt NJW 2003, 1887).

Jedes ersatzbegründende Verhalten kommt für die Zurechnung in Betracht, und **71** zwar sowohl als Vertragshaftung als auch als Deliktshaftung. Erforderlich ist freilich, dass es im Rahmen der Amtstätigkeit, also „in Ausführung der zustehenden Verrichtung“ ausgeübt wurde. Das Verhalten muss dabei nicht organspezifisch erscheinen (BGH NJW 1972, 334); es kann auch über die Vertretungsmacht hinausgehen. Die Handlungen dürfen nur nicht „so sehr außerhalb (des) sachlichen Wirkungsbereichs liegen, dass der innere Zusammenhang zwischen ihnen und dem allgemeinen Rahmen der dem Vertreter übertragenen Obliegenheiten nicht mehr erkennbar und der Schluss geboten ist, dass er nur bei Gelegenheit, aber nicht in Ausführung der ihm zustehenden Verrichtungen gehandelt habe“ (RGZ 162, 129, 169; BGHZ 98, 148, 152; 99, 298, 300; BGH NJW 1980, 115). So handelt ein für ein Vermögensberatungs- oder Kapitalanlagevermittlungs-Unternehmen gewerblich tätiger Handelsvertreter bei Abschluss von Anlageverträgen im eigenen Namen, mit eigener Haftung und mit freier

Hand bei der Geldanlage auch für einen Außenstehenden erkennbar nicht mehr im Rahmen seines Aufgabenkreises als Handelsvertreter nach § 86 Abs 1 HGB (BGH 14. 3. 2013 – III ZR 296/11, BGHZ 196, 340 Rn 18).

72 Die Haftung kann im Umkehrschluss zu § 40 BGB nicht durch Satzung ausgeschlossen werden. Die Haftung juristischer Personen des öffentlichen Rechts kann nur durch Gesetz, nicht auch durch Ortssatzung eingeschränkt werden (BGHZ 61, 7, 14 f; BGH NJW 1974, 1816 [Schlachthof]).

73 Unbenommen bleibt der vertragliche Haftungsausschluss im Einzelfall. Bei Organen ist dieser jedoch gem § 276 Abs 3 BGB auf den Ausschluss der Fahrlässigkeitshaftung beschränkt, da es insoweit um *eigenes Verschulden* der juristischen Person geht.

f) §§ 701 f BGB: Gastwirtshaftung

74 Verschuldensunabhängige Erfolgshaftungstatbestände bedeuten stets zugleich eine unbedingte Einstandspflicht für Gehilfen – kommt es doch auf die Art und Weise der Erfolgsverwirklichung nicht an (Rn 83 ff). Das zeigt etwa die Gastwirtshaftung für eingebrachte Sachen (§§ 701 f BGB). *Insoweit,* nämlich hinsichtlich der Gehilfen, greift die Entlastung nach § 701 Abs 3 BGB nicht ein. Wenn § 701 Abs 2 BGB auf ein Verhalten der „Leute" des Gastwirts abstellt, so geht es nicht um das Verschulden hinsichtlich der Verletzung, sondern um die Eingrenzung des Betriebsbereichs, für den die Einstandspflicht besteht. Eine eigene Anspruchsgrundlage, nicht nur eine Ausnahme von der Haftungsbeschränkung, findet sich in § 702 Abs 2 BGB. Nach dessen Nr 1 trifft den Gastwirt (auch) eine gesetzliche (Sachschadens-)Haftung wegen zugerechneten Gehilfenverschuldens, mithin also unabhängig von eigenem Verschulden. Die deliktische Haftung steht selbständig neben jener aus § 701 f BGB. Sie hat wegen der Haftungsbeschränkung nach § 702 BGB Gewicht.

2. Vorschriften außerhalb des BGB*

a) Schifffahrt**

75 Am 25. 4. 2013 ist das *Gesetz zur Reform des Seehandelsrechts* in Kraft getreten (BGBl I 831, dazu RegE BT-Drucks 17/10309, 40 ff). Der Reeder (§ 476 HGB [§ 484 HGB aF]; ebenso der Ausrüster, § 477 HGB [§ 510 HGB aF; dazu BGHZ 25, 244]) haftet gem § 480 S 1 HGB (§ 485 S 1 HGB aF) einem Dritten für Schäden, wenn sich ein Mitglied der Schiffsbesatzung (vgl § 478 HGB) oder ein an Bord tätiger Lotse in Ausübung seiner Tätigkeit diesem gegenüber schadensersatzpflichtig gemacht hat. Im Gegensatz zu der von der Rechtsprechung zu § 485 S 1 aF HGB angenommenen entsprechenden Anwendung der Norm auf andere als die genannten Personen (RGZ 126, 35 betr Stauereiarbeiter; BGHZ 3, 34, 39 stellt Wachleute und BGHZ 26, 152, 155 f Stauervizen der Schiffsbesatzung gleich), soll eine solche nach der Gesetzesbegründung für § 480 HGB ausgeschlossen sein, da der Reeder nur auf die genannten Personen in einem Maße einwirken kann, die eine adjektizische Haftung rechtfertigen (RegE BT-Drucks 17/10309, 65; kritisch Oetker/Paschke, HGB [7. Aufl 2021], § 480 Rn 2). Dabei kann sich das

* **Schrifttum:** Deutsch, Das neue System der Gefährdungshaftungen: Gefährdungshaftung, erweiterte Gefährdungshaftung und KausalVermutungshaftung, NJW 1992, 73.

** **Schrifttum:** Herber, Seehandelsrecht (1999); ders, Haftungsrecht (1989); Kuhlen (Hrsg), Haftung des Binnenschifffahrts- im Vergleich zum Seerecht (2009).

Verschulden auf vertragliche sowie gesetzliche, vor allem auch deliktsrechtliche Pflichten beziehen (BGH VersR 1967, 599; BGHZ 22, 197, 198). Die Haftung aus § 480 S 1 HGB (§ 485 HGB aF) besteht (nur) neben der jeweiligen Eigenhaftung des Gehilfen (adjektizische Haftung). Die Reederhaftung beruht auf dem Gedanken, es sei wegen der mit der Schifffahrt verbundenen besonderen Gefahren den im Betrieb der Schifffahrt Geschädigten ein besonderer Anspruch gegen den Reeder zu geben, der sich einerseits auf das Schiffsvermögen (Schiff und Fracht) beschränkt, andererseits durch den Entlastungsbeweis aus § 831 BGB nicht gefährdet ist (RGZ 126, 35, 38). Der Tatbestand unterscheidet sich von § 278 BGB insofern, als es dort nur auf das Verschulden des Gehilfen ankommt: § 480 S 1 HGB (§ 485 HGB aF) setzt indes nicht nur ein Gehilfenverschulden, sondern eine Gehilfenhaftung voraus (RGZ 9, 158, 160 ff zu Art 451 ADHGB). Eine sonstige deliktische Eigen- oder Gehilfenhaftung des Reeders konkurriert mit § 480 S 1 HGB (§ 485 HGB aF [RGZ 151, 296; BGHZ 26, 152, 159]). Eine Haftung aus Sonderverbindung iVm § 278 BGB tritt mit Rücksicht auf § 480 S 2 HGB (§ 485 S 2 HGB aF) nur subsidiär ein. Reeder und Gehilfe haften gesamtschuldnerisch (BGHZ 26, 152, 158).

§ 611 Abs 1 HGB (§ 486 Abs 1 HGB aF) erlaubt die Beschränkung der Haftung 76
nach dem Übereinkommen von 1976 über die Beschränkung der Haftung für Seeforderungen (BGBl II 1986, 786 – Haftungsbeschränkungsübereinkommen, idF des Änderungsprotokolls von 1996, BGBl II 2000, 790), auf die sich nach dessen Art 1 Abs 4 auch eine Hilfsperson berufen kann. Zu den Hilfspersonen, für welche die Haftungsbeschränkung eingreift, gehören – unter anderem zur Vermeidung einer Haftung im Regresswege – nicht nur Arbeitnehmer oder unselbständige Gehilfen. Eine Haftung aus § 831 BGB, die freilich solche für Eigenverschulden ist, unterfällt ebenfalls der Haftungsbeschränkung nach Art 1 Abs 4 des Übereinkommens. Mit Unsicherheiten belastet die Haftungsbeschränkung zugunsten der Hilfsperson die Tatsache, dass sie nur eingreifen soll, wenn auch eine Haftung des Reeders in Betracht kommt. Steht nur eine Haftung aus § 831 BGB in Rede und kann sich der Reeder schon entlasten, so steht dem Verrichtungsgehilfen die Berufung auf das Haftungsprivileg nicht offen (im Einzelnen Herber, Seehandelsrecht § 24; Herber, Haftungsrecht 25 f, 49 f; zur Geltendmachung der Haftungsbeschränkung s Stein/Jonas/Thole, ZPO [23. Aufl] Art 9 EuGVVO Rn 1).

Beim Zusammenstoß von Schiffen haftet der Reeder deliktisch nach §§ 570 ff HGB (§§ 734 HGB ff aF) und hat dabei für sein oder das Verschulden der in § 480 HGB genannten Personen einzustehen. Das Verschulden wird nicht vermutet (für Schiffe verschiedener, derzeit 47 [Vertrags-]Staaten gilt die Regelung des Internationalen Übereinkommens zur einheitlichen Feststellung von Regeln über den Zusammenstoß von Schiffen [IÜZ] v 23. 9. 1910, in Kraft getreten am 1. 3. 1913 [RGBl 1913, 49]); die Haftung aus Art 3, 4 IÜZ verdrängt jene aus § 831 BGB; die Verjährung folgt einheitlich § 606 Nr 2 HGB (§ 902 Nr 2 HGB aF, dazu BGH 14. 7. 1980 – II ZR 138/79; s auch Art 7 S 1 IÜZ). Zur Haftung des Schiffseigentümers bzw Reeders für autonome Schiffe Stöber RDi 2026, 190 ff.

Der Schiffseigner eines zur Schifffahrt auf Flüssen oder sonstigen Binnengewässern 77
bestimmten und hierzu von ihm verwendeten Schiffes haftet nach § 3 Abs 1 BinSchG für eine schuldhafte Schädigung Dritter in Ausführung einer Dienstverrichtung durch ein Besatzungsmitglied oder einen an Bord tätigen Lotsen (RGZ 119, 270 betr

Festmacher; BGHZ 3, 34, 40 zum Begriff Schiffsbesatzung, entsprechende Anwendung auf Bewacher beladener Schuten). Die Haftung für Personen- und Sachschäden kann der Schiffseigner unter den in §§ 4 bis 5k, 114 BinSchG näher beschriebenen Voraussetzungen begrenzen. Im Gegensatz zu der Haftung aus § 831 BGB handelt es sich um eine Einstandspflicht für fremdes Verschulden (BGHZ 70, 127, 129 f; 88, 309, 313). Die Haftung aus § 831 BGB besteht neben derjenigen nach dem BinSchG und wird von deren Beschränkungen nicht berührt (RGZ 151, 296; HRR 1941, Nr 42; BGH 14. 3. 1957 – II ZR 334/55, VersR 1957, 286; BGH 27. 1. 1958 – II ZR 266/56, VersR 1958, 163; BGH 10. 4. 1967 – II ZR 47/65, VersR 1967, 599; BGHZ 6, 102, 107; 82, 162; Schifffahrtsobergericht Köln 31. 10. 1995 – 3 U 27/95 BSch, BinSchiff 1996 Nr 4, 48).

78 Der Verfrachter haftet gem §§ 498 HGB ff (§§ 606 ff HGB aF) gegenüber den Ladungsbeteiligten, und zwar gem § 501 S 1 HGB (§ 607 Abs 1 HGB aF) auch für „seine Leute", also unselbständige Hilfspersonen. In bewusst geregelter Abweichung von § 428 1 HGB (RegE BT-Drucks 17/10309, 81) ist ein Handeln der Hilfsperson „in Ausübung ihrer Verrichtung" nicht erforderlich (Oetker/Paschke, HGB [7. Aufl 2021] § 501 Rn 1). Die Gehilfenhaftung gem § 501 HGB (§ 607 HGB aF) entspricht strukturell jener des § 278 BGB. Nach § 501 S 2 HGB hat der Verfrachter auch das Verschulden anderer Personen zu vertreten, deren er sich bei Ausführung der Beförderung bedient. § 501 HGB sieht – anders als noch § 607 Abs 2 HGB aF – eine Beschränkung des Einstehenmüssen des Verfrachters für seine Gehilfen in bestimmten Fällen des nautischen Verschuldens nicht mehr vor. Des Weiteren beinhaltet der Abschnitt über Seefracht verschiedene Haftungsbefreiungen und Haftungsbeschränkungen, auf die sich gem § 508 HGB (§ 607a HGB aF) auch die „Leute des Verfrachters" berufen können (dazu auch Denck, Schutz [1980]).

79 Das im Zusammenhang mit der Vertragshaftung (Rn 45 ff) angesprochene Problem der Anspruchskonkurrenz hat § 508 Abs 1 HGB (§ 607a Abs 1 HGB aF) für den Ausschnitt der Haftungsprivilegien durch eine Erstreckung auch auf die Deliktshaftung *(„Himalaya-Klausel")* ausdrücklich gelöst (Herber, Haftungsrecht 198 f).

80 Die Vertragshaftung iVm § 278 BGB findet für andere als in § 498 HGB (§ 606 HGB aF) genannte Schäden Anwendung. Die Deliktshaftung, § 831 BGB, tritt neben die Verfrachterhaftung, entspricht ihr aber inhaltlich, § 607a HGB.

81 Der Beförderer haftet für Schäden von Reisenden und ihrem Gepäck auf See, die bei der Beförderung durch den Tod oder die Körperverletzung eines Reisenden oder den Verlust oder die Beschädigung von Gepäck entstehen, §§ 539 f HGB (§ 664 HGB aF). Nach § 540 HGB (zur alten Rechtslage: Art 2 Abs 1 der Bestimmungen über die Beförderung von Reisenden und ihrem Gepäck auf See, Anlage zu § 664 des Handelsgesetzbuchs; BGBl I 1986, 1120, 1123) haftet er ähnlich wie der Reeder nach § 476 HGB (§ 484 HGB aF) für schuldhafte Rechtsgutsverletzungen seiner Leute und der Schiffsbesatzung, wenn diese in Ausübung ihrer Verrichtung handeln. Sonstige deliktische Ansprüche sind ausgeschlossen (vgl OLG Rostock 11. 2. 2011 – 5 U 40/10, TranspR 2011, 189 zu § 664 HGB aF).

b) Luftverkehr*

Luftfrachtführer haften Reisenden und Absendern von Gütern für Personen- und Güterschäden vorrangig nach dem „Übereinkommen zur Vereinheitlichung bestimmter Vorschriften über die Beförderung im internationalen Luftverkehr“ (Montrealer Übereinkommen – MÜ) vom 28. 5. 1999 (BGBl 2004 II 458). Es gilt aufgrund der VO EG Nr 2027/97 in der durch die VO EG Nr 889/2002 geänderten Fassung nicht nur für internationale Flüge, bei denen die Staaten des Abflugs- und Bestimmungsorts das Montrealer Übereinkommen ratifiziert haben, sondern in der EG auch für alle innerstaatlichen Flüge, darüber hinaus für alle Flüge von Luftfahrtunternehmen der Gemeinschaft außerhalb der EG (Geigel/Strauch Kap 29. 1. Rn 10). Das „Abkommen zur Vereinheitlichung von Regeln über die Beförderung im internationalen Luftverkehr“ (Warschauer Abkommen) vom 12. 10. 1929 (RGBl 1933 II 1039, in der Fassung des Haager Protokolls v 28. 9. 1955, BGBl 1958 II 292, 312) und die §§ 44 ff LuftVG haben daneben eine untergeordnete Bedeutung, sie gelten nur subsidiär (Geigel/Strauch Kap 29. 1. Rn 10 f, Kap 29. 3. Rn 260). Art und Umfang des Schadenersatzes richten sich nach Art 17 ff MÜ, §§ 44 ff LuftVG, §§ 1 ff MontÜG (BGBl I 2004, 550, 1027) und der VO über die Haftungshöchstbeträge des Montrealer Übereinkommens (BGBl II 2009, 1258). Das Haftungssystem ist sehr differenziert ausgestaltet: Die Art der Haftung des Luftfrachtführers hängt dabei einerseits von der Art des Schadens (bei Personenschäden grds unbeschränkte Gefährdungshaftung, bei Bordgepäckschäden verschuldensabhängige Haftung, bei aufgegebenem Reisegepäck verschuldensunabhängige Gewährhaftung), andererseits von der Höhe des Schadens (bei über die Haftungshöchstgrenze [Sonderziehungsrechte] hinausgehenden Personenschäden besteht eine Haftung für vermutetes Verschulden mit der Möglichkeit der Exculpation nach Art 21 Abs 2 lit aMÜ) ab (dazu ausführlich Reuschle, Montrealer Übereinkommen Art 17 Rn 1 ff). 82

Soweit nach Art 17 ff MÜ, §§ 44 ff LuftVG ersatzfähige Schäden geltend gemacht werden, gelten gemäß Art 29 MÜ, § 48 Abs 1 LuftVG für andere, die Haftung des Luftfrachtführers begründende Anspruchsgrundlagen (§ 280 Abs 1 BGB, §§ 823 ff BGB und damit auch § 831 BGB) die Voraussetzungen und Beschränkungen der Art 17 ff MÜ und §§ 44 ff LuftVG (Geigel/Strauch Kap 29. 2. Rn 176 ff, Kap 29. 3. 290 ff; noch zu Art 24 Warschauer Abkommen: BGH NJW 74, 1617 mwNw). Auch im Rahmen der Haftung nach Art 17 ff MÜ, §§ 44 ff LuftVG muss sich der Luftfrachtführer aber das Verschulden seiner „Leute“ (zu diesem Begriff BGH VersR 2001, 526; 14. 2. 1989 – VI ZR 121/88, NJW-RR 1989, 723; OLG München 7. 5. 1999 – 23 U 6113/98, VersR 2000, 1567, 1568; OLG Köln 9. 1. 1997 – 7 U 106/96, VersR 1997, 1022) zurechnen lassen (vgl Art 17 Abs 2 S 3, 18 Abs 2 lit b, 19 S 2, 21 Abs 2 lit a, 22 Abs 5 MÜ; §§ 45 Abs 2 Nr 1, 46, 47 Abs 2 S 2, 3, 5 LuftVG). Haften die Leute des ausführenden oder vertraglichen Luftfrachtführers selbst, können sie sich ihrerseits gleichermaßen auf die Voraussetzungen und Beschränkungen nach Art 17 ff MÜ und §§ 44 ff LuftVG berufen, Art 30 Abs 1, 43 MÜ, §§ 48 Abs 2, 48b Abs 5 LuftVG.

---

* **Schrifttum**: Benkö/Kadletz, Unfallhaftpflicht in Luftverkehrssachen (2000); Giemulla/Schmid, Die Haftung der „Leute“ des Luftfrachtführers, in: FG Rolf Herber (1999) 258; Jahnke, Haftung bei Unfällen im internationalen Luftverkehr: Forum shopping aufgrund von Auslegungsdivergenzen zwischen Art 17 WA/MÜ und dem nationalen Recht (2008); Littger, Die Haftung im internationalen Luftverkehr nach Inkrafttreten des Montrealer Übereinkommens: Zum Übergang vom Warschauer zum Montrealer Haftungsregime, ZLW 2003, 563.

Das Montrealer Übereinkommen und die §§ 44 ff LuftVG erfassen allerdings nur die sich aus dem Luftverkehr ergebenden charakteristischen Gefahren (noch zum Warschauer Abkommen: BGH NJW 1979, 495; OLG Düsseldorf VersR 1997, 1022; OLG Köln NZV 1998, 204). Werden andere als nach Art 17 ff Montrealer Übereinkommen, §§ 44 ff LuftVG ersatzfähige Schäden geltend gemacht, gilt das Ausschließlichkeitsprinzip nicht. In diesen Fällen finden allgemeine vertrags- und deliktsrechtliche Anspruchsregelungen Anwendung (Geigel/Strauch Kap 29. 2. Rn 182, Kap 29.3. Rn 290 ff).

c) §§ 428, 462 HGB: Haftung des Frachtführers und des Spediteurs

83 Den Frachtführer trifft einerseits eine Haftung für „Leute“, andererseits eine Einstandspflicht für Erfüllungsgehilfen, § 428 HGB. In Struktur und Rechtsfolge entspricht die Vorschrift jener des § 278 BGB. Die Haftung für „Leute“ bewirkt einen gegenüber der Haftung für Erfüllungsgehilfen erweiterten Einstandskreis. Denn sie greift auch ein, wenn die fragliche Person nicht im Rahmen der fraglichen Verbindlichkeit tätig wurde. Ausreichend ist, dass die Anstellung den Schadenseintritt erleichtert hat. „Da der Frachtführer nicht nur einen Frachtvertrag durchführt, sondern eine Vielzahl von Frachtgeschäften bei ihm zusammenkommt, hält man es für ungerecht, wenn seine Haftung für seine Gehilfen jeweils davon abhängig wäre, ob der Gehilfe von ihm gerade bei der Ausführung des betreffenden Frachtgeschäfts hinzugezogen war oder nicht.“ (Denck, Schutz 153; K Schmidt, in: FS Raisch 189 ff, nimmt an, die Leutehaftung sei heute obsolet, da sie in der Erfüllungsgehilfenhaftung aufgehe.)

Gemäß § 436 HGB können die „Leute“ allgemeine und vertragliche Haftungsbefreiungen und -begrenzungen direkt einwenden.

Nach RGZ 7, 125 geht die Haftung für Leute sogar so weit, dass nicht einmal ein Zusammenhang zwischen schädigender Handlung und der Tätigkeit erforderlich ist: Auch für Freizeit- und Gelegenheitsverhalten seiner Leute hat danach der Frachtführer einzustehen (ferner RGZ 101, 349 zu § 417 HGB aF).

Der ausführende Frachtführer haftet nach § 437 HGB; Abs 4 der Vorschrift ermöglicht es auch seinen „Leuten“, sich auf die Haftungsbegünstigung des § 436 HGB zu berufen.

84 Nach der zu § 428 HGB weitgehend parallel gestalteten Vorschrift des § 462 HGB haftet der Spediteur für Handlungen und Unterlassungen seiner Leute (S 1) oder anderer Personen (S 2), deren er sich bei Erfüllung seiner Pflicht, die Versendung zu besorgen, bedient. Die die Spediteurshaftung auslösende schädigende Handlung muss durch die Hilfsperson, dh alle abhängig tätigen Personen, „in Ausübung der Verrichtung“ erfolgt sein, dh zwischen Schadenshandlung und Verrichtung muss ein innerer Zusammenhang bestehen (Ebenroth/Boujong/Bahnsen, HGB [5. Aufl 2024] § 462 Rn 5). Für gelegentlich der Speditionsausführung durch Hilfskräfte des Spediteurs vorgenommene unerlaubte Handlungen braucht dieser nicht nach § 462 HGB einzustehen (Ebenroth/Boujong/Bahnsen, HGB [5. Aufl 2024] § 462 Rn 5, 9).

85 Im grenzüberschreitenden Transportverkehr werden die nationalen Regelungen zum Transport- und Speditionsrecht durch das Übereinkommen über den Beförderungsvertrag im internationalen Straßengüterverkehr (CMR) vom 19. 5. 1956/16. 8. 1961 (BGBl II 1119, BGBl 1962 II 12) ergänzt. Die Natur der Haftung des Frachtführers für

Verlust oder Beschädigung des Frachtguts nach Art 17 ff CMR ist umstritten (dazu Ebenroth/Boujong/Boesche, HGB [5. Aufl 2024] CMR Art 17 Rn 2). Ebenso wie die Haftung nach § 428 HGB entspricht jedoch die Haftung des Frachtführers für das Verhalten seiner Gehilfen nach Art 3 CMR strukturell der Zurechnung nach § 278 BGB (Ebenroth/Boujong/Boesche, HGB [5. Aufl 2024] CMR Art 3 Rn 1).

d) §§ 1, 2 und 3 HaftPflG: Haftung des Betreibers; § 2 Abs 2 S 1 PflVG: Haftung des freigestellten Fahrzeughalters

Der Betreiber einer (Schienen- oder Schwebe-)Bahn (§ 1 Abs 1 HaftPflG), der An- 86
lagenbetreiber (§ 2 Abs 1 HaftPflG) und der Betreiber eines Bergwerks, Steinbruchs, einer Grube oder Fabrik (§ 3 HaftPflG) haften für ein Verschulden von Personen, die an seiner Stelle den Betrieb leiten oder beaufsichtigen (Repräsentantenhaftung). Ein Entlastungsbeweis ist im Gegensatz zu § 831 BGB nicht möglich. Für Sachschäden wird im Rahmen von § 3 HaftPflG allerdings nicht gehaftet. Hingegen ist § 4 HS 2 HaftPflG auf Ansprüche aus § 831 Abs 1 BGB nicht entsprechend anwendbar. Anderenfalls würden die vom Gesetzgeber gewollten Unterschiede beider Haftungssysteme verwischt (BGH 11. 6. 2013 – VI ZR 150/12, NJW 2013, 3235 Rn 11 ff; kritisch, aber zustimmend Mäsch JuS 2014, 268 [269 f]).

Gem § 2 Abs 2 S 1 PflVG haben von der Versicherungspflicht freigestellte Fahrzeug- 87
halter für den Fahrer und andere Personen, die durch eine aufgrund des PflVG abgeschlossene Haftpflichtversicherung Deckung erhalten würden, genauso einzutreten wie der Versicherer einer solchen Haftpflichtversicherung. Allerdings haften jene beschränkt auf den Betrag der festgesetzten Mindestversicherungssummen, § 2 Abs 2 S 2 PflVG. Eine Entlastungsmöglichkeit gibt es dabei nicht. Vielmehr tritt diese Eintrittspflicht neben die eigene Haftung des von der Versicherungspflicht befreiten Fahrzeughalters aus § 831 BGB.

e) § 33 Abs 2 BJagdG: Haftung des Jagdausübungsberechtigten für Jagdschäden

S § 835 Rn 27 ff, Rn 37. 88

f) § 8 Abs 2 UWG, §§ 14 Abs 7, 15 Abs 6, 128 Abs 3 MarkenG, § 99 UrhG: Haftung des Geschäftsinhabers bei Wettbewerbshandlungen, Markenrechtsverletzungen und Urheberrechtsverletzungen durch Angestellte und Beauftragte

Eine Erfolgshaftung (von Verfassungs wegen ist kein schuldhaftes Verhalten des Un- 89
ternehmers nötig, BVerfG NJW 1996, 2567), die auf Abwehr unlauterer Wettbewerbsmaßnahmen durch Unterlassung und Beseitigung, nicht auch auf Schadenersatz gerichtet ist, bestimmt § 8 Abs 2 UWG. Der Betriebsinhaber kann sich insoweit nicht entlasten (BGH NJW-RR 2001, 620, 622 [keinerlei Entlastungsmöglichkeit für den Inhaber eines Einzelhandelsunternehmens bei irreführender Werbung durch eine örtlich selbständige Filiale]; OLG Stuttgart 26. 3. 1999 – 2 U 145/98, OLGR 1999, 252 [Haftung auch für Wettbewerbsverstöße gegen den Willen des Betriebsinhabers]; Isele WRP 2010, 1215 zur Haftung für sog Laienwerber). Zweck des § 8 Abs 2 UWG, der nach Sinn und Zweck auch Auskunftsansprüche erfasst, die der Durchsetzung der Abwehransprüche dienen, ist es, einer Umgehung durch Vorschieben von Hilfspersonen von vornherein den Weg zu versperren (RGZ 151, 287, 292; BGH MDR 2003, 763 – Geheimnisverrat). Der Anwendung von § 831 BGB steht die Regelung aber nicht entgegen, da sie keine Schadensersatzansprüche nach § 9 UWG und damit in Zusammenhang stehende Auskunftsansprüche erfasst (BGH

25. 4. 2012 – I ZR 105/10, MDR 2012, 1483 Rn 43; OLG Frankfurt 14. 2. 2019 – 6 U 3/18, WRP 2019, 648 Rn 59).

Für schuldhaft begangene Markenrechtsverletzungen seiner Angestellten bzw Beauftragten haftet der Betriebsinhaber nach §§ 14 Abs 7, 15 Abs 6, 128 Abs 3, 135 Abs 2 MarkenG nicht nur auf Unterlassung und Beseitigung wie bei § 8 Abs 2 UWG, sondern auch auf Schadenersatz.

Die § 8 Abs 2 UWG (s auch § 13 Abs 4 UWG aF) nachgebildete Regelung des § 99 UrhG bietet dem Verletzten sowohl Unterlassungs- und Beseitigungsansprüche als auch die spezifischen Vernichtungs- bzw Überlassungsansprüche nach § 98 UrhG. Die Geltendmachung von Schadenersatz ist hingegen mangels eines Verweises auch auf § 97 Abs 2 UrhG ausgeschlossen.

§ 831 BGB behält neben dem UWG, MarkenG und UrhG für den Schadenersatzanspruch grds seine Bedeutung, auch wenn das Verhältnis zwischen den Normen nicht abschließend geklärt ist (Köhler/ Feddersen, UWG [44. Aufl 2026] § 8 Rn 2. 23; MünchKommBGB/Fritzsche [3. Aufl] Lauterkeitsrecht § 8 UWG Rn 296; BGH 5. 10. 1979 – I ZR 140/07, NJW 1980, 941).

90 In einem Kodifikationsentwurf als Modellgesetz für Geistiges Eigentum (GGE) (Ahrens/McGuire, Modellgesetz für Geistiges Eigentum [2012]) werden die Rechtsfolgen für die weiterhin gesondert geregelten Schutzrechte des geistigen Eigentums umfassend vereinheitlicht. Der Entwurf schreibt einerseits den de lege lata bestehenden Schutz des geistigen Eigentums in §§ 45 GGE Buch 1 fort. Zum anderen sieht der Entwurf eine Erweiterung der Haftung des Betriebsinhabers de lege ferenda vor, vor allem für die bislang lediglich von § 831 BGB geschützten technischen Schutzrechte (zB bei Erfindungen) und den Fall von § 99 UrhG. Die Inhaberhaftung für Angestellte und Beauftragte (§ 60 GGE Buch 1) soll der bisherigen Haftung des Betriebsinhabers in den spezialgesetzlichen Schutznormen entsprechen, freilich ausgedehnt um den erweiterten Haftungskreis. Der Inhaberhaftung soll das Prinzip *respondeat superior* zugrunde liegen, eine Exculpation scheidet damit aus (Ahrens/McGuire, Modellgesetz für Geistiges Eigentum [2012] § 60 II 2).

g) § 7 StVG und §§ 1, 4 ProdHaftG

91 Die unbedingte Einstandspflicht für Hilfspersonen ist folgerichtig auch im Rahmen erfolgsbezogener Gefährdungshaftung nach § 7 StVG gegeben.

Wegen des bei der Produkthaftung geltenden Einheitsfehlerbegriffs haftet der in § 4 ProdHaftG genannte Personenkreis für durch Produktfehler eingetretene Schäden ohne die Möglichkeit, sich unter Verweis auf die ordnungsgemäße Auswahl oder Überwachung bzw besondere Sachkunde von Zulieferern von der Haftung befreien zu können (MünchKommBGB/Wagner ProdHaftG Einl Rn 24; im Einzelnen ist die dogmatische Natur der Produkthaftung allerdings sehr umstritten, dazu MünchKommBGB/Wagner Einl ProdHaftG Rn 20 ff; zur Produzentenhaftung s Rn 10, Rn 24).

h) §§ 25, 26 AtG

92 Ähnlich verhält es sich bei der Haftung für Kernanlagen. § 25 AtG sieht in den im Pariser Übereinkommen genannten Fällen eine ausschließliche Haftung des Inha-

bers der Kernanlage vor. In den nicht dem Pariser Übereinkommen unterfallenden Schadensfällen haftet gemäß § 26 Abs 1 S 1 AtG der Besitzer des von der Kernspaltung betroffenen Stoffs bzw des radioaktiven Materials oder der Anlage, soweit der Schaden nicht durch ein unabwendbares Ereignis eingetreten ist, § 26 Abs 1 S 2 AtG. Der Haftungsausschluss nach § 26 Abs 1 S 2 AtG ist aber im Fall des Eingreifens von § 26 Abs 1a AtG seinerseits ausgeschlossen.

i) § 89 WHG und § 1 UmweltHG

Eine ebenfalls erfolgsbezogene Anlagenhaftung enthält § 89 Abs 2 WHG (§ 22 Abs 2 **93**
WHG aF): Danach besteht auch für den Betreiber einer Anlage eine Einstandspflicht für Gehilfenverhalten. Demgegenüber enthält § 89 Abs 1 WHG eine verhaltensbezogene Gefährdungshaftung; § 831 ist folglich anwendbar. Manche zweifeln indes die Zulässigkeit der Exculpation nach § 831 Abs 1 S 2 BGB an (Czychowski/Reinhardt WasserhaushaltsG [10. Aufl 2010] § 89 Rn 12 mwNw; Sieder/Zeitler/Dahme/Knopp/Schwendner, WasserhaushaltsG [56. EL Juli 2021] § 89 Rn 65; Geigel/Rau Kap 24 Rn 14: kein Bedürfnis für § 831, da für § 89 WHG auch eine geistige oder durch Anweisungen ausgeübte Herrschaft des Geschäftsherren genügt; ebenso Landmann/Rohmer/Petersen, UmweltR, 96. EL September 2021, WHG § 89 Rn 45). Richtig ist, dass die widerrechtliche Schadenszufügung iSv § 831 BGB auch in einer Gewässerverunreinigung gem § 89 Abs 1 WHG liegen kann, und zwar selbst bei schuldlosem Gehilfenverhalten. Doch wird darüber § 831 BGB noch nicht zu einem Gefährdungshaftungstatbestand; solches liefe auf eine dem Gesetzgeber vorbehaltene Erweiterung der Gefährdungshaftung hinaus. Wie sonst auch steht daher die Exculpation offen. Bei der Betreiberhaftung nach § 89 Abs 2 WHG scheidet indes eine Exculpation aus, weil die Haftung kein zweckgerichtetes menschliches Handeln voraussetzt (Landmann/Rohmer/Petersen, UmweltR, 96. EL September 2021, WHG § 89 Rn 67; Geigel/Rau Kap 24 Rn 19).

Ebenso wie § 89 WHG enthält § 1 UmweltHG eine (Umwelt-)Gefährdungshaftung für anlagentypische Umweltbeeinträchtigungen. Der Inhaber einer der in Anlage 1 bezeichneten Anlagen haftet ähnlich dem Betreiber einer Anlage nach dem WHG, sodass dieser auch dort für den Verrichtungsgehilfen nach § 831 Abs 1 S 1 BGB ohne die Möglichkeit der Exculpation einzustehen hat.

j) §§ 110 f SGB VII: Regresshaftung des Unternehmers bei Arbeitsunfällen

Die Regresshaftung für Arbeitsunfälle gem § 110 SGB VII greift (in Höhe des über- **94**
gegangenen Schadenersatzanspruches des Verletzten) gem § 111 SGB VII (früher § 641 RVO) auch ein, wenn ein Gehilfe den Arbeitsunfall vorsätzlich oder grob fahrlässig herbeigeführt hat. Das ist insofern bemerkenswert, als durch die Einschaltung der Unfallversicherung der Haftungsbereich des Unternehmers erweitert wird: Denn nach Zivilrecht bräuchte er nur im Rahmen der Sonderverbindung für Fremdverschulden einzustehen, hinsichtlich der schuldhaften Herbeiführung des Arbeitsunfalles durch einen Verrichtungsgehilfen könnte er sich entlasten. Deutlich wird das, wenn der von einem Verrichtungsgehilfen grob fahrlässig verletzte Arbeitnehmer vom Arbeitgeber gem §§ 831, 253 Abs 2 BGB ein Schmerzensgeld verlangt und die Berufsgenossenschaft Regress gem §§ 110 f SGB VII nimmt: Gegenüber dem Arbeitnehmer, nicht aber gegenüber der Berufsgenossenschaft kann sich der Arbeitgeber exculpieren.

k) Insolvenzverwalter und Insolvenzmasse*

95 Der Insolvenzverwalter haftet persönlich gegenüber den Verfahrensbeteiligten bei Verletzung insolvenzspezifischer Pflichten, §§ 60, 61 InsO. Es besteht ein gesetzliches Schuldverhältnis zwischen den Beteiligten des Insolvenzverfahrens und dem Verwalter als Inhaber eines privaten Amtes. Daher hat er für das Gehilfenverschulden nach § 278 BGB einzustehen (Andres/Leithaus [5. Aufl] InsO §§ 60, 61 Rn 36; MünchKommInsO/Schoppmeyer § 60 Rn 115 f; vgl § 60 Abs 2 InsO). Davon zu unterscheiden sind die sonstigen, nicht-insolvenzrechtlichen allgemeinen Pflichten gegenüber Dritten (Eckardt KTS 1997, 411; W Lüke § 7 S 121 ff). Eine persönliche Haftung des Insolvenzverwalters aus Delikt kann neben jene aus der insolvenzrechtlichen Sonderverbindung treten; er kann damit grds auch aus § 831 BGB haften. Wegen seiner fremdbezogenen und fremdnützigen Tätigkeit (Eckardt KTS 1997, 411, 421 f) gelten die zur deliktischen Eigenhaftung von Organen entwickelten Grundsätze (dazu Gross ZGR 1998, 551; Medicus ZGR 1998, 570); das bedeutet jedoch nicht, dass man sich deshalb der Organtheorie anschließen müsste.

Die Insolvenzmasse hat analog § 31 BGB für Handlungen des Insolvenzverwalters einzustehen. Während bei der Massehaftung § 31 BGB als Zurechnungsnorm früher umstritten war (zum Streitstand W Lüke § 6 S 106 ff), befürwortet nunmehr die ganz überwiegende Meinung die entsprechende Anwendung von § 31 iVm § 55 Abs 1 Nr 1 InsO (Andres/Leithaus [5. Aufl] InsO §§ 60, 61 Rn 41; MünchKommInsO/Schoppmeyer § 60 Rn 136 ff mwNw).

l) § 15 AGG: Haftung des dienstberechtigten Geschäftsherrn für Benachteiligungen durch seine Arbeitnehmer**

96 Die Schutzpflichten des Arbeitgebers nach § 12 AGG, vor allem nach Abs 3, gegenüber seinen Arbeitnehmern entsprechen weitgehend den Überwachungspflichten des Geschäftsherrn nach § 831 BGB. Eine für die Überwachung grds ausreichende, präventiv wirkende Schulung (vgl § 12 Abs 2 S 2 AGG) der Mitarbeiter genügt aber nicht mehr, wenn der Arbeitgeber gegen eine ihm bekannt gewordene **Benachteiligung**, zB eine (sexuelle) Belästigung, eines Arbeitnehmers nicht die nach § 12 Abs 3 AGG geeigneten, erforderlichen und angemessenen Maßnahmen zum Schutz vor weiteren Benachteiligungen ergreift. Die Aufzählung nach § 12 Abs 3 AGG regelt ihrem Wortlaut nach die im Einzelfall in Betracht kommenden Maßnahmen nicht abschließend (Erman/Riesenhuber § 12 AGG Rn 9) und steht neben den sich aus der Vertragspflichtverletzung (vgl § 7 Abs 3 AGG) des Arbeitnehmers ergebenden arbeitsvertragsrechtlichen Maßnahmen. Ergreift der dienstberechtigte Geschäftsherr keine angemessene Maßnahme zur Unterbindung der drohenden bzw weiteren Benachteiligung, kommt neben einer Haftung nach § 15 AGG ggf iVm § 278 BGB oder § 31 BGB (Erman/Riesenhuber § 15 AGG Rn 4, 6; BAG 25. 10. 2007 – 8 AZR 593/06, BAGE 124, 295 zu § 278) und § 823 Abs 1 BGB wegen eines Organisationsverschuldens (dazu

---

* **Schrifttum**: Gerhardt ZIP 1987, 760 f; K Schmidt, „Amtshaftung" und „interne Verantwortlichkeit" des Konkursverwalters – Eine Analyse des § 82 KO –, KTS 1976, 191; Pape, Das Risiko der persönlichen Haftung des Insolvenzverwalters aus § 61 InsO, ZInsO 2003, 1013.

** **Schrifttum**: Grds zur Haftung wegen Benachteiligungen am Arbeitsplatz: Benecke, Mobbing (2005); dies, Mobbing: Persönlichkeitsschutz und Haftung des Arbeitgebers – Zugleich Besprechung zum Urteil BAG vom 16. 5. 2007 – 8 AZR 709/06, RdA 2008, 357; Wolmerath, Mobbing im Betrieb (2004).

Rn 21 ff) auch eine Haftung aus § 831 BGB in Betracht (BAGE 122, 304 = NZA 2007, 1154; LAG Hessen 7. 2. 2012 – 2 Sa 1411/10, juris Rn 80; LAG Niedersachsen PflR 2009, 496; LAG Hamm NZA 2009, 94; LAG Rheinland-Pfalz PflR 2006, 416; KOCH VersR 2007, 288; vgl zum Ganzen BAUER/EVERS NZA 2006, 893; zu weiteren Ansprüchen des Arbeitnehmers ausführlich LANGE SAE 2008, 285; grds zur Haftung im Arbeitsverhältnis WALTERMANN JuS 2009, 193). Voraussetzung dafür ist, dass die Benachteiligung des Arbeitnehmers durch die Arbeitskollegen in Ausführung der Verrichtung und nicht nur gelegentlich erfolgt ist, mithin also in einem engen unmittelbaren Zusammenhang mit der arbeitsvertraglichen Aufgabenerfüllung steht (BAGE 122, 304; s Rn 108; ferner Rn 123 ff). Ein solcher innerer Zusammenhang soll nach dem BAG vorliegen, wenn die Verletzungshandlung durch arbeitsrechtliche Maßnahmen, zB Weisungen, erfolgt (BAGE 122, 304; ähnlich BENECKE, Mobbing Rn 234). Daran wird es indes zB bei sexuellen Belästigungen in der Regel fehlen (so auch SIMON/GRESSLIN BB 2007, 1782, 1785 f), weil die Belästigung zwar gelegentlich der Erbringung der Arbeitsleistung, aber zumeist aus persönlichen, nicht aber ohne Weiteres (auch) im Zusammenhang mit der dienstlichen Tätigkeit erfolgt (WILLEMSEN/SCHWEIBERT NJW 2006, 2583, 2590 mit weiteren Beispielen).

3. Zusammenfassung

Die Haftung bei Verwendung von Hilfspersonen lässt sich in folgende Fallgruppen einteilen. 97

Unbedingte Einstandspflicht. Eine solche ist stets bei der Erfolgshaftung gegeben, weil es dann auf die Art und Weise der Schadensverursachung nicht ankommt. Darüber hinaus sieht etwa § 33 BJagdG eine unbedingte Einstandspflicht für Jagdgäste und vom Jagdausübungsberechtigten bestellte Jagdaufseher vor, soweit diese Jagdschäden iSd BJagdG anrichten (§ 835 Rn 27 ff, Rn 37).

Zurechnung von Gehilfenverschulden. Fremdes Verschulden wird dem Geschäftsherrn wie eigenes zugerechnet in folgenden Fällen: §§ 278, 702 Abs 2 Nr 1 BGB, §§ 428, § 501 HGB (§ 607 HGB aF).

Haftung für Eigenverschulden. Das Eigenverschulden bei der Gehilfenauswahl und -überwachung erfasst § 831 BGB.

Adjektizische Haftung. Adjektizisch ist die Haftung nach § 480 HGB (§ 485 HGB aF).

Die Haftung für Verrichtungsgehilfen findet grds auch Anwendung, wenn der Gehilfe Deliktstatbestände außerhalb des BGB verwirklicht.

Die Verschuldensvermutung des § 831 BGB kann sich auch im Rahmen von haftungsausfüllenden Vorschriften, namentlich bei § 254 BGB auswirken (ausführlich dazu BELLING/RIESENHUBER 455 ff und MEDICUS, in: FS Huber [2006] 437 ff).

IV. Verantwortlichkeit des Geschäftsherrn nach § 831 Abs 1 BGB

Der Geschäftsherr ist aus § 831 Abs 1 S 1 BGB zum Schadenersatz verpflichtet, wenn sein Gehilfe in Ausführung der Verrichtung einen Dritten widerrechtlich schädigt, sofern er sich nicht nach § 831 Abs 1 S 2 BGB exculpieren kann. Als haftungsbegründende Voraussetzungen sind also die Bestellung eines Verrichtungsgehilfen sowie die widerrechtliche Schadenszufügung in Ausführung der Verrichtung erforderlich; haftungsausschließend wirken sich ein fehlendes Verschulden des Geschäftsherrn sowie eine fehlende Kausalität aus.

1. Bestellung eines Gehilfen zu einer Verrichtung

Der handelnde Schädiger muss von dem Geschäftsherrn zu einer Verrichtung bestellt werden.

a) Funktionale Begriffsbestimmung

98 Die von § 831 BGB normierte Verkehrspflicht beruht auf dem Gedanken, dass derjenige, der weitere Personen in seinen Verantwortungsbereich einschaltet, dafür Sorge zu tragen hat, dass sich dadurch das Gefahrenpotential nach außen nicht erhöht. An dieser ratio muss sich die Auslegung und Begriffsbestimmung orientieren. Der Verantwortungsbereich des Geschäftsherrn ist dabei jedoch normativ bestimmt und unterliegt nicht seiner Disposition; disponieren kann der Geschäftsherr lediglich durch völlige Übertragung *des Verantwortungsbereichs,* nicht bereits durch die vordergründige Gestaltung (OLG Köln VersR 1982, 677 [Dass der Stationsarzt mit der selbständigen Leitung der Abteilung betraut war und der Chefarzt ihm dabei völlig freie Hand ließ, hinderte das OLG Köln nicht, ihn als Verrichtungsgehilfen zu qualifizieren]). Dass die Abgrenzung von Gehilfen und Selbständigen zur Bestimmung des Anwendungsbereichs in den Vordergrund gerückt wird, ändert daran nichts. Die Weisungsgebundenheit als greifbare Einordnung in die Organisationssphäre wird daher erst durch normative, teleologische Bestimmung taugliches Abgrenzungskriterium. Aus diesem Grunde kommt eine schematische Anwendung des Merkmals nicht in Betracht. Im Einzelfall ist die Konkretisierung des Tatbestands stets mit Rücksicht auf die vorgestellte *ratio* vorzunehmen; dabei darf der bloß vermittelnde Charakter der Begriffsbestimmungen nicht übersehen werden.

99 Unter Berücksichtigung dieser Einschränkungen ist aber weiterhin die Weisungsgebundenheit das nächste Kriterium für die Abgrenzung des Tatbestands. Die Weisungsbindung trägt zugleich dem Verschuldensprinzip Rechnung, da sie die Beherrschbarkeit berücksichtigt. Die Weisungsgebundenheit manifestiert die Zuordnung des Gehilfen zur Herrschaftssphäre des Geschäftsherrn (Larenz/Canaris, Schuldrecht II/2 § 79 III 2a). Weisungsgebundenheit als Ausdruck der Eingrenzung der Organisationssphäre ist denn auch entscheidend für die Bestimmung, ob ein Verrichtungsgehilfe gehandelt hat, für welchen Geschäftsherrn usw Der Geschäftsherr darf aber nicht schon dafür in Haftung genommen werden, dass ein anderer unzutreffend erklärt oder den Anschein erweckt, er würde für den Geschäftsherrn handeln, auch wenn ein objektives Abhängigkeitsverhältnis zum Geschäftsherrn nicht besteht und dieser das Verhalten des Dritten nicht beeinflussen kann. Dabei gehen bestehende Zweifel zu Lasten des Anspruchstellers, dem grundsätzlich der Beweis dafür obliegt, dass ihm der geltend gemachte Schaden von einem Verrichtungsgehilfen des Geschäftsherrn zugefügt worden ist (BGH 10. 12. 2013 – VI ZR 534/12, NJW-RR 2014, 614 Rn 12; BGH 3. 6. 2014 – VI ZR 394/13, NJW 2014, 2797 Rn 18 mwNw). Da es um die Abgrenzung der Verantwortungsbereiche geht, ist für die Weisungsgewalt nicht erforderlich, dass der Geschäftsherr fachlich mitsprechen kann: „Das Weisungsrecht braucht nicht ins Einzelne zu gehen.

Es genügt, dass der Geschäftsherr die Tätigkeit des Handelnden jederzeit beschränken oder entziehen oder nach Zeit und Umfang bestimmen kann" (BGHZ 45, 311, 313; BGH 10. 12. 2013 – VI ZR 534/12, NJW-RR 2014, 614 Rn 12 mwNw; BGH 3. 6. 2014 – VI ZR 394/13, NJW 2014, 2797 Rn 18 mwNw). Irreführend ist es daher, wenn darauf abgestellt wird, dass selbständig sei, wer „gemäß eigener Sachkunde und Erfahrung ausführt" (RGZ 58, 199, 201; RGZ 92, 345, 349; HRR 1933 Nr 371; BGH 15. 2. 1957 – VI ZR 335/55, VersR 1957, 301; OLG Koblenz 8. 11. 1988 – 6 W 681/88, NJW-RR 1989, 363 [Rechtsanwalt als Verrichtungsgehilfe des Mandanten]). Nicht das, sondern die Tätigkeit im eigenen Verantwortungsbereich ist entscheidend. Erst durch die Ergänzung der Definition durch das kumulative Erfordernis, dass der Betreffende „über seine Person frei verfügen und Zeit und Umfang der Tätigkeit selbst bestimmen kann" (RGZ 92, 345, 349), wird der erforderliche Bezug auf den Verantwortungsbereich hergestellt. Die teleologische Blickrichtung führt übrigens auch dazu, dass das gelegentlich angeführte Erfordernis der Abhängigkeit nur iS einer Weisungsbindung zu verstehen ist; eine soziale Abhängigkeit oder dgl ist nicht erforderlich. Auch die Rspr versäumt es nicht, neben der Selbständigkeit die teleologische Absicherung der Einordnung aufzuzeigen: Nach der Feststellung, dass die Baufirma selbständige Unternehmerin gewesen sei, führt das OLG Stuttgart (VersR 1954, 39) aus: „Die Beklagte durfte sich darauf verlassen, dass die Baufirma (...) den Träger sachgemäß lagern würde" (BGHZ 24, 247, 248 [Hausschlachter des Käufers trägt als Unternehmer die alleinige Verantwortung für die sachgemäße Durchführung seiner Aufgabe]; zweifelhaft hingegen RGZ 120, 154, 161 [private Vereinbarung, der Fahrer der Mieterin gelte als in den Diensten des Auto-Vermieters stehend, mache den Fahrer zum Verrichtungsgehilfen des Vermieters]).

Die Weisungsbeziehung beschreibt ein tatsächliches Verhältnis. Diesem wird häufig eine rechtliche Beziehung zugrunde liegen, erforderlich ist das nicht. Ein *Weisungsrecht* ist daher nicht erforderlich, maßgeblich ist die tatsächliche Steuerungsmöglichkeit. Auch ein Geschäftsunfähiger, der eine rechtliche Weisungsbeziehung nicht begründen könnte, kann danach einer Weisungsbindung in dem für § 831 BGB maßgeblichen Sinne unterliegen. **100**

b) Gehilfe

Verrichtungsgehilfe iS der Vorschrift ist demnach, wer weisungsabhängig in fremdem Verantwortungsbereich tätig wird (RGZ 51, 199, 201 [der in Abwesenheit seines Meisters beauftragte Lehrling ist dem Auftraggeber gegenüber weisungsgebunden und insoweit dessen Verrichtungsgehilfe]). **101**

Eine direkte Anwendung der Vorschrift auf autonome bzw automatisierte Systeme scheidet aus, da Verrichtungsgehilfe nach dem Wortlaut von § 831 Abs 1 S 2 eine Person sein muss. Technische Gerätschaften und Werkzeuge, deren Einsatz vom Willen des Geschäftsherrn abhängen, werden von der Vorschrift gerade nicht erfasst. Dennoch wird zur Vermeidung von Lücken bei der Verwenderhaftung die analoge Anwendung der Vorschrift auf autonome bzw automatisierte Systeme diskutiert, soweit diese über eigene Handlungsspielräume verfügen (PWW/Schaub Rn 7 mwNw auch zur Gegenansicht; MünchKommBGB/Wagner Rn 29 ff mwNw; Wagner VersR 2020, 717, 729 f; BeckOK IT-Recht/de la Durantaye [1. 4. 2023] § 831 BGB Rn 7 ff; Erman/Wilhelmi § 831 Rn 5; **aA** ausf Denga CR 2018, 69, 74 f; Kessen/Köhler EuDIR 2026, 20 Rn 31 mwNw). Dem ist jedoch zu widersprechen. § 831 Abs 1 S 1 BGB erfordert eine unerlaubte rechtswidrige Handlung des (digitalen) weisungsabhängigen Verrichtungsgehilfen. Diesen Tatbestand können die vorgenannten Systeme aber nicht selbst verwirklichen (PWW/ **101a**

Schaub Rn 7). Zudem handeln die Systeme nicht weisungsabhängig, wenn sie über eigene Spielräume verfügend eigene Entscheidungen treffen. Eine analoge Anwendung wäre zudem nicht zielführend, da der Geschäftsherr sich exkulpieren kann, indem er nachweist, dass er das System entsprechend den Anforderungen sorgfaltsgemäß ausgewählt, ordnungsgemäß bedient und überwacht hat. Dieser Entlastungsbeweis wird regelmäßig gelingen, da der das System nutzende Geschäftsherr gerade keine Kontrolle über das autonome Verhalten des Systems hat. Zielführender und dogmatisch sauberer ist es deshalb, eine Haftung auf § 823 Abs 1 BGB iVm besonderen Verkehrspflichten zu stützen (MünchKommBGB/Wagner Rn 29, 31 ff). Eine solche Betreiberhaftung spricht auch bereits gegen die für eine analoge Anwendung des § 831 erforderliche Regelungslücke. Zu Lösungen de lege ferenda vgl MünchKommBGB/Wagner Rn 33; Kessen/Köhler EuDIR 2026, 20 Rn 33 ff).

102 Dem Verrichtungsgehilfen wird zur Abgrenzung der Selbständige gegenübergestellt. Nach der schon bekannten Definition wird der Selbständige gekennzeichnet durch die autonome Tätigkeit (RGZ 92, 345; RGZ 148, 154, 161; BGHZ 14, 163, 177; BGHZ 24, 247, 248; BGHZ 26, 152; BGHZ 45, 311, 313; BGH 10. 10. 1963 – VII ZR 65/62, VersR 1964, 46; BGH 25. 11. 1964 – V ZR 185/62, VersR 1965, 185; Soergel/Krause § 831 Rn 19 f; Esser/Weyers, Schuldrecht II/2 § 58 I 2).

Nur als Faustregel kann der Satz dienen, dass der „selbständige Unternehmer, Handwerker oder Gewerbetreibende“ kein Verrichtungsgehilfe sei (BGH 13. 12. 2019 – V ZR 43/19, NJW 2020, 1798 Rn 11; BAG NZA 2000, 1052, 1054 [Lackierer eines Chemieunternehmens sind im Verhältnis zu dessen Arbeitnehmern in der Regel keine Verrichtungsgehilfen]; BGH NJW 1994, 2756 [Subunternehmer sind keine Verrichtungsgehilfen des Bauunternehmers; Rn 108]; BGHZ 24, 247, 248; 26, 152, 159 [Stauervize und Stauereifirma sind im Verhältnis zum Reeder keine Verrichtungsgehilfen]; OLG Braunschweig 24. 10. 2012 – 8 U 41/12, juris Rn 14 [Betreiber des Hochspannungsnetzes kein Verrichtungsgehilfe des Betreibers des Niederspannungsnetzes, vgl zur Haftung des Letztgenannten auch Oechsler NJW 2014, 2080]; RG HRR 1933, Nr 371 [Töpfermeister]; RGZ 79, 312, 315 [Inhaber der Autoreparaturwerkstatt im Verhältnis zum Fahrzeughalter]; RGZ 78, 179; RG JW 1915, 1357 [Schleppunternehmer]; LG Hannover VersR 1967, 962 [das mit der Gehwegreinigung beauftragte Reinigungsunternehmen ist kein Verrichtungsgehilfe des Hauseigentümers]; OLG Koblenz 13. 2. 2013 – 5 U 1380/11, MDR 2012, 913 f [das mit Reinigungsarbeiten in einem Schulgebäude beauftragte Reinigungsunternehmen ist nicht Verrichtungsgehilfe des Schulträgers]; OLG Hamm 4. 5. 2022 – 7 U 20/22, NJW-RR 2022, 1615 [sowohl eine Verwaltungsgesellschaft als auch ein dieser nachgeordneter Hausmeisterdienst und diesem nachgeordnet ein Mitarbeiter sind keine Verrichtungsgehilfen einer Grundstückseigentümerin]; BGHZ 42, 374, 375 [Architekt, Statiker und Bauunternehmer sind selbständig und nicht Verrichtungsgehilfen]; BGHZ 80, 1, 3 [Transportunternehmer ist gegenüber dem Spediteur selbständiger Unternehmer; auch sein Fahrer ist Weisungen des Spediteurs nicht unterworfen]; OLG Stuttgart VersR 1954, 39 [Baufirma ist nicht Verrichtungsgehilfin]; RG WarnR 1911 Nr 180; 1912 Nr 301 [jeweils: selbständiger Straßenbauunternehmer ist nicht Verrichtungsgehilfe der das Werk bestellenden Gemeinde]; BGH VersR 1953, 358 [selbständiger Unternehmer ist nicht Verrichtungsgehilfe des sich die Oberleitung vorbehaltenen Bauherrn]; BGH VersR 1974, 243 [Arbeiter bleiben Verrichtungsgehilfen ihres Bauunternehmers, auch wenn eine Bauoberleitung mit Überwachungs- und Weisungsrecht vorhanden ist]). Entscheidend ist aber nicht eine allgemeine Qualifikation, sondern der jeweilige Einsatz. Je nach den Umständen kann auch ein Selbständiger derart in einen Organisationsbereich eingegliedert sein, dass er als Verrichtungsgehilfe erscheint (BGH NJW 1956, 1715 f [ein sonst selbständiger Generalvertreter ist Verrichtungsgehilfe, soweit er vertragsstrafe- und kündigungsbewehrten Weisungen unterliegt]; BGH WM 1971, 906 [Provisionsvertreter]; BGH NJW 5. 10. 1979 – I ZR 140/07, 1980, 941 = GRUR 1980, 116 m zust Anm Schulze zur Wiesche [der selbständige Handelsvertreter gemäß § 84 Abs 1 HGB ist Verrichtungsgehilfe, soweit er einen Messestand betreut]; OLG Düsseldorf 23. 1. 2013 – I-2 W 33/12, GRUR-RR 2013, 273, 274 [Holdinggesellschaft hat für das patentverletzende Tun ihrer Tochtergesellschaft einzustehen, wenn diese ihren Vorgaben bei Herstellung, Angebot und Vertrieb von patentverletzenden Gegenständen zu folgen hat]; Deutsch/Ahrens, Deliktsrecht Rn 446). So kann etwa ein rechtlich selbstständiges Unternehmen, soweit es eine Tätigkeit ausübt, bei der es den Weisungen eines anderen Unternehmens unterworfen ist, auch dessen Verrichtungsgehilfe sein. Für die Abgrenzung kommt es nicht auf die rechtliche Ausgestaltung der Beziehung oder den gesellschaftsrechtlichen Status an, sondern ob nach den tatsächlichen Verhältnissen eine Eingliederung in den Organisationsbereich des Geschäftsherrn erfolgt ist und der Handelnde dessen Weisungen unterliegt, was bei einem Beherrschungs- und Gewinnabführungsvertrag der Fall ist (BGH 25. 4. 2012 – I ZR 105/10, MDR 2012, 1483 Rn 45; OLG Düsseldorf 30. 4. 2018 – I-15 W 9/18, GRUR 2018, 855 Rn 76; OLG Frankfurt 14. 2. 2019 – 6 U 3/18, WRP 2019, 648 Rn 60; **aA** Grunewald NZG 2018, 481, 484, wonach Gesellschaften keine Verrichtungsgehilfen sein können, da es an der erforderlichen Abhängigkeit fehlt). Hingegen sind Konzerngesellschaften idR keine Verrichtungsgehilfen anderer Konzerne und Gesellschaften, da die Übertragung von Aufgaben auf ein bestimmtes selbstständiges Unternehmen innerhalb eines Konzerns regelmäßig gerade dem Zweck dient, durch die selbstständige, nicht weisungsgebundene, Erledigung der Aufgabe andere Teile des Konzerns zu entlasten (BGH 6. 11. 2012 – VI ZR 174/11, NJW 2013, 1002 Rn 16). Entsprechendes gilt für die Bezugnahme auf die vertragliche Ausgestaltung: Dienstvertrag oder Werkvertrag. Diese führt zu dem Kriterium der Weisungsgebundenheit, insofern der Dienstverpflichtete (besonders der Arbeitnehmer) der Direktion (§ 315 BGB) durch den Dienstberechtigten unterliegt. Demgegenüber ist der Werkunternehmer regelmäßig nicht weisungsunterworfen (BGH 24. 6. 1953 – VI ZR 322/52, MDR 1953, 666 [Bauunternehmer ist auch nicht Verrichtungsgehilfe, wenn der Bauherr sich eine gewisse Oberleitung vorbehält]; BGH 4. 6. 1956 – III ZR 238/54, VersR 1956, 504 [Schlepperführer, der aufgrund des Werkvertrags tätig wird und die nautische Leitung innehat, ist nicht Verrichtungsgehilfe des Schiffseigners. Entscheidend sind Überlegungen zu den jeweiligen Verantwortungsbereichen, die ihren Niederschlag in der Frage der nautischen Leitung finden]). Doch können auch Dienstverpflichtete selbständig tätig werden. Das gilt grds für den Handelsvertreter, dessen Vertrag einen Dienstvertrag über eine Geschäftsbesorgung darstellt: Er ist nur in besonderen Fällen Verrichtungsgehilfe (BGH NJW 1956, 1715 f; BGH 5. 10. 1979 – I ZR 140/07, NJW 1980, 941). Umgekehrt ist eine Weisungsbindung des Unternehmers, dessen Einsatz schon gem § 649 BGB jederzeit gesteuert werden kann, nicht ausgeschlossen.

Eine Haftung des Auftraggebers nach § 831 Abs 1 BGB für seine Zulieferanten, die lediglich vertraglich gebunden sind und die selbstständig am Markt agieren, besteht nicht (Fleischer/Korch ZIP 2019, 2181, 2182 f; Graf vWestphalen ZIP 2020, 2421 f). Auch das Lieferkettensorgfaltspflichtengesetz v 16. 7. 2021 (LkSG) , welches am 1. 1. 2023 in Kraft getreten ist, führt nicht zu einer Erweiterung der Haftung der abnehmenden Unternehmen für ihre Lieferanten aus § 831 BGB, was sich schon aus § 3 Abs 3 LkSG ergibt, nach dessen Wortlaut das LkSG keine zivilrechtliche Haftung begründet. Auch wenn aufgrund des LkSG den Lieferanten zusätzliche vertragliche Kontrollinstrumente abverlangt oder sie in ein Risikomanagementsystem des abnehmenden Unternehmens eingebunden werden, ändert dies nichts daran, dass der Sprung zum Verrichtungsgehilfen in Gestalt der Einbindung in eine übergeordnete Organisation nicht vollzogen wird (Spindler ZHR 2022, 67, 94, 96 f).

Am 18. 3. 2026 ist das durch die Omnibus-I-Richtlinie (RL 2026/470 vom 24. 2. 2026) nachträglich abgeschwächte EU Lieferkettengesetz (CSDDD) in Kraft getreten. Die EU-Richtlinie muss nun innerhalb von zwei Jahren, spätestens bis zum 26. 7. 2028, in das nationale Recht der EU-Mitgliedsstaaten überführt werden. Die ursprünglich vorgesehene vereinheitlichte europäische zivilrechtliche Haftung entfällt. Den Mitgliedstaaten steht es damit frei, eigene Haftungsregeln zu treffen (Art 29 CSDDD nF). Wann und in welcher Form § 3 Abs 3 LkSG einem zivilrechtlichen Haftungstatbestand weichen wird, ist somit weiter offen.

103 Kein Verrichtungsgehilfe ist derjenige, dessen Tätigkeit nicht auf dem Willen eines Bestellers, sondern unmittelbar auf dem Gesetz beruht. Keine Verrichtungsgehilfen sind daher die Organe juristischer Personen, ebenso nicht die gesetzlichen Vertreter natürlicher Personen; für diese gilt aber § 278 BGB. Ein unter elterlicher Sorge stehendes Kind oder ein Mündel kann daher grds nicht aus § 831 BGB für die unerlaubten Handlungen seines gesetzlichen Vertreters haftbar gemacht werden (RGZ 67, 154; RGZ 121, 118; RGZ 132, 76, 80). Ferner sind die kraft verfassungsrechtlicher Regelung mit der Verwaltung der Bundesstraßen betrauten Länder und Selbstverwaltungskörperschaften nicht Verrichtungsgehilfen des Bundes iSv § 831 BGB (BGHZ 16, 95, 98).

104 Kein Verrichtungsgehilfe ist ferner derjenige, der für einen anderen kraft Amts Geschäfte besorgt, die sich nicht aus dem Willen des anderen herleiten. So ist zB der Testamentsvollstrecker nicht Verrichtungsgehilfe des Erben, da ihm seine Befugnisse nicht von diesem übertragen sind; für unerlaubte Handlungen bei der Ausübung seines Amts haftet der Testamentsvollstrecker ausschließlich persönlich (RGZ 144, 401; RGZ 158, 361; BGHZ 21, 285, 293 [Treuhänder]; BGH 25. 1. 1957 – VI ZR 319/55, VersR 1957, 297). Gleiches gilt für den Insolvenzverwalter im Verhältnis zur Insolvenzmasse.

c) Geschäftsherr

105 Auf der Grundlage der durch den Schutzzweck abgesicherten Maßgabe der Weisungsbindung ist der Geschäftsherr derjenige, der den Gehilfeneinsatz durch seine Weisungsgewalt planvoll steuern kann.

Nichts anderes besagt es der Sache nach, wenn man auf die Bestellung abstellt: Wer einen anderen bestellt, ist der Geschäftsherr. Die Bestellung ist die willentliche Indienstsetzung, der tatsächliche Vorgang, mit dem der Verrichtungsgehilfe eingestellt wird. Auf ein etwa zugrundeliegendes Rechtsverhältnis, kommt es nicht an.

106 Missverständlich ist es, wenn angenommen wird, der Gehilfe müsse nicht notwendig eine Tätigkeit für den Geschäftsherrn entfalten (so Staudinger/Schäfer[12] § 831 Rn 76). Zutreffend ist, dass der Geschäftsherr von dem Verrichtungseinsatz nicht unmittelbar zu profitieren braucht. Auch wenn der Arbeitgeber seinen Baggerführer anweist, gefälligkeitshalber für den Nebenunternehmer zu planieren, wird der Baggerführer für seinen Arbeitgeber – genauer: in dessen Verantwortungsbereich – tätig (RGZ 170, 321; BGHZ 80, 1, 3).

Kommen mehrere Geschäftsherren in Betracht, so entscheidet maßgeblich, welchem für die schadenbringende Verrichtung das letztverbindliche Weisungsrecht zustand, in wessen Verantwortungsbereich maW der Gehilfe schadensursächlich geworden ist (BGHZ 87, 253, 256 ff = JZ 1983, 764 mAnm Papier [Der dem Roten Kreuz von der Bundesrepublik Deutschland zugewiesene Zivildienstleistende ist bei seiner Tätigkeit für das DRK – Krankenfahrt – nicht Verrichtungsgehilfe der Bundesrepublik. Der BGH stützt sich auf die Weisungsbefugnis nach § 30 ZDG]). Regelmäßig wird sich bei dieser Prüfung nur *ein* weisungsbefugter Geschäftsherr ergeben. So ist der von der Reichsbahn bestellte Schrankenwärter, der eine gemeinsam mit einer Privatbahn benutzte Gleisanlage betreut, nur der Reichsbahn weisungsunterworfen und nicht auch Verrichtungsgehilfe der Privatbahn, die sich insoweit des maßgeblichen Verantwortungskreises insgesamt, nicht nur der ausfüllenden Tätigkeit entledigt hat (RGZ 170, 321). Ebenso wird der Lastkraftfahrer nicht zum Verrichtungsgehilfen des Dritten, für den der Transportunternehmer tätig wird (BGHZ 80, 1, 3). Anders verhielte es sich, wenn – wie im Fall von BGHZ 80, 1 – Lastwagen und Fahrer dem Dritten zum eigenverantwortlichen Einsatz überlassen gewesen wären (OLG Schleswig 28. 11. 2002 – 7 U 17/99, OLGR 2003, 56, 58 [Haftung bei Arbeitsunfall mit vermietetem Autokran und mitüberlassenem Kranführer]). Im Fall echter Leiharbeit ergänzen sich die Verantwortungskreise der beteiligten Arbeitgeber, sodass hier eine eindeutige Zuordnung möglich ist: Die Auswahlsorgfalt hat der Verleiher zu beobachten. Demgegenüber obliegen dem Entleiher die Einweisung und Überwachung (so wohl auch OLG München VersR 1985, 271; BGH 22. 5. 1968 – VIII ZR 21/66, VersR 1968, 779, 780; OLG Düsseldorf 12. 12. 1978 – 4 U 77/78, VersR 1979, 674, 675 [jeweils Gestellung eines Baggers mit Führer]; eine mögliche Haftung des Verleihers wegen Auswahlverschuldens vernachlässigt LG Dortmund VersR 1965, 887, 888 [Der verliehene Baggerführer, über dessen Einsatz der Entleiher disponieren kann, sei nicht Verrichtungsgehilfe des Verleihers]; so auch OLG Düsseldorf 7. 11. 1997 – 22 U 66/97, NJW-RR 1998, 382). MaW ist auch der Verleiher hinsichtlich der Auswahl nicht Zwischengehilfe des Entleihers, sondern ohne Weiteres selbständiger Unternehmer: Denn ihm wird nicht die Auswahl übertragen, er beherrscht den gesamten Verantwortungsbereich schon kraft normativer Zuordnung. Denkbar ist freilich, dass Ent- und Verleiher jeweils eigene Pflichtverstöße begehen, einerseits bei der Auswahl, andererseits bei der Überwachung. Sie haften dann bei Vorliegen der übrigen Voraussetzungen gesamtschuldnerisch (§ 840 BGB) jeweils aus § 831 BGB. Im Fall einer „Gehilfenüberlassung" können sich Zweifel ergeben, wenn der Überlassende sich Aufsichtsrechte vorbehält und somit der Gehilfe auf den ersten Blick zwei Herren dient. Lassen sich die konkurrierenden Weisungsbefugnisse nicht schon (wie im Fall der Leiharbeit) gegenständlich nach Verantwortungsbereichen abgrenzen, so kommt es darauf an, welche den höheren und damit letztverbindlichen Rang einnimmt (BGH 23. 3. 1956 – VI ZR 350/54, LM Nr 3 zu § 831 C [Verantwortlicher Geschäftsherr bleibt der Bauunternehmer, der einem Dritten für einen eigenen Tätigkeitsbereich Arbeiter überlässt, die in dessen Betrieb nicht eingegliedert, aus dem eigenen Betrieb nicht herausgelöst werden]; OLG Köln DRW 1940, 723; BGH 22. 5. 1968 – VIII ZR 21/66, BB 1968, 809; BGH 23. 10. 1973 – VI ZR 162/72, VersR 1974, 243; OLG Düsseldorf 12. 12. 1978 – 4 U 77/78, VersR 1979, 674; LG Lübeck 18. 12. 1963 – 2 O 65/63, BB 1965, 689). Sofern gleichrangig mehrere Geschäftsherren in demselben Verantwortungsbereich anweisen, können sie ausnahmsweise gemeinsam verantwortlich sein. 107

d) Einzelfälle

Abgasskandal/Dieselskandal: Die Angehörigen der Entwicklungsabteilung eines Fahrzeugherstellers sind Verrichtungsgehilfen desselben. Der Fahrzeughersteller haf- 108 tet für diese Mitarbeiter gemäß §§ 831, 826 BGB, wenn die Entscheidung über die serienmäßige Entwicklung und/oder den serienmäßigen Einsatz der Abschaltvorrichtung bzw Motorsteuerungssoftware auf Arbeitsebene ohne Einbeziehung der Unternehmensleitung getroffen worden ist. Die Entwicklungsabteilung handelt bei der Entwicklung der Abschaltvorrichtung bzw Motorsteuerungssoftware in Ausführung und nicht nur „aus Anlass" oder „bei Gelegenheit" der Verrichtung. Dem steht auch nicht entgegen, dass vorsätzliche Schadenshandlungen regelmäßig nicht in Ausführung der Verrichtung stehen. Auch eine vorsätzliche unerlaubte Handlung kann in engem objektivem Zusammenhang mit den zugewiesenen Verrichtungen stehen, namentlich dann, wenn sie gerade die übertragenen Pflichten verletzt (KG 26. 9. 2019 – 4 U 51/19, juris Rn 103 ff; OLG Karlsruhe 6. 11. 2019 – 13 U 37/19, juris Rn 95 ff; Schaub NJW 2020, 1028, 1031). Der (Vertrags-)Händler, der den Pkw verkauft, muss sich etwaige Pflichtverletzungen des Fahrzeugherstellers nicht nach § 831 BGB zurechnen lassen (Thüringer OLG 15. 8. 2018 – 7 U 721/17, juris Rn 81; OLG Koblenz 28. 9. 2017 – 1 U 302/17, NJW-RR 2018, 54 Rn 39).

Anlagevermittler: Handelt der Vermittler eines Anlagegeschäfts für eine Holding-Gesellschaft, so kann hieraus nicht geschlossen werden, dass dieser als „satzungsmäßiger Vertreter" oder Verrichtungsgehilfe einer anderen der Holding angehörenden Gesellschaft gehandelt hat (BGH 14. 10. 2014 – VI ZR 465/13, juris Rn 9, 11).

Arbeitnehmer: Der verleihende Arbeitgeber haftet im Rahmen eines Leiharbeitsvertrags für Fehler, die seinen Arbeitnehmern bei der Ausführung ihrer Arbeit unterlaufen, falls nicht der entliehene Arbeitnehmer so in das entleihende Unternehmen eingegliedert wird, dass die Abhängigkeit vom bisherigen Arbeitgeber aufgehoben wird (BAG 5. 5. 1988 – 8 AZR 484/85 NZA 1989, 340; OLG Düsseldorf NJW-RR 1995, 1430; **aA** Dencker ZfA 1989, 267; zur Arbeitnehmerüberlassung: OLG München VersR 1985, 271; BGH 22. 5. 1968 – VIII ZR 21/66, VersR 1968, 779; OLG Düsseldorf 12. 12. 1978 – 4 U 77/78, VersR 1979, 674). Ordnet ein Arbeitgeber auf Anforderung eines anderen Unternehmens seine Arbeitnehmer zu Schweißarbeiten auf eine gemeinsame Baustelle ab, für die das anfordernde Unternehmen hinsichtlich Material und Arbeitszeit aufkommen muss, liegt dagegen lediglich ein Dienstverschaffungsvertrag vor. Auch hier kommt es für die Haftung des entsendenden Unternehmers auf das Kriterium der Eingliederung in das anfordernde bzw die Herauslösung aus dem bisherigen Unternehmen an. So muss der entsendende Arbeitgeber haften, wenn er sein Personal jederzeit zurückziehen und anders verwenden kann (BGH NJW-RR 1995, 659; OLG Brandenburg VersR 2003, 215). Bei einer auf die Dauer von einigen Stunden beschränkten Mietzeit für eine Hebebühne liegt eine vollständige Ausgliederung des Bedienpersonals aus dem Unternehmen der Vermieterin offensichtlich nicht vor (OLG Schleswig-Holstein 17. 4. 2014 – 7 U 27/13, juris Rn 28).

Selbständige Handwerker und Unternehmer sind in der Regel jedoch keine Verrichtungsgehilfen des Bauherrn (BGH 21. 6. 1994 – VI ZR 215/93, r+s 1994, 454 mwNw; BGH 18. 12. 2015 – V ZR 55/15, VersR 2016, 802 Rn 11); Arbeiter eines Subunternehmers sind daher regelmäßig auch dessen Verrichtungsgehilfen und nicht die des Bauherrn (BGH 21. 6. 1994 – VI ZR 215/93, r+s 1994, 454). Der als freier Mitarbeiter tätige Warenhausdetektiv ist dagegen Verrichtungsgehilfe des Warenhausinhabers (OLG Frankfurt NJW-RR 1989, 794). Arbeiter bleiben Verrichtungsgehilfen ihres Bauunternehmers, auch wenn eine Bauoberleitung mit Überwachungs- und Weisungsrecht vorhanden ist (BGH VersR 1974, 243; OLG Koblenz BauR 2011, 1542). Das zur Beseitigung von Schnee und sonstigen Gefahrenquellen angestellte Personal eines verkehrssicherungspflichtigen Eisenbahnverkehrsunternehmens handelt als dessen Verrichtungsgehilfe (OLG Nürnberg 9. 5. 2012 – 12 U 1247/11, TranspR 2013, 163 Mitarbeiter des Winterdienstes; OLG Nürnberg 30. 12. 2011 – 14 U 852/10, NJW-RR 2012, 542 für Zugbegleiter; OLG München 27. 2. 2012 – 19 U 2518/11, juris Rn 4).

Firmenkundenbetreuer einer Bank sind deren Verrichtungsgehilfen, für die diese haftet, wenn sie es unterlässt, die Kundenbetreuer regelmäßig in der Fortentwicklung von Anlagengeschäften zu schulen und deren Beratertätigkeit zu überwachen (OLG München 27. 2. 2012 – 17 U 1924/11, diesbzgl unbeanstandet nachfolgend BGH 15. 10. 2013 – VI ZR 124/12, NJW 2014, 1380). Fehlt es indes an einem Weisungsverhältnis zwischen der Bank und dem Anlageberater, etwa weil die Beratung durch eine selbständige Beratungsgesellschaft erfolgt, handelt der bei der Beratungsgesellschaft beschäftigte Anlageberater nicht als Verrichtungsgehilfe der Bank (OLG Köln 14. 2. 2012 – 18 U 142/11, juris Rn 239).

Erteilen Mitarbeiter einer öffentlich-rechtlichen Stelle (telefonisch) Auskunft, handeln sie als deren Verrichtungsgehilfen (BGH NJW 2009, 3365: IHK-Mitarbeiter gegenüber Interessenten für Fort- und Weiterbildungsmaßnahmen). Der Träger der öffentlich-rechtlichen Einrichtung muss seine Mitarbeiter so instruieren, dass sie richtige und vollständige Auskünfte erteilen können; andernfalls haftet er unter dem Gesichtspunkt des Organisationsmangels. Handeln sie indes als Hoheitsträger und damit als „Beamte im haftungsrechtlichen Sinn" kommt eine Haftung nach § 839 BGB in Betracht (s dazu Rn 61).

Mitarbeiter einer GmbH sind keine Verrichtungsgehilfen des GmbH-Geschäftsführers (BGHZ 125, 366, 375; OLG Schleswig-Holstein NJW-RR 2012, 368, 370).

Bei der Durchführung von Turnübungen und der Beaufsichtigung der minderjährigen Teilnehmer handeln die Übungsleiter als Verrichtungsgehilfen des Turnvereins (OLG Hamm MDR 2011, 1353). Hilfskräfte, die anlässlich eines Turnwettkampfs die Turngeräte nicht den Sicherheitsbestimmungen entsprechend aufbauen, sind Verrichtungsgehilfen des Veranstalters (OLG Frankfurt SpuRt 2011, 31).

Ein Busfahrer ist Verrichtungsgehilfe des ihn beschäftigenden Fuhrunternehmens (BGH GuT 2012, 181; OLG Bremen NJW-RR 2011, 1245; OLG Frankfurt NZV 2011, 199).

Arbeitskollegen: Diskriminieren oder belästigen Arbeitnehmer einen Arbeitskollegen aus einem der in § 1 AGG genannten Gründe und erfolgen Diskriminierung oder Belästigung in einem qualifizierten und engen Zusammenhang mit der arbeitsvertraglichen Aufgabenerfüllung und damit nicht nur bei Gelegenheit, handeln sie als Verrichtungsgehilfen des Arbeitgebers (Soergel/Krause § 831 Rn 34; Willemsen/Schweibert NJW 2006, 2583, 2590; Simon/Gresslin BB 2007, 1782, 1785; s dazu Rn 96). Ergreift der Arbeitgeber gegen die (drohende) **Benachteiligung** keine geeigneten Schutzmaßnahmen iSv § 12 Abs 3 AGG, haftet er gegenüber dem benachteiligten Arbeitnehmer neben § 15 AGG auch aus § 831 BGB, der gem § 15 Abs 5 AGG anwendbar bleibt (vgl dazu Erman/Riesenhuber § 15 AGG Rn 35; Bauer/Evers NZA 2006, 893; für eine analoge Anwendung von § 831 vgl Schwab DNotZ 2006, 649, 666).

Architekt: Fachleute zur Durchführung eines Bauvorhabens sind wegen ihrer Selbständigkeit und Weisungsunabhängigkeit grds keine Verrichtungsgehilfen, sodass der Bauherr für deren Versäumnisse nicht nach § 831 BGB haftet (OLG Hamm ZfS 1996, 6). So sind zB Architekt, Statiker und Bauunternehmen beim Anbau einer halbscheidigen Giebelwand nicht ohne Weiteres Verrichtungsgehilfen des Bauherrn (BGHZ 42, 374; BGH VersR 2007, 78 für den selbständigen Betreiber einer Abfallrecyclinganlage im Verhältnis zum Abfallerzeuger). Nimmt ein Architekt im Rahmen der ihm übertragenen Bauaufsicht bzw Bauleitung indes die originär dem Bauherrn als dem mittelbaren Veranlasser der Baumaßnahmen obliegenden Verkehrssicherungspflichten zur Abwehr von baustellentypischen Gefahren für Dritte (sog sekundäre Verkehrssicherungspflichten) wahr, zB die Herstellung der Sicherheit auf der Baustelle etwa durch die Sicherstellung der Einhaltung von Unfallverhütungsvorschriften, handelt er als Verrichtungsgehilfe des Bauherrn (BGH VersR 2007, 948). Ein Architekt oder sonst mit der Bauleitung Betrauter wird darüber hinaus selbst verkehrssicherungspflichtig iSv § 823 BGB, wenn Anhaltspunkte dafür vorliegen, dass der Bauunternehmer nicht genügend sachkundig oder zuverlässig ist, oder wenn er selbst Baumaßnahmen veranlasst, die sich als Gefahrenquellen erweisen können (sog primäre Verkehrssicherungspflichten; BGH VersR 1983, 1141; VersR 2007, 948). In diesen Fällen haftet der Architekt seinerseits für rechtswidrige unerlaubte Handlungen seiner Verrichtungsgehilfen nach § 831 BGB.

Arzt/Krankenhaus (dazu Strauf, Die Organisation der Aufklärung [2010], va S 10 ff, 166 ff zur Delegation von Aufklärungspflichten im medizinischen Bereich): Der Vertrauensarzt einer Krankenkasse ist deren Verrichtungsgehilfe, nicht jedoch der Kassenarzt an sich (RGZ 131, 67). Die Urlaubsvertretung eines Arztes ist dessen Verrichtungsgehilfe (BGH 16. 10. 1956 – VI ZR 308/55, NJW 1956, 1834 = VersR 1956, 714).

Im Krankenhaus ist die angestellte Krankenschwester Verrichtungsgehilfin des Krankenhausträgers, bei Behandlung eines Patienten nach den Weisungen des Arztes auch dessen Verrichtungsgehilfin (RGZ 139, 255). Die angestellte Hebamme ist Verrichtungsgehilfin des Krankenhausträgers, des Arztes jedoch nur, wenn dieser sie als seinen Weisungen unterworfene Gehilfin bei einer spezifisch ärztlichen Verrichtung heranzieht (BGHZ 144, 296, 300 ff). Die vom Regelfall abweichende Trennung zwischen allgemeinen Krankenhausleistungen und ärztlichen Leistungen muss dem Patienten gegenüber deutlich gemacht werden, insbesondere wenn die Gesellschafter und Geschäftsführer der die Privatklinik betreibenden GmbH dort eine Gemeinschaftspraxis betreiben. Wird der Charakter der Klinik als Belegklinik nicht deutlich, kommt ein einheitlicher Krankenhausvertrag mit dem Träger der Klinik zustande, der aus § 831 BGB haftet (OLG Köln 23. 3. 2016 – 5 U 8/14, VersR 2017, 101, 102).

Der angestellte Chefarzt einer Klinik, der im medizinischen Bereich weisungsfrei ist, ist insoweit als Organ (verfassungsmäßig berufener Vertreter) des Krankenhausträgers anzusehen (BGHZ 77, 74, 76 ff unter teilweiser Aufgabe von BGHZ 1, 383; 4, 138; BGH 30. 6. 1987 – VI ZR 257/86, BGHZ 101, 215, 218; auch Lippert NJW 1984, 2606; vgl auch BVerfG NJW 1981, 1995; OLG Brandenburg NJW-RR 2003, 1383, 1385). In sonstigen Fällen ist er wie alle angestellten Ärzte Verrichtungsgehilfe des Krankenhausträgers (BGH 7. 2. 1956 – VI ZR 302/54, VersR 1956, 221; BGH 22. 4. 1975 – VI ZB 50/74, NJW 1975, 1463), es sei denn, er hat eine selbstliquidierende Stellung im Rahmen eines gespaltenen Aufnahmevertrags (BGH 22. 4. 1975 – VI ZB 50/74, NJW 1975, 1463). Überwacht der Chefarzt den Stationsarzt, dem zur selbständigen Leitung eine Abteilung übertragen worden ist, nicht, haftet er für dessen Behandlungsfehler nach § 831 BGB (BGHZ 169, 364; OLG Köln VersR 1982, 677). Ansonsten haftet jeder Arzt grds nur für eigene Fehler (OLG Koblenz 9. 5. 2005 – 12 U 420/02, juris Rn 68 = NJOZ 2005, 2356, 2367).

Ein Krankenhausträger ist auch für das Verhalten eines Kinderarztes verantwortlich, der als ansonsten frei praktizierender Arzt vertraglich die kinderärztliche Versorgung der Neugeborenen in dem Krankenhaus übernommen hat, wenn dieser während der Zeit seiner Anwesenheit auf der Station bei der ärztlichen Notfallversorgung fehlerhaft handelt (OLG Oldenburg VersR 1989, 1300; OLG Brandenburg 31. 3. 2011 – 12 U 44/10, KHE 2011/118 spricht irrig von einer Zurechnung des Gehilfenverhaltens des operierenden Arztes [Perforation der Speiseröhre infolge eines Behandlungsfehlers]). Der Krankenhausträger ist gleichermaßen für den Diagnoseirrtum eines Anästhesisten verantwortlich, der anlässlich eines Zufallsbefunds pflichtwidrig die gebotenen (weiteren) Untersuchungen nicht veranlasst (BGHZ 188, 28; OLG Koblenz VersR 2009, 1077 [unvollständige Risikoaufklärung]). Einen groben Organisationsmangel stellt es dar, wenn der Krankenhausträger nicht für eine zahlen- und ausbildungsmäßig ausreichende Personalausstattung seines Krankenhauses sorgt und es infolge dieses Mangels zu einer gesundheitlichen Beeinträchtigung von Patienten kommt (OLG Nürnberg 25. 3. 2011 – 5 U 1786/10, PflR 2011, 358: fehlerhafte Überwachung der Sauerstoffversorgung eines Neugeborenen).

Die niedergelassene Konsiliarärztin ist jedoch nicht Verrichtungsgehilfin des Krankenhauses, weil sie durch die konsiliarische Hinzuziehung nicht in den Betrieb des Krankenhauses eingebunden wird, sondern selbständige niedergelassene Ärztin bleibt, und es daher an der für eine Zurechnung nach § 831 BGB erforderlichen Weisungsabhängigkeit fehlt (OLG Stuttgart VersR 1992, 55). Demgemäß ist sie aber als Verrichtungsgehilfin anzusehen, wenn sie fortdauernd mit festen Aufgaben in den Dienstbetrieb des Krankenhauses integriert ist und ihre Stellung mithin der eines hauptberuflich angestellten Krankenhausarztes entspricht (OLG Brandenburg NJW-RR 2003, 1383).

Begibt sich ein Patient während eines stationären Krankenhausaufenthalts in die Behandlung eines in Absprache mit dem Klinikträger tätigen Belegarztes, so hat in der Regel allein dieser haftungsrechtlich für in sein Fachgebiet fallende Fehlleistungen einzustehen, während der Klinikträger die Gewähr für eine einwandfreie Tätigkeit der im Übrigen hinzugezogenen, bei ihm angestellten Ärzte übernehmen muss (OLG Düsseldorf NJW-RR 1993, 483).

Der Träger des Belegkrankenhauses hat weder für Fehler des Belegarztes noch der Beleghebamme einzustehen, da er deren Leistungen nicht schuldet und diese dem Träger gegenüber nicht weisungsgebunden sind (OLG Oldenburg VersR 2011, 1401); allerdings ist die freiberufliche Hebamme Verrichtungsgehilfin des Belegarztes, der die Schwangere bereits vor der Entbindung betreut hat (BGH 14. 2. 1995 – VI ZR 272/93, BGHZ 129, 6, 11 = NJW 1995, 1611; OLG Stuttgart 19. 9. 2000 – 14 U 65/99, VersR 2002, 235; **aA** Müller MedR 1996, 208, 210). Ebenso ist der Arzt, der anstelle des eine Geburt betreuenden Belegarztes absprachegemäß die Geburt weiter leitet, als Vertreter des Belegarztes dessen Verrichtungsgehilfe, auch wenn er selbst Belegarzt des Krankenhauses ist (OLG Stuttgart 19. 9. 2000 – 14 U 65/99, VersR 2002, 235).

Zwischen Ärzten, die in einer Gemeinschaftspraxis zusammen arbeiten, besteht grds kein Verhältnis, das es rechtfertigt, den einen als Verrichtungsgehilfen des anderen einzuordnen. Das gilt jedenfalls für Fälle einer gemeinschaftlichen Zusammenarbeit von Ärzten, die über gleiche berufliche Erfahrungen und Qualifikationen verfügen (OLG Düsseldorf 25. 7. 1991 – 8 U 254/89, OLGR 1991, 6; verneinend für die Haftung wegen Hygieneversäumnissen von Vertretungsärzten BGH VersR 2007, 847). Dagegen ist ein Arzt, der befristet mit der Verwaltung der Praxis eines anderen Arztes während dessen Abwesenheit beauftragt wird, als dessen Verrichtungsgehilfe anzusehen (BGH 20. 9. 1988 – VI ZR 296/87, VersR 1988, 1270, 1272; OLG Oldenburg VersR 2003, 375; die Verrichtungsgehilfeneigenschaft eines die Urlaubsvertretung übernehmenden Fachkollegen offenlassend OLG Koblenz VersR 2009, 980). Überträgt der behandelnde Chefarzt die Risikoaufklärung des Patienten auf einen nachgeordneten Arzt, handelt jener als dessen Verrichtungsgehilfe (BGHZ 169, 364). Zur Haftung der GbR selbst s unten Personen-/Organgemeinschaften.

Ohne entsprechende vertragliche Regelung mit dem Rettungsdienstträger ist der Notarzt weder dessen Verrichtungsgehilfe noch Erfüllungsgehilfe. Notarzt und Rettungsdienstorganisation nehmen unterschiedliche Aufgaben im lediglich organisatorischen Zusammenwirken wahr (OLG Karlsruhe 13. 8. 2014 – 7 U 248/13, juris Rn 11 ff). Die Gehilfenhaftung eines zum Notfalldienst verpflichteten niedergelassenen Arztes für den für diesen tätig gewordenen Notfallarzt setzt voraus, dass die Tätigkeit in einer organisatorisch abhängigen Stellung vorgenommen wird. Das ist zu bejahen, wenn der Geschäftsherr dem Gehilfen die Arbeit entziehen bzw diese beschränken sowie Zeit und Umfang von dessen Tätigkeit bestimmen kann, mithin weisungsbefugt ist (BGHZ 45, 311). Dabei kann auch ein ansonsten selbständig tätiger Arzt derart in einen fremden Organisationsbereich eingebunden sein, dass er als Verrichtungsgehilfe einzustufen ist (BGH 10. 3. 2009 – VI ZR 39/08, NJW 2009, 1740, 1741).

Auszubildender: Ein Lehrling ist nur Verrichtungsgehilfe des Meisters, wenn er mit der selbständigen Ausführung von Arbeiten betraut ist (OLG Celle VersR 1959, 379), dh, wenn er nicht bloß als Lehrling, Lernender oder nach Unterweisung des Vorgesetzten unter dessen Aufsicht tätig ist.

Bahn: Bahnangestellte sind bezüglich der Beförderung von Gepäckstücken Verrichtungsgehilfen, wenn sie mit der Beförderung des Guts dienstlich beauftragt waren (RGZ 120, 313; RG SeuffA 80, Nr 174; BGH 9. 5. 1957 – II ZR 327/55, BGHZ 24, 188).

Bank: Der Leiter einer Zweigniederlassung kann je nach Satzung sein: Vertreter nach § 31 BGB, wenn er dem Gesamtvorstand angehört, besonderer Vertreter nach § 30 BGB, wobei zur satzungsmäßigen Bestellung genügt, dass die Zweigniederlassung ausdrücklich vorgesehen ist und die Stellung des Leiters durch Satzungsauslegung ermittelt wird, oder lediglich Angestellter und damit Verrichtungsgehilfe (vgl RGZ 91, 3; 94, 318; 117, 61; 157, 28; RG JW 1930, 2927; 1933, 2513). Entsprechendes gilt für den Vorsteher der Depositenkasse einer Bank (RGZ 94, 318; JW 1930, 2927).

Da es an einer Weisungsabhängigkeit fehlt, ist der Kreditvermittler nicht Verrichtungsgehilfe der Bank, die auch nicht das Risiko der Veruntreuung trägt (OLG Frankfurt WM 1989, 1461).

Bei einem Auskunfteiunternehmen dagegen kann der durch eine täuschende Handelsauskunft einer örtlichen „Erledigungsstelle" Verletzte das Auskunftsunternehmen selbst in Anspruch nehmen, auch wenn die „Erledigungsstelle" die Auskunft selbständig erteilte (BGH 30. 10. 1967 – VI ZR 82/65, VersR 1968, 92; **aA** OLG Frankfurt MDR 1962, 987).

Bedienungspersonal: Wird ein Kran nebst Bedienungspersonal für mehrere Tage vermietet, um nach Anweisung des Mieters Arbeiten auszuführen, ist der Kranführer während dieser Arbeiten Verrichtungsgehilfe des Mieters (OLG Düsseldorf NJW-RR 1995, 1430). Das Gleiche gilt bei der Vermietung einer Spezialpumpe nebst Bedienungspersonal (HansOLG Hamburg BauR 1994, 529). Überlässt ein Unternehmer einem anderen zu betrieblichen Zwecken ein Fahrzeug nebst Bedienung, so ist das Bedienungspersonal in aller Regel nicht Erfüllungs- oder Verrichtungsgehilfe des Vermieters oder Verleihers, und zwar auch nicht, wenn die dem Fahrer übertragenen Aufgaben zeitlich, örtlich und dem Gegenstand nach genau abgegrenzt sind (LG Kaiserslautern VersR 1992, 705).

Compliance: Umfassend zu den rechtlichen Voraussetzungen für ein Compliance-Management-System: Rack CB 2014, 279; zur Haftung für Compliance-Verstöße von Vorstands- und Aufsichtsratsmitgliedern, insbesondere im Konzern s Arnold/Geiger BB 2018, 2306; Unternehmen bzw deren Repräsentanten (Geschäftsleiter, -führer usw) treffen grds Organisationspflichten zur Sicherstellung eines regelkonformen Verhaltens der Unternehmen und ihrer Mitarbeiter – sog Corporative Compliance. Eine allgemeine einheitliche Organisationspflicht der Unternehmen und ihrer Organe besteht dabei nicht, indes bestehen teils spezialgesetzliche Organisationspflichten, zB für Wertpapierhandelsunternehmen, §§ 31, 33 WpHG aF iVm §§ 12, 14 Abs 3 WpDVerOV (vgl dazu auch das Rundschreiben 4/2010 der Bundesanstalt für Finanzdienstleistungsaufsicht [WA] – Mindestanforderungen an die Compliance-Funktion und die weiteren Verhaltens-, Organisations- und Transparenzpflichten nach §§ 31 ff WpHG für Wertpapierdienstleistungsunternehmen [MaComp] – WA 31-Wp 2002–2009/0010) bzw nunmehr § 80 WpHG, dem Herzstück der wertpapierhandelsrechtlichen Compliance-Regelungen im nationalen Recht (vgl Schwark/Zimmer/Fett, KommKapitalmarktrecht [5. Aufl 2020] WpHG § 80 Rn 1 ff); für die Banken- und Versicherungswirtschaft, § 25a KWG und § 64a VAG; für Pharmaunternehmen, § 54 AMG iVm AMWHV, oder die für die Telekommunikationsunternehmen geltenden Organisationspflichten nach dem TKG und TMG (weitere Bsp nennen Wiederholt/Walter BB 2011, 968). Zur Ermöglichung und Erleichterung des Entlastungsbeweises nach § 831 Abs 1 S 2 Var 2 BGB werden verschiedene Organisations- und Strukturmodelle diskutiert, etwa die Benennung eines Compliance Officers, die Einführung eines Organisationshandbuchs (compliance manual) oder die Effektuierung der Kommunikation und des sog Krisenmanagements (Wiederholt/Walter BB 2011, 968; Rodewald/Unger BB 2007, 1629). Delegiert ein Unternehmen oder Arbeitgeber im Compliance-Bereich Pflichten an Mitarbeiter, etwa als Compliance-Beauftragte, handeln diese regelmäßig als dessen Verrichtungsgehilfe (zur Haftung des Compliance-Beauftragten selbst ausführlich Bayreuther, Die Haftung des Compliance-Officers, in: FS Säcker [2011] 173).

Datenschutzbeauftragter: Nicht-öffentliche Stellen, dh auch private Unternehmen, müssen zum Schutz personenbezogener Daten in den in § 4f Abs 1 BDSG aF, § 6 Abs 3 S 1, § 38 Abs 1 BDSG genannten Fällen einen Beauftragten für den Datenschutz bestellen. Der Datenschutzbeauftragte ist zwar bei der Ausübung seiner Fachkunde auf dem Gebiet des Datenschutzes nicht an Weisungen der verantwortlichen Stelle, idR des Arbeitgebers, gebunden, § 4f Abs 3 S 2 BDSG aF (zu den Landesdatenschutzgesetzen s den Überblick bei Gola/Schomerus, BDSG [12. Aufl 2015] § 4 f Rn 58). Die Weisungsfreiheit aus Art 38 Abs 3 S 1 DS-GVO, § 6 Abs 3 S 1 BDSG, wonach die verarbeitende Stelle sicherzustellen hat, dass der Datenschutzbeauftragte keine Anweisungen bzgl der Ausübung seiner Aufgaben erhält, schließt hingegen die Verpflichtung der verantwortlichen Stelle, für Schäden einzustehen, die durch einen Verstoß des Beauftragten gegen seine Pflichten aus Art 39 DS-GVO (§ 4g BDSG aF) eingetreten sind, nicht aus (Simitis/Simitis, BDSG [8. Aufl 2014] § 7 Rn 66 mwNw, allerdings mit der Tendenz, einen Schadenersatzanspruch auf § 823 Abs 1 zu stützen; Bayreuther, Die Haftung des Compliance-Officers, in: FS Säcker [2011] 173, 175; Forst AuR 2010, 106; weitergehend Ehmann/Selmayr/Nemitz [3. Aufl 2024] DS–GVO Art 82 Rn 53, der sogar eine Exkulpation ausschließt; **aA** BeckOK IT-Recht/de la Durantaye [1. 4. 2023] § 831 BGB Rn 3: mangels Weisungsgebundenheit nur Haftung aus § 823 Abs 1; BeckOGK/Makowsky [1. 6. 2026] § 831 Rn 26.2: Beauftragter diesbezüglich Repräsentant des Unternehmens gem § 31; Thüsing/Thüsing/Pötters, Beschäftigtendatenschutz und Compliance [3. Aufl 2021] § 21 Rn 30: nicht mit Willen des Arbeitgebers tätig). Der Weisungsfreiheit steht nicht entgegen, dass der Arbeitgeber die Amtsausübung des Datenschutzbeauftragten überwacht (BAG 13. 3. 2007 – 9 AZR 612/05, BAGE 121, 369 Rn 22). Auch Kontroll- und Überwachungsmaßnahmen des Arbeitgebers sind grundsätzlich erlaubt (BeckOK-DatenschutzR/Moos [1. 11. 2021] Art 38 DS-GVO Rn 20; Taeger/Gabel/Scheja [5. Aufl 2026] DS-GVO Art 38 Rn 65). Dem Arbeitgeber bzw der verantwortlichen Stelle steht indes der Exculpationsbeweis nach § 831 Abs 1 S 2 BGB offen.

Ehegatte: Der den Haushalt führende Ehegatte ist nicht Verrichtungsgehilfe des anderen Ehegatten, weil die Haushaltsführung als Beitrag zum ehelichen Unterhalt (§ 1360 BGB) in eigener Verantwortung erfolgt (Gernhuber/Coester-Waltjen § 20 Rn 7; Soergel/Lipp § 1356 Rn 20). Dies gilt auch bei einer Tätigkeit im Rahmen des § 1357 BGB; das entspricht der bereits unter der Geltung des § 1357 aF vertretenen hM (vgl Weimar JR 1967, 248; Schlosser FamRZ 1961, 287; Mertens FamRZ 1968, 130). Auch ein Ehegatte, der zur Entlastung des Haushaltsführenden im Haus mitwirkt, ist nicht dessen Verrichtungsgehilfe. Gleiches gilt für den Ehemann, der seine Ehefrau mit dem Kfz fährt (OLG München 12. 1. 2018 – 10 U 2718/15, juris Rn 5).

Eine sich aus der Lebensgemeinschaft (§ 1353 BGB) ergebende Mitwirkung des Ehegatten im Beruf oder Geschäft des anderen macht den Mitarbeitenden grds nicht zum Verrichtungsgehilfen (anders unter dem früher geltenden § 1365 Abs 2 BGB, dazu RGZ 152, 222). So ist zB die als Fleischverkäuferin in dem Metzgereibetrieb ihres Manns mitarbeitende Ehefrau in der Regel nicht dessen Verrichtungsgehilfin, weil sie nicht dessen Weisungen unterworfen ist (OLG Düsseldorf 18. 10. 1991 – 22 U 62/91, OLGR 1992, 83). § 831 BGB greift jedoch, wenn der Ehegatte in einem Anstellungsverhältnis zu dem anderen steht oder der eine Ehegatte vom anderen mit bestimmten Verrichtungen besonders betraut ist (vgl BGB-RGRK/Steffen § 831 Rn 21 – unter „Ehegatten"; Staudinger/Voppel [2024] § 1356 Rn 78). So kommt nach Weimar (JR 1979, 271) § 831 BGB in Betracht, wenn ein Ehegatte Grundeigentum in die Zugewinngemeinschaft einbringt und mit Tätigkeiten, die sich daraus ergeben, den anderen Ehegatten „beauftragt", zB die Ehefrau als Hauseigentümerin den Ehemann mit der Erfüllung der Streupflicht auf dem Gehweg vor dem Haus.

Eine Bestellung iS des § 831 BGB kann darin liegen, dass ein Ehegatte dem anderen Generalvollmacht zur Verwaltung seines Vermögens erteilt (RGZ 91, 363). Überlässt ein Ehepartner dem anderen ein Kfz zur Führung, wird dieser nicht zum Verrichtungsgehilfen (BGH 21. 12. 1955 – VI ZR 261/53, VersR 1956, 211; BGH 25. 4. 1972 – VI ZR 208/70, VersR 1972, 832; offen gelassen in BGH 25. 3. 1980 – VI ZR 61/79, VersR 1980, 740; OLG Nürnberg VersR 1954, 132). Der Ehegatte, der in dem vom anderen Ehegatten gehaltenen und geführten Kfz mitfährt, hat die Führung nicht iS des § 831 BGB an diesen übertragen (BGHZ 35, 317).

Zum Entlastungsbeweis, wenn im Einzelfall ein Ehegatte als Verrichtungsgehilfe des anderen anzusehen ist (vgl RGZ 152, 222; Weimar JR 1967, 248; 1979, 271).

Im Haushalt ist § 831 BGB uneingeschränkt auf Hausangestellte, Kinderbetreuer und Hauskinder (§ 1619 BGB) anwendbar (vgl dazu aus der Begr [Bd II 110] zum Referentenentwurf eines Ges z Änd schadensersatzrechtlicher Vorschriften 1967: „Eingehende Erörterungen haben gezeigt, dass eine Ausnahme [für den Bereich des Haushalts] sich nicht rechtfertigen (…) lässt" sowie BGH NJW 1996, 53, der eine Ausdehnung des Haftungsprivilegs des § 1664 auf andere Personen ablehnt; vgl § 832 Rn 216).

Filmautor: Ein Filmautor ist Verrichtungsgehilfe der Fernsehanstalt, die für einen von diesem unter Verstoß gegen die journalistischen Sorgfaltspflichten erstellten und von ihr ausgestrahlten Filmbericht aus § 831 Abs 1 BGB haftet (BGH 9. 4. 2019 – VI ZR 89/18, VersR 2019, 953 Rn 24).

Gastwirt: Der Inhaber einer Gaststätte ist bei einer von ihm veranstalteten Tanzunterhaltung Geschäftsherr der Musizierenden (OLG Kiel HRR 1941 Nr 635).

Gerichtsvollzieher: Der Gerichtsvollzieher ist nicht Verrichtungsgehilfe der Partei, die den Auftrag erteilte, obwohl er zT an deren Weisungen gebunden ist. Als Organ der Zwangsvollstreckung handelt er in Ausübung öffentlicher Gewalt. Durch ihn übt der Staat als alleiniger Träger der Vollstreckungsgewalt sein Zwangsmonopol in hoheitlicher Weise aus (BGH 5. 2. 2009 – IX ZR 36/08, VersR 2009, 1510 Rn 14). Die Haftung richtet sich folglich nach § 839 BGB, Art 34 GG (s dazu die Kommentierung zu § 839 BGB).

Handwerker: Selbständige Handwerker und Unternehmer sind regelmäßig keine Verrichtungsgehilfen des Bauherrn (BGH NJW 1994, 2756; vgl Rn 102).

Handelsvertreter: Sie sind grundsätzlich selbständige Gewerbetreibende (§ 84 HGB) und nicht Verrichtungsgehilfen des Unternehmers, für den sie tätig werden. Die Eigenschaft eines Verrichtungsgehilfen kommt für sie nur ausnahmsweise in Betracht, wenn sie bei Ausübung der Tätigkeiten weisungsgebunden und von dem Unternehmer abhängig sind. Nicht ausreichend ist eine „gewisse" Abhängigkeit des Handelsvertreters vom Unternehmer (BGH 11. 7. 2013 – III ZR 31/12, NJW-RR 2013, 1513 Rn 19 mwNw).

Hausmeister: Der mit der Durchführung von Wohnungsbesichtigungen betraute Hausmeister ist Verrichtungsgehilfe der für die Wohnungsvermittlung zuständigen Hausverwaltung (OLG Köln NJW 2010, 1676 [Verweigerung der Möglichkeit der Wohnungsbesichtigung und -anmietung unter Verweis auf die ethnische Herkunft der Interessenten]).

Jagdverhältnisse: Der Jagdrevierinhaber ist Geschäftsherr des von ihm bestellten Jagdpersonals (RG WarnR 1928 Nr 76; 1930 Nr 103). Das gilt jedoch nur mit den folgenden Einschränkungen:

Nach § 33 Abs 2 HS 2 BJagdG haftet der Jagdausübungsberechtigte ohne die Entlastungsmöglichkeit nach § 831 BGB für den Jagdschaden, der durch einen von ihm bestellten Jagdaufseher (oder durch einen Jagdgast) angerichtet wird (§ 835 Rn 27 ff, Rn 37, Rn 41 – auch zur Haftung bei einem behördlich bestätigten [§ 25 BJagdG] Jagdaufseher, der in Ausübung der ihm übertragenen öffentlichen Gewalt handelt; zur Haftung bei Treib- und Gesellschaftsjagden s § 835 Rn 34).

Kfz-Leasingnehmer/finanziertes Kfz: Der Halter eines geleasten oder finanzierten Kfz ist kein Verrichtungsgehilfe des Eigentümers (Looschelders VersR 2019, 513, 514).

Kinder: Gegenüber ihren Eltern sind erwachsene Kinder mangels Weisungsgebundenheit generell keine Verrichtungsgehilfen; wird jedoch ein im elterlichen Haushalt lebendes erwachsenes Kind mit bestimmten Verrichtungen besonders betraut (Beaufsichtigung des Hausgrundstücks während der urlaubsbedingten Abwesenheit der Eltern), so liegt keine Tätigkeit im Rahmen der häuslichen Gemeinschaft mehr vor und das Kind wird als Verrichtungsgehilfe tätig (OLG Köln NJW 2000, 2905).

Konzern: Die Übertragung von Aufgaben auf ein bestimmtes Unternehmen innerhalb eines Konzerns dient regelmäßig gerade dem Zweck, durch die selbstständige – nicht weisungsgebundene – Erledigung der Aufgabe andere Teile des Konzerns zu entlasten, weshalb das Unternehmen kein Verrichtungsgehilfe einer anderen Konzerngesellschaft ist (BGH 6. 11. 2012 – VI ZR 174/11, NJW 2013, 1002 Rn 16; vgl auch BeckOGK/Makowsky [1. 6. 2026] § 831 Rn 18 ff mwNw, wonach auch die konkreten Konzernverhältnisse für die Beurteilung der selbstständigen Aufgabenerledigung in den Blick zu nehmen sind).

Kraftfahrer: Der mit der Führung, Pflege und Beaufsichtigung des Kfz betraute Kraftfahrer ist Verrichtungsgehilfe des Halters, der ihn bestellt hat (RGZ 128, 149; 135, 149; 146, 97; BGH 4. 12. 1964 – VI ZR 195/63, VersR 1965, 290), auch der Fahrer eines für längere Zeit vom Halter an einen Dritten vermieteten Fahrzeugs (OLG Köln DR 1940, 723; im Ergebnis anders OLG Düsseldorf 12. 12. 1978 – 4 U 77/78, VersR 1979, 674; LG Kaiserslautern VersR 1992, 705). Ebenso verhält es sich mit dem Angestellten, der sich zur Erledigung seiner Aufgaben des vom Geschäftsherrn zur Verfügung gestellten Kraftwagens bedient (OLG Köln DRW 1941, 383). Der einem Transportunternehmen dienstverpflichtete Fahrer ist dessen Verrichtungsgehilfe (OLG Dresden TranspR 1998, 28; OLG Köln VersR 2005, 851 [angestellter Lkw-Fahrer als Verrichtungsgehilfe]; OLG Hamm VersR 2009, 652; OLG Frankfurt VersR 2008, 131 [Lkw-Fahrer als Verladehelfer]). Der Fahrlehrer ist Verrichtungsgehilfe des Inhabers einer Fahrschule (OLG Hamm NJW-RR 2004, 1095, 1096).

Es besteht kein Gehilfenverhältnis, wenn der Kfz-Halter seinen Wagen einem Dritten zur selbständigen Benutzung überlässt (BGH VersR 1966, 877). Der im Firmenwagen beförderte Angestellte einer Firma ist im Verhältnis zum Firmenchauffeur nicht ohne Weiteres Geschäftsherr iS des § 831 BGB (RG JW 1938, 456; BGH 19. 2. 1962 – III ZR 217/60, VersR 1962, 475). Auch der Arbeitnehmer ist nicht Gehilfe des Arbeitgebers, den er in seinem eigenen Wagen gelegentlich einer von ihm ohnehin durchgeführten Fahrt mitnimmt, selbst wenn dies ohne das bestehende Arbeitsverhältnis nicht geschehen wäre (BGH NJW 1978, 1920).

Nicht Verrichtungsgehilfe, sondern selbständiger Unternehmer ist der Taxifahrer gegenüber dem Fahrgast, da dieser ihm nur Weisungen hinsichtlich des Fahrtziels, nicht jedoch über die technische Durchführung der Fahrt erteilen kann (RG JW 1935, 35).

Landwirt: Der Landwirt, dem ein Reitpferd in „Pension" gegeben wird, ist in der Regel nicht Verrichtungsgehilfe des Eigentümers und Halters des Pferds (OLG Hamm 10. 5. 1993 – 13 U 3/93, OLGR 1993, 240).

Nachbarschaftshilfe: Bei aus Gefälligkeit in Nachbarschaftshilfe vorgenommenen Arbeiten (Elektroinstallation) fehlt es an der für den Verrichtungsgehilfen erforderlichen sozialen Abhängigkeit bzw Weisungsgebundenheit (OLG Koblenz 2. 4. 2014 – 5 U 1024/13, juris Rn 38 ff).

Personen-/Organgemeinschaften: Miterben und Mitglieder eines aus mehreren Personen bestehenden Organs stehen ebenso wie die Gesellschafter einer GbR grds nicht im Verhältnis von Geschäftsherrn und Verrichtungsgehilfen, wenn sie die ihnen obliegenden Aufgaben untereinander aufteilen (RGZ 91, 72; BGHZ 45, 311). Die Gesellschaft bürgerlichen Rechts selbst kann dagegen durchaus Geschäftsherrin sein (K Schmidt NJW 2003, 1897, 1898). So bejaht OLG Koblenz (VersR 2005, 655) die Geschäftsherrnhaftung einer von mehreren Ärzten als Gesellschaft bürgerlichen Rechts betriebenen Gemeinschaftspraxis für das deliktische Handeln eines ihrer behandelnden Ärzte (Zurechnung analog § 31 BGB). Eine Bestellung zum Verrichtungsgehilfen kann vorliegen, wenn ein Gesellschafter einer OHG oder ein Geschäftsführer einer GmbH im Einzelfall von den übrigen zu einer Verrichtung bestellt wird (vgl RGZ 91, 72). Mitglieder eines Vereins können Verrichtungsgehilfen der staatlichen Luftaufsicht (nicht des Vereins) sein, wenn sie zu Startleitern bestellt sind (OLG Hamm VersR 1995, 309). Ein eingetragener Verein, der eine Therapie zur Heilung Drogenabhängiger durchführt, haftet jedoch in vollem Umfang, wenn sein Therapieleiter die Teilnehmer aufgefordert hat, ohne Sicherheitsvorkehrungen eine mehr als 6 m hohe Eiche zu besteigen, und ein Teilnehmer sich bei einem Absturz aus dieser Höhe verletzt (OLG Frankfurt SpuRt 1994, 93).

Pflegepersonal: Bei der Wahrnehmung allgemeiner Verkehrssicherungspflichten zum Schutz der Bewohner von Altenheimen vor Schädigungen, die diesen wegen Krankheit oder einer sonstigen körperlichen oder geistigen Einschränkung durch sie selbst oder durch die Einrichtung und bauliche Gestaltung des Altenheims drohen, handelt das Pflegepersonal als Verrichtungsgehilfe des Heimträgers jedenfalls, wenn die Pflichten begrenzt sind auf die in Pflegeheimen üblichen Maßnahmen, die mit einem vernünftigen finanziellen und personellen Aufwand realisierbar sind (OLG Düsseldorf VersR 2008, 1079; OLG Hamm MDR 2012, 153; OLG Schleswig 13. 4. 2012 – 17 U 28/11, NJW-RR 2013, 31; zum Beurteilungsspielraum der Mitarbeiter einer stationären Betreuungseinrichtung bezüglich der Sicherungsmaßnahmen: OLG Jena 27. 8. 2015 – 1 U 558/14, NJW-RR 2016, 273 Rn 14).

Rechtsanwalt: Der als Prozessvertreter bestellte Rechtsanwalt ist nach der Rspr Verrichtungsgehilfe der Partei, auch bei unbeschränkter Vollmacht (RGZ 96, 177, 180 f; BGH 15. 2. 1957 – VI ZR 335/55, LM Nr 5 zu § 823 Hb = VersR 1957, 301; NJW 1979, 1882, 1883, insoweit nicht abgedruckt in BGHZ 74, 281; BGH6. 10. 1994 – III ZR 134/93, NJW-RR 1995, 248, 252; OLG Koblenz 8. 11. 1988 – 6 W 681/88, NJW-RR 1989, 363; BeckOK-BGB/Förster [1. 5. 2026] § 831 Rn 26; Staudinger/Wöstmann [2020] § 839 Rn 250; Schlick/Rinne NVwZ 1997, 1171, 1177; **aA** BeckOGK/Makowsky [1. 6. 2026] § 831 Rn 29–29.2; MünchKommBGB/Wagner § 831 Rn 18; Erman/Wilhelmi § 831 Rn 6; BGB-RGRK/Steffen § 831 Rn 21 – unter Rechtsanwalt – aber für den Syndikus wie die Rspr; kritisch auch Soergel/Krause § 831 Rn 24). Dieser Rspr ist weiter zuzustimmen, da der Rechtsanwalt ungeachtet seiner Stellung als unabhängiges Rechtspflegeorgan von der Bevollmächtigung durch seinen Mandanten abhängig ist, zumal ihm dieser Weisungen erteilen kann, an die der Anwalt im Innenverhältnis trotz seiner nach außen unbeschränkten Vollmacht gebunden ist (ebenso BeckOK-BGB/Förster [1. 5. 2026] § 831 Rn 26). Etwas anderes folgt auch nicht daraus, dass sich die Weisungsgebundenheit des Anwalts nur auf das allgemeine „ob" seines Tätigwerdens bezieht, er beim „wie" uU sogar von Weisungen des Mandanten abweichen kann und kein Weisungsrecht für Art, Umfang und Zeit der Arbeitseinteilung besteht (so BeckOGK/Makowsky [1. 6. 2026] § 831 Rn 29.1). Das Weisungsrecht des Geschäftsherrn muss nicht ins Einzelne gehen. Es genügt, dass er die Tätigkeit des Handelnden jederzeit beschränken oder entziehen kann. Der Geschäftsherr haftet aus § 831 BGB, weil er auf Grund eines objektiven Abhängigkeitsverhältnisses befugt ist, auf das Verhalten des Dritten tatsächlich Einfluss zu nehmen und ggf auch das Verhältnis zu diesem zu beenden (BGH 10. 12. 2013 – VI ZR 534/12, NJW-RR 2014, 614 Rn 12 mwNw). Auch ist es für seine Weisungsgewalt nicht erforderlich, dass er fachlich mitsprechen kann.

Die Partei haftet für ehrverletzende Äußerungen in den Schriftsätzen ihres Rechtsanwalts aus § 831 BGB auch, wenn diese nicht auf ihren Informationen beruhen (BGH 25. 5. 1962 – I ZR 181/60, NJW 1962, 1390).

Zur Haftung eines Rechtsanwalts für eine von seinem Bürovorsteher erteilte Auskunft s RG Recht 1906 Nr 1168.

Reiseveranstalter: Die einzelnen Leistungsträger einer Reiseleistung sind keine Verrichtungsgehilfen des Reiseveranstalters (BGHZ 103, 298, 303 = NJW 1988, 1380; BGH NJW 2007, 2549; OLG Frankfurt MDR 2000, 141; OLG Frankfurt RRa 1997, 180). Die Hotelleitung ist nicht Verrichtungsgehilfe des Reiseveranstalters, da es insoweit an jeglicher Weisungsgebundenheit fehlt (BGHZ 103, 298, 303; LG Frankfurt RRa 1995, 84; LG Frankfurt RRa 1994, 98; AG Baden-Baden RRa 1994, 16; LG Hamburg RRa 1995, 187; OLG Bamberg NJW-RR 2013, 1148 mwNw; KG 19. 4. 2016 – 9 U 103/15, juris Rn 7). Der Reiseveranstalter ist aufgrund seiner eigenen gewerblichen Verkehrssicherungspflicht gehalten, die von ihm durch Leistungsträger verschafften Unterkünfte auch ohne besonderen Anlass den Umständen entsprechend regelmäßig sorgfältig auf ihre Gebrauchssicherheit zu überprüfen und dabei entdeckte Mängel umgehend abstellen zu lassen (BGHZ 103, 298, 305 ff = NJW 1988, 1380; KG 19. 4. 2016 – 9 U 103/15, juris Rn 8 f). Auch der selbständige und nicht weisungsgebundene Transportunternehmer kann nicht als Verrichtungsgehilfe des Reiseveranstalters angesehen werden (LG Konstanz RRa 1994, 152; AG Königstein RRa 1994, 46; LG Frankfurt TranspR 1991, 443; OLG Frankfurt NJW-RR 1993, 1329; LG Frankfurt TranspR 1993, 442) wie auch nicht ein Flughafenbetreiber und der von ihm eingesetzte Reinigungsdienst (LG Baden-Baden 16. 10. 2018 – 3 O 70/18, RRa 2019, 62 f). Ebenso ist der an Bord eines Kreuzfahrtschiffes tätige Schiffsarzt kein Verrichtungsgehilfe des Reiseveranstalters im Zusammenhang mit der von ihm während der Kreuzfahrt selbstständig erbrachten ärztlichen Behandlung. Etwas anderes folgt auch nicht aus dem zur Verfügung stellen der Praxisräume, der Vorgabe der Praxiszeiten sowie der Einziehung des Ärztehonorars durch den Reiseveranstalter (AG Rostock 2. 12. 2015 – 47 C 243/15, RRa 2016, 242).

Zur Haftung des Flughafenbetreibers für von seinem Personal begangene oder wegen nicht sorgfältig ausgeführter Sicherheitskontrolle der Fluggäste nicht verhinderter Terrorangriffe vgl VORRATH ZLW 2007, 181.

Schäfer: Der Schäfer, der von einem Schäfermeister zum Treiben seiner Herden beschäftigt wird, ist dessen Verrichtungsgehilfe. Jener haftet, wenn der Schäfer eine Schafherde über Wildäcker und Weideland des Jagdausübungsberechtigten treibt (LG Trier Jagdr Entsch Bd VII Sachg IX Nr 81).

Spediteur: Ein selbstständiger Spediteur ist grundsätzlich kein Verrichtungsgehilfe. Die Spedition handelte daher bei der Auslieferung eines Radladers nicht als Verrichtungsgehilfe des Verkäufers. Eine andere Wertung kann unter Umständen gerechtfertigt sein, wenn der Auftraggeber Einfluss auf den konkreten Ablauf des Transports, zB durch Vorgabe der Fahrtstrecke etc, nimmt (OLG Bamberg 7. 12. 2015 – 4 U 196/14, juris Rn 29).

Staatliche/gemeindliche Unternehmen: § 831 BGB ist hier nur anwendbar, wenn es sich nicht um Amtspflichtverletzungen in Ausübung öffentlicher Gewalt handelt, wo nur eine Haftung aus § 839 BGB, Art 34 GG in Betracht kommt, und wenn der Schädigende nicht als verfassungsmäßig berufener Vertreter iS der §§ 30, 31, 89 BGB anzusehen ist. Auch ist zu prüfen, falls ein Vertreter iS der §§ 30, 31 BGB fehlt, ob ein Organisationsmangel darin liegt, dass trotz der Art und Bedeutung der Verrichtung die Bestellung eines besonderen Vertreters unterblieben ist. Siehe dazu aus der Rspr:

- für den Generaldirektor eines staatlichen Hüttenwerks (RG SeuffA 96 Nr 68)
- für den Vorstand eines staatlichen Wasser- und Straßenbauamts (RG DRW 1940, 2105)
- für einen Offizier in Angelegenheiten der militärischen Vermögensverwaltung (RGZ 120, 304)
- für den Vorsteher eines Stadtbauamts (RGZ 157, 228)
- für den Direktor einer Staatsbank (RGZ 157, 228)
- für den Betriebsdirektor einer städtischen Straßenbahn (RG WarnR 1916 Nr 125)
- für den Leiter der städtischen Gasanstalt (RGZ 74, 21; JW 1915, 395)
- für einen Sparkassenrendanten (RGZ 162, 202)
- für einen Sachbearbeiter einer Oberpostdirektion (RGZ 162, 129)

- für den Zugführer eines Straßenbahnunternehmens (BGH 16. 12. 1958 – VI ZR 271/57, VersR 1959, 375)
- für den Lokführer eines Eisenbahnunternehmens (BGH 19. 12. 1958 – VI ZR 258/57, LM Nr 5a zu § 831 Fa = VersR 1959, 310)

Die verkehrssicherungspflichtige Gemeinde muss sich einen Konstruktionsfehler einer Rutsche nicht zurechnen lassen, denn der dafür verantwortliche Hersteller ist nicht als ihr Verrichtungsgehilfe zu werten (OLG Hamm 19. 6. 1995 – 13 U 25/95, VersR 1996, 1517).

Steuerberater: Aufgrund der fehlenden Weisungsgebundenheit sind Steuerberater keine Verrichtungsgehilfen ihrer Mandantschaft (BGH VersR 2007, 1658).

Subunternehmer: Ein Subunternehmer, der vom Bauunternehmer zur Durchführung der ihm vom Bauherrn übertragenen Arbeiten eingeschaltet wird, ist im Allgemeinen kein Verrichtungsgehilfe des Bauunternehmers iSv § 831 BGB (BGH NJW 1994, 2756; OLG Frankfurt NJW-RR 2008, 1476).

Türsteher: Der Türsteher einer Diskothek handelt als Verrichtungsgehilfe des Betreibers, wenn er sich zur Durchsetzung von Hausverboten mit Gästen prügelt und diese dabei rechtswidrig schädigt (OLG Hamm 1. 10. 1998 – 27 U 43/98, OLGR 1999, 47).

Untermieter: Der Untermieter ist kein Verrichtungsgehilfe des Mieters (Burballa NZM 2013, 558, 563), wie auch ein Mitmieter nicht Verrichtungsgehilfe des anderen Mieters ist (Streyl NZM 2011, 377, 387).

Verleger: Der Verleger haftet für einen Redakteur, der von seinen Weisungen abhängt (BGHZ 3, 270; VersR 1965, 477). Ist dies nicht der Fall, kann der Herausgeber Geschäftsherr sein (BGHZ 14, 163). Hier kann sich jedoch eine Haftung des Verlegers aus § 823 BGB wegen Verletzung der allgemeinen Aufsichtspflicht ergeben (BGHZ 14, 163). Der Verleger eines Restaurantführers hat für seine Testesser als Verrichtungsgehilfen einzustehen (BGH ZIP 1998, 39).

Werbeagentur: Betraut der Geschäftsherr eine Agentur mit Werbeaktionen, handelt diese als dessen Verrichtungsgehilfe, sodass der Geschäftsherr im Falle unerbetener Telefon- und Faxwerbung Adressat eines Unterlassungsanspruchs ist (OLG Hamm 26. 3. 2009 – 4 U 219/08, NJOZ 2009, 4029). Die Selbständigkeit der Agentur steht dem jedenfalls nicht entgegen, wenn der Geschäftsherr in der Lage ist, die Tätigkeit der von ihm eingesetzten Agentur zu steuern, dh deren Tätigkeit jederzeit beschränken, untersagen und nach Art und Umfang bestimmen kann (BGH NJW 1956, 1715).

Zeitungsausträger: Übernimmt eine Aushilfskraft für einen Tag die Verteilung eines Anzeigenblattes an Stelle des vertraglichen Boten und verursacht sie dabei einen Fahrradunfall, haftet der reguläre Verteiler dem Geschädigten nicht aus § 831 BGB, weil der Vertreter kein Verrichtungsgehilfe des vertraglichen Boten ist (OLG Hamm 20. 1. 2009 – 9 U 133/08, NJW-RR 2010, 242).

2. Widerrechtliche Schadenszufügung

a) Kein eigener Begriff der Widerrechtlichkeit

109 Der in § 831 BGB verwendete Begriff der Widerrechtlichkeit entspricht dem in §§ 823 f BGB verwendeten (BGB-RGRK/Steffen § 831 Rn 27).

b) Abgrenzung von Handlungs- und Erfolgsunrecht

110 Wie bei § 823 BGB stellt sich auch bei § 831 BGB die Frage, ob die Widerrechtlichkeit eines Verhaltens bereits aus der Herbeiführung des deliktischen Erfolgs – der Verletzung eines der in §§ 823 BGB f geschützten Rechte bzw Rechtsgüter – durch den Handelnden folgt oder ob es zur Feststellung der Rechtswidrigkeit noch weiterer Voraussetzungen bedarf (ausführlich zum Rechtswidrigkeitsbegriff iRv § 823 BGB mwNw und eigenem Ansatz Voss, Die Verkehrspflichten [2007] 58 ff). Die zu dieser Frage vertretenen Auffassungen werden herkömmlicherweise unter den Oberbegriffen **„Erfolgsunrecht"** und **„Handlungsunrecht"** zusammengefasst. Grundlage des Rechtswidrigkeitsurteils ist nach der Lehre vom Erfolgsunrecht der negative Erfolg als solcher, nach der Lehre vom Handlungsunrecht dagegen der Verstoß gegen ein Verhaltensgebot bzw -verbot (MünchKommBGB/Grundmann § 276 Rn 13 ff; Larenz/Canaris, Schuldrecht II/2 § 75 II 3a aE). Die Lehre vom Erfolgsunrecht stellt demnach geringere Anforderungen an die Rechtswidrigkeit als die Lehre vom Handlungsunrecht. Anders als bei § 823 BGB hat die Unterscheidung zwischen Erfolgs- und Handlungsunrecht bei § 831 BGB praktische Auswirkungen, weil es nach dieser Bestimmung entscheidend auf die Rechtswidrigkeit des Gehilfenhandelns ankommt, während nach überwiegender Auffassung das Verschulden des Gehilfen irrelevant ist. Es wirkt sich für den Geschäftsherrn haftungsverschärfend aus, wenn die Anforderungen an die Rechtswidrigkeit des Gehilfenhandelns gering sind.

aa) Lehre vom Erfolgsunrecht

(1) Grundsätze

111 Nach der herkömmlichen Betrachtungsweise vom Erfolgsunrecht, wie sie von der Rspr (zB RG JW 1926, 364; RGZ 50, 60, 65; BGHZ 24, 21, 27; BGHZ 39, 103, 108; BGHZ 74, 9, 14; BGHZ 90, 255, 257; BGH NJW 1993, 2614) und Teilen des Schrifttums (etwa MünchKommBGB/Grundmann § 276 Rn 13 ff; Grüneberg/Retzlaff § 823 Rn 24) vertreten wird, ergibt sich die Rechtswidrigkeit eines Verhaltens im Regelfall schon aus der Tatsache, dass durch dieses Verhalten der deliktische Erfolg herbeigeführt wird. Der Verletzungserfolg „indiziert" also die Rechtswidrigkeit (BGHZ 74, 9, 14). Die Erkennbarkeit und Vermeidbarkeit der Rechtsgutverletzung durch den Schädiger ist danach erst bei der Frage des Verschuldens zu erörtern und ggf zu berücksichtigen. Sie wirkt sich nicht auf das Rechtswidrigkeitsurteil aus (BGB-RGRK/Steffen § 823 Rn 107). Diese Indizwirkung gilt nicht bei den sog Rahmenrechten oder offenen Deliktstatbeständen, also vor allem nicht bei Verletzungen des durch § 823 BGB geschützten allgemeinen Persönlichkeitsrechts oder des Rechts am eingerichteten und ausgeübten Gewerbebetrieb (BGHZ 74, 9, 14). Hier bedarf es zur Beurteilung der Rechtswidrigkeit stets einer einzelfallbezogenen Güter- und Interessenabwägung, bei der die Interessen und Motive des Rechtsinhabers und die des Handelnden zu berücksichtigen sind, bevor das Unwerturteil der Rechtswidrigkeit ausgesprochen werden kann. Die Indizwirkung wird widerlegt, wenn zugunsten des deliktisch Handelnden ausnahmsweise ein besonderer Rechtfertigungsgrund (Notwehr, Notstand, [mutmaßliche] Einwilligung usw) eingreift.

Sofern die Indizwirkung eingreift, bewirkt sie eine Beweiserleichterung zugunsten des Geschädigten. Zwar hat an sich der Kläger alle Voraussetzungen des deliktischen Ersatzanspruchs zu beweisen. Die Widerrechtlichkeit des Verletzungserfolgs wird aber vermutet, sodass der Schädiger ggf das Vorliegen eines Rechtfertigungsgrunds für sein Verhalten zu beweisen hat (Deutsch, Haftungsrecht Rn 254 f; zur Darlegungslast BGH NJW 1993, 2614).

(2) Modifizierung bei mittelbaren Ursachen

112 Um zu vermeiden, aufgrund der Indizwirkung der Rechtsgutverletzung auch solche Handlungen als rechtswidrig einstufen zu müssen, die zwar adäquat kausal zur Schädigung des fremden Rechtsguts beigetragen haben, aber nach allgemeinem Urteil als bloße **„mittelbare Eingriffe"** (Larenz/Canaris, Schuldrecht II/2 § 75 II 364) dennoch nicht rechtswidrig sind – Schulbeispiel ist die Herstellung eines später an einem Unfall beteiligten Kraftfahrzeugs oder einer Waffe, die dann zur Verletzung eines Menschen verwendet wird – beschränkt ein Teil der Lehre die Indizwirkung auf unmittelbar schädigende Handlungen, dh auf Handlungen, die selbst ohne weitere, von dritter Seite hinzutretende Zwischenschritte zur Rechtsgutverletzung führen (etwa Larenz, in: FS Dölle Bd 1 [1963] 187 f; vCaemmerer, in: FS zum hundertjährigen Bestehen des DJT [1960] Bd 2, 49 [77 f]; Erman/Schiemann [14. Aufl 2014] § 823 Rn 146; Staudinger/Hager [2021] § 823 Rn H 16; näher dazu Deutsch, Haftungsrecht Rn 237).

Die übrigen Vertreter der Lehre vom Erfolgsunrecht müssen in den Fällen nur mittelbarer Rechtsgutverletzung bereits die adäquate Kausalität des Verhaltens für die Rechtsgutverletzung verneinen, um so nicht zur Erörterung der Rechtswidrigkeit zu kommen (etwa Jauernig/Teichmann § 823 Rn 49 f). Dieser Weg erscheint unbefriedigend, da es nicht außerhalb aller Lebenswahrscheinlichkeit liegt, dass durch das Kraftfahrzeug oder die Waffe künftig Menschen zu Schaden kommen, die Adäquanz sich in diesen Fällen also kaum leugnen lässt (Wagner Kap 5 Rn 15 ff). vCaemmerer (Wandlungen Ges Schr I 537) bezeichnet die Heranziehung der Kausalitätstheorie für die Abgrenzung des deliktischen Verhaltens als „abwegig".

bb) Lehre vom Handlungsunrecht

113 Nach der Lehre vom Handlungsunrecht kann nicht vom eingetretenen Schaden auf die Rechtswidrigkeit der Handlung rückgeschlossen werden. Handlungen oder Unterlassungen sind rechtswidrig, wenn oder weil sie den Geboten oder Verboten der Rechtsordnung widersprechen (vCaemmerer, Wandlungen Ges Schr I 537). Dagegen ist der Verletzungserfolg allein im Regelfall nicht geeignet, die Rechtswidrigkeit des Handelns zu begründen; mit dem Verschuldensprinzip sei das schwerlich vereinbar. An den Verletzungserfolg anzuknüpfen, sei nur bei vorsätzlichem Handeln angebracht, da die Rechtsordnung die vorsätzliche Schädigung von Rechtsgütern Dritter schlechthin verbieten wolle (Wagner Kap 5 Rn 13, wobei Wagner [Kap 5 Rn 15] die Rechtswidrigkeit auch bei Vorsatztaten verneint). Bei einer lediglich fahrlässigen Verletzung der Rechtsgüter eines anderen kann dagegen, so die Grundidee des Handlungsunrechts, das Unwerturteil der Rechtswidrigkeit nur ausgesprochen werden, wenn der Schädiger gegen spezielle Verhaltensnormen verstoßen oder aber die generell von der Rechtsordnung zur Vermeidung eines Schadenseintritts geforderte Sorgfalt (§ 276 Abs 2 BGB) außer Acht gelassen hat (Nipperdey NJW 1957, 1777 f; Münzberg, Verhalten [1966] 49 f, 141 f; Wiethölter, Rechtfertigungsgrund 33 f; Staudinger/Caspers [2025] § 276 Rn 13; vgl auch Schubert/Schmid/Regge [Hrsg], § 1 Abs II Entwurf einer deutschen Scha-

densordnung, Akademie für Deutsches Recht 1933–1945, Protokolle der Ausschüsse [1993] 688). Denn wenn die Rechtsordnung ein potenziell gefährdendes Verhalten wie die Teilnahme am Straßenverkehr oder den Betrieb eines gefährlichen Industriebetriebs zulässt und reglementiert, können Rechtsgutverletzungen, die trotz Einhaltung der zugrundeliegenden Regeln entstehen, nicht rechtswidrig sein. Die Rechtsordnung spricht durch die Zulassung und Reglementierung des gefährdenden Verkehrs gleichzeitig aus, dass sich ein Verhalten unter Beachtung der erlassenen Vorschriften im Rahmen des Rechts hält (Nipperdey NJW 1957, 1777, 1779; vCaemmerer, in: FS zum hundertjährigen Bestehen des DJT [1960] Bd 2, 49, 77 f; so auch BGHZ GS 24, 21, 26). Der Verstoß gegen die Sorgfaltspflicht stellt nach diesem Ansatz also kein Element des Verschuldens dar, sondern ist ein Merkmal der Rechtswidrigkeit (Esser/Weyers, Schuldrecht II/2 § 55 II 3).

Die trotz Einhaltung der Regeln entstehenden Schäden sind nach der Lehre vom Handlungsunrecht lediglich das erlaubte Risiko der erlaubten gefährlichen Betätigung und stellen als solche nicht Unrecht, sondern nur ein Unglück dar (Nipperdey NJW 1957, 1777, 1778). Der Ausgleich eines solchen Schadens könne daher nicht die Aufgabe des Deliktsrechts sein, sondern müsse grds einer verschuldensunabhängigen Gefährdungshaftung vorbehalten bleiben, deren Risiko durch die Möglichkeit des Abschlusses entsprechender Versicherungen einzugrenzen sei (Nipperdey NJW 1957, 1778).

cc) Konsequenzen der Unterscheidung

(1) Grundsatz: Keine Konsequenz

Im Allgemeinen Deliktsrecht stellt die Unterscheidung zwischen Erfolgs- und Handlungsunrecht mehr eine Frage der systematischen Einordnung der Pflichtverletzung in den Deliktsaufbau als eine Kontroverse von praktischer Bedeutung dar. Die von der Lehre vom Handlungsunrecht geforderte Prüfung einer Sorgfaltspflichtverletzung wird auch von den Anhängern der Lehre vom Erfolgsunrecht befürwortet, allerdings nicht schon beim Merkmal der Rechtswidrigkeit, sondern (erst) bei der Schuld (Staudinger/Caspers [2025] § 276 Rn 13). Im Rahmen der verschuldensabhängigen Deliktstatbestände der §§ 823 BGB f wird es bei dieser bloß terminologischen Unterscheidung kaum zu unterschiedlichen Ergebnissen kommen. Denn ob ein pflichtgemäßes („verkehrsrichtiges") Verhalten des Schädigers bereits die Rechtswidrigkeit seines Tuns oder aber erst sein Verschulden entfallen lässt, wirkt sich hier nicht aus (BGH NJW 1981, 570, 571). **114**

Zu Abweichungen kommt es nur bei der Frage, ob gegen eine ein Rechtsgut verletzende, aber nicht sorgfaltswidrige Handlung Notwehr oder negatorischer Rechtsschutz möglich ist (dazu Grüneberg/Retzlaff § 823 Rn 24; Larenz, in: FS Dölle Bd 1 [1963] 169, 173; Baur AcP 160 [1961] 466, 469).

(2) Ausnahme: § 831 BGB

Auswirkungen haben die beiden Konzeptionen aber bei der Haftung für den Verrichtungsgehilfen nach § 831 BGB. Die Rechtswidrigkeitstheorien führen bei konsequenter Anwendung in Fällen, in denen der Verrichtungsgehilfe zwar adäquat kausal den deliktischen Erfolg verursacht, dabei aber nicht sorgfaltspflichtwidrig handelt, zu unterschiedlichen Ergebnissen. Denn es kommt nicht darauf an, ob der Verrichtungsgehilfe schuldhaft gehandelt hat (BGHZ 24, 21, 29; **aA** vCaemmerer, Wand- **115** lungen Ges Schr I 537). Die Frage nach dem Rechtwidrigkeitsbegriff hat daher praktische Bedeutung (Staudinger/Caspers [2025] § 276 Rn 13). Die Frage stellt sich, wenn der Verrichtungsgehilfe bei seiner Tätigkeit jede erforderliche Sorgfalt beachtet hat, die durch ihn erfolgte Schädigung aber nicht durch einen besonderen Rechtfertigungsgrund gerechtfertigt ist.

Nach dem Wortlaut der Norm, die nur die „Widerrechtlichkeit" der Schädigung als Voraussetzung für eine Haftung des Geschäftsherrn voraussetzt, ist ein schuldhaftes Handeln des Verrichtungsgehilfen nicht erforderlich, um die Haftung auszulösen (vgl dazu RGZ 50, 60, 65; BGHZ 24, 21, 29; **aA** vCaemmerer, Wandlungen Ges Schr I 537). Als subjektives Element wird lediglich gefordert, dass in Fallgestaltungen, in denen die Widerrechtlichkeit erst durch Kenntnis der Tatumstände begründet wird, welche die Tat zB zu einer sittenwidrigen machen, diese Kenntnis bei dem Verrichtungsgehilfen vorhanden ist (BGH NJW 1956, 1715; Erman/Wilhelmi § 831 Rn 13). Der Verzicht auf ein schuldhaftes Handeln des Verrichtungsgehilfen entspricht grds dem Sinn der Norm, die eine Haftung für ein vermutetes eigenes Verschulden des Geschäftsherrn begründet.

(a) Erfolgsunrecht

116 Nach der Lehre vom Erfolgsunrecht sind in diesen Fällen die Voraussetzungen für eine Haftung nach § 831 BGB grds erfüllt: Die vom Gesetz geforderte Widerrechtlichkeit des Handelns des Verrichtungsgehilfen ist gegeben, sie wird durch die Erfolgsverursachung indiziert; denn Rechtfertigungsgründe greifen nicht ein. Einer darüber hinausgehenden Sorgfaltspflichtverletzung durch den Verrichtungsgehilfen – an der es hier fehlt – bedarf es nach der Lehre vom Erfolgsunrecht zur Bejahung der Widerrechtlichkeit nicht.

Gleichwohl scheidet eine Haftung aus, wenn dem Geschäftsherrn kein Verschuldensvorwurf gemacht werden kann, falls er persönlich anstelle des Gehilfen gehandelt hätte (Wagner Kap 6 Rn 19 f; Medicus/Petersen Rn 782; Erman/Wilhelmi § 831 Rn 13; Grüneberg/Retzlaff § 831 Rn 8, 11). Zur Begründung wird angeführt, dass es in diesen Fällen an dem Verantwortungszusammenhang zwischen dem Verschulden des Geschäftsherrn und dem entstandenen Schaden fehle, da auch ein sorgfältig ausgewählter, beaufsichtigter und angeleiteter Gehilfe den Schaden herbeigeführt hätte. Das vermutete Verschulden des Geschäftsherrn wäre nicht kausal für den entstandenen Schaden; die Kausalitätsvermutung sei dann widerlegt. Im Ergebnis hafte der Geschäftsherr nach § 831 BGB bei fehlendem Gehilfenverschulden nur, wenn das fehlende Verschulden auf den §§ 827, 828 BGB beruhe oder der Gehilfe geringeren Sorgfaltsanforderungen unterliege. Das Gehilfenverschulden fällt unter die Kausalitätsvermutung und ist daher von dem Geschäftsherrn zu widerlegen (Medicus/Petersen Rn 782; BGH 12. 7. 1996 – V ZR 280/94, NJW 1996, 3205, 3207; Erman/Wilhelmi § 831 Rn 13).

(b) Handlungsunrecht

117 Dagegen fehlt es bei Zugrundelegung der Lehre vom Handlungsunrecht bereits an einer Tatbestandsvoraussetzung für die Haftung des Geschäftsherrn. Denn der sorgfältig – nicht vorsätzlich oder fahrlässig – handelnde Verrichtungsgehilfe verstößt nicht gegen die allgemeine oder eine spezielle Sorgfaltspflicht. Ohne einen solchen Pflichtverstoß ist das Handeln des Verrichtungsgehilfen nicht rechtswidrig (Nipperdey NJW 1957, 1777, 1779). Die Lehre vom Handlungsunrecht gelangt so zu einer einheitlichen Einstufung des verkehrsgerechten oder sozialadäquaten Verhaltens in § 823 BGB und § 831 BGB. Denn bei verkehrsrichtigem Verhalten kommt nach diesem Ansatz weder § 823 BGB noch – bei Handeln eines Verrichtungsgehilfen – § 831 BGB zur Anwendung; es fehlt jeweils am Tatbestandsmerkmal der Rechtswidrigkeit (Nipperdey NJW 1957, 1777, 1779).

(c) Verschulden als Regelerfordernis

Von einem anderen Ansatz her verneint ein Teil der Literatur die Haftung des Geschäftsherrn, wenn der Verrichtungsgehilfe schuldlos handelt: Aus der Gesetzgebungsgeschichte ergibt sich, dass durch das Absehen vom Verschulden des Verrichtungsgehilfen – während der Beratungen zum BGB wurde die Fassung von § 831 BGB dahingehend abgeändert, dass statt auf die Zufügung einer unerlaubten Handlung durch den Verrichtungsgehilfen auf dessen widerrechtliches Verhalten abgestellt wurde – verhindert werden sollte, dass sich ein Geschäftsherr eines schuldunfähigen Verrichtungsgehilfen bedienen und sich bei der Inanspruchnahme aus § 831 BGB auf dessen Unzurechnungsfähigkeit berufen könne (vCaemmerer, Wandlungen Ges Schr I 534; Esser/Weyers, Schuldrecht II/2 § 58 I; BGB-RGRK/Steffen § 831 Rn 28; ausführlich zur Entwicklung der Norm während der Beratungen des Bürgerlichen Gesetzbuchs Stoll JZ 1958, 137, 138). Keinesfalls sollte durch die Änderung des Wortlauts bewirkt werden, dass nunmehr auch alle Fälle von § 831 BGB erfasst werden, in denen der Verrichtungsgehilfe nicht schuldhaft handelt (Stoll JZ 1958, 137, 138). Die Haftung des Geschäftsherrn sei nur gerechtfertigt, wenn sich aus dem schuldlosen Verhalten des Verrichtungsgehilfen auf ein Verschulden des Geschäftsherrn schließen lässt (Stoll JZ 1958, 137, 138; Soergel/Krause § 831 Rn 36; Kupisch JuS 1984, 250, 253). Das sei etwa der Fall, wenn der Geschäftsherr einen deliktsunfähigen Gehilfen einstellt oder den Gehilfen fehlerhaft anleitet und dieser deshalb die schädigende Handlung vornimmt (RGZ 50, 60, 67; Wieacker JZ 1957, 535; Kupisch JuS 1984, 250, 253; BGB-RGRK/Steffen § 831 Rn 28 f). In allen anderen Fällen sei das Verschulden des Verrichtungsgehilfen – entgegen dem Gesetzeswortlaut – Voraussetzung für die Haftung des Geschäftsherrn (Soergel/Krause § 831 Rn 36; Stoll JZ 1958, 137, 138; Kupisch JuS 1984, 250, 253). 118

(d) Rechtsprechung

In der Rspr ist wiederholt der **Grundsatz** aufgestellt worden, dass der Geschäftsherr nicht wegen des schädigenden Verhaltens des Verrichtungsgehilfen haftet, wenn er für dasselbe Verhalten nicht haften müsste, hätte er selbst gehandelt. Wenn danach der Geschäftsherr bei eigenem Handeln wegen fehlenden Verschuldens nicht gehaftet hätte, so müsse er auch nicht haften, wenn nicht ein eigenes, sondern ein sorgfältiges Verhalten des Verrichtungsgehilfen den Schaden herbeigeführt habe (RGZ 76, 35, 48; RG JW 1936, 2394, 2396; BGHZ 12, 94, 96, BGH 5. 2. 1957 – VI ZR 320/55, VersR 1957, 247; BGH 22. 11. 1974 – I ZR 32/74, VersR 1975, 447; OLG Oldenburg NJW-RR 1988, 36; BGH 12. 7. 1996 – V ZR 280/94, NJW 1996, 3205, 3207; BGH 5. 7. 2019 – V ZR 96/18, VersR 2020, 180 Rn 20). Dieser Ausgangspunkt ist nach Sinn und Zweck von § 831 BGB zutreffend; denn die Haftung des Geschäftsherrn ist nur gerechtfertigt, wenn er die Gefahr eines Schadens durch den Einsatz einer Hilfsperson erhöht hat. Eine erhöhte Gefahr entsteht aber nicht, wenn die Hilfsperson mit aller erdenklichen Sorgfalt vorgeht, so wie der Geschäftsherr selbst auch gehandelt hätte. Die von der Rspr entwickelte Regel ist teilweise *neben* einer nach dem Sachverhalt gegebenen Exculpation des Geschäftsherrn nach § 831 Abs 1 S 2 BGB zu dessen Entlastung herangezogen worden (RG JW 1936, 2394, 2396; wohl auch OLG Celle VersR 1958, 405), teilweise aber auch als An- 119 wendungsfall des § 831 Abs 1 S 2 BGB betrachtet worden: Der Geschäftsherr werde bei einem verkehrsrichtigen Verhalten nach § 831 Abs 1 S 2 BGB auch entlastet, wenn ihn ein Überwachungs- bzw Auswahlverschulden treffe (OLG Oldenburg NJW-RR 1988, 38; zur Exculpation wegen verkehrsrichtigen Verhaltens siehe Rn 120, Rn 122, Rn 170). Zumeist hat die Rspr die Möglichkeit einer Exculpation aber mit dem Argument offen gelassen, eine solche sei nicht erforderlich, wenn der Verrichtungsgehilfe so handele, wie sich eine mit Sorgfalt ausgewählte Person verhält (BGHZ 12, 94, 96; BGH 5. 2. 1957 – VI ZR 320/55, VersR 1957, 247; BGH 22. 11. 1974 – I ZR 32/74, VersR 1975, 447, 449; wohl auch schon RGZ 78, 35, 48).

(e) Leitentscheidung BGHZ 24, 21

120 Der Große Zivilsenat des BGH hat anlässlich einer Vorlage nach § 132 GVG (§ 137 GVG aF) für einen begrenzten Lebensbereich zu der Frage Stellung genommen, ob die Rechtswidrigkeit einer deliktischen Schädigung nur angenommen werden kann, wenn besondere Sorgfaltspflichten verletzt sind.

In dem zugrundeliegenden Fall wollte der Kläger auf einen Straßenbahnwagen aufspringen. Dabei wurde er von der anfahrenden Bahn überrollt und schwer verletzt. Die Beklagte, Betreiberin der Straßenbahn, hatte zum Ablauf des Geschehens vorgetragen, der Kläger sei überraschend der anfahrenden Bahn nachgeeilt und habe versucht aufzuspringen, nachdem Schaffner und Fahrer sich an der Haltestelle ordnungsgemäß versichert hätten, dass keine Fahrgäste mehr zusteigen wollten, und daher das Abfahrtsignal gegeben bzw den Zug in Bewegung gesetzt hätten. Dagegen hatten nach der Darstellung des Klägers der Schaffner das Abfahrtsignal gegeben und der Fahrer den Zug in Bewegung gesetzt, obwohl für beide erkennbar war, dass der Kläger Anstalten machte, die Zugplattform zu besteigen. Es ließ sich nicht klären, wessen Sachverhaltsdarstellung richtig war. Den Entlastungsbeweis nach § 831 Abs 1 S 2 BGB trat die Beklagte nicht an.

Anlässlich der Prüfung, ob die Beklagte unter diesen Umständen nach § 831 BGB für den vom Schaffner und vom Fahrer adäquat kausal verursachten Schaden des Klägers haften müsse, hat der vorlegende Zivilsenat dem Großen Zivilsenat die Frage zur Entscheidung vorgelegt, ob „Widerrechtlichkeit" iSv § 831 BGB im Bereich des Straßen- und Eisenbahnverkehrs schon bei einer kausalen Rechtsgutverletzung (durch den Verrichtungsgehilfen) gegeben sei, oder ob dazu weiter Voraussetzung sei, dass sich der Verrichtungsgehilfe im Verkehr objektiv ordnungswidrig (verkehrswidrig) verhalten habe.

Der Große Senat hat den **Rechtfertigungsgrund des verkehrsrichtigen oder ordnungsgemäßen Verhaltens** entwickelt. Er hat in diesem Zusammenhang ausgeführt: Die Rechtsordnung reglementiere den Straßen- und Bahnverkehr in immer größerem Umfang. Mit dieser Rechtsentwicklung sei nicht vereinbar, auch unvermeidbare Schädigungen der Rechtsgüter Dritter durch diesen Verkehr deliktsrechtlich als rechtswidrige Eigentums- bzw Körperverletzungen zu betrachten und die Schadenshaftung in diesen Fällen erst unter dem Gesichtspunkt fehlender Schuld zu verneinen (BGHZ 24, 21, 24). Indem die Rechtsordnung den Straßen- und Bahnverkehr zulasse und reglementiere, spreche sie zugleich aus, dass sich ein Verhalten unter Beachtung dieser Regeln im Rahmen des Rechts halte. Ein solches Verhalten könne deshalb nicht mit dem negativen Urteil der Rechtswidrigkeit versehen werden.

Als Konsequenz aus seinen Überlegungen hat der Große Zivilsenat in seinem Beschluss den Satz aufgestellt, dass bei verkehrsrichtigem (ordnungsgemäßem) Verhalten eines Teilnehmers am Straßen- oder Eisenbahnverkehr, das zu einer Schädigung der Rechtsgüter Dritter führe, eine rechtswidrige Schädigung nicht vorliege. Dabei hat er nicht das verkehrswidrige Verhalten als Voraussetzung für die Rechtswidrigkeit, sondern das **verkehrsrichtige Verhalten** ausdrücklich als **Rechtfertigungsgrund** eingeordnet.

Daraus ergeben sich Konsequenzen für die Beweislastverteilung. Zu der ebenfalls von der Vorlage umfassten Frage, welche Seite **beweispflichtig** dafür sei, dass sich der Verrichtungsgehilfe verkehrsrichtig oder ordnungsgemäß verhalten habe, hat der Große Zivilsenat folgendes ausgeführt: Wie bei anderen Rechtfertigungsgründen auch obliege dem **Verletzer** eines fremden Rechtsguts im Rahmen von § 823 BGB der **Beweis seines verkehrsrichtigen Verhaltens** im Straßen- bzw Eisenbahnverkehr, während der Geschädigte die adäquat kausale Rechtsgutverletzung, die – freilich indizierte – Rechtswidrigkeit und das Verschulden zu beweisen hat (BGHZ 24, 21, 28 f; OLG Köln 30. 1. 2004 – 19 U 74/03, OLGR 2004, 185, 186). Auch bei § 831 BGB müsse der Geschädigte die adäquat kausale Rechtsgutverletzung, aber nicht deren Rechtswidrigkeit beweisen; dem Geschäftsherrn obliege die Beweislast für die Rechtmäßigkeit des Gehilfenhandelns, also dafür, dass sich der Verrichtungsgehilfe verkehrsrichtig verhalten habe. 121

Werden diese Grundsätze angewendet, wird der Geschädigte bei einem nicht aufklärbaren Unfallhergang besser gestellt, wenn ein Verrichtungsgehilfe den Unfall verursacht, als wenn ein Verhalten des Geschäftsherrn selbst zur Rechtsgutschädigung führt: Handelt der Geschäftsherr selbst, so wird seine Haftung häufig daran scheitern, dass der Geschädigte – trotz des ihm mitunter zugutekommenden Beweises des ersten Anscheins – nicht das Verschulden des Schädigers zu beweisen vermag, also die im Verkehr erforderliche Sorgfalt außer Acht gelassen hat (bei Fahrlässigkeit); die mangelnde Aufklärung geht zu seinen Lasten. Hat dagegen der Verrichtungsgehilfe adäquat kausal die Rechtsgutverletzung herbeigeführt, so wird der auf § 831 Abs 1 BGB gestützte Anspruch regelmäßig begründet sein, weil es dem Geschäftsherrn schwerlich gelingt, sich zu exculpieren: Dazu muss er nämlich beweisen, dass sich der Verrichtungsgehilfe (rechtmäßig) verkehrsrichtig verhalten hat (BGHZ 24, 21, 29). Zweifel gehen zulasten des Geschäftsherrn. Auf ein Verschulden des Verrichtungsgehilfen, das der Geschädigte zu beweisen hätte – kommt es dagegen nicht an (BGHZ 24, 21, 29; **aA** vCAEMMERER, Wandlungen Ges Schr I 537; ERMAN/WILHELMI § 831 Rn 13; SOERGEL/KRAUSE § 831 Rn 35 ff jeweils mwNw). Somit wirkt sich die Beweislast anders als bei § 823 BGB aus. Der BGH hat diese Besserstellung erkannt und damit begründet, dass der Gesetzgeber sie erkennbar gewollt und daher geringere Anspruchsvoraussetzungen aufgestellt habe. (BGHZ 21, 24, 30). Die beweisrechtliche Besserstellung des durch einen Verrichtungsgehilfen Geschädigten sei gerechtfertigt, weil der von einem Verrichtungsgehilfen Geschädigte im Übrigen schlechter gestellt sei, da sich der Geschäftsherr häufig entlasten könne.

Der Beschluss des Großen Zivilsenats aus dem Jahr 1957 hat eine lebhafte Diskussion mit weit auseinandergehenden – wenn auch zumeist kritischen – Einschätzungen der Entscheidung zur Folge gehabt (nachgewiesen bei WIETHÖLTER, Rechtfertigungsgrund 13 Fn 32; MÜNZBERG, Verhalten [1966] 5 Fn 12; LARENZ/CANARIS, Schuldrecht II/2 § 79 III

2c). So bezeichnete vCaemmerer (Wandlungen Ges Schr I 551) die Annahme eines Rechtfertigungsgrunds des verkehrsrichtigen Verhaltens als „geradezu anstößig". Diese Diskussion war geprägt von der Frage, wie der aus dem Strafrecht bekannte Begriff der Sozialadäquanz für das Zivilrecht fruchtbar zu machen sei. Zutreffend weisen Larenz/Canaris (Schuldrecht II/2 § 79 III 2c) darauf hin, dass es um die objektive Vermeidbarkeit der Verletzung und damit des Vorliegens einer zurechenbaren Handlung geht. Dafür obliegt dem Verletzten die Beweislast.

Große praktische Auswirkungen hat die Entscheidung dagegen nicht gehabt (vgl Dunz, in: 100 Jahre Karlsruher Forum, Beiheft zu VersR 1983, 99). Zwar hat die Rspr in späteren Entscheidungen an dem Ansatz festgehalten, dass es im Straßen- und Schienenverkehr einer besonderen Pflichtverletzung bedürfe, um die Rechtswidrigkeit feststellen zu können (etwa BGH 14. 5. 1957 – VI ZR 132/56, VersR 1957, 519, 520; BGH 11. 7. 1958 – VI ZR 108/57, VersR 1958, 626; BGH 6. 10. 1970 – VI ZR 56/69, NJW 1971, 31, 32; KG VersR 1977, 723, 724). Infolge der Bewertung des verkehrsrichtigen Verhaltens als Rechtfertigungsgrund durch den Großen Zivilsenat änderte sich aber im praktisch bedeutsamen Bereich der Beweislast nichts: Indem der Große Zivilsenat nicht das verkehrswidrige Verhalten als Voraussetzung der Rechtswidrigkeit bewertete, sondern das verkehrsrichtige Verhalten als Rechtfertigungsgrund, für dessen Vorliegen der Geschäftsherr den Beweis zu führen hat, ließ er die Haftung des Geschäftsherrn bestehen. Musste der Geschäftsherr bei pflichtwidrigem Verhalten des Verrichtungsgehilfen nach herkömmlicher Sichtweise haften, weil er den Entlastungsbeweis nach § 831 Abs 1 S 2 BGB nicht führen konnte, so tritt die Haftung jetzt bereits ein, weil der Geschäftsherr den Rechtfertigungsgrund des verkehrsrichtigen Verhaltens nicht beweisen kann (Stoll JZ 1958, 137; Dunz NJW 1960, 507, 508; BGB-RGRK/Steffen § 831 Rn 31). Allerdings hätte sich dieser Aufwand zur Sicherung der bisherigen Beweislastverteilung auch vermeiden lassen, weil der Geschäftsherr, wenn er das verkehrsrichtige Verhalten seines Verrichtungsgehilfen beweisen kann, regelmäßig auch die Kausalitätsvermutung des § 831 Abs 1 S 2 BGB widerlegen kann (Böhmer MDR 1958, 745; Dunz NJW 1960, 507, 509; Medicus/Petersen Rn 782; Esser/Weyers, Schuldrecht II/2 § 58 I 2).

In dem hier interessierenden Zusammenhang wurde die Entscheidung des Großen Zivilsenats sowohl als Ausdruck der Lehre vom Erfolgsunrecht (Haase NJW 1957, 1315) als auch als Hinwendung des BGH zum Handlungsunrecht bewertet (Larenz, in: FS Dölle Bd 1 [1963] 170; Medicus/Petersen Rn 606; Spickhoff JuS 2016, 865, 867 f). Tatsächlich enthält die Entscheidung Elemente beider Theorien, weil sie von der Indizwirkung der Rechtsgutverletzung und damit vom Erfolgsunrecht ausgeht, für den Bereich des Auto- und Schienenverkehrs mit dem Erfordernis der Pflichtverletzung auf der Rechtswidrigkeitsebene aber den Ansatz des Handlungsunrechts aufgreift. Da der Große Zivilsenat aber mit dem Ziel der Aufrechterhaltung der bisherigen Beweislastverteilung (Stoll JZ 1958, 137, 140) das verkehrsrichtige Verhalten als vom Geschäftsherrn zu beweisenden Rechtfertigungsgrund einordnet, kommt er zu einem anderen Ergebnis als bei konsequenter Anwendung der Lehre vom Handlungsunrecht: Danach hätte die Klage abgewiesen werden müssen, denn der Geschädigte konnte das verkehrswidrige Verhalten als Rechtswidrigkeitsvoraussetzung nicht beweisen. Ob die Entscheidung des Großen Senats die Lehre vom Handlungsunrecht stützt, ist zweifelhaft. Der Große Zivilsenat legt zwar den Rechtswidrigkeitsbegriff des Handlungsunrechts zugrunde, verteilt aber die Beweislast nach der Lehre vom Erfolgsunrecht (Wagner Kap 6 Rn 18 f), ohne sich einer Auffassung klar anzuschließen.

(f) Eigene Ansicht

Der modifizierten Lehre vom Erfolgsunrecht ist im Grundsatz zu folgen. Bei unmittelbaren Eingriffen indiziert die Verletzung die Rechtswidrigkeit, während es bei mittelbaren Schädigungen darauf ankommt, ob der Schädiger eine Verkehrspflicht verletzt. Dafür spricht nicht nur, dass sich diese Ansicht als hM zu § 823 BGB systematisch gut (STAUDINGER/HAGER [2021] § 823 Rn H 16 mwNw) einfügt, sondern auch die abgestufte Indizwirkung der Rechtsgutverletzung: Bei unmittelbar erfolgreichen Verletzungshandlungen ist es unnötig, nach der verletzten Handlungspflicht zu suchen, da insoweit die absolute Wirkung des geschützten Rechtsguts reicht. Diese Indizwirkung schwächt sich ab, wenn andere Faktoren zwischen Handlung und tatbestandlichen Erfolg treten. Durch die abgestufte Indizwirkung der Rechtsgutverletzung wird die Beweislast differenziert zugunsten des Geschädigten verteilt. Schließlich verwischt die Lehre vom Handlungsunrecht die grundlegende Unterscheidung von Rechtswidrigkeit und Verschulden, indem sie die Sorgfaltswidrigkeit als Voraussetzung für die Rechtswidrigkeit statuiert; danach würde zu Unrecht das Notwehrrecht vom Verschulden des handelnden Schädigers abhängen und der Geschädigte hätte entgegen dem Wortlaut von § 831 Abs 1 BGB das Verschulden des Verrichtungsgehilfen zu beweisen. 122

3. Handeln in Ausführung der Verrichtung

Der Gehilfe muss *„in Ausführung der Verrichtung“* gehandelt haben. 123

a) Allgemeine Umschreibung*

Der Geschäftsherr haftet nur für solche widerrechtlichen Schädigungen des Verrichtungsgehilfen, die dieser *„in Ausführung der Verrichtung“* begeht. Die schädigende Handlung kann dabei wie nach § 823 Abs 1 BGB in einem Tun oder in der Unterlassung einer auftrags- oder pflichtgemäß vorzunehmenden Tätigkeit bestehen (RG JW 1910, 334; RG JW 1911, 183), zB in der nicht gehörigen Erfüllung einer aufgetragenen Verkehrssicherungspflicht (RGZ 159, 283, 290; vgl dazu Rn 12). Der Schaden ist „in Ausführung der Verrichtung“ zugefügt, wenn die schädigende Handlung noch in den Kreis der Tätigkeiten fällt, welche die Verrichtung mit sich bringt, also der Tätigkeiten, welche die Ausführung der aufgetragenen Verrichtung darstellen (BGH 23. 2. 1955 – VI ZR 14/54, VersR 1955, 214; 20. 9. 1966 – VI ZR 258/64, VersR 1966, 1074; 30. 10. 1967 – VI ZR 82/65, VersR 1968, 92, 93).

b) Im Einzelnen

aa) Erfordernis eines objektiv bestehenden unmittelbaren inneren Zusammenhangs

Ein Handeln in Ausführung der Verrichtung erfordert nicht, dass gerade die den Schaden unmittelbar verursachende Handlung dem Verrichtungsgehilfen aufgetragen war (RG JW 1909, 358, 360; RG JW 1915, 704; RG WarnR 1913 Nr 55; BGH 11. 1. 1955 – I ZR 16/53, GRUR 1955, 411, 415; BGH 4. 3. 1982 – III ZR 150/80, VersR 1982, 498, 499). Ausreichend ist, dass die Handlung zu dem Geschäftskreis des Bestellten im Allgemeinen gehört (RGZ 92, 345). Ein nur örtlicher oder zeitlicher Zusammenhang wie zB die Schädigung Dritter durch einen Unfall des Gehilfen in unmittelbarer Nähe der Arbeitsstel- 124

* Vgl dazu ergänzend auch die Auslegung des Merkmals „in Ausübung eines ihm anvertrauten öffentlichen Amtes“ (Art 34 GG) in STAUDINGER/WÖSTMANN (2020) § 839 Rn 85, 93 ff.

le (BGH 25. 2. 1960 – VII ZR 14/59, VersR 1960, 424) genügt jedoch nicht. Das Gleiche gilt für das Vorliegen eines nur adäquaten Kausalzusammenhangs zwischen der Beauftragung des Gehilfen und dessen widerrechtlicher Handlung (**aA** Weimar DRiZ 1958, 21). Über den äußeren Zusammenhang hinaus ist vielmehr erforderlich (und ausreichend), dass das Handeln der Hilfsperson mit dem ihr übertragenen Aufgabenkreis nach Zweck und Art objektiv in einem *engen oder unmittelbaren inneren (sachlichen) Zusammenhang* steht (BGHZ 11, 152; 2. 2. 1955 – VI ZR 225/53, VersR 1955, 205; BGH 23. 2. 1955 – VI ZR 14/54, VersR 1955, 214; BGH 30. 10. 1959 – VI ZR 156/58, VersR 1960, 134; BGH 24. 6. 1958 – VI ZR 153/57, NJW 1958, 1774; BGH 20. 9. 1966 – VI ZR 258/64, VersR 1966, 1074; BGH 24. 1. 1967 – VI ZR 79/65, VersR 1967, 354; BGH 6. 10. 1970 – VI ZR 56/69; BGH 14. 2. 1989 – VI ZR 121/88, NJW-RR 1989, 723, 725; LG Hamburg MDR 1977, 752, 753; OLG Düsseldorf r+s 2006, 483; OLG Naumburg NJW-RR 2009, 1032). Es muss sich um eine noch im Leistungsbereich liegende Fehlleistung handeln (Fikentscher/Heinemann, Schuldrecht § 111 I 2 c Rn 1671). Die irrtümliche und selbst die eigenmächtige Überschreitung der Grenzen eines Auftrags stellt das Handeln des Gehilfen nicht außerhalb des Kreises der ihm aufgetragenen Verrichtungen, solange es mit dem Aufgabenkreis noch in einem inneren Zusammenhang steht (RG WarnR 1928 Nr 74; RG SeuffA 80 Nr 174; RG JW 1910, 652; RG 1938, 2744; RAG 16, 226, 229; BGHZ 11, 151, 153; BGH 2. 2. 1955 – VI ZR 225/53, VersR 1955, 205; BGH 23. 2. 1955 – VI ZR 14/54, VersR 1955, 214; BGH 30. 10. 1959 – VI ZR 156/58, VersR 1960, 134, 137; BGH 21. 6. 1963 – VI ZR 250/62, VersR 1963, 1076; BGH 24. 1. 1967 – VI ZR 79/65, VersR 1967, 354; BGH 6. 10. 1970 – VI ZR 56/69, NJW 1971, 31).

bb) Handeln „bei Gelegenheit der Ausführung“

125 Wird der Auftrag aber nicht nur nicht ordnungsgemäß erledigt, sondern ist der innere Zusammenhang mit dem erteilten Auftrag gänzlich entfallen, so ist lediglich ein Handeln „bei Gelegenheit“ oder „aus Anlass“ der Ausführung der Verrichtung gegeben; § 831 BGB kommt nicht zur Anwendung (s auch § 835 Rn 29 – Jagdschaden bei missbräuchlicher Jagdausübung). An dem inneren Zusammenhang fehlt es, wenn sich die Verrichtungsperson mit ihrem Handeln vom Auftrag löst (zB während der Erledigung des Auftrags vergiftet der Geselle des Malermeisters vorsätzlich den Hund des Bestellers) oder sich bei Gelegenheit der Verrichtung einem anderen Tätigkeits- oder Gefahrenkreis zuwendet (der Geselle des Malermeisters hilft dem Besteller zusätzlich bei Malerarbeiten am Haus, die nicht mehr zu seinem Auftrag gehören [BGB-RGRK/Steffen § 831 Rn 23]). Dann ist die schädigende Handlung dem zugewiesenen Aufgabenbereich fremd, sodass sie nicht mehr der Vollziehung des Auftrags dient und mithin nicht Grundlage für die Haftung nach § 831 BGB sein kann. Der Gehilfe ist ggf aus § 823 BGB allein verantwortlich (RG JW 1910, 652; BGH 2. 2. 1955 – VI ZR 225/53, LM zu § 831 D = MDR 1955, 282; 5. 12. 1958 – VI ZR 114/57, WM 1959, 80).

cc) Abgrenzung

126 Ob wegen des objektiv bestehenden inneren Zusammenhangs mit dem übertragenen Aufgabenbereich ein Handeln in Ausführung der Verrichtung vorliegt oder ob die schädigende Handlung nur bei Gelegenheit, nur aus Anlass der Ausführung der Verrichtung vorgenommen wurde, richtet sich nach den *Umständen des Einzelfalls,* vor allem nach dem Grad der Abweichung von dem erteilten Auftrag. So fehlt zB der objektive Zusammenhang, wenn der Kraftfahrer eines Unternehmens, ohne dass diesbezüglich eine vertragliche Rechtspflicht des Unternehmens besteht, beim Abladen des Transportguts behilflich ist und es dabei beschädigt; denn er handelt insoweit nicht mehr im Rahmen des Auftrags (OLG Hamburg VersR 1974, 52; OLG Köln VersR

1996, 523). Ebenso verhält es sich, wenn der Geschäftsherr den Lehrling beauftragt, gelegentlich bei der Heimfahrt von der Arbeitsstelle eine Besorgung mitzuerledigen und der Lehrling auf dem Heimweg einen Unfall verursacht. Denn durch den Besorgungsauftrag wurde die Unfallgefahr weder begründet noch erhöht; der Verrichtungsauftrag war für die Schädigung nicht adäquat ursächlich (BGH 24. 6. 1958 – VI ZR 153/57, NJW 1958, 1774; s auch BGH 2. 2. 1955 – VI ZR 225/53, VersR 1955, 205). Auch bei Fahrten eines Arbeitnehmers (mit dem Fahrrad usw) zur Arbeits- oder Verrichtungsstelle fehlt es an dem inneren Zusammenhang, wenn er dabei einem Dritten widerrechtlich Schaden zufügt (RG DRW 1942, 1280).

Fehlt objektiv der innere Zusammenhang, so wird er durch die bloß irrtümliche Annahme (etwa eines Geisteskranken), in Ausführung eines Auftrags zu handeln, nicht ersetzt (RG JW 1910, 652; RG WarnR 1928 Nr 74).

dd) Vorsätzliche Handlungen des Bestellten

Vorsätzliche Schadenshandlungen wie zB Diebstähle und Unterschlagungen, zu denen der Gehilfe durch den Auftrag veranlasst oder angereizt wurde, erfolgen nach hM in der Regel nicht in Ausführung, sondern bei Gelegenheit der Ausführung der Verrichtung (RGZ 65, 292; RG JW 1920, 284; BGHZ 11, 151, 153; BGH 14. 2. 1989 – VI ZR 121/88, NJW-RR 1989, 723, 725; OLG Düsseldorf r+s 2006, 483). Die Pflicht, strafbare Handlungen zu unterlassen, besteht allgemein für jedermann jedem anderen gegenüber. Durch das Hinzutreten eines Schuldverhältnisses gewinnt diese keinen spezifisch neuen Inhalt (OLG Hamburg MDR 1977, 752). Für solche Pflichtverletzungen soll der Geschäftsherr nicht einstehen müssen. Es besteht hier kein innerer Zusammenhang mehr mit der Auftragserfüllung. Eine andere Auffassung vertritt Larenz/Canaris (Schuldrecht II/2 § 79 III 2 d). Der Geschäftsherr soll vor der Einstandspflicht für *nur* solche Taten bewahrt werden, bzgl derer die Einschaltung von Gehilfen keine spezifische Risikoerhöhung darstellt. Bei Straftaten der Hilfspersonen verwirkliche sich aber gerade das spezifische Risiko des Einsatzes von diesen Gehilfen. Denn ein entsprechendes Verhalten des Geschäftsherrn selbst wäre keineswegs „ebenso gut vorstellbar" (Larenz/Canaris s oben). Es ist jedoch nicht ausgeschlossen, dass der Geschäftsherr, erledigte er selbst den Auftrag, dabei strafbare Handlungen begeht. Seine Stellung als Geschäftsherr garantiert nicht sein ordnungsgemäßes Verhalten. Das Risiko einer strafbaren Handlung besteht beim Geschäftsherrn und Gehilfen in gleichem Maße. Des Weiteren wird der geforderte innere Zusammenhang bei dieser Betrachtungsweise außer Acht gelassen. Nach § 831 BGB *muss* die Handlung in Ausführung der Verrichtung begangen werden. Strafbare Handlungen fallen aber in der Regel gerade nicht unter den Kreis der Tätigkeiten, welche die Verrichtung mit sich bringt. Die Verrichtung ist nur der Anlass dafür (zB BGH 14. 2. 1989 – VI ZR 121/88, NJW-RR 1989, 723, 725; OLG Hamm 16. 6. 2009 – 9 U 200/08, NJW-RR 2010, 454). So erfolgt ein sexueller Übergriff (Einführen eines Fingers in die Scheide, § 177 Abs 2 Nr 1 StGB) eines angestellten Physiotherapeuten bei der Behandlung einer Patientin im Hals- und im Schulterbereich nicht in Verrichtung, sondern bei Gelegenheit der physiotherapeutischen Behandlung (OLG München 10. 9. 2015 – 8 U 1555/15, MDR 2015, 1182 f). Möglich bleibt aber eine Haftung des Geschäftsherrn aus § 823 BGB im Hinblick auf die schuldhafte Verletzung von ihm obliegenden Sicherungs- und Organisationspflichten. 127

Vorsätzliche Straftaten schließen jedoch den inneren Zusammenhang nicht notwendig aus. § 831 BGB ist anwendbar, wenn die Hilfsperson durch die vorsätzliche un- 128 erlaubte Handlung **gerade der besonderen Verpflichtung zuwiderhandelt**, deren Wahrnehmung den Inhalt ihres Auftrags bildet (RG SeuffA 84 Nr 174; BGH 9. 5. 1957 – II ZR 327/55, BGHZ 24, 188, 196; BGHZ 49, 19, 23; BGB-RGRK/Steffen § 831 Rn 23), vor allem wenn die Hilfsperson durch die vorsätzliche unerlaubte Handlung ein fremdes Gut verletzt, das ihrem Schutz anvertraut ist, und das sie gegen entsprechende Angriffe seitens Dritter schützen soll. Wenn zB der zur Sicherung fremder Güter bestellte Bewacher seine Aufgabe schlecht erfüllt und dadurch dem Auftraggeber ein Schaden entsteht (es kommt trotz der Bewachung zum Diebstahl), ist diese Schädigung in Ausübung der Verrichtung erfolgt. Vergreift sich der Bewacher selbst an den zu sichernden Gütern, erfüllt er seinen Auftrag damit *„noch schlechter"*. Es ändert sich nur die „Qualität der Schlechtleistung". Der innere Zusammenhang zwischen Auftrag und schädigender Handlung ist aber noch gegeben. Die vorsätzliche Schädigungshandlung ist in diesen Fällen in Ausführung der Verrichtung begangen (vgl dazu die Parallele bei der Auslegung des Begriffs „in Ausübung eines öffentlichen Amtes" bei Staudinger/Wöstmann [2020] § 839 Rn 85, 93 ff). Der Geschäftsherr soll für die Zuverlässigkeit seines Gehilfen *nach Art und Umfang der übertragenen Tätigkeit* einstehen müssen, wenn ihn ein eigenes Auswahl- oder Überwachungsverschulden trifft. **Beispiele**: Der Bürovorsteher unterschlägt die für den Rechtsanwalt in Empfang genommenen Fremdgelder; der mit der Beförderung von Gütern dienstlich beauftragte Bahnangestellte beseitigt Stücke (RGZ 120, 313; SeuffA 80 Nr 174; BGH 9. 5. 1957 – II ZR 327/55, BGHZ 24, 188, 196) oder er wirkt bei einem Betrug mit einem gefälschten Frachtbriefduplikat mit (RG JW 1924, 1714); ein Finanzierungsvermittler, der mit dem Verkauf eines Guts beauftragt war, verkauft es vorsätzlich für eigene Rechnung oder veruntreut den Erlös (BGH 29. 4. 1964 – VIII ZR 34/63, VersR 1964, 754); der Filialleiter eines Auskunfteiunternehmens erteilt bewusst falsche Kreditauskünfte und nimmt an den dadurch ermöglichten Betrügereien Dritter teil (BGH 30. 10. 1967 – VI ZR 82/65, VersR 1968, 92); der Angestellte, der eine Arbeitsbaracke gegen das Betreten durch Unbefugte zu sichern hat, lässt eigenmächtig Freunde darin übernachten, beheizt in ihrem Interesse den Raum und verursacht dabei einen Brand (vgl BGH VersR 1967, 353, 354); ein nicht inkassoberechtigter Angestellter nimmt vom Kunden den Kaufpreis an und gibt ihn nicht an den Berechtigten weiter (OLG Saarbrücken NJW-RR 1986, 672); ein Handelsvertreter, der die Fondseinlage eines Kunden eigenmächtig auflöst und den Erlös veruntreut (BGH 15. 3. 2012 – III ZR 148/11, WM 2012, 837; krit Fest NZG 2012, 622).

129 Die Haftung des Geschäftsherrn nach § 831 BGB kann in Betracht kommen, auch wenn eine Hilfsperson durch vorsätzliche unerlaubte Handlung sich völlig von ihrem Aufgabenbereich löst, zB die auf einem Grundstück beschäftigten Arbeiter die Gelegenheit nutzen, dort Diebstähle zu begehen. Voraussetzung für die Haftung ist, dass es nach den Umständen des Falls (zB wegen des erkennbar bestehenden großen Anreizes zum Diebstahl) geboten war, diese Hilfspersonen durch eine andere Hilfsperson zu überwachen und der mit der Überwachung Beauftragte seine Aufgabe nicht erfüllt hat, unerlaubte Handlungen zu verhindern (BGHZ 11, 151, 154) *(Zweistufenaufsicht)*. Ist die gebotene Bestellung einer Aufsichtsperson unterblieben, so kann darin ein haftungsbegründender Organisationsmangel liegen (§ 832 Rn 207). Auch kann die Bestellung eines Verrichtungsgehilfen in Kenntnis seiner Neigung zu unerlaubten Handlungen den Geschäftsherrn aus § 823 Abs 1 BGB haftbar machen (RG JW 1910, 652).

Einzelfälle wegen der Benutzung von Kraftfahrzeugen s auch Rn 132 ff.

ee) Beispiele für den inneren Zusammenhang zwischen Verrichtungsausführung und Schadenszufügung

Ein höherer Angestellter einer Bank erteilt trotz Verbots der Auskunftserteilung **130** eine falsche Auskunft (RGZ 94, 318; BGH NJW 2009, 3365 IHK-Mitarbeiter gegenüber Interessenten für Fort- und Weiterbildungsmaßnahmen); ein Baggerführer führt den Auftrag, den Bagger zur Reparaturwerkstatt bringen zu lassen, entgegen der allgemeinen Weisung, dass der Bagger nur auf einem Tieflader mit dem dazu bestellten Fahrer befördert werden dürfe, in der Weise aus, dass er den Bagger selbst ohne Tieflader fährt, und verursacht dabei einen Unfall (BGH 20. 9. 1966 – VI ZR 258/64, VersR 1966, 1074); die mit Abbrucharbeiten beauftragten Arbeiter reißen versehentlich einen nicht abbruchreifen Teil des Gebäudes mit ab; der mit der Bedienung einer Maschine betraute Arbeiter betätigt sie weiter entgegen der Anordnung, sie bei bestimmten gefährlichen Situationen zeitweise abzuschalten; Arbeiter, die ein Dach reparieren und den dabei anfallenden Schutt hinunterschaffen sollen, werfen nicht nur den Schutt, sondern weiteres auf dem Dachboden lagerndes Gerümpel auf die Straße; das Gerümpel trifft einen Passanten (OLG Nürnberg VersR 1966, 767); der Führer einer Spätschicht, der die Arbeitsbaracke außerhalb der normalen Arbeitszeit gegen unbefugte Benutzung zu sichern hat, aber spät eintreffende Fernfahrer übernachten lassen darf, lässt eigenmächtig Touristen übernachten und verursacht beim Beheizen der Baracke einen Brand, der auf Nachbargebäude übergreift (BGH 24. 1. 1967 – VI ZR 79/65, VersR 1967, 354); Hilfspersonen, die mit der Beaufsichtigung lagernden Brennholzes betraut sind, vertreiben spielende Kinder durch Werfen mit Holzstücken (BGH 2. 2. 1955 – VI ZR 225/53, LM Nr 2 zu § 831 D = MDR 1955, 282); Arbeiter, die an Stellen oder Maschinen arbeiten, die mit Gefahren für Dritte verbunden sind, halten auftragswidrig Dritte nicht von der Gefahrenquelle fern, sie dulden zB das Betreten eines für Dritte gefährlichen Bauplatzes (RG JW 1911, 182); Arbeiter, die ein fremdes Haus zur Vornahme von Reparaturarbeiten betreten, beschädigen dabei dessen Einrichtung (BGHZ 11, 151); ein nicht inkassoberechtigter Angestellter nimmt vom Kunden den Kaufpreis an und gibt ihn nicht an den Berechtigten weiter (OLG Saarbrücken NJW-RR 1986, 672); Führer von Kraftfahrzeugen, Straßen- oder Eisenbahnen verstoßen gegen die Verkehrs- oder Bedienungsvorschriften und verursachen dadurch Personenschäden (zB BGH 6. 10. 1970 – VI ZR 56/69, NJW 1971, 31, 32); ein für einen Restaurantführer tätiger Testesser behauptet in seinem Bericht unwahre Tatsachen über ein Konkurrenz-Restaurant (BGH NJW-RR 1998, 250); ein Bundestagsabgeordneter beauftragt seinen Mitarbeiter mit der Betreuung seines Twitter-Accounts, der dort persönlichkeitsrechtsverletzende Äußerungen absetzt (LG Berlin 15. 1. 2019 – 27 O 265/18, ZUM-RD 2019, 331, 333); ein vom Geschäftsherrn eingesetzter Verladehelfer, der an sich Helfer eines Dritten ist, aber auf Weisung des Geschäftsherrn handelt, verletzt das Eigentum des Kunden (OLG Naumburg NJW-RR 2009, 1032).

ff) Beispiele für das Fehlen des inneren Zusammenhangs zwischen Verrichtungsausführung und Schadenszufügung

Nur „bei Gelegenheit", „aus Anlass" der Verrichtung handelt der Geselle des Maler- **131** meisters, der bei der Ausführung von Anstreicharbeiten in einem fremden Haus nicht nur durch Unvorsichtigkeit die Möbel beschmutzt, sondern bei dieser Gelegenheit auch einen Diebstahl begeht; der Jagdaufseher, der die Gelegenheit eines Kontrollgangs benutzt, um im Nachbarrevier zu wildern; ein nicht vertretungsberechtigter Angestellter einer Sparkasse, der eine Bürgschaftserklärung abgibt (RG JW 1929, 1002); der Kassierer einer Genossenschaft, der nicht zum Abschluss von Verträgen ermächtigt ist, wenn er Darlehen für die Genossenschaft aufnimmt und das Geld unterschlägt (RGZ 65, 292); der Sparkassenangestellte, der von dem Einleger lediglich mit der Einzahlung auf ein Sparbuch beauftragt ist und das durch Missbrauch des Sparbuchs erlangte Geld unterschlägt (RG DRW 1943, 984); der Fahrer, den der Geschäftsherr einem Dritten zur Beförderung seiner Waren zur Verfügung stellte, wenn er dabei Unterschlagungen begeht (RG JW 1920, 284); der beauftragte Privatpilot, der mit den wartenden Passagieren den geplanten Rundflug entgegen der Anweisung des Geschäftsherrn unternimmt und dabei einen Absturz verursacht (BGH 14. 2. 1989 – VI ZR 121/88, NJW-RR 1989, 723, 725). Der Geschäftsherr haftet nicht, wenn ein Angestellter, der nur mit laufenden Geschäften eines Betriebs betraut ist, außergewöhnliche Handlungen vornimmt, zB hohe Kredite aufnimmt (RG JW 1938, 2744; zur Haftung eines Vermieters für eine beim Mietvertragsschluss für ihn tätige „Vertrauensperson" vgl BGH NJW 1967, 2255, 2257) oder ein für ein Vermögensberatungs- oder Kapitalanlagevermittlungs-Unternehmen gewerblich tätiger Handelsvertreter (§ 86 Abs 1 HGB) Anlageverträge im eigenen Namen, mit eigener Haftung und mit freier Hand bei der Geldanlage abschließt (BGH 14. 3. 2013 – III ZR 296/11, BGHZ 196, 340 Rn 18). Nach OLG Hamburg (VersR 1974, 52) handelt der mit dem Transport des Guts beauftragte Kraftfahrer nicht mehr als Verrichtungsgehilfe eines Unternehmens, wenn er nach der Erledigung seines Auftrags und ohne rechtliche Verpflichtung sich bei dem Abtransport des Guts beteiligt und es dabei beschädigt (vgl auch OLG Köln VersR 1996, 523). Der Geschäftsherr, dessen Verrichtungsgehilfe anlässlich eines Volksfestes dessen Werbestand betreut, haftet dem Opfer einer Straftat (Entführung und Vergewaltigung), die der Verrichtungsgehilfe an diesem im Anschluss an das Volksfest begeht, mangels eines inneren Zusammenhangs zur Verrichtung nicht (OLG Hamm 16. 6. 2009 – 9 U 200/08, NJW-RR 2010, 454). Ebenfalls haftet ein Verein nicht für die Sachbeschädigungen seiner Spieler an der Umkleidekabine des Gastgebers (AG Siegburg 1. 7. 2025 – 112 C 10/25, SpuRt 2025, 494).

c) Schadenszufügung durch den Verrichtungsgehilfen beim Führen eines Kraftfahrzeugs

Die folgenden Besonderheiten gelten, wenn der Verrichtungsgehilfe beim Führen eines Kraftfahrzeugs einen Schaden verursacht.

aa) Schwarzfahrt

132 Fügt ein Verrichtungsgehilfe einem Dritten widerrechtlich Schaden bei der Führung eines Kfz des Geschäftsherrn zu, der zugleich dessen Halter ist, so ist zu unterscheiden zwischen der Haftung des Geschäftsherrn aus § 831 BGB wegen *culpa in eligendo vel custodiendo* und der Gefährdungshaftung des Halters, wenn das Fahrzeug ohne Wissen und Willen des Halters (Schwarzfahrt) benutzt wird.

bb) Der Grundsatz, die Ausnahmen

133 Benutzt der Verrichtungsgehilfe das Kfz ohne Wissen und Willen des Geschäftsherrn, so handelt er regelmäßig nicht **in** Ausführung der ihm aufgetragenen Verrichtung; § 831 BGB ist also unanwendbar (RGZ 135, 149, 154; RGZ 161, 145, 149; BGHZ 1, 388, 390; BGHZ 20. 9. 1966 – VI ZR 258/64, VersR 1966, 1074; BGH6. 10. 1970 – VI ZR 56/69, NJW 1971, 31). Hinsichtlich der *Gefährdungshaftung* bestimmt § 7 Abs 3 S 1 bis 3 StVG: „Benutzt jemand das Fahrzeug ohne Wissen und Willen des Fahrzeughalters, so ist er anstelle des Halters zum Ersatz des Schadens verpflichtet; daneben bleibt der Halter zum Ersatz des Schadens verpflichtet, wenn die Benutzung des Fahrzeugs durch sein

Verschulden ermöglicht worden ist. Satz 1 findet keine Anwendung, wenn der Benutzer vom Fahrzeughalter für den Betrieb des Kraftfahrzeugs angestellt ist oder wenn ihm das Fahrzeug vom Halter überlassen worden ist. Die Sätze 1 und 2 sind auf die Benutzung eines Anhängers entsprechend anzuwenden. Satz 1 findet keine Anwendung, wenn der Benutzer vom Fahrzeughalter für den Betrieb des Kraftfahrzeugs angestellt ist oder wenn ihm das Fahrzeug vom Halter überlassen worden ist. Die Sätze 1 und 2 sind auf die Benutzung eines Anhängers entsprechend anzuwenden." Danach besteht grds keine Haftung des Halters aus Gefährdung für Schädigungen Dritter durch den Schwarzfahrer (§ 7 Abs 3 S 1 HS 1 StVG). Dieser **Grundsatz** ist aber in zweierlei Hinsicht durchbrochen.

Die Haftung des Halters bleibt nach § 7 Abs 3 S 1 HS 2 StVG neben der des Benutzers bestehen, wenn der Halter durch sein Verschulden – durch schuldhafte Unterlassung der Sicherungsvorkehrungen gegen unbefugte Benutzung – die Benutzung des Fahrzeugs ermöglicht hat. Der Halter haftet nur nach dem StVG, wenn sich sein Verschulden darin erschöpft, dass er die Benutzung des Fahrzeugs ermöglicht hat. Geht sein Verschulden aber darüber hinaus, so kommt gem § 16 StVG eine Haftung nach §§ 823 ff BGB in Betracht, wenn sich das Verschulden darauf bezieht, dass das Fahrzeug in verkehrsgefährlicher Art benutzt worden ist. Er haftet dafür, dass er durch *Verletzung der allgemeinen Verkehrssicherungspflicht* schuldhaft eine adäquate Ursache für die durch verkehrswidriges Verhalten des Schwarzfahrers hervorgerufenen Schädigungen gesetzt hat; zur Haftung für diese Schäden genügt, wenn er bei Beachtung der erforderlichen Sorgfalt die Möglichkeit des schädigenden Erfolgs seines Verhaltens *im Allgemeinen hätte* erkennen können (BGH 1. 4. 1958 – VI ZR 92/57, VersR 1958, 413; 12. 4. 1960 – VI ZR 65/59, VersR 1960, 736; 2. 2. 1962 – VI ZR 131/61, VersR 1962, 333; 19. 10. 1965 – VI ZR 116/64, VersR 1966, 79; vHippel VersR 1966, 507). Diese Voraussetzung ist erfüllt, wenn der Halter grob fahrlässig eine unbefugte Benutzung ermöglicht, die von vornherein ungewöhnlich ist, zB die Benutzung durch einen jugendlichen Fahrer ohne Führerschein, dessen Neigung zu verbotswidrigem Fahren der Halter kennt (BGH 2. 2. 1962 – VI ZR 131/61, VersR 1962, 333). Zünd- und Garagenschlüssel dürfen nur zuverlässigen Personen anvertraut werden (BGH 11. 11. 1969 – VI ZR 74/68, VersR 1970, 66).

Nach § 7 Abs 3 S 2 StVG ist für die Schädigungen bei Schwarzfahrten des (für den Betrieb) *angestellten Fahrers* der Arbeit gebende Kfz-Halter stets nach dem StVG haftbar, also ohne dass es darauf ankommt, ob der Halter die Schwarzfahrt schuldhaft ermöglicht hat. § 831 BGB ist im Hinblick auf die abschließende Regel des § 7 Abs 3 StVG unanwendbar, wenn eine zur Überwachung des Fahrdienstes bestellte Aufsichtsperson pflichtwidrig eine Schwarzfahrt nicht verhindert hat (RGZ 136, 15; BGHZ 1, 388, 390).

In gleicher Weise haftet der Halter bei Schwarzfahrten von Personen, denen er das Fahrzeug *überlassen,* dh die tatsächliche Benutzungsmöglichkeit eingeräumt hat (BGHZ 5, 269; BGH NJW 1954, 392). Diese Haftung beruht auf dem Gesichtspunkt der Verantwortlichkeit für die Auswahl der Personen, denen der Halter sein Vertrauen geschenkt hat.

Für die Anwendbarkeit von § 831 BGB kommt es darauf an, wann eine dienstliche Fahrt des beauftragten Fahrers durch **eigenmächtige Abweichung vom Fahrauftrag in**

eine Schwarzfahrt übergeht. Maßgeblich sind auch hier die Umstände des Einzelfalls, vor allem der Grad der Abweichung vom erteilten Auftrag.

cc) Einzelfälle

(1) Abweichen vom Auftrag

134 *In Ausführung* der Verrichtung handelt noch der Kraftfahrer, der bei der ihm aufgetragenen Fahrt trotz Verbots mit einem Anhänger gefahren ist, durch dessen Schleudern ein Dritter verletzt wurde (BGH 6. 10. 1970 – VI ZR 56/69, NJW 1971, 31) oder der entgegen der Anordnung des Geschäftsherrn, nach Erledigung seines Auftrags sofort zurückzukehren, die Fahrt eigenmächtig in mäßigem Umfang ausdehnt (vgl dazu einerseits RG Recht 1913 Nr 193, andererseits RG JW 1927, 921). **Umwege** bei Fahrten, die sich noch im Rahmen des Fahrauftrags halten, sind keine Schwarzfahrten (BGH 16. 4. 1955 – VI ZR 320/54, VersR 1955, 345), dagegen ist ein längerer Umweg entgegen ausdrücklichem Verbot eine Schwarzfahrt (BAG 9. 3. 1961 – 2 AZR 129/60, BAGE 11, 41 = NJW 1962, 1422). Eine Schwarzfahrt oder schwarzfahrtähnliche Willkür liegt auch nicht vor, wenn der Fahrer eine Probefahrt nicht, wie vorgeschrieben, auf dem Werkshof, sondern auf der Straße ausführt (OGH Köln 24. 5. 1950 – II b ZS 148/49, VRS 2, 374, 376 f), ebenso nicht, wenn ein Baggerführer, der den Bagger grds mit Wissen und Willen des Halters benutzt, die Weisung, den Bagger nur mittels Tiefladers mit besonderem Fahrer zum Bestimmungsort zu verbringen, überschreitet und den Bagger selbst unter Verzicht auf den Tiefladertransport auf der Straße fährt (BGH 20. 9. 1966 – VI ZR 258/64, VersR 1966, 1074).

(2) Verbotswidrige Mitnahme betriebsfremder Personen

135 Streitig ist, ob und inwieweit der angestellte Fahrer nicht mehr in Ausführung der ihm aufgetragenen Verrichtung handelt, wenn er entgegen dem Verbot des Geschäftsherrn eine betriebsfremde Person auf einer ihm aufgetragenen Geschäftsfahrt mitnimmt und diese durch fahrlässige Fahrweise schädigt. Nach der vom RG (Recht 1913 Nr 194; Gruchot 51, 604, 607) vertretenen und auch im Schrifttum (Stoll, Handeln auf eigene Gefahr [1961] 52) gebilligten Auffassung bewegt sich der Fahrer noch in Ausführung seiner ihm aufgetragenen Verrichtung. Dagegen lässt sich nach dem BGH (3. 11. 1964 – VI ZR 82/64, VersR 1965, 131; s auch BGH 6. 10. 1970 – VI ZR 56/69, NJW 1971, 31) ein solcher Grundsatz nicht allgemein aufstellen. Es kommt auf die Umstände des Einzelfalls an. Danach kann zB jemand, der nachts auf längerer Strecke als Privatgast mitgenommen werden will, verständigerweise nicht ohne Weiteres davon ausgehen, der Dienstherr des Fahrers werde damit einverstanden sein; die Beschränkung der Aufgaben des Fahrers (durch das Mitnahmeverbot) sei einem solchen Benutzer gegenüber wirksam. Daher fehle der innere Zusammenhang zwischen der dem Fahrer aufgetragenen Tätigkeit und der Schädigung, auch wenn die Fahrt selbst keine Schwarzfahrt ist (ebenso OLG Bamberg NJW 1949, 506). Dieser Auffassung ist zuzustimmen.

dd) Haftung des Halters wegen Schaffung einer besonderen Gefahrenquelle durch Zulassung der Fahrt

136 Der Halter kann sich bei gestatteten Fahrten, die keine Verrichtungsausführung darstellen, für Schäden, die der angestellte Fahrer Dritten widerrechtlich zufügt, unmittelbar aus § 823 BGB haftbar machen, wenn er durch die Zulassung der Fahrt schuldhaft eine besondere Gefahrenquelle schafft. Gestattet zB der Halter seinem wegen Trunkenheit am Steuer erheblich vorbestraften Fahrer die Benutzung des

Fahrzeugs für private Zwecke nach Feierabend, so haftet er dem Geschädigten für Schäden, die der Fahrer bei einer solchen Privatfahrt im Zustand der Trunkenheit verursacht hat (OLG Hamm 23. 3. 1962 – 3 W 126/61, MDR 1962, 570).

Geschädigter iS des § 831 BGB kann auch eine bei derselben Verrichtung mitwirkende andere Hilfsperson desselben Geschäftsherrn sein (RG JW 1912, 96).

4. Entlastung durch den Geschäftsherrn, § 831 Abs 1 S 2 BGB

137 Der Geschäftsherr hat nicht aus § 831 Abs 1 S 1 BGB einzustehen, wenn er sich nach § 831 Abs 1 S 2 BGB hinsichtlich der Pflichtverletzung oder der Kausalität der Pflichtverletzung für den eingetretenen Schaden entlasten kann. Auf die Besonderheiten des dezentralen Entlastungsbeweises wird gesondert eingegangen.

Bei § 831 BGB handelt es sich um einen Deliktstatbestand, der nur hinsichtlich der Beweislast besonderen Regeln folgt. Das Vorliegen zweier Deliktsmerkmale (1) des Verschuldens des Geschäftsherrn und (2) der Kausalität der Sorgfaltspflichtverletzung für den Schaden wird vermutet. Da die beiden der Vermutung unterliegenden Elemente zur Haftungsbegründung ebenso erforderlich sind wie die weiteren vom Kläger zu beweisenden Tatbestandsmerkmale, reicht es aus, wenn der Beklagte zu seiner Entlastung eine der genannten Vermutungen entkräftet. Hat der Geschäftsherr dargetan und bewiesen, dass sich sein Verrichtungsgehilfe so verhalten hat, wie sich jede mit Sorgfalt ausgewählte und beaufsichtigte Person verhalten hätte, kommt es auf eine Entlastung hinsichtlich der Auswahl und Leitung nicht mehr an. Nach verbreiteter Auffassung fehlt es bereits am Pflichtwidrigkeitszusammenhang (BGHZ 12, 94, 96; BGH 5. 2. 1957 – VI ZR 320/55, VersR 1957, 247; 15. 2. 1966 – VI ZR 201/64, VersR 1966, 564; OLG Köln NZV 1992, 279).

a) Entlastung hinsichtlich der Pflichtverletzung, § 831 Abs 1 S 2 Alt 1 BGB

138 Der Geschäftsherr haftet nicht für den Verrichtungsgehilfen, sofern er das vermutete Verschulden widerlegt. Im Rahmen von § 831 Abs 1 S 2 Alt 1 BGB unterscheidet das Gesetz zwischen der Personen- und der Sachverantwortung.

aa) Personenverantwortung
(1) Allgemeine Regeln
(a) Beobachtung der im Verkehr erforderlichen Sorgfalt

Wie die allgemeine Deliktshaftung erfordert die Haftung des Geschäftsherrn nach § 831 BGB Verschulden, das freilich vermutet wird. Für die Bestimmung des **Verschuldensmaßstabs** und dementsprechend für die Anforderungen an den Entlastungsbeweis gelten die allgemeinen zu § 276 BGB entwickelten Regeln. Danach kann die im Verkehr erforderliche Sorgfalt (§ 276 Abs 1 S 2 BGB) nicht allgemein bestimmt werden; sie richtet sich nach den Umständen des Einzelfalls. Es ist eine Konkretisierung erforderlich, die sich an typischen Fallgruppen orientieren kann (Staudinger/Caspers [2025] § 276 Rn 32 ff).

Grds gilt, dass Maß und Umfang der Pflicht des Geschäftsherrn zur Auswahl, Überwachung und Leitung des Verrichtungsgehilfen sich nicht nach starren Regeln beurteilen lassen, sondern nach der *Verkehrsanschauung* und den Besonderheiten des Einzelfalls zu bestimmen sind (BGH NJW-RR 1987, 1469; 30. 1. 1996 – VI ZR 408/94, NJW-

RR 1996, 867). Der Geschäftsherr darf Verrichtungsgehilfen nur solche Tätigkeiten übertragen, deren gefahrlose Durchführung er von ihnen erwarten kann. Verrichtungsgehilfen müssen die ggf vorgeschriebenen gesetzlichen Anforderungen erfüllen sowie eine ausreichende Sachkunde (zB durch Zertifikate oä nachgewiesene Spezialkenntnisse) besitzen (BGH 8. 10. 2002 – VI ZR 182/01, NJW 2003, 288). Bei ganz **einfachen Verrichtungen** und untergeordneten Tätigkeiten, etwa jenen einer Haushaltsgehilfin, genügt es im Allgemeinen, dass der Gehilfe nach Beruf, Alter und Geschlecht geeignet und zuverlässig erscheint und besondere Bedenken gegen die Übertragung der Verrichtung nicht aufgetreten sind (OLG Stuttgart OLGZ 9, 42). Strengere Anforderungen sind bei **höheren Verrichtungen** zu stellen, die mit erhöhter Verantwortung oder mit Gefahren für die öffentliche Sicherheit, vor allem für Menschenleben, verbunden sind (RGZ 142, 356; BGH 17. 1. 1961 – VI ZR 81/60, VersR 1961, 330; BGH 8. 10. 2002 – VI ZR 182/01, NJW 2003, 288; OLG Köln VersR 1988, 44 st Rspr). Einen solchen, besonders strengen Sorgfaltsmaßstab legt die Rspr etwa bei der Auswahl von Fahrern schwerer, besonders großer, schwer lenkbarer oder zum Massentransport bestimmter Fahrzeuge an, etwa bei Zugmaschinen (BGH 26. 1. 1955 – VI ZR 254/53, VersR 1955, 186), Omnibussen (BGH 9. 11. 1956 – VI ZR 243/55, VersR 1957, 63; OLG Koblenz 6. 1. 1987 – 1 Ss 535/86, VRS 1972, 466), schweren Lastkraftwagen (RGZ 159, 312); Lastzügen (BGH 7. 6. 1966 – VI ZR 130/65, VersR 1966, 929), Lokomotiven und Straßenbahnen (RG JW 1920, 492). Auch für Fahrlehrer gelten entsprechende Sorgfaltsmaßstäbe (KG VersR 1966, 1036) sowie für Gehilfen, die mit anderen gefahrdrohenden Verrichtungen beschäftigt werden, wie Öllieferanten (OLG Düsseldorf NJW-RR 1991, 1178), Dachdecker in feuergefährdeten Betriebsstellen (OLG Köln VersR 1992, 115), Feuerwerker (RG JW 1913, 737) oder Schaltwärter im Stromschaltwerk (BGH 8. 10. 2002 – VI ZR 182/01, NJW 2003, 288). UU kann weitergehend auch eine Zuverlässigkeitsprüfung zur erforderlichen Sorgfalt zählen.

139 **Die Anforderungen an den Beklagtenvortrag** unterliegen den allgemeinen Regeln zur Substantiierungslast. Der Geschäftsherr muss demgemäß anhand *konkreter Tatsachen* aufzeigen, dass er die erforderliche Sorgfalt beobachtet oder sich eine Sorgfaltspflichtverletzung nicht ausgewirkt habe. Da es um ein konkretes Verschulden und nicht um eine Beurteilung der „allgemeinen Lebensführung“ des Geschäftsherrn geht, ist es nicht ausreichend, darauf hinzuweisen, dass die ordentliche Auswahl nach dem Ruf des Geschäfts oder der Bedeutung und dem Ansehen der Behörde selbstverständlich sei (RGZ 87, 1, 4; RGZ 159, 283; BGH 22. 10. 1955 – VI ZR 179/54, VersR 1955, 746, 747). Es genügt nicht, pauschal darauf hinzuweisen, der Geschäftsherr habe bei der Auswahl des Verrichtungsgehilfen „größtmögliche Sorgfalt“ aufgewandt; dieser habe seine Arbeit „optimal und ohne jede Beanstandung“ ausgeführt (BGH 22. 4. 1980 – VI ZR 121/78, NJW 1980, 1901, 1902); der allgemeine Vortrag, „man beschäftige nur erfahrene Mitarbeiter und habe diese während der gesamten Arbeiten sorgfältig überwacht“, ist ebenfalls nicht hinreichend bestimmt. Hat der Geschäftsherr bei der Einstellung des Verrichtungsgehilfen unter mehreren Bewerbern ausgewählt, reicht sein Vortrag, der Verrichtungsgehilfe sei der geeignetste unter mehreren Bewerbern gewesen, zur Exculpation nicht aus. Vielmehr muss er auch zur Qualifikation und Erfahrung der übrigen Bewerber substantiiert vortragen (OLG Köln 30. 1. 2004 – 19 U 74/03, OLGR 2004, 185, 187). Der Geschäftsherr muss den Verrichtungsgehilfen namhaft machen, der den Schaden herbeigeführt hat; lediglich vorzutragen, der eingesetzte (Ersatz-)Mann sei zuverlässig und hinreichend ausgebildet, genügt den zu stellenden Anforderungen nicht (BGH 17. 10. 1967 – VI ZR 70/66, NJW 1968, 247, 248). Legt der Geschäftsherr die langjährige, beanstandungsfreie Tätigkeit seines Verrichtungsgehilfen

sowie die regelmäßige Schulung der eingesetzten Mitarbeiter betreffend Sicherheits- und Unfallverhütungsvorschriften substantiiert dar, so lässt sich aus der anspruchsbegründenden Pflichtverletzung des Verrichtungsgehilfen nicht seine Unzuverlässigkeit herleiten (OLG Koblenz 10. 8. 2017 – 1 U 1511/16, NJOZ 2017, 1234, 1236).

(b) Verhältnis von Auswahl und Überwachungspflicht

Während § 831 BGB lediglich von der Auswahlsorgfalt spricht, hat bereits das **140** Reichsgericht angenommen, dass der Geschäftsherr auch für die **Überwachung** der Gehilfen verantwortlich sei. Zu diesem Grundsatz, den auch der BGH anerkannt hat (BGH 15. 10. 1971 – I ZR 27/70, NJW 1972, 42), gelangt das Reichsgericht dadurch, dass es annimmt, der Sorgfaltsbeweis müsse für die Auswahl zu der schadenbringenden Verrichtung erbracht werden (RGZ 53, 53). Mit anderen Worten versteht das Reichsgericht die Überwachung als „Auswahl in der Zeit". Diese – gedankliche – Unterscheidung der von § 831 BGB normierten Pflichten des Geschäftsherrn wird teilweise noch weiter ausdifferenziert. Als Unterfall der Überwachungspflicht wird eine **Einweisungspflicht** angenommen usw (zur Leitungspflicht nach § 831 Abs 1 S 2 BGB und ihrem Verhältnis zu den hier besprochenen Pflichten Rn 158).

Daher ist zu erkennen, dass die „Auswahl" in § 831 BGB *pars pro toto* für einen umfassenden Pflichtenkreis der Verkehrspflichten bei Einschaltung von Verrichtungsgehilfen steht. Eine Beschränkung auf die „Auswahl" ieS ist oftmals, besonders bei länger dauernder Tätigkeit, sinnlos. Die Auswahl lässt sich zwar gedanklich, selten aber sachlich von der Überwachung und Einweisung scharf trennen. Ohne Einweisung und Überwachung kann in vielen Fällen auch die sorgfältige Auswahl nicht befriedigen. Dementsprechend darf auch die Einteilung in die drei genannten Pflichtenkreise nicht zu der Annahme verleiten, es handele sich um eine abschließende Aufzählung aller maßgeblichen Pflichten. Mit Auswahl, Einweisung und Überwachung sollen lediglich die Verkehrspflichten des Geschäftsherrn entsprechend der praktischen Bedeutung kategorisiert werden.

Auswahl-, Einweisungs- und Überwachungspflichten stehen nicht beziehungslos ne- **141** beneinander. Verallgemeinernd lässt sich sagen, dass die Überwachungspflichten umso geringer sind, je sorgfältiger und strenger der Gehilfe ausgewählt und eingewiesen wurde (vgl auch Schulze NJW 2014, 3484, 3487 f). Der Geschäftsherr, der einen makellosen Gehilfen einstellt, dessen Fähigkeiten ihm aussagekräftig bescheinigt wurden, braucht ohne besonderen Anhalt (zB bei hohem Schwierigkeitsgrad der übertragenen Aufgabe) eine besondere Überwachungssorgfalt nicht walten zu lassen (zustimmend OLG Koblenz 8. 10. 2010 – 10 U 126/09, NJW-RR 2011, 1049, 1051: erfahrener, beanstandungsfrei arbeitender Landmaschinenmechaniker). Wer hingegen einen „unsicheren Kandidaten" einstellt, muss das Defizit bei der Auswahl durch erhöhte Überwachungsmaßnahmen ausgleichen. Stellt der Geschäftsherr einen Verrichtungsgehilfen ein, der wegen seiner Vorstrafen als unzuverlässig zu gelten hat, muss er diesen über einen angemessenen Zeitraum hinweg besonders intensiv überwachen. Entsprechend verhält es sich mit der Einweisungspflicht. Unzureichende praktische Erfahrungen können durch eine eindringliche und umfassende Instruktion wettgemacht werden. Und umgekehrt bedarf etwa der berufserfahrene Baggerführer keiner detaillierten Hinweise zur Bedienung seines Geräts.

(c) Auswirkungen nachträglicher Änderungen auf die Sorgfaltsanforderungen

142 Aus dem Vorgenannten ergibt sich zugleich die Möglichkeit einer Art **„Heilung"** von vorangegangenen Sorgfaltsmängeln, wenn eine längere Beschäftigung und ausreichende Aufsicht bei dem Geschäftsherrn die Überzeugung von der Eignung der Hilfsperson begründen durfte. Bei sorgfaltswidriger Einstellung genügt es zur Entlastung jedoch noch nicht, dass der Geschäftsherr die Hilfsperson täglich mehrfach kontrolliert hat, wenn der Schaden kurze Zeit nach Dienstantritt verursacht wurde, wenn maW die Dauer der Beschäftigung die Überzeugung des Geschäftsherrn von der Eignung des Gehilfen noch nicht begründen konnte (RG JW 1931, 3340; BGH 21. 6. 1963 – VI ZR 250/62, VersR 1963, 1076).

143 Die Kausalität der Sorgfaltspflichtverletzung ist von der hier behandelten Frage zu trennen. Wer eine unzureichende Auswahl durch besondere Überwachung ausgleicht, der handelt schon nicht sorgfaltswidrig; die Frage des Pflichtwidrigkeitszusammenhangs stellt sich gar nicht erst.

Sind bei der Erkundung Mängel hervorgetreten, aber unberücksichtigt geblieben, oder sind solche Mängel infolge unzulänglicher oder unterbliebener Nachforschung nicht bekannt geworden, so ist es für das Misslingen des Entlastungsbeweises ohne Bedeutung, ob die spätere Schadenszufügung gerade auf diese Mängel zurückzuführen ist (BGH 27. 6. 1961 – VI ZR 257/60, LM Nr 6 zu § 831 Fa = VersR 1961, 848). Dieser Grundsatz gilt ebenso bezüglich schuldhaft nicht erkannter Mängel bei der Überwachungspflicht: Auch hier braucht sich im Schadensfall nicht derjenige Mangel ausgewirkt zu haben, den der Geschäftsherr schuldhaft nicht beachtet hat (BGH NJW 1978, 1681 betr Krankenhausarzt). Verursacht zB ein Kraftfahrer, bei dessen Einstellung infolge unzulänglicher Erkundigung unbekannt blieb, dass er zu alkoholischen Exzessen neigt, durch verkehrswidriges Verhalten einen Unfall, so ist es ohne Bedeutung, ob er zur Unfallzeit infolge Alkoholgenusses verkehrsuntüchtig war oder ob er sich in nüchternem, verkehrstüchtigem Zustand befand (RG JW 1920, 492; RG JW 1934, 2973; s auch RGZ 146, 97).

144 Ebenso wie Bewährung des Gehilfen einerseits ein Auswahlverschulden „heilen", andererseits die Überwachungsanforderungen senken kann, können nachträglich auftretende Zweifel an der Eignung zu einer **Verschärfung** der Sorgfaltspflichten führen. Die Orientierung des Sorgfaltsmaßstabs an der *Verkehrserforderlichkeit* bringt es notwendig mit sich, dass die Verhaltensanforderungen variabel nach Lage des Falls ausgestaltet sind.

145 Sehr strenge Anforderungen an die Überwachungspflicht sind zu stellen, wenn sich ergibt, dass der zunächst sorgfältig ausgewählte *Gehilfe sich als unzuverlässig erweist.* Erfährt **zum Beispiel** der Geschäftsherr, dass der Baggerführer entgegen einer ihm allgemein erteilten Weisung ohne Führerschein einen für den Verkehr nicht zugelassenen Bagger auf öffentlicher Straße gefahren hat, statt ihn mittels Tiefladers durch einen anderen Fahrer befördern zu lassen, so braucht er ihn zwar nicht schon deshalb aus seiner Stellung zu entfernen. Er muss aber mit besonderer Sorgfalt dafür sorgen, dass sich dies nicht wiederholt, vor allem wenn es sich um einen jugendlichen Verrichtungsgehilfen handelt. Nachdem es sich erwiesen hat, dass dieser nicht so zuverlässig ist, um das Vertrauen, er werde früher erteilte allgemeine Weisungen ohne Weiteres befolgen, zu rechtfertigen, genügen weitere Maßnahmen allgemeiner Natur nicht mehr. Nicht ausreichend wären etwa tägliche Besuche des Geschäftsherrn auf der Baustelle oder auf dem Bauhof, um sich im Allgemeinen über die Arbeitsweise zu unterrichten. Vielmehr müsste im Einzelfall der Geschäftsherr bei einem neuen Auftrag, der mit einem Transport des Baggers auf öffentlicher Straße verbunden ist, den Baggerführer mindestens nochmals ausdrücklich darauf hinweisen, wie der Transport richtig durchzuführen ist (BGH 20. 9. 1966 – VI ZR 258/64, VersR 1966, 1074; vgl auch RGZ 78, 107; KG DRW 1939, 168; BGH 22. 10. 1955 – VI ZR 179/54, VersR 1955, 746; BGB-RGRK/Steffen § 831 Rn 43 mwNw zur Rspr).

Die Pflicht zu detaillierten Einzelanweisungen ergibt sich auch bei mit Veränderungen verbundener *Erweiterung bisheriger Verrichtungen,* vor allem bei Unterweisungsbedürftigkeit aus Anlass neuer Techniken, neu erkannter Gefahrenquellen usw (BGH 30. 5. 1978 – VI ZR 113/77, VersR 1978, 722).

Bei *langer Bewährung* eines sorgfältig ausgewählten Fachkundigen können sich hingegen weitere Überwachungsmaßnahmen erübrigen; sie zu fordern, bedeutete eine Überspannung der Anforderungen an die Sorgfaltspflicht (BGHZ 1, 383 betr Chefarzt und Operationsschwester; s auch KG VersR 1968, 286 betr Oberarzt – „hochqualifizierter Wissenschaftler" – einer Universitätsklinik und BGH 9. 7. 1985 – VI ZR 18/84, VRS 69, 403 betr Kraftfahrer). Ebenso darf der Geschäftsherr davon ausgehen, dass ein sorgfältig ausgewählter Gehilfe *einfache Arbeiten* auch ohne Überwachung pünktlich verrichten wird, sofern kein besonderer Anlass zu Zweifeln an seiner Zuverlässigkeit auftritt (RGZ 53, 53).

(d) Mehrzahl von Gehilfen

Sind **mehrere** (gleichrangige) **Gehilfen** an der schadenbringenden Verrichtung betei- 146
ligt, so genügt es für eine Haftung aus § 831 BGB, wenn die Voraussetzungen hinsichtlich eines Gehilfen erfüllt werden (RGZ 157, 228). Der Verletzte (Kläger) muss weiterhin nur dartun, dass der Schaden durch einen der Verrichtungsgehilfen rechtswidrig verursacht wurde. Der Kläger muss die konkreten Umstände des schädigenden Ereignisses so genau bezeichnen, dass der Geschäftsherr daraus entnehmen kann, wer als Beteiligter in Betracht kommt; den konkreten Schädiger braucht der Geschädigte nicht aufzuzeigen (RGZ 70, 379; RGZ 87, 1; RGZ 159, 283, 290; RG JW 1933, 824). Für den Umfang der an den Geschäftsherrn zu stellenden Entlastungsanforderungen kommt es dann auf den Einzelfall an: Sofern der Geschäftsherr den Schädiger nicht identifizieren kann, muss er sich hinsichtlich aller in Betracht kommenden Hilfskräfte entlasten (RGZ 70, 379; 87, 1; RG JW 1914, 759; BGH 22. 10. 1955 – VI ZR 179/54, VersR 1955, 746; BGH 27. 9. 1957 – VI ZR 139/56, VersR 1958, 107; BGH 17. 10. 1967 – VI ZR 70/66, NJW 1968, 247; BGH 29. 6. 1971 – VI ZR 274/69, VersR 1971, 1020, 1021; BGH 19. 6. 1973 – VI ZR 178/71, NJW 1973, 1602, 1603; Erman/Wilhelmi § 831 Rn 14). Kann der Geschäftsherr den oder die Verantwortlichen genau aufzeigen, so beschränkt sich seine Entlastungsobliegenheit entsprechend (Kuchinke, in: FS Laufke [1971] 113, 128).

Sofern der Geschäftsherr seine Sorgfaltspflichten auf einen **Zwischengehilfen** delegiert, stellt sich die Frage, ob zu seiner Entlastung die sorgfältige Auswahlüberwachung dieses Mittlers ausreicht (**dezentraler Entlastungsbeweis**, vgl dazu Rn 174 ff).

(2) Auswahlsorgfalt

Die Auswahlsorgfalt beschreibt diejenigen Verhaltensmaßstäbe, die bei der **Erstüber-** 147
tragung neuer Aufgaben anzuwenden sind. Sie ist nicht allein bei der Neueinstellung

eines Mitarbeiters anzuwenden, sondern auch, wenn einem Verrichtungsgehilfen neue Aufgaben mit anderem Anforderungsprofil erstmals übertragen werden. Die Auswahlsorgfalt ist daher anlässlich der Einführung neuer Techniken anzuwenden, aber auch, wenn lediglich neue Gefahrstellen erkannt werden (BGH 30. 5. 1978 – VI ZR 113/77, VersR 1978, 722).

148 Gegenstand der Auswahl ist die Befähigung des Gehilfen für die zu übernehmende Tätigkeit. Es kommt auf seine Qualifikation an, die Verrichtung ohne Schädigung Dritter auszuführen. Da es um die Schadensvermeidung, nicht um den angemessenen Schadensausgleich geht, kommt jedenfalls *hier* nicht in Betracht, eine Pflicht zur Auswahl eines potenten Schuldners anzunehmen bzw mangels dessen für Versicherungsschutz zu sorgen. Denn damit würde der Bereich des Integritätsschutzes verlassen. Dahinstehen kann an dieser Stelle, ob es eine Pflicht gibt, für einen solventen Schuldner im Rahmen der Übertragung von Verkehrssicherungspflichten zu sorgen (bejahend Fuchs JZ 1994, 533, 536).

Welche Qualifikationen im Einzelfall zu fordern sind, lässt sich nicht abstrakt beschreiben. Das hängt von der Art der zu übertragenden Verrichtung und den sonstigen Sicherungsmaßnahmen ab. Beispielsfälle werden nachfolgend im Zusammenhang mit den einzelnen Auswahlkriterien behandelt (Rn 157).

In jedem Fall obliegt es dem Geschäftsherrn nachzuweisen, welcher Mittel er sich zum Zeitpunkt der Einstellung bedient hat, um eine positive Überzeugung von der Eignung des Verrichtungsgehilfen zu erhalten (RG WarnR 1912 Nr 388).

149 Sofern der Geschäftsherr den Verrichtungsgehilfen nicht bereits aus einer Vorbeschäftigung (etwa Lehre) kennt, ist er in erster Linie darauf angewiesen, **Auskünfte Dritter** einzuholen. Der Wert solcher Drittauskünfte hängt besonders davon ab, auf welcher Grundlage sie erteilt wurden und zu welchem Zeitpunkt. Die sachlichen und zeitlichen Grenzen sind am Einzelfall zu erarbeiten (so darf etwa die ältere Rspr zu der bei Kraftfahrern anzuwendenden Auswahl- und Überwachungssorgfalt nicht ohne Weiteres übernommen werden; vor allem ist festzustellen, dass sich die Anforderungen an die Führerscheinprüfung verändert haben und zusätzliche Prüfungen für besondere Kraftfahrzeugarten bestehen; zweifelhaft RGZ 142, 357, 361 wonach der Geschäftsherr den Personenkraftfahrer dazu anhalten müsse, bei Bahnübergängen besondere Sorgfalt walten zu lassen). Sofern es sich bei der zu übertragenden Tätigkeit nicht lediglich um eine solche von höchst untergeordneter Bedeutung handelt, wird die **Selbstauskunft** des Gehilfen regelmäßig nicht ausreichen. Auf der anderen Seite ist als Minimum der Auswahlsorgfalt die Nachfrage bei dem einzustellenden Gehilfen doch erforderlich.

150 **Amtliche Befähigungsnachweise** wie etwa der Führerschein oder die Approbation, die zur Ausübung der fraglichen Verrichtung zwingend *erforderlich* sind, sind stets maßgebliche Auswahlkriterien (RG Recht 1908 Nr 3606; 1913 Nr 940; LZ 1923, 229). *Ausreichend* ist deren Vorlage jedenfalls, wenn – wie etwa bei Rechtsanwälten – eine weitere Kontrolle nicht erwartet wird oder dem Geschäftsherrn nicht möglich ist. Im Regelfall, wenn also keine besonderen Schwierigkeiten die Verrichtung prägen, genügt es den Sorgfaltsanforderungen, wenn der Geschäftsherr sich die entsprechenden Befähigungsnachweise vorlegen lässt (RG Recht 1908 Nr 3606; RG Recht 1913 Nr 940; LZ 1923, 229). Der Geschäftsherr muss sich dabei die fraglichen Unterlagen selbst vorlegen lassen und darf nicht auf Auskünfte Dritter vertrauen (BGH 26. 1. 1955 – VI ZR 254/53, VersR 1955, 186; BGH 8. 10. 2002 – VI ZR 182/01, NJW 2003, 288 f mwNw).

Befähigungsnachweise besitzen naturgemäß nur eingeschränkte Aussagekraft. Auch die Vorlage eines Befähigungsnachweises enthebt den Geschäftsherrn daher nicht der Beaufsichtigungs- und Überwachungspflichten hinsichtlich der erforderlichen Sachkunde (OLG Karlsruhe VersR 1989, 1053), besonders wenn es dem Gehilfen an *praktischer Erfahrung* fehlt oder der Befähigungsnachweis schon älter ist und die Prüfungsanforderungen inzwischen gestiegen sind. Ein Befähigungszeugnis berechtigt darüber hinaus nur zu der Annahme, dass die allgemein erforderlichen *Grundkenntnisse* vorliegen, nicht auch dass der Inhaber besonderen, schwierigen Aufgaben gewachsen sei. Da die einschlägigen Befähigungsnachweise sich regelmäßig auf einen bestimmten *Zeitpunkt* beziehen, können sie einen Nachweis der Sachkunde dann nicht ausreichend erbringen, wenn eine Einweisung hinsichtlich zwischenzeitlicher Entwicklungen nicht erfolgt ist (BGH 30. 6. 1959 – VI ZR 181/58, VersR 1960, 19). Praktisch wird das etwa, wenn eine approbierte Pharmazeutin wegen zwischenzeitlicher Kindererziehung nach mehreren Jahren erstmals als Apothekerin tätig wird.

Zeugnisse früherer Dienstherren können unter Berücksichtigung der ihnen eigenen 151
Grenzen zur Eignungsprüfung herangezogen werden (RG JW 1921, 526). Als Eignungsnachweis sind sie jedoch nur in Ausnahmefällen (RG VR 1939, 1295) geeignet, weil in Zeugnissen negative Tatsachen oftmals nicht direkt ausgesprochen werden oder unerwähnt bleiben. Umstritten ist, ob Erkundigungen bei einem früheren Arbeitgeber, vor allem die Einsicht in Personalakten verlangt werden kann, wie das noch das Reichsgericht annahm (RG Recht 1912 Nr 57; RG Recht 1913 Nr 1139; RG DRiZ 1929 Nr 251, 1062; RG JW 1931, 3340). Auszugehen ist davon, dass nach wohl herrschender Meinung der frühere Arbeitgeber berechtigt und auf Wunsch des Arbeitnehmers auch verpflichtet ist, dem prospektiven neuen Arbeitgeber Auskünfte zu erteilen (MünchArbR/Wank [2009] § 105 Rn 35 ff); sofern dem Geschäftsherrn nach der Durchsicht eines Zeugnisses Zweifel an der Eignung des Gehilfen bleiben oder ein Zeugnis völlig fehlt, ist er auf diese – nächstliegende – Möglichkeit der Eignungsprüfung zu verweisen. Sofern in diesem Zusammenhang der Persönlichkeitsschutz des Arbeitnehmers berührt wird, ist der Geschäftsherr verpflichtet, den prospektiven Gehilfen in Kenntnis zu setzen und um Zustimmung zur Auskunftserteilung zu ersuchen. Lehnt der Gehilfe das ab, so obliegt es der Entscheidung des Geschäftsherrn, von der Einschaltung dieses Gehilfen abzusehen oder sie unter Anwendung besonderer Überwachungsmaßnahmen gleichwohl vorzunehmen.

Sofern der betreffende Gehilfe von dritter Stelle **vermittelt** wurde, enthebt das den 152
Geschäftsherrn nicht von der Beobachtung der Auswahlsorgfalt. Ausnahmsweise kann eine *bindende behördliche Zuweisung* von Arbeitskräften für eine bestimmte Verrichtung bewirken, dass eine weitere Prüfung seitens des Arbeitgebers nicht erforderlich ist (LG Berlin VersR 1956, 230); auch in diesem Fall trifft jedoch den Geschäftsherrn die Überwachungs- und Einweisungspflicht (BGHZ 87, 253, 256 ff = JZ 1983, 764 mAnm Papier JZ 1983, 766, 767). Selbst wenn eine echte *Auswahl* zwischen mehreren Gehilfen nicht besteht, bleibt der Geschäftsherr an die Auswahlpflichten gebunden. Arbeitskräfteknappheit reduziert den Sorgfaltsmaßstab nicht. Wählt er in dieser Situation einen nicht voll geeigneten oder unzureichend überprüften Gehilfen, so wirkt sich auch das wieder auf den Maßstab der Überwachungssorgfalt aus.

153 Die Vorlage eines **polizeilichen Führungszeugnisses** ist zu fordern, wenn andere Informationsquellen nicht offenstehen. Vor allem kommt das in Betracht, wenn der prospektive Gehilfe bislang einer selbständigen Tätigkeit nachgegangen ist (BGH 7. 6. 1966 – VI ZR 130/65, VersR 1966, 929). Weiterhin ist die Einholung von tätigkeitsspezifischen Informationen bezüglich Vorstrafen nicht nur (arbeits-)rechtlich zulässig; der Geschäftsherr ist dazu auch verpflichtet. So ist eine Anlageberatungsgesellschaft, die Handelsvertreter mit der Anlageberatung und -vermittlung betraut, verpflichtet im Rahmen der ihr gegenüber ihren Kunden obliegenden vertraglichen und vorvertraglichen Schutzpflichten – in den Grenzen der Zumutbarkeit – Erkundigungen zu einschlägigen Vorstrafen des Handelsvertreters einzuholen. Hierzu gehört im Regelfall die an diesen gerichtete Aufforderung zur Vorlage eines polizeilichen Führungszeugnisses (BGH 14. 3. 2013 – III ZR 296/11, BGHZ 196, 340 Rn 26, 28). Die daraus gewonnenen Erkenntnisse sind vom Geschäftsherrn über den Ablauf der Fristen der §§ 33 ff BZRG hinaus bis längstens zum Ablauf der Tilgungsfristen gemäß den §§ 45 ff BZRG zu berücksichtigen (BGH 14. 3. 2013 – III ZR 296/11, BGHZ 196, 340 Rn 35 ff). Nach dem Grundsatz der Einheit der Rechtsordnung kann darüber hinaus nicht zweifelhaft sein, dass der Geschäftsherr nur insoweit zur Erkundigung verpflichtet sein kann, wie er dazu gegenüber dem einzustellenden Gehilfen berechtigt ist. Divergenzen zwischen Arbeitsrecht und Deliktsrecht dürfen dabei nicht auftreten. Soweit deliktsrechtlich die Überprüfung auch auf „nicht einschlägige" Vorstrafen hin gefordert wird, ist diese Terminologie schief. „Tätigkeitsspezifisch" und damit arbeitsrechtlich zulässig können nämlich auch solche Vorstrafen sein, die zwar mit der auszuübenden Tätigkeit konkret nichts zu tun haben, die jedoch Mängel in der *erforderlichen* charakterlichen Eignung aufweisen. Auch hinsichtlich der Vorstrafen muss die Verweigerung der Auskunft durch den einzustellenden Gehilfen Zweifel an der Eignung wecken.

154 Eine **Zuverlässigkeitsprüfung**, welche über die Nachprüfung hinausgeht, ob der Gehilfe die erforderlichen technischen Fähigkeiten, Sachkunde und Geschicklichkeit, die Vertrautheit mit den einschlägigen Vorschriften usw besitzt, kann erforderlich werden, wenn der Gehilfe mit der Ausführung höherer Verrichtungen betraut wird. Diese Zuverlässigkeitsprüfung erstreckt sich auf die Vergewisserung darüber, ob der Gehilfe für eine gewissenhafte Ausführung der Verrichtung die nötigen sittlichen, moralischen und charakterlichen Eigenschaften (Besonnenheit, Gewissenhaftigkeit, Verantwortungsbewusstsein, bei Jugendlichen auch die Reife) besitzt, die ihn vor leichtfertiger Gefährdung fremder Schutzgüter bewahrt (BGH 14. 5. 1957 – VI ZR 101/56, VersR 1957, 463). Namentlich bei *Kraftfahrern* ist zu prüfen, ob der Gehilfe bei der Berufsausübung zu Alkoholkonsum neigt (BGH 10. 11. 1966 – II ZR 6/64, VersR 1967, 53). Die mangelnde Zuverlässigkeit des Gehilfen kann sich aus Vorstrafen ergeben, sofern diese einen Rückschluss zulassen, ob dem Betreffenden die für eine einwandfreie Leistung erforderlichen charakterlichen und anderen Eigenschaften fehlen: Die starke Neigung zu Straftaten gegen das Vermögen und entsprechende einschlägige Vorstrafen lassen einen Mitarbeiter als Geschäftsführer eines Maklergeschäfts ungeeignet erscheinen (BGH 5. 5. 1970 – VI ZR 1/69, NJW 1970, 1314); Vorstrafen wegen Verkehrsdelikten und Körperverletzung führen bei einem Planierraupenführer zu Zweifeln an der Zuverlässigkeit (BGH 21. 6. 1963 – VI ZR 250/62, VersR 1963, 1076). Die charakterliche Unzuverlässigkeit kann sich auch aus für die Verrichtung nicht *einschlägigen Vorstrafen* ergeben, wie aus einer Bestrafung wegen Meineids oder anderer schwerer Straftaten (RG JW 1931, 3340, 3343; RG JW 1932, 2393). So hat der BGH ei-

nen Lastzugführer, der wegen Diebstahls, Urkundenfälschung, Untreue und mehrfachen Fahrens mit nicht zugelassenen oder nicht haftpflichtversicherten Fahrzeugen vorbestraft war, für diesen Beruf für ungeeignet gehalten, weil sich aus den Vorstrafen ein Mangel an Verantwortungsgefühl ergebe (BGH 7. 6. 1966 – VI ZR 130/65, VersR 1966, 929). Ein Wertpapierdienstleistungsunternehmen darf nach § 87 WpHG, § 34d WpHG aF einen Mitarbeiter nur dann mit der Anlageberatung betrauen, wenn dieser sachkundig ist und über die für die Tätigkeit erforderliche Zuverlässigkeit verfügt. Nach § 6 der WpHG-Mitarbeiteranzeigeverordnung vom 24. 11. 2017 (BGBl 3810) bzw 21. 12. 2011 (BGBl I 3116) hat die erforderliche Zuverlässigkeit nach § 87 Abs 1 S 1 WpHG bzw § 34d Abs 1 Satz 1 WpHG aF in der Regel nicht, wer in den letzten fünf Jahren vor Beginn einer anzeigepflichtigen Tätigkeit wegen eines Verbrechens oder wegen Diebstahls, Unterschlagung, Erpressung, Betruges, Untreue, Geldwäsche, Urkundenfälschung, Hehlerei, Wuchers, einer Insolvenzstraftat, einer Steuerhinterziehung oder aufgrund des § 38 WpHG aF rechtskräftig verurteilt worden ist. Ergeben sich aus dem polizeilichen Führungszeugnis eines Handelsvertreters einschlägige Vorstrafen – etwa wegen Betruges – oder verweigert er die Vorlage des Zeugnisses, darf er deshalb grundsätzlich nicht mit der Anlagevermittlung und -beratung betraut werden (BGH 14. 3. 2013 – III ZR 296/11, BGHZ 196, 340 Rn 26 ff; kritisch zur generellen Erstreckung der Haftung auf kriminelle Eigengeschäfte des Vertreters Stumpf BB 2013, 1043). Hält der Geschäftsherr trotz der bei Erkundigung erlangten Kenntnis mangelnder Zuverlässigkeit des Gehilfen eine Einstellung für vertretbar oder erforderlich, so bedarf es jedenfalls einer ganz besonders sorgfältigen Überwachung und fortlaufender Kontrolle (so auch PWW/Schaub Rn 17; Dauner-Lieb/Langen/Katzenmeier Rn 34), die sich erst mit zunehmender Beschäftigungsdauer und den durch die Überwachung gewonnenen Erkenntnissen zur Zuverlässigkeit abschwächt (BGH 14. 3. 2013 – III ZR 296/11, BGHZ 196, 340 Rn 39; BGH 11. 7. 2013 – III ZR 31/12, NJW-RR 2013, 1513 Rn 33).

(3) Übertragungssorgfalt

Gedanklich lässt sich von der Auswahlsorgfalt die Übertragungssorgfalt trennen, 155
welche vor allem die Pflicht zur **Einweisung** in die zu übernehmende Tätigkeit umfasst. Diese Einweisung ist im Regelfall bereits von der Auswahl erfasst, denn ohne eine Einweisung in die zu übernehmende Tätigkeit lässt sich die Qualifikation des Bewerbers nicht sinnvoll überprüfen. Auch über die Übertragungssorgfalt lassen sich nur allgemeine Angaben machen, sie ist *dynamisch,* maßgebend ist letztlich der Einzelfall. Unverzichtbar werden in den meisten Fällen grds Verhaltensunterweisungen sein. Auf die üblichen Gefahrsituationen muss der Geschäftsherr hinweisen (BGH 7. 1. 1966 – VI ZR 165/64, VersR 1966, 387); ebenso wie die allgemeine Auswahl, hat auch die Einweisung in der Überprüfungssorgfalt ein Korrelat bei längerdauernder Verrichtungstätigkeit: Der Geschäftsherr muss sich uU von der Einhaltung seiner Anweisungen vor Ort überzeugen (OLG Düsseldorf 13. 12. 1991 – 22 U 28/91, BauR 1993, 233). Die bei der Übertragung zu beachtende Sorgfalt gebietet es zum Beispiel, den Tankkraftfahrer, der auch mit dem Betanken von Ölheizungsanlagen betraut wird, über die üblichen technischen Einrichtungen der in Betracht kommenden Tankanlagen zu unterrichten und darüber, wie der Abfüllvorgang zu überwachen ist (BGH 15. 10. 1971 – I ZR 27/70, NJW 1972, 42; 6. 6. 1978 – VI ZR 156/76, NJW 1978, 1576; BGH 4. 3. 1982 – III ZR 150/80, MDR 1982, 733 Instruktionspflicht).

Wie bei den sonstigen Verkehrspflichten richtet sich der Umfang der zu beobachtenden Sorgfalt vor allem auch danach, welche Erwartungen der Geschäftsherr an den

Gehilfen stellen darf und welche Verletzungsrisiken die übertragene Tätigkeit mit sich bringt. Eine Verrichtung, die hohe Verletzungsrisiken birgt, erfordert entsprechend detaillierte Einweisung (RGZ 120, 154, 161; RGZ 128, 149, 153; BGH 17. 9. 1953 – III ZR 293/52, VersR 1954, 414; BGH 22. 10. 1955 – VI ZR 179/54, VersR 1955, 746; OLG Koblenz 6. 1. 1987 – 1 Ss 535/86, VRS 1972, 466; OLG Köln NJW 1987, 2302). So kann es erforderlich sein, Personenkraftfahrer auf besondere Gefahrensituationen nachdrücklich hinzuweisen (RGZ 142, 356, 361 f; die Entscheidung dürfte freilich in ihrer *konkreten* Aussage heute überholt sein).

(4) Überwachungssorgfalt

(a) Grundlagen

156 Bereits das Reichsgericht hat von der Auswahlsorgfalt, die § 831 Abs 1 S 2 BGB erwähnt, die Überwachungssorgfalt unterschieden. Diese hat es nicht in Analogie zu der Vorschrift entwickelt, sondern aus dem Grundsatz, dass es für die Beurteilung der Sorgfaltspflichtverletzung auf den Verletzungszeitpunkt ankomme. Überwachung ist damit gleichsam als *„Auswahl in der Zeit"* herausgebildet worden (RGZ 78, 109; RGZ 79, 106, 109; RGZ 87, 1, 4; RGZ 136, 4, 11; RGJW 1928, 1046; BGH 15. 10. 1971 – I ZR 27/70, NJW 1972, 42; BGH 12. 7. 1977 – VI ZR 159/75, NJW 1977, 2259; BGH 29. 10. 1985 – VI ZR 85/84, NJW 1986, 776; BGH 20. 9. 1988 – VI ZR 296/87, NJW 1989, 769, 771; anders noch RGZ 53, 53). Der Geschäftsherr kann sich mit anderen Worten nicht schon durch die sorgfältige Auswahl (bei der Einstellung) entlasten, „nur ein wohl beaufsichtigtes und überwachtes Personal darf als wohl ausgewählt gelten" (RGZ 79, 101; 128, 140, 153; BGH 20. 9. 1966 – VI ZR 258/64, VersR 1966, 1074; KG VersR 1966, 1036; OLG Celle 14. 12. 1988 – 9 U 47/87, VRS 1978, 171). Demgemäß ist der Geschäftsherr bei längerer Dauer der Anstellung verpflichtet, sich über die allgemeine Dienstführung seines Angestellten so planvoll auf dem Laufenden zu halten, dass er keinen Anlass hat, an der (fort-)bestehenden Eignung für die aufgetragene Verrichtung zu zweifeln (BGHZ 8, 239, 243).

(b) Einzelfälle

157 Es richtet sich jeweils nach den Umständen des Einzelfalls, welche Anforderungen an die Überwachungssorgfalt zu stellen sind (BGH 25. 1. 1966 – VI ZR 154/64, VersR 1966, 364). Dabei sind immer die Person des Gehilfen und die Art seiner Tätigkeit zu beachten. So sind Gehilfen, deren Tätigkeit mit Gefahren für Leib und Leben anderer verbunden ist, besonders aufmerksam zu überwachen (BGH 8. 10. 2002 – VI ZR 182/01, NJW 2003, 288, 290). Wenn keine Anhaltspunkte für eine etwaige Unzuverlässigkeit des Gehilfen vorliegen, genügt die regelmäßige und unauffällige Kontrolle desselben (RGZ 142, 356).

Kraftfahrer: Die Überwachungssorgfalt bei angestellten Kraftfahrern hat sich nicht nur auf die **fachliche**, sondern auch auf die **charakterliche Eignung** zum Führen von Kraftfahrzeugen zu erstrecken (BGHZ 8, 239). Die Eignung eines Kraftfahrers kann nicht allein aus der Tatsache abgeleitet werden, dass er einen Führerschein erhalten hat, vielmehr bedarf es der **regelmäßigen Kontrolle** und **Anweisungen** (RGZ 142, 356 auch bzgl des Verhaltens an Bahnübergängen). Vor allem bei Lastkraftfahrern ist eine charakterliche Überprüfung geboten, vor allem bei einem mehrfach vorbestraften Fahrer (BGH 7. 6. 1966 – VI ZR 130/65, VersR 1966, 929), zumal von Lastzügen im Vergleich zu Personenkraftwagen eine erhöhte Gefahr für Dritte ausgeht. Beim Einsatz von Müllwagen muss der Geschäftsherr auf das Verantwortungsgefühl des Fahrers achten und auf die erheblichen Gefahren der Tätigkeit am Wagen hinweisen, sowie das Personal laufend auf seine Eignung überprüfen (OLG Düsseldorf VersR 1971, 573). Sofern kein besonderer Anlass besteht, muss der Halter eines Traktors den Fahrer nicht darauf hinweisen, dass er sein Fahrzeug selbst zu führen hat und nicht Dritten überlassen darf (RGZ 158, 352). Es genügt nicht, sich auf die über den Fahrer eingeholten Auskünfte zu verlassen (RGZ 136, 11). Als Entlastung genügt nicht der Nachweis, der Führer habe sich von Jugend auf mit den Verrichtungen bei der Lenkung von Kfz vertraut gemacht, sei bisher unfallfrei gefahren und habe schon öfter mit Eisenträgern beladene Lkw gelenkt (BGH 21. 3. 1961 – VI ZR 132/60, VersR 1961, 447). Hat ein Fahrer bereits Unfälle verursacht, sind sogar zusätzliche Kontrollen erforderlich (BGHZ 8, 239).

Zur Entlastung des Geschäftsherrn ist daher neben dem Nachweis der sorgfältigen Auswahl bei der früheren Einstellung auch der Nachweis erforderlich, dass der Unternehmer den Fahrer während seiner bisherigen Tätigkeit überwacht und dieser keinen Anlass gegeben hat, an seiner Eignung zu zweifeln (RGZ 128, 150; RGZ 136, 4; 142, 356; BGHZ 8, 239). An die planmäßige und dauernde Beaufsichtigung ist ein **strenger Maßstab** anzulegen (RGZ 120, 161; RGZ 128, 153; RGZ 142, 356; RGZ 158, 352; BGH 19. 1. 1965 – VI ZR 238/63, VersR 1965, 473), vor allem, wenn der Fahrer erst 22 Jahre alt ist und über nur 10 Monate Fahrpraxis verfügt (RGZ 135, 156) oder zuvor einen anderen Beruf ausgeübt hat (OLG Celle VersR 1977, 84). Dabei kann die laufende Überwachung auch durch verschiedene Vorgesetzte vorgenommen werden (BGH 16. 11. 1962 – VI ZR 11/62, VersR 1963, 239 [Krankentransporter]). Die Überwachung darf aber nicht bloß flüchtig erfolgen, so durch zufällig gleiches Abfahren vom Hof hinsichtlich eines Lkw-Fahrers mit gefährlichen Walzentransporten (BGH 19. 12. 1969 – VI ZR 63/69, VersR 1970, 284) oder bei zufälligem Antreffen auf der Autobahn (BGH 17. 1. 1961 – VI ZR 81/60, VersR 1961, 330). Stattdessen ist die Überwachung unauffällig vorzunehmen, etwa durch unbemerktes Hinterherfahren oder durch so häufiges Mitfahren des Vorgesetzten, dass es nicht mehr als Kontrolle empfunden wird (BGH 25. 1. 1966 – VI ZR 154/64, VersR 1966, 364; BGH 15. 11. 1983 – VI ZR 57/82, VersR 1984, 67). Bei Spezialtransportern sind auch bzgl der Befestigung verladener Maschinen **Stichproben** durchzuführen (BGH 27. 1. 1970 – VI ZR 129/68, VersR 1970, 318). Nicht erforderlich ist dagegen, einen Fahrer über das Einstellungsverfahren hinaus auch weiterhin auf seine **körperliche Eignung** untersuchen zu lassen (LG Baden-Baden VersR 1972, 163), außer bei gesetzlichen Vorgaben oder bei konkreten Zweifeln des Geschäftsherrn (BGH 30. 6. 1964 – VI ZR 91/63, NJW 1964, 2401).

Unterschiedliche Anforderungen müssen im Hinblick auf **Tätigkeiten im inner- und außerbetrieblichen Bereich** gestellt werden. Im innerbetrieblichen Bereich (zB für die Tätigkeit eines Gabelstaplerfahrers – OLG Düsseldorf NZV 2002, 91) gelten verminderte Anforderungen an die Überwachungspflicht, weil sich innerbetriebliche Tätigkeiten unter den Augen des Geschäftsherrn und der anderen Mitarbeiter abspielen, sodass besonders angesetzte Überwachungsmaßnahmen entbehrlich sind. Es reicht hingegen nicht, wenn der Fahrer eines mit einem Schwenkkran ausgerüsteten LKWs bei der Bedienung des Kranwagens auf dem Betriebsgelände unter Aufsicht steht, nicht aber bei Fahrten außerhalb des Betriebsgeländes, wo der Unfall geschieht (OLG Düsseldorf NJW-RR 2002, 1678, 1679).

Die Aufsichtspflicht erstreckt sich auch darauf zu verhindern, dass der Führer das Fahrzeug zu **Schwarzfahrten** missbraucht (RGZ 119, 58), weil diese Versuchung regelmäßig selbst bei erfahrenen Fahrzeugführern besteht, denen eine große Freiheit eingeräumt wird. Dabei ist die größte Aufmerksamkeit zu verlangen, zumal bei Schwarzfahrten die Kfz-Führer öfter die verkehrserforderliche Sorgfalt außer Acht lassen und damit die Betriebsgefahr erhöhen (RGZ 119, 347).

Allerdings dürfen die Anforderungen an die den Geschäftsherrn treffenden Überwachungspflichten **nicht überspannt** werden (BGH VersR 1983, 668; BGH Zfsch 1986, 37: Planmäßigkeit, Überwachungskonzept und eine Regelmäßigkeit der Überwachung sind nicht erforderlich), ein Fahrer ist nicht immer unauffällig zu überwachen und unvermutet zu kontrollieren (BGH 10. 11. 1959 – VI ZR 164/58, VersR 1960, 473). Es gibt **keine starre Regel**; ist ein Fahrer nach sorgfältiger Überprüfung eingestellt worden, scheitert der Entlastungsbeweis nicht schon am Fehlen einer unerwarteten Prüfung (BGH 22. 11. 1957 – VI ZR 185/56, VersR 1958, 29; BGH 10. 11. 1959 – VI ZR 164/58, VersR 1960, 473). Mehrfaches Mitfahren des Dienstherrn genügt, wenn auch unauffällige Kontrollen, etwa durch unbemerktes Hinterherfahren häufig erforderlich erscheinen (BGH 19. 10. 1955 – VI ZR 155/54, VersR 1955, 745; BGH 25. 1. 1966 – VI ZR 154/64, VersR 1966, 364; BGH 15. 11. 1983 – VI ZR 57/82, VersR 1984, 67). Bei längerer unfallfreier Tätigkeit kann der Geschäftsherr die Fahrerqualität nicht nur durch seinen persönlichen Eindruck, sondern auch durch die Auswertung des Fahrtenschreibers bewerten (BGH 15. 11. 1983 – VI ZR 57/82, VersR 1984, 67; anders BGH 17. 1. 1961 – VI ZR 81/60, VersR 1961, 330, wonach ein Fahrtenschreiber einem anderen Zweck dient).

Auch ist zur **Entlastung** zu berücksichtigen, wenn sich ein Fahrer bei Nottransporten des Roten Kreuzes bewährt hat und sodann einen Lieferwagen neun Jahre unfallfrei gefahren hat. Wenn der Geschäftsherr gelegentlich mitfährt und sich auch von anderem Personal berichten lässt, muss er einen solchen Fahrer nicht noch unauffällig beobachten (BGH 19. 1. 1965 – VI ZR 238/63, VersR 1965, 473). Der Entlastungsbeweis kann auch darauf gestützt werden, dass der Arbeitgeber dem Fahrer nach längerer Tätigkeit den Erwerb des Führerscheins Klasse 2 zum Führen schwerer Lastzüge des Betriebs finanziert hat. Daraus ist zu entnehmen, dass er sich von dessen Besonnenheit und zuverlässiger Fahrweise überzeugt hat, insoweit sind anschließende sporadische Kontrollen ausreichend (KG 24. 1. 1994 – 12 U 50/92, VerkMitt 1995 Nr 54). Zur Lenkzeitüberwachung können vor allem bei neu eingestellten oder unzuverlässigen Fahrern vorübergehend engmaschige Kontrollen erforderlich sein, etwa indem neben der Installation eines Ortungssystems auch Kontrollanrufe bei den Fahrern und den Frachtempfängern vorgenommen werden (OLG Hamm NZV 2009, 503).

Je nach Fahrzeugtyp können **besondere Anforderungen** bestehen, zB für Bagger (KG VersR 1967, 560: vor allem bzgl des Verbots der Benutzung öffentlicher Verkehrswege); Fahrschulwagen (KG NZV 1989, 150); Gabelstapler (OLG Düsseldorf NZV 2002, 91; LG Gießen 1. 11. 2013 – 3 O 121/13, juris Rn 27); Krankentransporte (BGH 16. 11. 1962 – VI ZR 11/62, VersR 1963, 239); Müllwagen (OLG Düsseldorf VersR 1971, 573); Omnibusse (BGH VersR 1970, 327); Pferdefuhrwerke (BGH 13. 10. 1964 – VI ZR 126/63, VersR 1965, 37); Schulbusse (OLG Karlsruhe VersR 2000, 863); schwere Lastzüge (KG 24. 1. 1994 – 12 U 50/92, VerkMitt 1995 Nr 54); Spezialfahrzeuge (OLG Celle VersR 1975, 572); Spezialtransporte (BGH 27. 1. 1970 – VI ZR 129/68, VersR 1970, 318); Taxis im großstädtischen Verkehr (BGH 4. 12. 1964 – VI ZR 195/63, VersR 1965, 290); Traktor (BGH 8. 7. 1969 – VI ZR 260/67, VersR 1969, 906).

Entsprechendes gilt für den **Schienenverkehr** zB für Straßenbahnführer (BGHZ 24, 21); Triebwagenführer (BGH 10. 10. 1978 – VI ZR 98/77, VersR 1978, 1163 mwNw) und sonstige mit der Personen- und Güterbeförderung beauftragte Personen (vgl dazu BGB-RGRK/ Steffen § 831 Rn 44). Ist eine Überwachung durch Mitfahren des Arbeitgebers oder durch einen Vertreter nicht möglich, sind stichprobenweise durchgeführte **verdeckte Kontrollfahrten** ein geeignetes Überwachungsmittel (KG NZV 2003, 416, 418).

Krankenhaus: Bezüglich der Aufsicht über **angestellte Ärzte in leitender Position** hatte die Rspr ursprünglich einen großzügigen Maßstab angelegt. Sofern eine langjährige pflichtgemäße Durchführung der übertragenen Aufgaben durch den Arzt gegeben war, wurde ein weiterer Entlastungsbeweis iSd § 831 BGB durch den Geschäftsherrn für nicht zumutbar gehalten (BGHZ 71, 383 betr Chefarzt und Operationsschwester; BGHZ 4, 138 betr Leiter einer chirurgischen Abteilung; BGH 7. 6. 1951 – III ZR 85/50, LM Nr 1 zu § 831 Fc BGB betr leitenden Arzt in einem Hygieneinstitut). Diese Sichtweise wird seit der Entscheidung BGHZ 77, 74 nicht mehr in vollem Umfang aufrechterhalten. Danach ist ein leitender Arzt entweder verfassungsmäßig bestelltes Organ (§§ 31, 89 BGB) des Krankenhausträgers oder aber dessen Verrichtungsgehilfe. Die Unterscheidung ist danach zu treffen, ob der Arzt in seiner konkreten Position weisungsgebunden ist und fachlicher Aufsicht unterliegt oder nicht, was sich etwa aus einer im Krankenhaus geltenden, die interne Organisation regelnden Dienstanweisung ergeben kann. Liegt dienstliche Weisungs- und Aufsichtsgebundenheit vor, so ist der Arzt Verrichtungsgehilfe und unterliegt dann auch der laufenden allgemeinen Pflicht zur Überwachung seiner Tätigkeit (BGHZ 77, 74, 78; dazu Rn 108). Anderenfalls bestünde die Gefahr, dass sich der Krankenhausträger der Verantwortung für den Arzt dadurch entzieht, dass er ihn einerseits von jeder sachlichen Einflussnahme freistellt und damit die Anwendung des § 831 BGB ausschließt, andererseits den Arzt aber auch nicht zum verfassungsmäßigen Vertreter iSd §§ 30, 31 BGB bestellt (BGHZ 77, 74, 77; vgl auch OLG Bamberg VersR 1994, 813). Die damit bei Weisungsgebundenheit des Arztes grds bestehende Pflicht zu seiner Beaufsichtigung und Kontrolle kann sich aber bei langjähriger Zuverlässigkeit, für deren Fortbestehen die Lebenserfahrung spricht, auf die Prüfung beschränken, dass diese Zuverlässigkeit nicht durch nachfolgende Entwicklungen (Krankheiten, außerdienstliche Einflüsse und Belastungen) gemindert wird (OLG Köln VersR 1989, 708; wohl auch OLG Bamberg VersR 1994, 813). Diese Kontrolle ist schon durch die Teilnahme des Arztes am Dienst im Krankenhaus gewährleistet, weil im Rahmen einer arbeitsteiligen Patientenversorgung – vor allem bei großen Operationen – ein Arzt der hinreichenden Kontrolle seiner Arbeit durch Kollegen und sonstiges Personal unterliegt (OLG Köln VersR 1989, 708 für einen Chirurgen). Mit dieser großzügigen Handhabung der Überwachungspflicht nähert sich das OLG Köln (VersR 1989, 708) der früheren BGH-Rspr an, wonach eine neben den regulären Dienstbetrieb tretende Kontrolle nicht erforderlich war. Ist die fachliche Überwachung eines Arztes nicht mehr möglich, weil er aufgrund seiner Ausbildung besser qualifiziert ist als die für ihn zuständige Kontrollinstanz, so entlastet dieser Umstand den Krankenhausträger nicht. Es bleibt dann bei der Haftung aus § 831 Abs 1 S 1 BGB, da es sich um einen Fall der Nichterbringung des Entlastungsbeweises handelt, der sich nach der gesetzlichen Wertung zulasten des Geschäftsherrn auswirken muss (OLG Bamberg 14. 12. 1992 – 4 U 60/92, VersR 1994, 813).

Naturgemäß bestehen für die Tätigkeit von weniger erfahrenen **Assistenzärzten** strengere Überwachungsmaßstäbe. Hier ist zunächst zu prüfen, ob der Arzt über das für die *spezielle übertragene Aufgabe* erforderliche Maß an Wissen und Erfahrung verfügt (BGH NJW 1978, 1681; s auch BGH NJW 1988, 2298). Werden dienstliche Anweisungen erteilt, so ist zumindest in der Anfangszeit regelmäßig deren Einhaltung durch den Assistenzarzt zu kontrollieren (BGH NJW 1988, 2298). In diesem Zusammenhang hat der Krankenhausträger die Pflicht zu überwachen, ob der Arzt im gebotenen Umfang der Pflicht zur Aufklärung der Patienten über die Risiken der geplanten Behandlung nachkommt (BGH 10. 7. 1954 – VI ZR 45/54, NJW 1956, 1106). Dazu ist es nicht ausreichend, wenn der Chefarzt in schwierigen Fällen floskelhaft auf das Risiko einer Operation hinweist und die Patienten im Übrigen nur fragt, ob sie die vom Stationsarzt gegebene ausführliche Aufklärung verstanden haben, nicht aber kontrolliert hat, ob diese Aufklärung in der angeordneten Form und mit entsprechendem Inhalt überhaupt durchgeführt wurde (OLG Köln NJW 1987, 2302). Darüber hinaus ist zu prüfen, ob der Verrichtungsgehilfe *allgemein* die erforderliche fachliche und charakterliche Qualifikation besitzt (BGH NJW 1978, 1681, wo diese Qualifikation in Frage gestellt wird, weil der Assistenzarzt bei einer Entbindung einen nicht durch den Arztkittel abgedeckten Shetland-Pullover trug). Besonderheiten gelten bei der sog Anfängeroperation. Hier muss der Krankenhausträger zwar nicht unbedingt den Patienten darauf hinweisen, dass die angesetzte Operation durch einen unerfahrenen Assistenzarzt durchgeführt werden soll (BGH NJW 1984, 655 mAnm Deutsch 650). Er muss aber eine zusätzliche Gefährdung des Patienten dadurch vermeiden, dass er sich besonders gründlich der theoretischen Kenntnisse und praktischen Fähigkeiten des Assistenten vergewissert, derer es zur Durchführung der in Rede stehenden Operation bedarf. Erforderlichenfalls ist eine zusätzliche Unterweisung und Belehrung bezüglich der anatomischen Gegebenheiten der Operation, ihrer besonderen Risiken und deren Vermeidung durchzuführen. Generell ist die Überlassung einer Operation erst nach einer hinreichenden Zahl von Operationsassistenzen und anfänglich auch nur unter fachkundiger Überwachung zulässig (BGH NJW 1984, 655 mAnm Deutsch 650; OLG München 31. 1. 2002 – 1 U 3145/01, OLGR 2003, 101). Dabei ist die Überwachung einer Ärztin in der Facharztausbildung bei der selbständigen Durchführung einer Herzkatheteruntersuchung ausreichend gewährleistet, wenn sie durch einen Oberarzt aus einem angrenzenden Monitorraum heraus folgt (OLG Köln 9. 1. 2019 – I-5 U 25/18, juris Rn 27). Der Umfang der Aufsichtspflicht vermindert sich bei einem langjährig bewährten Assistenzarzt, der am Ende seiner Facharztausbildung steht, deutlich (BGH 20. 9. 1988 – VI ZR 296/87, VersR 1989, 1270, 1272).

Bei selbständigen Tätigkeiten von **Krankenschwestern, Arzthelferinnen und anderem medizinischen Hilfspersonal** ist zunächst zu fragen, ob nicht schon in der Übertragung der Tätigkeit auf das Hilfspersonal ein eigener Behandlungsfehler des Arztes liegt. Diese Frage, die sich in der Praxis vor allem bei der Verabreichung von Injektionen und der selbständigen Bedienung von Geräten durch medizinisches Hilfspersonal stellt, wurde in der früheren Rspr nicht einheitlich beurteilt (offen gelassen von BGH 30. 6. 1959 – VI ZR 125/58, NJW 1959, 2302; 30. 6. 1959 – VI ZR 181/58, VersR 1960, 19; weitere Nachweise bei BGH NJW 1979, 1935 mAnm Rieger; OLG Köln VersR 1988, 44). Heute ist von der grds Zulässigkeit der Übertragung bei der Verabreichung von Injektionen auszugehen, soweit es sich um qualifiziertes Hilfspersonal handelt (zu verneinen bei einem Medizinstudenten im dritten Semester, der im Rahmen seines Studiums den vorgeschriebenen Pflegedienst im Krankenhaus ableistet, OLG Köln VersR 1988, 44), das besonders angewiesen und belehrt wurde und daneben kontinuierlich überwacht wird (LG Berlin NJW-RR 1994, 801; in diese Richtung schon BGH 30. 6. 1959 – VI ZR 125/58, NJW 1959, 2302 für besonders problemträchtige Injektionen bei Kindern; BGH 30. 6. 1959 – VI ZR 181/58, VersR 1960, 19; näher zur Zulässigkeit der Übertragung bei der Verabreichung von Injektionen Rieger NJW 1979, 1936).

Das gilt aber nur, solange nicht wegen der Art der Erkrankung und der Lokalisation der Spritze besondere Komplikationen drohen (LG Berlin NJW-RR 1994, 801). Entsprechende Überwachungspflichten gelten auch bei der Bedienung medizinischer Apparate durch Hilfspersonal (RG JW 1935, 354 betr Röntgenapparat; BGH 8. 3. 1960 – VI ZR 45/59, VersR 1960, 371 betr elektrisches Messer).

Auch **Hebammen** können – abhängig von ihrer Weisungsgebundenheit in der jeweiligen Stellung – von § 831 BGB erfasst sein. Ist das der Fall, so sind auch sie planmäßig und dauerhaft zu überwachen (BGH 26. 5. 1964 – VI ZR 54/63, VersR 1964, 948, wo eine erhöhte Überwachungspflicht aufgrund des fortgeschrittenen Alters der Hebamme – 68 Jahre – gefordert wird). Der Träger eines Belegkrankenhauses hat zB für die Fehler einer bei ihm angestellten Hebamme nach § 831 Abs 1 BGB einzustehen, solange diese nicht wegen einer besonderen ärztlichen Weisungskompetenz oder der Übernahme der Geburtsleitung durch den Belegarzt diesem zugerechnet werden können (BGHZ 144, 296, 300 ff; BGH VersR 1995, 706 zum Fall der Geburtsleitung durch den Belegarzt statt der Hebamme). Im Regelfall wird aber von einer deutlichen Trennung der Aufgabenbereiche von ärztlicher Tätigkeit und den Aufgaben einer Hebamme auszugehen sein, sodass Hebammen häufig nicht als Verrichtungsgehilfen zu betrachten sein werden (vgl BGH 22. 2. 1966 – VI ZR 202/64, VersR 1966, 580).

Sonstige Fälle: Im Rahmen seiner Verkehrssicherungspflicht ist ein Hauseigentümer gehalten, die Tätigkeit eines von ihm beauftragten Hausverwalters in geeigneter Weise zu überwachen (BGH 6. 6. 1967 – VI ZR 212/65, VersR 1967, 877). Ein Unternehmer, der auf einem fremden Grundstück eine nicht unbeträchtliche Anzahl von Arbeitern für eine nicht unerhebliche Zeit beschäftigt, ist, wenn die Gefahr planmäßiger Diebstähle auf dem Grundstück des Auftraggebers durch seine Arbeiter erkennbar ist, verpflichtet, entsprechende Überwachungsmaßnahmen zu ergreifen (BGHZ 11, 151). Die Überwachungspflicht des Geschäftsherrn umfasst bei der Einführung neuer Arbeitsvorgänge auch eine entsprechende Schulung des Personals. So muss zB die Forstverwaltung ihre Bediensteten über die Wirkungsweise und Anwendung chemischer Unkrautbekämpfungsmittel in der Weise unterrichten, dass sie über deren Einsatz verantwortlich entscheiden können (OLG Karlsruhe MDR 1972, 144). Delegiert der Forsteigentümer eines an einer öffentlichen Straße belegenen Forstes seine ihm obliegenden Verkehrssicherungspflichten (Schutz gegen Windbruch, jährlich zweimal durchzuführende Sichtprüfung) auf einen angestellten Revierleiter, muss er durch geeignete Auswahl und Überwachung des Revierleiters sicherstellen, dass dieser die Verkehrspflichten erfüllt (LG Arnsberg 7. 4. 2006 – 2 O 233/04, AUR 2007, 27). Werden Elektrokabel mit einer Fräsmaschine in den Boden eingepflügt, so muss der Bauleiter zumindest Verlegungspläne lesen und diese bei den Arbeiten heranziehen können (OLG Braunschweig 24. 2. 1988 – 4 U 32/97, VersR 1999, 502; vgl auch OLG Dresden 9. 6. 2009 – 5 U 26/09, juris Rn 24: Tiefbauunternehmen muss bei öffentlichen Straßen mit Erdleitungen rechnen). Wegen ungenügender Überwachung der beauftragten Personen haftet der Unternehmer von Abflussreinigungsarbeiten für ein durch die Verschmutzung eines fließenden Gewässers mit Fettabfällen hervorgerufenes Fischsterben. Auch wenn der Vorarbeiter Fachmann war und bisher keinen Anlass zu Beanstandungen gegeben hat, durfte der Unternehmer unter den besonderen Verhältnissen nicht darauf vertrauen, dass seine Arbeiter nicht der Versuchung unterlagen, den Abraum in den nahe gelegenen Bach zu schütten. Er hätte seine Leute ausdrücklich auf die Möglichkeit der Verschmutzung aufmerksam machen und sie vor deren Folgen warnen müssen (BGH 24. 11. 1964 – VI ZR 173/63, VersR 1965, 183, 185; zur Haftung einer Agrargenossenschaft für ein von ihrem Beauftragten durch fahrlässiges Einleiten von Pestiziden verursachtes Fischsterben vgl BGH 31. 3. 2005 – 8 U 837/03, OLG-NL 2005, 217). Überträgt der Anlieger seine Streupflicht auf einen Gehilfen, sind wegen der besonderen Gefährlichkeit von Glatteis an dessen Überwachung strenge Anforderungen zu stellen (OLG Frankfurt VersR 1985, 768; s auch BGH 6. 11. 1956 – VI ZR 71/56, BB 1957, 15). So ist es zB nicht ausreichend, wenn ein Hauseigentümer, der die Wahrnehmung der Streupflicht vor seinem Haus auf den dortigen Hausmeister überträgt, mit seinem PKW an dem Haus vorbeifährt, denn im Vorbeifahren sind gefährliche Stellen nicht zu erkennen. Eine telefonische Nachfrage, ob gestreut worden ist, genügt der Überwachungspflicht ebenfalls nicht. Es sind vielmehr fortdauernde unerwartete und genaue Kontrollen notwendig (OLG Celle VersR 1990, 169; OLG Oldenburg 13. 2. 2014 – 1 U 77/13, NZM 2014, 591, 592 mwNw). Wird die Räum- und Streupflicht auf einen 82-jährigen Rentner übertragen, so ist im Rahmen der Überwachungsverpflichtung eine kritische Überprüfung seiner Leistungsfähigkeit geboten (OLG Oldenburg 13. 2. 2014 – 1 U 77/13, NZM 2014, 591, 593). Die Überwachung von Dachdeckern, die an feuergefährdeten Betriebsstätten arbeiten, erfordert, dass der Geschäftsherr genau prüft, ob die Sicherheitsvorkehrungen beachtet werden. Er muss deren Beachtung anordnen und die Durchführung seiner Anordnungen sicherstellen (OLG Köln VersR 1992, 115). Im Übrigen genügt bei einem langjährig tätigen und erfahrenen Dachdeckergesellen, bei dem sich in der Vergangenheit keine Auffälligkeiten gezeigt haben, regelmäßige stichprobenartige Kontrollen durch einen Bauleiter, um sich seiner fortwährenden Eignung zu versichern (OLG Hamm 10. 4. 2014 – I-17 U 38/12, juris Rn 94). Der Geschäftsherr genügt seiner Überwachungspflicht nach § 831 BGB nicht schon dadurch, dass er den Verrichtungsgehilfen regelmäßig auf die Notwendigkeit der Beachtung von Unfallverhütungsvorschriften hinweist. Er muss sich durch Kontrollen vor Ort vielmehr davon überzeugen, dass die Unfallverhütungsvorschriften auch tatsächlich eingehalten werden (OLG Düsseldorf 13. 12. 1991 – 22 U 28/91, BauR 1993, 233).

(5) Leitungssorgfalt

158 Die Pflicht zur Beobachtung der Leitungssorgfalt, die in § 831 Abs 1 S 2 BGB gesondert ausgewiesen ist, unterscheidet sich von den anderen bislang erörterten Pflichten dadurch, dass sie nach dem Wortlaut des Gesetzes nur in *besonderen Fällen* Anwendung findet. Sie ist aus diesem Grunde gedanklich und terminologisch von den übrigen Pflichten zu unterscheiden und vor allem nicht mit der Pflicht zur Übertragungs- und Überwachungssorgfalt zu vermengen. Will man dem im Gesetz ausgedrückten Anliegen, die Leitungssorgfalt besonders zu behandeln, Genüge tun, so muss man bereits bei der Herausarbeitung des entsprechenden Pflichtenkreises ansetzen. Die Leitungspflicht unterscheidet sich nicht nur graduell, sondern qualitativ von den „allgemeinen Auswahlpflichten", die ihr in § 831 BGB gegenübergestellt sind (zur Beschränkung der Leitungspflicht auch vBar, Verkehrspflichten § 9 I 1 und § 1 III 3 c mit Hinweis auf Prot II 598 und 603).

Unter **Leitung** der Ausführung der Verrichtung ist eine in Einzelheiten gehende Anleitung und Betreuung bei der Durchführung der Verrichtung zu verstehen. Erfasst werden nur jene Fälle, in welchen es nach der Verkehrsanschauung, mit Rücksicht auf die Umstände des Falles erforderlich ist, dass sich der Geschäftsherr bzw der verantwortliche Delegatar des Falls im Sinne einer „Fachaufsicht" annimmt (RGZ 53, 53, 56; JW 1911, 403; Recht 1924 Nr 27; WarnR 1938 Nr 155). Es handelt sich mithin um eine

Sonderaufsicht über einzelne konkrete Verrichtungen, die bei einfachen Tätigkeiten nicht erwartet wird (RGZ 53, 53; 82, 206; 142, 356).

Die **Erforderlichkeit** der beschriebenen Fachaufsicht ist im Einzelfall festzustellen, sie kann besonders mit Rücksicht auf die Natur der Verrichtung, die Eigenschaften des Gehilfen oder die Umstände der Ausführung gegeben sein (RGZ 82, 206; RGJW 1935, 3540). Aus der *Natur der Verrichtung* folgt die Pflicht zur Leitung der Ausführung bei besonders gefährlichen Tätigkeiten, vor allem, wenn diese über den Regelbetrieb hinausgehen (RG Recht 1910 Nr 3494; OLG Nürnberg VersR 1966, 767 nimmt zB eine Leitungspflicht bei Dachreparaturen dahingehend an, dass der Geschäftsherr die Arbeiter in regelmäßigen Abständen über die Dringlichkeit der Beachtung von Vorkehrungen zum Schutz der Sicherheit Dritter zu belehren und überwachen hat, soweit das Herabwerfen von Schutt in Frage steht). Der BGH (15. 10. 1971 – I ZR 27/70, NJW 1972, 42) hat eine solche Leitungspflicht gegenüber dem Tanklastfahrer angenommen, der mit dem Betanken der Ölheizungsanlagen betraut ist: Der Geschäftsherr muss diesen über Lage und Beschaffenheit von Einfüllstutzen unterrichten und Verhaltensmaßregeln aufstellen für den Fall, dass Ölstandsmesser und Warnanlage nicht funktionieren. Hingegen unterfällt es nicht der Leitungspflicht des Geschäftsherrn, sich von seinem Fahrer regelmäßig die Betriebsabläufe auf dem Containerterminal des Kunden schildern zu lassen, diese Abläufe auf etwaige Gefahren (auch) bezüglich einer Verwechslung von Containern zu untersuchen, entsprechende Anweisungen zu formulieren und deren Einhaltung zu überprüfen (OLG Hamm 9. 12. 2019 – I-18 U 110/18, RdTW 2020, 381, 386: Vertauschen eines Frachtcontainers auf dem Containerterminal des Auftraggebers). Auch *Eigenschaften der Verrichtungsperson,* etwa jugendliches Alter oder Unerfahrenheit können eine Leitungspflicht begründen. Das kann etwa der Fall sein, wenn der Chefarzt einen Assistenzarzt mit der Übernahme einer gefahrträchtigen Behandlung betraut (BGH NJW 1978, 1681 betr Kaiserschnitt) oder einem nicht befähigten Aushilfspfleger die Durchführung intramuskulärer Injektionen übertragen wird (OLG Köln VersR 1988, 44 betr Spritzenabzess). Bieten Art und Umstände der Verrichtung nach Lage des Falls einen besonders hohen Anreiz zum Diebstahl, so soll entsprechende Vorsorge Teil der Leitungspflicht sein (BGHZ 11, 151, 154 f).

Die **Beweislast** für die *Erforderlichkeit der Ausführungsleitung* trägt angesichts des eindeutigen Wortlauts („sofern") der Geschädigte (so schon RGZ 53, 123, 125; OLG Hamm 9. 12. 2019 – I-18 U 110/18, RdTW 2020, 381, 386; Baumgärtel/Laumen/Prütting/Luckey [5. Aufl 2023] Rn 10 mwNw; anders noch die Voraufl Baumgärtel [2. Aufl] Rn 12).

Der **Umfang der erforderlichen Leitungssorgfalt** bestimmt sich wiederum nach den Gegebenheiten des einzelnen Falls. Die Sonderleitung kann in geeigneten Fällen auch durch Dienstanweisungen erfolgen (RGZ 142, 356). Eine eingehende vorher erfolgende Unterweisung mag die Überwachung erübrigen (RG JW 1910, 111). Der Geschäftsherr kann die Sonderleitung auch durch geeignete Hilfspersonen ausüben (RGZ 53, 123, 125; RG JW 1910, 111; RG JW 1913, 33; RG LZ 1928, 53).

Beispiele: Bei einem Gasrohrbruch, der die Räumung eines gasbedrohten Anwesens erforderlich macht, müssen die Bediensteten des Gasversorgungsbetriebs sich auch überzeugen, ob nicht schlafende Bewohner zurückbleiben. Eine Entlastung nach § 831 BGB beim Tod eines unentdeckt gebliebenen Bewohners ist ausgeschlossen, wenn die Betriebsvorschriften keine Weisungen an die Bediensteten für den Fall enthalten, dass Wohnungs- oder Zimmertüren versperrt sind und nicht mit voller Gewissheit festgestellt werden kann, ob sich jemand in den verschlossenen Räumen befindet (OLG München 28. 3. 1963 – 1 U 739/61, VersR 1963, 1208). Bei Arbeiten auf einer Baustelle mit offener Flamme in unmittelbarer Nähe zu brandgefährlichen Stoffen handelt es sich um ein besonderes Risiko, weshalb der Bauleiter diese besonders beaufsichtigen oder auf eine Ausführung mit einem Arbeitsgerät ohne offene Flamme hinwirken muss (OLG Naumburg 11. 10. 2012 – 4 U 12/12, juris Rn 53). Vgl ferner wegen der Anforderungen an die „Leitung" aus der Rspr RGZ 142, 356 betr Dienstanweisung an die Fahrer eines Kraftfahrunternehmens über notwendige Maßnahmen bei Annäherung an Eisenbahnübergänge; RG SeuffA 88 Nr 40 betr Leitung der Verrichtungen der Lernschwestern eines Krankenhauses; OLG Düsseldorf DRW 1939, 1238 betr Anleitung des Lehrlings einer Reparaturwerkstatt; RG WarnR 1928 Nr 76 betr Anleitung eines Jagdaufsehers; RG JW 1934, 3126; 1937, 1917; BGH 21. 4. 1956 – VI ZR 35/55, VersR 1956, 382 betr die Anweisung des Fahrers bzgl Anbringung eines Anhängers und Funktionsweise des Bremssystems; OLG Celle 14. 12. 1988 – 9 U 47/87, VRS 1978, 171 betr Anleitung des Hausverwalters zur Überwachung des Hauswarts; Kundenberater einer Bank müssen über die von ihnen empfohlenen Anlagemodelle wie auch über bei Bankgeschäften typische Straftaten, etwa Geldwäsche, hinreichend informiert sein und in zeitlich regelmäßigen Abständen geschult werden (OLG München 27. 2. 2012 – 17 U 1924/11, diesbzgl unbeanstandet nachfolgend BGH 15. 10. 2013 – VI ZR 124/12, NJW 2014, 1380; weitere Beispiele bei BGB-RGRK/Steffen § 831 Rn 51).

bb) Sachverantwortung – Sorgfalt bei der Beschaffung von Vorrichtungen und Gerätschaften

(1) Systematik

159 Strukturell entspricht die Beschaffungssorgfalt der Leitungssorgfalt. Auch hier handelt es sich nicht um eine allgemeine Pflicht des Geschäftsherrn, sondern um eine besondere, die sich nur aktualisiert, wenn die Ausführung der Verrichtung die Beschaffungen erforderlich macht. Dementsprechend obliegt hier – wie auch bei der Leitungspflicht (Rn 158) – dem Verletzten zunächst der Beweis, dass eine Beschaffungspflicht überhaupt bestand. Erst wenn das feststeht, trifft den Geschäftsherrn die Beweislast, den Anforderungen an die Beschaffungssorgfalt genügt zu haben (RGZ 53, 123; 82, 206 mwNw; RG JW 1911, 403 und 939; RG JW 1928, 1726; RG JW 1935, 3540; RG Recht 1924 Nr 27; RG WarnR 1938 Nr 155).

(2) Bestehen einer Beschaffungspflicht

160 Eine allgemeine Formel dafür, ob eine Beschaffungspflicht besteht, lässt sich schwerlich aufstellen. Denn die Beschaffungspflicht hängt von den Umständen des Falls und der Verkehrsauffassung ab (Erman/Wilhelmi § 831 Rn 22 f). Die Umstände des Einzelfalls erlauben die Berücksichtigung zB der gewählten Ausführungsweise, der Anzahl und Qualifikation des eingesetzten Personals. Die Verkehrsauffassung, auf der anderen Seite, orientiert sich auch an dem, was technisch machbar bzw anerkannter Stand der Technik ist. Eine Beschaffungspflicht besteht danach, wenn nach den Umständen des Falls, der Verkehrsauffassung und dem Stand der Technik die betreffende Verrichtung in ihrer konkreten Ausführungsweise nur mittels Vorrichtungen oder Gerätschaften zuverlässig ausgeführt werden kann. Dafür trägt der Geschädigte die Beweislast (Baumgärtel/Laumen/Prütting/Luckey [5. Aufl 2023] Rn 23).

Eine Beschaffungspflicht des Geschäftsherrn wurde zB in folgenden Fällen angenommen: Der Leiter des Unternehmens muss die zum Transport von Gerüstholz erforderlichen Gerätschaften beschaffen (RGZ 53, 123). Der Dienstherr hat dafür Sorge zu tragen, dass dem angestellten Kutscher eine verkehrstüchtige Droschke zur Verfügung steht (RG JW 1931, 862). Ebenso muss dem beschäftigten Fahrer zur Ausführung seiner Tätigkeit ein Fahrzeug mit ordnungsgemäßer Bremsanlage bereitgestellt werden (BGH 17. 12. 1952 – VI ZR 52/52, LM Nr 1 zu § 831 Fb = VersR 1953, 117). Ein Unternehmer hat das erforderliche Baugerät zu beschaffen. Eine Sorgfaltspflichtverletzung liegt vor, wenn diesen Geräten die nach den Unfallverhütungsvorschriften erforderlichen Schutz- und Sicherungsvorkehrungen fehlen (OLG Köln VersR 1979, 266). Der Krankenhausträger muss die notwendigen Gerätschaften für die Behandlung der Patienten beschaffen; er haftet für seine Verrichtungsgehilfen, wenn er bei der Beschaffung nicht die im Verkehr erforderliche Sorgfalt beachtet hat (LG Karlsruhe KH 1955, 279). Röntgenapparate muss er dabei zB, wenn diese Apparate Serienware sind, keiner gesonderten Prüfung unterziehen (RG JW 1935, 3540). Für den Krankenhausträger besteht des Weiteren die allgemeine Verpflichtung, für die jeweilige Operation mangelfreie Geräte bereitzustellen. Durch technische Kontrollen muss gewährleistet werden, dass die entsprechenden Geräte, wenn sie zum Einsatz kommen, funktionsfähig sind und fehlerfrei arbeiten (OLG Düsseldorf VersR 1985, 744); ein Krankenhaus muss für die medizinische Überwachung seiner Patienten die notwendigen Geräte bereithalten und mit der Bedienung der Geräte hinreichend ausgebildetes und geschultes Personal beschäftigen (OLG Nürnberg 25. 3. 2011 – 5 U 1786/10, PflR 2011, 358 betr Oxymeter und Wärme-/Sauerstoffbett und mit deren Bedienung vertraute Kinderkrankenschwester zur Überwachung eines Neugeborenen; ähnlich OLG Stuttgart 11. 7. 2006 – 1 U 3/06, NJW-RR 2006, 1318 betr die Pflicht einer Rehabilitationsklinik, beim krankengymnastischen Einsatz eines Gymnastikballs der Gefahr des Platzens des Balls durch Verwendung eines berstsicheren Modells zu begegnen). 161

(3) Vorrichtungen und Gerätschaften

Vorrichtungen sind die Einrichtungen des Betriebs als sachliche Voraussetzungen für die Tätigkeit, Gerätschaften sind das Arbeits- und Werkzeug. Beide Bereiche gehen ineinander über, wegen der gesetzlichen Gleichbehandlung besteht kein Anlass, sie zu trennen. Die Formulierung ist dahin zu verstehen, dass *alle sachlichen Hilfsmittel* für die Gehilfentätigkeit erfasst sein sollen. 162

Als Vorrichtungen hat die Rspr zum **Beispiel** die Gleisanlage bei einem Bahnbetrieb angesehen (RG Recht 1914, 2073).

Gerätschaften sind zB für den Kraftfahrer das betriebssichere Fahrzeug (BGH 15. 2. 1966 – VI ZR 201/64, VersR 1966, 564 – Brems- und Lenkvorrichtung; OLG Köln NZV 1992, 279 – Betriebssicherheit eines Busses), das auch die nach den Umständen erforderliche Ausstattung wie etwa Schneeketten, Gepäcksicherung usw haben muss (RG WarnR 1916 Nr 165; RG WarnR 1919 Nr 36; RG HRR 1933 Nr 751; BGH 17. 12. 1952 – VI ZR 52/52, LM Nr 1 zu § 831 Fb). Bei Bauarbeiten gehört zu den Gerätschaften das Material und Werkzeug für die Errichtung von Bauzaun (RG Recht 1908 Nr 741), Gerüst, Schutzdächern, Schutzverschalungen usw (RG Recht 1914 Nr 1418; WarnR 1916 Nr 304). Krankenhäuser wie auch sonstige medizinische Einrichtungen müssen die dem aktuellen Stand einer zeitgemäßen Krankenhausausstattung entsprechenden Geräte bereit stellen (OLG Nürnberg 25. 3. 2011 – 5 U 1786/10, PflR 2011, 358 betr Oxymeter und Wärme-/Sauerstoffbett und mit deren Bedienung vertraute Kinderkrankenschwester zur Überwachung eines Neugeborenen; ähnlich OLG Stuttgart NJW-RR 2006, 1318 betr berstsicherer „Pezzi"-Ball; zur Frage der Haftung des Krankenhauses nach § 831 und des Beginns der Entlastungsnotwendigkeit bei Fehlfunktionen eines gelieferten technischen Geräts [hier: Narkosegerät], vgl Deutsch JZ 1978, 278 und NJW 1978, 1658).

(4) Inhalt der Beschaffungspflicht

(1) Allgemeines

163 Die Beschaffungspflicht lässt sich in die Beschaffung, die Bereitstellung und die Einweisung unterteilen. Der Geschäftsherr muss die Vorrichtungen oder Gerätschaften zunächst erwerben und in concreto bereitstellen. Sie müssen im Hinblick auf die auszuführende Verrichtung tauglich sein. Je nach Gefährlichkeit der Verrichtung und Besonderheit des fraglichen Sachmittels sind außerdem mehr oder weniger detaillierte Anweisungen zu fordern. Gehört das fragliche Gerät zu der „Standardausrüstung" und kann der Geschäftsherr erwarten, dass der von ihm ausgewählte Verrichtungsgehilfe damit umgehen kann, genügt die bloße Beschaffung und Bereitstellung. Je nach Schwierigkeitsgrad der Bedienung des Geräts ist eine Einweisung erforderlich, die sogar den Umfang einer speziellen Ausbildung annehmen kann.

(2) Delegierbarkeit

164 Ebenso wie die anderen Pflichten des Geschäftsherrn kann auch die Beschaffungspflicht auf Mitarbeiter übertragen werden (RGZ 53, 123, 124). Die Pflicht zur Beschaffung der Vorrichtungen oder Gerätschaften bedingt nicht, dass der Geschäftsherr in jedem Einzelfall aus den vorhandenen Stücken das vorhandene Gerät selbst (persönlich) auswählt und dem Verrichtungsgehilfen speziell zuweist. Das kann durch allgemeine Anweisung geregelt oder dem fachkundigen Ermessen eines Betriebsleiters oder Poliers überlassen werden. Es gelten die ausgeführten allgemeinen Grundsätze. Die Übertragung muss ihrerseits sorgfältig erfolgen. Die Grenze der Übertragbarkeit ist auch hier die Organebene.

b) Entlastung hinsichtlich der Kausalität

aa) Grundgedanke der Regelung

165 Nach § 831 Abs 1 S 2 BGB kann der Geschäftsherr sich auch hinsichtlich des **Pflichtwidrigkeitszusammenhangs** entlasten. MaW entfällt die Haftung, wenn der Geschäftsherr den Beweis erbringt, seine Pflichtwidrigkeit iSv Abs 1 S 1 sei für den eingetretenen Schaden nicht ursächlich geworden.

Das Fehlen des ursächlichen Zusammenhangs kann aber nicht daraus hergeleitet werden, dass für den Schaden nicht gerade der Mangel des Verrichtungsgehilfen ausschlaggebend war, der ihn bei Beachtung aller nötigen Sorgfalt durch den Geschäftsherrn als ungeeignet für die Bestellung zur Verrichtung erwiesen hätte (RG JW 1934, 2973; BGH NJW 1978, 1681). Da der Geschäftsherr die Bestellung bei Beobachtung der verkehrserforderlichen Auswahl- und Überwachungssorgfalt unterlassen hätte, wäre es in diesem Fall nicht zur Schadenszufügung gekommen. Vereinzelt wird auch angenommen, § 831 BGB verzichte auf den konkreten Rechtswidrigkeitszusammenhang zwischen der Fehlhandlung des Geschäftsherrn und der Schädigung durch den Verrichtungsgehilfen (so MünchKommBGB/Stein [3. Aufl] § 831 Rn 59) (Haftung für abstrakte Gefahrerhöhung).

Der Geschäftsherr kann sich auf die fehlende Kausalität auch berufen, wenn ihm der Beweis des Gegenteils bzgl des Verschuldens nicht gelungen ist. Diesen Einwand muss er im Prozess jedoch selbst vorbringen (RGZ 142, 356; BGH NJW 1978, 1681; Baumgärtel/Laumen/Luckey [5. Aufl 2023] Rn 13). Auch steht ihm offen, sich von vornherein auf die Entlastung wegen mangelnder Kausalität zu berufen, ohne den Versuch zu unternehmen, sich bzgl des Verschuldens zu entlasten.

Inhalt dieses Entlastungsbeweises ist es, darzutun, dass der gleiche Schaden *mit Gewissheit* auch eingetreten wäre, wenn dem Geschäftsherrn kein Pflichtversäumnis nach Abs 1 S 1 vorzuwerfen wäre (RGZ 128, 149; BGH 11. 12. 1951 – I ZR 121/51, VersR 1952, 117). Ein Beweis dahingehend, dass der gleiche Schaden bei pflichtgemäßem Verhalten *möglicherweise* auch hätte eintreten können, ist dagegen nicht ausreichend (RGZ 159, 283, 312; RG WarnR 1916 Nr 304; RG Recht 1919 Nr 1448; RG JW 1930, 3213; RG JW 1934, 90; BGH MDR 1980, 647).

bb) Varianten der Entlastung

Für den Entlastungsbeweis mangels Ursächlichkeit kommen zwei Möglichkeiten in 166
Betracht:

(1) Schadenseintritt auch bei erforderlicher Sorgfalt

(a) Auswahlverschulden

Sind dem Geschäftsherrn Versäumnisse bei der Auswahl des Gehilfen vorzuwerfen, 167
muss er nachweisen, dass auch die (unterbliebenen) ausreichenden Ermittlungen über die Zuverlässigkeit des Gehilfen dazu geführt hätten, diesen als geeignet und vertrauenswürdig einzustufen (RG JW 1921, 526; BGHZ 4, 1).

(b) Aufsichtsverschulden

Trifft den Geschäftsherrn ein Aufsichtsverschulden, muss er nachweisen, dass der 168
Gehilfe auch bei genügend sorgfältiger Aufsicht den Schaden angerichtet hätte (zB indem er sich der Beaufsichtigung auf raffinierte Weise entzogen hätte).

(c) Beschaffung von Gerätschaften

Trotz Vernachlässigung der verkehrserforderlichen Sorgfalt bei der Beschaffung von 169
Gerätschaften ist der Geschäftsherr durch den Nachweis entlastet, dass derselbe Schaden eingetreten wäre, wenn das schadhafte Gerät sich in einwandfreiem Zustand befunden hätte (BGH 17. 12. 1952 – VI ZR 52/52, LM Nr 1 zu § 831 Fb = VersR 1953, 117).

(2) Verkehrsrichtiges Verhalten des Gehilfen

Zur Entlastung mangels Ursächlichkeit genügt auch der Nachweis, dass sich der Ge- 170
hilfe selbst trotz der Pflichtverletzungen des Geschäftsherrn nach Abs 1 S 1 bei der Verrichtung entsprechend der gegebenen Sachlage so verhalten hat, wie sich jede andere zuverlässige Person verhalten hätte. Verhält sich demnach ein solcher Gehilfe zB in einer Gefahrensituation objektiv falsch, muss der Geschäftsherr nachweisen, dass sich auch ein fehlerfrei ausgewählter und überwachter Gehilfe in dieser Situation ebenso falsch verhalten hätte (RGZ 135, 149; RGZ 159, 312; RG JW 1921, 526; RG JW 1943, 2973; BGHZ 4, 1; 12, 94; BGH NJW 1957, 1149; BGH 5. 2. 1957 – VI ZR 320/55, VersR 1957, 247; BGH 15. 2. 1966 – VI ZR 201/64, VersR 1966, 564; BGH 22. 11. 1974 – I ZR 32/74, 1975, 447; KG VersR 1968, 1036; OLG Köln NZV 1992, 279).

Kann der Geschäftsherr den Beweis erbringen, dass sich sein Gehilfe im Straßenverkehr verkehrsrichtig verhalten hat, ist er schon deshalb entlastet, weil es an der Widerrechtlichkeit der Schadenszufügung fehlt (dazu Rn 119 f).

Inwieweit dem Geschäftsherrn die Entlastung für eine vollständige und richtige Beratung bei der Erbringung von Anlageberatungsleistungen gegenüber Privatkunden durch seine Kundenberater durch Verweis auf die gem § 64 Abs 4 WpHG anzufertigende Geeignetheitserklärung gelingt, hängt davon ab, welche Funktion § 64 Abs 4 WpHG zugemessen wird. Bei der Geeignetheitserklärung wird – anders als beim Beratungsprotokoll gem § 34 Abs 2a WpHG aF – nicht der Gesprächsverlauf festgehalten, sondern ein Überblick über die erteilten Ratschläge gegeben und erläutert, inwiefern die abgegebene Empfehlung den Präferenzen, Anlagezielen und sonstigen „Merkmalen des Kunden" entspricht (§ 64 Abs 4 S 2 BGB und Art 54 Abs 12 UAbs 1 Delegierte VO (EU) 2017/565). Ihre zivilprozessrechtliche Bedeutung erlangt die Geeignetheitserklärung dergestalt, dass sie dem Kunden als Beweismittel dienen, aber nicht im Prozess zu seinen Lasten verwendet werden kann. Der Norm kommt – wie bereits der Vorgängervorschrift § 34 WpHG aF (dazu noch Fuchs, WpHG [2. Aufl 2016] § 34 Rn 2 ff mwNw; Assman/Schneider/Koller, WpHG [6. Aufl 2012] § 34 Rn 4) aber keine drittschützende Funktion etwa als Schutzgesetz oder Beweiserleichterung zu. Ebenso wenig erfolgt bei einer unterlassenen Geeignetheitserklärung eine Beweislastumkehr zugunsten des Kunden, denn die Pflicht, eine Geeignetheitserklärung anzufertigen, ist eine ausschließlich aufsichtsrechtliche Vorschrift (Ebenroth/ Boujong/ Poelzig, HGB [5. Aufl 2024] §§ 63, 64 WpHG Rn 26, 28; MünchKommHGB/Zarthe [5. Aufl 2024], Bd 6 M. Anlageberatung Rn 215; Schwark/Zimmer/Rothenhöfer, KommKapitalmarktrecht [5. Aufl 2020] WpHG § 64 Rn 166: zivilrechtliche Haftung zwar ungeklärt, aber Pflichtverletzung typischerweise nicht kausal für die Anlageentscheidung).

In den Fällen des sog dezentralen Entlastungsbeweises genügt es der Rspr zur Entlastung des Geschäftsherrn, wenn er zwar für die Aufsichtsperson den Nachweis sorgfältiger Auswahl usw nicht führen kann oder will, aber dartun kann, dass der von der Zwischenperson bestellte unmittelbare Verrichtungsgehilfe sich sachgemäß verhalten hat (RG JW 1906, 547; WarnR 1914 Nr 53; Baumgärtel/Laumen/Luckey [5. Aufl 2023] Rn 26 f).

Schuldloses Verhalten des Gehilfen allein genügt zur Entlastung jedoch nicht, da eine objektiv widerrechtliche Schadenszufügung ausreicht, die Haftung des Geschäftsherrn auszulösen. Der Beweis mangelnden Verschuldens kann es allerdings erleichtern, den Nachweis nach Punkt 2 a (Rn 165) zu führen. In diesem Fall hätte auch ein sorgfältig ausgewählter und beaufsichtigter Gehilfe nicht anders handeln können (RG JW 1911, 979; BGHZ 4, 1).

cc) Anforderungen an den Entlastungsbeweis

(1) Allgemeines

171 Der Entlastungsbeweis der mangelnden Kausalität oder der fehlenden Widerrechtlichkeit wegen verkehrsrichtigen Verhaltens der Verrichtungsperson obliegt in vollem Umfang dem Geschäftsherrn. Die Rspr stellt strenge Anforderungen an den Entlastungsbeweis. Jede Unaufklärbarkeit eines Unfallhergangs geht zulasten des Geschäftsherrn. Misslingt der Entlastungsbeweis, so erhält der Verletzte Schaden-

ersatz, möglicherweise ohne dass in Wahrheit überhaupt ein Verschulden gegeben ist, sei es auf Seiten des Geschäftsherrn, sei es auf Seiten des Gehilfen.

(2) Unterschiedlichkeit der Haftungslage

Bei einem Unfall mit ungeklärtem Hergang befindet sich der Verletzte beweisrecht- 172
lich in einer günstigeren Lage, wenn ein Verrichtungsgehilfe den Schaden bewirkt hat. Ein Beispiel (vgl vCAEMMERER, Wandlungen Ges Schr I 539 f mit ähnlichen Fallgestaltungen) mag den Unterschied verdeutlichen: Ein Verkehrsteilnehmer kommt bei einem Überholvorgang am Steuer seines Pkw von der Spur ab und stößt auf der Gegenfahrbahn mit einem anderen Pkw zusammen. Dessen Fahrer wird verletzt. Fordert dieser Schadenersatz, trägt er als Kläger die Beweislast für das Verschulden des Schädigers. Der zunächst für ein Verschulden des Schädigers sprechende Anscheinsbeweis lässt sich durch die Feststellung entkräften, dass er durch einen dritten Wagen beim Überholvorgang in seiner Weiterfahrt behindert und gefährdet worden ist. Kann der Kläger nicht beweisen, dass der Schädiger noch andere Ausweichmöglichkeiten hatte, misslingt der Schuldbeweis. Lässt sich der besagte Verkehrsteilnehmer jedoch von einem Angestellten chauffieren, der den Unfall verursacht, obliegt dem Chauffierten der Beweis des verkehrsrichtigen Verhaltens seines Fahrers. Dieser Beweis misslingt, wenn es nicht unmöglich erscheint, dass zum Unfall auch ein waghalsiges Verhalten des Chauffeurs beigetragen hat. Die Entkräftung der Vermutung mangelnder Beaufsichtigung misslingt, wenn sich nicht ausschließen lässt, dass der Chauffierte die Fahrweise seines Fahrers billigte. Der Beweis, dass auch ein pflichtgemäßes Anhalten zu besonnener Fahrweise an dem Unfall nichts geändert hätte, lässt sich bei der ungeklärten Sachlage nicht führen (BGH 28. 2. 1967 – VI ZR 160/55, VersR 1967, 583).

Bei unaufklärbarem Unfallhergang ersetzen hier also die durch den Beweis des Gegenteils nicht positiv auszuschließenden „Möglichkeiten" der mangelnden Beaufsichtigung seitens des Geschäftsherrn und des verkehrswidrigen Verhaltens seitens des Verrichtungsgehilfen den Verschuldensbeweis, den der Verletzte führen müsste, wenn der Chauffierte selbst den Wagen gesteuert hätte.

(3) Kritik

Die von der Rspr aus § 831 BGB, namentlich der Einstufung des verkehrsrichtigen 173
Verhaltens als Rechtfertigungsgrund (nicht als Rechtswidrigkeitsvoraussetzung), abgeleitete unterschiedliche Beweislastverteilung hat im Schrifttum berechtigte Kritik ausgelöst (statt vieler vCAEMMERER, Wandlungen Ges Schr I 539 f; LARENZ/CANARIS, Schuldrecht II/2 § 79 III 2c). vCAEMMERER bezeichnet das Ergebnis als „unmöglich" und fordert deshalb, dass der Verletzte das Verschulden des Täters (sei dieser auch Verrichtungsgehilfe) beweisen muss. Ein wesentlicher Grund für die Vorschläge zur Umgestaltung des § 831 BGB ist, eine unterschiedliche Beweislastverteilung, je nachdem ob der Täter Verrichtungsgehilfe ist oder nicht, *de lege ferenda* im Bereich der Verschuldenshaftung zu vermeiden (Begr II 96 zum Referentenentwurf eines Gesetzes zur Änderung und Ergänzung schadensersatzrechtlicher Vorschriften 1967, vgl Rn 188 ff).

c) Dezentraler Entlastungsbeweis

aa) Regelungssituation

Der in § 831 BGB vorgesehene Entlastungsbeweis beruht auf der Vorstellung, dass 174
der Geschäftsherr sich eines von ihm selbst ausgewählten und überwachten Verrichtungsgehilfen bedient und dieser den Schaden unmittelbar herbeiführt. In der Praxis,

vor allem in Großbetrieben, ist der Geschäftsherr aber regelmäßig nicht selbst in der Lage, die Auswahl, Beaufsichtigung und Leitung sämtlicher Verrichtungsgehilfen wahrzunehmen. In einem Unternehmen mit einer Vielzahl von Arbeitnehmern ist ihm die persönliche Auswahl und Beaufsichtigung weder möglich noch zumutbar. Ohne die Dezentralisierung dieser Aufgaben wäre ein größeres Unternehmen nicht funktionsfähig, sodass die Delegation der Auswahl-, Beaufsichtigungs- und Leitungsfunktionen unumgänglich ist (BGB-RGRK/Steffen § 831 Rn 52). Der Geschäftsherr ist auf Mittelspersonen oder Zwischengehilfen (Auswahl- und Aufsichtspersonen [zB Personalleiter]) angewiesen, auf die er seine Pflichten übertragen kann. Sie sind seine (nächsten) Verrichtungsgehilfen bei der Auswahl, Beaufsichtigung und Leitung; unter Umständen müssen diese ihrerseits wieder Auswahl- und Aufsichtspersonen einsetzen. Es entsteht eine mehrstufige Einschaltung von Verrichtungsgehilfen, die der Organisationshierarchie im Unternehmen entspricht. Die unmittelbar schädigende Handlung führt der unterste Verrichtungsgehilfe aus. Problematisch ist, wofür sich der Geschäftsherr entlasten muss: für jede oder nur für die nächste Hierarchieebene. Obwohl auch zur Zeit des Inkrafttretens des BGB Großbetriebe nicht unbekannt waren, lässt § 831 BGB ungeregelt, ob sich der Geschäftsherr für die ordnungsgemäße Auswahl, Beaufsichtigung und Leitung sämtlicher Verrichtungsgehilfen oder nur für die sorgfältige Auswahl und Aufsicht des mit der Überwachung betrauten höheren Angestellten zu exculpieren braucht (so RGZ 78, 107; RGZ 89, 136; BGHZ 4, 1, 2; BGH 23. 10. 1973 – VI ZR 162/72, VersR 1974, 244; BGH 30. 5. 1978 – VI ZR 113/77, VersR 1978, 722, 723). Ausschlaggebend ist, in welchem Umfang der Geschäftsherr seine Pflichten delegieren kann bzw welcher Pflichtenkreis unübertragbar beim Geschäftsherrn verbleibt; auf diesen muss sich der Entlastungsbeweis beziehen.

bb) Entwicklung der Rechtsprechung

175 Die Rspr des Reichsgerichts (richtungweisend RGZ 78, 107, 108; s ferner die unveröffentlichten, von vBodenhausen 118 ff besprochenen Entscheidungen), die vom BGH fortgeführt wurde (BGHZ 4, 1, 2 f „Gutsverwalter“), hat den sogenannten *dezentralisierten Entlastungsbeweis* eingeführt, der besser als dezentraler Entlastungsbeweis bezeichnet wird (Medicus, in: FS Deutsch, 291, 301 Fn 29). Wenn der Umfang des Betriebs oder persönliche Hindernisse dem Geschäftsherrn selbst die Auswahltätigkeit hinsichtlich der niederen Angestellten unmöglich machen und diese einem Angestellten höherer Ordnung übertragen werden muss, soll sich der Entlastungsbeweis nur auf die letztere Person beziehen (RGZ 78, 107, 108). Für die Entlastung genügt die Darlegung sorgfältiger Pflichterfüllung auf der ersten (obersten) Stufe. Freilich hat schon das Reichsgericht (RGZ 78, 107, 109) hervorgehoben, dass lediglich die „praktische Aufsichtstätigkeit“ vom Geschäftsherrn auf einen höheren Angestellten übertragbar sei, während die allgemeinen Aufsichtsanordnungen Aufgabe des Geschäftsherrn selbst blieben. Der BGH (BGHZ 4, 1, 2) bezieht den Sorgfaltsbeweis des Geschäftsherrn ebenfalls auf die Auswahl und Beaufsichtigung des von ihm ausgewählten höheren Angestellten. Es reiche demnach aus, dass der Geschäftsherr den mit der Auswahl und Einstellung weiterer Mitarbeiter betrauten sog Zwischengehilfen sorgfältig ausgewählt und überwacht habe. Dagegen komme es für die Entlastung des Geschäftsherrn nicht darauf an, ob der zur Überwachung des unteren Verrichtungsgehilfen eingesetzte Angestellte seine Pflichten erfüllt habe (BGHZ 4, 1). Der BGH erkannte ebenfalls an, dass es Aufgabe des Geschäftsherrn sei, allgemeine Aufsichtsanordnungen zu treffen. Vernachlässige der Geschäftsherr diese allgemeine Pflicht, scheitere deshalb aber nicht der Exculpationsbeweis, sondern der Geschäftsherr hafte wegen Mängeln der Orga-

nisation aus § 823 Abs 1 BGB. Davon ist der BGH (BGHZ 32, 53, 59) abgerückt. Die allgemeinen Aufsichtsanordnungen seien Aufgabe des Geschäftsherrn selbst; vernachlässige er diese, indem er die Führung des Betriebs den leitenden Angestellten zur eigenständigen Erledigung überlasse, sodass diese völlig selbständig handeln könnten, entfalle für den Geschäftsherrn jede Entlastungsmöglichkeit. In einem späteren Urteil lässt der BGH (17. 10. 1967 – VI ZR 70/66, NJW 1968, 247, 248) offen, ob an der Rspr zum dezentralen Entlastungsbeweis festzuhalten sei, und verweist wiederum darauf, dass der Unternehmer jedenfalls nicht der Pflicht enthoben sei, die allgemeinen Aufsichtsanweisungen selbst zu treffen (Pflicht zur allgemeinen Oberaufsicht). Vor allem im Zusammenhang mit fehlerhaften Produkten (Produzentenhaftung) hat sich der BGH vom dezentralen Entlastungsbeweis entfernt: Nach dem Urteil (BGH VersR 1973, 862) hat der Geschäftsherr (Hersteller von Knallkörpern) für Fehlleistungen aller zur Fertigung herangezogener Personen einzustehen. Er muss sie nicht nur benennen, sondern sich bezüglich der Auswahl und Überwachung jedes einzelnen entlasten (BGH VersR 1973, 862, 863). Dabei trägt der Geschädigte die Beweislast dafür, dass sein Schaden auf dem Versagen eines Verrichtungsgehilfen beruht, während der Hersteller beweisen muss, dass der organisierte Produktionsablauf keiner Störung durch individuelle Fehlleistungen von Bediensteten ausgesetzt war. Gestützt auf diese BGH-Rspr hat das OLG Stuttgart (VersR 1977, 846) den dezentralen Entlastungsbeweis aufgegeben (Haftung des Krankenhauses für ärztlichen Fehler). Zur Entlastung genüge nicht der Nachweis, dass der Geschäftsherr seine höheren Angestellten sorgfältig ausgewählt und überwacht habe. Erforderlich sei vielmehr, dass die Aufsichtsperson ihrerseits den schadenstiftenden Betriebsangehörigen sorgfältig ausgewählt und überwacht habe. In einer weiteren Entscheidung (ebenfalls zur Haftung eines Krankenhauses wegen eines ärztlichen Kunstfehlers) stellte der BGH klar, dass der Geschäftsherr den schadenverursachenden Verrichtungsgehilfen sowohl hinsichtlich der konkreten Handlung, die letztlich zum Schaden führte, nach persönlicher Eignung und Qualifikation, sondern auch nach seinen allgemeinen fachlichen Fähigkeiten ordnungsgemäß ausgewählt haben muss (NJW 1978, 1681 f). Eine endgültige Abkehr vom dezentralisierten Entlastungsbeweis blieb dennoch offen (s auch BGH VersR 1979, 844, wonach sich der Entlastungsbeweis hinsichtlich Auswahl und Überwachung *mindestens* auf den leitenden Arzt erstrecken sollte; ebenso BGH 10. 3. 2009 – VI ZR 39/08, NJW 2009, 1740).

Während der BGH (BGHZ 4, 1, 2) den dezentralen Entlastungsbeweis auf Zweckmäßigkeits- und Billigkeitsgründe stützt, blieb das Reichsgericht eine Begründung für die „Dezentralisierung“ schuldig; es verweist lediglich auf eine unveröffentlichte Entscheidung vom 6. 3. 1911. Es ist aber anzunehmen, dass das Reichsgericht die später besorgte Begünstigung von Großbetrieben gar nicht in der Beschränkung auf die sorgfältige Auswahl des Zwischengehilfen angelegt sah. Denn bereits in RGZ 78, 107, 109 f ist die Unterscheidung zwischen „praktischer Aufsichtstätigkeit auf der Grundlage der vom Geschäftsherrn getroffenen allgemeinen Aufsichtseinrichtungen“ und den „allgemeinen Aufsichtseinrichtungen“ selbst getroffen. Letztere sind nicht delegierbar, für ihre Beobachtung „muss der Geschäftsherr den Sorgfaltsbeweis für seine eigene Tätigkeit führen“. Eben letzterem ist zu entnehmen, dass es sich hier nicht um die später entwickelten Organisationspflichten, für deren Verletzung nach § 823 BGB gehaftet wird, sondern um Überwachungspflichten handeln soll, die unter § 831 BGB fallen (ähnlich RGZ 87, 1, 4 hinsichtlich der „allgemeinen Oberaufsicht, deren er sich niemals entschlagen kann und die er auch den sorgfältig ausgewählten Aufsichtsbeamten nicht selbständig überlassen kann": auch deren Wahrnehmung ist vom Geschäftsherrn zur Entlastung zu beweisen).

cc) Stellungnahme

176 Die Entwicklung des dezentralen Entlastungsbeweises hat teils Zustimmung, teils Ablehnung erfahren, teils wird er als überholt angesehen (Erman/Wilhelmi § 831 Rn 21; Schmitz 99 f).

Von den Kritikern wird darauf hingewiesen, dass die Lösung der Rspr zu einer Besserstellung größerer, gut durchorganisierter Unternehmen führe (vCaemmerer, Wandlungen Ges Schr I 534; Erman/Wilhelmi § 831 Rn 21; H H Jakobs VersR 1969, 1061, 1062; Nipperdey, Gutachten zum 34. Deutschen Juristentag 1927, 411; vgl auch § 6 Abs 2 S 3 des Entwurfs einer deutschen Schadensordnung [1940]; danach sollte es für die Entlastung auf das Auswahl- und Überwachungsverhalten des Zwischengehilfen ankommen; Schmitz 30, 98). Eine sachliche Rechtfertigung für die haftungsrechtliche Besserstellung größerer Unternehmen fehle indes. Auch drängt der Utilitätsgrundsatz, wonach „derjenige, der die Vorteile eines Unternehmens genießt, auch für die Schäden, welche für Dritte daraus [entstehen] einzustehen [hat]" (Mugdan II 1094; Dig 50, 17, 149), dahin, eine Entlastung auch hinsichtlich der Auswahl und Überwachung des Verrichtungsgehilfen zu fordern. Der Geschäftsherr, der den größeren Nutzen aus der Organisation zieht, müsse auch die erweiterten Risiken tragen. Die ältere BGH-Rspr zum dezentralen Entlastungsbeweis wird auch aus anderen Gründen angegriffen. Es ist unzureichend, den Geschädigten auf die Eigenhaftung des Gehilfen zu verweisen; denn dieser ist kein vollwertiger Übernehmer der Sorgfaltspflichten des Geschäftsherrn (MünchKommBGB/Wagner § 831 Rn 56 ff; Wagner § 823 Rn 578 ff): Der Zwischengehilfe haftet nämlich regelmäßig nicht selbst aus § 831 BGB, weil er nicht Unternehmer ist (Rn 107). Seine Haftung nach § 823 BGB folgt einer für den Geschädigten weniger günstigen Beweislastverteilung. Daneben ist er finanziell regelmäßig weniger leistungsfähig als der Geschäftsherr. Unangebracht ist auch, im Rahmen von § 823 BGB die deliktische Verantwortlichkeit des Unternehmers durch den Ausbau der Verkehrspflichten und die Entwicklung des Organisationsverschuldens zu erweitern (Rn 11; auf diese Haftung verweist bereits RG JW 1932, 2076; RG JW 1938, 1651; RGZ 113, 293, 296; BGHZ 4, 1, 3; BGHZ 11, 151, 155; Westermann JuS 1961, 333, 343), um den angenommenen Schwächen des dezentralen Entlastungsbeweises zu entgehen (ähnlich Esser/Weyers, Schuldrecht II/2 § 58 I 2 c; BGB-RGRK/Steffen § 831 Rn 56). Die Zweispurigkeit der Haftung aus § 831 BGB und § 823 Abs 1 BGB führt ohne Grund zu höheren Beweisanforderungen für den Geschädigten im Hinblick auf das Organisationsverschulden.

Der dezentrale Entlastungsbeweis erscheint problematisch, weil vielfach zu geringe Anforderungen an die Entlastung gestellt werden. Nach dem geltenden, auf dem individuellen Schuldprinzip beruhenden Recht ist der dezentrale Entlastungsbeweis nicht vollends aufzugeben, sondern daran auszurichten, dass im Großbetrieb die Auswahl, Überwachung und Anleitung auch in der ordnungsgemäßen Organisation besteht. Vom Geschäftsherrn ist dagegen nicht zu verlangen, dass er sich für sämtliche Gehilfen entlastet, bis hin zu dem am Ende der Kette stehenden, in der Hierarchie untersten Mitarbeiter. Der Geschäftsherr kann nicht ohne Weiteres dafür einstehen, dass auch der Zwischengehilfe den Verrichtungsgehilfen sorgfältig ausgewählt und überwacht hat. Denn das bedeutete die Zurechnung fremden Verschuldens und somit die Anwendung von § 278 BGB außerhalb des Rechts der Sonderverbindung. (Tatsächlich hatte die Berufungsinstanz in RGZ 113, 293, 296 sich darauf gestützt, das Überwachungsverschulden des Zwischengehilfen müsse sich der Geschäftsherr gem § 278 zurechnen lassen, da in der gesetzlichen Streupflicht eine Sonderverbindung liege.) Es ist daran festzuhalten, dass § 831 BGB keine Haftung für fremdes Verschulden, sondern für eigenes Verschulden des Geschäftsherrn begründet (RGZ 78, 107, 108; BGHZ 32, 53, 59). Diese setzt voraus, dass ihm ein persönlicher, kein fremder, Pflichtverstoß vorzuwerfen ist. Da es unzumutbar ist, dass der Geschäftsherr in einem Unternehmen sämtliche Verrichtungsgehilfen persönlich auswählt und überwacht, und ihm zuzubilligen ist, seine Sorgfaltspflichten (zumindest teilweise) zu delegieren, wird dadurch der Kreis der Pflichten des Geschäftsherrn begrenzt, deren Verletzung den Schuldvorwurf begründet. Der Geschäftsherr hat die höheren Angestellten auf der ihm nächsten Hierarchieebene (zB Personalleiter) ordnungsgemäß auszuwählen, zu beaufsichtigen und anzuleiten. Begehen diese Mittelspersonen oder Zwischengehilfen eigenständige Pflichtverletzungen bei der Auswahl und Überwachung, ist deren Verschulden dem Geschäftsherrn grds nicht vorzuwerfen. Zumutbar ist dem Geschäftsherrn freilich, seine Pflichten bis zur untersten Hierarchieebene ordnungsgemäß zu delegieren, dh durch allgemeine Arbeitsanweisungen eine Organisation zu schaffen, welche die ordnungsgemäße Auswahl und Überwachung der unteren Gehilfen gewährleistet und dem Organisationsgehilfen die wirksame Kontrolle seiner Untergebenen ermöglicht. Diese Organisationspflicht ist nicht delegierbar (BGB-RGRK/Steffen § 831 Rn 52). Demnach muss sich der Geschäftsherr, der Zwischengehilfen einsetzt, im Rahmen von § 831 Abs 1 BGB in zweifacher Hinsicht entlasten: zum einen muss er seinen nächsten Verrichtungsgehilfen (höheren Angestellten, zB Personalleiter) ordnungsgemäß ausgewählt und überwacht haben; zum anderen muss er die Auswahl und Aufsicht durch seine Zwischengehilfen durch allgemeine Anforderungsprofile, Aufsichtsanordnungen und Sicherheitsvorschriften sorgfältig organisiert haben (BGHZ 32, 53, 59). Ein Geschäftsherr, der entweder die konkrete Auswahl, Überwachung und Anleitung seiner nächsten Angestellten vernachlässigt oder seine allgemeine Organisationspflicht verletzt, kann sich nicht exculpieren, wenn dadurch das schädigende Fehlverhalten des Verrichtungsgehilfen ausgelöst wird. Der Geschäftsherr hat aber nicht dafür einzustehen, dass die Zwischengehilfen seine ordnungsgemäßen allgemeinen Auswahl- und Überwachungsinstruktionen missachten und der untere Gehilfe infolgedessen Schäden verursacht. Wird der dezentrale Exculpationsbeweis so verstanden, verringert sich die angebliche haftungsrechtliche Besserstellung der Großunternehmen (unter Wahrung des individuellen Schuldprinzips), und es wird überflüssig, in die allgemeine deliktische Haftung (wegen Organisationsverschuldens) nach § 823 BGB auszuweichen (so aber BGH 30. 5. 1978 – VI ZR 113/77, VersR 1978, 722, 723). Das bedeutet beispielsweise, dass der Geschäftsherr sich nur exculpieren kann, wenn er technische Anweisungen sowohl den ihm unmittelbar unterstellten Angestellten erteilt, als auch durch allgemeine organisatorische Maßnahmen sichergestellt hat, dass diese Anweisungen den letztlich ausführenden Angestellten erreichen. Die genannten Umstände, die zur Entlastung führen, hat der Geschäftsherr darzulegen und zu beweisen (BGH 29. 10. 1985 – VI ZR 85/84, NJW 1986, 776, 777). Indem vermieden wird, in die allgemeine deliktische Haftung wegen Organisationsverschuldens (§ 823 Abs 1 BGB) auszuweichen, braucht der Verletzte das Vorliegen eines Organisationsmangels nicht zu beweisen. Er benötigt keine Beweiserleichterung durch den Anscheinsbeweis (so aber BGHZ 51, 91, 97; BGH 21. 4. 1956 – VI ZR 36/55, VersR 1956, 410; BGH 17. 10. 1967 – VI ZR 70/66, NJW 1968, 247, 248; BGH 6. 11. 1973 – VI ZR 76/72, VersR 1974, 263), weil die Kausalitäts- und Verschuldensvermutung nach § 831

Abs 1 S 2 BGB (auch hinsichtlich des Organisationsverschuldens) zu seinen Gunsten eingreift (BGB-RGRK/Steffen § 831 Rn 56).

V. Übernehmerhaftung, § 831 Abs 2 BGB

177 Übernimmt jemand für den Geschäftsherrn vertraglich die Auswahl, Überwachung, Ausstattung oder Leitung von Verrichtungsgehilfen, haftet er nach Abs 2 ebenso wie der Geschäftsherr nach Abs 1. Den Übernehmer trifft bezüglich der Vermutung des Verschuldens und der Kausalität die gleiche Verantwortung für Schäden durch Verrichtungsgehilfen wie den Geschäftsherrn; er haftet neben diesem, sofern er eine ihm selbst obliegende Pflicht verletzt. § 831 Abs 2 BGB begründet eine gesamtschuldnerische Haftung im Außenverhältnis gem § 840 BGB unabhängig davon, wie Geschäftsherr und Übernehmer die Verantwortlichkeit im Innenverhältnis verteilt haben.

Ist die Übernahme streitig, ist eine Streitverkündung durch den Geschädigten in Betracht zu ziehen (zur Streitverkündung s auch BGH VersR 1990, 1280 im Zusammenhang mit der Gebäudeunterhaltungspflicht, § 838; ferner § 832 Rn 47).

Nach § 421 BGB kann der Verletzte wahlweise gegen den Geschäftsherrn nach § 831 Abs 1 BGB oder gegen den Übernehmer nach § 831 Abs 2 BGB vorgehen. Im Ergebnis wird die Person des Schuldners davon abhängen, wer von ihnen den Entlastungsbeweis nach § 831 Abs 1 S 2 BGB führen kann. Nur wenn der Geschäftsherr nachweist, dass er gerade durch die Übertragung nach § 831 Abs 2 BGB die verkehrserforderliche Sorgfalt beachtet hat, kann er sich von der Haftung befreien. Die Übertragung allein schützt ihn nicht vor der Regresspflicht, anders als – nach verbreitetem Verständnis – beim dezentralen Entlastungsbeweis; denn Abs 2 betont die grds parallele Haftung von Geschäftsherrn und Übernehmer. Zusätzlich steht die Haftung aus § 831 Abs 2 BGB neben der aus Organisationsverschulden des Geschäftsherrn, sofern sich diese aus § 823 BGB ergibt (vgl dazu Rn 21 ff).

1. Dogmatische Stellung der Regelung

178 Mit § 831 Abs 2 BGB wird die Eigenhaftung des Übernehmers einer Verkehrspflicht besonders geregelt. Die Übernahme der in § 831 Abs 1 S 2 BGB genannten Verkehrspflichten begründet einen Vertrauenstatbestand, der eine Übertragung der Kausalitäts- und Verschuldensvermutung auf den vertraglich Verpflichteten rechtfertigt. Diese in § 831 Abs 2 BGB normierte Eigenhaftung des Übernehmers ist im Zusammenhang mit der allgemeinen Übernehmerhaftung gem § 823 BGB zu sehen (Medicus, in: FS Deutsch, 291, 294 f). So wie § 831 Abs 1 BGB eine Sonderregelung zur Haftung des Pflichtigen wegen Verletzung einer Verkehrspflicht aus § 823 Abs 1 BGB darstellt (Rn 9), ist auch § 831 Abs 2 BGB als lex specialis gegenüber der allgemeinen Übernehmerhaftung nach § 823 Abs 1 BGB zu sehen. § 831 Abs 2 BGB normiert in einem besonderen Fall die Voraussetzungen, unter denen derjenige, der die Verkehrspflichten für den genuin Pflichtigen wahrnimmt, selbst deliktisch verantwortlich ist und wegen der angeordneten Beweislastumkehr hinsichtlich der Kausalität und des Verschuldens verschärft haftet; die strengeren Voraussetzungen in § 831 Abs 2 BGB haben demnach weitergehende Rechtsfolgen, auch weil für Vermögensschäden gehaftet wird (Rn 2). Dagegen bestimmt die allgemeine Übernahmehaftung gem § 823 Abs 1 BGB, wann der Übernehmer selbst neben dem eigentlich Verkehrspflichtigen nach den allgemeinen Grundsätzen deliktisch einzustehen hat. Dabei ist § 831 Abs 2 BGB ein Fall der mittelbaren Schädigung durch den Übernehmer einer Verkehrspflicht, weil nicht er selbst die letzte Ursache setzt, sondern der von ihm zu beaufsichtigende Gehilfe. Damit tritt wie bei § 823 Abs 1 BGB das Problem der Eigenhaftung von fremdnützig oder fremdbezogen Handelnden bei mittelbaren Schädigungen auf, wie zB bei den Organen juristischer Personen (dazu Eckardt KTS 1997, 411, 417 ff; Gross ZGR 1998, 551; Medicus ZGR 1998, 570; Medicus, in: FS Deutsch, 291, 294 f).

Die Übernehmerhaftung richtet sich also allgemein nach § 823 BGB. Liegen die Voraussetzungen des spezielleren § 831 Abs 2 BGB vor, so haftet der Übernehmer auch unter den verschärften Bedingungen der Kausalitäts- und Verschuldensvermutung. Seine allgemeine Einstandspflicht aus § 823 Abs 1 BGB für die Übernahme einer Verkehrspflicht bleibt neben § 831 Abs 2 BGB bestehen.

2. Anforderungen an den Vertrag

Voraussetzung der Haftung aus Abs 2 ist die vertragliche Übernahme der Haftung **179**
für Verrichtungsgehilfen, das bloß tatsächliche Übernehmen (gefälligkeitshalber) ohne Rechtsbindungswillen genügt nicht. Auch ist die Übernahme der Haftung durch GoA nicht ausreichend; denn es fehlt in solchen Fällen an der **rechtsgeschäftlichen Gewährsübernahme**, die § 831 Abs 2 BGB ausdrücklich fordert (zur dann aber möglichen Haftung aus § 823 BGB vgl BGB-RGRK/Steffen § 831 Rn 64).

a) Wirksamkeit des Übernahmevertrags

Erforderlich ist nach der **hM** die Wirksamkeit des Übernahmevertrags (Staudinger/ **180**
Schäfer[12] § 831 Rn 255; früher auch noch Staudinger/Belling/Eberl-Borges [1999] § 831 Rn 122; BGB-RGRK/Steffen § 831 Rn 64; vgl Larenz/Canaris, Schuldrecht II/2 § 79 III 7). Die Vertreter der Gegenmeinung kritisieren, dass man damit allgemeinen Grundsätzen der Übernehmerhaftung nicht gerecht werde. Danach braucht der Vertrag zwischen dem zunächst Verpflichteten und dem Übernehmer nicht wirksam zu sein (eingehend BGH 17. 1. 1989 – VI ZR 186/88, LM Nr 72 zu § 823 [Ea] unter 3 b = NJW-RR 1989, 394, 395; Staudinger/Hager [2021] § 823 Rn E 64). Schäfer (S 184) schließt daraus, dass § 831 Abs 2 BGB als lex specialis zu § 823 Abs 1 BGB, der seinerseits keinen wirksamen Übernahmevertrag für die Übernehmerhaftung voraussetze, erst recht keinen wirksamen haftungskonstitutiven Übernahmevertrag erfordere; bedeutsam sei das Bestehen eines Übernahmevertrags daher (nur) für die aufgrund der modifizierten Beweislastregelung geltende schärfere Haftung des Übernehmers. Der deliktische Haftungsgrund für die Übernehmerhaftung sei allein in dem Äquivalent dafür zu sehen, dass die Rechtsordnung dem Erstgaranten die Übertragung seiner Obliegenheiten auf einen anderen erlaube und ihn dann nur zu sorgfältiger Auswahl und Überwachung verpflichte (MünchKommBGB/Wagner § 831 Rn 66; MünchKommBGB/Wagner § 823 Rn 578 f). Auf das Erfordernis eines wirksamen Vertrags müsse verzichtet werden, weil die Entlastungsmöglichkeit des Erstgaranten der Ausdehnung der deliktischen Handlungspflichten auf denjenigen entsprechen müsse, auf den sich der Erstgarant zu Recht verlassen dürfe. Allerdings sei die Haftung aus § 831 Abs 2 BGB dabei auf solche Übernehmer zu beschränken, für die der Geschäftsherr nicht nach § 831 Abs 1 BGB oder § 31 BGB hafte, also in der Regel auf selbständige Unternehmer.

181 Für die hM spricht zwar, dass § 831 Abs 2 BGB (im Gegensatz zu § 838 BGB) seinem Wortlaut nach explicit einen Vertrag voraussetzt. Diesen zu fordern, erscheint unter dem Gesichtspunkt gerechtfertigt, dass in der Regel der Übernehmer aufgrund des Übernahmevertrags durch eine Gegenleistung für das aufgebürdete Risiko entschädigt wird (dieser Aspekt wird von Oertmann 1119 im Zusammenhang mit der Übernehmerhaftung nach § 838 betont). Freilich sind dessen Interessen mit denen des Geschädigten in Ausgleich zu bringen, dem die Haftung des Übernehmers unter den verschärften Bedingungen der Kausalitäts- und Verschuldensvermutung zugutekommt. Das § 311 BGB zugrundeliegende Vertragsprinzip darf nicht überspannt werden. Unter Umständen kann eine **wirksame Übernahmeverpflichtung (Selbstbindung), dh rechtsgeschäftliche, Vertrauen begründende Gewährsübernahme**, statt eines Übernahmevertrags, genügen. Entscheidend ist, dass der Übernehmer sich **verbindlich** für **zuständig erklärt**; er muss mit **Rechtsbindungswillen** die **Verantwortung übernommen** haben. Das Vertrauen des Verkehrs wird nicht erst durch einen wirksamen Vertrag erzeugt, sondern schon durch die einseitige Selbstverpflichtung des Übernehmers; sie begründet eine entsprechende personenbezogene Verhaltenserwartung. Wie auch § 832 BGB zeigt, ist ggf nach dem Grund für die Nichtigkeit des Übernahmevertrags zu differenzieren (vgl auch § 832 Rn 47; zustimmend Schäfer 186). Personen, die eine Beaufsichtigung iSv § 832 BGB nur aus Gefälligkeit, also rein tatsächlich, übernommen haben, sollen nicht mit der Beweislastumkehr (oder mit einer Haftung aus Vermögensdelikt) belastet werden (so auch Ulmer JZ 1969, 163, 164 f). Für diese Personen gelten lediglich die allgemeinen Grundsätze der Übernehmerhaftung nach § 823 BGB. Um diesen Zweck zu erreichen, muss es aber nicht notwendig auf die Wirksamkeit des Vertrags, sondern nur auf die Wirksamkeit der Übernahmeverpflichtung des Übernehmenden ankommen. Entsprechendes gilt für § 831 Abs 2 BGB. Der Drittschutzcharakter beider Normen gebietet, dass derjenige für die Verletzung der übernommenen Pflicht einsteht, der hinsichtlich seiner Person alle Voraussetzungen für einen wirksamen Vertragsschluss erfüllte. Zur Wahrung des Minderjährigenschutzes reicht es, wenn die Wirksamkeit der Übernahmeverpflichtung, und damit die Verbindlichkeit gegenüber dem geschädigten Dritten, nur von Umständen abhängig ist, die in der Person des Übernehmers liegen (s auch Schäfer 185 f). Liegt dagegen der Wirksamkeitsmangel außerhalb der Person des Übernehmers (zB mangelnde Bevollmächtigung des für den Geschäftsherrn handelnden Vertreters beim Abschluss des Übernahmevertrags), reicht der tatsächliche Vertragsschluss aus. Im Zweifel ist der Schutzzweck der Norm heranzuziehen, die zur Unwirksamkeit des Übernahmevertrags führt. Wer beispielsweise unter Verstoß gegen das Gesetz zur Bekämpfung der Schwarzarbeit (BGBl I 2004, 1842; § 1 Abs 2 SchwArbG) für den Geschäftsherrn die Besorgung eines der im Abs 1 bezeichneten Geschäfte bzw die Aufsicht iSv § 832 Abs 1 BGB vertraglich übernimmt, kann sich dennoch auf die Unwirksamkeit nach § 134 BGB berufen, wenn der Geschäftsherr den Gesetzesverstoß erkennt und zu seinem Vorteil ausnutzt, da bereits in diesem Fall der gesamte Vertrag nichtig ist (vgl BGH 1. 8. 2013 – VII ZR 6/13, BGHZ 198, 141 Rn 14; BGH 10. 4. 2014 – VII ZR 241/13, BGHZ 201, 1 Rn 13; BGH 11. 6. 2015 – VII ZR 216/14, BGHZ 206, 69 Rn 10; BGH 16. 3. 2017 – VII ZR 197/16, VersR 2017, 772 Rn 15; zu den Rechtsfolgen beiderseitiger Verstöße gegen das Verbot der Schwarzarbeit und siehe ebenda. Gegenseitige Ansprüche bestehen danach grundsätzlich nicht). Hat der Erstgarant den Übernehmer durch Täuschung dazu bewogen, verbindlich die Verantwortung zu übernehmen, kann der Erstgarant auf die Übernahmeverpflichtung nicht vertrauen; denn er weiß vom Willensmangel des Übernehmers. Der Erstgarant bleibt haftungsrechtlich voll verantwortlich (vgl auch § 832 Rn 47).

Dagegen ist im Weiteren nicht erforderlich, dass der Vertrag (im oben beschriebenen Sinn) unmittelbar mit dem Übernehmer geschlossen wird; der Abschluss kann auch über einen Dritten erfolgen (RGZ 82, 206, 217). 182

b) Vertragliche Übernahme einer eigenen Verkehrspflicht

Weiterhin ist erforderlich, dass sich der Übernehmer verpflichtet, die in § 831 Abs 1 S 2 BGB bezeichneten Geschäfte als eigene Pflichten zu übernehmen. Es reicht nicht aus, dass er sich auf die Wahrnehmung der allein dem eigentlich Verkehrspflichtigen obliegenden und damit für ihn fremden Pflichten beschränkt. Durch diese qualifizierten Anforderungen an den Übernahmevertrag wird der Anwendungsbereich von § 831 Abs 2 BGB eingeschränkt. Die Reduktion von § 831 Abs 2 BGB sowie deren Begründung sind umstritten. Dabei befinden sich die zum Anwendungsbereich des § 831 Abs 2 BGB vertretenen Ansichten im Fluss und lassen sich nicht immer eindeutig zuordnen. 183

aa) Meinungsstand

Die Rspr des BGH zu § 831 Abs 2 BGB lässt keine eindeutige Festlegung erkennen (einerseits BGH 8. 3. 1960 – VI ZR 45/59, VersR 1960, 371, 372; andererseits BGH NJW 1974, 1371; BGHZ 109, 297, 302 ff; 125, 366, 375). Der Streit über eine Einschränkung des Anwendungsbereichs von Abs 2 wird deshalb vorwiegend in der Literatur ausgetragen. 184

Nach einer ersten in der Literatur vertretenen Ansicht ist § 831 Abs 2 BGB weit auszulegen. Eine Einschränkung des Anwendungsbereichs, etwa in Bezug auf die Organe einer juristischen Person, sei abzulehnen (Staudinger/Schäfer[12] § 831 Rn 246; Soergel/Zeuner § 831 Rn 55; **aA** Soergel/Krause § 831 Rn 61 mwNw, Erman/Wilhelmi § 831 Rn 27).

Dagegen nimmt die zweite von Mertens begründete Meinung an, die Regelung erfasse nur Personen, für welche der Geschäftsherr selbst nicht nach §§ 823, 31 und 831 Abs 1 BGB hafte. Demnach haften vorwiegend selbständige Unternehmer nach § 831 Abs 2 BGB (so noch MünchKommBGB/Stein [3. Aufl] § 831 Rn 68).

Eine dritte Ansicht stellt zur Einschränkung des tatbestandlichen Anwendungsbereichs auf den Vertragsinhalt ab (Larenz/Canaris, Schuldrecht II/2 § 79 III 7; BGB-RGRK/Steffen § 831 Rn 64 f). Erforderlich sei wegen der weitreichenden Folgen von Abs 2 eine vertragliche Übernahme der Geschäftsherrenpflichten in einem Ausmaß, dass der Übergang der Organisations- und Leitungsbefugnisse zu einer Repräsentation des eigentlich Verkehrssicherungspflichtigen nach außen führe.

Schließlich hat sich Medicus (in: FS Deutsch, 291, 298 ff, ihm folgend Erman/Wilhelmi § 831 Rn 27) des Problems angenommen und eine eigene Lösung vorgestellt. Danach soll die Eigenhaftung des Übernehmers davon abhängen, dass sich die Gefahr eines Schadenseintritts durch die vertragliche Übernahme erhöht, und dass der Übernehmer in gleicher Weise wie der Geschäftsherr Zugang zu den für eine Entlastung erforderlichen Beweismitteln hat. Das sei bei Gesellschaftsorganen regelmäßig nicht der Fall.

bb) Stellungnahme

Zutreffend ist der Ausgangspunkt der meisten Autoren, die deliktische Haftung des Übernehmers gem § 831 Abs 2 BGB einzuschränken. Nicht jeder, der Pflichten für 185 einen anderen wahrnimmt, ist persönlich für deren Verletzung verantwortlich. Davon geht auch die Rspr aus, namentlich bei der deliktischen Verantwortlichkeit von Gesellschaftsorganen (BGH NJW 1974, 1371; BGHZ 109, 297, 302 ff; BGH VersR 1991, 1247). Dieser Grundsatz der allgemeinen deliktischen Übernehmerhaftung gilt auch für den speziellen § 831 Abs 2 BGB (Eckardt KTS 1997, 411, 446 f; Medicus, in: FS Deutsch, 291, 294 ff).

Entscheidender Grund für eine Reduktion der Übernehmerhaftung nach § 831 Abs 2 BGB ist der Interessengedanke: Die Vor- und Nachteile dürfen auch bei fremdbezogen und fremdnützig Handelnden nicht unterschiedlich zugeordnet werden (vgl Eckardt KTS 1997, 411, 417 f, 446 f). Kommen die Vorteile der Geschäftseröffnung beispielsweise der Gesellschaft zugute, so haftet primär sie deliktisch für die Verletzung der damit verbundenen Verkehrssicherungspflichten. Nur bei Hinzutreten besonderer Umstände hat der für die Gesellschaft Handelnde selbst deliktisch einzustehen. Dieser in den §§ 93 AktG, 43 GmbHG und 34 GenG angelegte Grundsatz, wonach generell die originär verkehrssicherungspflichtige Gesellschaft deliktisch haftet, wird als Kanalisierung (Haas 127) oder besser als Konzentration der Haftung bezeichnet (Medicus ZGR 1998, 570, 578). Die Eigenhaftung des Übernehmers nach § 831 Abs 2 BGB, der die Verkehrssicherungspflichten vertraglich übernimmt, ist im Zusammenhang mit den anderen, vor allem gesellschaftsrechtlichen Regelungen und der allgemeinen Übernehmerhaftung nach § 823 Abs 1 BGB zu sehen. Vergleicht man etwa die Haftung eines Geschäftsführers nach § 43 GmbHG mit den §§ 823 Abs 1 BGB und 831 Abs 2 BGB, so gebietet die Anerkennung der juristischen Person und die daraus folgende Haftungsprivilegierung ihrer Organe eine einschränkende Auslegung von § 831 Abs 2 BGB.

Eine stimmige und folgerichtige Haftungsreduktion lässt sich entgegen der zweiten Ansicht jedoch nicht dadurch erreichen, dass als Übernehmer nach § 831 Abs 2 BGB nur Personen in Betracht kommen, für welche der Geschäftsherr selbst nicht nach §§ 823, 31 und 831 Abs 1 BGB haftet. Wie Medicus (in: FS Deutsch, 291, 299 f) zutreffend darlegt, darf die Eigenhaftung von Verrichtungsgehilfen gem Abs 2 nicht davon abhängen, ob dem Geschäftsherrn der Entlastungsbeweis gelingt. Daneben hat die von Mertens begründete zweite Ansicht zur Folge, dass sich Geschäftsherrn- und Gehilfenhaftung weitgehend ausschließen. Angesichts des Wortlauts von Abs 2 („die gleiche Verpflichtung") und des Vergleichs mit § 837 BGB („an Stelle") ist eine alternative Haftung anstelle einer regelmäßig kumulativen Verantwortung bei systematischer Gesetzesauslegung abzulehnen. Schließlich entspricht die alternative Haftung von Verkehrssicherungspflichtigem und Übernehmer nicht dem Schutzzweck von Abs 2, der den Geschädigten durch eine zusätzliche Eigenhaftung privilegiert. Die zweite Ansicht vermag also aus diesen Gründen nicht zu überzeugen.

Vielmehr ist mit der dritten Ansicht entscheidend darauf abzustellen, ob nach dem Vertragsinhalt bzw der Übernahmeverpflichtung und den damit begründeten berechtigten Verkehrserwartungen eine eigene Verkehrssicherungspflicht des Übernehmers entsteht (**aA** Schäfer 184). Ähnlich wie bei der allgemeinen Übernehmerhaftung nach § 823 Abs 1 BGB kommt es bei § 831 Abs 2 BGB auf das berechtigte Vertrauen des Verkehrs in den Übernehmer an, wobei dieses bei Abs 2 primär durch den Vertrag bzw die Übernahmeverpflichtung begründet wird. Denn mit der verbindlichen Übernahme eines Aufgabenbereichs kann auch eine entsprechende personenbezogene

Verhaltenserwartung begründet werden, der Übernehmer werde selbst den Verkehrssicherungspflichten nachkommen. Wenn die Auswahl-, Überwachungs- und Übertragungsaufgaben zu eigenen Pflichten des Übernehmers werden, haftet dieser nach Abs 2. Davon abzugrenzen sind die Fälle, in denen jemand aufgrund einer vertraglichen Verpflichtung für einen anderen dessen Verkehrspflichten wahrnimmt; das begründet keine eigene Haftung nach Abs 2. Anders als MEDICUS (in: FS Deutsch, 291, 302 ff) ist demnach nicht entscheidend auf eine Gefahrerhöhung durch die Übernahme fremder Verkehrspflichten abzustellen, sondern allgemeiner auf das durch die vertragliche Übernahme begründete berechtigte Vertrauen des Verkehrs.

Die Kriterien, aus denen sich ein derartiges berechtigtes Vertrauen des Verkehrs ergibt, sind nur unter Schwierigkeiten allgemein zu bestimmen. Das gilt für die allgemeine Übernehmerhaftung nach § 823 Abs 1 BGB (vgl STAUDINGER/HAGER [2021] § 823 Rn E 63 ff) und für die spezielle Übernehmerhaftung gem § 831 Abs 2 BGB. Eine subsumierbare Definition gibt es nicht, vielmehr ist auf die folgenden haftungsbegründenden und -verstärkenden Kriterien abzustellen; dabei müssen nicht alle Merkmale vorliegen, vielmehr kann das besonders starke Auftreten eines Merkmals ein fehlendes kompensieren:

Für eine eigene Verkehrssicherungspflicht des Übernehmers nach Abs 2 sprechen etwa die vertragliche Verpflichtung, zum Schutz eines hochwertigen Rechtsguts tätig zu werden, das hohe oder das durch die Übernahme erhöhte Risiko eines Schadenseintritts, die gesonderte Vergütung des Haftungsrisikos sowie der Übergang der Organisations- und Leitungsbefugnisse in einem Umfang, der die Beherrschbarkeit des gesamten Gefahrenbereichs zur Folge hat. Schließlich ist der Interessengedanke von Bedeutung, wonach der Übernehmer selbst verkehrssicherungspflichtig ist, wenn ihm auch die damit einhergehenden Vorteile zukommen.

Diese Kriterien führen regelmäßig zur Übernehmerhaftung nach Abs 2 beim selbständigen Unternehmer, etwa dem Subunternehmer auf der Baustelle, aber auch beim Chefarzt, unabhängig davon, ob er Organ der Krankenhausgesellschaft ist oder nicht. Dagegen scheidet beim Arbeitnehmer regelmäßig ein Übernahmevertrag gem Abs 2 aus.

Dagegen sprechen folgende Gesichtspunkte gegen einen Übernahmevertrag im Sinne von Abs 2: Der vertraglichen Übernahme von Verkehrssicherungspflichten stehen keine entsprechenden Vorteile für den Übernehmer gegenüber, es geht nicht um den Schutz hochwertiger Rechtsgüter, der Übernehmer beherrscht den Gefahrbereich nicht umfassend und tritt nach außen nicht als Verkehrspflichtiger auf.

3. Einzelfälle

Aufsichtspersonal: Leitende Angestellte übernehmen in der Regel vertraglich nicht **186**
die Pflichten der Geschäftsherren (Werks- und Betriebsleiter, Poliere, Vorarbeiter, **aA** OERTMANN 1096 [Maurerpolier]; RG Gruchot 51, S 997 und STAUDINGER/BELLING [2012] § 831).

Ärzte: Chefärzte sind üblicherweise in Krankenhäusern vertraglich zur Aufsicht über Krankenschwestern beauftragt (vgl BGH 8. 3. 1960 – VI ZR 45/59, VersR 1960, 371, 372).

Geschäftsführer: Ein Sonderfall betrifft die Geschäftsführer einer GmbH. Nach § 43 Abs 2 GmbHG sind die Geschäftsführer bei Verletzung ihrer Obliegenheiten nur der Gesellschaft, nicht aber den Gläubigern gegenüber verantwortlich. Geschäftsherr auch im deliktischen Bereich ist grundsätzlich allein die GmbH; die Organstellung lässt den Geschäftsführer nicht schon in die Pflichtenstellung des § 831 Abs 1 BGB einrücken, weshalb eine unerlaubte Handlung, die der Geschäftsführer in Ausübung seiner Verrichtung einem Dritten gegenüber begeht, nur die Gesellschaft haften lässt (BGH NJW 1974, 1371, 1372; BGHZ 109, 297, 302 ff; 10. 7. 2012 – VI ZR 341/10, BGHZ 194, 26 Rn 23 mwNw; Noack/Servatius/Haas/Beurskens, GmbHG [25. Aufl 2024] § 43 Rn 141; MünchKommGmbHG/Fleischer § 43 Rn 439 f, 449 ff; **aA** Altmeppen, GmbHG [11. Aufl 2023] § 43 Rn 60 ff). Der Geschäftsführer haftet unmittelbar nur dann, wenn mit seinen Pflichten aus der Organstellung gegenüber der Gesellschaft Pflichten einhergehen, die von ihm nicht mehr nur für die Gesellschaft als deren Organ zu erfüllen sind, sondern die ihn aus besonderen Gründen persönlich gegenüber dem Dritten treffen, so wegen einer ihm als Aufgabe zugewiesenen oder von ihm persönlich in Anspruch genommenen Garantenstellung zum Schutz fremder Schutzgüter iS des § 823 Abs 1 BGB. Liegen diese Voraussetzungen nicht vor, scheidet eine Außenhaftung des Geschäftsführers gegenüber Dritten aus (BGH NJW 1974, 1371, 1372; BGHZ 56, 73, 77; 109, 297, 303 f; 10. 7. 2012 – VI ZR 341/10, 194, 26 Rn 24 mwNw; OLG Karlsruhe 7. 11. 2012 – 7 U 32/12, GmbHR 2013, 267, 268: Haftung verneint für Glatteisunfall auf Gaststättenparkplatz).

VI. Reformvorschläge zu § 831 BGB

187 Die Kritik richtete sich schon gegen E I §§ 711, 712 BGB (vGierke, Entwurf 261 f: Der Entwurf „hat so wenig Fühlung mit der Lebensbewegung unserer Zeit, dass ihn nicht einmal eine Ahnung davon beschleicht, wie allgemein die Überzeugung von der Unhaltbarkeit des reinen Deliktsstandpunktes für eine moderne Schadenersatzordnung und das Verlangen nach einer an altnationales Recht wieder anknüpfenden Reformgesetzgebung verbreitet ist"; zur kritischen Diskussion zur Zeit der Entstehung des „kranken" § 831 s Seiler JZ 1967, 525), dessen rein individualistische (romanistische) Konzeption bemängelt wurde. Der Schwerpunkt der Reformdiskussion liegt bei der Exculpationsmöglichkeit, namentlich dem dezentralen Entlastungsbeweis. Dieser hat auch den stärksten Anstoß für die Reformdebatte gegeben. Der Gedanke einer Unternehmerhaftung unabhängig von der Eigenverantwortlichkeit des Unternehmers hat im 1978 novellierten Haftpflichtgesetz (§ 3 HaftPflG) und vor allem im Referentenentwurf des Bundesministeriums der Justiz zur Neugestaltung des Schadenersatzrechts von 1967 Ausdruck gefunden. Dieser blieb von Essers Kritik (AcP 148 [1943] 121–146 = Wege der Rechtsgewinnung 3, 13 ff) am geltenden § 831 BGB und seinen Reformvorstellungen offenbar nicht unbeeinflusst; auch dürften die Vorschläge des Ausschusses für Personen-, Vereins- und Schuldrecht der Akademie für Deutsches Recht, Unterausschuss Schadenersatzrecht, nachgewirkt haben (Vorschlag des Unterausschusses für Schadenersatzrecht der Akademie für Deutsches Recht, § 6 der Deutschen Schadensordnung: *(I) „Wer einen anderen zu einer Verrichtung bestellt, ist zum Ersatz des Schadens verpflichtet, den der andere in Ausführung der Verrichtung einem Dritten rechtswidrig zufügt. (II) Die Ersatzpflicht tritt nicht ein, wenn der Geschäftsherr nachweist, dass den Verrichtungsgehilfen kein Verschulden trifft. Es bleibt jedoch auch in diesem Falle bei der Ersatzpflicht des Geschäftsherrn, wenn er nicht außerdem nachweist, dass er bei der Auswahl und bei der Beaufsichtigung des Gehilfen sowie der ihm etwa obliegenden Beschaffung von Gerätschaften und dergleichen, die im Verkehr erforderliche Sorgfalt beobachtet hat, oder dass der Schaden auch bei Anwendung dieser Sorgfalt entstanden wäre. Hat der Geschäftsherr aus zwingenden Gründen, namentlich* *wegen des Umfangs des Betriebes, den Gehilfen nicht selbst ausgewählt und beaufsichtigt oder die Gerätschaften nicht selbst beschafft, so befreit ihn von der Ersatzpflicht nur der Nachweis, dass die mit der Auswahl und Beaufsichtigung oder der Beschaffung der Gerätschaften betrauten Personen hierbei die im Verkehr erforderliche Sorgfalt beobachtet haben, oder dass der Schaden auch bei Anwendung dieser Sorgfalt entstanden wäre. (III) Die gleiche Verantwortlichkeit trifft denjenigen, der für den Geschäftsherrn die Besorgung eines der im Absatz II Satz 2 bezeichneten Geschäfte durch Vertrag übernimmt.“* – zitiert nach LÖNING, in: NIPPERDEY [Hrsg], Grundfragen 62 f sowie ESSER AcP 148 [1943] 121, 136 = Wege der Rechtsgewinnung 3, 14; s auch ZELLER ZAkadDR 1939, 164). Doch hat auch der Referentenentwurf die schon seit 1940 geführte Reformdiskussion nicht beenden können (NIPPERDEY NJW 1967, 1985 mwNw).

1. Referentenentwurf eines Gesetzes zur Änderung und Ergänzung schadensersatzrechtlicher Vorschriften des Bundesministeriums der Justiz von 1967 (E-1967)

Der Entwurf sollte vollständig die geltende Regelung ersetzen. Die **Neufassung von** 188
§ 831 BGB sollte lauten: *„Wer einen anderen zu einer Verrichtung bestellt, ist, wenn der andere in Ausführung der Verrichtung durch eine vorsätzlich oder fahrlässig begangene unerlaubte Handlung einem Dritten einen Schaden zufügt, neben dem anderen zum Ersatz des Schadens verpflichtet“.* Nicht mehr vorgesehen war der S 2 eines ansonsten entsprechenden **Reformentwurfs von 1958**: *„Ist der Verrichtungsgehilfe für einen von ihm verursachten Schaden aufgrund der §§ 827, 828 nicht verantwortlich, so hat gleichwohl der Geschäftsherr den Schaden insoweit zu ersetzen, als die Billigkeit nach den Umständen, insbesondere nach den Verhältnissen der Beteiligten eine Schadloshaltung erfordert.“*

In der Begründung, Teil II des Referentenentwurfs, betonten die Mitglieder der Kommission (BAUR, vCAEMMERER, DÖLLE, ERMAN, ESSER, HAUSS, LARENZ, LORENZ, NIPPERDEY, REINHARDT, SCHMIDT-RIMPLER, WUSSOW) die Notwendigkeit einer Reform von § 831 BGB unter verschiedenen Aspekten: In der Generalbegründung (Begr II 11 f) forderten sie die Abkehr vom Entlastungsbeweis der bisherigen Regelung und den Übergang zu einem **System unbedingten Einstehens des Geschäftsherrn für seine Verrichtungsgehilfen**. Wie in den weltweit meisten Rechtsordnungen müsse die Geschäftsherrenhaftung die Handlungen umfassen, die ein Verrichtungsgehilfe in Ausübung der ihm übertragenen Tätigkeit schuldhaft begeht, ohne dass es auf eigenes Verschulden des Geschäftsherrn bei Auswahl, Unterweisung oder Überwachung ankomme. Wegen der zahlreichen Umgehungen der rechtlichen Folgerungen aus § 831 BGB werde dessen Grundgedanke in der praktischen Rechtsanwendung verneint. Daran zeige sich, dass sich die Norm nicht bewährt habe. Gefordert wurde stattdessen die **Angleichung von § 831 BGB an § 278 BGB** (Begr II 12; so schon ESSER AcP 148 [1943] 121, 135 = Wege der Rechtsgewinnung 3, 13).

Im Einzelnen argumentierte die Kommission in der General- und Spezialbegründung: Wegen der erforderlichen **Harmonisierung der europäischen Rechtsordnungen** und zur **internationalen Rechtsvereinheitlichung** über diese Grenzen hinaus bestehe ein Bedürfnis zur Abkehr vom Entlastungsbeweis. Denn weder im anglo-amerikanischen Rechtskreis noch im Code Civil sowie mit Ausnahmen im nordischen Rechtskreis sei ein dem § 831 BGB entsprechender Entlastungsbeweis vorgesehen. Das schweizerische (Art 55 SchweizOR) und österreichische Recht (§§ 1314, 1315 öABGB), sehen zwar einen Entlastungsbeweis generell vor, doch werde dessen Anwendungsbereich beschränkt (Begr II 11 ff, 78 ff); ähnlich das ungarische Recht (§ 350 ung BGB bzw § 6:539 Reformentwurf zum ung BGB).

Die Begründung im Referentenentwurf verweist zudem darauf, dass nach § 2 RHaftPflG (jetzt § 3 HaftPflG) für die Gehilfenhaftung ein Verschulden des Gehilfen und nicht des Geschäftsherrn vorausgesetzt werde. Für die unterschiedliche Regelung in § 831 BGB sei eine Rechtfertigung nicht zu erkennen, die Norm müsse daher auch zur **nationalen Rechtsvereinheitlichung** reformiert werden: § 831 BGB E-1967 setzte ebenfalls ein Verschulden des Gehilfen voraus, der Geschäftsherr sollte jedoch nicht adjektizisch zur Haftung des Gehilfen haften (Begr II 109).

Ferner sei im Schadensfall die folgende Unterscheidung der Haftungsvoraussetzungen nicht gerechtfertigt: Während sich die Beweislast des Verletzten bei einer unerlaubten Handlung des Schädigers nach § 823 BGB auf dessen Verschulden richte, werde im Fall einer unerlaubten Handlung des Verrichtungsgehilfen nach § 831 BGB eine Beweislast des Geschäftsherrn für die eigene Sorgfalt begründet. Dieses **Auseinanderklaffen der jeweiligen Prozessgegenstände** sei unter zwei Gesichtspunkten fragwürdig. Zum einen ergebe sich ein **soziales Bedenken** daraus, dass § 831 BGB dazu zwinge, stets das Vorleben des Verrichtungsgehilfen ohne konkreten Bezug zum schädigenden Ereignis zu durchleuchten und ihn im Schadensfall für die Zukunft zu brandmarken. Zum anderen entstehe durch die unterschiedlichen Haftungsvoraussetzungen ein **unübersehbares Prozessrisiko** für den Geschädigten. Könne er die Prozessvoraussetzungen bezüglich eines Verschuldensnachweises des Schädigers noch einschätzen, entzögen sich die betriebsinternen Voraussetzungen des Entlastungsbeweises regelmäßig seinem Beurteilungsvermögen.

Die Kommission **missbilligte rechtspolitisch**, dass selbst bei Verschulden des Verrichtungsgehilfen der Verletzte nicht entschädigt werde, wenn der Entlastungsbeweis gelinge und der Gehilfe selbst zum Schadenersatz wirtschaftlich nicht in der Lage sei. Umgekehrt könne das Misslingen des Entlastungsbeweises auch dazu führen, dass unter Umständen der Geschäftsherr hafte, obwohl weder ihn noch den Gehilfen ein Verschulden treffe.

Wenn auch meistens die Haftpflichtversicherung des Geschäftsherrn die durch Verrichtungsgehilfen verursachten Schäden mit abdecke und der Entlastungsbeweis somit wirtschaftlich an Bedeutung verliere (zB Pflichtversicherung der Kfz-Halter, Jäger, Betriebs- und Haushaltsversicherung), so würden Unternehmer dennoch oft aus Prestigegründen sowie wegen der gerichtlichen und außergerichtlichen Kosten **unnötige Prozesse** führen.

2. Kritik der Literatur zum E-1967

189 Die überwiegend **zustimmende Meinung** hielt eine Reform von § 831 BGB, wie sie der E-1967 vorsah, für wünschenswert (zur Reformdiskussion vor allem vBar, Gutachten 1758 f, 1776 f mwNw; dort auch Schlechtriem 1616 f; Soergel/Zeuner [12. Aufl] § 831 Rn 2; Wagner, in: Zimmermann, Grundstrukturen 189, 298 ff). Begrüßt wurde der vorhersagbare **Verzicht auf Notlösungen** wie die culpa in contrahendo, die positive Forderungsverletzung, den Vertrag mit Schutzwirkung für Dritte, teilweise auch die Drittschadensliquidation,

auf die nach einer befriedigenden Reform nicht mehr zurückgegriffen werden müsste (Esser/Weyers, Schuldrecht II/2 § 58 I 2; s auch vBar, Gesamteuropäisches Deliktsrecht I Rn 189). Auch müsse die richterrechtliche Fortentwicklung der Geschäftsherrenhaftung im Rahmen der Organisationshaftung konsequenterweise aus § 823 Abs 1 BGB in den § 831 BGB zurückverlagert werden (Brüggemeier AcP 191 [1991] 33 ff mwNw). Die Rechtfertigung der Reform wurde nicht nur im verbesserten **Schutz für den Geschädigten** gesehen, sondern auch im **Schutz des Verrichtungsgehilfen**. Dieser werde nicht mehr wie bei der sozial unangemessenen bisherigen Regelung primär und gegebenenfalls allein der Klage des Geschädigten ausgesetzt (Denck, Schutz 172, 174). Für die verschärfte Haftung des Geschäftsherrn, dem nach der Reform der Entlastungsbeweis nicht mehr zugutekommt, spreche dabei der **Gedanke des Unternehmerrisikos** im Verhältnis zum Geschädigten. Wer den Nutzen aus der Beschäftigung von Gehilfen im eigenen Betrieb ziehe, und so den Tätigkeitsbereich ausweite, müsse auch für das erhöhte Haftungsrisiko einstehen (Denck, Schutz 175 mit Verweis auf vCaemmerer, Wandlungen Ges Schr I 531 f; vCaemmerer ZfRV 1973, 261; vCaemmerer BB 1989, 1192, 1196; Wicke 23). In rechtstechnischer Hinsicht füge sich die neue Vorschrift als Ausdruck einer **„Bereichshaftung“** in den Rahmen von § 1004 BGB, § 2 RHaftPflG (jetzt § 3 HaftPflG) und der Haftung des Reeders im Schifffahrtsrecht ein (Baur, Karlsruher Forum 1962, 16; Baur/Stürner, § 5 II 1c, cc). Darüber hinaus wurde der E-1967 auch als ein Schritt zur **internationalen Rechtsvereinheitlichung** befürwortet (Zweigert/Kötz, Rechtsvergleichung § 41, 649).

Obwohl generell für nötig erachtet wurde, dass die Entlastungsmöglichkeit im Zuge der Reform wegfällt, wurde dennoch nicht verkannt, dass auch ein gewisses Bedürfnis für die Exculpation besteht. Es sei nicht zu übersehen, dass der Entlastungsbeweis für den Geschäftsherrn einen Anreiz dafür biete, Sorgfalt bei der Auswahl und Überwachung walten zu lassen. Die Entlastungsmöglichkeit solle für **Kleinbetriebe** bleiben, die überwiegend mit Familienangehörigen arbeiteten, sowie für Hilfskräfte in **privaten Haushalten**. Denn insoweit gelte die berechtigte Erwägung der Verfasser der alten Regelung fort, dass der Kleinunternehmer nur selten von den ihm zu Gebote stehenden Versicherungsmöglichkeiten Gebrauch mache (Larenz/Canaris, Schuldrecht II/2 § 79 III 6, mit Verweis auf Mugdan II 1094; im Gegensatz dazu vgl Begr II 110 und vCaemmerer ZfRV 1973, 241, 251 ff; Weitnauer VersR 1970, 585, 593 ff, 596). Demgegenüber sollte nach anderer Auffassung weniger das Interesse des Kleinunternehmers als vielmehr der Arbeitnehmerschutz in den Vordergrund gestellt werden. Zugunsten des Arbeitnehmers (als auch des Geschädigten) solle nicht nur die Entlastungsmöglichkeit einheitlich wegfallen, wie es der E-1967 bereits vorsehe, sondern zudem eine **Beweislastumkehr für das Gehilfenverschulden** zulasten des Geschäftsherrn eingefügt werden. Es solle gerade auch der kleine Unternehmer gezwungen werden, sich zu versichern (Diederichsen ZRP 1968, 61; so auch BGB-RGRK/Steffen § 831 Rn 3; vgl zusätzlich für die Pflichtwidrigkeit der Gehilfenhandlung E Schmidt AcP 170 [1970], 530).

Eine andere modifizierende Auffassung (vBar, Gutachten 1706 f, 1762, 1776) schlug den folgenden Wortlaut vor: *„Wer einen anderen zu einer Verrichtung bestellt, hat für den Schaden einzustehen, den der andere einem Dritten in Ausführung der Verrichtung widerrechtlich zufügt. Die Ersatzpflicht des Geschäftsherrn nach Satz 1 ist ausgeschlossen, wenn den Geschäftsherrn kein Verschulden trifft.“*

190 Die **Gegner der Reform** kritisierten, dass diese bei **richtiger dogmatischer Einordnung** und **Verschärfung der bestehenden Regelung** nicht nötig sei (Jakobs VersR 1969, 1061; vgl auch Helm AcP 166 [1966] 389 ff, 408; MünchKommBGB/Stein [3. Aufl] § 831 Rn 8; dogmatische Bedenken vor allem bei E Schmidt AcP 170 [1970] 525). Mit der beabsichtigten Annäherung der Geschäftsherrenhaftung an § 278 BGB seien die aktuellen Probleme noch nicht gelöst (E Schmidt AcP 170 [1970] 529; ähnlich Helm AcP 166 [1966] 389, 406), etwa die zentrale Frage, welche Bestellung zu einer Verrichtung tatbestandsmäßig ist (schon Esser AcP 148 [1943] 121, 136 f = Wege der Rechtsgewinnung 3, 15 bezeichnete die „zu einer Verrichtung bestellte Person" als „blasses juristisches Schemengebilde"; Kupisch JuS 1984, 250 ff; Wicke 31). Im Übrigen trügen die **rechtsanwendenden Instanzen** die Verantwortung für eine gerechtere Haftung nach § 831 BGB, auch wenn sie nur kasuistisch reagieren könnten (Kupisch JuS 1984, 250 ff). Gegen den E-1967 spreche auch, dass er nicht für **private Haushalte** und für die im Wesentlichen mit Familienangehörigen arbeitenden **Kleinbetriebe** passe. Um den größten Unzuträglichkeiten von § 831 BGB zu begegnen, gestalte sich vielmehr die Lehre vom **Organisationsverschulden** als flexibler und daher geeigneter (Lessmann JA 1980, 193 ff). Ebenso könne die uneingeschränkte Abschaffung des Entlastungsbeweises nicht zu gerechten Ergebnissen führen, wenn von der Einschaltung des Verrichtungsgehilfen keine **erhöhte Gefährdung** des Publikums ausgehe (Esser/Weyers, Schuldrecht II/2 § 58 I 2). Böhmer (MDR 1964, 968, 969) gab zu bedenken, dass der Geschäftsherr unter Umständen sogar auf die Sorgfalt bei der Auswahl und Überwachung seiner Verrichtungsgehilfen verzichten werde, wenn er sich sagen müsse, dass ihn diese Sorgfalt nicht von der Haftung befreie. Böhmer weist darauf hin, dass das Verantwortungsbewusstsein des Schädigers gemindert werde, wenn das Gesetz ihn trotz Fehlens jeder Schuld für haftpflichtig erkläre.

191 Trotz nachvollziehbarer Gründe für die vorgeschlagene Streichung des Entlastungsbeweises in § 831 Abs 1 S 2 BGB wurde der Reformvorschlag des Jahres 1967 im Rahmen der Vorhaben zur Reform des Schuldrechts, vor allem der Reform des Schuldrechts von 2002 und der Änderungen der schadenersatzrechtlichen Vorschriften von 2002, nicht wieder aufgegriffen.

192 Zum letzten ist anzumerken: Zwar hält § 278 BGB auch nach der Schuldrechtsmodernisierung 2002 daran fest, dass dem Geschäftsherrn die Verantwortung für schuldhafte Fehlhandlungen von Hilfspersonen nur im Rahmen von Sonderverbindungen zugerechnet wird. Obwohl alles mit allem zusammenhängt, ist aber zu bezweifeln, dass die Entwurfsverfasser zugleich eine Entscheidung über die Personalverantwortung des Geschäftsherrn in Jedermann-Beziehungen treffen wollten, indem sie § 278 BGB unverändert ließen. Der Schuldrechtsreform 2002 ist keine Bestätigung von § 831 BGB zu entnehmen.

3. Stellungnahme

193 Angesichts der Fülle der Rspr und der Streitpunkte zu § 831 BGB stellt sich die berechtigte Frage, ob die Norm sich in den über einhundert Jahren ihres Bestehens bewährt hat. Während Böhmer (JR 1963, 134) das bejaht, behauptet vCaemmerer (Wandlungen Ges Schr I 529), die Bestimmung habe sich „in der Praxis als misslungen erwiesen" (s auch Weitnauer VersR 1963, 101); Löning (in: Nipperdey [Hrsg], Grundfragen 50) meinte gar, sie habe „zu Missständen geführt". Dafür könnte sprechen, dass zur Umgehung des Entlastungsbeweises eine starke Verlagerung der Geschäftsherrenhaftung in den vertraglichen Bereich stattgefunden hat, etwa durch Ausdehnung der vertraglichen Schutzpflichten auf Dritte (s auch WICKE 27 ff). Deshalb aber vom Versagen der Norm zu sprechen (E-1967, Begr II 12), geht zu weit. Es darf nicht vergessen werden, dass es sich bei dem BGB um ein alterndes Gesetz (FIKENTSCHER, Methoden des Rechts I S 3) handelt, das in allen seinen Feinheiten und Interpretationen nunmehr herangereift ist. Die Norm lebt in der Zeit (FIKENTSCHER, Methoden des Rechts I S 4) und die Geschäftsherrenhaftung wird heute nicht nur in rechtlicher, sondern auch in gesellschaftspolitischer Hinsicht anders gedeutet als beim Inkrafttreten des BGB. Die später entwickelten und herangezogenen alternativen Grundlagen für die Geschäftsherrenhaftung, wie die cic, pFV, der Vertrag mit Schutzwirkung für Dritte, Schutzverbindlichkeiten aus sozialem Kontakt und die Organisationshaftung, sind Rechtsfortbildungen, die eine **permanente, konstruktive Kritik** an § 831 BGB darstellen (kritisch dazu ESSER AcP 148 [1943] 121 ff = Wege der Rechtsgewinnung 3, 13 ff; BÖHMER MDR 1964, 968 ff; FUNDEL 205). Jede Anwendung der Norm durch die Rspr lässt diese nicht unberührt, sondern bestimmt ihre konkrete Bedeutung fortdauernd weiter (CANARIS, Schutzgesetze, in: FS Larenz [1983] 161 ff). Die Dynamik der Rechtsordnung erlaubt der Wissenschaft und Rspr den Vorbehalt der besseren Erkenntnis, was durch die genannten Rechtsfortbildungen bestätigt wird. Dieser Zustand ist Ausdruck der Offenheit der Rechtsordnung und als solcher nicht aus sich heraus zu kritisieren (LARENZ, Methodenlehre der Rechtswissenschaft 115 ff). Zwar gleicht das genannte Richterrecht nur kasuistisch die Schwächen von § 831 BGB aus, doch wurde damit ein funktionierendes Haftungssystem entwickelt, das noch immer nicht seine Grenzen erreicht hat. Es wäre eine Illusion, zu glauben, dass eine Reform von § 831, wenn sie auch Schwächen wie den Entlastungsbeweis beseitigt, zu allseits befriedigenden Ergebnissen führen werde. Auch ist fraglich, ob dann nicht eine Verlagerung der Probleme, etwa in den prozessualen Bereich der Beweisführung stattfinden würde (HELM AcP 166 [1966] 406; E SCHMIDT AcP 170 [1970] 529). Wer eine Reform iSv E-1967 befürwortet, muss bekennen, dass Anknüpfungspunkt für die Haftung nicht mehr die Unrechtssühne, sondern der gerechte Schadensausgleich sein soll (s ESSER 106). Damit ist die Pflicht verbunden, die Gerechtigkeit des Schadensausgleichs (Verteilungsgerechtigkeit) zu begründen. Sie lässt sich nicht – wie die anerkannten Tatbestände der Gefährdungshaftung – durch eine besondere Gefährdung anderer rechtfertigen (BÖHMER JR 1963, 134). Gefordert ist eine nachvollziehbare Zuordnung der Wagnisse, die mit der Arbeitsteilung verbunden sind. Nach wie vor sprechen gute Gründe dafür, den Geschäftsherrn nur für Gefahren einer *fehlerhaft* organisierten und geführten Unternehmens-, Betriebs- oder (allgemein) Arbeitsorganisation einstehen zu lassen. Denkbar ist aber auch, den Gleichlauf von Macht und Verantwortung zu betonen. Nach ESSER (Gefährdungshaftung 100) besteht das Wesen der Einstandspflicht darin, dass in dem Maße, in dem ein Sozialpartner durch Aneignung fremder Kräfte eine erhöhte Macht erwerbe, sich auch die Wagnisbeherrschung (die „Verantwortlichkeit") erhöhe, die er sich selbst beimesse. Zu bedenken ist schließlich, dass eine deliktische Haftung für andere die individualistische Grundkonzeption des BGB verlässt. Wenngleich die Vorstellung einer Haftung für unerlaubte Handlungen anderer alt ist (vGIERKE, Privatrecht III 922; vLISZT, Die Deliktsobligationen im System des Bürgerlichen Gesetzbuchs [1889] 101) und sich in Art 1384 Code Civil wiederfindet (vBODENHAUSEN 28 ff), entsprach sie auch nationalsozialistischer Rechtsauffassung (als Beleg ZELLER ZAkadDR 1939, 164). Der Unterschied zwischen Vertrags- und Deliktsunrecht wurde vom Dogma der Volksgemeinschaft geleugnet. Nach dem Motto „Einer für alle, alle für einen" wurde gefordert, dass ein Unternehmen für das Tun seiner Gefolgsleute ohne Exculpationsmöglichkeit einzustehen habe (so zuvor schon vGIERKE, Privatrecht III 924, der forderte, „dass der Unternehmer als Haupt eines herrschaftlich organisierten Verbandes für die im Betriebe tätigen Verbandsangehörigen einstehen muss, weil die Schadensverursachung von diesem Verbande als einem einheitlichen Ganzen ausgeht“). ZELLER (ZAkadDR 1939, 164) kennzeichnete die geltende Regelung des BGB als liberalistisch, nicht nationalsozialistisch. Den freiheitlichen Geist des BGB sollte man bewahren.

194 Neben der Frage nach dem Funktionieren der bestehenden Regelung stellt sich jene nach der Erforderlichkeit ihrer **Anpassung an andere nationale Haftungsinstitute**, wie § 3 HaftPflG, § 1004 BGB, § 31 BGB, Art 34 GG, § 33 Abs 2 HS 2 BJagdG. Diesen Bestimmungen eine gemeinsame und generalisierende Tendenz im Sinne einer Haftung für den eigenen Lebensbereich zu entnehmen (BAUR, Karlsruher Forum 1962, 16), wird mit Recht bezweifelt (E SCHMIDT AcP 170 [1970] 502 ff). Die Haftung für Verrichtungsgehilfen nach dem E-1967 ist weder mit einer Zustandshaftung, wie nach § 1004 BGB, noch mit einer Repräsentantenhaftung, wie in § 3 HaftPflG, in § 31 BGB, in Art 34 GG, § 33 Abs 2 HS 2 BJagdG, vergleichbar. Vielmehr ist die Entwurfsregelung schlicht eine eng begrenzte Haftung für eigenes Verschulden beim Einsatz von Hilfspersonen, die am ehesten § 278 BGB gleicht. Die **Angleichung an § 278 BGB**, wie sie der E-1967 erstrebt (Begr II 12), besitzt die geringste dogmatische Legitimation. Zu Recht wird bezüglich der Verschuldenszurechnung durch § 278 BGB darauf verwiesen, dass der gesteigerte soziale Kontakt „mit seinen besonderen Vertrauensgewährungen und -erwartungen (...) die weite Einstandspflicht des Vertrauensempfängers rechtfertigt“ (JAKOBS VersR 1969, 1061, 1064; Rn 5). Diese **gezielte Verantwortlichkeit** kennt das Deliktsrecht nicht (E SCHMIDT AcP 170 [1970] 502, 531). Die Schwäche der dogmatischen Legitimation einer Haftung für andere zeigt sich auch in § 33 Abs 2 S 2 HS 2 BJagdG. In dieser Bestimmung ist die Ersatzpflicht des Jagdausübungsberechtigten für Jagdaufseher und Jagdgäste geregelt (näher § 835 Rn 27 ff). Durch die auf § 48 Abs 2 RJagdG zurückgehende Regelung soll erreicht werden, dass der Geschädigte nicht jedes Mal erst den Schuldigen feststellen muss, sondern stets den Jagdausübungsberechtigten in Anspruch nehmen kann (SCHERPING/VOLLBACH RJagdG § 48 Erl 3) – ein recht schlichtes, zweifelhaftes Regelungsziel (s oben). Der Forderung nach nationaler Rechtsvereinheitlichung aus systemimmanenten Gründen ist daher zu widersprechen. Die Angleichung war von den Verfassern des BGB nicht gewollt, wenn sie auch zuvor auf dem 17. Deutschen Juristentag befürwortet wurde (vgl Prot II 2777 f; O MEYER auf dem 17. Deutschen Juristentag, Verh I 125 ff; II 124 ff; Rn 1).

195 Anders stellt sich die Reformfrage im Zusammenhang mit dem **Bedürfnis nach einer internationalen Rechtsvereinheitlichung**, vor allem im Bereich der EU-Staaten, wobei allerdings die Skepsis und Zurückhaltung gegenüber legislatorischen Vereinheitlichungsprojekten der EU (WICKE 33 f) nicht unbegründet ist. Dennoch: So ausgefeilt und überwiegend funktionierend die jetzige Rechtslage in Deutschland erscheint, muss sie doch bei Juristen aus anderen Rechtsordnungen Unverständnis erwecken. Vor allem die anglo-amerikanischen und romanischen Rechtsordnungen weisen für die Geschäftsherrenhaftung denkbar einfache Lösungen auf, wie sie auch im E-1967 aufgegriffen worden sind. In diesen Ländern ist daher nie der Gedanke einer Reform so weit vorangetrieben worden wie in Deutschland. Im Gegenteil werden eher die Schwächen des eigenen Systems akzeptiert, als eine Änderung zu fordern (vCAEMMERER 251 ff), auch wenn das teilweise zu einer erheblichen Tatbestandseinengung etwa des ansonsten weitgefassten Art 1384 Code civil geführt hat (HELM AcP 166 [1966]

389, 407; HÜBNER Karlsruher Forum 1962, 24 mit der gleichen Befürchtung für den E-1967). Mit Recht wird vor der Abschaffung der Einstandspflicht für Delikte der eigenen Leute gewarnt, wie sie im Common Law anerkannt ist (eingehend WICKE 155 ff). Die Folge wäre *„a huge expansion of implied, i.e. fictitious contracts, to no great advantage of either law or conscience“* (POLLOCK, in: MARK DE WOLFE HOWE [Hrsg], Holmes-Pollock-Letters, 1872–1932 [1961] 234, dazu ZWEIGERT/KÖTZ, Rechtsvergleichung § 41).

Die kritische Frage, warum Deutschland mit dem am **feinsten durchgebildeten Haftungssystem** den Anfang für eine internationale Rechtsvereinheitlichung machen solle (E SCHMIDT AcP 170 [1970] 502, 526), wirkt vor diesem Hintergrund verfehlt. Dass ein Handlungsbedarf für eine Angleichung der Geschäftsherrenhaftung an die Systeme im Common Law, im Code civil und auch im Codice civile besteht, ist in anderen Rechtsordnungen erkannt worden. So haben in Schweden und Finnland, wo früher der Geschäftsherr auch nur im Fall eigenen Verschuldens haftete (ANDRESEN RabelsZ 27 [1962/63] 252), die Gesetzgeber den Entlastungsbeweis inzwischen beseitigt (ZWEIGERT/KÖTZ Rechtsvergleichung, § 41, 634 f mit Verweis auf WOELLERT, Die außervertragliche Gehilfenhaftung im nordischen Recht, RabelsZ 39 [1975] 304). Im japanischen Recht ist zwar die Möglichkeit der Exculpation ebenso wie im deutschen Recht ausdrücklich im Gesetz vorgesehen. In der Praxis wird der Entlastungsbeweis aber seit Jahrzehnten nicht mehr zugelassen. Voraussetzung der Einstandspflicht des Geschäftsherrn ist allerdings, dass der Verrichtungsgehilfe den allgemeinen Deliktstatbestand voll erfüllt hat; das heißt, der Verrichtungsgehilfe muss auch schuldhaft gehandelt haben. Damit erfolgt in Japan im Rahmen der Haftung für Verrichtungsgehilfen im Ergebnis eine Zurechnung fremden Verschuldens (KADEL ZfRV 1997, 56, 64). Zumindest das Erfordernis einer starken Einschränkung des Entlastungsbeweises ist gesehen worden, etwa für die Rechtslage, die Art 55 SchweizOR geschaffen hat. Zwar ist der sog „Befreiungsbeweis“ gem Art 55 SchweizOR durch den Geschäftsherrn führbar, doch genügt nicht allein dessen Beachtung der „üblichen Sorgfalt“, sondern erst aller objektiv gebotenen Maßnahmen (BGE 47 II 425/428; BGE 56 II 283/287, Nachweis bei BREHM, Berner Kommentar, Das Obligationenrecht, VI 1 3 1, Art 41–61 OR [1990] Art 55 SchweizOR). Der Einwand, dass auch die unserem Rechtssystem am engsten verbundenen Nachbarländer keinen Grund zur Rechtsanpassung sehen (HELM AcP 166 [1966] 389, 407), ist daher heute nicht mehr tragfähig. In die gleiche haftungsrechtliche Richtung, nur vor einem anderen gesellschaftspolitischen Hintergrund, ging die Lösung des § 331 des Zivilgesetzbuchs der ehemaligen DDR (ZWEIGERT/KÖTZ, Rechtsvergleichung II, Institutionen [2. Aufl 1984] 379).

Zu befürworten sind die Bemühungen um ein **einheitliches EU-Schuldrecht**. Sie gerieten ins Stocken, weil Kompetenzfragen ungeklärt sind (ARMBRÜSTER RabelsZ 60 [1996] 88), ruhen aber nicht (Mitteilung der Kommission an den Rat und das Europäische Parlament zum Europäischen Vertragsrecht KOM [2001] 398 v 11. 7. 2001). Der Entwurf für eine Dienstleistungs-Haftungsrichtlinie wurde zurückgezogen (Schreiben an die deutsche Regierung vom 10. 6. 1994 – IP/94/524, BLE 27. 6. 1994, S 4; zum Richtlinienvorschlag eingehend TRULI 29–82; GRUNDMANN ZGR 1999, Sonderheft 15, 310 ff; HIRTE 220 ff; WALKER/LOHKEMPER RdA 1994, 105; HEINEMANN ZIP 1991, 1193; ferner Versicherungswirtschaft 21/1995, 1501 zum sektoriellen Entwurf im Baubereich sowie zum Verbraucherschutz und medizinischen Dienstleistungen; s auch WICKE 38). Der Entwurf hielt zwar formal am Verschuldensprinzip fest (eingefügt durch den dritten Vorentwurf s TRULI 28), sachlich gab er es aber weitgehend auf (HIRTE 224; zu einer solchen Regelungstechnik kritisch schon ESSER AcP 148 [1943] 121, 137 = Wege der Rechtsgewinnung 3, 15). 196

Der E-1967, der an das Verschulden des Gehilfen anknüpfte, entsprach dem Richtlinienentwurf insofern, als er auf der Seite des Anspruchsberechtigten auf die Unterscheidung zwischen Vertragspartner und Drittem verzichtete. Mit der Richtlinie 2006/123/EG v 12. 12. 2006 (ABl L 2006/376/36) über Dienstleistungen im Binnenmarkt sollen zunächst Beschränkungen der Niederlassungs- und Dienstleistungsfreiheit im Rahmen des bis 2010 laufenden Wirtschaftsreformprogramms beseitigt und den Dienstleistungserbringern und -empfängern Rechtssicherheit gewährleistet werden (Mitteilung der Kommission an den Rat, das Europäische Parlament, den Europäischen Wirtschafts- und Sozialausschuss und den Ausschuss der Regionen KOM [2004] 2 v 27. 1. 2005; Stellungnahmen des Europäischen Wirtschafts- und Sozialausschusses ABl C 2005/221/113, des Ausschusses der Regionen ABl C 2005/43/18 und der Kommission ABl C/2007/138/6). Die Schaffung eines einheitlichen EU-Schuldrechts rückt damit wieder verstärkt in den Mittelpunkt.

Zu nennen sind auch die Arbeiten unabhängiger internationaler Kommissionen, die sich mit der EU-weiten Vereinheitlichung des Schuldrechts bzw des Deliktsrechts befassen, so der Study Group on a European Civil Code (dazu vBar ZEuP 2001, 515 ff; vBar, Die Study Group on a European Civil Code; in: FS Henrich [2000] 1) und der European Group on Tort Law (zu einem Vergleich der Vorschläge beider Gruppen zum Deliktsrecht s Magnus ZEuP 2004, 562; grds zu den vorgeschlagenen Konzepten Jansen RabelsZ 70 [2006] 732). Die Study Group on a European Civil Code geht davon aus, dass die Arbeitgeberhaftung nicht dem Modell des § 831 BGB folgen könne (vBar ZEuP 2001, 515, 523 Fn 18, 529). Die Endfassung des Formulierungsvorschlags ihres Arbeitsteams aus dem Jahr 2006 lautet in Art 3:201: *„(1) A person who employs or similarly engages another, is accountable for the causation of legally relevant damage suffered by a third person when the person employed or engaged (a) caused the damage in the cause of employment or engagement, and (b) caused the damage intentionally or negligently, or is otherwise accountable for the causation of damage. (2) Paragraph (1) applies correspondingly to a legal person in relation to a representative causing damage in the cause of their engagement. A representative is a person who is authorised to effect juridicial acts on behalf of the legal person by its constitution.“*

Auch die European Group on Tort Law (EGTL) sieht eine strikte Geschäftsherrenhaftung für Delikte von Hilfspersonen, die im Rahmen des ihnen übertragenen Aufgabenbereichs handeln, vor (Koziol ZEuP 2004, 234, 253; Magnus ZEuP 2004, 562, 572). Die im Jahr 2005 veröffentlichten Principles of European Tort Law (PETL) (zum Text s ZEuP 2004, 427 ff) bestimmen in Art 6:102 zur Haftung für Hilfspersonen: *„(1) Soweit Hilfspersonen im Rahmen ihres Aufgabenbereichs tätig werden, dabei aber den erforderlichen Sorgfaltsmaßstab verletzen, haftet ihr Geschäftsherr für den dadurch verursachten Schaden. (2) Ein selbständiger Unternehmer ist keine Hilfsperson im Sinne dieses Artikels.“ (Art 6:102 Liability for Auxiliaries: (1) A person is liable for damage caused by his auxiliaries acting within the scope of their functions provided that they violated the required standard of conduct. (2) An independent contractor is not regarded as an auxiliary for the purposes of this Article.)* Insoweit entspricht dieser Ansatz dem Grundsatz *respondeat superior*. Koziol (ZEuP 2004, 234, 253) hält diese Haftung zumindest für den Einsatz von Hilfspersonen im privaten Bereich für zu weitgehend, weil deren Einsatz kaum erhöhte Risiken für Dritte zur Folge habe.

197 Die Reform von § 831 BGB ist, wenn man sie für nötig erachtet, nur im **Rahmen des E-1967** zu vertreten („eine eminent praktikable Lösung“ – so Deutsch/Ahrens, Deliktsrecht

Rn 462). Der einschränkende Vorschlag durch die Vornahme einer Differenzierung zwischen Klein-/Großunternehmen (LARENZ/CANARIS, Schuldrecht II/2 § 79 III 6 mit Verweis auf MUGDAN II 1094) ist kaum durchführbar, da vor allem die Grenzziehung nicht ohne Willkür erfolgen könnte (überzeugend vCAEMMERER ZfRvgl 14 [1973] 241, 252 f; RENNER 193). Auch sollte die Reichweite der Geschäftsherrenhaftung nicht von schwankenden Umsatz- oder Beschäftigungszahlen abhängig gemacht werden, da kein innerer Bezug zwischen Haftung und Umsatz oder Beschäftigungskapazität besteht (vBAR, Gutachten 1776). Vielmehr ist darauf zu verweisen, dass jeder Unternehmer und Privatmann sich hinsichtlich seiner Arbeitnehmer bzw Haushaltsangestellten versichern kann (DENCK, Schutz 179). Für die **einheitliche Haftung** aller Geschäftsherren ohne Unterscheidung spricht der Gedanke des von jedem zu tragenden Unternehmerrisikos. Derjenige soll das Risiko tragen, der auch den Nutzen aus der Verrichtung zieht (vCAEMMERER, Wandlungen Ges Schr I 531; WICKE 23). Dieser Aspekt des *qui sentit commodum debet sentire et onus* besteht sowohl im Code Civil als auch im Common Law (zur „l'idée de profit" wird die Frage gestellt: „N'est-ce pas le service dont le maître profite qui a produit le mal qu'on le condamne à réparer?", MAZEAUD, TUNC, Responsabilité Civile, Tome Premier, Nr 930; idS auch PS Atiyah's Vicarious Liability in the Law of Torts 12 ff). Rechtspolitisch über den Utilitätsgrundsatz und die Korrelation von Macht und Verantwortung hinausgehend, aber durchaus überzeugend argumentiert auch die Lehre in den USA zur Fortentwicklung der Unternehmerhaftung *(respondeat superior):* Es soll derjenige die Haftung für Schäden aus Unfällen tragen, der sich am besten dagegen versichern kann. Das ist für Schäden durch Verrichtungsgehilfen weder der Geschädigte noch der Gehilfe, sondern der Geschäftsherr (s auch WICKE 23). Zudem hat dieser als einziger die Möglichkeit, die Kosten der Versicherung durch die eigene Preisgestaltung auf die Allgemeinheit umzulegen; er ist daher der beste *„risk absorber"* (ZWEIGERT/KÖTZ Rechtsvergleichung § 41, 648, 649). Oder wie es CJ HOLT bereits 1701 in *Hern* v *Nichols* formulierte: *„somebody must be a loser by this deceit, it is more reason that he that employs and puts a trust and confidence in the deceiver should be a loser, than a stranger"* (aus CRONIN and GRIME, Labour Law 160/161 Fn 14). Bei privaten Hausangestellten wird das Schadensrisiko in der Regel durch die Privathaftpflichtversicherung prämienfrei mitgedeckt (DENCK, Schutz 165 ff, 179 mit Verweis auf BRUCK/MÖLLER/JOHANNSEN, VVG IV, H. 11; STELZER VersR 1962, 307 f), auch wäre eine Abgrenzung von privater und wirtschaftlicher Betätigung in der Praxis häufig nur schwer durchführbar (ebenso RENNER 195). Zudem gilt der Gedanke des Unternehmerrisikos unterschiedslos für jegliche Gehilfenhaftung.

Die Einführung von **Haftungshöchstgrenzen** bedürfte der Erstreckung bestehender **198**
Spezialgesetze (zB HaftPflG) auf die Haftung für den Verrichtungsgehilfen, um Wertungswidersprüche zu vermeiden (so RENNER 195), und ist daher wenig praktikabel.

Noch weitergehende Vorschläge, wie eine **Beweislastumkehr** für das Verschulden zu- **199**
gunsten des Verletzten (WEITNAUER, Karlsruher Forum 1962, 7), sind jedoch unberechtigt und verlassen den Rahmen der Rechtsvereinheitlichung. Der **Widerspruch zur Produkthaftpflicht**, auf den hingewiesen wird (eingehend DENCK, Schutz 173), hat seinen Grund darin, dass das Anbieten von Dienstleistungen und von Waren nur beschränkt vergleichbar sind (kritisch zur Gleichbehandlung von Produkthaftung und Dienstleistungshaftung auch DEUTSCH ZRP 1990, 454, 455); gleichwohl beruht der Entwurf einer Richtlinie über die Haftung bei Dienstleistungen (s oben) auf diesem gedanklichen Ansatz. Die Arbeitskraft mit einer Ware gleichzustellen, hieße dem Arbeitnehmer

jedes Maß an Eigenverantwortlichkeit und -ständigkeit abzusprechen. Die Tätigkeit eines Arbeitnehmers in Ausübung einer Verrichtung ist kein Produkt, für das der Unternehmer uneingeschränkt garantieren könnte und sollte, ohne dass es auf ein Verschulden des Arbeitnehmers ankäme. Denn das bedeutete, jeden Arbeitnehmer als potenzielles Schadensrisiko einzustufen, was nur in seltenen Fällen gefährlicher Verrichtungen zutrifft.

§ 832
Haftung des Aufsichtspflichtigen

(1) Wer kraft Gesetzes zur Führung der Aufsicht über eine Person verpflichtet ist, die wegen Minderjährigkeit oder wegen ihres geistigen oder körperlichen Zustands der Beaufsichtigung bedarf, ist zum Ersatz des Schadens verpflichtet, den diese Person einem Dritten widerrechtlich zufügt. Die Ersatzpflicht tritt nicht ein, wenn er seiner Aufsichtspflicht genügt oder wenn der Schaden auch bei gehöriger Aufsichtsführung entstanden sein würde.

(2) Die gleiche Verantwortlichkeit trifft denjenigen, welcher die Führung der Aufsicht durch Vertrag übernimmt.

Materialien: E I § 710; II § 755; III § 816; Mot II 734; Prot II 593.

Schrifttum

Aden, Die Beweislast des Klägers in § 832, MDR 1974, 9
Albilt, Haften Eltern für ihre Kinder? (1987)
Barfuss, Verantwortlichkeit und Haftung des Ausbilders im Berufsausbildungsverhältnis, BB 1976, 935
Bernau, Die Aufsichtshaftung der Eltern nach § 832 BGB – im Wandel! (2005)
ders, Elternhaftung beim unbeaufsichtigten Radfahren von Kindern – Verschuldens- oder Gefährdungshaftung, DAR 2005, 604
ders, Führt die Haftungsprivilegierung des Kindes in § 828 II BGB zu einer Verschärfung der elterlichen Aufsichtshaftung aus § 832 I BGB?, NZV 2005, 234
ders, Versicherungspflicht für das Schadensrisiko Kind?, VersR 2005, 1346
ders, Haftet die Patchwork-Familie aus § 832 BGB?, FamRZ 2006, 82
ders, Der Einzug der Patchwork-Familie in den juristischen Sprachgebrauch – eine Definition, KritJ 2006, 320
ders, Die Elternhaftung aus § 832 BGB – Eine Übersicht der seit 2000 veröffentlichten Rechtsprechung, FamRZ 2007, 92
ders, Die Aufsichtshaftung über Minderjährige im Straßenverkehr – Eine Übersicht der seit 2000 veröffentlichten Rechtsprechung, DAR 2008, 286
ders, Die Anforderungen an die elterliche Aufsicht über ein spielendes Kind im Vorschulalter – Zugleich Anmerkung zum Urteil des LG Bochum v 29. 1. 2008 (9 S 80/07), NZV 2008, 329
ders, Die Elternhaftung für zündelnde Kinder – Überblick und Darstellung der Rechtsprechung, ZfS 2008, 482
ders, Die Haftung von Aufsichtspflichtigen aus § 832 BGB – eine Übersicht der aktuellen Rechtsprechung, FamRZ 2010, 937
ders, Die Aufsichtshaftung über Minderjährige im Straßenverkehr – Eine Übersicht der seit 2008 veröffentlichten Rechtsprechung, DAR 2012, 174
ders, Die Haftung von Aufsichtspflichtigen aus

§ 832 BGB – Eine Übersicht der aktuellen Rechtsprechung, FamRZ 2013, 1521
ders, Die Aufsichtshaftung über Minderjährige im Straßenverkehr – Eine Übersicht der seit 2012 veröffentlichten Rechtsprechung, DAR 2015, 192
ders, Die Haftung von Aufsichtspflichtigen aus § 832 BGB – Eine Übersicht der aktuellen Rechtsprechung, FamRZ 2017, 166
ders, Die Aufsichtshaftung über Minderjährige im Straßenverkehr – Eine Übersicht der seit 2015 veröffentlichten Rechtsprechung, DAR 2018, 429
ders, Die Haftung von Aufsichtspflichtigen aus § 832 BGB – Eine Übersicht der aktuellen Rechtsprechung, FamRZ 2020, 301
ders, Die Aufsichtshaftung über Minderjährige im Straßenverkehr – Eine Übersicht der seit 2018 veröffentlichten Rechtsprechung, DAR 2021, 166
ders, Die Haftung von Aufsichtspflichtigen aus § 832 BGB – Eine Übersicht der aktuellen Rechtsprechung, FamRZ 2023, 415
ders, Die Aufsichtshaftung über Minderjährige im Straßenverkehr – Eine Übersicht der seit 2021 veröffentlichten Rechtsprechung, DAR 2024, 121
ders, Die Haftung von Aufsichtspflichtigen aus § 832 BGB – Eine Übersicht der aktuellen Rechtsprechung, FamRZ 2026, 341
Bernau/Rau/Zschieschack, Die Übernahme einer Betreuung – ein straf- und zivilrechtliches Haftungsrisiko?, NJW 2008, 3756
Berning/Vortmann, Haftungsfragen bei von Kindern verursachten Schäden unter besonderer Berücksichtigung der Brandstiftung, JA 1986, 12
Bollweg, Gesetzliche Änderungen im Schadensersatzrecht?, NVZ 2000, 185
Boscher, Haftung Minderjähriger und ihrer aufsichtspflichtigen Eltern – eine Übersicht über die Rechtsprechung, VersR 1964, 888
Brand, Die Haftung des Aufsichtspflichtigen nach § 832 BGB, JuS 2012, 673
Burmann/Hess/Hühnermann/Jahnke/Janker, Straßenverkehrsrecht (29. Aufl 2026)
Buschmann, Die Haftung von Aufsichtspflichtigen und Kindern, RdJ 1967, 12
Dahlgrün, Aufsichtspflicht der Eltern nach § 832 (Diss München 1979)
Deinert/Schreibauer, Haftung und Haftungsübernahme im Betreuungsverhältnis, BT-Prax 1993, 185
dies, Die Haftung bei einer Schadensverursachung durch den Amtsvormund, Amtspfleger, Amtsbeistand und Behördenbetreuer, DAVorm 1993, 1143
Deutsch, Urteilsanmerkung, JZ 1969, 233
Deutsch/Ahrens, Deliktsrecht (6. Aufl 2014)
Dölle, Familienrecht II (1965)
Eckert, Wenn Kinder Schaden anrichten (2. Aufl 1993)
Friedrich, Die Selbstaufopferung im Straßenverkehr für ein Kind und die Inanspruchnahme der Eltern aus Geschäftsführung ohne Auftrag, VersR 2000, 697
ders, Das Ende der Selbstaufopferung für Minderjährige im Straßenverkehr?, VersR 2005, 1660
Fuchs, Studien zur elterlichen Aufsichtspflicht (Diss Bonn 1995)
ders, Die deliktsrechtliche Verantwortung der Eltern für Schäden von und an Kindern im Straßenverkehr, NZV 1998, 7
Goecke, Die unbegrenzte Haftung Minderjähriger im Deliktsrecht (1997)
ders, Unbegrenzte Haftung Minderjähriger?, NJW 1999, 2305
Grandke (Hrsg), Familienrecht, Lehrbuch (3. Aufl 1981)
Greger/Zwickel, Haftungsrecht des Straßenverkehrs (6. Aufl 2021)
Grossfeld/Mund, Die Haftung der Eltern nach § 832 I BGB, FamRZ 1994, 1504
Haberstroh, Haftungsrisiko Kind – Eigenhaftung des Kindes und elterliche Aufsichtspflicht, VersR 2000, 806
Hartmann, „Unmittelbare“ und „mittelbare“ Aufsichtspflicht in § 832 BGB – pflichtenbeschränkende Übertragung der Verkehrssicherung auf Dritte?, VersR 1998, 22
Hentschel/König, Straßenverkehrsrecht (48. Aufl 2025)
Hess/Buller, Der Kinderunfall und das Schmerzensgeld nach der Änderung des Schadensrechtes, ZfS 2003, 218
Hess/Burmann, Der Kinderunfall, NJW-Spezial 2005, 15
Hess/Jahnke, Das neue Schadensrecht (2002)

vHIPPEL, Zur Haftung Aufsichtspflichtiger für durch Kinder verursachte Schäden, FamRZ 1968, 574
HOFMANN, Haftpflichtrecht für die Praxis (1989)
IMMENGA, Aufsichtspflichtverletzung und Gleichberechtigung, FamRZ 1969, 313
KARCZEWSKI, Der Referentenentwurf eines Zweiten Gesetzes zur Änderung schadensersatzrechtlicher Vorschriften, VersR 2001, 1070
KOEBEL, Aufsichtspflicht der Eltern und Gleichberechtigten, NJW 1960, 2227
KUHFUHS, Haftet der Lehrherr gemäß § 832 für schadenstiftende Handlungen seines Lehrlings?, GewArch 1969, 7
LANG/STAHL/HUBER, Das Modell „Begleitetes Fahren mit 17" aus haftungs- und versicherungsrechtlicher Sicht, NZV 2006, 449
MARBURGER, Therapie und Aufsichtspflicht bei der stationären Behandlung psychisch Kranker, VersR 1971, 777
O MAYR, Die Aufsichtspflicht der Eltern nach dem BGB, SeuffBl 71, 109
MERTENS, Zur Beweislastverteilung bei Aufsichtspflichtverletzungen im Rahmen eines Amtshaftungsanspruchs, MDR 1999, 998
H F MÜLLER, Privilegierung von Kindern nach der Schadensersatzrechtsreform 2002, ZfS 2003, 433
OBERHARDT, Die Aufsichtspflicht öffentlicher Einrichtungen nach § 832 BGB – im Spannungsfeld zur Amtshaftung (Diss Potsdam 2010)
OHM, Die Aufsichtspflicht der Eltern unter Berücksichtigung der neueren Rechtsprechung, VersR 1959, 780
OLLMANN, Zur Aufsichtspflicht in Jugendschutz- und Bereitschaftspflegestellen, ZfJ 1986, 349
PARDEY, Aufsichts- und Schutzpflichten zur Teilnahme von Kindern am Straßenverkehr, DAR 2001, 1
ders, Reichweite des Haftungsprivilegs von Kindern im Straßenverkehr, DAR 2004, 499
PREISS, Die Haftpflichtversicherung des Aufsichtspflichtigen, VersPrax 1968, 63
RAUSCHER, Haftung der Eltern für ihre Kinder, JuS 1985, 757
RIEDEL, Aufsichts- und Erziehungspflicht, DJZ 1905, 693
ROGGE, Selbständige Verkehrspflichten bei Tätigkeiten im Interesse Dritter (1997)
ROTH-STIELOW, Haftung der Eltern für Verkehrsunfälle durch spielende Kinder, NJW 1957, 489
SAPP, Das Modell „Begleitetes Fahren ab 17" im Haftungsrecht, NJW 2006, 408
SCHEFFEN, Der Kinderunfall – Eine Herausforderung für Gesetzgebung und Rechtsprechung, DAR 1991, 121
dies, Änderungen schadensersatzrechtliche – Vorschriften im Hinblick auf betroffene Kinder und Jugendliche, ZRP 2001, 380
SCHEFFEN/PARDEY, Schadensersatz bei Unfällen mit Kindern und Jugendlichen (2. Aufl 2003)
SCHLEGELMILCH, Die elterliche Aufsichtspflicht – Haftungsfragen, ZAP Fach 2, 121
SCHMARSLI, Kinder im Straßenverkehr nach neuem Recht: Die Auswirkungen der Neuregelungen auf die Praxis, PVR 2002, 355
SCHMID, Die Aufsichtspflicht nach § 832 BGB, VersR 1982, 822
SCHNITZERLING, Schäden am Wohngebäude und auf dem Wohngelände durch Kinder, DWW 1966, 386
ders, Die Aufsichtspflicht über Minderjährige im Straßenverkehr, DAR 1967, 151
ders, Grenzen elterlicher Aufsichtspflicht, Staats- und Kommunalverwaltung (1969) 44
ders, Aufsichts- und Verkehrssicherungspflichten gegenüber Kindern im Haus- und Grundstücksbereich, BlGBW 1978, 28
SCHOOF, Die Aufsichtspflicht der Eltern über ihre Kinder iSd § 832 Abs 1 BGB (Diss Hamburg 1999)
SCHULTES, Verkehrssicherungspflichten vs. elterliche Aufsichtspflicht, VersR 2021, 1011
E SCHULTZE, Schadensersatzpflicht des Anstaltsarztes für die Handlungen der seiner Aufsicht unterstellten Geisteskranken, ArchBürgR 17, 99
SCHWINTOWSKI, Pflicht einer Privathaftpflichtversicherung für Schäden durch Kinder?, ZRP 2003, 391
STEFFEN, Zur Haftung von Kindern im Straßenverkehr, VersR 1998, 1449
TACKE, Die Haftung für von Minderjährigen verursachte Schäden im französischen Zivilrecht – im Vergleich zum deutschen Recht (Diss Bonn 2000)
THEDA, Die Haftung Minderjähriger und ihrer Eltern, VW 1969, 361

WAGNER, Das Zweite Schadensersatzrechtsänderungsgesetz, NJW 2002, 2049
WEIMAR, Zur Haftung bei Aufsichtsverschulden gem § 832 Abs 2 BGB, MDR 1962, 356
ders, Zur Haftung bei Aufsichtsverschulden gem § 832 Abs 2, VersR 1967, 117
ders, Rechtsfragen zu Heimverträgen, ZMR 1976, 136
WOLF, Billigkeitshaftung statt überzogener elterlicher Aufsichtspflichten – ein erneutes Plädoyer für die Anwendung des § 829 BGB aufgrund einer Haftpflichtversicherung, VersR 1998, 812.

Systematische Übersicht

Alphabetische Übersicht

I. Grundsätze der Regelung

1. Entstehungsgeschichte*

1 Das BGB kennt keine aus der Hausherrschaft als solcher fließende Verantwortlichkeit für Hausangehörige (vGierke, Privatrecht III 925). Nach E I sollte jede Verletzung einer gesetzlichen Aufsichtspflicht einen Schadenersatzanspruch begründen, sodass auch die aus dem Gewerbe-, Schul-, Gesinderecht usw sich ergebenden Fälle gesetzlicher Aufsichtspflicht mitumfasst waren (Mot II 735; ZG II 406 ff). Die II. Komm hielt das für zu weitgehend und beschloss die jetzige Fassung. Die Minderjährigen und die ihnen wegen geistiger oder körperlicher Mängel gleichgestellten Personen seien wegen ihres Zustands, der in ihrem eigenen Interesse die Aufsicht über sie notwendig mache, gefährlich. Die Aufsichtsführung müsse sich deshalb auch darauf erstrecken, den Gefahren vorzubeugen, welche Dritten von dem zu Beaufsichtigenden drohen (Mugdan, Materialien II 1089 f). Die Aufsicht über Volljährige dagegen, wie sie im Heeresdienst, im Staat und in der Kirche im Verhältnis des Vorgesetzten zu den Untergebenen, im Hauswesen im Verhältnis des Dienstherrn zu dem Gesinde stattfinde, habe nicht den Zweck, Dritte vor Beschädigung zu schützen, sondern diene anderen Interessen. Der zur Führung der Aufsicht Berufene begehe demgemäß durch Vernachlässigung der Aufsichtspflicht kein Unrecht gegen denjenigen, welchem der zu Beaufsichtigende einen Schaden zufüge. Er dürfe daher auch dann nicht für den Schaden haften, wenn dieser bei ordnungsmäßiger Führung der Aufsicht nicht entstanden wäre. Ein Volljähriger, der in ein solches Verhältnis trete, werde hierdurch dritten Personen nicht gefährlicher, als er es vorher gewesen sei (Prot II 594 ff; D 102).

Eine weitere von der II. Komm beschlossene Änderung der E I besteht in der Umkehrung der Beweislast (vgl Rn 3).

2. Regelungsgedanke/Schutzrichtung

a) Regelungsgedanke

2 § 832 BGB stellt im Rahmen der Verschuldenshaftung einen eigenständigen Haftungstatbestand in Form eines Unterlassungsdelikts dar. Er regelt den Sonderfall einer Verkehrspflichtverletzung (OLG Stuttgart 12. 3. 2008 – 4 U 58/07, NZV 2009, 191, 194; Larenz/Canaris, Schuldrecht II/2 § 79 IV 1; Fuchs NZV 1998, 8 f; MünchKommBGB/Wagner § 832 Rn 1; Albilt 20; Schoof 40) und ist damit Spezialnorm zu § 823 Abs 1 BGB. Die Gefahr geht von denjenigen Eigenschaften des Aufsichtsbedürftigen aus, die seine Aufsichtsbedürftigkeit begründen. Die Zuweisung der „Zuständigkeit" für die Abwehr der Gefahr folgt, anders als bei den sonstigen Fällen der Verkehrssicherungspflicht, nicht allein aus der faktischen Beherrschbarkeit der Gefahrenquelle (so aber Aden MDR 1974, 9, 11), sondern auch und vor allem aus einer dem Deliktsrecht vorgelagerten gesetzlichen oder vertraglichen Aufsichtspflicht (Albilt 20). Darin liegt der Umstand, der die Spezialität von § 832 BGB gegenüber der allgemeinen Haftungsnorm von § 823 Abs 1 BGB (Gesichtspunkt der Verkehrspflichtverletzung) begründet.

---

* Mot II 734 ff; ZG II 406 ff, VI 515; Jakubezky Bem 167; Prot II 593 ff; D 102; auch Schoof 17 ff; Fuchs 91 ff.

Der Aufsichtspflichtige ist nach § 832 Abs 1 S 1 BGB für den Schaden verantwortlich, den der Aufsichtsbedürftige einem Dritten rechtswidrig zufügt. Abs 1 S 2 schließt die Haftung aus, wenn der Aufsichtspflichtige seiner Aufsichtspflicht genügt hat oder der Schaden auch bei gehöriger Aufsicht eingetreten wäre, es also an der Kausalität der Pflichtverletzung für den Schaden fehlt. Die ratio der im ersten Entwurf noch nicht enthaltenen (vgl § 710 BGB des ersten Entwurfs; Mot II 734 ff) Pflichtwidrigkeits- und Kausalitätsvermutung ist nicht ganz klar. Deutlich ist zunächst nur, dass die Rechtfertigung der vergleichbaren Regelungen in den §§ 831 Abs 1 S 2, 833 S 2, 834 S 2, 836 Abs 1 S 2 BGB die Beweislastumkehr in § 832 BGB nicht (mehr) trägt (Deutsch JZ 1969, 233, 234; Grossfeld/Mund FamRZ 1994, 1504, 1508). Während dort die Belastung des Schädigers mit der Beweislast den Ausgleich dafür bietet, dass dieser eine Gefahrenlage entweder freiwillig geschaffen hat oder zur vorteilhaften Gestaltung seiner Verhältnisse ausnutzt, fehlt es bei der Aufsichtshaftung an einem wirtschaftlichen Nutzen des Aufsichtspflichtigen, der eine entsprechende Haftungsverschärfung als konsequent erscheinen ließe: Kinder stellen heute nicht mehr die wirtschaftliche Sicherung der Eltern dar, vielmehr sind sie ein für die Allgemeinheit kostbares Gut, das den Eltern erhebliche wirtschaftliche Opfer abverlangt (Dahlgrün 76 ff). Die II. Komm (Prot II 595 f) stützte die Beweislastumkehr primär auf die Erwägung, der Aufsichtspflichtige sei leichter im Stande, sein Verhalten zu belegen, als es dem Geschädigten falle, belastende Momente darzutun (Mugdan, Materialien II 1090). Auch dieser zunächst einleuchtende Aspekt trägt die Beweislastumkehr nicht. Zwar ist der Aufsichtspflichtige bei aller Schwierigkeit, die familienintern vor sich gehenden Aufsichtsmaßnahmen zu substantiieren und zu beweisen (vgl dazu BGH NJW 1990, 2553, 2554; Rn 185), in einer beweisnäheren Position als der Geschädigte. Diesen Umstand haben die Aufsichtsfälle jedoch mit allen übrigen Konstellationen der Garantenstellung für Gefahrenquellen gemein, ohne dass für § 823 Abs 1 BGB eine generelle Beweislastumkehr vertreten würde. Tragfähiger erscheint demgegenüber der zweite Gedanke, der bei den Gesetzesverfassern anklingt. Dem Wesen der Aufsichtspflicht als einer dem Deliktsrecht vorgelagerten gesetzlichen oder vertraglichen Pflicht gegenüber dem Geschädigten entspreche es, dass der Pflichtige Rechenschaft darüber ablege, was er zur Erfüllung seiner Pflicht getan habe (Prot II 595; Jakubezky, Bemerkungen zu dem Entwurfe eines Bürgerlichen Gesetzbuches für das Deutsche Reich 167). Das entspricht allgemeinen Grundsätzen, die ihren Niederschlag in §§ 280 Abs 1 S 2, 286 Abs 4 BGB gefunden haben. Insgesamt jedoch ist denen beizupflichten, welche die legislatorische Grundlage von § 832 Abs 1 S 2 BGB für recht schmal halten (so Deutsch JZ 1969, 233, 234; Grossfeld/Mund FamRZ 1994, 1504, 1509; vgl auch Dahlgrün 43). 3

b) Schutzrichtung

Aus dem Charakter als spezieller Verkehrspflichtentatbestand folgt die begrenzte Schutzrichtung von § 832 BGB. Die Aufsichtspflicht iS dieser Norm dient dem Schutz der Allgemeinheit. § 832 BGB bietet daher nur für die Schäden eine Haftungsgrundlage, die der Aufsichtsbedürftige Dritten zugefügt hat. Erleidet der Aufsichtsbedürftige selbst durch die Verletzung der Aufsichtspflicht Schaden, so haftet der Aufsichtspflichtige ihm uU aus Vertrag, aus Verletzung familienrechtlicher Pflichten oder aus § 823 BGB (BGHZ 73, 190, 192; s auch Rn 126), aber nicht nach § 832 BGB (RGZ 75, 253; BGH 3. 12. 1957 – VI ZR 265/56, VersR 1958, 85, 86; BGHZ 73, 190, 194; BGH NJW 1996, 53, 54; OLG Karlsruhe VersR 1977, 232; OLG Celle VersR 1978, 1172; Enneccerus/Lehmann § 242 I 2; Weimar MDR 1962, 356). Zu der Frage, ob und inwieweit sich 4 eine Beschränkung der Haftung aus § 1664 BGB ergibt, vgl Staudinger/Vieweg/Lorz (2023) § 840 Rn 67 f.

3. Tatbestandsstruktur und Haftung für vermutetes eigenes Verschulden

5 Nach dem Wortlaut der Regelung scheint für die Haftungsbegründung nur das Bestehen einer Aufsichtspflicht über eine aufsichtsbedürftige Person sowie ein von dieser einem Dritten widerrechtlich, nicht notwendig schuldhaft zugefügter Schaden vorausgesetzt zu sein. Abs 1 S 2 lehrt jedoch, dass damit der Tatbestand unvollständig beschrieben ist: Erforderlich ist zudem die **Verletzung der Aufsichtspflicht in ihrer konkreten Gestalt**. Darin liegt der eigentliche Anknüpfungspunkt für die Haftung (Fuchs 119; Albilt 20), die wie bei § 831 BGB nicht wegen fremder, sondern wegen eigener vorwerfbarer Pflichtwidrigkeit einsetzt. Ferner muss die Pflichtverletzung auch ursächlich für den Schaden geworden sein. Der Schaden muss also mit der Handlung des Aufsichtsbedürftigen und der Aufsichtspflichtverletzung eine **doppelte kausale Verknüpfung** aufweisen. Schließlich setzt die Haftung Verschulden des Aufsichtspflichtigen in Bezug auf die konkrete Aufsichtspflichtverletzung voraus (allgM; BGB-RGRK/Kreft § 832 Rn 2). Zwar lässt die Fassung von § 832 Abs 1 S 2 BGB im Gegensatz zu den vergleichbaren Regelungen in den §§ 831 Abs 1 S 2, 833 S 2, 834 S 2, 836 Abs 1 S 2 BGB nicht auf ein Verschuldenserfordernis schließen. Für einen Schluss, dass damit der Boden der Verschuldenshaftung verlassen werden sollte, fehlt jedoch jeder Anhalt (vgl auch Mot II 735).

6 Der Vergleich mit den genannten Beweislastregeln wirft jedoch die Frage auf, ob § 832 Abs 1 S 2 BGB das Verschulden ebenso vermutet wie jene. Denn entgegen dem Beschluss der II. Komm (Prot II 593) und anders als bei §§ 831, 833 ff BGB fehlt hier die Bestimmung, dass sich die Entlastung auf die Beobachtung der „im Verkehr erforderlichen Sorgfalt" und damit auch auf das Verschulden zu beziehen habe (vgl Fuchs 206). Ein Umkehrschluss ist gleichwohl nicht gerechtfertigt. Wie §§ 280 Abs 1 S 2, 286 Abs 4 BGB zeigen, ist der Gesetzgeber am ehesten geneigt, Beweiserleichterungen bei der Kategorie des Verschuldens zuzulassen. Vor diesem Hintergrund liegt es nahe anzunehmen, dass bei einer Vermutung sogar der Pflichtwidrigkeit und ihrer Kausalität für den Schaden erst recht von einer Beweislastumkehr beim Verschulden auszugehen ist. Im Ergebnis zu Recht – wenn auch etwas voreilig – geht daher die allgemeine Meinung davon aus, § 832 BGB regele eine Haftung für „vermutetes eigenes Verschulden" (s etwa BGH 6. 4. 1976 – VI ZR 93/75, LM Nr 11 = NJW 1976, 1684, 1685; BGH 17. 5. 1983 – VI ZR 263/81, NJW 1983, 2821; Erman/Wilhelmi § 832 Rn 1; Wagner Kap 6 Rn 51; gegen diese Begrifflichkeit Woesner MDR 1983, 463 – keine echte Verschuldensvermutung, da sonst auch für § 254 BGB, § 17 StVG das Verschulden ohne konkreten Nachweis berücksichtigungsfähig wäre). Zur Reichweite der Beweislastumkehr s Rn 184 ff.

4. Analogiefähigkeit der Vorschrift

7 An eine analoge Anwendung von § 832 BGB ließe sich in zweierlei Hinsicht denken: hinsichtlich des Kreises der Aufsichtsbedürftigen wie auch desjenigen der Aufsichtspflichtigen. Eine Ausweitung von § 832 BGB auf andere Aufsichtsbedürftige als die in der Norm genannten scheitert jedoch an der bewussten Entscheidung des Gesetzgebers für eine insoweit restriktive Fassung des Tatbestands (Rn 1).

Demgegenüber wird **beim Kreis der Aufsichtspflichtigen** eine Analogie erörtert. In Betracht kommt eine Einbeziehung derjenigen, die zwar nicht kraft Gesetzes oder Vertrags aufsichtspflichtig sind, wohl aber die tatsächliche Obhut über eine aufsichtsbedürftige Person innehaben. Wer eine solche tatsächliche Aufsicht führt, wird nicht selten unter dem Aspekt der Verletzung einer Verkehrssicherungspflicht iSd § 823 Abs 1 BGB aufgrund der tatsächlichen Beherrschung einer in seiner Sphäre befindlichen Gefahrenquelle haftbar sein (Rn 198 ff). In diesem Sinne kann man von einer deliktsrechtlichen „Aufsichtspflicht" sprechen. Darüber hinaus wird teilweise die analoge Anwendung von § 832 BGB vertreten (Berning/Vortmann JA 1986, 12, 15; LG Bielefeld NJW 1998, 2682, 2683). In diesem Sinne soll ein „Haushaltsvorstand", auch wenn er nicht iSd § 832 BGB aufsichtspflichtig ist, aus dem Gedanken der Verkehrssicherungspflichten gefährliche Haushaltsangehörige davon abhalten müssen, dass sie Dritte rechtswidrig verletzen, weil – und wenn – er eine in seiner Stellung als Haushaltsvorstand begründete tatsächliche autoritative Einwirkungsmöglichkeit, eine gewisse tatsächliche Verfügungsmacht in Bezug auf deren Tun und Treiben habe (LG Bielefeld NJW 1998, 2682, 2683; Staudinger/Schäfer[12] § 832 Rn 27). Die Rspr hat Dritten gegenüber eine Verpflichtung des Haushaltsvorstands angenommen, wenn § 832 BGB mangels einer gesetzlichen Regelung der Aufsichtspflicht unmittelbar nicht eingriff, aber ein dem Tatbestand dieser Vorschrift vergleichbarer Sachverhalt gegeben war. Vor diesem rechtlichen Hintergrund ist der Ehemann als Haushaltsvorstand für verpflichtet erachtet worden, im Interesse der mit den Familienangehörigen in Berührung kommenden Personen wie Dienstboten oder Hausmitbewohnern für eine Unterbringung und Bewachung der geistesgestörten und gemeingefährlichen Ehefrau zu sorgen (RGZ 70, 48, 50). Auch der Stiefvater eines in einer Familie aufwachsenden Minderjährigen ist als Haushaltsvorstand für verpflichtet gehalten worden, Vorsorge dafür zu treffen, dass der Stiefsohn nicht unbeaufsichtigt mit einem Luftgewehr Schießübungen veranstaltet und dadurch andere gefährdet (BGH 16. 12. 1953 – VI ZR 169/52, LM Nr 3 = VersR 1954, 118). Gleiches soll für Eltern ohne Sorgerecht (Berning/Vortmann JA 1986, 12, 15) und das nicht leibliche Elternteil einer Patchworkfamilie für das Kind seines Partners (Bernau FamRZ 2006, 82, 85 ff) gelten. Ohne weitere Begründung nahm der BGH eine Aufsichtspflicht einer Ehefrau für den Sohn ihres Ehemannes aus einer früheren Beziehung während dessen regelmäßigen Wochenendaufenthalts auf ihrem gemeinsamen Grundstück an (BGH 20. 3. 2012 – VI ZR 3/11, NJW 2012, 2425 Rn 19). Das OLG Köln als Vorinstanz hatte dahinstehen lassen, ob und unter welchen Voraussetzungen eine gesetzliche Aufsichtspflicht des neuen (Ehe-)Partners eines nicht sorgeberechtigten Elternteils während dessen Umgangs mit seinem Kind bestehe, da die Aufsichtspflicht bei der Integration des Kindes an Wochenenden jedenfalls stillschweigend iSv § 832 Abs 2 BGB übernommen sei (OLG Köln 30. 11. 2010 – 24 U 155/09, juris Rn 27). Die hM lehnt dagegen eine Erstreckung von § 832 BGB auf andere „Aufsichtsverhältnisse" ab (RGZ 53, 312, 314; BGH NJW 1958, 1775; OLG Düsseldorf VersR 1976, 1133; OLG Koblenz 5. 3. 1997 – 1 U 320/95, OLGR 1998, 29, 30; OLG Karlsruhe 30. 3. 2006 – 12 U 298/05, OLGR 2006, 426, 427; Schoof 40; Grüneberg/Retzlaff § 832 Rn 6; BeckOK-BGB/Förster [1. 5. 2026] § 832 Rn 2; BeckOGK/Wellenhofer [1. 4. 2026] § 832 Rn 17, 19). In den in Frage kommenden Fällen wird regelmäßig nach § 823 Abs 1 BGB gehaftet. Daher geht es bei einer Analogie zu § 832 BGB im Kern um eine solche zur Beweislastumkehr von § 832 Abs 1 S 2 BGB. Deren ratio aber steht einer Erstreckung auf die Fälle bloß tatsächlicher Obhut unüberwindbar entgegen: Die einzig tragfähige Rechtfertigung der Beweislastumkehr liegt gerade in der die Fälle von § 832 BGB qualifizierenden **vordeliktsrechtlichen Pflichtenstellung** 8

gesetzlicher oder vertraglicher Art (Rn 3). Daran aber fehlt es in den Fällen bloß tatsächlicher Obhut. Auch eine Erstreckung der Haftung auf Fälle der bloß faktischen Übernahme der Aufsicht (dafür aber: MünchKommBGB/WAGNER § 832 Rn 20 f; SOERGEL/KRAUSE § 832 Rn 14) ist deshalb abzulehnen (eingehend: Rn 52). § 832 BGB ist **danach nicht analogiefähig**. Diesem Ansatz ist zuzugestehen, dass er jedenfalls nicht von der Hand zu weisende Abgrenzungsschwierigkeiten vermeidet (vgl am Beispiel der Patchwork-Familie BERNAU FamRZ 2006, 82, 85 ff) und der Rechtsprechung – soweit erforderlich – der Weg über die Annahme einer stillschweigenden Aufsichtsübernahme gem § 832 Abs 2 BGB offensteht (Rn 34).

II. Aufsichtsbedürftige und Adressaten der Aufsichtspflichten

1. Kreis der Aufsichtsbedürftigen

a) Minderjährige

9 **Aufsichtsbedürftig** sind alle Minderjährigen, nicht etwa nur solche Minderjährigen, bei denen im Einzelfall ein Bedürfnis zur Beaufsichtigung besteht. Denn die Vorschriften, welche die Aufsichtspflicht regeln (Rn 11 ff), statuieren eine solche Pflicht gegenüber allen Minderjährigen, weil die Minderjährigkeit als solche der Zustand ist, der eine **generelle** Aufsichtsbedürftigkeit begründet (RGZ 52, 69, 73; BGH 29. 11. 1951 – III ZR 11/51, LM Nr 1 = VersR 1952, 53, 54; BGH 24. 11. 1964 – VI ZR 163/63, VersR 1965, 137; allgM). Das gilt auch für Minderjährige, die kurz vor der Volljährigkeit stehen (BGH NJW 1980, 1044; OLG Hamm 2. 5. 1991 – 6 W 7/91, OLGZ 1992, 95, 96). Eine strikt davon zu trennende Frage ist, welches Maß an Aufsicht im Einzelfall **konkret** verlangt wird, um Dritte vor Schäden zu bewahren. Allein in diesem Kontext sind Alter und individuelle Entwicklung eines Minderjährigen von (entscheidender) Bedeutung (Rn 69, Rn 73 ff). Daher wird die (generelle) Aufsichtsbedürftigkeit iSd Vorschrift selbst dann nicht berührt, wenn in der zum Schaden führenden Situation eine konkrete Aufsichtsmaßnahme des Aufsichtspflichtigen gar nicht angezeigt war (zu einem solchen Fall OLG Köln VersR 1996, 588; vgl auch OLG Hamm 2. 5. 1991 – 6 W 7/91, OLGZ 1992, 95, 96 zum Zurücklassen eines 17-jährigen Auszubildenden während des Urlaubs der Eltern).

b) Volljährige

10 Volljährige sind aufsichtsbedürftig, wenn und soweit sie wegen ihres geistigen oder körperlichen Zustands **im Einzelfall** beaufsichtigt werden müssen, so zB Geistesgestörte, Epileptiker, Blinde, Taubstumme usw Hier ist stets der Nachweis der Aufsichtsbedürftigkeit im Einzelfall erforderlich. Praktisch ist er jedoch als erbracht anzusehen, wenn der Volljährige unter Betreuung oder Pflegschaft steht und diese gerade zum Schutz der Allgemeinheit vor Schädigungen angeordnet worden ist.

2. Kraft Gesetzes Aufsichtspflichtige

a) Aufsicht über Minderjährige

aa) nach dem BGB

11 **Nach den familienrechtlichen Vorschriften des BGB** besteht eine Aufsichtspflicht über Minderjährige nur als Bestandteil der Sorge für ihre Person (vgl § 1631 Abs 1 BGB). Eine Aufsichtspflicht, die von der Personensorge gelöst ist, findet im BGB keine Grundlage (OLG Düsseldorf NJW 1959, 2120, 2121). Die Aufsichtspflicht als Bestandteil der Personensorge hat eine zweifache Zielrichtung. Sie dient einerseits – und pri-

mär – dem Schutz des minderjährigen Kindes vor Schäden. Die abverlangte Aufsicht dient jedoch daneben dem Schutz Dritter, die durch ein Verhalten des Minderjährigen geschädigt werden könnten. Nur an diese selbständige Dimension der familienrechtlichen Aufsichtspflicht knüpft § 832 BGB an.

Aufsichtspflichtig iSd § 832 BGB ist demnach, wem nach den familienrechtlichen Vorschriften die Sorge für die Person des Minderjährigen zusteht. Im Einzelnen:

Bei Kindern unter elterlicher Sorge (§§ 1626 ff, 1671 ff, 1751, 1754, 1764 BGB) steht 12
die Personensorge grundsätzlich dem Inhaber der elterlichen Sorge zu. Das sind bei bestehender Ehe beide Elternteile (§ 1626 Abs 1 BGB), nach Auflösung der Ehe durch Tod der überlebende Ehegatte allein (§ 1680 BGB). Nach Scheidung der Ehe und bei dauerndem Getrenntleben während fortbestehender Ehe bleibt es grundsätzlich bei der gemeinsamen elterlichen Sorge; auf Antrag kann die elterliche Sorge aber auch einem Elternteil durch Entscheidung des Familiengerichts übertragen werden (§ 1671 BGB). Das Sorgerecht des Elternteils entfällt grundsätzlich, wenn die elterliche Sorge ruht oder entzogen ist (§§ 1673 ff BGB; Ausnahme: § 1673 Abs 2 S 2 BGB); inwieweit der andere Elternteil sorgeberechtigt ist, ergibt sich aus §§ 1678, 1680 BGB.

Bei **Minderjährigen, die verheiratet sind oder waren**, beschränkte sich die Personensor- 13
ge auf die Vertretung in persönlichen Angelegenheiten (§ 1633 BGB aF). Sie unterlagen keiner Beaufsichtigung. Da seit dem 22. Juli 2017 die Ehemündigkeit generell ab 18 Jahren gilt, wurde diese Sonderregelung hinfällig.

Ist **das Sorgerecht der Eltern beschränkt oder entzogen** (§§ 1666, 1666a BGB), so sollen 14
sie auch dann keine Aufsichtspflicht haben, wenn das Kind tatsächlich weiter in ihrem Haushalt verbleibt, da es eine abstrakte, vom Personensorgerecht abgelöste Aufsichtspflicht nicht gibt (OLG Düsseldorf NJW 1959, 2120; s aber Rn 198 ff).

Eine Ausnahme besteht jedoch, wenn der nicht sorgeberechtigte Elternteil sein **Um-** 15
gangsrecht nach § 1684 BGB ausübt. Dieses stellt einen nicht entziehbaren Restbestand elterlicher Sorge dar und schränkt, soweit es wahrgenommen wird, die elterliche Personensorge des sorgeberechtigten Elternteils ein (BGH NJW 1969, 422; OLG Frankfurt FamRZ 1999, 1008; MOTZER FamRZ 2000, 925, 927; STAUDINGER/DÜRBECK [2023] § 1684 Rn 62 ff, 82). Da dieser insoweit tatsächlich an der Ausübung der Personensorge gehindert ist, obliegt im Rahmen der Ausübung des Umgangsrechts auch die gesetzliche Aufsichtspflicht dem zwar nicht sorge-, aber umgangsberechtigten Elternteil (das OLG Frankfurt FamRZ 1999, 1008 erkennt daher zu Recht darauf, dass nicht nur aus der Beschränkung des elterlichen Sorgerechts durch das Umgangsrecht, sondern auch aus der Haftung nach § 832 BGB das Aufenthaltsbestimmungsrecht der aktuell umgangsberechtigten Person zu folgern ist; vgl auch MELLECH ZfRV 2008, 135, 136). Das Umgangsrecht führt zur „faktischen" Ausübung der Personensorge (BGH NJW 1988, 2667, 2669). Wer das Umgangsrecht tatsächlich ausübt, hat unabhängig vom Sorgerecht die Befugnis zur alleinigen Entscheidung in Angelegenheiten der tatsächlichen Betreuung (§§ 1687 Abs 1 S 4, 1687a BGB). Diese, aus der Natur der Sache abgeleitete Befugnis, soll die Erfüllung der Obhutsaufgaben ermöglichen (GRÜNEBERG/GÖTZ § 1687 Rn 8). Zur Obhut gehört auch die Aufsichtspflicht nach § 832 als Nebenpflicht (s auch Rn 37). Gleiches gilt, wenn Dritte das Umgangsrecht nach § 1685 BGB tatsächlich ausüben. Die verstärkte Einbeziehung des

Umgangsberechtigten in den Kreis der gesetzlich Aufsichtspflichtigen findet ihre Erklärung in der Verselbständigung des Umgangsrechts gegenüber dem Sorgerecht. Zwar ist das Umgangsrecht ein Bestandteil des Sorgerechts, es kann aber eben auch unabhängig vom Sorgerecht bestehen (§§ 1684 f BGB). Auch wenn es grds nicht darauf gerichtet ist, das Kind zu erziehen (Grüneberg/Götz § 1684 Rn 3), so ist es der lediglich faktischen Übernahme der Aufsicht nicht gleichzusetzen, welche der Gesetzgeber nicht zum Gegenstand der Aufsichtspflicht machen wollte. Es ist eher der vertraglichen Übernahme der Aufsichtspflicht vergleichbar (ähnlich auch OLG Jena 29. 11. 2000 – 4 U 1677/99, OLGR 2002, 381, 382). So wie dort, wird während der Ausübung des Umgangsrechts die Obhut über das Kind – hier jedoch kraft einer gesetzlichen Befugnis und Verpflichtung (§ 1684 Abs 1 BGB) – übernommen.

16 Auch wird für die Fälle der **Beschränkung und des Entzugs des Sorgerechts** nunmehr zu differenzieren sein. Das Alleinentscheidungsrecht des nicht sorgeberechtigten Elternteils (§ 1687a BGB) verweist gerade auch für diese Fälle auf die Entscheidungsbefugnis in Angelegenheiten der tatsächlichen Betreuung (§ 1687 Abs 1 S 4 BGB). Ist den Eltern oder einem Elternteil daher die elterliche Sorge für ein aufsichtsbedürftiges Kind entzogen worden, besteht wegen § 1687a BGB die Aufsichtspflicht jedenfalls für den Zeitraum fort, in dem sich das Kind mit Zustimmung des Sorgeberechtigten oder aufgrund gerichtlicher Entscheidung beim nicht mehr Sorgeberechtigten aufhält. Entsprechendes gilt, wenn wegen § 1626a Abs 2 BGB das Sorgerecht allein bei der Mutter liegt und sich das Kind mit deren Zustimmung beim Vater aufhält, wobei hier regelmäßig zur Umgangsrechtsausübung abzugrenzen ist. Anders verhält es sich nur, wenn sich das Kind dauerhaft – dann keine Umgangsrechtsausübung mehr – beim Vater aufhält.

17 Sind die **Eltern bei der Geburt des Kindes nicht miteinander verheiratet**, hat die Mutter die elterliche Sorge, es sei denn, die Eltern geben eine Sorgeerklärung ab oder heiraten einander (§ 1626a BGB) und die Elternschaft steht fest (§§ 1591 ff BGB).

18 Bei minderjährigen Kindern, die unter **Vormundschaft** stehen oder für die ein **Pfleger** mit dem Recht der Personensorge bestellt ist, wird der Vormund oder Pfleger gesetzlich aufsichtspflichtig (§§ 1793, 1794 BGB; §§ 1800, 1909, 1915 BGB).

19 Dem **Beistand** und dem **Gegenvormund** obliegt dagegen die Personensorge nicht (§§ 1716, 1792, 1799 BGB). Gleiches gilt für den Erziehungsbeistand und den Betreuungshelfer (§§ 27, 30 SGB VIII). Sie sind daher hinsichtlich des Kindes nicht kraft Gesetzes aufsichtspflichtig. Auch eine gerichtlich bestellte **Begleitperson** iSv § 1684 Abs 4 S 3 BGB trifft keine eigene Aufsichtspflicht (zweifelnd PWW/Schaub § 832 Rn 4), da die Begleitung allein dem Kindeswohl (vgl 1684 Abs 4 S 1 BGB) und nicht den Interessen Dritter dient. Die gegenläufige Ansicht des OLG Karlsruhe in einem Pkh-Verfahren (FamRZ 2014, 1476, 1477 f), die dafür den Wortlaut („mitwirkungsbereiter Dritter") bemüht, ist abzulehnen (Bernau FamRZ 2017, 166, 171). Die Begleitperson wirkt nach Sinn und Zweck des § 1684 Abs 4 BGB allein am Umgang des Umgangsberechtigten mit, um eine Gefährdung des Kindeswohls durch den Umgangsberechtigten auszuschließen. Zu der dem Umgangsberechtigten aufgrund der Verhinderung des sorgeberechtigten Elternteils ebenfalls obliegenden – auch drittschützenden – Aufsichtspflicht verhält sich § 1684 Abs 4 BGB gerade nicht. Die Begleitung ist zum Schutz und zur Durchsetzung des Umgangsrechts bestimmt, eine Haftung gegenüber

Dritten ist deshalb aus der Bestellung nicht herzuleiten. Schließlich muss das Gericht den begleiteten Umgang präzise und erschöpfend regeln und darf die Regelung nicht in die Hände des nicht sorgeberechtigten Dritten legen, dem vom Gesetz keine eigene Entscheidungskompetenz zugewiesen worden ist (vgl dazu OLG Hamm FamRZ 2013, 310, 311 mwNw).

Mehrere Aufsichtspflichtige. Steht die Personensorge **zwei** Personen zu (beiden Elternteilen gem §§ 1626, 1626a Abs 1 BGB, einem Elternteil neben einem Vormund in den Fällen von § 1673 Abs 2 S 2 BGB) oder existiert neben einem sorgeberechtigten Elternteil eine Umgangsperson nach §§ 1684, 1685 BGB, so sind beide Personen aufsichtspflichtig (zur Möglichkeit, in diesem Fall die Aufsichtsmaßnahmen funktionsteilig durchzuführen, s Rn 168). Verletzen beide ihre Aufsichtspflicht, haften sie dem Verletzten nach Maßgabe der §§ 832, 840 BGB als Gesamtschuldner. 20

Erziehungshilfe, Erziehungsmaßregeln: Die Aufsichtspflicht der Eltern, Vormünder und Pfleger besteht nicht (ruht), solange das Sorgerecht nicht ausgeübt werden kann, weil der Minderjährige nach Anordnung von Maßnahmen der Erziehungshilfe (§§ 33–35a, 38 SGB VIII) oder Erziehungsmaßregeln nach §§ 9, 12 JGG oder einer Anordnung nach § 1666a Abs 1 BGB in einer anderen Familie oder in einem Heim untergebracht ist. Sie lebt aber auf, wenn der Minderjährige infolge Beurlaubung oder Entweichens zu dem Aufsichtspflichtigen zurückkehrt (RGZ 98, 246, 247). Bei einer solchen Unterbringung haften, wenn sie in einer anderen Familie durchgeführt wird, diejenigen nach § 832 Abs 2 BGB, denen die Erziehung übertragen worden ist. Bei einer Unterbringung in einem Heim öffentlich-rechtlicher Trägerschaft richtet sich die Haftung der für die Beaufsichtigung Verantwortlichen nach § 839 BGB, Art 34 GG (OLG Dresden NJW-RR 1997, 857; Schoof 30). 21

Erziehungsbeistand, Bewährungshelfer: Die Bestellung eines Erziehungsbeistands gemäß §§ 27, 30 SGB VIII oder §§ 9 Nr 2, 12 Nr 1 JGG iVm § 30 SGB VIII hat keinen Einfluss auf die Aufsichtspflicht des kraft Gesetzes Erziehungsberechtigten. Die Erziehungsbeistandschaft dient nur der Unterstützung und Förderung des Kindes (§ 30 SGB VIII). Diese Aufgabe des Erziehungsbeistands umfasst nicht die allgemeine Beaufsichtigung des Minderjährigen. Entsprechendes gilt, wenn einem straffällig gewordenen Jugendlichen die Verhängung von Jugendstrafe oder die Vollstreckung der erkannten Jugendstrafe oder eines Strafrests zur Bewährung ausgesetzt und er für die Dauer der Bewährungszeit unter Bewährungshilfe gestellt wird (§§ 24, 25, 29, 88 JGG). Denn auch die Aufgaben des Bewährungshelfers bestehen nur in betreuender Hilfe (§ 24 Abs 3 JGG). Mit einem Eingriff in Rechte und Pflichten des Sorgeberechtigten gehen sie nicht einher (Schoof 30). Der Bewährungshelfersoll mit den Erziehungsberechtigten und dem gesetzlichen Vertreter zur Aufgabenerfüllung vertrauensvoll zusammenwirken. Hierbei wird die Aufsichts- und Berichtspflicht nach §§ 24 Abs 1, 25 JGG nicht zur Aufsichtspflicht nach § 832 BGB. Die Aufsichtspflicht gem § 24 Abs 1 JGG dient im Wesentlichen zur Erfüllung der Berichtspflicht gegenüber dem Gericht (§ 25 JGG; Brunner/Dölling § 25 JGG Rn 5). 22

bb) nach Vorschriften außerhalb des BGB

Auszubildende: Zur bis 1969 geltenden Rechtslage wurde – mit diversen Differenzierungen – vertreten, dass die Vorschriften der GewO (§§ 127, 127a aF) sowie später die §§ 26–28 aF HandwO eine „gesetzliche Aufsichtspflicht“ des Lehrherrn für die 23 ihm anvertrauten Lehrlinge begründeten (ausführliche Darstellung bei Staudinger/Schäfer[12] § 832 Rn 17 ff). Nunmehr sind die Pflichten des Ausbildenden abschließend in §§ 14–16 BBiG (§§ 6–8 BBiG aF) geregelt. Danach hat der Ausbildende neben der rein fachlichen Ausbildung lediglich dafür zu sorgen, „dass der Auszubildende charakterlich gefördert sowie sittlich und körperlich nicht gefährdet wird" (§ 14 Abs 1 Nr 5 BBiG). Damit sind die letzten Anklänge an eine patriarchalische Stellung des Lehrherrn, die noch in § 28 HandwO idF von 1965 zurückblieben (seiner „väterlichen Obhut anvertraut"), verschwunden. Dennoch wird weiterhin vertreten, der „Lehrherr" sei iSd § 832 BGB kraft Gesetzes aufsichtspflichtig, wenn auch, sofern der Auszubildende nicht in den Hausstand des Ausbildenden aufgenommen ist, nur für die Aufenthaltsdauer im Betrieb (Barfuss BB 1976, 935, 937; Berning/Vortmann JA 1986, 12, 14; Fuchs, Deliktsrecht 164; Hofmann, Haftpflichtrecht für die Praxis [1989] 1.5.3.3. Rn 14; Eckert 13) oder für Verrichtungen, die der Auszubildende außerhalb des Betriebs oder der Ausbildungsstätte auf Weisung des Ausbildenden, des Ausbilders oder anderer weisungsberechtigter Personen (§ 13 Nr 3 BBiG) durchzuführen hat (Wohlgemuth [2. Aufl 2020] § 6 BBiG Rn 72). Begründet wird das auch für die Geltung von § 14 BBiG (§ 6 BBiG aF) damit, der Auszubildende sei in den Betrieb eingegliedert und stelle wegen seiner Jugend dort ein Sicherheitsrisiko dar (Barfuss BB 1976, 835, 837). Diese Auffassung geht am normativen Gehalt von § 14 BBiG vorbei. Die dort festgelegte Betreuungspflicht bezweckt ersichtlich ausschließlich die Förderung und den Schutz des Auszubildenden. Mit einer Pflicht zur Beaufsichtigung des Auszubildenden zwecks Abwendung von Schädigungen Dritter hat sie nichts zu tun (Schoof 30; Scheffen/Pardey Rn 116, 186; Soergel/Krause § 832 Rn 11; MünchKommBGB/Wagner § 832 Rn 17). Eine andere Fragestellung ist diejenige nach der **Haftung des Ausbildenden für die aus seinem Betrieb hervorgehenden Gefahren** für Dritte. In diesem Rahmen haftet er auch für die Gefahren, die im Zusammenhang mit der betrieblichen Tätigkeit von Dienstverpflichteten und damit auch von Auszubildenden stehen. Die Verletzung dieser Verkehrssicherungspflicht macht aus §§ 823 Abs 1, 831 BGB haftbar, nicht jedoch aus § 832 BGB. Eine Analogie zu dieser Vorschrift scheidet aus (Rn 8).

In Betracht kommt schließlich die Übernahme der Aufsichtsführung durch Vertrag (§ 832 Abs 2 BGB); diese liegt aber nicht schon ohne Weiteres – stillschweigend vereinbart – in der Aufnahme des Auszubildenden in die häusliche Gemeinschaft des Lehrherrn (ähnlich BGB-RGRK/Kreft § 832 Rn 17). Durch eine solche Aufnahme entfällt im Übrigen die Aufsichtspflicht der Eltern grundsätzlich nicht, sondern beschränkt sich nur auf die aus der räumlichen Trennung sich ergebenden tatsächlichen Möglichkeiten (OLG Köln MDR 1957, 227).

24 **Lehrer an öffentlichen Schulen**, gleichviel ob beamtet oder nicht, sind kraft der Schulgesetze gegenüber minderjährigen Schülern aufsichtspflichtig. Die Pflicht der Lehrer, minderjährige Schüler zur Verhinderung von Schäden ua während der Schulpausen zu beaufsichtigen, ist eine Amtspflicht, die den Lehrern auch und gerade gegenüber Dritten obliegt. Sowohl bei der Beaufsichtigung der Schüler durch die Lehrer selbst, als auch bei der Organisation dieser Maßnahmen handelt es sich um die Ausübung öffentlicher Gewalt iSv Art 34 GG (OLG Hamburg 26. 2. 1999 – 1 U 110/98, OLGR 1999, 190, 191). So dienen ua nach § 63 Abs 1 BbgSchulG die Erziehungs- und Ordnungsmaßnahmen auch dem Schutz von Personen oder Sachen. Im Ergebnis entspricht diese öffentlich-rechtlich gestaltete Amtspflicht inhaltlich der allgemeinen Aufsichtspflicht nach § 832 BGB (OLG Karlsruhe 30. 3. 2006 – 12 U 298/05, OLGR 2006, 426, 427; OLG

Düsseldorf NJW-RR 1996, 671; OLG Düsseldorf r+s 1997, 413). Die Haftung bei Verletzung der Aufsichtspflicht ist aber entgegen der früher vertretenen Auffassung (vgl RGZ 65, 290 und Anm II 1 a β der 9. Aufl mwNw) nicht in § 832 BGB, sondern abschließend in § 839 BGB, Art 34 GG geregelt (hM; vgl BGHZ 13, 25; OLG Düsseldorf r+s 1997, 413; OLG Hamburg 26. 2. 1999 – 1 U 110/98, OLGR 1999, 190, 191 und das gesamte Schrifttum; Gleiches gilt für die Aufsichtspflicht der Erzieherinnen, vgl OLG Karlsruhe 30. 3. 2006 – 12 U 298/05, OLGR 2006, 426, 427; Oberhardt 90 ff; **aA** Ollmann VersR 2003, 302; wegen der Einzelheiten vgl Staudinger/Schäfer[12] § 839 Rn 592 sowie Friebe, Die Haftung des Lehrers und Schulträgers [2. Aufl 1957]; Böhm, Aufsicht und Haftung in der Schule [1999]; Gampe/Janssen/Krämer/Lohrmann/Rieger, Sicherheit in der Schule [1995]; Pfretschner ZfBeamtenR 1956, 389; ferner Rn 209 ff). Auch aus der Stellung eines Lehrers als Vater des einen Unfall verursachenden Schülers ergibt sich keine Haftung aus § 832 BGB, wenn § 839 BGB, Art 34 GG Anwendung finden (vgl RG WarnR 1939 Nr 135).

Das Gleiche gilt, wenn ein **militärischer Vorgesetzter** minderjährige untergebene Sol- **25**
daten (§ 41 WStG) oder ein **Strafvollzugsbeamter** minderjährige Gefangene nicht pflichtgemäß beaufsichtigt und diese rechtswidrig andere Personen verletzen.

b) Aufsicht über Volljährige

Eltern sind im Verhältnis zu ihren geistig behinderten volljährigen Kindern nicht **26**
schon kraft Gesetzes aufsichtspflichtig iSv § 832 BGB (LG Bielefeld NJW 1998, 2682, 2683). Mit Erreichen der Volljährigkeit, § 2 BGB, endet diese Aufsichtspflicht unabhängig von der geistigen Reife oder den Lebensumständen des Heranwachsenden (BGH NJW 1958, 1775; Schoof 24). Eine gesetzliche Aufsichtspflicht über Volljährige kommt nur noch in Betracht, wenn sie unter Pflegschaft stehen. Da die aus dem BGB folgenden gesetzlichen Aufsichtspflichten untrennbar mit der Personensorge verbunden sind, besteht eine Aufsichtspflicht für Pfleger nur, mögen es auch die Eltern sein, wenn und soweit die Personensorge zum übertragenen Aufgabenkreis gehört.

Zur Rechtslage bis zum Gesetz zur Reform des Vormundschafts- und Betreuungs- **27**
rechts zum 1. 1. 2023 (BGBl 2021 I 882) wurde aus der fehlenden Verweisung des Betreuungsrechts (§§ 1896 ff aF) auf die Vorschriften über die Personensorge (§§ 1631, 1793, 1800 BGB) gefolgert, für den **Betreuer** komme eine Aufsichtspflicht – anders als beim Vormund – nicht in Betracht (Fuchs 98; vgl auch Bauer/Knieper BtPrax 1998, 123, 124 f). Gegen diese Ansicht sprach, dass das Gesetz insoweit der Zielsetzung folgte, prinzipiell lediglich einzelne Aufgabenkreise, also Teilausschnitte der Personensorge, auf den Betreuer zu übertragen (§ 1896 Abs 2 aF; Jürgens, Betreuungsrecht [6. Aufl 2007] § 832 Rn 2), weshalb eine Generalverweisung auf die Personensorgevorschriften nicht in Betracht kam. Daraus folgte aber lediglich die Einschränkung, dass der Betreuer nur aufsichtspflichtig war, wenn ihm entweder die gesamte Personensorge zugewiesen oder er vom Gericht besonders mit der Aufsicht betraut war (OLG Düsseldorf 26. 8. 2009 – I-15 U 26/09, BtPrax 2010, 138; LG Bielefeld NJW 1998, 2682, 2683; AG Düsseldorf BtPrax 2008, 89; Jürgens, Betreuungsrecht [6. Aufl 2007] § 832 Rn 2), wobei ersteres in der Praxis kaum vorkam (Bernau/Rau/Zschieschack NJW 2008, 3756, 3757; Jürgens, Betreuungsrecht [6. Aufl 2007] § 832 Rn 2). Die Beaufsichtigung des Betreuten musste deshalb Bestandteil des übertragenen Aufgabenkreises sein (Jürgens, Betreuungsrecht [6. Aufl 2007] § 832 Rn 2). Die Übertragung des Aufenthaltsbestimmungsrechts oder der Vermögenssorge genügte nicht (LG Bielefeld NJW 1998, 2682, 2683). Nach hier vertretener Ansicht

(Staudinger/Bernau [2022] § 832 Rn 27 f) sollte abgesehen von extremen Ausnahmefällen dem Betreuer die im Drittinteresse liegende Beaufsichtigung des Betreuten nicht übertragen werden (eingehend: Bernau/Rau/Zschieschack NJW 2008, 3756 ff; zustimmend OLG Düsseldorf 26. 8. 2009 – I-15 U 26/09, BtPrax 2010, 138).

28 Nach dem Gesetz zur Reform des Vormundschafts- und Betreuungsrechts zum 1. 1. 2023 (BGBl 2021 I 882) kann ein Betreuer für eine Aufsichtspflichtverletzung nicht mehr haften. Laut der Begründung des Regierungsentwurfs zu § 1815 BGB idF v 4. 5. 2021 (Umfang der Betreuung) sollen solche Tätigkeiten ausdrücklich als Aufgabenbereich ausgeschlossen sein, die keine eigenen Angelegenheiten des Betreuten beinhalten, etwa eine Beaufsichtigung des Betreuten. In der Gesetzesbegründung heißt es dazu:

> „Einem Betreuer übertragen werden können nur solche Angelegenheiten, welche der Betreute selbst nicht (mehr) wahrnehmen kann, also nur Rechte und Pflichten, die dem Betreuten grundsätzlich selbst zustehen bzw obliegen. So kann es etwa eine Aufsichtspflicht begriffsnotwendig nur über eine dritte Person geben, so dass diese dem Betreuer nicht übertragen, sondern nur originär bei diesem begründet werden kann" (BT-Drucks 19/24445, 234).

29 Steht ein Volljähriger nicht unter Betreuung, so ist, auch wenn er wegen seines geistigen oder körperlichen Zustands (zB als Epileptiker) der Beaufsichtigung bedarf, eine kraft Gesetzes aufsichtspflichtige Person iS von § 832 BGB nicht vorhanden (RG LZ 1915, 624; LG Bielefeld NJW 1998, 2682, 2683). Auch hier lässt sich eine gesetzliche Aufsichtspflicht nicht durch entsprechende Anwendung von § 832 BGB begründen (zur fehlenden Analogiefähigkeit der Norm s Rn 8). § 832 BGB ist also zB nicht anwendbar, wenn sich ein volljähriger Sohn weiterhin im Haushalt der Eltern befindet (RGZ 92, 126; BGH NJW 1958, 1775 betr volljährigen vorbestraften Sohn, der Dritte durch Unterschlagungen schädigt); ein Ehemann ist nicht gesetzlich aufsichtspflichtig iS des § 832 BGB hinsichtlich der geisteskranken Ehefrau (RGZ 70, 48, s aber Rn 198 ff). Ggf können aber die Voraussetzungen von § 832 Abs 2 BGB vorliegen, zB bei der Unterbringung eines Geisteskranken in einer offenen Anstalt (OLG München NJW 1966, 404, 405; Rn 43). Bei Unterbringung einer Person mit einer krankhaften Störung ihrer Geistestätigkeit in einer geschlossenen Anstalt kann sich eine Haftung für Schädigungen Dritter durch diese Person aus § 839 BGB, Art 34 GG ergeben. Wegen einer Haftung aus § 823 BGB s Rn 197 ff.

c) Fehlende Entäußerbarkeit der gesetzlichen Aufsichtspflicht

30 Häufig wird davon gesprochen, dass der kraft Gesetzes Aufsichtspflichtige seine Pflicht auf andere „delegieren" könne. Diese Formulierung ist missverständlich. Seiner generellen gesetzlichen Aufsichtspflicht kann sich niemand dadurch entledigen, dass ein anderer im Wege der Übertragung iSe Sukzession in die Pflichtenstellung eintritt. In diesem Sinne gibt es keine privative Pflichtenübernahme (vgl Koebel NJW 1960, 2227). Die Übertragung der Aufsicht auf eine andere, geeignete Person kann jedoch nach ganz hM für den Pflichtigen eine Beschränkung seiner Aufsichtspflicht auf deren ordnungsgemäße Instruktion, Kontrolle und auf Information bewirken. Die kraft Gesetzes Aufsichtspflichtigen verbleiben in ihrer Pflichtenstellung auch, wenn neben ihnen noch weitere Personen durch vertragliche Absprachen zur Aufsicht verpflichtet sind. Lediglich die inhaltlichen Anforderungen an die Pflichterfüllung werden durch die Mehrheit der Aufsichtspflichtigen beeinflusst. Derjenige, der den näheren körperlichen Kontakt zur aufsichtsbedürftigen Person hat, ist direkt und unmittelbar zu schadensverhindernden Maßnahmen angehalten. Die entferntere (übertragende) Person ist lediglich auf vorbeugende, überwachende und kontrollierende Maßnahmen beschränkt (Schoof 33). Daher kann in der Übertragung der Aufsicht, Instruktion usw eine – auf den Zeitraum und die Reichweite der Übertragung beschränkte – **teilweise Erfüllung der Aufsichtspflicht** zu sehen sein (s dazu Rn 155 ff, Rn 171 f).

3. Vertragliche Übernahme der Aufsichtsführung

a) Übernahmevertrag

aa) Entstehungsgeschichte

Die gleiche Verantwortlichkeit wie einen kraft Gesetzes Aufsichtspflichtigen trifft 31
nach § 832 Abs 2 BGB denjenigen, der die Führung der Aufsicht über eine wegen Minderjährigkeit oder wegen ihres geistigen oder körperlichen Zustands aufsichtsbedürftige Person durch Vertrag übernommen hat. Nach E I sollte – außer den kraft Gesetzes aufsichtspflichtigen Personen – entsprechend §§ 831 Abs 2, 834 S 1, 838 BGB ersatzpflichtig nur sein, wer die Aufsichtsführung *für* den durch das Gesetz Verpflichteten übernommen hat. Der in der II. Komm gestellte Antrag auf Beseitigung dieser Einschränkung wurde abgelehnt. Durch die geltende, auf Beschluss der Reichstagskomm beruhende Fassung sollte klargestellt werden, dass einerseits Personen, welche nur tatsächlich die Beaufsichtigung übernommen haben (vgl Rn 52), nicht haften, dass aber andererseits der vertragsmäßig zur Aufsichtsführung Verpflichtete auch haftet, wenn es an einem kraft Gesetzes Verpflichteten fehlt (Mot II 735 ff, Prot II 596; Schoof 21; Bernau 45). In der II. Komm wurde ebenfalls beantragt, es solle schon die Übernahme tatsächlicher Obhut für eine Gleichstellung mit den kraft Gesetzes Aufsichtspflichtigen ausreichen. Diese Position wurde ausdrücklich verworfen (Prot II 596).

bb) Bedeutung der vertraglichen Übernahme

Die Abgrenzungsfunktion des Merkmals der Übernahme „durch Vertrag“ wird aus 32
der Entstehungsgeschichte heraus deutlich (soeben Rn 31): Es sollte gerade nicht die rein tatsächliche Obhut über eine aufsichtsbedürftige Person den Fällen der gesetzlichen Aufsichtspflicht gleichgestellt sein (OLG Saarbrücken VersR 2008, 408, 409). Die erleichtert eingreifende Haftung nach § 832 BGB setzt voraus, dass sich der die Aufsicht Übernehmende dabei einer rechtlichen Bindung – gleich wem gegenüber – unterwirft. Nur dann tritt er – auch subjektiv – verbindlich an die Stelle dessen, der gegenüber Dritten die Zuständigkeit für die Beherrschung der Gefahrenquelle innehat. Dieser verstärkte Grad an rechtlichem Bewusstsein beim Übernehmer ist für die Überbürdung der Haftung aus § 832 BGB auf einen anderen unverzichtbar (vgl Berning/Vortmann JA 1986, 12, 15). Aus diesem Grunde scheidet auch eine Analogie von § 832 Abs 2 BGB auf die vom Gesetzgeber bewusst ausgenommenen Fälle bloß tatsächlicher Obhutsübernahme aus (vgl Rn 8, Rn 52).

Die **besondere haftungsrechtliche Bedeutung von § 832 Abs 2** BGB wird darin gesehen, dass der obligatorischen Bindung Außenwirkung beigelegt wird und die vertragliche Übernahme wie eine gesetzliche Verantwortung nach außen haftbar macht. Das ist jedoch nicht so zu verstehen, dass hier die relative Wirkung der Obligation überwunden würde. Vielmehr achtet der Gesetzgeber den Umstand rechtsverbindlicher

Übernahme von Verantwortung für eine aufsichtsbedürftige Person (gleich gegenüber wem, s sogleich Rn 33) der Zuständigkeitsbegründung über eine gesetzliche Aufsichtspflicht gleich.

cc) Vertragspartner

33 Ob der Vertrag mit der kraft Gesetzes aufsichtspflichtigen Person oder mit der der Aufsicht bedürftigen Person bzw deren gesetzlichem Vertreter oder mit einem Dritten abgeschlossen wurde, ist für die Anwendbarkeit von § 832 Abs 2 BGB bedeutungslos (OLG Köln OLGZ 34 [1917] 120, 121; Albilt 29; Scheffen/Pardey Rn 192; Bernau 47; Rogge, Selbständige Verkehrspflichten bei Tätigkeiten im Interesse Dritter [1997] 139; **aA** Hofmann 1.5.3.4. Rn 17 – nur ein Vertrag mit dem Aufsichtspflichtigen möglich). So liegt zB eine vertragliche Übernahme der Aufsicht vor, wenn ein schwer erziehbares Kind auf Anordnung des Jugendamts in einem von einem privaten Rechtsträger unterhaltenen Kinderheim untergebracht wird. Dem Inhaber des Heims werden damit nicht etwa hoheitliche Machtbefugnisse übertragen; für Schäden aus Verletzung der Beaufsichtigungspflicht haftet er aus § 832 Abs 2 BGB, nicht etwa das Jugendamt aus § 839 BGB, Art 34 GG (BGH VersR 1965, 48).

dd) Zustandekommen des Vertrags

34 Der Aufsichtsvertrag kann ausdrücklich, aber auch stillschweigend geschlossen werden (RG WarnR 1934 Nr 155, 322, 324; BGH 2. 7. 1968 – VI ZR 135/67, LM Nr 9 = NJW 1968, 1874; BGH NJW 1985, 677, 678; OLG Celle NJW-RR 1987, 1384; LG Bremen NJW-RR 1999, 969; OLG Jena 29. 11. 2000 – 4 U 1677/99, OLGR 2002, 381, 382; OLG Saarbrücken VersR 2008, 408, 409; OLG Köln 30. 11. 2010 – 24 U 155/09, juris Rn 27; s auch Boscher VersR 1964, 888; Rogge 140). Eine Übernahme der Aufsicht wird selten ausdrücklich vertraglich vereinbart (OLG Saarbrücken VersR 2008, 408, 409). Daher liegt die Hauptproblematik der Vorschrift in der Bestimmung der Voraussetzungen, unter denen bei tatsächlicher Übernahme der Aufsicht ein über eine Gefälligkeit hinausgehender rechtsgeschäftlicher Übernahmewille (BGH 2. 7. 1968 – VI ZR 135/67, LM Nr 9 = NJW 1968, 1874) angenommen werden kann. Dass an das Zustandekommen eines stillschweigend geschlossenen Vertrags keine hohen Anforderungen zu stellen sind (BGH NJW 1976, 1145, 1146; OLG Koblenz 5. 3. 1997 – 1 U 320/95, OLGR 1998, 29, 30; OLG Jena 29. 11. 2000 – 4 U 1677/99, OLGR 2002, 381, 382), ist richtig, hilft insoweit aber nicht weiter. Untauglich ist die Aufstellung pauschaler Regeln, etwa derart, dass der Aufenthalt von Kindern bei Verwandten stets auf Basis einer bloßen Gefälligkeit (so LG Osnabrück VersR 1954, 518; LG Heilbronn VersR 1955, 414, 415; Ohm VersR 1959, 780, 782) oder immer auf rechtsgeschäftlicher Grundlage erfolge (so Weimar MDR 1962, 356, 357, der § 832 Abs 2 BGB erklärtermaßen extensiv auslegen möchte). Unzulässig ist es erst recht, die Haftung nach § 832 Abs 2 BGB in eine allgemeine Haftung des Hausvorstands oder des „Familienoberhaupts" entsprechend der Regelung in § 333 Schweizer ZGB umzufunktionieren (so aber Weimar MDR 1962, 356, 357). Maßgeblich ist vielmehr, ob nach den Umständen des Einzelfalls **die Zuständigkeit für die in den Eigenschaften des Aufsichtsbedürftigen liegende Gefahrenquelle gerade im Hinblick auf Dritte rechtsverbindlich übernommen** sein soll. Ob das so ist, bestimmt sich nach einer Reihe von Indizien. Wie auch sonst, muss der nötige **Rechtsbindungswille**, welcher der Abgrenzung von Vertrag und bloßer Gefälligkeit dient, zum Ausdruck gekommen sein (Oberhardt 37 f; **aA** MünchKommBGB/Wagner § 832 Rn 22 ff, der einfach an die faktische Aufgabenübernahme anknüpfen will, soweit letztere auf Seiten des primär Verantwortlichen das berechtigte Vertrauen in die Wahrnehmung der übernomme-

nen Aufgaben erzeugt – eingehend: Rn 52). Erst danach kann für den Einzelfall entschieden werden. Starre Kriterien sind unangebracht.

Die **Unentgeltlichkeit** der Aufsichtsübernahme hindert entgegen Deutsch (JZ 1969, 233, 234) die Annahme rechtsgeschäftlicher Bindung nicht prinzipiell (OLG Düsseldorf VersR 1992, 310). Rechtsbindungswille kann auch bei Unentgeltlichkeit feststellbar sein, wie die Regelungen in §§ 662, 598 f, 690 BGB zeigen (Schoof 32). Umgekehrt aber lässt die **Entgeltlichkeit** auf ein zugrundeliegendes Rechtsverhältnis schließen. Das gilt selbst dann, wenn die Beaufsichtigung nur von kurzer Dauer war (Rogge 143). 35

Von Bedeutung ist, ob mit der tatsächlichen Aufsicht auch andere Elemente der Personensorge (zB Erziehung) Dritten zur Ausübung überlassen werden und damit die Einräumung einer umfassenderen Verantwortung für den Aufsichtsbedürftigen gewollt ist. Dafür spricht etwa die Eingliederung in eine häusliche Gemeinschaft oder ein Heim sowie die Verbringung an einen anderen Ort. 36

Aussagekräftig kann auch sein, wie intensiv und weitreichend die tatsächlichen Einwirkungsmöglichkeiten auf den Aufsichtsbedürftigen sind, die mit der Übernahme der Obhut verbunden sind (BGH NJW 1976, 1145, 1146). Soweit aber eine rechtsgeschäftliche Übernahme ausschließlich **bei einer weitreichenden Obhut von längerer Dauer und weitgehender Einwirkungsmöglichkeit angenommen** wird (BGH 2. 7. 1968 – VI ZR 135/67, LM Nr 9 = NJW 1968, 1874; OLG Schleswig VersR 1980, 242, 243), ist das zu eng und verkennt, dass es sich dabei lediglich um wichtige, nicht aber die einzigen Indizien für das Bestehen eines Rechtsbindungswillens handelt. Ausreichend ist, wenn sich der Dritte ausdrücklich zur vertraglichen Übernahme der Obhut verpflichtet. Die Aufsichtspflicht wird stillschweigend als vertragliche Nebenpflicht übernommen (Buschmann RdJ 1967, 13; Rogge 140; OLG Koblenz NJW-RR 1997, 345). 37

Dass eine danach festzustellende rechtsgeschäftliche Aufsichtsübernahme in erster Linie die Interessenwahrung des Kindes bezweckt, ist mit der Annahme, dass zu den übernommenen Aufgaben der Schutz Dritter vor Gefahren gehört, die von dem Kind ausgehen, nicht unverträglich (RG WarnR 1934 Nr 155, 322 betr Aufnahme des minderjährigen Bruders nach dem Tod der Eltern in den Haushalt der verheirateten Schwester mit Zustimmung des Vormunds).

Einzelfälle:

Die zeitliche Dauer der übernommenen Aufsicht gibt einen Abgrenzungsfaktor vor (Rogge 141). Ein Besuch bei Großeltern oder anderen Verwandten während der **Ferien** geht regelmäßig mit einer solchen Eingliederung in die Hausgemeinschaft einher, die eine umfassende Einwirkung ermöglicht; der Ferienbesuch bedeutet demgemäß eine rechtsgeschäftliche Zuständigkeitsübernahme. Das gilt vor allem, wenn den Eltern infolge der räumlichen Trennung die Ausübung der Aufsichtspflicht weitgehend unmöglich ist (OLG Celle 15. 6. 1994 – 9 U 63/93, OLGR 1994, 221). Hingegen reicht der Aufenthalt eines 11-Jährigen über ein Wochenende bei seinem Großvater nicht aus, um eine stillschweigende vertragliche Übernahme der Aufsichtspflicht nach § 832 Abs 2 BGB zu begründen (LG Frankfurt aM 29. 10. 2020 – 2-03 O 15/19, juris Rn 48). 38

39 Die **kurzfristige Aufsichtsübernahme aus reiner „Gefälligkeit"**, etwa unter Nachbarn, lässt regelmäßig nicht auf eine umfassende Verantwortungsübernahme gerade im Hinblick auf den Schutz Dritter schließen (Schoof 33). Gleiches gilt für Verwandte (OLG Hamm 1. 10. 1998 – 6 U 92/98, MDR 1999, 677; LG Oldenburg 10. 1. 2007 – 5 O 1003/06, juris Rn 16 f). Ein Vertrag liegt daher meist nicht vor. Der nur für kurze Zeit und gefälligkeitshalber Beaufsichtigende darf nicht mit einem erheblich gesteigerten Haftungsrisiko „bestraft" werden (Scheffen/Pardey Rn 196). Das gilt auch, wenn die Übernahme der kurzfristigen Aufsicht häufiger vorgekommen ist (LG Oldenburg 10. 1. 2007 – 5 O 1003/06, juris Rn 17). Beispiele: „Babysitter"; Eltern holen neben ihrem eigenen noch ein anderes Kind vom Kindergarten ab (LG Karlsruhe VersR 1981, 143, 144); Großeltern oder Freunde nehmen das Kind auf, während die Mutter Besorgungen tätigt (BGH 2. 7. 1968 – VI ZR 135/67, LM Nr 9 = NJW 1968, 1874, 1875; LG Oldenburg 10. 1. 2007 – 5 O 1003/06, juris Rn 16). Erst recht gilt das, wenn in der Übernahme der Obhut des Aufsichtsbedürftigen eine Geschäftsführung ohne Auftrag liegt. Beispiel: Das von der Mutter allein gelassene Kind schreit und wird von einer mitleidigen Nachbarin bis zur Rückkehr der Mutter versorgt; die Nachbarin fällt nicht unter § 832 Abs 2 BGB (**aA** Weimar MDR 1962, 356, 357).

40 **Besuche bei anderen Kindern**, um bei und mit ihnen zu spielen, lösen ebenfalls normalerweise keine Gewährsübernahme durch deren Eltern aus (BGH 2. 7. 1968 – VI ZR 135/67, LM Nr 9 = NJW 1968, 1874, 1875; BGH 7. 7. 1964 – VI ZR 5/64, VersR 1964, 1085, 1086; LG Frankfurt aM 17. 7. 2019 – 2-03 O 237/18, juris Rn 55 ff), was umso mehr gilt, wenn sie durch einen Nachbarn oder Familienangehörigen übernommen wird (OLG Brandenburg 8. 7. 2020 – 4 U 182/19, NJW-RR 2020, 1222 Rn 10). Auch beim Kindergeburtstag ist bezüglich seiner konkreten Ausgestaltung zu prüfen, ob noch eine alltägliche Gefälligkeit gegeben ist oder aber wegen des Aufwands eine erhöhte Verantwortung hinsichtlich der Aufsichtspflichten übernommen wurde (Rogge 142). Eine Geburtstagstafel in der elterlichen Wohnung oder im Garten zeigt eine andere Übernahmebereitschaft als eine Fahrt zu Zoo, Badeanstalt, Reiterhof, Kino oder Freizeitpark. Wer den Gefahrenkreis deutlich erweitert, wird sich seiner Verpflichtung zur Aufsichtsführung gerade gegenüber den Eltern der Gästekinder bewusst sein. Daher ist es auch gerechtfertigt, in der Einladung von Kindern zur Geburtstagsfeier des eigenen Kindes ein Angebot auf Übernahme der Aufsichtspflicht über die eingeladenen Kinder durch die Eltern oder eine von ihnen beauftragte Hilfsperson zu sehen (OLG Celle NJW-RR 87, 1384; Geigel/Bernau Kap 16.4. Rn 35).

41 Eine vertragsmäßige Übernahme durch den Stiefelternteil wird regelmäßig vorliegen, wenn ein **Stiefkind** dauerhaft in die häusliche Gemeinschaft aufgenommen wird (BGH 16. 12. 1953 – VI ZR 169/52, LM Nr 3 = VersR 1954, 118; OLG Düsseldorf VersR 1992, 310; LG Frankfurt aM 11. 4. 2019 – 2-03 S 2/18, NJW-RR 2019, 920 Rn 24 ff; Schlegelmilch 125). So haftet aus vertraglicher Übernahme bspw die neue Ehefrau des sorgeberechtigten Kindesvaters bzw der neue Lebenspartner des allein sorgeberechtigten Elternteils (BGH 20. 3. 2012 – VI ZR 3/11, NJW 2012, 2425 Rn 19; vgl Rn 8). Gleiches gilt bei Pflegeeltern (Geigel/Bernau Kap 16.4. Rn 35) und dem nicht sorgeberechtigten Elternteil (OLG Jena 29. 11. 2000 – 4 U 1677/99, OLGR 2002, 381). Auch wenn es weiterhin an einem (veröffentlichten) Urteil fehlt, so dürften diese Grundsätze ebenfalls für einen mit dem Kind im gemeinsamen Haushalt zusammenlebenden Patchwork-Elternteil, also den mit dem sorgeberechtigten leiblichen Elternteil zusammenlebenden Partner Geltung beanspruchen (ausf zum Begriff der Patchworkfamilie Münch, Familienrecht in der Notar- und

Gestaltungspraxis [3. Aufl] § 11 Rn 8 ff, wonach der Oberbegriff Patchworkfamilie die [verheiratete] Stieffamilie mit umfasst).

Der Übernahme von **Aufsicht gegen Entgelt** liegt ein Vertrag zugrunde. Das gilt nicht nur für die unmittelbaren Beziehungen zwischen Aufsichtspflichtigen und Kinderpflegerinnen, Tagesmüttern usw In gleicher Weise wird die Aufsicht iSd § 832 Abs 2 BGB von denen vertraglich übernommen, die mit einem seinerseits kraft Vertrags aufsichtspflichtigen Rechtsträger ein Dienstverhältnis eingehen, das zumindest auch die Aufsicht über beaufsichtigungsbedürftige Personen zum Gegenstand hat (Marburger VersR 1971, 777, 783). Beispiele: Kindergärtnerinnen, Erziehungspersonal von privaten Schulen oder Kinderheimen, Ärzte und Pflegepersonal privater Heil- und Pflegeanstalten. Ob Entgeltlichkeit vorliegt oder lediglich Aufwendungsersatz geleistet werden soll, ist im Einzelfall abzugrenzen. 42

Erfolgt wegen der Aufsichtsbedürftigkeit eine **Unterbringung in Anstalten, Krankenhäusern, Heimen** oder anderen öffentlichen Einrichtungen, welche die Aufsichtspflicht privatrechtlich wahrnehmen, liegt regelmäßig eine vertragliche Aufsichtsübernahme vor (OLG Saarbrücken VersR 2008, 408, 409; Oberhardt 38). Vertragspartner wird auf Seiten der öffentlichen Einrichtung der jeweilige Rechtsträger (Oberhardt 37). Mit der Aufnahme in einem Erziehungs- und Pflegeheim geht regelmäßig die Übernahme der Obhut einher. Mit dieser Obhutsübernahme geht der Heimträger – ohne dass es hierfür noch zwingend einer besonderen vertraglichen Erklärung bedarf – die Verpflichtung zur Aufsichtsführung nach Abs 2 ein (OLG Koblenz NJW-RR 1997, 345; LG Bremen NJW-RR 1999, 969). Die Heilbehandlung von Kranken erfolgt auch in öffentlichen Krankenhäusern regelmäßig auf privatrechtlicher Basis, sodass § 832 BGB, nicht § 839 BGB iVm Art 34 GG anzuwenden ist (BGH NJW 1985, 677, 678). § 839 BGB iVm Art 34 GG verdrängen allerdings § 832 BGB, wenn es sich um eine Zwangsbehandlung handelt, wenn der Arzt unmittelbar in Ausübung eines öffentlichen Amtes tätig wird, zB als Amtsarzt (BGH NJW 1985, 677, 678) oder wenn dem Krankenhausaufenthalt eine gerichtlich verfügte Unterbringung iSv § 1906 BGB vorausging (LG Bremen NJW-RR 1999, 969). Zur Konkurrenz von § 832 BGB und § 839 BGB, Art 34 GG s Rn 209 ff. 43

Wird entgegen der gerichtlich verfügten Unterbringung in einer geschlossenen psychiatrischen Abteilung der Aufsichtsbedürftige einer Heilbehandlung zum Zwecke der Befähigung zu einem Leben außerhalb einer Klinik unterzogen, richtet sich die Haftung nicht nach § 839 BGB, Art 34 GG, sondern nach § 832 Abs 2 BGB. Entscheidend ist nicht der Anlass der Aufnahme in die Klinik, sondern ob lediglich eine Unterbringung oder aber darüber hinaus eine Heilbehandlung vorgenommen wird (BGH NJW 1985, 677, 678; LG Bremen NJW-RR 1999, 969). Vertragspartner ist bei der Krankenhaus- oder Heimaufnahme der Rechtsträger oder Leiter. Das Personal ist Verrichtungs- und Erfüllungsgehilfe. Begeht das Personal eine Aufsichtspflichtverletzung nach § 832 Abs 2 BGB (Rn 42), so muss der Rechtsträger gem §§ 280 Abs 1, 278 BGB und 831 BGB einstehen (zur Haftung des Aufsichtspflichtigen nach § 831 BGB s Rn 207 f). Ein Anspruch aus § 280 Abs 1 BGB, § 278 BGB ist nur denkbar, wenn zwischen dem geschädigten Dritten und der Einrichtung eine vertragliche Beziehung bestand (etwa bei Schädigung eines in einer Kindertagesstätte betreuten Kindes durch ein anderes aufsichtsbedürftiges Kind). Eine Haftung aus § 832 Abs 2 BGB kommt nach ganz hM (nur) in Betracht, wenn dem Rechtsträger ein Auswahl-, In- 44 struktions- oder Organisationsverschulden zur Last fällt (Rn 155 ff, Rn 172). Allerdings ist die auf Seiten der Einrichtung bestehenbleibende mittelbare Aufsichtspflicht als umfassende organisatorische Pflicht dahingehend zu verstehen, dass die ordnungsgemäße Aufsichtsführung durch das Personal gewährleistet sein muss. Insoweit ist ein strengerer Maßstab als an die entsprechenden Auswahl-, Instruktions- oder Organisationspflichten Privater anzulegen (Oberhardt 68). Ein Pflichtverstoß liegt unter anderem darin, dass zur Erfüllung der Beaufsichtigung ungeeignetes Personal verwendet, zB die Aufsicht über schwer erziehbare Kinder einem 17-Jährigen überlassen wird (BGH NJW 1985, 677). Für Organe und verfassungsmäßig berufene Vertreter haftet die Einrichtung schließlich unabhängig von einem entsprechenden Auswahl-, Instruktions- oder Organisationsverschulden aus § 832 Abs 2 BGB iVm §§ 31, 89 BGB, denn sie sind anders als das angestellte Personal im Verhältnis zur Einrichtung keine externen Dritten (Oberhardt 64 f; vgl auch BGH NJW 1985, 677).

Der Träger eines Krankenhauses übernimmt mit dem Abschluss eines auf die Aufnahme eines 7-Jährigen gerichteten Krankenhausvertrags zugleich auch vertraglich die Aufsicht (BGH NJW 1976, 1145). Wenn ein Säugling dadurch zu Schaden kommt, dass sich der im Nebenzimmer untergebrachte 7-Jährige an ihm zu schaffen macht – hier: ihn aus dem Bett nimmt und fallen lässt, kann daher der Krankenhausträger aus §§ 280, 278 BGB, §§ 831, 823 BGB oder § 832 Abs 2 BGB haften.

45 Anders als bei einem Pflegeheim hat die Aufnahme in ein Alten- oder Seniorenwohnheim noch nicht ohne Weiteres eine vertragliche Übernahme auch der Aufsicht iS von § 832 BGB zum Gegenstand (OLG Celle NJW 1961, 223; Weimar ZMR 1976, 136, 137). Den Betreiber einer Altenpflegeeinrichtung trifft eine Aufsichtspflicht gegenüber den Bewohnern der Einrichtung je nach Vertragsgestaltung im Einzelfall. Bei Wohn- und Pflegeeinrichtungen für ältere Menschen sind unterschiedlichste vertragliche Konstruktionen denkbar (LG Frankfurt/O 1. 11. 2017 – 16 S 36/16, juris Rn 17). Eine später eintretende Aufsichtsbedürftigkeit kann allerdings nachträglich zu einer konkludenten rechtsgeschäftlichen Übernahme der Aufsichtspflicht führen. Eine Gefahrenabwendungspflicht kann sich hier aber jedenfalls unter dem Aspekt der Verkehrssicherungspflicht ergeben (OLG Celle NJW 1961, 223; Hofmann 1.5.3.4. Rn 19; vgl Rn 198 ff).

46 Wegen weiterer **Kasuistik** vgl zB OLG Hamburg (VersR 1973, 828) betr von gemeinnützigen Organisationen und Sozialwerken für Kinder einkommensschwacher Eltern veranstaltete Ferienaufenthalte; LG Landau (NJW 2000, 2904) Pfadfinderlager; LG München II (NJW 1978, 108) betr Zeltlagerveranstaltungen für in einem Heim untergebrachte Jugendliche; AG Flensburg (NJW-RR 1999, 1041) betr ein privates Kinderheim. Zum Umfang der nach § 832 BGB zu beurteilenden Pflicht zur Beaufsichtigung von Personen, die sich wegen ihres geistigen Zustands freiwillig oder im Einverständnis ihres gesetzlichen Vertreters in einer von einer Körperschaft des öffentlichen Rechts getragenen offenen psychiatrischen Klinik befinden, vgl BGH NJW 1985, 677, 678; OLG Saarbrücken VersR 2008, 408, 409 f.

ee) Wirksamkeit des Vertrags

47 Nach **hM** setzt § 832 Abs 2 BGB aufgrund seiner Entstehungsgeschichte einen **rechtswirksamen Vertrag** voraus (BGB-RGRK/Kreft § 832 Rn 22; Albilt 39; Eckert 19 f, Bernau 45 f; Berning/Vortmann JA 1986, 12, 15). Die äußere Hülle einer unwirksamen rechtsgeschäftlichen Einigung soll nicht ausreichen, um eine Haftung nach § 832 Abs 2 BGB zu begründen. Problematisch ist diese Auffassung in Konstellationen, in denen der Übernehmende selbst geschäftsunfähig oder beschränkt geschäftsfähig ist. Deren Schutz verlangt es, in der aufgrund fehlerhaften Rechtsgeschäfts erfolgenden Übernahme eben nur eine rein tatsächliche Übernahme der Aufsicht zu sehen, welche die Gleichstellung mit dem Fall der gesetzlichen Aufsichtspflicht nicht trägt (Rn 8, Rn 52; zur vertraglichen Übernahme der Aufsicht durch Minderjährige vgl Eckert 19 f).

Um nicht Personen mit einer haftungsrechtlichen Verantwortlichkeit zu belasten, die eine Beaufsichtigung nur aus Gefälligkeit tatsächlich übernommen haben, wurden von der Reichstagskomm die Worte „welcher (…) für den kraft Gesetzes Verpflichteten übernimmt" durch „welcher (…) durch Vertrag übernimmt" ersetzt (Mugdan II 1300). Der Gesetzeswortlaut ist insofern missverständlich und gibt den Willen des Gesetzgebers nicht zutreffend wieder. Wurde mit der Abänderung der Zweck verfolgt, die Haftung von dem abzuwenden, der ohne eine rechtliche Verpflichtung eingehen zu wollen, die Aufsicht gefälligkeitshalber übernimmt, muss es nicht zwingend auf die Wirksamkeit des Vertrags, sondern auf die Wirksamkeit der Übernahmeverpflichtung des Übernehmenden ankommen. Weniger geht es darum, ob ein Vertrag zustande gekommen ist, sondern um die Rechtserheblichkeit der Erklärung des Übernehmers. Für eine Aufsichtsübernahme nach § 832 Abs 2 BGB kommt es daher darauf an, ob der Erstgarant aus Erklärungen oder aus dem Verhalten des Übernehmers berechtigterweise den Schluss ziehen durfte, dass dieser an seiner Stelle die Aufsicht übernehmen würde (MünchKommBGB/Stein [3. Aufl] § 832 Rn 13; MünchKommBGB/Mertens [3. Aufl] § 823 Rn 227). Zutreffend ist an der hM, dass ein nur tatsächlich, aber unwirksam erfolgter Vertragsschluss für sich allein nicht ausreichend ist. Gerade zur Wahrung des Minderjährigenschutzes ist es aber hinreichend, wenn die Wirksamkeit der Übernahmeverpflichtung, und damit die Verbindlichkeit gegenüber dem geschädigten Dritten, nur von Umständen abhängig ist, die in der Person des Übernehmers liegen. Ist der Übernehmer nicht voll geschäftsfähig, dürfen weder der Erstgarant noch der Rechtsverkehr darauf vertrauen, dass die Aufsichtspflicht vom Übernehmer getragen werde. Liegt dagegen der Wirksamkeitsmangel außerhalb seiner Person, reicht der tatsächliche Vertragsschluss aus (Rogge 144 f). Der Drittschutzcharakter der Norm gebietet, dass derjenige für die Verletzung der übernommenen Aufsichtspflicht einsteht, der für sich alle Voraussetzungen für einen wirksamen Vertragsschluss erfüllt. Im Zweifel wird der Schutzzweck der Nichtigkeitsnorm heranzuziehen sein. Es wäre kaum verständlich, warum der Heimträger, nur weil der aufsichtsbedürftige Heimbewohner nicht wirksam beim Vertragsschluss vertreten wurde, von der Haftung befreit sein sollte. Auch wer unter Verstoß gegen das Gesetz zur Bekämpfung der Schwarzarbeit (BGBl I 2004, 1842) in Tagespflege die Kinderbetreuung vertraglich übernimmt, kann sich nicht auf die Unwirksamkeit nach § 134 BGB berufen, es sei denn, der Geschäftsherr erkennt den Gesetzesverstoß und nutzt ihn zu seinem Vorteil aus, da bereits in diesem Fall der gesamte Vertrag nichtig ist. Wer bewusst Schwarzarbeitern die Kinderbetreuung überlässt, entledigt sich seiner Aufsichtspflicht nicht (vgl BGH 1. 8. 2013 – VII ZR 6/13, BGHZ 198, 141 Rn 14; BGH 10. 4. 2014 – VII ZR 241/13, BGHZ 201, 1 Rn 13; BGH 11. 6. 2015 – VII ZR 216/14, BGHZ 206, 69 Rn 10; BGH 16. 3. 2017 – VII ZR 197/16, VersR 2017, 772 Rn 15; zu den Rechtsfolgen beiderseitiger Verstöße gegen das Verbot der Schwarzarbeit siehe ebenda. Gegenseitige Ansprüche bestehen danach grundsätzlich nicht). 48

Hat der Erstgarant den Übernehmer **durch Täuschung** dazu **bewogen**, verbindlich, dh nicht nur gefälligkeitshalber, die Aufsicht zu übernehmen, dann haftet der Überneh- 49 mer nicht. Die Täuschung kann bspw darin bestehen, dass die Eltern gegenüber einer Kindertagesstätte verschweigen, dass ihr Kind hochgradig aggressiv ist. Sie sind zur Aufklärung über Eigenschaften verpflichtet, die sowohl für die Entscheidung zur Übernahme als auch für die erforderliche Beaufsichtigung von wesentlicher Bedeutung sind. Nur wenn der Übernehmer bei dem Erstgaranten die objektiv gerechtfertigte Erwartung ausgelöst hat, dass er an dessen Stelle zur Erfüllung der Aufsichtspflicht tätig wird, kann es zu einer Übernahme der Haftung kommen (vgl für die Übernahme einer Verkehrssicherungspflicht Staudinger/Hager [2021] § 823 Rn E 63). Eine derartige Erwartung entsteht aber nicht, wenn nur der Erstgarant um die Gefahren weiß, die aus dem Verhalten oder den Eigenschaften des Kindes resultieren können, dem Übernehmer aber wegen der Täuschung die Kenntnis fehlt. Der Erstgarant kann nicht davon ausgehen, dass der Übernehmer in Kenntnis aller Umstände die Aufsicht übernommen hätte oder dass er die erforderlichen Aufsichtsmaßnahmen trifft. Er bleibt haftungsrechtlich daher allein und voll verantwortlich und hat seine Aufsichtspflicht schon dadurch verletzt, dass er unzureichende Aufsichtsmaßnahmen veranlasst hat.

50 Die vertragliche Übernahme der Aufsichtspflicht ist vom Geschädigten zu beweisen (Baumgärtel/Laumen/Prütting/Luckey [5. Aufl 2023] Rn 12), wenn er gegen denjenigen vorgeht, der die Führung der Aufsicht übernommen hat (Übernehmer).

51 Verklagt der Geschädigte zunächst den Übernehmer und wendet dieser ein, es gäbe keine oder keine wirksame Übernahmeverpflichtung, kommt eine Streitverkündung des Klägers gegenüber dem gesetzlich Aufsichtspflichtigen in Betracht (§§ 72 ff ZPO; zur Streitverkündung s auch BGH VersR 1990, 1280 im Zusammenhang mit der Gebäudeunterhaltungspflicht, § 838 BGB). Gleiches gilt, wenn der Geschädigte den gesetzlich Aufsichtspflichtigen in Anspruch nimmt und dieser sich darauf beruft, er habe die Aufsichtsführung durch Vertrag übertragen. Dem steht nicht entgegen, dass möglicherweise der gesetzlich Aufsichtspflichtige und der Übernehmer gesamtschuldnerisch haften. Bereits die Ungewissheit darüber, ob auch nur einer der beiden mutmaßlichen Gesamtschuldner letztlich allein haftet, genügt dem Erfordernis der Alternativität der Ansprüche für eine Streitverkündung. Eine Streitverkündung kann schon erfolgen, wenn der Streitverkünder im Zeitpunkt der Streitverkündung jedenfalls auch die Möglichkeit in Rechnung stellen kann, dass nur der Streitverkündungsempfänger für den Schaden verantwortlich ist (BGHZ 65, 127, 133).

b) Tatsächliche Übernahme der Beaufsichtigung

52 Den Gegensatz zur vertraglichen Übernahme der Aufsichtsführung bildet die bloß tatsächliche Übernahme der Aufsicht, die – anders als ein stillschweigend geschlossener Übernahmevertrag (§ 832 Abs 2 BGB) – vorliegt, wenn es an einem Verpflichtungswillen des Übernehmenden fehlt oder der Übernahmevertrag unwirksam ist (Rn 47 ff); § 832 Abs 2 BGB ist nicht – auch nicht entsprechend – anwendbar (Rn 8). Die Gegenansicht, nach der die faktische Pflichtendelegation für die Begründung der Haftung aus § 832 Abs 2 BGB ausreichen soll (vgl MünchKommBGB/Wagner § 832 Rn 22 f; Soergel/Krause § 832 Rn 14), ist abzulehnen (Hk-BGB/Staudinger § 832 Rn 8; Oberhardt 38). Sie entspricht nicht dem Willen des historischen Gesetzgebers (Rn 31; so aber MünchKommBGB/Wagner § 832 Rn 24), der sich mehrheitlich ausdrücklich dagegen ausgesprochen hat, jedem, der sich einer aufsichtsbedürftigen Person freiwillig annehme, rechtliche Verpflichtungen aufzuerlegen (Prot II 596). Sie ist auch nicht vereinbar mit dem Wesen der Aufsichtspflicht als einer dem Deliktsrecht vorgelagerten Pflicht, welche als einzige die sich aus § 832 Abs 1 S 2 BGB ergebende Beweislastumkehr zu rechtfertigen vermag (Rn 8) und die deshalb voraussetzt, dass auf Seiten des Übernehmers ein verstärkter Grad an rechtlichem Bewusstsein vorhanden ist, welcher sich nur daraus ergeben kann, dass er sich einer rechtlichen Bindung unterwirft, die ihn – zumindest subjektiv – verbindlich an die Stelle des gesetzlich Aufsichtspflichtigen treten lässt (Rn 32). Die Gegenansicht geht auch fehl in der Annahme, dass als Folge der hier vertretenen hM zwangsläufig Haftungslücken drohen (so aber MünchKommBGB/Wagner § 832 Rn 23; Soergel/Krause § 832 Rn 14). Denn das zur Begründung herangezogene Argument, für eine Reduktion der gesetzlichen Aufsichtspflicht bzw ihrer Inhaltsänderung in Richtung einer Organisationspflicht genüge die faktische Pflichtendelegation auf einen Dritten, ist nicht allg Meinung. Vertreten wird nicht nur die von Wagner (MünchKommBGB/Wagner § 832 Rn 24) abgelehnte Anwendung des sich aus § 278 BGB ergebenden Rechtsgedankens, wonach die Eltern auch bei Übertragung der Sorgfalt weiter voll aus § 832 Abs 1 BGB haften, sondern auch die Auffassung, dass eine Inhaltsänderung der Aufsichtspflicht nur bei vertraglicher Übertragung der Sorgfaltspflicht anzunehmen ist (vgl zu dieser Folgeproblematik Rn 164 ff). Mit beiden Ansichten ließe sich die Haftungslücke vermeiden. Die Argumentationslinie ist im Übrigen auch deshalb inkonsequent, weil entstehenden Haftungslücken in einem anderen Bereich von § 832 BGB keine besondere Bedeutung beigemessen wird, nämlich soweit es um die Auswirkungen von § 828 Abs 2 BGB auf den Umfang der sich aus § 832 BGB ergebenden Aufsichtspflichten geht. Dort wird eine sich aus § 828 Abs 2 BGB in der Konsequenz ergebende Ausweitung der Aufsichtspflicht abgelehnt, ohne die dadurch entstehende Haftungslücke auch nur zu problematisieren (MünchKommBGB/Wagner § 832 Rn 38; vgl zur Problematik Rn 81, Rn 136 ff und zum Bestand der Haftungslücke in diesen Fällen Bernau NZV 2008, 329, 331). Der Vorschlag, die Haftung desjenigen, der aus bloßer Gefälligkeit das Haftungsrisiko aus § 832 Abs 2 BGB übernimmt, dadurch wieder einzuschränken, dass er wie ein ehrenamtlich Handelnder zu privilegieren sei (Soergel/Krause § 832 Rn 14; vgl auch § 31a BGB), führte erneut zu den bemängelten Haftungslücken, auch wenn ihr Umfang freilich auf leichte und einfache Fahrlässigkeit des Übernehmers beschränkt bliebe. Die ebenfalls erwähnte Möglichkeit, dem Sekundärpflichtigen, welcher die Aufsicht nur faktisch übernommen hat, einen Freistellungsanspruch nach der Maßgabe des innerbetrieblichen Schadensausgleichs einzuräumen (Soergel/Krause § 832 Rn 14), liefe im Ergebnis doch darauf hinaus, das Pflichtenprogramm des gesetzlich Aufsichtspflichtigen bei faktischer Übertragung der Aufsichtspflicht auf einen Dritten nicht auf reine Organisationspflichten zu reduzieren, denn der gesetzlich Aufsichtspflichtige würde – abhängig vom Grad der Fahrlässigkeit auf Seiten des sekundär Aufsichtspflichtigen – im Wege eines Rückgriffs- oder Freistellungsanspruchs voll oder anteilig haften. Nur bei grober Fahrlässigkeit und Vorsatz wäre eine Haftung grundsätzlich ausgeschlossen (BAGE 78, 56, 67). Die Anwendung der Grundsätze des innerbetrieblichen Schadensausgleichs läuft darüber hinaus dem ausdrücklich vom BAG aufgestellten Erfordernis des Bestehens eines Arbeitsvertrags (BAGE 101, 107, 110, 112) zuwider. Auch der aus §§ 670, 675 BGB analog bzw dem Arbeitsvertrag iVm § 242 BGB hergeleitete Freistellungsanspruch (vgl MünchKommBGB/Henssler § 619a Rn 20) hat eine vertragliche Grundlage, welche bei bloß faktischer Übernahme der Aufsicht gerade fehlt. All das spricht gegen die entsprechende Anwendung der Grundsätze des innerbetrieblichen Schadensausgleichs.

In Betracht kommt im Fall bloß tatsächlicher Übernahme der Aufsichtspflicht aber die Haftung nach § 823 Abs 1 BGB wegen Verletzung einer Verkehrssicherungspflicht (BGH 2. 7. 1968 – VI ZR 135/67, LM Nr 9 = NJW 1968, 1874; OLG Celle NJW 1961, 223; Erman/Wilhelmi § 832 Rn 5; dazu Rn 203 f).

c) Bedeutung der vertraglichen Aufsichtsübernahme für die Beaufsichtigungspflicht des gesetzlich Aufsichtspflichtigen

53 Wer die Aufsicht auf Grundlage eines Vertrags übernimmt, wird damit Adressat einer eigenen und gegenüber der des gesetzlich zur Aufsicht Verpflichteten **selbständigen** Aufsichtspflicht iSd § 832 BGB. Der Bestand der gesetzlichen Aufsichtspflicht wird dadurch im Grundsatz nicht berührt: Es findet keine Rechtsnachfolge, **keine privative Pflichtenübernahme** statt (Rn 30). Die Übertragung der Aufsicht auf eine andere, geeignete Person kann nach der Konzeption der hM zu einer Reduktion der Aufsichtspflicht auf eine Pflicht zur ordnungsgemäßen Auswahl, Instruktion, Kontrolle des übernehmenden Dritten und zur Information führen; wird dieser „mittelbaren" Aufsichtspflicht genügt, hat der Aufsichtspflichtige § 832 Abs 2 BGB entsprochen (Rn 156 ff, Rn 171 ff).

d) Fehlende Entäußerbarkeit der vertraglichen Aufsichtspflicht

54 Auch der durch Vertrag übernommenen Aufsichtspflicht kann man sich nicht durch deren Weiterübertragung entäußern. Der Gesetzgeber achtet die vertraglich übernommene Aufsichtspflicht in § 832 Abs 2 BGB der gesetzlichen gleich. Daher gilt auch das zur fehlenden Entäußerbarkeit der gesetzlichen Aufsichtspflicht und zum Ausschluss einer privativen Pflichtenübernahme Ausgeführte (Rn 30, Rn 53) entsprechend.

4. Analoge Anwendung

55 Eine analoge Anwendung von § 832 BGB auf Fälle lediglich tatsächlicher Obhut und Aufsicht über eine aufsichtsbedürftige Person kommt nicht in Betracht (RGZ 53, 312, 314; RGZ 70, 48, 50; BGH 15. 4. 1958 – VI ZR 87/57, LM Nr 6 = NJW 1958, 1775; OLG Celle NJW 1961, 223; BGB-RGRK/Kreft § 832 Rn 5). In diesen Fällen fehlt es an der vordeliktsrechtlichen Zuständigkeit für die von einem Aufsichtsbedürftigen ausgehenden Gefahren, die § 832 BGB – in Abgrenzung zu § 823 Abs 1 BGB (Verkehrssicherungspflichtverletzung) – voraussetzt (Rn 8). Eine Haftung richtet sich vielmehr nur nach letzterer Vorschrift (Rn 198 ff).

III. Widerrechtliche Schadenszufügung durch den Aufsichtsbedürftigen

56 Voraussetzung für die Haftung des gesetzlich oder vertraglich Aufsichtspflichtigen ist zunächst, dass der Aufsichtsbedürftige einem Dritten widerrechtlich Schaden zugefügt hat.

1. Unerlaubte Handlung

57 Die Schadenszufügung muss den objektiven Tatbestand einer unerlaubten Handlung erfüllen (BGH NJW 1990, 2553, 2554; BGB-RGRK/Kreft § 832 Rn 27; Rn 109). Allgemein wird zu der Frage, unter welchen Voraussetzungen die Verwirklichung des objektiven Tatbestands einer unerlaubten Handlung vorliegt und die Widerrechtlichkeit der

Schadensverursachung gegeben ist, auf die Ausführungen zu den entsprechenden Merkmalen von § 831 BGB (vgl § 831 Rn 109 ff) verwiesen.

a) „Dritter" – der Kreis der geschützten Personen

Dritter, dem der Schaden zugefügt wird, kann nach der Schutzrichtung von § 832 BGB jeder außer dem Aufsichtsbedürftigen und dem oder den Aufsichtspflichtigen sein (OLG Stuttgart 12. 3. 2008 – 4 U 58/07, NZV 2009, 191, 195; Mellech ZfRV 2008, 135, 138; Oberhardt 39). Das OLG Stuttgart (FamRZ 1983, 68, 69) verneint dagegen mit Recht die Eigenschaft als Dritter für den Fall, dass ein Kind mit der Mutter zusammenlebt und dem noch nicht geschiedenen und daher noch aufsichtspflichtigen Vater einen Schaden zufügt. Ersatz nach § 832 BGB soll nur verlangen können, wer sich nicht um den Aufsichtsbedürftigen „zu kümmern" hat (OLG Saarbrücken VersR 2008, 408, 409). Anderes gilt jedoch, wenn das alleinige Sorgerecht bereits vor der Scheidung einem Elternteil übertragen wurde (§ 1671 BGB), einem Elternteil entzogen wurde (§§ 1666, 1666a BGB) oder gegenüber dem geschädigten Elternteil ruhte (§§ 1673 ff BGB). Dann kann der nicht sorgeberechtigte Elternteil, sofern er im Zeitpunkt des schädigenden Ereignisses nicht sein Umgangsrecht (§ 1684 BGB) ausübte, durchaus Dritter sein. 58

Trotz Verletzung der Aufsichtspflicht haftet der Aufsichtspflichtige nicht nach § 832 BGB für einen Schaden des Aufsichtsbedürftigen selbst. Auch bei dieser Gestaltung geht es nicht um einen Schaden, den der Aufsichtsbedürftige infolge mangelhafter Beaufsichtigung einem Dritten zugefügt hat. Schäden dieser Art müssen nach § 823 BGB beurteilt werden (BGH NJW 1979, 973; BGH NJW 1996, 53; OLG Celle FamRZ 2000, 1214; OLG Brandenburg 8. 7. 2020 – 4 U 182/19, NJW-RR 2020, 1222 Rn 11; Rn 216 f). Gleiches gilt, wenn die Aufsichtspflicht nach Abs 2 durch Vertrag übernommen worden war (OLG Celle 14. 8. 1985 – VersR 1986, 972). 59

Dritter ist aber eine Person, die der Aufsicht desselben Aufsichtspflichtigen unterliegt wie der verletzende Aufsichtsbedürftige (RG DJZ 1907, 657; OLG Celle FamRZ 1998, 233; Fuchs 114). Danach können Dritte auch Geschwister des Aufsichtsbedürftigen sein. Gleiches wird für mehrere Aufsichtsbedürftige eines Vormunds oder Pflegers gelten. In Schulen, Kindertagesstätten, Ferienlagern und dergleichen besteht die Aufsichtspflicht unabhängig von der Haftungsgrundlage (§ 832 Abs 2 BGB oder § 839 BGB iVm Art 34 GG; vgl zur Abgrenzung Rn 209 f) ebenfalls sowohl zum Schutz der jeweils anderen Kinder, als auch zum Schutz Dritter, auf die sich das zu beaufsichtigende Verhalten der Schüler auswirken kann (vgl zur Aufsichtspflicht von Lehrern LG Aachen NJW 1992, 1051; MünchKommBGB/Papier/Shirvani § 839 Rn 327). Auch bei Vereinsvormundschaft (§ 1791a BGB) haftet der Verein gegenüber einem zugeordneten Aufsichtsbedürftigen. Das gilt sogar, wenn verschiedene Aufsichtspersonen mit der Führung der Vormundschaft über den schädigenden und den geschädigten Aufsichtsbedürftigen betraut waren (§§ 1791a Abs 3, 31 BGB). 60

b) Zurechenbare Verursachung des Schadens

Der eingetretene Schaden muss durch ein Verhalten des Aufsichtsbedürftigen verursacht und bei wertender Betrachtung diesem als sein Werk objektiv zurechenbar sein. Es muss sich gerade das vom Aufsichtsbedürftigen rechtswidrig gesetzte Risiko im Schaden realisieren. Die Rspr verlangt neben der Kausalität iSe conditio sine qua non in einem wertenden Schritt deren Adäquanz (RG LZ 1918, 501; OLG Stuttgart 12. 3. 61

2008 – 4 U 58/07, NZV 2009, 191, 195). Der Verletzungserfolg braucht danach nicht die unmittelbare Folge seines Verhaltens zu sein. Es genügt auch eine mittelbare Verursachung in dem Sinn, dass der Aufsichtsbefohlene eine, wenn auch entfernte Ursache gesetzt hat, sofern die eingetretene Folge nicht so ungewöhnlich ist, dass damit nach der Erfahrung des Lebens vernünftigerweise nicht zu rechnen ist (BGH 1. 2. 1966 – VI ZR 196/64, VersR 1966, 386; OLG Stuttgart 12. 3. 2008 – 4 U 58/07, NZV 2009, 191, 195). Eine objektiv zurechenbare Verursachung liegt zB vor, wenn ein 12-Jähriger beim Spielen mit einem gefährlichen Wurfpfeil den Pfeil einem 6-Jährigen mit der Weisung überlässt, ihn nicht weiterzugeben, der 6-Jährige den Pfeil aber doch weisungswidrig einem gleichaltrigen Spielkameraden übergibt oder sich den Pfeil von diesem im Spieleifer abnehmen lässt und der letztere damit einen anderen verletzt (BGH 1. 2. 1966 – VI ZR 196/64, VersR 1966, 368, die Adäquanz bejahend): Es verwirklicht sich hier wegen der geringen Einsichtsfähigkeit des 6-Jährigen das vom 12-Jährigen gesetzte Risiko. Zurechenbare Verursachung liegt auch vor, wenn ein Kraftfahrer, um ein im Straßenverkehr sich verkehrswidrig verhaltendes Kind nicht zu verletzen, Maßnahmen ergreift, durch die er selbst zu Schaden kommt (BGH NJW 1968, 249 m krit Anm Ganzeschian/Fink NJW 1968, 641; AG Frankfurt aM NJW-RR 1997, 1314; zu den nur noch sehr selten in Betracht kommenden Ansprüchen aus GoA gegenüber den Eltern s Rn 225 f). So, wenn ein 4-jähriges Kind die Fahrbahn einer belebten Straße betreten hat und ein entgegenkommender Kraftfahrer, der befürchtet, das Kind werde die Fahrbahn überquerend weiterschreiten und mit ihm kollidieren, scharf abbremst und das Steuer herumreißt, dabei ins Schleudern gerät und Schaden erleidet. Es kommt nicht darauf an, ob das Kind wirklich weitergelaufen wäre oder angehalten und das Vorbeifahren des Kfz abgewartet hätte. Denn angesichts der Unberechenbarkeit des Verhaltens von Kleinkindern, das allein schon das Betreten der Fahrbahn als widerrechtlich erscheinen lässt, durfte der Fahrer nicht darauf vertrauen, dass das Kind, nachdem es einmal verkehrswidrig die Fahrbahn betreten hatte, sich jetzt – wie ein Erwachsener – verkehrsrichtig verhalten und sein Vorbeifahren abwarten würde. Er musste vielmehr, weil bei Kleinkindern grundsätzlich unbesonnenes Verhalten in Rechnung zu stellen ist, rechtzeitig Maßnahmen zur Vermeidung eines Zusammenstoßes treffen. Dabei ist es für die Zurechenbarkeit zu der durch das kindliche Verhalten gesetzten Unfallursache bedeutungslos, ob der Fahrer die geeignetsten Mittel zur Gefahrenabwehr gewählt hat, weil auch ein schuldhaftes Vergreifen im richtigen Mittel mit Rücksicht darauf, dass bei einer gefahrträchtigen Lage rasche Entschlüsse zu fassen sind, nicht außerhalb des durch das Verhalten des Kindes gesetzten Risikos liegt (vgl die Adäquanzbetrachtungen des BGH NJW 1968, 249; ausführlich dazu Bernau 67 ff; kritisch Ganzeschian/Fink NJW 1968, 641; Schmid VersR 1982, 822, 824; Dahlgrün 64 f; Fuchs 108; Schoof 44). Ebenfalls eine zurechenbare Schadensfolge kann vorliegen, wenn ein zweieinhalbjähriges Kind einen Beinahe-Unfall mit einem herzkranken Autofahrer verursacht und dieser infolge der Schrecksituation 40 Minuten später den Herztod erleidet (OLG Düsseldorf VersR 1992, 1233, 1234). Das Risiko, dass der mit einer von einem Kind verursachten Gefahrensituation Konfrontierte schreckbedingt Gesundheitsschäden erleidet, gehört mit zu den Risiken, die mit unkontrolliertem kindlichen Verhalten im Straßenverkehr verbunden sind.

Die Haftung des Aufsichtspflichtigen erstreckt sich auf den Fall von § 830 Abs 1 S 2 BGB (OLG Düsseldorf 14. 5. 2014 – I-19 U 32/13, NJW-RR 2014, 1496 Rn 13; LG Berlin 5. 6. 2018 – 55 S 132/17, juris Rn 8).

c) Subjektive Tatbestandselemente

Was die *subjektive* Seite anbelangt, so gilt auch für § 832 BGB, dass da, wo zur Erfüllung des Tatbestands eine bestimmte Willensrichtung gehört oder wo die Rechtswidrigkeit von subjektiven Merkmalen abhängt, diese subjektiven Merkmale (im „natürlichen" Sinn) auch bei dem Deliktsunfähigen oder schuldlos Handelnden gegeben sein müssen (RGZ 73, 434; HRR 1929 Nr 705; OLG Stuttgart 12. 3. 2008 – 4 U 58/07, NZV 2009, 191, 195; Grüneberg/Retzlaff § 832 Rn 7; allgM). ZB muss beim Betrug die Absicht, sich einen rechtswidrigen Vermögensvorteil zu verschaffen, bei der Sittenwidrigkeit eines Verhaltens iRd § 826 BGB etwa die Kenntnis der die Sittenwidrigkeit begründenden Tatumstände feststellbar sein. 62

2. Rechtswidrigkeit

Die Widerrechtlichkeit der Schadenszufügung ist nur ausgeschlossen, wenn das schädigende Verhalten des Aufsichtsbedürftigen von einem Rechtfertigungsgrund gedeckt ist. Im Übrigen sei auf die Darstellung bei § 831 BGB (§ 831 Rn 109 ff) verwiesen. 63

3. Verschulden des Aufsichtsbedürftigen

Ein Verschulden des Aufsichtsbedürftigen ist nicht erforderlich; es ist gerade eine wichtige Funktion der Vorschrift, eine Verantwortlichkeit für solche Fälle zu gewährleisten, in denen der unmittelbare Verursacher deliktsunfähig (§§ 827, 828 BGB) oder zwar einsichtsfähig iS von § 828 Abs 3 BGB ist, aber wegen der an Jugendliche seiner Altersstufe zu stellenden geringeren Sorgfaltsanforderungen nicht schuldhaft gehandelt hat (RGZ 50, 65; RGZ 53, 315; BGH 29. 9. 1954 – VI ZR 206/53, VersR 1954, 558; BGH 1. 2. 1966 – VI ZR 196/64, VersR 1966, 368; GHNJW 1985, 677, 678; OLG München FamRZ 1997, 740, 742; OLG Celle FamRZ 1998, 233; einhellige Meinung; zur Reform des § 828 BGB durch das Zweite Gesetz zur Änderung schadenersatzrechtlicher Vorschriften hinsichtlich der Haftung Minderjähriger bei Unfällen mit Kraftfahrzeugen, Schienenbahnen oder Schwebebahnen s Rn 81). Andererseits wird die Haftung aus § 832 BGB aber auch nicht dadurch ausgeschlossen, dass der Aufsichtsbedürftige den Schaden schuldhaft verursacht hat (vgl OLG München ZfS 2002, 170). 64

IV. Aufsichtspflicht und ihre Verletzung

1. Allgemeines/methodisches Vorgehen

Üblicherweise gehen Rspr und Literatur bei der Festlegung des Prüfungsprogramms für die entscheidende Tatbestandsvoraussetzung der Aufsichtspflichtverletzung von der Formulierung von § 832 Abs 1 S 2 BGB aus. Danach tritt die Haftung ua nicht ein, wenn der Aufsichtspflichtige seiner Aufsichtspflicht „genügt" hat. Das ist nach einhelliger Auffassung der Fall, wenn er zur Verhinderung der Schädigung Dritter alles getan hat, was von einem verständigen Aufsichtspflichtigen in seiner Lage nach den Umständen des Einzelfalls vernünftiger- und billigerweise verlangt werden konnte (BGH 23. 3. 1965 – VI ZR 271/63, VersR 1965, 606; VersR 1969, 523; GHVersR 1980, 278, 279; BGH 11. 6. 1968 – VI ZR 144/67, NJW 1968, 1672, 1673; BGH 6. 4. 1976 – VI ZR 93/75, LM Nr 11 = NJW 1976, 1684; BGH NJW 1980, 1044; BGH NJW 1984, 2575; BGH NJW 1993, 1003 f; BGH NJW 1995, 3385 f; BGH NJW 1996, 1404 f; BGH 24. 3. 2009 – VI ZR 51/08, NJW 2009, 1952 65

Rn 8 mwNw; BGH 20. 3. 2012 – VI ZR 3/11, NJW 2012, 2425 Rn 16; OLG Stuttgart 12. 3. 2008 – 4 U 58/07, NZV 2009, 191, 195; OLG Oldenburg FamRZ 1994, 834; OLG Oldenburg NJW-RR 1996, 153; OLG Hamm NJW-RR 1996, 153; OLG Hamm VersR 1999, 843; MDR 2000, 454, 455; OLG Hamm 9. 6. 2000 – 9 U 226/99, NJW-RR 2002, 236 f; OLG Hamm 8. 2. 2013 – I-9 U 202/12, MDR 2013, 655; OLG München FamRZ 1997, 740, 741; KG MDR 1997, 840; OLG Düsseldorf NJW-RR 2002, 235). Dabei ist ausschlaggebend, ob der Aufsichtspflichtige in Bezug auf die konkrete Gefahrensituation diejenigen erforderlichen und verhältnismäßigen (vor allem zumutbaren) Aufsichtsmaßnahmen schuldhaft unterlassen hat, die verständige Aufsichtspflichtige zur Verhinderung derartiger Schädigungen nach vernünftigen Anforderungen hätten ergreifen müssen (BGH VersR 1957, 799; BGH 24. 11. 1964 – VI ZR 163/63, VersR 1965, 137; BGH VersR 1980, 278, 279; BGH 11. 6. 1968 – VI ZR 144/67, NJW 1968, 1672, 1673; BGH NJW 1984, 2575; BGH NJW 1990, 2553, 2554; BGH NJW 1993, 1003; BGH NJW 2009, 1954 Rn 8; BGH 20. 3. 2012 – VI ZR 3/11, NJW 2012, 2425 Rn 16; BGH NJW-RR 1987, 13, 14; BGH NJW-RR 1987, 1430; BGH 18. 2. 1992 – VI ZR 194/91, r+s 1992, 233 f; OLG Oldenburg VersR 1976, 199; FamRZ 1994, 834; OLG Düsseldorf r+s 1997, 413; OLG Jena 21. 10. 1997 – 8 U 865/97, OLGR 1998, 101; OLG Schleswig NJW-RR 1999, 606, 607; OLG Hamm 9. 6. 2000 – 9 U 226/99, NJW-RR 2002, 236 f; OLG Hamm 8. 2. 2013 – I-9 U 202/12, MDR 2013, 655). Entscheidend ist also nicht, ob der Erziehungsberechtigte allgemein seiner Aufsichtspflicht genügt hat (BGH 24. 3. 2009 – VI ZR 51/08, NJW 2009, 1952 Rn 8 mwNw; BGH 24. 3. 2009 – VI ZR 199/08; BGH NJW 2009, 1954 Rn 8).

66 Die richtigen Grundaussagen orientieren sich an der Beweislastregelung von § 832 Abs 1 S 2 BGB. Diese Ausrichtung trägt nicht zu einer systematisch sauberen Prüfung der Frage einer Aufsichtspflichtverletzung bei. Tatbestandsmerkmal und somit Anknüpfungspunkt für die Haftung aus § 832 BGB ist die **Verletzung der Aufsichtspflicht** (Rn 5), und zwar **in ihrer konkreten Gestalt**. Der Aufsichtspflichtige muss maW diejenigen Verhaltensanforderungen unerfüllt gelassen haben, die vernünftigerweise zu beachten waren, um der **allgemeinen Pflicht**, durch die Aufsicht über den Aufsichtsbedürftigen die Schädigung Dritter zu verhindern, **für die konkrete Gefahrensituation zu genügen** (OLG Schleswig NJW-RR 1999, 606, 607).

67 Diese Umschreibung der maßgeblichen Tatbestandsvoraussetzung von § 832 BGB lässt die Frage der Beweislastumkehr zunächst bewusst außer Acht. Sie verdeutlicht die für eine methodisch korrekte Vorgehensweise erforderliche **Zweistufigkeit der Prüfung**: Zunächst sind die **Anforderungen der Aufsichtspflicht** an ihren Adressaten **für den konkreten Fall** herauszuarbeiten **(a)**. Sodann ist im Wege der Subsumtion des festgestellten Sachverhalts unter diese Anforderungen **zu prüfen, ob der Aufsichtspflichtige dem entsprochen, er also seine Pflicht erfüllt hat (b)** (vgl auch OLG Stuttgart 12. 3. 2008 – 4 U 58/07, NZV 2009, 191, 195).

a) Konkreter Inhalt der Aufsichtspflicht

68 Die Konkretisierung der Anforderungen bezüglich der allgemeinen Aufsichtspflicht für den Einzelfall bildet zunächst den Schwerpunkt der Tatbestandsproblematik von § 832 BGB. Die Frage, was an Aufsichtsmaßnahmen konkret geboten war, ist **reine Rechtsfrage**.

69 Ihre Beantwortung bemisst sich im Ausgangspunkt nach der **konkreten Vorhersehbarkeit von Schäden** (BGH 18. 2. 1992 – VI ZR 194/91, r+s 1992, 234; OLG Hamm VersR 1990, 743, 744; OLG Nürnberg 19. 3. 1991 – 11 U 1397/90, r+s 1992, 233; Schmid VersR 1982, 822, 823). Die-

ses Kriterium ist gleichbedeutend mit der Frage, ob ein entsprechender **Aufsichtsanlass** gegeben war. Ein solcher ist Voraussetzung dafür, dass sich die allgemeine Aufsichtspflicht überhaupt konkret zu einem bestimmten Handlungsgebot für den Aufsichtspflichtigen verdichtet (OLG Köln VersR 1976, 162; OLG-Rep 1996, 85; Aden MDR 1974, 9, 10; Rauscher JuS 1985, 757, 761). Der konkrete **Aufsichtsanlass bestimmt sich nach zwei Faktoren**: den **Eigenschaften des Aufsichtsbedürftigen** sowie der **Schadensgeneigtheit des Umfelds bzw der Situation** (OLG Stuttgart 12. 3. 2008 – 4 U 58/07, NZV 2009, 191, 195).

Stehen Art und Reichweite des Aufsichtsanlasses aufgrund des Tatsachenmaterials fest, hat der Richter **zu werten, welche Maßnahmen der Aufsicht erforderlich und verhältnismäßig** gewesen wären, um der Pflicht zur Schadensverhinderung zu genügen. Im Rahmen dieser Wertung sind auch die **Zumutbarkeit für den Aufsichtspflichtigen** zu berücksichtigen und eine **Abwägung mit dem Erziehungsauftrag von § 1631 Abs 2 BGB und der Erziehungszielbestimmung von § 1626 Abs 2 BGB** vorzunehmen. 70

b) Erfüllung der Aufsichtspflicht in ihrer konkreten Gestalt

Nach der Bestimmung dessen, was an Aufsichtsmaßnahmen geboten war, ist daran das tatsächliche Verhalten des Aufsichtspflichtigen zu messen, wie es sich nach dem Parteivortrag und dem Ergebnis der Beweisaufnahme darstellt. Hat danach der Aufsichtspflichtige der Aufsichtspflicht nicht genügt, greift, sofern dies zu seinem Verschulden gereicht, die Haftung gem § 832 Abs 1 S 1 BGB ein. 71

2. Aufsichtsanlass

Der Grad des Aufsichtsanlasses bestimmt maßgeblich die Erforderlichkeit und Zumutbarkeit von Aufsichtsmaßnahmen. Entscheidend für das Gewicht des Aufsichtsanlasses ist das Ausmaß der Gefahr, die außenstehenden Dritten durch den Aufsichtsbedürftigen droht. Dieses wird bestimmt durch **(a)** die **Eigenschaften des Aufsichtsbedürftigen** und **(b)** die **Schadensgeneigtheit des Umfelds**, in dem sich der Aufsichtsbedürftige konkret befindet bzw die von ihm ausgeübte Tätigkeit (OLG Schleswig NJW-RR 1999, 606, 607). Diese beiden Faktoren des Aufsichtsanlasses will zutreffend auch das OLG Celle (FamRZ 1998, 233) berücksichtigt wissen, wenn es für die elterlichen Pflichten einerseits nach Alter, Entwicklungsstand, Charakter sowie Vorverhalten des Aufsichtsbedürftigen und andererseits nach der Art der Tätigkeit bzw der Gefahrgegenstände (Schusswaffen, Streichhölzer etc) differenziert. So auch das OLG Hamm (OLG Hamm 9. 6. 2000 – 9 U 226/99, NJW-RR 2002, 236 f; OLG Hamm 8. 2. 2013 – I-9 U 202/12, MDR 2013, 655), wenn es ausdrücklich den Umfang der Aufsichtspflicht zum einen durch die Eigenschaften des aufsichtsbedürftigen Kindes und zum anderen durch die Schadensgeneigtheit des Umfeldes und der danach gegebenen und zu erwartenden konkreten Gefahrensituation bestimmt wissen will (s auch Grandke [Hrsg], Familienrecht 159 zu § 351 ZGB [DDR]). 72

a) Eigenschaften des Aufsichtsbedürftigen

Das Gewicht des Aufsichtsanlasses richtet sich zunächst nach den Eigenschaften des Aufsichtsbedürftigen wie Alter, geistige Fähigkeiten, Eigenart, Charaktereigenschaften (BGH NJW 1984, 2474, 2475; BGH NJW 1995, 3385; BGH NJW 1996, 1404 f; BGH NJW 1997, 2047, 2048; BGH NJW 2009, 1954 Rn 8; OLG Stuttgart 12. 3. 2008 – 4 U 58/07, NZV 2009, 191, 195; OLG Oldenburg FamRZ 1994, 834; OLG Hamm NJW-RR 1996, 153; OLG Hamm VersR 1999, 843; 73

OLG Hamm MDR 2000, 454, 455; OLG Hamm 9. 6. 2000 – 9 U 226/99, NJW-RR 2002, 236 f; OLG Hamm 8. 2. 2013 – I-9 U 202/12, MDR 2013, 655; OLG München FamRZ 1997, 740, 741; OLG Düsseldorf NJW-RR 1997, 343; OLG Düsseldorf r+s 1997, 413; OLG Düsseldorf NJW-RR 2002, 235; KG MDR 1997, 840; OLG Jena 21. 10. 1997 – 8 U 865/97, OLGR 1998, 101; OLG Schleswig NJW-RR 1999, 606, 607), sowie dem Stand der Erziehung (RGZ 98, 246; RG WarnR 1910 Nr 60; RG WarnR 1911 Nr 241; RG WarnR 1912 Nr 28; BGH VersR 1965, 48; BGH NJW 1980, 1044; BGH NJW 1984, 2575; Dahlgrün 56). Daraus lassen sich Art und Maß der von ihm drohenden Gefahr ableiten.

74 Allein entscheidend sind die **individuellen Eigenschaften** des Aufsichtsbedürftigen. Deren Feststellung wird jedoch dadurch erleichtert, dass mangels anderweitiger Indizien regelmäßig **typisierend von altersentsprechenden Eigenschaften und einem „normalen" Entwicklungsstand auszugehen ist** (BGH 10. 7. 1984 – VI ZR 273/82, NJW 1984, 2574, 2575). Verbreitet wird gar von einer tatsächlichen Vermutung dieses Inhalts gesprochen (LG Heilbronn VersR 1955, 414; Aden MDR 1974, 9, 10; Fuchs 221; Dahlgrün 114, 174; Albilt 238; dazu näher Rn 193). Maßgeblich bleiben jedoch die individuellen Gegebenheiten des Aufsichtsbedürftigen (OLG Hamm 9. 6. 2000 – 9 U 226/99, NJW-RR 2002, 236 f; OLG Hamm 8. 2. 2013 – I-9 U 202/12, MDR 2013, 655 f; eingehend: Bernau DAR 2005, 604, 607 ff mwNw). Praktisch bedeutsam werden sie freilich nur dort, wo sie negativ oder positiv vom regelmäßigen Normalbild abweichen. Verstärkte Aufsicht ist daher geboten, wenn der Minderjährige im Gegensatz zu anderen Kindern gleichen Alters Verhaltensauffälligkeiten gezeigt hat (OLG Hamm NJW-RR 1997, 344; Schoof 43). Bei volljährigen Aufsichtsbedürftigen spielt dagegen das Erforschen von „Normaleigenschaften" keine Rolle, da sie nur aufsichtsbedürftig iSd Norm sind, wenn und soweit ihre Eigenschaften gefahrbegründend von den altersgemäßen abweichen.

aa) „Normaleigenschaften"

75 Verbreitet werden in der Rspr Ausführungen zu den üblichen Eigenschaften und dem „normalen Entwicklungsstand" von Kindern gemacht (zB BGH NJW 1995, 3385; BGH NJW 1996, 1404, 1405; OLG Hamm VersR 1990, 743; OLG München FamRZ 1990, 159). Stets dienen solche Überlegungen als Basis für die konkrete Erörterung des Einzelfalls. So vorsichtig man mit solchen Erfahrungssätzen sein muss, geben sie doch eine wichtige Grundlage, von der aus die Anforderungen an die konkrete Aufsicht zu entwickeln sind, wenn entweder keine besonderen gefahrsteigernden oder -mindernden Eigenschaften vorgetragen sind oder es insoweit bei einem „non liquet" bleibt (Fuchs 221).

Generell verlaufen die fortschreitende Entwicklung des Kindes und das Wachsen der Fähigkeit zur vernunftmäßigen Verhaltenssteuerung umgekehrt proportional zum Grad der zur Gefahrenneutralisierung erforderlichen Aufsicht.

76 Als Leitlinien können die nach **Altersgruppen** abgestuften Anforderungen aus der Rspr dienen.

77 Wegen ihres Entwicklungsstands, der eine rationale Verhaltenssteuerung nicht zulässt, sind **Kleinkinder** (bis 4 Jahre) generell in ihrem Verhalten unberechenbar und impulsiv. Ihnen fehlt regelmäßig noch die Fähigkeit zu ruhiger Überlegung und Gefahreinschätzung (Schoof 45). Sie bedürfen daher allgemein besonderer und ständiger Aufsicht (BGH 19. 1. 2021 – VI ZR 210/18, VersR 2021, 452 Rn 11; OLG Köln VersR 1969, 44,

45; OLG Düsseldorf VersR 1992, 1233; OLG Hamm r+s 2000, 237, 238; OLG Stuttgart 12. 3. 2008 – 4 U 58/07, NZV 2009, 191, 195; Fuchs 230; kritisch zu dieser starren Altersgrenze Schultes, VersR 2021, 1011, 1017 f). Dabei wird es als grundsätzlich zulässig angesehen, wenn ein Kleinkind sich in einer überschaubaren Wohnung ohne ständige Aufsicht bewegt (OLG Düsseldorf NJW-RR 2002, 235; OLG Saarbrücken 22. 12. 2022 – 4 U 50/21, FamRZ 2023, 1213, 1214 f; LG Potsdam NJW-RR 2002, 1543). Gleiches gilt für einen Garten, in dem kein gefährliches Spielzeug zur Verfügung steht und die Kinder keine verletzungsanfälligen Tätigkeiten ausüben (LG Oldenburg 10. 1. 2007 – 5 O 1003/06). Zu beachten ist jedoch stets, dass Kleinkinder aufgrund ihrer Unerfahrenheit und Unbesonnenheit regelmäßig nicht in der Lage sind, die in ihrer Umgebung befindlichen Gefahren zu erkennen oder gar zu beherrschen. Hinzu kommt, dass für Kleinkinder schon aus Situationen eine Gefahr resultieren kann, welche für andere, ältere Personen völlig ungefährlich sind. Der Aufsichtspflichtige muss daher umfassend sicherstellen, dass er stets die Möglichkeit hat, Gefahrensituationen in kürzester Zeit zu erkennen und sachgerecht einzugreifen (BGH 19. 1. 2021 – VI ZR 210/18, VersR 2021, 452 Rn 11; OLG Hamm r+s 2000, 237, 238; OLG Düsseldorf NJW-RR 2002, 235).

Für **4-jährige** Kinder ist das Überqueren eines Fußgängerüberwegs mit einem Roller 78
noch ein schwieriges Unterfangen (OLG Hamm NZV 1995, 112). Spielen sie nicht auf einem eingefriedeten Grundstück mit verschlossener Pforte, sondern im öffentlichen Verkehrsraum, ist eine unmittelbare Beaufsichtigung an Ort und Stelle erforderlich (LG Lüneburg NJW-RR 1998, 97). In einem Schwimmbad müssen sie dauernd beaufsichtigt werden (LG Mannheim VersR 1999, 103; s auch Rn 151). Dennoch ist in diesem Alter regelmäßig die Grenze für eine permanente Überwachung anzusiedeln (vgl OLG Hamm VersR 1999, 843). Die Zäsur erst ab Erreichen des Grundschulalters vorzunehmen (so Schoof 45), ist nicht gerechtfertigt. Die Überwachung von Kindern im Kindergartenalter „auf Schritt und Tritt" ist im Regelfall daher nicht mehr erforderlich (OLG Düsseldorf VersR 1996, 710; OLG Hamm MDR 1999, 677; OLG Hamm VersR 2000, 457).

5-jährige Kinder sind noch recht impulsiv und können ihre Gefühle nicht immer zü- 79
geln. Sie geben bis zu einem gewissen Grad Handlungsimpulsen nach, sodass es zu Regelverstößen kommen kann (vgl Eberl-Borges LMK 2010, 295924 mit Hinweisen auf weiterführende entwicklungspsychologische Literatur). Dennoch müssen sie nicht mehr ständig überwacht werden. Kindern in diesem Alter ist bereits die Möglichkeit zum Aufenthalt und Spielen im Freien ohne unmittelbare Gegenwart der Eltern zu eröffnen (BGH VersR 1964, 314). Sie dürfen auf einem Spielplatz, Sportgelände oder in einer Wohngegend ohne besondere Gefahrenquellen (Bürgersteig einer ruhigen Wohnstraße, vor allem Spielstraße [§ 42 Abs 4a StVO, Zeichen 325]) durchaus allein außerhalb des Hauses spielen, solange dem Aufsichtspflichtigen die Möglichkeit sofortigen Eingreifens verbleibt. Das Verhalten ist jedoch regelmäßig in Abständen von höchstens 30 Minuten zu kontrollieren, weil bei einer längeren unbeaufsichtigten Verweildauer damit zu rechnen ist, dass das Kind auf den Gedanken kommt bzw sich von anderen Kindern verleiten lässt, den Spielplatz zu verlassen und Streiche zu begehen (BGH 24. 3. 2009 – VI ZR 51/08, NJW 2009, 1952 Rn 15 f mit zust Anm Eberl-Borges LMK 2010, 295924; für einen Kontrollabstand von bis zu einer Stunde dagegen die Vorinstanz: LG Bochum NZV 2008, 347, 348 mit **abl** Anm Bernau NZV 2008, 329; vgl auch OLG Hamm NJW-RR 1997, 344: 15 Minuten; LG Bayreuth DAR 1998, 143, 144: 30 Minuten). Ein altersgerecht entwickeltes 5-jähriges Kind ist, wenn es bereits seit einem Jahr mit dem Fahrradfahren vertraut ist, üblicherweise in der Lage, die Funktionen des Fahrrads weitgehend zu

beherrschen. Die Eltern genügen der Aufsichtspflicht, wenn sie sich in Sichtkontakt und einer Entfernung von 15 bis 20 Schritten vom Kind aufhalten (LG Düsseldorf VersR 1994, 484; näher Rn 136).

80 **6-jährige** Kinder dürfen, sofern ihre individuellen Fähigkeiten es zulassen, frei und unbeobachtet in einer Spielstraße Fahrrad fahren (OLG Hamm 9. 6. 2000 – 9 U 226/99, NJW-RR 2002, 236, 237 f; LG Bielefeld 7. 10. 2003 – 20 S 116/03, NJOZ 2004, 268; allgemein auf das Wohnumfeld abstellend und deshalb zu weitgehend: AG Brühl ZfS 2002, 275; für eine Aufsichtspflichtverletzung bei unbeaufsichtigtem Radfahren eines 6-jährigen Kindes in einer verkehrsberuhigten Straße, die eine Straße mit einer zulässigen Höchstgeschwindigkeit von 30 km/h kreuzt: AG Neuss 30. 11. 2001 – 34 C 3079/01, NJOZ 2003, 760). Bei ihnen soll eine halbstündige stichprobenartige Kontrolle des Spielgeschehens zureichend sein (OLG München FamRZ 1997, 740, 741). Kindern in diesem Alter müssen im Rahmen einer verantwortungsvollen Erziehung Freiräume geschaffen werden, bei denen ein sofortiges Eingreifen des Aufsichtspflichtigen nicht möglich ist (OLG Hamburg 26. 2. 1999 – 1 U 110/98, OLGR 1999, 190, 192). Es besteht grds kein genereller Anlass, 6- bis 8-jährige Kinder ohne Weiteres regelmäßig auf den Besitz von Streichhölzern oder Feuerzeugen hin zu durchsuchen (BGH VersR 1969, 523; OLG Celle 15. 6. 1994 – 9 U 63/93, OLGR 1994, 221; BGH 20. 3. 2012 – VI ZR 3/11, NJW 2012, 2425 Rn 17 mwNw; RAUSCHER JuS 1985, 757, 762).

81 **7- bis 8-jährige** Kinder haben üblicherweise die Fähigkeit, sich den Ermahnungen entsprechend zu verhalten, sodass es keiner Überwachung auf Schritt und Tritt bedarf (BGH NJW 1995, 3385; BGH NJW 1996, 1404, 1405; OLG Düsseldorf r+s 1997, 413). Sie sind eher in der Lage, Handlungsimpulse zu unterdrücken und sich an vorgegebene Regeln zu halten (EBERL-BORGES LMK 2010, 295924). Sie dürfen deshalb bereits unbeaufsichtigt über einen Zeitraum von bis zu zwei Stunden auf dem Spielplatz spielen, wenn sie dahingehend belehrt wurden, dass sie den Spielplatz nicht verlassen dürfen. Anders als bei kleineren Kindern ist auch eine Kontrolle in regelmäßigen Abständen nicht erforderlich. Es genügt, wenn sich die Eltern über ihr Tun und Treiben in groben Zügen einen Überblick verschaffen, sofern nicht ein besonderer Aufsichtsanlass besteht, weil ansonsten die vernünftige Entwicklung des Kindes, vor allem das Erlernen des Umgangs mit Gefahren, eingeschränkt wäre (BGH 24. 3. 2009 – VI ZR 199/08, NJW 2009, 1954 Rn 13 mit zust Anm BERNAU DAR 2009, 390 f u EBERL-BORGES LMK 2010, 295924; vgl auch LANG jurisPR-VerkR 7/2012 Anm 1). Für Kinder der Altersgruppe von sieben Jahren bis zum vollendeten 10. Lebensjahr stellt sich die Frage, wie sich der aus § 828 Abs 2 BGB folgende weitgehende Ausschluss der deliktischen Verantwortlichkeit bei Unfällen im Straßen- und Bahnverkehr auswirkt. Er beruht auf der Erkenntnis, dass Kinder frühestens ab dem vollendeten 10. Lebensjahr imstande sind, die besonderen Gefahren des motorisierten Verkehrs zu erkennen und sich den erkannten Gefahren entsprechend zu verhalten. Die körperlichen Bedingungen erlauben es den Kindern erst ab diesem Alter, Entfernungen und Geschwindigkeiten richtig einzuschätzen. Daneben stehen kindliche Eigenheiten wie Lauf- und Erprobungsdrang, Impulsivität, Affektreaktionen, mangelnde Konzentrationsfähigkeit und gruppendynamisches Verhalten oft einem verkehrsgerechten Verhalten entgegen (Begr des RegE BT-Drucks 14/7752, 16, 26; vgl auch SCHEFFEN ZRP 2001, 380; BOLLWEG NVZ 2000, 185, 186; KARCZEWSKI VersR 2001, 1070; HESS/BULLER ZfS 2003, 218, 219 mwNw).

Für Kinder der Altersgruppe von sieben Jahren bis zum vollendeten 10. Lebensjahr stellt sich die Frage, wie sich der aus § 828 Abs 2 BGB folgende weitgehende Ausschluss der deliktischen Verantwortlichkeit bei Unfällen im Straßen- und Bahnverkehr auswirkt. Er beruht auf der Erkenntnis, dass Kinder frühestens ab dem vollendeten 10. Lebensjahr imstande sind, die besonderen Gefahren des motorisierten Verkehrs zu erkennen und sich den erkannten Gefahren entsprechend zu verhalten. Die körperlichen Bedingungen erlauben es den Kindern erst ab diesem Alter, Entfernungen und Geschwindigkeiten richtig einzuschätzen. Daneben stehen kindliche Eigenheiten wie Lauf- und Erprobungsdrang, Impulsivität, Affektreaktionen, mangelnde Konzentrationsfähigkeit und gruppendynamisches Verhalten oft einem verkehrsgerechten Verhalten entgegen (Begr des RegE BT-Drucks 14/7752, 16, 26; vgl auch Scheffen ZRP 2001, 380; Bollweg NVZ 2000, 185, 186; Karczewski VersR 2001, 1070; Hess/Buller ZfS 2003, 218, 219 mwNw). Welche Konsequenzen daraus für die elterliche Aufsichtspflicht zu ziehen sind, ist strittig (umf Nachw bei Bernau NZV 2005, 234 ff). Teilweise wird davon ausgegangen, dass der Gesetzgeber mit der Haftungsprivilegierung Kindern unter zehn Jahren von Amts wegen völlige verkehrsrechtliche Inkompetenz bescheinigt und damit konsequenterweise eine Haftungsverlagerung auf die Eltern stattgefunden habe (Schmarsli PVR 2002, 355; ähnlich: Jaeger/Luckey Rn 305 f, 320; AG Neuss 30. 11. 2001 – 34 C 3079/01, NJOZ 2003, 760). Zum Teil wird eine gemäßigte Verschärfung der Aufsichtshaftung aus § 832 Abs 1 BGB gefordert (so schon Steffen VersR 1998, 1449, 1451; Steffen ZRP 1998, 147, 148; Erman/Wilhelmi § 832 Rn 7; Dauner-Lieb/Heidel/Lepa/C Huber, Das Neue Schuldrecht [2002] Kap 16 Rn 80.11; C Huber, Das neue Schadensersatzrecht [2003] § 3 Rn 68, 70 f). Die weit überwiegenden Stimmen lehnen eine Ausweitung der Aufsichtspflichten aber ab (OLG Oldenburg VersR 2005, 807; OLG Koblenz 21. 1. 2009 – 12 U 1299/08, SP 2009, 280; MünchKommBGB/Wagner § 832 Rn 38; Pardey DAR 2001, 1, 7; Pardey DAR 2004, 499, 508; H F Müller ZfS 2003, 433, 434; Hess/Burmann NJW-Spezial 2005, 15, 16; Hess/Jahnke 61; Friedrich VersR 2005, 1660; Greger/Zwickel § 8 Rn 15; Bernau NZV 2005, 234, 236 ff; Bernau DAR 2005, 604, 609 f; Baumgärtel/Laumen/Prütting/Luckey [5. Aufl 2023] Rn 6; Lang jurisPR-VerkR 7/2012 Anm 1; Lang r+s 2011, 409, 410 f; Diehl DAR 2007, 451, 453; Siegel SVR 2008, 452; Oechsler NJW 2009, 3185, 3188 f; BeckOK-BGB/Förster [1. 5. 2026] § 832 Rn 33).

Die letztgenannte Ansicht ist zutreffend (anders noch Staudinger/Belling [2012] § 832 Rn 81). Die Haftungsprivilegierung des Kindes in § 828 Abs 2 BGB hat keine Auswirkungen auf die Aufsichtshaftung der Eltern aus § 832 Abs 1 BGB. Von den Vertretern einer Verschärfung der Aufsichtshaftung wird angeführt, dass der Gesetzgeber in § 828 Abs 2 BGB gerade den alters- und körperlich bedingten Defiziten des Kindes im motorisierten Straßenverkehr Rechnung trägt, mithin in der Konsequenz die verkehrsrechtliche Verantwortung auf die Eltern verlagert wird. Nach diesen Stimmen muss die bestehende haftungsrechtliche Einstandspflicht der Eltern entsprechend ausgeweitet werden, um so die Rechte des geschädigten Dritten umfassend zu schützen, damit dieser den durch ein Kind verursachten Schaden nicht entschädigungslos als sein allgemeines Lebensrisiko hinnehmen muss. Gegen diese geforderte Aufsichtsverschärfung ist einzuwenden, dass dadurch die entwicklungsbedingten Defizite des Kindes im motorisierten Straßenverkehr, welche seine haftungsrechtliche Privilegierung rechtfertigen, nicht ausgeglichen werden können. Aufsicht und Erziehung können die entwicklungsbedingten Defizite des Kindes nicht kompensieren. Mit einem durch ein Kind verursachten Schaden verwirklicht sich letztlich nur das allgemeine Lebensrisiko eines jeden Verkehrsteilnehmers. Es ist nicht Aufgabe der Eltern, dem geschädigten Dritten durch eine verschärfte Haftung sein allgemeines Lebensrisiko abzunehmen, zumal sich dieser selbst dagegen versichern kann.

Einer elterlichen Haftungsverschärfung stehen bereits die Tatbestandsvoraussetzungen des § 832 Abs 1 BGB entgegen. Die fehlende Eigenhaftung des Minderjährigen ist keine Tatbestandsvoraussetzung des § 832 Abs 1 BGB. Für die Anspruchsentstehung ist es unerheblich, ob der Minderjährige selbst deliktsrechtlich haftet. Ein Verschulden des Aufsichtsbedürftigen bei seiner rechtswidrig verursachten unerlaubten Handlung ist für die Aufsichtshaftung aus § 832 Abs 1 BGB nicht erforderlich, seine Deliktsunfähigkeit infolgedessen ohne Bedeutung (Rn 64). Nach nahezu einhelliger Auffassung stehen die Haftung der Eltern und die Eigenhaftung des Minderjährigen selbstständig nebeneinander (Rn 213). Die Eigenhaftung des Aufsichtsbedürftigen entlastet die Eltern daher nicht. Im Umkehrschluss muss das aber auch heißen, die fehlende Eigenhaftung des Minderjährigen darf die Eltern nicht noch mehr belasten, mithin nicht automatisch zu einer Aufsichtsverschärfung führen. Etwas anderes folgt auch nicht aus dem Normzweck des § 832 BGB. Zwar betonen die Gerichte wiederholt, dass mit § 832 BGB das Risiko, das von den Handlungen von Kindern für unbeteiligte Dritte ausgeht, in erster Linie den Erziehungsberechtigten auferlegt wird (BGH 10. 7. 1984 – VI ZR 273/82, NJW 1984, 2574, 2576; BGH NJW 1990, 2553, 2554; BGH NJW 1993, 1003; BGH NJW 1995, 3385, 3386; BGH NJW 1996, 1404; BGH NJW 1997, 2047, 2048; BGH NJW-RR 1987, 13, 14; BGH 24. 3. 2009 – VI ZR 51/08, NJW 2009, 1952 Rn 15; OLG Hamm VersR 1998, 722, 723; OLG München FamRZ 1997, 740, 741; OLG Düsseldorf 14. 5. 2014 – I-19 U 32/13, NJW-RR 2014, 1496 Rn 19; LG Berlin 5. 6. 2018 – 55 S 132/17, juris Rn 7). Über diese Hintertür darf die fehlende Eigenhaftung des Minderjährigen aber nicht in die Bestimmung des Aufsichtsmaßes eingeführt werden. Die Fragen der Deliktsunfähigkeit und der eigenen haftungsrechtlichen Verantwortlichkeit des Aufsichtsbedürftigen sind für die Anwendung von § 832 BGB ohne Bedeutung (BGH 29. 9. 1954 – VI ZR 206/53, VersR 1954, 558, 559; BGHZ 111, 282, 284 = NJW 1990, 2553, 2554; KG MDR 1997, 840). Aufgrund dessen ist es system- und sinnwidrig, die fehlende Eigenhaftung zur Begründung einer Aufsichtsverschärfung in § 832 Abs 1 BGB heranzuziehen. Weiterhin würde eine Verschärfung der gebotenen Aufsicht der Rechtsprechung zu § 832 Abs 1 BGB zuwiderlaufen. Es kommt für die Erfüllung der Aufsichtspflicht durch die Eltern nicht darauf an, ob sie generell ihrer Aufsichtspflicht nachgekommen sind. Vielmehr ist es entscheidend, ob die Eltern die ihnen obliegende Aufsicht im konkreten Fall und in Bezug auf die zur widerrechtlichen Schadenszufügung führenden Umstände erfüllt haben (BGHZ 111, 282, 284 = NJW 1990, 2553, 2554; BGH 10. 7. 1984 – VI ZR 273/82, NJW 1984, 2574, 2576; BGH NJW 1993, 1003; BGH 24. 3. 2009 – VI ZR 51/08, NJW 2009, 1952 Rn 8; BGH 24. 3. 2009 – VI ZR 199/08, NJW 2009, 1954 Rn 8; OLG Celle NJW-RR 1988, 216; KG MDR 1997, 840; OLG Hamm NJW-RR 2002, 236, 237; LG Potsdam NJW-RR 2002, 1543, 1544). Der BGH verwendet dabei zur Bestimmung der gebotenen Aufsicht überwiegend folgende, mitunter modifizierte, Formel (vgl dazu Bernau FamRZ 2007, 92, 98 f; Bernau FamRZ 2010, 937, 946 f u FamRZ 2026, 341, 348), wonach sich das Maß der gebotenen Aufsicht nach Alter, Eigenart und Charakter des Kindes sowie danach bestimmt, was den Aufsichtspflichtigen in ihren jeweiligen Verhältnissen zugemutet werden kann. Entscheidend ist, was verständige Aufsichtspflichtige nach vernünftigen Anforderungen unternehmen müssen, um die Schädigung Dritter durch ein Kind zu verhindern. Dabei kommt es für die Haftung nach § 832 BGB stets darauf an, ob der Aufsichtspflicht nach den besonderen Gegebenheiten des konkreten Falles genügt worden ist (BGH 24. 3. 2009 – VI ZR 51/08, NJW 2009, 1952 Rn 8; BGH 24. 3. 2009 – VI ZR 199/08, NJW 2009, 1954 Rn 8; BGH 20. 3. 2012 – VI ZR 3/11, NJW 2012, 2425 Rn 16; BGH 15. 11. 2012 – I ZR 74/12, NJW 2013, 1441 Rn 16; BGH 19. 1. 2021 – VI ZR 210/18, VersR 2021, 452 Rn 11; OLG Hamm 8. 2. 2013 – I-9 U 202/12, MDR 2013, 655; BGH 27. 12. 2024 – I-7 U 132/23, NJW 2025, 977 Rn 50; OLG Düsseldorf 26. 4. 2018 – 4 U 15/18, VersR 2018, 1191). Eine generelle Verschärfung des gebotenen Aufsichtsmaßes lässt sich damit nicht vereinbaren. Die konkrete Aufsichtssituation stellt sich bei der Teilnahme des Kindes am motorisierten Verkehr aber auch nach der Gesetzesnovellierung unverändert dar; lediglich die Haftungslage hat sich geändert. § 828 Abs 2 BGB trägt ausschließlich den Gefahren des motorisierten Verkehrs für Kinder Rechnung, ohne dass damit eine Aussage über die eigenen konkreten Fähigkeiten eines Kindes zwischen sieben und zehn Jahren im Straßenverkehr oder seine Verkehrserfahrung getroffen wird. Zudem findet die Aufsichtspflicht der Eltern nicht ihren Grund darin, dass jederzeit eine Haftpflicht im Falle der Schädigung durch ein Kind bereitsteht. Ihr innerer Grund besteht vielmehr in der durch die §§ 1626 ff, 1631 Abs 1 BGB bestimmten gesetzlichen Pflicht der Eltern (OLG Hamm NJW-RR 2002, 236, 237). Eine Verschärfung der gebotenen Aufsicht würde jedoch im Widerspruch zu den Vorgaben des § 1626 Abs 2 BGB stehen. Das Haftungsrecht darf sich mit seinen Wertungen nicht von denen eines modernen Familienrechts abkoppeln, weshalb § 1626 Abs 2 BGB auch für das Haftungsrecht eine verbindliche Vorgabe trifft (vBar, Gemeineuropäisches Deliktsrecht Bd 1 [1996] Rn 142). Die Aufsichtspflicht muss mit dem insgesamt anzustrebenden – und in § 1626 Abs 2 BGB normierten – Erziehungsziel in Einklang gebracht werden, dem Kind die Entwicklung seiner Persönlichkeit zu ermöglichen und ihm selbstständiges verantwortungsbewusstes Handeln anzuerziehen (BGH NJW 1980, 1044, 1045; BGH 15. 11. 2012 – I ZR 74/12, NJW 2013, 1441 Rn 26; OLG Düsseldorf NJW 1986, 2512, 2513; OLG Düsseldorf VersR 1988, 56; OLG Oldenburg r+s 1987, 224; OLG Celle NJW-RR 1987, 1384, 1385; OLG Celle NJW-RR 1988, 216; FamRZ 1998, 233; OLG Hamm FamRZ 1995, 167; NJW-RR 2002, 236, 237; OLG Koblenz NJW-RR 2002, 900). Dazu gehört auch eine sinnvolle Hinführung des Kindes durch die Eltern zu einem selbstständigen, verantwortungsbewussten und umsichtigen Verhalten im Verkehr (OLG Celle 19. 2. 2020 – 14 U 69/19 NJW-RR 2020, 407 Rn 58; OLG Koblenz 21. 1. 2009 – 12 U 1299/08, SP 2009, 280; OLG Hamm NJW-RR 2002, 236, 237; OLG Hamm 8. 2. 2013 – I-9 U 202/12, MDR 2013, 655, 656; LG Osnabrück 28. 2. 2019 – 4 S 172/18, juris Rn 25; LG Saarbrücken ZfS 2004, 9, 10; LG Bielefeld 7. 10. 2003 – 20 S 116/03, NJOZ 2004, 268, 269), die auch im Gemeinschaftsinteresse liegt (OLG Celle 19. 2. 2020 – 14 U 69/19, NJW-RR 2020, 407 Rn 58; OLG Koblenz 21. 12. 2009 – 12 U 1299/08, SP 2009, 280, 281). Dabei ist weiterhin zu bedenken, dass sich kindtypisches Fehlverhalten und Unvermögen im Straßenverkehr selbst bei sorgfältiger Ausübung der Aufsichtspflicht nie ganz verhindern lassen (LG München II 8. 11. 2011 – 8 O 2828/11, juris Rn 29; LG Köln NJW 2007, 2563, 2564; LG Saarbrücken ZfS 2004, 9, 10; LG Düsseldorf VersR 1994, 484, 485; AG Wetzlar VersR 2006, 1271, 1273; AG Gummersbach MDR 1986, 237; AG Meldorf DAR 1987, 388, 389). Schließlich ergibt sich auch aus den Gesetzesmaterialien zu § 828 Abs 2 BGB für eine Aufsichtsverschärfung kein Anhaltspunkt. Vielmehr folgt daraus das Gegenteil. So heißt es in dem von der Bundesregierung an den Bundesrat übersandten und dem späteren Gesetzesentwurf der Bundesregierung: Die Folge der Verbesserung der Rechtsstellung von Kindern im Straßenverkehr werde eine vermehrte Kostentragung des anderen Unfallbeteiligten sein. Damit sei die schwierige Frage nach einer interessengerechten Verteilung der Kostenlast zwischen dem nicht verantwortlichen Schadensverursacher und dem – abgesehen von der gesetzten Betriebsgefahr – nicht verursachenden Geschädigten gestellt. Sie sei grundsätzlich Letzterem zuzuweisen (BR-Drucks 742/01, 37; BT-Drucks 14/7752, 16). Die Problematik entstehender Haftungslücken war somit dem Gesetzgeber wohl bewusst. Seinem Schweigen kann damit ein Erklärungswert beigemessen werden. Eine Verschärfung der Elternhaftung als Folge der Gesetzesreform war von ihm nicht gewollt. Dem Gesetzgeber kam es mit der Novellierung von § 828 Abs 2 BGB allein darauf an, die Rechtsstellung von Kindern – unabhängig davon, ob sie „Täter" oder „Opfer" sind – im Straßenverkehr zu verbessern (BT-Drucks 14/7752, 16, 26). Aufgrund der gesetzgeberischen Wertung in § 828 Abs 2 BGB kann es deshalb zu hinzunehmenden Unbilligkeiten und Härten im Einzelfall kommen (vgl dazu LG Landau [Pfalz] 23. 9. 2010 – 1 S 120/10, juris Rn 6; AG Wetzlar VersR 2006, 1271, 1273). Die Familie ist durch das BVerfG zwar vor allem als eine Erziehungsgemeinschaft definiert, aber darüber hinaus auch als eine Wirtschaftsgemeinschaft (BVerfGE 99, 216, 299). Werden die aufsichtspflichtigen Eltern aus § 832 Abs 1 BGB in Anspruch genommen, wirkt sich die Haftung der Eltern auf die finanzielle und persönliche Lebensführung der gesamten Familie aus, also auch auf die des Kindes. Es kann und darf deshalb nicht sein, dass der linken Hand des anderen Unfallbeteiligten der Griff in die Familienkasse durch § 828 Abs 2 BGB nunmehr verwehrt, infolgedessen aber der Griff mit der rechten Hand – welcher zuvor nicht möglich war – über eine Verschärfung der Aufsichtshaftung aus § 832 Abs 1 BGB gestattet wird.

Daraus folgt aber nicht, dass Eltern ihr unter die Haftungsprivilegierung des § 828 Abs 2 BGB fallendes Kind, welches die dafür erforderlichen Fähigkeiten noch nicht hat, unbeaufsichtigt am Straßenverkehr teilnehmen lassen dürfen, ohne haftungsrechtliche Sanktionen fürchten zu müssen. Für das Bestehen der elterlichen Aufsichtspflicht ist weiter daran anzuknüpfen, ob ein entsprechender Aufsichtsanlass gegeben war, wofür die individuellen Eigenschaften des Aufsichtsbedürftigen und die Schadensgeneigtheit des Umfelds bzw der Situation maßgeblich sind (Rn 69, Rn 72). Entscheidend sind weiterhin allein die individuellen Fähigkeiten des Kindes und die jeweilige Verkehrssituation.

82 Kindern im Alter von **8 bis 9 Jahren** muss das Spielen im Freien ohne direkte Aufsicht auch in einem räumlichen Bereich gestattet sein, welcher dem Aufsichtspflichtigen ein sofortiges Eingreifen nicht ermöglicht (BGH NJW 1997, 2047, 2048; BGH 20. 3. 2012 – VI ZR 3/11, NJW 2012, 2425 Rn 18 mwNw). Ein sorgfältig eingewiesenes Kind im Grundschulalter kann auch seinen Schulweg allein bewältigen (LG Berlin VersR 1967, 237), sofern die dabei auftretenden Verkehrssituationen nicht zu einer Überforderung des Kindes führen (soeben Rn 81 und Rn 134).

83 Ein **11-Jähriger** darf in der Regel für einige Zeit allein in der Wohnung gelassen werden (BGH 8. 1. 1957 – VI ZR 154/55, VersR 1957, 131). In diesem Alter ist eine dauernde Beaufsichtigung nicht erforderlich (AG Köln VersR 1997, 492). Eine Überwachung auf Schritt und Tritt und eine regelmäßige Kontrolle, etwa in halbstündigen Abständen, ist bei 10- bis 11-jährigen Kindern bereits unangemessen (BGH NJW 1996, 1404, 1405; OLG Dresden NJW-RR 1997, 857, 858; OLG Zweibrücken NZV 2007, 207). Nach Ende des Grundschulalters (12 Jahre) sind Überwachungen in regelmäßigen Zeitabständen nicht mehr notwendig. Die Eltern müssen sich in groben Zügen in unregelmäßigen Abständen einen Überblick über das Tun ihrer Kinder verschaffen, weil gerade Kinder diesen Alters, die sich unbeaufsichtigt fühlen, noch zu Unfug neigen (Schoof 45 mwNw).

84 **13-jährige** Kinder haben bei normalem Entwicklungsverlauf bereits ein Maß an Eigenverantwortlichkeit entwickelt, dass eine permanente Beaufsichtigung nicht mehr angezeigt ist (LG Erfurt NVwZ-RR 1999, 363; OLG Hamburg VersR 1973, 828). Es sind allgemein erzieherische Hinweise geboten über die generelle Gefährlichkeit des Umgangs mit Wurfgeschossen oder ähnlich verletzungsgeeigneten Gegenständen. Eine speziellere Belehrung ist nur bei einem besonderen Anlass erforderlich (OLG Celle VersR 1999, 192).

Bei **Jugendlichen (14–16 Jahre)** verringert sich wiederum der Umfang der Beaufsichtigung (Schoof 45). Die Grenze wird spätestens dort zu setzen sein, wo die Eltern ihre Kinder sich mehr oder weniger selbst überlassen und sich nur noch sporadisch für das Verhalten und die Freizeitgestaltung interessieren. 14-Jährige ohne nennenswerte Einschränkungen des intellektuellen oder psychischen Entwicklungsstands dürfen ihre Freizeit nachmittags auch mehrere Stunden lang ohne elterliche Aufsicht verbringen (OLG Frankfurt NJW-RR 2005, 1188). Die Verpflichtung eines Sportvereins, 15- und 16-jährige Wettkampfteilnehmer beim Duschen zu beaufsichtigen, um sie von der Verursachung von Schäden an den Sanitäreinrichtungen abzuhalten, besteht ohne besonderen Anlass nicht (AG Halle [Saale] 1. 10. 2009 – 93 C 1076/09, juris Rn 17). 85

Minderjährige, die kurz vor der Volljährigkeit stehen und deren Lebensführung bislang sonst keinen Anlass zu außergewöhnlichen Maßnahmen gab, bedürfen kaum noch der Aufsicht (RG Recht 1909 Nr 681; BGH 29. 11. 1951 – III ZR 11/51, LM Nr 1 = VersR 1952, 53, 54; s auch RG JW 1914, 298 betr das Maß der Aufsichtspflicht bei einem fast volljährigen Sohn, der sich zu Erwerbszwecken außerhalb des Elternhauses aufhält; OLG Celle FamRZ 2000, 1214). Generell kann davon ausgegangen werden, dass **17-Jährige** auch über einen längeren Zeitraum hinweg sich selbst überlassen werden können (OLG Hamm 2. 5. 1991 – 6 W 7/91, OLGZ 1992, 95, 96: urlaubsbedingte Abwesenheit der Eltern; vgl allg Fuchs 240). Auch 17-Jährige sind aber noch über die Gefahr der Urheberrechtsverletzung bei der Benutzung von Tauschbörsen im Internet zu belehren (LG Düsseldorf 24. 8. 2011 – 12 O 177/10, ZUM-RD 2011, 696; vgl Rn 152). 86

bb) Abweichende individuelle Eigenschaften

Von besonderer Bedeutung sind individuelle Eigenarten des Aufsichtsbedürftigen, die sich gefahrsteigernd auswirken und daher einen **besonderen Aufsichtsanlass** bewirken. Die Bedeutung solcher gesteigerter Aufsichtsanlässe umschreibt der BGH treffend: „Außergewöhnliche Gefahren erfordern im Einzelfall auch ein außergewöhnliches Maß an Aufsicht" (BGH NJW 1996, 1404 f; BGH NJW 1995, 3385 f; OLG Hamm FamRZ 1990, 741 f). Der Normalmaßstab finde daher keine Anwendung auf Kinder, bei denen davon auszugehen ist, dass sie sich den Belehrungen des Aufsichtspflichtigen verschließen, die Erfahrungen des Lebens mit seinen Gefahren nicht in sich aufnehmen und ihr Verhalten nicht im Allgemeinen altersentsprechend danach ausrichten (BGH NJW 1997, 2047, 2048; LG Landau NJW 2000, 2904). Die außergewöhnlichen Umstände, welche eine Beaufsichtigung auf Schritt und Tritt notwendig werden lassen, müssen konkret festgestellt werden. Der bloße Vortrag des Geschädigten, die Kinder seien milieugeschädigt oder verhaltensgestört, reicht nicht aus, selbst wenn es sich um Heimkinder handelt. Auch hier ist individuell zu ergründen, ob und ggf welche Verhaltensstörungen oder welche Aggressionsbereitschaft bestand. Es sind Tatsachen festzustellen, aus welchen sich beim Aufsichtspflichtigen das Misstrauen, dass bei den Kindern mit gefährlichen Streichen zu rechnen ist, ergeben musste (BGH NJW 1997, 2047, 2048). Zu beachten ist in diesem Zusammenhang, dass nicht jede Verfehlung den Schluss zulässt, das Kind neige zu üblen Streichen oder Straftaten. Das einen Verstoß gegen die Hausordnung begründende häufigere „offen Stehenlassen" 87 der Eingangstür ist zB noch als nachvollziehbares und typisches Verhalten eines 5-Jährigen einzuordnen (BGH 24. 3. 2009 – VI ZR 51/08, NJW 2009, 1952 Rn 11).

88 Denkbar sind allerdings auch individuelle Besonderheiten, die einen Aufsichtsanlass mindern können (Beispiel: 5-Jähriger fährt geübt auf verkehrsberuhigten Flächen Fahrrad, AG Bersenbrück VersR 1994, 108). Praktisch relevanter sind dagegen vor allem geringer Erziehungsstand, Charaktermängel, schadensträchtige Gewohnheiten. Im Einzelnen seien genannt:

89 Der **Stand und der bisherige Erfolg der Erziehung** ist ein entscheidender Gradmesser zur Bestimmung des Gewichts des Aufsichtsanlasses (RG JW 1926, 1149; BGH 8. 1. 1957 – VI ZR 154/55, VersR 1957, 131; BGH 21. 12. 1956 – VI ZR 202/55, VersR 1957, 370; BGH 26. 1. 1960 – VI ZR 18/59, VersR 1960, 355; BGH 29. 5. 1962 – VI ZR 231/61, VersR 1962, 783; BGH NJW 1980, 1044; BGH NJW 1993, 1003; OLG Düsseldorf NJW-RR 1997, 343; OLG Jena 21. 10. 1997 – 8 U 865/97, OLGR 1998, 101). Zwar müssen auch an sich wohlerzogene Kinder beaufsichtigt werden (RG Recht 1911 Nr 1554). Je weniger Erfolg die bisherigen Erziehungsbemühungen jedoch gezeitigt haben, desto größer ist der Aufsichtsanlass (RGZ 98, 246; RG WarnR 1910 Nr 60; RG WarnR 1911 Nr 241; RG WarnR 1912 Nr 28; BGH VersR 1965, 48; BGH NJW 1980, 1044; BGH NJW 1984, 2575; BGH NJW 1995, 3385; BGH NJW 1996, 1404; OLG Hamm VersR 1990, 743, 744; OLG Düsseldorf NJW-RR 1997, 343; OLG Jena 21. 10. 1997 – 8 U 865/97, OLGR 1998, 101; Dahlgrün 56). Mit Recht wird darauf hingewiesen, dass Erziehung und Aufsicht iRd § 832 BGB zu trennen sind und nur die Verletzung der konkreten Aufsichtspflicht und nicht etwa ein allgemeines Versagen bei der Erziehung den Haftungsgrund darstellt (RG WarnR 1914 Nr 217; BGH 3. 12. 1957 – VI ZR 265/56, VersR 1958, 85, 86; OLG Köln VersR 1975, 162; OLG Koblenz VersR 1980, 753; Fuchs 146). Dass sich jedoch der Erfolg oder Misserfolg der bisherigen Erziehung auf das Maß des konkreten Aufsichtsanlasses auswirkt, ist evident; dessen (mittelbare) Berücksichtigung iRd § 832 BGB verstößt deshalb nicht gegen die Beschränkung von § 832 BGB auf die Fälle gerade der Aufsichts- (und nicht der Erziehungs-)pflichtverletzung (Fuchs 202). Der Erziehungserfolg und das Maß der anzuwendenden Aufsicht stehen mithin in einer Wechselwirkung (OLG Jena 21. 10. 1997 – 8 U 865/97, OLGR 1998, 101).

90 Bei Minderjährigen, die zu üblen Späßen neigen, sich als **schwer erziehbar** erwiesen haben oder eine erheblich verringerte Einsichtsfähigkeit zeigen oder gar schon **straffällig** geworden sind, besteht ein besonders gewichtiger Aufsichtsanlass (BGH NJW 1980, 1044, 1045; BGH NJW 1995, 3385; BGH NJW 1996, 1404; BGH NJW 1997, 2047, 2048; OLG Hamm NJW-RR 1988, 798; OLG Hamburg NJW-RR 1988, 799; OLG Dresden NJW-RR 1997, 857, 858; AG Flensburg NJW-RR 1999, 1041; LG Zweibrücken NJW-RR 2005, 1546). Die sich daraus ergebenden gesteigerten Anforderungen gelten vor allem für die vertragliche Übernahme der Aufsichtspflicht durch Heime für schwererziehbare Kinder im schulpflichtigen Alter (BGH VersR 1965, 48; OLG Hamm NJW-RR 1988, 798; AG Flensburg NJW-RR 1999, 1041; LG Zweibrücken NJW-RR 2005, 1546). Ein hohes Maß an Aufsicht (BGH NJW 1996, 1404, 1405; OLG Hamburg NJW-RR 1988, 799), vor allem durch zeitlich enge Kontrollen des Verhaltens (OLG Dresden NJW-RR 1997, 857, 858), ist geboten. Es ist daher regelmäßig zu fordern, dass diese Kinder einer Aufsicht „auf Schritt und Tritt“ unterzogen werden (BGH NJW 1997, 2047, 2048). Eine gefängnisartige Einschließung ist allerdings nicht erforderlich, auch bei der Aufsicht über einen straffälligen, heimuntergebrachten Jugendlichen ist dem Aufsichtspflichtigen ein gewisser Freiraum für vertretbare pädagogische Maßnahmen zu belassen (OLG Hamm NJW-RR 1988, 798; LG Zweibrücken NJW-RR 2005, 1546; AG Kiel BeckRS 2007, 13367).

Ferner begründen folgende Fälle individuell gesteigerte Aufsichtsanlässe: Abgleiten eines Jugendlichen in die Drogenszene wegen der damit verbundenen Gefahr der Beschaffungskriminalität; **schwere Verhaltensgestörtheit** mit ausgeprägter Aggressionsneigung (BGH NJW 1995, 3385; OLG Hamm VersR 1990, 743); bereits mehrfach zu Tage getretene **Zündelneigung** (BGH NJW 1996, 1404; BGH NJW 1997, 2047, 2048); Neigung eines Kindes zu **Rennfahrten mit dem Fahrrad** (BGH 27. 6. 1961 – VI ZR 202/60, VersR 1961, 838) oder zu **Fußballspielen auf öffentlichen Straßen** (BGH 19. 9. 1961 – VI ZR 233/60, VersR 1961, 998). Es entspricht allgemeiner Erfahrung, dass Kinder mit zunehmendem Alter sich den Belehrungen der Erziehungsberechtigten nicht grundsätzlich verschließen, die Erfahrungen des Lebens mit seinen Gefahren in sich aufnehmen und ihr Verhalten entsprechend ausrichten. Bleibt ein Kind dagegen etwa aufgrund seiner **psychischen** Situation in seinem Entwicklungszustand hinter gleichaltrigen Kindern zurück, geht von ihm für Dritte eine erhöhte Gefahr aus, die eine intensivere Beaufsichtigung erfordert. Dennoch ist ihnen ein dem Grad ihrer Entwicklung entsprechender Raum einzuräumen, um ihre Entwicklungsmöglichkeiten nicht unangemessen zu beschränken. So darf auch ein 8-jähriges unter Autismus leidendes Kind unter elterlicher Aufsicht auf einem Fahrrad am Straßenverkehr teilnehmen. Soweit sich Ähnliches nicht bereits in der Vergangenheit ereignet hat, muss der Aufsichtspflichtige nicht damit rechnen, dass das Kind überraschend „davonfährt“ und einen Schaden verursacht (LG Landau SVR 2011, 308). 91

Eine spezielle Eigenschaft des Aufsichtsbedürftigen ist bei der Bewertung des Aufsichtsanlasses jedoch nur zu berücksichtigen, wenn gerade sie Einfluss auf die Verursachung des konkreten Schadens hatte (BGH 1. 10. 1957 – VI ZR 262/56, VersR 1957, 799). 92

Auch bei einem prinzipiell gesteigerten Aufsichtsanlass, wenn etwa eine Zündelneigung bereits zutage getreten ist, bleiben **Exzesse** des Aufsichtsbedürftigen bei der Bewertung des Aufsichtsanlasses außer Betracht, sofern der Aufsichtspflichtige damit wegen ihrer Außergewöhnlichkeit unter keinen Umständen hätte rechnen müssen. So hatte ein 6-Jähriger die Kleidung seines Spielkameraden angezündet. Der Täter war vorher zwar schon einmal wegen Kokelns aufgefallen. Mit dem Anzünden von Menschen war gleichwohl nicht zu rechnen. Darauf hätten sich die Aufsichtspflichtigen daher nicht einstellen und etwa Besuche bei anderen Kindern verbieten müssen. Die Mutter des Täters wurde jedoch deshalb verurteilt, weil die Tat darauf schließen lasse, dass die wegen der bekannten Neigungen besonders intensiv zu erwartenden Ermahnungen und Warnungen der Mutter offenbar nicht eindringlich genug gewesen seien (OLG Oldenburg FamRZ 1994, 834). Für die Mutter eines bisher unauffälligen und erzieherisch beeinflussbaren 11-jährigen Jungen wurde es als nicht vorhersehbar angesehen, dass dieser, nach der Aufforderung des geschädigten Nachbarn, doch an anderer Stelle Fußball zu spielen, unmittelbar unter ihrem Fenster „ausrastet“ und aus Rache den Lack vom Pkw des Nachbarn nahezu ganzflächig mit einem Nagel zerkratzt (AG Köln VersR 1997, 492; s auch OLG Frankfurt MDR 2001, 752, 753). 93

b) Schadensgeneigtheit des Umfelds/Gefährlichkeit des Verhaltens

94 Die Eigenschaften des Aufsichtsbedürftigen gewinnen ihre eigentliche Aussagekraft für die konkrete Gewichtung des Aufsichtsanlasses erst im Zusammenspiel mit der Schadensgeneigtheit des Umfelds, in dem sich der Aufsichtsbedürftige aufhält (BGH 19. 1. 2021 – VI ZR 210/18, VersR 2021, 452 Rn 11), bzw der Gefahrenträchtigkeit des Verhaltens. So kann die Aufsichtspflichtverletzung gerade darin bestehen, dass der Aufsichtspflichtige den durch eine konkrete Gefahrenlage gesteigerten Anforderungen nicht mehr genügt (OLG Hamm MDR 1999, 677). Erst aus der Relation beider Faktoren erwächst ein **flexibles System abgestufter Aufsichtsanlässe**. Auch diese Faktoren stehen somit zueinander in einer inhaltlichen Wechselbeziehung (OLG Hamm 9. 6. 2000 – 9 U 226/99, NJW-RR 2002, 236 f; OLG Hamm 8. 2. 2013 – I-9 U 202/12, MDR 2013, 655 f).

95 Für **Kleinkinder** (bis ca 4 Jahre) lässt sich der Grundsatz aufstellen, dass bereits ohne nähere Prüfung der Schadensgeneigtheit des Umfelds und der Gefährlichkeit des Verhaltens stets ein Aufsichtsanlass gegeben ist (BGH 19. 1. 2021 – VI ZR 210/18, VersR 2021, 452 Rn 11; BGH 19. 1. 2021 – VI ZR 194/18, VersR 2021, 460 Rn 14). Je älter das Kleinkind ist, desto eher ist eine Durchbrechung dieses Grundsatzes vorstellbar. So haben die Eltern eines 2-Jährigen ersichtlich unterschiedlichen Anlass zur Aufsicht, je nachdem, ob sich das Kind in einem geschützten **Garten** ohne Nähe zum Straßenverkehr aufhält (vgl LG Oldenburg 10. 1. 2007 – 5 O 1003/06, juris Rn 23 ff) oder ob es in einem stark besuchten **Kaufhaus** zwischen den Kunden auf dem Boden krabbelt (s zum letztgenannten Fall OLG Düsseldorf FamRZ 1980, 181; ferner OLG Hamm r+s 2000, 237, 238). Bereits 3½-jährige Kinder müssen im Kaufhaus aber nicht mehr permanent im Auge behalten oder an die Hand genommen werden. Es genügt, wenn sich der Aufsichtspflichtige in Hörweite befindet (AG Konstanz 10. 5. 2007 – 4 C 43/07, NJOZ 2007, 6000). Hingegen sind bei einem Reitturnier, auf dem aufgrund der unübersichtlichen örtlichen Gegebenheiten jederzeit die Gefahr besteht, dass ein Kind unvermittelt in Kontakt mit einem Pferd gerät, Eltern verpflichtet, ihr knapp dreijähriges Kind unmittelbar bei sich zu behalten und sein Entfernen um auch nur wenige Meter nicht zuzulassen (BGH 19. 1. 2021 – VI ZR 210/18, VersR 2021, 452 Rn 11 f; BGH 19. 1. 2021 – VI ZR 194/18, VersR 2021, 460 Rn 14 f). Ein **4-jähriges Kind** darf niemals ohne Begleitung Erwachsener eine belebte **Straße** überqueren (BGH NJW 1968, 249), wohl aber auf einem **Spielplatz** in der Nähe des Elternhauses eine gewisse Zeit unbeaufsichtigt spielen (BGH 19. 11. 1963 – VI ZR 96/63, VersR 1964, 313, 314). Bei einem Spielplatz handelt es sich nicht um ein besonders schadensgeneigtes Umfeld, selbst wenn der Spielplatz an einen Parkplatz grenzt oder mehrere Kinder anwesend sind (LG Bochum NZV 2008, 347, 348). Im Alter von vier Jahren ist ohne unmittelbare Aufsicht auch das Spielen auf einem **eingefriedeten Grundstück** mit abgeschlossener Pforte, nicht jedoch im **öffentlichen Verkehrsraum** möglich (LG Lüneburg NJW-RR 1998, 97 f). Kinder dieses Alters dürfen nicht in einem auf einer abschüssigen Straße geparkten Fahrzeug zurückgelassen werden (OLG Düsseldorf 14. 11. 1991 – 13 U 68/91, OLGR 1992, 58 – Lösen der Handbremse). Gleiches gilt für ein auf einem Verkehrsflughafen unmittelbar vor einem Flugzeug mit laufendem Motor stehendes Flughafenfahrzeug (OLG Stuttgart 12. 3. 2008 – 4 U 58/07, NZV 2009, 191; Rn 142). Ein **6-jähriges Kind** muss auf einem **Bauernhof** mit Landtechnik (Futtersilo) mindestens halbstündig zum Spielgeschehen kontrolliert werden, nachdem es ausreichend über die auf dem Bauernhof lauernden Gefahren aufgeklärt worden ist (OLG München FamRZ 1997, 740, 741 f).

96 Eine besonders hohe Gefahrträchtigkeit und Schadensgeneigtheit weist außer dem Straßenverkehr vor allem der Umgang mit Feuer oder objektiv gefährlichen Gegen-

ständen auf. Je jünger die Minderjährigen, desto weniger ist ihnen die Beherrschung von Streichhölzern oder Feuerzeugen zuzutrauen. Generell besteht daher in diesem Bereich ein gewichtiger Aufsichtsanlass. Hat das Kind bislang keine Zündelneigung offenbart, haben die Aufsichtspflichtigen gleichwohl stets durch wiederholte und nachdrückliche Belehrung über die Gefahren des Feuers aufzuklären und zudem Streichhölzer und Feuerzeuge für Kinder unerreichbar aufzubewahren (BGH NJW 1990, 2553, 2555; OLG Koblenz r+s 1995, 413; umfassende Rechtsprechungsnachweise bei Bernau Zfs 2008, 482; Bernau 117 ff). Bei **Kleinkindern** sind wegen der fehlenden Einsichtsfähigkeit hohe Anforderungen an die Aufsichtspflicht zu stellen, wenn es um die Verhinderung von **Brandschäden** geht (OLG Düsseldorf NJW-RR 2002, 235). Der Vater eines 8-Jährigen darf kein Feuerzeug unbeaufsichtigt in einer abgelegten Hose aufbewahren (OLG Hamm MDR 1995, 370). Das Postulat der Unerreichbarkeit gilt eingeschränkt für ältere Kinder (ab 12 Jahre), die wegen ihrer größeren Reife eher für Aufsichtsmaßnahmen auf intellektueller Ebene zugänglich sind. Hier reicht neben Belehrungen und Erklärungen, dass Feuerzeuge nicht beliebig erreichbar sind (BGH NJW 1993, 1003). **7–8-Jährige** sind nicht generell regelmäßig auf Streichhölzer/Feuerzeuge zu durchsuchen (OLG Celle 15. 6. 1994 – 9 U 63/93, OLGR 1994, 221; BGH 20. 3. 2012 – VI ZR 3/11, NJW 2012, 2425 Rn 17 mwNw). Sind dies die abgestuften Grade von Aufsichtsanlässen bei in Bezug auf Feuer bislang unauffälligen Kindern, bilden die Fälle mit schon bekannter Zündelneigung eine andere Kategorie: Eine hartnäckige Neigung eines Kindes zum Zündeln stellt wegen der besonderen Schadensträchtigkeit dieser Eigenschaft den denkbar schwersten Aufsichtsanlass dar, der eine engmaschige Überwachung des Kindes verlangt (BGH NJW 1995, 3385; BGH NJW 1996, 1404, 1405). Hinsichtlich objektiv gefährlicher Gegenstände ist eine erhöhte Schadensgeneigtheit des Umfelds bspw erkennbar, wenn auf der Küchenarbeitsplatte ein spitzes, scharfes Kartoffelschälmesser abgelegt wird und zwei 5-jährige Kinder spielend in der Küche zurückbleiben (OLG Hamm MDR 1999, 677). Geöffnete Fenster erhöhen ebenfalls die Schadensgeneigtheit (OLG Hamm VersR 2000, 457).

c) Kindertagesstätten, Schulen, Ferienlager

In **Kindertagesstätten** bestehen gesteigerte Aufsichtspflichten, die sich primär aus dem Gruppenverhalten der Kinder ergeben; denn einerseits kann die gegenseitige Beeinflussung in der Gruppe dazu führen, dass die Kinder auch bei erkannt verbotenem Tun nicht zurückstehen wollen, um nicht ängstlich und kindlich zu erscheinen. Andererseits kann es beim Streit um Spielzeug auch zu aggressivem Verhalten kommen. Es ist daher geboten, Kinder in der Kindertagesstätte grds strenger und in zeitlich kürzeren Abständen als in häuslicher Umgebung zu beaufsichtigen und zu kontrollieren (Oberhardt 139, 195 f). Gleiches gilt für Kinder in **Ferienlagern** (OLG Hamm VersR 1996, 1513; OLG Frankfurt 27. 6. 2025 – 3 U 131/23, juris Rn 121 ff; LG Landau NJW 2000, 2904), auf Klassenfahrten und allgemein in der **Schule** (OLG Düsseldorf 14. 5. 2014 – I-19 U 32/13, NJW-RR 2014, 1496 Rn 18 ff), wobei der Umfang der Aufsichtspflichten mit zunehmendem Alter und Entwicklungsstand der zu beaufsichtigenden Kinder abnimmt. 97

Zur Verschärfung der Haftung aufgrund der bei öffentlichen Einrichtungen nur sehr eingeschränkt anwendbaren Zumutbarkeitsgrenze vgl Rn 107.

Ein erhöhtes Maß an Aufsicht besteht bei der **Benutzung gefährlicher Gegenstände** durch die Kinder (vgl Rn 143). So müssen Kinder unter 7 Jahren beim „Mikado“ spie- 98 len nicht nur darauf hingewiesen werden, dass stets ein genügender Abstand zwischen den Gesichtern der Kinder und den Spielstäbchen einzuhalten ist, sie sind auch ununterbrochen daraufhin zu überwachen, ob das Gebot eingehalten wird (OLG Nürnberg NJW 1975, 1130). Minigolf spielende Kinder im Alter von 7 bis 12 Jahren müssen zur Vermeidung der mit dem Einsatz eines Minigolfschlägers verbundenen typischen Gefährdungssituation aus unmittelbarer Nähe durch einen Betreuer beobachtet und angewiesen werden (OLG Frankfurt NJW-RR 2008, 975), ebenso bei einem Freizeitspiel im Wald mit Stöcken (OLG Frankfurt 27. 6. 2025 – 3 U 131/23, juris Rn 126 ff). Generell gilt, dass die Erzieherin/der Erzieher die Kinder bei der Benutzung gefährlicher Gegenstände anleiten und beim Einüben neuer Fähigkeiten, etwa dem Umgang mit Scheren oder Klebstoff, unterstützen muss. Dabei ist den Kindern durchaus unter Berücksichtigung des Erziehungsziels und bei Einhaltung der notwendigen Sicherheitsvorkehrungen die Gelegenheit zu geben, den Umgang mit gefährlichen Gegenständen zu erlernen. Das Maß der erforderlichen Aufsicht bestimmt sich dabei nach der Gefährlichkeit des Spielgegenstands und dem Grad seiner Erprobung durch das Kind (Oberhardt 141 f).

99 Auf **Ausflügen mit einer Kindergartengruppe** müssen durch die Erzieherinnen besondere Vorkehrungen getroffen werden. Im Vorfeld sind die örtlichen Gegebenheiten auf besondere Gefahrenquellen hin zu untersuchen, damit die Kinder im Rahmen der Aufsichtsführung vor ihnen bewahrt werden können. Das gilt vor allem im Zusammenhang mit der Benutzung öffentlicher Verkehrsmittel. Es ist sicherzustellen, dass ausreichend Personal an der Exkursion teilnimmt, sodass eine umfassende Aufsichtsführung gewährleistet werden kann. Bei der Benutzung öffentlicher Straßen und Wege müssen die Erzieher die Gruppe so im Blick haben, dass sie frühzeitig eingreifen können, falls sich gefährliche Verhaltensweisen der Kinder abzeichnen. Kindern darf das unerlaubte Entfernen nicht ermöglicht werden; in regelmäßigen Abständen ist die Gruppe auf Vollzähligkeit zu überprüfen (Oberhardt 146 f). Das gilt vor allem, aber nicht ausschließlich für Aufbruchsituationen und bei der Benutzung öffentlicher Verkehrsmittel. In der Regel existieren Richtlinien oder Dienstanweisungen, welche Vorgaben für die Vorbereitung und Durchführung von Ausflügen enthalten (Bsp bei Oberhardt 146 f). Die Aufstellung eines solchen Regelwerks hat den Vorteil, dass sich die an einem Ausflug teilnehmenden Erzieherinnen und Erzieher im Vorfeld Klarheit über den bestehenden Pflichtenkatalog verschaffen können. Er entbindet selbstverständlich nicht von der Ergreifung gegebenenfalls erforderlicher zusätzlicher Maßnahmen, mit denen auf nicht vorhersehbare schadensträchtige Ereignisse reagiert werden muss.

100 Auch in Schwimmbädern besteht in Bezug auf Kindergartengruppen eine wesentlich erhöhte Gefahrenlage, die ein entsprechend verstärktes Maß an Aufsichtspflichten nach sich zieht und eine im Vergleich zu anderen Situationen gesteigerte Betreuungsdichte erfordert. Die Betreuer müssen sichere Schwimmer und zugleich rettungsbefähigt sein (beispielhaft können die Richtlinien für das Schwimmen im Rahmen von Veranstaltungen des Jugendamtes der Stadt Köln herangezogen werden – auszugsweise abgedruckt bei Oberhardt 148). Vor allem kleinere Kinder, die noch nicht schwimmen können, sollten auch im Nichtschwimmerbecken sicherheitshalber mit Schwimmhilfen ausgestattet werden. In Schwimmhallen, in denen für Nichtschwimmer kein separates Becken zur Verfügung steht und in denen der Nichtschwimmerbereich in das allgemeine, graduell tiefer werdende Schwimmbecken integriert ist,

muss durch lückenlose Überwachung sichergestellt werden, dass Kinder im Kindergartenalter nicht in einen Bereich geraten, in dem sie nicht mehr stehen können. Gegenseitiges Untertauchen und Schubsen von der Schwimmbeckenkante oder von Sprungbrettern sind zu unterbinden. Die Kinder sind vor Besuch des Schwimmbades eindringlich über die wichtigsten Baderegeln zu belehren und während des Besuchs auf die Einhaltung der Regeln zu überwachen (Oberhardt 148 f). Aufgrund der gesteigerten Aufsichtspflichten, die sich zum einen aus dem Element Wasser und zum anderen aus dem Gruppenverhalten der Kinder ergeben, genügt eine Betreuungsperson ihrer Aufsichtspflicht gegenüber einem 7-jährigen Nichtschwimmer, der sich im Nichtschwimmerbecken mit einer Tiefe von 0,85 bis 1,20 Meter ohne Schwimmhilfen aufhält, nur, wenn sie ihn jederzeit im Auge behält, um im Notfall ein sofortiges Eingreifen zu gewährleisten (OLG Düsseldorf 7. 8. 2020 – 16 U 102/20, juris Rn 7 ff, zum Sachverhalt vgl die Vorinstanz LG Wuppertal 18. 6. 2019 – 17 O 31/13, juris). Das unter Rn 151 aufgeführte Urteil des OLG Karlsruhe (NJW-RR 2008, 184) lässt sich nicht ohne Weiteres auf den Besuch von Schwimmbädern durch Kindergarten- oder Schulgruppen übertragen. Das Gericht hatte für das Benutzen der Wasserrutsche festgestellt, dass sich die Aufsichtspflicht der Eltern nur auf das eigene Kind beziehe und sie deshalb andere Kinder nicht daran zu hindern haben, von unten auf die Wasserrutsche zu klettern, welche gerade von dem eigenen Kind benutzt wird, oder das eigene Kind vor dem drohenden Zusammenprall aufzufangen. Das kann für über Kindergruppen aufsichtspflichtige Personen nur in Bezug auf Kinder gelten, welche nicht zu der eigenen Gruppe gehören. Gibt es dagegen Anhaltspunkte dafür, dass ein Kind der eigenen Gruppe wieder von unten auf die Rutschfläche klettern will, während ein anderes Kind der Gruppe von oben losrutscht, sind alle den Erziehern möglichen und zumutbaren (dazu Rn 107) Maßnahmen zu ergreifen, um einen Unfall zu verhindern. Größere Kindergruppen, welche aus älteren Kindern bestehen (zwischen 8 und 12 Jahren), müssen nicht mehr in Kleingruppen mit jeweils eigenen Betreuern unterteilt werden, weil eine ständige Kontrolle in diesem Alter nicht mehr erforderlich ist und grundsätzlich erwartet werden kann, dass Kinder sich an die Anweisung, den Nichtschwimmerbereich nicht zu verlassen, halten. Erforderlich ist aber, dass sich die Betreuer an verschiedenen Schwerpunkten, etwa im Bereich einer Rutschbahn, aufhalten (OLG Koblenz VersR 1995, 50).

3. Aufsichtsanforderungen mindernde Umstände

Der Aufsichtsanlass bestimmt zwar entscheidend die Anforderungen, die für den Aufsichtspflichtigen im Einzelfall aus der Aufsichtspflicht folgen. Bei der wertenden Entscheidung, welche Aufsichtsmaßnahmen geboten sind, müssen jedoch weitere Umstände einbezogen werden, welche die Anforderungen im Einzelfall mindern können: Die Zumutbarkeit für den Aufsichtspflichtigen **(a)**, die Autonomie der Familie (Art 6 GG), der Erziehungsauftrag (§ 1631 Abs 1 BGB), das Erziehungsziel (§ 1626 Abs 2 BGB), bei psychisch Kranken das Persönlichkeitsrecht (Art 2 Abs 1 GG) und therapeutische Erwägungen **(b)** sowie – bei der vertraglichen Aufsichtsübernahme – die im vertraglichen Innenverhältnis vereinbarte Reichweite der übernommenen Aufsicht **(c)**. **101**

a) Zumutbarkeit für den Aufsichtspflichtigen

Die Rspr betont, dass bei der Konkretisierung der Anforderungen der Aufsichtspflicht auch die Verhältnisse des Aufsichtspflichtigen zu berücksichtigen sind. Diese **102** seien maßgeblich für die ihm nach seiner Lebenslage, seinen wirtschaftlichen Verhältnissen sowie nach seinen Kräften möglichen und vernünftigerweise zumutbaren Abwehr- und Überwachungsmaßnahmen (RGZ 50, 60; RG JW 1914, 298; BGH 21. 12. 1956 – VI ZR 202/55, VersR 1957, 370; BGH 26. 1. 1960 – VI ZR 18/59, VersR 1960, 355; BGH 29. 5. 1962 – VI ZR 231/61, VersR 1962, 783; BGH 19. 11. 1963 – VI ZR 96/63, VersR 1964, 313, 314; BGH VersR 1965, 48; BGH VersR 1965, 137; BGH 1. 2. 1966 – VI ZR 196/64, VersR 1966, 368; BGH NJW 1980, 1044; OLG Koblenz NJW-RR 2002, 900; Dölle II, § 92 I 2 b [153]; Koebel NJW 1960, 2227). Die Zumutbarkeit stellt somit eine Grenze für das Maß der zu stellenden Anforderung dar (vgl BGHZ 44, 103, 106; BGH NJW 1980, 1044; OLG Hamm NZV 1995, 112 f; OLG Stuttgart 12. 3. 2008 – 4 U 58/07, NZV 2009, 191, 195). Das Abstellen auf die persönlichen Verhältnisse des Pflichtigen wird von Schmid (VersR 1982, 822 f) unter Verweis auf den bewusst objektiv gefassten Pflichten- und Sorgfaltsmaßstab von § 276 BGB kritisiert, der keinen Raum für eine Berücksichtigung subjektiver Verhältnisse des Aufsichtspflichtigen lasse. Diese Kritik überzeugt indes nicht. Durch das Abstellen auch auf die individuelle Zumutbarkeit bei der Festlegung der konkret gebotenen Aufsichtsmaßnahmen wird lediglich einem allgemeinen Rechtsgrundsatz, dem Grundsatz der Verhältnismäßigkeit (dazu Rn 123), entsprochen. Denn in unserer Rechtsordnung ist jegliche Art von Pflichtenstellung begrenzt durch die Zumutbarkeit der Pflichtenbefolgung (s hierzu im gegebenen Zusammenhang Albilt 164). Durch das Korrektiv der individuellen Zumutbarkeit ist zugleich der Gefahr einer unerträglichen Überspannung der Anforderungen an die Aufsichtspflicht vorgebeugt.

103 Mit der Anerkennung des Zumutbarkeitskorrektivs ist freilich noch nichts über den anzuwendenden **Zumutbarkeitsmaßstab** gesagt. Im Allgemeinen ist eine Lockerung der Aufsichtsanforderungen mit Blick auf die individuellen Gegebenheiten des Aufsichtspflichtigen nur unter strengen Voraussetzungen anzuerkennen. Zu differenzieren ist dabei zwischen den Fällen gesetzlicher und vertraglicher Aufsichtspflicht.

aa) Zumutbarkeit bei der gesetzlichen Aufsichtspflicht

104 Selbstverständlich ist, dass im Rahmen der Aufsichtspflicht **Unmögliches nicht verlangt werden kann**. So kann von Eltern eines 6-Jährigen nicht verlangt werden, dass sie ihre Warnungen vor den mit Feuer verbundenen Gefahren darauf erstrecken, dass man beim Zündeln anderer Kinder nicht psychische Beihilfe leisten darf (BGH NJW 1990, 2553, 2554 f; OLG Oldenburg NJW-RR 2004, 1671). Der kleinen, physisch unterlegenen Mutter eines 16-Jährigen kann es nicht angelastet werden, wenn sie nicht alle – erkennbar nutzlosen – Bemühungen anstellt, um ihren straffällig gewordenen Sohn am Verlassen der Wohnung zu hindern (OLG Koblenz NJW-RR 2002, 900).

105 Hauptfall, in dem die Begrenzung der Aufsichtsanforderungen unter dem Aspekt der Zumutbarkeit erörtert wird, ist die **Berufstätigkeit** des Aufsichtspflichtigen (RGZ 98, 246, 248; JW 1926, 1149). Soweit seine Berufstätigkeit zeitlich reicht, ist ein Aufsichtspflichtiger zur Aufsicht faktisch außerstande. Entschieden ist jedoch der denkbaren Folgerung entgegenzutreten, dass das bereits ausreiche, um die normative Reichweite des konkreten Aufsichtsgebots unter Verweisung auf eine Unzumutbarkeit zu beschränken (so auch Albilt 156 f). Im Fall der tatsächlichen Verhinderung – etwa durch Berufstätigkeit – aktualisiert sich die Aufsichtspflicht in Form einer **Organisationspflicht**: Wer zur Aufsicht außerstande ist, hat für eine anderweitige ordnungsgemäße Beaufsichtigung Sorge zu tragen (Albilt 156). Dieser Aspekt der Aufsichtspflicht ist dem Einwand der Unzumutbarkeit nur sehr begrenzt zugänglich. Er kommt von vornherein nur in Betracht, wo die Berufstätigkeit existenziell erforderlich ist und es zudem aus besonderen – etwa wirtschaftlichen – Gründen faktisch ausgeschlossen ist, für eine anderweitige Aufsicht Rechnung zu tragen (Albilt 158). Aber auch hier gelten umso strengere Anforderungen, je größer der Aufsichtsanlass an sich ist. So führt der Einwand der Mutter eines hochgradig verhaltensgestörten, aggressiven und zum Zündeln neigenden Kindes, sie sei alleinerziehend und berufstätig, nicht dazu, das wegen des extremen Aufsichtsanlasses bestehende Gebot „engmaschiger Überwachung“ abzumildern (BGH NJW 1996, 1404, 1405; NJW 1995, 3385). Insgesamt ist die Berufstätigkeit von Aufsichtspflichtigen somit nur unter engen Voraussetzungen geeignet, unter dem Zumutbarkeitsaspekt mildere Aufsichtsanforderungen zu begründen. Regelmäßig stellt sich vielmehr die andere Frage, unter welchen Voraussetzungen und mit welcher Reichweite der beruflich verhinderte Aufsichtspflichtige seine Pflicht durch die Übertragung der Aufsicht auf Dritte (den anderen Elternteil, Großeltern, Geschwister usw) erfüllt (s dazu Rn 156 ff, Rn 172 f).

Eine Milderung der Aufsichtsanforderungen unter Zumutbarkeitsgesichtspunkten **106**
kommt ferner in Betracht, wenn etwa eine **Mutter mehrerer Kinder** rein tatsächlich nicht zur Führung der Aufsicht im an sich gebotenen Maß in der Lage ist (BGH 19. 3. 1957 – VI ZR 29/56, VersR 1957, 340; VersR 1965, 385). Auch wenn die Mutter nicht berufstätig ist, spielen die **Zahl und das Alter** der von ihr zu betreuenden minderjährigen Kinder eine wesentliche Rolle (vgl ua BGH 1. 2. 1966 – VI ZR 196/64, VersR 1966, 368). Eine Mutter, die fünf minderjährige Kinder zu betreuen hat, kann den 11-jährigen Sohn beim Rollschuhlaufen auf der Straße nicht ständig überwachen (BGH VersR 1965, 385). Aber auch hier ist zu verlangen, dass der überforderte Aufsichtspflichtige primär dafür Rechnung trägt, dass Unterstützung durch den Ehegatten oder Dritte gewährleistet ist. So ist es auch einer Mutter mit vier minderjährigen Kindern zuzumuten, Maßnahmen – sei es auch nur durch Unterrichtung des Ehemanns – zu ergreifen, um eine Beteiligung ihrer Kinder an gefährlichen Spielen zu verhindern, die tagelang unter den Fenstern der ehelichen Wohnung stattfinden (BGH 1. 2. 1966 – VI ZR 196/64, VersR 1966, 368). Erst wo die Beschaffung von Unterstützung nicht möglich oder nicht zumutbar ist, kann in der eigenen Überlastung ein entlastender Faktor erblickt werden. Zu beachten ist, dass ein berufstätiger Elternteil, der die ihm gebotene Aufsicht einem zwar zu Hause bleibenden, jedoch überforderten Elternteil überträgt, seine Aufsichtspflicht nicht erfüllt (Rn 159, Rn 168).

bb) Zumutbarkeit bei der vertraglichen Aufsichtsübernahme

Regelmäßig **kein Raum** für die Berücksichtigung individueller Belange des Aufsichts- **107**
pflichtigen unter dem Zumutbarkeitsaspekt dürfte im Fall der **vertraglichen Übernahme der Aufsicht** bestehen. Denn hier ist die Aufsicht mit der damit verbundenen Verantwortung willentlich und in Kenntnis der eigenen Verhältnisse übernommen worden (Albilt 169 f). Damit ist in einem gewissen Umfang die Übernahme des Risikos von individuellen Schwierigkeiten bei der Durchführung der Aufsicht verbunden. In besonderem Maße gilt das, wenn die Aufsicht gegen Entgelt übernommen wurde. Der Zumutbarkeitsaspekt kann sich daher nur unter engsten Voraussetzungen auswirken, etwa wenn sich die Verhältnisse des Übernehmers völlig unvorhersehbar geändert haben. Ein Krankenhaus etwa, das die Aufsicht über einen Patienten vertraglich übernimmt, hat uneingeschränkt dafür Sorge zu tragen, dass das erforderliche Maß an Aufsicht gewährleistet ist (Marburger VersR 1971, 777, 785). Dass aufgrund der schlechten finanziellen Ausstattung eines Heims für schwererziehbare

Kinder eine ständige Beaufsichtigung wegen Personalmangels unterbleibt, vermag nicht zu entlasten (OLG Saarbrücken VersR 2008, 408, 410). Es gehört zu den vertraglich übernommenen Aufgaben des Kinderheims, die Überwachung und Kontrolle der Zöglinge sicherzustellen (AG Flensburg NJW-RR 1999, 1041, 1042). Das Gleiche gilt im Bereich von Kindertagesstätten. Die Einrichtung hat unter anderem Sorge dafür zu tragen, dass bei Erkrankung einer oder mehrerer Erzieher Krankheitsvertretungen zur Verfügung stehen. Lässt sich ein ausreichender Betreuungsschlüssel nicht sicherstellen, kann sogar die vorübergehende Schließung des Kindergartens angezeigt sein (Oberhardt 172). Zumutbarkeitserwägungen, welche nicht auf die personelle Leistungsfähigkeit der Einrichtung abstellen, sondern darauf beruhen, dass ein entsprechendes Eingreifen des aufsichtspflichtigen Erziehers erhebliche Eigenschäden nach sich ziehen können, müssen aber auch bei vertraglicher Übernahme als begrenzende Faktoren der Aufsichtspflicht herangezogen werden können. So hat es das OLG Karlsruhe wegen der damit verbundenen Sturzgefahr für die Eltern und die beteiligten Kinder nicht für zumutbar gehalten, das eigene, eine Wasserrutsche hinunterrutschende Kind aufzufangen, um den Zusammenstoß mit einem anderen Kind, welches von unten auf die Rutschfläche geklettert war, zu verhindern. Diese Erwägungen sind auf den Bereich der vertraglichen Aufsichtsübernahme übertragbar. Selbstaufopferung kann auch im Bereich der vertraglichen Übernahme der Aufsicht von dem im konkreten Einzelfall Aufsichtspflichtigen nicht verlangt werden.

b) Erziehungsauftrag/therapeutische Zielsetzungen

108 Zu den Faktoren, die Maß und Art der gebotenen Aufsicht entscheidend mitbestimmen, gehören vor allem der mit der elterlichen Sorge untrennbar verbundene Erziehungsauftrag (§ 1631 Abs 1 BGB) mit dem in § 1626 Abs 2 BGB beschriebenen Ziel der Einübung selbständigen und verantwortlichen Handelns. Soweit die Erziehung öffentlichen Trägern anvertraut ist (Kindertagesstätte), wird die gebotene Aufsicht von den Bestimmungen geprägt, die deren Aufgaben und Ziele festlegen. Bei Personen, die wegen eines psycho-pathologischen Befundes der Aufsicht bedürfen, wird die Aufsichtspflicht durch Bestimmungen der Psychisch-Kranken-Gesetze konkretisiert. Auch Erfordernisse der Therapie sind geeignet, die Reichweite der Aufsicht mitzubestimmen.

aa) Erziehungsauftrag

109 Aufsicht und Erziehung werden in § 1631 BGB nebeneinander genannt. Beides ist zu trennen. Daran ändert nichts, dass etwa eine elterliche Belehrung sowohl Erziehungs- als auch Aufsichtsmaßnahme und damit doppelfunktional sein kann (Albilt 73 f). Für § 832 BGB spielt ausschließlich der Aspekt der Verletzung der konkreten Aufsicht eine Rolle (RG WarnR 1914 Nr 217; BGH 3. 12. 1957 – VI ZR 265/56, VersR 1958, 85, 86; OLG Köln VersR 1975, 162; Grossfeld/Mund FamRZ 1994, 1504, 1507). Gleichwohl stehen Aufsicht und Erziehung in § 1631 BGB wie iRd § 832 BGB in einer komplexen Beziehung, die durch zwei verschiedene Einwirkungsweisen des Erziehungs- auf den Aufsichtsaspekt gekennzeichnet sind (vgl auch Schultes, VersR 2021, 1011, 1016).

110 Einerseits bestimmt das **Maß des bisherigen Erziehungserfolgs** den Grad des Aufsichtsanlasses mit (RGZ 98, 246, 248; BGB-RGRK/Kreft § 832 Rn 11, Rn 89). In diesem Sinne kann der Aspekt der Erziehung auch im allein auf die Aufsichtspflichtverletzung abstellenden § 832 BGB eine mittelbare, aber im Einzelfall durchaus entscheidende Bedeutung gewinnen.

Andererseits begrenzt der zukunftsgerichtete Erziehungsauftrag die Anforderungen, die aus der Aufsichtspflicht für den Einzelfall wertend abzuleiten sind. Es sind die Eltern, welche die Erziehungsweise und -ziele für ihre Kinder festlegen (Art 6 GG). Der Schutz fremder Rechtsgüter ist dabei von den Eltern zu respektieren. Für Kindertagesstätten ergibt sich der Erziehungsauftrag aus dem Gesetz (zB § 3 BbgKitaG); ebenso für Schulen (zB § 4 BbgSchulG); dieser prägt die Aufsichtspflicht. Der Inhaber der elterlichen Sorge bzw der an seiner Stelle Handelnde ist somit Adressat sowohl einer auf den Minderjährigen bezogenen Erziehungs- als auch einer auf den Schutz Dritter gerichteten Aufsichtspflicht. Die Erziehungspflicht mit der Vorgabe, mit dem Minderjährigen selbständiges und verantwortungsbewusstes Handeln einzuüben (§ 1626 Abs 2 BGB), steht dabei in einem gewissen Spannungsverhältnis zu den Erfordernissen der Aufsicht. Im Rahmen der Aufsicht im Drittinteresse an sich angezeigte Maßnahmen wie Belehrungen, Kontrollen, Verbote, Unmöglichmachen von Verhaltensweisen dürfen sich nicht als Gängelung und Freiheitsbeschränkung auswirken. Die Entwicklung des Kindes zur Selbständigkeit und Eigenverantwortung darf nicht behindert werden. Die Sorgeberechtigten scheinen sich in einer **Pflichtenkollision** zu befinden. Sie ist nicht im Sinne des allgemeinen absoluten Vorrangs einer der beiden Pflichten aufzulösen. Vereinzelt wird gemeint, letztlich sei der Erziehung der Vorrang einzuräumen: Denn die Eltern könnten nicht von § 832 BGB zu etwas gezwungen werden, was ihnen §§ 1626, 1631 BGB verbiete (Fuchs 158; Schoof 94; Wagner Kap 6 Rn 53; Grossfeld/Mund FamRZ 1994, 1504, 1507). Dabei wird das Verhältnis zwischen Erziehungsrecht und Aufsichtspflicht verkannt. **Beide Aspekte**, die Autonomie der Erziehung und die Aufsicht zur Wahrung fremder Rechtsgüter, beeinflussen sich wechselseitig und gleichen sich aus (BGH NJW 1980, 1044, 1045; OLG Düsseldorf r+s 1997, 413), sodass bereits die Rechtsordnung keine Kollisionslage entstehen lässt. Die Eltern müssen bei der Erziehung ihres Kindes zu einem selbständigen und verantwortungsbewussten Menschen auf die Rechtsgüter anderer Rücksicht nehmen, indem sie ihr Kind bei dessen Entwicklung beeinflussen. Die Aufsicht dient im Übrigen nicht nur Dritten. Sie ist auch geeignet, dem Kind zu vermitteln, dass kein Mensch die Rechte anderer verletzen darf (Art 2 Abs 1 GG). Freilich sind Dritte gehalten, besonders Kindern gegenüber Toleranz und Nachsicht zu üben. Die Gesellschaft muss bereit sein, auch im Rahmen des Rechtsgüterschutzes gewisse Opfer hinzunehmen, soweit diese unvermeidbar sind, um selbständige Menschen heranwachsen zu lassen (Rn 229). 111

Zwar entspricht die Aufsichtspflicht bei Übernahme der Betreuung durch einen Dritten in ihrem Umfang der elterlichen Aufsichtspflicht. Dennoch fällt der Betreuungsperson zuvörderst die Aufgabe zu, für den planmäßigen und gefahrlosen Ablauf der Kinderbetreuung zu sorgen. Sie ist – anders als die Eltern in einer vergleichbaren Situation (§ 1626 Abs 2 S 1 BGB) – nicht dazu berufen, die von ihr betreuten Kinder zu selbständigem und eigenverantwortlichem Handeln zu erziehen, sondern ihr Ziel muss es sein, diese bestmöglich vor Gefahren zu schützen (OLG Düsseldorf 7. 8. 2020 – 16 U 102/20, juris Rn 5 f, Tagesveranstaltung im Rahmen eines Ferienprogramms).

Mit einem Grenzfall hatte sich das LG Hildesheim (VersR 1972, 672) zu befassen: Ein 15-Jähriger war bereits mehrfach wegen Kfz-Diebstahls verurteilt. Da auch andere Maßnahmen nicht gefruchtet hatten, sah das Gericht allein die Heimeinweisung durch die Eltern als geeignete Aufsichtsmaßnahme an. Gleichwohl hielt es diese Maßnahme für unverhältnismäßig, da diese Maßnahme den Abbruch einer Lehre 112 und deren erzieherischer Wirkungen bedeutet hätte. Das Verhalten des Jugendlichen wertete das Gericht demgegenüber als nicht schwerwiegend genug, um den Erziehungsaspekt derart zurücktreten zu lassen. Die Entscheidung ist nachvollziehbar, bewegt sich aber an der Grenze des Vertretbaren.

113 Grundlegende Aussagen zu den Auswirkungen des Erziehungsziels auf die Aufsichtsanforderungen enthält eine Entscheidung des BGH vom 10. 7. 1984 (BGH 10. 7. 1984 – VI ZR 273/82, NJW 1984, 2574). Dort betont das Gericht zu Recht mit Nachdruck, dass Kindern **Freiräume zur eigenen Entwicklung** zugestanden werden müssen (auch schon Dölle II § 92 I 2 b [153]), in denen sie – durchaus auch noch unsicher tastend – Neuland entdecken und erobern können; andernfalls würde jede vernünftige Entwicklung gehemmt, vor allem der Lernprozess im Umgang mit der Gefahr (eingehend BGH 10. 7. 1984 – VI ZR 273/82, NJW 1984, 2574, 2575; BGH 6. 4. 1976 – VI ZR 93/75, LM Nr 11 = NJW 1976, 1684 f: Heranführung an die Gefahren eines Holzkohlegrills; OLG Celle FamRZ 1998, 233; auch Grossfeld/Mund FamRZ 1994, 1504, 1507; Schoof 95, 99 ff). Ein normal entwickeltes Kind braucht gewisse Freiräume pädagogisch vertretbarer Maßnahmen, die sich aus den Erziehungszielen der §§ 1631 Abs 1 und 1626 Abs 2 BGB ergeben (OLG Hamm MDR 2000, 454, 455). Dieser erwünschten Persönlichkeitsentwicklung ist eine dauernde Kontrolle hinderlich. Aus diesem Grunde dürfen und müssen den Kindern im Rahmen der Erziehung auch Freiräume eingeräumt werden, bei denen ein sofortiges Eingreifen der Aufsichtspflichtigen nicht mehr möglich ist (OLG Düsseldorf r+s 1997, 413; vgl auch OLG Frankfurt NJW-RR 2005, 1188; bemerkenswert auch Grandke [Hrsg], Familienrecht 158 f zu § 351 ZGB [DDR]). Das gilt für Kinder aller Altersgruppen, wobei die Freiräume jeweils anders gelagert sind.

114 **Normal entwickelte 8–9-Jährige** dürfen im Freien ohne Aufsicht auch in einem räumlichen Bereich spielen, welcher den Eltern ein sofortiges Eingreifen nicht ermöglicht (BGH NJW 1997, 2047, 2048; BGH 20. 3. 2012 – VI ZR 3/11, NJW 2012, 2425 Rn 18 mwNw; s auch Rn 131). Es genügt im Allgemeinen, dass sich die Eltern über das Tun und Treiben in großen Zügen einen Überblick verschaffen. Es bedarf auch keines verbalen Verbots, bestimmte Örtlichkeiten und Räumlichkeiten nicht zu betreten sowie fremdes Gut nicht anzutasten, wenn dazu nicht besonderer Anlass besteht. Denn „die zu jeder Erziehung gehörige Bewusstseinsbildung, grundsätzlich fremdes Eigentum zu achten, vollzieht sich im Allgemeinen weniger in verbalen Verboten als in einem gemeinsam erlebten und vorgelebten Umgang mit fremden Sachen“ (BGH 10. 7. 1984 – VI ZR 273/82, NJW 1984, 2574 f). Es besteht auch grundsätzlich keine allgemeine Pflicht der Eltern, Kinder dieses Alters jeweils nach Rückkehr von einer „Unternehmung“ zu befragen, was sie im Einzelnen gemacht haben. „Solche Anforderungen an die Sorgfaltspflicht würden den notwendigen Entwicklungsprozess zur Selbständigkeit stören und auch der Lebenswirklichkeit nicht entsprechen“ (BGH 10. 7. 1984 – VI ZR 273/82, NJW 1984, 2574 f). In diesem vom BGH einfühlsam und treffend umschriebenen Rahmen ist ein gewisses und damit notwendig verbundenes Maß an Schadensrisiko hinzunehmen (OLG Celle VersR 1979, 476; BGH 10. 7. 1984 – VI ZR 273/82, NJW 1984, 2574, 2575 spricht davon, dass die Eroberung von Neuland nicht generell zu untersagen sei, „wenn damit nicht besondere [!] Gefahren für das Kind oder für andere verbunden sind“). Im Interesse der Kindesentwicklung zu selbständigem und verantwortungsvollem Handeln ist damit das **Maß der gebotenen Aufsicht erheblich zu reduzieren**. Insoweit ist umgekehrt der Allgemeinheit ein höherer Grad an Umsicht und Vorsicht in der Begegnung mit Kindern zuzumuten. Kommt es im Rahmen der vertretbaren Freiräume zur Entwicklung der

Kinder zu schädigenden Ereignissen, so müssen diese von der Allgemeinheit und auch vom Geschädigten als allgemeines Lebensrisiko regelmäßig entschädigungslos hingenommen werden (OLG Hamm MDR 2000, 454 f).

115 Uneingeschränkt gilt das jedoch nur für **normal entwickelte Kinder**, „bei denen vorauszusetzen ist, dass sie sich den Belehrungen der Erziehungsberechtigten nicht grundsätzlich verschließen, die Erfahrungen des Lebens mit seinen Gefahren in sich aufnehmen und ihr Verhalten im Allgemeinen altersentsprechend danach ausrichten“ (BGH NJW 1995, 3385, 3386; NJW 1996, 1404, 1405; OLG Saarbrücken 27. 3. 2007 – 4 U 167/06, OLGR 2007, 572). Die **Konzessionen an das Erziehungsziel** sind jedoch **umso stärker abzuschwächen, je mehr sich der Aufsichtsanlass im Einzelfall vom Normalmaß entfernt**. „Bei außergewöhnlichen Gefahren ist auch ein außergewöhnliches Maß an Aufsicht“ angezeigt, das nicht ohne Weiteres unter Hinweis auf die „vernünftige Entwicklung des Kindes“ zu mindern ist (BGH NJW 1996, 1404, 1405, für den Fall eines geistig zurückgebliebenen 10-Jährigen, der vorher durch Aggressivität und Zündelneigung aufgefallen war; BGH NJW 1995, 3385; vgl auch OLG Saarbrücken VersR 2008, 408, 409 f). Aber auch insoweit sind Abstufungen vorzunehmen, vor überzogenen Anforderungen ist zu warnen; eine Grenze ist bei einem besonderen Aufsichtsanlass – etwa bei schwer erziehbaren Kindern – regelmäßig dort erreicht, wo eine effektive Gefahrenabwehr nur durch gefängnisartiges Einschließen des Aufsichtsbedürftigen gewährleistet wäre. Solange kein Fall von Gemeingefährlichkeit vorliegt, bei welchem dem Schutz der Allgemeinheit Priorität gebührt, ist eine solche Aufsichtsmaßnahme pädagogisch nicht vertretbar und dem Aufsichtspflichtigen nicht geboten (so zu Recht OLG Hamburg NJW-RR 1988, 799 im Fall zweier 14- bzw 15-Jähriger, die aus einem im Übrigen gute pädagogische Betreuung bietenden Heim entwichen waren und zwei Tage in einem entwendeten Boot auf einem Fluss verbracht hatten; vgl auch LG Zweibrücken NJW-RR 2005, 1546).

116 Schwierig ist die Bestimmung des gebotenen Maßes an Aufsicht bei **Jugendlichen, die sich der Volljährigkeit nähern** und bei denen **alle Erziehungs- und Aufsichtsbemühungen fehlgeschlagen** sind. Mit einem solchen Fall befasste sich der BGH (NJW 1980, 1044): Ein 17³/₄-Jähriger hatte sich in einer Gastwirtschaft mehrfach in Schlägereien mit Gästen verwickelt und im letzten dieser Fälle einen Gast schwer verletzt, der sowohl den Jugendlichen wie auch – aus § 832 BGB – dessen Vater in Anspruch nahm. Dem war vorausgegangen, dass der Jugendliche schon während seiner Unterbringung in einem Lehrlingsheim zu trinken begonnen hatte; die Eltern hatten sich jeweils bei Stellen- und Arbeitswechsel bemüht, ihm eine neue Stelle zu verschaffen; das Landesjugendamt hatte auf ihren Antrag freiwillige Erziehungshilfe gewährt; sie hatten ihn ohne Ergebnis in einer Nervenklinik untersuchen lassen. Der Kläger sah die Aufsichtsverletzung darin, dass die Eltern in der Gaststätte kein Lokalverbot erwirkt und ihm durch Belassung seiner Lehrlingsvergütung von monatlich 300 DM den Gaststättenbesuch geradezu ermöglicht hätten. Dem widersprach der BGH: Die Vorenthaltung der Lehrlingsvergütung wäre kein pädagogisch erwägbares Mittel zur Verhinderung des Wirtshausbesuchs gewesen. Dem Sohn wäre es, vom Vater unbemerkt, ein Leichtes gewesen, sich das zum Wirtshausbesuch erforderliche Geld auf andere Weise zu verdienen, oder er hätte gar ohne Geldmittel das Lokal in der Hoffnung besuchen können, ein anderer werde ihm ein Bier spendieren.

117 In solchen Fällen, in denen der Aufsichtspflichtige mit einer nachvollziehbaren Hilflosigkeit dem Aufsichtsbedürftigen gegenübersteht, ist nicht etwa von der Ableitung

einer konkreten Verhaltenspflicht aus § 832 BGB abzusehen (BGH NJW 1980, 1044, 1045: Der Aufsichtspflichtige bleibt gehalten, Einfluss auf dessen Lebensführung zu behalten). IRd § 832 BGB ist diejenige Verhaltensweise geboten, die den meisten Erfolg bei dem Unterfangen verspricht, **„zu retten, was zu retten ist"**. Deshalb können strenge Aufsichtsmaßnahmen gerade in Anbetracht des Schwunds an tatsächlichem Einfluss des Aufsichtspflichtigen auf den noch Minderjährigen nicht nur wenig erfolgversprechend, sondern darüber hinaus geradezu kontraproduktiv wirken. Durch an sich angezeigte Maßnahmen kann ein letzter Rest von Einflussnahmemöglichkeit und Verhältnis zum Minderjährigen zerstört werden (OLG Hamm NJW-RR 1988, 798). Hier wird angemessen sein, mit „sanfteren" und letztlich gerade deshalb effektiveren Mitteln vorzugehen (vgl BGH NJW 1980, 1044, 1045). **Pädagogisch objektiv Sinnloses** verlangt § 832 BGB nicht ab (BGH NJW 1980, 1044, 1045; Larenz/Canaris, Schuldrecht II/2 § 79 IV 2 c). Sind aber die Aufsichtsmaßnahmen, die in einer solchen Sondersituation aus § 832 BGB ableitbar sind, regelmäßig gerade nicht so streng, wie das Gewicht des Aufsichtsanlasses an sich nahelegt, wird sich eine Haftung aus § 832 BGB oftmals nicht begründen lassen (anders MünchKommBGB/Stein [3. Aufl] § 832 Rn 18: § 832 BGB gebiete zwar nicht völlig lebensfremde und praktisch undurchführbare Aufsichtsmaßnahmen, aber hier sei die Einschränkung „angebracht, dass ein Autoritätsverlust der Eltern, der den Versuch ihrer Einflussnahme auf den Jugendlichen als aussichtslos erscheinen lässt, ihre Verantwortung **gegenüber dem Verkehr** nicht aufheben kann"). Es sollte (Rn 21) das Pendel nicht allzuweit zugunsten einer Berücksichtigung emanzipatorischer Pädagogik und praktischer Hilflosigkeit der Eltern ausschlagen. Die Situation zeigt zwar, dass der Erziehungsberechtigte offenbar mit dem Gesamtplan seiner Erziehung gescheitert ist. Das ist jedoch, da § 832 BGB ausdrücklich an die Verletzung der konkreten Aufsichts- und gerade nicht der allgemeinen Erziehungspflicht anknüpft, ein haftungsrechtlich irrelevanter Umstand. Dass es de lege lata **keine Haftung der Sorgeberechtigten für ihren erzieherischen Misserfolg** (RG JW 1914, 298; OLG Köln VersR 1975, 162) gibt, zeigt sich an dieser Sonderkonstellation mit aller Deutlichkeit.

118 Führen die Berücksichtigung des Erziehungsziels oder – bei sich der Volljährigkeit nähernden Minderjährigen – der Ausschluss erfolgversprechender und zumutbarer Einwirkungsmaßnahmen im Einzelfall zu einer deutlichen Absenkung des gebotenen Aufsichtsmaßes, wird oftmals aus diesem Grund eine Haftung der Aufsichtspflichtigen aus § 832 BGB im Ergebnis scheitern. Der Geschädigte bleibt dann auf **Ansprüche gegen den Minderjährigen** verwiesen (so auch Schmid VersR 1982, 822, 824). Gerade bei sich der Volljährigkeit nähernden Jugendlichen ist diese Verschiebung der Verantwortlichkeit von den Aufsichtspflichtigen hin zu den jugendlichen Schädigern eine konsequente Entwicklung, die ohnehin ihre Vollendung an dem Tag findet, an dem der Jugendliche volljährig wird.

bb) Therapeutische Zielsetzungen

119 Das in Ansehung des Erziehungsauftrags (§§ 1631, 1626 Abs 2 BGB) Ausgeführte gilt in gleicher Weise für therapeutische Zielsetzungen bei psychisch kranken Erwachsenen und Minderjährigen. Auch hier kann ein Spannungsverhältnis zwischen der bestimmte Aufsichtsmaßnahmen an sich verlangenden Aufsichtspflicht und einer Pflicht entstehen, gerade durch das Schaffen von individuellen Freiräumen der **Menschenwürde** und dem **Persönlichkeitsrecht der Kranken** (Art 1 Abs 1, 2 Abs 1 GG) sowie therapeutischen Zielsetzungen gerecht zu werden. Auch hier bedarf es einer Ausgleich schaffenden Interessenabwägung bei der Konkretisierung des gebotenen

Aufsichtsmaßes (Marburger VersR 1971, 777, 784; vgl auch Deinert/Schreibauer DAVorm 1993, 1145). Hinsichtlich der dabei zu beachtenden Grundsätze wird auf die Abwägung des Aufsichtsanlasses mit dem Erziehungsziel verwiesen (s vor allem Rn 111 ff). Die Aufsichtspflicht wird durch die Bestimmungen der Psychisch-Kranken-Gesetze geprägt, etwa durch § 9 Abs 1 BbgPsychKG (Zweck der Unterbringung) und durch § 16 BbgPsychKG (Gestaltung der Unterbringung). Zu beachten ist, dass etwa gegenüber gemeingefährlichen Kranken oder Behinderten, wenn also hochgradige Gefahren vom Aufsichtsbedürftigen ausgehen, der Schutz der Allgemeinheit Vorrang genießt (vgl Marburger VersR 1971, 777, 784). Die Gefährdung durch psychisch Kranke darf jedoch nicht über die Kategorien des Schadenersatzrechts und den durch die Schadenszuweisungen entstehenden finanziellen Druck dazu führen, dass bewährte psychiatrische Behandlungsmethoden gegen eine Rückkehr zur bloßen Verwahrung psychisch kranker Menschen ausgetauscht werden. Behandlung und Rehabilitation psychisch kranker Menschen sind vom Grundgesetz geforderte Aufgaben. Doch auch diese Erkenntnis darf nicht zu dem Ergebnis führen, dass ein geschädigter Dritter im Falle des Versagens der Behandlung für einen deliktsrechtlich zurechenbaren Schaden keinen Ersatz zu erlangen vermag und gleichsam schicksalhaft das gesamtgesellschaftliche Risiko allein zu tragen hätte. Gegen derartige Ansprüche sollten die Träger psychiatrischer Behandlungseinrichtungen durch den Aufbau kollektiver Schadenstragungs- oder Versicherungssysteme Vorsorge treffen (vgl ausf LG Bremen NJW-RR 1999, 969, 970). **Beispiele**: § 832 BGB verlangt von der Mutter eines körperlich und geistig behinderten 13-Jährigen nicht, den Jungen auf einem Spaziergang zu begleiten, den dieser auf Anraten der Ärzte aus therapeutischen Gründen allein machen soll (LG Arnsberg FamRZ 1995, 602). Ein 8-Jähriger, unter Autismus leidender Junge darf unter elterlicher Aufsicht auf einem Fahrrad am Straßenverkehr teilnehmen (LG Landau SVR 2011, 308). Wenn kein besonderer Aufsichtsanlass besteht, darf der Aufsichtspflichtige einen Behinderten in der Küche eines Heims mit einem Messer arbeiten lassen (OLG Hamm NJW-RR 1994, 86). Von volljährigen suizidalen Patienten hat die behandelnde psychiatrische Klinik alle Gefahren abzuwenden, die dem Kranken durch sich selbst drohen. Dazu zählt der Zugang zu Zündmitteln, die zum Entzünden der eigenen Kleidung in selbstmörderischer Absicht eingesetzt werden können. Auch die Abwägung mit den og Grundrechten des Patienten und die Beachtung des Übermaßverbots und des Therapiezwecks führen nicht zu einem anderen Ergebnis, denn selbst wenn es praktisch nicht möglich ist, von dem Patienten alle Gefahren fernzuhalten, steht mit dem Entzug von Zündmitteln eine Maßnahme zur Verfügung, die mit Blick auf die von Zündmitteln ausgehenden Gefahren für andere Patienten, das Klinikpersonal und erhebliche Sachwerte, die Rechte des Patienten nicht unverhältnismäßig einschränkt. Auch kettenrauchenden Patienten ist es zuzumuten, sich jeweils im Stationszimmer die Zigarette unter Aufsicht anzuzünden oder anzünden zu lassen (OLG Koblenz NJW-RR 2008, 1473).

c) Reichweite der vertraglich übernommenen Aufsicht

Die konkrete Ausprägung der Aufsichtspflicht desjenigen, der die Aufsicht durch **120** Vertrag übernommen hat, richtet sich nicht allein nach einer Abwägung zwischen der Bewertung des Aufsichtsanlasses einerseits und den die Aufsichtsanforderungen senkenden Faktoren andererseits. Zunächst ist maßgeblich, welche Maßnahmen der übernehmenden Person nach dem Übernahmevertrag oblagen. Das **Maß der gebotenen Aufsicht und die Reichweite der zu treffenden Maßnahmen richten sich in erster Linie nach dem Umfang der vertraglichen Aufsichtsübernahme**. Beispiel: Hat das 18-jährige

Nachbarsmädchen es übernommen, während der Abwesenheit der Eltern morgens von 10–12 Uhr und nachmittags von 14–16 Uhr auf das 8-jährige Kind gegen ein geringes Entgelt aufzupassen, so obliegt ihr die Aufsichtspflicht iSv § 832 BGB von vornherein nur für den vereinbarten Zeitraum. Wenn das Kind einen Dritten nach 18 Uhr schädigt, kommt eine Haftung des Mädchens nicht in Betracht. Die gleiche Beschränkung gilt, wenn der die Aufsicht Übernehmende sich nur zur Durchführung bestimmter Maßnahmen verpflichtet hat. Auch hier besteht die Aufsichtspflicht iSd § 832 BGB nur im vertraglich festgelegten Rahmen (eingehend Albilt 175 f). Allgemein lässt sich sagen, dass Unterlassungen außerhalb der vertraglich vereinbarten Aufsichtsgrenzen, also maW **vertragsgerechtes Verhalten, keine Haftung des Übernehmers nach § 832 BGB zu begründen vermag** (Albilt 176). Eine Konkretisierung von Aufsichtsanforderungen kommt daher nur im Rahmen des Umfangs der übernommenen Aufsicht in Betracht. Insoweit gelten die allgemeinen Wertungsgrundsätze (Rn 72 ff).

121 Scheidet eine Haftung des Übernehmers gerade wegen der begrenzten Aufsichtsübernahme aus, so bleibt es bei der Haftung des Aufsichtspflichtigen, der die Aufsicht übertragen hat. Dieser hat durch die nur begrenzte Aufsichtsübertragung seine eigene Aufsichtspflicht nicht erfüllt. In der Übertragung der Aufsicht kann nämlich nur insoweit eine Erfüllung der eigenen Aufsichtspflicht liegen, wie tatsächlich ein geeigneter Dritter an die Stelle des Pflichtigen tritt und die Aufsicht statt seiner ausübt (Rn 159, Rn 172).

4. Gebotene Aufsichtsmaßnahmen im Einzelfall

a) Allgemeines

122 Welche Aufsichtsmaßnahmen im Einzelfall rechtlich geboten sind, ist **Ergebnis einer Wertung**. Die Konkretisierung der Aufsichtspflicht ist Rechtsfrage. Verlangt ist eine **Abwägung** zwischen dem **Gewicht des Aufsichtsanlasses** einerseits (Rn 72 ff) und den **die Anforderungen mindernden Faktoren** (Zumutbarkeit für den Aufsichtspflichtigen, Erziehungsgebot/therapeutische Erwägungen, Reichweite einer vertraglichen Aufsichtsübernahme [dazu im Einzelnen Rn 101 ff]) andererseits (OLG Stuttgart 12. 3. 2008 – 4 U 58/07, NZV 2009, 191, 195; Diehl DAR 2007, 451, 453).

123 Als Aufsichtsmaßnahmen stehen im Wesentlichen zur Verfügung: Erklärung, Aufklärung, Belehrung, Ermahnung, Vorhaltung, Einübung, Kontrolle, Verbot und dessen Überwachung, Umgangsbeschränkungen oder -verbote, Unmöglichmachen von Verhaltensweisen, Inanspruchnahme fremder (ggf staatlicher) Erziehungs- und Aufsichtshilfe. Diese Aufsichtsmaßnahmen stehen zueinander in einem Stufenverhältnis (OLG Celle FamRZ 1998, 233). Je stärker für den Aufsichtsverpflichteten ein Aufsichtsanlass besteht, desto intensiver und daher eingreifender muss die genügende Aufsichtsmaßnahme sein (Schoof 63 f). Welche der unterschiedlich intensiven Maßnahmen im Einzelfall geboten sind, bestimmt sich nach **Verhältnismäßigkeitsgesichtspunkten** (Schmid VersR 1980, 822, 823; Albilt 98; Eckert 61 f; s auch OLG Düsseldorf NJW-RR 1997, 343, welches zutreffend zwischen geeigneten, mithin erforderlichen Maßnahmen einerseits und zumutbaren, mithin angemessenen Maßnahmen andererseits differenziert). Das jeweilige Aufsichtsmittel ist in seiner Wechselwirkung zwischen Aufsichtszweck und der dadurch bewirkten Einschränkung des Aufsichtsbedürftigen zu sehen. Die Verhältnismäßigkeit wird auch durch einzelne gesetzliche Bestimmungen geprägt (zB § 1631 Abs 2 BGB, Psychisch-Kranken-Gesetze [Rn 119], Kita-Gesetze, Schulgesetze [Rn 111], § 16

Abs 2 BJagdG [Rn 149]). Zunächst muss die Maßnahme überhaupt **geeignet** sein, den Aufsichtszweck zu erfüllen. Sie muss daher zur Vermeidung der Drittschädigung objektiv tauglich sein. Sodann muss sich die Aufsichtsmaßnahme als **erforderlich** erweisen. Von dem Aufsichtspflichtigen kann nur das Aufsichtsmittel in seiner konkreten Ausprägung verlangt sein, das nicht nur zur Schadensvermeidung geeignet ist, sondern auch gleichzeitig für den Aufsichtsbedürftigen und den Aufsichtspflichtigen die geringste Belastung darstellt. Wird die genügende Aufsichtsmaßnahme zutreffend nach dem konkreten Aufsichtsanlass ermittelt (Rn 68 ff), ist es durchaus möglich, dass eine dem Aufsichtsanlass entsprechende Aufsichtsmaßnahme zwar beobachtet wurde, die Schädigung jedoch durch eine einschneidendere Maßnahme vermutlich vermieden worden wäre, diese jedoch nach dem Aufsichtsanlass (noch) nicht angezeigt, mithin nicht erforderlich war. Schließlich muss die Aufsichtsmaßnahme die Verhältnismäßigkeit im engeren Sinne beachten. Sie muss **angemessen** bzw zumutbar sein. Eine unbillige Einschränkung von Aufsichtsbedürftigem und Aufsichtspflichtigem ist zu vermeiden. Maßgebliche Relevanz haben der Erziehungszweck und die Persönlichkeitsentwicklung des Aufsichtsbedürftigen (Schoof 67 f). Konsequenterweise ist dort, wo überhaupt kein Aufsichtsanlass besteht, auch keine Maßnahme erforderlich (Rauscher JuS 1985, 757, 761; Aden MDR 1974, 9, 10). Andererseits sollte heute auch selbstverständlich sein, dass körperliche Züchtigungen und andere die Würde des Kindes verletzende Maßnahmen als Aufsichtsmaßnahme niemals verhältnismäßig sein können (§ 1631 Abs 2 BGB; Schoof 67).

Im Allgemeinen ist, soweit Aufsichtsbedürftige von ihrer Entwicklung dafür zugänglich sind, mit den mehr erzieherisch ausgerichteten Maßnahmen zu beginnen. Im pädagogischen Bereich sollte der Ausgangspunkt und – wenn möglich – der Schwerpunkt liegen. Es ist von essentieller Bedeutung für die Entwicklung eines Kindes, dass es sich von Anfang an **Freiräume** erarbeitet, in denen es an Herausforderungen wachsen kann. Das entspricht der zu verfolgenden rechtspolitischen Zielsetzung, eine kinderfreundlichere Gesellschaft anzustreben. Dazu sollten – im Grundsatz – von den Aufsichtspflichtigen zunächst diejenigen Maßnahmen verlangt werden, welche die **Entwicklung des Kindes fördern.** 124

Auf der ersten Stufe sind daher **Belehrungen und Erklärungen** in Betracht zu ziehen, wobei das **Einüben von Verhaltensweisen** und das Umgehen mit Gefahren im Vordergrund stehen sollte (vgl Scheffen/Pardey Rn 248). Danach ist zB nicht unbedingt das Fernhalten von jedem Gegenstand erforderlich, der bei unsachgemäßem Umgang gefährlich werden kann: „Gerade die Erziehung des Kindes zu verantwortungsbewusstem Hantieren mit einem solchen Gegenstand ist oft der bessere Weg zur Schadensverhütung“ (BGH 6. 4. 1976 – VI ZR 93/75, LM Nr 11 = NJW 1976, 1684). Dass somit vorrangig gleichzeitig erzieherisch wirkende Maßnahmen geboten sind, steht nicht im Widerspruch zu dem Umstand, dass § 832 BGB nur die Aufsichts-, nicht aber die Erziehungspflichtverletzung sanktioniert (vgl aber die dahingehende Kritik von Fuchs 167 ff). Maßnahmen, die auch erzieherischen Charakter und damit eine Doppelnatur aufweisen, sind – im Ausgangspunkt – schlicht die sinnvollsten und effektivsten Aufsichtsmaßnahmen. Sie sind iRd § 832 BGB geboten, weil und soweit sie auch Aufsichtsmaßnahmen sind. Unter Umständen bedarf es auch einer wiederholten Belehrung, selbst wenn Verstöße zunächst nicht feststellbar waren. So wenn, wie bspw in einem Ferienlager, die Gefahr besteht, dass die Belehrungen schnell in Vergessenheit geraten oder verdrängt werden (LG Landau NJW 2000, 2904). 125

126 Der Erfolg dieser erzieherischen Maßnahmen ist durch **Kontrollen**, die mit **Lob und Tadel** (Ermahnungen) verbunden sein sollten, zu ergründen. Erst wenn diese zutage fördern, dass bisherige Maßnahmen fruchtlos geblieben sind, ist zu stärkeren Mitteln wie **Verboten und Überwachungen** zu greifen. Verbote sind freilich auf ihre pädagogische Eignung im Einzelfall – besonders bei älteren Jugendlichen – zu überprüfen. Bei entsprechend entwickelter Aufnahmefähigkeit ist ein Verbot mit der Erklärung dieser Maßnahme zu versehen, um deren Akzeptanz zu erhöhen (BGH 19. 11. 1963 – VI ZR 96/63, VersR 1964, 313, 314; Rauscher JuS 1985, 757, 762). Allerdings ist auf Erklärungen dort zu verzichten, wo der Aufsichtsbedürftige diese wegen zu geringer Einsichtsfähigkeit eher als verwirrend empfinden würde (BGH 19. 11. 1963 – VI ZR 96/63, VersR 1964, 313, 314 für den Fall eines 4-Jährigen; kritisch dazu Rauscher JuS 1985, 757, 762).

127 Mahnungen und **Verbote** genügen aber nur, wenn der Aufsichtspflichtige nach Lage des Falls von ihrer Wirkung überzeugt sein durfte (vgl BGH 24. 11. 1964 – VI ZR 163/63, VersR 1965, 137). Meist – und bei Kleinkindern, deren Verhalten unberechenbar ist, regelmäßig – muss dazu je nach den Umständen des Einzelfalls die offene oder unauffällige, ständige oder stichprobenweise Überwachung treten (vgl RGZ 69, 76; BGH 19. 11. 1963 – VI ZR 96/63, VersR 1964, 313, 314). **Überwachungen** sind zusammen mit verschärften Ermahnungen jedoch nur vorzunehmen, wenn Anzeichen dafür sprechen, dass Belehrungen, Einübungen usw (noch) nicht angenommen worden sind. Eine generelle Überwachung „auf Schritt und Tritt" kommt dabei in aller Regel nicht in Betracht (RGZ 50, 60, 63; BGH 10. 7. 1984 – VI ZR 273/82, NJW 1984, 2574, 2575; OLG Köln VersR 1969, 44; OLG Oldenburg VersR 1987, 915). Sie ist normalerweise nicht erforderlich, praktisch schwer realisierbar, vor allem aber pädagogisch ungeeignet, da sie dem Einüben von selbständigem und verantwortungsvollem Handeln entgegensteht und das für erfolgversprechende Erziehungs- und Aufsichtsmaßnahmen erforderliche Vertrauensverhältnis zwischen Aufsichtsbedürftigem und -pflichtigem beeinträchtigen kann (OLG Karlsruhe VersR 1979, 58; OLG Düsseldorf VersR 1996, 710; Berning/Vortmann JA 1986, 12, 18). Das heißt freilich nicht, dass in Fällen mit besonders gewichtigem Aufsichtsanlass (etwa bei Verhaltensgestörtheit und ausgeprägter Zündelneigung) nicht auch eine „engmaschige Überwachung" geboten sein kann (BGH NJW 1996, 1404, 1405). Doch selbst dann ist eine jedes Risiko ausschließende Überwachung unmöglich (OLG Hamm NJW-RR 1994, 863, 864; OLG Hamm MDR 1999, 677).

128 Ggf müssen die Eltern zur **Beseitigung der Gefahrenquelle** schreiten, indem sie das gefahrbringende Verhalten unmöglich machen. So ist die **Wegnahme** gefahrbegründender Gegenstände möglich, was allerdings voraussetzt, dass mildere und erzieherisch wertvollere Maßnahmen zu keinem hinreichenden Erfolg geführt haben. So muss zB dem tollkühn rollernden Kind der Roller (vgl Rn 139) oder dem mit gefährlichem Spielzeug hantierenden Kind das Spielzeug weggenommen und sicher verwahrt werden. Jedoch braucht der Aufsichtspflichtige ohne besonderen Anlass nicht damit zu rechnen, dass das Kind diese Maßnahmen umgehen könnte, wenn er sich üblicher und sachentsprechender Vorkehrungsmaßnahmen bedient (vgl Rn 139, Rn 143 f).

129 Wenn die üblichen Vorkehrungs- und Erziehungsmaßregeln nicht ausreichen, müssen die Eltern das Kind notfalls in strenger Obhut (Hausarrest) halten oder, als letzte Konsequenz, die **Unterbringung** in einer anderen Familie bzw in einem Heim erwägen (RG Recht 1911 Nr 3326; JW 1914, 298), den Vormundschaftsrichter anrufen (§ 1631

Abs 3 BGB) oder beim Jugendamt Erziehungshilfe beantragen. Bei diesen Alternativen handelt es sich allerdings um ganz erhebliche Einschränkungen des Erziehungsrechts, die Eltern nur als letzte Mittel geboten sein können. Die Anforderungen sind hier äußerst hoch anzusiedeln (dazu LG Hildesheim VersR 1972, 672: Eine als einziges geeignetes Mittel zur „Gefahrenabwehr" noch in Frage kommende Heimeinweisung war im Einzelfall im Hinblick auf den Erziehungsaspekt unverhältnismäßig, Rn 112). Regelmäßig ist den Eltern zuzubilligen, dass sie durch ein Bündel von Aufsichtshandlungen versuchen, die einschneidende Maßnahme einer Unterbringung zu vermeiden (OLG Düsseldorf NJW-RR 1997, 343, 344). Die Trennung von der Familie, welche regelmäßig mit dem Verlust auch der letzten noch bestehenden elterlichen Erziehungsmöglichkeit einhergeht, muss das äußerste Mittel in der Kette der zumutbaren Aufsichtshandlungen bleiben. Sie kann erst dann angezeigt sein, wenn jegliche anderen Aufsichtsmaßnahmen tatsächlich erfolglos geblieben sind. Die bloße Wahrscheinlichkeit der Erfolglosigkeit ist noch nicht ausreichend.

b) Pädagogischer Ermessensfreiraum/Erschöpfung zumutbarer Maßnahmen

Bei der wertenden Bestimmung der gebotenen Aufsichtsmaßnahmen ist dem Auf- 130
sichtspflichtigen im Hinblick auf den Erziehungsaspekt ein „gewisser Freiraum pädagogisch vertretbarer Maßnahmen" zuzugestehen (BGH NJW 1980, 1044, 1045; BGH 10. 7. 1984 – VI ZR 273/82, NJW 1984, 2574, 2576; OLG Hamm NJW-RR 1988, 798; Grossfeld/Mund FamRZ 1994, 1504, 1507; Scheffen/Pardey Rn 250). Dieser Ermessensspielraum wirkt sich vor allem in den Fällen aus, in denen es um Aufsichtsmaßnahmen gegenüber einem sich der Volljährigkeit nähernden Jugendlichen geht, die angesichts des Aufsichtsanlasses an sich streng sein müssten (dazu Rn 116 ff). Zwar ist der Aufsichtspflichtige hier nicht völlig davon freigestellt, Aufsichtsmaßnahmen zu ergreifen (BGH NJW 1980, 1044, 1045). Andererseits gibt es aber gerade in diesem Fall Grenzen (Rn 117). So wäre es lebensfremd und wohl auch unter dem Aspekt der möglichst effektiven Aufsicht kontraproduktiv, von dem Vater eines fast 18-jährigen Sohns zu verlangen, diesem generell zu verbieten, in seiner Freizeit Gaststätten oder Partys zu besuchen (BGH NJW 1980, 1044, 1045; vgl Larenz/Canaris, Schuldrecht II/2 § 79 IV 2 c und OLG Karlsruhe VersR 1975, 430). Vielmehr kann es nach pädagogischem Ermessen uU angezeigt sein, „keine allzu große Strenge walten zu lassen und nicht auf strikter Einhaltung elterlicher Weisungen oder Empfehlungen zu bestehen, um den Kontakt zu dem Jugendlichen und die Einflussnahme auf ihn nicht zu verlieren" (BGH NJW 1980, 1044, 1045; s dazu Rn 117). Insgesamt gilt grds, dass die Aufsichtsanforderungen dort erheblich abzusenken sind, wo nach den Umständen des Falls, vor allem nach allen vorausgegangenen und fehlgeschlagenen Aufsichtsmaßnahmen, die Erfolglosigkeit aller weiteren Bemühungen offensichtlich ist (dazu Rn 117).

5. Einzelfälle*

a) Verkehrsgefahren durch spielende Kinder

Der Umfang der Aufsichtspflicht über Kinder, die am Straßenverkehr teilnehmen, 131
richtet sich nach dem Alter, der körperlichen und geistigen Entwicklung des Kindes,

* Vgl auch die umfassenden Rechtsprechungsübersichten bei Bernau FamRZ 2007, 92; DAR 2008, 286; FamRZ 2010, 937; DAR 2012, 174; FamRZ 2013, 1521; DAR 2015, 192; FamRZ 2017, 166; DAR 2018, 429; FamRZ 2020, 301; DAR 2021, 166; FamRZ 2023, 415; DAR 2024, 121; FamRZ 2026, 341.

seinen Fähigkeiten und den Erfahrungen des Kindes im Straßenverkehr. Zu berücksichtigen sind auch die Gefährlichkeit der Strecke und eine etwaig vorhandene Ortskenntnis des Kindes (LG München 8. 11. 2011 – 8 O 2828/11). Kleine Kinder müssen unter allen Umständen von gefahrdrohenden Stellen ferngehalten werden (BGH 24. 11. 1964 – VI ZR 163/63, VersR 1965, 137; OLG München VersR 1962, 747). Andererseits soll die Möglichkeit zum Aufenthalt und Spielen im Freien selbst Kleinkindern („auch Großstadtkindern", Dölle II § 92 I 2 b [153]) erhalten bleiben, wenn es mit den Verkehrsverhältnissen irgendwie vereinbar ist. Zur Erfüllung der Aufsichtspflicht genügen in dieser Altersgruppe bloße Mahnungen, Belehrungen und Verbote (die Fahrbahn nicht ohne Begleitung Erwachsener zu überqueren usw) nicht, weil bei noch nicht schulpflichtigen Kindern mangels eigenen Verantwortungsbewusstseins und altersmäßig bedingter Hingabe an das Spiel damit gerechnet werden muss, dass sie im Eifer des Spiels aus geringstem Anlass jede Mahnung vergessen und zB unbesonnen auf die Fahrbahn laufen (OLG Köln VersR 1969, 44). Aktuellen entwicklungspsychologischen Erkenntnissen zufolge fällt es Ihnen schwer, einmal begonnene Handlungen wieder abzubrechen. Kleine Kinder bis zu einem Alter von 3 Jahren sind zudem kaum in der Lage, fahrende von stehenden Autos zu unterscheiden. Selbst 7-Jährige können sich nur wenig in andere Personen hineinversetzen und neigen deshalb zur Annahme, dass sie von Autofahrern, die sie sehen können, auch wahrgenommen werden (Siegel SVR 2008, 452). Deshalb muss eine **ausreichende und zumutbare Überwachung** hinzutreten. Eine ständige Beobachtung ist dagegen in der Regel nicht erforderlich (BGH 19. 11. 1963 – VI ZR 96/63, VersR 1964, 313, 314; vgl Rn 127). Unzulässig ist es aber, bereits 2-jährige Kinder ohne ständige Beobachtung und Eingriffsmöglichkeit allein auf der Straße spielen zu lassen, auch wenn der Aufsichtspflichtige allein drei minderjährige Kinder zu versorgen hat (vgl auch Rn 135; **aA** OLG Bremen VersR 1958, 64). Bedenklich erscheint es auch, ein 5-jähriges Kind selbst nach gehöriger Belehrung über das Verhalten im Straßenverkehr und gelegentlicher Überwachung allein auch auf dem Bürgersteig einer **verkehrsreichen Straße** spielen zu lassen (so aber noch BGH 19. 3. 1957 – VI ZR 29/56, VersR 1957, 340; OLG Stuttgart VersR 1955, 685; OLG Celle FamRZ 1966, 107). Die Verkehrsverhältnisse haben sich im Vergleich zu den 50er und 60er Jahren, in denen die Entscheidungen ergingen, wesentlich verändert. Es sind keine Kraftdroschken mit Geschwindigkeiten von 30–35 km/h mehr unterwegs (vgl BGH 19. 3. 1957 – VI ZR 29/56, VersR 1957, 340). Bei dem heutzutage auf verkehrsreichen Straßen üblichen Tempo ist es Autofahrern nicht möglich, noch rechtzeitig zu reagieren, wenn Kinder aufgrund der bereits beschriebenen kindlichen Eigenheiten (Lauf- und Erprobungsdrang, Impulsivität, Affektreaktionen, mangelnde Konzentrationsfähigkeit und gruppendynamischem Verhalten) unvermittelt auf die Straße laufen, zumindest sofern sie vorher vom Kraftfahrer nicht wahrgenommen wurden, sodass ihm ein Anpassen der Geschwindigkeit (§ 3 Abs 2a StVO) nicht möglich war (vgl Burmann/Hess/Hühnermann/Jahnke/Janker § 3 StVO Rn 50 ff). Ob 7- bis 9-Jährige vollkommen unbeaufsichtigt zum Spielen auf den Bürgersteig einer verkehrsreichen Straße gelassen werden können, ist nach ihren individuellen Eigenschaften und Fähigkeiten und der Gefahrgeneigtheit der konkreten Situation vor Ort zu beurteilen, wie auch bei einer verkehrsberuhigten oder Tempo-30-Zone mit geringem Verkehrsaufkommen (vgl BGH 3. 12. 1957 – VI ZR 265/56, VersR 1958, 85). Im letzteren Fall ist ein großzügigerer Maßstab anzusetzen. Zwar gehen auch in diesem Umfeld von Kindern Gefahren aus. Die zulässigen Höchstgeschwindigkeiten ermöglichen jedoch anders als auf Hauptverkehrsstraßen in der Regel eine rechtzeitige Reaktion. Den von Kindern ausgehenden Gefahren kann deshalb durch entsprechend vorsichtiges und verantwortungsbewusstes Verhalten der Kraftfahrer Rechnung getragen werden (Rn 134). Dadurch kann Kindern zumindest teilweise weiter der unbeaufsichtigte Aufenthalt und das Spielen im Freien ermöglicht werden.

Fußballspielen von Kindern auf der Straße ist für die Verkehrsteilnehmer gefährlich. 132
Es besteht die Gefahr, dass der Ball andere Personen trifft oder dass die Spieler im Eifer ohne Rücksicht auf den Verkehr dem Ball nachlaufen. Das Fußballspielen eines 13-jährigen Jungen, der sich trotz Ermahnungen immer wieder an dem Ballspiel seiner Freunde auf der Straße beteiligt, muss deshalb durch überraschende Kontrollen und Befragungen des Jungen über das Verbringen seiner Freizeit unterbunden werden. Ein bloßes Verbot genügt nicht (BGH 19. 9. 1961 – VI ZR 233/60, VersR 1961, 998).

Auf das **Spielen und Aufhalten jüngerer Kinder auf dem Gehweg** muss sich auch der 133
Kraftfahrer einstellen. Stellt er zB sein Kfz so in den Gehweg hineinragend ab, dass für Fußgänger nur ein schmaler Durchgang bleibt, hat er es sich selbst zuzuschreiben (§ 254 BGB), wenn Kinder wegen der Enge des Raums aus Unvorsichtigkeit an das Kfz anstoßen und es beschädigen. Von den Eltern kann nicht verlangt werden, dass sie den Kindern das Spielen auf Gehwegen verbieten oder sie dabei beaufsichtigen, damit den Gehweg versperrende Autos nicht beschädigt werden (AG Rendsburg VersR 1966, 839).

b) Kinder als Fußgänger im Straßenverkehr

aa) Kinder ohne Begleitung Erwachsener

Inwieweit jüngeren Kindern gestattet werden kann, sich **allein als Fußgänger** auf der 134
Straße zu bewegen, hängt ua von der Beschaffenheit der Straße (ruhige verkehrsarme Straße im Gegensatz zu belebter Durchgangsstraße, ländliche Gegend mit geringem Kfz-Verkehr im Gegensatz zur verkehrsreichen Großstadt), von Alter und Einsicht des Kindes (Rn 81), von seiner Vertrautheit mit den Gefahren des Weges, von der Gewöhnung daran und von der Kenntnis verkehrsrichtigen Verhaltens beim Überqueren der Straße ab. Einem 4-jährigen Kind müssen die Eltern das Überqueren einer Straße mit lebhaftem Kraftfahrzeugverkehr ohne Begleitung Erwachsener verbieten und die Beachtung des Verbots überwachen. Bloße Belehrungen und Ermahnungen des Kleinkindes zur Vorsicht beim Überschreiten der Straße genügen nicht (BGH NJW 1968, 249; s auch OLG Karlsruhe VersR 1978, 575). Nach LG Nürnberg-Fürth (VersR 1969, 576) darf ein 4-jähriges Kind überhaupt nicht allein Zutritt zu Örtlichkeiten außerhalb des Hauses haben, wo durch Neugierde und Spieltrieb für das Kind selbst und andere Gefahren entstehen können. Dem ist zuzustimmen, sofern das erzieherische Anliegen, das Kind Neuland entdecken zu lassen, durch eine erkennbare Gefahrenträchtigkeit der Umgebung wertungsmäßig überwogen wird. Bedenklich erscheint es, bereits 5-jährige Kinder auch nach gehöriger Einweisung und unter gelegentlicher Kontrolle allein auf den Weg zur Erledigung von Besorgungen (zum Kaufmann usw) zu schicken (dafür: OLG Stuttgart VersR 1955, 685, 686; OLG Celle VersR 1969, 333 f; vgl auch AG Prüm NZV 2007, 209, das 5-Jährigen die unbeaufsichtigte Teilnahme am Straßenverkehr auf einer Ortsdurchfahrtsstraße gestatten möchte). Ein fast 7-jähriges normal oder gar überdurchschnittlich veranlagtes Kind, das über die wichtigsten Regeln des Straßenverkehrs belehrt ist, bedarf auf dem Schulweg allerdings keiner ständigen unmittelbaren Beobachtung und Beaufsichtigung mehr (LG Berlin VersR 1967, 237). Eine stichprobenweise Überwachung, ob sich das Kind auf dem Schulweg vor allem

beim Überqueren von Straßen verkehrsgerecht verhält, reicht aus. Das gilt vor allem, wenn die Eltern durch Berufstätigkeit oder die Sorge um weitere kleine Kinder an einer ständigen Begleitung verhindert sind. Von einem solchen Kind gehen natürlicherweise dennoch Gefahren aus, zB wenn es sich vor dem Überqueren einer Straße zwar nach beiden Seiten umsieht, aber die Geschwindigkeit eines herannahenden Kfz nicht richtig einschätzt; diesen Umständen müssen die übrigen Verkehrsteilnehmer ihrerseits durch entsprechendes vorsichtiges und verantwortungsbewusstes Verhalten Rechnung tragen (LG Berlin VersR 1967, 237; vgl auch § 3 Abs 2a StVO). Die auf Bundesstraßen zulässigen Geschwindigkeiten ermöglichen jedoch kein rechtzeitiges Reagieren bei plötzlich auf die Straße laufenden Kindern, zumindest wenn sie für den Kraftfahrer vorher auf dem Bürgersteig nicht erkennbar waren (Rn 131). Soweit auf dem Schulweg Bundes- oder Hauptverkehrsstraßen überquert werden müssen, reicht es deshalb nicht aus, wenn das Kind des Öfteren begleitet sowie mit den Besonderheiten und Gefahren des Schulwegs vertraut gemacht worden ist (Rn 82; anders noch: OLG Oldenburg VersR 1972, 54; LG Aachen r+s 1987, 225). Einem geistig behinderten 17-Jährigen kann gestattet werden, den Weg zur Sonderschule allein zurückzulegen, wenn über lange Zeit kein Anlass zur Begleitung vorlag (OLG Stuttgart 18. 7. 1985 – 13 U 41/84, Justiz 1986, 46 f).

bb) Kinder in Begleitung Erwachsener

135 Bei Kleinkindern muss damit gerechnet werden, dass sie zu einer rationalen Steuerung ihres Verhaltens nur begrenzt in der Lage sind. So müssen zB die Eltern eines zweieinhalbjährigen Kindes stets damit rechnen, dass es unvermittelt und ohne Grund auf die Straße läuft. Zu weitgehend ist es deshalb, auf die jederzeitige Eingriffsmöglichkeit der Aufsichtsperson zu verzichten (Bernau DAR 2007, 651). Ein zweieinhalbjähriges Kind muss im Straßenverkehr noch an der Hand gehalten werden. Wenigstens aber müssen die Eltern in der Lage sein, „jederzeit in das Verhalten des Kindes korrigierend einzugreifen" (OLG Düsseldorf VersR 1992, 1233; ähnlich für einen Spielplatz: OLG Koblenz 20. 7. 2015 – 12 U 83/15, r+s 2015, 569 Rn 15). Jedenfalls in besonderen Gefahrensituationen, wie etwa beim Überqueren einer Straße sind Kinder dieses Alters an die Hand zu nehmen (OLG Saarbrücken NJW 2007, 1888; LG Köln NJW 2007, 2563). Reißt sich das Kind von der Hand los und kann der dem Kind hinterher eilende Aufsichtspflichtige dieses nicht mehr rechtzeitig erreichen, um den Zusammenstoß mit einem Fahrzeug zu verhindern, ist eine Aufsichtspflichtverletzung nicht gegeben (LG Köln NJW 2007, 2563). In einem am Straßenrand haltenden Pkw darf eine Mutter ihren $2^1/_2$-jährigen Sohn nicht vom Kindersitz abschnallen, wenn sie den Pkw verlässt, da sie sich nicht darauf verlassen darf, dass er – wie in ähnlichen Situation zuvor – sitzt bleibt, bis sie ihn herausnimmt (LG Würzburg 4. 12. 2012 – 11 O 1744/12, SVR 2013, 185). Wegen des geringen Gefährdungspotentials muss ein 4-Jähriger im Park aber nicht mehr an die Hand genommen werden, es reicht aus, wenn sich der Aufsichtspflichtige in Rufweite befindet (LG Köln 25. 3. 2004 – 8 O 354/03). Ein 5-jähriges Kind muss auf der Straße an die Hand genommen werden, wenn es auf der gegenüberliegenden Straßenseite seinen Vater erblickt, da die Gefahr besteht, dass das Kind ohne Rücksicht auf den Verkehr die Straße überquert, um zum Vater zu gelangen (OLG Celle 2. 12. 1965 – 5 U 127/65, FamRZ 1966, 107). Anderes gilt für ein 7-jähriges Mädchen, bei dem seit dem Kindergartenalter eine intensive Verkehrserziehung stattfand und das bereits seit längerer Zeit auf dem Schulweg, ohne negativ aufzufallen, als Fußgänger am Straßenverkehr teilnahm. Der Vater muss in einem solchen Fall seine Tochter nicht an die Hand nehmen, auch wenn sie die Bitte äußert, ihrer

Mutter auf die andere Straßenseite folgen zu wollen. Der verbale Hinweis, dass das zurzeit nicht möglich sei, reicht aus. Ein Mädchen dieses Alters wie ein Kleinkind trotzdem an die Hand zu nehmen, ist erst angezeigt, wenn erkennbar wird, dass es trotz des plausiblen Hinweises beabsichtigt, vollkommen unbesonnen über die Straße zu rennen (OLG Jena 21. 10. 1997 – 8 U 865/97, OLGR 1998, 101, 102). Überlässt eine Mutter ihrer ca $7^1/_2$ Jahre alten Tochter auf einem Supermarktparkplatz das Schieben eines Einkaufswagens, muss sie sich zwischen dem Einkaufswagen und geparkten Fahrzeugen bewegen, um bei einem drohenden „Entlangschrammen" des Einkaufswagens an geparkten Fahrzeugen eingreifen zu können (AG Schwabach ZfS 2004, 447; AG Neunkirchen 26. 5. 2023 – 4 C 33/22 (02), SVR 2025, 63: jederzeitige Eingriffsmöglichkeit bei einer 5-Jährigen erforderlich).

c) Kinder als Verkehrsteilnehmer mit Fahrzeugen oder anderen Mitteln zur schnelleren Fortbewegung

aa) mit Fahrrädern

Noch **nicht schulpflichtige Kinder** dürfen sich im öffentlichen Straßenverkehr grds 136
noch nicht gänzlich unbeaufsichtigt bewegen. Es muss eine jederzeitige Eingriffsmöglichkeit der Eltern gewahrt sein. Haben sie aufgrund ihres räumlichen Abstandes keine Möglichkeit, unmittelbar auf ihr Kind einzuwirken, um andere Verkehrsteilnehmer zu schützen, müssen sie jedenfalls dafür sorgen, dass es auf Zuruf ordnungsgemäß anhält (OLG Hamm 21. 11. 2023 – I-26 U 79/23, MDR 2024, 303, 304 [knapp 3 Jahre], entgegen Klutinius ZAP 2024, 241 f stellt die Entscheidung keinen „Ausreißer" dar, sondern fügt sich vielmehr in die tradierte Rechtsprechung zur Aufsichtspflicht über ein noch nicht dreijähriges Kind ein.). Dabei genügt eine Mutter ihrer Aufsichtspflicht, wenn sie auf dem Parkplatz eines Supermarktes in einer Entfernung von ca 1,5 Meter hinter ihrem 4-jährigen radfahrgewohnten Sohn auf ihrem Fahrrad fährt (LG Oldenburg 27. 8. 2010 – 1 S 310/10, NZV 2011, 33). Zur Erfüllung der Aufsichtspflicht der Eltern über ein selbständig fahrradfahrendes 5-jähriges Kind bedarf es eines ständigen Sichtkontakts und der Möglichkeit, zB durch warnende Zurufe auf das Kind einzuwirken (LG Düsseldorf VersR 1994, 484 f; OLG Düsseldorf 18. 2. 2002 – 1 U 90/01, ZFE 2002, 385; LG Saarbrücken ZfS 2004, 9; LG München II 8. 11. 2011 – 8 O 2828/11). Dagegen ist es dem Aufsichtspflichtigen nicht vorwerfbar, wenn er sich 15–20 Meter von einem auf dem Bürgersteig auf einem Fahrrad mit Stützrädern fahrenden 5-Jährigen entfernt (AG Darmstadt ZfS 1992, 3, 4; vgl auch LG Mönchengladbach NJW 2003, 1604). Ausreichend ist, wenn er dem Kind in Sicht- und Rufweite folgt (OLG Koblenz 24. 8. 2011 – 5 U 433/11, NJW-RR 2012, 274 mit Anm Lang jurisPR-VerkR 7/2012 Anm 1). Nicht erforderlich ist es auch, dass der Aufsichtspflichtige beim Überholen eines Fußgängers, durch Ruf- oder Klingelzeichen vor dem Überholvorgang warnt. 5-Jährigen ist die Möglichkeit zu geben, selbst durch eigenverantwortliches Handeln derartige Standardsituationen zu bewältigen, um das erforderliche Selbstvertrauen in die eigenen Fähigkeiten zu entwickeln und Sicherheit im Umgang mit komplexen Verkehrssituationen zu erlernen (LG München II 8. 11. 2011 – 8 O 2828/11, juris Rn 24). Bereits bei einem dreieinhalbjährigen Kind ist nicht zu verlangen, dass die Eltern permanent die Lenkstange halten (LG München VersR 2000, 1022). Das Kind muss aber in der Lage sein, weitgehend selbstständig die Funktionen eines Fahrrades, vor allem das Bremsen und Lenken zu beherrschen. Davon kann ausgegangen werden, wenn es bereits seit einem Jahr mit dem Fahrradfahren vertraut ist und das Fahrrad mit Stützrädern versehen ist (AG Bersenbrück VersR 1994, 108; AG Darmstadt ZfS 1992, 3, 4). So darf die Mutter eines 4-jährigen Kindes, welches seit einem Jahr Fahrrad fährt, auf dem Parkplatz eines Supermarkts im Abstand von an-

derthalb Metern hinter dem auf einem dreirädrigen Kinderfahrrad radelnden Kind hinterherfahren (LG Oldenburg 27. 8. 2010 – 1 S 310/10, NZV 2011, 33). Es kann auch nicht verlangt werden, dass erst ein Jahr auf Privatgrund oder Spielplätzen geübt wurde, bevor das Kind mit Stützrädern auf dem Gehweg fahren darf (LG München VersR 2000, 1022). Stützräder sind nicht zwangsläufig erforderlich, wenn das Kind vor dem Erlernen des Radfahrens bereits auf einem Laufrad im Straßenverkehr unterwegs war und das Gleichgewicht halten kann (vgl auch LG München II 8. 11. 2011 – 8 O 2828/11, juris Rn 22 f). Im Rahmen der Aufsichtspflicht ist es nicht vorwerfbar, wenn ein 5-jähriger Junge, der bereits seit 2 Jahren ohne Stützräder fahren kann, auf einer ruhigen Anliegerstraße ohne erkennbaren Durchgangsverkehr auf der Straße ohne unmittelbare Eingriffsmöglichkeit der Aufsichtsperson fährt (OLG Hamm MDR 2000, 454, 455) bzw entspricht es einer ordnungsgemäß wahrgenommenen Aufsicht, wenn das Elternteil einige Meter hinter dem 5-Jährigen fährt, um es im Blick zu haben und warnen zu können (AG Augsburg 24. 1. 2018 – 73 C 4417/17, juris Rn 17; LG Hamburg 3. 12. 2021 – 302 O 147/20, DAR 2022, 345, 346 – Aufsichtspflichtverletzung bejaht). Auch Eltern sind gem § 2 Abs 5 S 3 StVO als Begleitperson ihres Kindes unter 8 Jahren berechtigt, selbst den Gehweg mit ihrem Fahrrad zu befahren, weshalb eine Aufsichtspflichtverletzung vorliegt, wenn sie ihr Kind bei sich auf dem Radweg fahren lassen (AG Düsseldorf 3. 9. 2021 – 37 C 557/20, juris Rn 14). Ist das Befahren des Gehwegs nach den konkreten Umständen (hohe Bordsteinkante, hineinragende Sträucher sowie Außenspiegel geparkter Kfz) gefährlicher als die Benutzung der Straße, liegt aufgrund einer sinnvollen Auslegung des § 2 Abs 5 StVO keine Aufsichtspflichtverletzung vor, wenn ein 5-jähriges Kind in Begleitung eines Elternteils auf der Fahrbahn fährt (AG Augsburg 24. 1. 2018 – 73 C 4417/17, juris Rn 24) oder ein 7-Jähriger allein (LG Ingolstadt 14. 6. 2024 – 72 O 516/23, NJW 2024, 3667 Rn 24 ff). Hingegen liegt eine Aufsichtspflichtverletzung vor, wenn ein Vater sich verkehrswidrig verhält und so sein Kind zur Nachahmung des schlechten Beispiels ermuntert, statt es gegenteilig anzuweisen (OLG München 24. 3. 2016 – 10 U 3730/14, juris Rn 30, 50: 6 Jahre; OLG Hamburg 18. 9. 2023 – 14 U 22/23, SVR 2024, 343, 344: 9 Jahre).

137 **Schulpflichtigen Kindern** kann ab dem 6. Lebensjahr unter bestimmten Voraussetzungen gestattet sein, sich schon allein im Straßenverkehr zu bewegen. Zu den aus §§ 1626, 1631 BGB abzuleitenden elterlichen Pflichten gehört es auch, die Kinder zu einem selbständigen, verantwortungsbewussten und umsichtigen Verhalten im Straßenverkehr heranzuführen. Das ist den Eltern nur möglich, wenn das Kind auch altersgerecht angepasste Möglichkeiten erhält, um sich ohne ständige Kontrolle und Anleitung im Verkehr zu bewähren (OLG Hamm 9. 6. 2000 – 9 U 226/99, NJW-RR 2002, 236 f; OLG Hamm 8. 2. 2013 – I-9 U 202/12, MDR 2013, 655, 656; OLG Celle 19. 2. 2020 – 14 U 69/19, NJW-RR 2020, 407 Rn 58 f). Die Aufsicht der Eltern setzt dabei voraus, dass das Kind über Regeln und Gefahren der Fortbewegung mit dem Fahrrad belehrt wurde. Die selbständige Benutzung des Rads darf erst gestattet werden, wenn sich die Eltern davon überzeugt haben, dass das Fahrrad vom Kind technisch beherrscht wird, es eine hinreichende Fahrsicherheit zeigt und bei seiner Benutzung die Verkehrsregeln einschließlich der Rücksicht auf andere Verkehrsteilnehmer selbst dann zuverlässig beachtet, wenn es sich außerhalb des Gesichtskreises der Eltern wähnt. Diese müssen sich selbst oder durch Dritte über das Fahrverhalten des Kindes auch in Situationen vergewissert haben, in denen das Kind sich unbeobachtet glauben konnte (KG MDR 1997, 840; OLG Hamm 9. 6. 2000 – 9 U 226/99, NJW-RR 2002, 236, 237; OLG Hamm 8. 2. 2013 – I-9 U 202/12, MDR 2013, 655, 656; OLG Celle 19. 2. 2020 – 14 U 69/19, NJW-RR 2020, 407 Rn 58; LG

Karlsruhe 10. 12. 2025 – 2 O 135/24 Zfs 2026, 81 f; LG Ingolstadt 14. 6. 2024 – 72 O 516/23, NJW 2024, 3667 Rn 23; AG Kempten 19. 2. 2025 – 7 C 735/24, BeckRS 2025, 3621 Rn 18: Austausch über das Fahrverhalten über elterliche Nachbarschafts-WhatsApp-Gruppe; Schoof 52 f). Mittlerweile hat sich in der Rechtsprechung die Ansicht durchgesetzt, dass es eine starre Altersgrenze, ab welcher Kinder allgemein in der Lage sind, sicher mit einem Fahrrad zu fahren, nicht gibt (OLG Hamm 9. 6. 2000 – 9 U 226/99, NJW-RR 2002, 236, 237; OLG Hamm 8. 2. 2013 – I-9 U 202/12, MDR 2013, 655, 656; LG Saarbrücken 13. 2. 2015 – 13 S 153/14, NJW-RR 2015, 720 Rn 12 f; Bernau DAR 2005, 604, 607 ff; FamRZ 2010, 937 mwNw; **aA** OLG Zweibrücken NJW-RR 2000, 1191, 1192 – siebeneinhalb Jahre ist die unterste Altersgrenze für ein „fahrradgeübtes" Kind; vgl auch AG Detmold NJW 1997, 1788: Kinder bis zu einem Alter von 8 Jahren dürfen nicht ohne Aufsicht mit der Möglichkeit sofortigen Einschreitens am Straßenverkehr teilnehmen; AG Traunstein NJW 2004, 3786: jedenfalls 6-Jährige dürfen nicht ohne Aufsicht im Straßenverkehr Fahrrad fahren; OLG Köln VersR 1969, 44: 5- und 6-jährige, noch nicht schulpflichtige Kinder bedürfen bei Teilnahme am Straßenverkehr einer ständigen Beaufsichtigung durch die Eltern). Entscheidend sind vielmehr die individuellen Eigenschaften des jeweiligen Kindes (Rn 72 f). Eine abstrakte Berücksichtigung der der Neufassung von § 828 Abs 2 BGB zugrundeliegenden neuen entwicklungspsychologischen Erkenntnisse, aus denen sich unter anderem ergibt, dass Kinder bis zu einem Alter von 10 Jahren Geschwindigkeiten und Entfernungen nicht richtig einschätzen können, erfolgt nicht (Rn 81, anders noch Staudinger/Belling [2012] § 832 Rn 81). Denn diese Aussagen knüpfen an die Gefahren an, die mit dem motorisierten Verkehr zusammenhängen, nicht aber an das Radfahren des Kindes und dessen altersspezifische Fertigkeit und Verkehrserfahrung (OLG Hamm 9. 6. 2000 – 9 U 226/99, NJW-RR 2002, 236, 237). Das Maß an Kenntnis der Verkehrsvorschriften, die ein 7- oder 8-jähriges Kind besitzen muss, ergibt sich aus dem Vertrauensgrundsatz, von dem ein Kraftfahrer bei der Begegnung mit ihnen ausgehen darf. Er darf erwarten, dass die Kinder eine angemessene Verkehrserziehung genossen haben und dadurch über die Verhaltensregeln im Straßenverkehr aufgeklärt sind (OLG Celle NJW-RR 1988, 216; vgl auch LG Düsseldorf VersR 1994, 484 f, wo allerdings der Fall eines 5-jährigen Kindes behandelt wird). Daneben kommt es darauf an, ob das Kind mit der Wegstrecke vertraut ist (BGH NJW-RR 1987, 1430 f). Dann darf ein bereits 7-jähriges Kind zB den täglichen Schulweg alleine zurücklegen und ein 6- oder 7-jähriges Kind auf einem nahe der elterlichen Wohnung gelegenen Fuß- oder Radweg herumfahren (OLG Hamm 9. 6. 2000 – 9 U 226/99, NJW-RR 2002, 236, 237 f; AG Wetzlar VersR 2006, 1271; OLG Celle VersR 1988, 1240; LG Hagen [Westfalen] 28. 6. 2021 – 1 S 50/21, juris Rn 5 ff: 7½ Jahre, vgl LG Bielefeld 7. 10. 2003 – 20 S 116/03, NJOZ 2004, 268, wonach 6-Jährige mit den erforderlichen individuellen Eigenschaften und Fähigkeiten auf dem Hof vor dem elterlichen Haus und der unmittelbar anschließenden Straße, die mit einer Spielstraße vergleichbar ist, Fahrrad fahren dürfen; vgl LG Saarbrücken 13. 2. 2015 – 13 S 153/14, NJW-RR 2015, 720 Rn 12, 16 f wonach ein 8-jähriges fahrradgeübtes Kind unbeaufsichtigt in einem verkehrsberuhigten Bereich in unmittelbarer Nähe der elterlichen Wohnung radeln darf; ebenso AG Pfaffenhofen 23. 7. 2021 – 1 C 638/20, juris Rn 16 ff; OLG Celle 19. 2. 2020 – 14 U 69/19, NJW-RR 2020, 407 Rn 58: keine Aufsichtspflichtverletzung bei Fahrt einer 8-Jährigen am Gardasee in Sicht- und Rufweite der Eltern). Ein Augenblicksversagen des Kindes zum Unfallzeitpunkt lässt nicht auf eine Aufsichtspflichtverletzung der Eltern schließen (LG Hagen [Westfalen] 28. 6. 2021 – 1 S 50/21, juris Rn 6; LG Ingolstadt 14. 6. 2024 – 72 O 516/23, NJW 2024, 3667 Rn 32). Auf Hauptverkehrsstraßen und unbekannten Strecken mit unbekannten Gefahrensituationen hingegen bedarf es einer besonderen Beobachtung des fahrradfahrenden Kindes (zu weitgehend deshalb: LG Stade 18. 3. 2004 – 4 O 166/03 – und OLG Oldenburg 3. 10. 1962 – 2 U 134/62, VersR 1963, 491, die Kindern ab 8 Jahren die unbeaufsichtigte Verkehrsteilnahme mit dem Fahrrad auf Bundesstraßen zugestehen möchten; zu allgemein: AG Brühl ZfS 2002, 275, das lediglich auf das Wohnumfeld und nicht darauf abstellt, ob es sich um Haupt- oder ruhige Nebenstraßen in einer Tempo-30-Zone handelt; nicht nach der Verkehrslage differenzierend auch: LG Osnabrück 2. 7. 2008 – 2 S 201/08, SVR 2008, 347; zur Gefahrerhöhung durch Überlassung eines Fahrrades mit einem abmontierten Kettenschutz an eine 9-Jährige mit ungeeigneten Hosenbeinen: LG Wuppertal 17. 10. 2017 – 16 S 19/17, NJW-RR 2018, 84 Rn 20 ff). Auch wenn der – 12-Jährige – Aufsichtsbedürftige an sich nicht der Aufsicht bedarf, ist eine aufsichtspflichtige Person, die während des Entstehens einer Gefahrensituation anwesend ist, gehalten, die erforderlichen Maßnahmen zur Schadensabwehr zu ergreifen (OLG Frankfurt 27. 1. 2014 – 16 U 26/13, juris Rn 46).

138 Eine **ständige Beaufsichtigung** kann nur **unter besonderen Umständen**, etwa bei Neigung des Kindes zur Unbesonnenheit oder zu dummen Streichen, verlangt werden (OLG Köln VersR 1969, 44). Die Teilnahme am Straßenverkehr in der Großstadt (Berlin) durch einen 10-jährigen Jungen ist daher auch ohne Überwachung durch die Eltern unbedenklich, sofern er das Fahrrad genügend beherrscht und keine Neigung zur Unbesonnenheit besteht (LG Berlin NJW 1999, 2906). Insgesamt sind an die Überwachung des Kindes unterschiedliche Anforderungen zu stellen. Sie verringern sich, wenn das Kind längere Zeit unfallfrei gefahren ist (vgl OLG Nürnberg VersR 1962, 1116; OLG Celle NJW-RR 1988, 216). Sie verschärfen sich, wenn die Eltern Kenntnis von Umständen haben, die das Radfahren als mit besonderen Gefahren für Dritte verbunden erscheinen lassen, etwa weil Anzeichen für unüberlegtes, tollkühnes oder rücksichtsloses Verhalten des Kindes hervortreten. So haften die Eltern für den von einem 12-jährigen Kind verursachten Unfall, wenn sie vorher geduldet haben, dass es mit anderen Jungen Radrennfahrten auf der Straße unternahm oder wenn sie Kenntnis davon hatten, dass die Kameraden des Kindes solche Rennfahrten unternahmen und mit einer Beteiligung des Kindes zu rechnen war (BGH 27. 6. 1961 – VI ZR 202/60, VersR 1961, 838 f). Sie haften auch, wenn sie das Radfahren unter erschwerten Umständen zulassen, ohne über die besonderen Gefahren zu belehren und das Verhalten des Kindes zu überwachen (OLG München VersR 1958, 238 für den Fall, dass ein 16-jähriges Mädchen in einer Hand einen aufgespannten Regenschirm trug). Gleiches kann gelten, wenn mit jüngeren Kindern eine längere Radtour in einer größeren Gruppe ausgeführt wird. Hier wird von dem Kind eine besondere Aufmerksamkeit hinsichtlich der Beibehaltung der Fahrspur und der Einschätzung der Geschwindigkeit der mitfahrenden Personen abverlangt (OLG Zweibrücken NJW-RR 2000, 1191, 1192). Ein 6-jähriger fahrradgeübter Junge darf daher auch nicht in einer ihm vertrauten Fußgängerzone ohne unmittelbare Aufsicht fahren, wenn er erkennbar schnell und wild unterwegs ist und trotz erfolgter Belehrung die Verkehrsregeln auch schon in der Vergangenheit nicht hinreichend beachtete. Wenn ein Kind schon unter Aufsicht durch einen Elternteil die Verkehrsregeln nicht befolgt, kann regelmäßig nicht erwartet werden, dass es diese beachtet, wenn es unbeaufsichtigt und ohne Begleitung ist (AG Radolfzell NJW-RR 2000, 1192, 1193).

bb) mit Rollern, Laufrädern oder ähnlichen Fortbewegungsmitteln

139 Solche werden vielfach von Kindern in noch nicht schulpflichtigem Alter benutzt. Die von ihnen ausgehenden Gefährdungen bestehen darin, dass sie sich auf die Fahrbahn begeben oder auf dem Bürgersteig Passanten anfahren. Es ist nicht schlechthin unzulässig, einem 4-jährigen Kind die Benutzung eines Rollers oder Laufrads zu erlauben. Es kommt aber auf die Umstände des Einzelfalls an (BGH VersR 1968, 301; OLG Hamm NZV 1995, 112 f; LG Bochum ZfS 1986, 258). Jedenfalls müssen rollernde Kin-

der belehrt werden, dass sie die Fahrbahn nicht benutzen dürfen. Daneben ist eine entsprechende Überwachung erforderlich. Weiterhin müssen sie ernstlich zur Vorsicht und Rücksichtnahme auf andere Straßenbenutzer angehalten werden (BGH 3. 12. 1957 – VI ZR 265/56, VersR 1958, 85; BGH 23. 3. 1965 – VI ZR 271/63, VersR 1965, 606). Unzulänglich ist eine Beaufsichtigung, wenn Eltern, die einem 4-Jährigen das Fahren mit einem Roller oder Laufrad gestatten, sich mit allgemeinen Ermahnungen begnügen oder die Mutter nur aus einiger Entfernung, etwa vom Balkon der Wohnung aus, dem Kind zusieht (BGH VersR 1968, 301; OLG Hamm NZV 1995, 112 f). Zu einer ständigen Überwachung, wie sie hier erforderlich ist, gehört, dass der Aufsichtspflichtige bei einer sich plötzlich verwirklichenden Gefahr rechtzeitig eingreifen kann (BGH 24. 11. 1964 – VI ZR 163/63, VersR 1965, 137). Ebenso wie bei Rad fahrenden Kindern ist aber nicht erforderlich, dass der Aufsichtspflichtige unmittelbar neben einem bereits geübten – im konkreten Fall 4 Jahre und 9 Monate alten – Kind nebenher läuft. Es genügt, wenn dem Kind in Sicht und Rufweite mit einem unter 20 Meter liegenden Abstand gefolgt wird (LG Nürnberg-Fürth 5. 5. 2011 – 8 O 9642/10). Haben die Eltern ihrem 6-jährigen Sohn den Roller wegen „tollkühnen" Fahrens weggenommen und ihm verboten, Roller zu fahren, brauchen sie, wenn keine weiteren besonderen Umstände gegeben sind, nicht noch Vorsorge dagegen zu treffen, dass er sich einen fremden Roller ausleihen könnte (LG Braunschweig VersR 1965, 248). Ein 6¾-jähriger ist aufgrund § 2 Abs 5 StVO, § 24 Abs 1 StVO anzuweisen, beim Straßenüberquerung von seinem Kickboard abzusteigen und dieses zu schieben (LG Köln 11. 2. 2014 – 11 S 462/12, NJW-RR 2014, 664 f; vgl dazu LANG jurisPR-VerkR 19/2014 Anm 2 C: formaljuristisch korrekt, aber etwas „lebensfremd").

cc) mit Rollschuhen und Rollerskates

Ebenfalls keine Aufsichtspflichtverletzung liegt vor, wenn ein rollschuhlaufendes 11- **140**
jähriges Kind auf der Fahrbahn mit einem entgegenkommenden Fahrzeug einen Unfall verursacht, sofern das Kind im Allgemeinen folgsam ist und die Eltern es zusätzlich immer wieder darauf hingewiesen haben, es dürfe nicht auf der Fahrbahn Rollschuh laufen, und wenn sie dem Verbot gelegentlich durch Verstecken der Rollschuhe Nachdruck verliehen haben (BGH VersR 1965, 385). Entsprechendes gilt für Rollerskates.

dd) mit Kraftfahrzeugen

Soweit nach § 10 FeV Minderjährigen die Führung eines Kraftfahrzeugs gestattet ist, **141**
hebt eine erteilte öffentlich-rechtliche Fahrerlaubnis die Aufsichtspflicht nach § 832 BGB nicht auf (BGH 17. 4. 1952 – III ZR 182/51, LM § 546 ZPO Nr 9 = VersR 1952, 238; OLG Frankfurt VersR 1955, 550). Sie beschränkt sich im Allgemeinen auf eine unauffällige wiederholte Überwachung der Fahrweise (BGH 17. 4. 1952 – III ZR 182/51, LM § 546 ZPO Nr 9 = VersR 1952, 238). Die Eltern sind verantwortlich, wenn das Kind infolge mangelnder Aufsicht (im Übermaß) Alkohol zu sich nehmen konnte, dadurch fahruntauglich wurde und in diesem Zustand einen Unfall verursacht hat (DÖLLE II § 92 I 2 b [153]). Über die allgemeine, dem Alter angepasste Beaufsichtigungspflicht hinausgehende Beaufsichtigungsmaßnahmen kommen in Betracht, wenn besondere Gründe (mangelnde Fahrpraxis, vorangegangener Alkoholgenuss, Neigung zu Alkoholgenuss) vorliegen (BGH 29. 11. 1951 – III ZR 11/51, LM Nr 1 = VersR 1952, 53, 54; OLG Nürnberg VersR 1958, 118; LG Bielefeld MDR 1968, 1010). Das zunächst bis zum 31. 10. 2010 laufende Modellprojekt **„Begleitetes Fahren mit 17"** wurde zum 1. 1. 2011 in das Dauerrecht übernommen (§§ 6e StVG, 48a FeV). Im Rahmen des begleiteten Fahrens kommt

eine Haftung des Begleiters nach § 832 BGB in Betracht, wenn er in Bezug auf den Minderjährigen aufsichtspflichtig ist (Sapp NJW 2006, 408, 409). Die sich aus § 832 BGB ergebenden Anforderungen an die Aufsichtspflicht des begleitenden Elternteils sind umso geringer, je älter das Kind ist. Ein fast Volljähriger, der durch seine bestandene Fahrprüfung gezeigt hat, dass er sich angemessen im Straßenverkehr verhalten kann, bedarf während der Fahrt keiner besonderen Beaufsichtigung mehr. Die Anforderungen an die Aufsichtspflicht sind gering, so dass eine Exkulpation verhältnismäßig einfach möglich ist. Eine Haftung der Eltern kommt unter diesem Aspekt nur in Extremfällen in Betracht (Lang/Stahl/Huber NZV 2006, 449, 452; Fischinger/Seibl NJW 2005, 2886, 2888; Luckey VRR 2010, 332, 334; BeckOK-BGB/Förster [1. 5. 2026] § 832 Rn 37). Der Begleiter hat sich vor der Fahrt auch nicht selbst von der Verkehrssicherheit des Fahrzeugs zu überzeugen, sondern kann darauf vertrauen, dass der minderjährige Fahrer eine entsprechende Prüfung durchgeführt hat. Nur wenn besondere Umstände vorliegen, aufgrund derer Zweifel an der Fahrtauglichkeit des Fahrers oder der Verkehrssicherheit des Fahrzeugs bestehen, kommt eine Aufsichtspflichtverletzung in Betracht, wenn der Begleiter die Fahrt dennoch ermöglicht (Sapp NJW 2006, 408, 409). Und natürlich besteht für die Eltern die Aufsichtspflicht, ein Führen des Kfz ohne die vorgeschriebene Begleitperson zu verhindern (Greger/Zwickel § 8 Rn 15). Es bleibt festzuhalten, dass sich die zum Teil befürchtete Gefahr einer Haftungserweiterung zu Ungunsten der Erziehungsberechtigten (Feltz/Kögel DAR 2004, 121, 123) nicht realisiert hat. Zu besonderen Vorsichtsmaßregeln zur Verhinderung der Benutzung des Wagens des Aufsichtspflichtigen zu **Schwarzfahrten** durch das Kind sind die Eltern nur verpflichtet, wenn das Kind schon früher ein Fahrzeug gegen den Willen des Halters oder ohne die erforderliche Fahrerlaubnis benutzt hat oder sonst ein außergewöhnlicher Anlass für die Befürchtung besteht, das Kind werde mit dem Fahrzeug eine heimliche Fahrt unternehmen (BGH 29. 9. 1954 – VI ZR 206/53, VersR 1954, 558; BGH 26. 1. 1955 – VI ZR 253/53, VersR 1955, 184; BGH NJW 1984, 1463, 1464; OLG Celle VersR 1961, 739; OLG Nürnberg VersR 1980, 96; OLG München MDR 1984, 757). Für Aufsichtspflichtverletzungen im Zusammenhang mit dem Gebrauch von Kraftfahrzeugen hat der Haftpflichtversicherer nach § 3 PflVG, § 10 AKB auch dann direkt einzustehen, wenn nur der Aufsichtsbedürftige, welcher lediglich Fahrzeuginsasse, nicht aber Fahrzeugführer oder Fahrzeughalter war, neben dem Versicherer in Anspruch genommen wird (LG Mainz DAR 2000, 273, 274).

142 **Einzelfälle**: Ein Landwirt, dessen 14-jähriger Sohn den väterlichen Ackerschlepper hin und wieder auf Feldwegen fährt, nicht aber – ausdrücklichem väterlichen Verbot entsprechend – auf öffentlichen Wegen, verletzt seine Aufsichtspflicht nicht, wenn er den Zündschlüssel des Schleppers im nicht abgeschlossenen Werkzeugkasten verwahrt. Er ist nicht dafür verantwortlich, wenn der Sohn den Zündschlüssel daraus entnimmt und damit eine fremde auf öffentlicher Straße stehende Planierraupe anlässt (OLG Stuttgart VersR 1966, 860). Ist den Eltern die Fahrleidenschaft des Kindes bekannt, reicht ein bloßes Verstecken des Zündschlüssels im Wohnzimmerschrank nicht aus (OLG Stuttgart r+s 1984, 203). Eltern verletzen ihre Aufsichtspflicht, wenn sie Kleinkinder in einem Kraftfahrzeug allein zurücklassen und die Gefahr besteht, dass sie die Tür öffnen und auf die Straße gelangen (OLG Oldenburg VersR 1976, 199). Gleiches gilt, wenn ein 11-jähriges Mädchen als Beifahrerin ohne Beachtung des Verkehrs die Tür öffnet und dadurch ein nachfolgendes Fahrzeug beschädigt wird (LG Mainz DAR 2000, 273, 274). Auch kann ein KFZ-Führer für seine minderjährige Tochter haften, die beim Aussteigen aus dem Fahrzeug den parallel zur Fahrbahn laufenden

Radfahrweg unvorsichtig überquert und dadurch Schaden verursacht (BGH 2. 10. 1964 – VI ZR 123/63, VersR 1964, 1202). In einem auf einer abschüssigen Straße geparkten Fahrzeug darf ein 4-jähriges Kind nicht allein zurückgelassen werden (OLG Düsseldorf 14. 11. 1991 – 13 U 68/91, OLGR 1992, 58 – Lösen der Handbremse; ebenso für 3-Jährige in einem Traktor LG Traunstein 31. 5. 2012 – 2 O 2926/11, juris Rn 19 ff). Erst recht müssen Kleinkinder in einem auf einem Verkehrsflughafen unmittelbar vor einem Flugzeug mit laufendem Motor stehenden Flughafenfahrzeug (Follow-Me-Fahrzeug) so überwacht werden, dass sie den Wahlhebel des Automatikgetriebes nicht betätigen können. Sie dürfen in einem solchen Fahrzeug nicht allein gelassen werden (OLG Stuttgart NZV 2009, 191). Zu einem ungewöhnlichen Kausalverlauf, bei dem ein 2½-Jähriger, der kurz unbeaufsichtigt im Kindersitz auf dem Beifahrersitz eines Pkw sitzt, den Fahrzeugschlüssel ergreift und den Pkw in Betrieb setzt und so seine Großmutter verletzt, vgl OLG Oldenburg 20. 4. 2023 – 14 U 212/22, juris Rn 22 f mit Anm Bernau FamRZ 2026, 341, 346 f.

Der Halter eines Go-Karts darf seinem 9-jährigen Sohn das Fahren mit dem Fahrzeug nur gestatten, wenn er sicherstellt, dass zwischen dem Go-Kart und weiteren anwesenden Kindern ein ausreichender Sicherheitsabstand besteht. Die Aufforderung an ein $8^1/_2$-jähriges Kind, dem Go-Kart nicht hinterherzulaufen, ist nicht ausreichend (OLG Koblenz NJW-RR 2004, 822).

d) Umgang mit gefährlichem Spielzeug*

aa) Begriffsbestimmung

143 Ein **gefährliches Spielzeug** iS der nachstehenden Ausführungen ist ein Spielzeug nicht schon deshalb, weil es ausnahmsweise durch eine Verkettung besonders unglücklicher Umstände schon einmal erheblichen Schaden angerichtet hat oder solchen anrichten kann (RGZ 50, 60, 65; LG Frankfurt NJW-RR 1986, 112). In Betracht kommt vielmehr nur Spielzeug, durch dessen Verwendung erfahrungsgemäß andere leicht verletzt werden können, wie beim Werfen mit Steinen und beim Hantieren mit Flitzbogen und spitzen Pfeilen, gefährlichen Wurfpfeilen, Speeren, Luftgewehren, Softairpistolen, Armbrüsten, Steinschleudern, Zwillen, feststehenden Messern (Fahrtenmesser, Buschmesser), Äxten usw (BGH 11. 5. 1955 – VI ZR 80/54, VersR 1955, 421; BGH 1. 10. 1957 – VI ZR 262/56, VersR 1957, 799; BGH 13. 7. 1962 – VI ZR 224/61, VersR 1962, 1088; BGH 7. 7. 1964 – VI ZR 5/64, VersR 1964, 1085; BGH 1. 2. 1966 – VI ZR 196/64, VersR 1966, 368; VersR 1973, 545; OLG Schleswig VersR 1978, 237; OLG München VersR 1979, 747; OLG Düsseldorf r+s 1997, 413; OLG München ZfS 2002, 170; LG Aachen VersR 1971, 89; LG Wiesbaden VersR 1976, 549; AG Kamen 21. 11. 2006 – 3 C 385/06, SchAZtg 2008, 36; nach OLG Frankfurt NJW-RR 2008, 975 wohl auch Minigolfschläger, denn die Verletzung eines anderen Kindes durch die Schlägerbewegung eines mitspielenden Kindes stellt eine typische Gefährdungssituation dar, die jederzeit auftreten kann, ohne dass „Unsinn" gemacht wird; ebenfalls als gefährlich eingeordnet wird das Spiel „Mikado", wenn es von Kindern unter 7 Jahren gespielt wird – OLG Nürnberg NJW 1975, 1130; zu beiden Konstellationen vgl auch Rn 98). **Fehlt bei den Eltern die Kenntnis** vom Umgang des Kindes mit gefährlichem Spielzeug (trotz regelmäßiger Information über die Freizeitaktivitäten), so genügen sie ihrer Aufsichtspflicht, wenn sie ihre Kinder wiederholt darauf hingewiesen haben, dass das Schießen mit Gegenständen auf Lebewesen ausnahmslos verboten ist (OLG Celle FamRZ 1998, 233 – „Wurfgeschosse"). Entgegen dem OLG Düsseldorf (OLG Düsseldorf 18. 7. 1997 – 22 U 5/97, NJW-RR 1998, 98 f; dazu kritisch

* Vgl dazu auch Rn 94–115.

auch WOLF VersR 1998, 812, 813 und HABERSTROH VersR 2000, 806, 813 – das Gericht überdehne den Begriff der Vorhersehbarkeit und stelle Anforderungen, die gerade nicht „vernünftigerweise" gestellt werden können) kann auf eine Aufsichtspflichtverletzung nicht erkannt werden, wenn ein 6-jähriger Junge mit einer Spielzeugpistole, die zum Verschießen von Pfeilen mit Saugnäpfen auf der Basis von Federkraft dient, einen Dritten verletzt, weil der Junge anstelle dieser Pfeile schmale Holzstäbe verschießt und die Eltern keine Kenntnis von der benutzten Pistole hatten und darüber hinaus davon ausgehen konnten, ihr Sohn habe keinen Zugang zu solchem Spielzeug. Dann muss, wie es die Eltern auch getan hatten, eine allgemeine Belehrung über die Gefährlichkeit von Schusswaffen ausreichen. Trotz der weiten Verbreitung und Beliebtheit sogenannter Spielzeugwaffen unter Kindern ist es nicht als Aufsichtspflichtverletzung anzusehen, wenn die Eltern den Jungen nicht eindringlich und für ihn nachvollziehbar auf die Gefahren hinwiesen, die beim Umgang mit sogenannten Spielzeugwaffen vor allem dann drohen, wenn anstelle der zugehörigen Pfeile mit Saugnäpfen Stöcke oder andere Gegenstände in den Lauf geschoben werden. Hellseherische Fähigkeiten sind von den Eltern nicht zu verlangen. Nicht jede nur entfernte Möglichkeit einer schädigenden Handlung bietet zwingend Anlass für eine Belehrung. Vielmehr kann die Aufzählung von verschiedenen denkbaren verbotenen Verwendungsmöglichkeiten ohne konkreten Anlass erst den Entschluss auslösen, eine der verbotenen Handlungen auszuprobieren.

144 **Haben die Eltern Kenntnis** vom Umgang des Kindes mit solchem Gerät, so müssen sie jede Sorge dafür tragen, dass durch konkrete Belehrungen, Warnungen usw und die Kontrolle ihrer Beachtung Schäden vermieden werden (BGH 1. 2. 1966 – VI ZR 196/64, VersR 1966, 368). Bei Verlassen des Hauses muss überprüft werden, ob das Kind das gefährliche Spielzeug bei sich führt (Softairpistole: AG Kamen 21. 11. 2006 – 3 C 385/06, SchAZtg 2008, 36). Besteht Grund zu der Annahme, dass diese Maßnahmen nicht ausreichen, ist es wegen der besonderen Gefahr notwendig, das Hantieren mit gefährlichem Spielzeug gänzlich zu verbieten oder sonst (durch Wegnahme usw) zu verhindern – wie etwa das Bogenschießen mit spitzen Pfeilen (RG LZ 1915, 525) und das Werfen spitzer Wurfpfeile (BGH 1. 2. 1966 – VI ZR 196/64, VersR 1966, 368). Solche Maßnahmen sind nicht nur bei Kindern mit Neigung zu aggressivem Verhalten und üblen Streichen erforderlich (dazu OLG Düsseldorf VersR 1976, 1133), sondern auch bei einem sonst wohlerzogenen 12-Jährigen, weil er Gefährdungen, die sich durch Übergriffe im Spieleifer und ähnlichen nach der Lebenserfahrung möglichen Komplikationen und durch Verkettung von Umständen ergeben können, nicht übersehen kann (BGH 1. 2. 1966 – VI ZR 196/64, VersR 1966, 368).

bb) Sorge um die Freizeitgestaltung des Kindes

145 Die Notwendigkeit zu Vorkehrungen gegen die Gefahren aus gefährlichem Spiel setzt aber nicht erst ein, wenn der Aufsichtspflichtige von der Beteiligung des Kindes Kenntnis erhält. Die Eltern müssen sich vielmehr in weitem Umfang regelmäßig darum kümmern, wie das Kind seine Freizeit gestaltet; nur so können sie sich ein Urteil darüber bilden, ob das Kind die Freizeit nicht mit gefährlichen Tätigkeiten verbringt, und gegebenenfalls die zur Abstellung von Gefahren erforderlichen Schritte unternehmen. Daraus folgt jedoch nicht, dass die Eltern schon ohne konkreten Anlass verpflichtet wären, auf das Kind Einfluss hin zu bestimmten Freizeitaktivitäten auszuüben (OLG Celle FamRZ 1998, 233). Betreibt das Kind aber seit längerer Zeit ein gefährliches Spiel und haben sich die Eltern nicht in ausreichendem Maß um die Frei-

zeitaktivitäten des Kindes gekümmert, können sie sich, wenn es zu einem Unfall kommt, nicht darauf berufen, dass sie nichts von den Handlungen des Kindes gewusst hätten (BGH 11. 4. 1958 – VI ZR 115/57, VersR 1958, 563; vgl auch OLG München ZfS 2002, 170). Strenge Anforderungen sind an die elterliche Aufsichtspflicht zu stellen, wenn die Eltern Anlass zu der Annahme haben, dass das Kind sich an gefährlichen Spielen beteiligt oder beteiligen könnte. Anlass zu dieser Annahme besteht nicht nur bei eigenen Wahrnehmungen der Eltern (zB Beobachtung einer Neigung des Kindes zum Spielen mit bestimmten gefährlichen Instrumenten – BGH 7. 7. 1964 – VI ZR 5/64, VersR 1964, 1085) oder bei Mitteilung von dritter Seite, sondern bereits, wenn solche Spiele in der Nachbarschaft oder im Verkehrskreis des Kindes verbreitet sind und die Eltern davon wissen oder ihre Unkenntnis durch mangelhafte Aufmerksamkeit und Desinteresse gegenüber dem Verhalten des Kindes und seiner Spielgefährten zu erklären ist (BGH 11. 5. 1955 – VI ZR 80/54, VersR 1955, 421; BGH 27. 6. 1961 – VI ZR 202/60, VersR 1961, 838; BGH 13. 7. 1962 – VI ZR 224/61, VersR 1962, 1088; BGH 1. 2. 1966 – VI ZR 196/64, VersR 1966, 368).

e) Umgang mit Zündmitteln

Besonders strenge Anforderungen an die Erfüllung von Aufsichtspflichten sind an **146** die Belehrung über die Gefahren des Feuers und an die Überwachung eines möglichen Umgangs mit Zündmitteln zu stellen (BGH VersR 1983, 734; BGH VersR 1986, 1210; BGH NJW-RR 1987, 13, 14; BGH 10. 7. 1984 – VI ZR 273/82, NJW 1984, 2574, 2575; BGH NJW 1993, 1003; BGH NJW 1995, 3385; BGH NJW 1996, 1404; BGH NJW 1997, 2047, 2048; OLG Oldenburg FamRZ 1994, 833; OLG Hamm NJW-RR 1996, 153; OLG Hamm VersR 1998, 722; VersR 1999, 843; OLG Düsseldorf NJW-RR 1997, 343; OLG Düsseldorf NJW-RR 2002, 235; umfassende Rechtsprechungsnachweise bei Bernau Zfs 2008, 482). Das beruht auf der Erfahrung, dass durch Kinder nicht selten Brände mit erheblichen Schäden verursacht werden. Nach dem Grundgedanken von § 832 BGB soll dieses Risiko, das von Kindern für Dritte ausgeht, in erster Linie von den Eltern getragen werden (Rn 2 ff). Ihnen ist es eher zuzurechnen als einem außenstehenden Geschädigten. Außerdem haben sie als Sorgeberechtigte und Erziehungsverpflichtete auch die Möglichkeit zur gebotenen Einwirkung auf ihr Kind. Besondere Vorsicht ist also davor geboten, dass Kinder in unreifem Alter sich unbefugt Zugang zu Streichhölzern und anderen Zündmitteln verschaffen. Bei der großen Verlockung, die für viele Kinder das Anzünden von Streichhölzern bedeutet, und der großen Gefahr, die hieraus entstehen kann, erfordert die pflichtgemäße Aufsicht in dieser Beziehung ein hohes Maß an Umsicht und Sorgfalt der Aufsichtspflichtigen (vgl dazu BGH VersR 1969, 523; BGH 17. 5. 1983 – VI ZR 263/81, NJW 1983, 2821; BGH NJW 1984, 2574, 2575; BGH NJW 1995, 3385; BGH NJW 1996, 1404; BayObLG VersR 1976, 570; OLG Düsseldorf VersR 1983, 89; OLG Oldenburg FamRZ 1994, 833 f; OLG Hamm NJW-RR 1996, 153; LG Heilbronn VersR 1975, 457; OLG Koblenz NJW 2004, 3047, 3048 f). So ist zB ein Feuerzeug vor einem normal entwickelten 4-jährigen Kind sicher zu verwahren, wenn eine angemessene Beaufsichtigung durch die Eltern berufsbedingt nicht sichergestellt werden kann. Erzieherische Maßnahmen allein reichen hier nicht aus, „da sie ein kleines Kind auch neugierig machen und zur Übertretung von Verboten reizen können" (OLG Hamm NJW-RR 1996, 153; OLG München VersR 2009, 1112; OLG München VersR 1998, 722 für Feuerzeug in einer Küchenschublade bei 6-jährigem Kind; OLG Düsseldorf NJW-RR 2002, 235 wiederholte Einschaltung einer Herdplatte durch ein 3-jähriges Mädchen). Bei Kleinkindern liegt der Schwerpunkt der Aufsichtspflicht damit zweifelsfrei noch auf der Verhinderung des Zugriffs auf Zündmittel (OLG Koblenz r+s 1995, 413; OLG Hamm VersR 1999, 843). Bereits $2^1/_2$-jährige Kinder sind in der Lage ein Feuer zu entfachen, sodass auch bei Aufsichtsbedürftigen in diesem Alter entsprechende Sicherungspflichten bestehen (OLG Koblenz NJW 2004, 3047, 3049). Ein Zeitungsstapel eignet sich nicht als Versteck für ein Feuerzeug, er verschafft dem Kind vielmehr die Gelegenheit, das gefundene Feuerzeug sofort auszuprobieren (OLG Koblenz VersR 2007, 687). Kinder im Alter von 6 bis 8 Jahren sind von den Eltern über die Gefährlichkeit des Anzündens von Streichhölzern aufzuklären und auf einen etwaigen Besitz von Streichhölzern zu kontrollieren. Das gilt vor allem in ländlichen Gegenden, in denen durch Entzünden von Stroh eine besondere Brandgefahr für Scheunen und Ställe besteht (OLG Düsseldorf 14. 9. 1990 – 22 U 64/90, VersR 1992, 321; BGH 20. 3. 2012 – VI ZR 3/11, NJW 2012, 2425 Rn 17 mwNw). Aus diesem Grund müssen Eltern bei einem Urlaub auf dem Bauernhof, selbst wenn schon mehrere Urlaube gleicher Art verbracht wurden, nicht nur allgemein über die Gefahren beim Umgang mit offenem Feuer belehren. Es ist zusätzlich geboten, Kinder gerade auch auf die konkreten Gefahren hinzuweisen, die vor allem für leicht brennbare Gegenstände wie Heu und Stroh bestehen (OLG München ZfS 1998, 245). Sie müssen auch verhindern, dass Kinder im elterlichen Haushalt in den Besitz von Streichhölzern gelangen. Die Möglichkeit, dass es für 7-Jährige heute im Allgemeinen nicht allzu schwer ist, sich in Selbstbedienungsläden Streichhölzer zu verschaffen, enthebt Eltern von Kindern in diesem Alter nicht ihrer Pflicht, im Rahmen des Möglichen und Zumutbaren zu verhindern, dass diese im häuslichen Bereich in den Besitz von Streichhölzern gelangen. Im Haushalt befindliche Streichhölzer sind so zu verwahren, dass Kinder dieses Alters sie nicht ohne Weiteres erblicken und erreichen können (BGH 17. 5. 1983 – VI ZR 263/81, NJW 1983, 2821; BGH 10. 7. 1984 – VI ZR 273/82, NJW 1984, 2574; NJW-RR 1987, 13, 14; OLG Karlsruhe VersR 1985, 599; OLG Oldenburg VersR 1987, 915; OLG Koblenz r+s 1987, 224; OLG Düsseldorf 14. 9. 1990 – 22 U 64/90, VersR 1992, 321; LG Bielefeld NJW-RR 2007, 610). Es ist daher unzureichend, wenn Wunderkerzen zusammen mit Süßigkeiten in einem Fach des Wohnzimmerschranks oder Feuerzeuge in einer Schublade in der Küche aufbewahrt werden. Solche Gegenstände müssen entweder verschlossen oder in einer für das Kind nicht erreichbaren Höhe abgelegt sein (OLG Hamm VersR 1998, 722). Allerdings kann von Eltern nicht verlangt werden, einem noch nicht 7 Jahre alten Kind das Verbot des psychischen Beistandleistens beim Spiel anderer mit Feuer zu vermitteln (BGH NJW 1990, 2553, 2554 f; OLG Oldenburg NJW-RR 2004, 1671). Bei schon größeren Kindern, etwa im Alter von 8 bis 9 Jahren, ist es zwar grundsätzlich weitgehend der elterlichen Entscheidung vorbehalten, von welcher Art der Überwachung sie sich den besten pädagogischen Erfolg versprechen. Wenn sich aber bei diesen Kindern die nicht seltene Gefahr der Verursachung eines Brandes beim Hantieren mit Streichhölzern verwirklicht hat, so sind **strenge Anforderungen an die Aufsicht** zu stellen, weil das Risiko der Brandverursachung nicht primär zum von der Allgemeinheit zu tragenden „Lebensrisiko" gehört, sondern nach dem Grundgedanken von § 832 BGB in erster Linie von den aufsichtspflichtigen Eltern zu tragen ist. Es genügt deshalb nicht der Nachweis, das Kind habe bis zum Brandvorfall niemals mit Streichhölzern gespielt, oder es seien ihm entsprechende pauschale Belehrungen erteilt worden, sondern die Eltern müssen – ggf im Wege der Parteivernehmung – dartun, dass sie dem Kind unter Darstellung der damit verbundenen Gefahren das nachdrückliche Verbot erteilt haben, mit Streichhölzern zu spielen (BGH 10. 7. 1984 – VI ZR 273/82, NJW 1984, 2574; vgl auch OLG Düsseldorf 14. 9. 1990 – 22 U 64/90, VersR 1992, 321).

147 Überlassen Eltern ihren Kindern **Feuerwerkskörper**, welche an Personen unter 18 Jahre nicht abgegeben werden dürfen, verletzen sie ihre Aufsichtspflichten. Sie dürfen ihren Kindern nicht, auch nicht unter Aufsicht, den Gebrauch derartiger Feuerwerkskörper gestatten. Für 7- bis 8-jährige Kinder ist jeglicher Umgang mit Feuerwerkskörpern, mögen sie öffentlich-rechtlich auch an Minderjährige abgegeben werden dürfen, ebenfalls eine Aufsichtspflichtverletzung (OLG Schleswig NJW-RR 1999, 606, 607). Frühestens ab einem Alter von 12 bis 14 Jahren kann unter besonderer Belehrung und Aufsicht die Überlassung möglich sein. Die unbeaufsichtigte Nutzung ist jedoch bis zur Volljährigkeit grds ausgeschlossen (OLG Braunschweig VersR 2005, 838; s auch Rn 148). Der Umgang mit Feuerwerkskörpern ist zweifelsfrei höchst gefährlich und für Kinder regelmäßig nicht angezeigt. Ebenso wie das „Zündeln" übt das Abbrennen von Feuerwerkskörpern einen besonderen Reiz auf Kinder aus. Sie sind jedenfalls bis zum genannten Alter mit der kontrollierten, verantwortungsbewussten und eine Drittgefährdung ausschließenden Handhabung regelmäßig überfordert. Die eigenen Fähigkeiten werden überschätzt. Dagegen werden die von Feuerwerkskörpern ausgehenden Gefahren weitestgehend unterschätzt (OLG Schleswig NJW-RR 1999, 606, 607). Kinder unter dem genannten Alter dürfen zum Jahreswechsel nicht völlig unbeaufsichtigt im Freien spielen. Jedenfalls eine kurzfristige und unregelmäßige Kontrolle ist, je nach Aufenthaltsbereich, zwingend angezeigt. Alle Kinder sind über die von Feuerwerkskörpern ausgehenden Gefahren ausdrücklich zu belehren. Diese Belehrung muss das Verbot umfassen, keine Feuerwerkskörper von der Straße aufzusammeln oder diese gar anzuzünden. Mit dem Herumliegen von sog „Blindgängern" ist zum Jahreswechsel stets zu rechnen. Wegen der besonderen Gefährlichkeit fehlgezündeter Feuerwerkskörper und der hohen Anziehungskraft, welche diese auf Kinder ausüben, ist eine solche Belehrung unverzichtbar (OLG Schleswig NJW-RR 1999, 606, 607). Spätestens wenn die Eltern beobachten, dass Minderjährige ohne Aufsicht zum Jahreswechsel mit Feuerwerkskörpern hantieren, werden sie auch die Taschen ihrer Kinder zu durchsuchen haben, bevor sich die Kinder unbeaufsichtigt im Freien aufhalten dürfen. UU müssen die Eltern damit rechnen, dass andere Eltern oder die Verkäufer von Feuerwerk die Ver- und Gebote nicht hinreichend beachten. Strenge Kontrolle auf Zündmittel ist zum Jahreswechsel stets geboten. Freilich muss ein Aufsichtspflichtiger ohne besondere Anhaltspunkte nicht davon ausgehen, dass sich ein Jugendlicher heimlich selbst einen Sprengkörper (Rohrbombe) bastelt und zur Explosion bringt (OLG Celle FamRZ 2000, 1214).

Eine besonders energische Überwachung ist immer angezeigt, wenn die **Zündelnei-** 148
gung eines etwa 7- bis 9-jährigen Kindes bekannt ist, das aufgrund seiner besonderen psychischen Situation zudem nicht in der Lage ist, die Gefährlichkeit des Zündelns zu erkennen (BGH NJW 1996, 1404, 1405). Dagegen darf bei einem altersgerecht entwickelten und besonnenen 12-Jährigen (oder beinahe 12-Jährigen) nicht derselbe Maßstab an die Erfüllung der Aufsichtspflicht angelegt werden (BGH 6. 4. 1976 – VI ZR 93/75, LM Nr 11 = NJW 1976, 1684; NJW 1993, 1003 f). Hat etwa ein 12-Jähriger schon oft unter elterlicher Anleitung und Aufsicht ein Grillgerät unter Verwendung von Holzkohle und Brennspiritus bedient, kann ihm das selbständige Grillen (ohne Aufsicht) erlaubt werden, wenn er eindringlich und ausführlich über die besonderen Gefahren (wie mögliche explosionsartige Verpuffungen) belehrt und zur besonderen Vorsicht ermahnt worden ist (BGH 6. 4. 1976 – VI ZR 93/75, LM Nr 11 = NJW 1976, 1684; vgl auch BGH 18. 2. 1992 – VI ZR 194/91, r+s 1992, 233 f). Gleiches gilt für die Mitgabe von Brennspiritus an ein 14-jähriges Mädchen im Rahmen einer Geburtstagsfeier. Von der 14-Jährigen kann, wenn sie den Brennspiritus an einen 17-Jährigen weitergibt, aber keine Belehrung des Empfängers verlangt werden, denn die körperliche und geistige Entwick-

lung des älteren Jugendlichen ist weiter vorangeschritten als die der 14-Jährigen, sodass eine Belehrung über die „Gefahren des Lebens“ nicht erfolgen muss (LG Erfurt VersR 2008, 932 mAnm BERNAU VersR 2008, 933). Die Aufsichtspflicht gegenüber einem Jugendlichen (16 Jahre), dem die Verwendung von Spiritus zum Anzünden von Holzkohle gestattet wird, gebietet, ihn besonders auf die versteckten Gefahren hinzuweisen und zu entsprechenden Vorsichtsmaßnahmen zu ermahnen (LG Münster 24. 2. 1997 – 7 O 163/96, Jugendwohl 1998, 91 mAnm HAPPE Jugendwohl 1998, 96). Überlässt eine Mutter ihrem erwachsenen Nachbarn beim gemeinsamen Grillen Brennspiritus als Grillanzünder, schafft sie damit eine Gefahrenlage und muss ihre 6- und 9-jährigen Kinder ausreichend vor den dadurch entstehenden Gefahren zu schützen, etwa indem sie diese ins Haus schickt oder ihren Nachbarn von dem weiteren Einsatz des Spiritus nach erfolglosen Anzündversuchen abhält oder sich jedenfalls so in Nähe der Kinder positioniert, dass sie diese gegebenenfalls auch von typisch kindlichen Fehlreaktionen abhalten kann (OLG Hamm 4. 4. 2014 – I-9 U 145/13, VersR 2016, 465, 466). Allgemein kann von den Eltern nicht mehr verlangt werden, ihre dem Grundschulalter entwachsenen Kinder in gleicher Weise wie kleinere Kinder von Zündmitteln fernzuhalten. So stellt es gleichfalls keine Aufsichtsverletzung dar, wenn eine Mutter ihren Schmuckkasten, den sie hervorgeholt hatte, um ihren Kindern alte Ketten für den Flohmarkt herauszusuchen, nicht ständig so im Auge behalten hat, dass den Kindern ein unbemerkter Zugriff auf das im Kasten liegende Feuerzeug möglich war (BGH NJW 1993, 1003 f). Auch wenn der Aufsichtsbedürftige bereits wiederholt gezündelt hatte, ist dem Aufsichtsverpflichteten der Entlastungsnachweis trotz Kenntnis der Zündelneigung und trotz des Erfordernisses einer engmaschigen Überwachung nicht unmöglich. So genügt die Mutter eines 15-jährigen Schülers ihrer Aufsichtspflicht, wenn sie nach Kenntniserlangung von zwei Brandstiftungen ihres Sohnes in Gesprächen mit ihm die Motive für die Brandstiftungen zu ergründen versucht, sein Zimmer und seine Taschen nach Zündmitteln kontrolliert, bis zum Ende der Schulferien einen Stubenarrest verhängt und nach Wiederbeginn des Schulunterrichts den Sohn verpflichtet, anzugeben, wann die Schule beendet ist und ferner fordert und überwacht, dass der Junge nach Unterrichtsende unverzüglich nach Hause zurückkehrt. Für eine weitere Brandstiftung ihres Sohnes ist sie nicht verantwortlich, wenn er mittels von Mitschülern beschaffter Streichhölzer einen Reitstall während des geschwänzten Religionsunterrichts anzündet (OLG Düsseldorf NJW-RR 1997, 343). Zum Entzug von Zündmitteln bei volljährigen suizidalen Patienten durch die behandelnde psychiatrische Klinik s Rn 119 (OLG Koblenz NJW-RR 2008, 1473).

Schadensfälle zum „Umgang mit Zündmitteln“ spielen in der (veröffentlichten) Gerichtspraxis zur Elternhaftung derzeit keine Rolle mehr, was sich auch mit der dargestellten gefestigten obergerichtlichen und höchstrichterlichen Rechtsprechung zu den Anforderungen an die elterliche Aufsichtspflicht erklären lässt (siehe dazu auch BERNAU ZfS 2008, 482 ff; sowie FamRZ 2010, 937, 939 f; FamRZ 2013, 1521, 1524; FamRZ 2017, 166, 167; FamRZ 2023, 415, 417).

f) Umgang mit Schusswaffen und Jagdausübung

149 Strenge Anforderungen an die Aufsichtspflicht sind beim Umgang eines Minderjährigen mit Schusswaffen (einschließlich Luftgewehr, Luftpistole, Schreckschusspistole) zu stellen (OLG Zweibrücken VersR 1981, 660). Der Aufsichtspflichtige ist bei Kenntnis der Vorliebe des Aufsichtsbedürftigen für Waffen, vor allem wenn er in der Vergangenheit sogar selbst Waffen für den Aufsichtsbedürftigen erworben hat, zu

besonderer Beobachtung, Belehrung und Beaufsichtigung, ggf sogar zur Durchsuchung der Wohnung nach versteckten Waffen angehalten (OLG Frankfurt MDR 1997, 1028, 1029; vgl auch OLG München ZfS 2002, 170). Bestehen keine Anhaltspunkte dafür, dass der Aufsichtsbedürftige unerlaubt mit Waffen hantiert, sind die Eltern aber nicht zu regelmäßigen Durchsuchungen des Zimmers eines 16-Jährigen verpflichtet (LG Bonn 30. 8. 2004 – 6 T 231/04). Der Gebrauch von Waffen darf dem Aufsichtsbedürftigen, soweit die waffenrechtlichen Vorschriften es überhaupt zulassen, nur nach Einweisung gestattet werden, wenn der Aufsichtspflichtige sich von der Besonnenheit, dem Geschick und dem Verständnis des Aufsichtsbedürftigen überzeugt hat oder wenn er in der Lage ist, den Gebrauch selbständig zu überwachen (RGZ 52, 75). Zu den erforderlichen Maßnahmen gehört auch die – notfalls wiederholte – eindringliche Mahnung, die Waffe niemals ohne Nachprüfung, ob sie geladen ist, in die Hand zu nehmen, auf Menschen zu zielen oder gar abzudrücken. Das gilt auch, wenn der Aufsichtsbedürftige der Volljährigkeit nahe, aber geistig unbeholfen und noch ziemlich unreif ist (BGH 14. 11. 1961 – VI ZR 124/61, VersR 1962, 157). Beim Verstoß gegen diese Mahnung ist dem Aufsichtsbedürftigen die Waffe wegzunehmen. Eine Verletzung der Aufsichtspflicht kann (neben der Verletzung der einschlägigen waffenrechtlichen Vorschriften) auch in der unsicheren Verwahrung von Schusswaffen und Munition liegen, die es dem Kind ermöglicht, an die Waffe zu gelangen, mit ihr zu hantieren oder sogar Amokzulaufen (RG HRR 1934 Nr 1449; s dazu auch BGH VersR 1963, 1049; OLG Schleswig VersR 1978, 238; LG Stuttgart 7. 8. 2015 – 15 O 44/14, BeckRS 2015, 13873 [Amoklauf von Winnenden, dazu auch BGH 22. 3. 2012 – 1 StR 359/11, StraFo 2012, 173]). Ist dem Aufsichtspflichtigen die Vorliebe des Aufsichtsbedürftigen für Waffen bekannt, muss das aktive Bemühen um gewissenhafte Überwachung dargelegt werden. Bloße Unkenntnis von der Existenz der Waffe und deren konkreter gefährlicher Verwendung entlastet noch nicht (OLG Frankfurt MDR 1997, 1028, 1029). Sind die Eltern damit einverstanden, dass ein Jugendlicher, der Inhaber des Jugendjagdscheins ist, die Jagd ausübt, muss ein Erziehungsberechtigter oder eine von ihm schriftlich beauftragte Aufsichtsperson ihn begleiten; die Begleitperson muss jagdlich erfahren sein. Die Aufsichtspflicht wird durch § 16 Abs 2 BJagdG geprägt (§ 835 Rn 38).

g) Hüpfburg, Trampolin

Auch wenn eine Hüpfburg nicht zu den gefährlichen Spielzeugen (vgl Rn 143) gehört, 150
sind Kinder vor ihrer Benutzung dahingehend zu belehren, dass diese lediglich zum Hüpfen auf dem Hüpfkissen verwendet werden darf. Klettern die Kinder im Rahmen einer Geburtstagsparty auf die zwei Meter hohen Wände und schubsen sich gegenseitig herunter, müssen sie mit Blick auf die Gefahr, auch nach außen auf den nicht abgefederten Boden zu fallen, dazu angehalten werden, das zu unterlassen. Leisten sie der Ermahnung nicht Folge, ist der Zugang zur Hüpfburg zu beschränken (OLG Köln MDR 2010, 810). Auch vor der Benutzung eines Trampolins sind die Kinder entsprechend zu belehren. Es darf nicht ohne Seitenwände und nicht von mehreren Personen gleichzeitig verwendet werden. Die Kinder sind dazu anzuhalten, wegen der erheblichen Gefahr schwerer Verletzungen im Halsbereich, keine Saltos zu schlagen. Sie sind – abhängig vom Alter – in regelmäßigen Abständen auf die Einhaltung der aufgestellten Regeln zu kontrollieren (vgl allg zu den Verkehrssicherungspflichten des Betreibers einer Trampolinanlage: BGH NJW 2008, 3775; Diederichsen DAR 2009, 301, 308).

h) Schwimmbad

151 In einem Schwimmbad müssen 4-jährige Kinder dauernd beaufsichtigt werden. Sie dürfen auch nicht für nur wenige Minuten unbeaufsichtigt in einer Spielecke zurückgelassen werden, wenn diese nur geringfügig gesichert ist und durch das Kind selbständig ohne größere Anstrengungen verlassen werden kann (LG Mannheim VersR 1999, 103). Wegen der damit verbundenen Sturzgefahren ist es den Eltern aber nicht mehr zumutbar, das eigene auf einer Wasserrutsche losgerutschte Kind aufzufangen, um einen Zusammenprall mit einem anderen Kind zu verhindern, das in regelwidriger Weise wieder auf das untere Ende der Rutsche geklettert war. Das andere Kind muss durch die Eltern des rutschenden Kindes auch nicht daran gehindert werden, auf die Rutschfläche zu klettern, denn die Aufsichtspflicht aus § 832 BGB bezieht sich lediglich auf das eigene Kind. Ein gegebenenfalls unterlassener Zuruf, welches das eigene Kind vom Losrutschen abhalten soll, tritt in der Regel hinter dem Verschuldensanteil des Geschädigten und der ihm gegenüber aufsichtspflichtigen Personen zurück (OLG Karlsruhe NJW-RR 2008, 184). Zur Benutzung des Schwimmbads durch Kindergartengruppen s Rn 100.

i) Urheberrechtsverletzungen im Internet

152 Eltern haben die Pflicht, Urheberrechtsverletzungen ihrer Kinder bei der Benutzung des Internets zu verhindern. Das Internet ist jedoch – entgegen einer zunächst in der land- und obergerichtlichen zu beobachtenden Tendenz – nicht zu einem neuen „gefährlichen" Gegenstand der Aufsichtshaftung geworden (so aber exemplarisch LG München 19. 6. 2008 – 7 O 16402/07, CR 2008, jedoch aufgehoben soweit zu Lasten der Eltern durch OLG München 18. 12. 2008 – 6 U 3881/08). Zu der Frage, inwieweit Eltern verpflichtet sind, ihr minderjähriges Kind bei der Internetnutzung zu beaufsichtigen, um eine Schädigung Dritter durch das Kind und insbesondere eine Urheberrechte verletzende Teilnahme des Kindes an illegalen Tauschbörsen zu verhindern, wurden bis zum Morpheus-Urteil des BGH (BGH 15. 11. 2012 – I ZR 74/12, NJW 2013, 1441) im Wesentlichen zwei Auffassungen vertreten. Nach der ua vom OLG Köln (OLG Köln 23. 3. 2012 – 6 U 67/11, WRP 2012, 1006 Rn 24 ff) vertretenen Ansicht waren Eltern, die ihrem minderjährigen Kind einen Computer und einen Internetanschluss zur Verfügung stellen, nicht nur verpflichtet, dieses über die mit der Internetnutzung verbundene Gefahr von Rechtsverletzungen zu belehren und ihm eine urheberrechtsverletzende Teilnahme an Tauschbörsen zu untersagen. Vielmehr waren sie darüber hinaus zum einen dazu verpflichtet, die Installation und Nutzung von Filesharingsoftware durch ihr Kind mittels technischer Maßnahmen – wie etwa der Installation von Firewalls oder der Einrichtung von individuellen Benutzerkonten mit beschränkten Nutzungsbefugnissen – zu verhindern. Zum anderen mussten sie ihr Kind bei der Nutzung des Internets laufend überwachen und seinen Computer regelmäßig überprüfen, selbst wenn kein Anhaltspunkt für eine Rechtsverletzung durch das Kind bestand (wNw bei BGH 15. 11. 2012 – I ZR 74/12, NJW 2013, 1441 Rn 20). Wesentlich milder waren die ua vom OLG Frankfurt (OLG Frankfurt 20. 12. 2007 – 11 W 58/07, CR 2008, 243 f) geforderten Aufsichtsmaßnahmen, wonach neben der sich nach Alter und Einsichtsfähigkeit des jeweiligen Kindes vorzunehmenden Belehrung über die mit der Internetnutzung verbundene Gefahr von Rechtsverletzungen ohne konkreten Anlass keine weiteren Aufsichtspflichten bestanden (wNw bei BGH 15. 11. 2012 – I ZR 74/12, NJW 2013, 1441 Rn 21). Der BGH hat sich in seinem Morpheus-Urteil der letzteren – den tatsächlichen Lebensverhältnissen und Möglichkeiten von Eltern Rechnung tragenden – Ansicht angeschlossen. Danach genügen Eltern ihrer Aufsichtspflicht über ein normal

entwickeltes 13-jähriges Kind, das ihre grundlegenden Gebote und Verbote befolgt, regelmäßig bereits dadurch, wenn sie das Kind über die Rechtswidrigkeit einer Teilnahme an Internettauschbörsen belehren und ihm eine Teilnahme daran verbieten. Eine Verpflichtung der Eltern, die Nutzung des Internets durch das Kind zu überwachen, den Computer des Kindes zu überprüfen oder dem Kind den Zugang zum Internet (teilweise) zu versperren, besteht grundsätzlich nicht. Eine solche Verpflichtung widerspräche der gesetzlichen Wertung des § 1626 Abs 2 S 1 BGB. Zu derartigen Maßnahmen sind Eltern erst verpflichtet, wenn sie konkrete Anhaltspunkte dafür haben, dass das Kind dem Verbot zuwiderhandelt. Das Ausmaß der Gefahr, die Dritten dadurch droht, dass ein Kind urheberrechtsverletzende Tauschbörsen nutzt, ist wesentlich geringer als beispielsweise die Gefahr, der Dritte durch das Fehlverhalten eines Kindes im Straßenverkehr oder beim Umgang mit Feuer ausgesetzt sind. Des Weiteren stellte der Senat klar, dass die Prüfpflichten der Eltern als Inhaber des ihrem Kind zur Verfügung gestellten Internetanschlusses im Rahmen ihrer Störerhaftung nicht weiter reichen als im Rahmen der elterlichen Aufsichtspflicht (BGH 15. 11. 2012 – I ZR 74/12, NJW 2013, 1441 Rn 23 ff, 40 ff). Von Eltern, die ihrem Kind im Regelfall selbst in der Altersgruppe der 12 bis 13-Jährigen in Sachen Computer- und Internetkenntnissen unterlegen sein dürften, wird somit nichts Unmögliches (mehr) verlangt, aber auch ein Freibrief wurde ihnen nicht erteilt. Einer generellen, umfassenden und undifferenzierten Überwachung, die im Übrigen auch mit dem sich aus § 1626 Abs 2 BGB ergebenden Erziehungsziel unvereinbar wäre (so schon Wenn jurisPR-ITR 5/2008 Anm 2; Krieg juris PR-ITR 16/2008 Anm 3), hat der BGH zutreffend eine deutliche Absage erteilt. Auch in Zukunft wird bei der Bestimmung des erforderlichen Aufsichtsmaßes das Spannungsverhältnis zwischen dem allgemeinen Persönlichkeitsrecht des Kindes (Art 2 Abs 1 iVm Art 1 Abs 1 GG) und dem sich daraus ergebenden Anspruch auf Privatsphäre und Vertraulichkeit der eigenen Daten einerseits, und andererseits das sich aus Art 6 Abs 2 GG folgende Erziehungsrecht der Eltern zu berücksichtigen sein, welches im Wege der praktischen Konkordanz zum Ausgleich zu bringen ist (Mühlberger GRUR 2009, 1022, 1026). Mit dem Heranwachsen und der Entwicklung des Kindes von „absoluter" zu „relativer" Unmündigkeit weicht das elterliche Sorgerecht dabei kontinuierlich zurück. Es wird gerade durch das Grundrecht des Kindes auf freie Entfaltung der Persönlichkeit begrenzt (Belling, in: FS Bub [2007] 455, 471 f). Nehmen die Eltern die vom BGH für erforderlich erachteten Belehrungen jedoch nicht vor, oder reagieren sie nicht auf konkrete Anhaltspunkte für eine Rechtsverletzung ihres Kindes, so haften sie weiter wegen Verletzung ihrer Aufsichtspflicht bzw als Störer auf Schadensersatz. So haften die Eltern eines 15-Jährigen aus § 832 Abs 1 BGB, wenn sie den Belehrungsanforderungen des BGH aus Morpheus-Urteil nicht nachkommen, also eine vorherige zielführende Belehrung überhaupt nicht stattgefunden hat (OLG Köln 15. 1. 2013 – I-6 W 12/13, MMR 2013, 319; OLG Hamburg 7. 11. 2013 – 5 U 222/10, MMR 2014, 127, 128). Die Anforderungen für die Erfüllung der elterlichen Aufsichtspflicht hat der BGH in seinem Tauschbörse II-Urteil weiter ausgeschärft (BGH 11. 6. 2015 – I ZR 7/14, NJW 2016, 950). Danach genügen Eltern ihrer dahingehenden Aufsichtspflicht, ihr 14-jähriges Kind über die Rechtswidrigkeit einer Teilnahme an Internettauschbörsen zu belehren und ihm eine Teilnahme daran zu verbieten, nicht schon dadurch, dass sie ihm nur die Einhaltung allgemeiner Regeln zu einem ordentlichen Verhalten aufgeben. Erforderlich ist vielmehr eine konkrete Belehrung über die Internetbenutzung. Es entspricht dabei nicht der allgemeinen Lebenserfahrung, dass von einer elterlichen Belehrung und einem Verbot der Teilnahme an Internettauschbörsen bereits deshalb auszugehen ist, weil die Eltern allgemein dem ordentlichen Verhalten ihrer Kinder die gebotene Aufmerksamkeit geschenkt haben (BGH 11. 6. 2015 – I ZR 7/14, NJW 2016, 950 Rn 32, 38; bestätigt in BGH 10. 1. 2019 – I ZR 267/15, WRP 2019, 1013 Rn 89 – Cordoba II; vgl auch Schaub GRUR 2016, 152, 153 f, wonach eine Dokumentation einer solchen Belehrung im Einzelfall zwar die Beweislage verbessere, aber aufgrund von Art 6 Abs 1 GG nicht verlangt werden sollte). Die Belehrung über die Rechtswidrigkeit einer Teilnahme an Internettauschbörsen ist kein Selbstzweck, sondern muss dergestalt erfolgen, dass das zu belehrende Kind den Inhalt der Anweisung auch tatsächlich versteht. Die Verwendung allgemeiner Floskeln („nichts Illegales zu tun“) ist für eine den Aufsichtspflichtigen entlastende Belehrung nicht ausreichend (LG Köln 17. 5. 2018 – 14 S 34/16, GRUR-RR 2018, 505 Rn 28; LG Stuttgart 9. 5. 2018 – 24 O 28/18, GRUR-RR 2019, 99 Rn 29). Die aufgestellten Verhaltensregeln müssen vielmehr zwischen einem vom Urheber genehmigten Herunterladen und dem Angebot einer illegalen Tauschbörse differenzieren (LG Berlin 24. 1. 2014 – 15 S 16/12, MMR 2014, 343 f). Auch ohne expliziten Hinweis auf ein Tauschbörsenverbot ist aber die anschauliche Belehrung, „es gebe im Internet grundsätzlich nichts umsonst, was in der realen Welt etwas koste“ für ausreichend erachtet worden (LG Frankfurt/M 18. 12. 2018 – 2-03 S 14/18, GRUR-RR 2019, 208 Rn 33 ff). Haben die Eltern selbst die Problematik der vorgenannten Rechtswidrigkeit nicht erfasst und verstanden, so ist eine hinreichende Belehrung unrealistisch (LG Köln 21. 7. 2022 – 14 O 152/19, juris Rn 45 f = ZUM-RD 2022, 581, 584 [Es handelt sich – trotz „O-Az“ um ein Berufungsurteil). Vgl zu weiteren Einzelfällen Bernau FamRZ 2020, 301, 303 f.

Bei der Bestimmung der Reichweite der dem Inhaber eines Internetanschlusses im Falle einer über seinen Anschluss begangenen Urheberrechtsverletzung obliegenden sekundären Darlegungslast zur Nutzung des Anschlusses durch andere Personen sind auf Seiten des Urheberrechtsinhabers die Eigentumsgrundrechte gem Art 17 Abs 2 GrCh und Art 14 Abs 1 GG zu berücksichtigen. Handelt es sich bei den Personen, die den Anschluss mitgenutzt haben, um den Ehegatten oder Familienangehörige, so wirkt zugunsten des Anschlussinhabers der grundrechtliche Schutz von Ehe und Familie (Art 7 GrCh, Art 6 Abs 1 GG) (BGH 6. 10. 2016 – I ZR 154/15, NJW 2017, 1961 Rn 26 – Afterlife). Im Falle einer über den von Eltern unterhaltenen Internetanschluss begangenen Urheberrechtsverletzung durch Teilnahme an einer Internettauschbörse umfasst die sekundäre Darlegungslast der Anschlussinhaber bei Inanspruchnahme durch den Urheber oder den Inhaber eines verwandten Schutzrechts die Angabe des Namens ihres volljährigen Kindes, das ihnen gegenüber die Begehung der Rechtsverletzung zugegeben hat (BGH 30. 3. 2017 – I ZR 19/16, FamRZ 2018, 146 Rn 24 ff – Loud). Art 6 Abs 1 GG steht dieser zivilprozessualen Obliegenheit, nach der die Eltern zur Entkräftung der Vermutung für ihre Täterschaft zu offenbaren haben, welches Familienmitglied den Anschluss genutzt hat, nach einer Kammerentscheidung des BVerfG nicht entgegen. Ein Vortrag der Eltern zu einer Täterschaft ihrer Kinder ist zwar nicht erzwingbar. Sie tragen aber das Risiko einer für sie ungünstigen Tatsachenwürdigung, wenn sie die Darlegungs- und Beweisanforderungen nicht erfüllen. Der Schutz der Familie dient nicht dazu, sich aus taktischen Erwägungen der eigenen Haftung für die Verletzung von Rechten des geistigen Eigentums zu entziehen (BVerfG 18. 2. 2019 – 1 BvR 2556/17, FamRZ 2019, 838 Rn 16 f). Eltern müssen daher vorhandene Kenntnisse im Rahmen der sekundären Darlegungslast offenbaren, um negative prozessuale Folgen zu vermeiden. Ob dem Anschlussinhaber unter Berücksichtigung des Art 6 Abs 1 GG im Rahmen seiner sekundären Darlegungslast zumutbar ist, die internetfähigen Endgeräte seines minderjährigen Kindes auf das

Vorhandensein von Filesharing-Software oder des verletzungsgegenständlichen Werkes zu untersuchen, wird in der instanzgerichtlichen Rechtsprechung unterschiedlich beurteilt (verneint LG Flensburg 4. 5. 2018 – 8 S 21/16, juris Rn 45 ff [die zugelassene Revision wurde nicht durchgeführt]; bejaht AG Nürnberg 25. 10. 2017 – 32 C 3784/17, GRUR-RR 2018, 187 Rn 17).

Soweit Stimmen im Schrifttum im Anschluss an das Morpheus-Urteil bemängelten, dass sich jedes normale Kind mindestens einmal bei der Verletzung von Urheberrechten im Internet „erwischen lassen dürfe", ohne dass zivilrechtliche Sanktionen drohen würden (Strauss GRUR-Prax 2013, 188; Gooren ZUM 2013, 479, 481), ist dem entgegenzuhalten, dass zuvor für die Eltern kein besonderer Aufsichtsanlass (vgl Rn 72) besteht, der eine anlassunabhängige Kontrolle des Nutzerverhaltens erfordert. Zwar ließe sich dagegen einwenden, dass der BGH solche anlassunabhängigen, stichprobenartigen Kontrollen vor der selbstständigen Benutzung eines Fahrrades oder bezüglich des Besitzes von Zündmittel durch Kinder von den Eltern zur Erfüllung ihrer Aufsichtspflicht fordert. Jedoch hat der BGH zum einen der Teilnahme an urheberrechtsverletzenden Internettauschbörsen eine vergleichbare Gefährlichkeit für Dritte durch kindliches Fehlverhalten gerade abgesprochen. Zum anderen fordert die Rechtsprechung eine solche Kontrolle auch nur in den Fallgruppen, in denen die Kinder das Grundschulalter (gerade) erreicht haben (Rad fahren ohne Aufsicht, OLG Hamm 9. 6. 2000 – 9 U 226/99, NJW-RR 2002, 236 f; ausf dazu Bernau DAR 2007, 604, 606 ff) oder dem Grundschulalter noch nicht entwachsen sind (Besitz von Zündmitteln, BGH 17. 5. 1983 – VI ZR 263/81, NJW 1983, 2821 mwNw; umfassend dazu Bernau Zfs 2008, 482, 485 mwNw). Mit dem Morpheus-Urteil wurde schließlich auch nur ein Anker für die Anforderungen an die elterliche Aufsichtspflicht an ein normal entwickeltes 13-jähriges Kind gesetzt. Daraus folgt, dass weitergehende Überwachungspflichten jedenfalls dann bestehen können, wenn das Kind deutlich jünger als 13 Jahre ist oder nicht die altersgerechte Reife aufweist (zur Neujustierung der Darlegungs- und Beweislast in Filesharing-Fällen vgl auch BGH „BearShare" BGH 8. 1. 2014 – I ZR 169/12, BGHZ 200, 76 = NJW 2014, 2360 Rn 14 ff; BGH 6. 10. 2016 – I ZR 154/15, NJW 2017, 1961 Rn 14 ff; umf zur Haftung des Internetanschlussinhabers für Urheberrechtsverletzungen durch Dritte, Borges NJW 2014, 2305). In den letzten Jahren sind keine entsprechende Entscheidungen mehr veröffentlicht worden, was sich mit den klaren Vorgaben für die elterlichen Aufsichtspflichten durch die BGH-Urteile Morpheus und Tauschbörse II, der darauf aufbauenden, gefestigten Instanzrechtsprechung, einer Vielzahl von legalen Streamingangeboten und neuen illegalen Streamingangeboten, die nicht mehr auf dem Prinzip des Filesharing basieren, erklären lässt.

Sind Eltern nach § 832 Abs 1 BGB für eine durch die zu beaufsichtigende Person widerrechtlich herbeigeführte Urheberrechtsverletzung verantwortlich, braucht der zu ersetzende Schaden nicht konkret, sondern kann auch nach den Grundsätzen der Lizenzanalogie berechnet werden (BGH 11. 6. 2015 – I ZR 7/14, NJW 2016, 950 Rn 40 f).

j) Weitere Einzelfälle

In einer **geschlossenen Wohnung** müssen 3-jährige Kinder bereits nicht mehr unter **153**
ständiger Beobachtung stehen. Kindern in diesem Alter ist mit Blick auf die persönliche Entfaltung und Entwicklung die Gelegenheit zu geben, sich selbst zu beschäftigen. Auch der Gang zur Toilette bedarf mangels erhöhter Gefahrenlage keiner unmittelbaren Aufsicht mehr. Ausreichend ist es deshalb, wenn sich der Aufsichtspflichtige

in Hörweite aufhält. Wirft ein 3-Jähriger in einem unbeobachteten Moment frei zugänglichen Schmuck in die Toilette und spült diesen hinunter, kann der aufsichtspflichtigen Mutter keine Verletzung ihrer sich aus § 832 BGB ergebenden Pflichten vorgeworfen werden (AG Bonn 1. 3. 2011 – 104 C 444/10, juris Rn 14 ff). Ebenso wenig stellt es eine Aufsichtspflichtverletzung dar, wenn sich der aufsichtspflichtige Elternteil nach dem Zubettbringen von seinem noch wachen dreieinhalbjährigen Kind entfernt, ungewollt früh am Abend einschläft und es einige Zeit später infolge des unbeaufsichtigten Toilettengangs des Kindes zu einem Leitungswasserschaden in der Wohnung kommt (OLG Düsseldorf 26. 4. 2018 – 4 U 15/18, VersR 2018, 1191, 1192). Gleiches gilt, wenn der Aufsichtspflichtige im Vertrauen darauf, dass seine vier und zwei Jahre alten Kinder schlafen oder selbständig im Kinderzimmer spielen, um 6 Uhr morgens noch Nachtruhe hält, während die Kinder aus dem Fenster Spielzeug auf parkende Autos werfen. Das Öffnen des Kinderzimmerfensters muss nicht durch technische Einrichtungen unmöglich gemacht werden (LG Potsdam NJW-RR 2002, 1543). In einem Bekleidungsgeschäft sind üblicherweise für Kinder geringe Gefahren zu erwarten, weshalb eine Aufsichtspflichtverletzung ausscheidet, wenn ein 4-jähriges Kind in Sichtweite seiner Eltern durch spielerisches Ziehen einen Metallgürtelständer umkippt (OLG Hamm 6. 3. 2014 – I-6 U 186/13, MDR 2014, 775 f). Keine Aufsichtspflichtverletzung kann auch darin gesehen werden, 4-Jährige allein auf einem Anfängerhügel mit dem Schlitten fahren zu lassen (LG Stuttgart ZfS 2003, 10; vgl auch AG Bonn NJW-RR 2007, 312).

154 Bei der **Führung eines Hundes** bedürfen jedenfalls 17-Jährige ohne besonderen Anlass keiner Aufsicht mehr (OLG Rostock NJW-RR 2011, 820). Beim **Skifahren** müssen Kinder beaufsichtigt werden, bis sie technisch zum selbständigen Fahren in der Lage sind und die FIS-Regeln verinnerlicht haben. Auch hier sind Alter, Eigenart, Charakter und Verstandesreife für die Bestimmung des Maßes der erforderlichen Aufsicht entscheidend (vgl Dambeck DAR 2007, 677). Bei einer Skifreizeit von Schulkindern der 7. Jahrgangsstufe ist eine Aufsicht ausreichend, wenn in einem überschaubaren Areal zumindest die Möglichkeit bestand, die Kinder aus einer angemessenen Ferne zu sehen (LG Augsburg 28. 8. 2017 – 34 O 8/17, juris Rn 10). Jedenfalls 12-jährige skierfahrene Kinder dürfen in einem Skigebiet selbständig eine Abfahrtpiste herunterfahren (LG Ravensburg NZV 2008, 199).

6. „Unmittelbare" und „mittelbare" Aufsichtspflicht – Übertragung der Aufsicht als pflichteneinschränkender Faktor?

155 Hohe Bedeutung kommt der Frage zu, wie sich die Übertragung der Aufsicht auf Dritte auf die Pflichtenstellung des Aufsichtspflichtigen auswirkt. Sie ist von der unter Rn 31 ff, Rn 52 dargestellten Problematik der vertraglichen Übernahme der Aufsichtsführung zu trennen. Dort geht es um die Voraussetzungen der Haftung des Übernehmers aus § 832 Abs 2 BGB, hier um die Frage, ob und unter welchen Voraussetzungen die Übertragung der Aufsicht zu einer Einschränkung der Pflichten des (gesetzlich) Aufsichtspflichtigen führen kann.

Die Übertragung der Aufsicht zB über Minderjährige findet ständig statt. Schon die tägliche Berufstätigkeit nur eines Ehegatten geht regelmäßig mit einer (schlüssigen) Übertragung der auch dem Berufstätigen obliegenden Aufsicht auf den zu Hause bleibenden Partner einher (OLG Düsseldorf 14. 9. 1990 – 22 U 64/90, VersR 1992, 321, 322;

Eckert 37). Zu denken ist ferner an die kurzfristige Aufsichtsübernahme durch Nachbarn oder Babysitter.

a) Herrschende Konzeption zur Übertragung der Aufsicht

Die Aufsichtspflicht iSd § 832 BGB ist **nicht höchstpersönlicher Natur**. Der Aufsichtspflichtige ist daher befugt, die Aufsicht – ohne besondere Voraussetzungen und Gründe (Albilt 179 f; Eckert 40; Schoof 68) – **auf Dritte zu übertragen** (BGH 11. 6. 1968 – VI ZR 144/67, NJW 1968, 1672). Dadurch kann er sich freilich nicht vollständig entpflichten (BGH 11. 6. 1968 – VI ZR 144/67, NJW 1968, 1672; BGH 23. 3. 1965 – VI ZR 271/63, VersR 1965, 606; BGH VersR 1968, 301; BGH NJW 1976, 1145, 1146; OLG Düsseldorf 14. 9. 1990 – 22 U 64/90, VersR 1992, 321, 322; Scheffen/Pardey Rn 259; Schoof 69): 156

Einerseits besteht jenseits des Übertragungszeitraums die Aufsichtspflicht unverändert fort (BGH 11. 6. 1968 – VI ZR 144/67, NJW 1968, 1672, 1673). Das gilt vor allem für die langfristigen und erzieherisch wirkenden Aufsichtsmaßnahmen (OLG Düsseldorf 14. 9. 1990 – 22 U 64/90, VersR 1992, 321, 322 [für die Belehrungspflicht]; Albilt 192 ff; Dahlgrün 189). So bleibt etwa der berufstätige Vater selbstverständlich in seiner Freizeit verpflichtet, stetig auf das Kind einzuwirken (RG Recht 1911 Nr 1553; BGH 11. 4. 1958 – VI ZR 115/57, VersR 1958, 563; LG Mönchengladbach NJW 1968, 1970; Dahlgrün 189 f), es zB in die Verkehrsregeln einzuweisen oder Aufklärung über Feuergefahren zu betreiben. 157

Andererseits besteht die Aufsichtspflicht, soweit die Aufsicht übertragen worden ist, als „mittelbare" Aufsichtspflicht fort (Scheffen/Pardey Rn 257 f). Sie nimmt damit gewissermaßen einen anderen Inhalt an, zu dem Vierfaches gehört: 158

Der Aufsichtspflichtige muss eine **geeignete Person auswählen**. Sie muss zuverlässig und gewissenhaft sein sowie den Herausforderungen, welche die Aufsichtsübernahme beinhaltet, physisch und intellektuell gewachsen sein (BGH 11. 6. 1968 – VI ZR 144/67, NJW 1968, 1672, 1673; Albilt 188; Schoof 70). In Betracht kommen etwa: **rüstige Großeltern** (OLG Köln FamRZ 1962, 124; OLG Celle VersR 1969, 333, 334; OLG Nürnberg VersR 1973, 720; OLG Hamm NJW-RR 1997, 344; OLG Zweibrücken NJW-RR 2000, 1191, 1192; LG Heilbronn VersR 1975, 497; LG Aachen r+s 1987, 225), **ältere Kinder**, die wegen ihrer Umsicht zur Aufsicht imstande sind (RG WarnR 1912 Nr 28; OLG München VersR 1954, 545, 546; Albilt 189), **Schwager oder Schwägerin** (OLG Hamm MDR 2000, 454, 455) sowie generell **der andere Ehegatte bzw Lebenspartner**, sofern dieser nicht im Einzelfall wegen mangelnder Einsichts- oder Durchsetzungsfähigkeit keine Gewähr für eine ordnungsgemäße Aufsicht bietet (RG LZ 1919, 695 Nr 8; Albilt 188). Die bei der Jagd eines Jugendlichen zur Begleitung beauftragte Person muss jagdlich erfahren sein (§ 16 Abs 2 BJagdG; Rn 149). 159

Der die Aufsicht Übernehmende muss **instruiert** werden. Dazu gehört eine Absprache über die zu führende Aufsicht und eine Aufklärung über bestehende besondere Aufsichtsanlässe, wie etwa bestimmte gefahrträchtige Eigenschaften des Aufsichtsbedürftigen (OLG Hamm VersR 1990, 743, 744; Berning/Vortmann JA 1986, 12, 18; Albilt 190; Schoof 70). 160

Der Aufsichtspflichtige ist ferner gehalten, denjenigen gelegentlich zu „kontrollieren", welcher die Aufsicht übernimmt, dh sich von der Sachgerechtigkeit der von 161 ihm geführten Aufsicht ein Bild zu machen (OLG Hamm VersR 1990, 743, 744 für Ehegatten; OLG Hamm NJW-RR 1997, 344 für Großeltern; Schoof 70).

162 Schließlich ist der Aufsichtspflichtige iRd „mittelbaren Aufsicht" dazu verpflichtet, sich beim Übernehmer eingehend über das Verhalten des Aufsichtsbedürftigen zu **informieren** (BGH 11. 4. 1958 – VI ZR 115/57, VersR 1958, 563; BGH 1. 2. 1966 – VI ZR 196/64, VersR 1966, 368; OLG Köln VersR 1955, 347, 349; Schoof 70). Das ist erforderlich, damit er sowohl die Kontrolle über den Übernehmer ausüben als auch seine eigene Aufsichtspflicht sachgerecht wahrnehmen kann.

163 Für die Zeit der Übertragung kommt es zu einer (temporären) **Reduktion** der Aufsichtspflicht zu einer **Organisationspflicht** (Schoof 69; Oberhardt 54; BGH NJW 1976, 1145, 1146 für die Übertragung der Aufsicht innerhalb eines Krankenhauses, das seinerseits gem § 832 Abs 2 BGH aufsichtspflichtig ist), welche die ordnungsgemäße Auswahl, Instruktion, Kontrolle und Information umfasst. Der Aufsichtspflichtige kommt in diesem Fall seiner Pflicht iSv § 832 BGH schon dadurch nach, dass er die Aufsicht auf einen verlässlichen und geeigneten Dritten überträgt und die übrigen genannten Organisationsmaßnahmen vornimmt; ob der Dritte die erforderlichen Aufsichtsmaßnahmen tatsächlich trifft, spielt demgegenüber keine Rolle (BGH 11. 6. 1968 – VI ZR 144/67, NJW 1968, 1672, 1673; Schoof 70). Dass der Dritte seinerseits ggf der übernommenen Aufsichtspflicht nicht ausreichend nachgekommen ist, gereicht dem gesetzlich Aufsichtspflichtigen daher nicht zum Nachteil, weil ihm eine Pflichtverletzung des Dritten unter keinem rechtlichen Gesichtspunkt zuzurechnen ist (OLG Hamm NJW-RR 1997, 344). Eine Pflichtverletzung des originär Aufsichtspflichtigen kann sich nur aus einem Auswahl- oder Kontrollverschulden ergeben, etwa wenn sich in der Vergangenheit bereits gezeigt hatte, dass die Aufsichtsperson der übernommenen Aufgabe nicht hinreichend gewachsen war (OLG Hamm MDR 2000, 454, 455). Wird die Aufsichtspflicht an öffentliche Einrichtungen übertragen, kann ein Auswahlverschulden der Eltern allenfalls in Ausnahmefällen gegeben sein, denn bei vom Staat unterhaltenen Einrichtungen kann von einer ordnungsgemäßen Beaufsichtigung durch die generell zur Aufsichtsführung geeigneten Bediensteten ausgegangen werden. Auch die Kontroll- und Informationspflichten sind bei Übertragung der Aufsicht auf öffentliche Einrichtungen stark verkürzt (Oberhardt 57 ff). Kommt es zu einer Reduktion der Aufsichtspflicht, erfolgt diese freilich nur in dem Umfang, wie die Aufsicht auf einen Dritten übertragen wird.

164 Uneinheitlich wird die Frage beurteilt, ob diese **Inhaltsänderung der Aufsichtspflicht** davon abhängt, dass die Übertragung der **Aufsicht durch Vertrag** erfolgt, insoweit also an die Stelle der unmittelbaren Aufsicht des Aufsichtspflichtigen die rechtlich fundierte Aufsicht eines kraft Vertrags verpflichteten Aufsichtspflichtigen iSd § 832 BGB treten muss. Vereinzelt wird das angenommen (Staudinger/Schäfer[12] § 832 Rn 38; Schnitzerling BlGBW 1978, 28; Schnitzerling anders noch DAR 1967, 151). Andere halten es dagegen für ausreichend, wenn die Aufsicht **bloß tatsächlich gefälligkeitshalber** übernommen wird, „solange nur eine ordnungsgemäße Aufsicht gewährleistet ist" (OLG Köln FamRZ 1962, 124; ferner OLG Celle VersR 1969, 333; OLG Hamm NJW-RR 1997, 344; OLG Hamm MDR 2000, 454, 455; Deutsch JZ 1969, 233, 234; Dahlgrün 195; Albilt 185 f; Eckert 40 f; Schoof 70; MünchKommBGB/Wagner § 832 Rn 22; Grüneberg/Retzlaff § 832 Rn 8; BeckOGK/Wellenhofer [1. 4. 2026] § 832 Rn 143, 146). Zu verlangen sein wird insoweit jedoch, dass dem nur tatsächlich die Aufsicht Übernehmenden vom Aufsichts-

pflichtigen zumindest die Befugnisse, welche die elterliche Sorge verleiht, zur Ausübung überlassen worden sind. Denn nur, wenn der Übernehmer auch die Rechtsmacht, gegenüber dem Aufsichtsbedürftigen Maßnahmen zu treffen, innehat, kann in diesem Sinne von einer ordnungsgemäßen Aufsicht die Rede sein. Die auf einen Vertrag verzichtende Auffassung hat zur Konsequenz, dass sich der Aufsichtspflichtige im Einzelfall schon dadurch der Haftung entziehen kann, dass er die Aufsicht fehlerfrei organisiert, selbst wenn keine nach § 832 Abs 2 BGB haftende Person an seine Stelle tritt. Es bliebe im Fall der Aufsichtsverletzung durch den tatsächlich übernehmenden Dritten ggf nur dessen Haftung nach § 823 Abs 1 BGB (Rn 203 f). Die sich daraus ergebende Haftungslücke ließe sich zwar vermeiden, indem man für die Begründung der Haftung des Übernehmers aus § 832 Abs 2 BGB keinen Vertrag bzw Rechtsbindungswillen auf Seiten des Übernehmers fordert, sondern bereits eine gefälligkeitshalber erfolgte Übernahme der Aufsicht ausreichen lässt (dafür: MünchKommBGB/Wagner § 832 Rn 22 ff; Soergel/Krause § 832 Rn 14). Gegen diese Vorgehensweise sprechen neben dem eindeutigen Gesetzeswortlaut aber auch vielfältige andere Gründe (vgl eingehend Rn 52).

b) Kritik

165 Nach herrschender Konzeption stellt die Übertragung der Aufsicht auf Dritte einen die Reichweite der Aufsichtspflicht mindernden Faktor dar. Das erscheint nicht unbedenklich. In ihrem Ausgangspunkt freilich ist der hM beizupflichten: Die Aufsichtspflicht ist nicht höchstpersönlicher Natur. Deshalb kann sich der Aufsichtspflichtige bei der Erfüllung der an ihn gerichteten konkreten Anforderungen durchaus anderer Personen bedienen. Daher ist die Aufsichtspflicht iSv § 832 BGB dahin zu verstehen, dass der Aufsichtspflichtige dafür Sorge tragen muss, dass die erforderlichen und angemessenen Aufsichtsmaßnahmen vorgenommen werden, um Dritte vor Schaden durch den Aufsichtsbedürftigen zu bewahren. Ob er das selbst oder durch Dritte gewährleistet, ist in Anbetracht des primären Schutzzwecks von § 832 BGB, effektive Gefahrenabwehr zu sichern, prinzipiell gleichgültig (vgl auch Vollmer JZ 1977, 171, 172 zur parallelen Problematik bei den allgemeinen Verkehrssicherpflichten iRd § 823 BGB).

166 Problematisch aber ist, dass die hM mit der Aufsichtsübertragung auf Dritte eine grundlegende Inhaltsänderung der Aufsichtspflicht iSd § 832 BGB eintreten lässt. Aus der Pflicht, bezogen auf den Aufsichtsbedürftigen die erforderlichen Aufsichtsmaßnahmen zu ergreifen, wird eine Pflicht mit anderem Anknüpfungspunkt und anderem Inhalt: Nach der Übertragung reduziert sich die Aufsichtspflicht als „mittelbare" (so treffend Scheffen/Pardey Rn 257 f) auf die aus § 831 BGB bekannte Reichweite. Sie wird zu einer bloßen Pflicht zu ordentlicher Auswahl, Instruktion und Überwachung.

167 Es erscheint jedoch zumindest zweifelhaft, ob die sich aus § 1631 BGB ergebende (also außerdeliktsrechtliche) Aufsichtspflicht, auf die § 832 BGB Bezug nimmt, wirklich den von der hM vorausgesetzten flexiblen und durch eine einfache Disposition des Aufsichtspflichtigen wandelbaren Inhalt hat. § 832 BGB verlangt dem Aufsichtspflichtigen nämlich nicht nur die Organisation der Aufsicht ab, sondern deren **tatsächliche konkrete Gewährleistung**. Wer aber einen an sich gut ausgewählten, trefflich instruierten und kontrollierten, aber in concreto jede gebotene Aufsicht unterlassenden Dritten betraut, der hat die ihm persönlich auferlegte Aufgabe, die konkreten Auf-

sichtsmaßnahmen zu gewährleisten, gerade nicht erfüllt. Versteht man § 832 BGB in dem Sinne, dass der Aufsichtspflichtige für die gebotenen Aufsichtsmaßnahmen kausal geworden sein muss und für ihre tatsächliche Vornahme haftet – und für ein solches Verständnis spricht viel –, so impliziert das eine unbedingte Einstandspflicht des Aufsichtspflichtigen für seine Hilfspersonen. Dabei handelt es sich genau genommen nicht um eine Übernahme von § 278 BGB in das Deliktsrecht, sondern um die Anwendung des Gedankens, aus dem § 278 BGB mit der Einstandspflicht für Erfüllungsgehilfen nur die Konsequenz zieht: Jemand, der die Verpflichtung zu einem bestimmten Verhalten übernommen hat, erfüllt seine Schuld eben nicht allein dadurch, dass er einen geeigneten Dritten mit der Erfüllung beauftragt (Hartmann VersR 1998, 22, 25). Gegen die damit aufgezeigte alternative Konzeption lässt sich einwenden, dass eine solche von § 278 BGB ausgesprochene unbedingte Einstandspflicht für Dritte zumindest nach hM dem Deliktsrecht fremd sei (MünchKommBGB/Mertens [3. Aufl] § 823 Rn 205; Ulmer JZ 1969, 163, 171; vBar, Verkehrspflichten 240; Oberhardt 55). Zudem ließe sich auf die Parallele bei den allgemeinen Verkehrssicherungspflichten verweisen, wo man ebenfalls überwiegend von einer mit der Übertragung der Garantenstellung verbundenen Verkürzung der Pflicht zu einer Organisationspflicht ausgeht (s nur BGH VersR 1983, 152; MünchKommBGB/Mertens [3. Aufl] § 823 Rn 203, 204). Doch einerseits ist auch diese Position nicht unangreifbar (s etwa vBar, Verkehrspflichten § 9; Vollmer JZ 1977, 171); im Übrigen ist auf die Repräsentantenhaftung nach § 3 HaftPflG zu verweisen. Andererseits ist zu bedenken, dass es sich bei § 832 BGB um den Sonderfall einer ausdrücklich normierten außerdeliktsrechtlichen, dem Familienrecht entstammenden Pflicht handelt. Die Gesetzesverfasser haben die Aufsichtspflicht iSd § 832 bewusst in die Nähe einer Sonderverbindung gerückt (vgl Prot II 595; Jakubezky Bem 167 ging gar von einer Anwendung des § 278 BGB auf diese Pflicht aus). Daher liegt hier der Gedanke nicht so fern, dass der persönlich Verpflichtete, wie es für Sonderverbindungen selbstverständlich ist (vgl Vollmer JZ 1977, 171, 172), seine Pflicht nur durch Vornahme des geschuldeten Verhaltens, nicht aber allein durch die Beauftragung und Instruktion eines zuverlässigen Dritten erfüllt. Nach der hier aufgezeigten Alternativkonzeption zur **hM** lässt demgemäß die Übertragung der Aufsicht auf Dritte die Reichweite der Aufsichtspflicht des Aufsichtspflichtigen unberührt (gegenüber der herrschenden Konzeption einschränkend bereits Staudinger/Schäfer[12] § 832 Rn 41, der eine uneingeschränkte Aufsichtspflicht des Aufsichtspflichtigen trotz Übertragung der Aufsicht auf einen Dritten annimmt, soweit er zur Aufsicht tatsächlich in der Lage ist). **Trifft der Dritte die in der konkreten Situation gebotenen Maßnahmen nicht, haftet der** die Aufsicht übertragende **Aufsichtspflichtige aus § 832 BGB**, weil er im Ergebnis **nicht die verlangte Aufsicht gewährleistet hat**. Ob und inwieweit der Dritte selbst haftet, ist demgegenüber gleichgültig. Das wird auch unter dem Aspekt des Risikos einer Insolvenz des Dritten relevant (Hartmann VersR 1998, 22, 25). Dieser wird häufig finanziell weniger leistungsstark sein als der Aufsichtspflichtige. Es ist angebracht, das Insolvenzrisiko denjenigen tragen zu lassen, der den Dritten auswählt. Denn er steht dem Dritten, der regelmäßig sein Vertragspartner ist, näher als der Geschädigte. Haftet auch der Dritte (zB nach § 832 Abs 2 BGB oder § 823 Abs 1 BGB), so stehen der Aufsichtspflichtige und der Dritte dem Geschädigten als Gesamtschuldner nach § 840 Abs 1 BGB zur Verfügung. Im Innenverhältnis ist der Dritte aufgrund der vertraglichen Übernahme – abweichend von dem Grundsatz in § 426 Abs 1 BGB – allein verantwortlich (anders wenn zwischen dem kraft Gesetzes und dem durch Vertrag zur Führung der Aufsicht Verpflichteten ein Arbeitsverhältnis besteht – Haftungsprivileg des Arbeitnehmers); der Aufsichtspflichtige trägt insoweit das Restrisiko.

Spricht viel dafür, die Übertragung der Aufsicht auf einen Dritten nicht als Umstand **168** zu begreifen, der aus der „erfolgsbezogenen" Aufsichtspflicht eine Organisationspflicht macht, so sind insoweit jedoch zwei **Einschränkungen** angebracht: Für den Fall der gemeinsam sorgepflichtigen **Eltern** (§ 1626 Abs 1 BGB), von denen beide aufsichtspflichtig sind (Rn 12), ist eine Befugnis anzuerkennen, die Wahrnehmung der Aufsichtsaufgabe **intern aufzuteilen**; insoweit ist die familienrechtliche Zuteilung von Funktionsbereichen auch in deliktsrechtlicher Hinsicht anzuerkennen (MünchKommBGB/Stein [3. Aufl] § 832 Rn 14; Eckert 26; Scheffen/Pardey Rn 261 ff). So kann etwa ein berufstätiger Elternteil für die Zeit seiner Abwesenheit die Aufsicht auf den anderen übertragen. Insoweit ist er nur noch zur partnerschaftlichen Kommunikation und Vereinbarung bzgl der Aufsichtsmaßnahmen sowie dazu verpflichtet zu überprüfen, ob der andere Elternteil den Erfordernissen der Aufsicht physisch und psychisch gewachsen ist. Er darf sich aber nicht einfach darauf verlassen, der andere Teil werde schon das Erforderliche tun (BGH 14. 11. 1961 – VI ZR 124/61, VersR 1962, 157; vgl Rn 159). Ohne erkennbare Anhaltspunkte für eine unzureichende Beaufsichtigung durch den anderen Elternteil kann der abwesende Elternteil jedoch grundsätzlich davon ausgehen, dass die Aufsicht zuverlässig geführt wird (OLG Düsseldorf NJW-RR 2002, 235). Auch bei der Übertragung der Aufsicht auf staatliche Kindergärten und andere staatliche Einrichtungen, welche dem Geschädigten bei Aufsichtspflichtverletzungen aufgrund der öffentlich-rechtlichen Ausgestaltung des Benutzungsverhältnisses selbst nicht aus § 832 Abs 2 BGB haften, deren Träger (idR die Gemeinde) aber über § 839 BGB iVm Art 34 GG ersatzpflichtig ist (vgl Rn 209 f), muss von einer Inhaltsänderung der Aufsichtspflicht des primär Aufsichtspflichtigen ausgegangen werden. Andernfalls würden die Eltern selbst bei ordnungsgemäßer Auswahl, Instruktion, Kontrolle und Information (zum Umfang dieser Pflichten ggü einer Kindertagesstätte vgl Oberhardt 57 ff und Rn 164) der Einrichtung weiter aus § 832 BGB haften. Der gegenüber dem Träger der Einrichtung bestehende Anspruch des Geschädigten aus § 839 BGB iVm Art 34 GG würde indes an der in § 839 Abs 1 S 2 BGB enthaltenen Subsidiaritätsklausel scheitern. Das hätte zwar nicht zur Folge, dass die Eltern dem Geschädigten allein und ohne Rückgriffsmöglichkeit ersatzpflichtig wären (so aber Oberhardt 56). Denn über den sowohl im öffentlich-rechtlichen Vertrag als auch im öffentlich-rechtlichen Benutzungsverhältnis bestehenden Anspruch aus § 280 Abs 1 BGB analog (vgl Detterbeck 15 Rn 1265) können sie vom Träger der Kindertagesstätte, welche als Vertragspartner die Gesamtverantwortung für die Erfüllung der im Kindes- und im Drittinteresse liegenden Aufsichtspflicht tragen (Busch ZfJ 1996, 456, 459), Ersatz verlangen. Dennoch ist diese Rückgriffsmöglichkeit nicht ausreichend, denn der Geschädigte muss den Eltern gegenüber wegen der sich aus § 832 Abs 1 S 2 BGB ergebenden Beweislastumkehr die Aufsichtspflichtverletzung nicht beweisen, die Eltern könnten sich aufgrund der Anwendung des Rechtsgedankens aus § 278 BGB nach der hier vertretenen Konzeption auch nur durch den Nachweis, dass der öffentlich-rechtlichen Einrichtung keine Aufsichtspflichtverletzung zur Last fällt, entlasten. Im Rahmen des Anspruchs aus § 280 Abs 1 BGB stünde den Eltern aber keine entsprechende Beweislastumkehr zu, weil sich § 280 Abs 1 S 2 BGB lediglich auf das Vertretenmüssen bezieht. Diese auch mit der Funktion der leistenden Verwaltung nicht zu vereinbarende Konsequenz gilt es zu verhindern (vgl Oberhardt 54 ff). Deshalb die vorstehende Haftungskonzeption aber vollständig abzulehnen (so Oberhardt 55; BeckOGK/Wellenhofer [1. 4. 2026] § 832 Rn 146), ist keine notwendige Folge. Mit Blick auf die nach der hM in den Fällen der gefälligkeitshalber übernommenen Aufsicht entstehende Haftungslücke ist es vielmehr angezeigt, die hier vertretene Auffassung grundsätzlich beizubehalten und um die vorstehende Ausnahme zu ergänzen.

169 Folgt man der herrschenden Konzeption, wonach sich die Übertragung der Aufsicht generell als Reduktion der Aufsichtspflicht auf eine Organisationspflicht auswirkt, so ist zumindest – entgegen der hM (Rn 164) – eine Maßgabe zu beachten: Die Begrenzung auf Auswahl-, Instruktions-, Informations- und Kontrollpflichten kann jedenfalls nicht bereits durch eine bloß tatsächliche Aufsichtsübertragung eintreten. Erforderlich ist dazu vielmehr, dass durch **die Übertragung eine Aufsichtspflicht iSd § 832 Abs 2 BGB begründet** wird, es also hinsichtlich der „unmittelbaren", uneingeschränkten Aufsichtspflicht zu einer Substitution kommt (Staudinger/Schäfer[12] § 832 Rn 38; Schnitzerling BlGBW 1978, 28). Denn der sekundäre Zweck von § 832 BGB, dem Geschädigten unter erleichterten Voraussetzungen zu einem Haftenden zu verhelfen, würde unterlaufen, könnte sich der Aufsichtspflichtige im Einzelfall unter erleichterten Voraussetzungen der Haftung entziehen, ohne dass eine nach § 832 BGB haftende Person insoweit an seine Stelle träte. Eine eventuelle Haftung des Übernehmers nach § 823 BGB vermag wegen der damit verbundenen beweisrechtlich schlechteren Position des Geschädigten die von der hM zugelassene Haftungslücke nicht vollständig zu schließen. Auch im Bereich der allgemeinen Verkehrssicherungspflichten wird die Rechtfertigung für die Begrenzung der Pflicht auf ordentliche Auswahl und Überwachung darin gesehen, dass jedenfalls der die Verkehrssicherungspflicht Übernehmende seinerseits äquivalent haftet (MünchKommBGB/Mertens [3. Aufl] § 823 Rn 206; Ulmer JZ 1969, 163, 171). Eine vertragliche Übernahme ist freilich im Verhältnis der gemeinsam **sorgeberechtigten Eltern** zueinander nicht erforderlich, da der die Aufsicht übernehmende Elternteil in jedem Fall kraft Gesetzes aufsichtspflichtig ist und eine „Haftungslücke" nicht entstehen kann.

7. Erfüllung der Aufsichtspflicht in ihrer konkreten Gestalt

a) Allgemeines

170 Der Aufsichtspflichtige hat seine Pflicht erfüllt, wenn er für die konkret gebotenen Aufsichtsmaßnahmen Sorge getragen hat (OLG Frankfurt MDR 2001, 752). Die Erfüllungswirkung, welche die Aufsichtshaftung ausschließt, ist nicht davon abhängig, dass der Schaden tatsächlich vermieden worden ist (RGZ 50, 62; RG WarnR 1911 Nr 3; RG WarnR 1914 Nr 217; BGB-RGRK/Kreft § 832 Rn 31). § 832 BGB impliziert **kein Einstehenmüssen für den Erfolg der gebotenen Aufsichtsmaßnahmen** (wie hier OLG Frankfurt 13. 1. 2014 – 1 U 76/13, juris Rn 37).

b) Erfüllung durch teilweise Aufsichtsübertragung

171 Da Aufsichtspflichten „unentrinnbar" sind, kann die Übertragung der Aufsicht auf einen Dritten **nicht zu einer privativen Pflichtenübernahme** führen (Rn 30, Rn 54). Die Aufsichtsübertragung ist ausschließlich unter dem Aspekt der **teilweisen Erfüllung der Aufsichtspflicht** zu bewerten. § 832 BGB verlangt vom Aufsichtspflichtigen, dass er Rechnung dafür trägt, dass die gebotenen Aufsichtsmaßnahmen ergriffen werden; ob er die Maßnahmen in vollem Umfang selbst vornimmt oder sich teilweise Dritter bedient, ist gleichgültig (Rn 156, Rn 165).

172 Der ganz hM zufolge führt die Übertragung der Aufsicht auf einen Dritten dazu, dass sich die Aufsichtspflicht zu einer Organisationspflicht verkürzt (Rn 155 ff). Ent-

sprechendes gilt daher für das zur Erfüllung dieser Pflicht Erforderliche: Soweit wie er die Aufsicht überträgt – im Übrigen bleibt es bei den normalen Aufsichtsanforderungen, wie sie sich nach Abwägung der Erforderlichkeit und der Angemessenheit darstellen (Rn 70) – genügt der Aufsichtspflichtige seiner Pflicht bereits dadurch, dass er eine geeignete Person auswählt, diese hinreichend instruiert und kontrolliert und sich schließlich über das Verhalten des Aufsichtsbedürftigen und die getroffenen Aufsichtsmaßnahmen beim übernehmenden Dritten informiert (BGH 11. 6. 1968 – VI ZR 144/67, NJW 1968, 1672, 1673; Rn 162). Für die Erfüllung dieser „mittelbaren" Aufsichtspflicht ist gleichgültig, ob der die Aufsicht übernehmende Dritte die gebotenen Aufsichtsmaßnahmen vornimmt oder nicht (BGH 11. 6. 1968 – VI ZR 144/67, NJW 1968, 1672, 1673). Jedenfalls aber wird man verlangen müssen, dass die Übertragung der Aufsicht „durch Vertrag" erfolgt, den Dritten also eine Aufsichtspflicht nach § 832 Abs 2 BGB trifft (s dazu Rn 169).

Nach der hier (Rn 165 ff) vorgestellten Gegenkonzeption ändert dagegen die Übertra- **173**
gung der Aufsicht auf Dritte grundsätzlich nichts an der Reichweite der einmal entstandenen Aufsichtspflicht. Der Aufsichtspflichtige erfüllt daher seine Pflicht aus § 832 BGB nur, **wenn der mit der Aufsicht betraute Dritte seinerseits die erforderlichen Aufsichtsmaßnahmen vornimmt**. In diesem Sinne steht der Aufsichtspflichtige für das Versagen des Dritten ein. Eine Ausnahme gilt nur für die gemeinsam sorgeberechtigten und damit aufsichtspflichtigen Eltern: Ihnen ist entsprechend der elterlichen Funktionsverteilung die interne Aufteilung der erforderlichen Maßnahmen auch in deliktsrechtlicher Hinsicht zuzugestehen. So obliegt etwa dem allein berufstätigen Elternteil im Umfang der Übertragung der Aufsicht auf den anderen Elternteil lediglich eine Organisationspflicht im obigen Sinne (Rn 159 ff, Rn 168).

8. Prinzip der Einzelverantwortung

Im Fall mehrerer Aufsichtspflichtiger, etwa gemeinsam sorgeberechtigter Eltern, ver- **174**
langt das Gesetz für jeden Pflichtigen eine gesonderte Prüfung, ob er dem ihn betreffenden Gebot genügt hat. Jeder haftet nur für die **ihm persönlich vorzuwerfende Verletzung der Aufsichtspflicht (Prinzip der Einzelverantwortung)** (BGH VersR 1966, 369; BGH 24. 3. 2009 – VI ZR 51/08, FamRZ 2009, 1049 Rn 18; Koebel NJW 1960, 2227; Dahlgrün 180; Eckert 26; Albilt 151). Die gängige partielle Übertragung der Aufsicht auf einen Elternteil während der Berufstätigkeit des anderen ist im Einzelfall zu würdigen. Dabei ist davon auszugehen, dass die Eltern befugt sind, intern die Wahrnehmung der Aufsicht zu verteilen (Rn 168). So kann ein berufstätiger Elternteil im Umfang der teilweisen (stillschweigenden) Übertragung der auch ihm obliegenden Aufsicht auf den anderen Teil seine Pflicht auf eine „mittelbare" Aufsichtspflicht reduzieren, die ihn nur noch zur partnerschaftlichen Absprache der Aufsichtsmaßnahmen sowie dazu verpflichtet, sich der physischen und psychischen Aufsichtseignung seines Partners zu versichern (Rn 159, Rn 168). Eine zuweilen in der Judikatur zu beobachtende Tendenz, hinsichtlich der Eltern bei der Prüfung der Pflichtverletzung entweder von vornherein eine Gesamtbetrachtung vorzunehmen (zB BGH 13. 7. 1962 – VI ZR 224/61, VersR 1962, 1088, 1089; OLG Karlsruhe VersR 1971, 509; OLG Düsseldorf VersR 1992, 310, 311; OLG Schleswig NJW-RR 1999, 606, 607) oder eine wechselseitige Zurechnung von Pflichtverletzungen einer Seite vorzunehmen (zB BGH 14. 11. 1961 – VI ZR 124/61, VersR 1962, 157; OLG Köln VersR 1969, 88 f; OLG Oldenburg VersR 1972, 54, 55), stellt eine fehlerhafte Gesetzesanwendung dar (Grossfeld/Mund FamRZ 1994, 1504, 1507; zutreffend nach Einzel-

verantwortung zB OLG Düsseldorf 14. 9. 1990 – 22 U 64/90, VersR 1992, 321, 322; OLG Düsseldorf NJW-RR 2002, 235). Ein solches Vorgehen privilegiert regelmäßig den Geschädigten: Auf diese Weise wird zwischen dem berufstätigen, regelmäßig solventeren, sich aber oft exculpierenden Elternteil einerseits und dem zu Hause bleibenden und wegen der „größeren Gelegenheit" häufig die eigentliche Pflichtverletzung begehenden, weniger solventen Elternteil andererseits ein Haftungsverbund hergestellt. Ein solches Ergebnis erscheint – de lege ferenda – durchaus erwägenswert: Es entspricht einerseits dem in § 1357 BGB anklingenden Gedanken, andererseits wäre durch ein zwischen beiden Elternteilen bestehendes Gesamtschuldverhältnis (§ 840 Abs 1 BGB) ein Ausgleich dafür zu erreichen, dass bei einer nach dem Leitbild der Hausfrauenehe vorgenommenen Aufsichtsverlagerung auf die Mutter diese für ihr Opfer nicht auch noch mit einem gegenüber dem Vater erheblich gesteigerten Haftungsrisiko belastet ist (zu Recht kritisch zu diesem Effekt der an sich konsequenten Befugnis der Eltern zu „Aufgabenteilung" bei der Aufsicht Grossfeld/Mund FamRZ 1994, 1504, 1508).

9. Ursächlichkeit der Aufsichtspflichtverletzung für den Schadenseintritt

175 Der Tatbestand von § 832 BGB setzt neben der Kausalität einer Handlung des Aufsichtsbedürftigen für den Schaden daneben noch eine weitere Kausalbeziehung voraus: Auch die Aufsichtspflichtverletzung muss für den Schadenseintritt ursächlich geworden sein. Anders gewendet scheidet eine Haftung nach § 832 BGB aus, wenn der Schaden auch bei gehöriger Erfüllung der Aufsichtspflicht eingetreten wäre (§ 832 Abs 1 S 2 Alt 2 BGB). In diesem Fall fehlt es am **Rechtswidrigkeitszusammenhang zwischen Pflichtverletzung und Schaden** (Fuchs 251). Das ist der Fall, wenn dem Aufsichtspflichtigen zwar der Vorwurf gemacht werden muss, dass er gebotene Aufsichtsmaßnahmen unterlassen hat, diese Unterlassung sich aber konkret im Schaden nicht niedergeschlagen hat. Zum Nachweis mangelnder Ursächlichkeit der Aufsichtspflichtverletzung s Rn 188.

176 **Beispiele**: Es stellt eine Aufsichtspflichtverletzung dar, wenn Eltern ihrem Kind das Spielen mit einer vorn zugespitzten Holzstange gestatten oder dulden oder das Kind zu Hause über einen besonders großen Flitzebogen und Pfeile mit Eisenspitze und Gummipfropfen verfügt. Wenn der Schaden nach dem konkreten Verlauf nicht durch ein gefährliches und daher zu missbilligendes Hantieren mit der Holzstange eintritt, sondern dem Kind nicht zum Vorwurf gereicht, bleibt die elterliche Pflichtverletzung gleichsam abstrakt und schlägt sich nicht im konkreten Schaden nieder (BGH 16. 6. 1964 – VI ZR 68/63, VersR 1964, 1023, 1024). Gleiches gilt im Flitzebogenfall, wenn der Schaden nicht dadurch eintritt, dass sich die Pfeil und Bogen spezifisch anhaftende Gefahr realisiert, sondern durch Werfen des mit Gummi bepfropften Pfeils (BGH 1. 10. 1957 – VI ZR 262/56, VersR 1957, 799). Hier ist es nicht anders, als wäre mit einem Stock geworfen worden, der mit der Bogenausstattung nichts zu tun hatte. Auch die mangelnde Belehrung über mögliche Gefahren beim Umgang mit einem Eisenstampfer durch den Aufsichtspflichtigen ist nicht kausal für die Betätigung des Geräts durch einen 8-Jährigen, wenn sich das Kind über die damit zusammenhängenden Gefahren bewusst war und ihm durch die geschädigte Klägerin selbst kurz vor dem Vorfall untersagt wurde, den Stampfer zu betätigen. Eine weitere Belehrung über die von einem Eisenstampfer ausgehenden Gefahren durch den Aufsichtspflichtigen hätte das schadensstiftende Verhalten unter diesen Umständen nicht vermieden (OLG Frankfurt NJW-RR 2002, 236). Auch ein Verstoß gegen die Pflicht, einem 5-jährigen, auf dem Bürgersteig radelndem Kind auf Sicht- und Rufweite zu folgen, ist haftungsrechtlich unerheblich, wenn feststeht, dass ihre Beachtung den Unfall nicht vermieden hätte (OLG Koblenz NJW-RR 2012, 274; LG Karlsruhe 10. 12. 2025 – 2 O 135/24 Zfs 2026, 81, 82 f: Augenblicksversagen eines 6-Jährigen in einer in vertrauter Umgebung eines verkehrsberuhigten Bereichs). Gleiches gilt, wenn die ortsabwesende Aufsichtsperson ihren Schülern auch bei ihrer Anwesenheit das Überfahren von kleinen Sprungschanzen in einem Kinderskiland nicht verboten hätte (LG Augsburg 28. 8. 2017 – 34 O 8/17, juris Rn 14). Anders gelagert, aber zu demselben Ergebnis führend, ist der Fall, wenn im Fall einer Aufsichtspflichtverletzung der spätere Geschädigte den Kausalverlauf unterbricht und einen neuen Geschehensablauf initiiert. So scheidet eine Haftung der Mutter trotz Aufsichtspflichtverletzung aus, wenn der spätere Geschädigte aus eigenem Entschluss und ohne ihre Kenntnis die unbeaufsichtigt auf seinem Feld spielenden 3-jährigen Kinder in seinem Traktor mitnimmt, so eine völlig neue Gefahrensituation schafft, und die von ihm kurz allein im Führerhaus zurückgelassenen Kinder die Handbremse lösen und der Traktor nach einer Sturzfahrt über einen Abhang schwer beschädigt wird (LG Traunstein 31. 5. 2012 – 2 O 2926/11, juris Rn 19 ff).

In den Fällen der Übertragung der Aufsicht auf Dritte (Rn 155 ff) fehlt es an der von § 832 BGB verlangten Kausalität, wenn der Aufsichtspflichtige unter Verstoß gegen die Organisationspflicht einen zwar ungeeigneten Dritten ausgewählt hat, dieser aber gleichwohl in der konkreten Situation alle gebotenen Aufsichtsmaßnahmen vornimmt (OLG München VersR 1979, 747 für den Fall der Übertragung auf einen Minderjährigen; Abilt 199 f). 177

V. Verschulden

§ 832 BGB regelt einen Fall der Verschuldenshaftung (Rn 5 f). Die Haftung setzt voraus, dass die Aufsichtspflichtverletzung als der Anknüpfungspunkt der Haftung schuldhaft (§ 276 BGB) erfolgt. Die **Unzumutbarkeit** bestimmter Aufsichtsmaßnahmen schließt nicht das Verschulden aus. Sie begrenzt bereits die Aufsichtspflicht selbst (Rn 102 ff), ist also schon bei der Festlegung der konkret gebotenen Aufsichtshandlungen zu berücksichtigen. 178

Eine zentrale Rolle für die Verschuldensfrage spielt die **Kenntnis des Aufsichtspflichtigen von den tatsächlichen Umständen**, welche den konkreten Aufsichtsanlass bestimmen (etwa besondere Aufsichtsanlässe darstellende Neigungen des Aufsichtsbedürftigen oder bestimmte Umstände, die gefahrbegründend wirken). Allerdings **entlastet die mangelnde Kenntnis** von diesen Umständen **allein noch nicht**. Erst **wenn die Unkenntnis nicht auf Fahrlässigkeit**, etwa bei der Kenntniserlangung von den Aktivitäten des Aufsichtsbedürftigen, **beruht**, fehlt es am Verschulden (RGZ 50, 60, 63; BGH 27. 6. 1961 – VI ZR 202/60, VersR 1961, 838, 839; BGH NJW-RR 1987, 13, 14; Fuchs 235; Albilt 245). Vorkehrungen für alle abstrakt denkbaren Schadensrisiken sind nicht verlangt. Eine absolute Sicherheit kann und muss nicht gewährleistet werden (OLG Hamm VersR 2000, 457). Nötig ist, dass die Möglichkeit einer Schädigung nicht ganz fernliegend war (OLG Hamm MDR 1999, 677). Die Erkennbarkeit der den Aufsichtsanlass bestimmenden Tatsachen stellt also keinen Umstand dar, der Auswirkungen auf die Konkretisierung der Aufsichtspflicht für den Einzelfall hätte. Sie spielt vielmehr eine maßgebliche Rolle im Bereich des Verschuldens. Zu beachten ist aber der Zusammenhang zwischen Aufsichtspflichtverletzung und Schuldvorwurf: Wer sich nicht genügend da- 179 rüber informiert, womit sich der Aufsichtsbedürftige beschäftigt, verletzt nicht nur seine Aufsichtspflicht; zugleich lässt sich seiner Verteidigung, er habe von den Aufsichtsanlässen nichts gewusst, entgegnen, dass gerade die Unterlassung der Informationsbeschaffung den Fahrlässigkeitsvorwurf begründet (BGH 22. 11. 1960 – VI ZR 27/60, LM Nr 8 = MDR 1961, 222; vgl auch BGH 11. 4. 1958 – VI ZR 115/57, VersR 1958, 563 und Rn 145).

VI. Verteilung der Darlegungs- und Beweislast

1. Allgemeines

180 Die Darlegungs- und Beweislast ist in Ansehung folgender Haftungsvoraussetzungen zu verteilen: Aufsichtsbedürftigkeit, Aufsichtspflicht, kausale und zurechenbare Schadenszufügung durch den Aufsichtsbedürftigen, Rechtswidrigkeit der Schadenszufügung, Aufsichtspflichtverletzung, deren Kausalität für den Schaden, Rechtswidrigkeit und Schuldhaftigkeit der Aufsichtspflichtverletzung.

181 Schwierigkeiten bereitet die Struktur der Haftungsvoraussetzung der **Aufsichtspflichtverletzung**. Zergliedert man dieses Merkmal, so ist zu unterscheiden zwischen denjenigen **Tatsachen, die die Grundlage der richterlichen Wertung dafür darstellen**, welche Aufsichtsmaßnahmen konkret geboten waren, und denjenigen **Tatsachen, welche die Vornahme eben dieser Maßnahmen bedeuten**. Zu trennen sind bei der „Aufsichtspflichtverletzung" also **zwei Tatsachenkomplexe**: Einer auf der Tatbestandsseite der Pflicht, der ihre konkrete Ausgestaltung bestimmt, und einer, der dem „Erfüllungstatbestand" zuzuordnen ist.

182 Die **Verteilung der Beweislast** richtet sich **nach allgemeinen Grundsätzen**, sofern nicht § 832 Abs 1 S 2 BGB eine Beweislastumkehr anordnet. IdR hat der Geschädigte die Voraussetzungen darzulegen und zu beweisen, welche die Haftungsfolge auslösen. Die Kausalität der rechtswidrigen Handlung des Aufsichtsbedürftigen für den eingetretenen Schaden muss deshalb der Geschädigte beweisen (nicht gelungen bei AG Meinerzhagen 17. 8. 2011 – 4 C 390/09). Wo **Rechtswidrigkeit** verlangt ist – also bei der Schadenszufügung durch den Aufsichtsbedürftigen und bei der Aufsichtspflichtverletzung selbst – wird diese durch die Tatbestandsmäßigkeit des jeweiligen Verhaltens **indiziert** (vgl Staudinger/Schäfer[12] § 823 Rn 446). Die Beweislast für das Vorliegen von Rechtfertigungsgründen liegt damit beim Aufsichtspflichtigen (vgl auch Baumgärtel/Laumen/Prütting/Luckey [5. Aufl 2023] Rn 2).

2. Beweislastumkehr nach § 832 Abs 1 S 2 BGB

a) Ratio

183 Zu den rationes der Vorschrift s Rn 2 ff.

b) Reichweite der Beweislastumkehr

aa) Hinsichtlich des „Genügens der Aufsichtspflicht" (§ 832 Abs 1 S 2 Alt 1 BGB)

184 Abs 2 S 1 ordnet in seiner 1. Alternative an, dass die Ersatzpflicht nicht eintritt, wenn der Aufsichtspflichtige „seiner Aufsichtspflicht genügt". Daraus folgt, dass er darlegen und beweisen muss, dass er dem konkreten aus der Aufsichtspflicht folgenden Gebot entsprochen hat. Ob eine solche Aufsichtspflicht bestand, hat hingegen der Geschädigte nachzuweisen (Bernau 375). Erfasst von der implizierten Beweislast-

umkehr ist also die **„Pflichterfüllung"** (OLG Celle VersR 1979, 476; Fuchs 211; Scheffen/Pardey Rn 240) oder genauer: die **Tatsachen, welche die Erfüllung der Aufsichtspflicht konkret bewirken**. Der Aufsichtspflichtige muss also die Handlungsweisen darlegen und beweisen, die den gebotenen Aufsichtsmaßnahmen entsprechen. Die aufsichtspflichtigen Eltern müssen umfassend und konkret darlegen und beweisen, was sie zur Erfüllung ihrer Aufsichtspflicht unternommen haben (BGH 24. 3. 2009 – VI ZR 51/08, NJW 2009, 1952 Rn 8; BGH 24. 3. 2009 – VI ZR 199/08; BGH NJW 2009, 1954 Rn 8; OLG Jena OLG-NL 1998, 101).

Gerade in Anbetracht langfristiger erzieherisch wirkender Aufsichtsmaßnahmen **185**
(Ermahnungen, Unterweisungen etc), die im abgeschirmten familieninternen Bereich stattfinden, ist schon eine zeitliche Fixierung und Substantiierung für den Aufsichtspflichtigen oft äußerst schwierig. Dem ist sowohl bei der Darlegung wie beim Beweis dadurch Rechnung zu tragen, dass die Anforderungen jeweils nicht allzu hoch anzusetzen sind (BGH 10. 7. 1984 – VI ZR 273/82, NJW 1984, 2574, 2576; BGH NJW 1990, 2553, 2554 [insoweit in BGHZ 111, 282 nicht abgedruckt]; OLG Nürnberg 19. 3. 1991 – 11 U 1397/90, r+s 1992, 233, 234 [nachgehend BGH 18. 2. 1992 – VI ZR 194/91, r+s 1992, 233], 234; Scheffen/Pardey Rn 243). Auch an die Voraussetzungen einer Parteivernehmung sind keine überhöhten Anforderungen zu stellen (BGH 10. 7. 1984 – VI ZR 273/82, NJW 1984, 2574, 2576; BGH NJW 1990, 2553, 2554: Es genügt ein „gewisser Beweis, dass die Eltern im Allgemeinen ihrer Aufsichtspflicht genügt haben").

§ 832 Abs 1 S 2 Alt 1 BGB vermutet dagegen **nicht die Erforderlichkeit von Aufsichts- 186**
maßnahmen. Dabei handelt es sich allein um eine Rechtsfrage (MünchKommBGB/Wagner § 832 Rn 48), die gar nicht Vermutungsgegenstand sein kann.

Vereinzelt wird, gestützt auf den der Regelung zugrundeliegenden Gedanken der **187**
Leichtigkeit der Beweiserbringung (s dazu Rn 3), eine **teleologische Reduktion der Beweislastumkehr** bezüglich der Erfüllungshandlungen vertreten (Fuchs 222 ff). Danach soll die Beweislastumkehr nur hinsichtlich der Vornahme derjenigen Aufsichtsmaßnahmen gelten, die tatsächlich „leicht beweisbar" sind. Das seien jedoch allein diejenigen Aufsichtsmaßnahmen, die unmittelbar auf die konkrete Gefahrensituation bezogen sind und eine enge zeitliche Nähe zum Delikt aufweisen (Fuchs 222). Allgemeine Aufsichtsmaßnahmen, die (wie etwa Belehrungen oder Unterweisungen) auch eine stark erzieherische Komponente aufweisen und „deliktsferner" sind, sollen demnach nicht dem § 832 Abs 1 S 2 Alt 1 BGB unterfallen (Fuchs 224). Ihre Unterlassung wäre danach vom Geschädigten zu beweisen. Das überzeugt nicht. Zum einen ist das Kriterium der „leichten Beweisbarkeit", auf das sich die teleologische Reduktion stützt, ohnehin zweifelhaft (Rn 3) und zudem nicht dafür tauglich, die der Beweislastumkehr danach unterfallenden Aufsichtsmaßnahmen einigermaßen sicher von denen zu sondern, die ihr nicht unterfallen. Zum andern ist der Aufsichtspflichtige gerade bei den deliktsferneren, langfristig angelegten erzieherischen Aufsichtsmaßnahmen – trotz aller für ihn bestehenden Beweisschwierigkeiten – erst Recht beweisnäher als der Geschädigte. Dieser müsste Umstände beweisen, die in einer vor fremdem Einblick gerade geschützten familiären Sphäre begründet sind. Da es sich für ihn schließlich insoweit auch noch um den Beweis negativer Tatsachen handeln würde, ist eine solche Restriktion der Beweislastverteilung dem Geschädigten nicht zuzumuten und nicht sachgerecht. Der Geschädigte würde aus Beweisnot fast nie seinen Schadenersatzanspruch durchsetzen können (Bernau 389). Daher

muss der Aufsichtspflichtige die Maßnahmen – deliktsnahe wie -ferne – belegen, die im Einzelfall als geboten anzusehen sind. Den von FUCHS mit Recht benannten besonderen Beweisschwierigkeiten bei den erzieherischen Aufsichtsmaßnahmen ist dadurch Rechnung zu tragen, dass an deren Beweis keine zu hohen Anforderungen zu stellen sind (Rn 185).

bb) Hinsichtlich der Kausalität der Pflichtverletzung für den Schaden (§ 832 Abs 1 S 2 Alt 2 BGB)

188 Die Haftung des Aufsichtspflichtigen entfällt – den Vorschriften der §§ 831 Abs 1, 833, 834 BGB entsprechend – nach § 832 Abs 1 S 2 BGB auch, wenn er zwar schuldhaft die Aufsichtspflicht verletzt hat, diese Verletzung aber deshalb nicht kausal für den Schaden ist, weil er auch im Fall gehöriger Aufsichtsführung eingetreten wäre. Damit ist angeordnet, dass die **Beweislast für die fehlende Kausalität** den Aufsichtspflichtigen trifft (OLG Düsseldorf 18. 7. 1997 – 22 U 5/97, NJW-RR 1998, 98, 99; OLG Karlsruhe 30. 3. 2006 – 12 U 298/05, OLGR 2006, 426). Er muss die Tatsachen darlegen und beweisen, aus denen sich ergibt, dass die von ihm begangene Pflichtverletzung sich in der Schadenszufügung nicht niedergeschlagen hat, dass also das von ihm gesetzte Risiko nicht mit demjenigen identisch ist, das sich tatsächlich realisiert hat. Der Nachweis iSd § 832 Abs 1 S 2 Alt 2 BGB wird oftmals nicht zu führen sein, weil die Rechtsprechung daran hohe Anforderungen stellt (MELLECH ZfRV 2008, 135, 141; vgl aber die in Rn 176 f genannten Beispiele). Denn es **genügt für den Beweis mangelnder Kausalität nicht**, dass die Schädigung **möglicherweise oder wahrscheinlich** auch bei genügender Beaufsichtigung eingetreten wäre (RG WarnR 1910 Nr 60; RG WarnR 1912 Nr 28; RG Recht 1911 Nr 3321; RG Recht 1922 Nr 1154; OLG Düsseldorf 14. 9. 1990 – 22 U 64/90, VersR 1992, 321, 322; MELLECH ZfRV 2008, 135, 141). Zudem wird etwa die Darlegung, dass ein Verkehrsunfall auch bei angemessener Verkehrserziehung in der konkreten Situation nicht vermieden worden wäre, über den Bereich reiner Spekulation kaum hinausgehen und selten zur gerichtlichen Überzeugung feststehen. Denkbar ist der Nachweis aber bei Exzessen des Aufsichtsbedürftigen, die auch durch ordnungsgemäße Belehrung nicht verhindert worden wären (OLG Frankfurt NJW-RR 2002, 236, Rn 176). Ergänzend wird wegen der Bedeutung der Vorschrift auf die Ausführungen zu der gleichlautenden Vorschrift des § 831 BGB (§ 831 Rn 165 ff) verwiesen.

cc) Hinsichtlich des Verschuldens

189 Allgemein wird davon ausgegangen, dass § 832 BGB einen Fall der Haftung für „vermutetes Verschulden" regele (s etwa BGH 6. 4. 1976 – VI ZR 93/75, LM Nr 11 = NJW 1976, 1684, 1685; BGH 20. 3. 2012 – VI ZR 3/11, NJW 2012, 2425 Rn 13; OBERHARDT 41). Vergleicht man jedoch die Fassung des Abs 1 S 2 mit den Beweislastregeln in §§ 831, 833, 834, 836 BGB, so erscheint durchaus unklar, ob § 832 Abs 1 S 2 BGB das Verschulden ebenso vermutet wie jene. Denn entgegen dem Beschluss der II. Komm (Prot II 593) und anders als bei den genannten Regeln fehlt hier die Bestimmung, dass sich die Entlastung auf die Beobachtung der „im Verkehr erforderlichen Sorgfalt" und damit auch auf das Verschulden zu beziehen habe (vgl FUCHS 206). Ein Umkehrschluss klingt zwar in einer Entscheidung des RG an (RGZ 50, 60, 63 widerspricht der Auffassung der Vorinstanz, dass der Beklagte die fehlende Kenntnis eines besonderen Aufsichtsanlasses – dem Schießen mit einem Flitzbogen – beweisen müsse, mit dem Hinweis, der Beklagte müsse nur die Erfüllung der Aufsichtspflicht beweisen), ist aber nicht gerechtfertigt. Wie §§ 280 Abs 1 S 2, 286 Abs 4 BGB zeigen, ist der Gesetzgeber am ehesten geneigt, Beweiserleichterungen bei der Kategorie des Verschuldens zuzulassen. Vor diesem Hintergrund liegt es nahe anzunehmen, dass bei einer Vermutung sogar der Pflichtwidrigkeit und ihrer Kausalität für den Schaden erst Recht von einer Beweislastumkehr beim Verschulden auszugehen ist. Hinzu kommt, dass die Gesetzesverfasser die ratio der Beweislastumkehr auch darin sahen, dass es dem Charakter einer gesetzlichen Pflicht entspreche, wenn der Verpflichtete deren Erfüllung darzulegen habe (s dazu Rn 3). Damit wird die – vordeliktsrechtliche – Aufsichtspflicht in die Nähe einer Sonderrechtsbeziehung gerückt (s auch Rn 3), was zwar keine unmittelbare Anwendung der §§ 280 Abs 1 S 2, 286 Abs 4 BGB rechtfertigt, wohl aber die Anwendung des darin zutage tretenden Gedankens (ähnlich Fuchs 234). § 832 BGB (iVm dem Gedanken der §§ 280 Abs 1 S 2, 286 Abs 4 BGB) ist damit auch eine **Beweislastumkehr hinsichtlich der Schuldhaftigkeit der Aufsichtspflichtverletzung** zu entnehmen. Besondere subjektive Elemente des jeweiligen Haftungstatbestands (etwa die Täuschungsabsicht) hat der Geschädigte aber zu beweisen (so auch Baumgärtel/Laumen/Prütting/Luckey [5. Aufl 2023] Rn 3).

Hinsichtlich der Darlegungs- und Beweislast für die Vorhersehbarkeit des Aufsichts- **190** anlasses besteht in Rspr und Literatur keine Einigkeit. Zum Teil wird angenommen, diese treffe den Geschädigten (RGZ 50, 60, 63; OLG Hamm 2. 5. 1991 – 6 W 7/91, OLGZ 1992, 95, 96; Aden MDR 1974, 9, 12; Dahlgrün 114, 177; Berning/Vortmann JA 1986, 12, 16). Er müsse eine generelle Erkennbarkeit der den Aufsichtsanlass bestimmenden Tatsachen dartun. Dabei wird nicht berücksichtigt, dass die Erkennbarkeit des Aufsichtsanlasses nicht etwa die Reichweite der konkreten Aufsichtspflicht berührt, sondern ein **Verschuldensaspekt** ist (Rn 179). Als solcher wird die Erkennbarkeit des Aufsichtsanlasses von der auch das Verschulden umfassenden Beweislastumkehr in § 832 BGB erfasst. Beweispflichtig dafür, dass er keine Kenntnis vom Aufsichtsanlass und den ihn bestimmenden Tatsachen hatte und dass diese auch nicht erkennbar waren, ist also der Aufsichtspflichtige (BGH NJW-RR 1987, 13 f; Albilt 246; Fuchs 234 f; Bernau 381).

3. Für die Bestimmung der konkret gebotenen Aufsichtsmaßnahmen maßgebliche Tatsachen

Die Beweislastumkehr des § 832 Abs 1 S 2 BGB beschränkt sich auf dreierlei: die **191** Tatsachen, welche die Erfüllung der konkreten Aufsichtspflicht belegen, dh die tatsächlich vorgenommenen Aufsichtsmaßnahmen, die (fehlende) Kausalität der Aufsichtspflichtverletzung für den Schaden sowie das (mangelnde) Verschulden (Rn 184 ff). Im Übrigen bleibt es bei den **allgemeinen Beweislastregeln**. Das gilt insbesondere für all die Tatsachen, auf deren Grundlage sich bemisst, welche Aufsichtsmaßnahmen konkret geboten waren. Das betrifft Tatsachen, die den Aufsichtsanlass bestimmen (zB besondere Eigenschaften des Aufsichtsbedürftigen, Rn 72 ff; auch BGH NJW 1997, 2048, 2049) und solche, welche die Aufsichtsanforderungen mindern (zB die Zumutbarkeit für den Aufsichtspflichtigen, Rn 194).

a) Den Aufsichtsanlass kennzeichnende Tatsachen

Die **Tatsachen, welche den Aufsichtsanlass kennzeichnen**, also Eigenschaften des Auf- **192** sichtsbedürftigen (Rn 73 ff) und die Gegebenheiten des Umfelds, in dem er sich bewegt (Rn 94 ff), hat nach allgemeinen Grundsätzen der **Geschädigte** darzulegen und zu beweisen (Berning/Vortmann JA 1986, 12, 16; idS wohl auch LG Bayreuth DAR 1998, 143, 144 – Nachweis, dass und in welchem Umfang eine Aufsichtspflicht bestand). Demgegenüber wird regelmäßig einschränkend formuliert, der Geschädigte habe nur die „besonderen", „atypischen" Aufsichtsanlässe darzutun (RGZ 50, 60, 63; BGH 11. 5. 1955 – VI ZR 80/

54, VersR 1955, 421; OLG Oldenburg SeuffA 75 Nr 159; OLG Celle VersR 1979, 476; Aden MDR 1974, 9, 10; Albilt 243). Ein Grund für diese Einschränkung ist nicht ersichtlich. Der Geschädigte ist vielmehr hinsichtlich **aller Tatsachen** beweisbelastet, welche den Aufsichtsanlass konstituieren, nicht nur der „besonderen“ oder „atypischen“. Allerdings sind die Tatsachen, die einen „normalen“ Aufsichtsanlass begründen, regelmäßig bereits mit dem Vortrag des konkreten Schadensgeschehens dargelegt (Dahlgrün 174; Fuchs 215 ff): Situation, Alter des Kindes, genauer Geschehensablauf. Diese Tatsachen genügen dem Richter, um unter Rückgriff auf Erfahrungsgrundsätze bzgl der „Normaleigenschaften“ des Aufsichtspflichtigen (Rn 75 ff) die „Normalanforderungen“ zu bestimmen, die an die Aufsicht konkret zu stellen sind (Bernau 376). Besondere Umstände, vor allem gefahrsteigernde Eigenschaften des Aufsichtsbedürftigen, die andere, verschärfte Aufsichtsmaßnahmen gebieten würden, hat der Geschädigte darüber hinaus vorzutragen und zu beweisen (OLG Düsseldorf VersR 1988, 56; OLG Celle VersR 1979, 476; OLG Schleswig NJW-RR 1999, 606; eingehend Fuchs 220, 227, 230 f; Baumgärtel/Laumen/Prütting/Luckey [5. Aufl 2023] Rn 8; Schoof 43). So trägt ein Geschädigter die Darlegungs- und Beweislast, wenn er behauptet, dass ein Aufsichtsbedürftiger an Epilepsie erkrankt sei und deshalb einer verschärften Aufsicht bedurfte (OLG München FamRZ 1997, 740, 742). Wenn umgekehrt der Aufsichtspflichtige sich auf besondere gefahrmindernde Eigenschaften des Aufsichtsbedürftigen beruft, welche die Aufsichtsanforderungen herabsetzen würden, so ist insoweit er darlegungsbelastet (Fuchs 228; Rn 194).

193 Verbreitet wird eine tatsächliche Vermutung dahingehend angenommen, dass besondere Aufsichtsmaßnahmen gegenüber dem Aufsichtsbedürftigen nicht erforderlich seien (LG Heilbronn VersR 1955, 421; Aden MDR 1974, 9, 10; Dahlgrün 114, 174; Fuchs 221; Albilt 238). Das ist methodisch und sachlich zweifelhaft und im Übrigen überflüssig.

b) Die Aufsichtsanforderungen mindernde Tatsachen

194 Hinsichtlich der Tatsachen, welche die Aufsichtsanforderungen im Rahmen der wertenden Abwägung mit dem Aufsichtsanlass (dazu Rn 101) mindern, ist der sich darauf berufende Aufsichtspflichtige beweisbelastet. In Betracht kommen etwa besondere, eine individuelle Unzumutbarkeit bestimmter Maßnahmen begründende Umstände (dazu Rn 102 ff).

4. Vermutungsbasis

195 Die dreifache Vermutung – der Nichterfüllung der Aufsichtspflicht, deren Kausalität für den Schaden sowie deren Schuldhaftigkeit – und die damit verbundene Beweislastumkehr greifen ein, wenn folgendes feststeht: Aufsichtspflicht, vom Aufsichtsbedürftigen zurechenbar verursachter rechtswidriger Schaden **und ein bestimmte Aufsichtsmaßnahmen erfordernder Aufsichtsanlass** (OLG Düsseldorf VersR 1988, 56; **aA** Fuchs 212, der das letztgenannte Erfordernis ausnehmen und damit eine Beweislastumkehr ua bzgl der Nichterfüllung der gebotenen Aufsicht auslösen will, ohne dass feststeht, dass überhaupt eine konkrete Aufsicht geboten war).

VII. Bedeutung des Mitverschuldens des Verletzten

1. Mitverschulden des verletzten Dritten

Fällt dem verletzten Dritten bei der Entstehung des Schadens ein Mitverschulden zur Last, so hat er sich dieses im Rahmen der Bemessung des Schadenersatzanspruchs aus § 832 BGB gem § 254 BGB anrechnen zu lassen (OLG Karlsruhe VersR 2008, 1652; OLG München FamRZ 1997, 740, 742). Dabei dürfen nur feststehende – also unstreitige oder zugestandene oder nach § 286 Abs 1 S 1 ZPO bewiesene – Umstände berücksichtigt werden, die sich erwiesenermaßen auf den Unfall ausgewirkt, also als Gefahrenmoment in dem Unfall tatsächlich niedergeschlagen haben (OLG München 24. 3. 2016 – 10 U 3730/14, juris Rn 51). Für ein Mitverschulden nach § 254 BGB gelten die §§ 827, 828 BGB entsprechend. Dabei kommt es auf die Fähigkeit zur Einsicht an, dass man sich selbst vor Schaden zu bewahren hat. Grundsätzlich hat der Dritte keine besonderen Vorkehrungen gegen eine Schadenszufügung zu treffen, es sei denn, es besteht konkreter Anlass, mit einer solchen Schädigung zu rechnen. Nur wenn der Dritte die im Verkehr erforderliche Sorgfalt außer Acht lässt, ist ihm ein Mitverschulden anzurechnen (BGH 17. 5. 1983 – VI ZR 263/81, NJW 1983, 2821; BGH NJW-RR 1987, 1430, 1432). Verschulden, das nur gesetzlich vermutet wird, darf nach Ansicht des BGH nicht berücksichtigt werden (BGH 20. 3. 2012 – VI ZR 3/11, NJW 2012, 2425 Rn 10 ff; vgl aber § 831 Rn 59 f). Zur Ermittlung der Haftungsquote ist primär der Verursachungsbeitrag heranzuziehen. Das Maß des Verschuldens ist erst in zweiter Linie beachtlich und dient lediglich als Korrektiv (OLG München FamRZ 1997, 740, 742; OLG Schleswig NJW-RR 1999, 606, 607). Das Maß des Verursachungsbeitrags des Geschädigten kann sogar die Haftung wegen Aufsichtspflichtverletzung völlig verdrängen (OLG Hamm NJW-RR 1997, 344, 345). 196

2. Mitverschulden des Aufsichtspflichtigen bei Schädigungen seiner Person durch den Aufsichtsbedürftigen

Schädigt der Aufsichtsbedürftige den Aufsichtspflichtigen, so kann er diesem bei Deliktsfähigkeit gem §§ 823 ff BGB, sonst ggf aus § 829 BGB haften. Im Rahmen dieser Haftung kann er dem Aufsichtspflichtigen eine Verletzung der Aufsichtspflicht (in ihrer seinem Schutz dienenden Dimension) als Mitverschulden nach § 254 Abs 1 BGB entgegenhalten (OLG Zweibrücken NJW-RR 2000, 1191, 1192; BGB-RGRK/Kreft § 832 Rn 9). Dabei darf die in § 832 Abs 1 BGB gesetzlich nur vermutete, aber nicht bewiesene Aufsichtspflichtverletzung nicht berücksichtigt werden (BGH 20. 3. 2012 – VI ZR 3/11, NJW 2012, 2425 Rn 10 ff). Im Zweifel ist die Haftung des Aufsichtsbedürftigen gegenüber dem Aufsichtspflichtigen nicht schon wegen eines Haftungsverzichts ausgeschlossen, wenn zwischen ihnen ein verwandtschaftliches Verhältnis besteht (OLG Zweibrücken NJW-RR 2000, 1191, 1192 – Großeltern). Nahe familiäre Beziehungen begründen regelmäßig noch keinen stillschweigenden Haftungsverzicht (BGHZ 41, 81; BGHZ 43, 76). Das gilt erst recht, wenn hinter dem Schädiger ein Haftpflichtversicherer steht, für dessen Versicherungsleistung jährliche Prämien gezahlt werden (BGH NJW 1993, 3067, 3068). 197

VIII. Haftung wegen der Verletzung einer Verkehrssicherungspflicht

1. In der Haus- und Familiengemeinschaft

198 Verbreitet ist die Auffassung, dass ein Haushaltsvorstand Angehörige seines Hausstands (zB Ehegatten, volljähriges Kind, Stiefkind, Geschwister), die infolge von Krankheit hilfsbedürftig (für die Allgemeinheit gefährlich) sind, davon abhalten müsse, dass sie Dritte rechtswidrig verletzen (Schadensabwendungspflicht), auch wenn der Haushaltsvorstand nicht iS von § 832 BGB aufsichtspflichtig ist. Bei einer Haus- und Familiengemeinschaft könne sich für ihn die Verpflichtung ergeben, dafür zu sorgen, dass andere nicht durch Hausgenossen geschädigt werden, welche der Aufsicht bedürfen (RGZ 70, 48, 50; RGZ 92, 125; RGZ 152, 222, 226; BGH 16. 12. 1953 – VI ZR 169/52, LM Nr 3 = VersR 1954, 118; BGH NJW 1958, 1774, 1775; OLG Hamm VersR 1975, 616; OLG Düsseldorf VersR 1976, 1133, 1134; LG Bielefeld NJW 1998, 2682, 2683). Diese Pflicht bestehe nur im Hinblick auf die Gefahren, die im Bereich des Hauswesens ihren Ursprung haben oder aus dem Bereich des Betreuungsverhältnisses hervorgehen (so OLG München NJW 1966, 404, 405) und von hier aus andere bedrohen (BGH NJW 1958, 1775, 1776; LG Bielefeld NJW 1998, 2682, 2683; anders OLG Düsseldorf VersR 1976, 1133, 1134 – keine Beschränkung auf den räumlichen Zusammenhang mit der Hausgemeinschaft; ähnlich OLG Celle NJW 1961, 223, 224). Die bloße Zugehörigkeit zur Familien- oder Hausgemeinschaft allein sei noch nicht geeignet, rechtliche Verpflichtungen des Haushaltsvorstands oder Familienoberhaupts auszulösen, sodass dieser außenstehenden Personen gegenüber für jedes Fehlverhalten des zu Beaufsichtigenden haften müsse. Der Haushaltsvorstand habe also nicht für das Wohlverhalten seiner Angehörigen einzustehen (BGH NJW 1958, 1775, 1776; LG Bielefeld NJW 1998, 2682, 2683). Die schuldhafte Verletzung der Verkehrssicherungspflicht begründe die Haftung des Betreuungspflichtigen gegenüber dem Geschädigten unmittelbar aus § 823 BGB.

199 Der BGH (BGH 16. 12. 1953 – VI ZR 169/52, LM Nr 3 = VersR 1954, 118) und ihm folgend OLG Celle (NJW 1961, 223, 224) und OLG München (NJW 1966, 404, 405) haben die Haftung noch ausgedehnt, indem sie eine derartige Verkehrssicherungspflicht unabhängig von familienrechtlichen Beziehungen angenommen haben. Daher kann die Haftung auch den Betreiber eines Pflegeheims treffen (OLG München NJW 1966, 404, 405), sofern von dem Verhalten der „Insassen" gewisse Gefahren für Außenstehende ausgehen (Marburger VersR 1971, 777, 783). Die Haftung soll eingreifen, wenn eine Mehrzahl von Menschen, die wegen körperlicher oder geistiger Gebrechen eine gewisse Gefahrenquelle bedeuten, unter einheitlicher Leitung in einem offenen Heim untergebracht sind, ohne dass eine vertragliche Aufsichtsübernahme nach § 832 Abs 2 BGB gegeben ist. So sei zB der Träger oder die Leitung eines Altenheims für einen Unfall nach § 823 BGB verantwortlich, den der Bewohner eines Altenheims bei einem Spaziergang im Straßenverkehr verursacht, wenn sich dessen Pflegebedürftigkeit auch auf die Teilnahme am Straßenverkehr bezieht (der Betreffende also pflegebedürftig im Sinne einer von ihm ausgehenden Verkehrsgefährdung ist) und Träger oder Leitung davon Kenntnis hatten oder haben mussten (OLG Celle NJW 1961, 223). Entsprechendes soll gelten, wenn der Insasse eines offenen Heims für Geisteskranke, die keine Gefahr für die Allgemeinheit iS der Unterbringungsgesetze darstellen, bei einem Spaziergang einen Verkehrsunfall verursacht; in einem solchen Fall reicht, wenn keine besonderen Anhaltspunkte für eine von dem ungefährlichen Geisteskranken ausgehende Verkehrsgefahr vorliegen, die verkehrserforderliche Sorgfalts-

pflicht nicht so weit, dass ihm beim Verlassen des Hauses ein Begleiter mitgegeben werden müsste (OLG München NJW 1966, 404).

200 Die rechtliche Grundlage für die Verantwortlichkeit ist unklar. Das OLG Celle (NJW 1961, 223, 224) stützt sich darauf, dass es die Pflicht eines jeden sei, sein Verhalten im Verkehr so einzurichten, dass jede Benachteiligung anderer möglichst vermieden werde. Eine solche Rücksichtnahme auf Mitmenschen sei nicht bloß bei der Herrschaft über Sachen zu fordern, sondern auch von demjenigen, der infolge bestimmter Rechtsbeziehungen zu einem anderen eine Verfügungsmacht in Bezug auf das Tun und Treiben dieser Personen oder ihren Aufenthalt besitze. Es bestehe beispielsweise eine Aufsichtspflicht des Ehemanns über seine (geisteskranke) Ehefrau aus der ihm zugewiesenen Rechtsstellung im ehelichen Haushalt und seiner tatsächlich geübten Verfügungsmacht (BGH 22. 11. 1960 – VI ZR 27/60, LM Nr 8 = MDR 1961, 222). Herangezogen wird allgemeiner die Stellung als Haushaltsvorstand; sie begründe eine *tatsächliche* „autoritative" Einwirkungsmöglichkeit, eine gewisse tatsächliche Verfügungsmacht in Bezug auf das Tun und Treiben der Haushaltsmitglieder (LG Bielefeld NJW 1998, 2682, 2683). Diese Rspr ist in mehrfacher Hinsicht angreifbar: Vom Ansatz her widerspricht es Art 6 Abs 1 GG, haftungsrechtlich an das familienrechtliche Verhältnis anzuknüpfen; denn dadurch wird die Familie benachteiligt, anstatt – wie es Art 6 Abs 1 GG verlangt – sie besonders zu schützen. Im Übrigen ist diese Rspr durch das geltende Familienrecht überholt. Seitdem sich im Eherecht das Leitbild der partnerschaftlichen Ehe durchgesetzt hat, existiert kein „Familienoberhaupt" im Rechtssinn und steht keinem Ehegatten eine Aufsichtspflicht oder *tatsächliche* „autoritative" Einwirkungsmöglichkeit oder Verfügungsmacht gegenüber dem anderen zu; auch im Verhältnis zu den anderen Familienmitgliedern fehlt dafür jede Rechtsgrundlage. Zwar besteht eine Beistandspflicht gegenüber dem kranken Familienangehörigen aufgrund des familienrechtlichen Verhältnisses, zB bei Ehegatten aus § 1353 BGB (Bosch FamRZ 1980, 741). Diese zielt aber nur darauf ab, Schaden von dem Hilfsbedürftigen und nicht von Dritten, die durch den Hilfsbedürftigen geschädigt werden, abzuwenden. Die Konstruktion, dass die Abwendungspflicht auch dem Geschädigten gegenüber bestehe – der Schutz des Dritten also nicht nur eine Reflexwirkung der gegenüber dem zu Betreuenden bestehenden Bewahrungspflicht darstelle – ist abzulehnen (vgl dazu BGH 16. 12. 1953 – VI ZR 169/52, LM Nr 3 = VersR 1954, 118; BGH 22. 11. 1960 – VI ZR 27/60, LM Nr 8 = MDR 1961, 222; auch Strupp SeuffBl 75, 315). Für etwaige deliktische Haftungsfolgen gegenüber Dritten ist die familienrechtliche Beziehung demnach unbeachtlich; denn sie entfaltet keine Pflichten mit Außenwirkung. Auch lässt sich eine derartige dem geschädigten Dritten gegenüber bestehende Verantwortlichkeit nicht aus einer Verkehrssicherungspflicht herleiten, die auf die Unterhaltung eines Haushalts gestützt wird, dem ein infolge von Krankheit gefährliches Haushaltsmitglied angehört.

201 Zu warnen ist vor einer übersteigerten Pflichtenbindung desjenigen, der für Kranke sorgt, von denen Gefahren für die Allgemeinheit ausgehen. Denn die Furcht vor möglichen Haftungsfolgen darf nicht die Bereitschaft mindern, sich persönlich um hilfsbedürftige Personen zu kümmern. In diesem Zusammenhang die „Rücksichtnahme auf die Mitmenschen" (OLG Celle NJW 1961, 223, 224) in den Vordergrund zu rücken, wird der Fürsorge des Helfenden nicht gerecht. Wer – egal ob aufgrund familienrechtlicher, sittlicher oder religiöser Verpflichtung oder selbstlos aus Mitmenschlichkeit – diese schwere Bürde trägt und damit letztlich die Gesellschaft entlastet, ist

tendenziell haftungsrechtlich zu begünstigen. Aus dieser Sicht ist die analoge Anwendung der beweisrechtlich verschärften Haftung nach § 832 BGB nicht angebracht (**aA** noch MünchKommBGB/Mertens [2. Aufl] § 832 Rn 9). Der Gedanke, altruistisches Handeln nicht mit übersteigerten Haftungsrisiken zu belasten, gebietet aber nicht, denjenigen, der eine hilfsbedürftige „gefährliche“ Person in seine Obhut genommen hat, von jeglicher Verantwortung für diese freizuhalten und die von dieser verursachten Schäden als Risiko zu betrachten, das stets die Gesellschaft zu tragen habe. Zu fordern ist, dass die Sorgfaltsanforderungen gering gehalten werden. Der Haftungsgrund wird schon in RGZ 92, 125 angedeutet: Danach muss der Vater, wenn er eingreift und auf die Lebensverhältnisse des volljährigen geisteskranken Sohns bestimmend einwirkt, dieses mit der im Verkehr erforderlichen Sorgfalt tun. Bleibt die familienrechtliche Beziehung unberücksichtigt, so lässt sich folgendes Verhaltensgebot formulieren, dessen Missachtung die Haftung nach § 823 Abs 1 BGB auslösen kann: **Wer es übernimmt, umfassend für infolge ihrer Krankheit gefährliche Menschen zu sorgen, muss diese Aufgabe verantwortungsvoll ausführen**. Die Verantwortlichkeit besteht vor allem, aber nicht allein gegenüber dem Kranken; ein gewisses, deutlich geringeres Maß an Verantwortlichkeit übernimmt die betreuende Person auch gegenüber der Allgemeinheit. Derjenige, der die Obhut über eine für ihn erkennbar hilfsbedürftige „gefährliche“ Person übernimmt und auf deren Lebensverhältnisse bestimmenden Einfluss ausübt, darf daher die Aufsicht über diese nicht rechtlich ungeordnet lassen. Zwar muss er nicht selbst die Aufsicht übernehmen, um dadurch Schäden von Dritten abzuwenden; ihm obliegt aber, eine genügende Beaufsichtigung sicherzustellen.

202 **Beispiele aus der Rspr**: Wegen Vernachlässigung der Verkehrssicherungspflicht in ihrer Ausprägung als Beaufsichtigungspflicht macht sich zB der Ehemann verantwortlich, wenn er es schuldhaft unterlässt, die Verbringung seiner geisteskranken (gemeingefährlichen) Ehefrau in eine Heil- und Pflegeanstalt herbeizuführen oder andere geeignete Maßnahmen zu treffen, vor allem wenn er den Gebrauch gefährlicher Gegenstände nicht verhindert und die Geisteskranke damit Dritte verletzt (RGZ 70, 48; OLG Hamm VersR 1975, 616), oder wenn er, auch ohne zum Vormund bestellt zu sein, keine Abhilfe dagegen schafft, dass die geisteskranke Ehefrau durch schwere Beschimpfungen Dritter fortdauernd den nachbarlichen Frieden erheblich stört (BGH 22. 11. 1960 – VI ZR 27/60, LM Nr 8 = MDR 1961, 222). Eine entsprechende Abwendungspflicht ergibt sich auch für die Ehefrau gegenüber dem geisteskranken Ehemann (RG WarnR 1934 Nr 53), für die Eltern gegenüber dem geisteskranken volljährigen Sohn, der in ihrem Haushalt lebt (vgl RGZ 92, 126; BayObLGZ 14, 494; LG Bielefeld NJW 1998, 2682, 2683) und für den Stiefvater gegenüber dem Stiefsohn (BGH 16. 12. 1953 – VI ZR 169/52, LM Nr 3 = VersR 1954, 118; OLG Düsseldorf VersR 1976, 1133; gegen eine Haftung in den vorgenannten Beispielen Staudinger/Hager [2021] § 823 Rn E 24).

2. Bei Übernahme der tatsächlichen Aufsicht/Duldung von gefährlichem Tun

203 Auch bei nur tatsächlicher Übernahme der Aufsicht kann der Beaufsichtigende, wenn auch nicht aus § 832 Abs 2 BGB, so doch aus § 823 Abs 1 BGB einem Dritten für Schäden verantwortlich sein, die diesem durch das Kind zugefügt werden. Wer ein Kind beaufsichtigt, hat dabei die allgemeinen Verkehrssicherungspflichten zu erfüllen: Der Beaufsichtigende muss ein gefährliches Treiben des Kindes unterbinden; er muss Vorsichtsmaßnahmen treffen, wenn er **durch vorangegangenes Tun** eine Ge-

fahrenlage geschaffen hat (vgl BGH 16. 1. 1968 – VI ZR 134/66, FamRZ 1968, 149 betr Mitnahme von Kindern auf einen Friedhof, wo sie durch Umstürzen von Grabsteinen Schaden verursachen).

Unabhängig von der Haftung aus § 832 BGB oder neben ihr kann sich eine Haftung aus § 823 Abs 1 BGB wegen **Verletzung der allgemeinen Verkehrssicherungspflicht** gegenüber einem Kind ergeben. Zur Bestimmung der Verkehrssicherungspflicht ist im Einzelfall zu unterscheiden zwischen einer zielgerichteten, von den Kindern bestimmungsgemäß noch zu kontrollierenden Gefährdung und einer darüber hinausgehenden „echten" Gefahrenlage, die sie überfordert und zu unbesonnenem Verhalten Anlass gibt, weshalb besondere Verkehrssicherungsmaßnahmen erforderlich sind (OLG Brandenburg 8. 7. 2020 – 4 U 182/19, NJW-RR 2020, 1222 Rn 14). Unter die erste Fallgruppe fällt bspw, wenn 5-jährige Kinder in einem umzäunten Garten unbeaufsichtigt gelassen werden und diese bei ihrem Spiel in einem altersgerechten Spielhaus zu Schaden kommen (vgl OLG Brandenburg 8. 7. 2020 – 4 U 182/19, NJW-RR 2020, 1222 Rn 15). Hingegen fällt unter die zweite Fallgruppe, wenn Eltern es ermöglichen, dass ihr Kind in ihrer Wohnung mit anderen Kindern unbeaufsichtigt ein gefährliches Spiel betreibt und einer der Spielkameraden einem anderen oder einer dritten unbeteiligten Person dabei einen Schaden zufügt (vgl BGH 9. 3. 1965 – VI ZR 277/63, VersR 1965, 571 betr Überlassung einer Federpistole ohne Pfeil an einen knapp 4-Jährigen, der einen Buntstift als schadensstiftendes Geschoss verwendet). 204

IX. Verhältnis zu anderen Vorschriften

1. § 823 BGB

§ 832 BGB regelt nur den Fall, dass die Vernachlässigung der Aufsichtspflicht zur Schädigung Dritter durch den Aufsichtsbedürftigen führt. Daher kann die (für den Geschädigten beweisrechtlich ungünstigere) Haftung nach § 823 BGB neben derjenigen aus § 832 BGB eingreifen, wenn der Aufsichtspflichtige entweder durch positives Tun einem (anderen) deliktischen Verhaltensgebot oder -verbot zuwiderhandelt oder durch Unterlassung eine andere Pflicht als die Aufsichtspflicht verletzt: Der Vater überlässt dem Kind eine Schusswaffe und weist es in deren Bedienung ein (positives Tun). 205

Zu beachten ist aber, dass eine Haftung aus § 823 Abs 1 BGB wegen Verletzung einer Verkehrssicherungspflicht insoweit nicht in Betracht kommt, als die in Frage stehende Unterlassung zugleich eine Aufsichtspflichtverletzung iSd § 832 BGB darstellt. **§ 832 BGB** verdrängt als **lex specialis** § 823 Abs 1 BGB. So obliegt einem Krankenhaus zwar eine allgemeine Verkehrssicherungspflicht gegenüber den Patienten und Besuchern; sie umfasst vor allem Maßnahmen, die verhindern sollen, dass die im Krankenhaus aufgenommenen Patienten durch andere Kranke oder Besucher zu Schaden kommen. Wenn aber das Krankenhaus nicht verhindert, dass ein von ihm aufgenommenes Kind in der Kinderstation einen Säugling verletzt, so verletzt es damit seine Aufsichtspflicht gem § 832 Abs 2 BGB (BGH NJW 1976, 1145; s dazu Rn 44). Die Pflichtverletzung fällt damit in den Bereich der Spezialvorschrift des § 832 BGB. 206

Sofern über § 823 BGB hinaus jedoch auch eine **vertragliche** Verbindung zwischen dem Geschädigten und dem Aufsichtspflichtigen besteht, tritt die **Schadenersatzver-**

pflichtung aus dem Schuldverhältnis neben die Haftung aus § 832 BGB. Hat der Aufsichtsbedürftige in der Wohnung einen Brand verursacht, kann der Aufsichtspflichtige als Mieter gegenüber dem Vermieter auch wegen Verletzung der mietvertraglichen Obhutspflichten haften. Vertragsgerecht, und somit nicht schadensursächlich, hat sich der aufsichtspflichtige Mieter nur verhalten, wenn er seiner Aufsichtspflicht auch hinsichtlich § 832 BGB genügte (OLG Hamm NJW-RR 1996, 153; ferner BGH NJW 1997, 2047 f).

2. § 831 BGB

207 Zu tatbestandlichen Überschneidungen mit § 831 BGB kann es kommen, wenn ein Aufsichtspflichtiger die Führung der Aufsicht pflichtwidrig einem anderen überlässt. Werden die Tatbestände von § 832 BGB und von § 831 BGB verwirklicht, weil die auf das Personal und die auf den Aufsichtsbedürftigen bezogenen Pflichten zugleich verletzt werden, kommt es zur Anspruchskonkurrenz (anders ALBILT 219, der ein Spezialitätsverhältnis annimmt). Diese kann nur entstehen, wenn der Aufsichtspflichtige (Übertragender) zugleich Geschäftsherr und derjenige, welcher die Aufsicht ausführt (Übernehmer), zugleich dessen Verrichtungsgehilfe ist (zum Begriff des Verrichtungsgehilfen § 831 Rn 101 ff), zB von den Eltern beschäftigte Tagesmutter oder von einem Krankenhausträger angestellte Kinderkrankenschwester. Haben die Eltern ein nachlässiges Kindermädchen ausgewählt und unterlässt dieses es rechtswidrig, das Kind davon abzuhalten, einen Dritten zu schädigen, haften die Eltern sowohl nach § 832 Abs 1 BGB, weil sie ihrer Aufsichtspflicht gegenüber dem Kind nicht genügt haben, als auch nach § 831 Abs 1 BGB, weil sie einen ungeeigneten Gehilfen zu einer Verrichtung eingesetzt haben. Setzt ein Krankenhausträger, welcher die stationäre Versorgung eines Kindes und damit die Aufsicht (§ 832 Abs 2 BGB) übernommen hat, in der Kinderstation für diese Aufgabe ungeeignetes Personal ein, so haftet er sowohl nach § 832 Abs 2 BGB als auch nach § 831 Abs 1 BGB, wenn das Kind infolge mangelnder Aufsicht einen Dritten schädigt (MARBURGER VersR 1971, 777, 782). In einem Fall, in dem ein Krankenhausträger seine Organisationspflicht verletzt hat, stützte der BGH (NJW 1976, 1145, 1146) die Haftung allein auf § 832 Abs 2 BGB; daneben wäre aber auch die Haftung wegen Organisationsverschuldens aus § 831 Abs 1 BGB in Betracht gekommen. Dagegen ist die Anspruchskonkurrenz ausgeschlossen, wenn derjenige, welcher die Aufsicht übernommen hat, selbständig, dh nicht weisungsgebunden handelt (zB die Großeltern des aufsichtsbedürftigen Kindes), also kein Verrichtungsgehilfe der Eltern ist (BGH NJW 1976, 1145, 1146; BERNING/VORTMANN JA 1986, 17, 19); in diesem Fall kommt eine Haftung der Eltern nach § 832 Abs 1 BGB unter anderem in Betracht, wenn sich in der Vergangenheit gezeigt hatte, dass die Großeltern der übernommenen Aufgabe nicht in ausreichendem Maße nachkommen konnten, sei es aufgrund ihres Alters oder des auffälligen Verhaltens ihres Enkels. Auch ein Krankenhaus, ein Erziehungsheim und ein Hort sind keine Verrichtungsgehilfen der Eltern. Die Anspruchskonkurrenz entsteht ferner nicht, wenn jemand, ohne selbst zur Aufsicht rechtlich verpflichtet zu sein (zB befreundete Eltern, Nachbarn), die (nur tatsächlich übernommene) Aufsicht einer anderen dazu nicht geeigneten oder nicht hinreichend kontrollierten Person (Verrichtungsgehilfe, zB Putzfrau, Kinderfrau) überträgt; schädigt das Kind Dritte, weil diese Person das Kind nicht beaufsichtigt hat, kommt eine Haftung der befreundeten Eltern oder Nachbarn als Geschäftsherren nur nach § 831 Abs 1 BGB, aber nicht als Aufsichtspflichtige nach § 832

Abs 2 BGB in Betracht (BGH VersR 1968, 1043). Die Haftung nach § 832 Abs 2 BGB scheitert daran, dass sie die Aufsicht nicht vertraglich übernommen haben.

Besteht eine Anspruchskonkurrenz zwischen § 832 und § 831 BGB, so werden in aller Regel die Anforderungen an den jeweiligen Entlastungsbeweis hinsichtlich des Organisationsverschuldens identisch sein (ALBILT 217 f). 208

3. § 839 BGB iVm Art 34 GG

Nach ständiger Rspr (RGZ 154, 117 [allg zum Verhältnis von § 839 zu §§ 823 ff BGB]; anders zuvor RGZ 65, 290 [Haftung des Lehrers nach § 832 BGB]; BGHZ 13, 25, 28; OLG Hamburg NJW-RR 1988, 799; OLG Düsseldorf NJW-RR 1996, 671; OLG Düsseldorf r+s 1997, 413; OLG Dresden NJW-RR 1997, 857; OLG Karlsruhe 30. 3. 2006 – 12 U 298/05, OLGR 2006, 426; LG Aachen NJW 1992, 1051) und hL (ESSER/WEYERS, Schuldrecht II § 58 II; SCHOOF 38 f) verdrängt die Haftung nach § 839 BGB iVm Art 34 GG diejenige nach § 832 BGB. Die als öffentlich-rechtliche Amtspflicht ausgestaltete Aufsichtspflicht entspricht zwar inhaltlich der allgemeinen Aufsichtspflicht nach § 832 BGB (BGH NJW 1985, 677, 678; OLG Düsseldorf NJW-RR 1996, 671; OLG Düsseldorf r+s 1997, 413; OLG Dresden NJW-RR 1997, 857, 858; OLG Hamburg 26. 2. 1999 – 1 U 110/98, OLGR 1999, 190, 191; OLG Köln MDR 1999, 997; LG Bremen NJW-RR 1999, 969; OLG Karlsruhe 30. 3. 2006 – 12 U 298/05, OLGR 2006, 426), trotzdem ist die Haftung des Staats (im haftungsrechtlichen Sinne) für die von einem Amtswalter begangenen unerlaubten Handlungen in § 839 BGB iVm Art 34 GG abschließend und selbständig geregelt, sodass daneben die allgemeine Deliktshaftung keine Anwendung findet (STAUDINGER/WÖSTMANN [2020] § 839 Rn 34); § 839 BGB iVm Art 34 GG umschließt den allgemeinen deliktischen Eingriff (MünchKommBGB/PAPIER/SHIRVANI [8. Aufl 2020] § 839 Rn 255). Aus dieser Haftungsgrundlage ergibt sich für den Bürger gegen den Staat ein Anspruch auf Schadenersatz, wenn ein Amtswalter eine dem Bürger gegenüber bestehende Amtspflicht schuldhaft verletzt hat, welche auch in der Verletzung der Aufsichtspflicht liegen kann. Voraussetzung ist aber, dass der Amtswalter öffentlichrechtlich gehandelt hat, also in Wahrnehmung hoheitlicher Aufgaben. Bei privatrechtlichen Handlungen des Hoheitsträgers scheiden Ansprüche aus § 839 BGB iVm Art 34 GG aus. Das erfordert eine – vor allem im Bereich der Leistungsverwaltung nicht einfache – Abgrenzung von öffentlich-rechtlichem und privatrechtlichem Handeln der öffentlichen Verwaltung. Maßgeblich dafür ist die Ausgestaltung des Benutzungsverhältnisses der jeweiligen öffentlichen Einrichtung (vgl zum Abgrenzungsproblem bei § 836 BGB, § 836 Rn 17). Im Rahmen der Leistungsverwaltung, in deren Bereich die meisten kommunalen Einrichtungen liegen, welche als Aufsichtspflichtige in Frage kommen können (Kindergärten, Schulen, Krankenhäuser – MAURER/WALDHOFF, AllgVerwR [19. Aufl] § 1 Rn 16), ist zunächst danach zu unterscheiden, ob die öffentliche Einrichtung von einer juristischen Person des Privatrechts betrieben wird, an der die jeweilige Gemeinde überwiegende Anteile hält, oder durch die Gemeinde selbst. Im ersten Fall kann das Benutzungsverhältnis nur privatrechtlich sein (MAURER/WALDHOFF, AllgVerwR [19. Aufl] § 3 Rn 25; DETTERBECK, AllgVerwR [17. Aufl] Rn 923), und Anspruchsgrundlage für Aufsichtspflichtverletzungen ist demnach § 832 BGB (OBERHARDT 47). In der anderen Konstellation besteht ein Wahlrecht zwischen der öffentlich-rechtlichen und privatrechtlichen Ausgestaltung des Benutzungsverhältnisses. Das primäre Kriterium, welches die Abgrenzung bei der Bestimmung der Art des Benutzungsverhältnisses ermöglicht, ist die Form der Benutzungsordnung. Satzungen oder Allgemeinverfügungen sprechen für eine öffentlich-rechtliche Ausgestaltung, Allgemei- 209 ne Geschäftsbedingungen dagegen für eine privatrechtliche Regelung des Benutzungsverhältnisses (zu diesem und weiteren Kriterien vgl Oberhardt 49 f mwNw). Ist ein privatrechtliches Benutzungsverhältnis unter Anwendung der zur Verfügung stehenden Kriterien nicht eindeutig feststellbar, gilt eine Regelvermutung zugunsten eines öffentlich-rechtlichen Benutzungsverhältnisses (Soergel/Vinke § 839 Rn 70; Oberhardt 50). Die vorstehenden Ausführungen gelten ohne Weiteres, wenn es sich bei dem Geschädigten um einen anderen Aufsichtsbedürftigen aus der jeweiligen Einrichtung handelt. Aber auch für die Haftung gegenüber Personen, die außerhalb des Benutzungsverhältnisses stehen, ist die Ausgestaltung desselben für die Bestimmung der Haftungsgrundlage maßgeblich (Erman/T Mayen § 839 Rn 42 eingehend: Oberhardt 50 ff).

210 So richtet sich die Haftung bei der Unterbringung von Kindern oder Jugendlichen in einem Heim öffentlich-rechtlicher Trägerschaft nach § 839 BGB, Art 34 GG, wenn nichts dafür ersichtlich ist, dass die im Rahmen dieser Leistungserbringung nach dem SGB VIII erfolgte Übernahme der Aufsichtspflicht auf der Grundlage eines privatrechtlich ausgestalteten besonderen Nutzungsverhältnisses gegenüber den Kindern oder ihren Eltern erfolgte (OLG Dresden NJW-RR 1997, 857; Schoof 30; Oberhardt 106; Rn 21). Das Gleiche gilt für Aufsichtspflichtverletzungen verbeamteter oder angestellter Lehrer öffentlicher Schulen (OLG Düsseldorf NJW-RR 1999, 1620; LG Aachen NJW 1992, 1051) und Erzieherinnen von durch die Gemeinde betriebenen Kindergärten (Rn 24; Oberhardt 90 ff; **aA** Ollmann VersR 2003, 302) sowie für die Vernachlässigung von Aufsichtspflichten durch einen Geistlichen, der an einer staatlichen Schule Religionsunterricht erteilt. Da die § 839 BGB, Art 34 GG bei Amtspflichtverletzungen kirchlicher Beamter entsprechend angewendet werden (BGH 30. 1. 1961 – III ZR 227/59, VersR 1961, 437), kommt eine Haftung aus diesen Vorschriften auch bei Verletzungen von Aufsichtspflichten durch Erzieher und Lehrer kirchlicher Einrichtungen in Betracht (vgl Ollmann VersR 2003, 302). Ein Anspruch aus § 839 BGB iVm Art 34 GG gegen den jeweiligen Dienstherrn kann auch bei Aufsichtspflichtverletzungen des Amtsvormunds (§ 55 SGB VIII) bestehen, wenn er in Ausübung eines öffentlichen Amts gehandelt hat (BGHZ 100, 313, 315). Dagegen ist die Übernahme der Aufsicht privatrechtlicher Natur mit der Folge einer Haftung aus § 832 BGB, wenn schwer erziehbare Kinder in einem von einem privaten Rechtsträger unterhaltenen Kinderheim untergebracht werden (BGH VersR 1965, 48; Rn 33). Auch die Heilbehandlung von Kranken erfolgt selbst in öffentlichen Krankenhäusern regelmäßig auf privatrechtlicher Basis, sodass § 832 BGB, nicht § 839 BGB iVm Art 34 GG anzuwenden ist (BGH NJW 1985, 677, 678). Lediglich, wenn es sich um eine Zwangsbehandlung handelt und der Arzt unmittelbar in Ausübung eines öffentlichen Amtes, zB als Amtsarzt, tätig wird, verdrängen § 839 BGB iVm Art 34 GG die Haftung aus § 832 BGB (BGH NJW 1985, 677, 678). Entsprechendes gilt, wenn dem Krankenhausaufenthalt eine gerichtlich verfügte Unterbringung iSv § 1906 BGB vorausging (LG Bremen NJW-RR 1999, 969) oder eine öffentlich-rechtliche Unterbringung nach den PsychKG des jeweiligen Landes gegeben ist (vgl BGH NJW 1985, 677, 678). Beruht die Einweisung in ein psychiatrisches Krankenhaus dagegen auf dem Einverständnis des Patienten oder seines gesetzlichen Vertreters, richtet sich die Haftung nach § 832 Abs 2 BGB (BGH NJW 1985, 677, 678; **aA** Oberhardt 119 ff).

211 **Bei einer Aufsichtspflichtverletzung** des Amtsträgers finden im Rahmen von § 839 BGB iVm Art 34 GG nunmehr auch nach der Rechtsprechung des BGH die **Grundsätze des § 832 Abs 1 S 2 BGB entsprechend Anwendung**. Diese Frage war in Rechtsprechung und Literatur lange umstritten (zum Meinungsstand vgl umfassend Staudinger/Belling [2012] § 832 Rn 211; BGH 13. 12. 2012 – III ZR 226/12, BGHZ 196, 35 Rn 20 ff). Der BGH hatte in einer älteren Entscheidung (BGHZ 13, 25, 27 f) eine Anwendung des § 832 BGB und des dort geregelten Entlastungsbeweises bei einem Zusammentreffen mit einem Anspruch aus § 839 BGB abgelehnt (**aA** mit jeweils ausf Begründung OLG Köln MDR 1999, 997, 998; Mertens MDR 1999, 998, 999). Unter ausdrücklicher Aufgabe seiner tradierten Rechtsprechung (BGHZ 13, 25, 28) hat sich nunmehr der BGH (BGH 13. 12. 2012 – III ZR 226/12, BGHZ 196, 35 Rn 23 ff) der Gegenansicht angeschlossen, wonach die in § 832 Abs 1 S 2 BGB bestimmte Beweislast auch bei öffentlich-rechtlichen Aufsichtsverhältnissen Anwendung findet, und deren Argumente aufgegriffen. Zwar sei für eine unmittelbare Anwendung der deliktsrechtlichen Haftungstatbestände der §§ 823 ff BGB im Fall von Amtspflichtverletzungen grundsätzlich kein Raum, weil § 839 BGB insofern einen Sondertatbestand darstelle. Dies bedeute indes nicht, dass die besonderen Beweislastregeln der §§ 832, 833 S 2 und § 836 BGB im Rahmen der Amtshaftung keine Anwendung finden könnten. Verdrängt würden durch den Sondertatbestand des § 839 BGB lediglich die Haftungstatbestände der §§ 823 ff BGB als solche, nicht hingegen die in ihnen enthaltenen besonderen Beweislastregeln (BGHZ 196, 35 Rn 24). Der Normcharakter des § 832 BGB als selbständiger Deliktstatbestand sei für die Anwendbarkeit der in ihm zugleich enthaltenen Beweislastregel im Rahmen der Amtshaftung nicht von entscheidender Bedeutung. Insbesondere habe die Verdrängung des Haftungstatbestandes des § 832 BGB durch den Sondertatbestand des § 839 BGB nicht zwingend die Vernachlässigung der in § 832 BGB enthaltenen Beweislastregel zur Folge. Ein Grund, diese anders zu behandeln als die – ebenfalls eine Vermutung mit Möglichkeit des Entlastungsbeweises enthaltenden – Beweislastregeln des § 833 S 2 BGB und des § 836 BGB, sei nicht erkennbar. Die Anwendung der Beweislastregel des § 832 BGB stelle auch nicht die grundsätzliche Ausgestaltung der gesetzlichen Amtshaftung als Haftung für Verschulden in Frage. Letzteres werde lediglich vermutet, nicht aber als Haftungsvoraussetzung außer Kraft gesetzt (BGHZ 196, 35 Rn 25). Die Geltung der Beweislastregel des § 832 BGB im Bereich der Amtshaftung sei auch sachlich gerechtfertigt. Für eine Haftung für eine vermutete Aufsichtspflichtverletzung sprächen dort dieselben Gründe wie im Bereich der privatrechtlichen Haftung. Es entspreche dem Wesen der Aufsichtspflicht als einer gesetzlichen Pflicht gegenüber dem Geschädigten, dass der Pflichtige Rechenschaft darüber ablege, was er zur Erfüllung seiner Pflicht getan habe. Dagegen sei dem Geschädigten der Nachweis der Aufsichtspflichtverletzung häufig nicht möglich, da er regelmäßig nicht wisse, welche konkreten Maßnahmen zur Erfüllung der Aufsichtspflicht im Einzelfall ergriffen beziehungsweise unterlassen worden seien. Die sonst im Bereich der Amtshaftung bis hin zum Anscheinsbeweis geltenden Beweiserleichterungen würden ihm insoweit nicht helfen, da sie eine Amtspflichtverletzung – hier in Form einer Aufsichtspflichtverletzung – gerade voraussetzen würden. Vor der Beweisnot, in die der Geschädigte geriete, wenn er eine Aufsichtspflichtverletzung nachzuweisen hätte, vermöge ihn daher nur die Vermutung gem § 832 BGB zu bewahren (BGHZ 196, 35 Rn 26). Gegen eine Anwendung der Beweislastregel des § 832 BGB im Bereich der Amtshaftung könnten schließlich nicht die in § 839 Abs 1 S 2, Abs 2 und 3 BGB bestimmten gesetzlichen Haftungsprivilegien des Amtsträgers angeführt werden. Sie wiesen nach Inhalt und Grund keinen Zusammenhang mit der Beweislastregel des § 832 BGB auf. Auch könne mit ihnen nicht eine generelle Haftungsprivilegierung des Amtsträgers gerechtfertigt werden unabhängig von deren Anwendungsbereich und sachlicher Berechtigung

(BGHZ 196, 35 Rn 27). Diese Rechtsprechungsänderung, mit der ein Jahrzehnte schwelender Streit entschieden worden ist, ist nahezu überwiegend – zumindest im Ergebnis – auf Zustimmung gestoßen (OLG Frankfurt 13. 1. 2014 – 1 U 76/13, juris Rn 10; zuletzt OLG Frankfurt 27. 6. 2025 – 3 U 131/23, juris Rn 125; LG Augsburg 28. 8. 2017 – 34 O 8/17, juris Rn 10; Bernau NZV 2013, 237 f; Waldhoff JuS 2013, 863 f; Schubert JR 2014, 30 f; BeckOK-BGB/Förster [1. 5. 2026] § 832 Rn 4; Hk-BGB/Staudinger § 832 Rn 4; Schneider JZ 2013, 365, 367 [jedoch kritisch anmerkend, dass der methodische Weg der Übertragung der Beweislastregel offenbleibt, ohne dabei jedoch selbst einen solchen aufzuzeigen]; kritisch Förster NJW 2013, 1201, 1203, der die ältere BGH-Rspr zwar für weniger sachnah, aber dogmatisch überzeugender hält). Die Rechtslage entspricht nunmehr der bei der Tierhalter- und Gebäudehaftung. Auch dort werden die Beweislastregeln des § 833 S 2 BGB (BGH VersR 1972, 1047; OLG Düsseldorf NJW-RR 1995, 661; OLG Hamm NVwZ-RR 1997, 460) bzw des § 836 Abs 1 S 2 BGB (BGH NJW-RR 1990, 1500, 1501; OLG Köln NJW-RR 1991, 33; LG Neubrandenburg NJW-RR 2010, 1248, 1249; s auch § 836 Rn 16) innerhalb des § 839 BGB herangezogen. Schließlich war eine beweisrechtliche Besserstellung des in Ausübung eines öffentlichen Amts tätigen Aufsichtspflichtigen gegenüber anderen privaten Aufsichtspflichtigen sachlich nicht zu rechtfertigen. Praktisch wichtig ist diese Rechtsprechungsänderung des BGH für die Haftung des Schulträgers für Aufsichtspflichtverletzungen des Lehrpersonals, zumal sich aufgrund des Auf- und Ausbaus von Ganztagsschulen in allen 16 Ländern durch das Investitionsprogramm „Zukunft Bildung und Betreuung“ des Bundes ein Teil der (nachmittäglichen) elterlichen Aufsichtspflicht auf die Schulen verlagert.

212 Keine Unterschiede bestehen hinsichtlich des **Kreises der geschützten Personen**. Auch bei Anwendung von § 839 BGB, Art 34 GG dient die Aufsichtspflicht nicht nur dem Schutz Dritter, sondern auch dem der anderen Kinder (LG Aachen NJW 1992, 1051; MünchKommBGB/Papier/Shirvani [8. Aufl 2020] § 839 Rn 316; vgl Rn 75).

X. Eigenhaftung des Aufsichtsbedürftigen, §§ 827, 828 BGB

213 Ob der Aufsichtsbedürftige selbst nach § 823 BGB für die Schäden verantwortlich ist, die er Dritten zufügt, richtet sich nach §§ 827, 828 BGB sowie dem eine subsidiäre Haftung des Aufsichtsbedürftigen eröffnenden § 829 BGB (zur Reform des § 828 BGB durch das Zweite Gesetz zur Änderung schadenersatzrechtlicher Vorschriften s Rn 76). Sind sowohl der Aufsichtsbedürftige als auch der Aufsichtspflichtige einem verletzten Dritten zum Schadenersatz verpflichtet, haften sie als **Gesamtschuldner**. Im Innenverhältnis ist der Aufsichtsbedürftige ausgleichspflichtig (§ 840 Abs 2 Var 1 BGB), im Fall der Haftung nach § 829 BGB ist dagegen der Aufsichtspflichtige allein verpflichtet (§ 840 Abs 2 Var 2 BGB).

214 Prozessual ist eine **Parteierweiterung** in zweiter Instanz durch den geschädigten Dritten auch gegen den Aufsichtsbedürftigen grds ausgeschlossen, wenn seitens des Aufsichtsbedürftigen die Einwilligung, § 263 ZPO, verweigert wird. Die Verweigerung der Einwilligung ist regelmäßig nicht missbräuchlich. Zum Nachteil des Aufsichtsbedürftigen entfällt eine Tatsacheninstanz. Auch wird ein neuer Streitgegenstand eingeführt, für den es jedenfalls teilweise auf andere Umstände ankommt, als bei der Beurteilung der Haftung des Aufsichtspflichtigen. Hier müssen zusätzlich die zur Bewertung der Deliktsfähigkeit erforderlichen Tatsachen festgestellt werden (OLG Celle FamRZ 1998, 233, 234).

215 Die Auffassung, dass die Konkurrenz der zulasten der Aufsichtspflichtigen geltenden Haftungsnorm des § 832 BGB mit der zulasten des handelnden Kindes oder Jugendlichen geltenden Haftungsnorm auf Tatbestandsebene zu berücksichtigen sei (Haberstroh VersR 2000, 806), verkennt die Systematik der Haftungsbestimmungen bei unerlaubten Handlungen Minderjähriger. Aus § 828 BGB ergibt sich nicht, dass stets eine Verletzung der Aufsichtspflicht iSv § 832 BGB gegeben ist, wenn das Kind nach § 828 Abs 1, 2 nicht verantwortlich ist, weil es das 7. bzw 10. Lebensjahr noch nicht vollendet hat. Die fehlende Deliktsfähigkeit des Kindes im Rahmen von § 828 BGB ist keine Tatbestandsvoraussetzung des § 832 Abs 1 BGB. Vielmehr stehen beide Haftungen– systematisch unabhängig – nebeneinander (OLG Koblenz 21. 1. 2009 – 12 U 1299/08, SP 2009, 280; OLG Oldenburg 20. 4. 2023 – 14 U 212/22, juris Rn 27). Der Fall, dass die Haftung nach § 828 BGB wegen Nichterreichens des 7. oder 10. Lebensjahres ausscheidet, andererseits die Haftung des Aufsichtspflichtigen nicht greift, ist in § 829 BGB geregelt. Danach kann zwar der geschäftsunfähige Minderjährige unter weiteren Voraussetzungen haften, jedoch nur, „sofern der Ersatz nicht von einem aufsichtspflichtigen Dritten erlangt werden kann“. Insofern knüpft § 829 BGB in seinen Voraussetzungen an § 832 BGB an. Die Vorschrift enthält eine Ersatzpflicht des Kindes aus Billigkeitsgründen, welche entbehrlich wäre, wenn immer eine Haftung nach § 832 BGB bestünde, sofern der Aufsichtsbedürftige das 7. bzw 10. Lebensjahr noch nicht erreicht hat (AG Frankfurt aM NJW-RR 1997, 1314).

XI. Exkurs: Schädigung des Aufsichtsbedürftigen

1. Schädigung durch den Aufsichtspflichtigen

216 Verletzt der Aufsichtspflichtige seine familienrechtliche Aufsichtspflicht gegenüber dem Aufsichtsbedürftigen und kommt dieser dabei zu Schaden, so kann seine Haftung aus Vertrag, § 823 BGB (dazu BGHZ 73, 190, 194; BGH NJW 1984, 789; BGH 19. 1. 2021 – VI ZR 210/18, VersR 2021, 452 Rn 9; OLG Düsseldorf NJW-RR 1999, 1042) oder aus der Verletzung einer familienrechtlichen Pflicht folgen (Fuchs NZV 1998, 7, 9). Umstritten ist, ob auf die Haftung des Aufsichtspflichtigen für durch Aufsichtspflichtverletzungen verursachte Schäden des Minderjährigen der **Verschuldensmaßstab von § 1664 Abs 1 BGB** anwendbar ist. Teilweise wird das verneint, weil die Aufsichtspflicht nach objektiven Kriterien zu bestimmen sei (OLG Stuttgart VersR 1980, 957; LG Tübingen NJW-RR 1990, 346). Zunehmende Stimmen in Rspr und Literatur wenden sich aber gegen eine derart weitgehende Beschränkung des Anwendungsbereichs von § 1664 Abs 1 BGB. Sie wollen die Vorschrift auch auf deliktisch begründete Ersatzansprüche anwenden, sofern die zum Schadenersatz verpflichtende Handlung im inneren Zusammenhang mit der Ausübung der elterlichen Sorge steht. Vom Anwendungsbereich erfasst werden damit auch Verletzungen des Kindes infolge mangelnder Beaufsichtigung (OLG Hamm NJW 1993, 542, 543; MDR 1999, 677, 678; OLG Düsseldorf NJW-RR 1999, 1042; OLG Karlsruhe 11. 8. 2008 – 1 U 65/08, FamRZ 2009, 707, 708; OLG Bamberg 14. 2. 2012 – 5 U 149/11, NJW 2012, 1820, 1821 [ablehnend Werkmeister NJW 2012, 1822]; ausdrücklich offen gelassen: BGHZ 103, 338, 346 = NJW 1988, 2667, 2669; BGHZ 159, 318, 323 = NJW 2004, 2892, 2893 f; BGH 19. 1. 2021 – VI ZR 210/18, VersR 2021, 452 Rn 13; OLG Düsseldorf 18. 7. 1997 – 22 U 5/97, NJW-RR 1998, 98, 99; Sundermann JZ 1989, 927, 933). Da Haftungserleichterungen in der Regel auf umfassende Wirkung angelegt sind, ist die Beschränkung der Anwendung von § 1664 BGB systemwidrig (vgl OLG Hamm NJW 1993, 542; OLG Karlsruhe 11. 8. 2008 – 1 U 65/08, FamRZ 2009, 707, 708; OLG Bamberg 14. 2. 2012 – 5 U 149/11, NJW 2012, 1820, 1821).

Hinzu kommt, dass sich die aufsichtspflichtigen Eltern gegen die Inanspruchnahme aus § 832 BGB versichern, nicht jedoch für die Verletzung des eigenen Kindes, welchem sie gerade für die Folgen einer derartigen Schädigung persönliche Fürsorge und Schutz gewähren werden. Aus diesem Grunde ist die Anwendung des milderen Haftungsmaßstabes gem § 1664 BGB auch im Rahmen der Personensorge nach § 1631 BGB gerechtfertigt (OLG Düsseldorf NJW-RR 1999, 1042, 1043). Es fehlt leider weiter an einer wünschenswerten klarstellenden höchstrichterlichen Entscheidung zu dieser Frage, da die vom OLG Bamberg zugelassene Revision wegen der Anwendung des § 1664 BGB bei einer Aufsichtspflichtverletzung der Eltern im Straßenverkehr, die ihr Kind nicht als Kraftfahrer unter Verstoß gegen die Verkehrsvorschriften schädigen, nicht eingelegt worden ist (Nachweise zum Streitstand OLG Bamberg 14. 2. 2012 – 5 U 149/11, NJW 2012, 1820, 1821; offengelassen: OLG Hamm, 27. 12. 2024 – I-7 U 132/23, NJW 2025, 977 Rn 53 ff; nicht entscheidungserheblich, da Aufsichtspflichtverletzung verneint: OLG Saarbrücken FamRZ 2023, 1213, 1214 f; vgl auch Staudinger/Heilmann [2020] § 1664 Rn 33; Siegel SVR 2024, 422 f). Der BGH erstreckt in einer aktuellen Entscheidung die Haftungsbeschränkung des § 1664 Abs 1 BGB auf deliktische Verhaltenspflichten zum Schutz der Gesundheit eines Kindes jedenfalls dann, wenn diese Schutzpflichten ganz in der Sorge für die Person des Kindes aufgehen, da ein Ausschluss des § 1664 Abs 1 BGB in diesen Fällen mit Wortlaut und Sinn der Vorschrift nicht vereinbar wäre. Darüber hinaus nimmt der BGH rechtsfortbildend in einem Erst-recht-Schluss an, dass durch § 1664 Abs 1 BGB ein verschuldensunabhängiger Anspruch nach § 833 S 1 BGB ausgeschlossen wird (BGH 15. 12. 2020 – VI ZR 224/20, VersR 2021, 391 Rn 8; diese Konkurrenzbetrachtung ablehnend Pardey SVR 2021, 310 ff, da § 1664 BGB keinen Haftungsausschlussgrund enthält, sondern nur das Haftungsmaß abmildert, und der Gefährdungshaftung ein von der Verschuldenshaftung abweichender Haftungsansatz zugrunde liegt; ebenso Klinkhammer Marburg Law Review 2022, 22 f, da die Vorschriften auf unterschiedlichen Haftungsgründen beruhen). Die Anwendung der Haftungsbeschränkung ist jedoch auf den Fall der sorge- oder zumindest umgangsberechtigten Eltern (zur analogen Anwendung auf den nur umgangsberechtigten Elternteil BGHZ 103, 338, 345 = NJW 1988, 2667, 2668 f mAnm Lange JZ 1989, 48) begrenzt und kann nicht im Wege der Analogie auf andere Obhutspersonen übertragen werden (so BGH NJW 1996, 53 f für Au-pair-Mädchen; OLG Koblenz 25. 2. 2015 – 12 W 753/14, juris Rn 7 für Großmutter; OLG Köln 13. 8. 2015 – I-8 U 67/14, NJW-RR 2016, 401 Rn 31 für [Bereitschafts-]Pflegemutter). Auch eine Haftungserleichterung zugunsten des aufsichtspflichtigen Lebenspartners nach § 4 LPartG kommt nicht in Betracht, weil diese nur die Erfüllung „einander“ geschuldeter Pflichten betrifft.

217 Eine Haftung des Aufsichtspflichtigen folgt dagegen **nicht aus § 832 BGB** (BGHZ 73, 190, 194; OLG Koblenz NJW-RR 1991, 543; OLG Koblenz VersR 1995, 50): Hier geht es gerade nicht um eine Verletzung der Aufsichtspflicht in ihrer von § 832 BGB allein erfassten Drittschutzdimension (zur Schutzrichtung des § 832 BGB s Rn 4), sondern um die Verletzung der dem Aufsichtsbedürftigen gegenüber bestehenden und seinem Schutz dienenden Aufsichtspflicht. Die **Anforderungen an eine gehörige Erfüllung der Aufsichtspflicht**, wie sie für § 832 BGB gelten, sind jedoch auch im Verhältnis zwischen Aufsichtspflichtigen und Aufsichtsbedürftigen zu beachten. Für die Frage des Umfangs der Aufsichtspflicht macht es keinen Unterschied, ob durch die Aufsicht eine Selbstschädigung des Aufsichtsbedürftigen oder eine Schädigung Dritter verhindert werden soll (BGH 19. 1. 2021 – VI ZR 210/18, FamRZ 2021, 518 Rn 8, 11; OLG Köln 13. 8. 2015 – I-8 U 67/14, NJW-RR 2016, 401 Rn 18 mwNw; OLG Köln 5. 3. 2024 – I-9 U 66/23, juris Rn 27, 31;

OLG Hamm 27. 12. 2024 – I-7 U 132/23, NJW 2025, 977 Rn 48 ff; LG Mannheim VersR 1999, 103; vgl dazu auch SCHULTES, VersR 2021, 1011, 1015 f).

Der gleiche Maßstab gilt nicht nur für kraft Gesetzes Aufsichtspflichtige (§ 832 Abs 1 BGB) und bei vertraglicher Übernahme der Aufsicht (§ 832 Abs 2) BGB, sondern auch dann, wenn **die Aufsicht** nur **aus Gefälligkeit** tatsächlich **übernommen** wurde (Rn 52) und die Aufsichtsperson gegenüber dem Aufsichtsbedürftigen nach § 823 Abs 1 BGB aufgrund einer aus dem Gefälligkeitsverhältnis resultierenden Garantenstellung für die unterlassene gehörige Beaufsichtigung haftet (LG Mannheim VersR 1999, 103; idS entscheiden auch OLG Oldenburg NJW-RR 1995, 983 und OLG Hamm VersR 2000, 457, wenn sie die von der Rspr zu § 832 BGB entwickelten Grundsätze und Konkretisierungen der Aufsichtspflicht und ihrer Verletzung auf Haftungsfälle aus Gefälligkeiten – ohne nähere Erläuterung – übertragen). Die tatsächliche Übernahme der Obhut nur aus Gefälligkeit steht der Haftung für Schäden des Aufsichtsbedürftigen nach §§ 823 Abs 1, 276 BGB nicht entgegen. Eine regelmäßige Haftungsmilderung auf den Maßstab des § 277 BGB würde den Schutz des Aufsichtsbedürftigen vor fahrlässiger Schädigung durch ihre Aufsichtspersonen in unvertretbarer Weise einschränken (BGH NJW 1996, 53, 54). Aus der Gewährung einer Gefälligkeit ist grds kein Haftungsausschluss ableitbar (BGH NJW 1992, 2474). Andererseits muss es auch für die Übernahme der Aufsicht aus Gefälligkeit möglich bleiben, dass durch ein Hinzutreten besonderer Umstände eine stillschweigende **Haftungsbeschränkung** festgestellt werden kann. Wird bspw zusätzlich zur Aufsicht über ein eigenes Kind aus Gefälligkeit die Aufsicht über einen Spielkameraden übernommen, dann ist den Beteiligten offen erkennbar, dass die Aufsicht über beide Kinder tatsächlich nur einheitlich geführt werden kann. Würde die Aufsichtspflichtverletzung bei einer Schädigung des eigenen Kindes nicht zur Haftung gereichen, dann wird bei einer Schädigung im Rahmen der übernommenen Aufsicht eine Haftungsbeschränkung zu erfolgen haben. Wer hier die Aufsicht gefälligkeitshalber überträgt, handelt in dem erkennbaren Bewusstsein, mit der Aufsichtsführung des Übernehmers gegenüber dessen Kinde einverstanden zu sein. Mehr als diese Aufsichtsführung kann der Übertragende daher gegenüber seinem Kinde ebenfalls nicht erwarten. 218

2. Schädigung durch einen Dritten und den Aufsichtspflichtigen

a) Das Gesamtschuldverhältnis

Verletzt ein Dritter den Aufsichtsbedürftigen, so haftet er diesem nach §§ 823 ff BGB. Hat im Rahmen der Schadenszufügung der Aufsichtspflichtige seine auf den Aufsichtsbedürftigen bezogene und dessen Schutz dienende Aufsichtspflicht schuldhaft verletzt (soeben Rn 216 ff), haften dem Aufsichtsbedürftigen sowohl Dritter als auch Aufsichtspflichtiger. Zwischen beiden besteht ein zum Ausgleich verpflichtendes Gesamtschuldverhältnis (BGHZ 73, 190, 192 mit Recht gegen RG Gruchot 65, 477; OLG Düsseldorf MDR 1982, 142; OLG Frankfurt ZfS 1993, 116; LG Tübingen NJW-RR 1990, 346; BGB-RGRK/KREFT § 832 Rn 10). Sie sind dann Nebentäter iSv § 840 Abs 1 BGB (LG Mannheim VersR 1999, 103). Der BGH (BGHZ 73, 190, 192) weist zu Recht darauf hin, dass das Gesamtschuldverhältnis nicht durch die elterliche Verpflichtung gem §§ 1601 ff BGB begründet werden kann, etwa für Behandlungskosten aufzukommen, sondern nur durch eine Schadenersatzhaftung. Zu beachten ist: Wenn einem Elternteil der gemilderte Verschuldensmaßstab der §§ 1664, 277 BGB zu Gute kommt, fehlt es bereits am haftungsbegründenden Merkmal des Verschuldens, sodass bereits der Haftungs- 219 tatbestand nicht gegeben ist. Es handelt sich nicht um den Fall eines „gestörten Gesamtschuldverhältnisses“; es besteht vielmehr mangels Haftung des Aufsichtspflichtigen schon tatbestandlich kein Gesamtschuldverhältnis, das „gestört“ werden könnte (BGHZ 103, 338, 347 m **abl** Anm LANGE JZ 1989, 48; BGHZ 159, 318, 323; OLG Hamm r+s 1995, 455; OLG Hamm MDR 1999, 677, 678; OLG Hamm VersR 2016, 465; OLG Schleswig NJW-RR 1999, 606, 607; OLG Düsseldorf NJW-RR 1999, 1042, 1043). Ebenfalls ausgeschlossen kann ein Gesamtschuldverhältnis zwischen Drittschädiger und Aufsichtspflichtigem sein, wenn zwischen Aufsichtspflichtigem und Aufsichtsbedürftigem eine **Haftungseinheit** iR des § 254 BGB anzunehmen ist (dazu Rn 222; BGH NJW 1996, 2023, 2024 f; eingehend ROTH, Haftungseinheiten bei § 254 [1982] 98 ff).

220 Haftet einem verletzten Kind neben dem Aufsichtspflichtigen der Drittschädiger, so ist die Legalzession des Ersatzanspruchs gegen den Drittschädiger gem § 116 SGB X zugunsten eines Sozialversicherungsträgers zu beachten. Versicherungsrechtlich ist ein Regress gegen den Aufsichtspflichtigen auf der Basis des übergegangenen Schadenersatzanspruchs nicht möglich. § 86 Abs 3 VVG schließt den Übergang von Ersatzansprüchen des Versicherungsnehmers gegen einen mit ihm in häuslicher Gemeinschaft lebenden Familienangehörigen aus. Eine entsprechende Regelung findet sich in § 116 Abs 6 SGB X für den Bereich der Sozialversicherung (vgl RÜFFNER/HALBACH/SCHIMIKOWSKI/MUSCHNER, VVG [4. Aufl 2020] § 86 Rn 49 ff; Kasseler Kommentar/KATER [114. EL Juni 2021] § 116 SGB X Rn 241 ff). Eine häusliche Gemeinschaft im Sinne des § 116 Abs 6 S 1 SGB X kann in verfassungskonformer Auslegung nach dem BVerfG auch zwischen einem Elternteil und dessen Kind, welches aufgrund der Trennung der Eltern nicht ständig bei ihm lebt, bestehen. Dazu ist es erforderlich, dass der Elternteil im Zeitpunkt des schädigenden Ereignisses seiner Verantwortung – die regelmäßige Zahlung des vereinbarten bzw festgesetzten Kindesunterhaltes vorausgesetzt – für sein von ihm getrennt lebendes Kind in dem ihm rechtlich möglichen Maße tatsächlich nachkommt und regelmäßig längeren Umgang mit diesem pflegt, sodass sein Kind zeitweise auch in seinen Haushalt integriert ist. Maßgeblicher Zeitpunkt für die Beurteilung, ob eine häusliche Gemeinschaft des getrennt lebenden Elternteils mit seinem Kind vorliegt, ist der Zeitpunkt des schädigenden Ereignisses. Danach eintretende Veränderungen sind unbeachtlich (BVerfGE 127, 263, 286 ff = FamRZ 2010, 2050 Rn 60 ff mit Anm BERNAU FamRZ 2010, 2056; vgl auch nachfolgend LG Memmingen NZV 2013, 296, 297 mit Anm BERNAU NZV 2013, 296 f; zur de lege lata wohl nicht gegebenen Anwendbarkeit der Privilegierung auf den Patchwork-Elternteil vgl BERNAU FamRZ 2010, 2056). In der Rechtsanwendung kann es bei der Feststellung der häuslichen Gemeinschaft durch den Tatrichter zu Abgrenzungs- und Beweisschwierigkeiten kommen. Jedenfalls wird nur einem Elternteil, der als Wohlverhaltenselternteil charakterisiert werden kann, die Haftungsprivilegierung zu Gute kommen können (BERNAU NZV 2013, 296 f; BERNAU FamRZ 2013, 1521, 1528 f). Um den Drittschädiger vor der gesamten Schadenslast zu bewahren, wird der Anspruch des verletzten Kindes anteilsmäßig um den Haftungsanteil des Aufsichtspflichtigen gekürzt. Analog § 86 Abs 3 VVG (§ 67 Abs 2 VVG aF) ist daher die Legalzession auf den Anteil der Haftung beschränkt, den der Drittschädiger im Innenverhältnis gegenüber dem Aufsichtspflichtigen ohne dessen Privilegierung zu tragen hätte (BGHZ 54, 256, 258; BGHZ 73, 190, 195 = LM § 426 Nr 49 mAnm DUNZ; OLG Frankfurt ZfS 1993, 116; FUCHS NZV 1998, 7, 11).

b) Zur Anrechnung des Mitverschuldens des Aufsichtspflichtigen

Haften Dritter und Aufsichtspflichtiger dem Kind, besteht zwischen ihnen ein zum Ausgleich verpflichtendes Gesamtschuldverhältnis (Rn 219). Demgegenüber kann der schädigende Dritte dem geschädigten Aufsichtsbedürftigen nicht ohne Weiteres ein Mitverschulden des Aufsichtspflichtigen (gesetzlichen Vertreters) entgegenhalten (BGHZ 1, 248; BGHZ 73, 190, 192; 103, 338, 342 f; BGH 7. 7. 1964 – VI ZR 5/64, VersR 1964, 1085; BGH VersR 1975, 133, 134 mwNw; OLG Frankfurt ZfS 1993, 116; OLG Schleswig r+s 1995, 11, 12; OLG Hamm NJW-RR 1998, 1181). So zB wenn ein Kind, das an der Hand seines sich unvorsichtig verhaltenden Vaters die Straße überquert, von einem Kraftfahrzeug verletzt wird. Es gelten also die gleichen Grundsätze wie bei der Frage, ob sich ein nach § 828 BGB Schuldunfähiger das Mitverschulden seines gesetzlichen Vertreters bei der Entstehung eines ihm zugefügten Schadens anrechnen lassen muss (vgl Staudinger/Schäfer[12] § 828 Rn 38). Eine Anrechnung des Mitverschuldens des Aufsichtspflichtigen entfällt auch, wenn der Aufsichtspflichtige dem verletzten Aufsichtsbedürftigen Unterhalt (Kosten der Heilung usw) gewährt hat und gegen den Schädiger aus Geschäftsführung ohne Auftrag oder aus ungerechtfertigter Bereicherung vorgeht; auch insoweit greift der Gedanke durch, dass § 832 BGB dem Schutz Dritter gegen den Aufsichtsbedürftigen, nicht dem Schutz des Aufsichtsbedürftigen selbst dient (RGZ 53, 312; OLG Celle RdK 1933, 47; OLG Celle NJW 1962, 51; hM; **aA** Krückmann JherJb 55, 199). 221

Eine Anrechnung des Mitverschuldens des Aufsichtspflichtigen kommt jedoch in Betracht, wenn zwischen ihm und dem Aufsichtsbedürftigen eine **Haftungseinheit** besteht (zu deren Voraussetzungen s BGH NJW 1996, 2023, 2024; ausführlich Roth, Haftungseinheiten bei § 254 BGB [1982] 98 ff). Eine solche scheidet aus, wenn der nicht deliktsfähige Aufsichtsbedürftige den Schaden nicht in zurechenbarer Weise, § 828 BGB, mitverursacht hat (BGHZ 103, 338, 344; OLG Hamm MDR 1999, 677). Eine Haftungseinheit ist allgemein nur feststellbar, wenn der Schaden in zurechenbarer Weise verursacht wurde (OLG Düsseldorf VersR 1982, 300, 301). Im Rahmen der Ermittlung der Haftungseinheit kann sich der Aufsichtspflichtige ebenfalls auf den milderen Haftungsmaßstab des § 1664 BGB berufen (OLG Düsseldorf NJW-RR 1999, 1042, 1043). 222

Eine **Anrechnung des Mitverschuldens** Dritter ist generell nur nach Maßgabe der insoweit von **§ 254 Abs 2 S 2 BGB** getroffenen Bestimmung möglich. Daher ist die Vernachlässigung der Aufsichtspflicht gem dieser Rechtsgrundverweisung nach § 278 BGB (dazu Staudinger/Höpfner [2021] § 254 Rn 95 ff) dem Aufsichtsbedürftigen zuzurechnen, wenn der Aufsichtspflichtige **gesetzlicher Vertreter** des aufsichtsbedürftigen Geschädigten ist und zwischen diesem und dem Ersatzpflichtigen schon vor dem Schadenseintritt eine rechtliche **Sonderverbindung**, vor allem schuldrechtliche oder schuldrechtsähnliche Beziehungen bestanden, welche die Anwendbarkeit des § 278 BGB rechtfertigen (vgl BGHZ 1, 248; BGHZ 3, 46; BGHZ 9, 316; BGHZ 73, 192; BGHZ 103, 338, 342 f; BGH 29. 9. 1959 – VI ZR 194/58, VersR 1959, 1009; BGH 29. 5. 1962 – VI ZR 231/61, VersR 1962, 783; BGH 16. 4. 1964 – III ZR 83/63, VersR 1964, 730; BGH VersR 1975, 134; BGH VersR 1980, 938; BGH VersR 1981, 855; BGH NJW 1980, 2080; BGH 1982, 1149, 1150; OLG Köln VersR 1982, 154; OLG Naumburg VersR 1996, 1384, 1385; OLG Celle FamRZ 1998, 233, 234; OLG Düsseldorf 18. 7. 1997 – 22 U 5/97, NJW-RR 1998, 98, 99; OLG Hamm MDR 1999, 677; OLG Hamm r+s 2000, 237, 238; OLG Schleswig NJW-RR 1999, 606, 607; Schmalzl VersR 1983, 280; s auch BGH NJW 1977, 1392 sowie Staudinger/Wöstmann [2020] § 839 Rn 250). Als Sonderverbindungen kommen etwa in Betracht alle vom gesetzlichen Vertreter für den Aufsichtsbedürftigen abgeschlossenen Verträge, zB Beförderungs-, Behandlungsverträge etc Gleiches 223 gilt, wenn und soweit das zwischen dem Schädiger und dem Aufsichtspflichtigen begründete Schuldverhältnis eine Schutzwirkung zugunsten Dritter, hier in der Person des Aufsichtsbedürftigen, entfaltet (OLG Hamm r+s 2000, 237, 238 – Bewirtungsvertrag). In diesem Rahmen ist auch das Mitverschulden von Personen anrechenbar, welche der Aufsichtspflichtige mit der Beaufsichtigung betraut hat (vgl BGHZ 24, 325 betr Kinder, die als Fahrgäste der Bahn einen Unfall erleiden, wenn sie während der Fahrt im Einverständnis der Eltern von Angestellten des Jugendamts betreut werden). Für die Annahme einer Sonderverbindung ist noch nicht ausreichend, wenn der Aufsichtsbedürftige „unter den Augen" und mit Zustimmung der aufsichtspflichtigen Person des Dritten, hier der Mutter, mit diesem spielt und später bei Gelegenheit des Spiels verletzt (OLG Düsseldorf 18. 7. 1997 – 22 U 5/97, NJW-RR 1998, 98, 99; auch OLG Schleswig NJW-RR 1999, 606, 607). Ein Sonderrechtsverhältnis wird ferner auch nicht allein dadurch begründet, dass der Mutter des geschädigten Spielkameraden – von ihr stillschweigend akzeptiert – für die Dauer der Abwesenheit des Aufsichtspflichtigen faktisch die Aufsicht über beide Kinder zufällt (OLG Hamm MDR 1999, 677). Auch muss sich der verletzte Aufsichtsbedürftige ein **Mitverschulden** des Aufsichtspflichtigen (gesetzlichen Vertreters) **bei der Schadensminderung** (§ 254 Abs 2 S 1 BGB) anrechnen lassen (vgl dazu BGHZ 33, 136, 142).

224 Die dargestellten Grundsätze gelten auch, wenn ein weiterer Aufsichtsbedürftiger, der unter der Obhut desselben Aufsichtspflichtigen steht, vom Aufsichtsbedürftigen geschädigt wird. Auch ein anderer Aufsichtsbedürftiger, der unter der Obhut desselben Aufsichtspflichtigen steht, ist „Dritter" iSd § 832 BGB (Rn 75).

3. Geschäftsführung ohne Auftrag

225 Wenn Kraftfahrer Kinder aus Lebensgefahr retten oder vor ernsten körperlichen Schäden bewahren, stellt sich die Frage, ob und inwieweit sie das Kind und dessen Eltern aus Geschäftsführung ohne Auftrag (§ 683 BGB) in Anspruch nehmen können, wenn sie dabei selbst einen Schaden erleiden (vgl ausf OLG Jena OLG-NL 1998, 101, 102 f; ferner Laufs NJW 1967, 2294, 2297; Friedrich VersR 2000, 697; Friedrich VersR 2005, 1660; OLG Oldenburg VersR 2005, 807). Das setzt unter anderem voraus, dass der Kraftfahrer ein fremdes Geschäft führt, was nicht der Fall ist, wenn er eine eigene Haftung aus §§ 823 ff BGB und 7, 17, 18 StVG vermeiden will. Denn hätte er im fiktiven Fall der Kollision für den Schaden gehaftet, soll er auch die Kosten des Ausweichens tragen (BGHZ 38, 270, 273; OLG Oldenburg VersR 2005, 807; Staudinger/Bergmann [2025] Vorbem 153 f zu §§ 677–687 mwNw). Für die Frage der Haftung nach § 7 StVG ist maßgeblich, ob der Entlastungsbeweis nach § 7 Abs 2 StVG gelingt. Seit dem 2. SchadÄndG ist die Entlastungsmöglichkeit nach § 7 Abs 2 StVG allerdings eingeschränkt worden. Nunmehr reicht für den Ausschluss der Haftung nicht mehr ein unabwendbares Ereignis aus; erforderlich ist vielmehr, dass der Unfall durch höhere Gewalt verursacht worden ist. Höhere Gewalt ist ein betriebsfremdes, von außen durch elementare Naturkräfte oder durch Handlungen dritter Personen herbeigeführtes Ereignis, das nach menschlicher Einsicht und Erfahrung unvorhersehbar ist, mit wirtschaftlich erträglichen Mitteln auch durch äußerste, nach der Sachlage vernünftigerweise zu erwartende Sorgfalt nicht verhütet oder unschädlich gemacht werden kann und auch nicht wegen seiner Häufigkeit in Kauf zu nehmen ist (BGHZ 159, 19, 22 f; OLG Schleswig 1. 11. 2017 – 7 W 39/17, r+s 2018, 154 Rn 3; OLG Saarbrücken NZV 2006, 418, 419; OLG Oldenburg VersR 2005, 807; Hentschel/König/König § 7 StVG Rn 32; Burmann/Hess/Hühnermann/Jahn-

KE/JANKER § 7 StVG Rn 13; GEIGEL/KAUFMANN Kap 25.6. Rn 94). Selbst grobe Regelverstöße anderer Verkehrsteilnehmer stellen kein betriebsfremdes Ereignis dar, weil sie im Zusammenhang mit dem Einsatz des Fahrzeugs als Verkehrsmittel stehen. Wegen ihrer Häufigkeit, sind sie auch nicht vollkommen unvorhersehbar. Deshalb ist höhere Gewalt bei schadensauslösendem Verhalten von (nicht deliktsfähigen) Kindern im Straßenverkehr in der Regel nicht gegeben (OLG Oldenburg VersR 2005, 807; HENTSCHEL/KÖNIG/KÖNIG § 7 StVG Rn 35; BURMANN/HESS/HÜHNERMANN/JAHNKE/JANKER § 7 StVG Rn 14; FRIEDRICH VersR 2005, 1660, 1661). Etwas anderes kann allenfalls gelten, wenn der Unfall vorsätzlich durch das Kind verursacht wurde, denn vorsätzliche Eingriffe anderer in den Straßenverkehr werden als höhere Gewalt eingestuft (BURMANN/HESS/HÜHNERMANN/JAHNKE/JANKER § 7 StVG Rn 14). Ist der Fahrer nicht der Halter, führt er ein eigenes Geschäft nur, wenn er sich nicht nach § 18 Abs 1 S 2 StVG exculpieren kann, er also nicht nachweisen kann, dass er die gewöhnliche verkehrserforderliche Sorgfalt angewandt hat (vgl HENTSCHEL/KÖNIG/KÖNIG § 18 StVG Rn 4 mwNw). Gelingt ihm die Exculpation, scheidet ein Anspruch gegen das Kind aus Geschäftsführung ohne Auftrag dennoch aus, wenn sich der Halter nicht nach § 7 Abs 2 StVG entlasten kann, weil der Fahrer in diesem Fall ausschließlich ein Geschäft des Halters führt (STAUDINGER/BERGMANN [2025] Vorbem 153 zu §§ 677–687; BGB-RGRK/STEFFEN Vor § 677 Rn 17). Damit werden sich in der Praxis kaum Konstellationen ergeben, in denen Kraftfahrer Kinder aus Geschäftsführung ohne Auftrag in Anspruch nehmen können. Das entspricht der Intention des Gesetzgebers. Mit der Änderung von § 7 Abs 2 StVG wurde unter anderem bezweckt, die Position von Kindern über die bereits in § 3 Abs 2a StVO getroffene Regelung hinaus zu stärken. Durch § 828 Abs 2 BGB werden Kinder bis zum vollendeten 10. Lebensjahr völlig aus der zivilrechtlichen Verantwortung im Verkehrsbereich herausgenommen; sie haften nämlich weder als Täter, noch müssen sie sich als Opfer ein etwaiges Mitverschulden gem § 254 BGB anrechnen lassen (FRIEDRICH VersR 2005, 1660 mwNw; Begr des RegE BT-Drucks 14/7752, 30).

Eine Haftung der Eltern aus Geschäftsführung ohne Auftrag ist ebenfalls nur in sel- 226
tenen Konstellationen denkbar, weil Kraftfahrer, die eine eigene Haftung oder eine Haftung des Halters aus § 7 StVG abwenden wollen, auch im Verhältnis zu den Eltern kein fremdes Geschäft führen. Zu den Auswirkungen von § 828 Abs 2 BGB auf den Anspruch gegen die Eltern aus § 832 vgl Rn 81.

In Fällen, in denen Ansprüche aus Geschäftsführung ohne Auftrag gegen die Eltern 227
noch in Betracht kommen, muss nach zutreffender Auffassung des LG Berlin (VersR 1999, 1510, 1511) die Inanspruchnahme ihre Grenze finden, wo die Aufsichtspflicht endet, deren Verletzung die Haftung nach § 832 BGB auslöst. Der Gesetzgeber hat in § 832 BGB die Voraussetzungen und Grenzen einer Haftung der Eltern für deliktische Handlungen ihrer minderjährigen Kinder festgelegt. Der Rückgriff auf das Institut der Geschäftsführung ohne Auftrag darf nicht dazu führen, eine vom Gesetzgeber nicht gewollte Haftung der Eltern für ihre Kinder zu begründen (so auch CANARIS JZ 1963, 660). „Die Haftung der Eltern für ihre Kinder“ ist durch § 832 BGB abschließend geregelt. Genügen die Eltern den durch § 832 BGB gesetzten Anforderungen, kann über die GoA keine weitergehende Haftung der Eltern für das Verhalten ihrer Kinder begründet werden (vgl auch STAUDINGER/BERGMANN [2025] Vorbem 154 zu §§ 677–687 mwNw).

XII. Reformtendenzen*

228 Die Kommission zur Überarbeitung des Schuldrechts hat hinsichtlich § 832 BGB keine Änderungsvorschläge unterbreitet. Gleichwohl ist die Vorschrift in ihrer gegenwärtigen Fassung Gegenstand der Kritik. Einig sind sich die Kritiker im Gegenstand ihrer Beanstandung, der Verschuldensvermutung mit Exculpationsmöglichkeit für den Aufsichtspflichtigen (ausf Bernau VersR 2005, 1346). Die Reformvorschläge gehen dabei jedoch in diametral entgegengesetzte Richtungen. Die eine Gruppe der Kritiker verlangt stattdessen eine objektive Einstandspflicht des Aufsichtspflichtigen für die vom Aufsichtsbedürftigen rechtswidrig verursachten Schäden (Berning/Vortmann JA 1986, 12, 20; Schlegelmilch 121, 128; Scheffen DAR 1991, 121, 124; Dinslage, Dt Verkehrsgerichtstag 17 [1979] 186, 193). Dabei wird teilweise eine Übernahme der Regelung in Art 1384 Code civil befürwortet, wonach lediglich der Nachweis der Unvermeidbarkeit die Haftung ausschließt (Schlegelmilch 121, 128). Jedenfalls soll bei der Konkretisierung der jeweiligen Aufsichtspflicht darauf Rücksicht zu nehmen sein, dass die Haftungsanforderungen des deutschen Rechts beim Einstehen für die eigenen minderjährigen Kinder im Vergleich mit einzelnen anderen europäischen Rechtsordnungen eher geringen Umfang haben. Für eine Absenkung bestehe daher kein Anlass (OLG Celle FamRZ 1998, 233). Teilweise wird das Eintreten für eine Einstandspflicht mit Reformüberlegungen hinsichtlich der Anhebung der Deliktsfähigkeit auf 10 Jahre gekoppelt (Scheffen DAR 1991, 121, 124). Zur Vermeidung einer existenzvernichtenden Ersatzpflicht des Minderjährigen befürworten andere die Ergänzung von § 828 BGB um eine sog Reduktionsklausel, nach der die Haftung des Minderjährigen gemindert werden kann (Goecke 257; zust Steffen VersR 1998, 1449, 1452). Ganz entgegengesetzt haben Grossfeld/Mund (FamRZ 1994, 1504, 1508 f) vehement für die Abschaffung der die Familien ungerechtfertigterweise belastenden Beweislastumkehr und für eine Haftungsbeschränkung analog der Arbeitnehmerhaftung auf Vorsatz und grobe Fahrlässigkeit plädiert. Auch Deutsch/Ahrens (Deliktsrecht Rn 465) fordern die Abschaffung der Bestimmung, weil sie ihre frühere Funktion verloren habe, den Zugriff auf das Familienvermögen zu eröffnen. Von diesen beiden Strömungen heben sich jene ab, die aufbauend auf vHippel (FamRZ 1968, 574) § 832 BGB selbst unverändert lassen wollen und stattdessen, um der Haftungsrisiken Herr zu werden, eine Pflichtversicherung für Kinder verlangen (vHippel FamRZ 1968, 574, 575; Berning/Vortmann JA 1986, 12, 20; s auch Scheffen ZRP 1991, 458, 463; Schwintowski ZRP 2003, 391). Die Einführung einer Pflichtversicherung kann das Problem der Führung des Entlastungsbeweises jedoch nicht lösen (Grossfeld/Mund FamRZ 1994, 1504, 1507; umfassend zu Pro und Contra einer solchen Versicherungspflicht für das „Schadensrisiko Kind“: Bernau VersR 2005, 1346 ff). Kinder werden damit auch zu einem Gefahrenobjekt degradiert, was mit der Achtung der Menschenwürde, Art 1 Abs 1 GG, nicht zu vereinbaren ist (OLG Koblenz 21. 1. 2009 – 12 U 1299/08, SP 2009, 280). Problematisch erscheint auch, dass den Eltern mit dem Eintreten der Versicherung für den Schaden der Anreiz genommen werden könnte, durch sorgfältiges Verhalten Aufsichtspflichtverletzungen und die aus ihnen resultierenden Schädigungen Dritter zu vermeiden. Ob es den Versicherungen gelänge, durch entsprechende Versicherungsbedingungen dennoch Anreize zu sorgfaltsgemäßen Verhalten zu schaffen, ist fraglich (Wagner Kap 6 Rn 70). Schließlich ist es gerade typisch für Haftpflichtversicherungen, dass der Versi-

* Vgl zu den entsprechenden Reformvorschlägen die umf Darstellung bei Bernau 355–365 und zum Für und Wider der Reformvorschläge im Einzelnen ders 365–392.

cherungsnehmer gleichzeitig Nutznießer des versicherten Risikos ist (zB bei Kraftfahrzeugen, Atomanlagen). Eltern haben durch Kinder jedoch keine geldwerten Vorteile, geschweige denn Nutzungen. Ganz im Gegenteil haben sie hohe Erziehungs- und Ausbildungskosten zu tragen. Da Eltern mit der Erziehung von Kindern eine gesellschaftlich wichtige Aufgabe erfüllen (BVerfGE 103, 242 = NJW 2001, 1712), sollte man eher an eine staatliche Haftpflichtversicherung denken (zur Verbreitungsdichte einer Privathaftpflichtversicherung in Familien vgl Bernau FamRZ 2020, 301, 307 Fn 42 mwNw). Eine private Pflichtversicherung ist jedenfalls nicht angezeigt (Schoof 136 ff m weiteren Argumenten).

Wenn eine Vorschrift reformiert wird, sollte feststehen, dass die bestehende Gesetzeslage reformbedürftig ist. Dafür spricht zunächst, dass der verfassungs- und familienrechtliche Kontext, auf den § 832 BGB Bezug nimmt, sich seit dem Inkrafttreten der Vorschrift geändert hat. Auch haben sich die Aufgabenverteilung innerhalb der Familie, das Eltern-Kind-Verhältnis und die Stellung der Familie in der Gesellschaft seitdem grundlegend gewandelt. Die Einstellung der Gesellschaft zum behinderten (aufsichtsbedürftigen) Menschen und seine Lebensführung hat sich ebenfalls verändert. Als Konsequenz daraus sind die Schadensrisiken, die von Minderjährigen oder geistig Behinderten ausgehen, heute anders zwischen dem Aufsichtspflichtigen und der Gesellschaft zu verteilen als noch beim Inkrafttreten der Vorschrift. Im Einzelnen: Die Familie steht unter dem besonderen Schutz des Staates (Art 6 GG). Sein Bestreben muss es sein, zur Elternschaft zu ermutigen. Entsprechendes gilt für die Betreuung Behinderter. Daher darf der Gesetzgeber die Erziehung von Kindern oder die Sorge für Behinderte nicht mit unzumutbaren Haftungsrisiken belasten. Die Eltern bzw Betreuer nehmen selbstlos Aufgaben wahr, die von hohem Wert für die Gesellschaft sind. Das Erziehungsrecht dient vorrangig dem Kind, die Aufsichtspflicht dem Kind und der Allgemeinheit, einen eigenen Nutzen haben die Eltern kaum. Wer sich um Behinderte kümmert, nimmt selbstlos Belastungen auf sich. Das gesetzliche Leitbild für die Erziehung besteht darin, Kinder zu befähigen, selbstverantwortlich und eigenständig zu leben. Dazu müssen ihnen Freiheitsräume in einer kinderfreundlichen Gesellschaft überlassen werden. Akzeptiert die Gesellschaft, dass Kinder für ihre Entwicklung Spielräume benötigen, dass Behinderte nicht auszugrenzen, sondern in die Gesellschaft zu integrieren sind, muss sie in Kauf nehmen, dass daraus Gefahren erwachsen, die sich in Schäden Dritter realisieren, ohne dass stets jemand dafür haftet (vgl OLG Hamm MDR 2000, 454, 455). Dennoch bleibt fraglich, ob § 832 BGB reformiert werden muss. Die Vorschrift ist zwar alt, aber durch ihre Anpassungsfähigkeit nicht überholt. Ausschlaggebend ist, welche Anforderungen daran gestellt werden, ob der Aufsichtspflichtige seine Aufsichtspflicht erfüllt hat. An diesem Punkt ist die Norm für Wertungen offen, die sich aus Art 6 GG und dem Familienrecht ergeben. Sie legen es nahe, unter Beibehaltung der Beweislastumkehr eine Verletzung der Aufsichtspflicht **nur noch bei groben Verstößen** des Aufsichtspflichtigen anzunehmen. Damit erübrigt sich die Abschaffung des Exculpationsbeweises. Müsste der Geschädigte nachweisen, dass der Aufsichtspflichtige seine Aufsichtspflicht nicht gehörig erfüllt hat, gelangte er aus Beweisnot fast nie zum Ersatz. Denn die familiäre Sphäre ist dem Geschädigten verschlossen, Art 6 GG verbietet Dritten, in diesen Bereich (nachforschend) einzudringen. Für eine Beibehaltung des Exculpationsbeweises spricht auch, dass die maßgeblichen europäischen Rechtsvereinheitlichungsprojekte ebenfalls nicht auf ihn verzichten. Sowohl Art 6:101 der Principles of European Tort Law (PETL) als auch Art VI-3:104 des 229

Draft Common Frame of Reference verlangen vom Aufsichtspflichtigen den Nachweis, dass es keine Aufsichtspflichtverletzung gab. Sie gehen damit ebenso wie die deutsche Rechtslage und § 347 Abs 1 des ungarischen Zivilgesetzbuchs (Gesetz Nr IV von 1959) den Mittelweg zwischen der seit einiger Zeit in Frankreich geltenden Gefährdungshaftung der Eltern für unerlaubte Handlungen ihrer Kinder (dazu eingehend: Mellech ZfRV 2008, 135, 141 f) und dem aktuellen österreichischen Reformentwurf, welcher auf die Umkehr der Beweislast verzichtet (Hofmann, in: Griss/Kathrein/Koziol [Hrsg], Entwurf eines neuen österreichischen Schadensersatzrechts [2006] 70 f). Zwar ist die in § 832 Abs 1 S 2 Var 2 BGB enthaltene Beweislastumkehr hinsichtlich der Kausalität der Aufsichtspflichtverletzung für den Schadenseintritt nicht in die PETL und den DCFR übernommen worden. Die geringe praktische Bedeutung dieser Regelung (Mellech ZfRV 2008, 135, 142; vgl auch Rn 188) führt aber nicht zu einem akuten Reformbedarf der deutschen Rechtslage. Zweifelhaft ist schließlich, den Haftungsmaßstab aus § 1664 BGB in § 832 BGB zu übertragen. Warum ein Aufsichtspflichtiger, der in eigenen Angelegenheiten sorgfältig ist, gegenüber Dritten wegen Verletzung der Aufsichtspflicht schärfer haften soll als der Nachlässige, ist nicht recht plausibel.

§ 833
Haftung des Tierhalters

Wird durch ein Tier ein Mensch getötet oder der Körper oder die Gesundheit eines Menschen verletzt oder eine Sache beschädigt, so ist derjenige, welcher das Tier hält, verpflichtet, dem Verletzten den daraus entstehenden Schaden zu ersetzen. Die Ersatzpflicht tritt nicht ein, wenn der Schaden durch ein Haustier verursacht wird, das dem Beruf, der Erwerbstätigkeit oder dem Unterhalt des Tierhalters zu dienen bestimmt ist, und entweder der Tierhalter bei der Beaufsichtigung des Tieres die im Verkehr erforderliche Sorgfalt beobachtet oder der Schaden auch bei Anwendung dieser Sorgfalt entstanden sein würde.

Materialien: E I § 734 Abs 1; II § 756; III § 817; Mot II 809–812; Prot II 2864–2868, 8497; D 99; jetzige Fassung gemäß Reichsgesetz betr Änderung des § 833 des BGB vom 30. 5. 1908 (RGBl 1908, 313).

Schrifttum

Abeltshauser, Verschuldens- oder Gefährdungshaftung für Mikroorganismen? – BGH, NJW 1989, 2947, JuS 1991, 366
Baumgärtel, Neue Tendenzen der Beweislastverteilung bei der Tierhalterhaftung, VersR 1983, Karlsruher Forum 85
Bemmann, Das durchgehende Gespann – Zur Problematik des Schmerzensgeldanspruches, VersR 1958, 583
Berglar, Der Begriff des Tierhalters, dargestellt unter Heranziehung des französischen und schweizerischen Rechts (Diss Köln 1979)
Bondzio, Immanente Haftungsbegrenzung des Tierhalters?, RdL 1972, 88
ders, Probleme der Tierhalterhaftung, RdL 1972, 147, 229, 258
ders, Zum Schutzbereich des § 833 Satz 1 BGB, SchlHA 1973, 126
Bornhövd, Die Grenzen der Tierhalterhaftung, JR 1978, 50

ders, Zur Tierhalterhaftung, VersR 1979, 398
DEUTSCH, Gefährdungshaftung für laborgezüchtete Mikroorganismen, NJW 1976, 1137
ders, Der Reiter auf dem Pferd und der Fußgänger unter dem Pferd – Irrwege der Rechtsprechung zur Haftung für die Tiergefahr, NJW 1978, 1998
ders, Die Haftung des Tierhalters, JuS 1987, 673
ders, Gefährdungshaftung für Mikroorganismen im Labor, NJW 1990, 751
DÖRDELMANN, Tierhalterhaftung bei Schädigungen durch Mikroorganismen, VersR 2018, 1234
DUNZ, Reiter wider Pferd oder Versuch einer Ehrenrettung des Handelns auf eigene Gefahr, JZ 1987, 63
EBERL-BORGES, Die Tierhalterhaftung des Diebes, des Erben und des Minderjährigen – Zugleich eine Konkretisierung des Tierhalterbegriffs, VersR 1996, 1070
dies, BGH: Tierhalterhaftung bei therapeutischen Reitpferden, LMK 2012, 332118
FELLNER, Pferdehalterhaftung – Besondere Risiken bei der Überlassung des Reitpferdes an einen Dritten, MDR 2016, 742
HAASE, Zur Schadenszufügung „durch ein Tier" (§ 833 BGB), JR 1973, 10
HERRMANN, Die Einschränkung der Tierhalterhaftung nach § 833 S 1 BGB in der modernen Judikatur und Literatur, JR 1980, 489
HESS/BURMANN, Haftung bei Unfällen mit Tieren im Straßenverkehr, NJW-Spezial 2005, 543
HOFF, Die Feststellung des Tierhalters – Kritische Bemerkungen zur Rechtsprechung zu § 833 BGB, AcP 154 (1955) 344
HOFFMANN, Tierhalter- und Tierhüterhaftung – Ein Überblick, Zfs 2000, 181
HONSELL, Beweislastprobleme der Tierhalterhaftung – Bemerkungen zu OLG Düsseldorf VersR 1981, 82, MDR 1982, 798
KIPP, Haftung des Tierhalters gem § 833 S 1 BGB trotz Selbstgefährdung des Geschädigten?, VersR 2000, 1348
KNÜTEL, Tierhalterhaftung gegenüber dem Vertragspartner?, NJW 1978, 297
KREFT, Die Haftungsvoraussetzung „durch ein Tier" bei der Tierhalterhaftung (§ 833 BGB), Karlsruher Forum 1983, 153
LEHMANN/AUER, Die Tierhalterhaftung nur bei intrinsisch verwirklichter spezifischer Tiergefahr – eine negative Typenkorrektur, VersR 2011, 846
LITTEN, Die Ersatzpflicht des Tierhalters im Rechte des Bürgerlichen Gesetzbuches, zugleich ein Beitrag zur Lehre von der Kausalität im Rechtssinne (1905)
LORENZ, Die Gefährdungshaftung des Tierhalters nach § 833 Satz 1 BGB – Die funktionale Struktur der Gefährdungshaftung als Auslegungshintergrund für die Risikoverteilung im Tierschadensrecht (1992)
NABINGER, Haftung für Mikroorganismen (2010)
OEXMANN, Die zivilrechtliche Haftung des Pferdehalters unter Berücksichtigung reiterlicher Grundsätze und pferdepsychologischer Erkenntnisse (1988)
OHM, Zur Haftung des Tierhalters für Unfälle, die durch sein Weidevieh auf der Straße und dem Bahnkörper entstehen (§§ 831, 833, 823 BGB), VersR 1958, 744
PFAB, Brieftaube gegen Flugzeug – Zugleich ein Beitrag zur Gefährdungshaftung, VersR 2006, 894
ROTTLER, Die Tierhalterhaftung und ihre Begrenzung im deutschen, französischen und englischen Recht (Diss Freiburg 1994)
SCHLUND, Zur Tierhalterhaftung des § 833 BGB, in: FS Schäfer (1980) 223
SCHMALHORST, Die Tierhalterhaftung im BGB von 1896 (2002)
SCHMID, Zur sachgerechten Eingrenzung der Tierhalterhaftung, JR 1976, 274
ders, Der schlafende Hund, das provozierte Tier und andere ausgewählte Probleme der Tierhalterhaftung, VersR 2014, 555
SCHRADER, Die Tierhalterhaftung (§ 833 BGB) – Im Anschluss an die Entscheidungen BGH, NJW 1974, 234 und OLG Köln, NJW 1974, 2051, NJW 1975, 676
SCHÜNEMANN, Die Verantwortlichkeit des Tierhalters – BGH NJW 1976, 2130, JuS 1978, 376
SIEGEL, Verkehrsunfälle mit Tieren – Die Sorgfaltspflichten der für das Tier verantwortlichen Personen, SVR 2015, 445
ders, Verkehrsunfälle mit Tieren – Die Haftungsabwägung nach § 17 StVG, SVR 2017, 81
SIEGFRIED, Tier und Tiergefahr als tatbestandli-

che Voraussetzungen der Gefährdungshaftung des Tierhalters (Diss Mainz 1986)
Staudinger/Schmidt, „Gutes Reiten, schlechtes Reiten“ – Eine weitere Episode der Tierhalterhaftung, Jura 2000, 347
Stierle, Die Haftung für Tiere im Bürgerlichen Gesetzbuch (Diss Stuttgart 1904)
Stötter, Die Beschränkung der Tierhalter-Haftung nach § 833 Satz 1 BGB durch das von der Rechtsprechung entwickelte Tatbestandsmerkmal der Tiergefahr, MDR 1970, 100
Teplitzky, Die Verantwortlichkeit des Tierhalters für Verkehrsunfälle durch Kleinhaustiere, NJW 1961, 1659
Terbille, Der Schutzbereich der Tierhalterhaftung nach § 833 S 1 BGB, VersR 1994, 1151
Weimar, Wann führen Verrichtungen an einem Tier zum Ausschluss der Tierhalterhaftung?, DRiZ 1956, 198
ders, Die Schadenszufügung durch ein Tier, JR 1958, 377
ders, Zweifelsfragen zur Tierhalterhaftung, JR 1963, 414
ders, Zweifelhafte Tierhaltereigenschaft, MDR 1967, 100
Werner, Tierhalterhaftung, das Reichsgericht und die Ziege im Streichelzoo, NJW 2012, 1048
Westerhoff, Ist die Entscheidung gerecht? – Methodische Wertung am Beispiel eines Reitunfalls, JR 1993, 497
Wilting, Haftung des Eisenbahnbetriebsunternehmers versus Tierhalterhaftung – zugleich Besprechung des Urteils LG Neubrandenburg vom 29. August 2024 – 4 O 356/23
Wilts, Tierhalterhaftung für entlaufene Tiere?, VersR 1965, 1019.

Systematische Übersicht

Alphabetische Übersicht

I. Geschichtliche Entwicklung

1. Früheres Recht

Nach römischem Recht begründete eine Beschädigung durch ein Tier, abgesehen 1
von dem Fall, dass diese nachweisbar auf dem Verschulden eines Menschen beruhte, einen Anspruch auf Schadensersatz regelmäßig nur dann, wenn das Tier den Schaden gegen die Art und Weise seiner Gattung (contra naturam sui generis) angerichtet hatte (actio de pauperie). Gleiches galt nach gemeinem Recht, auf das auch heute noch im Zusammenhang mit der Auslegung des geltenden Rechts zurückgegriffen wird (vgl Haase JR 1973, 10, 11, 12; Deutsch NJW 1976, 1137; Deutsch NJW 1978, 1998 f; Schünemann JuS 1978, 376 f; s auch Rn 60 ff). Eine Ausnahme von dem Erfordernis der Beschädigung contra naturam sui generis bestand lediglich für den Fall, dass Vieh frem-

de Früchte abfraß (WINDSCHEID/KIPP, Lehrbuch des Pandektenrechts, Bd 2 [9. Aufl 1906] 985 f). Haftbar war der jeweilige Eigentümer des Tieres (noxa caput sequitur), doch konnte er sich von der Schadensersatzpflicht durch die Hingabe des Tieres an den Geschädigten (noxae datio) befreien (Mot II 809). Sämtliche zur Zeit der Entstehung des BGB geltenden neueren Gesetze wichen von diesen Grundsätzen ua insofern ab, als sie den Unterschied, ob das Tier den Schaden contra oder secundum naturam sui generis angerichtet hatte, aufgegeben hatten (s Mot II 810; RGZ 14, 316 ff [zum französischen Recht]; RGZ 20, 199 ff [zum gemeinen Recht]; weitere Angaben bei STAUDINGER/SCHÄFER[12] § 833 Rn 1; s zum früheren Recht auch vGIERKE, Deutsches Privatrecht Bd III [1917] § 214 I 1; weitere rechtshistorische Hinweise bei DEUTSCH JuS 1987, 673).

2. Entstehungsgeschichte des § 833 BGB

a) Die ursprüngliche Fassung des § 833 BGB

2 E I § 734 Abs 1 BGB erklärte den Halter eines Tieres für verpflichtet, unter Anwendung der Sorgfalt eines ordentlichen Hausvaters diejenigen Vorsichtsmaßregeln zu treffen, welche erforderlich sind, um das Tier an der Zufügung von Beschädigungen zu hindern. Nur für den aus einer schuldhaften Verletzung dieser Pflicht einem Dritten entstandenen Schaden sollte der Halter des Tieres ersatzpflichtig sein (Mot II 811 f).

Abweichend hiervon beschloss die II. Kommission, in Ansehung der Haustiere die Beweislast umzukehren, um den Geschädigten nicht schon an der Schwierigkeit des Beweises mit seinem Anspruch scheitern zu lassen. Für den durch andere Tiere entstandenen Schaden sollte unbedingt gehaftet werden, dh ohne Unterschied, ob dem Halter bezüglich der von ihm zur Abwehr der Gefahren getroffenen Vorkehrungen ein Verschulden zur Last falle oder nicht. Denn mit dem Halten wilder oder gefährlicher Tiere seien außergewöhnliche Gefahren verbunden, vor welchen auch eine sorgfältige Beaufsichtigung nicht immer schütze. Dagegen rechtfertige es sich nicht, auch bei dem Halten von Haustieren die weitergehende Haftung eintreten zu lassen, weil das Halten von Haustieren durch die moderne Kulturentwicklung bedingt sei, der Allgemeinheit zum Nutzen gereiche und der Verkehr sich auf das Halten von Haustieren eingerichtet habe (Prot II 2867 f; D II 99).

Die Reichstagskommission beschloss dagegen mit Rücksicht auf die öffentliche Sicherheit, auch denjenigen, der ein Haustier hält, für den durch das Tier verursachten Schaden unbedingt haften zu lassen (RTK 103).

Bei der dritten Lesung des Gesetzes im Reichstagsplenum wurde zunächst die Regierungsvorlage mit einer unwesentlichen Abänderung wieder hergestellt, gelegentlich der endgültigen Abstimmung aber die von der Reichstagskommission beschlossene, dem nunmehrigen Satz 1 des § 833 BGB entsprechende Fassung angenommen (StB 3059, 3063).

b) Die Novelle vom 30. 5. 1908

3 Schon bald nach dem Inkrafttreten des BGB setzte eine Bewegung ein, die (insbesondere im Interesse landwirtschaftlicher Kreise) die Beseitigung oder wenigstens eine weitgehende Milderung dieser strengen Haftung erstrebte. Der 28. Deutsche Juristentag sprach sich zwar mit großer Mehrheit grundsätzlich gegen jede Einschrän-

kung der Haftung des Tierhalters aus. Die Reformbemühungen führten aber schließlich zur Einführung des jetzigen Satzes 2 durch Gesetz vom 30. 5. 1908 (RGBl 313). Eine eingehende Darstellung der parlamentarischen Entstehungsgeschichte findet sich bei STAUDINGER/ENGELMANN[9] Anm 2.

3. Ergänzender Schutz vor Gefahren durch gefährliche Hunde („Kampfhunde")

Seit ca 1990 werden in Deutschland gefährliche Hunde als bedrohliches Phänomen 4
wahrgenommen (KIPP NVwZ-Beil II/2001, 48; KUNZE NJW 2001, 1608, 1609). Ein beklagenswerter Vorfall in Hamburg am 26. 6. 2000, bei dem zwei freilaufende Kampfhunde auf einem Schulhof ein sechsjähriges Kind zerfleischt haben, hat zu verschärften Regelungen auf Landes- und Bundesebene geführt. Auch hat die Bundesregierung die Initiative ergriffen, um auf EU-Ebene ein generelles Verbot von gefährlichen Hunden zu erreichen (vgl BT-Drucks 14/4451, 8).

Die gefährliche Hunde betreffenden Regelungen ordnen nicht – wie § 833 BGB – eine Haftung bei bereits eingetretenen Schäden an, sondern bezwecken Gefahrenabwehr auf dem Wege des Polizei- und Ordnungsrechts. In Deutschland gilt daher derzeit keine einheitliche Regelung für gefährliche Hunde, denn das Polizei- und Ordnungsrecht ist grundsätzlich Ländersache. Die ständige Konferenz der Innenminister und -senatoren der Länder hat sich allerdings durch Beschlüsse vom 5. 5. und 28. 6. 2000 auf eine Reihe von Maßnahmen verständigt, die von den einzelnen Ländern im Gesetz- und Verordnungswege umgesetzt werden müssen (vgl BT-Drucks 14/4451, 8). Bundeseinheitliche Regelungen wurden zudem durch das Artikelgesetz des Bundes zur Bekämpfung gefährlicher Hunde vom 12. 4. 2001 (BGBl I 530) und die Tierschutz-HundeVO vom 2. 5. 2001 (BGBl I 838) getroffen; das BVerfG hat sie durch Urteil vom 16. 3. 2004 (NVwZ 2004, 597; s dazu PESTALOZZA NJW 2004, 1840) in Teilen bestätigt, in Teilen für verfassungswidrig und nichtig erklärt.

Die landesrechtlichen Regelungen (Überblick bei JOHLEN/LAMBRECHT, Münchener Prozessformularbuch Verwaltungsrecht [6. Aufl 2023] Form J V. 6. Anm 3) legen in der Regel einen Rassekatalog gefährlicher Hunde fest, wobei die Verordnungen teilweise stark differieren. (Mit-)erfasst sind Pitbull, American Staffordshire-Terrier, Staffordshire-Bullterrier, Bullterrier und Tosa Inu. Vorgesehen sind etwa Zuchtverbote (s dazu auch SIEGEL NuR 2004, 513, 515), eine Anzeige- und Kennzeichnungspflicht, eine Erlaubnispflicht für das Halten oder ein Leinen- und Maulkorbzwang (zu Einzelheiten der landesrechtlichen Regelungen vgl CASPAR DVBl 2000, 1580, 1582 ff; GÄNGEL/GANSEL NVwZ 2001, 1208, 1210 ff; JOHLEN/LAMBRECHT, Münchener Prozessformularbuch Verwaltungsrecht [6. Aufl 2023] Form J V. 6. Anm 5, 9, 10; RUTKOWSKI, in: BUDDENDIEK/RUTKOWSKI, Lexikon des Nebenstrafrechts [Stand: 01/2025] Rn 318a; zur Rechtslage in Sachsen-Anhalt vgl PIETZSCH LKV 2010, 241). Das Bundesgesetz zur Bekämpfung gefährlicher Hunde enthält in Art 1 ein Hundeverbringungs- und -einfuhrbeschränkungsgesetz. Es verbietet, gefährliche Hunde der Rassen Pitbull-Terrier, American Staffordshire-Terrier, Staffordshire-Bullterrier, Bullterrier und deren Kreuzungen ins Inland zu schaffen; weitere nach Landesrecht als gefährlich geltende Hunde dürfen nicht in das jeweilige Bundesland gebracht werden. Dieser Teil der Regelung ist vom BVerfG bestätigt worden (NVwZ 2004, 597, 599, 602). Für verfassungswidrig und nichtig erklärt hat es demgegenüber aus kompetenziellen Gründen das ebenfalls vorgesehene Verbot, Hunde zu züchten, wenn damit gerechnet werden muss, dass bei den Nachkommen erblich bedingte Aggressionssteigerungen auftreten (NVwZ 2004, 597, 602), außerdem die Strafbewehrung landesrechtlicher Verbote, einen gefährlichen Hund zu züchten oder mit ihm zu handeln (NVwZ 2004, 597, 603. S zur Frage der Verfassungsmäßigkeit derartiger Regelungen auch CASPAR DVBl 2000, 1580, 1584 ff; GÄNGEL/GANSEL NVwZ 2001, 1208, 1212 f; JOHLEN/LAMBRECHT, Münchener Prozessformularbuch Verwaltungsrecht [6. Aufl 2023] Form J V. 6. Anm 6 f und KUNZE NJW 2001, 1608, 1610 ff mit zahlreichen Rechtsprechungsnachweisen; zur Kampfhundesteuer BVerwG NVwZ 2000, 929; HAMANN NVwZ 2000, 894 f).

Die gefährliche Hunde betreffenden Regelungen ergänzen den durch § 833 BGB bezweckten Schutz vor Tiergefahren, indem sie den Eintritt von Schäden durch gefährliche Hunde zu vermeiden suchen. Die Anwendbarkeit des § 833 BGB wird durch diese Bestimmungen in der Regel nicht berührt. Für von gefährlichen Hunden angerichtete Schäden, vor denen § 833 BGB schützt, haftet der Halter regelmäßig bereits deshalb, weil die Norm grundsätzlich (§ 833 S 1 BGB) eine verschuldensunabhängige Haftung anordnet (s etwa AG Bad Liebenwerda NJW-RR 1999, 1255, 1256 [Bullterrier]). Gefährliche Hunde werden zumeist aus Prestigegründen gehalten und sind daher Luxustiere nach S 1. Für eine Pflichtversicherung plädiert aus verhaltensökonomischen Gründen KORCH ZVersWiss 2016, 121, 128 f; sie besteht inzwischen in fast allen Bundesländern. Zu gefährlichen Hunden, die als Nutztiere nach § 833 S 2 BGB in Betracht kommen, s Rn 145; zu gefährlichen Hunden als Wachhunden s Rn 168.

II. Grundgedanken des § 833 BGB

1. Satz 1

5 Satz 1 der Vorschrift statuiert eine Ausnahme von dem Verschuldensgrundsatz, der im Allgemeinen die im BGB normierte Haftung aus unerlaubter Handlung beherrscht: Die Haftung des Halters setzt nicht voraus, dass ihm ein Verschulden zur Last fällt. Das bedeutet allerdings nicht, dass diese Haftung eine reine Verursachungshaftung darstellen würde. § 833 S 1 BGB schützt vor den von Tieren ausgehenden Gefahren. Wer ein Tier hält, setzt in seinem Interesse andere diesen Gefahren aus (Prot II 2867). Als Ausgleich dafür, dass andere das Halten von Tieren und damit die von diesen ausgehenden Gefahren als „erlaubtes Risiko" dulden müssen, hat der Halter auch für die trotz aller Sorgfalt nicht zu vermeidenden Schädigungen einzustehen (vgl BGH LM Nr 7 = NJW 1974, 234, 235 = VersR 1974, 356, 357; BGH LM Nr 10 Bl 1 R = NJW 1977, 2158 = VersR 1977, 864, 865; TERBILLE VersR 1994, 1151, 1152; zu Überlegungen, die Haftung für autonome Systeme nach diesem Vorbild zu regeln, s etwa BRÄUTIGAM/KLINDT NJW 2015, 1137, 1139; gegen solche Überlegungen MünchKommBGB/WAGNER § 833 Rn 13). Die Tiergefahr ist nach dem Sinn und Zweck der Norm Tatbestandsmerkmal (näher Rn 31). Damit ist die Luxustierhalterhaftung als Gefährdungshaftung ausgestaltet.

Die von Tieren ausgehende Gefahr beruht darauf, dass Tiere – im Gegensatz zu leblosen Sachen – als lebende, bewegliche Organismen eine eigene Kraftquelle darstellen (so SIEGFRIED 9; ähnlich BGB-RGRK/KREFT § 833 Rn 2; vgl auch LORENZ 172. Zu der – umstrittenen! – Auslegung des Merkmals Tiergefahr s näher Rn 32 ff). Dadurch, dass sie sich selbst, gleichsam „von sich aus" bewegen, kommt es zu Situationen, die sich menschlicher Kontrolle entziehen.

Aufgrund von Satz 2 gilt die in Satz 1 statuierte Gefährdungshaftung nur für sog Luxustiere, dh solche Tiere, die nicht als Haustiere dem Beruf, der Erwerbstätigkeit oder dem Unterhalt des Tierhalters zu dienen bestimmt sind. Im Hinblick darauf, dass sich die Luxustierhaltung nach dem Zweiten Weltkrieg erheblich ausgedehnt hat, ist § 833 S 1 BGB von relativ großer praktischer Bedeutung.

2. Satz 2

Der Halter eines sog Nutztieres, dh eines Haustieres, das dem Beruf, der Erwerbstätigkeit oder dem Unterhalt des Halters zu dienen bestimmt ist, haftet nach Satz 2 der Vorschrift nur wegen Verschuldens. Im Interesse des Verletzten werden allerdings – wie in den Fällen der §§ 831, 832, 834, 836–838 BGB (hinsichtlich der Ursächlichkeit vgl hierzu Staudinger/Bernau § 836 Rn 111, 135 f mwNw; MünchKommBGB/Wagner § 836 Rn 24 mwNw) – die Verletzung der im Verkehr erforderlichen Sorgfalt und die Ursächlichkeit dieser Sorgfaltspflichtverletzung für den Schaden vermutet. Diese Vermutung kann von dem Tierhalter durch den Nachweis widerlegt werden, dass er die im Verkehr erforderliche Sorgfalt bei der Beaufsichtigung des Tieres beobachtet habe oder der Schaden auch bei Anwendung dieser Sorgfalt entstanden sein würde (vgl dazu RG JW 1914, 36; BGH VersR 1955, 38 f). 6

Die ursprünglich auch für Nutztiere geltende Gefährdungshaftung nach § 833 S 1 BGB belastete in den Jahren nach Inkrafttreten des BGB in besonderem Maße die mittleren und kleineren landwirtschaftlichen und gewerblichen Betriebe, die weitgehend auf die Haltung von Nutztieren angewiesen waren (BGB-RGRK/Kreft § 833 Rn 5). Diese Härten gaben den Anstoß zur Ergänzung und damit Abschwächung der Norm durch den jetzigen Satz 2 (vgl dazu RGZ 79, 246, 249 f). Im Hinblick auf diese Art des Einsatzes von Tieren scheint die Einschränkung der Gefährdungshaftung heute nicht mehr unbedingt geboten. Selbst in kleineren gewerblichen Betrieben spielt die Tierhaltung kaum noch eine Rolle, und in der Landwirtschaft ist die früher unumgänglich notwendige Haltung von Zugtieren durch die Technisierung weit zurückgedrängt (BGB-RGRK/Kreft § 833 Rn 6). 7

Andererseits finden sich heute aber auch neue Formen der Verwendung von Tieren, die vor über 100 Jahren noch nicht in Rede standen. Insbesondere werden Tiere zunehmend zu therapeutischen Zwecken eingesetzt, etwa bei der Therapie von Kindern, bei Behinderungen oder bei psychischen Erkrankungen. Bekannt sind vor allem die Hunde-, Pferde- (Hippo-), Delphin- oder Lamatherapie, wobei allerdings Delphine und Lamas keine Haustiere sind (zum Begriff s Rn 118 ff) und nach gegenwärtiger Gesetzeslage daher keine Haftungserleichterung nach § 833 S 2 BGB in Betracht kommt. Für die Anbieter von Pferdetherapien (vgl BGH NJW 2011, 1961 f) beispielsweise macht es aber einen großen Unterschied, ob sie sich auf eine Gefährdungshaftung oder eine Verschuldenshaftung mit der Möglichkeit des Entlastungsbeweises einstellen müssen, auch wenn die mit der Nutztierhaltung – nicht anders als die mit der Luxustierhaltung – verbundenen Risiken versicherbar sind (vgl zu letzterem auch vCaemmerer, Reform der Gefährdungshaftung, Schriftenreihe der Juristischen Gesellschaft eV Berlin, Heft 42 [1971] 20 f; AK-BGB/Kohl § 833 Rn 1; MünchKommBGB/Wagner § 833 Rn 3). Zu der umstrittenen Frage, ob Therapiepferde eingetragener Vereine Nutztiere sind, s Rn 125, Rn 140. Eine weitere moderne Form der Verwendung von Tieren ist zB der „Bürohund" (s dazu Megler, öAT 2024, 161 ff). 8

9 Der BGH hat die Verfassungsmäßigkeit des § 833 BGB in einer Entscheidung aus dem Jahr 2009 zu Recht bejaht (BGH NJW 2009, 3233, 3234; dem folgend OLG München r+s 2010, 434). Die Haftungsprivilegierung des Nutztierhalters verstößt nach dieser Entscheidung insbesondere nicht gegen Art 3 Abs 1 GG. Zwar hätten sich die Lebens- und Wirtschaftsverhältnisse inzwischen geändert, doch sei die Haftungsprivilegierung des Nutztierhalters, der aus beruflichen oder wirtschaftlichen Gründen auf die Tierhaltung angewiesen sei, auch heute nicht völlig sachfremd. Die Differenzierung zwischen Luxustieren und Nutztieren bewege sich vielmehr innerhalb des gesetzgeberischen Gestaltungsspielraums, zumal der dem Tierhalter obliegende Entlastungsbeweis strenge Anforderungen stelle (s dazu Rn 147).

10 Die Entlastungsmöglichkeit für den Nutztierhalter ist insofern ungewöhnlich, als im kontinentaleuropäischen Rechtsraum die Ausgestaltung der Tierhalterhaftung als Gefährdungshaftung üblich ist (vgl Brüggemeier, Haftungsrecht [2006] 104, 114, 116; MünchKommBGB/Wagner § 833 Rn 4 mwNw), wenngleich sie sich aus einer ursprünglich verschuldensnahen Haftung herausentwickelt hat (vgl Brüggemeier, Haftungsrecht [2006] 104). Dem folgt auch der Entwurf eines gemeinsamen Referenzrahmens (DCFR) in Art VI.-3:203. Das traditionell am deutschen Recht orientierte chinesische Recht kennt demgegenüber eine Verschuldenshaftung für Tiere im Zoo (§ 1248 des Zivilgesetzbuchs der VR China vom 28. 5. 2020, deutsche Übersetzung von Ding/Klages/Leibküchler/Pissler ZChinR 2020, 207 ff). Sonst gilt eine Gefährdungshaftung, die bei Verschulden (Vorsatz oder grober Fahrlässigkeit) des Geschädigten – allerdings nicht im Falle gefährlicher Tiere, deren Züchtung verboten ist (§ 1247 chin ZGB) – ausgeschlossen oder gemindert sein kann (§ 1245 chin ZGB), wobei ein Verstoß des Tierhalters gegen Sicherheitsvorschriften bei der Abwägung mit berücksichtigt wird (vgl § 1246 chin ZGB und Bu Yuanshi ZfRV 2010, 218, 230 zur Vorgängervorschrift, § 79 des Gesetzes über die deliktische Haftung der VR China vom 26. 12. 2009). In Skandinavien und in den Ländern des *Common Law* finden sich Spezialgesetze, die den Halter eines Tieres einer strikten Haftung unterwerfen. Diese Gesetze gelten aber nicht für alle Tiere, und es bleibt im Übrigen zumeist bei der Verschuldenshaftung (vgl vBar, Gemeineuropäisches Deliktsrecht Bd I [1996] Rn 354 ff). So unterscheidet der englische Animals Act 1971 in sec 2 zwischen Tieren, die einer gefährlichen Gattung zuzurechnen sind (dann strikte Haftung), und solchen, die zwar einer an sich ungefährlichen Gattung angehören (Haustiere), aber individuell gefährlich sind. Im letzteren Fall hängt die Haftung davon ab, ob der Halter die gefährlichen Charaktereigenschaften des Tieres kannte; auf eine fahrlässige Aufsichtspflichtverletzung kommt es im Übrigen nicht an (vgl vBar, Gemeineuropäisches Deliktsrecht Rn 357; Einzelheiten bei North, Civil Liability for Animals [2012] 17 ff). Außerhalb dieser Kategorien ist die deliktische Verschuldenshaftung des *Common Law* einschlägig (North, Civil Liability for Animals 159 ff). Vor diesem Hintergrund erscheint es als zu weitgehend, die strikte Haftung für Tierschäden generell als gemeineuropäischen Standard zu begreifen (so aber MünchKommBGB/Wagner § 833 Rn 4; ähnlich vBar, Principles of European Law, Non-Contractual Liability Arising out of Damage Caused to Another [2009] Chapter 3, Article 3:203, Comments A.).

III. Tier

11 Die Frage, ob das, worauf der Schaden möglicherweise zurückzuführen ist, ein Tier darstellt, bereitet in aller Regel keine Schwierigkeiten. Problematisch ist der Tierbegriff lediglich im Hinblick auf Mikroorganismen (Bakterien, Viren).

1. Überblick über den Streitstand

Die Rechtsprechung hat bisher noch nicht dazu Stellung genommen, ob von Mikroorganismen verursachte Schäden von § 833 BGB erfasst werden. Allerdings hat der BGH in einer Entscheidung, in der es um die Infektion einer Studentin mit „leptospira bratislava" (eine Bakterienart) aus dem Labor der Tierärztlichen Hochschule ging (BGH NJW 1989, 2947, 2948), lediglich §§ 823 Abs 1, 831 BGB, nicht aber § 833 BGB angesprochen. 12

In der Literatur ist bereits unmittelbar nach Inkrafttreten des BGB eine lebhafte Debatte zu dieser Frage entstanden, allerdings weitgehend beschränkt auf Bazillen (eine Grundform der Bakterien). Nach den ersten Jahrzehnten des letzten Jahrhunderts ist diese Diskussion erloschen und wurde Mitte der siebziger Jahre erneut belebt (durch den Beitrag von Deutsch NJW 1976, 1137). Damals wie heute waren und sind sowohl die eine Anwendbarkeit des § 833 BGB auf Mikroorganismen befürwortende Auffassung (ältere Literatur: Kuhlenbeck, Das Bürgerliche Gesetzbuch für das Deutsche Reich nebst dem Einführungsgesetze, Bd I [1903] Anm 3; Israel JW 1902, 238 Fn 1; Kretschmar JherJb 67, 233, 239 f; weitere Nachweise auf die ältere Literatur bei Staudinger/Engelmann[9] Anm 4a; neuere Literatur: Deutsch NJW 1976, 1137, 1138; Deutsch NJW 1990, 751 f; Deutsch JuS 1987, 673, 674; Abeltshauser JuS 1991, 366, 367 [im Hinblick auf Bakterien]; Dördelmann VersR 2018, 1234, 1249 [„schonende" Einzelanalogie]; AK-BGB/Kohl § 833 Rn 2; Siegfried 50 [analoge Anwendung]; BeckOGK/Spickhoff [1. 4. 2025] § 833 Rn 46 [direkte Anwendung bei Bakterien, Einzelanalogie bei Viren]; BeckOK-BGB/Förster [1. 2. 2026] § 833 Rn 4 f; Hk-BGB/Staudinger § 833 Rn 3 und Staudinger/Schmidt Jura 2000, 347, 349 [im Hinblick auf „tierähnliche" Mikroorganismen wie Bakterien, anders bei Viren]; Jauernig/Kern § 833 Rn 2 [im Hinblick auf Kleinstlebewesen, anders bei Viren]; Erman/Wilhelmi § 833 Rn 2; wohl auch Hess, Die Bestimmung des Ersatzpflichtigen in der Gefährdungshaftung [1978] 122 Fn 175) als auch die eine solche Anwendbarkeit verneinende Auffassung (ältere Literatur: Enneccerus/Lehmann 1016 f; Staudinger/Engelmann[9] Anm 4a mwNw; Stierle 29; neuere Literatur: Abeltshauser JuS 1991, 366, 367 [im Hinblick auf Viren]; Larenz/Canaris, Schuldrecht II/2 § 84 II 1 a; Soergel/Krause § 833 Rn 3; BGB-RGRK/Kreft § 833 Rn 9; Lorenz 166; Nabinger 136, 162; PWW/Schaub § 833 Rn 2; Grüneberg/Retzlaff § 833 Rn 4; Wussow/Rüge/Fahl § 2 Rn 756; Staudinger/Tolani [2026] § 37 GenTG Rn 53; MünchKommBGB/Wagner § 833 Rn 12) verbreitet. Dabei finden sich für das jeweilige Ergebnis unterschiedliche Begründungen. Für die Anwendbarkeit wird die nur unvollkommen kontrollierbare besondere Gefährlichkeit von Mikroorganismen geltend gemacht; die Gefährdung durch pathogene Mikroorganismen sei von derjenigen durch Makroorganismen strukturell nicht zu unterscheiden (Deutsch NJW 1976, 1137, 1138; Siegfried 50, 147; Erman/Wilhelmi § 833 Rn 2). Gegen die Anwendbarkeit des § 833 BGB wird angeführt, Mikroorganismen seien keine Tiere, sondern Pflanzen (Stierle 29). Andere Autoren stellen auf den Normzweck des § 833 S 1 BGB ab, dh auf die Gefahrenquelle, vor welcher die Vorschrift schützen wolle: Sie wird zum Teil im aktiven Tierverhalten gesehen, sodass als Tiere nur Lebewesen in Betracht kommen sollen, die durch ihre Tätigkeit auf die Außenwelt einzuwirken befähigt und insbesondere mit Sinnesorganen und Nervensystem ausgestattet seien (BGB-RGRK/Kreft § 833 Rn 8 f). Eine andere Stimme stellt darauf ab, dass Mikro- und Makroorganismen in völlig verschiedener Weise verletzungsträchtig seien, Tiere durch ihren Körper und dessen Bewegungs- und Massewirkung auf andere Körper, Mikroorganismen durch ihre Toxizität und Vermehrungsfähigkeit innerhalb eines anderen Organismus; bei Mikroorganismen gehe die Gefahr nicht vom einzelnen 13

Exemplar aus, sondern von ihrem massenhaften Auftreten, während die Halterhaftung immer auf das individuelle Tier abstelle (LORENZ 166; vgl auch LARENZ/CANARIS, Schuldrecht II/2 § 84 II 1 a; MünchKommBGB/WAGNER § 833 Rn 12). Schließlich wird die Anwendbarkeit des § 833 BGB auf Mikroorganismen auch deshalb verneint, weil das Bundesseuchengesetz (jetzt: Infektionsschutzgesetz v 20. 7. 2000 [BGBl I 1045], zul geändert 2026 [BGBl 2026 I Nr 60]) für Mikroorganismen eine abschließende Regelung enthalte und diese gerade auf eine zivilrechtliche Gefährdungshaftung verzichte (STAUDINGER/SCHÄFER[12] § 833 Rn 11; SOERGEL/KRAUSE § 833 Rn 3; ähnlich LARENZ/CANARIS, Schuldrecht II/2 § 84 II 1 a; gegen diese Argumentation zu Recht SIEGFRIED 22 ff).

2. Die funktionelle Auslegung

14 Die Auslegung des Tierbegriffs ist – so wie sie von den verschiedenen Ansichten vorgenommen wird, die zu unterschiedlichen Ergebnissen hinsichtlich der Anwendbarkeit des § 833 BGB auf Mikroorganismen kommen – keine reine Wortlautauslegung: Diese Ansichten orientieren sich bei der Auslegung des Tierbegriffs an der Tiergefahr, sodass die Wortlautauslegung in eine Auslegung nach Sinn und Zweck des Gesetzes übergeht. Das ist methodisch grundsätzlich nicht zu beanstanden, führt aber hier zu Schwierigkeiten.

Dabei steht die generelle Gefährlichkeit von Mikroorganismen außer Frage: Sie können – insbesondere durch die Ausscheidung von hochgiftigen Stoffen (Toxinen) – bei Mensch, Tier und Pflanze schwerwiegende Infektionen auslösen und Krankheiten verursachen (SIEGFRIED 147 mwNw auf das naturwissenschaftliche Schrifttum). Die daraus beim Entweichen von Mikroorganismen resultierende Gefahr wird durch weitere besondere Eigenschaften noch verstärkt: Mikroorganismen vermehren sich außerordentlich schnell, sie haben eine weite Verbreitung und eine große Anpassungsfähigkeit an die Umweltbedingungen (SIEGFRIED 147 mwNw auf das naturwissenschaftliche Schrifttum); außerdem sind sie nicht sichtbar, was den Schutz vor ihnen erschwert.

15 Die Überlegung, ob Mikroorganismen in gleicher Weise gefährlich sind wie (sonstige) Tiere oder nicht, ist allerdings müßig. Über die schlichte Feststellung hinaus, dass Tiere gefährlich sind, lässt sich eine allgemeine Tiergefahr nicht definieren. Jede Tierart ist vielmehr auf ihre ganz besondere Art gefährlich (dem folgend NABINGER 123), Hunde ua, indem sie beißen, Pferde ua, indem sie ihren Reiter abwerfen, Bienen ua, indem sie stechen (vgl auch DEUTSCH NJW 1978, 1998, 2000, der bei der Definition der Tiergefahr gerade auf die Gefährlichkeit jeweils der einzelnen Tierart abstellt). Insofern gibt es etwa eine spezifische Hunde-, Pferde- und Bienengefahr und ebenso eine besondere Mikroorganismengefahr (bzw eine besondere Bakterien- und Virengefahr). Sind Mikroorganismen Tiere, dann ist die Mikroorganismengefahr eine weitere Tiergefahr, sind sie es nicht, dann ist die Mikroorganismengefahr keine Tiergefahr. Untereinander lassen sich die einzelnen Tiergefahren im Hinblick auf das Ausmaß des zu erwartenden Schadens und die Wahrscheinlichkeit des Schadenseintritts vergleichen. Auch mag die Art der Schadensverursachung bei manchen Tieren ähnlich sein. Ein generelles Schadensbild für Tiere an sich lässt sich jedoch nicht herausbilden.

16 Die von allen Tieren ausgehende Gefahr beruht letztlich darauf, dass Tiere – im Gegensatz zu leblosen Sachen – als lebende, bewegliche Organismen eine eigene Kraftquelle darstellen (Rn 5). Das Merkmal der eigenen Kraftquelle unterscheidet aller-

dings nicht nur die Tiere von leblosen Sachen. Auch Pflanzen sind Lebewesen und entfalten als solche aus sich selbst heraus Kraft, vor allem durch ihr Wachstum: Die Wurzeln von Bäumen sprengen im Laufe der Zeit den Asphalt einer Straße; Blütenpollen einer Pappel verunreinigen ein unter dem Baum geparktes Fahrzeug (vergleichbar dem Tierschaden durch Ausscheidungen – etwa Wachs – von Bienen, vgl RGZ 141, 406 [Verunreinigung von Tierhäuten durch Ausscheidungen von Bienen]; dazu näher Rn 64); wucherndes Unkraut „erstickt" Nutzpflanzen; eine Kokospalme tötet durch eine herabfallende Nuss einen Menschen; eine Venusfliegenfalle (Dionaea muscipula) klappt zusammen und fängt (und verdaut anschließend) ein Insekt, das sich auf sie gesetzt hat. Sicher erfolgen derartige Bewegungen von Pflanzen bei weitem langsamer als die von Tieren im Allgemeinen und sind daher in der Regel noch rechtzeitig erkennbar, was Pflanzen – im Unterschied zu Tieren – nicht als besonders gefährlich erscheinen lässt. Allerdings ist innerhalb des § 833 S 1 BGB nicht zwischen langsamen und schnellen Tieren zu unterscheiden. Für einen durch Schnecken oder eine Schildkröte verursachten Schaden kann die Tierhalterhaftung genauso eintreten wie für einen durch einen Tiger verursachten. Bei der Auslegung des § 833 S 1 BGB ist daher zu beachten, dass die für die ratio der Norm entscheidende Tiergefahr auf einem Moment – der eigenen Kraftquelle – beruht, die zwar allen Tieren, aber eben nicht nur Tieren zu eigen ist. Daher lässt sich unter den Tierbegriff – im Rahmen einer Auslegung nach Sinn und Zweck der Norm – nicht alles fassen, was eine eigene Kraftquelle besitzt – wie etwa Mikroorganismen.

Die Feststellung, Mikroorganismen seien in einer (sonstigen) Tieren vergleichbaren 17
Schwere gefährlich, genügt aus einem weiteren Grund nicht, um sie unter die Tierhalterhaftung zu fassen, etwa im Wege einer funktionellen Auslegung des Tierbegriffs. Eine solche Auslegung würde sich nicht von einer analogen Anwendung des § 833 BGB auf Mikroorganismen unterscheiden (vgl Abeltshauser JuS 1991, 366, 367). Aufgrund der geschichtlichen Entwicklung von Gefährdungshaftungstatbeständen im deutschen Privatrecht ist jedoch bei der Gefährdungshaftung allgemein eine Analogie problematisch. Die Gefährdungshaftungstatbestände wurden nur ad hoc im Rahmen der technisch-industriellen Entwicklung als sonderrechtliche Regelungen neben die nach wie vor vorherrschende Verschuldenshaftung nach § 823 Abs 1 BGB gestellt (Brüggemeier, Deliktsrecht [1986] 49; vgl auch Kötz AcP 170 [1970] 1, 14 f; Kötz, Gefährdungshaftung, in: BMJ, Gutachten und Vorschläge zur Überarbeitung des Schuldrechts II [1981] 1779, 1785 ff; Wagner 8. Kap Rn 19). Es gilt daher der Satz „singularia non sunt extendenda" (Abeltshauser JuS 1991, 366; **aA** Siegfried 33 ff; kritisch auch Bauer, in: FS Ballerstedt [1975] 305, 310). Die höchstrichterliche Rechtsprechung und weite Teile der Literatur haben daher eine Analogie in der Vergangenheit nicht zugelassen: Gerade der „Ausnahmecharakter" beispielsweise der Eisenbahn- oder Kraftfahrzeughaftpflicht führe dazu, dass solche Gesetze nicht auf einen vollkommen anderen Tatbestand wie etwa den der Luftschifffahrt ausdehnbar seien (RGZ 78, 171, 172; vgl auch RGZ 116, 286, 287; 147, 353, 355 f; RG JW 1927, 184; BGH NJW 1960, 1345, 1346).

3. Die übrigen Auslegungsarten, insbes die Auslegung nach dem Wortlaut

Es kommt somit auf die sonstigen Auslegungsarten an. Dabei gibt die Systematik des 18
Gesetzes nichts her. Auch die historische Interpretation ist wenig ergiebig. In den Materialien findet sich kein Hinweis auf Mikroorganismen. Auf dieser Grundlage lässt sich lediglich eine Vermutung dahingehend aufstellen, dass Mikroorganismen

nicht unter die Tiergattungen fallen, die der Gesetzgeber des BGB von 1900 im Auge hatte. Dass sich § 833 BGB nicht auf Mikroorganismen erstrecken sollte, kann daraus aber nicht gefolgert werden.

19 Demzufolge rückt bei der Bestimmung des Tierbegriffs die Auslegung nach dem Wortlaut in den Vordergrund (in diesem Sinne auch Wussow/Terbille, Unfallhaftpflichtrecht [15. Aufl 2002] Kap 11 Rn 26; s jetzt auch Wussow/Rüge/Fahl § 2 Rn 756). Bei der Bezeichnung Mikroorganismen handelt es sich um einen Oberbegriff für sehr unterschiedliche Phänomene. So stellen Viren lediglich Eiweißbausteine dar. Gelangt der Virus in einen lebenden Körper, sucht er sich eine Zelle, deren Oberfläche eine seiner eigenen Form entsprechende „Einbuchtung" aufweist. Er öffnet dann schlüsselartig die Zellwand und gelangt auf diese Weise in das Innere der Zelle selbst, wo er auf die Zellkernsubstanz verändernd einwirkt (vgl Abeltshauser JuS 1991, 366, 367; Dördelmann VersR 2018, 1234, 1236 mwNw auf das naturwissenschaftliche Schrifttum). Bakterien sind demgegenüber vielzellige Wesen, die als solche auch alle notwendigen Erbsubstanzen in sich tragen und selbstständig lebens- und fortpflanzungsfähig sind (vgl Abeltshauser JuS 1991, 366, 367; Dördelmann VersR 2018, 1234, 1236, jeweils mwNw auf das naturwissenschaftliche Schrifttum). Bazillen bilden eine Grundform der Bakterien.

20 Infolge neuer naturwissenschaftlicher Erkenntnisse über derartige Kleinstlebewesen (zu der Frage, inwieweit Viren überhaupt Leben darstellen, vgl Abeltshauser JuS 1991, 366, 367 Fn 14 und Dördelmann VersR 2018, 1234, 1236 Fn 21 mwNw auf das naturwissenschaftliche Schrifttum) ist in der Biologie eine tiefgreifende Systemumstellung erfolgt. Es wird heute nicht mehr nur zwischen Pflanzen und Tieren unterschieden, vielmehr hat sich als dritter, eigenständiger Sonderbereich derjenige der Mikroorganismen herausgebildet. Danach stellen Mikroorganismen also keine Tiere dar (vgl Dördelmann VersR 2018, 1234, 1236; Nabinger 106, 20 ff mwNw auf das naturwissenschaftliche Schrifttum; demzufolge gelangt etwa Siegfried 31 ff zu dem Ergebnis, auf Mikroorganismen sei § 833 BGB nicht direkt anwendbar).

21 Allerdings ist bei der Auslegung nach dem Wortlaut einer Norm nicht eine naturwissenschaftliche Betrachtungsweise (so aber Litten 17 f; Planck's Kommentar zum Bürgerlichen Gesetzbuch nebst Einführungsgesetz, Bd II/2 [4. Aufl 1928] § 833 Anm 2a; Siegfried 27 f), sondern der Wortsinn im allgemeinen Sprachgebrauch maßgebend (vgl Larenz, Methodenlehre der Rechtswissenschaft [6. Aufl 1991] 320). Der Gesetzgeber bedient sich der allgemeinen Sprache, weil und soweit er sich an den Bürger wendet und wünscht, von ihm verstanden zu werden (Larenz 320 – Siegfried 28 und Litten 17 f machen demgegenüber geltend, dass der allgemeine Sprachgebrauch erfahrungsgemäß der naturwissenschaftlichen Erkenntnis nachhinke. Das rechtfertigt es aber gerade nicht, die Begriffe [jetzt schon] im [richtigen] naturwissenschaftlichen Sinne zu verstehen). Die Vorschrift des § 833 BGB richtet sich an die Bürger im Allgemeinen, nicht nur an die Naturwissenschaftler.

22 Nach allgemeinem Sprachgebrauch ist ein Tier ein „mit Sinnes- und Atmungsorganen ausgestattetes, sich von anderen tierischen oder pflanzlichen Organismen ernährendes, in der Regel frei bewegliches Lebewesen, das nicht (oder weniger stark als der Mensch) mit der Fähigkeit zu logischem Denken und zum Sprechen befähigt ist" (so die Definition nach Duden online, http://www.duden.de, Abruf: 24. 2. 2022, Stichwort „Tier") bzw ein „einzelliges oder aus Zellen ohne feste Zellmembran aufgebautes Lebewesen (außer dem Menschen), das sich von organischen Stoffen ernährt und die Fähigkeit besitzt, sich zu bewegen und auf Reize zu reagieren“ (so die Definition nach Brockhaus/Wahrig, Deutsches Wörterbuch [9. Aufl 2011] des allerdings als zoologischer Fachterminus gekennzeichneten Begriffs Tier; noch spezieller im Hinblick auf die biologische Einteilung https://brockhaus.de/ecs/enzy/article/tiere, zuletzt abgerufen am 8. 4. 2026). Danach sind Viren, die ua nicht über Atmungsorgane verfügen und nicht aus Zellen aufgebaut sind, keine Tiere. Zwar schließen die Definitionen der Wörterbücher, die im Übrigen noch auf der alten Zweiteilung zwischen Tieren und Pflanzen beruhen (vgl Duden online und Brockhaus/Wahrig jeweils Stichwort „Lebewesen“, „Organismus“, „Mikroorganismus“), die Zugehörigkeit der Viren – kleinste Partikel, die nur auf lebendem Gewebe gedeihen (vgl Duden online, Stichwort „Virus“; Brockhaus/Wahrig, Stichwort „Virus“) – zum Tierreich nicht ausdrücklich aus. Doch ist aufgrund der heutigen Aufklärung der Bevölkerung über die Funktionsweise des Aids- oder des Corona-Virus davon auszugehen, dass Viren nicht als Tiere angesehen werden. Bakterien gelten nach allgemeinem Sprachgebrauch schlicht als eine Form von Lebewesen (vgl Duden, Stichwort „Bakterie“) oder werden den Pflanzen zugeordnet (vgl Brockhaus/Wahrig, Stichwort „Bakterie“; demgegenüber definiert Abeltshauser JuS 1991, 366, 367 Bakterien als Tiere, schließt dabei aber offenbar von der Qualität als Lebewesen auf die Zugehörigkeit zum Tierreich und übersieht, dass Lebewesen auch Pflanzen sein können).

Daraus folgt, dass Mikroorganismen nicht von § 833 BGB erfasst werden.

4. Schutz vor Gefahren durch Mikroorganismen

Dem Schutz vor Mikroorganismen, die bei Menschen eine Infektion oder übertragbare Krankheit verursachen können, dient das Gesetz zur Verhütung und Bekämpfung von Infektionskrankheiten beim Menschen (Infektionsschutzgesetz) v 20. 7. 2000 (BGBl I 1045, zul geändert 2026, BGBl 2026 I Nr 60), das das bisher geltende Bundesseuchengesetz abgelöst hat. Es sieht eine Meldepflicht für bestimmte Krankheiten und Krankheitserreger vor und behandelt ua Maßnahmen zur Verhütung (etwa Entseuchung, Untersuchung und Beratung, Schutzimpfungen) und Bekämpfung übertragbarer Krankheiten (etwa Beobachtung des Kranken, Quarantäne). Zur Bekämpfung von Seuchen bei Haustieren s das Tiergesundheitsgesetz (BGBl 2018 I 1938, zul geändert 2026, BGBl I Nr 60). 23

Dem Schutz von Beschäftigten, die bei ihrer Arbeit mit biologischen Arbeitsstoffen (ua Mikroorganismen) in Kontakt kommen (wie Tätigkeiten in der Forschung, der biotechnischen Produktion, der Nahrungsmittelproduktion, der Landwirtschaft, der Abfall- und Abwasserwirtschaft und in der Gesundheitsfürsorge), dient die Verordnung der Bundesregierung über Sicherheit und Gesundheitsschutz bei Tätigkeiten mit biologischen Arbeitsstoffen (Biostoffverordnung) vom 15. 7. 2013 (BGBl I 2514, zul geändert 2024, BGBl I Nr 384). Danach hat zunächst eine Gefährdungsbeurteilung stattzufinden, die sich im Wesentlichen nach der Art der Tätigkeit und nach dem von den biologischen Arbeitsstoffen ausgehenden Infektionsrisiko richtet. Von der ermittelten Gefährdung (und Schutzstufe) hängt es ab, welche Schutzmaßnahmen zu ergreifen sind (Ersetzung durch weniger gefährliche biologische Arbeitsstoffe, Hygienemaßnahmen zur Desinfektion und Dekontamination, Zurverfügungstellung geeigneter Schutzkleidung, Erstellung einer arbeitsbereichs- und -stoffbezogenen Betriebsanweisung, arbeitsmedizinische Untersuchung und Beratung der Beschäftigten usw).

IV. Rechtsgutsverletzung und Schaden, Kausalität, Rechtswidrigkeit, Haftungsprivilegierung

1. Rechtsgutsverletzung und Schaden

24 Als ersatzfähige Schäden zählt Satz 1 diejenigen auf, die aus der Tötung, Körper- oder Gesundheitsverletzung von Menschen oder aus einer Sachbeschädigung folgen. Diese Aufzählung ist abschließend. Sie kann nicht um sonstige – etwa im Rahmen des § 823 Abs 1 BGB geschützte – Rechtsgüter ergänzt werden (vgl BeckOGK/Spickhoff [1. 4. 2025] § 833 Rn 40, 42; Erman/Wilhelmi § 833 Rn 3).

25 Für den Schadensersatz wegen Tötung und Körper- oder Gesundheitsverletzung gelten die §§ 842–846 BGB. Nach § 253 Abs 2 BGB ist durch Zahlung von Schmerzensgeld auch der Nichtvermögensschaden zu ersetzen (OLG München r+s 2010, 390, 391; LG Paderborn BeckRS 2011, 21199; MünchKommBGB/Wagner § 833 Rn 77; ebenso zu § 847 aF bereits BGH LM Nr 10 = NJW 1977, 2158, 2159 = VersR 1977, 864, 866; BGH VersR 1982, 348, 349; OLG Stuttgart VersR 1978, 1123, 1124; Bornhövd JR 1978, 50, 54; Deutsch JuS 1987, 673, 679; BGB-RGRK/Kreft § 833 Rn 35; **aA** Larenz/Canaris, Schuldrecht II/2 § 84 II 1 f; kritisch auch OLG Zweibrücken NJW 1971, 2077 f). Unter der Beschädigung einer Sache ist ebenso wie bei der Verletzung des Eigentums in § 823 Abs 1 BGB auch die Entziehung (Verschleppung durch ein Tier; BGB-RGRK/Kreft § 833 Rn 35; einschränkend BeckOGK/Spickhoff [1. 4. 2025] § 833 Rn 41) sowie die Beeinträchtigung des Nutz- und Gebrauchswerts einer Sache (oder eines Tieres, § 90a BGB, zB das ungewollte Decken eines weiblichen Tieres oder das Decken eines Rassetieres durch ein Tier anderer Rasse: BGHZ 67, 129, 134 = NJW 1976, 2130, 2131; OLG Karlsruhe VersR 1969, 808, 809; OLG Köln VersR 1972, 177, 178 = JZ 1972, 408, 409 m zust Anm Stötter; OLG Nürnberg VersR 1970, 1059, 1060; BGB-RGRK/Kreft § 833 Rn 35; BeckOGK/Spickhoff [1. 4. 2025] § 833 Rn 41; MünchKommBGB/Wagner § 833 Rn 11) zu verstehen. Bei Sachbeschädigungen gelten für den Umfang des Schadensersatzanspruchs §§ 249 ff BGB.

2. Kausalität

26 Für die Haftung aus § 833 S 1 BGB ist weiter Voraussetzung, dass das Tier adäquat kausal für den Schaden ist. Insofern gelten die allgemeinen Regeln (vgl BGH NJW 1975, 867, 868; OLG Celle VersR 1980, 430, 431; BGB-RGRK/Kreft § 833 Rn 28; Erman/Wilhelmi § 833 Rn 5; kritisch hinsichtlich der Adäquanz Deutsch JuS 1987, 673, 674).

27 Wie auch sonst mittelbare wie unmittelbare Kausalität für eine Schadensverursachung ausreichen, ist es bei der Tierhalterhaftung nicht erforderlich, dass das Tier – etwa durch Beißen, Stechen – den Schaden unmittelbar herbeigeführt hat. Es genügt vielmehr auch ein mittelbarer Zusammenhang, eine mittelbare Mitverursachung (RGZ 50, 219, 221 f; RG JW 1911, 982; RG JW 1914, 471, 472; OLG Nürnberg VersR 1967, 361; OLG Nürnberg NJW 1965, 694, 695; OLG Hamm VersR 1981, 85; OLG Saarbrücken NJW-RR 2006, 893, 894; OLG München NJW 2017, 3664 f Rn 16; OLG Koblenz 9. 12. 2019 – 12 U 249/18, juris Rn 4; OLG Hamm 19. 12. 2022 – 7 U 54/22, juris Rn 22, r+s 2023, 779; Grüneberg/Retzlaff § 833 Rn 6; MünchKommBGB/Wagner § 833 Rn 14; Erman/Wilhelmi § 833 Rn 5). So ist § 833 S 1 BGB anwendbar, wenn sich ein Reitanfänger durch das Verhalten des Pferdes verunsichern lässt und deswegen vom Pferd fällt, nachdem dieses bereits zum Stehen gekommen ist (BGH NJW 1999, 3119, 3120 m zust Anm Staudinger/Schmidt Jura 2000, 347,

352), wenn ein Briefträger vor einem Schäferhund, der zähnefletschend auf ihn zukommt, die Flucht ergreift und sich dabei verletzt (OLG Schleswig VersR 1988, 700; s auch OLG Köln 18. 9. 2015 – 19 U 50/15, juris Rn 32; OLG Nürnberg 5. 2. 2026 – 13 U 1961/24, juris Rn 25), wenn sich Kühe auf der Straße befinden, ein Motorradfahrer deshalb bremsen muss, auf die Straße stürzt und von einem nachfolgenden LKW getötet wird (BGH VersR 1957, 167; ähnlich LG Erfurt Schaden-Praxis 2011, 177 f [Kettenauffahrunfall]), wenn ein Hund ein Reh aufstöbert, das bei seiner Flucht einen Verkehrsunfall verursacht (OLG Nürnberg VersR 1959, 573 f), wenn ein Hund eine Schafherde in Panik versetzt, die auf eine Eisenbahnstrecke getrieben wird und mit einem S-Bahn-Zug kollidiert (OLG München VersR 1984, 1095, 1096), wenn ein kleiner Hund angesichts eines größeren ängstlich zurückweicht und dadurch eine ältere Dame zu Fall bringt, die ihn an der kurzen Leine führt (LG Hamburg VersR 1993, 1496, 1497).

Ebenso greift die Tierhalterhaftung – entsprechend den Grundsätzen zu den sog Verfolgungs- oder Herausforderungsfällen – ein, wenn sich ein Mensch durch die von dem Tier herbeigeführte Gefahr zu helfendem Eingreifen veranlasst sieht, so wenn er ein außer Kontrolle geratenes Tier – etwa ein durchgehendes Pferdegespann – zwecks Abwendung der Gefahr zu bändigen (RGZ 50, 119, 223; **aA** Bemmann VersR 1958, 583 f), ein in sein Grundstück eingedrungenes Tier zu vertreiben (OLG Hamm VersR 1982, 860 betr in den Hausgarten eingedrungene Pferde; LG Aurich, Jgdr Entsch, Bd VI, Sachg XI, Nr 64) oder zwei ineinander verbissene Tiere zu trennen versucht (OLG Celle VersR 1981, 1057, 1058 mAnm Schulze; ebenso zu einer ähnlichen Konstellation OLG Frankfurt 18. 1. 2023 – 4 U 249/21, juris Rn 26, r+s 2023, 279 m zust Anm Biller-Bomhardt, VersR 2023, 534 m zust Anm Ehmer/Schlereth) und dabei verletzt wird oder sonstige Schäden herbeiführt (dagegen verneint OLG Karlsruhe 3. 8. 2017 – 7 U 200/16, juris Rn 17 die Haftung eines Hundehalters, der auf der Hundepfeife nach seinem freilaufenden Hund pfiff, um ihn von herannahenden Pferden wegzulocken, wobei wegen der Pfiffe die Pferde durchgingen und die Reiter abwarfen). Bei unsinnigem und leichtfertigem Einschreiten kann die Adäquanz zu verneinen sein. UU ist nur der Umfang der Haftung wegen Mitverschuldens des Verletzten gem § 254 BGB eingeschränkt (vgl OLG Celle VersR 1981, 1057, 1058; OLG Hamm VersR 1982, 860; Rn 202). 28

Bei menschlichen Schreckreaktionen ist in Anwendung der allgemeinen Regeln danach zu unterscheiden, ob es sich um eine ganz ungewöhnliche Reaktion handelt oder nicht. Dabei bildet die Bevölkerungsgruppe den Maßstab, der der Verletzte angehört (vgl OLG Koblenz VersR 1999, 508; OLG Köln VersR 1999, 1293, 1294). Bei kleinen Kindern, kranken oder sehr alten Menschen kann bereits das Anbellen durch einen Hund adäquat kausal für eine zum Schaden führende Schreckreaktion sein. Es kommt dabei nicht darauf an, ob von dem Tier eine Gefahr (des Beißens, Umwerfens) objektiv zu befürchten war und ob es sich um einen bissigen oder gutmütigen Hund handelte. Daher ist die Tierhalterhaftung zu bejahen, wenn eine alte Dame aus Furcht vor dem möglichen Biss eines bellend anlaufenden großen Hundes wegläuft und dabei stürzt (vgl auch RG JW 1906, 350, 351; OLG Stuttgart Recht 1918 Nr 1532), wenn sie eine Kaufhaustreppe hinaufgeht und erschrickt und stürzt, weil sich ein mit langer Leine auf dem Treppenabsatz angebundener Hund auf sie zubewegt (OLG Hamm VersR 1981, 85) oder wenn sie aus Angst vor einem großen Hund, der schwanzwedelnd auf sie zukommt, zurücktritt und stürzt (OLG Nürnberg NJW-RR 1991, 741; s auch OLG Nürnberg 5. 2. 2026 – 13 U 1961/24, juris Rn 25: stressbedingtes Zusammensacken einer geschwächten Person). Außerhalb solcher, für die jeweilige Bevölkerungsgruppe nicht 29 ganz ungewöhnlichen Reaktionen ist die Adäquanz zu verneinen (ebenso Wussow/Terbille, Unfallhaftpflichtrecht [15. Aufl 2002] Kap 11 Rn 5; s jetzt auch Wussow/Rüge/Fahl § 2 Rn 758). Das gilt etwa, wenn eine besonders furchtsame oder ungewöhnlich nervenschwache Person schon durch das Anbellen oder Anspringen eines offenbar nicht zu fürchtenden kleinen Hundes erschrickt und (bei Fluchtbewegungen usw) zu Boden stürzt und sich verletzt (vgl RG JW 1908, 41, 42; vgl auch OLG Saarbrücken NJW-RR 2006, 969, 970 [Reaktion eines besonders nervösen und schreckhaften Pferdes auf ein umherlaufendes Hunderudel]).

Die Adäquanz fehlt beispielsweise auch, wenn sich jemand angesichts einer Rauferei seines Hundes mit einem anderen Hund so sehr aufregt, dass er einen Herzinfarkt erleidet (OLG Karlsruhe VersR 1993, 614, 615).

Das OLG München wendet entsprechende Grundsätze bei tierischen Schreckreaktionen an (OLG München 13. 1. 2021 – 10 U 4894/20): Kutschpferde hatten sich durch einen plötzlich auf einer Kuppe auftauchenden Hund erschreckt und gescheut, wodurch der Pferdehalter verletzt und die Kutsche beschädigt wurde. Der Hund war auf der Kuppe stehen geblieben, als er die Kutsche sah; das Scheuen der Pferde war also eine Reaktion auf das bloße Erscheinen, die physische Anwesenheit des Hundes. Nach der Entscheidung des OLG München tritt in diesem Fall die Haftung der Hundehalterin wegen der überwiegenden Mitverursachung durch die eigenen Tiere des Pferdehalters (§ 254 BGB) zurück (Rn 12 f der Entscheidung).

3. Rechtswidrigkeit, Haftungsprivilegierung

30 § 833 S 1 BGB ist ein Unterfall der unerlaubten Handlung. Die Norm ist deshalb unanwendbar, wenn die Einwirkung nicht rechtswidrig ist, zB wegen einer Duldungspflicht nach § 906 BGB (BGHZ 117, 110, 111 f: Blütenbestäubung durch Bienen des Nachbarn; BGH 19. 7. 2019 – V ZR 177/17, juris Rn 65 [zur Duldungspflicht aus § 65 Abs 1 S 1 BNatSchG]; AG Brandenburg NJW-RR 2018, 278, 279 Rn 37 f; Geigel/Haag, Der Haftpflichtprozess [29. Aufl 2024] 18. Kap Rn 1; Grüneberg/Retzlaff § 833 Rn 9; Wussow/Terbille, Unfallhaftpflichtrecht [15. Aufl 2002] Kap 11 Rn 11; mit anderer Begründung Larenz/Canaris, Schuldrecht II/2 § 84 II 1 d; BeckOGK/Spickhoff [1. 4. 2025] § 833 Rn 35 f; MünchKommBGB/Wagner § 833 Rn 33).

Die Haftungsprivilegierung des § 1664 Abs 1 BGB gilt nach BGH NJW 2021, 778 f auch für den verschuldensunabhängigen Anspruch aus § 833 S 1 BGB (zustimmend Lugani NZFam 2021, 267; ebenso Erbarth NZFam 2021, 714, 719, 712 zu § 1359 BGB [für nicht versicherte Schäden]; **aA** Klinkhammer Marburg Law Review 2022, 23, 26, 27 f; außerdem Staudinger/Heilmann [2020] § 1664 Rn 37 und nunmehr Soergel/Hilbig-Lugani § 1664 Rn 25, die § 1664 Abs 1 BGB nicht auf die Fälle der Gefährdungshaftung anwenden wollen). Entsprechendes muss dann für die Haftungsprivilegierung des § 1359 BGB gelten. Allerdings ist dem entgegenzuhalten, dass es bei der Gefährdungshaftung, speziell bei § 833 Abs 1 BGB, um die Verwirklichung eines spezifischen Gefahrenkreises geht, der Haftungsprivilegierungen von vornherein nicht zugänglich ist (vgl Wellenhofer JuS 2021, 461; vgl auch Herberger jM 2021, 398, 400).

V. Tiergefahr

1. Die Tiergefahr als Tatbestandsmerkmal

Der Wortlaut des § 833 S 1 BGB („durch ein Tier“) deutet darauf hin, dass die Norm alle unter kausaler Beteiligung eines Tieres verursachten Schäden erfasst. Eine derartige reine Verursachungshaftung ist von der Norm jedoch nicht bezweckt. Grund für die Einführung der Haftung waren die mit der Tierhaltung verbundenen außergewöhnlichen Gefahren (vgl Prot II 2867; D II 99). Die Auslegung der Norm hat sich hieran zu orientieren. Dementsprechend versteht die ganz hM § 833 S 1 BGB als Gefährdungshaftung: Der Tierhalter muss für alle von dem Tier verursachten Schäden einstehen, die sich als Konkretisierung der Tiergefahr darstellen (RGZ 80, 237, 238 f; BGHZ 67, 129, 130 = NJW 1976, 2130; BGB-RGRK/Kreft § 833 Rn 2; grundlegend Stierle 46 f, 57 f; Traeger, Der Kausalbegriff im Straf- und Zivilrecht – Zugleich ein Beitrag zur Auslegung des BGB [1904] 316 f; Litten 74 f, 79 f unter Anknüpfung an Rümelin, Die Gründe der Schadenszurechnung und die Stellung des deutschen bürgerlichen Gesetzbuchs zur objektiven Schadensersatzpflicht [1896] 45 f; Rümelin, Der Zufall im Recht [1896] 41 f). Vereinzelte Stimmen in der Literatur lehnen es dagegen ab, den Tatbestand des § 833 S 1 BGB um das Merkmal der Tiergefahr zu ergänzen (Haase JR 1973, 10, 13; Wolf, Schuldrecht BT 673). Auch sie befürworten allerdings eine Begrenzung des Anwendungsbereichs der Norm, indem Schäden durch Tiere unter menschlicher Leitung sowie Schäden, die das Tier nicht „durch seine Reaktion“ verursacht hat, nicht erfasst sein sollen (so Haase JR 1973, 10, 11, 13), bzw eine „Tätigkeit des Tieres entsprechend seiner Natur“ vorliegen müsse (so Wolf, Schuldrecht BT 669, 671). Diese Ansichten ersetzen somit das Merkmal der Tiergefahr lediglich durch andere Formulierungen, legen dieses Merkmal an sich nur anders aus als die hM und sind daher letztlich allein als Kritik an dem (älteren!) Verständnis der Rechtsprechung von der Tiergefahr zu verstehen (in diesem Sinne auch Siegfried 53, 56 f). 31

Zur Frage der Beweislastverteilung hinsichtlich des Merkmals „Tiergefahr“ vgl OLG Koblenz NJW-RR 1998, 1482 f; Baumgärtel VersR 1983, Karlsruher Forum 85 f. Steht beispielsweise fest, dass die Katze der beklagten Halterin den Kläger gebissen hat, dann sind die Voraussetzungen des § 833 S 1 BGB erfüllt. Die Einzelheiten des Schadenshergangs müssen nicht bewiesen werden. Sie können vielmehr lediglich bei der Frage Bedeutung erlangen, ob die Tierhalterhaftung wegen Mitverschuldens – oder ganz ausnahmsweise wegen rechtsmissbräuchlicher Geltendmachung – beschränkt oder ausgeschlossen ist (BGH 26. 4. 2022 – VI ZR 1321/20, juris Rn 11 mwNw, NJW-RR 2022, 1432 Rn 11; anders noch die Vorinstanz, OLG Frankfurt 2. 11. 2020 – 22 U 238/19, juris Rn 21).

2. Die ältere Auslegung des Merkmals Tiergefahr durch die Rechtsprechung: willkürliches Tierverhalten

Für das RG bestand die Tiergefahr „in dem gefährlichen Ausbruche der tierischen Natur, in der von keinem vernünftigen Wollen geleiteten Entfaltung der tierischen organischen Kraft, in der selbstständigen Entwicklung einer nach Wirkung und Richtung unberechenbaren tierischen Energie“, sodass der Schaden „durch ein der tierischen Natur entspringendes, selbsttätiges willkürliches Verhalten des Tieres verursacht“ worden sein müsse (RGZ 80, 237, 238 f; ähnlich RGZ 54, 73, 74; RGZ 60, 65, 68 f; 32

RGZ 65, 103, 106; RGZ 141, 406, 407). Dieses Verständnis der Tiergefahr wurde vom BGH (BGH VersR 1959, 853, 854; BGH VersR 1966, 1073, 1074; BGH NJW 1971, 509 = VersR 1971, 320; BGH NJW 1975, 867, 868 = VersR 1975, 522), den Instanzgerichten (zB OLG Nürnberg VersR 1959, 573; OLG Nürnberg VersR 1963, 759; OLG Nürnberg VersR 1970, 1059, 1060; OLG Oldenburg VersR 1963, 444; OLG Hamburg VersR 1964, 1273, 1274; OLG Düsseldorf VersR 1975, 1122, 1123) und überwiegend auch von der Literatur übernommen (zum Grund für die ursprünglich restriktive Auslegung des Begriffs Tiergefahr vgl Siegfried 72 f).

33 Eine Verwirklichung der Tiergefahr wurde anhand dieses Kriteriums des willkürlichen, dh von keinem vernünftigen Wollen geleiteten Verhaltens beispielsweise angenommen bei Scheuen (RGZ 60, 65, 68 f), Durchgehen (RGZ 50, 219, 221; RGZ 54, 73, 74 f; RG WarnR 1911 Nr 328) und Ausschlagen (RGZ 61, 316, 317 f; RG WarnR 1932 Nr 149; BGH VersR 1955, 38) von Pferden, bei Anspringen (gegen andere Tiere und Menschen) und Beißen von Hunden (OLG Stuttgart VersR 1978, 1123, 1124), bei Ausbrechen von Tieren aus einer Umzäunung auf eine Straße (BGH LM Nr 3 = VersR 1956, 127, 128: Der tierischen Natur entspreche es, auf den Straßenverkehr nicht Rücksicht zu nehmen und sich unbekümmert um den Verkehr auf der Straßenfläche zu bewegen; OLG Nürnberg VersR 1966, 42; OLG Frankfurt NJW 1976, 573, 574; im Ergebnis ebenso BGH VersR 1957, 167) und in ähnlichen Fällen (vgl beispielsweise BGH VersR 1966, 1073, 1074 [Pferd bockt vor einem Hindernis, galoppiert weiter und springt zu früh los]; BGH NJW 1975, 867, 868 [festgebundenes Kalb zerrt an seinem Strick]). Ein willkürliches Verhalten des Tieres wurde nicht dadurch ausgeschlossen, dass dieses durch einen äußeren Anreiz zu einem besonderen Verhalten, insbesondere zu jähen gewaltsamen Bewegungen veranlasst wurde (vgl die Beispiele mit Nachweisen bei BGB-RGRK/Kreft § 833 Rn 13).

34 Demgegenüber führte dieses Verständnis der Tiergefahr in verschiedenen Fallgruppen dazu, dass ein Anspruch aus § 833 S 1 BGB abgelehnt wurde: Ein willkürliches Tierverhalten wurde verneint, wenn das Tier nur als **mechanisches Werkzeug** gewirkt und es an einem selbsttätigen Verhalten des Tieres selbst gefehlt hatte (zu Beispielen vgl Staudinger/Eberl-Borges [2008] § 833 Rn 31); außerdem dann, wenn auf den Körper oder auf die Sinne des Tieres ein äußeres Ereignis (vgl OLG Oldenburg VersR 1963, 444) mit übermäßiger Gewalt derart eingewirkt hatte, dass ihm gar keine Freiheit gelassen wurde, sich anders zu verhalten, das Tier also unter einem unwiderstehlichen **physiologischen Zwang** gehandelt hatte (Näheres bei Rn 52 ff; vgl dazu auch Staudinger/Eberl-Borges [2008] § 833 Rn 32). Kein selbstständiges, willkürliches, sondern ein unselbstständiges Verhalten des Tieres sollte vorliegen, wenn das Tier – beispielsweise ein vom Reiter oder Kutscher gelenktes Pferd – dem Willen und der **Leitung des Menschen** gefolgt war (vgl RGZ 50, 180, 181; BGH NJW 1952, 1329; BGH VersR 1966, 1073, 1074; OLG Hamburg VersR 1964, 1273, 1274 [Gang mit einem Blindenhund]; OLG München OLGRspr 28, 295 [Hetzen eines Hundes auf andere Menschen]). Kein willkürliches, sondern ein **natürliches Verhalten** sollte vorliegen, wenn das Tier sich lediglich seiner natürlichen Veranlagung entsprechend verhalten hatte (Näheres hierzu bei Rn 60 ff; vgl auch Staudinger/Eberl-Borges [2008] § 833 Rn 34).

35 Gegen ein solches Verständnis von der Tiergefahr ist einzuwenden, dass nach den Erkenntnissen der Tierverhaltensforschung die Reaktion des Tieres gerade nicht – der Freiheit der Willensbildung wie beim Menschen entsprechend – „willkürlich", sondern als im tierischen Organismus angelegte Reaktion auf einen auslösenden Reiz angelegt, eher zwangsläufig ist (vgl BGHZ 67, 129, 133 = NJW 1976, 2130, 2131 mwNw;

BGH VersR 1976, 1175, 1176; OLG Köln VersR 1972, 177, 178 = JZ 1972, 408 m zust Anm Stötter; BGB-RGRK/Kreft § 833 Rn 21; Siegfried 64 f; Stötter MDR 1970, 100, 102). Das Tier verhält sich gemäß angeborenen oder erworbenen Instinktprogrammen. In diesem Bereich für menschliche Verhaltensweisen entwickelte Begriffe („willkürlich", „von keinem vernünftigen Wollen geleitet"; vgl besonders OLG Nürnberg VersR 1959, 573, 574, das das Verhalten eines aufgescheuchten Rehs als kopflos bezeichnet – dem Reh fehle eine kühle, verstandesmäßige Überlegung mit Abwägung der Vor- und Nachteile eines bestimmten Fluchtweges) können daher nicht einfach auf Tiere übertragen werden (vgl MünchKommBGB/Wagner § 833 Rn 17; gegen eine „Vermenschlichung" des Tieres auch Brüninghaus, Die Stellung des Tieres im Bürgerlichen Gesetzbuch [1993] 83).

Zu Recht hat daher der BGH in seiner Entscheidung vom 6. 7. 1976 (BGHZ 67, 129, 36
132 f = NJW 1976, 2130, 2131 = VersR 1976, 1090, 1091) dieses Verständnis des Merkmals Tiergefahr aufgegeben (wiederum offen gelassen in BGH VersR 1976, 1175, 1176 [Urteil v 13. 7. 1976]; bereits das OLG Köln hatte in VersR 1972, 177, 178 = JZ 1972, 408 und in seiner in BGH VersR 1976, 1175, 1176 referierten Entscheidung die Unterscheidung zwischen willkürlichem und natürlichem Tierverhalten abgelehnt).

3. Die neuere Auslegung des Merkmals Tiergefahr durch die Rechtsprechung: Unberechenbarkeit des tierischen Verhaltens

Der BGH orientiert seine Definition der Tiergefahr nunmehr am „Sinn und Zweck 37
der gesetzlichen Vorschrift", die Schutz vor „der Unberechenbarkeit des Verhaltens eines Tieres und der dadurch hervorgerufenen Gefährdung von Leben, Gesundheit und Eigentum Dritter" gewähren solle. Das Gericht schließt daraus, dass der Tierhalter „für all das einzustehen hat, was infolge dieser tierischen Unberechenbarkeit an Schaden entsteht". Die Tiergefahr liege ausschließlich in dem für den Halter „unberechenbaren Tierverhalten" (BGHZ 67, 129, 132 = NJW 1976, 2130, 2131; BGH LM Nr 4 = NJW 1965, 2397; BGH VersR 1978, 515; BGH LM Nr 11 = NJW 1982, 763, 764; BGH NJW 1992, 2474 = VersR 1992, 1145, 1146; ihm folgend die Instanzgerichte, etwa OLG Düsseldorf VersR 1983, 115; OLG Karlsruhe MDR 1994, 453; OLG Schleswig NJW-RR 1994, 289; OLG Stuttgart VersR 1978, 1123, 1124 und in der Literatur Bornhövd VersR 1979, 398; Honsell MDR 1982, 798).

Dieser Wandel der Rechtsprechung in der Formulierung hat sich allerdings auf die 38
inhaltliche Bedeutung des Begriffes Tiergefahr kaum ausgewirkt. Das ließ sich bereits in BGHZ 67, 129 absehen, wo das Gericht festgestellt hat, dass dann, wenn in bisheriger Judikatur von „willkürlichem Verhalten" bzw von „von keinem vernünftigen Wollen geleiteten Tierverhalten" die Rede gewesen sei, in der Sache nichts anderes gemeint gewesen sei als die Unberechenbarkeit tierischen Verhaltens (BGHZ 67, 129, 132 f = NJW 1976, 2130, 2131; auch hat die ältere Rechtsprechung die Begriffe „willkürlich" und „unberechenbar" teilweise parallel verwandt, vgl OLG Koblenz VersR 1955, 313, wo das Verhalten eines Hundes als „typisch tierisch, willkürlich und unberechenbar" beurteilt wird; vgl auch die Verwendung der Begriffe bei Honsell MDR 1982, 798). In der Folge haben dann auch Instanzgerichte häufig nach wie vor auf die Tiereswillkür abgestellt (vgl OLG Düsseldorf VersR 1980, 270; OLG Düsseldorf VersR 1981, 82, 83; OLG Braunschweig VersR 1983, 347, 348; OLG Hamm VersR 1993, 238; OLG Schleswig VersR 1983, 470; OLG Köln VersR 1992, 846; ebenso in der Lit Fikentscher/Heinemann, Schuldrecht [13. Aufl 2025] Rn 1686). In den schon bisher als Ausprägung der Tiergefahr anerkannten Fällen wird § 833 S 1 BGB auch heute angewandt. Die Fallgruppen, in denen eine Verwirklichung der Tiergefahr abgelehnt

wurde, sind im Wesentlichen beibehalten worden. Lediglich beim sog natürlichen Tierverhalten (generell kritisch zu dieser Kategorie BGHZ 67, 129, 131 = NJW 1976, 2130; diese Kategorie gänzlich ablehnend OLG Köln VersR 1972, 177, 178 = JZ 1972, 408 m zust Anm Stötter) zeichnet sich eine Verschiebung ab: Anerkannt ist bereits, dass der tierische Deckakt (ebenso für sog Hengstmanieren als Reaktion auf die Stute OLG Düsseldorf NJW-RR 1994, 92, 93) heute dem Bereich der Tiergefahr zuzurechnen ist; allerdings bezieht sich diese Rechtsprechung nur auf den Fall, dass der Deckakt ohne Wissen und Willen des Tierhalters vollzogen worden ist (vgl BGHZ 67, 129, 133 = NJW 1976, 2130, 2131; OLG Köln VersR 1972, 177, 178; OLG Hamm NJW-RR 1994, 804; OLG Schleswig NJW-RR 1994, 289; ohne eine entsprechende Einschränkung OLG Düsseldorf NJW-RR 1994, 92, 93 im Hinblick auf sog Hengstmanieren). Nach OLG Karlsruhe (MDR 1994, 453) und OLG Bamberg (NJW-RR 2021, 815, 816) greift auch bei tierischen Ausscheidungen die Tierhalterhaftung ein (**aA** OLG Frankfurt VersR 1985, 1189, 1190 noch unter Bezugnahme auf das RG [Krankheitsübertragung zwischen Bienenvölkern]; AG Frankenberg-Eder AgrarR 1988, 318 [Beschmutzung der Außenfassade eines Hauses durch ein Kraftfahrzeug, das durch einen Kuhfladen fuhr]; offen gelassen in BGHZ 67, 129, 131 = NJW 1976, 2130).

Inzwischen stellt die Rechtsprechung in der Regel (nur auf die Unberechenbarkeit abstellend: BGH NJW 1992, 2474) auf eine erweiterte Formulierung vom „unberechenbaren und selbständigen" (BGH NJW 1982, 763, 764; 1999, 3119; 2015, 1824, 1825; 2016, 2737, 2738; NJW-RR 1990, 789, 790 f; 2006, 813, 814) oder „unberechenbaren und selbsttätigen" (BGH NJW 1992, 907; s auch BGH NJW 2014, 2434 [„unberechenbares oder aber auch instinktgemäßes selbsttätiges"]) Verhalten des Tieres ab. In der Sache hat sich das Verständnis von der Tiergefahr damit aber nicht geändert (s aber nun BGH 11. 6. 2024 – VI ZR 381/23 Rn 7 ff, NJW 2024, 3292 m Anm Ehmer = r+s 2025, 76 m Anm Biller-Bomhardt/Rieth sowie Anm Eberl-Borges LMK 2024, 826444, wo das Gericht im Wesentlichen auf die Selbsttätigkeit abstellt und die Unberechenbarkeit kaum noch erwähnt; demzufolge schließe die Leitung des Tieres durch den Menschen spezifische Tiergefahren nicht zwangsläufig aus, s dazu noch Rn 56). Grund für die erweiterte Formulierung ist offenbar, dass der BGH die Unberechenbarkeitsformel anhand eines Falles eingeführt hatte, in dem der tierische Deckakt gerade ohne Wissen und Willen des Tierhalters erfolgt war (BGHZ 67, 129, 133 = NJW 1976, 2130, 2131). Das Erfordernis des selbsttätigen Verhaltens ist in dem Sinne zu verstehen, dass nur ein selbsttätiges Verhalten ein unberechenbares Verhalten sein kann (vgl BGH VersR 1978, 515). Im Übrigen hat die Rechtsprechung auch bei ihrer älteren Auslegung bereits auf das „selbsttätige willkürliche Verhalten" des Tieres abgestellt (Rn 32).

39 Dem „neuen" Begriff der Unberechenbarkeit ist entgegenzuhalten, dass er unscharf und missverständlich ist. Es bleibt offen, ob auf die abstrakte oder konkrete Unberechenbarkeit abgestellt werden soll. Abstrakt gesehen ist gerade damit zu rechnen, dass Hunde beißen, Pferde scheuen, Bienen stechen usw (vgl Deutsch NJW 1978, 1998, 2000; AK-BGB/Kohl § 833 Rn 5; Schünemann JuS 1978, 376, 378; Siegfried 69; MünchKomm-BGB/Wagner § 833 Rn 17). Auch auf die konkrete Situation bezogen gibt es tierische Verhaltensweisen, die zumindest für den Halter berechenbar sind (Hund, der jeden Briefträger zu beißen versucht; Pferd, das durch ungewohnte Geräusche erschreckt wird und durchgeht; Hund, der läufigen Hündinnen nachzustellen versucht).

Gegen die praktischen Auswirkungen des Unberechenbarkeitskriteriums in der Rechtsprechung, die kaum zu anderen Ergebnissen gelangt als nach Maßgabe des Willkürlichkeitskonzepts, ist anzuführen, dass der Anwendungsbereich des § 833 S 1

BGB dadurch seinem Sinn und Zweck zuwider zu sehr eingeschränkt wird (ähnlich BGB-RGRK/Kreft § 833 Rn 20; Larenz/Canaris, Schuldrecht II/2 [13. Aufl 1994] 616; Schünemann JuS 1978, 376, 378; Siegfried 68).

4. Die neuere Lehre: selbsttätiges Tierverhalten

40 Mit einem Teil der Literatur (Lorenz 172, 178; Pfab VersR 2006, 894, 896 [eigene Energieentfaltung des Tieres]; PWW/Schaub § 833 Rn 4; Schmid JR 1976, 274, 275; Siegfried 68, 79, 98; BeckOGK/Spickhoff [1. 4. 2025] § 833 Rn 68 [Bewegungsdrang]; MünchKommBGB/Wagner § 833 Rn 19 [Lebendigkeit – Energie des Tieres]; in der Sache genauso BGB-RGRK/Kreft § 833 Rn 20; Kreft Karlsruher Forum 1983, 153; außerdem Deutsch NJW 1978, 1998, 2000 f; Terbille VersR 1994, 1151, 1153 und AK-BGB/Kohl § 833 Rn 5 [die jeweils typischen tierischen Eigenschaften machten die Tiergefahr aus]; vgl auch Hoffmann Zfs 2000, 181, 182, der neben der Selbstständigkeit allerdings auch die Willkürlichkeit und die Unberechenbarkeit nennt; s auch bereits vGierke, Deutsches Privatrecht Bd III [1917] § 214 I 2 d; restriktiver Lehmann/Auer VersR 2011, 846, 849; gegen diese Schmid VersR 2014, 555) ist die Tiergefahr in dem selbsttätigen Verhalten des Tieres zu sehen. Allein diese Ansicht entspricht dem Sinn und Zweck des § 833 S 1 BGB.

41 Die als Gefährdungshaftung ausgestaltete Luxustierhalterhaftung nach § 833 S 1 BGB wurde deshalb eingeführt, weil mit dem Halten wilder oder gefährlicher Tiere außergewöhnliche Gefahren verbunden sind (Prot II 2867; D II 99). Die Ursache dieser Gefahren liegt darin, dass Tiere – im Gegensatz zu leblosen Sachen – als lebende, bewegliche Organismen eine eigene Kraftquelle darstellen (so Siegfried 9; ähnlich BGB-RGRK/Kreft § 833 Rn 2; vgl auch Lorenz 172; Soergel/Krause § 833 Rn 8). Tiere bewegen sich „von selbst“, und infolge mancher tierischer Eigenschaft kann diese Beweglichkeit gefährlich werden. Auf diese Weise ergibt sich eine Vielzahl möglicher Tiergefahren. Die Unberechenbarkeit tierischen Verhaltens ist nur eine davon, weitere sind etwa die Beeinflussbarkeit des Tieres durch den Menschen, die Neigung zu Schreckreaktionen, der Jagd- oder der Verteidigungsinstinkt (vgl etwa AG Steinfurt 23. 10. 2019 – 21 C 443/18, juris Rn 14, 16: Katzen verursachen im Zuge ihres Jagdtriebs Kratzer an einem Fahrzeug). Der Schutzbereich des § 833 S 1 BGB würde verkürzt, wollte man nur die Kategorie der Unberechenbarkeit tierischen Verhaltens unter die Norm fassen. Sie muss sich vielmehr auf alle tier-eigentümlichen Verhaltensweisen erstrecken.

a) Bloß „mechanische Wirkung“ eines Tieres (körperliche Massewirkung)

42 In der Fallgruppe, bei der das Tier lediglich wie ein lebloser Gegenstand („tote Masse“) „mechanisch gewirkt“ haben soll, werden verschiedene Konstellationen zusammengefasst.

aa) Tier als mechanisches Werkzeug

43 Wird ein Tier wie eine leblose Sache gleichsam als Werkzeug zu einer Schädigungshandlung benutzt (Beispiel: Tier als „Wurfgeschoss“; vgl Fleischauer JW 1901, 880, 881; Siegfried 81), wirkt nach allgM keine Tiergefahr mit (RGZ 80, 237, 239; BGH VersR 1978, 515; BGB-RGRK/Kreft § 833 Rn 24; Kreft Karlsruher Forum 1983, 153, 156; Lorenz 178; Terbille VersR 1994, 1151, 1153; MünchKommBGB/Wagner § 833 Rn 22), sodass die Tierhalterhaftung nicht eingreift. Dieser Ansicht ist beizupflichten. Die tierische Eigenschaft, die hier (mit-)kausal für den Schaden ist, liegt allein darin, dass das Tier eine Masse hat. Diese Masse hat das Tier aber nicht selbst eingesetzt, dh das Tier trat nicht als eigene

Kraftquelle in Erscheinung. Damit ist das die Tiergefahr begründende Moment hier nicht mit im Spiel. Es hat vielmehr eine Eigenschaft des Tieres gewirkt, die keine Tiergefahr ausmacht. Diese Eigenschaft teilt das Tier mit allen anderen Bestandteilen der körperlichen Welt. Der Schädiger hätte sich genauso gut einer Sache bedienen, etwa mit einer Sache werfen können. Es ist hier ohne Bedeutung, dass der Schädiger gerade zu einem Tier gegriffen hat.

44 Anders ist die Rechtslage allerdings zu beurteilen, wenn es bei dem Tier etwa zu einer Schreckreaktion kommt und diese wiederum zu einer Verletzung führt, beispielsweise wenn die auf einen Menschen geworfene Katze sich im Fallen festhalten will und dabei durch ihre Krallen Hautverletzungen verursacht. In diesem Fall wirkt das Tier (auch) als eigene Kraftquelle, sodass es um eine Tiergefahr geht. Es ist gerade typisch für ein Tier, dass es sich, wenn es geworfen wird, aus Schreck oder aus einem Verteidigungsinstinkt heraus bewegt. Sachen, die auf einen Menschen geworfen werden, bewegen sich demgegenüber nur infolge physikalischer Kräfte, etwa der Schwerkraft, und nicht von selbst.

45 Bei mehraktigen Geschehensabläufen ist zu beachten, dass eine sich in einem Akt verwirklichte Tiergefahr in den weiteren Akten fortwirken kann, sodass (auch) in letzteren das Tier nicht als mechanisches Werkzeug fungiert. So lag es in dem der Entscheidung LG Kiel VersR 1969, 456 zugrundeliegenden Sachverhalt: Ein Hund war plötzlich vor das erste von drei hintereinander fahrenden Kraftfahrzeugen gelaufen und wurde von diesem angefahren; dadurch prallte der Hund gegen den zweiten Wagen und flog schließlich noch gegen das dritte Fahrzeug. Das LG hat eine Tierhalterhaftung nur für die Schäden am ersten Fahrzeug bejaht. Die auf den ersten Zusammenstoß folgenden Bewegungen des Tieres ließen sich nicht mehr auf ein typisches Tierverhalten zurückführen. Der Hund sei vielmehr insoweit Spielball der verschiedenen, von den beteiligten Fahrzeugen ausgehenden Kräfte gewesen. Dem LG ist entgegenzuhalten, dass die drei Akte dieses Geschehens nicht isoliert betrachtet werden können. Wie der erste Zusammenstoß für die beiden anderen kausal war, so erstreckt sich auch die beim ersten Zusammenstoß mitwirkende Tiergefahr auf die anderen beiden (im Ergebnis ebenso BGB-RGRK/Kreft § 833 Rn 25).

bb) Größe oder Gewicht des Tieres als Schadensursache

46 Die Tierhalterhaftung ist zu verneinen, wenn der Schaden ausschließlich durch Größe oder Gewicht des Tieres verursacht worden ist. Das ist etwa der Fall, wenn eine auf einem Fahrzeug beförderte Giraffe lediglich infolge ihrer Größe einen in den lichten Raum über der Fahrbahn hineinragenden Gegenstand beschädigt oder wenn der Boden eines Fahrzeugs, mit dem ein Elefant befördert wird, ausschließlich infolge des großen Gewichts des Tieres (und nicht etwa wegen Trampelns oder ähnlichem) durchbricht (Beispiele nach Kreft Karlsruher Forum 1983, 153, 156). In diesen Fällen wirkt sich nicht die eigene Kraftquelle des Tieres aus, vielmehr wirken die Tiere nicht anders als gleich große oder gleich schwere leblose Gegenstände (Kreft Karlsruher Forum 1983, 153, 156; BGB-RGRK/Kreft § 833 Rn 27).

cc) Stürzende Tiere

47 Wenn in Rechtsprechung und Lehre von der Fallgruppe „Schädigung aufgrund der bloßen Körpermasse“ bzw „des Gewichtes des Tieres“ die Rede ist (vgl OLG Dresden SeuffA 58 Nr 186; SächsA 1915, 8, 9 [Schädigung „durch die auf das Tier wirkende Schwerkraft“];

OLG Braunschweig VersR 1983, 347, 348; Lorenz 113; Siegfried 94), geht es in der Sache meist um stürzende Tiere, insbesondere Pferde, die auf Menschen oder Sachen fallen und dadurch Schaden verursachen. Die hM hält in diesen Fällen § 833 S 1 BGB für unanwendbar, weil das Tier nur als tote Masse wirke (OLG Braunschweig VersR 1983, 347, 348; im Ergebnis ebenso OLG Frankfurt Recht 1907 Nr 456; LG München II 13. 11. 2025 – 1 O 831/25, juris Rn 31 f; vgl auch OLG München VersR 1958, 424: Ein beladener Wagen rutscht auf Glatteis aus und reißt das den Wagen ziehende Pferdegespann mit, wodurch es zum Zusammenstoß mit einem entgegenkommenden Pkw kommt). Eine Tiergefahr soll lediglich dann vorliegen, wenn das Hinstürzen Folge vorangegangener typischer tierischer Aktivitäten war wie zB Durchgehen, Scheuen usw (RG JW 1911, 366; RG JW 1914, 36; OLG Dresden SeuffA 58 Nr 186; OLG Braunschweig VersR 1983, 347, 348; BGB-RGRK/Kreft § 833 Rn 24).

Eine Tiergefahr verwirklicht sich aber nicht nur in den zuletzt genannten Fällen. 48
Stürzt ein Tier aus Erschöpfung (so wohl in OLG Dresden SeuffA 58 Nr 186), so hat die tiertypische Eigenschaft mitgewirkt, uU bis zur Erschöpfung weiterzulaufen bzw sich bis zur Erschöpfung vorantreiben zu lassen. Auch bei einer beim Kalben niederstürzenden Kuh (Fall des OLG Dresden SächsA 1915, 8) ist eine Tiergefahr mit im Spiel, da der Geburtsvorgang gerade Ausdruck des Lebens, der eigenen Kraftquelle des Tieres ist (anders OLG Frankfurt 29. 31. 2026 – 3 U 127/25, juris Rn 21 f = r+s 2026, 380 mAnm Biller-Bomhardt zu einem während des Sterbeprozesses umfallenden Pony). Selbst das schlichte Stolpern geht auf die Eigenschaft des Tieres als lebendem, eigenbeweglichem Organismus zurück, sodass das Stürzen gerade eine der Gefahren ist, die von Tieren drohen. Bei Schäden durch stürzende Tiere tritt daher in aller Regel die Tierhalterhaftung ein (ebenso Deutsch NJW 1978, 1998, 2000 f; AK-BGB/Kohl § 833 Rn 5; Schünemann JuS 1978, 376, 378; Siegfried 96; Terbille VersR 1994, 1151, 1153; vgl auch Kreft Karlsruher Forum 1983, 153, 156). Die Grenze ist erst dann überschritten, wenn das Tier niedergestoßen, also als mechanisches Werkzeug benutzt wird. Dann ist aber die zuerst genannte Fallgruppe einschlägig.

dd) Tier als passives Verkehrshindernis

In den Fällen, in denen ein Schaden durch ein ruhig auf einem Verkehrskörper befindliches Tier entsteht, hat die ältere Rechtsprechung eine Tiergefahr verneint (OLG 49
Königsberg Recht 1908 Nr 69 [ein Eisenbahnzug überfährt ruhig auf den Gleisen stehende Kühe und entgleist dadurch]; RG Recht 1909 Nr 1779 [ein Radfahrer stürzt über einen auf der Straße liegenden schlafenden oder ruhig stehenden Hund]; ebenso Brox/Walker, Besonderes Schuldrecht § 48 Rn 19; Esser/Weyers, Schuldrecht II/2 § 58 III 1 b [Stolpern über einen schlafenden Hund]; Lehmann/Auer VersR 2011, 846, 848; Weimar JR 1963, 414, 415; Weimar MDR 1964, 901, 902), während die neuere zur Anwendung des § 833 S 1 BGB gelangt (BGH LM Nr 3 = VersR 1956, 127 f; OLG Karlsruhe VersR 1955, 510; OLG Celle VersR 1980, 430, 431; OLG Hamm VersR 1982, 1009, 1010; OLG Frankfurt VersR 1982, 908; OLG Saarbrücken NJW-RR 2006, 893, 894; OLG Hamm r+s 2013, 357 [Sturz über schlafenden Hund]; LG Krefeld SVR 2021, 67, 68 [Katze liegt versteckt unter einem in einer Spielstraße geparkten Fahrzeug]; ebenso Deutsch NJW 1978, 1998, 2001; Kreft Karlsruher Forum 1983, 153, 156; Larenz/Canaris, Schuldrecht II/2 § 84 II 1 c; Medicus/Lorenz, Schuldrecht II § 84 Rn 5; Siegfried 86, 89 f; MünchKommBGB/Wagner § 833 Rn 24). Der neueren Rechtsprechung ist zu folgen. Es kann nicht allein darauf abgestellt werden, dass sich das Tier zum Unfallzeitpunkt nicht bewegt hat, sondern ruhig auf der Straße lag, saß oder stand. Die eigene Kraftquelle des Tieres hat sich ausgewirkt, indem sich das Tier auf die Straße begeben hat. In der Situation des Tieres auf der Straße wirkt diese Kraftquelle fort. Die tiertypische Eigenschaft, die dabei die Tier-

gefahr begründet, liegt darin, dass sich Tiere ohne Rücksicht auf den Verkehr auf die Fahrbahn begeben und darauf verweilen (vgl BGH LM Nr 3 = VersR 1956, 127, 128; Kreft Karlsruher Forum 1983, 153, 156). Die Wahl des Verkehrskörpers als Aufenthalts- bzw Ruheort ist eine der zahlreichen eigentümlichen, vom Menschen nicht voll beherrschbaren tierischen Eigenschaften, die eine Gefährdung mit sich bringen (Siegfried 88 f).

Die gleichen Grundsätze gelten auch, wenn sich das Tier auf einem Gehweg befindet und ein Fußgänger darüber stolpert (vgl Siegfried 92 f). Der Umfang der Tierhalterhaftung wird in solchen Fällen allerdings unter Umständen durch das Mitverschulden des Geschädigten eingeschränkt.

An der Beurteilung ändert sich nichts, wenn das Tier, als der Unfall passierte, bereits tot war, vorausgesetzt, es ist kraft seiner eigenen Energie in den Verkehr gelangt (vgl OLG Celle VersR 1980, 430, 431; MünchKommBGB/Wagner § 833 Rn 24; **aA** Schmid VersR 2014, 555, 556).

50 Die Tierhalterhaftung ist zu verneinen, wenn sich das Tier gerade keinen „unpassenden" Aufenthalts- oder Ruheort ausgesucht hat. Fällt etwa jemand über den Kopf eines Hundes, der sich in seine Hundehütte zurückgezogen hat und eben mit dem Kopf im Freien liegt, so hat bei dem Sturz keine Tiergefahr mitgewirkt (s auch OLG Köln BeckRS 2011, 02985 zu einer ähnlichen Konstellation; vgl auch OLG Celle 4. 3. 2020 – 20 U 38/19, juris Rn 38: Ein flüchtendes Pferd prallt gegen die ruhig auf ihrem Pferd sitzende Reiterin: keine mitwirkende Tiergefahr des Pferdes der verletzten Reiterin; zu einer ähnlichen Konstellation OLG Dresden 12. 9. 2024 – 5 U 633/24, juris Rn 42 f). Entsprechendes gilt selbst dann, wenn das Tier in Bewegung war. So hatte im Fall des OLG Celle HRR 1935 Nr 1658 (vgl auch OLG Königsberg Recht 1908 Nr 69; RG Recht 1906 Nr 3194) ein Motorradfahrer einen ruhig des Weges laufenden Hund von hinten angefahren und war dabei zu Schaden gekommen. Der im Laufen begriffene Hund entwickelte zwar eigene Energie, trat also als Kraftquelle in Erscheinung. Da sich der Hund allerdings verkehrsgerecht verhielt, wurde diese Kraftquelle nicht aufgrund einer Tiereigenschaft gefährlich (im Ergebnis ebenso BGB-RGRK/Kreft § 833 Rn 26; vgl auch OLG München, 29. 4. 2020 – 10 U 5304/19, juris Rn 8: Eine sich schließende Schranke verfing sich im Sattel des darunter befindlichen Pferdes und brach ab, als sie sich wieder öffnete).

b) Schädigungen durch den bloßen Anblick des Tieres

51 Durch den bloßen Anblick eines Tieres entstandene Schäden können die Tierhalterhaftung begründen (ebenso Deutsch NJW 1978, 1998, 2001; BGB-RGRK/Kreft § 833 Rn 26; **aA** Lorenz 172, 178, nach dem nur das aktive, nicht aber das passive Tier als Ansatzpunkt der Tierhalterhaftung in Betracht komme). Bricht etwa ein Tiger aus dem Zoo aus und dringt er in ein Warenhaus oder ein öffentliches Verkehrsmittel ein, dann sind die Verletzungen, die die vor dem Anblick des Tieres flüchtenden Menschen sich zuziehen, selbst dann auf die „Tiergefahr" zurückzuführen, wenn sich das Tier völlig ruhig verhält und nicht einmal bewegt (Beispiel von Deutsch NJW 1978, 1998, 2001; vgl auch LG Hamburg VersR 1993, 1496, 1497: Ein kleiner Hund weicht angesichts eines größeren ängstlich zurück und bringt dadurch eine ältere Dame, die ihn an der kurzen Leine führt, zu Fall). Darauf, dass sich das Tier im Moment der Flucht- oder Schreckreaktion in Ruhe befindet, kommt es nicht an, weil die Kausalität hier nicht physisch, sondern psychisch vermittelt wird. Diese Reaktion wurde jedenfalls dadurch veranlasst, dass die betreffenden Menschen wussten, was für schlimme Verletzungen Tiger verursachen können, und dass sie eine sofortige Flucht daher für notwendig hielten. Damit spielte die Eigenschaft des Tieres als eigene Kraftquelle eine entscheidende Rolle bei der Verletzung. Letztlich hat die tierische Fähigkeit zur Eigenbewegung zur Verletzung geführt. Die Tiergefahr ist in derartigen Fällen immer zu bejahen. Problematisch kann lediglich die Kausalität werden (dazu Rn 29).

c) Verhalten eines Tieres unter physiologischem Zwang

An der Fallgruppe des unter physiologischem Zwang handelnden Tieres, bei der zum Teil eine Tierhalterhaftung abgelehnt wird (Rn 34 sowie LEHMANN/AUER VersR 2011, 846, 850; GRÜNEBERG/RETZLAFF § 833 Rn 7), sind die Voraussetzungen problematisch, unter denen ein physiologischer Zwang vorliegt. Es sollen nur seltene Fälle in Betracht kommen, „in denen ein äußeres Ereignis auf Körper oder Sinne eines Tieres mit so übermächtiger Gewalt einwirkt, dass dem Tiere gar keine Freiheit zu irgendeinem anderen Verhalten gelassen wird" (RG JW 1933, 693). Bei Vorkommnissen des täglichen Lebens (RGZ 60, 65, 68) wie zB beim Scheuen vor flatternder Wäsche (RGZ 60, 65, 68), vor einem herankommenden Kraftwagen (RGZ 82, 112, 113; vgl auch BGH VersR 1963, 1141, 1142) oder vor einem niederfallenden Papierdrachen (RG Recht 1913 Nr 3134) soll dagegen eine Tiergefahr zu bejahen sein. Die Unterscheidung ist allerdings nicht klar: Die Tierhalterhaftung wurde in Fällen, in denen ein Pferd beim Kupieren des Schwanzes vor Schmerzen ausschlug (RG Recht 1909 Nr 470), ein Rind bei einer Impfung mit den Hörnern stieß (RG JW 1933, 693 f) oder ein Pferd den Tierarzt beim rektalen Fiebermessen trat (BGH r+s 2009, 295), bejaht, in einem Fall, in dem ein zum Verschneiden niedergeworfener und festgehaltener Hengst um sich schlug (RGZ 69, 399, 400 f), verneint. 52

Mit der hL (AK-BGB/KOHL § 833 Rn 5; BGB-RGRK/KREFT § 833 Rn 22; KREFT Karlsruher Forum 1983, 153, 155; SIEGFRIED 135; TERBILLE VersR 1994, 1151, 1153; MünchKommBGB/WAGNER § 833 Rn 23) ist eine Einschränkung der Tierhalterhaftung durch die Kategorie des unter physiologischem Zwang handelnden Tieres abzulehnen. Durch Einwirkungen mit „übermächtiger Gewalt" werden die von Tieren drohenden Gefahren wie etwa Schlagen, Beißen, Stechen, Kratzen geradezu provoziert. Es liegt in der Natur von Tieren als lebenden, eigenbeweglichen Organismen, auf Einwirkungen verschiedenster Art in irgendeiner Form zu reagieren. Schädigende Verhaltensweisen werden dadurch gerade hervorgerufen und die tierische Energie mobilisiert. In allen diesen Fällen verwirklicht sich daher eine Tiergefahr (vgl BGB-RGRK/KREFT § 833 Rn 22; SIEGFRIED 136 f; TERBILLE VersR 1994, 1151, 1153; WEIMAR JR 1958, 377). 53

Einwirkungen mit „übermächtiger Gewalt" stehen der Tierhalterhaftung deshalb dann nicht entgegen, wenn die Einwirkung einen Anstoß zu einem Verhalten des Tieres gegeben hat. Eine Haftung ist dagegen zu verneinen, wenn es infolge der Einwirkung zu einer Kraftentfaltung kommt, die kein selbsttätiges Verhalten des Tieres darstellt, ähnlich der Fallgruppe, in der das Tier als mechanisches Werkzeug verwendet wird (vgl LITTEN 97; SIEGFRIED 144 f: ein orkanartiger Wirbelwind schleudert eine Taube in einen Korb Erdbeeren; vgl auch BGH VersR 1978, 515; GRÜNEBERG/RETZLAFF § 833 Rn 7; diese Fälle werden häufig unter dem Stichwort „höhere Gewalt" diskutiert, vgl RGZ 54, 407, 408; OLG Hamm Recht 1902, 588 Nr 2679; BGB-RGRK/KREFT § 833 Rn 33). 54

d) Tiere unter menschlicher Leitung

55 Tierisches Verhalten kann vom Menschen geleitet sein, wobei die Intensität der Leitung mehr oder weniger stark ausgeprägt sein kann. So wurde Leitung auch bejaht, wenn der Führer, ohne die Zügel zu halten, neben dem Fuhrwerk herging und gegebenenfalls durch Zurufe einwirkte (RGZ 65, 103, 105 f) oder wenn der Leitende zeitweise seiner Aufgabe nicht die nötige Aufmerksamkeit zuwandte, zB der Kutscher eingeschlafen war, das Pferd sich aber in der angegebenen Richtung weiterbewegte (OLG Colmar OLGRspr 14, 52). Leitung liegt auch vor beim Hetzen eines Hundes auf einen Menschen (OLG München OLGRspr 28, 295 f) oder beim Werfen eines Balles, den der Hund apportieren soll (OLG Oldenburg VersR 1954, 27 f).

56 Bei Schädigungen durch Tiere unter menschlicher Leitung versagt die hM einen Ersatzanspruch aus § 833 S 1 BGB, weil sich keine Tiergefahr verwirklicht habe (RGZ 50, 180, 181; 65, 103, 106; RG Recht 1908 Nr 1558; BGH NJW 1952, 1329; BGH NJW 1966, 1073, 1074; OLG Oldenburg VersR 1954, 27, 28; OLG Düsseldorf VersR 1970, 333, 334; OLG Düsseldorf VersR 1981, 82, 83; OLG Schleswig VersR 1983, 470; OLG Schleswig VersR 1990, 1024; OLG Hamm VersR 1993, 238; OLG Hamm 11. 10. 2023 – 7 U 57/23, juris Rn 52, r+s 2024, 571 Rn 52; LG Nürnberg-Fürth NZV 1993, 282, 283; OLG Frankfurt 7. 2. 2018 – 11 U 153/17, juris Rn 10; Bornhövd VersR 1979, 398 f; Fleischauer JW 1901, 880, 881; Schmid JR 1976, 274, 276; Schünemann JuS 1978, 376, 378; Grüneberg/Retzlaff § 833 Rn 7; im Ergebnis ebenso Haase JR 1973, 10, 11; Lehmann/Auer VersR 2011, 846, 849; vgl auch OLG Köln BeckRS 2011, 02985): Nicht das als Werkzeug gebrauchte Tier, sondern derjenige, der sich dieses Werkzeugs zu seinem Handeln bediene, sei Urheber des Schadens (RGZ 50, 180, 181; RGZ 65, 103, 106; BGH NJW 1952, 1329; OLG Düsseldorf MDR 1975, 229). Dabei setzt die Verneinung der Tiergefahr voraus, dass das Tier ausschließlich unter menschlicher Leitung handelte. War daneben noch tierische Willkür im Spiel (etwa beim Bocken, Beißen, Schlagen, Hochgehen; vgl RGZ 80, 237, 240; RG Recht 1908 Nr 2559; 1909 Nr 1308; BGH VersR 1966, 1073, 1074; BGH NJW 1986, 2501; OLG Düsseldorf VersR 1981, 82, 83; OLG München VersR 1981, 937; Grüneberg/Retzlaff § 833 Rn 7; oder wenn das Tier auf die – unter Umständen fehlerhafte – menschliche Steuerung anders als beabsichtigt reagiert, BGH NJW-RR 2006, 813, 814; anders OLG Oldenburg BeckRS 2021, 31774; oder wenn die menschliche Leitung nur in einem Anstoß für das tierische Verhalten besteht, dieses ausgelöste Verhalten aber mangels physischer Zugriffsmöglichkeit nicht mehr der menschlichen Kontrolle unterliegt, BGH 11. 6. 2024 – VI ZR 381/23 Rn 10, NJW 2024, 3292 m Anm Ehmer = r+s 2025, 76 m Anm Biller-Bomhardt/Rieth sowie Anm Eberl-Borges LMK 2024, 826444), soll Tiergefahr vorliegen, nicht aber, wenn das Tier nur aus aufgezwungener Notwendigkeit handelte (weil ihm das vom Menschen abverlangte Tun überhaupt nicht möglich ist, wenn etwa ein Pferd die bisherige Bewegung im Lauf nicht abbrechen kann; vgl RG WarnR 1908 Nr 377). Die menschliche Leitung soll unbedeutend sein, der Tiergefahr also nicht entgegenstehen, wenn sie selbst aus einem willkürlichen Tierverhalten erwachsen ist (etwa wenn ein Pferd bockt und der Reiter zur Behebung der Gefahr Maßnahmen trifft, die wiederum das Pferd zu einem schadensverursachenden Verhalten bringen; vgl Weimar MDR 1964, 901; offen gelassen in BGH NJW 1952, 1329).

57 Der hM ist entgegenzuhalten, dass eine besonders gefährliche tiertypische Eigenschaft, die zu einer haftungsbegründenden Tiergefahr führt, gerade darin besteht, dass Tiere menschlicher Leitung Folge leisten, dass sich beispielsweise Hunde hetzen lassen (vgl bereits Fleischauer JW 1901, 880, 881). Daher sind auch Tiere unter menschlicher Leitung von § 833 S 1 BGB erfasst (im Ergebnis ebenso Deutsch NJW 1978, 1998,

2000; DEUTSCH JuS 1981, 317, 321; AK-BGB/KOHL § 833 Rn 5; BGB-RGRK/KREFT § 833 Rn 23; KREFT Karlsruher Forum 1983, 153, 156; LARENZ/CANARIS, Schuldrecht II/2 § 84 II 1 c; SOERGEL/KRAUSE § 833 Rn 8; SCHULZE VersR 1981, 1058 f; SIEGEL SVR 2017, 81, 82, s aber auch differenzierend 83; SIEGFRIED 125; TERBILLE VersR 1994, 1151, 1153; MünchKommBGB/WAGNER § 833 Rn 22; ESSER/WEYERS, Schuldrecht II/2 § 58 III 1 b; in seinem Urteil vom 11. 6. 2024 – VI ZR 381/23 Rn 10, NJW 2024, 3292 m Anm EHMER = r+s 2025, 76 m Anm BILLER-BOMHARDT/RIETH sowie Anm EBERL-BORGES LMK 2024, 826444 hat der BGH diese Kritik nun aufgegriffen und nimmt die Tiergefahr bei Tieren unter menschlicher Leitung in einer weiteren Fallkonstellation an, s Rn 56). Auch die Motive (II 813) sind bei gehetzten Tieren von einer Tierhalterhaftung (die zum damaligen Zeitpunkt allerdings noch als Haftung für vermutetes Verschulden konzipiert war) ausgegangen. Schließlich ist auf die Parallele zur Kraftfahrzeug-Halterhaftung nach § 7 StVG hinzuweisen: Dort bezieht die Rechtsprechung auch die vorsätzliche Verwendung eines Kfz als Waffe in den sachlichen Schutzbereich der Norm mit ein (BGHZ 37, 311, 315; dazu DEUTSCH NJW 1978, 1998, 2000).

Die Bejahung der Tierhalterhaftung in den Fällen von Tieren unter menschlicher Leitung hat zur Konsequenz, dass der Geschädigte unter Umständen gegen zwei Schuldner – den Halter und den Leiter, die ja nicht identisch sein müssen – vorgehen kann: Der Leiter haftet aus § 823 BGB, sofern ihm ein Verschulden zur Last fällt. Im Innenverhältnis zwischen Leiter und Halter ist dann gem § 840 Abs 3 BGB der Leiter allein verpflichtet. **58**

Wie in den Fällen menschlicher Leitung ist auch in denjenigen Fällen die Tiergefahr zu bejahen, in denen das verletzende Verhalten des Tieres erst durch unbefugte fremde menschliche Einwirkung veranlasst oder ermöglicht wurde, so zB wenn ein Dritter den bisher friedlichen Hund durch Steinwürfe wild macht oder den angeketteten Wachhund von seiner Kette löst (vgl auch RG Gruchot 47, 404 f). **59**

e) „Natürliches" Tierverhalten

Bei sog natürlichem Tierverhalten hat früher die hM eine Tierhalterhaftung abgelehnt (Rn 34). Inzwischen zeichnet sich in diesem Bereich ein Wandel in Richtung auf eine Bejahung der Tiergefahr ab; allerdings kann die Rechtsprechung bisher nur im Hinblick auf eine Unterfallgruppe als gefestigt gelten, nämlich den ohne Wissen und Willen des Tierhalters vollzogenen tierischen Deckakt (Rn 38). **60**

Die Ablehnung der Tierhalterhaftung bei „natürlichem Tierverhalten" knüpft an römisch-rechtliches Gedankengut an (Rn 1): Mit der actio de pauperie konnte der Geschädigte nur dann Ersatz vom Eigentümer des Tieres verlangen, wenn dieses den Schaden gegen die Art und Weise seiner Gattung („contra naturam sui generis") angerichtet hatte. Dem lag die Vorstellung eines Tierverschuldens zugrunde (vgl RGZ 48, 259, 261; DEUTSCH NJW 1978, 1998, 1999; HAASE JR 1973, 10, 12; auch bei § 833 BGB wurde teilweise von einem Tierverschulden gesprochen, vgl ISAY Gruchot 48, 511, 514; WEIMAR VersN 1951, 89). Mit diesen Vorstellungen hat der Gesetzgeber des BGB ausdrücklich gebrochen und eine weitergehende Haftung statuiert (Rn 1 f). Durch die Kategorie des „natürlichen Tierverhaltens" werden die römisch-rechtlichen Vorstellungen entgegen dem Willen des Gesetzgebers wiederbelebt (ebenso SIEGFRIED 63 f). **61**

Im Übrigen ist die Kategorie des „natürlichen Tierverhaltens" in Abgrenzung zum willkürlichen Tierverhalten entwickelt worden, sodass die Unterscheidung auf An- **62** schauungen beruht, die den Erkenntnissen der Tierverhaltensforschung widersprechen (Rn 35). Das „natürliche Tierverhalten" ist daher als Merkmal für die Entscheidung über das Vorliegen einer Tiergefahr ungeeignet (ebenso BGB-RGRK/KREFT § 833 Rn 21). Es sind vielmehr oft gerade die für eine Tierart „natürlichen", dh typischen Eigenschaften und Verhaltensweisen, die eine Tiergefahr ausmachen (vgl auch BGH NJW 1976, 2130).

aa) Krankheitsübertragung durch ein Tier

63 In dieser Fallgruppe geht es um die Konstellation, dass sich ein krankes und ein gesundes Tier beschnüffeln und das gesunde Tier dabei angesteckt wird (vgl den RGZ 80, 237 zugrundeliegenden Sachverhalt). In derartigen Fällen ist die Tierhalterhaftung zu bejahen (ebenso SIEGFRIED 107; Hk-BGB/STAUDINGER § 833 Rn 4; MünchKommBGB/WAGNER § 833 Rn 26; vgl auch BGB-RGRK/KREFT § 833 Rn 21). Es hat sich das der Tiergefahr zugrundeliegende Moment – die Tatsache, dass ein Tier eine eigene Kraftquelle darstellt – aktualisiert. Dabei ist nicht auf den schlichten Zustand des Tieres als Träger von Krankheitserregern abzustellen, sondern auf die im Beschnüffeln liegende Aktivität des Tieres. Diese Aktivität braucht nicht unmittelbar kausal für den Schaden zu sein. Es genügt vielmehr, wenn das Tier mittelbar kausal geworden ist (s dazu Rn 27), indem es durch seine Aktivität die Gelegenheit für eine Schädigung eröffnet hat – etwa indem es sich auf die Straße gelegt und dadurch einen Unfall provoziert hat (zur Fallgruppe „Tier als passives Verkehrshindernis" s Rn 49 f) oder indem es ein anderes Tier beschnüffelt und dadurch die Übertragung der Krankheit ermöglicht hat.

Dass Tiere andere Tiere oder Menschen beschnüffeln oder belecken, ist eine typische Eigenschaft vieler Tierarten. Die Tatsache, dass es sich somit um ein „natürliches" Tierverhalten handelt, hindert die Bejahung einer Tiergefahr gerade nicht.

bb) Tierische Ausscheidungen

64 Auch bei tierischen Ausscheidungen ist entgegen der hM (Rn 38) die Tiergefahr zu bejahen (ebenso OLG Karlsruhe MDR 1994, 453 [Hund uriniert auf einen wertvollen Teppich]; OLG Bamberg NJW-RR 2021, 815, 816 [Hündin mit schwerer Magen-Darmstörung begibt sich fluchtartig aus dem Flur ins Wohnzimmer und verunreinigt dieses großflächig mit blutigem Kot]; HOFFMANN Zfs 2000, 181, 183; SIEGFRIED 111, 114; einschränkend AK-BGB/KOHL § 833 Rn 5 [„jedenfalls außerhalb von ländlichen Nebenwegen"]; BGB-RGRK/KREFT § 833 Rn 21 [Tiergefahr bejaht bei Hundekot auf dem Gehweg, verneint bei Kuhdung auf der Straße]; vgl auch STAUDINGER/SCHÄFER[12] § 833 Rn 32). Dass es sich bei solchen Ausscheidungen um einen natürlichen Vorgang handelt, ändert an diesem Ergebnis nichts. Sie sind auf das Tier als eigene Kraftquelle zurückzuführen. Darüber hinaus ist es tiertypisch, dass das Tier da ausscheidet, wo es gerade steht oder geht, anstatt sich einen Ort auszusuchen, wo die Ausscheidung nicht gefährlich werden kann (in diese Richtung auch OLG Bamberg NJW-RR 2021, 815, 816).

Eine Einschränkung der Tierhalterhaftung des Umfangs nach – uU bis auf Null – kann im Einzelfall gem § 254 BGB aufgrund eines Mitverschuldens des Geschädigten erfolgen. So muss beispielsweise in ländlichen Gebieten mit Kuhdung auf der Straße gerechnet werden. Am Vorliegen einer Tiergefahr ändert das Mitverschulden allerdings nichts.

cc) Deckakt

Der tierische Deckakt ist generell verwirklichte Tiergefahr (ebenso AK-BGB/Kohl § 833 Rn 5; BGB-RGRK/Kreft § 833 Rn 21; Siegfried 119; Stötter MDR 1970, 100, 103; vgl auch OLG Köln VersR 1972, 177, 178 = JZ 1972, 408 f m zust Anm Stötter). Das Gleiche gilt für sog Hengstmanieren als Reaktion auf die Stute (OLG Düsseldorf NJW-RR 1994, 92, 93). Eine Tiergefahr lässt sich nicht mit der Begründung verneinen, das Tier stehe dabei unter dem physiologischen Zwang des Geschlechtstriebes (so zum Teil die ältere Rechtsprechung: OLG Nürnberg VersR 1975, 1059, 1060; LG Kassel VersR 1955, 699, 700) oder es verhalte sich nur seiner natürlichen Veranlagung gemäß (so zum Teil die ältere Rechtsprechung: OLG Düsseldorf VersR 1956, 226, 227 m zust Anm Voss; OLG München OLGZ 1971, 404, 405). Als Einschränkungen der Tiergefahr sind die Kategorien des physiologischen Zwangs und des natürlichen Tierverhaltens abzulehnen (zum physiologischen Zwang s Rn 53; zum natürlichen Tierverhalten s Rn 61). Die Tiergefahr lässt sich aber auch nicht auf die Fälle von Deckakten beschränken, die von den Tieren ohne Wissen und Willen ihrer Halter vollzogen werden (so aber OLG Düsseldorf MDR 1975, 229; LG Mainz MDR 1960, 496; Schünemann JuS 1978, 376, 378 [tierische Deckakte, die nicht vom Menschen „geplant und gelenkt" sind]; Grüneberg/Retzlaff § 833 Rn 7; diese Möglichkeit lässt sich auch der BGH in seiner neueren Rechtsprechung, wonach die Tiergefahr aus dem unberechenbaren Tierverhalten herzuleiten sei, offen, vgl bereits BGHZ 67, 129, 133 = NJW 1976, 2130, 2131; vgl auch BGB-RGRK/Kreft § 833 Rn 21: in der Regel vertraglicher, zumindest stillschweigender Haftungsausschluss). Der Deckakt des männlichen Hundes beispielsweise ist nichts anderes als die Resultante der jeweiligen Triebkonstellation von Hündinnen und Rüden (BGHZ 67, 129 = NJW 1976, 2130, 2131; vgl auch OLG Köln VersR 1972, 177, 178). Das Tierverhalten ist das gleiche, ob der Halter danebensteht oder nicht. Menschliche Leitung und Lenkung steht der Tiergefahr generell nicht entgegen (Rn 57). **65**

Ein Mitverschulden des Geschädigten kann auch in der Fallgruppe des tierischen Deckaktes den Ersatzanspruch umfangmäßig begrenzen (vgl LG Kassel Zfs 1981, 263: Der Halter des belegten Tieres verstößt gegen seine Schadensminderungspflicht, wenn er trotz Kenntnis des Deckaktes eine gefahrlos mögliche Abtreibung unterlässt). So endete auch das BGHZ 67, 129 (= NJW 1976, 2130) zugrundeliegende Verfahren, in dem es um die Deckung einer läufigen reinrassigen Chow-Chow-Hündin durch einen Bastard-Rüden ging, nicht mit der Verurteilung des Bastard-Halters, sondern mit der Abweisung der Klage des Chow-Chow-Halters: Diesem war wegen der Läufigkeit der Hündin, durch die der Rüde angelockt worden war, selbst eine Tiergefahr zuzurechnen, und er hatte ausreichende Schutzmaßnahmen gegen die Gefahr des Gedecktwerdens unterlassen (ganz ähnlich OLG Hamm NJW-RR 1994, 804). Auch im Fall des OLG Oldenburg NJW 1976, 573 hätte auf beiden Seiten eine Tiergefahr berücksichtigt werden müssen (ebenso Radloff in einer Anmerkung zu dieser Entscheidung NJW 1976, 1270): Dort weideten auf der durch einen Elektrozaun eingefriedeten Wiese des Halters A Mastbullen, auf der unmittelbar angrenzenden, nur durch einen Graben getrennten Wiese des Halters B Rinder. Ein brünstiges Rind übersprang den Graben und kroch unter dem Elektrozaun hindurch zur Bullenweide. Ein Bulle brach sich beim Bespringen des Rindes ein Bein und musste notgeschlachtet werden. Das OLG Oldenburg stellte bei der Verurteilung des Halters B allein auf die diesem zuzurechnende Tiergefahr ab, weil brünstige Rinder zu „willkürlicher" Aktivität neigten. **66**

VI. Tierhalter

67 Nach § 833 S 1 BGB haftet für den Schaden derjenige, der das Tier „hält".

Zur Haftungsprivilegierung nach §§ 104 ff SGB VII (Verletzter als sog Wie-Beschäftigter iSd § 2 Abs 2 S 1 SGB VII) s Burmann/Jahnke DAR 2015, 313, 314 f mwNw; Matz/Baumann NJW 2016, 673, 675 f mwNw; Möhlenkamp VersR 2019, 200, 212 f mwNw.

Zur Haftung für Schäden, die durch Wild – also halterlose Tiere (Staudinger/Bernau § 835 Rn 25) – verursacht werden, s §§ 29 ff BJagdG und die Kommentierung hierzu bei § 835 BGB.

Für die Ermittlung des Halters geben weder das Gesetz noch die Gesetzesmaterialien weiterführende Hinweise. Rechtsprechung und Literatur haben eine Reihe von Entscheidungskriterien entwickelt, die nebeneinander Verwendung finden.

1. Die Entwicklung in Rechtsprechung und Lehre

68 In der Rechtsprechung des RG, die zunächst vom BGH und den Instanzgerichten übernommen worden ist, finden sich zwei verschiedene Umschreibungen des Begriffs Tierhalter. Das RG stellte auf den gewöhnlichen Sprachgebrauch ab und bezeichnete als Tierhalter denjenigen, der im eigenen Interesse durch Gewährung von Obdach und Unterhalt die Sorge für das Tier übernommen hatte, und zwar nicht nur zu einem ganz vorübergehenden Zweck, sondern für einen Zeitraum von gewisser Dauer (RGZ 52, 117, 118 und darauf Bezug nehmend RGZ 55, 163, 166; OLG Koblenz VersR 1955, 423, 424; OLG Hamm VersR 1970, 729, 730; vgl auch BGH LM Nr 10 = NJW 1977, 2158 = VersR 1977, 864, 865). Nach einer späteren Modifikation dieser Formulierung durch das RG ist Tierhalter, wer das Tier in seinen Wirtschaftsbetrieb oder – im weitesten Sinne verstanden – in seinen Haushaltungsbetrieb eingestellt hat, um es auf diese Weise dauernd seinen Zwecken dienstbar zu machen (RGZ 62, 79, 81 und darauf Bezug nehmend RGZ 66, 1, 3; BGH VersR 1956, 574; BGH NJW 1971, 509 = VersR 1971, 320; OLG Frankfurt VersR 1956, 454; OLG Nürnberg VersR 1964, 1178, 1179; OLG Düsseldorf VersR 1972, 403; OLG Nürnberg MDR 1978, 757).

69 Heute sieht die Rechtsprechung die Kriterien des RG als regelmäßig hinreichende, nicht aber schlechthin notwendige Voraussetzungen der Gefahrverantwortung an (so ausdrücklich OLG Hamm VersR 1973, 1054). Ausreichen soll beispielsweise ein Eigeninteresse am Tier und eine Besitzstellung irgendwelcher Art, zumindest dann, wenn die Bestimmungsbefugnis darüber hinzukommt, ob und durch wen das Tier betreut werden und ob es am Leben bleiben, die Tiergefahr also fortbestehen soll (OLG Hamm VersR 1973, 1054). Je nach Fallgestaltung wird auf unterschiedliche Kriterien abgestellt (vgl etwa BGH LM Nr 10 = NJW 1977, 2158 = VersR 1977, 864, 865 [eigenes Interesse, Sorge für Obdach und Unterhalt, Kostentragung, Interesse am Wohlergehen des Tieres, Tragung des Verlustrisikos]; BGH VersR 1988, 609, 610 und BGH 19. 7. 2019 – V ZR 177/17, juris Rn 62 [Bestimmungsmacht, eigenes Interesse, Kostentragung, Verlustrisiko]; OLG Köln VersR 1976, 197 f [tatsächliche Verfügungsgewalt für eine nicht nur vorübergehende kurze Zeit, Verwendung im eigenen Interesse und zum eigenen Nutzen, also im eigenen „Wirtschaftsbetrieb"]; OLG Celle AgrarR 1977, 178, 179 [Eigentum, Befugnis zur Erteilung von Weisungen an den unmittelbaren Besitzer]; OLG Frankfurt

VersR 1976, 1138 [Eigentum, mittelbarer Besitz, Entscheidungsmacht, Kostentragung]; KG VersR 1981, 1035 [Besitz – auch mittelbarer – im eigenen Interesse, tatsächliche Übernahme der Sachherrschaft, Unterhaltskostentragung]; OLG Düsseldorf VersR 1983, 543 [Eigentum, Entscheidungsgewalt hinsichtlich Betreuung und Existenz]; OLG Saarbrücken VersR 1988, 752 [Eigeninteresse, Gewährung von Obdach und Unterhalt, Übernahme der Sorge, Dauerhaftigkeit, Verlustrisiko, Entscheidungsmacht]). Dabei sind – im Vergleich zur Rechtsprechung des RG – weitere Indizien für das Vorliegen des Eigeninteresses, nämlich die Tragung der Unterhaltskosten (OLG Celle VersR 1979, 161; vgl dazu auch OLG Hamm VersR 1970, 729, 730), der Versicherungsprämien (OLG Celle VersR 1979, 161) oder des Verlustrisikos (BGH LM Nr 10 = NJW 1977, 2158 = VersR 1977, 864, 865), und der Bestimmungsbefugnis, nämlich das Eigentum an dem Tier (vgl OLG Hamm VersR 1973, 1054; OLG Frankfurt VersR 1976, 1138; vgl auch OLG Düsseldorf VersR 1983, 543), herausentwickelt worden. Dabei soll jeweils eine Gesamtwürdigung aller Umstände erfolgen (OLG Jena r+s 2010 126 f; OLG Hamm 18. 3. 2025 – I-7 U 76/23, juris Rn 36).

Die Literatur (zu den weit auseinandergehenden Definitionsversuchen der Anfangszeit vgl Staudinger/Engelmann[9] Anm 5) zieht zur Bestimmung des Tierhalters dieselben Kriterien heran wie die Rechtsprechung und verwendet sie – ähnlich wie die neuere Rechtsprechung – als Indizien für die Haltereigenschaft. Die einzelnen Kriterien werden dabei unterschiedlich und nicht einheitlich gewichtet. Manche Autoren legen das Schwergewicht auf das Eigeninteresse (Deutsch JuS 1987, 673, 678; Esser/Weyers, Schuldrecht II/2 § 58 III 1 a; Erman/Wilhelmi § 833 Rn 7 f), andere auf die Bestimmungsbefugnis (Berglar 102 f; Bornhövd JR 1978, 50, 51; Bornhövd VersR 1979, 398; Medicus/Lorenz, Schuldrecht II § 84 Rn 3; vgl auch Hoff AcP 154 [1955] 344, 364 ff, der in erster Linie auf das Eigentum abstellt). Die meisten Autoren befürworten eine Kombination von Eigeninteresse und Bestimmungsbefugnis (Bondzio RdL 1972, 229, 230; BGB-RGRK/Kreft § 833 Rn 39; Larenz/Canaris, Schuldrecht II/2 § 84 II 1 b; Lorenz 182 f; Wussow/Rüge/Fahl § 2 Rn 764; Grüneberg/Retzlaff § 833 Rn 10; MünchKommBGB/Wagner § 833 Rn 34). 70

Das Eigeninteresse und die Entscheidungsgewalt (Bestimmungsbefugnis, Herrschaft) bilden die beiden grundlegenden Aspekte der Tierhaltereigenschaft, auf die alle Kriterien, die in Rechtsprechung und Literatur zur Bestimmung des Tierhalters entwickelt worden sind, zurückgeführt werden können: Die Kriterien Obdach und Unterhalt sowie Tragung der Unterhaltskosten, Versicherungsprämien und des Verlustrisikos sind Indizien für das Eigeninteresse. Es ist davon auszugehen, dass die Lasten aus der Existenz eines Tieres regelmäßig derjenige trägt, der auch die Nutzungsvorteile daraus zieht. Die Kriterien des unmittelbaren und mittelbaren Besitzes sowie das Eigentum sind Anhaltspunkte für die bestimmende Herrschaft über Existenz und Verwendung des Tieres. Die Einstellung und Verwendung im eigenen Wirtschaftsbetrieb ist als Indiz doppeldeutig. Wer das Tier in seinen Wirtschaftsbetrieb einstellt, der nutzt und beherrscht es gleichzeitig (Lorenz 183 f). 71

Es ist richtig, bei der Bestimmung des Halterbegriffs auf das Eigeninteresse und die Entscheidungsgewalt abzustellen. Diese beiden Aspekte ergeben sich aus der ratio des § 833 S 1 BGB: Für den Schaden durch ein Tier soll diejenige Person haften, die um ihres Interesses willen, also weil sie vom Tier den Nutzen hat, andere Menschen der Tiergefahr aussetzt. Halter ist deshalb, wer dafür verantwortlich ist, dass die Gefahrenquelle überhaupt besteht und in bestimmter Weise verwendet wird (Entscheidungsgewalt) und aus diesem Bestehen den Nutzen zieht (Eigeninteresse). Wer über 72 die Existenz und Verwendung des Tieres bestimmt, also die bestimmende Herrschaft über die Gefahrenquelle ausübt, soll auch für die hieraus sich ergebenden Folgen verantwortlich sein. Daneben steht gleichwertig der Gedanke des gerechten Vorteilsausgleichs: Wer den Nutzen aus dem Tier zieht, soll andererseits die hieraus entstehenden Lasten tragen (Lorenz 182 f).

73 Durch die beiden Aspekte Nutzung im Eigeninteresse und Entscheidungsgewalt ist die Halterschaft ein rein tatsächliches Verhältnis (ebenso OLG Kassel OLGRspr 9, 42 f; Enneccerus/Lehmann 1017; Geigel/Haag, Der Haftpflichtprozess [29. Aufl 2024] 18. Kap Rn 2; BGB-RGRK/Kreft § 833 Rn 39; vgl Soergel/Krause § 833 Rn 12). Dass die Nutzung des Tieres etwas rein Tatsächliches ist, bedarf keiner näheren Begründung. Aber auch die Entscheidungsgewalt ist tatsächlicher Art Sie ist als Herrschaftstatbestand, nicht als Herrschaftsbefugnis (Befugnis, über die Existenz und Verwendung des Tieres zu bestimmen) zu verstehen (**aA** Lorenz 222 f, s aber auch 226 f; vgl auch Bornhövd JR 1978, 50, 51). Zwar kann in einer Reihe von Fallkonstellationen von der Herrschaftsbefugnis auf die tatsächliche Herrschaft geschlossen werden, nämlich dann, wenn der Eigentümer das Tier einem anderen überlässt (zu diesen Fallkonstellationen näher Rn 104). Diese Lösung für Fälle eines Herrschaftstatbestandes mit rechtsgeschäftlicher Grundlage ist jedoch nicht verallgemeinerungsfähig. Sie bedeutet jedenfalls nicht, dass die Herrschaftsbefugnis – ein Merkmal rechtlicher Qualität – die Halterschaft prägen würde. Denn auch, wer sich die Herrschaft über ein Tier anmaßt, kann – wie allgemein anerkannt ist (näher Rn 110) – Halter werden.

2. Die Indizien des Eigeninteresses

a) Sorge für Obdach und Unterhalt

74 In Rechtsprechung und Lehre wird zur Bestimmung der Haltereigenschaft häufig auf die Sorge für Obdach und Unterhalt abgestellt (RGZ 52, 117, 118; RG WarnR 1910 Nr 332; RG WarnR 1911 Nr 121; BGH LM Nr 10 = NJW 1977, 2158 = VersR 1977, 864, 865; OLG Hamm VersR 1970, 729, 730; OLG Saarbrücken VersR 1988, 752; LG Aachen VersR 1991, 356; Larenz/Canaris, Schuldrecht II/2 § 84 II 1 b; Weimar MDR 1967, 100; vgl auch OLG Nürnberg VersR 1964, 1178, 1179). Bei diesem Kriterium ist allerdings zwischen den Versorgungsmaßnahmen (Fütterung, Pflege etc) und der Lastentragung für diese Versorgung zu unterscheiden. Die tatsächliche Versorgung des Tieres allein genügt für die Haltereigenschaft nicht; hinzukommen muss, dass die Versorgung im eigenen Interesse des Betroffenen erfolgt (vgl OLG Hamm VersR 1970, 729, 730). Deshalb wird nicht Halter, wer gelegentlich das Vieh eines Dritten mitversorgt und kontrolliert (BGH VersR 1985, 665 f; Lorenz 186 f). Konkrete Sorgemaßnahmen können allenfalls als Anhaltspunkt für die Lastentragung dienen, die ihrerseits auf das Eigeninteresse hinweist (Lorenz 186).

b) Kostentragung für den Unterhalt des Tieres

75 Der Gedanke der Unterhaltskostentragung findet sich in der Rechtsprechung (BGH LM Nr 10 = NJW 1977, 2158 = VersR 1977, 864, 865; BGH VersR 1982, 348; BGH VersR 1988, 609, 610; OLG Frankfurt VersR 1976, 1138; OLG Celle VersR 1979, 161; OLG Celle VersR 1986, 396; KG VersR 1981, 1035; OLG Hamm NZV 2007, 143, 144) und zum Teil auch in der Literatur (Larenz/Canaris, Schuldrecht II/2 § 84 II 1 b; BGB-RGRK/Kreft § 833 Rn 39, 44; Lorenz 187 f; MünchKommBGB/Wagner § 833 Rn 35). In BGH LM Nr 10 (= NJW 1977, 2158 = VersR 1977, 864) gelangte der BGH zur Haltereigenschaft des Eigentümers eines Reitpferdes, der dieses als Kapitalanlage erworben und es – weil selbst nicht Reiter – auf einem Gut untergebracht hatte, wo es auf seine Kosten zusammen mit anderen Pferden versorgt, aufgezogen und zugeritten wurde und eine Dressur- und Springausbildung erhalten sollte. Der Inhaber des Gutes (Verwahrer und Pfleger) nutzte das Tier auch für eigene Zwecke (Erteilung von Reitunterricht). Der BGH stellte darauf ab, dass der Eigentümer am Wohlergehen des Pferdes interessiert war und die Kosten hierfür trug. Die Kostentragung durch den Eigentümer gab – neben der Tatsache, dass das Pferd regelmäßig durch den Eigentümer bewegt wurde – auch den Ausschlag im Falle eines Pferdes, das bei einem Reitverein untergebracht war und dort auch zum Reitunterricht zur Verfügung stand (BGH VersR 1982, 348; ähnlich OLG Hamm NZV 2007, 143 f). Bei dieser Argumentation blieb es auch in einem Fall, in dem ein Pferd zum Kutschpferd ausgebildet werden sollte, jedoch abredewidrig zum Reitunterricht verwendet wurde (BGH VersR 1988, 609, 610). Das OLG Celle (VersR 1979, 161) sah einen Verwahrer als Halter an, der alle Kosten für Unterhalt, Unterbringung, Pflege und tierärztliche Versorgung trug.

Die Tragung der Unterhaltskosten ist ein wichtiges Indiz für die Bestimmung der 76
Haltereigenschaft, kann jedoch nicht immer als ausschlaggebend angesehen werden (vgl etwa OLG Hamm VersR 1970, 729, 730 f). Das folgt daraus, dass die Kostentragung zwar belegt, wer sich einen Nutzungsvorteil aus dem Tier verspricht, nicht aber, ob er ihn auch tatsächlich erlangt (vgl Lorenz 187). Die Fälle, in denen ein zur Pflege usw anvertrautes Tier abredewidrig verwendet wird, zeigen, dass das Eigeninteresse (auch) bei demjenigen liegen kann, der nicht die Unterhaltskosten trägt. Die Frage der Haltereigenschaft von Eigentümer oder unmittelbarem Besitzer kann dann nicht danach entschieden werden, wer die Kosten für das Tier trägt.

c) Verlustrisiko

Manche Autoren sehen im wirtschaftlichen Risiko des Verlustes einen – mitunter so- 77
gar den wichtigsten – Hinweis auf die Haltereigenschaft (BGB-RGRK/Kreft § 833 Rn 39; Erman/Wilhelmi § 833 Rn 7). Auch in der Rechtsprechung wird dieses Kriterium erwähnt; es hat aber bisher noch nie eine für die Entscheidung ausschlaggebende Rolle gespielt (vgl BGH LM Nr 10 = NJW 1977, 2158 = VersR 1977, 864, 865; BGH VersR 1982, 348; BGH VersR 1988, 609, 610; OLG Saarbrücken VersR 1988, 752; OLG Hamm NZV 2007, 143, 144; OLG Frankfurt NJW-RR 2009, 894, 895). In der Tat erscheint seine Reichweite begrenzt. Wird ein Tier zur Nutzung überlassen, also sowohl durch den Eigentümer (mittelbar, durch die Nutzungsüberlassung) als auch durch den unmittelbaren Besitzer genutzt, dann trifft der Wegfall der Vorteile aus der Nutzung (hierauf bezieht sich das Verlustrisiko) Eigentümer und unmittelbar Nutzenden gleichermaßen (vgl Lorenz 188). In diesen Fällen ist das Kriterium des Verlustrisikos nicht geeignet, den Halter zu bestimmen.

d) Versicherung

Manche Autoren sehen im Zweifel denjenigen als Halter an, der das Tier versichert 78
hat oder die Tiergefahr mit dem geringsten Aufwand versichern kann (AK-BGB/Kohl § 833 Rn 8; MünchKommBGB/Wagner § 833 Rn 35; vgl auch Deutsch JuS 1987, 673, 678). Auch in der Rechtsprechung finden sich Fälle, in denen auf die Versicherung des Tieres abgestellt wurde. So wurde die Haltereigenschaft eines Vereins, bei dem ein Pferd vom Eigentümer untergestellt war, daraus hergeleitet, dass der Verein neben den Unterhalts- und Unterbringungskosten auch die Kosten der Versicherung trug (OLG

Celle VersR 1979, 161). Schließt eine Ehefrau für einen im ehelichen Haushalt gehaltenen Hund auf ihren Namen eine Haftpflichtversicherung ab, so soll sie grundsätzlich als Halterin anzusehen sein, zumindest neben ihrem Ehemann (KG VersR 1987, 1042; ähnlich LG Osnabrück NJW-RR 1998, 959).

79 Bei dem Kriterium der Versicherung/Versicherbarkeit ist zwischen der Sach- und der Halterhaftpflichtversicherung zu unterscheiden. Eine Sachversicherung wird gegen den Verlust des Tieres abgeschlossen. Das Kriterium der Versicherung deckt sich in diesem Fall mit dem des Verlustrisikos und unterliegt den gleichen Bedenken. Auch der Abschluss einer Haftpflichtversicherung hat als Indiz einen begrenzten Wert. Er belegt in der Regel nur, dass die betreffende Person glaubte, die Halterhaftung fürchten zu müssen. Auf diese Weise zeichnet das Kriterium lediglich den Stand der Rechtsprechung zur Haltereigenschaft nach. Allein in den Fällen, in denen ein Tier vom Halter einem anderen überlassen wird und die Parteien eine ausdrückliche Vereinbarung über die Versicherungspflicht treffen, bildet die Versicherung ein Indiz für das Eigeninteresse: Die Vereinbarung macht deutlich, wen die Parteien selbst als den überwiegend Interessierten angesehen haben (Lorenz 189).

e) Nutzung im Haushalts- oder Wirtschaftsbetrieb

80 Die Nutzung eines Tieres im eigenen Haushalts- oder Wirtschaftsbetrieb ist in Rechtsprechung (RGZ 62, 79, 81; RG JW 1911, 279; OLG Köln VersR 1976, 197) und Literatur (Bornhövd JR 1978, 50, 51; Soergel/Krause § 833 Rn 12; Enneccerus/Lehmann 1017; Lorenz 190; Erman/Wilhelmi § 833 Rn 7) ein wichtiges Indiz für das Eigeninteresse. Eine solche Nutzung ist allerdings kein unerlässliches Merkmal, da ein Tier auch halten kann, wer selbst keinen Hausstand oder Geschäftsbetrieb unterhält (im Ergebnis ebenso OLG Hamm VersR 1973, 1054; Hoff AcP 154 [1955] 344, 348; Wolf, Schuldrecht BT 670; vgl auch BGB-RGRK/Kreft § 833 Rn 39; Larenz, Methodenlehre der Rechtswissenschaft [6. Aufl 1991] 229).

81 Dieses Kriterium ist insofern problematisch, als bei Nutzung durch eine weitere Person häufig zweifelhaft ist, ob das Tier nach wie vor im bisherigen Haushalts- oder Wirtschaftsbetrieb eingestellt oder bereits aus diesem ausgeschieden ist. Die Bedeutung dieser Nutzung gibt in solchen Fällen den Ausschlag, ob sich das Tier noch im bisherigen Haushalts- und Wirtschaftsbetrieb befindet. Damit wird auf das überwiegende Eigeninteresse selbst abgestellt, und das Kriterium des Haushalts- und Wirtschaftsbetriebs erscheint nur als Umweg. Diese Problematik machen einige Fallbeispiele aus der Rechtsprechung deutlich: Bei stundenweiser Vermietung eines Pferdes zum Reiten sollte dieses noch immer dem Wirtschaftsbetrieb des Eigentümers angehören und nicht (vorübergehend) daraus ausscheiden; gerade durch die Vermietung diene es weiterhin dessen eigenem Interesse und Nutzen (RG WarnR 1912 Nr 254; 1915 Nr 237). Ein Pferd, das vom Eigentümer einem anderen dauerhaft in Pension gegeben wurde, sollte damit nicht notwendig aus dem Wirtschaftsbetrieb des Eigentümers ausscheiden (OLG Köln VersR 1976, 197 f). Andererseits wurde eine Narrenzunft, die ein Pferd für einen Umzug entliehen hatte, für die Dauer der Überlassung als Halterin angesehen, weil das Tier aus dem Wirtschaftsbetrieb des Eigentümers ausgeschieden sei und ausschließlich den betriebsfremden Zwecken des Entleihers gedient habe, nicht aber, auch nicht wenigstens zugleich, dem Wirtschaftsbetrieb seines seitherigen und künftig auch wieder in diese Stellung einrückenden Halters (OLG Frankfurt VersR 1956, 454). Auch als ein Eigentümer sein Zugpferd für eine Fahrt vermietet hatte, sollte das Tier zwar nicht auf Dauer, wohl aber für eine gewisse Zeit aus dem Wirtschaftsbetrieb des Vermieters ausgeschieden und in den des Mieters eingestellt worden sein; es habe nicht mehr dem Eigentümer, sondern dem Mieter zu dessen alleinigem Nutzen als Betriebsmittel gedient, sodass die Tiergefahr nunmehr vom Betrieb des Mieters ausging, nicht von dem des Eigentümers (RGZ 62, 79, 84 f). Bei Ehegatten sollte es maßgeblich darauf ankommen, dass der fragliche Wachhund im gemeinsamen Hausstand und im Eigeninteresse beider Ehegatten verwendet wurde; sie waren deshalb Mithalter (OLG Nürnberg VersR 1964, 1178, 1179).

Unproblematisch ist das Kriterium der Nutzung im Haushalts- oder Wirtschafts- 82
betrieb, wenn der unmittelbare Besitzer das Tier nicht nutzt, sondern nur Verrichtungen an ihm vornimmt. So dient ein Pferd, das einem Tiertrainer übergeben wird, weiterhin den Zwecken des Eigentümers, scheidet also nicht aus dessen Betrieb aus (RG WarnR 1908 Nr 317; Lorenz 190).

3. Unmittelbares Abstellen auf das Eigeninteresse – Kein Eigeninteresse bei Vornahme von Verrichtungen an einem Tier

In Rechtsprechung (RGZ 66, 1, 3; RGZ 168, 331, 332; BGH VersR 1976, 1175, 1176; vgl auch 83
BGH LM Nr 10 = NJW 1977, 2158 = VersR 1977, 864, 865) und Literatur (Deutsch JuS 1987, 673, 678; Geigel/Haag, Der Haftpflichtprozess [29. Aufl 2024] 18. Kap Rn 2; BGB-RGRK/Kreft § 833 Rn 39; Larenz/Canaris, Schuldrecht II/2 § 84 II 1 b; Erman/Wilhelmi § 833 Rn 7) wird bei der Bestimmung des Tierhalters häufig auch unmittelbar auf das Eigeninteresse an dem Tier abgestellt.

Mit Hilfe des unmittelbaren Heranziehens des Kriteriums Eigeninteresse werden 84
diejenigen Fälle aus dem Halterbegriff ausgeschieden, in denen eine Person nur Verrichtungen an einem Tier vornimmt, es aber nicht selbst nutzt. Der Nutzer zieht Vorteile aus dem Tier: Er verwertet die Substanz oder Leistung des Tieres, sodass Gegenstand der Nutzung das Tier selbst ist (Lorenz 185). Nur in diesem Fall liegt das für die Haltereigenschaft erforderliche Eigeninteresse vor. Wer demgegenüber aufgrund eines Auftrags-, Geschäftsbesorgungs-, Arbeits-, Dienst- oder Werkvertrags Tiere vermittelt (vgl RGZ 66, 1), transportiert (vgl RGZ 168, 331, 332 f; dazu auch BGH VersR 1978, 515) oder versorgt (vgl RGZ 168, 331, 332 f; RG JW 1917, 287), zieht den Vorteil aus seiner eigenen Leistung am Tier oder mittels des Tieres, nicht aber – wie der Entleiher, Mieter oder Pächter eines Tieres – aus der Nutzung des Tieres (RGZ 66, 1, 3 f; 168, 331, 332; Lorenz 185). Er handelt nicht im Eigeninteresse, sondern in dem des Eigentümers.

So dient ein Pferd, das dem Tiertrainer übergeben wird, weiterhin den Zwecken sei- 85
nes Eigentümers, nicht etwa denen des Trainers, denn dieser versieht nur eine ihm aufgetragene Verrichtung; wenn der Trainer wegen des hierfür gezahlten Entgelts aus seiner Tätigkeit auch einen eigenen Vorteil erlangt, so entsteht dieser nicht aus der Nutzung des Pferdes, sondern ist der Ertrag seiner Arbeit (RG WarnR 1908 Nr 317; Lorenz 191). Ein Hund, der zum Tierarzt gebracht wird, um dort gebadet zu werden, dient weiter dem Interesse des Eigentümers (AG Berlin-Lichterfelde JW 1937, 3107; Lorenz 191). Ein Verwalter, der den Betrieb völlig selbstständig führt, wirtschaftet nicht im eigenen Interesse, sondern im Interesse und für Rechnung des Eigentümers der im Betrieb gehaltenen Tiere und wird nicht deren Halter (RG Gruchot 47, 404; Lorenz 191).

86 Die Nutzung des Tieres im Eigeninteresse ist in den verschiedensten Formen möglich, zB um seine Arbeitsleistung zu nutzen (Zugtier, Wachhund), um Erzeugnisse des lebenden Tieres (Milch, Eier, Schafwolle, Jungtiere) zu gewinnen, Freude an seinem Besitz oder dem Umgang mit ihm zu haben (Hund, Katze, Papagei, Singvogel), aus seiner Veräußerung Gewinn zu erzielen, es künftig als Nahrungsmittel zu verwenden. Tierhalter ist etwa die Gemeinde bezüglich des von ihr zu Zuchtzwecken angeschafften Zuchtstiers, auch wenn sie diesen zur Unterbringung und Betreuung einem Gemeindeangehörigen übergibt (RG JW 1917, 287). Tierhalter ist auch ein Reitsportverein (Idealverein), der seine Pferde seinen Mitgliedern zur Erlernung des Reitens und zur Ausübung des Reitsports zur Verfügung stellt; sein eigenes Interesse an der Verwendung der Pferde besteht darin, dass er ohne Gewinnstreben seinen satzungsmäßigen Aufgaben nachkommt (vgl BGH LM Nr 11 = NJW 1982, 763, 764). Eine Nutzung im Eigeninteresse liegt auch dann vor, wenn das Tier erworben wird, um es alsbald zu töten und daraus Nutzen zu ziehen; Tierhalter ist daher der Fleischgroßhändler oder Metzger bzgl der zum Schlachten gekauften Tiere (RGZ 79, 246, 247; OLG Düsseldorf MDR 1982, 935, 936).

4. Zusammentreffen mehrerer Personen mit Eigeninteresse

87 Nutzen mehrere Personen ein Tier in gleichartiger Weise (zB Familienangehörige betreiben mit verteilten Aufgaben eine Hundezucht), so halten sie das Tier gemeinschaftlich und sind alle Halter.

Auch im Falle der Nutzungsüberlassung können mehrere Personen in Bezug auf dasselbe Tier ein (unterschiedliches) Eigeninteresse verfolgen. Der Eigentümer kann sein Tier nutzen, indem er es durch andere nutzen lässt. Der Mieter zieht Vorteile aus dem unmittelbaren Gebrauch, dem Eigentümer fließt der Mietzins zu. In diesen Fällen ist zu entscheiden, ob beide Nutzer Mithalter sind oder ob eine Person allein (diejenige mit dem überwiegenden Interesse) Halter ist.

a) Fälle mehrfacher Nutzung

88 Die Nutzung kann zentraler Gegenstand eines Vertrages zwischen den Beteiligten sein. Als solcher Nutzungsüberlassungsvertrag kommt in erster Linie der Mietvertrag in Betracht.

Ein Nutzungsrecht kann aber auch innerhalb eines sonstigen Rechtsverhältnisses zusätzlich vereinbart werden, etwa bei einem Tierpensionsvertrag (BGH LM Nr 10 = NJW 1977, 2158 = VersR 1977, 864 f: Der Eigentümer bringt sein Pferd auf einem Gut unter, wo es versorgt wird und Dritte es aufgrund vertraglicher Vereinbarung reiten dürfen; OLG Hamm VersR 1973, 1054: Der Eigentümer bringt seinen Jagdhund bei einem Förster unter, der das Tier auch für sich verwenden darf).

Schließlich kommen auch Fälle in Betracht, in denen der Nichteigentümer das Tier unberechtigt benutzt (BGH VersR 1988, 609, 610: Der Eigentümer stellt sein Pferd auf einem Reiterhof ein, wo es zum Kutschpferd ausgebildet werden soll; der Verwahrer nutzt es ohne Erlaubnis zum Reitunterricht).

b) Haltereigenschaft

Die Frage, welcher der beiden Nutzer oder ob beide Nutzer zugleich Tierhalter sind, 89
beurteilt sich nach der jeweiligen Intensität des Eigeninteresses.

So bleibt in einer ersten Gruppe von Fällen der Eigentümer Halter, ohne dass der unmittelbare Besitzer ebenfalls Halter wird. Als Alleinhalter wurde beispielsweise der Eigentümer angesehen, der seine Pferde für kurzzeitige Ausritte vermietete (BGH VersR 1987, 198, 200; vgl auch OLG Köln VersR 1976, 197, 198), der seine Pferde auf lange Zeit für die Arbeit unter Tage an eine Zeche vermietete (RG WarnR 1915 Nr 237), der sein Pferd für zehn Wochenstunden einem Reitverein zur Verfügung stellte, dabei die Kosten für das Pferd und das Risiko seines Verlustes trug, sich um das Tier kümmerte und es regelmäßig bewegte (BGH VersR 1982, 348), der sein Pferd zur Pflege und Ausbildung langfristig an einen anderen übergeben hatte und weiterhin sämtliche Unterhaltskosten des Tieres trug (BGH VersR 1988, 609, 610; hieran anknüpfend OLG Hamm 18. 3. 2025 – I-7 U 76/23, juris Rn 40) oder der seinen Jagdhund bei einem Förster unterbrachte, der das Tier auch für sich verwenden durfte, wobei daneben der Eigentümer den Hund noch regelmäßig selbst zur Jagd benutzte (OLG Hamm VersR 1973, 1054; vgl auch die Fälle BGH LM Nr 10 = NJW 1977, 2158 = VersR 1977, 864; OLG Frankfurt VersR 1976, 1138; OLG Celle VersR 1986, 396).

In einer zweiten Gruppe von Fällen wird der unmittelbare Besitzer zum Halter, wäh- 90
rend der Eigentümer die Haltereigenschaft verliert. So lag es in einem Fall, in dem der Eigentümer sein Pferd auf Dauer einem Reitverein als Schulpferd überließ, der alle Kosten für Unterhalt, Unterbringung, Pflege und tierärztliche Versorgung trug und dem die Gebühren aus der Nutzung des Pferdes zuflossen; zwar durfte der Eigentümer das Pferd auch selbst reiten, wegen der vielfältigen Möglichkeiten, andere Pferde zu reiten, fiel das Interesse des Eigentümers am Reiten dieses Pferdes aber gegenüber dem Interesse des Vereins an der Verwendung als Schulpferd nicht ins Gewicht (OLG Celle VersR 1979, 161 f). Alleinhalter war auch ein Forstbeamter, der einen Jagdhund, der sich bei seinem Eigentümer nicht wohlfühlte, zu sich nahm und diesen – gegen Erstattung der Futter- und Arztkosten sowie Steuer und Versicherung durch den Eigentümer – versorgte und über Jahre als Begleithund im Revier benutzte, wobei er in der Verwendung des Tieres völlig frei war und eine Rückgabe an den Eigentümer nicht vorgesehen war (OLG Hamm VersR 1970, 729, 730 f). In einem Fall, in dem der Gerichtsvollzieher einen Hund pfändete und den Gewahrsam dem Gläubiger übertrug, weil er selbst den bissigen Hund nicht verwahren wollte, wurde der Gläubiger Halter, denn er verwahrte das Tier nicht nur als Pfandstück, sondern behandelte es wie einen ihm gehörenden Haushund (OLG Colmar OLGRspr 14, 50, 51). Alleinhalterin war auch eine Narrenzunft, die ein Pferd für einen Umzug entlieh (OLG Frankfurt VersR 1956, 454).

In einer dritten Gruppe von Fällen sind die Beteiligten Mithalter. So wurde ein Ehe- 91
mann als Mithalter des Wachhundes seiner Ehefrau angesehen, weil das Tier auch in seinem Interesse gehalten wurde: Hielt er sich am Wochenende in der Ehewohnung auf, diente das Tier auch seinem Schutz; solange er abwesend war, hatte er ein eigenes Interesse am Schutz seiner Ehefrau und seiner Wohnung (OLG Nürnberg VersR 1964, 1178, 1179).

92 Als Kriterium für die Haltereigenschaft wird auch die Nutzungsdauer herangezogen (vgl RGZ 52, 117, 118; RGZ 55, 163, 166; RG JW 1915, 91, 92; BGH NJW 1971, 509 = VersR 1971, 320; VersR 1987, 198, 200; OLG Köln VersR 1976, 197, 198; OLG Düsseldorf VersR 1972, 403; OLG Hamm VersR 1970, 729, 730; OLG Saarbrücken VersR 1988, 752; DEUTSCH JuS 1987, 673, 678; ENNECCERUS/LEHMANN 1017; JAUERNIG/KERN § 833 Rn 3; ERMAN/WILHELMI § 833 Rn 7 f). Die Aussagekraft dieses Kriteriums ist allerdings begrenzt (kritisch auch RGZ 62, 79, 81 f, 84 f; OLG Frankfurt VersR 1956, 454; BGB-RGRK/KREFT § 833 Rn 39; LORENZ 196 f; gänzlich ablehnend BERGLAR 103 f). So hat es in der Rechtsprechung auch nicht zu einer eindeutigen Abgrenzung geführt. Einerseits wird der unmittelbare Besitzer in manchen Fällen bei nur kurzfristiger Nutzungsüberlassung als Halter angesehen (RGZ 62, 79, 84 f [Überlassung eines Pferdes für die Dauer einer Fahrt]; OLG Frankfurt VersR 1956, 454 [Vermietung eines Pferdes für einen Rosenmontagsumzug]). Andererseits soll die langfristige Nutzung durch ihn nicht zwangsläufig zum Wechsel der Halterschaft führen: So konnten langfristig vermietete Grubenpferde auch weiter dem Wirtschaftsbetrieb des Eigentümers dienen, da sein Betrieb gerade in der langfristigen Vermietung bestand (RG WarnR 1915 Nr 237), und Pferde auch weiterhin den Interessen ihres Eigentümers dienen, während sie längerfristig einem anderen in Pension gegeben und von diesem auch genutzt wurden (BGH LM Nr 10 = NJW 1977, 2158 = VersR 1977, 864, 865; vgl auch BGH VersR 1988, 609, 610; OLG Hamm 18. 3. 2025 – I-7 U 76/23, juris Rn 40).

5. Die Indizien der Entscheidungsgewalt

a) Unmittelbarer Besitz/tatsächliche Einwirkungsmöglichkeit

93 Das RG (RGZ 55, 163, 165 f; RG JW 1916, 907, 908) und ein Teil der Lehre (ENNECCERUS/LEHMANN 1017) sehen im unmittelbaren Besitz bzw in der tatsächlichen Gewalt ein Indiz für die Haltereigenschaft. Aus diesem Grunde wurde der Entleiher eines Pferdefuhrwerks als Halter angesehen (vgl RGZ 62, 79, 84 f; vgl auch RG JW 1911, 279), ebenso der Pfandgläubiger, der schon vor der Verwertung eines gepfändeten Hundes an diesem Besitz erlangt hatte (OLG Colmar OLGRspr 14, 50, 51).

94 Der Aspekt der Entscheidungsgewalt meint allerdings nicht die konkrete tatsächliche Einflussmöglichkeit über das Tier, sondern die abstrakte Entscheidungsgewalt über Existenz und Verwendung des Tieres. Das ergibt sich aus dem Sinn und Zweck der Norm: Für Tierschäden soll einstehen, wer die Gefahrenquelle schafft und über die Art ihrer Verwendung bestimmt; hierfür maßgebend ist aber gerade nicht die unmittelbare Einflussmöglichkeit auf das Tier, sondern die Entscheidungsmöglichkeit über die Schaffung und Erhaltung der Gefahrenquelle (LORENZ 198). Die Möglichkeit, auf das Tier unmittelbar einzuwirken, besagt nichts über die Verantwortlichkeit für Existenz und Verwendungsweise des Tieres. Die tatsächliche Einflussmöglichkeit allein, über die etwa der unmittelbare Besitzer verfügt, kann daher nicht als Kriterium zur Ermittlung des Halters herangezogen werden (ebenso BORNHÖVD VersR 1979, 398; HOFF AcP 154 [1955] 344, 365; LORENZ 201). Erst recht ist der bloße Besitzdiener (§ 855 BGB) nicht Tierhalter (RGZ 52, 117, 118; BGB-RGRK/KREFT § 833 Rn 49). Auch die Rechtsprechung hat darauf hingewiesen, dass allein die tatsächliche Herrschaft über das Tier, dh der unmittelbare Besitz, für die Halterschaft keine Rolle spielt (BGH VersR 1988, 609, 610; vgl auch BGH VersR 1978, 515). Der unmittelbare Besitz bzw die sonstige tatsächliche Einwirkungsmöglichkeit können die Haltereigenschaft daher nicht begründen. Umgekehrt entfällt die Haltereigenschaft nicht durch die zeitweilige Aufgabe der unmittelbaren Einwirkungsmöglichkeit (RG WarnR 1908 Nr 317: Pferd in der un-

mittelbaren Verfügungsgewalt des Tiertrainers; RG JW 1917, 287: Unterbringung des gemeindeeigenen Zuchtstiers für längere Zeit bei einem Bauern, der gegen Entgelt die Fütterung und Wartung des Tieres übernahm; BGH VersR 1978, 515: zum Transport überlassenes Pferd; OLG Düsseldorf 3. 9. 2024 – 15 U 7/19, juris Rn 29: ca dreistündig Überlassung einer Katze an einen Tierarzt; AG Berlin-Lichterfelde JW 1937, 3107: eintägige Überlassung eines Hundes an einen Tierarzt; vgl auch OLG Hamburg HRR 1936 Nr 872: Haltereigenschaft der Käuferin eines Tigers, der sich während des Transports auf hoher See befand, obwohl die Käuferin noch keinerlei Einflussmöglichkeit auf das Tier hatte).

b) Eigentum

In Rechtsprechung und Lehre ist immer wieder darauf hingewiesen worden, dass die Halterschaft ein rein tatsächliches Verhältnis sei und die rechtliche Herrschaft, also das Eigentum am Tier, für die Ermittlung des Halters keine Rolle spiele (RGZ 55, 163, 165; RGZ 62, 79, 84; RG WarnR 1910 Nr 332; RG JW 1916, 907, 908; BGH VersR 1956, 574; OLG Nürnberg VersR 1964, 1178 f; OLG Düsseldorf VersR 1972, 403; KG VersR 1981, 1035; ENNECCERUS/LEHMANN 1017; SOERGEL/KRAUSE § 833 Rn 12; ERMAN/WILHELMI § 833 Rn 7; vgl auch OLG Hamm VersR 1970, 729, 730 f; OLG Hamm 19. 12. 2022 – 7 U 54/22, juris Rn 19, r+s 2023, 779 mAnm BILLER-BOMHARDT). Zum Teil hat die Rechtsprechung im Gegensatz dazu das Eigentum aber auch als Indiz für die Haltereigenschaft herangezogen (OLG Hamburg HRR 1936 Nr 872 [obiter]; OLG Hamm VersR 1973, 1054; OLG Frankfurt VersR 1976, 1138; OLG Düsseldorf VersR 1983, 543; vgl auch OLG Hamburg OLGRspr 14, 44). Eine Reihe von Autoren sieht im Eigentum einen bedeutsamen Hinweis auf den Halter (BORNHÖVD VersR 1979, 398; HOFF AcP 154 [1955] 344, 359, 365; LARENZ/CANARIS, Schuldrecht II/2 § 84 II 1 b [Eigenbesitzer]; LORENZ 202; MünchKommBGB/WAGNER § 833 Rn 34; WOLF, Schuldrecht BT 670). 95

Die für die Haltereigenschaft maßgebliche Entscheidungsgewalt über die Existenz und Verwendung des Tieres ergibt sich regelmäßig aus dem Eigentum und liegt nur ausnahmsweise bei anderen Personen, wenn sie diesen übertragen oder von ihnen unberechtigt in Anspruch genommen wird. Das Eigentum kann daher als Indiz für die Haltereigenschaft herangezogen werden. Die Dauer der Eigentümerstellung spielt dabei keine Rolle. Auch Metzger und Viehhändler sind Tierhalter, selbst wenn sie die erworbenen Tiere alsbald schlachten oder weiterveräußern wollen (RGZ 79, 246, 247; RGZ 168, 331, 332; RG WarnR 1937 Nr 34; BGB-RGRK/KREFT § 833 Rn 39, 47). 96

c) Mittelbarer Besitz

In der Rechtsprechung wird zur Begründung der Haltereigenschaft mitunter auf den mittelbaren Besitz abgestellt (OLG Hamm VersR 1973, 1054; OLG Frankfurt VersR 1976, 1138; KG VersR 1981, 1035). Dagegen ist einzuwenden, dass für die Entscheidungsgewalt nicht der mittelbare Besitz als solcher, sondern die konkrete Ausgestaltung des Rechtsverhältnisses zwischen dem Eigentümer und dem unmittelbaren Besitzer von Bedeutung ist. Die Nutzungsvereinbarung berechtigt den unmittelbaren Besitzer zum Besitz auf Zeit und schränkt dadurch die Entscheidungsbefugnis des Eigentümers über sein Tier ein. Dessen Haltereigenschaft kann aufrechterhalten bleiben, aber auch untergehen (vgl LORENZ 203 f). 97

Wie problematisch das Abstellen auf den mittelbaren Besitz sein kann, zeigt die Entscheidung KG VersR 1981, 1035. In dem zugrundeliegenden Sachverhalt gab der Besitzer einen Hund, dessen Eigentümer im Gefängnis saß, bei einem Dritten in Pflege. Damit übernahm er nach Ansicht des Gerichts für mehrere Monate, also nicht nur 98 vorübergehend, die Sachherrschaft und begründete dadurch seine Verantwortlichkeit für die Gefahrenquelle: Er habe bestimmt, dass der Hund nicht ins Tierheim kommen, sondern durch den Dritten verwahrt werden solle, bis der Eigentümer wieder aus der Haft entlassen werde; seine Handlungsweise habe die Existenz des Hundes gesichert und diesen gefährdend auf die Umwelt einwirken lassen. Dieser Begründung ist entgegenzuhalten, dass der mittelbare Besitzer hier im Auftrag oder zumindest in Geschäftsführung ohne Auftrag für den Eigentümer gehandelt hatte. Er hatte seine tatsächliche Einwirkungsmöglichkeit auf den Hund dazu genutzt, den (vermeintlichen) Willen des Eigentümers zu verwirklichen. Die Entscheidungsgewalt lag danach beim Eigentümer, nicht beim mittelbaren Besitzer (kritisch auch LORENZ 205).

d) Einstellen in den Haushalts- oder Wirtschaftsbetrieb

99 Die Verwendung des Tieres im eigenen Haushalts- oder Wirtschaftsbetrieb (gelegentlich wird allgemeiner vom Einflussbereich gesprochen, weil der Halter eines Reitpferdes heute idR keinen eigenen Wirtschaftsbetrieb hat, noch das Tier im eigenen Haushaltungsbetrieb unterbringen kann, vgl OLG Celle VersR 1979, 161 [„Einfluss- und Verfügungsbereich"]) kann außer der wirtschaftlichen Nutzungsmöglichkeit für eigene Zwecke (dazu Rn 80 ff) auch dessen Aufenthalt im eigenen räumlichen Machtbereich (einschließlich der Möglichkeit tatsächlicher Einflussnahme [darauf stellen ab: RGZ 62, 79, 85: Bei kurzfristiger Überlassung eines Pferdes übt der Eigentümer nicht mehr die tatsächliche Gewalt aus, die es ihm ermöglichen würde, der von dem Pferd ausgehenden Gefahr vorbeugend entgegenzuwirken; OLG Frankfurt VersR 1956, 454; vgl auch RG WarnR 1915 Nr 237: Bei Vermietung von Pferden an einen Grubenbetrieb übte der Stallmeister weiterhin die Aufsicht aus, auch während die Tiere in der Grube eingesetzt wurden]) oder die Entscheidungsgewalt in Bezug auf das Tier (darauf stellt ab: RG JW 1911, 279: Der zeitweilige Nutzer konnte selbstständig über die Arbeitspferde verfügen und Anordnungen treffen) umfassen. Die Nutzung im Eigeninteresse und die Entscheidungsgewalt sind Aspekte der Haltereigenschaft. Die tatsächliche Einwirkungsmöglichkeit sagt nichts über die Entscheidungsgewalt aus und kann die Haltereigenschaft daher nicht begründen (Rn 94). Insofern ist das Kriterium des Einstellens in den Haushalts- oder Wirtschaftsbetrieb auch hinsichtlich des Aspekts der Entscheidungsgewalt problematisch (vgl LORENZ 205 f; zur Problematik hinsichtlich des Aspekts Eigeninteresse s Rn 81).

6. Unmittelbares Abstellen auf die Entscheidungsgewalt

100 In zahlreichen Entscheidungen wird bei der Bestimmung der Haltereigenschaft unmittelbar auf die Bestimmungsbefugnis abgestellt (BGH VersR 1988, 609, 610; OLG Hamm VersR 1973, 1054: Der Eigentümer, der seinen Jagdhund bei einem Forstbeamten in Pflege gab, der das Tier als Wachhund, bei Dienstgängen und bei Jagden verwendete, blieb Halter, weil er die Vereinbarung jederzeit widerrufen und die Tiergefahr durch ständige Haltung des Hundes in einem Zwinger weitgehend oder durch Tötung des Tieres gänzlich ausschließen konnte; OLG Köln VersR 1976, 197, 198: Der Eigentümer, der die Aufsicht über sein Pferd dem Inhaber eines Gutes bzw dem dortigen Reitlehrer übertragen hatte, blieb Halter, weil ihm die Weisungsbefugnis verblieb; OLG Frankfurt VersR 1976, 1138: Der Eigentümer, der sein Pferd im Stall eines Reitvereins unterstellte, es dort füttern und versorgen ließ und Dritten gestattete, das Tier nach Belieben zu reiten, blieb Halter, denn er allein hatte nach wie vor darüber zu entscheiden, wer das Tier versorgte und was mit ihm geschehen würde, wenn das Tier – wegen bestimmter Unarten – eine erhebliche Gefahr für die Allgemeinheit darstellen sollte; OLG Celle AgrarR 1977, 178, 179: Ein Landwirt, der dem

Viehhändler seine Kuh in Kommission gab, blieb Halter, weil er dem Kommissionär Weisungen hinsichtlich der Kuh erteilen konnte; vgl auch KG VersR 1981, 1035; OLG Düsseldorf VersR 1983, 543; OLG Saarbrücken VersR 1988, 752; OLG Jena r+s 2010, 126, 127; AG Mosbach, Jagdr Entsch, Bd VII, Sachg XI, Nr 71 [zum Auswildern ausgesetzter Rehbock]). Auch eine Reihe von Autoren erwähnt die Entscheidungskompetenz über Existenz und Verwendung des Tieres als wesentliches Kriterium der Haltereigenschaft (Berglar 102; Bondzio RdL 1972, 229, 230; Bornhövd VersR 1979, 398; Bornhövd JR 1978, 50, 51; BGB-RGRK/Kreft § 833 Rn 39; Larenz/Canaris, Schuldrecht II/2 § 84 II 1 b; Soergel/Krause § 833 Rn 12; Wussow/Rüge/Fahl § 2 Rn 764; Grüneberg/Retzlaff § 833 Rn 10; Schlund, in: FS Schäfer [1980] 223, 225; **aA** Wussow/Terbille, Unfallhaftpflichtrecht [15. Aufl 2002] Kap 11 Rn 26).

Da die Entscheidungsgewalt eines der beiden Hauptkennzeichen der Halterschaft darstellt, ist es richtig, bei der Bestimmung des Halters hierauf abzustellen. Zu beachten ist allerdings, dass es auf die tatsächliche Beherrschung des Tieres ankommt, nicht auf die rechtliche Befugnis dazu (**aA** Ehmer/Schlereth r+s 2025, 1152, 1153). Zwar fällt oft beides zusammen, sodass von der Befugnis auf den Herrschaftstatbestand geschlossen werden kann. In Fällen, in denen jemand – zB ein Dieb – unberechtigt über ein Tier bestimmt, ist aber allein entscheidend, wer die Macht darüber ausübt, ob das Tier existiert und in welcher Weise es verwendet wird (s unten). **101**

7. Verteilung der Entscheidungsgewalt auf mehrere Personen

Ist die Entscheidungsgewalt über das Tier zwischen verschiedenen Personen aufgeteilt, so ist Mithalterschaft möglich (Bornhövd VersR 1979, 398; vgl auch BGB-RGRK/Kreft § 833 Rn 42; Lorenz 207; OLG Hamm VersR 1973, 1054). Es kommt dann darauf an, welcher Grad von Entscheidungsbefugnissen zur Halterschaft führt. In den Nutzungsüberlassungsfällen kann die Verteilung der Entscheidungsbefugnisse zur Alleinhalterschaft des Eigentümers, zur Mithalterschaft von Eigentümer und Nutzungsberechtigtem oder zur Alleinhalterschaft des Nutzungsberechtigten führen. **102**

8. Einzelne typische Fallkonstellationen

a) Verträge über Leistungen an oder mit dem Tier

Arbeits-, Dienst-, Werk-, Verwahrungs-, Auftrags- und Geschäftsbesorgungsverträge beinhalten regelmäßig keine Nutzungsübertragung, dh der Arbeitnehmer, Dienstverpflichtete usw hat kein Eigeninteresse an dem Tier. Tierhalter bleibt deshalb der Eigentümer (RGZ 52, 117, 118; RGZ 66, 1, 3; RGZ 168, 331, 332; RG WarnR 1908 Nr 317; RG JW 1917, 287; BGH VersR 1978, 515 [die Frage, ob auch der Transporteur Halter ist, wurde offen gelassen]; OLG Celle AgrarR 1977, 178, 179 [Transport- und Kommissionsabrede]; OLG Saarbrücken VersR 1988, 752 [Betreuung eines Hundes während eines Krankenhausaufenthaltes des Halters]; OLG Brandenburg 16. 4. 2019 – 3 U 8/18, juris Rn 24 [der Eigentümer gab seinen Hund bei einem Tierheim in Pflege, nachdem ihm von der Stadt die Tierhaltung untersagt worden war]; LG Tübingen 12. 3. 2021 – 5 U 112/21, juris Rn 27 ff [Transport eines Pferdes über 300 km]; BGB-RGRK/Kreft § 833 Rn 45 f; vgl Soergel/Krause § 833 Rn 14; MünchKommBGB/Wagner § 833 Rn 40). **103**

b) Nutzungsüberlassungsverträge

Miete und Leihe berechtigen den Mieter bzw Entleiher zur Nutzung des Tieres auf Zeit, sodass eine Aufteilung von Nutzungsinteresse und Entscheidungsgewalt vor- **104** liegt. Bei kurzfristiger Nutzungsüberlassung bleibt es in der Regel bei der Halterschaft des Eigentümers (Deutsch JuS 1987, 673, 678; BGB-RGRK/Kreft § 833 Rn 44; AK-BGB/Kohl § 833 Rn 8; Medicus/Lorenz, Schuldrecht II § 84 Rn 3; vgl Soergel/Krause § 833 Rn 14; MünchKommBGB/Wagner § 833 Rn 39; **aA** Berglar 98 ff, 103 f; vgl auch Hoff AcP 154 [1955] 344, 365; OLG Frankfurt VersR 1976, 1138), beispielsweise wenn er sein Pferd zum Ausreiten vermietet (RG WarnR 1912 Nr 254; BGH NJW 1986, 2883, 2884; VersR 1987, 198, 200), stundenweise einem anderen zum Ausreiten überlässt (OLG Köln VersR 1976, 197, 198) oder aus Entgegenkommen sein Pferd für einen Transport zur Verfügung stellt (RG JW 1915, 91, 92). Bei einer Nutzungsüberlassung für längere Zeit geht zumeist die überwiegende Bestimmungsgewalt und Nutzungsmöglichkeit auf den Mieter bzw Entleiher über. Es findet dann ein Halterwechsel statt (BGB-RGRK/Kreft § 833 Rn 44; vgl MünchKommBGB/Wagner § 833 Rn 38 f; vgl aber auch Larenz/Canaris, Schuldrecht II/2 § 84 II 1b: Grundsätzlich bleibe es bei der Halterschaft des Vermieters) oder es kommt jedenfalls zur Mithalterschaft von Eigentümer und Mieter bzw Entleiher (Deutsch JuS 1987, 673, 678; BGB-RGRK/Kreft § 833 Rn 44; MünchKommBGB/Stein [3. Aufl] § 833 Rn 20; vgl OLG Hamm VersR 1973, 1054; vgl auch RG JW 1911, 279; Geigel/Haag, Der Haftpflichtprozess [29. Aufl 2024] 18. Kap Rn 3). Allerdings kann auch bei Nutzungsüberlassung des Tieres für längere Zeit der Eigentümer allein Halter bleiben, wenn er trotz der längerfristigen Überlassung seine Bestimmungsmöglichkeit nicht verliert; dieser Fall wurde bei der langjährigen Überlassung von Grubenpferden (RG WarnR 1915 Nr 237) oder der einwöchigen Vermietung von Zugpferden für Werbefahrten (BGH NJW 1971, 509 = VersR 1971, 320) angenommen, auch bei der Reitbeteiligung eines zwölfjährigen Mädchens, das häufig bei der Versorgung des Pferdes half und regelmäßige Ausritte unternahm (OLG Frankfurt NJW-RR 2009, 894, 895, das entscheidend darauf abstellt, dass das Mädchen die Ausritte nur zusammen mit der Eigentümerin unternahm, diese sich ihr Bestimmungsrecht über das Pferd also noch vorbehielt; weitergehend OLG Nürnberg NJW-RR 2017, 1173 Rn 22). Umgekehrt ist auch bei kurzzeitiger Nutzungsüberlassung ein Halterwechsel möglich (RGZ 62, 79, 85; OLG Frankfurt VersR 1956, 454).

Bei Pacht und Nießbrauch (etwa eines landwirtschaftlichen Betriebes) werden – zumeist langfristig – Nutzungsvorteile in erheblichem Umfang übertragen. Deshalb ist in der Regel der Pächter bzw Nießbraucher Halter (vgl OLG Frankfurt VersR 1956, 454; BGB-RGRK/Kreft § 833 Rn 44).

c) Veräußerung von Tieren

105 Wird ein Tier verkauft und übereignet, so gehen Entscheidungsgewalt und Eigeninteresse an dem Tier vom Verkäufer auf den Käufer über. Die Halterschaft zu einzelnen Zeitpunkten innerhalb dieser Phase bestimmt sich danach, inwieweit Entscheidungsgewalt und Eigeninteresse noch beim Verkäufer oder schon beim Käufer liegen. Solange der Verkäufer Eigentümer ist und das Tier nicht übergeben oder versandt hat, ist er Halter (RG JW 1930, 2421, 2422; OLG Hamburg OLGRspr 14, 44; Soergel/Krause § 833 Rn 18; BGB-RGRK/Kreft § 833 Rn 47; Lorenz 216; MünchKommBGB/Wagner § 833 Rn 37; Weimar MDR 1967, 100, 101; Erman/Wilhelmi § 833 Rn 8). Er bleibt daher auch bei Annahmeverzug des Käufers weiter Halter (Weimar MDR 1967, 100, 101). Wenn der Eigentumsübergang und die Übergabe an den Käufer erfolgt sind, ist dieser Halter (Lorenz 216). Er bleibt es, auch wenn er berechtigterweise vom Kaufvertrag zurücktritt, bis zur Rückgabe des Tieres an den Verkäufer (vgl OLG Kassel SeuffA 59 Nr 257; OLG Naumburg SeuffA 58 Nr 210; Roth JW 1913, 69; MünchKommBGB/Wagner § 833 Rn 37; Erman/Wilhelmi § 833 Rn 8). Problematischer ist die Bestimmung des Halters, wenn das Tier noch beim Verkäufer bleibt, obwohl dieser nicht mehr Eigentümer ist (vgl RG WarnR 1910 Nr 332), wenn sich das Tier auf dem Transport befindet, also vom Verkäufer abgesandt worden, aber noch nicht beim Käufer angekommen ist (vgl OLG Hamburg HRR 1936 Nr 872; BGB-RGRK/Kreft § 833 Rn 47), wenn das Tier an den Käufer übergeben wird, obwohl er noch kein Eigentum erworben hat, wie beim Vorbehaltskauf, oder beim Kauf auf Probe (§ 454 f BGB; vgl dazu OLG Kassel SeuffA 59 Nr 257 [während der Probezeit Halterschaft nur des Probekäufers]; BGB-RGRK/Kreft § 833 Rn 47 [Halterschaft des Verkäufers; bei längerer Probezeit möglicherweise Mithalterschaft von Probekäufer und -verkäufer]). Die Entscheidungsgewalt und das Eigeninteresse von Verkäufer und Käufer an dem Tier sind in diesen Fällen im Einzelnen zu gewichten. Oft hilft ein Vergleich mit der bei einzelnen Nutzungsüberlassungsverträgen bestehenden Situation weiter (vgl Lorenz 216). Beim Versendungskauf ist der Käufer bereits Halter des Tieres auf dem Transport (OLG Hamburg HRR 1936 Nr 872; BGB-RGRK/Kreft § 833 Rn 47; MünchKommBGB/Wagner § 833 Rn 37). Beim Kauf auf Probe ist zu berücksichtigen, ob der Kaufvertrag unter der aufschiebenden oder auflösenden Bedingung (§ 158 BGB) der Billigung bzw Nichtbilligung geschlossen ist. Bei aufschiebender Bedingung tritt der Gefahrübergang abweichend von §§ 446, 447 BGB erst mit der Billigung ein (BGB-RGRK/Mezger § 495 Rn 7; Hk-BGB/Saenger §§ 454, 455 Rn 1 und 5), sodass bis zu diesem Zeitpunkt der Verkäufer das Verlustrisiko trägt, was für seine Halterschaft spricht.

d) Entlaufene Tiere

Bei entlaufenen Tieren wurde früher auf die unmittelbare Einwirkungsmöglichkeit **106**
abgestellt und zwischen vorübergehender Besitzentziehung und endgültigem Besitzverlust unterschieden (RG JW 1930, 2421 f; OLG Oldenburg SeuffA 75 Nr 21; Enneccerus/Lehmann 1017; vgl dazu Weimar JR 1963, 414, 415; Wilts VersR 1965, 1019, 1020 auch mwNw aus der Lit). Die Halterschaft war beendet, wenn keine oder nur geringe Aussicht bestand, das Tier wiederzuerlangen. Heute vertritt der BGH die Ansicht, dass allein mit dem Entlaufen eines Tieres die Haltereigenschaft und damit die Haftung grundsätzlich noch nicht entfalle, auch wenn das Tier für den Halter als endgültig verloren gelten müsse (BGH LM Nr 4 = NJW 1965, 2397; VersR 1978, 515; ihm folgend Bondzio RdL 1972, 229, 230; Deutsch JuS 1987, 673, 678; Esser/Weyers, Schuldrecht II/2 § 58 III 1 a; Larenz/Canaris, Schuldrecht II/2 § 84 II 1 b; Wilts VersR 1965, 1019, 1020 unter Auseinandersetzung mit abweichenden Auffassungen; Wussow/Terbille, Unfallhaftpflichtrecht [15. Aufl 2002] Kap 11 Rn 34; s jetzt auch Wussow/Rüge/Fahl § 2 Rn 765).

Fest steht, dass zumindest bei endgültigem Besitzverlust ein Nutzen des Tieres im Ei- **107**
geninteresse und eine Entscheidungsgewalt über das Tier nicht mehr vorliegen. Die Halterschaft ist damit nach den bisherigen Kriterien entfallen. Dennoch erscheint es unbillig, dem Geschädigten einen Ersatzanspruch zu verweigern. Eine Lösung dieses Konflikts ist möglich, wenn nicht auf das unmittelbar schadensstiftende Tierverhalten, sondern auf das Entlaufen selbst als Verletzungsursache abgestellt wird. Zum Zeitpunkt des Entlaufens bestand die Halterschaft noch, und auf die zwischenzeitliche Beendigung der Halterschaft kommt es nicht an: Der Halter haftet für die Schaffung und Unterhaltung der Gefahrenquelle, daher treffen ihn auch die Folgen des Entlaufens (ebenso AK-BGB/Kohl § 833 Rn 8; Soergel/Krause § 833 Rn 13; BGB-RGRK/Kreft § 833 Rn 40; Lorenz 218; Wilts VersR 1965, 1019, 1020 unter Hinweis auf § 7 Abs 3 StVG; vgl auch MünchKommBGB/Wagner § 833 Rn 36). Diese Nachwirkung der Halterschaft entfällt, sobald eine andere Person (zB der Finder) Halter wird (ebenso Esser/

Weyers, Schuldrecht II/2 § 58 III 1 a; BGB-RGRK/Kreft § 833 Rn 40 für den Fall des Diebstahls; Lorenz 218; Wilts VersR 1965, 1019, 1020; vgl Soergel/Krause § 833 Rn 13; offen gelassen in BGH LM Nr 4 = NJW 1965, 2397).

e) Gefundene und zugelaufene Tiere

108 Nach Rspr (OLG Nürnberg MDR 1978, 757; LG Düsseldorf VersR 1968, 99; LG Mönchengladbach VersR 1967, 486) und Lit (Deutsch JuS 1987, 673, 678; AK-BGB/Kohl § 833 Rn 8; BGB-RGRK/Kreft § 833 Rn 48; Larenz/Canaris, Schuldrecht II/2 § 84 II 1 b; Lorenz 218 f; Medicus/Lorenz, Schuldrecht II § 84 Rn 3; Grüneberg/Retzlaff § 833 Rn 10; Weimar MDR 1957, 658; Erman/Wilhelmi § 833 Rn 8) wird der Finder eines Tieres nicht Halter, solange er es nicht im eigenen Interesse in Besitz nimmt, also solange er zu erkennen gibt, dass er das Tier an den Eigentümer zurückzugeben beabsichtigt. Das kann vor allem der Fall sein, solange er das Tier für den ihm bekannten Halter verwahren will oder solange er Ermittlungen nach dem unbekannten Halter anstellt. Dass der Finder in Erwartung eines Finderlohnes handelt, begründet keine Nutzung des Tieres im eigenen Interesse (Weimar MDR 1964, 901, 902). Tierhalter ist auch nicht ein Tierschutzverein, der herrenlos herumstreunenden Tieren Obdach und Pflege gewährt und sie bei Nichtermittlung des Eigentümers von Fall zu Fall an Tierliebhaber weiterverkauft (LG Mönchengladbach VersR 1967, 486; bei den Verkäufen machte der Tierschutzverein zur Bedingung, dass das verkaufte Tier an den Eigentümer zurückzugeben sei, wenn dieser sich später noch melde; Hk-BGB/Staudinger § 833 Rn 6; s aber auch LG Hanau VersR 2003, 873; AG Duisburg NJW-RR 1999, 1628 f; MünchKommBGB/Wagner § 833 Rn 36). Dagegen wird der Finder Halter, sobald er die Absicht kundtut, das Tier für sich zu behalten, oder die zunächst vorhandene Rückgabeabsicht später aufgibt. Ein Hinweis darauf kann sich auch aus der Besitzdauer ergeben (OLG Nürnberg MDR 1978, 757 [Zeitraum von fast sechs Monaten]; vgl auch LG Paderborn NJW-RR 1996, 154).

f) Gestohlene Tiere und sonstige Fälle der Besitzentziehung

109 Die Tierhaltereigenschaft endet, wenn das Tier dem Halter auf Dauer, zB durch Diebstahl, entzogen wird (OLG Oldenburg SeuffA 75 Nr 21; BGB-RGRK/Kreft § 833 Rn 40; Larenz/Canaris, Schuldrecht II/2 § 84 II 1 b). Das Gleiche gilt, wenn ein tollwütiges oder tollwutverdächtiges Tier dem Halter zwecks Tötung weggenommen wird. Dagegen endet die Tierhaltereigenschaft nicht schon dadurch, dass das Tier vorübergehend in amtliche Verwahrung genommen wird (RG JW 1913, 431 f betr die bei einer Hundesperre eingegangenen Hunde).

110 Durch einen Diebstahl wird nicht nur die bisherige Halterschaft beendet, sondern zugleich die des Diebes begründet (Eberl-Borges VersR 1996, 1070, 1071; AK-BGB/Kohl § 833 Rn 8; Larenz/Canaris, Schuldrecht II/2 § 84 II 1 b; Lorenz 220; Medicus/Lorenz, Schuldrecht II § 84 Rn 3). Der Dieb nutzt das Tier nicht für den Eigentümer, sondern für eigene Zwecke. Er erkennt nicht die Bestimmungsbefugnis des Eigentümers an, sondern bestimmt selbst über das Tier. Dass er unberechtigt die Bestimmungsbefugnis ausübt, hindert seine Halterschaft nicht. Für die Halterschaft genügt ein Herrschaftstatbestand, eine Herrschaftsbefugnis ist nicht erforderlich (Rn 73): Die Entscheidungsgewalt besteht in der Verantwortlichkeit dafür, dass die Gefahrenquelle überhaupt besteht und in bestimmter Weise verwendet wird. Diese Verantwortlichkeit trifft auch den Dieb, der sich – unrechtmäßig – in den Besitz des Tieres gebracht hat (eingehend Eberl-Borges VersR 1996, 1070, 1071).

g) Eheleute und Familienmitglieder

111 Eheleute sind regelmäßig Mithalter der im gemeinsamen Haushalt lebenden Tiere, unabhängig davon, wer deren Eigentümer ist (vgl OLG Düsseldorf VersR 1972, 403; LG Osnabrück NJW-RR 1998, 959). Solche Tiere werden von den Eheleuten meist gemeinsam genutzt, und die Eheleute entscheiden auch gemeinsam darüber. Unabhängig vom Güterstand ist der Ehemann Tierhalter des der Frau gehörenden Tieres, wenn er es im eigenen Interesse (nämlich im Rahmen der Ehe als Lebens- und Schicksalsgemeinschaft und damit zu seinem und seiner Frau Wohl) in dem von ihm geleiteten landwirtschaftlichen Betrieb verwendet (vgl LG Kiel SchlHA 1955, 129; s auch RGZ 158, 341, 344). Dies kann auch für andere Familienmitglieder gelten. So hat das OLG Jena die Tierhaltereigenschaft auch der Mutter infolge einer bestehenden Bestimmungsbefugnis und eines ausgeübten (Mit-)Bestimmungsrechts für einen Hund bejaht, der ehemals durch die Töchter angeschafft wurde, die nunmehr nur noch alle drei Monate besuchsweise im elterlichen/großmütterlichen Anwesen sind, und für dessen Kosten die Großmutter aufkommt (OLG Jena r+s 2010, 126 f).

h) Der Erbfall

112 Halter ist, wer ein Tier erbt, dessen Halter der Erblasser war. Zwar liegen die Halterkriterien, von denen bisher ausgegangen wurde, beim Erben nicht ohne Weiteres vor. Das Tier mag sich im Nachlass befinden, ohne dass es vom Erben im eigenen Interesse genutzt wird. Auch steht bei Eintritt des Erbfalls oft nicht fest, wer Erbe ist. Der Erbe kann die Erbschaft ausschlagen (§§ 1942 ff BGB). Wer zur Zeit des Erbfalls bereits gezeugt, aber noch nicht geboren war (vgl § 1923 Abs 2 BGB), wird nur Erbe, wenn er nach dem Erbfall auch lebend zur Welt kommt (Grüneberg/Ellenberger § 1 Rn 7, Grüneberg/Weidlich § 1923 Rn 6). In diesen Fällen ist (zusätzlich) die Entscheidungsgewalt zweifelhaft. Doch gelten die genannten Halterkriterien für den Erben nicht zwingend. Sie sind aus der ratio des § 833 S 1 BGB entwickelt worden, und zwar im Hinblick auf die Situation des lebenden Menschen. Beim Erbfall ist wiederum auf die ratio der Norm zurückzugreifen. Danach soll bei Tierschäden eine Haftung eintreten, wenn andere der Tiergefahr zum eigenen Nutzen einer Person ausgesetzt wurden. Das bleibt auch dann der Fall, wenn diese Person später stirbt, denn das Tier und damit die Tiergefahr existieren nach wie vor deshalb, weil der Erblasser die gefährliche Situation geschaffen hatte. In Anbetracht der ratio des § 833 S 1 BGB erscheint es nicht gerechtfertigt, einem nach dem Erbfall durch das Tier Geschädigten einen Ersatzanspruch zu versagen, nur weil der Halter gestorben ist. Es entspricht vielmehr der Billigkeit, Ersatz aus dem Nachlass zu gewähren. Daher muss der Erbe, der in die vermögensrechtliche Stellung des Erblassers eintritt (§ 1922 Abs 1 BGB), für den Tierschaden einstehen. Der Erbe ist in diesem Sinne Halter (eingehend Eberl-Borges VersR 1996, 1070, 1072 f; vgl auch MünchKommBGB/Wagner § 833 Rn 43).

9. Voraussetzungen im Hinblick auf die Person des Halters

a) Geschäfts-/Deliktsunfähige und beschränkt Geschäfts-/Deliktsfähige

113 Unter welchen Voraussetzungen Geschäfts-/Deliktsunfähige und beschränkt Geschäfts-/Deliktsfähige – insbesondere Minderjährige – Tierhalter sind und nach § 833 BGB haften, ist umstritten. Ein Teil der Lit wendet §§ 104 ff BGB analog an; die Halterschaft kann danach nur durch Handlungen des gesetzlichen Vertreters oder mit dessen Zustimmung begründet werden (so Canaris NJW 1964, 1987, 1991; Larenz/Ca-

naris, Schuldrecht II/2 § 84 II 1b, I 2 g; Geigel/Haag, Der Haftpflichtprozess [29. Aufl 2024] 18. Kap Rn 2; Hk-BGB/Staudinger § 833 Rn 6; Staudinger/Schmidt Jura 2000, 347, 349; Jauernig/Kern § 833 Rn 3; Weimar MDR 1964, 208; 1967, 100, 101). Ein anderer Teil der Lit wendet §§ 828 f BGB analog an (so Bondzio RdL 1972, 229, 231; vCaemmerer, in: FS Flume [1978] Bd I 359, 363; Deutsch JuS 1981, 317, 324; AK-BGB/Kohl § 833 Rn 8; Medicus/Lorenz, Schuldrecht II § 84 Rn 4; MünchKommBGB/Wagner § 833 Rn 44; vgl auch BGB-RGRK/Kreft § 833 Rn 42; Lorenz 221; Erman/Wilhelmi § 827 Rn 1: § 827 f BGB gelte auch hinsichtlich der Begründung der Haltereigenschaft). Nach einer dritten Auffassung kann der Geschäfts-/Deliktsunfähige und der beschränkt Geschäfts-/Deliktsfähige auf dreierlei Art Halter werden: durch Handlungen seines gesetzlichen Vertreters, durch eigene Handlungen mit Einverständnis des gesetzlichen Vertreters sowie durch eigene Handlungen ohne Einverständnis des gesetzlichen Vertreters, wobei § 828 BGB analog gilt; kommt es im zuletzt genannten Fall nicht zu einer Halterschaft, kann analog § 829 BGB eine Billigkeitshaftung eintreten (Deutsch JuS 1987, 673, 678; Hofmann NJW 1964, 228, 232; Grüneberg/Retzlaff § 833 Rn 10). Nach einer vierten (älteren) Ansicht kommt es weder für den Erwerb der Haltereigenschaft noch für die Haftung auf Geschäfts- oder Deliktsfähigkeit an (vgl die Nachweise bei Canaris NJW 1964, 1987, 1990 Fn 26; Hofmann NJW 1964, 228, 229 Fn 9).

114 Die Begründung der Haltereigenschaft ist nicht der richtige Ansatzpunkt für den Schutz Geschäfts-/Deliktsunfähiger und beschränkt Geschäfts-/Deliktsfähiger. Danach würde beispielsweise ein Volljähriger, der wegen Geisteskrankheit geschäftsunfähig wird, für solche Tiere haften, die er vor dem Verfall in Geisteskrankheit angeschafft hat, nicht aber für solche Tiere, die er erst nach diesem Zeitpunkt angeschafft hat. Für diese Unterscheidung gibt es keine Rechtfertigung.

115 Nach der ratio des § 833 S 1 BGB ist für das Tier verantwortlich, wer die bestimmende Herrschaft über seine Existenz und Verwendung ausübt und die Vorteile aus der Nutzung zieht, ohne dass es darauf ankommt, wie diese Lage herbeigeführt worden ist. Ob ein Geschäfts-/Deliktsunfähiger oder ein beschränkt Geschäfts-/Deliktsfähiger Tierhalter ist, beurteilt sich daher nach den üblichen Kriterien, nämlich dem Eigeninteresse und der Entscheidungsgewalt. Dabei ist das Kriterium der Nutzung im Eigeninteresse unproblematisch, da hierzu nur die natürliche Willensfähigkeit erforderlich ist. Im Hinblick auf die Entscheidungsgewalt ist danach zu unterscheiden, ob der gesetzliche Vertreter des Geschäfts-/Deliktsunfähigen bzw beschränkt Geschäfts-/Deliktsfähigen Kenntnis von dem Tier hat oder nicht. Hat beispielsweise ein Minderjähriger ein Tier mit Wissen der Eltern, so entscheidet sich nach dem Reifegrad des Minderjährigen, ob er selbst oder seine Eltern kraft ihrer elterlichen Sorge (§ 1626 Abs 1 BGB) über das Tier bestimmen. Entsprechend ist die Entscheidungsgewalt über das Tier verteilt. Beherrschen die Eltern das Tier, so sind sie Halter, da sie das Tier auch nutzen: Sie belassen es ihrem Kind zu erzieherischen Zwecken. Haben die Eltern keine Kenntnis von dem Tier, so entscheidet der Reifegrad des Minderjährigen darüber, ob aus seiner Herrschaft über das Tier seine Verantwortlichkeit für die Existenz und Verwendung des Tieres abzuleiten ist (eingehend Eberl-Borges VersR 1996, 1070, 1073 ff). In ähnlicher Weise kommt es bei Volljährigen darauf an, inwieweit der Betreffende seine Angelegenheiten selbst wahrnehmen kann (vgl § 1814 Abs 1 BGB), ob für ihn ein Betreuer bestellt ist (der dann den Wünschen des Betreuten verpflichtet ist, vgl § 1821 BGB) und wie weit dessen Aufgabenkreis reicht (vgl § 1815 Abs 1 BGB).

b) Juristische Personen

116 Auch juristische Personen, insbesondere der Staat, können Tierhalter sein (RGZ 76, 225, 226 f [Reichsmilitärfiskus]; RG JW 1917, 287 [Gemeinde]; BGH NJW 1971, 509 = VersR 1971, 320 [eingetragener Verein]; VersR 1972, 1047, 1048 [Land]; BGB-RGRK/Kreft § 833 Rn 42; MünchKommBGB/Wagner § 833 Rn 42). So ist eine Stadtgemeinde, die in ihrem Stadtwald ein dem Publikum zugängliches eingezäuntes Wildgehege unterhält, Halterin der im Gehege frei umherlaufenden Tiere. Ihr Eigeninteresse folgt daraus, dass sie das Wild im Rahmen der Daseinsvorsorge für ihre Bürger hält; zur Förderung des Wohls ihrer Einwohner gehöre auch die kulturelle und soziale Betreuung (BGH VersR 1976, 1175, 1176). Durch Hinweise „Betreten auf eigene Gefahr" kann sie ihre Haftung nicht ausschließen (BGH VersR 1976, 1175, 1177). Halter sind nicht die einzelnen Amtsträger, denen von ihrem Dienstherrn Tiere (etwa Pferde oder Hunde) zur dienstlichen Verwendung zugewiesen worden sind (vgl BGH VersR 1972, 1047, 1048; OLG Hamm OLGRspr 20, 270; OLG Brandenburg MDR 2009, 633; BGB-RGRK/Kreft § 833 Rn 49).

VII. Von § 833 S 2 BGB erfasste Tiere

117 Die Verschuldenshaftung nach S 2 gilt für Haustiere, die dem Beruf, der Erwerbstätigkeit oder dem Unterhalt des Tierhalters zu dienen bestimmt sind.

1. Haustier

118 Das Gesetz definiert den Begriff Haustier nicht. Maßgeblich für die Auslegung ist der gewöhnliche Sprachgebrauch. Danach sind Haustiere nur zahme Tiere (NK-BGB/Katzenmeier § 833 Rn 18; BeckOK-BGB/Förster [1. 2. 2026] § 833 Rn 28; Hk-BGB/Staudinger § 833 Rn 9; Jauernig/Kern § 833 Rn 6; MünchKommBGB/Wagner § 833 Rn 50), die vom Menschen zu seinem Nutzen in seinem Haushalt oder seinem Betrieb gezogen und gehalten zu werden pflegen und dabei durch Erziehung und Gewöhnung der Aufsicht und dem beherrschenden Einfluss des Menschen unterstehen (RGZ 79, 246, 248; RGZ 158, 388, 391; MünchKommBGB/Wagner § 833 Rn 50). Zu Zeiten des RG konzentrierte sich diese Nutzung auf haus-, land- und ernährungswirtschaftliche Zwecke (vgl RGZ 79, 246, 248; RGZ 158, 388, 391). Heute ist der Sprachgebrauch weiter und umfasst auch in der Wohnung (zu Liebhaberzwecken) gehaltene zahme Tiere (zu Meerschweinchen s etwa Rn 119). Solche Tiere unterfallen natürlich in der Regel nicht § 833 S 2 BGB, weil sie zwar Haustiere, aber keine Nutztiere sind (zum Begriff des Nutztiers s Rn 122 ff); relevant kann die Norm aber für den Züchter oder Händler solcher Tiere werden (Rn 130).

Den Gegensatz zu den zahmen Tieren bilden die wilden und die gezähmten Tiere (§ 960 BGB). Keine Haustiere sind zB Damwild in Gattern für die Fleischerzeugung (OLG Nürnberg NJW-RR 1991, 1500, 1501; vgl dazu auch Mitzschke/Schäfer, Kommentar zum Bundesjagdgesetz [4. Aufl 1982] § 20 Rn 21) oder Tiere in Pelzfarmen. Ebenso ist zB ein gezähmtes Reh, auch wenn es wie ein Haustier im Hause gehalten wird und die Gewohnheiten eines Haustiers angenommen hat, niemals ein Haustier. Dagegen gehört zum Begriff des Haustiers nicht, dass es stets oder hauptsächlich „im Haus" oder in bestimmter räumlicher Nähe dazu gehalten wird. Auch das Weidevieh auf Almen bleibt Haustier (OLG München OLGRspr 34, 124, 125).

119 Die Gruppe der Haustiere lässt sich demzufolge nach Gattungen definieren: Haustiere sind Pferd, Esel, Maulesel, Rind, Schwein, Schaf, Ziege, Hund, Katze, zahmes Ka-

ninchen, Hausgeflügel (einschließlich Tauben und Pfauen) usw (NK-BGB/Katzenmeier § 833 Rn 18; BeckOK-BGB/Förster [1. 2. 2026] § 833 Rn 28; MünchKommBGB/Wagner § 833 Rn 50). Gezähmte Tiere sind dagegen ua im Haus gehaltene Raben, Kanarienvögel, Wellensittiche, Papageien, Fische im Aquarium. Denkbar ist, dass im Lauf der Zeit durch Fortschritte der Tierzucht und Änderungen der Gewohnheiten und Bedürfnisse gewisse Tiergattungen, die zunächst keine Haustiere sind, diese Eigenschaften erlangen (vgl BeckOK-BGB/Förster [1. 2. 2026] § 833 Rn 28). So sind heute auch Meerschweinchen – der allgemeinen Vorstellung entsprechend (vgl Werner NJW 2012, 1048, 1049) – Haustiere (ebenso OLG Stuttgart 7. 6. 2018 – 13 U 194/17, juris Rn 18; BeckOGK/Spickhoff [1. 4. 2025] § 833 Rn 111; **aA** MünchKommBGB/Wagner § 833 Rn 50; Werner NJW 2012, 1048, 1049; anders auch noch Staudinger/Eberl-Borges [2008] § 833 Rn 119): Insoweit haben sich mit der zunehmenden Verstädterung die Gewohnheiten verändert, und man hält sich Kleintiere als „Hausgenossen", eine Nutzung, die bei Einfügung des Satzes 2 im Jahre 1908 (Rn 7) noch nicht in Rede stand; zudem sind Hausmeerschweinchen – anders als die in Südamerika beheimateten Wildmeerschweinchen – zahme Tiere, auch wenn sie anfangs scheu sein mögen und in diesem Sinne „gezähmt" werden müssen (vgl Birmelin, Meerschweinchen [2025] S 7, 47 ff). Dagegen sind Kamele nach wie vor keine Haustiere iSd § 833 S 2 BGB, s dazu OLG Stuttgart 7. 6. 2018 – 13 U 194/17, juris Rn 19. Eine Änderung der insoweit maßgeblichen inländischen Anschauung ist für Kamele bislang nicht erfolgt. Nach dem der Entscheidung zugrundeliegenden Sachverhalt wurden Kamele – ähnlich wie Ponys – für geführte Ausritte verwendet und ein Reiter fiel vom Kamel, weil dieses schreckhaft auf Hundegebell reagierte. Maßgebend für die Haustiereigenschaft ist im Übrigen die inländische Verkehrsauffassung. Tiere, die in anderen Ländern, Breiten und Erdteilen bei veränderten klimatischen und sonstigen Verhältnissen Haustiere sein mögen wie Kamel, Büffel, Rentier und Lama, verlieren diese Eigenschaft, wenn sie aus ihrem Verwendungsland ins Inland verbracht werden.

120 Streitig ist, ob die Biene (vgl dazu §§ 961–964 BGB) ein Haustier ist. Die Frage ist mit der hM zu verneinen. Danach sind Bienen entweder wilde Tiere oder, wenn zahme Tiere, so doch keine Haustiere, weil es an der zum Begriff des Haustiers erforderlichen Möglichkeit einer Beaufsichtigung und Beherrschung durch den Halter fehlt (RGZ 141, 406, 407; RGZ 158, 388, 391 f; OLG Karlsruhe OLGRspr 28, 298; OLG Kiel SeuffA 76 Nr 115; AG Brandenburg NJW-RR 2018, 278, 279 Rn 34; BGB-RGRK/Kreft § 833 Rn 75; vgl MünchKommBGB/Wagner § 833 Rn 50; Nachweise über das ältere Schrifttum bei Staudinger/Engelmann[9] Anm 7b; **aA** Rohde VersR 1968, 227, 229 f; Weber DGWR 1942, 56, 66). Bei den parlamentarischen Beratungen des § 833 S 2 BGB wurden mehrfach gestellte Anträge, die Haustiereigenschaft der Bienen ausdrücklich anzuerkennen, abgelehnt, weil – nach der Stellungnahme der Regierungsvertreter – die Biene dem menschlichen Haushalt zu ferne, nicht in dem engen Kulturzusammenhang mit dem Volksleben und nicht so in der Macht des Halters stehe, dass er darüber wie über die anerkannten Haustiere verfügen könne (vgl Verhandlungen des Reichstags, 12. Legislaturperiode, Bd 247 Nr 858, 943; s auch die Nachweise in RGZ 141, 406, 407). Über Abwehransprüche gegen den Bienenhalter zur Verhinderung des Eindringens von Bienen auf ein fremdes Grundstück, wo die Gefahr der Verletzung von Menschen durch Bienenstiche besteht, vgl OLG Köln RdL 1968, 46, 47 f.

121 Haustiere sind schließlich nur solche, die in ihrer Eigenschaft als Haustiere gehalten werden (NK-BGB/Katzenmeier § 833 Rn 18; Hk-BGB/Staudinger § 833 Rn 9; Jauernig/Kern

§ 833 Rn 6). Auch wenn ein Tier gattungsmäßig ein Haustier ist, fällt es nach Sinn und Zweck der Vorschrift daher nicht unter § 833 S 2 BGB, wenn es nicht als Haustier, der Üblichkeit entsprechend, sondern etwa als Versuchstier in wissenschaftlichen Instituten, zur Serumgewinnung usw oder als Schaustück in zoologischen Gärten gehalten wird (RGZ 79, 246, 248; BGB-RGRK/Kreft § 833 Rn 75; Erman/Wilhelmi § 833 Rn 9 [zu Versuchstieren]; Grüneberg/Retzlaff § 833 Rn 16; **aA** Bocianiak VersR 2011, 981, 984 f [zu Zootieren]; MünchKommBGB/Wagner § 833 Rn 50; Werner NJW 2012, 1048, 1049 [zu Zootieren]). Anders ist es wiederum bei Schafen, Ziegen usw im Streichelzoo, die gehalten werden, um kleinen Kindern die einheimischen Nutztiere nahezubringen („zum Anfassen", nicht als Schaustück, ähnlich wie beim Urlaub auf dem Bauernhof) und die daher in diesem Sinne als Haustiere gehalten werden (im Ergebnis ebenso LG Stralsund 3. 12. 2025 – 2 O 77/25, r+s 2026, 233 Rn 75). Auch der Viehhandel, die Züchtung und die Schlachtung von Tieren ist eine der Üblichkeit entsprechende Verwendung von Haustieren, sodass Tiere der entsprechenden Gattung, die der Viehhändler, Züchter oder Metzger erwirbt, Haustiere iSd § 833 S 2 BGB sind (s dazu auch Rn 130 mwNw).

2. Nutztier

Die Gefährdungshaftung entfällt nach S 2 nur für solche Haustiere, die dem Beruf, der Erwerbstätigkeit oder dem Unterhalt des Tierhalters zu dienen bestimmt sind. **122**

a) Beruf, Erwerbstätigkeit, Unterhalt

Den Gegensatz zum Nutztier bildet das Haustier als sog Luxustier wie zB der Hund, der zum Vergnügen, zur Unterhaltung, oder ein Pferd, das zu Sportzwecken gehalten wird. Das gleiche Tier kann je nach der Person des Halters oder der ihm von diesem gegebenen Zweckbestimmung (Rn 142) unter S 1 oder S 2 des § 833 BGB fallen: Ein vom Landwirt zu Zuchtzwecken gehaltenes Vollblutpferd ist Nutz-(Erwerbs-)tier, wird aber zum Luxustier, wenn es an einen anderen übergeht, der es nur zu Spazierfahrten benutzt (RGZ 79, 246, 249), oder an einen Rennstall, der aus Liebhaberei gehalten wird (vgl BGH VersR 1955, 116). **123**

Halter eines Nutztieres können auch der Staat und sonstige juristische Personen des öffentlichen oder privaten Rechts sein. Zwar hat eine juristische Person nicht einen „Beruf" im eigentlichen Sinn. An die Stelle des „Berufs" treten aber die Aufgaben, die für die juristische Person durch ihre Zweckbestimmung und die darauf beruhenden Verwaltungseinrichtungen gegeben sind. Ist das Tier dazu bestimmt, dem Aufgabenbereich und den Zwecken der juristischen Person zu dienen, so dient es dem „Beruf" oder der Erwerbstätigkeit, ggf auch dem „Unterhalt" (zB bei einem Wohltätigkeitsverein, der ihm angehörige alte Menschen mit Essen versorgt und selbst Schweine mästet, vgl BGB-RGRK/Kreft § 833 Rn 77) seines Halters (vgl RGZ 76, 225, 227 f [Militärpferde]; BGH VersR 1972, 1047, 1048 [Polizeihund]; 1985, 646 [Polizeipferd]; OLG Celle OLGRspr 20, 271 f [Militärpferde]; OLG Saarbrücken 11. 5. 2023 – 4 U 57/22, juris Rn 24, MDR 2023, 1319 [Polizeihund]; OLG Celle VersR 1972, 469 f [Pferde eines Reitvereins werden bei Lehrgängen verwendet, die auch anderen als Vereinsmitgliedern offenstehen]; OLG Frankfurt VersR 1995, 1362 [Idealverein setzt Ponys für therapeutisches Reiten und Kinderreitunterricht ein]; **aA** BGH NJW 2011, 1961, 1962 [Reittherapie von Behinderten] m **abl** Anm Eberl-Borges LMK 2012, 332188, s auch Rn 125). Beispielsweise dienen dem „Beruf" einer öffentlichrechtlichen Körperschaft die Zuchtpferde staatlicher Gestüte, die Dienstpferde der Polizei, die Melde-, Rettungs- und Suchhunde der Polizei und Bundeswehr (BGH VersR 1972, **124**

1047, 1048 sowie OLG Brandenburg MDR 2009, 633 [Polizeihund]; vgl OLG Celle VersR 1972, 469) und der von der Gemeinde zu Zuchtzwecken gehaltene Gemeindebulle (Josef Gruchot 53, 28, 41; zu einem Streichelzoo, den die Stadt zur Daseinsvorsorge für ihre Bürger betreibt, s LG Bochum 7. 11. 2025 – I-5 O 248/25, juris Rn 36).

125 Keine Nutztiere sind Tiere, die ein Idealverein zu einem Gebrauch durch seine Mitglieder hält, wenn dieser Gebrauch – wären die Mitglieder selbst Tierhalter – nicht die Voraussetzungen des § 833 S 2 BGB erfüllte. Keine Nutztiere sind beispielsweise die von einem Idealverein gehaltenen Reitpferde, die den sportlichen Zwecken seiner Mitglieder (Ausbildung beim Reiten, Zurverfügungstellen bei Ausritten) zu dienen bestimmt sind (BGH NJW 1971, 509 = VersR 1971, 320; BGH LM Nr 11 = NJW 1982, 763, 764 = JR 1982, 330, 331 mAnm Schlund; BGH LM Nr 12 = NJW 1982, 1589; BGH VersR 1986, 345, 346; OLG München VersR 1981, 937, 938). Demgegenüber sind die Pferde eines Idealvereins für Reittherapie (Kinderreittherapie, Reittherapie von Behinderten) Nutztiere (so OLG Frankfurt VersR 1995, 1362; NK-BGB/Katzenmeier § 833 Rn 20; **aA** BGH NJW 2011, 1961, 1962 m **abl** Anm Eberl-Borges LMK 2012, 332188; dem BGH folgend OLG Saarbrücken VersR 2018, 1143, 1144; Jauernig/Kern § 833 Rn 7), denn derartige Therapien dienen der Gesundheitsfürsorge und damit dem Unterhalt (s unten Rn 140) der Teilnehmer (vgl BeckOGK/Spickhoff [1. 4. 2025] § 833 Rn 121). Wären diese also selbst Tierhalter, so lägen die Voraussetzungen des § 833 S 2 BGB vor. Demzufolge sind Therapiepferde dem Beruf des Vereins dienende Nutztiere (Eberl-Borges LMK 2012, 332188; fälschlicherweise allein auf die Erwerbstätigkeit abstellend, die mangels Gewinnerzielungsabsicht des gemeinnützigen Vereins nicht vorliegt, BGH NJW 2011, 1961, 1962 und MünchKommBGB/Wagner § 833 Rn 54).

126 Die Pferde des Reitvereins bleiben auch Luxustiere, wenn der Verein sie in geringem Umfang wie ein wirtschaftlicher Verein, zB durch gelegentliches kurzfristiges Vermieten, nutzt (BGH NJW 1971, 509 = VersR 1971, 320; BGH LM Nr 12 = NJW 1982, 1589; vgl aber auch OLG Celle VersR 1972, 469 f, wonach Pferde eines Reitvereins, die bei Lehrgängen verwendet werden, welche auch anderen als Vereinsmitgliedern offenstehen, Nutztiere sind; BGH NJW 2011, 1961, 1962). In diesem Fall kommt es nicht darauf an, ob das Pferd im Zeitpunkt der Schadensverursachung entsprechend seiner allgemeinen Zweckbestimmung für Sportzwecke oder aber ausnahmsweise wie ein Nutztier eingesetzt war (BGH NJW 1971, 509 = VersR 1971, 320; LM Nr 12 = NJW 1982, 1589). Pferde eines gewerblich betriebenen Reitinstituts sind dagegen Nutztiere (BGH LM Nr 10 = NJW 1977, 2158, 2159 = VersR 1977, 864, 866; OLG München VersR 1987, 493; vgl auch BGH VersR 1986, 345, 346).

aa) Beruf

127 Beruf iS des § 833 S 2 BGB ist eine fortdauernde Tätigkeit, die – wie zB die des Beamten – nicht (primär) auf Erwerb gerichtet ist. Durch die fehlende Gewinnerzielungsabsicht unterscheidet sich der Beruf von der Erwerbstätigkeit. Eine Abgrenzung ist jedoch nicht erforderlich, da Beruf und Erwerbstätigkeit gleichermaßen von § 833 S 2 BGB erfasst sind (vgl auch die neutrale Begriffsbestimmung des Berufs in RGZ 76, 225, 227 als „einer dauernden, selbstgewählten und den Lebenszweck eines Menschen bildenden Tätigkeit").

128 Dem Beruf zu dienen bestimmt ist zB der Jagdhund des Försters (OLG Bamberg NJW-RR 1990, 735), der Wachhund des Bahnwärters bei einem Schrankenposten in einsamer Gegend (OLG Königsberg JW 1932, 2089), der Hütehund des Schäfers (BGH LM Nr 4 = NJW 1965, 2397; vgl auch BGH LM Nr 2 = VersR 1953, 308 und LG Frankfurt [Oder] NJW-

RR 2020, 272 Rn 12 [Erwerbstätigkeit]), der einen Blinden bei der Berufsausübung – sei es auch nur auf dem Weg zur Arbeitsstätte – führende Blindenhund (BGB-RGRK/Kreft § 833 Rn 78).

bb) Erwerbstätigkeit

Erwerbstätigkeit iS des § 833 S 2 BGB ist eine auf die Erzielung von Einnahmen (Gewinn) gerichtete Tätigkeit (s dazu BGH NJW-RR 2017, 725, 726 Rn 13). Sie muss einen wesentlichen Teil der Gesamttätigkeit des Halters darstellen (vgl OLG Düsseldorf VersR 1995, 186; **aA** BGH NJW-RR 2017, 725, 726 Rn 13). Anderenfalls liegt im Allgemeinen eine Tätigkeit aus Liebhaberei vor. Besitzt eine Brauerei ein Pferdegespann, das zu Reklamezwecken leere Bierfässer durch die Kölner Innenstadt fährt, so sind die Pferde Luxustiere (AG Köln NJW 1986, 1266). Auch wer neben seiner Hauptberufstätigkeit Kaninchen, Hühner oder Tauben züchtet, tut dies in der Regel zur Freizeitbeschäftigung und aus Liebhaberei. Eine wesentliche Grundlage des Erwerbs (ebenso wie des Unterhalts) bildet diese Tätigkeit auch dann nicht, wenn sich gewisse Einnahmen durch Verkauf (oder Ersparnisse durch Eigenverbrauch) ergeben. Daher dienen weder die Kleintiere selbst noch der zu ihrer Bewachung gehaltene Hund der Erwerbstätigkeit (OLG Frankfurt VersR 1965, 576 f). Ebenso ist der Jagdhund des Jagdpächters ein Luxustier, auch wenn das erlegte Wild verkauft wird. 129

Der Erwerbstätigkeit dienen vor allem Haustiere, die in gewerblichen oder landwirtschaftlichen Betrieben als Zug-, Last-, Zucht- oder Schlachtvieh gehalten werden. Das Tier, das der Metzger kauft, um es zu schlachten und weiterzuveräußern, oder das der Viehhändler erwirbt, um es mit Gewinn lebend weiterzuverkaufen, „dient“ ebenso ihrer Erwerbstätigkeit wie das Tier, das der Landwirt oder ein Züchter lediglich zum Zwecke des Verkaufs aufzieht und von dem er keinen anderen Nutzen hat und erwartet als den Verkaufserlös (RGZ 79, 246, 247; RG WarnR 1912 Nr 389; 1937 Nr 34; RG Recht 1921 Nr 1368; OLG Düsseldorf VersR 1983, 543). 130

Der Erwerbstätigkeit des Landwirts dient die Kuh, deren Milch, und das Geflügel, dessen Eier er verkauft. Der Erwerbstätigkeit des Schäfers dient der Hütehund, der für das Zusammenbleiben der Herde zu sorgen hat (BGH LM Nr 2 = VersR 1953, 308). 131

Jagdhunde fallen unter S 2, wenn die Jagdausübung, zu der sie verwendet werden, Erwerbstätigkeit, dh eine Erwerbsquelle darstellt, wie beim Jagdaufseher oder Wildhüter, oder wenn sie als Wachhunde benutzt werden. Dagegen ist der Jagdhund des Jagdpächters ein Luxustier. Die Jagdausübung durch den Jagdpächter stellt ihrer Idee nach (vgl § 1 BJagdG) keine Erwerbstätigkeit dar (vgl OLG Nürnberg NJW 1965, 694, 695; vgl auch OLG Nürnberg VersR 1959, 573). 132

Renn- und Springpferde sind nicht schon deshalb Nutztiere, weil sie Gewinne einbringen können. Oft dienen sie einem sportlichen, nicht einem wirtschaftlichen Zweck, aus dem unter normalen Umständen ein bestimmter und sicherer Ertrag zu erwarten ist (vgl BGH VersR 1955, 116; LG Hamburg VersR 1954, 515). Das Pferd eines Trabertrainers zum Trainieren und zum Einsatz bei Trabrennen dient dagegen der Erwerbstätigkeit des Trabertrainers (OLG Düsseldorf VersR 1993, 115). 133

Die gewerbsmäßige Vermietung von Reitpferden dient der Erwerbstätigkeit des Vermieters, auch wenn sich die Nutzung durch den jeweiligen Mieter sonst nicht vom 134

Ausritt des Pferdehalters auf einem Luxuspferd unterscheidet (hM: BGH NJW 1986, 2501, 2502; OLG Schleswig VersR 1983, 1084; Honsell MDR 1982, 798, 799 f; vgl auch OLG Karlsruhe VersR 1983, 928). Die Gegenansicht (MünchKommBGB/Stein [3. Aufl] § 833 Rn 32) widerspricht dem klaren Wortlaut der Vorschrift.

135 Katzen dienen der Erwerbstätigkeit (oder auch dem Unterhalt), wenn sie in Mühlen, Gastwirtschaften, landwirtschaftlichen Betrieben usw zum Schutz von Vorräten gegen Mäuse und Ratten gehalten werden (OLG Oldenburg VersR 1957, 742; LG Oldenburg 1960, 840; LG Traunstein VersR 1966, 198; LG Bielefeld VersR 1982, 1083; LG Kiel NJW 1984, 2297).

136 Der Erwerbstätigkeit können insbesondere auch Wachhunde dienen. Ein Wachhund ist ein Hund, dessen Aufgabe darin besteht, den Eintritt Unbefugter in Grundstücke, Räume usw oder Zutritt zu bestimmten Sachen durch Bellen oder Angriff auf den Eindringling zu verhindern oder seinem Führer bei der Abwehr rechtswidriger Angriffe behilflich zu sein (zB der Begleithund eines Wächters auf seinen Kontrollgängen). Für die Nutztiereigenschaft des Wachhundes ist maßgebend, dass er zur Erwerbstätigkeit (oder auch zum Beruf) des Halters in unmittelbarer Beziehung steht. Ob eine solche Beziehung vorliegt, richtet sich wesentlich nach der Üblichkeit im Verkehr (OLG Stuttgart HRR 1930 Nr 110). Die Tendenz der Rechtsprechung ist deutlich einengend (vgl OLG Köln VersR 1999, 1293, 1294: Der Hund müsse in erheblichem Umfang zur Förderung der beruflichen Tätigkeit des Halters eingesetzt werden; es müsse ein besonderes berufsbedingtes Sicherungsbedürfnis vorliegen; ähnlich OLG Naumburg BeckRS 2010, 30184).

137 Unter § 833 S 2 BGB fällt danach zB der Hund zur Bewachung nachts leerstehender Räume wie Geschäftsräume, Fabrikations-, Werk- und Produktionsstätten, auch einer Gaststätte innerhalb der Stadt (vgl OLG Karlsruhe VersR 1954, 562; OLG Nürnberg VersR 1963, 759). Nutztier ist auch der Hofhund eines Gehöfts, auf dem der Halter Landwirtschaft und eine Gastwirtschaft betreibt (RG JW 1917, 286 f; RG SeuffA 87 Nr 131; BGH VersR 1967, 1001, 1002; OLG Koblenz VersR 1955, 313, 314; **aA** OLG Köln VersR 1999, 1293, 1294 betr landwirtschaftlichen Betrieb im unmittelbaren Ortsbereich); der Hund zur Bewachung eines einsam gelegenen Ausflugslokals (BGH LM Nr 3a = VersR 1965, 719, 720); der Hund zum Schutz des öfter allein diensttuenden weiblichen Dienstpersonals einer nachts durchgehend geöffneten Gastwirtschaft und zur Bewachung der Vorräte und Zahlungsmittel einer Metzgerei (BGH VersR 1959, 853, 854); der Hund zur Bewachung eines Kiosks und der darin verwahrten Warenvorräte (OLG München VersR 1957, 119). Dagegen ist § 833 S 2 BGB grundsätzlich unanwendbar, wenn der Hund der Bewachung von Wohngrundstücken und -räumen dient (OLG Frankfurt VersR 1965, 576, 577; LG Amberg VersR 1955, 768; LG Flensburg VersR 1987, 942) oder zur Beruhigung für besonders ängstliche Personen gehalten wird (OLG Stuttgart HRR 1930 Nr 110). Das allgemeine, jedermann zukommende Sicherungsbedürfnis, aus dem heraus ein Hund gehalten wird, genügt nicht für die Annahme der Nutztiereigenschaft (BGH VersR 2005, 1254, 1255; OLG Frankfurt OLG Report Frankfurt 2004, 398; OLG Köln VersR 1999, 1293, 1294; OLG Naumburg BeckRS 2010, 30184; LG Bayreuth NJW-RR 2008, 976).

138 Der Hund muss ferner seiner Art nach als Wachhund geeignet sein. Das ist zB bei einem Schäferhund der Fall, auch wenn er nicht als Wachhund geschult oder abgerichtet ist; er schreckt allein durch seine Anwesenheit fremde Personen von dem Betreten des bewachten Geländes und von Diebstählen ab (OLG München VersR 1984,

1095, 1096). Seiner Art nach nicht als Wachhund geeignet ist demgegenüber ein Dackel, der von Haus aus ein Jagdhund ist und von einem Nichtjäger vorwiegend aus Vergnügen und Liebhaberei gehalten wird (OLG München HRR 1941 Nr 230). Auch ein gutmütiger Hund ist nicht als Wachhund geeignet (LG Bayreuth NJW-RR 2008, 976). Der Hund muss sich in einem zweckentsprechenden räumlichen Verhältnis zu den zu bewachenden Räumen oder Gegenständen befinden. Die Wachhundeeigenschaft eines Hundes, der ein Grundstück bewachen soll, wird aber nicht dadurch ausgeschlossen, dass er vorwiegend in einem Zwinger gehalten wird und dort auch noch angekettet ist, denn durch eine solche Einschränkung seiner Bewegungsfreiheit wird die Zweckerreichung nicht unmöglich gemacht, da der Hund durch Bellen Unbefugte abschrecken und menschliche Hilfe herbeiführen kann (OLG Nürnberg VersR 1963, 759). Im Übrigen ist es ohne Bedeutung, ob die konkrete Ausgestaltung des Wachhundschutzes notwendig war. Wenn mehrere Wachhunde gehalten werden, so kann die Anwendbarkeit des § 833 S 2 BGB nicht deshalb in Frage gestellt werden, weil zum Schutz ein Wachhund genügt hätte (RG HRR 1931 Nr 111).

cc) Unterhalt

Unterhalt iS des § 833 S 2 BGB sind die Mittel für den Lebensbedarf, die auf andere **139**
Weise als durch Berufsausübung oder Erwerbstätigkeit erlangt werden. Dem Unterhalt dienen zB die Kuh, deren Milch, und das Schwein, dessen Fleisch im Haushalt des Halters verbraucht werden soll (vgl RGZ 79, 246, 247 f), oder auch Pferde, die zu Holzarbeiten eingesetzt werden, wenn die Familie des Halters ausschließlich mit diesem Holz heizt (OLG Nürnberg NJW-RR 2010, 1248). Zum Lebensbedarf gehören auch die Gesundheitsfürsorge (Eberl-Borges LMK 2012, 332118 mwNw) und die Erziehung (zu den Kosten der Kindererziehung als Bestandteil des Unterhalts siehe § 1610 Abs 2 BGB).

Ein Blindenhund (vgl dazu Weimar VersN 1954, 124; Deutsch JuS 1987, 673, 679) dient der **140**
Erwerbstätigkeit, wenn er den Blinden auf seinen dem Erwerb dienenden Gängen (zur Arbeitsstätte usw) geleitet. Dagegen dient er bei einem blinden Invaliden, der keine Erwerbstätigkeit mehr ausübt, dem Unterhalt, wenn dieser des Hundes bedarf, um die zur Erhaltung seiner Existenz erforderlichen Wege (zum Einkaufen von Lebensmitteln und Kleidungsstücken, zum Arzt usw) auszuführen (vgl LG Mainz JW 1927, 1226; für Anerkennung der Nutztiereigenschaft des Blindenhundes im Ergebnis auch Esser/Weyers, Schuldrecht II/2 § 58 III 1 c; BGB-RGRK/Kreft § 833 Rn 81; Larenz/Canaris, Schuldrecht II/2 § 79 V 2 a; Weimar JR 1982, 401, 402; **aA** noch Weimar VersN 1954, 124, 125). Diese Abgrenzung gilt allgemein für sog Assistenzhunde iSd § 12e Abs 3 BGG, also etwa auch für Mobilitätsassistenz- oder Signalassistenzhunde (s zu den Formen der Assistenzhunde § 3 AHundV).

Auch wenn der Unterhalt unterschiedliche Bereiche erfasst, geht es im Rahmen des § 833 S 2 BGB doch immer um den Lebensbedarf (vgl § 1610 Abs 2 BGB; auf diese Norm verweist auch Weimar JR 1982, 401, 402). Da der Übergang zur nicht erfassten Freizeitgestaltung im Hinblick auf die individuelle Lebensführung fließend sein kann, kommt der Abgrenzung besondere Bedeutung zu. So mag die Sicherheit der eigenen Person und der materiellen Grundlagen des Lebensbedarfs zum Unterhalt gehören. Dennoch wird die Nutztiereigenschaft von Wachhunden nicht anerkannt, wenn es lediglich um die Bewachung von Wohngrundstücken und -räumen geht (Rn 137). Die Freizeitgestaltung steht hier im Vordergrund. Ebenso verhält es sich mit Tieren, die eine Funktion im Rahmen der Kindererziehung erfüllen (Rn 144). Auch bei der Gesundheitsfürsorge ist eine Abgrenzung erforderlich. Bekanntlich hat bereits sportliche Betätigung, etwa das Reiten, gesundheitsfördernde Wirkung, dennoch ist hier der Freizeitbereich, nicht der Unterhalt betroffen (vgl Rn 125). Abgrenzungsprobleme ergeben sich bei modernen, durch Tiere gestützten Therapieformen. Insoweit gibt es heute ein breitgefächertes Angebot (Rn 7). Die Wirksamkeit solcher Therapien ist häufig wissenschaftlich (noch) nicht nachgewiesen, und die Kosten werden von den Krankenkassen nicht erstattet. Die Anwendbarkeit des § 833 S 2 BGB muss daran allerdings nicht scheitern. Die bisherigen Erfahrungen mit Hunde- und Reittherapien beispielsweise geben vielmehr einen guten Grund, solche Therapien dem Bereich der Gesundheitsfürsorge zuzuweisen. Daher genießen – entgegen BGH NJW 2011, 1961, 1962 (**abl** Anm Eberl-Borges LMK 2012, 332188) – Idealvereine, die Reittherapien für Behinderte anbieten, das Nutztierprivileg des § 833 S 2 BGB (Rn 125). Therapeuten, die selbstständig solche Therapien anbieten, genießen dieses Privileg bereits deshalb, weil die eingesetzten Tiere ohne Weiteres ihrem Beruf dienen (zum Beruf s Rn 127 f).

b) Die Bestimmung des Haustiers zum Nutztier

141 Das Tier muss dem Beruf, der Erwerbstätigkeit oder dem Unterhalt zu dienen bestimmt sein. Die Beweislast für diese Zweckbestimmung trifft den Halter.

142 Wo sich die Zweckbestimmung nicht ohne Weiteres aus der Natur der Sache ergibt, ist die dem Tier vom Halter verliehene Zweckbestimmung maßgebend (BGH VersR 1955, 116; BGH VersR 1962, 807, 808; BGH VersR 2005, 1254 f [sog potenziell doppelfunktionale Tiere]), es sei denn, dass sie mit den tatsächlichen Gegebenheiten nicht mehr im Einklang steht (vgl BGH NJW-RR 1986, 572, 573) oder dass sie nach den gegebenen Umständen mit vernünftigen Erwägungen eines verständigen Tierhalters nicht vereinbar ist (RG HRR 1931 Nr 111; BGH VersR 1962, 807, 808). Nicht erforderlich ist, dass das Tier für die ihm zugedachten Aufgaben bereits voll geeignet ist; auch ein erst in der Abrichtung befindlicher Hirten- oder Jagdhund ist Nutztier iS des § 833 S 2 BGB (BGH LM Nr 4 = NJW 1965, 2397). Die verliehene Zweckbestimmung wird auch nicht schon dadurch bedeutungslos, dass das Tier wegen seiner individuellen Eigenschaften für die ihm zugedachten Aufgaben wenig geeignet ist wie zB bei der Bestimmung eines tauben Hundes zum Wachhund (OLG München HRR 1939 Nr 418; zum Erfordernis der Geeignetheit s aber auch Rn 138; LG Frankfurt [Oder] NJW-RR 2020, 272 Rn 12 f [Herdenschutzhunde ohne den typischen Schutzinstinkt]). Dass die Zweckbestimmung nach außen (etwa für den Verletzten oder einen Dritten) erkennbar geworden ist, ist nicht erforderlich (ebenso BGB-RGRK/Kreft § 833 Rn 76).

143 Das Haustier muss im Zeitpunkt der Schadensverursachung den in Satz 2 bezeichneten Zwecken zu dienen bestimmt sein. Ein früheres Arbeitspferd, das im maßgeblichen Zeitpunkt wegen Altersschwäche das Gnadenbrot genießt, fällt ebenso wenig unter Satz 2 (sondern unter Satz 1, ebenso BeckOGK/Spickhoff [1. 4. 2025] § 833 Rn 118) wie der Jagdhund, der erst künftig als Wachhund verwendet werden soll. Dagegen ist es ohne Bedeutung, ob das Tier gerade im Zeitpunkt der Schadensverursachung entsprechend der ihm allgemein gegebenen Zweckbestimmung tatsächlich dient (RGZ 76, 225, 229; RG WarnR 1912 Nr 430; RG JW 1917, 286 f; BGH NJW 1971, 509 = VersR 1971, 320; BGH LM Nr 12 = NJW 1982, 1589; OLG Koblenz VersR 1955, 313, 314; OLG Koblenz VersR 1992, 1017; OLG Nürnberg NJW-RR 2010, 1248). Daher haftet zB nur nach § 833 S 2 BGB der

Fiskus, wenn das Dienstpferd befugterweise zu einem privaten Ausritt benutzt wird (RGZ 76, 225, 229), der Landwirt, wenn er sein Ackerpferd zu einer Spazierfahrt benutzt, falls das Pferd bei dieser Gelegenheit Schaden stiftet, oder der Halter eines Wachhundes, welcher aus dem Zwinger entweicht und auf der Straße einen Unfall verursacht (vgl auch OLG Nürnberg VersR 1963, 759).

Die Anwendung des Satzes 2 setzt *nicht* voraus, dass das Tier *ausschließlich* einem der in Satz 2 bezeichneten Zwecke dienen soll (RG JW 1911, 45, 46). Es muss aber *überwiegend* einem solchen Zweck dienen (BGH NJW 1971, 509 = VersR 1971, 320; VersR 2005, 1254, 1255; OLG Nürnberg NJW-RR 2010, 1248). Es genügt beispielsweise nicht, dass der Halter das Tier nur nebenbei oder gelegentlich zu einer Erwerbstätigkeit benutzt, es etwa nur gelegentlich vermietet (RG WarnR 1910 Nr 445; RG JW 1911, 45, 46; BGH NJW 1971, 509 = VersR 1971, 320; OLG Hamm NZV 2007, 143, 145). Der Familienhund oder in der Wohnung gehaltene Kleintiere wie Meerschweinchen sind keine Nutztiere, weil der Luxuszweck hier im Vordergrund steht, auch wenn solche Tiere erzieherischen Zwecken (Erlernen der Übernahme von Verantwortung durch die Kinder, indem sie für die Pflege des Tieres sorgen) und damit im weiteren Sinne dem Unterhalt dienen (Rn 139). 144

Auch gefährliche Hunde (Rn 4) können zu Nutztieren bestimmt werden. Das gilt umso mehr, als nach einer Ansicht nicht bestimmte Hunderassen deshalb generell gefährlich sind, weil ihnen ursprüngliche Hemmungen „weggezüchtet" worden seien, vielmehr die Gefährlichkeit auch von Hunden der fraglichen Rassen von ihrem individuellen Wesen abhänge (die Frage kann noch nicht als geklärt gelten, vgl BerlVerfGH NVwZ 2001, 1266, 1268 f; RhPfVerfGH NVwZ 2001, 1273, 1275 f; Busse FAZ v 7. 8. 2001, 4). Berichtet wird von gefährlichen Hunden, die als Therapie- oder Rettungshunde ausgebildet sind (Busse FAZ v 7. 8. 2001, 4; Gängel/Gansel NVwZ 2001, 1208, 1209 f mwNw). Zu beachten sind in derartigen Fällen allerdings die öffentlich-rechtlichen Beschränkungen des Haltens derartiger Hunde. Ein Tier, das aufgrund einer (rechtmäßigen) öffentlich-rechtlichen Norm nicht gehalten werden darf, kommt auch nicht als Nutztier in Betracht. Richtet es Schaden an, so steht seinem Halter nicht der Entlastungsbeweis nach § 833 S 2 BGB offen. Ist das Halten des Hundes erlaubnispflichtig und wurde die Erlaubnis nicht eingeholt, so kommt es für die Nutztierbestimmung darauf an, ob im konkreten Fall die Voraussetzungen für die Erlaubniserteilung vorliegen. Zu gefährlichen Hunden als Wachhunden s Rn 168. 145

VIII. Der Entlastungsbeweis nach § 833 S 2 BGB

Der Tierhalter haftet für ein Nutztier nach § 833 S 2 BGB nicht, wenn er bei der Beaufsichtigung des Tieres die im Verkehr erforderliche Sorgfalt beobachtet hat oder der Schaden auch bei Anwendung dieser Sorgfalt entstanden wäre. Dass dies der Fall ist – dass ihn also kein Verschulden trifft oder keine Kausalität vorliegt – hat der Tierhalter zu beweisen. Ähnlich wie in §§ 831 Abs 1 S 2, 832 Abs 1 S 2, 834 S 2, 836 Abs 1 S 2 BGB vorgesehen, ordnet damit auch § 833 S 2 BGB eine Umkehr der Beweislast an. Der Tierhalter hat insofern die Möglichkeit, sich zu entlasten. Er muss nachweisen, dass er sich der objektiv zu beurteilenden Verkehrssicherungspflicht entsprechend verhalten hat. Der Tierhalter muss dagegen nicht auch vortragen und ggf aufklären, auf welche Weise das Tier im konkreten Fall die Sicherungsmaßnah- 146 men überwunden hat (LG Köln NJW-RR 2001, 1606; SIEGEL SVR 2017, 81, 85 jeweils mwNw auch zur Gegenansicht).

In einem vom OLG Düsseldorf (NJW-RR 2001, 890) entschiedenen Fall hatte es ein Pferdehalter möglich gemacht, dass Menschen die Pferdeweide betreten und überqueren. Zum Unfallzeitpunkt befanden sich mehrere braune Pferde auf der Weide, und eine Person wurde durch eines der braunen Pferde verletzt. Der Verletzte konnte das Pferd später nicht identifizieren. Nach OLG Düsseldorf (NJW-RR 2001, 890, 891) muss der Tierhalter zu seiner Entlastung alle braunen Pferde benennen, die sich zur fraglichen Zeit auf der Weide befanden, und für deren bisherige Friedfertigkeit Beweis antreten.

1. Die im Verkehr erforderliche Sorgfalt bei der Beaufsichtigung des Tieres

147 Hinsichtlich des Verschuldens stellt § 833 S 2 BGB auf die im Verkehr erforderliche Sorgfalt ab. Die Formulierung entspricht der Definition der Fahrlässigkeit in § 276 Abs 2 BGB und ist entsprechend auszulegen. Abzustellen ist daher auf das Maß an Sorgfalt, das von einem besonnenen und umsichtigen Tierhalter in der jeweiligen Situation verlangt werden muss (vgl BGH LM Nr 2 = VersR 1953, 308; BGH VersR 1956, 574, 575; BGH LM Nr 8 = VersR 1976, 1086, 1087; BORNHÖVD VersR 1979, 398, 401). Die Anwendung aller Sorgfalt kann nicht verlangt werden (BGH LM Nr 2 = VersR 1953, 308; BGH LM Nr 8 = VersR 1976, 1086, 1087). Allerdings stellt die Rechtsprechung an die im Verkehr erforderliche Sorgfalt oft erhebliche Anforderungen (vgl zB OLG Köln MDR 1973, 582, 583; OLG Celle VersR 1975, 665, 666; OLG Frankfurt NJW 1976, 573, 574; OLG Frankfurt VersR 1982, 908; OLG Düsseldorf MDR 1979, 1023; OLG Koblenz VersR 1992, 1017 f).

148 Unter „Beaufsichtigung" ist die Sorge zu verstehen, dass das Tier keinen Schaden anrichtet (OLG Nürnberg VersR 1968, 285). Sie umfasst die Sorge für die Verwahrung, den Unterhalt, die Verwendung und die Leitung des Tieres. Wie in den Fällen der §§ 831, 832 BGB wird der Entlastungsbeweis nicht schon durch den Nachweis erbracht, dass der Tierhalter im Allgemeinen regelmäßig bei Beaufsichtigung des Tieres die im Verkehr erforderliche Sorgfalt beobachtete, sondern nur durch den Nachweis, dass er diese Sorgfalt bei dem fraglichen Unfall beobachtet hat (vgl dazu OLG Karlsruhe VersR 1983, 928). Gelingt ihm dieser Nachweis, so ist es bedeutungslos, ob er bei anderen Gelegenheiten diese Sorgfalt vernachlässigt hat. Andererseits umfasst aber die Sorgfalt „bei der Beaufsichtigung" nicht nur die Maßnahmen, die im Zeitpunkt des Unfalls zu dessen Vermeidung erforderlich waren, sondern erstreckt sich auf alles, was schon vorher nach den Erfordernissen des Verkehrs zumutbarerweise möglich und nötig war, um Schädigungen durch die Tiergefahr zu vermeiden. Der Tierhalter muss also zB nicht nur vermeiden, dass ein für eine bestimmte Fahrt ungeeignetes Pferd an den Wagen gespannt wird (vgl OLG Koblenz VersR 1992, 1017 f), sondern muss schon vorher generell darauf achten, dass für solche Fahrten nur geeignete Tiere verwendet werden, damit im Einzelfall die Auswahl gar nicht auf das ungeeignete Pferd fallen kann (vgl auch BGH LM Nr 2 = VersR 1953, 308 betr Anforderungen an den Hütehund des Schäfers).

149 Im Übrigen kommt es für die Frage, welche Aufsichtsmaßnahmen im konkreten Fall geboten waren, auf die Tierart, den Charakter des Tieres und die örtlichen Verhältnisse an (vgl OLG Nürnberg VersR 1963, 759 f). Beispielsweise muss der Halter bei Tieren auf der umfriedeten Weide nicht nur die Eignung der Umzäunung, Ausbrüche zu verhindern, genau überprüfen, sondern auch solche Tiere, die bei Einbruch der Dunkelheit wegzukommen trachten – etwa, weil sie zum ersten Mal auf der Weide sind –, nach Einbruch der Dunkelheit besonders auf ihr Verhalten kontrollieren (OLG Nürnberg VersR 1966, 42 f).

Wer mit einem Tier am Straßenverkehr teilnimmt, hat wie jeder andere Verkehrsteilnehmer die allgemeinen Grundregeln des § 1 StVO zu beachten: Er ist zu ständiger Vorsicht und zur Rücksichtnahme gegenüber den anderen Verkehrsteilnehmern angehalten und muss sich so verhalten, dass kein anderer geschädigt, gefährdet oder mehr, als nach den Umständen unvermeidbar, behindert oder belästigt wird. Darüber hinaus konkretisiert § 28 StVO die Sorgfaltsanforderungen für die Teilnahme mit (bestimmten) Tieren am Straßenverkehr (vgl Hühnermann, in: Burmann/Hess/Hühnermann/Jahnke, Straßenverkehrsrecht [29. Aufl 2026] § 28 StVO Rn 1). Danach sind Haus- und Stalltiere, die den Verkehr gefährden können, von der Straße fernzuhalten; sie sind dort nur zugelassen, wenn sie von geeigneten Personen begleitet sind, die ausreichend auf sie einwirken können (s dazu OLG Saarbrücken 20. 1. 2022 – 4 U 51/21, juris Rn 32). Diese Vorschriften – die nicht nur für Nutztiere gelten – können auch zur Bestimmung der erforderlichen Sorgfalt nach § 833 S 2 BGB herangezogen werden. Im Hinblick auf die heutige Dichte des Straßenverkehrs sind an geeignete Maßnahmen zur Vermeidung von Verkehrsgefährdungen strengere Anforderungen zu stellen als früher. Das ist bei Heranziehung älterer Rechtsprechung zu beachten. 150

Ist ein Tier bereits in der Vergangenheit durch Aggressivität in Erscheinung getreten, so sind strenge Anforderungen an die Sorgfaltspflichten des Halters zu stellen. Bei einem Hund muss der Halter in einem solchen Fall durch Anlegen eines Maulkorbs verhindern, dass der Hund Menschen anfällt (OLG Karlsruhe VersR 2001, 724). Das Anlegen eines Maulkorbs ist auch innerhalb von Wohnräumen geboten, wenn die Wohnung unverschlossen gehalten wird, der Hund also ins Freie entweichen kann, oder die Wohnung häufig von dritten Personen betreten wird (OLG Karlsruhe VersR 2001, 724). Wird das Tier im Haus gehalten, sind in jedem Fall die besonderen Voraussetzungen an das Halten in Räumen nach § 5 iVm § 2 Tierschutz-Hundeverordnung (TierSchHuV v 2. 5. 2001 [BGBl I 838], zul geändert 2021 [BGBl I 4970]) zu beachten (Einfall von natürlichem Tageslicht, ausreichende Frischluftversorgung usw). Ist dem Halter eine sichere Verwahrung eines bösartigen Tieres nicht möglich, so muss er es abschaffen (RG DRiZ 1931 Rspr Sp 12; OLG Karlsruhe HRR 1940 Nr 422). 151

2. Beauftragung eines Dritten mit der Beaufsichtigung

Der Tierhalter kann die Beaufsichtigung des Tieres einem Dritten überlassen: Er kann einen Tierhüter iS des § 834 BGB bestellen oder sonst eine andere Person mit Verrichtungen betrauen, die mit der Beaufsichtigung des Tieres verbunden sind. In diesem Fall stehen die Tierhalterhaftung aus § 833 BGB und die Haftung für den Dritten als Verrichtungsgehilfen nach § 831 BGB selbstständig nebeneinander (RGZ 76, 225, 230; OLG Koblenz VersR 1955, 313, 314; Weimar MDR 1964, 651; vgl auch BGH VersR 1956, 516, 517). 152

In Rspr und Lit findet sich die Ansicht, der Entlastungsbeweis des Tierhalters nach § 833 S 2 BGB gehe über den Entlastungsbeweis des Geschäftsherrn nach § 831 153

Abs 1 S 2 BGB hinaus (RGZ 76, 225, 230 f; OLG Oldenburg VersR 1954, 146; OLG Oldenburg VersR 1959, 218; OLG Nürnberg VersR 1968, 258; Geigel/Haag, Der Haftpflichtprozess [29. Aufl 2024] 18. Kap Rn 27; Weimar MDR 1964, 651). Dabei bleibt weitgehend unklar, inwieweit das der Fall sein soll. Es wird ausgeführt, der Tierhalter habe nicht nur – wie der Geschäftsherr im Rahmen des § 831 BGB – bei der Auswahl der Verrichtungsgehilfen (Tierhüter) und ihrer Beaufsichtigung die im Verkehr erforderliche Sorgfalt zu wahren (vgl dazu OLG Düsseldorf VersR 1967, 1100, 1101), sondern er habe weiter alles zu tun, was die gehörige Sorgfalt bei der Beaufsichtigung der Tiere erfordert (RG WarnR 1911 Nr 377; RG WarnR 1912 Nr 389; RG WarnR 1915 Nr 21; RG WarnR 1927 Nr 160; RG JW 1928, 2318 f; OLG Nürnberg VersR 1964, 1178, 1179; OLG Nürnberg VersR 1959, 218). Er werde von seiner persönlichen Aufsichtspflicht niemals ganz frei und dürfe keinesfalls selbst ganz untätig bleiben und alles seinen Leuten überlassen (RG WarnR 1929 Nr 145; BGH VersR 1954, 531, 532 [der Tierhalter müsse überwachen, ob Gerätschaften, Zaumzeug usw in genügendem Umfang und in brauchbarem Zustand zur Verfügung stehen]; BGB-RGRK/Kreft § 833 Rn 83; vgl auch OLG Celle AgrarR 1977, 178, 179 [Mitteilungspflicht bei Wildheit des Tieres, Pflicht zur Verfolgung des entlaufenen Tieres]).

154 Richtig ist, dass sich die Beaufsichtigung in § 831 Abs 1 S 2 BGB auf den Verrichtungsgehilfen, in § 833 S 2 BGB dagegen auf das gehaltene Tier bezieht. In der Sache liegt allerdings kein Unterschied darin, ob ein Tier durch Einsatz eines Dritten beaufsichtigt wird (an § 833 S 2 BGB angelehnte Formulierung) oder ob die Verrichtung, zu der ein Gehilfe bestellt wird und von der dessen Beaufsichtigung abhängt, in der Beaufsichtigung eines Tieres besteht (an § 831 Abs 1 S 2 BGB angelehnte Formulierung). In beiden Fällen reicht es in der Regel nicht aus, dass der Tierhüter/Verrichtungsgehilfe mit der erforderlichen Sorgfalt ausgewählt wird. Dieser muss auch beaufsichtigt werden, insbesondere müssen die notwendigen Weisungen erteilt und deren Einhaltung überwacht werden (vgl OLG Koblenz VersR 1955, 313, 314; OLG Düsseldorf VersR 1967, 1100, 1101). Das gilt im Rahmen des § 831 Abs 1 S 2 BGB genauso wie im Rahmen des § 833 S 2 BGB. Dem Dritten sind daher nicht nur als Tierhüter, sondern auch als Verrichtungsgehilfen besondere gefährliche Eigenschaften des Tieres – etwa seine „Wildheit" – mitzuteilen. Noch mehr ist in beiden Fällen erforderlich, wenn sich der Einsatz des Tierhüters/Verrichtungsgehilfen als nicht ausreichend erweist. So kann sich für den Tierhalter auch als Geschäftsherrn die Pflicht zur Verfolgung des entlaufenen Tieres ergeben. Nicht nur der Entlastungsbeweis nach § 833 S 2 BGB, sondern auch der nach § 831 Abs 1 S 2 BGB misslingt, wenn der Tierhalter/Geschäftsherr nicht für das notwendige Material (Gerätschaften, Zaumzeug) sorgt. Sofern sich ein geringerer Sorgfaltsmaßstab ergibt, gilt er ebenfalls im Rahmen beider Normen. So genügt auch der Tierhalter bei ruhigen und straßensicheren Pferden unter normalen Umständen seiner Pflicht zur sorgfältigen Beaufsichtigung der Tiere bereits dadurch, dass er sie einem zuverlässigen Tierhüter in die Hand gibt (so OLG Oldenburg VersR 1959, 218; OLG Oldenburg VersR 1954, 146 im Hinblick auf Kühe; OLG Nürnberg VersR 1964, 1178, 1179 im Hinblick auf Hunde; vgl auch OLG München VersR 1984, 1095, 1096; Ohm VersR 1958, 744).

3. Einzelfälle

a) Pferde

155 Bei Pferdehaltung ergibt sich die Frage nach der erforderlichen Sorgfalt vor allem im Hinblick auf Auswirkungen auf den Straßenverkehr.

aa) Fortbewegung im Straßenverkehr

Die sorgfaltsgerechte Verwendung von Pferden im Straßenverkehr setzt nach § 28 Abs 1 S 2 StVO (dazu bereits Rn 150) die Geeignetheit der Begleitperson(en) und eine ausreichende Einwirkungsmöglichkeit voraus. Die Anforderungen hieran hängen vom Charakter des Pferdes und von den Verkehrsverhältnissen ab. Es kommt darauf an, ob das Pferd verkehrssicher (verkehrsgewohnt) ist oder nicht, dh ob es im Straßenverkehr ruhig ist und auch keine gefährlichen Eigenschaften als Zugtier hat. Ob das Pferd auf einem Feldweg oder auf einer belebten Bundesstraße eingesetzt wird, macht für die Sorgfaltsanforderungen selbstverständlich einen großen Unterschied. 156

Das OLG Karlsruhe (NJW 1963, 498) hat den Führer eines verkehrssicheren Zugpferdes auch beim Befahren einer Bundesstraße mit lebhaftem Verkehr nicht für verpflichtet gehalten, neben dem Pferd einherzugehen und es am Zügel oder Halfter zu führen. Ob dies auch heute noch gilt, ist zweifelhaft. Es ist zu bedenken, dass sich ein nach heutigem Eindruck lebhafter Verkehr wohl von den damaligen Verhältnissen unterscheidet. Nach OLG Celle (VersR 1956, 593, 594) braucht der Führer eines verkehrssicheren Pferdes beim Herannahen von Kraftfahrzeugen – es sei denn, das Pferd gibt Zeichen von Nervosität von sich – nicht vom Bock zu steigen und das Pferd an die Zügel zu nehmen. Auch hier ist nach den heutigen Verkehrsverhältnissen genauer zu differenzieren. 157

Bereits früher war beim Führen junger, noch nicht verkehrssicherer Pferde auf belebter Straße besondere Vorsicht geboten (vgl BGH VersR 1961, 346 f).

Der Führer muss links von dem Pferd gehen. Er kann daher nicht zwei Pferde ungekoppelt (dh wenn sie untereinander nicht durch Zügel verbunden sind), keinesfalls kann er mehr als vier Pferde zugleich führen (vgl Siegel SVR 2015, 445, 451 f). Ein Reiter hat über mehr als zwei Handpferde (dh solche, die er neben sich am Zügel führt) nicht die erforderliche Gewalt (Hühnermann, in: Burmann/Hess/Hühnermann/Jahnke, Straßenverkehrsrecht [29. Aufl 2026] § 28 StVO Rn 7). Auch ein auf einem Pferdefuhrwerk mitfahrender Führer muss jederzeit in der Lage sein, einem Erschrecken und möglichen Durchgehen der Pferde sachgemäß zu begegnen. Nicht ausreichend ist es daher, wenn er seitlich auf dem Bodenbrett des (nicht mit einer Handbremse ausgestatteten) Wagens zwischen dem Vorder- und Hinterrad sitzt und dabei keinen festen Halt hat (OLG Schleswig VersR 1958, 472, 473). 158

bb) Aufenthalt am Fahrbahnrand

Nach § 14 Abs 2 StVO muss ein Führer, der sein Fahrzeug verlässt, die nötigen Maßnahmen treffen, um Unfälle oder Verkehrsstörungen zu vermeiden. Das gilt auch für bespannte Fuhrwerke. Diese dürfen im Verkehrsraum nur dann unbeaufsichtigt stehen bleiben, wenn das Gespann überhaupt ausreichend gesichert werden kann (Hentschel/König/König, Straßenverkehrsrecht [48. Aufl 2025] § 14 StVO Rn 12). 159

Zum Halten eines landwirtschaftlichen Gespanns am Straßenrand vgl AG Heidelberg VersR 1955, 448; zum Abstellen eines landwirtschaftlichen Gespanns auf einem Feldweg OLG Koblenz VersR 1953, 119.

Zu den Anforderungen an die Beaufsichtigung eines unruhigen Reitpferdes bei einer während eines Ausritts in Straßennähe eingelegten Rast vgl BGH VersR 1964, 1197 f.

cc) Pferde auf der Weide

160 Pferde auf der Weide (dazu Schmidt DAR 1965, 174 ff; Siegel SVR 2015, 445, 448) müssen durch sichere Umschließung (s dazu auch die Richtwerte für die Außenzaunausführung in den Leitlinien des BMELV zur Beurteilung von Pferdehaltungen unter Tierschutzgesichtspunkten vom 9. 6. 2009, S 11; Siegel SVR 2015, 445, 448) am Verlassen des Weideplatzes gehindert werden (BGH NJW-RR 2017, 725, 727). Eine Zaunhöhe von 1,20 m genügt nicht für den Weidegang eines Springpferdes; nicht genügend ist auch, wenn die Umzäunung erst 70 cm über dem Erdboden beginnt, da Pferde darunter hindurchkriechen können (OLG Hamm RdL 2010, 103 f). Das Weide-(Koppel-)tor muss so beschaffen sein, dass es nicht nur gegen Einwirkungen der auf der Weide untergebrachten Tiere, sondern auch gegen voraussehbare Einwirkungen von außen, sei es durch fremde Tiere, sei es durch unbefugte Personen, hinreichende Sicherheit bietet. Das gilt ganz besonders bei Weiden an oder in der Nähe von verkehrsreichen Straßen (BGH VersR 1959, 759, 760; 1964, 595, 596; LM Nr 5 = VersR 1967, 906, 907; OLG Hamm, Jagdr Entsch, Bd V, Sachg XI, Nr 53; Bornhövd VersR 1979, 398, 401; vgl auch OLG Celle VersR 1971, 942 betr weidende Rinder). Ist mit einem Öffnen des Tores durch Unbefugte zu rechnen, so genügt der Verschluss des Koppeltores mit einer Drahtschlinge nicht (BGH VersR 1959, 759, 760; 1964, 595, 596; 1966, 186, 187; vgl auch OLG Celle VersR 1971, 942). Die Verschließung muss – jedenfalls bei Weiden zur Nachtzeit – durch ein nur mit einem Schlüssel zu öffnendes Schloss gesichert sein (BGH LM Nr 5 = VersR 1967, 906, 907; vgl auch bereits BGH VersR 1959, 759, 760). Entsprechendes gilt für Pferde im Stall (OLG Nürnberg MDR 2004, 996 f). Zur Frage der Weidesicherung s auch OLG Oldenburg DAR 1961, 233 f; 1964, 217 f; OLG Celle RdL 1962, 105 f (weidende Kühe). Vgl ergänzend Rn 173 ff betr weidende Rinder.

161 Grundsätzlich besteht keine Verpflichtung, die gegen ein Ausbrechen von Pferden ausreichend schützende Umzäunung eines Pferdekrals zusätzlich auch dagegen zu sichern, dass kleine Kinder unter dem Zaun in den Kral hineinkriechen und sich so der Gefahr von Verletzungen durch einen Huftritt aussetzen (BGH VersR 1992, 844, 845).

dd) Sonstiges

162 Auch außerhalb des Straßenverkehrs muss der Pferdehalter selbst bei einem ruhigen Pferd mit unberechenbarem Verhalten rechnen (BGH VersR 1955, 38). Es muss deshalb auch auf dem Hof unter Beaufsichtigung bleiben, wenn es nicht abgesträngt ist (BGH RdL 1956, 186, 187). Einen Reitanfänger darf der Tierhalter nicht auf dem Pferd neben oder vor sich laufen lassen, ohne hierbei eine konkrete Einwirkungsmöglichkeit durch Verwendung eines Führstrickes oder einer Führkette zu haben (OLG Brandenburg 11. 10. 2021 – 11 U 99/21, juris Rn 42).

Seiner Beaufsichtigungspflicht genügt der Pferdehalter nicht, wenn er Dritte ohne besondere Vorkehrungsmaßregeln veranlasst, sich in die gefährliche Nähe eines Pferdes zu begeben (BGH VersR 1955, 38 = JZ 1955, 87). Wird es Spaziergängern und Wanderern ermöglicht, die Weidefläche zu betreten und zu überqueren, und hat eines der weidenden Pferde bereits einmal Eigenschaften gezeigt, die ein aggressives Verhalten gegenüber Menschen besorgen lassen, so genügt nicht der allgemeine Hinweis, das Betreten der Wiese erfolge „auf eigene Gefahr“; den Tierhalter trifft vielmehr eine weitergehende Verpflichtung, vor von den Tieren ausgehenden Gefahren zu warnen oder andere Vorkehrungen zum Schutz von Passanten zu treffen (OLG Düsseldorf NJW-RR 2001, 890, 891).

Nach OLG Hamm (OLG Hamm 12. 4. 2022 – 7 U 55/12, juris Rn 11, NJW-RR 2022, 1679 Rn 11) hält eine Pferdehalterin die im Verkehr erforderliche Sorgfalt nicht ein, wenn sie eine erfahrene Reitschülerin ohne Hilfestellung oder Anweisung, nicht ohne Hilfe aufzusteigen, auf ein Pferd aufsteigen lässt, obwohl dieses noch kein zuverlässiges Reitpferd („Verlasspferd") ist, die Anreitphase erst kürzlich begonnen und das Pferd noch zwei Tage vor dem Vorfall gebuckelt hat. Zu den Sicherheitsstandards beim Reitunterricht eines Reitanfängers s OLG Brandenburg 11. 12. 2021 – 11 U 99/21, juris Rn 41 ff.

b) Hunde

Bei der Haltung von Hunden als Nutztieren steht heute die Verwendung als Wachhund (dazu Rn 136 ff) im Vordergrund. Dessen Beaufsichtigung besteht im Allgemeinen in der gehörigen Verwahrung, wenn und soweit der Halter (oder ein von ihm bestellter Dritter) ihn nicht durch unmittelbare persönliche Einwirkung leitet. 163

aa) Anforderungen an die Verwahrung im Allgemeinen

Der Wachhund für Gebäude oder Grundstücke darf zur Bewachung des Objekts nur insoweit frei umherlaufen, als er dabei andere Personen als unbefugt Eindringende oder Verweilende nicht verletzen kann (vgl BGH VersR 2005, 1254, 1255: bei durch Außenklinke zu öffnender Haustür genügt Warnschild nicht; OLG München, Jagdr Entsch, Bd V, Sachg XI, Nr 56). Es muss verhindert werden, dass er sich unbeaufsichtigt von dem ihm zugewiesenen Platz entfernt, es sei denn, dass ausnahmsweise sein dabei eingeschlagener Weg (etwa zur Rückkehr in das Gebäude) und sein Verhalten auf diesem Weg infolge Abrichtung oder Gewöhnung als ungefährlich erprobt sind (OLG Nürnberg VersR 1963, 759, 760). Auf jeden Fall müssen Vorkehrungen getroffen werden (beispielsweise genügend hohe Umschließung, Anlegen einer Laufkette, s dazu § 7 Abs 2 TierSchHuV), die verhindern, dass der Hund unbeaufsichtigt auf die Straße gelangt (Rn 169). 164

Der kräftige Hofhund eines landwirtschaftlichen Anwesens, der bei freiem Herumlaufen erhebliche Schäden an Körper und Gesundheit anrichten könnte, muss, falls er nicht unter Aufsicht einer hierzu geeigneten Person steht, in zuverlässiger Weise an einer Laufkette (Rn 164) angebunden sein, wenn Kleinkinder ohne Weiteres auf den frei zugänglichen Hof gelangen und sich dem Hund gegenüber unvernünftig verhalten können (BGH VersR 1967, 1001, 1002). Bei einem ausgewachsenen, als Wachhund eines Gehöfts eingesetzten Schäferhund, auch wenn er sich bisher als gutmütig und friedfertig erwies und tagsüber frei im Hof umherlief, ohne Schaden anzurichten, kann erfahrungsgemäß nicht ausgeschlossen werden, dass seine ursprünglichen Jagdinstinkte durchbrechen. Es muss deshalb durch eine geeignete Maßnahme sichergestellt werden, dass er sich nicht ohne Aufsicht vom Hof entfernt und frei in der Flur herumläuft (LG Trier VersR 1978, 239: der Hund war in eine in größerer Entfernung vom Hof weidende Schafherde eingebrochen; ganz ähnlich OLG München VersR 1984, 1095, 1096). 165

bb) Besonderheiten bei großen Hunden

Auch ein an sich harmloser und gutmütiger Wachhund bedarf besonderer Beaufsichtigung, wenn er, wie ein ausgewachsener Bernhardiner, Dritten allein schon durch seine Größe und sein Gewicht gefährlich werden kann, zB indem er sich aufrichtend 166 seine Pfoten auf die Schultern eines Menschen zu legen versucht (BGH LM Nr 3a = VersR 1965, 719, 720). Er muss – wie ein bissiger Hund (Rn 168) – so gehalten werden, dass Verletzungen Befugter, die die normalen Zugänge des Anwesens benutzen, nach menschlichem Ermessen vermieden werden (vgl BGH VersR 1967, 1001, 1002).

167 Sehr viel geringere Anforderungen an die Aufsichtspflicht sind aber zu stellen zum Schutz der auf einem Bauernhof wohnenden Angehörigen oder dort üblicherweise tätigen Personen, die mit dem gutartigen Wachhund vertraut sind. Wenn zB das 7-jährige Enkelkind des Bauern aus täglicher Erfahrung weiß, dass der an einer Laufkette befestigte, an sich gutartige Hund die Angewohnheit hat, beim Herannahen von Hausbewohnern vor Freude hochzuspringen, so gehört es nicht zu den Aufsichtspflichten des Großvaters, dem Kind den Umgang mit dem Hund zu untersagen oder in anderer Weise Vorsorge zu treffen, dass der Hund das Kind innerhalb seines begrenzten Bewegungsraums nicht erreichen kann (BGH LM Nr 13 = NJW 1983, 1311 = JR 1983, 327, 328 m zust Anm Schlund).

cc) Besonderheiten bei bissigen Hunden

168 Ein bissiger Hund muss grundsätzlich an einer Laufkette (s dazu § 7 TierSchHuV) angekettet liegen (vgl LG Essen VersR 1956, 459; vgl auch OLG Düsseldorf VersR 1981, 1035, 1036). Der Halter eines Hofhundes genügt seiner Sorgfaltspflicht, wenn er den Hund an einer Laufkette ankettet, die den Hund nicht weiter als bis auf 3 m an die Hofeinfahrt und die dort befindliche Tür hingelangen lässt, und darüber hinaus ein Warnschild angebracht hat, das auf das Vorhandensein eines bissigen Wachhundes hinweist (OLG Stuttgart VersR 1955, 686; ähnlich OLG Frankfurt VersR 1983, 1040). Das Anbringen eines Warnschildes allein ist allerdings keine genügende Vorkehrungsmaßnahme, wenn auch für befugt sich Nähernde Gefahren drohen, etwa weil sie das Schild übersehen; jedoch stellt es im Allgemeinen ein mitwirkendes Verschulden (§ 254 BGB) dar, wenn der Geschädigte die Warnung nicht beachtet (vgl aber auch OLG Düsseldorf VersR 1981, 1035, 1036). Wird der Hund in einem eingefriedeten Raum gehalten, so muss die Einfriedung so hoch sein, dass er nicht über sie hinweg nach Vorübergehenden schnappen kann (OLG Nürnberg VersR 1959, 933, 934). Wegen der Rücksichtnahme auf spielende Kinder s auch Rn 165.

Ein bösartiger Hund, der trotz Vorkehrungsmaßnahmen schon einmal Unheil angerichtet oder sich von der Laufkette losgerissen hat, darf nicht mehr als Wachhund verwendet werden (vgl RG WarnR 1928 Nr 101).

Soll ein gefährlicher Hund (Rn 4) als Wachhund dienen, so richten sich die Sorgfaltsanforderungen nach der vom individuellen Wesen abhängigen Gefährlichkeit des Tieres (zu der Frage, wann gefährliche Hunde überhaupt als Nutztiere in Betracht kommen, s Rn 145). Je gefährlicher der Hund, desto größere Bedeutung kommt der sicheren Verwahrung (Rn 151) zu (BGH VersR 2005, 1254, 1255). Ein gefährlicher Hund, der nach seinem Naturell Menschen angreift und seinen Biss erst lockert, wenn das Opfer leblos liegen bleibt, muss an einer Laufkette angekettet sein oder im Zwinger oder einer sicheren Hütte, aus der er nicht entweichen kann, gehalten werden. Es genügt nicht, dass eine Verletzung befugter Personen ausgeschlossen ist (Rn 164). Vielmehr dürfen auch Unbefugte nicht von dem Hund angegriffen werden können. Angriffe durch derart gefährliche Hunde sind ein unverhältnismäßiges Mittel, um Unbefugte vom

Eindringen in ein Gebäude oder Grundstück abzuhalten. Solche Hunde können nur insoweit als Wachhunde eingesetzt werden, als bereits ihr bloßer Anblick (nebst eventuellem Gebell) abschreckend wirkt.

dd) Hunde im Straßenverkehr

Im Hinblick auf § 28 StVO (vgl dazu Rn 150) gehört zur Beaufsichtigung eines Wachhundes auch die Vorkehrung, dass er nicht unbemerkt führerlos auf die Straße gelangt (OLG Nürnberg VersR 1963, 759, 760; OLG Hamburg MDR 1969, 73 f). Ein großer Wachhund, selbst wenn er im Allgemeinen friedlich ist, bedeutet auf der Straße eine Gefahr für die Verkehrsteilnehmer; deshalb sind strenge Anforderungen an den Nachweis gehöriger Beaufsichtigung zu stellen, wenn der Halter den Hund auf die Straße gelangen lässt (BGH VersR 1962, 807, 808). Ein Jagdhund darf nicht unangeleint zur Nachsuche auf ein angeschossenes Stück Wild angesetzt werden, wenn die Gefahr nicht auszuschließen ist, dass er ohne Einwirkungsmöglichkeit des Jägers in den öffentlichen Verkehr gelangt (OLG Oldenburg DAR 1962, 212 f). 169

Nach § 28 Abs 1 S 3 StVO ist es verboten, Tiere – also auch Hunde – von Kraftfahrzeugen aus zu führen. Zugelassen ist aber nach § 28 Abs 1 S 4 StVO das Führen von Hunden von Fahrrädern aus (s dazu OLG Köln NZV 2003, 485 f; Siegel SVR 2015, 445, 446).

Nach der Verwaltungsvorschrift zu § 28 StVO ist es in der Regel nicht zu beanstanden, wenn Hunde auf Straßen mit mäßigem Verkehr nicht an der Leine, sondern durch Zuruf und Zeichen geführt werden (dazu BGH NZV 1991, 277; BayObLG VRS 57, 407, 410; 72, 366; OLG Düsseldorf VRS 68, 144; OLG Koblenz VersR 1999, 508; Siegel SVR 2015, 445 f). Auch hier gilt, dass besondere Situationen weitergehende Beaufsichtigungsmaßnahmen erfordern können (vgl Siegel SVR 2015, 445, 447). So muss die Begleitperson einen sonst verkehrssicheren (aufs Wort gehorchenden) Hund zurückrufen, wenn dieser sich unmittelbar am Fahrbahnrand so verhält, dass bei einem Fahrzeugführer die nicht unbegründete Befürchtung hervorgerufen werden kann, der Hund werde in die Fahrbahn laufen (OLG Köln VerkMitt 1964 Nr 75). Ein verkehrsungewohnter Hund muss auch auf Straßen mit mäßigem Verkehr rechtzeitig an Leine oder Halsband gehalten werden (OLG Koblenz VersR 1955, 313 f). Entsprechendes gilt bei schwerhörigen Hunden (OLG München HRR 1939 Nr 418). 170

Läuft der unbeaufsichtigt (nicht gehörig beaufsichtigt) gebliebene Hund einem Kraftfahrzeug plötzlich in den Weg, so kann dem Fahrer nicht (iS eines Mitverschuldensvorwurfs) entgegenhalten werden, dass er, statt gefahrvoll zu bremsen oder dem Hund auszuweichen und dabei selbst Schaden zu erleiden, hätte weiterfahren sollen, auch auf die Gefahr hin, den Hund zu töten oder zu verletzen (OLG Nürnberg VersR 1963, 759, 760). Die mitursächliche Betriebsgefahr des Kfz-Halters, der, seinen natürlichen Hemmungen folgend, ein Überfahren des Hundes zu vermeiden sucht, wird meist hinter dem erheblich schwereren (vermuteten) Verschulden des Tierhalters als der Hauptursache des Unfalls so sehr zurücktreten, dass sie praktisch außer Betracht bleiben kann (vgl auch BGH VRS 10, 1 f). 171

Zur erforderlichen Sicherung eines im Kraftfahrzeug transportierten Hundes s Siegel SVR 2015, 445, 447.

c) Kühe (Rinder)

aa) Weidende Kühe

172 Die Maßnahmen, die notwendig sind, um das Ausbrechen weidender Kühe aus dem Weideplatz zu verhindern, sind im Wesentlichen die gleichen wie bei weidenden Pferden (Rn 160 f; zu den Anforderungen an die Größe der Weide s noch Rn 176). Ein Unterschied ergibt sich nur im Hinblick auf die Höhe der Einzäunung (s dazu Bundesanstalt für Landwirtschaft und Ernährung [Hrsg], Sichere Weidezäune [7. Aufl 2023] S 29 ff; Siegel SVR 2015, 445, 448 f; LG Neubrandenburg 29. 8. 2024 – 4 O 356/23, RdTW 2025, 26 Rn 28).

173 Der Weideplatz muss auch hier so eingefriedet sein, dass ein genügender Schutz gegen Ausbrecher gewährleistet ist. Dem genügt zB nicht ein 1,30 m hoher und aus drei bis vier Stacheldrahtreihen bestehender Weidezaun, da bekannt ist, dass Rinder auch einen solchen Zaun überspringen können, wenn sie durch von außen auf sie einwirkende Ereignisse, wie streunende Hunde, in eine gewisse Erregung geraten (OLG Hamm VersR 1982, 1009, 1010; OLG Hamm NJW-RR 2006, 36; vgl aber auch OLG Köln VersR 1993, 616). Die Einfriedung muss auf ihre ordnungsgemäße Beschaffenheit laufend überwacht werden (OLG Celle RdL 1967, 47; OLG Hamm VersR 1982, 1009, 1010).

174 Das Weidetor muss nicht nur gegen Einwirkung der auf der Weide untergebrachten Tiere (vgl dazu OLG Celle VersR 1975, 665, 666), sondern auch gegen voraussehbare Einwirkungen von außen, sei es durch unbefugte Personen, sei es durch fremde Tiere, hinreichende Sicherheit bieten (BGH VersR 1959, 759 f; BGH VersR 1966, 758, 759 m zust Anm Schmidt VersR 1966, 849; BGH LM Nr 8 = VersR 1976, 1086, 1087; OLG Celle VersR 1971, 942; Siegel SVR 2015, 445, 451). Ein ordnungsmäßig errichteter und ständig überwachter Elektrozaun (wegen der an ihn zu stellenden technischen Anforderungen vgl die Nachweise in OLG Frankfurt VersR 1982, 908), der nur eine psychologische Schranke (Erschrecken der Tiere durch Stromstöße) darstellt, mag zwar im Allgemeinen geeignet sein, ein weidegewohntes und mit Futter ausreichend versorgtes Tier vom Verlassen des Weideplatzes abzuhalten (Hütefunktion); den Anforderungen an die im Verkehr erforderliche Sorgfalt zum Schutz Dritter entspricht er aber nur, wenn er auch in besonderen Situationen geeignet ist, das Ausbrechen in gleicher Weise zu verhindern wie ein fest verankerter Weidezaun, zB ein Unterkriechen ausschließt und einem gewaltsamen Ausbruch erschreckter Tiere standhält (BGH LM Nr 8 = VersR 1976, 1086, 1087; OLG Frankfurt NJW 1976, 573, 574; OLG Frankfurt VersR 1982, 908; OLG Hamm VersR 1980, 197; Schmidt VersR 1966, 849; vgl auch OLG Frankfurt VersR 1978, 645; OLG München r+s 2010, 434, 435 f [auch zu der Frage, inwieweit durch Zäume überhaupt ein Ausbruch von in Panik geratenen Rindern verhindert werden kann; s hierzu auch Siegel SVR 2015, 445, 450 f]; **aA** OLG München VersR 1984, 1095, 1097 im Hinblick auf Schafherden).

175 Besonders wirksame Sicherungsvorkehrungen sind – wie bei Pferden (Rn 160) – geboten, wenn die Weideplätze sich in der Nähe starken Verkehrs (von Autobahnen, Bahnkörpern oder belebten Straßen) befinden (BGH VersR 1966, 758, 759; LM Nr 8 = VersR 1976, 1086, 1087; OLG Celle VersR 1971, 942; OLG Oldenburg NZV 1991, 115 f; OLG Köln VersR 1993, 616; LG Flensburg VersR 1987, 826; LG Neubrandenburg 29. 8. 2024 – 4 O 356/23, RdTW 2025, 26 Rn 28; vgl auch Ohm VersR 1958, 744; LG Erfurt Schaden-Praxis 2011, 177 f betr weidende Pferde). Weideplätze, die sich in der Nähe (etwa 300 m entfernt) einer Bundesstraße befinden und bei denen des Öfteren fremde, nicht zu ihrem Betreten befugte Personen (Spaziergänger, Pilz- oder Holzsammler) gesehen worden sind, müssen durch Tore gesichert sein, die mit Vorhängeschloss und Kette versehen sind oder die sich zumindest nach ihrem Öffnen wieder selbsttätig schließen (OLG Celle RdL 1967, 47; vgl auch BGH LM Nr 5 = VersR 1967, 906, 907 [weidende Pferde]; OLG Bamberg Zfs 1982, 353 [weidende Schafe]).

Wegen der Umzäunung bei Weidevieh auf Almen vgl OLG München OLGRspr 34, 124 f. Zur Rechtslage in Österreich bei Zusammentreffen von Bergwanderern und Weidevieh s Pechtl SpuRt 2022, 239 ff.

Über eine ausreichende Einfriedung des Weideplatzes hinaus können weitere Sorgfaltsanforderungen wie Aufsichts- und Überwachungsvorkehrungen geboten sein. So ist bei Jungrindern, die sich erstmals allein auf der Weide befinden, nicht nur die Sicherheit der Umzäunung genau zu prüfen, sondern auch ihr Verhalten auf der Weide nach Einbruch der Dunkelheit zu beobachten und zu kontrollieren (OLG Nürnberg VersR 1966, 42 f). Jüngere Rinder sind schreckhafter als ältere (vgl BGH NJW 2009, 3233, 3235). Auch muss die Weide hinsichtlich ihrer Größe für den Aufenthalt der Tiere geeignet sein (BGH NJW 2009, 3233, 3234 f): Bei einer weidenden Rindviehherde ist mit Panikattacken zu rechnen, die durch Geräusche, Lichterscheinungen, Insekten, plötzlich auftretende Wildtiere oder auf die Weide eindringende Hunde ausgelöst werden können und zu einem gemeinsamen Fluchtverhalten der Herde führen (typisches Wildtierverhalten infolge des durch die Weidehaltung geweckten Herdeninstinkts). Die Tiere müssen sich dann durch Ausgaloppieren beruhigen können (Abbau der die Panik auslösenden Hormone durch das Laufverhalten), was bei einer zu kleinen Weide nicht gewährleistet ist und dazu führen kann, dass ein Rind die Umzäunung durchbricht. Lediglich für einen kurzen Zeitraum bis zur Aufstallung dürfen Rinder – entsprechend einer gängigen landwirtschaftlichen Praxis – von entfernten Weideflächen auf eine hofnahe kleine Weide als Auslauf verbracht werden (OLG Schleswig NJW-RR 2011, 1398, 1399). Im Übrigen endet die Aufsichtspflicht bei einem Ausbruch von Nutztieren aus einer umfriedeten Weide nicht mit dem Kontrollverlust des Tierhalters, sondern umfasst alle Maßnahmen, die zur Vermeidung eines Unfalls erforderlich sind (BGH NJW 2009, 3233, 3235; OLG Brandenburg BeckRS 2008, 09612). So ist insbesondere die Polizei zu verständigen, damit die Straßen in der Umgebung gesichert werden können. 176

bb) Viehtrieb auf der Straße

Auch Vieh, das auf der Straße getrieben wird (dh sich unter der Aufsicht eines Hüters frei bewegt, also nicht an einer Leine geführt wird), muss gem § 28 Abs 1 S 2 StVO von geeigneten Personen begleitet sein, die ausreichend auf es einwirken können (zur sinngemäßen Geltung der Verkehrsregeln und Anordnungen nach § 28 Abs 2 S 1 StVG s Siegel SVR 2015, 445, 451). 177

Kinder sind zum Treiben von Großvieh auf verkehrsreichen Straßen in der Regel ungeeignet (LG Paderborn VersR 1955, 176 betr 8-jährigen Jungen). Ein gehbehinderter Erwachsener ist allein ungeeignet, vier Kühe auf einer befahrenen Straße zu treiben; er muss sie entweder paarweise zusammenkoppeln und an einem Seil leiten oder eine zweite Person oder einen Hütehund zur Unterstützung zuziehen (OLG Nürnberg RdL 1967, 78).

Die Zahl der erforderlichen Treiber bemisst sich nach der Menge des getriebenen Viehs und nach den Verkehrsverhältnissen der benutzten Wegstrecke. Mit der Stei- 178 gerung des Verkehrs sind die Anforderungen an Zahl und Eignung der Treiber im Laufe der Zeit gestiegen. Im Einzelnen ist auf die Kommentierungen zu § 28 StVO zu verweisen (zB GEIGEL/FREYMANN, Der Haftpflichtprozess [29. Aufl 2024] 27. Kap Rn 645 ff). Zum Treiben einer Herde von 9 bis 10 Kühen durch eine 6–7 m breite Ortsstraße mit lebhaftem Durchgangsverkehr sind – auch wenn die Kühe verkehrsgewöhnt und normalerweise (objektiv) friedfertig sind – mindestens zwei Personen (eine vorweg, eine am Ende der Herde) notwendig (OLG Nürnberg VersR 1968, 285 f). Mit Berufung auf Personalmangel kann sich der Halter nicht entlasten (vgl OLG Nürnberg VersR 1968, 285, 286).

Größte Sorgfalt ist geboten, wenn Vieh bei Dunkelheit quer über die Straße getrieben wird. UU müssen die Tiere einzeln geführt werden (BayObLG DAR 1973, 109 f zu § 10 StVO). Zu den Beleuchtungsregeln s § 28 Abs 2 S 2 StVO.

cc) Sonstiges

179 Beim Transport von Schlachtvieh ist der durch Wechsel der gewohnten Umgebung erhöhten Gefahr, dass Tiere sich losreißen, durch besondere Überprüfung der mitgelieferten Stricke oder Ketten auf ihre Festigkeit Rechnung zu tragen (OLG Düsseldorf VersR 1983, 543, 544).

Im Rinderstall müssen die Rinder so gehalten werden, dass sie nicht beim bloßen Öffnen einer Stalltür entlaufen können; das gilt, wenn der Halter damit rechnen muss, dass Dritte im Stall nach ihm suchen (OLG Oldenburg NJW-RR 1999, 1627, 1628).

d) Schafe

180 Der Halter von Schafen genügt seiner Beaufsichtigungspflicht, wenn er zum Zusammenhalten seiner Herde einen Hütehund verwendet, der den Anforderungen bei einer Eignungsprüfung entspricht (OLG Oldenburg DAR 1957, 16, 17; SIEGEL SVR 2015, 445, 449). Ist das der Fall, so scheitert der Entlastungsbeweis nicht an der Tatsache, dass sich einzelne Tiere abgesondert haben, denn damit muss der Verkehr rechnen (vgl auch LG Köln VersR 1953, 439 f).

181 Zum Treiben einer Schafherde auf der Straße genügt bei Tageslicht in der Regel ein Schäfer, wenn ihm je nach Größe der Herde ein Hund oder mehrere zur Verfügung stehen. Mindestens zwei Schäfer sind aber erforderlich, wenn eine Beleuchtung nötig ist, also während der Dämmerung, bei Dunkelheit oder wenn die Sichtverhältnisse es sonst erfordern (§ 17 Abs 1 S 1 StVO). Denn sonst kann die Herde nicht vorn und am Ende – wie § 28 Abs 2 S 2 Nr 1 StVO es vorschreibt – genügend mit Warnleuchten abgesichert werden. Wird die ganze Straßenbreite in Anspruch genommen, ist der Gegenverkehr ausreichend zu warnen, sofern die Herde nicht rechtzeitig zu sehen ist (BayObLG NZV 1989, 482). Über die Sorgfaltsanforderungen, wenn große Schafherden Bahnübergänge mit automatischen Schranken überqueren sollen, vgl LG Düsseldorf VersR 1965, 390, 391.

182 Zu der Frage, welche Anforderungen an die Beaufsichtigung zu Nachtzeiten zu stellen sind, vgl die Vorbearbeitung STAUDINGER/EBERL-BORGES (2008) § 833 Rn 182; zur sicheren Umzäunung einer Schafweide Bundesanstalt für Landwirtschaft und Ernährung [Hrsg], Sichere Weidezäune (7. Aufl 2023) S 33 ff und SIEGEL SVR 2015, 445, 449. Das OLG Schleswig NZV 2014, 32 f lässt bei einer nächtlichen Kollision eines Kfz mit einer Schafherde, die wegen unzureichender Umzäunung ausgebrochen und auf die Kreisstraße gelangt ist, den Schafhalter weit überwiegend haften (im konkreten Fall zu 80 %).

e) Federvieh

Für **Tauben** gelten landesrechtlich angeordnete Flugsperrzeiten während der Saat- **183**
und Erntezeit. In diesen Zeiten müssen die Tauben eingesperrt sein, will der Halter seiner Beaufsichtigungspflicht genügen. Eine andere Möglichkeit, Tauben zu beaufsichtigen, gibt es nicht. Sie entziehen sich ihrer Natur nach jeder Einwirkung. Außerhalb der Flugsperrzeiten sind daher keine besonderen Sorgfaltsanforderungen einzuhalten. Auch § 28 StVO ist auf Tauben nicht anwendbar. Da sie sich nicht dauernd einsperren lassen, gehören sie nicht zu den Haus- und Stalltieren (Brutscher, Tiere im Straßenverkehr – aus polizeilicher Sicht, Die Polizei 1992, 147, 148; Hühnermann, in: Burmann/Hess/Hühnermann/Jahnke, Straßenverkehrsrecht [29. Aufl 2026] § 28 StVO Rn 2).

Dagegen gehören **Hühner** zu den Haus- und Stalltieren, die nach § 28 Abs 1 S 1 **184**
StVO von der Straße fernzuhalten sind (vgl die Verwaltungsvorschrift zu § 28 StVO). Der Halter muss daher den Hühnerauslauf einzäunen (vgl LG Osnabrück VersR 1979, 1019; BGB-RGRK/Kreft § 833 Rn 93; Geigel/Haag, Der Haftpflichtprozess [29. Aufl 2024] 18. Kap Rn 33; Siegel SVR 2015, 445, 449 f; vgl zur älteren, weniger strengen Rechtsprechung Staudinger/Schäfer[12] § 833 Rn 139).

Auch **Großgeflügel** (Gänse, Puten, Enten) ist von der Straße fernzuhalten (vgl aber **185**
auch OLG Oldenburg DAR 1961, 344; LG Göttingen DAR 1956, 104).

f) Katzen

Auf Katzen ist – ebenso wie auf Tauben (Rn 183) – § 28 StVO nicht anwendbar (OLG **186**
Oldenburg VersR 1957, 742; Brutscher Die Polizei 1992, 147, 148; Hühnermann, in: Burmann/Hess/Hühnermann/Jahnke, Straßenverkehrsrecht [29. Aufl 2026] § 28 StVO Rn 2; Hentschel/König/König, Straßenverkehrsrecht [48. Aufl 2025] § 28 StVO Rn 5; **aA** Siegel SVR 2015, 445, 447; vgl auch LG Krefeld SVR 2021, 67, 69). Sie entziehen sich ihrer Natur nach jeder Einwirkung, die sie am freien Umherlaufen hindert. Besondere Sorgfaltsanforderungen an den Halter einer Katze als Nutztier bestehen daher nicht, insbesondere muss sie nicht eingesperrt gehalten werden. Der Halter kann deshalb nicht in Anspruch genommen werden, wenn die Katze beim Laufen über die Straße einen Kfz-Unfall verursacht (OLG Oldenburg VersR 1957, 742 m zust Anm Weimar VersR 1958, 332; LG Oldenburg VersR 1960, 840; LG Bielefeld VersR 1982, 1083; LG Kiel NJW 1984, 2297; vgl auch BGB-RGRK/Kreft § 833 Rn 92; Siegel SVR 2015, 445, 447; **aA** Teplitzky NJW 1961, 1659, 1660 f; Wussow/Terbille, Unfallhaftpflichtrecht [15. Aufl 2002] Kap 11 Rn 65) oder – der Lebenserfahrung zuwider – einen Menschen oder einen Hund anfällt (LG Traunstein VersR 1966, 198). S in diesem Zusammenhang auch LG Augsburg NJW 1985, 499 f; AG Passau NJW 1983, 2885 f zum Unterlassungsanspruch des Grundeigentümers bei Besitzstörung durch vogeljagende Katzen eines anderen Grundeigentümers.

4. Mangelnder Ursachenzusammenhang zwischen Sorgfaltspflichtverletzung und Schaden

Die Haftung entfällt nach § 833 S 2 BGB nicht nur dann, wenn der Halter bei der **187**
Beaufsichtigung die im Verkehr erforderliche Sorgfalt beobachtet hat, sondern auch

dann, wenn der Schaden auch bei Anwendung dieser Sorgfalt entstanden wäre. Im Falle eines vom Halter nicht zu vertretenden Ausbruchs von Weidetieren und einer anschließenden Kollision mit einem Pkw kommt es beispielsweise darauf an, ob der Unfall hätte verhindert werden können, wenn der Tierhalter sofort nach dem Entweichen der Tiere die Polizei verständigt und diese daraufhin die Straßen in der Umgebung gesichert hätte (BGH NJW 2009, 3233, 3235; OLG Schleswig NJW-RR 2011, 1398, 1399 f). Infolge der Ausgestaltung als Entlastungsbeweis trägt der Nutztierhalter die Beweislast für die fehlende Kausalität zwischen Sorgfaltspflichtverletzung und Schaden. Entsprechende Vorschriften finden sich in §§ 831 Abs 1 S 2, 832 Abs 1 S 2 und 834 S 2 BGB.

IX. Einschränkung und Ausschluss der Haftung infolge eines dem Geschädigten zuzurechnenden Beitrags

1. Das Verhalten des Geschädigten als mitzuberücksichtigender Beitrag

188 Die Tierhalterhaftung kann im Hinblick auf die Person des Geschädigten eingeschränkt oder ganz ausgeschlossen sein, nämlich dann, wenn er sich dem Tier bewusst angenähert hat. Die Problematik tritt heute vor allem im Bereich des Reitsports auf: Beispielsweise verletzt das Pferd seinen Reiter (durch Beißen, Ausschlagen, Abwerfen des Reiters usw), der es vom Halter gemietet hat. Für eine Einschränkung oder einen Ausschluss der Tierhalterhaftung gibt es hier verschiedene dogmatische Ansatzpunkte, nämlich die Begrenzung des persönlichen Schutzbereichs des § 833 BGB nach dessen ratio, die Verdrängung des § 833 BGB durch die vertragliche Risikoverteilung, den vertraglichen (stillschweigenden) Haftungsausschluss sowie § 254 BGB. Die dogmatische Einordnung ist deshalb von erheblicher Bedeutung, weil in Schadensfällen, die nicht in den Schutzbereich des § 833 BGB fallen, bei denen nach der vertraglichen Risikoverteilung keine Haftung eintritt oder bei denen ein vertraglicher Haftungsausschluss zum Tragen kommt, eine Haftung aus § 833 BGB gänzlich ausgeschlossen ist, während durch die Anwendung des § 254 BGB eine Quotierung ermöglicht wird (einschließlich einer Haftungsreduzierung auf Null).

a) Persönlicher Schutzbereich

189 Verschiedene Ansichten gelangen aufgrund des Normzwecks des § 833 BGB zu einer Begrenzung des persönlichen Schutzbereichs dieser Norm in den Fällen, in denen der Geschädigte ohne sozialen Zwang oder soziale Notwendigkeit (OLG Zweibrücken NJW 1971, 2077, 2078; OLG Frankfurt VersR 1976, 1138; LG Duisburg VersR 1972, 475; LG Wuppertal VersR 1975, 435; LG Landau VersR 1976, 103, 104) oder überwiegend in seinem eigenen Interesse (BGH LM Nr 7 = NJW 1974, 234, 235 = VersR 1974, 356, 357; BGH LM Nr 10 = NJW 1977, 2158 f = VersR 1977, 864, 865; BGH LM Nr 11 = NJW 1982, 763, 764; OLG Köln VersR 1976, 197, 198; OLG Celle VersR 1981, 663; OLG Celle VersR 1990, 794; OLG Düsseldorf NJW-RR 2001, 390, 391; vgl auch OLG München VersR 1981, 937; Schrader NJW 1975, 676, 677) der Tiergefahr ausgesetzt war, in denen er selbst die Gefahr beherrschte (OLG Zweibrücken NJW 1971, 2077, 2078; OLG Köln VersR 1976, 197, 198; OLG Köln VersR 1982, 559; KG VersR 1986, 820, 821; OLG München VersR 1987, 493, 494; OLG Celle VersR 1990, 794; OLG Düsseldorf NJW-RR 2001, 390, 391; OLG Koblenz 21. 3. 2017 – 1 U 1322/16, juris Rn 25 f; vgl auch BGH VersR 1972, 1047, 1048: Habe der Verletzte das Tier in seiner Obhut und Gewalt und unter seinem Einfluss gehabt, so müsse er bei Geltendmachung eines Anspruchs aus § 833 BGB beweisen, dass er seiner eigenen Sorgfalt genügt habe und ihn an der Entstehung des Schadens ein eigenes Verschulden nicht treffe), ihm das Tier aus Gefälligkeit zur Nutzung überlassen war (vgl BGH LM Nr 10 = NJW 1977, 2158 = VersR 1977, 864, 865; OLG Celle VersR 1986, 396 f; OLG Düsseldorf VersR 1992, 251; offen gelassen in BGH LM Nr 7 = NJW 1974, 234, 235 = VersR 1974, 356, 357) oder er auf eigene Gefahr handelte (BGH LM Nr 7 = NJW 1974, 234, 235 = VersR 1974, 356; BGH LM Nr 10 = NJW 1977, 2158 = VersR 1977, 864, 865; BGH VersR 1978, 515; BGH NJW 1986, 2883, 2884; BGH NJW-RR 2006, 813, 814; OLG Frankfurt VersR 1981, 935; OLG Frankfurt VersR 1983, 1040; OLG Frankfurt VersR 1985, 670; KG VersR 1986, 820, 821; OLG Nürnberg VersR 1999, 240, 241 [keine Tierhalterhaftung gegenüber dem gewerblichen Betreiber einer Tierklinik, der ein Tier zum Zweck einer Behandlung oder Diagnose vom Tierhalter übernommen hat]; LG Itzehoe NJW-RR 1991, 1500; Deutsch NJW 1978, 1998, 2002; Deutsch JuS 1987, 673, 677; Dunz JZ 1987, 63, 67; Kipp VersR 2000, 1348, 1349 f; AK-BGB/Kohl § 833 Rn 9; Larenz/Canaris, Schuldrecht II/2 § 84 II 1 e [freiwillige Selbstgefährdung]; Schmid JR 1976, 274, 277; Schrader NJW 1975, 676, 677). Ein Haftungsausschluss wegen Handelns auf eigene Gefahr wird von der Rechtsprechung und einem Teil der Literatur allerdings nur in Fällen befürwortet, in denen sich der Verletzte einer besonderen Tiergefahr ausgesetzt hat, die über die gewöhnliche Tiergefahr hinausgeht (erhöhte Tiergefahr), beispielsweise wenn ein Reiter ein Tier übernimmt, das erkennbar bösartiger Natur ist oder erst zugeritten werden muss, oder wenn der Ritt seiner Art nach besonders gefährlich war (Dressurreiten, Springen, Fuchsjagd; vgl BGH VersR 1955, 116; BGH LM Nr 7 = NJW 1974, 234, 235 = VersR 1974, 356; BGH LM Nr 10 = NJW 1977, 2158 = VersR 1977, 864, 865; BGH VersR 1978, 515; BGH NJW 1986, 2883, 2884; BGH NJW 2013, 2661 f; OLG Frankfurt VersR 1981, 935; OLG München VersR 1981, 937; OLG Köln VersR 1989, 62; OLG Koblenz NJW-RR 1998, 1482; OLG Hamm NJW-RR 2001, 390 [„Rückwärtsrichten" beim Dressurreiten beinhalte keine besondere Gefahr]; OLG Celle 4. 3. 2020 – 20 U 38/19, juris Rn 32 ff [keine besondere Gefahr während der Siegerehrung am Ende eines Reitturniers]; ebenso AK-BGB/Kohl § 833 Rn 9; Looschelders, Die Mitverantwortlichkeit des Geschädigten im Privatrecht [1999] 450 ff). Kein Haftungsausschluss soll dabei eingreifen, wenn der Geschädigte einen triftigen – rechtlichen, beruflichen oder sittlichen – Grund hatte, sich der Tiergefahr auszusetzen (BGH r+s 2009, 295, 296 = VersR 2009, 693 [Verletzung eines Tierarztes, der bei einem Pferd eine rektale Fiebermessung versucht]; fortgeführt in BGH NJW 2014, 2434 f [Aufnahme eines Hundes für mehrere Tage in der Hundepension des Geschädigten – keine abweichende rechtliche Beurteilung im Hinblick auf den Umstand, dass der Inhaber einer Hundepension sich dem Tier nicht nur zur Vornahme einzelner Verrichtungen nähere, sondern dessen Beaufsichtigung gegebenenfalls für mehrere Tage vollständig übernehme und während dieser Zeit die alleinige Herrschaft über das Tier innehabe]; OLG Hamm 23. 3. 2015 – I-3 U 37/14, juris Rn 20 [Tierarztbehandlung eines Pferdes]; OLG Hamm NJW-RR 2015, 1114, 1115 f [Beschlag eines Pferdes durch den Hufschmied]; OLG Schleswig r+s 2016, 98, 99 [Reitunfall des Bereiters von „Problempferden"]; OLG Düsseldorf 3. 9. 2024 – 15 U 7/19, juris Rn 33 f [Wiegen einer Katze beim Tierarzt]). Ein anderer Teil der Literatur gelangt auch in Situationen gewöhnlicher Tiergefahr zu einem Haftungsausschluss wegen Handelns auf eigene Gefahr (vgl Deutsch NJW 1978, 1998, 2002; Dunz JZ 1987, 63, 67; Kipp VersR 2000, 1348, 1349 f; Larenz/Canaris, Schuldrecht II/2 § 84 II 1 e [freiwillige Selbstgefährdung]).

Alle diese Ansichten sind abzulehnen. Der Begriff des sozialen Zwangs ist zu unbe- **190**
stimmt, unklar und konturlos, um eine eindeutige Begrenzung des Schutzbereichs zu gewährleisten. Die Meinungen über das sozial Notwendige gehen weit auseinander. Darüber hinaus wird die Anwendbarkeit des § 833 BGB durch das Merkmal des sozialen Zwangs entgegen dem klaren Wortlaut dieser Norm zu sehr eingeengt. Durch § 833 BGB wird nicht nur geschützt, wer sich aus sozialer Notwendigkeit mit einem

Tier abgibt, sondern jedermann, dem die Entfaltung der Gefahr nur gegen Schadloshaltung zugemutet werden kann (in diesem Sinne BGH VersR 1976, 1175, 1176 f; LM Nr 10 = NJW 1977, 2158, 2159 = VersR 1977, 864, 865 f; VersR 1976, 197, 198; OLG Düsseldorf VersR 1975, 1122, 1123; OLG Köln VersR 1977, 938; OLG Celle VersR 1979, 161; OLG Koblenz MDR 1979, 229; OLG München VersR 1981, 937; OLG Schleswig VersR 1990, 869; Bornhövd VersR 1979, 398, 399; Deutsch NJW 1978, 1998, 2001; Deutsch JuS 1987, 673, 677; Herrmann JR 1980, 489, 493; Hoffmann Zfs 2000, 181, 185; Knütel NJW 1978, 297; AK-BGB/Kohl § 833 Rn 9; Schmid JR 1976, 274, 276; Stötter JZ 1972, 409, 410; vgl auch OLG Köln NJW 1974, 2051).

191 Das Eigeninteresse des Geschädigten als unmittelbarem Tiernutzer ebenso wie die Gefahrbeherrschung durch ihn sind Merkmale, die zur Bestimmung des Halters dienen. Überwiegt das Nutzungsinteresse des Geschädigten gegenüber dem des Eigentümers und beherrscht der Geschädigte im Gegensatz zum Eigentümer die Tiergefahr, so ist der Geschädigte bereits selbst Tierhalter. Eine zusätzliche Begrenzung des Schutzbereichs kann sich aus den Merkmalen Eigeninteresse und Gefahrbeherrschung nicht ergeben (Lorenz 249; in diesem Sinne zum Eigeninteresse ebenso Bornhövd VersR 1979, 398, 399 f; Bornhövd JR 1978, 50, 53; Herrmann JR 1980, 489, 493; zur Gefahrbeherrschung BGH LM Nr 11 = NJW 1982, 763, 764; BGH VersR 1986, 345, 346; BGH VersR 1993, 369, 370; Herrmann JR 1980, 489, 493). Das Gleiche gilt für das Kriterium der Überlassung aus Gefälligkeit, das lediglich als Indiz für das überwiegende Interesse des Geschädigten fungiert (vgl OLG Celle VersR 1986, 396 f; gegen einen Haftungsausschluss wegen Überlassung aus Gefälligkeit auch BGH NJW 1992, 2474 f = VersR 1992, 1145, 1146 f; OLG Hamm NJW-RR 2001, 19; OLG München r+s 2010, 390; OLG Schleswig 19. 3. 2021 – 17 U 142/20, juris Rn 31).

192 Auch der Aspekt des Handelns auf eigene Gefahr rechtfertigt keine Einschränkung des Schutzbereichs des § 833 BGB (kritisch auch Bornhövd VersR 1979, 398, 400 f). In Fällen „gewöhnlicher" Tiergefahr lässt sich die Gefahrverantwortung nicht gänzlich – mit der Folge eines Haftungsausschlusses – vom Halter auf den Verletzten verschieben, denn die Halterschaft bedingt, dass (zumindest auch) der Halter für die Tiergefahr verantwortlich ist; trüge er insofern keine Verantwortung, wäre er nicht Tierhalter (Rn 72). Eine daneben noch bestehende Gefahrverantwortung des Verletzten lässt sich nur dadurch berücksichtigen, dass das Gewicht der beiderseitigen Verantwortung gegeneinander abgewogen wird, was nur im Rahmen des § 254 BGB möglich ist. Aber auch im Hinblick auf die Situationen erhöhter Gefahr ist eine Begrenzung des persönlichen Schutzbereichs und damit ein gänzlicher Haftungsausschluss abzulehnen. Zwar kann in solchen Fällen dem Verletzten daraus, dass er sich der erhöhten Gefahr bewusst ausgesetzt hat, ein Schuldvorwurf gemacht werden, der über seine Verantwortung in Situationen gewöhnlicher Gefahr hinausgeht. Dieser Vorwurf bewirkt jedoch nicht, dass die Fälle aus dem persönlichen Schutzbereich des § 833 BGB fallen. Denn auch bei erhöhter Gefahr ist die Tiergefahr – der Grund für die Haftung aus § 833 BGB – gerade nicht ausgeschaltet, sondern die Verletzungswahrscheinlichkeit des Tierverhaltens wird gesteigert (vgl Lorenz 177). Die Frage der Haftung kann daher ebenfalls nur im Wege einer Gegenüberstellung und Abwägung der beiden mitwirkenden Beiträge (erhöhte Tiergefahr einerseits, Eigenverschulden des Verletzten andererseits) beantwortet werden.

b) Verdrängung des § 833 BGB durch die vertragliche Risikoverteilung

193 Teilweise wird angenommen, dass die Risikoverteilung eines zwischen Tierhalter und Geschädigten bestehenden Vertrages sich auch auf § 833 BGB auswirke. So soll beispielsweise die Haftungsbeschränkung auf Vorsatz und grobe Fahrlässigkeit bei der Leihe (§ 599 BGB) zu einem Ausschluss der Tierhalterhaftung – als Haftung für Zufallsschäden – führen (BGH LM Nr 7 = NJW 1974, 234, 235 = VersR 1974, 356 f; OLG Düsseldorf VersR 1992, 251; im Ergebnis ebenso AK-BGB/Kohl § 833 Rn 10; Wagner 8. Kap Rn 33; ähnlich Knütel NJW 1978, 297, 298 mit dem zusätzlichen Erfordernis, der Halter dürfe dem Geschädigten gegenüber – anders als gegenüber Dritten – das Tier nicht im eigenen Interesse verwendet haben; vgl auch BGH LM Nr 10 = NJW 1977, 2158 = VersR 1977, 864, 865 [offen gelassen]; **aA** Hk-BGB/Staudinger § 833 Rn 7. Bei Haftungsprivilegierungen, etwa nach § 1664 Abs 1 BGB, § 1359 BGB, wird mit einer ähnlichen Überlegung teilweise die Haftung verneint, s dazu die Nachweise Rn 30).

Dieser Ansatz ist abzulehnen. Würde die vertragliche Risikoverteilung auch im Rahmen des § 833 BGB gelten, so wäre zumindest die Luxustierhalterhaftung grundsätzlich ausgeschlossen, falls ein Vertragsverhältnis zwischen Tierhalter und Geschädigtem besteht: Was für die Leihe gilt, müsste auch für andere Vertragstypen gelten, und im vertraglichen Bereich wird grundsätzlich nur bei Verschulden gehaftet (vgl Schrader NJW 1975, 676, 677; s auch Wussow/Terbille, Unfallhaftpflichtrecht [15. Aufl 2002] Kap 11 Rn 107). **194**

c) Vertraglicher Haftungsausschluss

Rechtsprechung (vor allem die ältere, vgl RG JW 1905, 143; WarnR 1909 Nr 100; 1912 Nr 430; RGZ 58, 410, 412 f; 67, 431, 433 f; vgl auch BGH LM Nr 5a = NJW 1968, 1932 f; BGH LM Nr 10 = NJW 1977, 2158, 2159 = VersR 1977, 864, 866; BGH NJW 1992, 2474, 2475; OLG Celle VersR 1982, 704 f mAnm Kiel; OLG Nürnberg BeckRS 2011, 19752; OLG Hamm 13. 6. 2017 – 9 U 149/16, juris Rn 20 ff; OLG Hamm 28. 6. 2019 – 11 U 82/18, juris Rn 7) und Literatur (BGB-RGRK/Kreft § 833 Rn 67; Herrmann JR 1980, 489, 495 f; vgl auch Weimar DRiZ 1956, 198, 199) berücksichtigen den eigenen Beitrag des Verletzten teilweise dadurch, dass sie einen stillschweigenden vertraglichen Haftungsausschluss annehmen (vgl dazu auch Bornhövd VersR 1979, 398, 401 f). Besteht ein Vertrag, so wird dieser ergänzend ausgelegt, anderenfalls ein isolierter vertraglicher Haftungsausschluss konstruiert. **195**

Die Ermittlung eines nicht ausdrücklich geäußerten Parteiwillens erfolgt allgemein – also auch im Falle von Tierschäden – auf der Grundlage der jeweils beteiligten Interessen. Dabei greifen Rechtsprechung und Literatur im Rahmen des § 833 BGB auf dieselben Kriterien zurück, die auch für eine Einschränkung des persönlichen Schutzbereichs dieser Norm fruchtbar gemacht werden: die selbstständige Herrschaft des Verletzten über das Tier (RGZ 58, 410, 412 f; RG JW 1905, 143; RG WarnR 1912 Nr 430; BGB-RGRK/Kreft § 833 Rn 67; Herrmann JR 1980, 489, 496; vgl auch Weimar DRiZ 1956, 198, 199), das überwiegende Eigeninteresse des Verletzten an dem Tier (OLG Saarbrücken NJW-RR 1988, 1492, 1493; Herrmann JR 1980, 489, 496; BGB-RGRK/Kreft § 833 Rn 67; Grüneberg/Retzlaff § 833 Rn 11), die Übernahme einer erhöhten Gefahr durch den Verletzten (RG JW 1905, 143; BGB-RGRK/Kreft § 833 Rn 67; Herrmann JR 1980, 489, 496) und das Vorliegen einer Gefälligkeit (RGZ 67, 431, 434; RG WarnR 1908 Nr 157; Nr 158). Dass diese Kriterien nicht geeignet sind, einen Ausschluss der Tierhalterhaftung zu begründen, ist bereits aufgezeigt worden (Rn 191 f). Ein – konkludenter – vertraglicher Haftungsausschluss ist daher aus den gleichen Gründen abzulehnen wie eine Einschränkung des Schutzbereichs. Die individuelle Vereinbarung eines Haftungsausschlusses zwischen dem Tierhalter und dem späteren Verletzen bleibt natürlich möglich (OLG **196**

München r+s 2017, 41 f [auch hinsichtlich der Auswirkungen auf die gesetzliche Krankenversicherung des Verletzten]; s dazu Fellner MDR 2016, 742, 743 f).

d) § 254 BGB

197 Der richtige Ort für die Berücksichtigung des Verletztenbeitrags ist nach alledem § 254 BGB (ebenso BGH VersR 1982, 348, 349; BGH NJW 1986, 2883, 2884; BGH VersR 1992, 902; BGH VersR 1993, 369, 370; BGH r+s 2009, 295, 296; BGH NJW 2014, 2434; OLG München VersR 1999, 585; OLG Düsseldorf NJW-RR 2001, 890, 892; OLG Naumburg BeckRS 2010, 30184; OLG Hamm 18. 3. 2025 – I-7 U 76/23, juris Rn 49; Bornhövd VersR 1979, 398, 400, 401; Lorenz 319, 321; Hk-BGB/Staudinger § 833 Rn 7; Erman/Wilhelmi § 833 Rn 6; vgl MünchKommBGB/Wagner § 833 Rn 73; vgl auch BGH LM Nr 10 = NJW 1977, 2158, 2159 = VersR 1977, 864, 866; LM Nr 11 = NJW 1982, 763, 764, 765; zur Beweislastverteilung vgl Baumgärtel VersR 1983, Karlsruher Forum 85, 87 f).

198 Ein relevanter Beitrag des Verletzten zur Schadensentstehung liegt dann vor, wenn er eine Situation erhöhter Verletzungsgefahr herbeigeführt hat und diese Gefahr erkennen und vermeiden konnte (Lorenz 288, 321; OLG Hamm 18. 3. 2025 – I-7 U 76/23, juris Rn 49). Die erhöhte Verletzungsgefahr muss sich aus einem Verhaltensfehler des Verletzten ergeben. Der Verhaltensfehler kann auch darin bestehen, dass sich der Verletzte – ohne weiteren Verhaltensfehler – in eine Situation besonders erhöhter Gefahr begeben hat, deren Entstehung von seinem eigenen Verhalten im Übrigen unabhängig ist (Lorenz 288 f, 321; OLG Hamm 18. 3. 2025 – I-7 U 76/23, juris Rn 49; s beispielsweise OLG Celle 8. 7. 2014 – 20 U 49/13, juris Rn 9 [Aufenthalt in der Mitte eines Hundespielplatzes]; OLG Saarbrücken 11. 5. 2023 – 4 U 57/22, juris Rn 29 f, 35 [der Verletzte begibt sich in einer Randalesituation in den Einwirkungsbereich eines Polizeihundes]; OLG Oldenburg 21. 10. 2024 – 8 U 120/24, juris Rn 6 [Laufen über eine Pferdeweide trotz Kenntnis, dass junge Pferde in Panik über die Weide galoppieren). Im Rahmen der Abwägung gegenüber der Gefahrverantwortung des Tierhalters bemisst sich das Gewicht des Verletztenbeitrags nach seinem objektiven Anteil an der Verletzung und nach dem Grad des Sorgfaltsverstoßes gegen das eigene Sicherheitsinteresse des Verletzten (OLG Saarbrücken 20. 1. 2022 – 4 U 51/21, juris Rn 29; vgl Lorenz 289 f, 321 f). Hinsichtlich des Verletztenbeitrags ist ein strenger Maßstab anzulegen, wenn der Verletzte, etwa als Reiter, selbst unmittelbar auf das Tier einwirken konnte (BGH LM Nr 11 = NJW 1982, 763, 765; OLG Saarbrücken 20. 1. 2022 – 4 U 51/21, juris Rn 29; Lorenz 290).

199 Ein relevanter Verletztenbeitrag liegt danach vor, wenn die erhöhte Verletzungsgefahr aus einer **besonderen Schwäche** (etwa einem konstitutionellen Mangel) **des Verletzten** folgt. Der Verhaltensfehler besteht in diesem Fall darin, dass sich der Verletzte in Kenntnis seiner besonderen persönlichen Eigenschaften, welche die Wirkungsmöglichkeit des Tierverhaltens auf seine Rechtsgüter erhöhen, in die Nähe des Tieres begibt (vgl Lorenz 278 f). Beispiele: Reiten ohne ausreichende Reitkenntnisse (BGH VersR 1993, 369, 370; OLG München VersR 1999, 585; OLG München r+s 2010, 390); ein als besonders ungestüm bekanntes Pony wird ohne Aufsicht von einem 10-jährigen Mädchen geritten, obwohl dieses weiß, dass es selbst keine geübte und im Umgang mit Pferden erfahrene Reiterin ist (LG Berlin MDR 1974, 314); ein Reitschüler macht, obwohl er die ganze Nacht nicht geschlafen hat und im Verlauf der Reitstunde schon mehrfach abgeworfen worden ist, die besonders schwierige Übung „Traben ohne Zügel und ohne Bügel mit hinter dem Kopf verschränkten Armen" mit (BGH VersR 1982, 348, 349); jemand betreibt trotz leicht brüchiger Knochen („Glasknochen") weiterhin Reitsport (vgl BGH VersR 1984, 286, 287; s aber auch BGH NJW 2010, 1961, 1962: kein Mitverschulden bei Reittherapie von Behinderten, weil davon ausgegangen werden kann, dass die Therapie der Behinderung Rechnung trägt); jemand versucht trotz Kenntnis seiner latenten Erkrankung an Psoriasis (Schuppenflechte) und trotz Kenntnis, dass diese Krankheit jederzeit zum Ausbruch kommen kann, seinen Dackel mit Gewalt von einer Beißerei abzuhalten (OLG Celle VersR 1981, 1057, 1058).

Erheblich ist auch die erkennbar **gesteigerte Verletzungsträchtigkeit eines Tieres** (vgl Lorenz 279 ff). Beispiele: Ein Passant geht dicht an einem Pferdegespann vorbei, obwohl eines der Pferde durch einen Maulkorb als besonders gefährlich gekennzeichnet ist (RG JW 1906, 739); Reiten auf einem als besonders ungestüm bekannten Pony (LG Berlin MDR 1974, 314); bekannte Aggressivität einer Rasse von Kampfhunden (OLG Koblenz MDR 1979, 229); Kenntnis des Verletzten, dass der Hund seine Halterin zuvor so stark in den Unterschenkel gebissen hat, dass anschließend Fleisch davon in ihrer Trainingshose zurückblieb (OLG Naumburg NJOZ 2011, 498, 499 = BeckRS 2010, 23747); Warnung des Verletzten vor der Annäherung an das Tier (RG JW 1906, 349, 350), etwa durch ein Warnschild (vgl OLG Frankfurt VersR 1983, 1040; LG Memmingen VersR 1979, 874; s aber auch OLG Düsseldorf VersR 1981, 1035, 1036 zur zweifelhaften Aussagekraft des Schildes „Vorsicht bissiger Hund" sowie OLG Stuttgart BeckRS 2011, 04235, wonach bei einem Wohngrundstück mit nicht verschlossener Gartentür und erst an der Haustür befindlichen Klingel ein Mitverschulden nicht bereits zu bejahen ist wegen eines Warnschildes mit der Abbildung eines Dalmatiners und dem Text „Hier wache ich! Betreten auf eigene Gefahr!"). Auch das ungewöhnliche Verhalten eines Tieres kann es als unvorsichtig erscheinen lassen, weiterhin in dessen Nähe zu bleiben. Bsp: Jemand wird beim Springreiten von einem Hindernisteil getroffen, weil er sich nicht aus der Gefahrenzone entfernt hat, obwohl er aus Erfahrung wusste, dass ein bestimmtes Sprungpferd üblicherweise Schwierigkeiten macht (BGH VersR 1966, 1073, 1074; ähnlich OLG Düsseldorf NJW-RR 2006, 93 f: Aufenthalt in der Nähe eines Pferdes, das beim Verladen bekannterweise Schwierigkeiten macht; ebenso LG Münster 31. 7. 2019 – 4 O 534/16, juris Rn 33). 200

Ein relevanter Verletztenbeitrag kann sich ferner aus einem **Verhaltensfehler im Umgang mit dem Tier** ergeben (vgl Lorenz 282 f). Beispiele: Reiten ohne Schutzkappe (BGH VersR 1993, 369, 371; OLG Düsseldorf VersR 1983, 1039); Reiten in einer Gruppe ohne ausreichenden Sicherheitsabstand (OLG Hamburg VersR 1982, 779 f; OLG Hamm NZV 1994, 436, 437); Benutzung einer Aufstiegshilfe ohne ausreichende Sicherung des Pferdes (OLG Hamm 28. 6. 2019 – 11 U 82/18, juris Rn 9); Reizen des Tieres durch einen Schlag oder Zuruf (RG Recht 1915 Nr 881; ähnlich OLG Zweibrücken 28. 4. 2022 – 2 U 32/21, juris Rn 5, NJW-RR 2022, 1385 Rn 4 [die Geschädigte legte einem Hund ein Geschirrtuch auf den Kopf und hat ihn dadurch „wie ein altes Mütterchen" aussehen lassen]; LG Rottweil NJW-RR 1988, 539 [Streicheln einer fremden Katze]; vgl auch BGH VersR 1981, 1178, 1179); jemand klopft in Gegenwart eines Hundes dessen Halter auf die Schulter, was das Tier als Angriff auffasst (OLG Stuttgart VersR 1953, 293); jemand streichelt einen in zutraulicher Weise herankommenden, aber mit Bisswunden bedeckten Hund, der durch eine schmerzhafte Berührung seiner Wunden gereizt wird (RG WarnR 1908 Nr 291); Aufforderung an den Halter, seinen Hund freizulassen, wobei sich der eigene Hund im Raum befindet und die beiden Hunde sich nicht kennen (OLG Nürnberg VersR 1967, 361, 362); Nichtverschließen einer Stalltür (BGH NJW 1975, 867, 868); Duldung des Zurücklassens eines Hundes im später beschädigten Kfz (LG Nürnberg-Fürth VersR 1989, 1278); ein Hufschmied passiert das zu beschlagende Pferd von hinten in „Schlagdistanz", nachdem 201 es sich zuvor verhaltensauffällig gezeigt hatte (OLG Hamm NJW-RR 2021, 536, 537). Auch eine fahrlässige Fehlsteuerung des Tieres ist im Rahmen des § 254 BGB zu berücksichtigen: So etwa, wenn ein Reiter mit seinem Pferd auf einem Asphaltweg zu schnell in die Kurve galoppiert, das Pferd ins Rutschen gerät und fällt und dadurch der Reiter verletzt wird (MünchKommBGB/Stein [3. Aufl] § 833 Rn 16; vgl auch BGH LM Nr 11 = NJW 1982, 763, 764; OLG Düsseldorf VersR 1981, 82, 83) oder wenn der Reiter verletzt wird, weil er sein Pferd zu eng am Zügel führt und es ihm deshalb auf die Hacken tritt (MünchKommBGB/Stein [3. Aufl] § 833 Rn 16; vgl auch OLG Schleswig VersR 1983, 470).

202 Weiterhin können **Verhaltensfehler bei der Abwehr einer Tierbedrohung** zu einer Haftungseinschränkung wegen Mitverschuldens führen (vgl Lorenz 283 ff). Beispiele: Ein Radfahrer versetzt einem angreifenden Hund vom Rad aus einen besonders heftigen Fußtritt (OLG Hamburg OLGRspr 14, 48); falsche Reaktion des Lenkers auf das Scheuen des Pferdes (OLG München VersR 1989, 861); jemand versucht, mit bloßen Händen beißende Hunde zu trennen (RG JW 1914, 471, 472; OLG Koblenz MDR 1979, 229; OLG Koblenz VersR 1986, 247; OLG Stuttgart VersR 1978, 1123, 1124; LG Koblenz 12. 6. 2023 – 5 O 38/21, juris Rn 26, r+s 2024, 43 Rn 21; s aber auch LG Flensburg VersR 1997, 457, 458 und dazu noch Rn 206). Im Hinblick auf die psychische Situation eines von einem Tier angegriffenen Menschen sind an die zu beachtende Sorgfalt allerdings in der Regel geringere Anforderungen zu stellen. Beispiele: Ein Pferdefuhrwerk gerät außer Kontrolle, rast eine abschüssige Wegstrecke hinunter und droht jeden Augenblick umzustürzen; um sich zu retten, springt ein Mitfahrer vom Wagen ab, und zwar entgegen der Fahrtrichtung und trotz seiner Ungeschicklichkeit und Unbeholfenheit aufgrund seines großen Körpergewichts (RG JW 1907, 307, 308: Mitverschulden verneint); ein Reitpferd verweigert die Parade, und der Verletzte reagiert darauf unsachgemäß, weil er keine Zeit zu ruhiger Überlegung hat (BGH VersR 1986, 345, 346: Mitverschulden verneint). S auch OLG Koblenz NJW 2018, 3596 f Rn 20 zur Abwehr eines nicht angeleint heranlaufenden Hundes.

203 Ein Mitverschuldensanteil kann sich schließlich daraus ergeben, dass der Verletzte **unzureichende Vorsorge gegen mögliche Tiereinwirkungen** getroffen hat (vgl Lorenz 285 f). Beispiele: Die Besitzerin einer läufigen Rassehündin führt diese ohne weitere Schutzvorkehrungen spazieren, die Hündin wird durch einen Bastardrüden gedeckt (BGHZ 67, 129, 134 = NJW 1976, 2130, 2131; vgl auch OLG Hamm NJW-RR 1994, 804; zur Sicherung eines Geländes gegen das Eindringen von Bastardrüden vgl OLG Hamm NJW-RR 1990, 1052, 1053); ein Hundebesitzer betritt mit einem nicht angeleinten Hund ein Kasino und wird, als sich dieser mit einem anderen verbeißt, bei dem Versuch, die Hunde zu trennen, durch den anderen Hund verletzt (OLG Stuttgart VersR 1978, 1123, 1124: Der Verletzte hätte den von ihm mitgeführten Hund vor dem Betreten des Kasinos anleinen müssen); ein Motorradfahrer fährt mit erheblich überhöhter Geschwindigkeit und kommt deshalb beim Zusammenstoß mit einem Hund zu Fall (RG WarnR 1909 Nr 11); das regelwidrige Verhalten eines Autofahrers führt zu einem Unfall im Zusammenwirken mit einem Tier (BGH VersR 1961, 346, 347; OLG Nürnberg VersR 1966, 42, 43; OLG Celle VersR 1980, 430, 431; LG Wiesbaden VersR 1976, 179 f); zwei Jogger nähern sich zwei von weitem zu sehenden Hunden, ohne das Tempo zu verringern oder einen Bogen zu laufen, und einer der Jogger stürzt über den einen Hund, der plötzlich über den Weg läuft (OLG Koblenz NJW 2003, 2834 f; vgl auch OLG Celle 19. 3. 2014 – 20 U 4/14, juris Rn 6 f); eine Radfahrerin will auf einem gemeinsamen Geh- und Radweg an einer Gruppe Fußgänger mit

Hund vorbeifahren, ohne zuvor durch Klingeln auf sich aufmerksam zu machen, und stößt dabei mit dem Hund zusammen (OLG Hamburg 8. 11. 2019 – 1 U 155/18, juris Rn 51; s auch LG Koblenz 21. 1. 2025 – 13 S 45/24, juris Rn 13); ein Reiter, der sein Pferd im Absattelbereich einer Reithalle versorgt, hält den Sicherheitsabstand zu einem anderen Pferd nicht ein und wird von dessen Huf getroffen (OLG Hamm NJW-RR 2019, 730, 731 Rn 31). Weitere Fälle: BGH VersR 1966, 1073, 1074; OLG Brandenburg 16. 4. 2019 – 3 U 8/18, juris Rn 33; OLG Schleswig 8. 7. 2026 – 7 U 49/26, juris Rn 39 f; vgl auch BGH VersR 1981, 1178, 1179.

Allein die Annäherung an ein Tier stellt noch keinen relevanten Verletztenbeitrag 204
dar (vgl OLG Hamm VersR 1973, 1054, 1055 [Aufenthalt in der Nähe eines Hundes]; OLG Saarbrücken NJW-RR 1988, 1492, 1493; OLG Schleswig VersR 1990, 869 [Betreten einer Pferdebox]; OLG Koblenz NJW-RR 2006, 529, 530 [Heranreiten von hinten an ein anderes Pferd]; OLG Naumburg BeckRS 2010, 30184 [Liebkosen und Streicheln eines auf einer Gartenparty frei herumlaufenden Hundes, der sich der Geschädigten zuvor angenähert und ihr die Vorderpfoten auf den Schoß gelegt hat]; OLG Stuttgart 24. 1. 2011 – 5 U 114/10 [Vorbeigehen einer fast 13-jährigen Jugendlichen in einem großen Bogen um ein Pferd, das möglicherweise aufgrund eines besonderen Ereignisses erschrocken ist]; OLG Brandenburg 16. 8. 2019 – 7 U 6/19, juris Rn 17 [Berühren eines unbeaufsichtigt laufenden Hundes, um die am Halsband befestigte Kapsel zum Zwecke der Halterermittlung zu öffnen]; OLG Düsseldorf 3. 9. 2024 – 15 U 7/19, juris Rn 43 ff [tierärztliche Behandlung einer Katze ohne Schutzhandschuhe]; OLG Hamm 21. 11. 2025 – I-7 U 49/24, juris Rn 59 ff [Aufenthalt auf einer Hundewiese]; OLG Schleswig 8. 7. 2026 – 7 U 49/26, juris Rn 36, 39 f [Aufenthalt auf einer Hundewiese]). Insbesondere ist der Reitsport nicht generell aus der Tierhalterhaftung ausgegrenzt (BGH LM Nr 10 = NJW 1977, 2158 f = VersR 1977, 864, 865; BGH LM Nr 11 = NJW 1982, 763, 764; BGH NJW 1986, 2883, 2884; OLG Köln VersR 1976, 197, 198; OLG München VersR 1981, 937; OLG Frankfurt VersR 1985, 670; OLG Celle VersR 1986, 396; OLG Düsseldorf VersR 1986, 1244; Bornhövd VersR 1979, 398, 401 [Reiten sei grundsätzlich eine „sozialadäquate" Betätigung]; Looschelders, Die Mitverantwortlichkeit des Geschädigten im Privatrecht [1999] 455 f; vgl auch OLG Karlsruhe VersR 1989, 860).

2. Berücksichtigung einer dem Geschädigten zuzurechnenden Tier- oder Betriebsgefahr

Zu berücksichtigen sind neben einem verschuldensabhängigen Verletztenbeitrag ver- 205
schuldensunabhängige Gefährdungshaftungstatbestände. Die „Gefahren", wie etwa die Tier- oder die Betriebsgefahr des Kfz sind gegeneinander abzuwägen. Sie können jedoch durch Verschulden erhöht sein. Zu berücksichtigen sind nur solche Verursachungsbeiträge, die als solche nachgewiesen sind und bei denen außerdem nachgewiesen ist, dass sie sich auf den Schaden als (mit-)ursächlich ausgewirkt haben (vgl BGH VersR 1970, 441, 442; BGH NJW 1995, 1029 = NZV 1995, 145; OLG Karlsruhe NJW-RR 2009, 1681, 1682).

a) Aufeinandertreffen mehrerer Tiergefahren

Wird ein Tier von einem anderen verletzt, hat dabei aber eine Tiergefahr des verletz- 206
ten Tieres mitgewirkt, so erhält dessen Halter keinen vollen Schadensersatz, sondern der Anspruch wird analog § 254 BGB gekürzt (BGH NJW 1976, 2130, 2131 [Deckakt bei Hunden], insoweit in BGHZ 67, 129 nicht abgedruckt; BGH VersR 1985, 665, 666 [Pferdepfleger versuchen, ein Rind von der Pferdekoppel zu vertreiben, dabei erschreckt das Rind eine Stute, die davongaloppiert und sich verletzt]; OLG Düsseldorf VersR 1975, 1122, 1123 [zwei Pferde weiden ge-

meinsam auf einer Koppel, eines schlägt das andere mit den Hufen – direkte Anwendung des § 254 BGB]; OLG Düsseldorf NJW-RR 1994, 92, 93 [sog Hengstmanieren als Reaktion auf die Stute]; OLG Düsseldorf NJW-RR 1999, 1256, 1257 [„Machtkampf" zweier etwa gleichaltriger junger Hengste]; OLG Celle NJW-RR 2018, 1497 f Rn 26, 28 [ein Hengst steigt – hengsttypisch – bei Erscheinen eines Wallachs über die seitliche Boxenwand, wodurch diese bricht und der Hengst verletzt wird]; OLG Celle 2. 4. 2026 – 2 U 126/25, juris Rn 8 ff [ein Pferd schlägt auf der Weide auf ein anderes Pferd aus]; OLG München BeckRS 2011, 10024 [eine Hündin ist Anreiz für einen Hund, auch wenn sie sich passiv verhält]; OLG Rostock NJW-RR 2011, 820, 821 [Dalmatinerhund läuft in einer Koppel auf ein Pferd zu, sodass dieses in Panik gerät und sich beim Sprung über den Zaun verletzt]; BGB-RGRK/Kreft § 833 Rn 60; MünchKommBGB/Wagner § 833 Rn 74). Gleiches gilt, wenn einer der beiden Halter verletzt wird (BGH NJW 2016, 2737, 2738 [Gerangel zwischen zwei Hunden; einer der Halter wird vom Hund des anderen Halters gebissen]; OLG Koblenz VersR 1984, 394 f [Ein Schäferhund stürzt sich auf einen Pudel, dieser läuft um seine Halterin herum, wodurch sich die Leine um ihre Beine schlingt und die Halterin hinfällt]; OLG Hamm NJW-RR 1995, 598 [Zwei Hunde spielen miteinander, dabei wird ein Halter vom Hund des anderen Halters umgerannt und verletzt]; OLG Saarbrücken NJW-RR 2006, 969, 970 [Ein Pferd wird durch ein herumlaufendes Hunderudel erschreckt und wirft seinen Reiter ab]; OLG Frankfurt NJW-RR 2007, 748 f [Drei Hunde tollen miteinander, wobei einer einen der Halter umrennt; das Gericht berücksichtigt die Tiergefahr von allen drei Hunden, allerdings mit unterschiedlichen Anteilen]; OLG Koblenz NJW-RR 2016, 474, 475 [Ein Pferd überholt im Galopp ein im Schritt sich fortbewegendes Pferd, welches ausschlägt und die vorbeireitende Reiterin verletzt]; OLG Koblenz 8. 2. 2021 – 12 U 1363/18, juris Rn 2 [Rauferei zweier Hunde]). Die Haftungsminderung kann durch Mitverschulden des verletzten Halters noch verstärkt werden, etwa wenn ein Halter Hunde bei einer Beißerei zu trennen versucht (s dazu bereits Rn 202; OLG Celle VersR 1981, 1057, 1058 [Mitverantwortungsanteil des verletzten Halters von 2/3]; OLG München 12. 12. 2018 – 20 U 1474/18, juris Rn 17, 20 [Anteil von 3/4]; ähnlich OLG Hamm 10. 5. 2019 – I-9 U 8/18, juris Rn 7–11 [Anteil von 3/4]; anders LG Flensburg VersR 1997, 457, 458, das ein Mitverschulden verneint, weil der Halter des einen Tieres in berechtigter Sorge um sein Eigentum gehandelt habe und keine sinnvolle Alternative ersichtlich gewesen sei; vgl auch Bocianiak VersR 2011, 981, 984; einschränkend auch unter diesem Aspekt nun OLG Hamm BeckRS 2011, 26424 [Mitverschuldensquote von 50 %]). Andererseits entfällt die Anspruchsminderung wegen mitwirkender Tiergefahr, wenn der Halter des schädigenden Tieres dem Geschädigten auch gemäß § 823 Abs 1 BGB zum Schadensersatz verpflichtet ist (§ 840 Abs 3 BGB analog, s BGH NJW 2016, 2737, 2738 [Gerangel zwischen zwei Hunden; der Halter des schädigenden Hundes hatte seine Verkehrssicherungspflicht verletzt, indem er nicht – durch Beaufsichtigung des Hundes oder Einzäunung des Grundstücks – dafür gesorgt hatte, dass der Hund nicht vom Grundstück entweichen konnte]; OLG Schleswig NJW-RR 1990, 470; OLG Celle 28. 4. 2014 – 20 U 51/13, juris Rn 20). Beide Halter haben einen gekürzten Ersatzanspruch, wenn sich zwei Tiere gegenseitig verletzen (OLG Düsseldorf NJW-RR 1994, 92, 93).

207 Sind allerdings zwei Personen Halter desselben Tieres und wird eine von dem Tier verletzt, stehen ihr keine Ansprüche aus § 833 S 1 BGB gegen den anderen Halter zu; denn der Tierhalter selbst fällt nicht in den Schutzbereich des § 833 BGB (OLG Köln NJW-RR 1999, 1628; OLG Jena r+s 2010, 126, 128).

208 Eine dem Geschädigten zuzurechnende Tiergefahr kann auch dann mitgewirkt haben, wenn dieser keinen Schadensersatzanspruch aus Tierhalterhaftung, sondern aus anderen Gründen geltend macht. Hat der Schädiger schuldhaft gehandelt, so wird der Anspruch in entsprechender Anwendung des § 840 Abs 3 BGB nicht nach § 254 BGB gekürzt (OLG Hamm VersR 1991, 676, 677: Rinder fraßen giftige Abfälle).

b) Aufeinandertreffen von Tierhalter- und anderer Gefährdungshaftung

Die Anrechnung der eigenen (Tier- oder Betriebs-)Gefahr entspricht einem allgemeinen Grundsatz im Bereich der Gefährdungshaftung, sodass die oben genannten Überlegungen auch auf andere Gefährdungshaftungstatbestände übertragbar sind. In neueren Gesetzen, die eine Gefährdungshaftung statuieren, ist der Grundsatz der Anrechnung der eigenen Gefahr ausdrücklich festgelegt, so in § 17 Abs 1, 2 StVG (iVm § 17 Abs 4 StVG) und in § 41 Abs 1 S 2 LuftVG. **209**

So muss sich der Geschädigte auch eine sonstige Gefahr, deren Verwirklichung einen Gefährdungshaftungstatbestand verwirklicht – etwa die Betriebsgefahr seines Kraftfahrzeugs (vgl § 17 StVG) –, anrechnen lassen (vgl OLG Nürnberg VersR 1959, 573, 574; OLG Köln VersR 1992, 846; entsprechend im umgekehrten Fall [Verletzung des Tierhalters]: OLG Celle r+s 2016, 363, 366; s aber auch OLG Hamm Jagdr Entsch Bd V Sachg XI Nr 53 [bloße Betriebsgefahr des Kraftfahrzeugs tritt hinter der Tierhalterhaftung zurück]; LG Lüneburg 30. 5. 2024 – 5 O 362/23 Rn 38, r+s 2024, 1085 m krit Anm Biller-Bomhardt; s auch OLG Düsseldorf NJW-RR 1999, 1622, 1623 f zu § 33 Abs 1 S 1 LuftVG [Scheuen eines Pferdes beim Landeanflug eines Heißluftballons]; OLG Celle 17. 10. 2022 – 14 U 114/22, juris Rn 9, MDR 2023, 103 zu § 33 Abs 1 S 1 LuftVG [Erschrecken und Sturz eines Pferdes infolge eines mit Überschallgeschwindigkeit tieffliegenden Kampfflugzeugs]). **210**

Grundsätzlich trifft den Tierhalter bei Unfällen im Straßenverkehr zwischen einem ausgebrochenen Tier und einem Pkw eine höhere Verantwortung als den Kfz-Halter (vgl OLG Frankfurt VersR 1982, 908; OLG Koblenz NZV 1991, 471; OLG Hamm VersR 1997, 1542, 1543; OLG Köln VersR 2001, 1396, 1397; Siegel SVR 2017, 81, 87). Bei der Abwägung von Kfz-Betriebsgefahr und Tiergefahr kann die erstere sogar uU ganz zurücktreten, so zB wenn ein Tier aus einer schlecht gesicherten Weide ausbricht und plötzlich auf eine verkehrsreiche Fahrbahn läuft (vgl BGH VersR 1964, 595, 596; BGH VersR 1964, 1197, 1198; BGH VersR 1966, 186, 188; OLG Celle 9. 5. 2016 – 20 U 43/15, juris Rn 42; Schmidt VersR 1966, 849; vgl auch OLG Nürnberg VersR 1963, 759, 761 [1/4 Mitverursachungsanteil]; OLG Schleswig NZV 2014, 32, 33). Selbst bei einer Kollision zur Nachtzeit auf einer Landstraße zwischen einem Kraftfahrzeug und einem ausgebrochenen Pferd ist eine höhere Haftungsquote des Kfz-Halters von mehr als 50 % auch dann nicht gerechtfertigt, wenn ein Verstoß gegen das Sichtfahrgebot mitgewirkt hat (OLG Hamm RdL 2010, 103 f). Das OLG Karlsruhe berücksichtigte die einfache Betriebsgefahr zu Nachtzeiten bei einer Geschwindigkeit von 70 km/h mit einer Haftungsquote von 25 % im Falle eines Zusammenstoßes mit einer Kuhherde, welche nachts aus einer umzäunten Weide ausgebrochen ist (OLG Karlsruhe NJW-RR 2009, 1681, 1682). Mithin ist eine Abwägung im Einzelfall geboten, wobei Verschuldensanteile die Quoten verschieben (vgl LG Konstanz BeckRS 2011, 01308). Zu berücksichtigen sind insbesondere die Geschwindigkeit des Kfz, der Grund, warum sich das Tier unkontrolliert auf der Straße befand, und wie plötzlich es sich dort befand (vgl Hess/Burmann NJW-Spezial 2005, 543 f). Bei Unfällen mit Eisenbahnfahrzeugen gilt Entsprechendes (vgl LG Neubrandenburg 29. 8. 2024 – 4 O 356/23, RdTW 2025, 26 Rn 25 ff und dazu Wilting RdTW 2025, 11 ff; s auch BGH 16. 10. 2007 – VI ZR 173/06, NJW-RR 2008, 335, 337 Rn 21–27). **211**

X. Zusammentreffen mehrerer Haftpflichtiger

212 Sind mehrere Personen Halter desselben Tieres, so haften sie nach § 840 Abs 1 BGB als Gesamtschuldner (OLG Celle OLGRspr 5, 250). Ist der Schaden durch das Zusammenwirken mehrerer Tiere verschiedener Halter verursacht, so haften sie ebenfalls nach § 840 Abs 1 BGB als Gesamtschuldner (vgl RGZ 60, 313, 315). Der Ausgleich im Innenverhältnis erfolgt nach § 426 BGB.

213 Wird ein Schaden durch ein Tier und zugleich durch die unerlaubte Handlung eines Dritten verursacht (zB jemand macht bewusst ein Pferd scheu, das einen Dritten verletzt), so haften nach § 840 Abs 1 BGB der Tierhalter und der aus unerlaubter Handlung Ersatzpflichtige dem Geschädigten als Gesamtschuldner. Im Innenverhältnis haftet gem § 840 Abs 3 BGB nur der schuldhaft handelnde Verursacher (vgl BGH FamRZ 2021, 518, 520 Rn 19 [Haftung der Eltern eines durch ein Pferd verletzten Kindes nach § 1664 Abs 1 BGB wegen Aufsichtspflichtverletzung und nach § 823 Abs 1 BGB wegen Verletzung der – familienrechtlich begründeten – Obhutspflicht]; kritisch zu dieser Entscheidung Coester-Waltjen JR 2022, 248, 249 f).

214 Wird der Schaden eines Dritten durch ein Tier und ein Kraftfahrzeug verursacht, so erfolgt nach § 17 Abs 4 iVm Abs 1 StVG der Ausgleich zwischen den Haftpflichtigen in einer dem § 254 BGB entsprechenden Weise (zur Abwägung der Verursachungsbeiträge s Siegel SVR 2017, 81, 86 f). Bei Verschulden des Fahrers gelten auch § 9 StVO iVm § 254 BGB (OLG Nürnberg VersR 1966, 42, 43). Ein Ausgleich nach § 17 Abs 4 StVG entfällt, wenn der Tierhalter den Entlastungsbeweis nach § 833 S 2 BGB führt (RGZ 82, 112, 115; RGZ 96, 130, 132; RGZ 129, 55, 59).

215 Ein Ausgleich zwischen den Haftpflichtigen entsprechend § 254 BGB erfolgt gem § 41 Abs 2 LuftVG auch bei Schadensverursachung durch Zusammenwirken von Tier und Luftfahrzeug (RGZ 158, 34, 39 f zu § 27 Abs 2 aF LuftVG) sowie gem § 13 Abs 4 HPflG bei Zusammenwirken von Tier und Bahn oder Energieanlage.

216 § 840 Abs 3 BGB ist unanwendbar, wenn der Dritte nur aus Gefährdung, nicht aus Verschulden oder vermutetem Verschulden haftet (OLG Hamm NJW 1958, 346, 347 = VersR 1958, 33 f mit insoweit zust Anm Böhmer VersR 1958, 290; BGB-RGRK/Kreft § 833 Rn 54; vgl auch OLG Celle AgrarR 1977, 178, 179 f). § 17 Abs 4 StVG gilt auch dann für den Ausgleich zwischen Tierhalter und Kraftfahrzeughalter, wenn einer von ihnen oder beide auch aus Verschulden oder vermutetem Verschulden haften (RGZ 96, 68, 69 f).

§ 834
Haftung des Tieraufsehers

Wer für denjenigen, welcher ein Tier hält, die Führung der Aufsicht über das Tier durch Vertrag übernimmt, ist für den Schaden verantwortlich, den das Tier einem Dritten in der im § 833 bezeichneten Weise zufügt. Die Verantwortlichkeit tritt nicht ein, wenn er bei der Führung der Aufsicht die im Verkehr erforderliche Sorgfalt beobachtet oder wenn der Schaden auch bei Anwendung dieser Sorgfalt entstanden sein würde.

Materialien: E I § 734 Abs 2; II § 757; III § 818; Mot II 812 f; Prot II 2864–2868, 8497; D 99.

Schrifttum

Hoffmann, Tierhalter- und Tierhüterhaftung – Ein Überblick, Zfs 2000, 181

Weimar, Die Aufsichtshaftung des Tierhüters, MDR 1968, 640.

Systematische Übersicht

Alphabetische Übersicht

I. Grundgedanken der Regelung

1 Ist durch ein Tier ein Schaden entstanden, so haftet neben dem Tierhalter (§ 833 BGB) gem § 834 BGB auch ein etwaiger Tierhüter, dh wer für den Tierhalter die Führung der Aufsicht über das Tier durch Vertrag übernommen hat. Dabei unterscheidet § 834 BGB – anders als § 833 BGB – nicht zwischen der Haftung für Luxustiere und der Haftung für Nutztiere. Der Tierhüter haftet – wie der Nutztierhalter nach § 833 S 2 BGB – immer nur wegen Verschuldens. § 834 BGB sieht keine Gefährdungshaftung vor.

2 Die Haftung des Tierhüters beruht auf vermutetem Verschulden und vermutetem Ursachenzusammenhang zwischen – vermuteter – schuldhafter Verletzung der Aufsichtsführungspflicht und dem Schaden. Gegenüber dem vermuteten Verschulden und der vermuteten Ursächlichkeit steht dem Tierhüter nach § 834 S 2 BGB der Entlastungsbeweis offen. Die Haftung des Tierhüters entspricht damit der Haftung des Geschäftsherrn nach § 831 Abs 1 BGB (vgl § 831 Abs 1 S 2 BGB), der Haftung des Aufsichtspflichtigen nach § 832 Abs 1 BGB (vgl § 832 Abs 1 S 2 BGB), der Haftung des Nutztierhalters nach § 833 S 2 BGB und der Haftung des Grundstücksbesitzers, Gebäudebesitzers und Gebäudeunterhaltungspflichtigen nach §§ 836–838 BGB (vgl § 836 Abs 1 S 2 BGB; hinsichtlich der vermuteten Ursächlichkeit vgl MünchKommBGB/Stein [3. Aufl] § 836 Rn 36 mwNw).

3 § 834 BGB stellt einen Fall der gesetzlich geregelten Übernehmerhaftung dar. Ähnliche Vorschriften finden sich in den §§ 831 Abs 2, 832 Abs 2 und 838 1. Fall BGB.

II. Schadensverursachung durch ein Tier

4 Gem § 834 S 1 BGB muss ein Tier einem Dritten in der in § 833 BGB bezeichneten Weise Schaden zugefügt haben. Hinsichtlich der erforderlichen Schadensverursachung durch ein Tier gilt also das gleiche wie zur Tierhalterhaftung (vgl OLG Hamm VersR 1993, 238). Vgl zur Tiereigenschaft, zum Schaden, zur Kausalität, zur Rechtswidrigkeit und zur Tiergefahr die Ausführungen zu § 833 BGB. Der Tierhüter haftet insbesondere auch auf Schmerzensgeld (BGH VersR 1982, 348, 350).

III. Tierhüter

5 Gem § 834 S 1 BGB ist Tierhüter, wer für den Tierhalter die Führung der Aufsicht über das Tier durch Vertrag übernimmt.

1. Gegensatz von Tierhüter und Tierhalter

6 Der Tierhüter ist nicht selbst Tierhalter. Erfüllt derjenige, der die Tieraufsicht übernimmt, die Kriterien der Haltereigenschaft, ist er also – neben oder anstelle des ursprünglichen Halters – Tierhalter, so haftet er nach § 833 BGB. Eine Haftung nach § 834 BGB – mit der generellen Möglichkeit der Exkulpation nach § 834 S 2 BGB – kommt dann nicht mehr in Betracht.

2. Führung der Aufsicht über ein Tier

§ 834 BGB ist dem § 833 S 2 BGB nachgebildet. Wenn § 834 BGB beim Tierhüter von der „Führung der Aufsicht über ein Tier", § 833 S 2 BGB beim Tierhalter dagegen von der „Beaufsichtigung des Tieres" spricht, so liegt darin kein inhaltlicher Unterschied (vgl NK-BGB/Katzenmeier § 834 Rn 6; MünchKommBGB/Wagner § 834 Rn 6; **aA** BGB-RGRK/Kreft § 834 Rn 1; anders auch noch Staudinger/Schäfer[12] § 834 Rn 2). Beide Male ist die Tragung der Sorge gemeint, dass Dritten durch das Tier kein Schaden entsteht (vgl OLG Hamm NZV 2007, 143, 144). Den Tierhüter treffen dabei dieselben Sorgfaltspflichten wie den Tierhalter, der das Tier unmittelbar selbst beaufsichtigt. 7

Unterschiede in der Aufsichtsführung bzw Beaufsichtigung ergeben sich nur je nachdem, ob die betreffende Person das Tier unmittelbar selbst beaufsichtigt oder einen anderen mit der Aufsicht betraut hat. Ob es sich bei der betreffenden Person um einen Tierhalter oder einen Tierhüter handelt, ist unerheblich. Auch der Tierhüter kann die Aufsicht einem anderen überlassen (vgl RGZ 168, 331, 333), sofern nicht eine Aufsichtsführung durch den Tierhüter persönlich vereinbart ist. Wer einen anderen mit der Aufsicht betraut, wird nicht von seiner eigenen (gesetzlichen oder vertraglich übernommenen) Aufsichtspflicht frei. Zu der Sorge, dass das Tier Dritten keinen Schaden zufügt, gehört dann etwa die Bestellung eines oder, wenn erforderlich, mehrerer geeigneter Tierhüter, die Unterweisung und Leitung und die Überwachung der Befolgung erteilter Weisungen (vgl OLG Düsseldorf VersR 1967, 1100, 1101; OLG Nürnberg VersR 1968, 285, jeweils zu § 833 S 2 BGB). 8

3. Übernahmevertrag

§ 834 BGB setzt voraus, dass die Führung der Aufsicht über das Tier durch Vertrag übernommen worden ist. Aus der vertraglich übernommenen Aufsichtspflicht wird also kraft § 834 BGB eine gesetzliche Verantwortung Dritten gegenüber (vgl Weimar MDR 1968, 640). 9

Die Worte „durch Vertrag" sind erst durch die Reichstagskommission in den Text der Norm eingefügt worden. Dadurch sollte klargestellt werden, dass die nur tatsächliche Übernahme der Aufsicht nicht von § 834 BGB erfasst ist (RTK 103; vgl auch RG JW 1905, 202, 203). Auf eine bloß tatsächliche Übernahme der Aufsicht – etwa aus Gefälligkeit – bezieht sich § 834 BGB daher nicht (RGZ 50, 244, 247; RG JW 1905, 202, 203; BGH 9. 2. 1992 – VI ZR 49/91, NJW 1992, 2474, 2476; OLG Nürnberg NJW-RR 1991, 1500, 1501; LG Koblenz 21. 1. 2025 – 13 S 45/24, juris Rn 12; BeckOGK/Spickhoff [1. 4. 2025] § 834 Rn 11, 14; **aA** MünchKommBGB/Wagner § 834 Rn 5). Wegen des klaren Wortlauts gilt die Norm darüber hinaus nicht im Falle gesetzlicher Aufsichtspflichten (Weimar MDR 1968, 640 f). Liegt kein Übernahmevertrag vor, so kommt keine Haftung nach § 834 BGB, sondern vor allem nach § 823 BGB in Frage. 10

a) Vertragsschluss

Durch das Erfordernis, dass die Übernahme der Aufsichtsführung durch Vertrag erfolgt sein muss, ähnelt § 834 BGB dem § 832 Abs 2 BGB. Auf die dortigen Ausführungen zum Übernahmevertrag wird verwiesen (Staudinger/Bernau § 832 Rn 31 ff). 11

12 Nach bisher hM muss der Vertrag wirksam sein (vgl RG JW 1905, 202; PWW/Schaub § 834 Rn 2; so auch noch Staudinger/Belling/Eberl-Borges [1997] § 834 Rn 12), wofür der Wortlaut der Norm spricht. Allerdings ist zu beachten, dass der Gesetzgeber durch die Worte „durch Vertrag" die nur tatsächliche Übernahme der Aufsicht aus dem Anwendungsbereich des § 834 BGB heraushalten wollte (Rn 10). Daher muss es – ebenso wie im Rahmen der §§ 831 Abs 2, 832 Abs 2 BGB (Staudinger/Bernau § 831 Rn 180 f, § 832 Rn 47 f) und auch des § 838 BGB (Staudinger/Bernau § 838 Rn 4) – genügen, wenn der Übernehmer mit Rechtsbindungswillen die Verantwortung übernimmt, mag auch der Übernahmevertrag selbst unwirksam sein (ebenso Wussow/Rüge/Fahl § 2 Rn 800; BeckOK-BGB/Förster [1. 2. 2026] § 834 Rn 2; Erman/Wilhelmi § 834 Rn 2). Es ist also nach dem Grund für die Nichtigkeit des Vertrages zu differenzieren. Wer hinsichtlich seiner Person alle Voraussetzungen für einen wirksamen Vertragsschluss erfüllt, muss für die Verletzung der übernommenen Pflicht einstehen. Die mangelnde Bevollmächtigung des für den Tierhalter handelnden Vertreters beim Abschluss des Übernahmevertrages befreit den Tierhüter beispielsweise nicht von der Haftung nach § 834 BGB.

Im Übrigen braucht der Vertrag nicht mit dem Tierhalter selbst geschlossen zu werden (RGZ 168, 331, 333; OLG München VersR 1957, 31; BeckOK-BGB/Förster [1. 2. 2026] § 834 Rn 2). Erforderlich ist nur, dass nach dem Inhalt des Vertrages die Aufsicht für den Tierhalter übernommen wird.

13 Der Vertragsabschluss kann auch stillschweigend geschehen (OLG Frankfurt BeckRS 2011, 22799; MünchKommBGB/Wagner § 834 Rn 4), wie zB wenn ein Viehtreiber den Transport des Tieres übernimmt (RG JW 1905, 202, 203; Weimar MDR 1968, 640, 641). Ob die Aufsichtsführung nur tatsächlich übernommen (vgl OLG München VersR 1999, 585 [erfahrene Reiter schließen sich gefälligkeitshalber einem Ausritt von Reitanfängern an]) oder stillschweigend vertraglich vereinbart wurde, kann zweifelhaft sein. Für die Abgrenzung gelten ähnliche Grundsätze wie im Bereich des § 832 Abs 2 BGB (Staudinger/Bernau § 832 Rn 34 ff).

14 Nicht erforderlich ist, dass der Vertrag in erster Linie auf die Übernahme der Aufsicht, auf die Verhütung von Schädigungen Dritter durch das Tier gerichtet ist. Die Aufsichtsführung kann vielmehr Bestandteil eines anderen Vertrages sein. Beispielsweise bedeutet die Übernahme der Gewalt über das Tier zwecks Verwahrung, Abrichtung zur Jagd, Zureiten usw die stillschweigende Übernahme der Aufsichtsführung (RG JW 1905, 202, 203; OLG Hamburg VersR 1965, 1009).

b) Gesetzliche Pflicht zur Führung der Aufsicht

15 Infolge des Erfordernisses der vertraglichen Übernahme der Aufsichtsführung bezieht sich § 834 BGB nicht auf gesetzliche Aufsichtspflichten. Die Norm ist daher unanwendbar, wenn die Aufsichtsführung in Erfüllung einer gesetzlichen Verpflichtung zu Leistungen erfolgt, zu denen auch die Beaufsichtigung gehört (s aber noch Rn 17 zur analogen Anwendung). Das gilt etwa im Hinblick auf die Aufsichtspflichten des gesetzlichen Vertreters eines Tierhalters (elterliche Sorge, §§ 1626 Abs 1, 1631 Abs 1 BGB), auf die Pflicht eines Ehegatten zur Mitarbeit als Beitrag zum Familienunterhalt (§ 1360 BGB) oder aus der ehelichen Lebensgemeinschaft (§ 1353 Abs 1 BGB; dazu Weimar MDR 1963, 366, 367), auf die Dienstleistungspflicht des hausstandsangehörigen Kindes im Hauswesen oder Geschäft der Eltern (§ 1619 BGB; Weimar MDR 1968, 640,

641), auf die Verwahrungspflicht des Finders eines Tieres nach § 966 Abs 1 BGB (Weimar MDR 1968, 640, 641; zur Verwahrungspflicht des Pfandgläubigers vgl Weimar MDR 1968, 640, 641 f).

c) Geschäftsführung ohne Auftrag; tatsächliche Aufsichtsführung

Mangels Übernahmevertrags ist § 834 BGB außerdem unanwendbar, wenn der die 16
Aufsicht Übernehmende nur als Geschäftsführer ohne Auftrag handelt oder wenn jemand die Aufsicht nur tatsächlich führt (RTK 103). Das gilt etwa für den Hausstandsangehörigen des Tierhalters, der während dessen vorübergehender Abwesenheit das Tier betreut (vgl Weimar MDR 1963, 366, 367; OLG Nürnberg NJW-RR 1991, 1500, 1501). Auch wer – wie ein Finder – einen ihm zugelaufenen Hund nur vorübergehend in Verwahrung und Pflege nimmt, um ihn nach Ermittlung des Eigentümers diesem zurückzugeben, ist nicht Tierhüter (LG Düsseldorf VersR 1968, 99).

d) Haftung außerhalb des § 834 BGB

Im Falle der Verletzung gesetzlicher Pflichten zur Aufsichtsführung über ein Tier 17
spricht vieles für eine analoge Anwendung des § 834 BGB, sofern die erforderliche Selbstständigkeit (dazu Rn 19 ff) des Aufsichtspflichtigen gegeben ist. Die Einfügung des Merkmals „durch Vertrag" in den Text des § 834 BGB diente der Klarstellung, dass eine nur tatsächliche Aufsichtsführung nicht erfasst werde (RTK 103). Wenn dadurch außerdem die Fälle gesetzlicher Aufsichtspflichten aus dem Anwendungsbereich des § 834 BGB herausgefallen sind, so ist dies offenbar nur versehentlich geschehen. Die Motive zu § 834 BGB (Mot II 812 f) weisen noch ausdrücklich darauf hin, dass auch der gesetzliche Vertreter des Tierhalters von der Norm erfasst wird. Daher erscheint als eigentlicher Haftungsgrund des § 834 BGB, dass derjenige, den eine Rechtspflicht zur Beaufsichtigung eines Tieres trifft – und eine solche kann sich sowohl aus Vertrag als auch aus Gesetz ergeben –, bei Verletzung dieser Pflicht mit der Beweislastumkehr des § 834 BGB haftet. Es ist kein Grund erkennbar, warum der gesetzlich Verpflichtete insofern besser behandelt werden sollte als der vertraglich Verpflichtete.

Im Übrigen haftet, wer die Beaufsichtigung des Tieres nicht durch Vertrag für den 18
Tierhalter übernommen hat, nur nach den allgemeinen Vorschriften für Schäden, die das Tier Dritten zufügt. In Frage kommt vor allem eine Haftung aus § 823 BGB. Die Haftung kann sich zB aus der Verletzung einer Verkehrssicherungspflicht oder der Pflicht zur Abwendung der durch vorangegangenes Tun geschaffenen Gefahrenlage ergeben. Bei dem gesetzlichen Vertreter des Tierhalters kommt auch eine Haftung aus § 832 BGB in Betracht, wenn es um die Verletzung der Aufsicht über den Tierhalter geht. Ist der Staat oder eine sonstige öffentlich-rechtliche Körperschaft Tierhalter – wie etwa im Falle von Polizeipferden und Polizeihunden –, so sind die dienstlich mit der Führung der Aufsicht über die Tiere betrauten Amtsträger nicht kraft Vertrags tätig. Ihnen obliegt es vielmehr aufgrund ihrer Amtspflicht, die Tiere zu überwachen (OLG Hamm VersR 1996, 237, 238; Weimar MDR 1968, 640, 641). Es finden in diesen Fällen ggf § 839 BGB, Art 34 GG Anwendung.

4. Selbstständige Aufgabenerfüllung

Nicht jeder, zu dessen vertraglich übernommenen Verpflichtungen der Umgang mit 19
Tieren und deren Betreuung gehört, ist Tierhüter iS des § 834 BGB. Der Begriff ist

einschränkend auszulegen. Das folgt daraus, dass der Tierhüter wie der Halter eines Nutztieres nach § 833 S 2 BGB aus vermuteter Schuld haftet. Das ist nur gerechtfertigt, wenn der Tierhüter dem Tier gegenüber eine Stellung innehat, die der des Tierhalters nahekommt. Zum Wesen der vertraglich übernommenen „Führung der Aufsicht über das Tier" iS des § 834 BGB gehört deshalb, dass der Übernehmende auch bei einem zwischen ihm und dem Tierhalter bestehenden Abhängigkeitsverhältnis ein gewisses Maß an selbstständiger Gewalt über das Tier erlangt. Ihm muss also eine gewisse Selbstständigkeit bei dem Ergreifen von Maßnahmen zukommen, die dem Schutz Dritter gegen die von dem Tier drohenden Gefahren dienen.

20 Der erforderlichen Selbstständigkeit ermangelt, wer hinsichtlich der Behandlung des Tieres völlig von den Weisungen des Tierhalters (Dienstherrn) abhängig ist (BGB-RGRK/Kreft § 834 Rn 3). Personen, die im Allgemeinen nur unselbstständige Hilfsdienste bei der dem Halter obliegenden Betreuung und Nutzung des Tieres leisten, die nur bei der dem Dienstherrn obliegenden Führung der Aufsicht mitwirken, sind nicht Tierhüter iS des § 834 BGB (RGZ 50, 244, 248; OLG Stuttgart Recht 1914 Nr 1272; Weimar MDR 1968, 640, 641; vgl LG Arnsberg 8. 3. 2024 – I-4 O 306/21, juris Rn 33). Daher sind beispielsweise Pferdepfleger, Stallburschen oder -mägde regelmäßig nicht Tierhüter. Ebenfalls wurde die Tierhütereigenschaft eines zwölfjährigen Mädchens verneint, das im Rahmen einer vereinbarten Reitbeteiligung lediglich gemeinsam mit der Tierhalterin ausritt (OLG Frankfurt NJW-RR 2009, 894, 895 f; anders für den Fall einer Reitbeteiligung, bei der die Ausritte eigenständig erfolgen, OLG Nürnberg NJW-RR 2017, 1173, 1175 Rn 39; OLG Schleswig 19. 3. 2021 – 17 U 142/20, juris Rn 34).

21 Ein Kutscher eines Pferdefuhrwerks ist Tierhüter, wenn er allein eine Fahrt durchführt. Dann hat er nämlich das gewisse Maß an selbstständiger Gewalt über das Tier und selbstständiger Entschließung über die nach Sachlage nötigen und zweckmäßigen Gefahrverhütungsmaßnahmen. Es ist ihm also eine wirkliche Aufsicht übertragen. Dagegen ist der Kutscher nicht Tierhüter, wenn er das Pferdefuhrwerk lenkt, während der Dienstherr (Halter) selbst mitfährt (OLG Naumburg SeuffA 59 Nr 258).

Der Leiter eines Betriebes ist nicht schon in dieser Eigenschaft Tierhüter eines Hundes, der im Betrieb gehalten wird (RG JW 1911, 218, 219).

5. Einzelbeispiele

22 Als Tierhüter kommen zB in Betracht: ein Viehkommissionär, dem das Tier zum Verkauf übergeben ist (BGH VersR 1959, 802; OLG München VersR 1957, 31; OLG München VersR 1958, 461); ein Schäfer oder ein anderer Hüter oder ein Treiber einer Viehherde (OLG Nürnberg VersR 1968, 285); derjenige, der ein fremdes Tier in „Pension" nimmt (OLG Hamm VersR 1975, 865; OLG Brandenburg 16. 4. 2019 – 3 U 8/18, juris Rn 26 f [Tierheim]); der Reiter, der ein fremdes Pferd vorübergehend zum selbstständigen Ausreiten mietet (BGH NJW 1987, 949, 950; OLG Saarbrücken VersR 1988, 1080; OLG Karlsruhe NJW-RR 2009, 453, 434); ein Entleiher, sofern er nicht selbst Tierhalter wird. Tierhüter ist auch ein Unternehmer, der es vertraglich übernommen hat, auf einem städtischen Schlachthof das Schlachtvieh von der Laderampe zum Stall und von dort nach einer Ruhepause zur Waage in der Verkaufshalle zu bringen (RGZ 168, 331, 333). Der BGH hat den landwirtschaftlich ausgebildeten Schwiegersohn des Tierhalters, auf dessen Hof er in verantwortlicher Stellung mitarbeitete, als Tierhüter angesehen (BGH VersR 1963, 1141,

1142). Demgegenüber fehlt es nach OLG Düsseldorf VersR 1981, 82 dem an einer Reitschule angestellten Reitlehrer an dem zur Tierhütereigenschaft nötigen Maß selbstständiger Gewalt über die beim Unterricht verwendeten Pferde. Tierhüter ist auch nicht der Hufschmied beim Beschlag eines Pferdes (OLG Hamm NJW-RR 2015, 1114, 1117) oder die Tierärztin, der kurzzeitig der Gewahrsam über eine Katze zur Durchführung einer Zahnbehandlung übertragen wird (OLG Düsseldorf 3. 9. 2024 – 15 U 7/19, juris Rn 38 f).

IV. Der Entlastungsbeweis

Der Tierhüter haftet nach § 834 S 2 BGB nicht, wenn er bei der Aufsichtsführung die im Verkehr erforderliche Sorgfalt beobachtet hat oder der Schaden auch bei Anwendung dieser Sorgfalt entstanden wäre. Dass dies der Fall ist – dass ihn also kein Verschulden trifft oder keine Kausalität vorliegt – hat der Tierhüter zu beweisen (RGZ 168, 331, 333; OLG Schleswig 19. 3. 2021 – 17 U 142/20, juris Rn 34). Ähnlich wie in §§ 831 Abs 1 S 2, 832 Abs 1 S 2, 833 S 2, 836 Abs 1 S 2 BGB vorgesehen, ordnet damit auch § 834 S 2 BGB eine Umkehr der Beweislast an. Der Tierhüter hat insofern die Möglichkeit, sich zu entlasten. Zur Beweislast bei § 834 BGB insgesamt vgl Baumgärtel/Laumen/Prütting/Luckey zu § 834 BGB. 23

Die Rechtsprechung stellt an den Entlastungsbeweis nach § 834 S 2 BGB – wie an den nach § 833 S 2 BGB (§ 833 Rn 147) – strenge Anforderungen (vgl OLG München VersR 1957, 31; OLG Brandenburg 16. 4. 2019 – 3 U 8/18, juris Rn 29 f). Beispielsweise hatte in einem vom OLG München (VersR 1966, 1083, 1084) entschiedenen Fall der Tierhüter ein Kalb am Kettenhalfter über einen schneebedeckten Hof zu führen; das Tier stürzte infolge der Schneeglätte zu Boden und riss den Tierhüter mit um, sodass dieser die Herrschaft über das Tier verlor, das auf die Autobahn lief, wo es mit einem Fahrzeug zusammenstieß. Der Entlastungsbeweis nach § 834 S 2 BGB wurde als misslungen angesehen, weil die Möglichkeit nicht auszuschließen war, dass der Tierhüter auch beim Sturz des Tieres nicht die Herrschaft darüber verloren hätte, wenn er die Schneeglätte vorher durch Bestreuen beseitigt hätte. 24

Zum Umfang der Sorgfaltspflicht beim Führen einer Kuh zum Schlacht- und Viehhof s OLG München VersR 1957, 31 f; 1958, 461. Zur Sorgfaltspflicht des Treibers einer Kuhherde, deren Beaufsichtigung im Straßenverkehr seine Möglichkeiten übersteigt, vgl OLG Nürnberg VersR 1968, 285, 286. Zur Sorgfaltspflicht einer Mutter, die auf einem Ponyhof ein Pony für einen Ausritt ihrer fünfjährigen Tochter mietet, s OLG Oldenburg 26. 11. 2020 – 8 U 7/20, Pressemitteilung des OLG Oldenburg Nr 22/2021 v 24. 6. 2021. Im Übrigen wird auf die Ausführungen zum Entlastungsbeweis des Tierhalters nach § 833 S 2 BGB verwiesen (§ 833 Rn 146 ff). 25

V. Das Verhältnis verschiedener Haftungsnormen

1. Das Verhältnis der Tierhalter- zur Tierhüterhaftung

a) Die Haftung gegenüber Dritten

Die Gefährdungshaftung des Tierhalters aus § 833 S 1 BGB wird nicht dadurch berührt, dass er einen geeigneten Tierhüter bestellt hat und dieser sich entlasten kann 26 (vgl OLG Hamm NZV 2007, 143, 144). Über das Verhältnis von § 833 S 2 BGB zu §§ 834, 831 BGB s § 833 Rn 152 ff.

Sind sowohl Tierhüter als auch Tierhalter verantwortlich, so haften sie dem Verletzten gem § 840 Abs 1 BGB als Gesamtschuldner (RGZ 60, 313, 315; OLG Hamm NZV 2007, 143, 145). Für die Ausgleichung im Innenverhältnis gilt nicht § 840 Abs 3 BGB, vielmehr ist nach Maßgabe des Vertragsverhältnisses in entsprechender Anwendung des § 254 BGB auf die Verantwortungsanteile abzustellen (vgl Wussow/Kuntz, Unfallhaftpflichtrecht [14. Aufl 1996] Rn 581). Dabei wird sich oft ergeben, dass der Tierhüter den Schaden im Innenverhältnis voll zu tragen hat. Macht der Tierhalter gegen den Tierhüter aufgrund des bestehenden Vertragsverhältnisses wegen Schlechterfüllung Regressansprüche geltend, so muss der Tierhüter entsprechend § 280 Abs 1 S 2 BGB sein Nichtverschulden beweisen (vgl Baumgärtel/Laumen/Prütting/Luckey Rn 3).

b) Die Haftung zwischen den Vertragspartnern

27 § 834 BGB regelt nur die Haftung des Tierhüters gegenüber Dritten. Inwiefern der Tierhüter dem Tierhalter verantwortlich ist, wenn letzterer durch das Tier geschädigt wird, richtet sich nach den zwischen ihnen bestehenden vertraglichen Beziehungen, im Übrigen nach den allgemeinen deliktsrechtlichen Vorschriften.

28 Da die Übernahme der Aufsichtsführung nicht ohne Weiteres den Verzicht auf die Tierhalterhaftung in sich schließt, haftet der Tierhalter dem Tierhüter gegenüber grundsätzlich nach § 833 BGB, wenn letzterer Schaden durch das Tier erleidet (RG JW 1905, 393; OLG Frankfurt MDR 1996, 590; **aA** MünchKommBGB/Wagner § 834 Rn 8; s auch § 104 SGB VII, der Ansprüche des Tierhüters [als Arbeitnehmer] gegen den Halter [als Unternehmer] wegen Personenschäden weithin ausschließt, vgl ErfKomm/Rolfs § 104 SGB VII Rn 14, 18). Aus dem vertraglichen Verhältnis folgt aber die Beweispflicht des Tierhüters dafür, dass ihn an der Schädigung kein Verschulden trifft oder dass der Mangel in der Aufsichtsführung für den Schadenseintritt nicht ursächlich geworden ist (vgl RGZ 58, 410, 413; RG JW 1905, 393; BGH VersR 1972, 1047, 1048; NK-BGB/Katzenmeier § 834 Rn 5; BGB-RGRK/Kreft § 834 Rn 7; BeckOK-BGB/Förster [1. 2. 2026] § 834 Rn 6; Weimar MDR 1968, 640, 642; im Ergebnis ebenso, auf die Beweislastregel des § 834 BGB abstellend OLG Köln NJW-RR 2012, 1374, 1375; OLG Hamm NJW-RR 2015, 1114, 1117; OLG Schleswig r+s 2016, 98, 100; OLG Nürnberg NJW-RR 2017, 1173, 1175 Rn 40; OLG Schleswig 19. 3. 2021 – 17 U 142/20, juris Rn 34; analoge Anwendung des § 834 BGB im Rahmen von Gefälligkeitsverhältnissen bei BGH NJW 1992, 2474, 2476; OLG Celle 9. 11. 2006 – 20 U 19/06, juris Rn 41; OLG Hamm 28. 6. 2019 – 11 U 82/18, juris Rn 8; OLG Hamm 4. 2. 2022 – 9 U 21/21, juris Rn 40). Gelingt ihm dies nicht, so ist sein Ersatzanspruch nach Maßgabe des § 254 BGB zu kürzen (RGZ 58, 410, 413 f; RG JW 1905, 393; 1905, 528; OLG Hamm VersR 1975, 865; OLG Frankfurt MDR 1996, 590; Wussow/Rüge/Fahl § 2 Rn 804).

2. Das Verhältnis von § 834 BGB zu § 831 BGB, wenn der Tierhüter sich eines anderen Tierhüters bedient

29 Der Tierhüter kann grundsätzlich einen Dritten mit der Aufsicht über das Tier betrauen (Rn 8). Der Dritte kann dann selbst Tierhüter sein, muss es aber nicht. Hat es beispielsweise ein Unternehmer vertraglich übernommen, auf einem städtischen Schlachthof das Schlachtvieh von der Laderampe zum Stall und von dort nach einer Ruhepause zur Waage in der Verkaufshalle zu bringen, so trifft die Haftung aus

§ 834 BGB sowohl den Unternehmer als auch den als Viehtreiber Angestellten des Unternehmers (RGZ 168, 331, 333). Im Falle eines Tierschadens haftet der Unternehmer sowohl nach § 834 BGB als auch nach § 831 BGB, die selbstständig nebeneinanderstehen. Für das Verhältnis zwischen § 834 BGB und § 831 BGB gilt im Übrigen das gleiche wie für das Verhältnis zwischen § 833 S 2 BGB und § 831 BGB (§ 833 Rn 152 ff).

§ 835

(weggefallen)

(1) Wird durch Schwarz-, Rot-, Elch-, Dam- oder Rehwild oder durch Fasanen ein Grundstück beschädigt, an welchem dem Eigentümer das Jagdrecht nicht zusteht, so ist der Jagdberechtigte verpflichtet, dem Verletzten den Schaden zu ersetzen. Die Ersatzpflicht erstreckt sich auf den Schaden, den die Tiere an den getrennten, aber noch nicht eingeernteten Erzeugnissen des Grundstücks anrichten.

(2) Ist dem Eigentümer die Ausübung des ihm zustehenden Jagdrechts durch das Gesetz entzogen, so hat derjenige den Schaden zu ersetzen, welcher zur Ausnutzung der Jagdrechte nach dem Gesetz berechtigt ist. Hat der Eigentümer eines Grundstücks, auf dem das Jagdrecht wegen der Lage des Grundstücks nur gemeinschaftlich mit dem Jagdrecht auf einem anderen Grundstück ausgeübt werden darf, das Jagdrecht dem Eigentümer dieses Grundstücks verpachtet, so ist der letztere für den Schaden verantwortlich.

(3) Sind die Eigentümer der Grundstücke eines Bezirks zum Zwecke der gemeinschaftlichen Ausübung des Jagdrechts durch das Gesetz zu einem Verbande vereinigt, der nicht als solcher haftet, so sind sie nach dem Verhältnisse der Größe ihrer Grundstücke ersatzpflichtig.

Materialien: E II § 758; III § 819; Mot II 817; Prot II 653; D 99. S Bauer (Hrsg), Sammlung deutscher Jagdgesetze (2. Aufl 1896).

Schrifttum

Ammer/Vor/Knoke/Wagner, Der Wald-Wild-Konflikt, Göttinger Forstwissenschaften, Bd 5, 2011
Balleis/Wagner, Haftung für Wildschäden in gemeinschaftlichen Jagdbezirken, Z Jagdwiss 44 (1998) 85
vBar, Gemeineuropäisches Deliktsrecht I (1996)
ders, Unerlaubte Handlungen, Schadensersatz und Schmerzensgeld (3. Aufl 1995)
Bauer, Die Preußische Jagdordnung vom 15. 7. 1907 (6. Aufl 1933)
Becker, Das Recht der unerlaubten Handlungen (1976)
Behr/Ott/Nöth, Die deutsche Reichsjagdgesetzgebung (1937)
Behrend/Knütel/Kupisch/Seiler (Hrsg), Corpus Iuris Civilis II Digesten 1–10 (1995)
Brandt, Die Prinzipien des deutschen Jagdrechts (Diss Heidelberg 1932)

BRENNER, Vom Jagdrecht zum „Wildtiermanagement", DÖV 2014, 232
BRUNNER, Deutsche Rechtsgeschichte, Erster Band (2. Aufl 1906)
BUSCH/ERLER/LOBE/MICHAELIS/OEGG/SAYN/SCHLIEWEN/SEYFARTH, Das Bürgerliche Gesetzbuch mit besonderer Berücksichtigung des Reichsgerichts (1928)
CONRADI, Das hessische Jagdrecht (1926)
DALCKE/DELIUS, Preußisches Jagdrecht (6. Aufl 1914)
DANCKELMANN, Das Rückgriffsrecht gegenüber fremden Jagdbezirken bei Wildschadenersatz, Zeitschr f Forst- u Jagdwesen 1896, 389, 390
DASLER, Forst und Wildbann im frühen deutschen Reich (2001)
DELIUS, Das Jagdrecht in der gerichtlichen Praxis, I. Bd, Erster Teil (1930)
DERNBURG, Das bürgerliche Recht des Deutschen Reichs und Preußens, II. Bd Die Schuldverhältnisse, 2. Abteilung Einzelne Obligationen (1./2. Aufl 1901)
DEUSCHLE/FRIEDMANN, Jagdrecht für Baden-Württemberg (2016)
DICKEL, Über das Hegerecht des Jagdberechtigten und die Ersatzpflicht des Militärfiskus für Schädigung der Jagd durch Truppenübungen, FG der Berliner juristischen Fakultät für Otto von Gierke zum Doktor-Jubiläum (1910)
DIETLEIN, Das System der Wildschadenshaftung im Lichte des drittschützenden Charakters von § 21 BJagdG, AgrarR 1996, 241
ders, Verfassungsfragen einer Novellierung des Bundesjagdgesetzes, Beilage III/2003 zu AUR 9/2003
DREES/THIES, Wild- und Jagdschaden (8. Aufl 2006)
DREES/THIES/MÜLLER-SCHALLENBERG, Das Jagdrecht in Nordrhein-Westfalen (1966, 18. Lfg März 2024)
EBNER, Das Preußische Jagdrecht (1908)
ENNECCERUS/LEHMANN, Lehrbuch des Bürgerlichen Rechts, Zweiter Band, Recht der Schuldverhältnisse (1954)
ESSER, Grundlagen und Entwicklung der Gefährdungshaftung (1969)
ESSER/WEYERS, Schuldrecht II, Teilband 2 (8. Aufl 2000)
FITZNER/OESER, Jagdrecht Brandenburg (2. Aufl 2006)
FRANCKE, Gutachten XII, Verhandlungen des achtzehnten Deutschen Juristentags, I. Bd (1886) 161–212
vGIERKE, Deutsches Privatrecht, Dritter Band, Schuldrecht (1917)
GLASER, Das Jagdrecht im Spannungsfeld bundesstaatlicher Gesetzgebung, NuR 2007, 439
GOESER, Entstehungsgeschichte des Bundesjagdgesetzes, Wissenschaftliche Dienste des Deutschen Bundestages, Reg-Nr WF V G 192/03 (2004)
GRUBER, Die Rechtsprechung zur Verantwortungsverteilung bei Wildschäden zwischen Jagdausübungsberechtigten und Landwirten, NuR 2019, 453
HAEHN, Vom alten zum neuen Wildschadenersatzrecht, eine kulturpolitische Betrachtung, JW 1935, 349
HAHN, Das Preußische Jagd-Recht (1836)
HOLTGREVEN, Das Wildschadengesetz vom 11. 7. 1891 (4. Aufl 1902)
JUNGHANS (Hrsg), Die Reformation in Augenzeugenberichten (2. Aufl 1980)
vKAYSER, Jagd und Jagdrecht in Rom (Diss Göttingen 1894)
KLOTZ, Das badische Jagdgesetz (1914)
ders, Das Reichsjagdgesetz vom 3. 7. 1934 mit ergänzenden Vorschriften (1936)
KOHL, Jagd und Revolution (1993)
KOLTZE, Ein Beitrag zum Jagdrecht und seinen Hauptproblemen (Diss Göttingen 1934)
LARENZ/CANARIS, Lehrbuch des Schuldrechts II/2 (13. Aufl 1994)
LAUVEN, Zur Ersatzpflicht für Wildschäden unter Berücksichtigung des Eigenverschuldens des Geschädigten, AgrarR 1990, 149
ders, Wildschadensersatz – Mitverschulden des Geschädigten – Wildschadensverhütungskosten, Schriftenreihe LJV Bayern, Bd 3 (1997) S 39–60
ders, Das Wild- und Jagdschadensverfahren (in den neuen Bundesländern), AgrarR 1998, 401
ders, Die Kosten des Vorverfahrens in Wildschadenssachen, AUR 2012, 50–55
LEENEN, Verkehrssicherungspflicht und Wildgefahr, DAR 1973, 317
LEONHARDT/PIESSKALLA, Jagdrecht, Bundes-

jagdgesetz, Bayerisches Jagdgesetz, Ergänzende Bestimmungen (2010, 111. Lfg Dezember 2025)
LINDNER, Geschichte des deutschen Weidwerks, II Die Jagd im frühen Mittelalter (1940)
LINNENKOHL, Bundesjagdgesetz (12. Aufl 1998)
LOOSCHELDERS, Die Mitverantwortlichkeit des Geschädigten im Privatrecht (1999)
LORZ/METZGER, Jagdrecht/Fischereirecht (5. Aufl 2023)
MEDICUS/LORENZ, Schuldrecht II, Besonderer Teil (17. Aufl 2014)
MEYER-RAVENSTEIN, Die Jagdberechtigungen (Diss Göttingen 1986)
ders, Jagdrecht in Niedersachsen: BJagdG u NdsLJagdG (1989)
MITZSCHKE/SCHÄFER, Kommentar zum Reichsjagdgesetz (3. Aufl 1942)
dies, Kommentar zum Bundesjagdgesetz (4. Aufl 1982)
MÖRSCHELL, Gutachten XIII, Verhandlungen des achtzehnten Deutschen Juristentags, I. Bd (1886) 213–253
E W MÜLLER, Die Wildschadensvorschriften des deutschen bürgerlichen Rechts (Diss Erlangen 1903)
OERTMANN, Bürgerliches Gesetzbuch, Zweites Buch, Recht der Schuldverhältnisse (3. u 4. Aufl 1910)
PARDEY, Ausgleichsansprüche bei Wildschäden, RdL 1999, 309
PESSLER, Das Jagdrecht und die Jagdgesetze des Herzogthums Braunschweig (1895)
PLANCK, Kommentar zum Bürgerlichen Gesetzbuch nebst Einführungsgesetz, Recht der Schuldverhältnisse (Besonderer Teil) (Nachdruck 1981)
PUSCHMANN, Jagd-, Forst- und Vogelschutz im Herzogtum Anhalt mit dem Gesetz, betr den Ersatz von Wildschaden und dem Reichs-Vogelschutzgesetz (1908)
RAMPACHER, Die im Königreich Württemberg geltenden Vorschriften über 1) Das Jagdrecht und die Ausübung der Jagd; 2) Den Ersatz des Wildschadens (1900)
vREPGOW, Der Sachsenspiegel, hrsg v CLAUS-DIETER SCHOTT (3. Aufl 1996)
ROSE, Jagdrecht in Niedersachsen (34. Aufl 2019)
ROTH, Geschichte des Fort- und Jagdwesens in Deutschland (1879)
SCHERPING/VOLLBACH, Das Reichsjagdgesetz vom 3. 7. 1934 (4. Aufl 1938)
SCHUCK, Bundesjagdgesetz (4. Aufl 2025)
SELTER, Die Hasen und die Entstehung des BGB, AUR 2009, 175
STOLLENWERK, Wildschaden und Wildschadensersatz, RdL 1995, 227
THIES, Pauschalierende Wildschadensersatzklauseln im Lichte des AGBG, AgrarR 2000, 177
WÄCHTER, Pandekten, II Besonderer Theil (1881)
WAENTIG, Ueber die Haftung für fremde unerlaubte Handlungen nach römischem, gemeinem, königlich sächsischem und neuerem deutschen Reichsrechte (1875)
WAGNER, Probleme der Abschußplanung und der Wildschadenshaftung im Wald, AgrarR 1998, 240
vWYSS, Die Haftung für fremde Culpa nach römischem Recht (1867).

Systematische Übersicht

Alphabetische Übersicht

I. Überblick

1. Historische Entwicklung und gegenwärtiger Rechtszustand

Grundsätzlich besteht keine Haftung für durch freilebende Tiere angerichtete Verletzungen und Verluste. Das Verhalten von Tieren stellt sich als Naturereignis dar (vis major). Dem römischen Recht war eine Verpflichtung zum Ersatz des Wildschadens mangels Verschuldens fremd. Jeder konnte sich durch Tötung des Wildes selbst schützen (dazu berechtigt heute § 228 BGB nicht, vgl Dalcke/Delius 149 f; Leonhardt/Piesskalla BJagdG Erl 1.4.1 zu § 29; aber landesrechtliches Notstandsrecht zB § 9 Abs 5 S 1 NJagdG: Eigentümerinnen, Eigentümer und Nutzungsberechtigte der Grundstücke eines befriedeten Bezirks dürfen in den Fällen der Absätze 1 und 2 Füchse, Marder, Iltisse, Hermeline, Waschbären, Marderhunde, Minke, Nutrias und Wildkaninchen fangen, töten und sich aneignen, soweit diese Befugnis nicht im Rahmen einer beschränkten Jagdausübung anderen zur Jagd befugten Personen übertragen ist; s ferner § 7 Abs 2 VO Ausf RJagd v 27. 3. 1935, RGBl 1935, 431, 433; Roth 467). Es herrschte das Prinzip des freien Tierfangs (Jagdfreiheit) (Lindner 112; vKayser 37; Meyer-Ravenstein 10 ff sowie Mitzschke/Schäfer, RJagdG 3 ff eingehend zur historischen Entwicklung). Von diesem Grundsatz ging auch der Sachsenspiegel aus (vRepgow Sachsenspiegel 149, II 61 § 1). Es war das Recht eines jeden waffenfähigen Mannes, ein Persönlichkeitsrecht, im Kampf ums Dasein wilde Tiere zu töten. Andere sehen schon das damalige Jagdrecht als „Ausfluß des Grundeigenthums" (Roth 53). Auswärtige waren zur Jagd nicht befugt. Der Sachsenspiegel sah bereits für die Bannforste Beschränkungen der Jagdfreiheit vor (vRepgow Sachsenspiegel 150, II 61 § 2; Roth 134; zu den Bannlegungen Koltze 7 ff; Dasler, Wildbann 3 ff). Daraus entwickelte sich die Regalität der Jagd. Die schonungslose Ausübung des Jagdrechts und die damit einhergehenden Schäden an Gärten, Feldern und Höfen sowie die Jagdfrohnden (Roth § 216) trugen zu den Bauernaufständen zur Zeit des Bauernkriegs (1524–1526) bei. (So beklagte der Baltringer Haufen im Jahr 1525, dass „in etlichen orteren die öbrigkeit uns das gewilde zu trutz und mächtigen Schaden haben will", es sei wider Gott und Menschen, leiden zu müssen, dass „das unser, so gott den menschen zu nutz hat machen lassen, die unvernünftigen zu unnutz erfressen". „Auch hat an einigen Orten die Obrigkeit das Wild uns zum Trotz und mächtigen Schaden, sodass wir es leiden und dazu schweigen müssen, dass die unvernünftigen Tiere das Unsere [das Gott dem Menschen zum Nutzen hat wachsen lassen] mutwillig zum Unnutzen abfressen, was wider Gott und den Nächsten ist" Junghans 291). Mit dem Zusammenbruch der Bauernbewegung rückte die angestrebte Reform in weite Ferne (zur Entwicklung im 17. und 18. Jahrhundert Roth 4. Kap). Nach dem Dreißigjährigen Krieg entwickelte sich die höfische Jagd in bedeutendem Umfang weiter (Ammer/Vor/Knoke/Wagner 8). Seit Anfang des 17. Jahrhunderts ist im deutschen Rechtsraum die unbedingte Haftung für Wildschäden bekannt (eingehend 1

18. Deutscher Juristentag, Gutachten XIII Mörschell 213, 215 ff; Esser 48; in der gemeinrechtlichen Praxis seit dem 16. Jahrhundert vGierke, Privatrecht III, 948; E W Müller 6; Haehn JW 1935, 349). Die ersten gesetzgeberischen Maßnahmen im Sinne einer Wildschadenverhütung brachte in Preußen das Allgemeine Landrecht vom 5. 2. 1794 (§§ 141–147, I, 9). Erst mit Anerkennung des Jagdrechts, das dem Jagdberechtigten den Vorteil des Wildbestands zuweist (Prot II 825), war die Grundlage für die Wildschadensersatzpflicht gegeben. Dabei wurde noch bis Mitte des 19. Jahrhunderts an die Hege eines übermäßigen Wildbestands angeknüpft („Jagdluxus", 18. Deutscher Juristentag, Gutachten XII Francke 161, 162; Hahn 84 ff; Dickel 359 ff). Besonders zu verweisen ist auf das Edikt, die Regulierung der gutsherrlichen und bäuerlichen Verhältnisse betreffend (v 14. 9. 1811, § 57 C, Gesetz-Samml f d Königlichen Preußischen Staaten 1811, S 281, 298: „§ 57 … C. Die Jagd-Gerechtigkeit, bleibt auch nach der Auseinandersetzung, bei dem ursprünglichen Dominialhofe, da die Ausübung durch kleine Grundbesitzer viele Nachtheile hat. Um solche aber auch anderer Seits gegen Beschädigungen zu schützen, so soll aller Schaden, welcher durch das Jagen oder Wildfraß erweislich entsteht, durch den Jagdeigenthümer vollständig ersetzt werden.") und das Gesetz den Wildschaden betreffend (Gesetz-Samml f d Königreich Hannover 1848, 215). In der Praxis war die Verfolgung dieser Ansprüche in fast allen Fällen ausgeschlossen (18. Deutscher Juristentag, 1886, Gutachten XII Francke 161, 163; Brandt 36), und § 25 Abs 1 Preußisches Jagdpolizeigesetz v 7. 3. 1850 (Gesetz-Samml f d Königlichen Preußischen Staaten 1850, Nr 13, 165, 171) bestimmte sogar noch: „Ein gesetzlicher Anspruch auf Ersatz des durch das Wild verursachten Schadens findet nicht statt"; dessen Vorschriften ersetzten die Regelungen des ALR. Dagegen ordnete § 1 Preußisches Wildschadengesetz v 11. 7. 1891 (Gesetz-Samml f d Königlichen Preußischen Staaten 1891, Nr 26, 307) an: „Der durch Schwarz-, Roth-, Elch- und Damwild sowie Rehwild und Fasanen auf und an Grundstücken angerichtete Schaden ist dem Nutzungsberechtigten … zu ersetzen."

Die bürgerlich-rechtliche Wild- und Jagdschadenhaftung hat eine wechselvolle Geschichte hinter sich (eingehend Ebner, Pr Jagdrecht 265 ff; Staudinger/Schäfer[12] § 835 Rn 1 ff; Kohl 18 ff). Die Auseinandersetzungen um den Wildschadensersatz wurden mit großer Schärfe geführt (Landwirtschaftsminister vLucius im preußischen Landtag: „Kaum wird ein Gegenstand leidenschaftlicher behandelt, kaum eignet sich ein zweiter mehr zu agitatorischem Missbrauch als gerade die Wildschadenersatzfrage"; und weiter: „Darüber wird auch der passionierteste Jagdfreund nicht im Zweifel sein, dass es nichts Erbitternderes giebt wie wirklich berechtigte Klagen über Wildschaden", zitiert nach E W Müller 2; vgl Zweite Berathung des Entwurfs eines Bürgerlichen Gesetzbuchs, Stenograph Berichte, 1896, 373 f). Der erste Entwurf des BGB überließ Bestimmungen über Wildschaden noch den Landesgesetzen (Art 43 E I: „Unberührt bleiben die Vorschriften der Landesgesetze über Jagd und Fischerei, mit Einschluß der Vorschriften über den Ersatz des Wildschadens"). Man sah den Wildschadensersatz „in engem Zusammenhang mit dem Jagdrechte" (Dernburg II 2 § 397 S 652), welches landesgesetzlich geordnet wurde. Die Kommission für die zweite Lesung des Entwurfs des Bürgerlichen Gesetzbuchs hielt dagegen nach eingehender Beratung die reichsgesetzliche Regelung des materiellen Wildschadensersatzes im Interesse der Rechtseinheit für „unerläßlich" (Dernburg II 2 § 397 S 652; Planck § 835 Anm 1; Prot II 811–824). Dabei war der Gesichtspunkt maßgebend, dass die Bestimmungen eingehend genug sein müssten, um ohne Mitwirkung der Landesgesetzgebung in Kraft treten zu können, dass aber im Übrigen der Landesgesetzgebung ein weiter Spielraum zur Erweiterung oder Modifikation der Ersatzpflicht für Wildschäden zu gewähren sei (Planck § 835 Anm 1). Daher blieb es zwar dabei, dass das Jagdrecht Sache der Länder sein sollte (Art 69–72 EGBGB; Art 69 aF: „Unberührt bleiben die landesgesetzlichen Vorschriften über Jagd und Fischerei, unbeschadet der Vorschrift des § 958 Abs 2 des Bürgerlichen Gesetzbuchs und der Vorschriften des Bürgerlichen Gesetzbuchs über den Ersatz des Wildschadens"). Der Ersatz von Wildschäden wurde aber im Bürgerlichen Gesetzbuch und somit reichsrechtlich durch § 835 BGB geregelt (Dernburg II 2 § 397 S 651 ff; Selter AUR 2009, 175, 177). Die Vorschrift beruht in der Hauptsache auf den Beschlüssen der Zweiten Kommission, die sich die Haftungsgrundsätze des Preußischen Wildschadengesetzes v 11. 7. 1891 (Gesetz-Samml f d Königlichen Preußischen Staaten 1891, Nr 26, 307) zu eigen machte. Die nähere Ausgestaltung der Wildschadenhaftung, besonders die formelle Einzelregelung, blieb wegen der engen Verbundenheit dieser Frage mit dem Jagdrecht (Brandt 36) weiterhin der Landesgesetzgebung überlassen. Erst das Reichsjagdgesetz (RJagdG) vom 3. 7. 1934 (RGBl I 549) schuf eine einheitliche Rechtslage. An die Stelle von § 835 BGB, von Art 70–72 EGBGB und von Art 69 EGBGB – soweit dieser die Jagd betraf – traten gemäß § 71 Abs 2 RJagdG die §§ 44–50 RJagdG. Diese enthielten ein zwischen Wild- und Jagdschäden differenzierendes Haftungssystem. Nach dem Zweiten Weltkrieg wurde in den Ländern der damaligen amerikanischen Besatzungszone (Bayern, Bremen, Hessen und Württemberg-Baden) das RJG durch das US-MilRegGes Nr 13 mit Wirkung vom 1. 2. 1949 aufgehoben. Damit trat das früher (am 30. 1. 1933) geltende Recht (einschl des § 835 BGB) wieder in Kraft, soweit es nicht durch die in diesen Ländern später erlassenen jagdrechtlichen Vorschriften wieder aufgehoben wurde. In den Ländern der brit Besatzungszone (Hamburg, Niedersachsen, Nordrhein-Westfalen und Schleswig-Holstein) blieb das RJG vom 3. 7. 1934 in Kraft. In den Ländern der franz Besatzungszone war das RJG durch die dort im Jahre 1949 erlassenen Landesjagdgesetze außer Kraft gesetzt worden. In Berlin galt das RJG noch bis zum 27. 3. 1986 (GVBl Bln 1986, 502). Diesen neuerlichen Zustand der Rechtszersplitterung beseitigte das Bundesjagdgesetz (BJagdG) vom 29. 11. 1952 (BGBl I 780).

Mit Wirkung zum 1. 9. 2006 können aufgrund von Art 74 Abs 1 Nr 28, 72 Abs 3 S 1 Nr 1 GG die Bundesländer das Jagdwesen abweichend vom BJagdG regeln (Glaser NUR [2007] 29, 439 ff; kritisch zum Reformeifer Brenner DÖV 2014, 232 ff). Nach dem überwiegenden – verfassungsrechtlichen – Schrifttum gehört auch das „Jagd-Zivilrecht", einschließlich der „Vorschriften über den Wild- und Jagdschaden", zum Jagdwesen (H Dreier/Wittreck, GG Bd 2 [3. Aufl 2015] Art 74 Rn 139; Kotulla NVwZ 2007, 489, 493; Oeter/Münkler, in: Huber/Vosskuhle, GG, Bd 2 [8. Aufl 2024] Art 74 Abs 1 Nr 28 Rn 181; Sachs/Degenhart, GG [7. Aufl 2014] Art 74 Rn 121; Staudinger/Schulz [2025] Art 69 EGBGB Rn 5 f). Wäre das Jagdwesen in diesem umfassenden Sinn zu verstehen, drohte (wieder) die seit Inkrafttreten des BGB überwundene Zersplitterung des Wild- und Jagdschadensersatzrechts (zu den Reformvorschlägen s Dietlein Beil III/2003, AUR 9/2003, 19). Das materielle Recht über die Verpflichtung zum Ersatz des Wild- und Jagdschadens ist aber **Teil des bürgerlichen Rechts** iSv Art 74 Abs 1 Nr 1 GG. Das Wild- und Jagdschadensersatzrecht gehört zum außervertraglichen Schadensersatzrecht (Haftung zum Ausgleich von Duldungspflichten) bzw zum Recht der unerlaubten Handlungen und damit zum bürgerlichen Recht (Prot II 811, 817: „Die Frage der Wildschadensersatzpflicht … eine Frage des bürgerlichen Rechtes"; ebenso Abgeordneter vBennigsen, Zweite Berathung des Entwurfs eines Bürgerlichen Gesetzbuchs, Stenograph Berichte [1896] S 408). Somit unterliegt es der Vollkompetenz des Bundes (vgl BGH 4. 3. 2010 – III ZR 233/09, BGHZ 184, 334 Rn 24 „Es spricht Vieles dafür …"; offen gelassen in BGHZ 197, 346 Rn 26 = Jagdr Entsch Bd XVII Sachg IX Nr 211; H Dreier/Wittreck, GG, Bd 2 [3. Aufl 2015] Art 74 Rn 139: „offen ist das Verhältnis der Bestimmungen zum Wildschadensersatzanspruch [§§ 29 ff BJagdG] zu Art 74

Abs 1 Nr 1 GG"). Bei der kompetenzrechtlichen Einordnung sind sach- und funktionsgerechte Erwägungen (Rozek, in: Huber/Vosskuhle, GG, Bd 2 [8. Aufl 2024], Art 70 Rn 44 f) und der historische Hintergrund (Tradition des Rechtsgebiets; BVerfGE 42, 20, 30; Brömel, in: vMünch/Kunig, GG [8. Aufl 2025] Art 74 Rn 1) zu berücksichtigen. Beim materiellen Wild- und Jagdschadensersatzrecht geht es um die rechtlichen Beziehungen Privater zueinander (vgl Ebner, Pr Jagdrecht 265) (Schutz des Eigentums). Dieser Regelungsgegenstand ist typisch für das bürgerliche Recht. Daher gehören Streitigkeiten wegen Wildschadens nach § 23 Nr 2d GVG zu den Zivilsachen (vgl Rn 44). Auch entspricht es der Rechtstradition, zwischen der „civilrechtlichen und der öffentlichrechtlichen Seite des Jagdrechts" (18. Deutscher Juristentag, Gutachten XII Francke 161, 166; Gutachten XIII Mörschell 213, 238; Prot II 824; Art 55, 69 EGBGB aF; vgl auch Stellungnahme d Bundesregierung BT-Drucks I/1813 Anlage 2, 21) zu unterscheiden und die „civilrechtliche Seite" dem bürgerlichen Recht, die „öffentlichrechtliche Seite" (zB das formelle Verfahren zur Verfolgung von Wildschadenansprüchen) dem Jagdwesen zuzuordnen. In seinem Gutachten für den 18. Deutschen Juristentag (1886) bejahte Mörschell (Gutachten XIII 213, 238) die Frage, ob die Bestimmungen über den Wildschadensersatz „dem Gebiete des Privatrechts (Civilrechts) angehören", als „zweifellos". Aus wohlerwogenen, guten Gründen war es erklärter Wille der Väter des BGB, das materielle Wild- und Jagdschadensersatzrecht als bürgerliches Recht reichsgesetzlich zu regeln. Die Kompetenz dazu wurde durch das Gesetz vom 20. 12. 1873 (RGBl 1873, 379 – „Art 4 Nr 13 der Verfassung des Deutschen Reichs … Die gemeinsame Gesetzgebung über das gesammte bürgerliche Recht …") geschaffen (Koltze 14 f). Hätte man die Materie nicht zum bürgerlichen Recht gezählt, so hätte die Kompetenz zur gemeinsamen (reichsgesetzlichen) Regelung gefehlt. Was bis zum Inkrafttreten des RJagdG Teil des BGB und damit bürgerliches Recht war, mutiert nicht dadurch zum Jagdwesen, dass die Materie in einem Sondergesetz (RJagdG) außerhalb des BGB geregelt wurde. Dafür, dass durch die Föderalismusreform die seit weit über 100 Jahren für richtig gehaltene Einheitlichkeit des materiellen Wild- und Jagdschadensersatzrechts aufgegeben werden sollte, bestehen – soweit ersichtlich – weder Anhaltspunkte noch Sachgründe, zumal § 29 Abs 4 und § 35 BJagdG, § 801 ZPO den Bundesländern seit jeher eine begrenzte Abweichungskompetenz verschafft (bezüglich der Wildarten, die als Schadenwild gelten bzw bezüglich des Verfahrens in Wild- und Jagdschadenssachen; **aA** Glaser NuR 2007, 439, 444 „Systemwettbewerb" unter den Bundesländern, „innovative Lösungen"). Die Bundesländer haben daher keine Abweichungskompetenz aufgrund von Art 72 Abs 3 S 1 Nr 1 GG bezüglich des materiellen Rechts über die Verpflichtung zum Ersatz des Wild- und Jagdschadens. Durch die Föderalismusreform lebt ein ähnlicher Rechtszustand wieder auf, wie er sich schon aus Art 69 EGBGB aF ergab, also bis zum Inkrafttreten des RJagdG. Dass die dadurch erfolgte Vereinheitlichung des Jagdwesens abgeschwächt werden sollte, ist einsichtig, aber nicht, dass der Zustand restauriert werden sollte, wie er in der zweiten Hälfte des 19. Jahrhunderts bestand.

Die das Wild- und Jagdschadensrecht betreffenden Vorschriften dieses Gesetzes – in der Fassung der Bekanntmachung vom 29. 9. 1976 (BGBl I 2849) – sind nachfolgend abgedruckt.

2. Gesetzestext der §§ 26–28, 29–35 BJagdG

VII. Abschnitt

Wild- und Jagdschaden

1. Wildschadensverhütung

§ 26
Fernhalten des Wildes

Der Jagdausübungsberechtigte sowie der Eigentümer oder Nutzungsberechtigte eines Grundstückes sind berechtigt, zur Verhütung von Wildschäden das Wild von den Grundstücken abzuhalten oder zu verscheuchen. Der Jagdausübungsberechtigte darf dabei das Grundstück nicht beschädigen, der Eigentümer oder Nutzungsberechtigte darf das Wild weder gefährden noch verletzen.

§ 27
Verhinderung übermäßigen Wildschadens

(1) Die zuständige Behörde kann anordnen, daß der Jagdausübungsberechtigte unabhängig von den Schonzeiten innerhalb einer bestimmten Frist in bestimmtem Umfang den Wildbestand zu verringern hat, wenn dies mit Rücksicht auf das allgemeine Wohl, insbesondere auf die Interessen der Land-, Forst- und Fischereiwirtschaft und die Belange des Naturschutzes und der Landschaftspflege, notwendig ist.

(2) Kommt der Jagdausübungsberechtigte der Anordnung nicht nach, so kann die zuständige Behörde für dessen Rechnung den Wildbestand vermindern lassen. Das erlegte Wild ist gegen angemessenes Schußgeld dem Jagdausübungsberechtigen zu überlassen.

§ 28
Sonstige Beschränkungen in der Hege

(1) Schwarzwild darf nur in solchen Einfriedungen gehegt werden, die ein Ausbrechen des Schwarzwildes verhüten.

(2) Das Aussetzen von Schwarzwild und Wildkaninchen ist verboten.

(3) Das Aussetzen oder das Ansiedeln fremder Tiere in der freien Natur ist nur mit schriftlicher Genehmigung der zuständigen obersten Landesbehörde oder der von ihr bestimmten Stelle zulässig.

(4) Das Hegen oder Aussetzen weiterer Tierarten kann durch die Länder beschränkt oder verboten werden.

(5) Die Länder können die Fütterung von Wild untersagen oder von einer Genehmigung abhängig machen.

2. Wildschadensersatz

§ 29
Schadensersatzpflicht

(1) Wird ein Grundstück, das zu einem gemeinschaftlichen Jagdbezirk gehört oder einem gemeinschaftlichen Jagdbezirk angegliedert ist (§ 5 Abs. 1), durch Schalenwild, Wildkaninchen oder Fasanen beschädigt, so hat die Jagdgenossenschaft dem Geschädigten den Wildschaden zu ersetzen. Der aus der Genossenschaftskasse geleistete Ersatz ist von den einzelnen Jagdgenossen nach dem Verhältnis des Flächeninhalts ihrer beteiligten Grundstücke zu tragen. Hat der Jagdpächter den Ersatz des Wildschadens ganz oder teilweise übernommen, so trifft die Ersatzpflicht den Jagdpächter. Die Ersatzpflicht der Jagdgenossenschaft bleibt bestehen, soweit der Geschädigte Ersatz von dem Pächter nicht erlangen kann.

(2) Wildschaden an Grundstücken, die einem Eigenjagdbezirk angegliedert sind (§ 5 Abs. 1), hat der Eigentümer oder der Nutznießer des Eigenjagdbezirks zu ersetzen. Im Falle der Verpachtung haftet der Jagdpächter, wenn er sich im Pachtvertrag zum Ersatz des Wildschadens verpflichtet hat. In diesem Falle haftet der Eigentümer oder der Nutznießer nur, soweit der Geschädigte Ersatz von dem Pächter nicht erlangen kann.

(3) Bei Grundstücken, die zu einem Eigenjagdbezirk gehören, richtet sich, abgesehen von den Fällen des Absatzes 2, die Verpflichtung zum Ersatz von Wildschaden (Absatz 1) nach dem zwischen dem Geschädigten und dem Jagdausübungsberechtigten bestehenden Rechtsverhältnis. Sofern nichts anderes bestimmt ist, ist der Jagdausübungsberechtigte ersatzpflichtig, wenn er durch unzulänglichen Abschuß den Schaden verschuldet hat.

(4) Die Länder können bestimmen, daß die Wildschadensersatzpflicht auch auf anderes Wild ausgedehnt wird und daß der Wildschadensbetrag für bestimmtes Wild durch Schaffung eines Wildschadensausgleichs auf eine Mehrheit von Beteiligten zu verteilen ist (Wildschadensausgleichskasse).

§ 30
Wildschaden durch Wild aus Gehege

Wird durch ein aus einem Gehege ausgetretenes und dort gehegtes Stück Schalenwild Wildschaden angerichtet, so ist ausschließlich derjenige zum Ersatz verpflichtet, dem als Jagdausübungsberechtigten, Eigentümer oder Nutznießer die Aufsicht über das Gehege obliegt.

§ 31
Umfang der Ersatzpflicht

(1) Nach den §§ 29 und 30 ist auch der Wildschaden zu ersetzen, der an den getrennten, aber noch nicht eingeernteten Erzeugnissen eines Grundstücks eintritt.

(2) Werden Bodenerzeugnisse, deren voller Wert sich erst zur Zeit der Ernte bemessen läßt, vor diesem Zeitpunkt durch Wild beschädigt, so ist der Wildschaden in dem Umfange zu ersetzen, wie er sich zur Zeit der Ernte darstellt. Bei der Feststellung der Schadenshöhe ist jedoch zu berücksichtigen, ob der Schaden nach den Grundsätzen einer ordentlichen Wirtschaft durch Wiederanbau im gleichen Wirtschaftsjahr ausgeglichen werden kann.

§ 32
Schutzvorrichtungen

(1) Ein Anspruch auf Ersatz von Wildschaden ist nicht gegeben, wenn der Geschädigte die von dem Jagdausübungsberechtigten zur Abwehr von Wildschaden getroffenen Maßnahmen unwirksam macht.

(2) Der Wildschaden, der an Weinbergen, Gärten, Obstgärten, Baumschulen, Alleen, einzelstehenden Bäumen, Forstkulturen, die durch Einbringen anderer als der im Jagdbezirk vorkommenden Hauptholzarten einer erhöhten Gefährdung ausgesetzt sind, oder Freilandpflanzungen von Garten- oder hochwertigen Handelsgewächsen entsteht, wird, soweit die Länder nicht anders bestimmen, nicht ersetzt, wenn die Herstellung von üblichen Schutzvorrichtungen unterblieben ist, die unter gewöhnlichen Umständen zur Abwendung des Schadens ausreichen. Die Länder können bestimmen, welche Schutzvorrichtungen als üblich anzusehen sind.

3. Jagdschaden

§ 33
Schadensersatzpflicht

[1] Wer die Jagd ausübt, hat dabei die berechtigten Interessen der Grundstückseigentümer oder Nutzungsberechtigten zu beachten, insbesondere besäte Felder und nicht abgemähte Wiesen tunlichst zu schonen. Die Ausübung der Treibjagd auf Feldern, die mit reifender Halm- oder Samenfrucht oder mit Tabak bestanden sind, ist verboten; die Suchjagd ist nur insoweit zulässig, als sie ohne Schaden für die reifenden Früchte durchgeführt werden kann.

[2] Der Jagdausübungsberechtigte haftet dem Grundstückseigentümer oder Nutzungsberechtigten für jeden aus mißbräuchlicher Jagdausübung entsteheden Schaden; er haftet auch für den Jagdschaden, der durch einen von ihm bestellten Jagdaufseher oder durch einen Jagdgast angerichtet wird.

4. Gemeinsame Vorschriften

§ 34
Geltendmachung des Schadens

Der Anspruch auf Ersatz von Wild- oder Jagdschaden erlischt, wenn der Berechtigte den Schadensfall nicht binnen einer Woche, nachdem er von dem Schaden Kenntnis erhalten hat oder bei Beobachtung gehöriger Sorgfalt erhalten hätte, bei der für das beschädigte Grundstück zuständigen Behörde anmeldet. Bei Schaden an forstwirtschaftlich genutzten Grundstücken genügt es, wenn er zweimal im Jahre, jeweils bis zum 1. Mai oder 1. Oktober, bei der zuständigen Behörde angemeldet wird. Die Anmeldung soll die als ersatzpflichtig in Anspruch genommene Person bezeichnen.

§ 35
Verfahren in Wild- und Jagdschadenssachen

Die Länder können in Wild- und Jagdschadenssachen das Beschreiten des ordentlichen Rechtsweges davon abhängig machen, daß zuvor ein Feststellungsverfahren vor einer Verwaltungsbehörde (Vorverfahren) stattfindet, in dem über den Anspruch eine vollstreckbare Verpflichtungserklärung (Anerkenntnis, Vergleich) aufzunehmen oder eine nach Eintritt der Rechtskraft vollstreckbare Entscheidung (Vorbescheid) zu erlassen ist. Die Länder treffen die näheren Bestimmungen hierüber.

II. Regelungssystematik der §§ 26–35 BJagdG

2 Die Gesetzessystematik der §§ 26–35 BJagdG wurde weitgehend unverändert aus dem RJagdG übernommen. Nach allgemeinen Vorschriften zur Wildschadenverhütung (§§ 26–28 BJagdG) folgen die eigentlichen Haftungstatbestände. Dabei ist zwischen dem durch Wild verursachten Wildschaden (§§ 29–32 BJagdG) und dem bei der Jagdausübung entstandenen Jagdschaden (§ 33 BJagdG) zu unterscheiden. Für die Geltendmachung des Schadens und das Verfahren gelten schließlich gemeinsame Vorschriften (§§ 34–35 BJagdG). Die nachfolgende Kommentierung folgt der Systematik des Gesetzes, wobei die Verbindungen zum allgemeinen Delikts- und Schadensrecht des BGB im jeweiligen Zusammenhang erörtert werden.

III. Wildschadensersatz nach §§ 29 ff BJagdG

1. Grundsätze der Haftung

3 Die §§ 29, 30 BJagdG begründen grundsätzlich (Ausnahme: § 29 Abs 3 S 2 BJagdG) eine verschuldensunabhängige Pflicht zur Kompensation für durch Wild verursachte Schäden an Grundstücken. Ersatzberechtigt ist der Grundstücksberechtigte (Eigentümer oder Nutznießer), ersatzpflichtig idR der Jagdausübungsberechtigte. Die dogmatische Einordnung ist umstritten. Teils wird eine Gefährdungshaftung angenommen (vGierke, Privatrecht III, 949; BGB-RGRK/Kreft § 835 Rn 5; Grüneberg/Retzlaff Einf v § 823 Rn 11; Larenz/Canaris, Schuldrecht II/2 § 84 II 2; Esser 78; Deutsch/Ahrens Rn 541 f; Meyer-Ravenstein, BJagdG u NdsLJagdG [1989] § 29 Rn 4 [S 288]; Leonhardt/Pießkalla BJagdG Erl 1.2 zu § 29; Lauven, Schriftenreihe LJV Bayern, Bd 3 [1997] S 39, 40; Meyer-Ravenstein AUR 2010, 195, 196 Gefährdungshaftung ähnlich), teils wird eine dem Aufopferungsgedanken entspringende, § 906 BGB und § 14 BImSchG nahestehende Ausgleichs- bzw Einstandspflicht (BGH 4. 3. 2010 – III ZR 233/09, BGHZ 184, 334 Rn 12 = NJW 2010, 1608; LG Krefeld 18. 12. 1979 – 1 S 73/79, Jagdr Entsch Bd II Sachg IX Nr 21; Becker 468; MünchKomm-BGB/Wagner § 835 Rn 14; Erman/Wilhelmi § 835 Rn 1; Soergel/Krause § 835 Rn 4; Lorz/Metzger § 29 Rn 2; Mitschzke/Schäfer § 29 Rn 6; Esser/Weyers, Schuldrecht II/2 § 64 1; Looschelders, Schuldrecht, Besonderer Teil [20. Aufl 2025] § 68 Rn 11; Medicus/Lorenz, Schuldrecht II BT, Rn 1393 – Haftung zum Ausgleich von Duldungspflichten) befürwortet.

Da die Jagdausübung ein berechtigtes Tun darstellt, ist die Wildschadenhaftung nach § 29 BJagdG nicht Rechtsfolge einer unerlaubten Handlung, obwohl sie in § 835 BGB geregelt war (vgl RGZ 78, 202, 205 f). Der Ersatzanspruch ist kein Deliktsanspruch (Enneccerus/Lehmann § 259 IV; anders Behr/Ott/Nöth 327; Meyer-Ravenstein, BJagdG u NdsLJagdG [1989] § 29 Rn 4 [S 288]) und auch kein – wie Leonhardt/Pießkalla (BJagdG Erl 1.2 zu § 29) annehmen – Anspruch quasideliktischer Art (nach Canaris VersR 2005, 577 anachronistisch).

Gegen die Qualifizierung als Gefährdungshaftung spricht, dass diese typischerweise an ein gefahrerhöhendes Verhalten (nicht Fehlverhalten) des Schädigers anknüpft, die Haftung für Wildschaden nach § 29 BJagdG aber nicht. Die Gefährdungshaftung setzt die Schaffung oder Erhaltung einer Gefahrenquelle voraus. Danach ließe sich die in § 29 BJagdG geregelte Ersatzpflicht als Gefährdungshaftung allenfalls anerkennen, wenn man mit vGierke (Privatrecht III, 948; ähnlich Pessler 138) die Wildschadenhaftung noch darauf zurückführte, dass der Jagdausübungsberechtigte es unterlasse, das ihm zustehende ausschließliche Aneignungsrecht am Schadwild auszuüben. Nach heutigem Verständnis wird durch den Jagdausübungsberechtigten keine Gefahrenquelle – etwa durch das Unterlassen des Abschusses (Meyer-Ravenstein, BJagdG u NdsLJagdG [1989] § 29 Rn 4 [S 288]) – geschaffen oder aufrechterhalten.

Der bürgerlich-rechtliche Aufopferungsanspruch wird dagegen für Beeinträchtigungen gewährt, wenn der betroffene Grundstückseigentümer durch diese Nachteile erleidet, die das zumutbare Maß einer entschädigungslos hinzunehmenden Beeinträchtigung übersteigen, gegen die gem § 1004 BGB vorzugehen ihm aber versagt ist (BGH 20. 4. 1990 – V ZR 282/88, BGHZ 111, 158, 162 = NJW 1990, 1910, 1911 – Beeinträchtigung der landwirtschaftlichen Nutzung durch Schrotblei einer benachbarten Schießanlage; Staudinger/Roth [2025] § 906 Rn 66). Es geht – bei § 29 BJagdG wie bei § 906 BGB – darum, einen Ausgleich zwischen den widerstreitenden, aber gleichrangigen Nutzungsinteressen von Inhabern dinglicher (absoluter) Rechte (Grundeigentum versus Jagdausübungsberechtigung) zu schaffen. Zwar steht die Wildschadenhaftung der bürgerlich-rechtlichen Aufopferungshaftung („dulde und liquidiere") damit sehr nahe (BGH 4. 3. 2010 – III ZR 233/09, BGHZ 184, 334), entspricht ihr aber nicht vollkommen. Denn die Beeinträchtigung (Störung) des Grundeigentums durch Wildschaden ist nicht auf willentliches menschliches Verhalten (Motive III, 258: „durch seine Thätigkeit in den räumlichen Herrschaftsbezirk des Eigenthümers hinüberwirkt"; Staudinger/Roth [2025] § 906 Rn 154), etwa Unterlassen, sondern auf Naturereignisse (Verhalten des Wildes; siehe oben) zurückzuführen. Der Ersatzanspruch für Wildschäden findet seine Rechtfertigung darin, dass der Grundstücksberechtigte aufgrund des Ausschlusses seiner Jagdbefugnis in gemeinschaftlichen Jagdbezirken (vgl §§ 3 Abs 3, 8 Abs 5 BJagdG) zum Vorteil des Jagdausübungsberechtigten bestimmte Beeinträchtigungen durch Wild jagdlich nicht abwehren darf („Duldungszwang", „Wehrlosigkeit" statt „Selbstabwehr", BGH 4. 3. 2010 – III ZR 233/09, BGHZ 184, 334; Esser 78; Planck § 835 Anm 1; E W Müller 23; AG Mayen Jagdr Entsch Bd III Sachg IX Nr 38; Danckelmann Zeitschr f Forst- u Jagdwesen 1896, 389, 390; § 835 Rn 1). Die Duldungspflicht beruht auf folgenden Gegebenheiten, die nach den Gemeinsamen Grundsätzen der Länder zur Weiterentwicklung des Jagdrechts in Deutschland („Eckpunktepapier") auch in Zukunft Bestand haben sollen: Dem Grundeigentümer steht zwar das Jagdrecht zu; es ist untrennbar mit dem Eigentum an Grund und Boden verbunden (§ 3 Abs 1 BJagdG, seit Verordnung, die Ausübung der Jagd in den am linken Rheinufer belegenen Landestheilen betreffend. Vom 17ten April 1830, Gesetz-Samml f d Königlichen Preußischen Staaten [1830] No 1245, S 65; Verfassung des deutschen Reiches vom 28. 3. 1849 Abschn VI. Art IX. § 169: „Im Grundeigenthum liegt die Berechtigung zur Jagd auf eignem Grund und Boden." – Abschaffung des Jagdregals; Gesetz, betreffend die Aufhebung des Jagdrechtes auf fremdem Grund und Boden und die Ausübung der Jagd, Gesetz-Samml f d Königlichen Preußischen Staaten [1848] Nr 3056, S 343; RGZ 70, 70, 73: „Nutzungen, die aus dem Eigentum an Grundstücken zu ziehen sind"; BGH 26. 2. 1958 – V ZR 123/56, BGHZ 26, 384, 388 = NJW 1958, 785, 787: „Inhalt und Ausfluß des Eigentums"; BVerfG NVwZ 2007, 808, 809). Der Grundeigentümer ist aber nicht zur Jagdausübung berechtigt, wenn seine zusammenhängenden Grundflächen mit einer land-, forst- oder fischereiwirtschaftlich nutzbaren Fläche 75 Hektar unterschreiten, also keinen Eigenjagdbezirk bilden (§ 7 Abs 1 BJagdG). In gemeinschaftlichen Jagdbezirken ist das Recht zur Jagdausübung vom Jagdrecht getrennt (§§ 3 Abs 3, 8 Abs 5 BJagdG; schon durch Preußisches Jagdpolizeigesetz v 7. 3. 1850, Gesetz-Samml f d Königlichen Preußischen Staaten 1850, Nr 13, 165; BGH 26. 2. 1958 – V ZR 123/56, BGHZ 26, 384, 387 = NJW 1958, 785, 787). Das Jagdausübungsrecht steht der Jagdgenossenschaft zu; regelmäßig verpachtet sie es (Rechtspacht). Die Trennung von Jagdrecht und Jagdausübungsrecht dient von jeher dem Schutz des Wildes vor der Ausrottung durch die Vielzahl der Grundeigentümer (vKAYSER, Jagd 6: „jähe und vernichtende Minderung des Wildbestandes"). Es soll eine Ausübung von Jagd und Hege gewährleistet werden, welche den in §§ 1 Abs 2, 21 Abs 1 BJagdG bestimmten Zielen gerecht werden kann (BGH 15. 12. 2005 – III ZR 10/05, NJW 2006, 984, 985; SCHUCK/SCHUCK § 3 Rn 14). Daher muss der Grundeigentümer die Erhaltung des Wildbestands durch Hege dulden und es hinnehmen, dass Wild auf seinem Grund und Boden lebt und sich von dem Bewuchs ernährt (SCHUCK/SCHUCK § 26 Rn 6). Gewisse Schäden muss er sogar selbst tragen, die mit einem artenreichen und gesunden Wildbestand verbunden sind (BGH 22. 5. 1984 – III ZR 18/83, BGHZ 91, 243, 258 f). Durch § 26 S 1 BJagdG ist der Grundeigentümer darauf beschränkt, zur Verhütung von Wildschäden das Wild von den Grundstücken abzuhalten oder zu verscheuchen (auf eigene Kosten). Die Hege, zu welcher die schonende Bejagung des Bestands bei Vermeidung übermäßiger Wildschäden gehört (§ 1 Abs 2 BJagdG), ist Teil des Jagdausübungsrechts. Sie ist vorrangiges Ziel der Jagdausübung und dient der modernen Jagdbewirtschaftung. Die Pflicht zur Duldung der Hege bedeutet für den Grundeigentümer (Land- und Forstwirt) einerseits, dass er zwar Schädigungen durch das Nahrung suchende Wild hinnehmen muss, führt aber andererseits dazu, dass er unter den Voraussetzungen von § 29 BJagdG dafür Ersatz verlangen kann. Die Wildschadenhaftung schafft für die gesetzliche Pflicht des Grundeigentümers zur Duldung des Wildes den billigen Ausgleich. Der Ersatzanspruch bildet gleichsam den Preis für die (erzwungene) Opferung des Verbietungsrechts (MEDICUS/LORENZ, Schuldrecht II BT, Rn 1393). Die Jagdpacht genügt dafür nicht; denn sie steht häufig nicht im richtigen Verhältnis zum Wildschaden der Grundstückseigentümer und -nutzer. Den Ausgleich hat zu leisten, wem die Hege und der Wildbestand zugutekommen, also der Jagdausübungsberechtigte (§ 835 Rn 8 ff). Im Interesse und zum Nutzen des Jagdausübungsberechtigten (§ 835 Rn 8 – Vorteilsprinzip) und nicht nur im öffentlichen Interesse des Tier- und Naturschutzes soll das Wild Äsung und Lebensraum finden. Dient die Duldungspflicht dagegen Sicherheits-, Erholungs- und anderen Gemeinwohlinteressen (Sozialbindung des Eigentums), wie das Ruhen der Jagd im befriedeten Bezirk, besteht kein Ausgleichsanspruch gegen den Jagdausübungsberechtigten; es kommt also auf den Schutzzweck der Duldungspflicht des Grundeigentümers an. Wenn das Jagdverbot zum Wohl der Allgemeinheit besteht und den Grundeigentümer (= Inhaber des Jagdrechts) ebenso wie den Inhaber des Jagdausübungsrechts trifft, muss (auch) der Grundstückseigentümer die damit verbundenen Nachteile hinnehmen und kann nicht die Last auf den Jagdausübungsberechtigten abwälzen (zu öffentlich-rechtlichen Ersatz- und Entschädigungsansprüchen s § 835 Rn 26): der eine hat den Nachteil, dass er den Schaden durch das Wild tragen muss, der andere, dass er es nicht bejagen darf.

Anders verhält es sich bei der Haftung für aus Gehegen entwichenes Wild nach § 30 BJagdG, der hinsichtlich des Haftungsgrunds § 833 S 1 BGB ähnelt. Das Gesetz knüpft die Ersatzpflicht unabhängig von der Frage der Jagdausübungsberechtigung an die Person des Aufsichtspflichtigen. Dieser Fall lässt sich deshalb eher dem Bereich der Gefährdungshaftung zuordnen.

2. Wildschaden

4 Wildschaden iSv §§ 29 ff BJagdG ist nicht jeder durch wildlebende Tiere hervorgerufene Schaden, etwa durch Verbiss von Borkenkäfern, Hasen etc (AG Fürstenfeldbruck

17. 12. 1999 – 4 C 1196/99, Jagdr Entsch Bd XII Sachg IX Nr 116; Selter AUR 2009, 175 ff). Vielmehr beschränkt das Gesetz die Ersatzpflicht auf durch bestimmte Tierarten hervorgerufene Schäden an Grundstücken und – unter bestimmten Voraussetzungen – deren Erzeugnissen. Nach AG Fürstenfeldbruck (AG Fürstenfeldbruck 17. 12. 1999 – 4 C 1196/99, Jagdr Entsch Bd XII Sachg IX Nr 116; **aA** BeckOGK/Reissmann/Kleinbauer [1. 6. 2026] § 29 BJagdG Rn 17: da § 29 Abs 1 BJagdG gerade nicht an ein Fehlverhalten des Jagdausübungsberechtigten anknüpft) ist der Wildschaden hinzunehmen, wenn er auch bei sehr geringer Wilddichte entstanden wäre (Tragbarkeitsgrenze).

a) Wild

5 Ersatzfähig nach § 29 BJagdG sind nur Schäden, die durch Schalenwild, Wildkaninchen oder Fasanen verursacht werden (Schadwild). Diese auf § 44 Abs 1 RJagdG zurückgehende Regelung bedeutet eine erhebliche Abweichung von § 835 BGB insofern, als Ersatz für Schaden, der durch Wildkaninchen verursacht wird, erstattet werden muss. Zum Schalenwild gehören Wisente, Elch-, Rot-, Dam-, Sika-, Reh-, Gams-, Stein-, Muffel- und Schwarzwild (§ 2 Abs 3 BJagdG). Die Aufzählung der Wildarten, die als Schalenwild gelten, ist erschöpfend (vgl, Jagdordnung § 51 Bem 3 S 312; deshalb auch keine Haftung für Wildschäden durch Dachse: AG Brandenburg 2. 2. 2017 – 31 C 404/15, juris Rn 104); das Raubwild gehört nicht dazu. Durch Landesrecht kann aber die Ersatzpflicht auf weitere Tierarten ausgedehnt werden (§ 29 Abs 4 BJagdG). Bei Schäden durch aus Gehegen entwichene Tiere ist die Haftung auf Schalenwild begrenzt (§ 30 BJagdG). Diese Entscheidung des Gesetzgebers darf nicht durch Rückgriff auf allgemeine Rechtsinstitute (etwa § 823 Abs 1 BGB; dazu ausführlich Rn 22 ff, 34) überspielt werden.

Soweit das LG Krefeld (LG Krefeld 18. 12. 1979 – 1 S 73/79, Jagdr Entsch Bd II Sachg IX Nr 21) aus der Qualifizierung der Wildschadenhaftung als Ausgleichshaftung schließt, § 830 Abs 1 S 2 BGB sei unanwendbar, ist dem nicht zu folgen. Es besteht kein Grund, § 830 Abs 1 S 2 BGB nicht entsprechend anzuwenden, wenn der Schaden zB durch Wild- oder durch Haustiere (Wild- oder Haustauben) verursacht worden ist (Rn 25). Die Vorschrift gilt auch entsprechend für den Ausgleichsanspruch nach § 906 Abs 2 S 2 BGB (§ 830 Rn 78, 80) und Entschädigungsansprüche aus enteignendem und enteignungsgleichem Eingriff (BGH 27. 5. 1987 – V ZR 59/86, BGHZ 101, 106, 111 = NJW 1987, 2811, 2812).

b) Beschädigung eines Grundstücks

6 § 29 BJagdG setzt die Beschädigung eines Grundstücks voraus. Grundstücke sind abgegrenzte Teile der Erdoberfläche. Das Grundstück muss zu einem Jagdbezirk (§§ 7, 8 BJagdG) gehören oder einem solchen angegliedert (§ 5 Abs 1 BJagdG) sein. Die Pflicht zum Ersatz des Wildschadens steht in Wechselbeziehung mit der Berechtigung zur Ausübung des Jagdrechts auf dem beschädigten Grundstück (Klotz, RJagdG § 44 Bem 1; § 835 Rn 3). Eine Haftung für Wildschäden in befriedeten Bezirken (vgl zB § 5 Abs 1 BrLJG) besteht daher nicht (BGH 4. 3. 2010 – III ZR 233/09, BGHZ 184, 334 Rn 9 ff; **aA** Pardey RdL 1999, 309; Meyer-Ravenstein AUR 2010, 195 ff; zuvor schon AG Mülheim Jagdr Entsch Bd VII Sachg IX Nr 77; § 44 Abs 1 S 1 VO Ausf RJagdG, RGBl 1935, 431, 445), ausnahmsweise wenn die Jagd im befriedeten Bezirk gestattet ist. Gleiches gilt an Orten, an denen die Jagd nach den Umständen des Einzelfalles die öffentliche Ruhe, Ordnung oder Sicherheit stören oder das Leben von Menschen gefährden würde und deshalb nicht ausgeübt werden darf, §§ 40, 53 Abs 5 S 1 JWMG (AG Gengenbach

19. 8. 2019 – 1 C 193/18, Jagdr Entsch Bd XXI Sachg IX Nr 273). Eine bestimmte Nutzungsart wird nicht vorausgesetzt; der Wildschadensersatz ist nicht auf land- oder forstwirtschaftlich genutzte Grundstücke beschränkt (BGB-RGRK/Kreft § 835 Rn 10); denn es werden nicht die land- und forstwirtschaftlichen Belange geschützt. Der Schaden kann am Bewuchs (zB Verbiss, Abäsen, Aufnahme der Aussaat oder Früchte, Benagen, Schälen, Verliegen, Zerstampfen, Zertreten, Aufscharren, Plätzen, Fegen, Schlagen, Abrupfen, Abbrechen, Bereiten von Lagerstätten, Bauen, Röhren, Kesseln) oder an der Substanz des Grundstücks (zB durch Zerwühlen des Bodens, zB am Brachland, an Wegen, Straßengräben, Seen, Teichen, Sportplätzen, und durch Brechen von Schwarzwild) entstehen (Bauer, Jagdordnung § 51 Bem 7 S 313; Behr/Ott/Nöth 328; Stollenwerk RdL 1995, 227). Zum Grundstück gehören auch dessen wesentliche Bestandteile iSv § 94 BGB. Abdeckfolien sind Zubehör iSv § 97 BGB. Darüber hinaus erweitert § 31 BJagdG die Haftung auf Schäden an Erzeugnissen, die bereits vom Grundstück getrennt und damit keine wesentlichen Bestandteile iSv § 94 Abs 1 S 1 BGB mehr sind, aber noch nicht eingeerntet wurden (dazu: BeckOGK/Reissmann/Kleinbauer [1. 6. 2026] § 31 BJagdG Rn 4).

7 Von der Wildschadenhaftung nach dem BJagdG nicht erfasst werden Schäden an Personen und beweglichen Sachen, selbst wenn diese Schäden durch die Beschädigung eines Grundstücks ausgelöst worden sind (Pferd und Reiter stürzen, weil das Pferd bei einer Schleppjagd in einen Kaninchenbau tritt). Durch Wild(-wechsel) verursachte Verkehrsunfälle sind dem Anwendungsbereich der §§ 29 ff BJagdG entzogen (Schuck/Schuck § 29 Rn 21). Eine analoge Anwendung scheidet angesichts des eindeutigen Gesetzeswortlauts und fehlender Vergleichbarkeit aus (OLG Hamm 7. 11. 1956 – 3 W 181/56, VersR 1957, 472). Jedoch kann eine Haftung nach den §§ 823 ff BGB in Betracht kommen (dazu Rn 34 ff). Die §§ 29 ff BJagdG regeln nicht den Ersatz von Aufwendungen für die Anbringung von Schutzvorrichtungen zur Verhütung von Wildschäden (OLG Koblenz 8. 1. 1980 – 3 U 140/79, Jagdr Entsch Bd II Sachg IX Nr 22).

3. Ersatzpflichtiger

8 Das Gesetz gewährt dem Grundstücksberechtigten einen Ausgleich für Schäden, die er dadurch erleidet, dass er sich des Wildes nicht frei erwehren darf (Rn 3). Folgerichtig zieht es als Ersatzpflichtigen grundsätzlich denjenigen heran, der die Vorteile daraus zieht, nämlich den Jagdausübungsberechtigten (Prot II 825: „Aus dem Vortheilsprinzipe folgt, dass derjenige ersatzpflichtig ist, welchem auf dem beschädigten Grundstücke die Ausübung der Jagd zusteht"; vGierke, Privatrecht III 950; Bauer, Jagdordnung § 51 Bem 2 S 311; zum Inhalt des Jagdausübungsrechts und seiner Abgrenzung zum Jagdrecht ausführlich Lorz/Metzger § 3 Rn 5 ff; vgl auch Baur/Stürner, Sachenrecht § 27 Rn 65 ff). Mehrere Jagdausübungsberechtigte haften nach §§ 830, 840 Abs 1 BGB solidarisch (Klotz, RJagdG § 44 Bem 1). Zum Bereicherungsausgleich für den vom Jagdpächter gezahlten Wildschadensersatz bei nichtigem Jagdpachtvertrag siehe OLG Köln 29. 4. 2022 – I-6 U 173/21, MDR 2022, 1274.

Der Grundeigentümer einer befriedeten Fläche ist kein Ersatzpflichtiger iSd §§ 29 ff BJagdG. Auf die Entscheidung der Großen Kammer des EGMR (EGMR 26. 6. 2012 – 9300/07 *Herrmann v Germany*, NJW 2012, 3629 = RdL 2013, 13), wonach das BJagdG die ethischen Überzeugungen von Grundstückseigentümern, welche die Jagd zutiefst ablehnen, nicht hinreichend berücksichtigt, hat der Gesetzgeber mit der Einführung von

§ 6a BJagdG vom 29. 5. 2013 (BGBl I 1386) reagiert (ausf Leonhardt/Piesskalla BJagdG Erl 1 zu § 6a). Nach § 6a Abs 1 S 1 BJadgG sind Grundflächen, die zu einem gemeinschaftlichen Jagdbezirk gehören und im Eigentum einer natürlichen Person stehen, auf Antrag des Grundeigentümers zu befriedeten Bezirken zu erklären (Befriedung), wenn der Grundeigentümer glaubhaft macht, dass er die Jagdausübung aus ethischen Gründen ablehnt. Wildschäden an Grundstücken, die zum gemeinschaftlichen Jagdbezirk gehören, hat der Grundeigentümer der befriedeten Grundfläche nach dem Verhältnis des Flächenanteils seiner Grundfläche an der Gesamtfläche des gemeinschaftlichen Jagdbezirks anteilig zu ersetzen, § 6a Abs 6 S 1 BJadgG. Dies gilt nach § 6a Abs 6 S 2 BJadgG nicht, sofern das schädigende Wild auf der befriedeten Grundfläche nicht vorkommt oder der Schaden auch ohne die Befriedung der Grundfläche eingetreten wäre. Nach zivilprozessualen Grundsätzen liegt die **Darlegungs- und Beweislast** dafür beim Eigentümer der befriedeten Fläche (ausf Leonhardt/Piesskalla BJagdG Erl 7 zu § 6a). Im Verhältnis Geschädigter und Jagdgenossenschaft haftet weiter unverändert die Genossenschaft bzw ihr Pächter (§ 29 Abs 3 S 1 BJagdG), da die Norm iVm § 29 Abs 1 BJagdG zu verstehen ist. Ihnen steht gegen den Grundeigentümer der befriedeten Fläche aber ein Regressanspruch zu. Dieser ist **zivilrechtlicher Natur**, verjährt nach § 195 BGB in drei Jahren und kann von der Jagdgenossenschaft ohne Vorverfahren vor dem örtlich zuständigen Amtsgericht nach § 23 Nr 2d GVG gerichtlich geltend gemacht werden (ausf Schuck/Munte § 6a Rn 104 ff; Leonhardt/Piesskalla BJagdG Erl 7 zu § 6a).

a) Beschädigung von Grundstücken, die zu einem gemeinschaftlichen Jagdbezirk gehören oder einem solchen angegliedert sind (§ 29 Abs 1 BJagdG)

Das Jagdausübungsrecht in einem gemeinschaftlichen Jagdbezirk steht der Jagdgenossenschaft zu (§ 8 Abs 5 BJagdG). Gleiches gilt für Grundstücke, die einem solchen Jagdbezirk angegliedert sind. Für Wildschäden ist deshalb nach § 29 Abs 1 S 1 BJagdG grundsätzlich die Jagdgenossenschaft ersatzpflichtig. Im Innenverhältnis haften die Jagdgenossen (= Grundstückseigentümer, § 9 BJagdG) anteilig nach der Größe ihrer Grundstücke (§ 29 Abs 1 S 2 BJagdG). 9

Nutzt die Jagdgenossenschaft – wie regelmäßig, vgl § 10 Abs 1 BJagdG – die Jagd durch Verpachtung, so ist nach § 29 Abs 1 S 3 BJagdG der Jagdpächter ersatzpflichtig, wenn und soweit er die Haftung im Pachtvertrag wirksam übernommen hat. Die Bestimmung „vermittele" dem Geschädigten einen unmittelbaren Anspruch gegen den Jagdpächter (BGH 5. 5. 2011 – III ZR 91/10, VersR 2011, 1521 Rn 15 = RdL 2011, 235). Die grundsätzliche Haftung der Jagdgenossenschaft kann also abgewälzt werden. Der Jagdpächter tritt insoweit an die Stelle der Jagdgenossenschaft. Erfolgt die Haftungsübernahme nur eingeschränkt (zB differenziert nach der geschädigten Pflanzenart, der Nutzungsart [vgl AG Dillenburg 29. 3. 2019 – 50 C 323/18 [13], Jagdr Entsch Bd XXI Sachg IX Nr 272] oder dem schadensverursachenden Wild, Haftungsbegrenzung durch Höchstbeträge oder Quoten, abhängig vom Verschulden des Pächters oder der Erstellung von Schutzvorrichtungen durch den Eigentümer) verbleibt es im nicht übernommenen Umfang bei der Haftung der Jagdgenossenschaft (BGH 11. 12. 2014 – III ZR 169/14, VersR 2015, 850 Rn 10 = NJW-RR 2015, 434). Haben mehrere Jagdpächter vertraglich die Ersatzpflicht übernommen, haften sie als Gesamtschuldner (§§ 421, 427 BGB; LG Arnsberg 27. 5. 1991 – 5 S 329/90, Jagdr Entsch Bd VIII Sachg IX Nr 86). Bei vertraglicher Übernahme des Wildschadensersatzes durch den Jagdpächter haftet die Jagdgenossenschaft subsidiär, soweit der Geschädigte vom Jagdpächter keinen Ersatz erlangen kann (§ 29 Abs 1 S 4 BJagdG; früher § 44 Abs 1 RJagdG; AG Bühl Jagdr Entsch Bd VII Sachg IX Nr 7). Allein der Umstand, dass der Jagdpächter eine fehlende Bereitschaft zur Regulierung des Schadens zeigt, reicht hierfür nicht aus (LG Heidelberg 1. 8. 2018 – 1 S 11/18, Jagdr Entsch Bd XXI Sachg IX Nr 271). Es handelt sich also nicht um eine gesamtschuldnerische Haftung (**aA** Schuck/Schuck § 29 Rn 26 für den Fall einer Einigung auf eine anteilige Haftung), entsprechend etwa § 838 BGB (Pächter; § 838 Rn 2) oder des ehemaligen Art 12 Jagd- u Fischereigesetz Großherzogtum Hessen (Bauer, Sammlung 96) und Art 3 Abs 1 Hess Wildschadensgesetz (Conradi, Hess Jagdrecht 104). § 29 Abs 1 S 4 BJagdG verstärkt den Gläubigerschutz gegenüber älteren landesrechtlichen Regelungen, wie zB § 5 Wildschadengesetz Herzogtum Anhalt („Ist die Ausübung der Jagd auf den gemeinschaftlichen Jagdbezirken verpachtet, so trifft an Stelle der Jagdgemeinschaft den Jagdpächter die Ersatzpflicht", Puschmann 89), indem sie die Jagdgenossenschaft aus der Haftung nicht (vollends) entlässt.

Die vertragliche Haftungsübernahme durch den Jagdpächter löst Rechtswirkungen nicht nur zwischen den Vertragsparteien, sondern auch im Außenverhältnis zum (zunächst nur potenziell) Geschädigten aus (Behr/Ott/Nöth 329; AG Bühl Jagdr Entsch Bd VII Sachg IX Nr 72). Sie bedeutet also nicht lediglich eine Erfüllungsübernahme iSv § 415 Abs 3 S 1 BGB, sondern ist ein echter Vertrag zugunsten Dritter gem § 328 BGB (Enneccerus/Lehmann § 259 II 1; BeckOGK/Reissmann/Kleinbauer [1. 6. 2026] § 29 BJagdG Rn 28; Schuck/Schuck § 29 Rn 24a; Leonhardt/Piesskalla BJagdG Erl 7.1.3 zu § 29; AG Walsrode Jagdr Entsch Bd VII Sachg IX Nr 80), da der Geschädigte einen weiteren Schuldner erhält. Auch handelt es sich nicht um eine Schuldübernahme mit befreiender Wirkung, wie Lauven (Schriftenreihe LJV Bayern, Bd 3 [1997] 39, 52) annimmt, weil die Genehmigung des Gläubigers fehlt, die § 415 Abs 1 BGB erfordert. § 29 Abs 1 S 3 BJagdG geht auf § 44 Abs 1 S 3, 4 RJagdG zurück und weicht von § 835 BGB ab. Nach dieser Bestimmung richtete sich der Wildschadensersatzanspruch gegen den kraft Gesetzes Jagdberechtigten, also die Jagdgenossenschaft, nicht gegen den Jagdpächter, der den Wildschaden übernommen hat (Planck § 835 Anm 6). Er haftete nur im Innenverhältnis, im Außenverhältnis nur, wenn er sich vertraglich verpflichtet hatte, dass er dem Verletzten unmittelbar hafte; ein solcher Vertrag war ein Vertrag zugunsten Dritter. Die Jagdgenossenschaft konnte beim Jagdpächter Regress nehmen (Dalcke/Delius 140). Durch § 44 Abs 1 S 3, 4 RJagdG wollte man Schwierigkeiten vermeiden, die sich aus einem solchen Verfahren ergeben (Behr/Ott/Nöth 330).

Die Tragweite der Subsidiaritätsklausel in § 29 Abs 1 S 4 BJagdG ist umstritten. Im Schrifttum wird die Auffassung vertreten, die Jagdgenossenschaft hafte im Falle der Haftungsübernahme des Jagdpächters nach Art eines gewöhnlichen Bürgen (Lorz/Metzger/Stöckel [4. Aufl 2011] § 29 Rn 4, aufgegeben in 5. Aufl 2023; Mitzschke/Schäfer § 29 Rn 12; Drees/Thies/Müller-schallenberg, § 32 LJG-NRW IV 1; dagegen krit Leonhardt/Piesskalla BJagdG Erl 7.1.4 zu § 29; **abl** Meyer-Ravenstein, BJagdG u NdsLJagdG [1989] § 29 Rn 18 ff [S 292]: Gesamtschuld; Schuck/Schuck § 29 Rn 27 f: keine Gesamtschuld, aber Hinzutreten eines weiteren Ersatzpflichtigen). Die Inanspruchnahme der Jagdgenossenschaft wäre danach vom vorherigen erfolglosen Versuch der Zwangsvollstreckung in das Vermögen des Jagdpächters abhängig (vgl §§ 771, 772 BGB) (Behr/Ott/Nöth 330). Diese Ansicht überzeugt wenig, wenngleich sie nicht ohne historisches Vorbild ist (Art 193 Abs 3 Ausführungsgesetz zum BGB [Königreich Württemberg]: „Neben dem Jagdpächter … haftet die Gemeinde wie ein Bürge" [Rampacher 35]; Art 6 Wildschadensgesetz Sachsen-Meiningen [Bauer, Sammlung 164]: „Ist das Jagdrecht verpachtet oder sonst dessen Ausübung einem anderen vom Jagdberechtigten überlassen, so haftet dieser für die Vergütung des Wildschadens nur insoweit, als sie von dem Jagdinhaber wegen Zahlungsunfähigkeit nicht beigetrieben werden kann"; s auch Nachw bei vGIERKE, Privatrecht III 952 Fn 80). Sie übersieht, dass die nachrangige Bürgenhaftung durch Vertrag zwischen dem Gläubiger und dem Bürgen zustande kommt, während die nachrangige Haftung der Jagdgenossenschaft durch ihre Vereinbarung mit dem Jagdpächter (Vertrag zwischen den [späteren] Schuldnern) ausgelöst wird. Dieser konstruktive Unterschied spricht gegen die Anwendung der Bürgschaftsregeln. Die Entlastung der Jagdgenossenschaft im Außenverhältnis hängt allein vom Willen der Vertragsparteien ab. Dadurch wird die relative Wirkung der Obligation in Frage gestellt. Die oben erwähnte im Königreich Württemberg bestehende Bürgenhaftung begegnete diesem Einwand nicht, weil sie – vom Parteiwillen unabhängig – durch Gesetz (Art 193 Abs 3 Ausführungsgesetz zum BGB [Königreich Württemberg]) angeordnet wurde.

Da der Geschädigte an der Haftungsübernahme unbeteiligt ist und sich diese zu seinen Gunsten (ENNECCERUS/LEHMANN § 259 II 1) und nicht zu seinen Lasten auswirken soll, sind etwaige Nachteile für den Geschädigten infolge der Nachrangigkeit der Haftung der Jagdgenossenschaft durch enge Auslegung der Subsidiaritätsklausel zu vermeiden. Dafür spricht der Wortlaut von § 29 Abs 1 S 4 BJagdG. Im Unterschied zu Art 193 Abs 3 Ausführungsgesetz zum BGB (Königreich Württemberg) ist keine Rede davon, dass die Jagdgenossenschaft „wie ein Bürge" haftet. Stattdessen hafteten nach § 22 der ehemaligen Jagdordnung Hannover (BAUER, Sammlung 17) die Verpächter „nur aushilfsweise". Auch nach geltendem Recht soll die Jagdgenossenschaft bereits haften, wenn der Geschädigte vom Pächter keinen Ersatz erlangen *kann* (nicht: konnte). Der Gesetzgeber orientierte sich offenbar an den – insoweit dem Wortlaut nach vergleichbaren – §§ 839 Abs 1 S 2 und 829 BGB. Die Bestimmungen erfordern keine Vorausklage oder gar Vorausvollstreckung. Somit sind diese Maßnahmen auch nicht gegen den Jagdpächter erforderlich (vgl zu § 839 BGB STAUDINGER/WÖSTMANN [2020] § 839 Rn 295 f; zu § 829 BGB STAUDINGER/OECHSLER [2021] § 829 Rn 39). Auch wird die Subsidiaritätsklausel durch das Erfordernis der Zumutbarkeit beschränkt. Daher darf man vom Geschädigten keinen sinnlosen oder unzumutbaren Aufwand verlangen. In diese Richtung zielte auch § 21 Nr 3 Badisches Jagdgesetz, wonach die „Einrede der Vorausklage" der Gemeinde „nicht zusteht", wenn es sich um einen Jagdpächter handelt, der im Deutschen Reich keinen Wohnsitz und auch keinen für ihn als Selbstschuldner bürgenden zahlungsfähigen Bevollmächtigten hat (KLOTZ 39). Daher genügt es, wenn Tatsachen die Annahme rechtfertigen, dass keine Aussicht besteht, vom Jagdpächter Ersatz zu erlangen (LG Heidelberg 1. 8. 2018 – 1 S 11/18, Jagdr Entsch Bd XXI Sachg IX Nr 271; LEONHARDT/PIESSKALLA BJagdG Erl 7.1.4 zu § 29; so jetzt auch LORZ/METZGER § 29 Rn 6).

§ 29 Abs 1 S 4 BJagdG enthält eine zur Klagebegründung gehörende Anspruchsvoraussetzung (negatives Tatbestandsmerkmal). Der Geschädigte muss also im Prozess gegen die Jagdgenossenschaft darlegen und beweisen, dass eine Inanspruchnahme des Jagdpächters nicht erfolgversprechend ist. Gelingt ihm das, kann die Jagdgenossenschaft sich nicht auf die Subsidiaritätsklausel berufen (zustimmend: BeckOGK/REISSMANN/KLEINBAUER [1. 6. 2026] § 29 BJagdG Rn 32). Das ist interessengerecht, weil die Jagdgenossenschaft den Jagdpächter auswählt und dessen Bonität prüfen kann und soll. Hat die Jagdgenossenschaft Ersatz geleistet, steht ihr aufgrund der vertraglichen Haftungsübernahme ein Regressanspruch gegen den Jagdpächter zu.

Verklagt der Geschädigte zunächst den Jagdpächter und beruft sich dieser auf die Unwirksamkeit der vertraglichen Haftungsübernahme, kommt eine Streitverkündung des Klägers gegenüber der Jagdgenossenschaft in Betracht (§§ 72 ff ZPO). Das Risiko, in der Zwangsvollstreckung gegen den Jagdpächter auszufallen, rechtfertigt die Streitverkündung nicht (vgl MünchKommZPO/Schultes § 72 Rn 6).

Bei formularmäßigen Wildschadensersatzklauseln ist deren Vereinbarkeit mit §§ 305–310 BGB zu beachten (dazu Rn 15 ff).

b) Beschädigung von Grundstücken, die einem Eigenjagdbezirk angegliedert sind (§ 29 Abs 2 BJagdG)

10 In einem Eigenjagdbezirk ist grundsätzlich der Eigentümer jagdausübungsberechtigt (§ 7 Abs 4 S 1 BJagdG). An seine Stelle tritt der Nutznießer, wenn ihm die Nutzung des ganzen Eigenjagdbezirks zusteht (§ 7 Abs 4 S 2 BJagdG). Da sich die Jagdausübungsberechtigung in einem Eigenjagdbezirk auch auf Grundstücke erstreckt, die diesem Eigenjagdbezirk angegliedert sind (§ 5 Abs 1 BJagdG), lässt § 29 Abs 2 S 1 BJagdG den Eigentümer oder Nutznießer des Eigenjagdbezirks auch für Wildschäden an angegliederten Grundstücken haften. Dagegen haftet der Begünstigte einer zivilrechtlichen Angliederungsvereinbarung nicht nach § 29 Abs 2 BJagdG, wenn er jagdrechtlich noch nicht befugt war, den eingetretenen Schaden zu verhindern (LG Lüneburg 25. 2. 2019 – 4 S 9/18, Jagdr Entsch Bd XX Sachg IX Nr 268). Bei Verpachtung an einen Jagdpächter ist dieser ersatzpflichtig, wenn er im Pachtvertrag die Haftung für Wildschäden übernommen hat (§ 29 Abs 2 S 2 BJagdG). Eigentümer oder Nutznießer haften aber subsidiär (§ 29 Abs 2 S 3 BJagdG). Im Übrigen gelten die in Rn 9 dargestellten Grundsätze.

c) Beschädigung von Grundstücken, die zu einem Eigenjagdbezirk gehören (§ 29 Abs 3 BJagdG)

11 Schäden an Grundstücken treffen in der Regel den Eigentümer. Da dieser in einem Eigenjagdbezirk grundsätzlich auch zur Ausübung der Jagd berechtigt ist (vgl Rn 9), fallen Geschädigter und Jagdausübungsberechtigter häufig zusammen, sodass sich die Frage privatrechtlicher Ersatzansprüche nicht stellt (*de se queri debet* = etwas sich selbst zuschreiben müssen; zu öffentlich-rechtlichen Entschädigungs- und Ersatzansprüchen vgl Rn 26). Anders kann es jedoch sein, wenn dem Eigentümer ausnahmsweise die Jagdausübungsberechtigung – wie im Falle der Jagdpacht – fehlt oder – wie im Fall der Verpachtung des Grundstücks – der Pächter den Schaden erleidet. In diesen Fällen richtet sich die Ersatzpflicht nach dem zwischen dem Geschädigten und dem Jagdausübungsberechtigten bestehenden Rechtsverhältnis (§ 29 Abs 3 S 1 BJagdG). Die nähere Ausgestaltung der Haftung bleibt also den Parteien überlassen. Die gesetzliche Haftung beschränkt sich – unter Durchbrechung des Prinzips der verschuldensunabhängigen Wildschadenhaftung – auf Schäden, die der Jagdausübungsberechtigte durch unzulänglichen Abschuss verschuldet hat (§ 29 Abs 3 S 2 BJagdG; LG Mönchengladbach 23. 12. 1980 – 4 S 114/80, Jagdr Entsch Bd II Sachg IX Nr 30). Erforderlich ist also wenigstens Fahrlässigkeit.

d) Schäden durch Wild aus Gehegen (§ 30 BJagdG)

Nach § 30 BJagdG trifft die Ersatzpflicht für Schäden durch aus einem Gehege entwichenes (Schalen-)Wild denjenigen, dem als Jagdausübungsberechtigten, Eigentümer oder Nutznießer die Aufsicht über das Gehege obliegt. Die Vorschrift geht in ihrem Anwendungsbereich dem § 29 BJagdG vor. Ersatzpflichtig ist allein der Aufsichtspflichtige unabhängig davon, wer nach § 29 BJagdG haften würde. § 30 BJagdG setzt kein Verschulden voraus und sieht auch – anders als noch § 45 Abs 2 RJagdG – keine Entlastungsmöglichkeit vor, so dass auch höhere Gewalt oder das Verhalten von Dritten die Haftung nicht entfallen lassen (Schuck/Schuck § 30 Rn 12 mwNw auch zur Gegenansicht; Lorz/Metzger § 30 Rn 3). Dennoch wird teilweise eine Verschuldenshaftung angenommen (Mitzschke/Schäfer § 30 Rn 8). Diese Auffassung findet im Gesetz keine Stütze (mehr). Sie ist auch sachlich nicht gerechtfertigt, weil mit der Einrichtung eines Wildgeheges – ähnlich der Haltung eines Luxustiers (§ 833 S 1 BGB) – eine besondere Gefahrenquelle geschaffen wird, deren Beherrschung allein im Verantwortungsbereich des Aufsichtspflichtigen liegt. Die Haftung gemäß § 30 BJagdG endet, wenn das ausgetretene Schalenwild seinen Einstand dort nimmt, wo sich Tiere der vergleichbaren Art aufhalten und der Eigentümer keine Möglichkeit der Verfolgung oder Bejagung hat (Lorz/Metzger § 30 Rn 3 aE). Zur Wiederansiedlung von zumindest regional ausgestorbenen Tierarten (Wisente im Rothaargebirge) und zur Duldungspflicht privater Grundstückeigentümer bis zur Beendigung der Freisetzungsphase vgl BGH 19. 7. 2019 – V ZR 177/17, RdL 2019, 424 (mit Bespr Gellermann NuR 2020, 34; nachfolgend OLG Hamm 15. 7. 2021 – I-5 U 156/15, RdL 2021, 342, Revision in V ZR 158/21 zurückgenommen); zu der Anwendbarkeit von § 30 BJagdG nach der – hier noch nicht erfolgten – Eigentumsaufgabe des Trägervereins an den Tieren vgl Meyer-Ravenstein jurisPR-AgrarR 1/2016 Anm 3. 12

4. Ersatzberechtigter

Ersatzberechtigt nach den §§ 29, 30 BJagdG ist der Geschädigte. Das kann der Grundstückseigentümer, aber auch ein anderer Nutzungsberechtigter (Nießbraucher, Pächter etc) sein. Gemäß § 6a Abs 7 BJadgG hat der Grundeigentümer der befriedeten Fläche keinen Anspruch auf Ersatz von Wildschäden (ausf Leonhardt/Pieskalla BJagdG Erl 8 zu § 6a). 13

5. Art und Umfang der Ersatzpflicht

a) Grundsätze

Art und Umfang des Schadensersatzes bestimmen sich grundsätzlich nach den §§ 249 ff BGB (BGH 4. 11. 2010 – III ZR 45/10, NJW 2011, 852 Rn 12; ausf Leonhardt/Pieskalla BJagdG Erl 5.1, 5.2 zu § 29; Schuck/Schuck § 29 Rn 37–43a; Lorz/Metzger § 29 Rn 4; allgM), die durch § 31 BJagdG ergänzt werden (BGH 4. 11. 2010 – III ZR 45/10, NJW 2011, 852 Rn 12). Dabei ist es eine zulässige Methode, den Ertragsschaden erst nach der Ernte festzustellen (AG St Goar 27. 4. 2017 – 32 C 377/16, Jagdr Entsch Bd XX Sachg IX Nr 256 für Winterraps). Der Wildschadensersatzanspruch wird im Allgemeinen mit dem Eintritt des Schadensereignisses fällig (BGH 28. 5. 2020 – III ZR 138/19, BGHZ 226, 161 Rn 26 f). Ein ersatzfähiger Schaden ist aber bei einem Verbiss von nachwachsenden Jungpflanzen in einem nicht durchforstenden Altbestand nicht entstanden, wenn aufgrund mangelnder Durchforstung die Jungpflanzen keine Entwicklungsmöglichkeiten hatten (AG Lübben 19. 6. 2018 – 20 C 178/17, Jagdr Entsch Bd XX Sachg IX Nr 266). Nach 14

§ 31 Abs 2 S 1 BJagdG ist bei Beschädigung von Bodenerzeugnissen vor der Ernte hinsichtlich der Schadensberechnung auf den Wert zum Zeitpunkt der Ernte abzustellen (LG Waldshut-Tiengen Jagdr Entsch Bd VI Sachg IX Nr 65; zur Berücksichtigung eines möglichen Wiederanbaus s Rn 18). Für die Bemessung von Wildschäden an Forstpflanzen gibt es keine allgemein anerkannte oder herrschende Methode und in der Fachwelt werden unterschiedliche Bewertungsverfahren vertreten. Es besteht deshalb ein weiter tatrichterlicher Spielraum nach § 287 Abs 1 ZPO, den Schaden sachverständig beraten zu ermitteln, so etwa nach der Kostenwertmethode, dh der Differenz zwischen dem Kostenwert der betroffenen Bäume bei ungestörter Entwicklung und deren Kostenwert nach Eintritt des Wildschadens (BGH 4. 11. 2010 – III ZR 45/10, NJW 2011, 852 Rn 16, 20, andere Methoden sind möglich; Drees/Thies 29). Bei Zerstörung oder Beschädigung von Bäumen und Hecken vgl Erman/Ebert § 249 Rn 21 f. Ausführlich zur Schadensberechnung Stollenwerk RdL 1995, 227 (siehe auch: AG Bühl 23. 12. 1987 – C 328/86, Jagdr Entsch Bd VII Sachg IX Nr 72 – betr Schälschäden, Einfluss unregelmäßiger natürlicher Ereignisse [Schneebruch, Sturm]; zur Berücksichtigung von Reserveursachen wie zB Vernässung LG Verden/Aller Jagdr Entsch Bd V Sachg IX Nr 54). Die Ersatzpflicht erstreckt sich auch auf die Kosten des Wildschadensschätzungsvorverfahrens (LG Heilbronn 15. 2. 2012 – 1 S 52/11, Jagdr Entsch Bd XVII Sachg IX Nr 204) einschließlich – auch bei hohen Kosten – der Schadensschätzung (AG Lörrach 13. 11. 2015 – 4 C 475/15, Jagdr Entsch Bd XIX Sachg IX Nr 249; VGH München 22. 6. 2022 – 19 B 21.2272, juris Rn 33). Wird dem Jagdpächter das Recht eingeräumt, allein über den Schadensausgleich zu entscheiden, kann er Naturalrestitution anbieten (AG Kenzingen 1. 4. 2014 – 1 C 21/14, Jagdr Entsch Bd XVIII Sachg IX Nr 224). Gemäß § 252 BGB erstreckt sich die Ersatzpflicht auch auf den entgangenen Gewinn (LG Freiburg 11. 5. 1999 – 7 S 146/98, AgrarR 2000, 316: Ernteausfall nach Rehverbiss in einem Weinberg).

Es sind nur die Schäden am Grundstück selbst und seinen Bestandteilen (§ 94 BGB) ersatzfähig. Für die Schädigung anderer Sachen oder von Personen ist kein Wildschadensersatz zu leisten (OLG Köln 11. 2. 2011 – 11 U 184/10, juris Rn 9).

b) Formularmäßige Wildschadensklauseln

15 § 29 BJagdG enthält nachgiebiges Recht. Durch Vertrag zwischen dem Grundeigentümer und dem Jagdberechtigten kann der Wildschadensersatz anders geordnet oder ganz ausgeschlossen werden (vgl BGB-RGRK/Oegg [7. Aufl] § 835 Bem 1). Formularmäßige Jagdpachtverträge enthalten häufig Wildschadens- und Wildschadensverhütungsklauseln (vgl Leonhardt/Piesskalla BJagdG Erl 1.6 zu § 29). Sie sind keine überraschenden Klauseln iSv § 305c BGB (LG Kreuznach Jagdr Entsch Bd XIII Sachg IX Nr 126; LG Rottweil 28. 10. 2009 – 6 O 20/09, BWGZ 2010, 54 ff). Soweit solche Klauseln Schadensersatzpflichten abweichend von der gesetzlichen Regelung der §§ 29 ff BJagdG regeln (zB Übernahme der Ersatzpflicht für Wildschäden durch den Jagdpächter anstelle der Jagdgenossenschaft, vgl § 29 Abs 1 S 1, 3 BJagdG), unterliegen sie nach § 307 Abs 3 BGB der **Inhaltskontrolle**. Demgegenüber sollen nach Ansicht des BGH Klauseln, die dem Jagdpächter Pauschalbeträge für Wildschäden lediglich als „Teile des Gesamtpreises für die Verpachtung der Jagdnutzung" auferlegen, der richterlichen Inhaltskontrolle entzogen sein (BGH 30. 11. 2000 – III ZR 151/00, NJW-RR 2001, 343; ebenso OLG Koblenz 21. 7. 1999 – 1 U 220/98, Jagdr Entsch Bd XII Sachg IX Nr 114; OLG Celle 5. 12. 2001 – 7 U 209/00, Jagdr Entsch Bd XIII Sachg IX Nr 124; OLG Koblenz 13. 5. 2004 – 5 U 1476/03, Jagdr Entsch Bd XIII Sachg IX Nr 149; **abl** Thies AgrarR 2000, 177, 181). Ob es sich im konkreten Einzelfall bei der vereinbarten Wildschadenspauschale um einen pauschalierten Schadens-

ersatzanspruch oder um eine Preisabrede handelt, ist durch Vertragsauslegung zu ermitteln (OLG Celle 5. 12. 2001 – 7 U 209/00, Jagdr Entsch Bd XIII Sachg IX Nr 124). Kontrollfrei sind auch Klauseln, die eine Übernahme oder Pauschalierung von Wildschäden durch einen Jagdgast im Rahmen einer entgeltlichen Jagderlaubnis nach § 11 Abs 1 S 3 BJagdG iVm Landesjagdrecht vorsehen (BGH 8. 10. 1999 – III ZR 278/97, NJW-RR 1999, 125, 126 f). Klauseln, die ihrem Wortlaut nach eine über den sachlichen Anwendungsbereich der §§ 29 ff BJagdG hinausgehende Haftung vorsehen (zB „Ersatz sämtlicher Wildschäden"), sind regelmäßig einschränkend dahingehend auszulegen, dass nur für Wildschäden iSd BJagdG gehaftet werden soll (vgl Thies AgrarR 2000, 177, 178; gegen eine solche Auslegung: BeckOGK/Reissmann/Kleinbauer [1. 6. 2026] § 29 BJagdG Rn 35).

Ist die Inhaltskontrolle eröffnet, so waren den Wildschadensersatz pauschalierende 16
Klauseln unwirksam, wenn die Pauschale den nach dem gewöhnlichen Lauf der Dinge zu erwartenden Schaden überstieg (§ 309 Nr 5a BGB) oder wenn dem Jagdpächter der Nachweis abgeschnitten wurde, dass ein Schaden tatsächlich gar nicht entstanden oder wesentlich niedriger ist als die Pauschale (§ 309 Nr 5b BGB). Die Rechtsprechung hat an die Formulierung solch pauschalierender Klauseln im Hinblick auf die Eröffnung des Gegenbeweises bereits in der Vergangenheit strenge Maßstäbe angelegt (noch zu § 11 Nr 5b AGBGB; vgl etwa OLG Hamm NJW-RR 1995, 624: Ausschluss des Gegenbeweises schon durch die Formulierung „Pauschalentschädigung"; OLG Zweibrücken 10. 2. 1999 – 1 U 341/97, Jagdr Entsch Bd XII Sachg IX Nr 111; OLG Celle 4. 12. 1997 – 7 U 254/96, OLGR 1998, 123, 124; eingehend zur Problematik der Gegenbeweismöglichkeit Staudinger/Coester-Waltjen [2025] § 309 Nr 5 Rn 14 ff, 19 ff). Mit der Übernahme des AGBG in das BGB hat der Gesetzgeber diese Maßstäbe nochmals verschärft: § 309 Nr 5b BGB macht die Wirksamkeit der Klausel nunmehr von einem ausdrücklichen Hinweis des Verwenders auf die Möglichkeit des Gegenbeweises abhängig. Dem hat die Vertragspraxis Rechnung zu tragen.

Klauseln über Wildschadensverhütungspauschalen fallen nicht unter § 309 Nr 5 17
BGB, weil deren Anwendungsbereich auf Schadensersatzansprüche beschränkt ist (BGH 30. 11. 2000 – III ZR 151/00, NJW-RR 2001, 343 zu § 11 Nr 5 AGBG). Jedoch können einheitliche Pauschalen für die Verhütung und Abgeltung von Wildschäden wegen Verstoßes gegen das Transparenzgebot von § 307 Abs 1, 2 BGB unwirksam sein (eingehend Thies AgrarR 2000, 177, 178 mwNw; vgl auch OLG Hamm NJW-RR 1995, 624; OLG Stuttgart 11. 1. 2001 – 13 U 140/00, OLGR 2001, 207).

6. Haftungsminderung und Haftungsausschluss

Die Haftung für Wildschäden nach §§ 29 ff BJagdG kann aufgrund eines Verhaltens 18
des Geschädigten gemindert oder sogar ganz ausgeschlossen sein. Das in § 254 BGB verankerte Prinzip der Schadensteilung bei Mitverursachung oder Mitverschulden gilt als allgemeiner Rechtsgrundsatz des Schadensrechts auch im Rahmen des Wildschadensersatzes (RGZ 52, 349, 351; Prot II 811, 837; Bauer, Jagdordnung, Nachtrag zu S 320, S 556; Planck § 835 Anm 4; eingehend Leonhardt/Piesskalla BJagdG Erl 5.4.4 zu § 29; Schuck/Schuck § 29 Rn 44–52; Lauven AgrarR 1990, 149; Lauven, Schriftenreihe LJV Bayern, Bd 3 [1997] 39, 41 mwNw; vgl auch Linnenkohl § 32 Rn 1; Lorz/Metzger § 29 Rn 5 u § 32 Rn 1; BGB-RGRK/Kreft § 835 Rn 17). Da der Anspruch der bürgerlich-rechtlichen Aufopferungshaftung („dulde und liquidiere") zumindest sehr nahesteht (BGH 4. 3. 2010 – III ZR 233/09, BGHZ 184, 334; s oben), ist die Bestimmung nur entsprechend anwendbar.

So kann ein anrechenbares Mitverschulden gegeben sein, wenn der Geschädigte dem Schadenseintritt durch nicht ordnungsgemäße Landbewirtschaftung Vorschub leistet, etwa bei verspätetem Einbringen der Ernte, durch Einpflügen von Bodenfrüchten oder Unterpflügen von abgehächseltem, nicht abgeerntetem Mais mit nachfolgender Getreideaussaat (LG Schwerin 8. 11. 2002 – 6 S 269/01, Jagdr Entsch Bd XIII Sachg IX Nr 130). Auch bei unterlassener Information des Jagdausübungsberechtigten vor dem Anbau potenziell wildgefährdeter Pflanzen (zur Informationspflicht betr Aussaat und Milchreife von Mais: LG Koblenz 29. 7. 1998 – 3 S 47/98, Jagdr Entsch Bd XI Sachg IX Nr 106; LG Lüneburg 4. 7. 2013 – 10 S 3/13, Jagdr Entsch Bd XVII Sachg IX Nr 215; LG Trier 4. 3. 2016 – 1 S 181/15, Jagdr Entsch Bd XIX Sachg IX Nr 251) kann ein Mitverschulden in Betracht kommen. Landwirte sind gehalten, die Bejagungsmöglichkeit durch das Anlegen von Sichtstreifen zwischen Hauptfrucht und Waldrand sowie von Bejagungsschneisen in der Hauptfrucht gegen eine angemessene Ertragsausfallentschädigung zu verbessern (LG Trier 3. 4. 2012 – 1 S 247/11, Jagdr Entsch Bd XVII Sachg IX Nr 214; LG Hildesheim 4. 7. 2014 – 7 S 62/14, Jagdr Entsch Bd XVIII Sachg IX Nr 223). Das Mitverschulden muss mitursächlich sein (LG Trier 4. 3. 2016 – 1 S 181/15, Jagdr Entsch Bd XIX Sachg IX Nr 251). Schutzmaßnahmen und Ansitzeinrichtungen sind zu dulden. Hat der Geschädigte das Errichten von Hochsitzen und das Befahren seines Geländes verboten, kann dies zu einem gänzlichen Ausschluss seines Schadensersatzanspruchs führen (AG Lübben 19. 6. 2018 – 20 C 178/17, Jagdr Entsch Bd XX Sachg IX Nr 266). Das Mitverschulden kann auch darin bestehen, dass der Geschädigte die Anwendung gebräuchlicher Abwehrmittel (Klappern, Scheuchen) unterlässt (s auch § 26 BJagdG). Dazu kann auch die Anbringung oder Reparatur von Zäunen oder sonstigen Einfriedungen gehören, je nach Lage der besonderen Verhältnisse (Oertmann 114) und vorbehaltlich landesrechtlicher Bestimmungen. Dagegen wird man von einem Landwirt unter dem Gesichtspunkt der Schadensabwendungs- und -minderungspflicht nicht verlangen können, wildgefährdeten Anbau von vornherein ganz zu unterlassen (AG Diez/Lahn Jagdr Entsch Bd V Sachg IX Nr 60; LG Trier 3. 4. 2012 – 1 S 247/11, Jagdr Entsch Bd XVII Sachg IX Nr 214; LG Hildesheim 4. 7. 2014 – 7 S 62/14, Jagdr Entsch Bd XVIII Sachg IX Nr 223; Schuck/Schuck § 29 Rn 47; vgl Drees/Thies 31; **aA** Lorz/Metzger/Stöckel [3. Aufl 1998] § 31 Rn 2, aufgegeben in Lorz/Metzger § 29 Rn 5). Die Grenze bildet das Verbot des Rechtsmissbrauchs (§ 242 BGB): „Ein Ersatz für Wildschaden findet nicht statt, wenn die Umstände ergeben, dass die Bodenerzeugnisse in der Absicht gezogen oder erheblich über die gewöhnliche Erntezeit hinaus auf dem Felde belassen sind, um Schadensersatz zu erzielen" (§ 4 Preußisches WildschadenG v 11. 7. 1891, Gesetz-Samml f d Königlichen Preußischen Staaten [1891] Nr 26, 307, 308; ebenso Scherping/Vollbach, RJagdG § 44 Erl 1; AG Bad Hersfeld 23. 2. 2015 – 10 C 528/13 [50], Jagdr Entsch Bd XVIII Sachg IX Nr 236: Betretensverbot für Jagdpächter). So wird teilweise in Landesgesetzen die Erstattung von Wildschaden ausgeschlossen, wenn dieser durch verspätete, unvollständige oder unterlassene Ernte (§ 31 Abs 2 S 2 SächsJagdG, § 45 Abs 3 ThJG) oder durch die nicht übliche Art der Bewirtschaftung entstanden ist (§ 45 Abs 3 ThJG). Ein Verstoß gegen § 242 BGB ist auch dann zu bejahen, wenn der Eigentümer bestehende Schutzvorrichtungen eingehen lässt, ohne den Jagdausübungsberechtigten davon in Kenntnis zu setzen (BGB-RGRK/Oegg [7. Aufl] § 835 Bem 7).

19 Sonderregelungen enthalten § 31 Abs 2 S 2 und § 32 BJagdG (AG Walsrode Jagdr Entsch Bd VII Sachg IX Nr 80). Die Haftung des Ersatzpflichtigen ist für eine Reihe von Objekten ausgeschlossen, die von ihrer Natur her einer erhöhten Wildschadensgefahr ausgesetzt sind und deshalb einen besonderen Schutz durch den Eigentümer oder sonstigen Nutzungsberechtigten erfordern (BGH 8. 5. 1957 – V ZR 150/55, LM Nr 25 zu § 546 ZPO = BeckRS 1957, 31200719). Die Gefahr eines besonders hohen Schadens soll zugunsten des grundsätzlich Ersatzpflichtigen abgemildert werden. Es verstößt gegen Treu und Glauben, wer jede Maßregel zur Abwendung oder zur Minderung des Schadens unterlässt und gleichwohl den vermeidbar gewesenen Schaden ersetzt verlangt (Scherping/Vollbach, RJagdG § 47 Erl 2). Soweit og Sonderregelungen reichen, ist § 254 BGB unanwendbar. Das wirkt sich im Anwendungsbereich von § 31 Abs 2 S 2 BJagdG kaum aus, weil dieser nur eine besondere Ausprägung des Mitverschuldensgedankens enthält. Demgegenüber verlagert § 32 BJagdG das Schadensrisiko in vollem Umfang auf den Geschädigten, wenn dieser vom Jagdausübungsberechtigten getroffene Abwehrmaßnahmen unwirksam macht (Abs 1). Nach Abs 2 S 1 wird – soweit die Länder nichts anderes bestimmen – derjenige Wildschaden nicht ersetzt, der an Weinbergen, Gärten, Obstgärten, Baumschulen, Alleen, einzelnstehenden Bäumen, Forstkulturen, die durch Einbringungen anderer als der im Jagdbezirk vorkommenden Hauptholzarten einer erhöhten Gefährdung ausgesetzt sind, oder Freilandpflanzen von Garten- oder hochwertigen Handelsgewächsen entsteht, wenn die Herstellung von üblichen Schutzvorrichtungen unterblieben ist, die unter gewöhnlichen Umständen zur Abwendung des Schadens ausreichen. Gleiches kann gelten, wenn die Schutzvorrichtung nicht ordnungsgemäß unterhalten wird (AG Cochem 11. 6. 1992 – 2 C 592/90, Jagdr Entsch Bd VIII Sachg IX Nr 84). Der Gesetzgeber geht davon aus, dass Anlagen und Anpflanzungen der bezeichneten Art einer erhöhten Wildschadensgefahr ausgesetzt sind und deshalb einen besonderen Schutz durch den Eigentümer oder sonstigen Nutzungsberechtigten erfordern. Die erhöhte Gefährdung muss aus dem Umstand folgen, dass sich die eingebrachte Holzart von den bereits vorhandenen Hauptholzarten im Jagdbezirk unterscheidet und deshalb für das Wild zusätzlich attraktiv wird, weshalb eine analoge Anwendung von § 32 Abs 2 S 1 BJagdG auf sogenannte Erstaufforstungen, bei denen erstmals im Jagdbezirk ein Forstbestand geschaffen wird und deshalb keine Hauptholzart existiert, ausscheidet (BGH 4. 12. 2014 – III ZR 61/14, NJW 2015, 1176 Rn 8, 12, ablehn Meyer-Ravenstein AUR 2015, 105 ff, wonach § 32 Abs 2 S 1 BJagdG auch Schäden an einer ersten Forstkultur im Jagdbezirk erfasst). Das gilt auch für Freilandpflanzungen in Gemüseanbaugebieten, die erfahrungsgemäß das Wild anziehen und bei denen die Gefahr, dass sie durch Wildkaninchen beschädigt werden, besonders groß ist. Dem Ersatzpflichtigen kann die Auferlegung einer so hohen Gefahr nicht ohne Weiteres zugemutet werden. Die erhöhte Gefährdung ist nicht konkret festzustellen; es ist kein Tatbestandsmerkmal, das kumulativ zum Begriff „andere als der … vorkommenden Hauptholzarten" erfüllt sein muss. Hauptholzarten sind nur die im betroffenen Jagdbezirk tatsächlich vorkommenden und auf einem wesentlichen Flächenteil stockenden Arten, hingegen nicht eine, bezogen auf den gesamten Jagdbezirk, nur unwesentliche bzw vereinzelte Holzart (BGH 4. 12. 2014 – III ZR 61/14, NJW 2015, 1176 Rn 15; vgl § 55 Abs 2 S 3 JWMG BW: Flächenanteil von mind 5 %). Nordmanntannen sind in Nordrhein-Westfalen andere als im Jagdbezirk vorkommende Hauptholzarten, die einer erhöhten Gefährdung ausgesetzt sind (OLG Hamm 7. 2. 1996 – 11 U 111/95, Jagdr Entsch Bd XI Sachg IX Nr 101). Die Länder können nach § 32 Abs 2 S 1 BJagdG andere Bestimmungen treffen. Von dieser Möglichkeit hat zB das Land Nordrhein-Westfalen in § 33 Abs 1 LJG-NRW Gebrauch gemacht. Danach ist der Wildschaden neben den im Jagdbezirk vorkommenden Hauptholzarten, und ohne dass es der üblichen Schutzvorrichtungen bedarf, auch für „geeignete Holzarten" zu ersetzen. Als geeignete Holzarten gelten: Buche, Eiche, Roteiche, Ahorn, Esche, Kiefer, Lärche, Fichte und Douglasie unter der Voraussetzung, dass der Anteil der eingebrachten anderen geeigneten Holzarten an der Gesamtfläche der Forstkultur mindestens 20 vH beträgt. In Baden-Württemberg sind Wildschäden an Weinbergen auch dann zu ersetzen, wenn Schutzvorrichtungen zur Abwendung des Schadens nicht errichtet sind, § 55 Abs 2 S 3 JWMG BW. Gärten sind Flächen, die unabhängig von Größe und Lage dem Gartenbau, der Obstgewinnung oder Zierzwecken dienen. Sie können gewerbsmäßig (Gärtnerei, Obstplantage), für den häuslichen Bedarf (Haus- oder Schrebergärten) oder zu Luxuszwecken (Golfplatz, Sportflugplatz) betrieben werden. Dabei ist der Begriff des Gartens weit auszulegen (ablehn mit ausf Begründung BeckOGK/Reissmann/Kleinbauer [1. 6. 2026] § 32 BJagdG Rn 11 ff). Entsprechend dem allgemeinen Sprachgebrauch sind unter Garten auch in der freien Natur gelegene Rasenflächen zu verstehen. Ganz allgemein sind unabhängig von dem Vorhandensein von Zierpflanzen jegliche Grünanlagen als „Garten" anzusehen. So hat die Rechtsprechung einen Golfplatz (LG Hannover 8. 9. 1982 – 16 S 371/81, Jagdr Entsch Bd IV Sachg IX Nr 42), einen Reitplatz (AG Bad Neuenahr-Ahrweiler 7. 3. 2005 – 3 C 287/03, Jagdr Entsch Bd XIV Sachg IX Nr 153), einen Fußballrasenplatz (LG Koblenz 5. 5. 2010 – 12 S 212/09, Jagdr Entsch Bd XVI Sachg IX Nr 184) und einen Sportflugplatz-Rasen (AG Walsrode 27. 4. 1990 – 7 C 102/90, RdL 1990, 151) als „Garten" eingestuft. Gartengewächse sind Gemüse-, Obst- und Zierpflanzen, die üblicherweise in Gärten oder in der für Gärtnereien typischen Anbauweise gezogen werden, ohne dass es für sich genommen darauf ankommt, ob der Anbau flächenmäßig groß oder klein ist und ob er gewerbsmäßig oder nur für den eigenen Bedarf vorgenommen wird (BGH 22. 7. 2004 – III ZR 359/03, Jagdr Entsch Bd XIII Sachg IX Nr 147 = NJW-RR 2004, 1468, 1469). Es ist möglich, dass gewisse Pflanzen in der einen Gegend als Gartengewächse, in einer anderen Gegend jedoch als Feldpflanzen anzusehen sind und dass auch durch eine allgemeine Änderung der Anbauweise herkömmliches Gartengewächs zur Feldpflanze werden kann. Sollte im Gefolge einer nachhaltigen, schon über Jahre andauernden Entwicklung der feldmäßige Anbau in einem größeren regionalen – über das Gebiet eines Landkreises erheblich hinaus gehenden – Bereich derart im Vordergrund stehen, dass der gartenmäßige Anbau dort kaum noch ein Rolle spielt, und kommt dem feldmäßigen Anbau der Pflanze in der betreffenden Region als Teil der landwirtschaftlichen Erzeugung einiges Gewicht zu, so rechtfertig das für das betroffene Gebiet die Einordnung eines herkömmlichen Gartengewächses als „Feldgewächs" (BGH 3. 12. 2009 – III ZR 139/09, Jagdr Entsch Bd XVI Sachg IX Nr 179 = NJW-RR 2010, 307). Dabei sind in einer Gesamtschau zu berücksichtigen: Größe der Anbaufläche, Umsatz- und Ertragszahlen, Anzahl der dafür eingesetzten Beschäftigten, Anteil an der Gesamtackerfläche oder der gesamten landwirtschaftlichen Nutzfläche des Gebiets. Hochwertige Handelsgewächse sind solche, die für den direkten Endverbrauch nicht geeignet sind, jedoch den Rohstoff für wertvolle Waren abgeben, die durch Be- oder Verarbeitung haltbar gemacht werden und handelsfähig sind. Eine Streuobstwiese ist einem Obstgarten nach § 32 Abs 2 BJagdG nicht gleichzusetzen (LG Koblenz 23. 3. 2015 – 6 S 47/15, juris Rn 3 ff; **aA** AG Saarburg 25. 8. 1992 – 5 C 266/92, Jagdr Entsch Bd IX Sachg IX Nr 87; AG Schorndorf 11. 3. 2009 – 2 C 1011/08, Jagdr Entsch Bd XV Sachg IX Nr 169; AG Balingen 5. 1. 2012 – 4 C 385/11, Jagdr Entsch Bd XVII Sachg IX Nr 202), da die Unterkultur stets landwirtschaftlich genutzt wird, sodass eine wilddichte Umzäunung weder üblich noch vernünftig oder aus landespflegerischer Sicht wünschenswert ist. Unerheblich ist für die Einordnung auch, ob auf der Fläche zum Schädigungszeitpunkt Fallobst vorhanden war (LG Koblenz 23. 3. 2015 – 6 S 47/15, juris Rn 3 ff; auf Beschaffenheit und Nutzung abstellend: Schuck/Schuck § 32 Rn 11; § 55 Abs 3 S 1 JWMG BW definiert, unter welchen Voraussetzungen eine Streuobstwiese keine Sonderkultur ist). Eine umfangreiche

Judikatur hat sich zum Begriff der Garten- oder hochwertigen Handelsgewächse entwickelt (AG Walsrode Jagdr Entsch Bd VII Sachg IX Nr 80 zum Begriff des Gartens; OLG Hamm 7. 2. 1996 – 11 U 111/95, Jagdr Entsch Bd XI Sachg IX Nr 101; AG Bad Neuenahr-Ahrweiler 7. 3. 2005 – 3 C 287/03, Jagdr Entsch Bd XIV Sachg IX Nr 153; grundlegend zum Begriff des Gartengewächses BGH 8. 5. 1957 – V ZR 150/55, LM Nr 25 zu § 546 ZPO = BeckRS 1957, 31200719; BGH 22. 7. 2004 – III ZR 359/03, Jagdr Entsch Bd XIII Sachg IX Nr 147 = NJW-RR 2004, 1468; BGH 3. 12. 2009 – III ZR 139/09, Jagdr Entsch Bd XVI Sachg IX Nr 179; auch LG Heilbronn 17. 3. 2004 – 7 S 9/03, Jagdr Entsch Bd XIII Sachg IX Nr 143; betr Spargel als Gartengewächs: BGH 22. 7. 2004 – III ZR 359/03, Jagdr Entsch Bd XIII Sachg IX Nr 147; LG Heidelberg 17. 12. 1997 – 2 S 102/97, Jagdr Entsch Bd XII Sachg IX Nr 112; AG Walsrode 22. 4. 2003 – 7 C 531/02, Jagdr Entsch Bd XIII Sachg IX Nr 133; dagegen OLG Karlsruhe 5. 8. 2004 – 12 U 218/04, Jagdr Entsch Bd XIII Sachg IX Nr 146; LG Frankfurt aM 11. 11. 1992 – 2/1 S 170/92, Jagdr Entsch Bd IX Sachg IX Nr 92 betr Sonnenblumen als Zier- und Gartengewächse; LG Landshut 2. 8. 2013 – 14 S 484/13, Jagdr Entsch Bd XVIII Sachg IX Nr 240: betr Kurzumtriebsplantagen zum Anbau von Pappelholz zur Energiegewinnung, die weder Forstkultur noch hochwertiges Handelsgewächs sind; als Saatgut gezüchteter Hybridmais ist hochwertiges Handelsgewächs: AG Bruchsal 4. 4. 1996 – 2 C 511/95, Jagdr Entsch Bd XI Sachg IX Nr 102; LG Freiburg [Breisgau] 19. 12. 2017 – 9 S 87/17, Jagdr Entsch Bd XX Sachg IX Nr 263; jedoch nicht biologisch angebaute Kartoffeln AG Celle 3. 11. 1992 – 12 C 667/90, Jagdr Entsch Bd IX Sachg IX Nr 89; AG Saarburg 25. 8. 1992 – 5 C 266/92, Jagdr Entsch Bd IX Sachg IX Nr 87 betr Obstbäume; AG Meldorf 24. 3. 1982 – 31 C 729/81, Jagdr Entsch Bd VII Sachg IX Nr 66 betr grüne Bohnen als Gartengewächs; OLG Köln 18. 2. 2008 – 16 U 26/07, Jagdr Entsch Bd XV Sachg IX Nr 168 betr feldmäßig angebaute Buschbohnen als Gartengewächs; LG München II 18. 5. 1976 – 6 S 1026/75, Jagdr Entsch Bd I Sachg IX Nr 5 = RdL 1976, 210; LG München II 27. 11. 1981 – 2 S 1816/79, Jagdr Entsch Bd III Sachg IX Nr 36 jeweils betr Hopfen als hochwertiges Handelsgewächs; LG Baden-Baden 16. 1. 2003 – 3 S 42/02, Jagdr Entsch Bd XIII Sachg IX Nr 129 = Jagdr Entsch Bd XIII Sachg IX Nr 144 betr Erdbeere als Gartengewächs bei feldmäßigem Anbau; LG Bonn 31. 3. 1982 – 5 S 33/82, Jagdr Entsch Bd III Sachg IX Nr 40 betr Kohlrabi, Eissalat, Endivien als Gartengemüse; AG Landau [Isar] 16. 7. 1982 – C 525/81, Jagdr Entsch Bd III Sachg IX Nr 41 betr Kopfsalat; AG Karlsruhe-Durlach 30. 9. 2008 – 2 C 348/07, Jagdr Entsch Bd III Sachg IX Nr 181 betr Feldsalat; AG Rüdesheim 9. 1. 2002 – 3 C 273/01, Jagdr Entsch Bd XIII Sachg IX Nr 137 betr Körnererbsen als Gartengewächs; dagegen AG Gießen 11. 12. 2001 – 45 C 649/01, Jagdr Entsch Bd XIII Sachg IX Nr 138; AG Daun 18. 3. 2005 – 8 C 449/04, Jagdr Entsch Bd XIV Sachg IX Nr 154 betr Futtererbsen als Gartengewächs; LG Heilbronn 17. 3. 2004 – 7 S 9/03, Jagdr Entsch Bd XIII Sachg IX Nr 143 betr Zucchini als Gartengewächs; dagegen AG Öhringen 17. 7. 2002 – 2 C 196/02, Jagdr Entsch Bd XIII Sachg IX Nr 142). Nach bisheriger Einschätzung handelt es sich beim Anbau von Mais und anderen Feldfrüchten zur Gewinnung von Energie derzeit nicht um Sonderkulturen (LG Hildesheim 4. 7. 2014 – 7 S 62/14, Jagdr Entsch Bd XVIII Sachg IX Nr 223, krit vHardenberg AUR 2014, 339 f; wird Mais zum Zwecke des Betreibens einer Biogasanlage angebaut, liegt nach dem AG Plettenberg 15. 12. 2014 – 1 C 425/13, Jagdr Entsch Bd XVIII Sachg IX Nr 233 keine landwirtschaftliche Grundstücksnutzung im Sinne des Wildschadensrechts vor, ablehn Meyer-Ravenstein AUR 2015, 149).

Nach § 32 Abs 2 S 2 BJagdG können die Länder bestimmen, welche Schutzmaßnahmen als üblich anzusehen sind, vgl zB § 8 DVO-BbgJagdG, § 11 DVO-JWMG BW (ausf Leonhardt/Piesskalla BJagdG Erl 5.4.3 zu § 29 BJagdG). Zur Abwehr von Schwarzwild dürfte ein Zaun von 1,50 m Höhe als üblich gelten, durch Pfähle so befestigt, dass ein Hochheben ausgeschlossen ist (OLG Braunschweig 5. 11. 1998 – 3 U 85/98, Jagdr Entsch Bd XII Sachg IX Nr 109; LG Trier Jagdr Entsch Bd VII Sachg IX Nr 81). Elektrozäune sind als übliche Schutzvorrichtung iSd § 55 Abs 2 S 2 JWMG, § 11 DVO JWMG zum

Schutze gegen Schwarzwild dann ausreichend, wenn sie den wilddichten Zäunen in deren Wirksamkeit gleichstehen. „Wilddicht" bedeutet eine voll umfassende Einzäunung der Anbaufläche, die ein Betreten durch Schwarzwild ausschließt (LG Freiburg [Breisgau] 19. 12. 2017 – 9 S 87/17, Jagdr Entsch Bd XX Sachg IX Nr 263). Zur Abwendung eines Schadens von Wildkaninchen gilt ein Zaun aus Drahtgeflecht von 1,20 m Höhe über der Erde und 0,30 m in der Erde als üblich (AG Meldorf Jagdr Entsch Bd VII Sachg IX Nr 66); zur Sicherung von Hopfenfeldern Maschendrahtzäune von 1,50 m Höhe oder Elektrozäune (LG München II 18. 5. 1976 – 6 S 1026/75, Jagdr Entsch Bd I Sachg IX Nr 5 = RdL 1976, 210; LG München II 27. 11. 1981 – 2 S 1816/79, Jagdr Entsch Bd III Sachg IX Nr 36); zur Rehwildabwehr Elektrozaun mit 4 Drähten mit einem Abstand von jeweils 30 cm nicht ausreichend (AG Karlsruhe-Durlach 30. 9. 2008 – 2 C 348/07, Jagdr Entsch Bd XVI Sachg IX Nr 181). Ein Wildzaun zum Schutz gegen Rehverbiss an Sonderkulturen muss durchgängig die Höhe von 1,50 m aufweisen (OLG Karlsruhe Jagdr Entsch Bd XVI Sachg IX Nr 175). Liegen die Voraussetzungen von § 32 BJagdG vor, scheidet eine Schadensteilung nach § 254 BGB aus.

7. Verjährung

20 Die dreijährige Verjährungsfrist (§ 195 BGB) für eine Klage auf Wildschadensersatz beginnt mit dem Widerspruch gegen den Vorbescheid. Erst von diesem Zeitpunkt an ist die Geltendmachung von Wildschäden auf dem Zivilrechtsweg möglich (LG Mosbach 21. 3. 1989 – S 152/88, Jagdr Entsch Bd VII Sachg IX Nr 79; AG Waldshut-Tiengen Jagdr Entsch Bd XV Sachg IX Nr 174; OLG Celle 17. 2. 1966 – 7 U 136/65, RdL 1966, 135 = OLGZ 1967, 305 ff). Denn die Durchführung des Vorverfahrens ist Zulässigkeitsvoraussetzung (besondere gesetzliche Sachurteilsvoraussetzung) für Zivilklagen wegen Wild- und Jagdschäden (OLG Hamm 7. 2. 1996 – 11 U 111/95, Jagdr Entsch Bd XI Sachg IX Nr 101; Einzelheiten bei Lorz/Metzger zu § 35; Bauer BayVBl 1987, 267–268).

IV. Haftung für Wildschäden außerhalb der §§ 29 ff BJagdG

1. Vertragliche Ansprüche

21 Neben der Haftung für Wildschäden nach den §§ 29 ff BJagdG können vertragliche Schadensersatzansprüche gegeben sein, wenn Vertragsbeziehungen zwischen Jagdausübungsberechtigtem und Grundstücksberechtigtem bestehen. Auch vertragliche Abreden zwischen Jagdausübungsberechtigtem und Jagdgenossenschaft können Ansprüche des Grundstücksberechtigten begründen, wenn jene – was im Einzelfall durch Auslegung zu ermitteln ist – als Vertrag zu seinen Gunsten (§ 328 BGB) oder mit Schutzwirkung für ihn (§ 328 BGB analog) zu verstehen sind. Übernimmt der Jagdpächter vertraglich gegenüber der Jagdgenossenschaft die Kosten für Wildschadensverhütungsmaßnahmen, stellt das einen Vertrag zugunsten Dritter, nämlich aller Jagdgenossen dar (OLG Karlsruhe 3. 4. 1992 – 14 U 188/91, Jagdr Entsch Bd VIII Sachg IX Nr 85). Auf diese Weise kann vor allem die begrenzte gesetzliche Haftung nach § 29 Abs 1 S 3 BJagdG durch Vertrag erweitert werden, zB Ersatz von Wildschaden verursacht durch Wildtauben (LG Krefeld 18. 12. 1979 – 1 S 73/79, Jagdr Entsch Bd II Sachg IX Nr 21).

2. Deliktische Ansprüche

Angesichts der materiell (auf Schäden an Grundstücken durch bestimmte Wildarten) und formell (durch Anmeldefrist und Vorverfahren) beschränkten Wildschadenshaftung nach den §§ 29 ff BJagdG ist die Frage von Bedeutung, in welchem Verhältnis die Regelungen des BJagdG zu den allgemeinen deliktischen Ersatzansprüchen nach den §§ 823 ff BGB stehen (Holtgreven, Wildschadengesetz 41 ff; Dalcke/Delius 148; Ebner, Pr Jagdrecht 270: § 835 und § 823 Abs 2 BGB nebeneinander anwendbar; zum BJagdG ebenso MünchKommBGB/Wagner § 835 Rn 20; Soergel/Krause § 835 Rn 6; für eine abschließende Regelung in §§ 29 ff BJagdG BGH 22. 4. 1974 – III ZR 21/72, BGHZ 62, 265, 270; BGH 4. 3. 2010 – III ZR 233/09, BGHZ 184, 334 Rn 23; eingehend schon OLG Zweibrücken Ebners Zeitsch I 248; Behr/Ott/Nöth 327; Drees/Thies 11; Brandt, Prinzipien 38; Dietlein AgrarR 1996, 241). Für MünchKommBGB/Wagner (§ 835 Rn 20) versteht es sich von selbst, dass für Schäden an beweglichen Sachen sowie für sämtliche Personenschäden die allgemeine Deliktshaftung nach § 823 Abs 1 BGB eingreift. Aus forstwirtschaftlicher Sicht (Ammer/Vor/Knoke/Wagner 120) „dürfte die ergänzende Anwendung der §§ 823 ff BGB, zu keinen … befriedigenden Ergebnissen führen“. 22

Die Wildschadenshaftung und die Deliktshaftung schließen sich tatbestandlich aus. 23
Wird der Schaden nur durch das Verhalten (Rn 6) des Wildes verursacht, kommen allein Ansprüche nach § 29 BJagdG in Betracht (so auch: LG Freiburg [Breisgau] 19. 12. 2017 – 9 S 87/17, Jagdr Entsch Bd XX Sachg IX Nr 263). Die Bestimmung regelt im Wesentlichen vollständig und abschließend den Sachverhalt (aber auch nur diesen), dass „durch Schalenwild, Wildkaninchen oder Fasanen (ein Grundstück) beschädigt“ wird (beiläufig, aber klar Pr OVG, Pr Verw-Bl 32, 646 aE: „Bezüglich des Schadens, der auf anderen Ursachen beruht, also zB durch Menschen … bewirkt … ist, … gelten die allgemeinen Grundsätze des bürgerlichen Rechts über Schadensersatz“). Das stellte schon § 19 Abs 2 Preußisches Wildschadengesetz v 11. 7. 1891 (Gesetz-Samml f d Königlichen Preußischen Staaten [1891] Nr 26, 307, 310: „Wildschadenersatz kann nur aufgrund und nach Maßgabe dieses Gesetzes gefordert werden“) klar. Bei dieser Lage scheiden Ansprüche nach **§ 823 Abs 1 BGB** offenkundig aus; denn „wer“ iSv § 823 Abs 1 BGB ist eine Person und nicht ein Tier. Um die Haftung aus Deliktsrecht auszulösen, muss die Beeinträchtigung des Geschädigten wenigstens mittelbar auf den Willen desjenigen zurückgehen, von dem die Einwirkung ausgeht (vgl OLG Braunschweig 8. 11. 1993 – 3 U 9/93, Jagdr Entsch Bd IX Sachg XI Nr 88: Niederfressen von Winterrapspflanzen durch Wildgänse, die in einem angelegten Feuchtgebiet leben). Das Eigentum oder das Recht zur Aneignung als solches ermöglicht aber keinerlei tatsächliche Einflussmöglichkeit auf das Tier (vBar, Gemeineuropäisches Deliktsrecht I Rn 208). Der Wildschaden ist nach heutigem Verständnis kein „durch menschliche Tätigkeit mitveranlasster Uebelstand“ (vgl 18. Deutscher Juristentag, Gutachten XII. Francke 161, 162). Die von MünchKommBGB/Wagner (§ 835 Rn 20) aufgeworfene Frage, warum „ausgerechnet das BJagdG eine abschließende Regelung der allgemeinen deliktsrechtlichen Sorgfaltspflichten des Jagdberechtigten darstellen“ soll, stellt sich bei § 29 BJagdG mithin gar nicht. Diese Bestimmung hat mit Pflichtverletzungen oder Fehlverhalten des Jagdberechtigten nichts zu tun (E W Müller 36; MünchKommBGB/Wagner § 835 Rn 7), sondern ist ein Fall der Tierschadenhaftung. Der Ersatzanspruch besteht bei ordnungsgemäßer Hege und setzt keinen Verstoß etwa gegen §§ 26–28 BJagdG voraus. Bekanntlich stellt die Wildschadenshaftung einen Ausgleich dafür dar, dass dem Grundeigentümer ausreichende Abwehrmöglichkeiten gegen das schadenverursachende Wild versagt sind (Rn 3) (bürgerlich-rechtliche Aufopferungshaftung)

und der Jagdberechtigte den Vorteil der Jagd genießt (Vorteilsprinzip; Prot II 825; näher Rn 3; E W Müller 23). § 29 BJagdG durchbricht den Grundsatz, wonach keine Haftung für durch freilebende Tiere angerichtete Verletzungen und Verluste besteht (Rn 1). Mit Rücksicht auf die schwierige Lage der mittleren und kleineren Landwirte (vgl E W Müller 25 f) hat der Gesetzgeber des BGB ausnahmsweise eine solche Haftung vorgesehen, wenn bestimmte Rechtsgüter (nur Grundstücke) durch bestimmte Wildtierarten (sog eigentliches Schadenwild, vgl Prot II 824) beeinträchtigt werden. Der Ausnahmecharakter der Ersatzpflicht kann und darf nicht durch Rückgriff auf § 823 Abs 1 BGB (oder auf andere allgemeine Rechtsinstitute) überspielt werden (dazu Rn 5). Dazu käme es aber, wenn der Jagdberechtigte nach Deliktsrecht Ersatz für Schäden leisten sollte, die an anderen Rechtsgütern und/oder durch andere Tiere verursacht worden sind. Keinerlei Ersatzpflicht besteht somit zB, wenn ein Mensch oder Hund durch einen Keiler oder eine Bache angenommen wird; ebenso haftet niemand für Schäden am Kraftfahrzeug durch Marder, am Geflügelbestand durch Greifvögel, am Fischbestand durch Kormorane oder Graureiher, an Schafherden durch Wölfe, für Schäden an landwirtschaftlichen Kulturen durch Wildgänse, Schwäne oder Kraniche, wie auch für Schäden an Feldfrüchten durch Hasen oder Wildtauben (Fitzner/Oeser § 29 BJagdG Rn 2; Bauer, Jagdordnung § 51 Bem 3 S 312; Leonhardt/Piesskalla BJagdG Erl 3 zu § 29). Das Verhalten dieser Wildtiere (Nichtschadwild) und anderer Tiere, die nicht dem Jagdrecht unterliegen, stellt sich als vom Geschädigten hinzunehmendes Naturereignis dar, für das der Jagdberechtigte nicht haftet (casum sentit dominus) (Rn 1). Soll die Ersatzpflicht generell auf sämtliches bejagbare Wild ausgeweitet werden (so früher Gesetz, den Wildschaden betreffend, Gesetz-Sammlung für das Königreich Hannover [1848] 215), müsste der Gesetzgeber § 29 Abs 1 BJagdG entsprechend ändern (diese Forderung ist alt, vgl Prot II 648, 806; zu Reformvorschlägen Dietlein AUR 2003, Beilage III, 1, 19; Köhne AUR 2006, 418, 419. Die Bundesregierung beabsichtigt derzeit nicht, das BJagdG zu novellieren. Eine Novelle des BJagdG mit anderen Schwerpunkte ist in der 19. Legislaturperiode [BT-Drucks 19/26024] gescheitert). Im Übrigen ist auf § 29 Abs 4 BJagdG zu verweisen. Folge einer solchen Ausweitung des Wildschadensersatzes wären die drastische Reduzierung des Wildbestands und -besatzes und nachlassendes Interesse an der Pacht schadensgefährdeter Reviere.

Dagegen kommt als nach § 823 Abs 1 BGB (ggf auch Abs 2) haftungsbegründendes menschliches Verhalten die übermäßige Hege des Wildes in Betracht (E W Müller 6; Bauer, Jagdordnung § 51 Bem 6 S 313 mwNw; Ebner, Pr Jagdrecht 265; vgl ALR I 9 §§ 141–147; hist Dickel 451 ff). Äsungsverbesserung durch Wildäsungsflächen (Bejagungshilfe) ist keine Überhege, wohl aber die Fütterung von Schalenwild außerhalb von Notzeiten (vgl zB § 41 BbgJagdG), Wildmast und Trophäenzucht (wie in der NS-Zeit auf Veranlassung von Göring in seinem Revieren und den Staatsjagdrevieren betrieben; „Jagdluxus", 18. Deutscher Juristentag, Gutachten XII Francke 161, 162) sowie das Aussetzen von Wild (vgl zB § 42 BbgJagdG, § 33 JagdG S-A). Die Verletzungshandlung kann beispielsweise auch darin bestehen, dass jemand schuldhaft einen Wildzaun offenstehen lässt, der das Wild vom Eindringen in Gärten und bestellte Felder abhalten soll (Nachw bei Delius, Jagdrecht ger Praxis, Bd I 179). Die Haftung wegen des Unterlassens ausreichender Bejagung wird regelmäßig am Fehlen einer entsprechenden Rechtspflicht zum Handeln scheitern. Eine solche Pflicht ergibt sich nicht aus §§ 1 Abs 2, 21 Abs 1 BJagdG (vgl Rn 23). Auch auf die Verletzung allgemeiner Verkehrspflichten kann eine Haftung grundsätzlich nicht gestützt werden. Nach Auffassung des BGH folgt das aus dem abschließenden Charakter der jagdgesetzlichen Regelungen im

Hinblick auf die Frage, inwieweit der Jagdausübungsberechtigte bei Fehlen besonderer vertraglicher Abmachungen den Grundstücksberechtigten durch jägerische Maßnahmen vor Wildschäden zu schützen hat (BGH 22. 4. 1974 – III ZR 21/72, BGHZ 62, 265, 270; BGH 4. 3. 2010 – III ZR 233/09, BGHZ 184, 334 Rn 12 = NJW 2010, 1608: „Inhalt und Reichweite der jagdrechtlichen Wildschadensersatzpflicht sind in §§ 29 ff BJagdG im Wesentlichen vollständig und abschließend geregelt"; vgl auch Lorz/Metzger § 29 Rn 3; Drees/Thies 11). Ob diese Begründung angesichts der grundlegenden Unterschiede zwischen Wildschadens- und Deliktshaftung überzeugend ist, mag zweifelhaft sein (Canaris, in: FS Larenz [1983] 55 f). Dennoch ist dem BGH im Ergebnis zuzustimmen (**aA** Canaris, in: FS Larenz [1983] 55 f; MünchKommBGB/Wagner § 835 Rn 20). Eine etwaige dem Jagdausübungsberechtigten obliegende Bejagungspflicht bedarf zur Begründung und Begrenzung einer deliktischen Haftung im Hinblick auf Inhalt und Reichweite der Konkretisierung durch die Jagdbehörde (zB behördliche Anordnung oder behördlich festgesetzter oder bestätigter Abschussplan [§ 21 Abs 2 BJagdG]). Dazu sind neben den berechtigten Interessen der Land- und Forstwirtschaft auch Belange des Natur- und Landschaftsschutzes, also öffentlich-rechtliche Gesichtspunkte, zu berücksichtigen (vgl §§ 21 Abs 1, 27 Abs 1 BJagdG) (Neuerdings wird die Abschussplanung für Rehwild in Frage gestellt und zumindest gefordert, nach dem Motto „Wald vor Wild" vorzugehen, Ammer/Vor/Knoke/Wagner 117 f, 126). Die notwendige Abwägung dieser unterschiedlichen Belange kann allein die Jagdbehörde zuverlässig treffen. Weder der Jagdausübungsberechtigte noch – im Nachhinein – das Zivilgericht („Abschussplan kraft Richterrechts") sind dazu imstande. Es hätte zunächst den Wildbestand bzw -besatz zu dem Zeitpunkt festzustellen, zu dem es die Bejagungspflicht in Erwägung zieht; das ist unmöglich. Bleibt die Jagdbehörde untätig oder legt sie keine bestimmten Abschusszahlen fest und findet sich der Geschädigte damit ab, kann das nicht zulasten des Jagdausübungsberechtigten gehen, indem ihm eine allgemeine Verkehrspflicht auferlegt wird, deren Inhalt er von sich aus regelmäßig nicht feststellen kann.

Ansprüche aus **§ 823 Abs 2 BGB** wegen Verletzung eines jagdrechtlichen Schutz- **24**
gesetzes können nicht darauf gestützt werden, dass der Jagdausübungsberechtigte gegen § 1 Abs 2 S 2 BJagdG („Die Hege muss so durchgeführt werden, dass Beeinträchtigungen einer ordnungsgemäßen land-, forst- und fischereiwirtschaftlichen Nutzung, insbesondere Wildschäden, möglichst vermieden werden.") oder § 21 Abs 1 BJagdG („Der Abschuß des Wildes ist so zu regeln, dass die berechtigten Ansprüche der Land-, Forst- und Fischereiwirtschaft auf Schutz gegen Wildschäden voll gewahrt bleiben …") verstoßen hat. Denn die §§ 1 Abs 2, 21 Abs 1 BJagdG stellen keine Schutzgesetze iSd § 823 Abs 2 BGB dar, weil sie sich in erster Linie an die Jagdbehörde richten und dem betroffenen Grundstückseigentümer nicht die Rechtsmacht verleihen, mit den Mitteln des Privatrechts unmittelbar gegen den Jagdausübungsberechtigten vorzugehen (BGH 8. 5. 1957 – V ZR 150/55, LM Nr 25 zu § 546 ZPO = BeckRS 1957, 31200719; BGH 22. 4. 1974 – III ZR 21/72, BGHZ 62, 265, 266; LG Kleve 4. 8. 1995 – 6 S 443/94, AgrarR 1996, 267; AG Bruchsal 4. 4. 1996 – 2 C 511/95, Jagdr Entsch Bd XI Sachg IX Nr 102; LG Freiburg [Breisgau] 19. 12. 2017 – 9 S 87/17, Jagdr Entsch Bd XX Sachg IX Nr 263; Leonhardt/Piesskalla BJagdG Erl 1.3 zu § 29; Grüneberg/Retzlaff § 823 Rn 65; Drees/Thies 8; Mitzschke/Schäfer § 29 Rn 1; Dietlein AgrarR 1996, 241, 242; teilweise abweichend Wagner AgrarR 1998, 240, 244: Haftung nach §§ 823 Abs 2 BGB iVm § 21 BJagdG bei „untragbaren Wildschäden"). Der Grundstückseigentümer muss sich vielmehr an die zuständige Jagdbehörde halten und seine Ansprüche, gerichtet auf Prävention drohender Schäden, gegebenenfalls verwaltungsgerichtlich durchsetzen (BVerwG 30. 3. 1995 – 3 C 8/94,

BVerwGE 98, 118: Verpflichtungsklage auf Erhöhung der im Abschussplan festgesetzten Abschusszahlen; dazu Balleis/Wagner Z Jagdwiss 44 [1998] 85. Nach dem VGH München [30. 6. 2020 – 19 BV 15.1021, juris Rn 30 ff] ist diese Rechtsprechung des BVerwG [30. 3. 1995 – 3 C 8/94] auf Eigentümer übertragbar, deren Grund außerhalb des Abschussplanfestsetzungsgebiets liegt, wenn Wild aus diesen Revieren handgreiflich auf dem Grundstück zu Schaden geht. Vgl auch VGH München 7. 11. 1996 – 19 B 93.956, AgrarR 1998, 259; BVerwG 29. 12. 2011 – 3 BN 1. 11, juris Rn 4: Waldeigentümern kommt im Lichte von Art 14 Abs 1 GG ein subjektiv-öffentliches Recht auf Schutz vor Wildschäden zu. Ausdruck dessen ist, dass nach § 1 Abs 2 S 2 BJagdG die Hege so durchgeführt werden muss, dass Beeinträchtigungen einer ordnungsgemäßen forstwirtschaftlichen Nutzung, vor allem Wildschäden, möglichst vermieden werden. Das betrifft gerade auch die Regelungen über den Abschuss des Wildes und die Festlegung der Jagdzeiten, vgl § 21 Abs 1 S 1, § 22 Abs 1 iVm § 1 Abs 2 BJagdG). Kumulative deliktische Ansprüche gegen den einzelnen Jagdgenossen oder die Jagdgenossenschaft sind mit der gesetzlichen Konzeption der öffentlich-rechtlichen Abschussplanung und -kontrolle grundsätzlich unvereinbar (dazu ausführlich Dietlein AgrarR 1996, 241, 243). Anderes kann ausnahmsweise gelten, wenn die Behörde die allgemeinen gesetzlichen Verpflichtungen konkretisiert und dem Jagdausübungsberechtigten nach § 27 Abs 1 BJagdG durch Verwaltungsakt die Reduzierung des Wildbestands aufgegeben hat. In diesem Fall kann § 27 Abs 1 BJagdG iVm dem erlassenen Verwaltungsakt Schutzgesetzcharakter haben und den Jagdausübungsberechtigten bei schuldhafter Pflichtverletzung (zB Nichteinhaltung der Abschusszahlen) zum Schadensersatz nach § 823 Abs 2 BGB verpflichten (BGH 8. 5. 1957 – V ZR 150/55, LM Nr 25 zu § 546 ZPO = BeckRS 1957, 31200719; BGH 22. 4. 1974 – III ZR 21/72, BGHZ 62, 265, 266; AG Eisleben 11. 1. 2001 – 21 C 225/00, Jagdr Entsch Bd XIII Sachg IX Nr 125; BGB-RGRK/Kreft § 835 Rn 7; Erman/Wilhelmi § 823 Rn 156; Balleis/Wagner Z Jagdwiss 44 [1998] 85, 89). Die Erwägungen des BGH lassen sich auf den behördlich festgesetzten oder bestätigten Abschussplan (§ 21 Abs 2 BJagdG) übertragen. Dessen schuldhafte Missachtung kann deshalb ebenfalls deliktische Schadensersatzansprüche auslösen (zu § 835 aF Dalcke/Delius 148).

25 Ansprüche aus **§ 833 BGB** kommen bei Schäden durch Wild nicht in Betracht, weil dieses keinen „Halter" hat (AG Celle 12. 2. 2003 – 15 C 17/03, Jagdr Entsch Bd XIII Sachg XI Nr 113). Allerdings können Wildschadens- und Tierhalterhaftung zusammentreffen, wenn der Schaden sowohl durch gehaltene (zB Haustauben) als auch wildlebende (zB Fasanen) Tiere verursacht wird (vgl Rn 5; BGB-RGRK/Kreft § 835 Rn 6).

3. Öffentlich-rechtliche Ersatz- und Entschädigungsansprüche

26 Der Pflicht der Jagdbehörde zur Vermeidung von Wildschäden durch Abschussplanung und -kontrolle (§ 21 BJagdG) steht ein subjektives Recht des Grundeigentümers auf Wahrnehmung dieser Pflicht gegenüber, das auf dem Verwaltungsrechtsweg durchzusetzen ist (vgl Rn 23). Versagt der verwaltungsgerichtliche Primärrechtsschutz, kommen Ansprüche auf Entschädigung wegen enteignungsgleichen Eingriffs und – bei schuldhaftem Handeln eines Amtsträgers – Schadensersatz wegen Amtspflichtverletzung nach Art 34 GG iVm § 839 BGB in Betracht (BGH 22. 5. 1984 – III ZR 18/83, BGHZ 91, 243; BGH 5. 5. 1988 – III ZR 116/87, Jagdr Entsch Bd VII Sachg IX Nr 74; Wagner AgrarR 1998, 240, 244 ff). Diese Ansprüche sind vor allem für Inhaber nicht verpachteter Eigenjagdbezirke von Bedeutung, denen die Möglichkeit der Schadloshaltung nach §§ 29 ff BJagdG nicht offensteht (vgl Rn 11). Haftungsbegründende Eingriffe bzw Pflichtverletzungen können etwa die Aufhebung der Jagdzeit durch Erlass einer Ver-

ordnung, der Nichterlass einer Ausnahmeregelung nach § 27 BJagdG (BGH Jagdr Entsch Bd VII Sachg IX Nr 74), die Festsetzung zu niedriger Abschusszahlen oder eine mangelhafte behördliche Durchführungskontrolle des Abschussplans sein (Einzelheiten bei DIETLEIN AgrarR 1996, 241, 245). Die Anordnung der ganzjährigen Schonzeit für Fischreiher in Verbindung mit der Nichtgenehmigung von Abschüssen kann sich für Fischzuchtbetriebe als enteignender Eingriff auswirken (BayObLG 10. 4. 1978 – RReg 2 Z 60/77, BayObLGZ 1978, 69 ff). Es besteht aber keine allgemeine Verpflichtung des Staats, seine Bürger vor dem Verlust von Einnahmen zu schützen, die ihm durch wildlebende Tiere (zB Rabenvögel) entstehen (OLG Karlsruhe 6. 4. 2010 – 12 U 11/10, VersR 2010, 1501 = RdL 2010, 151). Ersatzpflichtig ist der Staat nicht etwa, weil er in einem Nationalpark die Schwarzwildjagd eingeschränkt hat (OLG Braunschweig 5. 11. 1998 – 3 U 85/98, Jagdr Entsch Bd XII Sachg IX Nr 109). Bei einem enteignungsgleichen Eingriff kann ein Mitverschulden des Geschädigten darin bestehen, dass er es unterlässt, den Eingriff durch Rechtsmittel abzuwehren (BGH 22. 5. 1984 – III ZR 18/83, BGHZ 91, 243, 258 f).

V. Jagdschadensersatz nach § 33 BJagdG

1. Grundsätze der Haftung

§ 33 Abs 1 BJagdG begründet zunächst eine durch beispielhafte („insbesondere") 27
Aufzählungen näher konkretisierte allgemeine Rücksichtnahmepflicht des Jagdausübenden gegenüber den Interessen des Grundstückseigentümers oder Nutzungsberechtigten (vgl LORZ/METZGER § 33 Rn 1, 4). Schon der Sachsenspiegel enthielt eine solche Bestimmung: „Nimant en muz de sat tretten durch iagenz willen, noch beizen, sint der zit daz daz korn letken hat" („Niemand darf bei Jagen und Hetzen die Saat betreten von der Zeit an, zu der das Korn Knoten angesetzt hat und aufschießen will"; vREPGOW Sachsenspiegel 150, II 61 § 5).

Der eigentliche Haftungstatbestand findet sich erst in § 33 Abs 2 BJagdG. Er begründet eine Ersatzpflicht des Jagdausübungsberechtigten gegenüber dem Grundstückseigentümer oder Nutzungsberechtigten „für jeden aus missbräuchlicher Jagdausübung entstandenen Schaden". Die Ersatzpflicht erstreckt sich auch auf vom Jagdausübungsberechtigten bestellte Jagdaufseher sowie Jagdgäste (§ 33 Abs 2 HS 2 BJagdG). Damit wird dem Jagdausübungsberechtigten das Fehlverhalten Dritter deliktisch umfassend zugerechnet, ohne dass es auf eigenes Verschulden ankommt (SOERGEL/KRAUSE § 835 Rn 14). Ein Auswahl- oder Überwachungsverschulden des Jagdausübungsberechtigten wird nicht vorausgesetzt.

Die auf § 48 Abs 2 RJagdG zurückgehende Regelung dient dem Interesse des Geschädigten. Der Normzweck besteht darin, wegen der Unübersichtlichkeit der natürlichen Gegebenheiten die Beweislast des Geschädigten zu erleichtern. Er soll sich nicht damit „abmühen" müssen, den Schadenstifter zu ermitteln, sondern stets den Jagdausübungsberechtigten in Anspruch nehmen können (BEHR/OTT/NÖTH 347; SCHERPING/VOLLBACH, RJagdG § 48 Erl 3; vgl auch § 23 des ehemaligen Kurhessischen Gesetzes [BAUER 23] zur Haftung des Jagdpächters für Jagdgäste); dieser bleibt auf den Regress verwiesen (dazu Rn 31). Das Regelungsziel ist recht schlicht.

Durch das unbedingte Einstehen des Jagdausübungsberechtigten für Jagdaufseher und Jagdgäste wird die Haftung gegenüber dem Recht der unerlaubten Handlungen erheblich verschärft. Dieses wird von dem Grundsatz beherrscht, dass nur haftet, wer als selbstverantwortlich handelndes Individuum auf vorwerfbare Weise allgemeine Sorgfaltsverbote verletzt hat; dagegen wird für das schädigende Verhalten anderer Personen bei unerlaubten Handlungen nicht gehaftet (BGH 8. 3. 1951 – III ZR 65/50, BGHZ 1, 248, 251; zum individualistischen Haftungskonzept s § 831 Rn 5); der BGH (BGH 8. 3. 1951 – III ZR 65/50, BGHZ 1, 248, 251) wertet § 831 BGB als Ausnahme. § 835 BGB blieb diesem Grundsatz insofern treu, als danach kein Jagdschaden (nur Wildschaden) zu ersetzen war. § 33 Abs 2 HS 2 BJagdG stellt gegenüber den Haftungsregeln des BGB eine auf § 48 Abs 2 RJagdG zurückgehende Durchbrechung dar. Sie geht noch weiter als § 831 BGB (diese Vorschrift sollte freilich durch den Referentenentwurf eines Gesetzes zur Änderung und Ergänzung schadensersatzrechtlicher Vorschriften des Bundesministeriums der Justiz von 1967 [E-1967] ähnlich wie § 33 Abs 2 HS 2 BJagdG konzipiert werden; dazu § 831 Rn 188). § 33 Abs 2 HS 2 BJagdG durchbricht auch § 830 Abs 1 S 2 BGB. Danach haften mehrere Beteiligte nur, wenn jeder von ihnen eine unerlaubte Handlung begangen hat, aber unklar ist, wessen Handlung zur Verletzung und zum Schaden geführt hat (Alternativtäterschaft; vgl Deutsch/Ahrens Rn 192 f). Die Haftung von Alternativtätern gilt von jeher als Ausnahme; Analogien wurden abgelehnt (Deutsch/Ahrens Rn 199). Im Gegensatz dazu haftet der Jagdausübungsberechtigte nach § 33 Abs 2 HS 2 BJagdG für den Jagdaufseher und den Jagdgast, selbst wenn jener sich in jeder Hinsicht rechtmäßig verhalten hat. Dogmatisch steht die Regelung der Repräsentantenhaftung (§ 3 HaftpflG) (Larenz/Canaris § 84 II 2), der adjektizischen Haftung (§§ 476 f HGB) und der Leutehaftung (§ 428 HGB; § 831 Rn 17, 75, 83) nahe; dabei geht es aber ausschließlich um Hilfspersonen (dazu unten). MünchKommBGB/Wagner (§ 835 Rn 16) sieht in § 33 Abs 2 BJagdG „eine moderne und sachgerechte Lösung der Problematik des Gehilfenversagens durch Zurechnung fremden Fehlverhaltens". Dem ist nicht zuzustimmen. § 33 Abs 2 BJagdG erfasst die missbräuchliche Jagdausübung durch Jagdgehilfen gerade nicht; für diese gilt nach wie vor § 831 BGB. Von Gehilfenversagen kann bezüglich des Jagdgastes keine Rede sein. Der Jagdgast ist kein Gehilfe des Jagdausübungsberechtigten, weder Verrichtungsgehilfe iSv § 831 BGB, noch Erfüllungsgehilfe iSv § 278 BGB (RGZ 128, 39, 42; Bauer, Jagdordnung, Nachtrag zu S 42, S 478), sondern eben Gast. Die (unbedingte, adjektizische) Haftung des Gastgebers für seine Gäste ist dem gegenwärtigen deutschen Recht fremd, ebenso wie die personenrechtliche Verbundenheit als Haftungsgrund (§ 831 Rn 1). Die Zurechnung lässt sich auch nicht damit begründen, dass die Pflichten nach § 33 Abs 1 BJagdG, deren Verletzung zur Haftung nach § 33 Abs 2 BJagdG führt, nicht bloß allgemeine Rechtspflichten sind (BGH 28. 4. 1953 – I ZR 47/52, BGHZ 9, 301, 302; BGH 9. 5. 1957 – II ZR 327/55, BGHZ 24, 188, 191), „die allen Rechtsgenossen im Interesse des Zusammenlebens auferlegt sind" (Heinrich Stoll AcP 136 [1932] 257, 298), sondern dass es sich um Rücksichtnahmepflichten in einer individualisierten Rechtsbeziehung (nämlich gegenüber dem Grundstückseigentümer oder Nutzungsberechtigten) handelt, ähnlich den Pflichten, die sich aus § 241 Abs 2 BGB ergeben. In der Sonderbeziehung existiert zwar die Verschuldenszurechnung (§ 278 BGB), aber eben nur für Erfüllungsgehilfen. Der Jagdgast ist aber keine Hilfsperson des Jagdausübungsberechtigten, sodass die Zurechnung des Fremdverschuldens sogar noch weitergeht als nach § 278 BGB. Ferner ist die Lösung wenig sachgerecht, weil sich die Unterschiedlichkeit der Haftung für das Fehlverhalten des Jagdhelfers einerseits und des Jagdgastes andererseits im Hinblick auf den Normzweck von § 33 Abs 2 BJagdG schwer erklären lässt (krit schon Behr/Ott/Nöth 347); die Beweislage ist für den Geschädigten nicht leichter, wenn ein Jagdgehilfe den Schaden verursacht.

Überdies kann der Jagdausübungsberechtigte der strengeren Haftung nach § 33 Abs 2 HS 2 BJagdG ausweichen, indem er die Jagd in seinem Revier statt Jagdgästen bevorzugt Jagdgehilfen gestattet, etwa zur Erfüllung des Abschussplans. Darüber hinaus ist die Lösung nach heutigem Verständnis des Worts schwerlich „modern", sondern eher rückwärtsgewandt, beruht sie doch auf der Gesetzgebung von 1934 (nach Goeser 8 ff kein „Nazigesetz"). Die historischen Wurzeln reichen bis in die fränkische Zeit zurück (Brunner 399 f: „Der Volksgenosse, der einen Fremden behaust und beschützt, haftet seinerseits für das, was dieser verbricht"; vGierke, Privatrecht III 923); auch dem römischen Recht war die schuldunabhängige Haftung des Wohnungsinhabers (habitator) für seine Gäste (hospites) nicht unbekannt (Ulpian, CIC Dig 9.3 Nr 1 S 771, actio de his qui effuderint vel deiecerint; dazu § 836 Rn 1; vWyss 68; Waentig 62; Wächter 493 f). Schließlich wird bezüglich des Jagdausübungsberechtigten das Verschuldensprinzip zugunsten einer „Gefährdungshaftung für das Verhalten anderer" aufgegeben (Esser/Weyers, Schuldrecht II/2 § 64, 1; Larenz/Canaris § 84 III 2b, 618), obwohl von der Jagd durch den Jagdaufseher und den Jagdgast keine durch den Jagdausübungsberechtigten ausgelöste erhöhte, sein unbedingtes Einstehen rechtfertigende Gefährdung ausgeht. Der Jagdausübungsberechtigte haftet somit aufgrund der bloßen Möglichkeit, dass der Schaden auf seiner missbräuchlichen Jagdausübung beruht. Ihm ist der Beweis abgeschnitten, dass nicht sein Verhalten, sondern das des Jagdaufsehers oder des Gastes für den Jagdschaden ursächlich war. Bezüglich des Jagdgastes schießt die Regelung über den Normzweck, soweit erkennbar, hinaus, bezüglich des Jagdgehilfen bleibt sie dahinter zurück. Um die Beweisnot des Geschädigten abzumildern, hätte es genügt, dass die missbräuchliche Jagdausübung durch den Jagdausübungsberechtigten wegen seiner Beweisnähe und wegen der primär ihm zustehenden Jagdausübungsberechtigung widerleglich vermutet wird, anstatt ihn ohne eigenes Verschulden für den Jagdaufseher und den Jagdgast unbedingt haften zu lassen.

Die Norm hat mithin nur eine schwache dogmatische Legitimation; ihr fehlt die innere Rechtfertigung. Das legt eine restriktive Auslegung des Haftungstatbestands von § 33 Abs 2 BJagdG nahe (anders aber Behr/Ott/Nöth 345).

2. Jagdschaden

a) Beschädigung eines Grundstücks

Der Begriff des Jagdschadens wird vom Gesetz zwar in § 33 Abs 2 HS 2 BJagdG verwendet, aber nicht definiert. Nach § 33 Abs 2 HS 1 BJagdG wird für jeden aus missbräuchlicher Jagdausübung entstandenen Schaden gehaftet. Dem Wortlaut nach ist die Ersatzpflicht also – anders als nach § 29 BJagdG – nicht auf Schäden an Grundstücken begrenzt. Eine solche Einschränkung auf Grundstücksschäden ist aber durch den Normzweck von § 33 Abs 2 BJagdG und die daran orientierte restriktive Auslegung geboten. Die Vorschrift soll nur einen Ausgleich für das Betretungsrecht im Rahmen der Jagdausübung schaffen (OLG Düsseldorf 14. 1. 2004 – 15 U 66/01, Jagdr Entsch Bd XIV Sachg XI Nr 123; Scherping/Vollbach, RJagdG § 48 Erl 1; deutlich in Art 13 des ehemaligen Jagdgesetzes Oldenburg [Bauer, Sammlung 128; Fitzner/Oeser § 33 BJagdG Rn 4]). Für die Schädigung anderer Sachen oder Vermögensschaden ist kein Wildschadensersatz zu leisten, es greift ausschließlich das Deliktsrecht (OLG Düsseldorf 14. 1. 2004 – 15 U 66/01, Jagdr Entsch Bd XIV Sachg XI Nr 123; Schuck/Schuck § 33 Rn 3 mwNw). Dementsprechend ist auch der Kreis der Ersatzberechtigten auf den Grundstückseigentümer oder Nutzungsberechtigten begrenzt. Fasste man den Schadensbegriff wei- 28 ter, indem Personenschäden und Schäden an beweglichen Sachen miteinbezogen werden, ließe sich schwerlich begründen, warum das Gesetz zum Ersatz dieser Schäden gegenüber dem Grundstückseigentümer und dem Nutzungsberechtigten, aber nicht anderer Personen verpflichtet. Hinzu kommt der systematische Zusammenhang mit Abs 1, der ebenfalls allein auf die Interessen des Grundeigentümers bzw Nutzungsberechtigten abstellt (vgl auch § 34 BJagdG). Schließlich erscheint ein unbedingtes Einstehen des Jagdausübungsberechtigten für Jagdaufseher und Jagdgäste für jedwede Schäden unzumutbar. Dem Recht der unerlaubten Handlungen ist die Wertung zu entnehmen, dass den Jagdausübungsberechtigten für sonstige Schäden ohne Verschulden keine Haftung treffen soll. Die deliktsrechtliche Grundentscheidung zu modifizieren, ist nur im Hinblick auf den besonderen oben beschriebenen Normzweck von § 33 BJagdG (Ausgleich für das Betretungsrecht) gerechtfertigt. Daher liegt kein Jagdschaden vor, wenn ein Pferd aufgrund einer Vielzahl von über seine Koppel hinweg und in unmittelbarer Nähe derselben abgegebenen Schüssen durch Stress verendet (OLG Düsseldorf 14. 1. 2004 – 15 U 66/01, Jagdr Entsch Bd XIV Sachg XI Nr 123, aber Haftung aus § 823 BGB, s Rn 34).

b) Missbräuchliche Jagdausübung

29 Nach § 33 Abs 2 HS 1 BJagdG muss der Schaden aus missbräuchlicher Jagdausübung entstanden sein. Das Tatbestandsmerkmal Jagdausübung ist iSv § 1 BJagdG (eng) auszulegen (dagegen Behr/Ott/Nöth 345; zur Auslegung s Rn 27). Die Gesetzesformulierung („aus“) fordert zunächst einen sachlichen Zusammenhang mit der Jagd. Nicht zum Jagdschaden gemäß BJagdG §§ 33 ff gehören aber die Schäden, welche nicht durch, sondern nur bei Gelegenheit der Jagdausübung verursacht werden (LG Münster 21. 1. 1983 – 4 O 448/82, Jagdr Entsch Bd IV Sachg XI Nr 43), zB infolge unterlassener Mitteilung über eine Treibjagd in benachbartem Tiergehege entstandener Schaden, durch Abpflücken fremden Obsts oder durch einen Jagdaufseher, welcher die Gelegenheit eines Kontrollgangs benutzt, um im Nachbarrevier zu wildern, sind nicht nach § 33 BJagdG ersatzfähig (Linnenkohl § 33 Rn 2; Lorz/Metzger § 33 Rn 10).

30 Eine Entschädigungspflicht sieht das Gesetz nicht vor, wenn die Schranken des schonenden Gebrauchs – des civiliter uti – nicht überschritten werden. Den zumutbaren und nicht vermeidbaren, in der Regel unbedeutenden Jagdschaden muss der Grundstückseigentümer oder Nutzungsberechtigte in Kauf nehmen. Dieser Schaden ist durch den Pachtzins abgegolten. Daher ist weitere Voraussetzung, dass die Jagd missbräuchlich ausgeübt wurde. Der Begriff der Missbräuchlichkeit iSd § 33 Abs 2 HS 2 BJagdG wird ganz überwiegend mit Verschulden gleichgesetzt (BGB-RGRK/Kreft § 835 Rn 18; Erman/Wilhelmi § 835 Rn 2; Mitzschke/Schäfer § 33 Rn 8; Lorz/Metzger § 33 Rn 7; Drees/Thies 34). Dem dürfte zumindest im Ergebnis zu folgen sein, da Missbrauch ohne Sorgfaltspflichtverstoß kaum denkbar ist (vgl Esser/Weyers, Schuldrecht II/2 § 64 1). Anknüpfungspunkt für missbräuchliches Verhalten ist § 33 Abs 1 BJagdG. Es kann also vor allem darin bestehen, dass besäte Felder und nicht abgemähte Wiesen nicht hinreichend geschont, auf mit reifender Halm- oder Samenfrucht bestandenen Feldern Treibjagden abgehalten oder unter Beschädigung reifender Früchte Suchjagden veranstaltet werden (Einzelheiten bei Lorz/Metzger § 33 Rn 1 ff). In Betracht kommt aber auch ein Verstoß gegen die allgemeine Pflicht zur Rücksichtnahme (vgl Rn 27).

3. Ersatzpflichtiger

Zum Ersatz des Jagdschadens ist der Jagdausübungsberechtigte (§§ 3, 11 BJagdG) 31
verpflichtet. Das gilt nach § 33 Abs 2 HS 2 BJagdG auch, wenn der Schaden durch einen von ihm bestellten Jagdaufseher oder einen Jagdgast verursacht wird (zum behördlich bestätigten Jagdaufseher [§ 25 BJagdG] s Rn 41). Der Jagdgast selbst ist nicht Jagdausübungsberechtigter iSd BJagdG (AG Neuburg 10. 5. 2017 – 2 C 66/17, Jagdr Entsch Bd XX Sachg IX Nr 261). Den Jagdausübungsberechtigten trifft nach § 33 Abs 2 HS 2 BJagdG eine unbedingte Einstandspflicht für von Jagdaufseher oder Jagdgast verursachte Jagdschäden. Der Jagdausübungsberechtigte kann sich daher auch nicht wie nach § 831 Abs 1 S 2 BGB durch den Nachweis fehlenden Verschuldens entlasten (vgl BGB-RGRK/Kreft § 835 Rn 18). Allerdings wird man ein Verschulden des Jagdaufsehers oder Jagdgastes fordern müssen. Das ergibt sich zwar nicht unmittelbar aus dem Wortlaut von § 33 Abs 2 HS 2 BJagdG, folgt aber aus dem systematischen Zusammenhang mit HS 1. Das dort aufgestellte Erfordernis der missbräuchlichen Jagdausübung gilt für alle Fälle der Jagdschadenshaftung (Schuck/Schuck § 33 Rn 3; Lorz/Metzger § 33 Rn 6 f; Fitzner/Oeser § 33 BJagdG Rn 3; vgl auch BGB-RGRK/Kreft § 835 Rn 18). § 33 Abs 2 HS 2 BJagdG erweitert die Einstandspflicht des Jagdausübungsberechtigten in persönlicher, nicht aber in sachlicher Hinsicht. Der Inhaber einer entgeltlichen Jagderlaubnis ist Jagdgast und nicht Jagdausübungsberechtigter. Er ist auch dann für Wildschadensersatzforderungen des unmittelbar Geschädigten nicht passivlegitimiert, wenn er sich im Innenverhältnis zur Jagdgenossenschaft zur Erstattung von Wildschäden verpflichtet hat (AG Siegburg 13. 3. 2015 – 121 C 85/14, Jagdr Entsch Bd XVIII Sachg IX Nr 237).

Der Jagdausübungsberechtigte kann beim Jagdaufseher und beim Jagdgast nach §§ 426, 421, 823 BGB Rückgriff nehmen. UU haften sie dem Jagdausübungsberechtigten auch nach § 280 Abs 1 BGB, wenn zwischen beiden ein Schuldverhältnis besteht. Beim Jagdgast liegt die Haftung eher fern; denn zB eine Treibjagd ist in aller Regel eine gesellschaftliche Veranstaltung, bei der es sich beiderseits um Gefälligkeiten ohne rechtlichen Charakter handelt (RGZ 128, 39, 42), anders verhält es sich beim zahlenden Jagdgast.

4. Ersatzberechtigter

Ersatzberechtigt ist der geschädigte Grundstückseigentümer oder der Nutzungs- 32
berechtigte (§ 33 Abs 2 BJagdG). Insoweit kann auf die Ausführungen zur Wildschadenshaftung (Rn 3 ff) verwiesen werden.

5. Inhalt und Umfang der Ersatzpflicht

Für den Jagdschadensersatz gelten die §§ 249 ff BGB ohne Einschränkungen. Son- 33
derregelungen wie bei der Wildschadenshaftung enthält das Gesetz nicht.

VI. Haftung für Jagdschäden nach allgemeinem Deliktsrecht

§ 33 BJagdG schließt eine Haftung nach den §§ 823 ff BGB nicht aus. Jeder Jäger ist 34
für Schäden, die er im Rahmen der Jagdausübung durch schuldhaftes Verhalten verursacht, nach Maßgabe von **§ 823 Abs 1 BGB** ersatzpflichtig (vgl BGH 20. 6. 2000 –

VI ZR 193/99, AgrarR 2001, 17; OLG Celle 21. 6. 1995 – 9 U 132/94, AgrarR 1996, 261). Die Haftung kann sich beispielsweise aus der Benutzung fehlerhafter Schusswaffen und Patronen, aus nachlässiger Verwahrung von Schusswaffen, aus unvorsichtiger Handhabung des Gewehrs und unvorsichtigem Schießen ergeben. Typischer Anwendungsbereich der deliktischen Haftungsnormen sind Jagdunfälle. Schon früh wurde die Frage erörtert, unter welchen Voraussetzungen der Errichter von Fallgruben zur Jagd von Bären und Hirschen für die aus dieser Gefahrenquelle resultierenden Unfälle verantwortlich ist (Paulus, CIC Dig 9. 2 Nr 28 S 752). Auch in heutiger Zeit kommt es noch gelegentlich vor, dass (sogar erfahrene passionierte) Jäger (LG Mönchengladbach 20. 12. 2001 – 10 O 7/01, Jagdr Entsch Bd XIII Sachg XI Nr 110 = NJW-RR 2002, 1316: überwiegendes Eigenverschulden), ahnungslose (gelegentlich auch neugierige) Spaziergänger, Kinder oder Hunde (AG Rottweil 7. 10. 1980 – 2 C 285/80, Jagdr Entsch Bd V Sachg XI Nr 57: in einem Misthaufen vergraben) durch nicht hinreichend kenntlich gemachte (etwa durch Warnschild [AG Neuß Jagdr Entsch Bd VI Sachg XI Nr 62 – auch zum Mitverschulden eines Spaziergängers]; AG Lichtenfels 18. 1. 1985 – C 491/84, Jagdr Entsch Bd V Sachg XI Nr 52 betr Fuchsfalle) oder gesicherte (durch Umzäunung oder Fangbunker) Fallen verletzt werden (LG Augsburg 26. 2. 1991 – 4 S 4449/90, Jagdr Entsch Bd VIII Sachg XI Nr 81; AG Oberndorf 29. 11. 1985 – 4 C 286/85, Jagdr Entsch Bd V Sachg XI Nr 58 – hier *keine* Verletzung der Verkehrssicherungspflicht). Allerdings hat sich die Problematik aufgrund veränderter Jagdmethoden insgesamt verlagert. In der Rechtsprechung dominieren heute (Un-)Fälle mit Schusswaffen, etwa die Verletzung eines Jagdteilnehmers oder Jagdhunds durch Büchsen- oder Schrotschüsse (RGZ 128, 39, 43 f; OLG Oldenburg 23. 11. 1978 – 1 U 89/78, VersR 1980, 339; OLG Koblenz 25. 10. 1990 – 5 U 1753/89, Jagdr Entsch Bd VIII Sachg XI Nr 79 betr auch Mitverantwortung des Durchgehschützen; OLG München 19. 3. 1991 – 25 U 5688/90, Jagdr Entsch Bd VIII Sachg XI Nr 80; LG Göttingen 6. 4. 2000 – 6 S 113/99, Jagdr Entsch Bd XIII Sachg XI Nr 109 betr Jagdhund, auch Mitverschulden; LG Oldenburg 23. 6. 1987 – 10 O 1127/87, Jagdr Entsch Bd VII Sachg XI Nr 67; LG Passau 10. 5. 1988 – 3 O 786/87, Jagdr Entsch Bd VII Sachg XI Nr 68; LG Kaiserslautern 6. 2. 1990 – 1 S 312/89, Jagdr Entsch Bd VII Sachg XI Nr 75 u LG Erfurt 24. 6. 2015 – 3 O 996/13, Jagdr Entsch Bd XIX Sachg XI Nr 143 betr Bestimmung des Werts eines Jagdgebrauchshunds; LG Lüneburg 9. 2. 1984 – 1 S 384/83, Jagdr Entsch Bd V Sachg XI Nr 48 = NJW 1984, 1243 betr Erstattung der Behandlungskosten bei Verletzung eines Hunds; AG St Goar 10. 1. 2002 – 3 C 156/00, Jagdr Entsch Bd XIII Sachg XI Nr 118; LG Traunstein 10. 8. 1983 – 5 S 1658/83, Jagdr Entsch Bd V Sachg XI Nr 50 = NJW 1984, 1244 betr Berücksichtigung des Affektionsinteresses bei Schadensersatz für Verletzung eines Hunds) oder unbeabsichtigtes Lösen eines Schusses (BGH 21. 10. 1958 – VI ZR 190/57, VersR 1958, 851; zu den Sorgfaltspflichten eines Schützen OLG Saarbrücken 30. 3. 1990 – 4 U 63/89, Jagdr Entsch Bd VII Sachg XI Nr 74; LG Kassel Jagdr Entsch Bd II Sachg XI Nr 24; OLG Oldenburg 23. 11. 1978 – 1 U 89/78, Jagdr Entsch Bd II Sachg XI Nr 26 [Gesellschaftsjagd]; Schussabgabe in unmittelbarer Nähe zum Kopf des Nachbarjägers: AG Leer 24. 2. 2011 – 73 C 618/10, Jagdr Entsch Bd XVII Sachg XI Nr 139). Auch unbeteiligte Dritte, zB Reiter, Spaziergänger, Teilnehmer am allgemeinen Straßenverkehr, können Opfer unerlaubter Handlungen im Rahmen der Jagdausübung sein, wenn etwa das Pferd eines zufällig vorbeikommenden Reiters durch Schussknall in Panik gerät und Verletzungen erleidet (OLG Saarbrücken 30. 3. 1990 – 4 U 63/89, Jagdr Entsch Bd VII Sachg XI Nr 74; BGH 15. 2. 2011 – VI ZR 176/10, VersR 2011, 546 Rn 12 ff = Jagdr Entsch Bd XVI Sachg XI Nr 136 keine Haftung bei Reitunfall am Rande einer Treibjagd durch Schussgeräusche; OLG Braunschweig 27. 6. 2005 – 7 U 104/04, Jagdr Entsch Bd XVII Sachg XI Nr 138: keine Haftung bei Gehörschaden eines Waldbesuchers infolge der Schussabgabe bei Einhaltung der erforderlichen Sorgfalt). Es besteht aber keine Haftung des Jagdausübenden für die Verletzung von Personen durch flüchtendes Wild (AG Stadtroda 5. 5. 2010 – 3 C 168/09, Jagdr Entsch Bd XVI Sachg XI

Nr 133). Die Veranstaltung und Durchführung einer Jagd bringt regelmäßig Gefahren für andere Jagdteilnehmer und unbeteiligte Dritte mit sich (RGZ 128, 39, 43). Aus der Schaffung dieser Gefahrenquelle ergeben sich *Verkehrssicherungspflichten* des Jagdveranstalters- oder -organisators, die diesen zu Schutzmaßnahmen und im Falle deren Unterlassens zum Schadensersatz nach § 823 Abs 1 BGB verpflichten können (BGH 10. 2. 1976 – VI ZR 160/74, AgrarR 1976, 233 = VersR 1976, 593; eingehend Staudinger/Hager [2021] § 823 Rn E 367 ff; OLG Düsseldorf 14. 1. 2004 – 15 U 66/01, Jagdr Entsch Bd XIV Sachg XI Nr 123; AG Daun 20. 3. 2018 – 3b C 322/17, Jagdr Entsch Bd XX Sachg XI Nr 146). Die zu beachtenden Sorgfaltspflichten konkretisieren ua die Unfallverhütungsvorschriften Jagd (UVV Jagd). Sie präzisieren das jagdgerechte Verhalten und regeln (nicht abschließend) die jagdlichen Verhaltenspflichten, die dem Schutz von Leben und Gesundheit dienen (BGH 15. 2. 2011 – VI ZR 176/10, VersR 2011, 546 Rn 12 = Jagdr Entsch Bd XVI Sachg XI Nr 136). So darf bei einer Treib- oder Drückjagd das Wild nicht in Richtung auf eine befahrene Straße getrieben oder gedrückt werden (BGH 10. 2. 1976 – VI ZR 160/74, AgrarR 1976, 233 = VersR 1976, 593), sondern das Treiben muss von der Straße möglichst wegführen. Durch möglichst dichte Treiberketten ist einem Auswechseln des Wildes nach rückwärts zusätzlich vorzubeugen, etwa durch Anbringen von „Jagdlappen"; auch mag die Aufstellung einer Postenkette erforderlich sein (BGH 10. 2. 1976 – VI ZR 160/74, AgrarR 1976, 233 = VersR 1976, 593; ebenso LG Rostock 6. 9. 2002 – 4 O 176/02, Jagdr Entsch Bd XIII Sachg XI Nr 117; LG Lübeck 21. 8. 2007 – 6 O 141/06, Jagdr Entsch Bd XV Sachg XX Nr 63). Den Jagdveranstalter trifft die Pflicht, sich entweder vor Beginn einer Treibjagd zu vergewissern, dass sich im Bereich der Jagd keine Tiere befinden, welche durch die Schüsse der Jäger, den dadurch erzeugten Lärm und die Hunde gefährdet werden können, oder aber Eigentümer oder sonstige Nutzer von der bevorstehenden Jagd zu unterrichten, damit diese ihrerseits Schutzvorkehrungen für die durch die Jagd gefährdeten Tiere treffen können (OLG Düsseldorf 14. 1. 2004 – 15 U 66/01, Jagdr Entsch Bd XIV Sachg XI Nr 123). Es besteht unter Verkehrssicherungsgesichtspunkten aber keine vorherige Pflicht des Jagdveranstalters, die Anlieger außerhalb des bejagten Gebiets über Schussgeräusche zu informieren, es sei denn, die Jagdkonzeption sieht das Abgeben von Schüssen in unmittelbarer Nähe weidender Tiere vor (OLG Hamm 15. 1. 2013 – I-9 U 84/12, MDR 2013, 520 f = Jagdr Entsch Bd XVII Sachg XI Nr 142). Der Veranstalter einer Drückjagd muss aber nicht damit rechnen, dass ein aufgescheuchtes Wildschwein in ein Wohnhaus durch die geschlossene Terrassentür eindringt und Schaden anrichtet (LG Lüneburg 29. 11. 2002 – 4 O 201/02, Jagdr Entsch Bd XIII Sachg XI Nr 112, bestätigt durch OLG Celle 17. 2. 2003 – 9 U 12/03, Jagdr Entsch Bd XIII Sachg XI Nr 115; AG Montabaur 1. 4. 2010 – 10 C 208/09, Jagdr Entsch Bd XVI Sachg XI Nr 132).

Treib- oder Gesellschaftsjagden sind in der Regel gesellschaftliche Veranstaltungen, Einladungen und Teilnahme sind Gefälligkeiten ohne rechtlichen Charakter. Der veranstaltende Jagdherr ist daher nicht Geschäftsherr der teilnehmenden Jagdgäste und haftet bei Jagdunfällen nicht für diese aus § 831 BGB (auch § 278 BGB ist unanwendbar, RGZ 128, 39, 42), wenn sie sich gegenseitig oder wenn sie Treiber oder unbeteiligte Dritte verletzen. Er kann sich aber selbst im Einzelfall aus § 823 Abs 1 BGB verantwortlich machen, wenn er schuldhaft ungeeignete Personen (zB ohne Jagdschein oder ihm als unvorsichtig bekannte Schützen, RGZ 128, 39) zulässt oder nicht von der weiteren Teilnahme an der Jagd ausschließt oder wenn er als Veranstalter (Jagdleiter) nicht die erforderlichen Vorkehrungen zur gefahrlosen Durchführung der Jagd trifft (vgl dazu BGH 7. 12. 1965 – VI ZR 118/64, VersR 1966, 190; auch Behr/Ott/Nöth 581) oder unsachgemäße Anordnungen über die Durchführung der Jagd erteilt.

35 In Betracht kommen ferner Ersatzansprüche nach **§ 823 Abs 2 BGB** wegen Verstoßes gegen ein Schutzgesetz, zB § 303 StGB (Tötung eines Hundes; AG Neuss 26. 4. 1990 – 30 C 166/88, Jagdr Entsch Bd VII Sachg XI Nr 73 betr auch Mitverschulden des Geschädigten wegen fehlender Eignung des Hundes zur Nachsuche; LG Rottweil Jagdr Entsch Bd VI Sachg XI Nr 65 betr auch Tötungsrecht wegen Wilderns) oder § 20 Abs 1 BJagdG („An Orten, an denen die Jagd nach den Umständen des einzelnen Falles die öffentliche Ruhe, Ordnung oder Sicherheit stören oder das Leben von Menschen gefährden würde, darf nicht gejagt werden"). Diese Vorschrift dient vor allem auch dem Schutz von Straßenbenutzern, die durch die Jagdausübung gefährdet werden, und stellt ein die allgemeine Verkehrssicherungspflicht konkretisierendes Schutzgesetz iSd § 823 Abs 2 BGB dar (vgl BGH 10. 2. 1976 – VI ZR 160/74, AgrarR 1976, 233 = VersR 1976, 593 [vorgehend: OLG Celle 27. 5. 1974 – 9 U 4/74, VersR 1974, 1087, 1088]; LG Aachen 30. 8. 1990 – 6 S 176/90, Jagdr Entsch Bd VIII Sachg XI Nr 82; Erman/Wilhelmi § 823 Rn 163). Aus § 20 BJagdG ist kein generelles Verbot herzuleiten, in der Nähe von Bundes- oder anderen Straßen die Jagd auszuüben (LG Aachen 30. 8. 1990 – 6 S 176/90, Jagdr Entsch Bd VIII Sachg XI Nr 82; LG Rostock 6. 9. 2002 – 4 O 176/02, Jagdr Entsch Bd XIII Sachg XI Nr 117; AG Freising 29. 12. 1983 – 1 C 137/83, Jagdr Entsch Bd V Sachg XX Nr 38 [Jagdr Entsch Bd V Sachg XI Nr 55 LS]).

36 Allerdings ist der Jagdausübungsberechtigte nicht verpflichtet, den Straßenverkehr vor allgemeinen Gefahren durch Wildwechsel in seinem Jagdbezirk zu schützen. Nicht alle nachteiligen Auswirkungen der Jagd können von dem Verkehr ferngehalten werden; das gilt gerade für die Beeinträchtigung des Straßenverkehrs durch bei der Jagd aufgestörtes Wild (LG Rostock 6. 9. 2002 – 4 O 176/02, Jagdr Entsch Bd XIII Sachg XI Nr 117). Abwehr und Steuerung solcher durch die Widmung der Straße geschaffenen Gefahren obliegt nicht dem Jagdausübungsberechtigten, sondern den für die Unterhaltung und Sicherung der Straße verantwortlichen Stellen (vgl BGH 10. 2. 1976 – VI ZR 160/74, VersR 1976, 593). Aus der Sicht der Verkehrsteilnehmer ist es unter gewöhnlichen Umständen unerheblich, ob das Wild von einem Jäger oder aus anderen Gründen, etwa bei Wald- oder Feldarbeiten oder von Spaziergängern ungewollt oder bewusst aufgeschreckt worden ist. Deshalb tritt auch der Gesichtspunkt, dass der Jäger das Wild planmäßig aufsucht, es bewusst aufstört, für die Beurteilung der zu verlangenden Gefahrabwehr zurück (LG Aachen 30. 8. 1990 – 6 S 176/90, Jagdr Entsch Bd VIII Sachg XI Nr 82). Der Verkehrsteilnehmer muss auf Straßen, die über Land oder durch Wald führen, mit der Begegnung mit flüchtendem Wild rechnen (AG Freising 29. 12. 1983 – 1 C 137/83, Jagdr Entsch Bd V Sachg XX Nr 38 [Jagdr Entsch Bd V Sachg XI Nr 55 LS]). Die Verletzung der Warnpflicht (zB Aufstellen von Warnschildern) kann Amtshaftungsansprüche nach **§ 839 BGB** begründen (OLG Stuttgart 21. 3. 1964 – 1 U 171/63, DAR 1965, 49; OLG Celle 9. 6. 1966 – 3 U 195/65, VersR 1967, 382; OLG Braunschweig 24. 6. 1998 – 3 U 30/98, NZV 1998, 501 [verneint]; Leenen DAR 1973, 317).

37 Durch § 33 Abs 2 HS 2 BJagdG (zuvor § 48 Abs 2 RJagdG) hat die Haftung des Jagdausübungsberechtigten nach **§ 831 Abs 1 BGB** für durch den Jagdaufseher verursachte Jagdschäden iSd BJagdG (Rn 28) an praktischer Bedeutung verloren. Nach § 831 BGB haftet der Jagdausübungsberechtigte aber für vom Jagdaufseher verursachte Schäden, die keine Jagdschäden sind, zB Personenschäden (RG WarnR 1928 Nr 76; LG Augsburg 26. 2. 1991 – 4 S 4449/90, Jagdr Entsch Bd VIII Sachg XI Nr 81). Nach dieser Bestimmung haftet der Jagdausübungsberechtigte auch, wenn sonstige Verrichtungsgehilfen Schäden verursachen (zB Arbeiter beim Bau von Jagdeinrichtungen). Richten Jagdgäste andere Schäden als Jagdschäden an, wird dadurch weder eine Haftung des Jagdausübungsberechtigten nach § 33 Abs 2 HS 2 BJagdG, noch nach § 831 Abs 1 BGB ausgelöst (Jagdgäste sind keine Verrichtungsgehilfen, RGZ 128, 39, 42; BAUER, Jagdordnung, Nachtrag zu S 42, S 478).

Richtet der Inhaber eines Jugendjagdscheins (§ 16 BJagdG) Schaden an, kann eine Haftung des Aufsichtspflichtigen nach **§ 832 BGB** ausgelöst werden (§ 832 Rn 149). Die an die Aufsichtspflicht zu stellenden Anforderungen sind hoch (vgl § 16 Abs 2, 3 BJagdG: Begleitung durch jagdlich erfahrene Person; Verbot der Teilnahme an Gesellschaftsjagden). 38

In Betracht kommt ferner eine Haftung des jagenden Tierhalters nach **§ 833 BGB** (BEHR/OTT/NÖTH 585 ff). Sie kann durch das Verhalten von Jagdhunden (der Jagdhund des Försters ist Berufstier iSv § 833 S 2 BGB) ausgelöst werden, etwa wenn ein Hund bei der Nachsuche nach angeschossenem Wild auf eine öffentliche Straße gelangt (OLG Bamberg 20. 2. 1990 – 5 U 41/89, Jagdr Entsch Bd VIII Sachg XI Nr 78: Ein Jagdhund darf nicht unangeleint zur Nachsuche auf ein angeschossenes Wild angesetzt werden, wenn die Gefahr besteht, dass der Hund in den öffentlichen Straßenverkehr gelangt, ohne dass der Jäger ausreichend auf ihn einwirken kann.) oder ein Reh aufstöbert und dieses bei der Flucht einen Verkehrsunfall verursacht (OLG Nürnberg 29. 1. 1959 – 3 U 275/58, VersR 1959, 573). 39

Kommt es durch Einsturz eines Jagdhochsitzes oder Ablösung von Teilen desselben zu Personen- oder Sachschäden, kann ein Ersatzanspruch nach **§ 836 BGB** gegeben sein (§ 836 Rn 24, 79, 126). 40

Soweit der behördlich bestätigte (§ 25 BJagdG) Jagdaufseher in Ausübung der ihm übertragenen öffentlichen Gewalt handelt, greift nicht § 33 BJagdG, sondern die Haftung gem **§ 839 BGB, Art 34 GG** ein. Ein behördlich bestätigter Jagdaufseher, der bei Ausübung des Jagdschutzes (vgl § 25 BJagdG) Zwangsmaßnahmen anwendet, handelt in Ausübung der ihm durch die Bestätigung übertragenen öffentlichen Gewalt. Demzufolge haftet bei schuldhafter Amtspflichtverletzung nicht der private Revierinhaber, der ihn bestellt, sondern gemäß Art 34 GG der Staat, dessen Behörde ihn bestätigt hat (RGZ 142, 190; OLG Celle 29. 11. 1961 – 3 U 169/60, VersR 1962, 451), oder die öffentlich-rechtliche Körperschaft (Gemeinde, Jagdgenossenschaft), in deren Diensten er steht (vgl MITZSCHKE/SCHÄFER § 25 Rn 28). Die Haftung nach **§ 839 BGB, Art 34 GG** kann auch eingreifen, wenn Polizeibeamte bei Ausübung des Jagdschutzes den Verhältnismäßigkeitsgrundsatz missachten, indem sie einen Deutsch-Langhaar beschießen, weil er unrechtmäßig Stockenten jagt (OLG Frankfurt 10. 3. 1994 – 12 U 116/93, Jagdr Entsch Bd IX Sachg XI Nr 91). Zu berücksichtigen ist aber das Mitverschulden des Hundeführers, wenn er es duldet, dass sich der Jagdhund aus seinem Einwirkungsbereich entfernt. 41

VII. Geltendmachung von Wild- und Jagdschaden

1. Wahrung der Anmeldefrist

Nach § 34 S 1 BJagdG erlischt der Anspruch auf Wild- oder Jagdschadensersatz nach den §§ 29 ff BJagdG (nicht nach anderen Vorschriften!), wenn der Berechtigte den Schadensfall nicht binnen Wochenfrist ab tatsächlicher oder bei Beachtung gehöriger Sorgfalt möglicher Kenntnis bei der zuständigen Behörde anmeldet. Bei forstwirt- 42 schaftlich genutzten Grundstücken genügt die Anmeldung jeweils zum 1.5. oder 1.10. des Jahres (§ 34 S 2 BJagdG) (vgl LG Arnsberg 27. 5. 1991 – 5 S 329/90, Jagdr Entsch Bd VIII Sachg IX Nr 86; zur Frage, ob Kurzumtriebsplantagen und Grundstücke mit agroforstlicher Nutzung [§ 2 Abs 2 BWaldG] forstwirtschaftlich iSd § 34 BJagdG genutzt werden: bejahend Leonhardt/Moog AuR 2014, 134, 135 f; BeckOGK/Reissmann/Kleinbauer [1. 6. 2026] § 34 BJagdG Rn 17; ablehnend Meyer-Ravenstein AuR 2011, 48, 49).

Die Fristberechnung richtet sich nach §§ 186 ff BGB.

Die kurze Frist soll schnell Rechtsklarheit schaffen und andere Schadensursachen so weit wie möglich ausschließen (vgl Fitzner/Oeser § 34 BJagdG Rn 1) (Beweissicherung). Eine Anmeldung ist nur ausreichend, wenn aus ihr hervorgeht, welcher Schaden wo genau durch welche Schadensursache (Wild- oder Jagdschaden) entstanden ist. Die Regelung beruht auf der Überlegung, dass Feststellungen über die Schadensursache schnell getroffen werden müssen, weil es vielfach selbst für einen erfahrenen Schätzer sehr schwer ist, erst nach längerer Zeit festzustellen, ob der angemeldete Schaden lediglich durch Schadwild im Sinne des § 29 BJagdG verursacht wurde, oder ob er auch bzw allein auf Witterungsverhältnisse (Frost, Regen, Hagel, Hitze), Bestellungs- oder Düngungsfehler oder ähnliches zurückzuführen ist (Beweissicherung). Da bei der Schadenfeststellung schnell vergängliche Merkmale wie Fährten, Spuren oder Geläuf, Losung oder Gestüber, Verbissstellen sowie Zahnabdrücke eine Rolle spielen und das äußere Bild der Schadensverursachung sich rasch ändern kann, sind diese genauen Angaben innerhalb der einwöchigen Frist unabdingbar (BGH 15. 4. 2010 – III ZR 216/09, VersR 2010, 1318 Rn 10 = RdL 2010, 183; BGH 5. 5. 2011 – III ZR 91/10, VersR 2011, 1521 Rn 16 = RdL 2011, 235). Weiter liegt der Sinn der Vorschrift darin, den Ersatzpflichtigen rechtzeitig auf die Gefahr eines sich vergrößernden Schadens aufmerksam zu machen und ihn nunmehr gegebenenfalls zu entsprechenden Vorkehrungen gegen Wildschäden zu veranlassen (BGH 15. 4. 2010 – III ZR 216/09, VersR 2010, 1318 Rn 10 = RdL 2010, 183; BGH 5. 5. 2011 – III ZR 91/10, VersR 2011, 1521 Rn 17 = RdL 2011, 235), so bspw das Wild durch Verwittern oder andere Maßnahmen zu vergrämen und damit die Schadensquelle zu beseitigen (AG Saarlouis 1. 7. 1985 – 4 C 1021/83, Jagdr Entsch Bd V Sachg IX Nr 59).

Nach ihrem Wortlaut und Normzweck ist die Frist als *materiell-rechtliche Ausschlussfrist* anzusehen (BGH 15. 4. 2010 – III ZR 216/09, VersR 2010, 1318 Rn 11 = RdL 2010, 183; BGH 5. 5. 2011 – III ZR 91/10, VersR 2011, 1521 Rn 16 = RdL 2011, 235), nicht als Verjährungsfrist. Sie ist nicht disponibel, also weder verlänger- noch verzichtbar (**aA** BeckOGK/Reissmann/Kleinbauer [1. 6. 2026] § 34 BJagdG Rn 8 f). Die Fristversäumung ist von Amts wegen zu berücksichtigen, kann nicht durch Wiedereinsetzung in den vorigen Stand geheilt werden und führt zum Erlöschen des Anspruchs (BGH 15. 4. 2010 – III ZR 216/09, VersR 2010, 1318 Rn 11 = RdL 2010, 183; BGH 5. 5. 2011 – III ZR 91/10, VersR 2011, 1521 Rn 16 = RdL 2011, 235).

Maßgeblich für den Fristlauf ist die Kenntnis oder verschuldete (§ 276 BGB) Unkenntnis des Schadens. Die Frist beginnt, sobald der Verdacht eines Wildschadens naheliegt (LG Itzehoe 31. 1. 1995 – 1 S 289/94, Jagdr Entsch Bd X Sachg IX Nr 98; LG Hagen Jagdr Entsch Bd XI Sachg IX Nr 107). Eine positive Kenntnis davon, dass die festgestellten Schäden von Wild herrühren, ist nicht erforderlich. Zur Einhaltung der Anmeldefrist gehört die Angabe darüber, wann der Schaden festgestellt wurde (AG Daun 23. 12.

1998 – 3 C 603/98, Jagdr Entsch Bd XII Sachg IX Nr 110). Entsteht fortlaufend Wildschaden, so ist dieser von Woche zu Woche anzumelden (BGH 5. 5. 2011 – III ZR 91/10, VersR 2011, 1521 Rn 16 = RdL 2011, 235 mwNw; LG Koblenz 25. 5. 2012 – 14 S 98/11, Jagdr Entsch Bd XVII Sachg IX Nr 206; LG Koblenz 27. 10. 2014 – 12 S 162/14, Jagdr Entsch Bd XVIII Sachg IX Nr 229). Die Einigung des Geschädigten mit dem Wildschadensschätzer, den Umfang des fristgemäß angemeldeten Schadens erst zum Erntezeitpunkt festzustellen, beinhaltet nicht den Verzicht auf weitere Anmeldungen für nachfolgend aufgetretene Wildschäden (LG Koblenz 25. 5. 2012 – 14 S 98/11, Jagdr Entsch Bd XVII Sachg IX Nr 206). Erweitert sich der Schaden nach der Anmeldung, muss der Geschädigte substantiiert dartun, warum eine Neuanmeldung ausnahmsweise unterbleiben durfte (LG Koblenz 27. 10. 2014 – 12 S 162/14, Jagdr Entsch Bd XVIII Sachg IX Nr 229). Der Geschädigte verliert seinen Ersatzanspruch vollständig, wenn er nur einen Teil des geltend gemachten Schadens rechtzeitig angemeldet hat, eine Schadensabgrenzung nicht möglich ist und auch eine Schätzung nach § 287 ZPO mangels greifbarer Anhaltspunkte unzulässig wäre (BGH 22. 5. 1984 – III ZR 18/83, BGHZ 91, 243, 256 f; BGH 5. 5. 2011 – III ZR 91/10, VersR 2011, 1521 Rn 18 mwNw = RdL 2011, 235; AG Wuppertal 1. 12. 2020 – 33 C 423/19, Jagdr Entsch Bd XXI Sachg IX Nr 281). Es gehört zu den Obliegenheiten eines Landwirts, seine Grundstücke in regelmäßigen Abständen auf deren Zustand zu überprüfen (LG Trier Jagdr Entsch Bd VIII Sachg IX Nr 82). Liegt keine besondere Schadensneigung vor, so muss ein Landwirt seine Felder nicht häufiger als einmal im Monat kontrollieren (BGH 15. 4. 2010 – III ZR 216/09, VersR 2010, 1318 Rn 13 mwNw = RdL 2010, 183; AG St Goar 27. 4. 2017 – 32 C 377/16, Jagdr Entsch Bd XX Sachg IX Nr 256: auch nicht bei Winterraps wenige Wochen vor der Ernte). Nach der sehr engen Sicht des AG Kirchhain sind in der Erntezeit einwöchige Kontrollen erforderlich; in der winterlichen Vegetationspause ist ein Kontrollzeitraum von mehr als 2 Monaten deutlich zu lang (AG Kirchhain 8. 11. 2002 – 7 C 169/02, Jagdr Entsch Bd XIII Sachg IX Nr 132; ebenso AG Siegburg 28. 11. 2008 – 110 C-220/08, juris Rn 3; AG Siegburg 9. 3. 2011 – 117 C-413/10, Jagdr Entsch Bd XVI Sachg IX Nr 192). Jedenfalls sind wöchentliche Kontrollen nicht generell geboten (BeckOGK/Reissmann/Kleinbauer [1. 2. 2026] § 34 BJagdG Rn 11). Letztlich lassen sich aber keine starren, für alle Fallgestaltungen geltenden Fristen festlegen. Vielmehr ist Berücksichtigung der Umstände des Einzelfalls, vor allem der Schadensträchtigkeit der jeweiligen Felder, durch den Tatrichter zu bestimmen, ob der Geschädigte die ihn nach § 34 S 1 BJagdG treffende Kontrollobliegenheit erfüllt hat (BGH 15. 4. 2010 – III ZR 216/09, VersR 2010, 1318 Rn 13 = RdL 2010, 183). Unabhängig von dem maßgeblichen Kontrollintervall muss der geschädigte Landwirt jedenfalls darlegen, welche konkreten Maßnahmen er ergriffen hat, um unter Anwendung gehöriger Sorgfalt etwaige Wildschäden zu entdecken (AG Schleiden 16. 12. 2020 – 20 C 30/20, Jagdr Entsch Bd XXI Sachg IX Nr 280: Äsungsschäden durch Rotwild).

2. Behördliches Vorverfahren und gerichtliche Geltendmachung

§ 35 BJagdG ermächtigt die Länder, das Beschreiten des ordentlichen Rechtswegs in Wild- und Jagdschadenssachen von der vorherigen Durchführung eines *verwaltungsbehördlichen Feststellungsverfahrens* abhängig zu machen und dieses Verfahren im Einzelnen auszugestalten (zum Begriff des Wildschadens VG Düsseldorf Jagdr Entsch Bd IX Sachg IX Nr 95; zum Begriff des Jagdschadens LG Trier 23. 7. 1992 – 2 O 222/91, Jagdr Entsch Bd IX Sachg IX Nr 96). Mit Ausnahme von Berlin und Sachsen haben alle Bundesländer ein Vorverfahren in Wild- und Jagdschadenssachen eingeführt (BeckOGK/Reissmann/Kleinbauer [1. 6. 2026] § 35 BJagdG Rn 5). Das Vorverfahren dient der raschen Erledi- 43 gung des behaupteten Schadens sowie einer gütlichen Einigung der Beteiligten. Es handelt sich um zwingendes Recht. Demgegenüber gehört die Entscheidung allgemeiner Fragen des materiellen Rechts nicht zu den Aufgaben des Vorverfahrens mit der Folge, dass diese auch nachträglich noch zum Gegenstand gerichtlicher Entscheidung gemacht werden können (BGH 28. 5. 2020 – III ZR 138/19, BGHZ 226, 161 Rn 16). Die Beteiligten können auf die Durchführung des Vorverfahrens nicht verzichten, wenn sie den Rechtsweg beschreiten wollen (LG Neuruppin 13. 5. 2020 – 4 S 167/19, Jagdr Entsch Bd XXI Sachg IX Nr 278). Das Recht der Beteiligten, Wild- und Jagdschadenssachen ohne Vorverfahren durch Vereinbarung zu regeln, bleibt unberührt (LG Neuruppin 13. 5. 2020 – 4 S 167/19, Jagdr Entsch Bd XXI Sachg IX Nr 278; vgl § 25 Abs 4 AV-BayJG). Aus der Vereinbarung muss deutlich hervorgehen, dass ein Anspruch auf Zahlung von Wildschadensersatz unabhängig von einem behördlichen Vorverfahren allein auf Grund dieser Vereinbarung bestehen soll. Die Beweislast dafür obliegt dem Geschädigten (AG Soltau 8. 11. 2016 – 4 C 94/16, Jagdr Entsch Bd XX Sachg IX Nr 257). „Beteiligte" sind die Geschädigten und die zum Schadensersatz Verpflichteten einschließlich der Jagdgenossenschaft und der Jagdpächter, die einen Schaden ganz oder teilweise zu erstatten haben. Der das Vorverfahren abschließende Vorbescheid hat die Qualität eines Verwaltungsakts (in Baden-Württemberg endet die Rolle der Gemeinde mit der Bescheinigung der Schadensanmeldung, es wird kein weiteres Vorverfahren mit hoheitlicher Befugnis durchgeführt und auch kein Vorbescheid erlassen, § 13 DVO-JWMG BW, näher: Deuschle/Friedmann § 57 JWMG BW Rn 1 ff). Der Erlass eines Vorbescheids gehört zum Gebiet der Rechtsprechung (BGHSt 13, 102, 111 = NJW 1959, 1230, 1233; VG Freiburg 3. 5. 2011 – 3 K 1887/10, Jagdr Entsch Bd IX Nr 195; offengelassen in BGH 6. 6. 2013 – III ZR 360/12, BGHZ 197, 346 Rn 19; **aA**: Einordnung als Verwaltungstätigkeit, so BeckOGK/Reissmann/Kleinbauer [1. 6. 2026] § 35 BJagdG Rn 12 ff). Hinsichtlich seiner Vollstreckbarkeit sind landesrechtliche Besonderheiten zu beachten; denn es handelt sich um einen landesrechtlichen Schuldtitel. § 801 ZPO überlässt dem Landesgesetzgeber die Regelungskompetenz. Nach Eintritt der Rechtskraft kann aus dem Vorbescheid in einigen Bundesländern die Zwangsvollstreckung betrieben werden (so § 28 LJagdG S-A DVO, § 9 NdsWJSchadVO). Beispielsweise für Nordrhein-Westfalen und Brandenburg gilt eine andere Regelung: Der Vorbescheid ist nur im Fall der gütlichen Einigung gemäß § 38 Abs 2 LJagdG NW bzw § 50 Abs 2 BbgJagdG ein vollstreckbarer Titel. Ist diese nicht zustande gekommen, gilt § 41 LJagdG NW bzw § 53 BbgJagdG. Danach kann der im Vorbescheid festgestellte Anspruch nur binnen zwei Wochen nach Zustellung des Vorbescheides im Wege der Klage geltend gemacht werden. Die Frist zur Erhebung einer Klage gegen einen Vorbescheid läuft unabhängig davon, ob diesem eine (ordnungsgemäße) Rechtsmittelbelehrung beigefügt war. § 58 VwGO ist nicht analog anwendbar, eine Wiedereinsetzung in den vorigen Stand ist möglich (BGH 6. 6. 2013 – III ZR 360/12, BGHZ 197, 346 Rn 14, 19 ff, 25 = Jagdr Entsch Bd XVII Sachg IX Nr 211). Die Frist zur Klageerhebung steht einer Klageerweiterung nach § 264 Nr 2 ZPO nicht entgegen (LG Saarbrücken 28. 3. 2013 – 13 S 173/12, juris Rn 9). Für die Klage ist der Zivilrechtsweg eröffnet. In Wildschadenssachen ist also nicht der Verwaltungsrechtsweg gegeben (VG Koblenz Jagdr Entsch Bd II Sachg IX Nr 19). Sämtliche Streitigkeiten, die im Zusammenhang mit Wildschäden entstehen, sind dem ordentlichen Rechtsweg zugewiesen (AG Koblenz 30. 7. 1986 – 43 C 320/86, Jagdr Entsch Bd VII Sachg IX Nr 69). Die Klage muss den Anforderungen von § 253 ZPO entsprechen (LG Hildesheim 2. 9. 1992 – 7 S 161/92, Jagdr Entsch Bd IX Sachg IX Nr 93). Die Durchführung des Vorverfahrens ist *Zulässigkeitsvoraussetzung* für einen nachfolgenden Zivilprozess (von Amts wegen zu prüfende Prozessvoraussetzung für die Beschreitung des Zivilrechtswegs: OLG Hamm 7. 2. 1996 – 11 U 111/95,

Jagdr Entsch Bd XI Sachg IX Nr 101; Einzelheiten bei LORZ/METZGER zu § 35). Bei Untätigkeit der Verwaltungsbehörde ist die Eröffnung des Rechtswegs zu den ordentlichen Gerichten durch Art 19 Abs 4 GG geboten (LG Mannheim Jagdr Entsch Bd IX Sachg IX Nr 94; AG Freudenstadt 23. 6. 1989 – 5 C 256/89, Jagdr Entsch Bd VII Sachg IX Nr 76; ebenso bei Ablehnung des Vorverfahrens vgl LG Hannover 16. 12. 1987 – 11 S 316/87, Jagdr Entsch Bd VI Sachg IX Nr 63; zu den weiteren Optionen des Geschädigten: MEYER-RAVENSTEIN jurisPR-AgrarR 1/2016 Anm 4 D). Mängel des Vorverfahrens führen nicht zur Unzulässigkeit der Klage, sofern sie nicht so schwerwiegend sind, dass sie zur Gesamtnichtigkeit des Vorverfahrens führen (LG Heilbronn 15. 2. 2012 – 1 S 52/11, Jagdr Entsch Bd XVII Sachg IX Nr 204; LG Aachen 17. 8. 2012 – 6 S 25/12, Jagdr Entsch Bd XVII Sachg IX Nr 208; LG Lüneburg 25. 2. 2019 – 4 S 9/18, Jagdr Entsch Bd XX Sachg IX Nr 268; AG Monschau 10. 12. 2020 – 1 C 44/20, Jagdr Entsch Bd XXI Sachg IX Nr 283). Die Nichtladung eines Beteiligten zum Termin mit dem Schadensschätzer im Rahmen des Vorverfahrens begründet einen Verstoß gegen die Parteiöffentlichkeit der Beweisaufnahme und hat die Unverwertbarkeit des Schätzgutachtens zur Folge (AG Neuburg 10. 5. 2017 – 2 C 66/17, Jagdr Entsch Bd XX Sachg IX Nr 261). Gleiches gilt bei nicht ordnungsgemäßer Ladung zum Ortstermin wegen des fehlenden Hinweises nach § 3 Abs 2 S 3 WJSchadVO, dass nach § 3 Abs 2 S 2 WJSchadVO bei der Hinzuziehung einer sachverständigen Person auch im Fall des Nichterscheinens einer beteiligten Person ein Vorbescheid ergehen kann (AG Winsen 5. 6. 2018 – 24 C 693/17, Jagdr Entsch Bd XX Sachg IX Nr 262). Besteht Unklarheit über den Übergang der Jagdberechtigung und demgemäß darüber, wer Anspruchsgegner ist, ist aber aus Beweissicherungsaspekten Zeitdruck vorhanden, so sind beide potentiell Anspruchsverpflichteten unter Verdeutlichung von dessen Zweck gemäß § 3 Abs 1 WJSchadvO zu dem Termin zur Schadensfeststellung am Standort zu laden und so das Vorverfahren förmlich zu betreiben (LG Lüneburg 25. 2. 2019 – 4 S 9/18, Jagdr Entsch Bd XX Sachg IX Nr 268).

Die Behörde kann den von ihr erlassenen, bestandskräftigen Vorbescheid nicht mehr abändern (LG Marburg 26. 3. 2003 – 5 S 21/02, Jagdr Entsch Bd XIII Sachg IX Nr 136). Das Gericht ist an die von der Behörde getroffenen Feststellungen aber nicht gebunden (LG München II 18. 5. 1976 – 6 S 1026/75, Jagdr Entsch Bd I Sachg IX Nr 5 = RdL 1976, 210; LORZ/METZGER § 35 Rn 5), wie auch nicht an Feststellungen des Schadensschätzers im Vorverfahren (LG Aschaffenburg 20. 9. 2012 – 22 S 164/11, Jagdr Entsch Bd XXI IX Nr 282). Eine Zurückverweisung der Sache an die Verwaltungsbehörde (§ 35 S 1 BJagdG) ist nach (bayerischem) Landesrecht auch bei schwerwiegenden Mängeln des Vorverfahrens nicht vorgesehen. Das Gericht hat auch dann in der Sache selbst zu entscheiden (BGH 7. 1. 2021 – III ZR 127/19, BGHZ 228, 115 Rn 20).

Auch wenn im Rahmen eines Vorverfahrens bereits eine Schadensfeststellung durch einen Wildschadenschätzer stattgefunden hat, können die Parteien die Durchführung eines selbstständigen Beweisverfahrens beantragen. Im Hinblick auf die Erstattung der Gutachten sind das behördliche Vorverfahren und das selbstständige Beweisverfahren nicht vergleichbar (AG Schleiden 27. 4. 2011 – 2 H 3/11, Jagdr Entsch Bd XVII IX Nr 199).

Für Streitigkeiten wegen *Wildschadens* ist nach § 23 Nr 2d GVG ohne Rücksicht auf den Streitgegenstand das *Amtsgericht sachlich zuständig*. Streitigkeiten wegen Jagdschadens werden von der Vorschrift nicht erfasst (ZÖLLER/LÜCKEMANN § 23 GVG Rn 15; DREES/THIES 51; LORZ/METZGER § 35 Rn 1; LINNENKOHL § 35; **aA** BGB-RGRK/KREFT § 835 Rn 19). **44**

Bei nicht förmlicher Zustellung des Vorbescheides beginnt die Klagefrist frühestens mit der tatsächlichen Übergabe des Bescheides an den Betroffenen (LG Potsdam 31. 1. 2020 – 1 S 25/19, Jagdr Entsch Bd XXI Sachg IX Nr 275).

Tritt der Schädiger einem Vorbescheid nach § 35 S 1 BJagdG durch Klage entgegen, ist der Schadensersatzanspruch selbst streitgegenständlich geworden (BGH 7. 1. 2021 – III ZR 127/19, BGHZ 228, 115 Rn 16). Der Geschädigte kann dann Prozesszinsen in entsprechender Anwendung von § 291 S 1 BGB verlangen, da hinsichtlich des Verzugs- oder Prozesszinsanspruchs kein Vorverfahren durchlaufen werden muss (BGH 28. 5. 2020 – III ZR 138/19, BGHZ 226, 161 Rn 16, 21).

3. Beweisfragen

45 Die Darlegungs- und Beweislast bei der gerichtlichen Geltendmachung von Wild- und Jagdschäden richtet sich grundsätzlich nach den allgemeinen Regeln (vgl etwa Zöller/Greger vor § 284 Rn 15 ff). Der Geschädigte muss deshalb den richtigen Anspruchsgegner benennen und gegebenenfalls dessen Anspruchsverpflichtung belegen (LG Lüneburg 25. 2. 2019 – 4 S 9/18, Jagdr Entsch Bd XX Sachg IX Nr 268). Ebenso trägt der Geschädigte die Beweislast für seine Aktivlegitimation. Zweifel darüber, ob er als Einzelperson oder eine GbR geschädigt sind, gehen zu seinen Lasten (AG Potsdam 11. 6. 2019 – 33 C 73/18, Jagdr Entsch Bd XXI Sachg IX Nr 274, bestätigt durch LG Potsdam 31. 1. 2020 – 1 S 25/19, Jagdr Entsch Bd XXI Sachg IX Nr 275; LG Koblenz 26. 6. 2018 – 6 S 361/17, Jagdr Entsch Bd XX Sachg IX Nr 264: Bei konkretem Bestreiten der Betriebsform [GmbH oder Einzelbetrieb] ist ua die landwirtschaftliche Betriebsnummer anzugeben). Hingegen trägt der in Anspruch Genommene die Beweislast für seine Behauptung, ein Schaden wäre durch ein Naturereignis (Überschwemmung, Hagelschlag) ohnehin eingetreten (Rose § 29 BJagdG S 262 Ziff 7). Eine Beweislastumkehr für die anspruchsbegründenden Tatsachen kommt nicht deswegen in Betracht, weil zu Gunsten des Ersatzberechtigten ein entsprechender Vorbescheid ergangen ist (LG Verden 27. 6. 2012 – 2 S 328/10, Jagdr Entsch Bd XVII Sachg IX Nr 209). Beweisschwierigkeiten des Geschädigten vor allem bei Jagdschäden, die aus einer größeren Jagdgesellschaft heraus verursacht werden (zB Treibjagd), lassen sich durch Anwendung von § 830 Abs 1 S 2 BGB überwinden (OLG Oldenburg 23. 11. 1978 – 1 U 89/78, VersR 1980, 339: Verletzung eines Jagdteilnehmers durch Schrotschüsse; ebenso LG Passau Jagdr Entsch Bd VII Sachg XI Nr 68; ausführlich zur Beteiligtenproblematik § 830 Rn 67 ff). Soweit das LG Krefeld (LG Krefeld 18. 12. 1979 – 1 S 73/79, Jagdr Entsch Bd II Sachg IX Nr 21) aus der Qualifizierung der Wildschadenshaftung als Ausgleichshaftung schließt, § 830 Abs 1 S 2 BGB sei unanwendbar, ist dem nicht zu folgen. Es besteht kein Grund, § 830 Abs 1 S 2 BGB nicht entsprechend anzuwenden, wenn der Schaden zB durch Wild- oder durch Haustiere (Wild- oder Haustauben) verursacht worden ist. Die Vorschrift gilt auch entsprechend für den Ausgleichsanspruch nach § 906 Abs 2 S 2 BGB (§ 830 Rn 80) und Entschädigungsansprüche aus enteignendem und enteignungsgleichem Eingriff (BGH 27. 5. 1987 – V ZR 59/86, BGHZ 101, 106, 111 = NJW 1987, 2811, 2812). Nach der Rechtsprechung ist für die form- und fristgerechte Anmeldung eines Schadensfalls der mögliche Anspruchsberechtigte beweispflichtig (LG Itzehoe 31. 1. 1995 – 1 S 289/94, Jagdr Entsch Bd X Sachg IX Nr 98; LG Hagen 17. 2. 1998 – 1 S 291/97, Jagdr Entsch Bd XI Sachg IX Nr 107; AG Saarlouis 1. 7. 1985 – 4 C 1021/83, Jagdr Entsch Bd V Sachg IX Nr 59).

Der Ersatzpflichtige muss den Beginn und das Ende der Frist beweisen (Schuck/Schuck § 34 Rn 10). Die Frist beginnt, wenn der Ersatzberechtigte von dem Schaden Kenntnis erlangt hat oder bei Beobachtung gehöriger Sorgfalt erlangt hätte. Sie endet mit Ablauf einer Woche danach. Die Beweislast dafür, dass die Anmeldung innerhalb der Frist ordnungsgemäß erfolgt ist, trägt der Ersatzberechtigte. In diesem Sinne ist die nicht ganz klare Formulierung des BGH (BGH 15. 4. 2010 – III ZR 216/09, VersR 2010, 1318 Rn 11 = RdL 2010, 183; BGH 5. 5. 2011 – III ZR 91/10, VersR 2011, 1521 Rn 16 = RdL 2011, 235) zu verstehen, dass „die Beweislast für die Einhaltung der Frist den Geschädigten“ (also den Ersatzberechtigten) treffe. Zum Nachweis der ordnungsgemäßen Schadensanmeldung gehört auch der Nachweis des Zeitpunkts der Schadensentstehung (LG Osnabrück 17. 7. 1992 – 11 S 4135/92, Jagdr Entsch Bd IX Sachg IX Nr 91; LG Lüneburg 25. 2. 2019 – 4 S 9/18, Jagdr Entsch Bd XX Sachg IX Nr 268) sowie der Vortrag, wer den Schaden festgestellt haben soll und wie der Schaden konkret aussah (AG Daun 23. 12. 1998 – 3 C 603/98, Jagdr Entsch Bd XII Sachg IX Nr 110; AG Schwedt/Oder 8. 9. 2003 – 3 C 45/02, Jagdr Entsch Bd XIII Sachg IX Nr 140).

Die Verteilung der Behauptungs- und Beweislast für die Wahrung der Ausschlussfrist von § 34 S 1 BJagdG hat sowohl den allgemeinen Grundsätzen als auch dem Wortlaut der Vorschrift zu folgen. Grundsätzlich hat der Kläger die anspruchsbegründenden, der Beklagte die rechtshindernden, rechtsvernichtenden und rechtshemmenden Tatbestandsmerkmale zu beweisen (MünchKommZPO/Prütting § 286 Rn 116 f). Wer sich auf eine Ausschlussfrist beruft, muss deren Ablauf beweisen. Dass eine solche nicht gewahrt wurde, stellt eine anspruchsvernichtende Einwendung dar (Baumgärtel/Laumen/Prütting [5. Aufl 2023] § 186 Rn 1, 2). Für § 34 S 1 BJagdG ergibt sich das aus dem insoweit eindeutigen Wortlaut („Der Anspruch … erlischt“). Derjenige der die Folgen des Ablaufs einer Ausschlussfrist geltend macht, hat die Tatsachen zu behaupten und zu beweisen, die ergeben, dass und von wann ab die Frist gesetzt und dass sie abgelaufen ist; der Gegner muss dann behaupten und ggf beweisen, dass er die Handlung innerhalb der Frist vorgenommen habe (BayObLG 8. 6. 1966 – RReg 1a Z 57/65, NJW 1967, 57; vgl auch zu §§ 121, 124 Staudinger/Singer [2021] § 121 Rn 10; BeckOK-BGB/Henrich [1. 6. 2026] § 194 Rn 11; BGH NJW 1992, 2346, 2347 f zu § 124; RGZ 57, 358, 362 zu § 121). § 34 S 1 BJagdG schafft eine materielle Ausschlussfrist und enthält nicht etwa eine negative Tatbestandsvoraussetzung für den Ersatzanspruch. Danach muss der Ersatzpflichtige darlegen und beweisen, dass und wann der Ersatzberechtigte von dem Schaden Kenntnis erlangt hat oder hätte erlangen können. Der Ersatzberechtigte hat dann die Vornahme der fristwahrenden Anmeldung darzulegen und zu beweisen.

§ 836
Haftung des Grundstücksbesitzers

(1) Wird durch den Einsturz eines Gebäudes oder eines anderen mit einem Grundstück verbundenen Werkes oder durch die Ablösung von Teilen des Gebäudes oder des Werkes ein Mensch getötet, der Körper oder die Gesundheit eines Menschen verletzt oder eine Sache beschädigt, so ist der Besitzer des Grundstücks, sofern der Einsturz oder die Ablösung die Folge fehlerhafter Errichtung oder mangelhafter Unterhaltung ist, verpflichtet, dem Verletzten den daraus entstehenden Schaden zu ersetzen. Die Ersatzpflicht tritt nicht ein, wenn der Besitzer zum Zwecke der Abwendung der Gefahr die im Verkehr erforderliche Sorgfalt beobachtet hat.

(2) Ein früherer Besitzer des Grundstücks ist für den Schaden verantwortlich, wenn der Einsturz oder die Ablösung innerhalb eines Jahres nach der Beendigung seines Besitzes eintritt, es sei denn, dass er während seines Besitzes die im Verkehr erforderliche Sorgfalt beobachtet hat oder ein späterer Besitzer durch Beobachtung dieser Sorgfalt die Gefahr hätte abwenden können.

(3) Besitzer im Sinne dieser Vorschriften ist der Eigenbesitzer.

Materialien: E I 735 Abs 1; II 759; III 820.

Schrifttum

Bärmann, Wohnungseigentumsgesetz (14. Aufl 2018) (zit: Bärmann/Bearbeiter)
Bärmann/Pick, Wohnungseigentumsgesetz (20. Aufl 2020) (zit: Bärmann/Pick)
vBar, Verkehrspflichten: Richterliche Gefahrsteuerungsgebote im deutschen Deliktsrecht (1980)
ders, Deliktsrecht in Europa, England und Wales, Niederlande (1993)
ders, Gemeineuropäisches Deliktsrecht I (1996)
Belling/Riesenhuber, Beweislastumkehr und Mitverschulden, ZZP 108 (1995) 455
Beuermann, Dachlawinen und Eiszapfen – haftet der Grundstückseigentümer für Schäden?, Grundeigentum 2010, 146
Birk, Ersatzpflicht für Dachlawinenschäden, NJW 1983, 2911
Briesemeister, Das Haftungssystem der Wohnungseigentümergemeinschaft nach der WEG-Reform, NZM 2007, 225
Dernburg, Das bürgerliche Recht des Deutschen Reichs und Preußens, Zweiter Band, Die Schuldverhältnisse, Zweite Abteilung, Einzelne Obligationen (1. u 2. Aufl 1901)
Dötsch/Greiner, Wahrnehmung der Verkehrssicherungspflicht, ZWE 2014, 343
Dötsch/Schultzky/Zschieschack, WEG-Recht 2021 (2021)
Donath, Compliance im Rahmen des WEG am Beispiel der Verkehrssicherungspflicht – Möglichkeiten für die Wohnungseigentümergemeinschaft und den Hausverwalter, ZWE 2013, 199
Engert, Die Haftpflicht der Mineralöl-Fernleitungs-Unternehmer, BB 1963, 657
Filthaut, Straßenverkehr und gefährliche Anlagen im Sinne von § 2 HaftpflG, NZV 1989, 460
ders, Der nachbarrechtliche Ausgleichsanspruch (§ 906 Abs 2 S 2 BGB) als anderweitige Ersatzmöglichkeit zur Haftung für Schäden durch gefährliche Anlagen (§ 2 HaftpflG), VersR 1992, 150
Gottschalg, Die Haftung von Verwalter und Beirat in der Wohnungseigentümergemeinschaft (2002)
ders, Die Verkehrssicherungspflichten der Wohnungseigentümergemeinschaft, der Wohnungseigentümer und des Verwalters, DWE 2009, 81
ders, Das Verhältnis von Gemeinschafts- und Sondereigentum: Aufopferung und Schadensersatz nach § 14 Nr 4 WEG, NZM 2010, 424
Harke, Besonderes Schuldrecht (2011)
Herrmann, Cautio damni infecti, Besitzbegriff und Verantwortung für Sachgefahren, in: Jörn Eckert (Hrsg), Der praktische Nutzen der Rechtsgeschichte (2001) S 203
Horst, Haftung für Sturmschäden, GE 2002, 970
Hügel/Elzer, Wohnungseigentumsgesetz (3. Aufl 2021)
Hugger/Stallwanger, Dachlawinen – Verkehrssicherungspflicht und Haftung, DAR 2005, 665
Jacoby, Verantwortlichkeit der Gemeinschaft für Verwalter und Wohnungseigentümer sowie Regress?, ZWE 2014, 8
Jennissen, Wohnungseigentumsgesetz (8. Aufl 2024) (zit: Jennissen/Bearbeiter)
Lehmann-Richter/Wobst, WEG-Reform 2020
Lotze, Die Schadenshaftung nach §§ 836 bis 838 BGB (1911)
Müller/Fichtner, Praktische Fragen des Wohnungseigentums (7. Aufl 2022)
Mull, Die Haftung für Einsturzschäden nach

den §§ 836–838 BGB in der Rechtsprechung des Reichsgerichts (1996)
PETERSHAGEN, Die Gebäudehaftung (2000)
ders, Die Amtshaftung für stürzende Verkehrszeichen, NZV 2011, 528
SCHLÖSSER, Dachlawinen und Photovoltaikanlagen – Begründung einer erhöhten Verkehrssicherungspflicht?, ZfIR 2026, 61
SCHMID, Haftung für Überschwemmungsschäden, VersR 1995, 1269
ders, Die Verkehrssicherungspflicht in Wohnungseigentumsanlagen, ZWE 2009, 295
ders, Die Haftung für den Einsturz oder die Ablösung von Gebäudeteilen, VersR 2012, 1098
ders, Technische Regeln, Verkehrssicherungspflicht und Kostentragung, VersR 2013, 293
SCHULZ, Haftung und Versicherung beim Betreiben von Windenergieanlagen (2020)
SKAURADSZUN/ELZER/HINZ/RIECKE, WEG-Reform 2020 (2020)
STAUDINGER/HEINZE, Der Grabstein – Stein des Anstoßes, Jura 2003, 581
STRAUCH, Bei Abgang Streit: Dachlawinen in der zivilgerichtlichen Entscheidungspraxis, NZM 2012, 524
WÄCHTER, Pandekten, II Besonderer Theil (1881)
WAENTIG, Ueber die Haftung für fremde unerlaubte Handlungen nach römischem, gemeinem, königlich sächsischem und neuerem deutschen Reichsrechte (1875)
WEIMAR, Die Haftung bei Ablösen von Firmenschildern, ZMR 1960, 328
ders, Die Verkehrssicherungspflicht bei Grabsteinen und Grabdenkmälern, MDR 1963, 985
WENZEL, Die Teilrechtsfähigkeit und die Haftungsverfassung der Wohnungseigentümergemeinschaft – eine Zwischenbilanz, ZWE 2006, 2
ders, Die Wahrnehmung der Verkehrssicherungspflicht durch den Wohnungseigentumsverwalter, ZWE 2009, 57
vWYSS, Die Haftung für fremde Culpa nach römischem Recht (1867).

Systematische Übersicht

Alphabetische Übersicht

I. Entstehungsgeschichte

1 Die historische Wurzel der Gebäudehaftung liegt in der cautio damni infecti des römischen Rechts (vBar, Gemeineuropäisches Deliktsrecht Rn 231 Fn 1398; Petershagen 27 ff). Deren Inhalt bestand in einer vertraglichen Verpflichtung des Gebäudeeigentümers

gegenüber dem Nachbarn, bei drohendem Gebäudeeinsturz eine Sicherheitsleistung auf Verlangen des Nachbarn zu erbringen und im Falle der tatsächlichen Schädigung diese auszugleichen (vgl die Darstellung bei Oftinger, Schweizerisches Haftpflichtrecht § 19 Rn 5 f; Mull 21). Ein Ersatzanspruch ergab sich somit nur aufgrund eines vertraglichen Schuldverhältnisses, nicht jedoch aus dem Recht der unerlaubten Handlungen (lex Aquilia) (Petershagen 25 f). Dort galt der Grundsatz, dass niemand für einen Schaden verantwortlich sei, der durch seine leblosen Sachen angerichtet wurde, sofern der Eigentümer das schädigende Ereignis nicht durch eine positive Handlung verursacht hatte (Mugdan II 455). Auch die deliktsrechtlichen Beratungen zum Entwurf des BGB waren von dieser Auffassung geprägt. Daher wurde § 729 BGB des 1. Entwurfs, der eine Haftung für die durch Ausgießen, Auswerfen oder Aushängen von Sachen aus Gebäuden entstehenden Schäden vorsah (nach dem Vorbild der actio de his qui effuderint vel deiecerint [dazu Petershagen 26; vWyss 66 ff; Waentig 61 ff]; Wächter 493 f), nicht in das BGB übernommen (Mugdan II 448 ff, 1121, 1303; vBar 58; anders im ungarischen Recht: Gesetz Nr IV von 1959 § 353; § 6:559 Entwurf des ungarischen Zivilgesetzbuchs [2012]). Von diesem Grundsatz wurde für Grundstücke abgesehen. Doch auch insoweit sah sich der Gesetzgeber durch § 735 BGB des 1. Entwurfs (heute § 836 BGB) nur veranlasst, „wegen des Einsturzes der darauf befindlichen Gebäude und sonstigen Werke Vorsorge zu treffen", weil ein positives Handeln oft nicht gegeben ist, aber durch den Einsturz große Gefahren für die Allgemeinheit drohen (Mugdan II 455 f, 1150 f). Im Übrigen erwähnte lediglich § 704 Abs 1 BGB des 1. Entwurfs als Form der schädigenden Handlung auch ein Unterlassen; *allgemeine* Verkehrssicherungspflichten, deren Verletzung eine Haftung durch Unterlassen auslösten, wurden im BGB nicht statuiert. Gleichwohl sieht heute die Rspr in § 836 BGB den „Niederschlag des allgemeinen Grundsatzes der Verkehrssicherungspflicht" (BGH 8. 2. 1972 – VI ZR 155/70, BGHZ 58, 149, 156; Rn 3). Sie entwickelte aus einer Analogie zu § 836 BGB Pflichten zur Gefahrvermeidung und -abwendung im Rahmen des § 823 Abs 1 BGB (RGZ 52, 373; 54, 53) mit der Begründung, bei der Gebäudehaftung handele es sich um den Spezialfall eines allgemeinen Rechtsgedankens (**aA** vBar, Verkehrspflichten 19, der unter Hinweis auf die historische Entwicklung den singulären Charakter der Norm betont). Es ist unübersehbar, dass sich der historische Gesetzgeber der Bedeutung der Verkehrssicherungspflichten, wenn überhaupt, nur wenig bewusst war. Er glaubte, „Normalgefahren" mit nachbar-, polizei- und strafrechtlichen Vorschriften ausreichend entgegentreten zu können (Mugdan II 456). Daraus erklärt sich die enge, reformbedürftige Fassung des Wortlauts von § 836 BGB (Rn 141), bei dem man eher den Schutz vor schon im römischen Recht erkannten großen Allgemeingefahren als die Begründung von Sorgfaltspflichten zum Schutz vor typischen Gebäudegefahren des Besitzers vor Augen hatte. Erst mit der Entwicklung der Verkehrssicherungspflichten trat diese Funktion auch bei der Gebäudehaftung in den Vordergrund.

Im Laufe der Gesetzesberatungen wurde entgegen den ersten Entwürfen (I § 735; II § 759 BGB) der Tatbestand erweitert, indem das Merkmal der Ablösung von Teilen etc hinzugefügt wurde. In ausländischen Rechtsordnungen ist der Tatbestand teils enger, teils weiter gefasst (zur Rechtslage in anderen europäischen Staaten vBar, Gemeineuropäisches Deliktsrecht Rn 223 ff; Petershagen 45 ff). Ausgedehnt ist die Haftung beispielsweise in England und in der Schweiz: So trifft den *occupier of premises „a duty to take such care as in all the circumstances of the case is reasonable to see that the visitor will be reasonably safe in using the premises for the purposes for which he is invited or per-*

mitted by the occupier to be there" (Occupier's Liability Act 1957 – zitiert nach vBAR, Deliktsrecht in Europa, England und Wales 81; s auch *Occupier's Liability Act 1984*). In der Schweiz hat der „Eigentümer eines Gebäudes oder eines anderen Werkes den Schaden zu ersetzen, den diese infolge von fehlerhafter Anlage oder Herstellung oder von mangelhafter Unterhaltung verursachen" (Art 58 SchweizOR). Das schweizerische Recht lässt keine Beschränkung auf bestimmte Mängel erkennen. Es kommt – wie auch nach niederländischem Recht (Art 6:174 Abs 1 BW [vBAR, Gemeineuropäisches Deliktsrecht Rn 228; deutsche Übersetzung in vBAR, Deliktsrecht in Europa, Niederlande 42]) – nicht darauf an, ob der Schaden durch einen Einsturz verursacht wurde. Zu beobachten ist die Tendenz zu einer verschärften und erweiterten Haftung, wenngleich das Schrifttum dagegen Bedenken äußert (OFTINGER, Schweizerisches Haftpflichtrecht II BT § 19 Rn 10 S 168). Das französische (Ccfr 1384 I, 1385) und das italienische Recht (Ccit 2951, 2053) sehen eine umfassende Haftung für bewegliche und unbewegliche Sachen vor. Art 1384 Ccfr lautet: *„On est responsable non seulement du domage que l'on cause par son propre fait, mais encore de celui qui est causé par le fait des personnes dont on doit répondre, ou des choses que l'on a sous sa garde."* Daneben regelt Art 1386 Ccfr *(„Le propriétaire d'un batiment est responsable du dommage causé par sa ruine, lorsqu'elle est arrivée par une suite du défaut d'entretien ou par le vice de sa construction.")* die klassische Gebäudehaftung (vertiefend vBAR, Gemeineuropäisches Deliktsrecht Rn 223, 226). Wie Art 1386 Ccfr und § 836 BGB begrenzt das österreichische Recht (§ 1319 ABGB) die Haftung auf den Einsturz und die Ablösung von Teilen. Die bloße Mangelhaftigkeit oder Funktionsuntüchtigkeit begründet die Haftung nicht. Demgegenüber stellt das ungarische Recht auf den Schaden ab, der durch Ablösen von Gebäudeteilen oder anderweitige Mängel am Gebäude einem anderen zugefügt wird (Gesetz Nr IV von 1959 § 352 Abs 1; § 6:558 Abs 1 Entwurf des ungarischen Zivilgesetzbuchs [2012]). Zudem fasst es unter die Gebäudehaftpflicht den Schaden, der durch Auswerfen, Fallenlassen oder Ausgießen aus Gebäude oder Wohnung entsteht (Gesetz Nr IV von 1959 § 353; § 6:559 Entwurf des ungarischen Zivilgesetzbuchs [2012]). Der historische Rückblick und der internationale Vergleich machen deutlich, dass der deutsche Gesetzgeber mit § 836 BGB keine umfassende Haftung für alle Umweltrisiken eines Grundstücks schaffen wollte, die sich aus *Errichtungs- oder Unterhaltungsmängeln* ergeben; der Gesetzgeber war aus seinem damaligen Verständnis bestrebt, den Tatbestand zu begrenzen.

II. Grundgedanke der Regelung

1. Verschuldens- und Kausalitätsvermutung

Das BGB kennt eine unbedingte Haftung des Besitzers für seine Sachen – von Tier- 2
schäden abgesehen – nicht, vor allem auch nicht bezüglich der Gebäude (DERNBURG § 398 II). § 836 BGB stellt also – anders als § 833 S 1 BGB (vgl STAUDINGER/EBERL-BORGES § 833 Rn 4 f) – keine Ausnahme von dem das Deliktsrecht prägenden Verschuldensgrundsatz in Form einer Gefährdungshaftung (FIKENTSCHER/HEINEMANN, Schuldrecht § 110 III Rn 1645) bzw der in Art 58 SchweizOR geregelten sog Kausalhaftung dar (vgl BREHM, Das Obligationsrecht Art 58 Rn 90 und zu abweichenden älteren deutschen Regelungen COSACK, Lehrbuch des Deutschen bürgerlichen Rechts I 606). Im Unterschied zu § 38 der Haftungsordnung des von der Akademie für Deutsches Recht im Jahr 1941 vorgelegten Systems des Volksgesetzbuches (SCHUBERT [Hrsg], Protokolle der Ausschüsse Bd 3 [1988] 145), wonach eine Gefährdungshaftung für Schäden durch Bauwerke, herabfallendes

Gestein oder umfallende Bäume eingreifen sollte, ordnet § 836 BGB die Haftung des Eigenbesitzers eines Gebäudes oder eines anderen mit einem Grundstück verbundenen Werks für ein vermutetes eigenes Verschulden bei der Errichtung oder Unterhaltung des Gebäudes bzw des Werks an. Sie weist dabei trotz des Verschuldenserfordernisses gewisse Ähnlichkeiten mit der Gefährdungshaftung auf (vBar, Verkehrspflichten 103, spricht von einer „geistesgeschichtlichen Verwandtschaft"). Auch wenn die Beweislastumkehr ihre Ursache in der Beweisnot des Geschädigten hat (Mugdan II 1151), so ist damit faktisch auch eine materiell-rechtliche Haftungsverschärfung verbunden. Denn der Grundstücksbesitzer haftet auch dann, wenn er nicht beweisen kann, dass ihn keine Schuld trifft. An die Stelle einer reinen Verschuldenshaftung tritt eine objektivere Haftung. Dennoch ist die durch die fehlerhafte Errichtung oder mangelhafte Unterhaltung geschaffene spezifische Gefahr nicht so hoch, dass eine schuldunabhängige Gefährdungshaftung gerechtfertigt wäre. Weder die Tatsache, dass jemand ein Gebäude unterhält, noch das Vorliegen eines Mangels am Gebäude, den der Besitzer nicht kannte und auch nicht hätte erkennen können, begründet eine Zustandshaftung. Das zeigt auch ein Vergleich mit der Haftung für Schäden, die durch Rohr- und Leitungsbrüche eines Gebäudes entstanden sind. Aufgrund der dort drohenden außergewöhnlichen Gefahren ist für eine Haftung ein Verschulden nicht erforderlich (§ 2 HaftPflG). Diese Norm soll eine Schutzlücke füllen. Der Gesetzgeber war im Hinblick auf BGHZ 55, 229 davon ausgegangen, dass ein Ersatzanspruch wegen der durch Bruch einer Wasserrohrleitung verursachten Schäden nur aus § 836 BGB hergeleitet werden kann. Die Geltendmachung des Anspruchs auf Schadenersatz sah er jedoch wegen der Möglichkeit des Entlastungsbeweises vielfach als nicht erfolgversprechend an (BT-Drucks 8/108, 7, 14; BGH NJW 2003, 2377, 2379).

Es wird widerleglich vermutet, dass den Eigenbesitzer ein Verschulden an der fehlerhaften Errichtung oder Unterhaltung des Gebäudes bzw Werks trifft, weil er es unterlassen hat, die zur Abwendung der Gefahr im Verkehr erforderlichen Sorgfaltsmaßnahmen zu treffen (BGH 16. 6. 1952 – III ZR 142/50, LM Nr 4 = BeckRS 1952, 31386206; BGH 4. 4. 2006 – VI ZR 151/05, NJW-RR 2006, 1098, 1099 f; OLG Koblenz VersR 2012, 374, 375; Baumgärtel/Laumen/Prütting/Luckey [5. Aufl 2023] Rn 1 mwNw; BGB-RGRK/Kreft § 836 Rn 2). Weiterhin wird widerleglich vermutet, dass zwischen dem vermuteten schuldhaften Verhalten und dem Einsturz bzw der Ablösung von Teilen ein ursächlicher Zusammenhang besteht (RG LZ 1922, 232; BGH 16. 6. 1952 – III ZR 142/50, LM Nr 4 = BeckRS 1952, 31386206; BGH 21. 1. 1988 – III ZR 66/86, LM Nr 22 = NJW-RR 1988, 853; BGH 4. 4. 2006 – VI ZR 151/05, NJW-RR 2006, 1098, 1099; OLG Koblenz VersR 2012, 374, 375; BGB-RGRK/Kreft § 836 Rn 2; Baumgärtel/Laumen/Prütting/Luckey [5. Aufl 2023] Rn 1). Dagegen wird nicht von der Vermutung erfasst, dass die mangelhafte Errichtung bzw Unterhaltung auch für den beim Dritten eingetretenen Schaden ursächlich geworden ist (BGH 16. 6. 1952 – III ZR 142/50, LM Nr 4 = BeckRS 1952, 31386206; OLG Koblenz NJW-RR 2010, 900, 901; VersR 2012, 374, 375). Die Ursächlichkeit des Fehlers, mithin die Kausalität zwischen der mangelhaften Errichtung oder Unterhaltung für den Schaden, hat der Geschädigte darzulegen und gegebenenfalls zu beweisen (BGH 4. 4. 2006 – VI ZR 151/05, NJW-RR 2006, 1098, 1099). Die beiden Kausalitätsfragen sind daher sorgfältig zu trennen (Erman/Wilhelmi § 836 Rn 6). § 836 BGB enthält damit im Ergebnis eine uneingeschränkte *Verschuldensvermutung* sowie eine eingeschränkte *Kausalitätsvermutung*.

Diese Verschuldensvermutung gilt auch bei öffentlich-rechtlicher Ausgestaltung der Verkehrssicherungspflicht und Haftung aus § 839 BGB, Art 34 GG (BGH 5. 4. 1990 –

III ZR 4/89, NJW-RR 1990, 1500; OLG Köln NJW-RR 1991, 33; LG Neubrandenburg NJW-RR 2010, 1248, 1249 f; PETERSHAGEN NZV 2011, 528, 529, s auch Rn 15; § 832 Rn 211). Die Beweislastumkehr beruht nicht darauf, dass Gebäude besonders gefährlich sind, oder darauf, dass den Gebäudebesitzer wahrscheinlich ein Verschulden trifft, weil Errichtungsfehler oder Instandhaltungsmängel besonders häufig sind (*keine tatsächliche*, sondern eine *technische Vermutung*, BELLING/RIESENHUBER ZZP 108, 455, 460; vgl BGHZ 51, 91, 106). Die Umkehrung der Beweislast hat ihren Grund und ihre Rechtfertigung darin, dass der Schadensfolge keine gewöhnliche, sondern eine spezifische, gerade durch fehlerhafte Errichtung oder mangelhafte Unterhaltung herbeigeführte Gefahrenlage zugrunde liegt (BGH 30. 5. 1961 – VI ZR 310/56, LM Nr 12 = NJW 1961, 1670). Die Beweislastumkehr nach § 836 BGB ist dadurch zu erklären, dass der schadenverursachende Mangel und die dadurch ausgelöste Gefahr aus einer gegenüber Dritten abgeschirmten, dem Besitzer vorbehaltenen, aber von ihm eröffneten, nur von ihm überschaubaren und nur von ihm beherrschbaren *Sphäre seines Gebäudes* (LARENZ/CANARIS, Schuldrecht II/2 § 79 VI 1 a; MünchKommBGB/WAGNER § 836 Rn 2; SOERGEL/KRAUSE § 836 Rn 4) stammt (*Beweisnähe des Eigenbesitzers*, vgl auch OLG Koblenz NJW-RR 2010, 900, 901; VersR 2012, 374, 375). Für den Verletzten ist der den Schaden auslösende Mangel des Bauwerks nicht wahrnehmbar; denn ihm bleibt die Art und Weise der Errichtung und Unterhaltung des Gebäudes verborgen. Er kann nicht wissen, welche Maßnahmen der Besitzer zur Instandhaltung des Gebäudes ergriffen hat. Das schädigende Ereignis trifft ihn überraschend. Aus diesen Umständen erklärt sich seine Beweisnot. Diese dem Verletzten verschlossenen Vorgänge kann nur der Gebäudebesitzer aufklären. Die wesentliche Zweckbestimmung von § 836 BGB liegt darin, dass der Gebäudebesitzer die *Aufklärungslast* für solche Umstände tragen soll, die nur er beherrschen und weitaus besser erkennen kann als der Verletzte; ihm sind allenfalls Rückschlüsse möglich. Dem *Gebäudebesitzer* ist das *Risiko der Unaufklärbarkeit* für Umstände aus der Gebäudesphäre zugewiesen (BGHZ 51, 91, 106).

2. Bedeutung der Norm im System des deliktischen Haftungsrechts

§ 836 BGB enthält nach heutigem Verständnis **keinen eigenständigen Tatbestand** für die Haftung des Eigenbesitzers bei Schädigungen Dritter aufgrund mangelhafter Errichtung oder Unterhaltung eines Gebäudes oder Werks. Geregelt wird lediglich eine besondere Ausprägung der für jedermann bestehenden, materiell auf § 823 BGB beruhenden allgemeinen Verkehrs(sicherungs)pflichten (BGH 11. 12. 1984 – VI ZR 218/83, NJW 1985, 1076; BGH 21. 1. 1988 – III ZR 66/86, LM Nr 22 = NJW-RR 1988, 853, 854; BGH 19. 6. 1990 – VI ZR 197/89, NJW-RR 1990, 1423, 1425; BGH 5. 4. 1990 – III ZR 4/89, NJW-RR 1500, 1501; NJW-RR 2006, 1098; OLG Koblenz NVwZ-RR 2004, 322; VersR 2012, 374, 375; OLG Celle BauR 2006, 388, 391; LG Gera NJW-RR 2002, 961; LARENZ/CANARIS, Schuldrecht II/2 § 79 VI 1 a; BGH 8. 2. 1972 – VI ZR 155/70, BGHZ 58, 149, 156: „Niederschlag des allgemeinen Grundsatzes der Verkehrssicherungspflicht"; MünchKommBGB/WAGNER § 836 Rn 2; BeckOK-BGB/FÖRSTER [1. 5. 2026] § 836 Rn 2; SOERGEL/KRAUSE § 836 Rn 2; DIEHL ZfS 2011, 258). Danach hat jeder für den durch seine Sachen verursachten Schaden einzustehen, soweit er ihn bei billiger Rücksichtnahme auf die Interessen anderer hätte verhüten müssen bzw können (BGH 30. 5. 1961 – VI ZR 310/56, LM Nr 12 = NJW 1961, 1670, 1671; BGHZ 55, 229, 235; BGH 8. 2. 1972 – VI ZR 155/70, BGHZ 58, 149, 156; BGH 11. 12. 1984 – VI ZR 218/83, NJW 1985, 1076; BGH 21. 1. 1988 – III ZR 66/86, LM Nr 22 = NJW-RR 1988, 853; OLG Celle 1. 6. 1994 – 9 U 54/93, OLGR 1994, 281; OLG Karlsruhe VersR 1989, 82; OLG Düsseldorf NJW-RR 1995, 1230; BGB-RGRK/KREFT § 836 Rn 1 mwNw; zu Nachweisen aus der älteren Rspr vgl STAUDINGER/SCHÄ- 3

FER[12] § 836 Rn 3). § 836 BGB begründet eine Rechtspflicht mit hohen Anforderungen zur Sorge für die Vermeidung von Errichtungsmängeln, zur kontinuierlichen Unterhaltung des Gebäudes und Bauwerks und zu sorgsamer und fortgesetzter Überwachung seines Zustands (Gefahrenabwehr) (BGH 18. 6. 1968 – VI ZR 153/67, LM Nr 12a = VersR 1968, 972; BGH 3. 2. 1987 – VI ZR 189/86, VersR 1987, 1096, 1097; RG WarnR 1919, Nr 169). Trotz gewisser Parallelen wäre es zu eng, § 836 BGB als eine *„Produzentenhaftung für Gebäude"* zu kennzeichnen; denn die Gebäudehaftung gilt weder dem Bauunternehmer, noch ist sie auf den Bauherrn oder auf den Herstellungsvorgang beschränkt, sondern trifft den jeweiligen Besitzer des Grundstücks fortwährend.

Die Bedeutung von § 836 BGB erschöpft sich darin, eine dem Verletzten – im Vergleich zu § 823 Abs 1 BGB – günstigere **Beweislastverteilung** anzuordnen (BGH 14. 6. 1976 – III ZR 81/74, VersR 1976, 1084, 1086; OLG Celle BauR 2006, 388; BGB-RGRK/KREFT § 836 Rn 3; MünchKommBGB/WAGNER § 836 Rn 3). Die Verschuldens- und eingeschränkte Kausalitätsvermutung erleichtert ihm den Beweis einer haftungsbegründenden Verletzung der Verkehrssicherungspflicht durch den Eigenbesitzer des Gebäudes oder Werks. Des Rückgriffs auf § 836 BGB bedarf es daher nicht, wenn das Verschulden bzgl der in der Norm genannten Fälle der Verletzung der Verkehrssicherungspflicht feststeht (BGH 11. 2. 1969 – VI ZR 233/67, VersR 1969, 517). Die Grundsätze des § 836 BGB gelten auch, wenn die Lösung eines Teils des Gebäudes und der Schadenseintritt innerhalb ein- und desselben Gebäudes erfolgen, so etwa, wenn durch ein Zubehörstück einer Eigentumswohnung die Beschädigung einer anderen Wohnung verursacht wird (OLG Düsseldorf 12. 12. 1994 – 3 Wx 619/94, NJW-RR 1995, 587). In Fällen, in denen es an einem Tatbestandsmerkmal von § 836 BGB fehlt, kommt weiterhin eine Haftung des Eigenbesitzers wegen Verletzung der allgemeinen Verkehrssicherungspflicht (§ 823 BGB) in Betracht (SOERGEL/KRAUSE § 836 Rn 3). Ein vorbeugender Abwehranspruch des Grundstücksnachbarn wegen der von einem Gebäude oder einem Werk ausgehenden Gefahren ist in § 908 BGB geregelt.

4 § 836 BGB ist eine Sonderregelung für die *Gebäudesphäre.* Ohne Rekurs auf Wertungsgesichtspunkte ist die Bestimmung einer Sphäre nicht möglich. Deren Abgrenzung ist nach dem *Schutzzweck und dem Telos* der Norm vorzunehmen. Der Eigenbesitzer haftet für den seiner Kontrolle unterliegenden Gefahrenbereich (BGH 26. 9. 1978 – VI ZR 150/77, LM Nr 16 = NJW 1979, 309). Dementsprechend sollen der Eigenbesitzer bzw die ihm nach §§ 837, 838 BGB gleichgestellten Personen auch nur für die besonderen, typischen Gefahren haften, welche durch die Errichtung begründet werden und denen nur durch die Beachtung der Erfahrungsregeln der Bau- und Ingenieurkunst bei der Errichtung in Verbindung mit sachentsprechender Unterhaltung begegnet werden kann (BGH 30. 5. 1961 – VI ZR 310/56, LM Nr 12 = NJW 1961, 1670). § 836 BGB ist auch eine Ausprägung der *Vertrauenshaftung*, wobei freilich ein geringerer Vertrauensgrad als in der Sonderbeziehung vorausgesetzt wird. Begibt sich jemand in die vom Gebäudebesitzer eröffnete Sphäre, verlässt er sich berechtigterweise darauf, dass die nach den Regeln der Bau- und Ingenieurkunst gebotenen Vorkehrungen gegen den Einsturz, die Ablösung von Teilen oder sonstige gemeingefährliche Umstände getroffen wurden. Unter dem Vertrauensschutzgesichtspunkt konzentriert sich die Gebäudesphäre auf den vom Gebäudebesitzer eröffneten Bereich, wenngleich typische Gebäudegefahren auch darüber hinauswirken können.

5 Da es sich bei § 836 BGB nicht um eine Gefährdungshaftung, sondern um eine *Haftung für vermutetes Verschulden* handelt, finden die §§ 827, 828 BGB Anwendung (BeckOK-BGB/Förster [1. 5. 2026] § 836 Rn 3; BGB-RGRK/Kreft § 836 Rn 6; Soergel/Krause § 836 Rn 6). Gegen den nicht deliktsfähigen Eigenbesitzer ist daher auch bei Vorliegen der sonstigen Voraussetzungen ein Anspruch aus § 836 BGB nicht gegeben (RG WarnR 1914 Nr 332; RG WarnR 1916 Nr 278; RG JW 1915, 580; Dernburg § 398 III 3). Im Gegensatz zum niederländischen Recht (Art 6:183 Abs 1 BW [deutsche Übersetzung in vBar, Deliktsrecht in Europa, Niederlande 42]) kommt es bei jugendlichen Besitzern auf deren Einsichtsfähigkeit an, § 828 BGB (RG WarnR 1916 Nr 278; OLG Hamm VersR 1977, 531). § 829 BGB ist aber anwendbar (RG JW 1915, 580; RG WarnR 1916 Nr 278; OLG Hamm VersR 1977, 531). Auch die Haftung der schuldunfähigen Personen durch ihre gesetzlichen Vertreter unter entsprechender Anwendung von § 278 BGB findet im Gesetz keine Stütze. Überhaupt ist § 278 BGB im Rahmen von § 836 BGB nicht anwendbar (BGB-RGRK/Kreft § 836 Rn 6; RG WarnRspr 1915 Nr 283), weil § 278 BGB das Bestehen eines Schuldverhältnisses voraussetzt (MünchKommBGB/Grundmann § 278 Rn 15; Staudinger/Caspers [2025] § 278 Rn 7 f; vgl auch RGZ 160, 310, 314; BGHZ 103, 338, 342 f).

3. Reichweite des Tatbestands

6 Die Reichweite des Tatbestands ist nicht abschließend geklärt. Die hM orientiert sich an dem eng gefassten Wortlaut der Norm. Danach erfasst die (beweisrechtlich erleichterte) Haftung nach § 836 BGB nur die Fälle des Einsturzes eines Gebäudes oder Werks oder die Ablösung von Teilen. Andere Gebäude- oder Werkmängel, welche fremde Rechtsgüter, vor allem Leben und Gesundheit, gefährden, führen danach nur zur Haftung nach § 823 Abs 1 BGB, die für den Verletzten beweisrechtlich ungünstiger ist. Vor allzu *begrifflicher Einengung* des Tatbestands ist zu warnen. Elementare Gebäudegefahren haftungsrechtlich verschieden zu behandeln, lässt sich häufig sachlich nicht rechtfertigen. Vertreten wurde, praktisch *alle Umweltrisiken eines Grundstücks*, die sich aus *Errichtungs- oder Unterhaltungsmängeln* ergeben, in Übereinstimmung mit den gesetzlichen Wertungen der §§ 836–838 BGB zu behandeln (MünchKommBGB/Stein [3. Aufl] § 836 Rn 2). Nach noch weitergehender Ansicht soll das in § 836 BGB zum Ausdruck kommende Prinzip der Beweislastverteilung für sämtliche Sachgefahren gelten, unabhängig davon, ob sie von Immobilien oder von Mobilien ausgehen. Es müsse für die Schlüssigkeit einer Schadenersatzklage ausreichen, wenn der Anspruchsteller die Fehlerhaftigkeit der für den Schaden ursächlichen Sache darlegt und gegebenenfalls nachweist, dass sie sich in einem objektiv verkehrswidrigen Zustand befunden habe. Stehe das fest, obliege es dem beklagten Sachhalter, darzulegen und im Streitfall zu beweisen, dass er die erforderlichen Sorgfaltsmaßnahmen bei der Herstellung und Unterhaltung der Sache beachtet habe (MünchKommBGB/Wagner § 836 Rn 4). Geboten ist stattdessen die Analogie im Einzelfall, die sich an dem in § 836 BGB erkennbaren Haftungsgrund orientiert. Zu vermeiden ist die vom Regelungsplan des Gesetzgebers allzu weit entfernte *konturenlose Ausweitung* des Tatbestands.

7 § 836 Abs 1 BGB nennt als *haftungsauslösendes Geschehen* nur den *Einsturz* eines Gebäudes oder eines anderen mit einem Grundstück verbundenen Werks und die *Ablösung* von Teilen des Gebäudes oder des Werks. Wenn infolgedessen der in der Bestimmung genannte Verletzungserfolg eintritt, wird die Haftung ausgelöst. Die Merkmale Einsturz und Ablösung, an denen sich die Gesetzesauslegung orientieren

muss, sollen den Tatbestand nicht abschließend auf diese Vorfälle begrenzen; sie kennzeichnen aber das *tatbestandliche Leitbild*, das dem Gesetzgeber vorschwebte. Rechtstechnisch haben die Ereignisse Einsturz und Ablösung die Funktion, *Rückschlüsse* auf bestimmte Fehler oder Mängel bei der Errichtung oder Unterhaltung des Gebäudes oder Werks zu ermöglichen, die zu vermeiden die Verkehrssicherungspflicht des Besitzers gebietet. Der eigentliche *Haftungsgrund* besteht darin, dass der Gebäude- bzw Werkbesitzer durch bestimmte, noch näher zu definierende Fehler bei der Errichtung oder durch Mängel bei der Unterhaltung erhöhte Gefahren für Leben, Körper, Gesundheit und Eigentum anderer auslöst (OLG Koblenz NVwZ-RR 2004, 322 f). Einsturz und Ablösung beschreiben *besonders gefährliche Folgewirkungen konkreter Gebäude- oder Werkmängel*, die ihrerseits aus der Verletzung *anerkannter Regeln der Bau- und Ingenieurkunst* resultieren. Der deutsche Gesetzgeber nahm freilich – anders als der schweizerische (vgl Art 58 SchweizOR; s Petershagen 60) – *nicht sämtliche Fehler* bei der Anlage oder Herstellung von Gebäuden oder Werken und *nicht sämtliche Mängel* bei deren Unterhaltung zum Anlass für die beweisrechtlich erleichterte Haftung nach § 836 Abs 1 BGB. Sie wird im Gegensatz zum schweizerischen (Art 58 SchweizOR) und niederländischen (Art 6:174 Abs 1 BW; deutsche Übersetzung in vBar, Deliktsrecht in Europa, Niederlande 42) Recht, die auf das Merkmal des Einsturzes verzichten, auch nicht schon dadurch ausgelöst, dass das Bauwerk den Anforderungen, die man unter den gegebenen Umständen stellen darf, nicht genügt. Der Tatbestand nach § 836 BGB ist darüber hinaus erheblich enger als derjenige nach § 536a BGB, der an den Mangel iSv § 536 BGB anknüpft („Mangel, der ihre Tauglichkeit zum vertragsgemäßen Gebrauch aufhebt"). Die Gefahren müssen aus Mängeln der Bausubstanz entstehen, wobei freilich nicht jedwede Substanzmängel gemeint sind, sondern nur solche, welche die *mechanische Festigkeit und Standsicherheit (Stabilitätsmängel)* beeinträchtigen. Einsturz und Ablösung umschreiben nämlich Gefahren, die sich aus der *Statik* und *Dynamik* eines Bauwerks ergeben. Sie müssen aus seiner Masse, seiner Dynamik und der Spannung seines Materials resultieren. Es geht um den gesamten *physikalischen Wirkungsbereich* eines Bauwerks (so für die gleichlautenden Tatbestandsmerkmale des österreichischen § 1319 ABGB: Rummel/Reischauer Rn 2). Physikalisch oder idS mechanisch wirken einstürzende Häuser, Gebäudeteile, die auf Passanten herabfallen, abreißende Brüstungen, welche den Haltsuchenden in die Tiefe stürzen lassen. Sonstige Gefahren, etwa chemische Ausdünstungen durch Holzschutzmittel, Asbeststaub oder ähnliches wirken idS nicht physikalisch, weil sie die Stabilität des Bauwerks nicht betreffen.

8 Aus dem *tatbestandlichen Leitbild* ebenso wie aus der *Entstehungsgeschichte* von § 836 BGB ist erkennbar, dass eine Haftung nur für *gemeingefährliche Mängel* gewollt war (Soergel/Krause § 836 Rn 2), also solche, die *erhebliche Gefahren für einen unbestimmten Personenkreis (jedermann)* auslösen. Die Notwendigkeit einer besonderen deliktischen Haftung wurde zunächst nur wegen des Einsturzes der auf einem Grundstück befindlichen Gebäude und sonstigen Werke gesehen, weil dadurch „zahlreiche Dritte in erheblichem Maße geschädigt werden" können (Mugdan II 455 f). Die gleichen Einsturzgefahren verwirklichen sich, zwar in kleinerem Rahmen, aber mit demselben Gefährdungspotential, bei der *Ablösung einzelner Gebäudeteile.* Dementsprechend wurde der Tatbestand um dieses Merkmal erweitert, das vorher in der nicht übernommenen Sonderregelung von § 729 ALR geregelt und zunächst nicht Gegenstand der Diskussion um die Neuregelung war (vgl Mugdan II 455 f). Die Haftung nach § 836 BGB ist auf gravierende Gefahren mit hohem Schadenspotential beschränkt. Die Beschränkung des Tatbestands auf erhebliche Gefahren, die durch Mängel der mechanischen Festigkeit und Standsicherheit (Stabilitätsmängel) ausgelöst werden, ist dadurch gerechtfertigt, dass die deliktische Haftung nur bei Verstößen gegen elementare Verhaltensgebote eingreift. § 836 BGB muss gegenüber den vertraglichen und quasi-vertraglichen Haftungsinstituten unterscheidbar bleiben. Anders als nach § 536a BGB begründet § 836 BGB somit keine Haftung für jegliche, sondern nur für erhebliche, gemeingefährliche Mängel des Gebäudes oder Werks.

Sinn der Haftung ist ferner, eine besondere Verantwortlichkeit für einen bestimmten vom Besitzer *eröffneten* und *beherrschten* Bereich zu schaffen. Bis zur Fertigstellung des Gebäudes oder Werks fehlt es an der Zweckbestimmung des Gebäudes für den öffentlichen Verkehr. Entsprechendes gilt für Ruinengrundstücke oder leerstehende Häuser, die nicht mehr benutzt werden. In diesen Fällen ist daher § 836 BGB grds nicht anwendbar (aA BGB-RGRK/Kreft § 836 Rn 10; Soergel/Krause § 836 Rn 7; MünchKommBGB/Wagner § 836 Rn 7, 21 will die Haftung aus § 836 BGB bei Ruinen demgegenüber erst beim Mitverschulden des Verletzten entfallen lassen). Den Eigenbesitzer trifft aber uU eine besondere Hinweispflicht bzgl eines Betretungs- bzw Zugangsverbots, vgl Rn 117. 9

Zusammenfassend ist festzustellen: Das eigentliche *Fehlverhalten*, das durch die Beweislastumkehr und die Haftung in § 836 BGB sanktioniert wird, also der *Haftungsgrund*, besteht darin, dass der Besitzer in einem von ihm eröffneten und beherrschten Bereich erhebliche, jedermann drohende, verborgene Gefahren mit hohem Schadenspotential geschaffen hat, die auf Mängeln der mechanischen Festigkeit und Standsicherheit (Stabilitätsmängel) des Gebäudes oder Werks beruhen (OLG Koblenz NVwZ-RR 2004, 322 f), welche durch die Beachtung der dem Schutz von Leben, Körper oder Gesundheit von Menschen oder dem Schutz von Sachen dienenden anerkannten Regeln der Bau- und Ingenieurkunst zu vermeiden sind. Anders gewendet: § 836 Abs 1 BGB gebietet, Gebäude oder Werke entsprechend den anerkannten Regeln der Bau- und Ingenieurkunst so zu errichten und zu unterhalten, dass sie frei von verborgenen gemeingefährlichen Stabilitäts- und Konstruktionsmängeln sind, damit erhöhte Gefahren für die Schutzgüter des § 836 BGB vermieden werden (vgl auch OLG Koblenz NJW-RR 2010, 900, 901; OLG Stuttgart NJW-RR 2010, 451, 452). Regeln der Bau- und Ingenieurkunst ergeben sich beispielsweise aus den Landesbauordnungen (etwa betr Standsicherheit, Bauprodukte, Bauarten) sowie Technischen Baubestimmungen, die von den Obersten Baubehörden der Bundesländer zur Wahrung der in den Landesbauordnungen beschriebenen öffentlichen Belange erlassen werden. Diese gelten iSd Bauordnungsrechts als allgemein anerkannte Regeln der Technik. Auch DIN-Normen können durch bauaufsichtsrechtliche Einführung zu Technischen Baubestimmungen erhoben werden, so bspw durch die Bekanntmachung der Technischen Baubestimmungen nach § 3 Abs 3 BbgBauO des Ministeriums für Infrastruktur und Landwirtschaft des Landes Brandenburg vom 4. 6. 2012 (ABl Brandenburg 2012, 899), den Runderlass über die Einführung Technischer Baubestimmungen nach § 3 Abs 3 BauO NRW vom 8. 11. 2006 (Ministerialblatt NRW 2006, 582, zuletzt geändert durch Runderlass vom 22. 5. 2012 [Ministerialblatt NRW 2012, 460]), die Liste der Technischen Baubestimmungen des Landes Berlin (ABl Berlin Nr 3 vom 20. 1. 2006, zuletzt geändert durch die Liste der Technischen Baubestimmungen vom 23. 2. 2011 [ABl Berlin 2011, 508]) bzw die Liste der Technischen Baubestimmungen in Vollzug von Art 3 Abs 2 S 1 BayBO in der Fassung der Bekanntmachung des Bayerischen Staatsministeriums des Innern vom 6. 6. 10

2012 (Allgemeines Ministerialblatt Bayern 2012, 365). Darüber hinaus kommt auch eine Verletzung ungeschriebener Regeln der Bau- und Ingenieurkunst in Betracht.

11 Den Haftungsgrund von § 836 BGB auf die Schaffung solcher Gefahren zurückzuführen, welche durch die *Verletzung der anerkannten Regeln der Bau- und Ingenieurkunst zur Vermeidung von Stabilitäts- und Konstruktionsmängeln* ausgelöst werden, hat *Konsequenzen*. Einerseits greift § 836 BGB nicht bei jeglichen Gefahren ein, die von einem Gebäude ausgehen: Werden aus einem Gebäude Flüssigkeiten gegossen oder Gegenstände geworfen, sind das – entsprechend der historischen Entwicklung – keine Fälle von § 836 BGB. Denn nicht die anerkannten Regeln der Bau- und Ingenieurkunst verbieten dieses Verhalten, sondern die allgemeine Pflicht zur Rücksichtnahme auf andere (vgl Rn 6). Auch andere Gefahren, die in einem Gebäude lauern, lösen nicht notwendig die Rechtsfolge von § 836 BGB aus; bleiben beispielsweise gebohnerte Flächen ungesichert, verstößt dieser Zustand nicht gegen die Regeln der Bau- und Ingenieurkunst, sondern gegen die allgemeine Verkehrssicherungspflicht und wird somit der Verletzung der Streupflicht bei Schneeglätte gleichbehandelt. § 836 BGB – in seiner unmittelbaren Anwendung – greift auch nicht bei jedweden Fehlern bei der Anlage oder Herstellung eines Gebäudes oder bei deren mangelhafter Unterhaltung ein, also nicht wenn beispielsweise der Fluchtweg fehlt oder verstellt ist, die Feuerlöschanlage versagt (Konstruktionsmängel), verbotene Holzschutzmittel oder Asbest verwendet werden (chemisch wirkende Materialmängel). Zwar beruhen diese Fehler auf der Verletzung der anerkannten Regeln der Bau- und Ingenieurkunst; sie führen aber nicht zu Stabilitätsmängeln. § 836 BGB gilt auch nicht für sämtliche Gefahren, die von einem Grundstück ausgehen, zB durch umstürzende Bäume, herabfallende Äste (Mugdan II 456; **aA** MünchKommBGB/Stein [3. Aufl] § 836 Rn 2: „Umweltgefahren" – anders nach der cautio damni infecti des römischen Rechts [Petershagen 28, 124 ff] und im österreichischen Recht [Petershagen 47; vBar, Gemeineuropäisches Deliktsrecht Rn 233]; zur Haftung für Baumsturzschaden an im Wald geparkten PKWs OLG Koblenz 5. 12. 1989 – 3 U 1528/88, Jagdr Entsch Bd VII Sachg XI Nr 72) oder durch einen sich vom Grundstück lösenden Felsblock (Dernburg § 398 II). Denn die Regeln der Bau- und Ingenieurkunst können nur bei von Menschenhand geschaffenen Gebilden beachtet werden (vgl RGZ 60, 138). Dementsprechend stellt § 836 BGB vorrangig auf die Begriffe Gebäude und Werk ab, nicht aber auf den Begriff des Grundstücks. *Andererseits* ist die Gebäudehaftung nicht auf die Fälle des Einsturzes oder der Ablösung beschränkt. Haben Stabilitätsmängel andere als diese Schadensereignisse zur Folge (zB um- oder abstürzender Tank, Bruch der Versorgungsleitungen durch Absenkung eines Gebäudeteils, Risse im Fußboden) und wird dadurch der in § 836 BGB genannte Verletzungserfolg bewirkt, ist dessen Tatbestand erfüllt (anders die hM, weil nicht durch die kinetische Energie verursacht, zB RGZ 172, 156 [Feuer nach Gasrohrbruch]; BGH 14. 6. 1976 – III ZR 81/74, VersR 1976, 1084 [Leck im Öltank; **aA** jurisPK-BGB/Moritz § 836 Rn 14]; vgl zum Begriff der kinetischen Energie Rn 44). So liegt gleichermaßen ein Stabilitätsmangel vor, wenn jemand auf einen mangelhaft gefassten Kanalschachtdeckel tritt, dieser kippt und den Betroffenen verletzt, auch wenn sich der Deckel dabei nicht ablöst (Fall BGE 45 II 333/34 zu Art 58 Schweiz OR).

4. Entsprechende Anwendung von § 836 BGB

12 Die Besonderheit der in § 836 BGB geregelten Gefahrenlage soll nach wohl noch hM die entsprechende Anwendung der Vorschrift ausschließen (BGH 30. 5. 1961 – VI ZR 310/

56, LM Nr 12 = NJW 1961, 1670, 1672; BGH 8. 6. 1961 – III ZR 66/60, VersR 1961, 806, 808; BGH 14. 6. 1976 – III ZR 81/74, VersR 1976, 1084, 1085; BGH 17. 3. 1983 – III ZR 116/81, VersR 1983, 588; ausdrücklich offen gelassen jetzt in BGH 4. 4. 2006 – VI ZR 151/05, NJW-RR 2006, 1098, 1099; Soergel/Krause § 836 Rn 16). Dem ist nicht zu folgen. Auf Ereignisse, die einem *Einsturz* oder einer *Ablösung von Teilen im Wesentlichen ähneln*, ist die Vorschrift *analog* anzuwenden (ebenso BeckOK-BGB/Förster [1. 5. 2026] § 836 Rn 2; **aA** OLG Koblenz NJW-RR 2010, 900, 901 f). Indem der Gesetzgeber durch seine Orientierung am Einsturz oder an der Ablösung nur Mängel der mechanischen Festigkeit und Standsicherheit (Stabilitätsmängel) und die dadurch ausgelösten Gefahren erfasst hat, entstehen Wertungswidersprüche, die sich nur durch die Analogie überwinden lassen. So lässt sich kaum rechtfertigen, dass nicht nach § 836 BGB gehaftet werden soll, wenn ein Mensch getötet oder verletzt wird, weil gegen die Anforderungen des Brand- oder Blitzschutzes (Konstruktionsmängel) verstoßen wurde. Im Falle der durch einen fehlenden Blitzableiter verursachten Zerstörung eines Schornsteines scheint sich allerdings auch in der Rspr eine gewisse Trendwende anzudeuten (LG Frankfurt aM VersR 2009, 228). Das ist insofern zu begrüßen, als es keinen Unterschied macht, ob ein Gebäude wegen mangelhafter Errichtung, ausgelöst durch einen nicht ungewöhnlichen Sturm (teilweise) zerstört wird oder durch einen Blitzschlag infolge eines fehlenden Blitzableiters, und es deshalb – in beiden Fällen – zu einem Personen- oder Sachschaden kommt. Bei dem Brand eines Gebäudes, dessen Brandschutzanlage versagt, ist die verschärfte Haftung nach § 836 BGB nicht nur gerechtfertigt, wenn das Gebäude oder Teile davon (zB Dachstuhl) das Opfer erschlagen, sondern auch wenn die Flammen oder der Rauch den Tod verursacht haben (gegen die Analogie beim Brand: Petershagen 139). Fehlt ein Fluchtweg, kann bei einem Brand die Lebensgefahr genauso hoch sein wie beim Einsturz eines Gebäudes. Gleiches gilt, wenn regelwidrig leicht entflammbare Materialien verbaut wurden oder der Rauchabzug nicht funktioniert, was verheerende Folgen haben kann, wie es beispielsweise bei Großbränden in öffentlichen Gebäuden immer wieder der Fall ist. Unstreitig ist der Tatbestand von § 836 BGB erfüllt, wenn ein Mensch von einer Loggia stürzt, weil die mangelhaft angebrachte Sicherung beim Abstützen des Geschädigten bricht (Fall nach BGH 11. 12. 1984 – VI ZR 218/83, NJW 1985, 1076). In diesem Fall war die Festigkeit der Brüstung ungenügend. Fehlt eine solche aber völlig, resultiert die Absturzgefahr offenkundig nicht aus ihrer mangelhaften Stabilität, sondern daraus, dass eine Brüstung gar nicht vorhanden ist. Im letzten Fall liegt keine Ablösung iSd § 836 BGB vor; doch ist ein fehlendes Geländer nicht minder gefährlich als ein instabiles. Zwar liegt der Mangel nicht direkt in der Instabilität eines bestimmten Gebäudeteils, sondern in der mangelhaften Konstruktion; beides sind aber Fehler der Bauwerkssubstanz mit gleichem Gefährdungspotential (Petershagen 141). Ebenso wenig kann es einen Unterschied machen, ob ein Fenster wegen eines mangelhaft eingebauten Sturzes aus dem Rahmen gerissen wird, wenn sich jemand dagegen lehnt, oder ob sich ein Fensterflügel wegen seiner mangelhaften Konstruktion bloß öffnet, wenn in beiden Fällen jemand in die Tiefe fällt. Durch moderne Bautechniken und -materialien treten neuartige konstruktive Mängel an Bauwerken immer mehr in den Vordergrund und lösen eine Vielzahl von Gefahren aus, die beim Inkrafttreten der Vorschrift noch nicht bekannt waren. Die Hauptgefahren von Gebäuden oder Werken nur in Mängeln der mechanischen Festigkeit und Standsicherheit zu sehen, ist durch katastrophale Ereignisse widerlegt worden.

Bei der analogen Anwendung von § 836 BGB ist aber dennoch Zurückhaltung geboten, selbst wenn sich die beweisrechtliche Besserstellung des Gebäudebesitzers bzw die Benachteiligung des Verletzten, der auf § 823 BGB verwiesen wird, im Einzelfall nicht ohne Weiteres rechtfertigen lässt. Die *Beweisnähe* des Besitzers und die *Beweisnot* des Geschädigten sind bei vielen Mängeln gegeben, die aus dem Verstoß gegen die Regeln der Bau- und Ingenieurkunst folgen; das allein rechtfertigt die Analogie noch nicht (Soergel/Krause § 836 Rn 16 lehnt zwar die Analogie mangels Regelungslücke ab, hält es jedoch in geeigneten Fällen für richtig, die Beweislastverteilung nach § 836 BGB auf die Haftung wegen Verletzung von Verkehrssicherungspflichten nach § 823 Abs 1 BGB zu übertragen). Die Analogie setzt zunächst voraus, dass der Besitzer in einem von ihm eröffneten und beherrschten Bereich jedermann drohende verborgene Gefahren geschaffen hat, die auf Mängeln der Substanz oder Konstruktion des Gebäudes oder Werks beruhen; diese Gefahren müssen die gleich hohe Intensität aufweisen, wie sie mit dem Einsturz des Gebäudes oder der Ablösung von Teilen verbunden ist. Die durch Analogie zu erfassenden Bauwerksmängel müssen hinsichtlich des Gefährdungspotentials ähnlich sein. Sie müssen in einem kurzen Zeitraum mit erheblicher Wirkintensität schwere Schäden verursachen können. Das ist zB der Fall, wenn in einem dem öffentlichen Verkehr dienenden Gebäude gegen die Regeln der Technik hoch brennbare Dämmmaterialien verbaut wurden, nicht aber wenn dort formaldehydhaltige Holzschutzmittel erst bei langanhaltender und dauernder Einwirkung gesundheitsschädigend wirken.

13 Auch ein Vergleich mit der Entwicklung der Produzentenhaftung legt den Schluss nahe, dass bei vergleichbaren Gefahrenlagen dem Geschädigten der Schutz von § 836 BGB zu Teil werden muss. Die Gebäudehaftung diente als Vorbild für die Beweislastverteilung im Rahmen der deliktischen Produkthaftung (BGHZ 51, 91 – Hühnerpest; vgl auch BGH 4. 4. 2006 – VI ZR 151/05, NJW-RR 2006, 1098, 1099); beide haben ihre materiell-rechtliche Grundlage in der Verkehrspflichtverletzung. Ebenso wie bei der Gebäudehaftung ist die Beweislastverteilung bei der Produzentenhaftung das Ergebnis einer Abwägung zwischen den materiellen Schadenszuständigkeiten. Die Rspr zur Produzentenhaftung hat sich jedoch nicht auf die in BGHZ 51, 91, 106 gewonnenen Erkenntnisse zur Haftung des Herstellers beim Inverkehrbringen von Produkten beschränkt. Vielmehr ist den wirtschaftlichen und technischen Entwicklungen, die zu völlig neuen Gefahren führen können, durch eine Verschärfung und Erweiterung der Haftung Rechnung getragen worden, um so den Opferschutz auch weiterhin zu gewährleisten. Demgegenüber findet die Beweislastumkehr bei der Gebäudehaftung immer noch ihre Grenzen im Wortlaut der Norm. Diese Ungleichbehandlung durch die Rspr trotz technischer Weiterentwicklungen auf beiden Gebieten ist sachlich nicht gerechtfertigt.

14 Der BGH (BGH 4. 4. 2006 – VI ZR 151/05, NJW-RR 2006, 1098, 1099) hat ausdrücklich offen gelassen, ob entgegen der gefestigten Rspr die Beweislastverteilung nach § 836 BGB auch auf *bewegliche* Sachen, vor allem „komplexe“ Anlagen wie Fahrzeuge und Schiffe (bejahend AG Mannheim NZV 2010, 302, 303 f; MünchKommBGB/Wagner § 836 Rn 5; ablehnend Jauernig/Kern § 836 Rn 3; jurisPK-BGB/Moritz § 836 Rn 4; Harke Rn 567 wegen des gleichfalls existenten Anscheinsbeweises bei § 823 BGB), und auch für nicht auf Masseeinwirkung beruhende Schädigungen entsprechend anzuwenden ist. In der genannten Entscheidung prüft der BGH den Tatbestand von § 836 BGB für die Explosion eines Sportboots, verneint jedoch die Haftung des Bootseigners, weil die Verschuldensvermutung des § 836 BGB widerlegt wurde. Die ernsthafte Möglichkeit des Eintritts des Schadens auf einer anderen Ursache als der fehlerhaften Errichtung oder Bedienung oder der mangelhaften Unterhaltung des Boots war dargelegt. Weil dem Geschädigten auch die Verschuldensvermutung des § 836 BGB nicht zum Klageerfolg verhalf, konnte der BGH die Beantwortung der Frage der entsprechenden Anwendung von § 836 BGB offenlassen. Er zeigt jedoch durch diese Entscheidung zumindest die Bereitschaft, möglicherweise zukünftig erneut diese Frage ggf auch abweichend von der bisherigen Rspr beantworten zu wollen. Die Entscheidung lässt gewisse Sympathien für eine Ausweitung des Anwendungsbereichs von § 836 BGB auf jedenfalls größere bewegliche Sachen wie Fahrzeuge und Boote erkennen. Die Aufgabe der älteren Rspr, die einer solchen Analogie bisher ablehnend gegenüberstand, erscheint daher nicht unwahrscheinlich (Ebert jurisPR-BGHZivilR 26/2006 Anm 1).

Soweit in früheren Entscheidungen versucht wurde, Unbilligkeiten durch die Ausdehnung des Anwendungsbereichs von § 836 BGB zu vermeiden (etwa BGHZ 55, 229, 232), haben diese Entscheidungen ihre Bedeutung durch die Erweiterung der Gefährdungshaftung nach § 2 HaftPflG verloren (vgl dazu Filthaut NZV 1989, 460; s auch Rn 2). Der nach § 12 HaftPflG mögliche Rückgriff auf § 836 BGB kommt bei Anwendbarkeit des § 2 HaftPflG nur noch in Betracht, um eine über die §§ 5 f HaftPflG hinausgehende Haftung des Eigenbesitzers nach den allgemeinen Vorschriften zu erreichen. Soweit dagegen im Schrifttum vertreten wird, alle denkbaren auf Errichtungs- oder Unterhaltsmängeln beruhenden *Umweltrisiken* eines Grundstücks nach den gesetzlichen Wertungen der §§ 836–838 BGB zu behandeln (MünchKommBGB/Stein [3. Aufl] § 836 Rn 2 f, 24), trägt diese Ansicht der in § 836 BGB geregelten besonderen Gefahrenlage nicht Rechnung. Das in der Norm zum Ausdruck kommende Prinzip der Beweislastverteilung auf sämtliche Sachgefahren verallgemeinernd anzuwenden (MünchKommBGB/Wagner § 836 Rn 5: etwa durch eine modifizierte Beweislastverteilung im Rahmen des § 823 Abs 1 BGB), sprengt in jeglicher Hinsicht den Ausnahmecharakter der Vorschrift als einen die allgemeinen Regelungen verdrängenden Spezialtatbestand (Soergel/Krause § 836 Rn 6, 16). Die Begrenzung auf gemeingefährliche Mängel von Gebäuden oder Werken auch bei einer entsprechenden Anwendung der Norm ist beizubehalten. 15

5. Verhältnis zu anderen Haftungsnormen

§ 836 BGB berührt weder die Haftung eines Beteiligten aufgrund sonstiger deliktischer Anspruchsgrundlagen, noch verschuldensunabhängige Ansprüche aus einem nachbarrechtlichen Gemeinschaftsverhältnis. Sie können in entsprechender Anwendung von § 906 Abs 2 S 2 BGB gegeben sein, wenn zwar die sonstigen Voraussetzungen von § 836 BGB vorliegen, es aber an einem Verschulden des Eigenbesitzers fehlt (BGH 8. 2. 1972 – VI ZR 155/70, BGHZ 58, 149, 158; BGH 19. 4. 1985 – V ZR 33/84, VersR 1985, 740; BGH 30. 5. 2003 – V ZR 37/02, BGHZ 155, 99, 101; MünchKommBGB/Wagner § 836 Rn 3; zum nachbarrechtlichen Ausgleichsanspruch: Filthaut VersR 1992, 150). Beim Bruch einer öffentlich-rechtlich betriebenen Wasserleitung wird die verschuldensunabhängige Haftung unter dem Gesichtspunkt des enteignungsgleichen Eingriffs abgelehnt und nur die Verschuldenshaftung nach § 836 BGB für anwendbar gehalten (BGHZ 55, 229, 231; 125, 19, 21; BGH 30. 5. 2003 – V ZR 37/02, BGHZ 155, 99, 104 f). Durch das Vorliegen eines Vertragsverhältnisses zwischen dem Eigenbesitzer und dem Geschädigten wird die Haftung nach § 836 BGB nicht ausgeschlossen (BGH VersR 1959, 948; BGB-RGRK/Kreft § 836 Rn 29; MünchKommBGB/Wagner § 836 Rn 3). Anders kann es sein, wenn der zugrundeliegende Vertrag den Geschädigten zum Abbruch des in Rede stehenden Ge- 16 bäudes oder zur Vornahme von Reparaturen daran verpflichtet. In diesen Fällen ist uU der Schutzbereich des § 836 BGB nicht berührt (vgl Rn 41 und 59).

17 Bei dem Verhältnis des § 836 BGB zu § 839 BGB iVm Art 34 GG ist zunächst zu beachten, dass § 836 BGB als spezieller Fall der allgemeinen Verkehrssicherungspflicht grds privatrechtlich einzuordnen ist und deshalb nicht den Grundsätzen der Amtshaftung unterliegt (bezogen auf die allgem Verkehrssicherungspflicht: BGH 21. 1. 1988 – III ZR 66/86, LM Nr 22 = NJW-RR 1988, 853 f; OLG Rostock 6. 3. 2003 – 1 U 59/01, OLGR 2003, 348; OLG Saarbrücken NJW-RR 2006, 1255; Tremml/Karger, Amtshaftungsprozess [2004] Rn 690 mwNw; MünchKommBGB/Papier/Shirvani § 839 Rn 186), da „die Haftungsgrundlage nicht das privatrechtliche oder öffentlichrechtliche Sachherrschaftsverhältnis, sondern die Tatsache der vom Gegenstand ausgehenden Gefahr Dritter bildet" (BGHZ 9, 373, 387; ähnl BGH 18. 12. 1972 – III ZR 121/70, BGHZ 60, 54, 56 f = NJW 1973, 460, 461). Die Verkehrssicherungspflicht trifft prinzipiell **jeden**, der eine Gefahrenquelle schafft. Eine Behörde, öffentlich-rechtliche Körperschaft, Stiftung oder Anstalt kann ihrer Sicherungspflicht grds auch hoheitlich genügen. Dazu bedarf es jedoch einer der Allgemeinheit gegenüber kundgegebenen ausdrücklichen Erklärung (BGH 30. 1. 1961 – III ZR 225/59, BGHZ 34, 206, 209 f = NJW 1961, 868; 86, 152, 153; BGH 21. 1. 1988 – III ZR 66/86, LM Nr 22 = NJW-RR 1988, 853, 854; Tremml/Karger, Amtshaftungsprozess [2004] Rn 686; vgl auch Staudinger/Wöstmann [2020] § 839 Rn 111 bzgl gemeindlicher Friedhöfe). So geschehen in Baden-Württemberg bezüglich der Gemeindefriedhöfe: Dort wurde durch § 7 BestattG BaWü die der Gemeinde als Friedhofsträger obliegende Verkehrssicherungspflicht zu einer Amtspflicht der Organe und Bediensteten des Friedhofsträgers erhoben.

Gleiches geschah im Hinblick auf die Straßenverkehrssicherungspflicht bzgl öffentlicher (Landes)Straßen (ggf einschließlich der Bundesfernstraßen) in fast allen Bundesländern Deutschlands. Auch dort wurde die Verkehrssicherungspflicht zu einer Amtspflicht erhoben (vgl § 59 StrG BaWü; Art 72 BayStrWG; § 10 Abs 1 BbgStrG; § 9 BremLStrG; § 10 Abs 1 StrWG-MV; § 10 Abs 1 NStrG; § 9a Abs 1 StrWG NRW; § 48 Abs 2 LStrG Rh-Pf; § 9 Abs 3a SaarlStrG; § 10 Abs 1 StrG LSA; § 10 Abs 1 SächsStrG; § 10 Abs 4 StrWG Schl-H; § 10 Abs 1 ThürStrG; ähnl § 7 Abs 6 S 1 BerlStrG; § 5 HambWG; vgl auch BGH 18. 12. 1972 – III ZR 121/70, BGHZ 60, 54, 56 = NJW 1973, 460 u 2002, 1265; BGHZ 112, 74 f; OLG Köln NJW-RR 1991, 33; OLG Koblenz 9. 7. 1997 – 1 U 1396/95, OLGR 1998, 104, 105 u NVwZ-RR 2005, 276, 277). Die Haftung nach §§ 823, 836 BGB tritt folglich zurück (OLG Koblenz 9. 7. 1997 – 1 U 1396/95, OLGR 1998, 104, 105 u NVwZ-RR 2005, 276, 277). Dementsprechend wird § 836 BGB – zB bei Verkehrsampelträgern, Verkehrsschildern oder Brücken – durch § 839 BGB als lex specialis verdrängt (BGH 5. 4. 1990 – III ZR 4/89, NJW-RR 1990, 1500 f; OLG Köln NJW-RR 1991, 33; LG Bonn 2. 3. 2022 – 1 O 347/20, juris Rn 20; Zimmer JA 2006, 68, 72).

Ebenso kann die Benutzung öffentlicher Kinderspielplätze durch eine entsprechende Satzung dem bürgerlichen Deliktsrecht entzogen sein (LG Heidelberg 6. 10. 2010 – 5 O 85/10, juris Rn 21; vgl auch BGH 25. 4. 1978 – VI ZR 194/76, NJW 1978, 1626, 1627).

18 Insofern regelt § 839 BGB auch in Ansehung der §§ 836 ff BGB die Folgen einer Amtspflicht-verletzung zwar abschließend (BGH NJW 1985, 1287, 1289; OLG Köln NJW-RR 1991, 33). Es gilt aber auch für § 839 BGB die Beweislastregelung des § 836 Abs 1 BGB, wenn durch eine behauptete Amtspflichtverletzung der Tatbestand von § 836

BGB verwirklich ist (BGH 13. 12. 2012 – III ZR 226/12, BGHZ 196, 35 Rn 23 zu § 832 BGB; BGB 5. 4. 1990 – III ZR 4/89, NJW-RR 1990, 1500, 1501; BGB 21. 1. 1988 – III ZR 66/86, LM Nr 22 = NJW-RR 1988, 853, 854; OLG Koblenz VersR 1980, 1051; OLG Köln NJW-RR 1991, 33; OLG Hamm 13. 8. 1999 – 9 U 39/99, OLGR 2000, 173 f; OLG Rostock 6. 3. 2003 – 1 U 59/01, OLGR 2003, 348; LG Neubrandenburg NJW-RR 2010, 1248, 1249; Erman/Wilhelmi § 836 Rn 1; MünchKommBGB/Wagner § 836 Rn 3; Ebert VersR 2006, 899, 901). Jedem Amtsträger obliegt die Amtspflicht zu rechtmäßigem Verhalten, mithin die Pflicht, deliktische Schädigungen bzgl der Rechte, Rechtsgüter oder rechtlich geschützten Interessen des Bürgers, vor allem also alle unerlaubten Handlungen iSd BGB, zu unterlassen (Staudinger/Wöstmann [2020] § 839 Rn 122 mwNw). Deshalb finden auch bei der Amtshaftung die nach allgemeinem Deliktsrecht zu Gunsten des Bürgers bestehenden Beweislastregelungen Anwendung (LG Neubrandenburg NJW-RR 2010, 1248, 1249). Die öffentlich-rechtliche Gebäudehaftpflicht entspricht mithin der privatrechtlichen Gebäudehaftpflicht. Für den Verletzten macht es keinen Unterschied, ob das schädigende Gebäude/Werk im Eigenbesitz eines Privatmanns oder einer Behörde steht. In beiden Fällen spricht deshalb zunächst ein Anscheinsbeweis dafür, dass das Gebäude/Werk fehlerhaft errichtet oder mangelhaft erhalten wurde. § 839 Abs 1 S 2 BGB hingegen findet wiederum wegen des Grundgedankens der haftungsrechtlichen Gleichbehandlung von Privaten und Hoheitsträgern keine Anwendung (Tremml/Karger, Amtshaftungsprozess [2004] Rn 686; OLG Saarbrücken NJW-RR 2006, 1255, 1256 bzgl Schulgebäude; OLG Rostock 6. 3. 2003 – 1 U 59/01, OLGR 2003, 348, 350 f bzgl der allg Verkehrssicherungspflicht des Friedhofträgers; BGH 5. 4. 1990 – III ZR 4/89, NJW-RR 1990, 1500, 1501; BGH VersR 1994, 618, 619 bzgl der Straßen-Verkehrssicherungspflicht, **aA** noch BGH 18. 12. 1972 – III ZR 121/70, BGHZ 60, 54, 63 f; vgl auch Rebler SVR 2007, 129). Wirken jedoch mehrere Ursachen aus verschiedenen Pflichtenkreisen zusammen, kann die allgemeine Haftung wegen unerlaubter Handlungen mit der Amtshaftung konkurrieren. Das ist nicht anzunehmen, wenn ausschließlich Zubehör einer Straße den Schaden verursacht, für welchen der Träger der Straßenbaulast nach § 839 BGB einzustehen hat (OLG Koblenz NVwZ-RR 2005, 276).

§ 254 BGB gilt auch im Rahmen der Haftung aus § 836 BGB für den Ersatzanspruch **19**
des Geschädigten (BGH 23. 1. 1951 – III ZR 28/50, NJW 1951, 229 [nicht abgedruckt in BGHZ 1, 103]; BGH VersR 1960, 426, 427; BGH VersR 1965, 801, 802; BGH VersR 1973, 836, 838; BGH 11. 12. 1984 – VI ZR 218/83, NJW 1985, 1076, 1077; BGH 19. 6. 1990 – VI ZR 197/89, NJW-RR 1990, 1423, 1425; BGB-RGRK/Kreft § 836 Rn 30; MünchKommBGB/Wagner § 836 Rn 25 f; Soergel/Krause § 836 Rn 6; Rn 57 ff). Ein Mitverschulden kann vor allem in Betracht kommen, wenn der Einsturz oder die Ablösung sowohl durch fehlerhafte Errichtung bzw Unterhaltung als auch durch ein Verhalten des Geschädigten herbeigeführt wurde (vgl LG München VersR 1992, 193). Umgekehrt begründet § 836 BGB bei Beschädigung eines Gebäudes durch einen Dritten allein keine Vermutung für ein Mitverschulden des Besitzers an dem Einsturz (BGH 27. 1. 1981 – VI ZR 204/79, BGHZ 79, 259).

Im Verhältnis zu § 837 BGB gilt allein § 837 BGB, wenn der Eigenbesitz am Grund- **20**
stück und der Eigenbesitz am Gebäude bzw Werk auseinanderfallen (BGH 29. 3. 1977 – VI ZR 64/76, NJW 1977, 1392, 1393; PWW/Schaub § 836 Rn 2; vgl auch § 837 Rn 3).

Demgegenüber haftet der Gebäudeunterhaltspflichtige iSd § 838 BGB ggf neben **21**
dem Eigenbesitzer iSd §§ 836, 837 BGB (vgl § 838 Rn 1).

III. Einsturz eines Gebäudes oder eines anderen mit einem Grundstück verbundenen Werks

1. Gebäude

22 Der auch sonst im BGB (§§ 94, 95, 585, 908, 912 BGB) und in anderen Gesetzen (§§ 243 Abs 1 S 2 Nr 1, 4 StGB; §§ 305 Abs 1, 306 Abs 1 Nr 1, 306a Abs 1 Nr 1 StGB) verwendete Begriff meint ein den Zutritt von Menschen gestattendes, allgemein zum Aufenthalt von Menschen und Tieren oder zur Aufbewahrung von Sachen bestimmtes und durch räumliche Umfriedung vor äußeren Einflüssen schützendes umschlossenes Bauwerk, das nach den Regeln der Baukunst oder der Erfahrung errichtet und mit dem Grund und Boden fest verbunden ist (BGB-RGRK/Kreft § 836 Rn 10; MünchKommBGB/Wagner § 836 Rn 7; Soergel/Krause § 836 Rn 7), bspw eine Garage (OLG Saarbrücken NJW-RR 2006, 1255, 1257). Dazu gehören auch unvollendete Rohbauten (BGH VersR 1958, 488), und zwar bereits bezogene, in einzelnen Teilen aber noch unfertige Häuser (BGH 11. 12. 1984 – VI ZR 218/83, NJW 1985, 1076), sowie verfallene Bauten (RG WarnR 1912 Nr 78) einschließlich der infolge von Naturkatastrophen oder von Kriegsereignissen unbewohnbar gewordenen Gebäuderuinen (BGH 23. 1. 1951 – III ZR 28/50, BGHZ 1, 103, 105; BGH 13. 3. 1952 – III ZR 212/51, LM Nr 2 = VersR 1952, 207; BGH 16. 6. 1952 – III ZR 142/50, LM Nr 4 = BeckRS 1952, 31386206; BGH 30. 5. 1961 – VI ZR 310/56, LM Nr 12 = NJW 1961, 1670, 1671). Der letzte Aspekt wurde vor allem in der ersten Nachkriegszeit relevant (vgl dazu Staudinger/Schäfer[11] § 836 Rn 90), dürfte heute aber vor allem in ländlichen Gebieten bei verfallenen bzw dem Verfall preisgegebenen Grundstücken wieder an Relevanz gewinnen.

2. Ein anderes mit einem Grundstück verbundenes Werk

a) Begriff des Werks

23 Mit „Werk“ ist ein einem bestimmten Zweck dienender, von Menschenhand nach den Regeln der Baukunst oder der Erfahrung unter Verbindung mit dem Erdkörper hergestellter Gegenstand gemeint (RGZ 60, 139; 76, 261; RG HRR 1930 Nr 904; BGH 30. 5. 1961 – VI ZR 310/56, LM Nr 12 = NJW 1961, 1670; OLG Rostock 15. 9. 2003 – 3 U 58/03, NJW-RR 2004, 825). Es macht keinen Unterschied, ob die Herstellung auf Dauer oder zu einem vorübergehenden Zweck (Fahrnisbauten) erfolgt (RG WarnR 1909 Nr 23; RG JW 1910, 288; BGH 8. 2. 1972 – VI ZR 155/70, BGHZ 58, 149; OLG Stuttgart NJW-RR 2010, 451, 452) und welcher Art die Verbindung mit dem Erdkörper ist, ob es sich also um unterirdische Anlagen oder um mit dem Erdboden verbundene oberirdische Anlagen handelt, ob die Verbindung eher lose oder eine tiefgründige ist; in diesem Sinne mit dem Boden verbunden ist zB auch ein auf Schienen montierter beweglicher Baukran (OLG Düsseldorf VersR 1976, 94; OLG Bamberg r+s 1989, 357). Eine Verbindung iSv § 94 BGB ist nicht erforderlich (MünchKommBGB/Wagner § 836 Rn 8; Soergel/Krause § 836 Rn 8). Die Verbindung mit dem Grund und Boden durch die eigene Schwere des Werks genügt (OLG Rostock 15. 9. 2003 – 3 U 58/03, NJW-RR 2004, 825; LG Karlsruhe NJW-RR 2002, 1541 für einen Wohnwagen; OLG Hamm VersR 1997, 194 u OLG Frankfurt 15. 9. 2025 – 29 U 50/24, VersR 2025, 1393, 1395 für einen Turmdrehkran; **aA** wohl Jauernig/Kern § 836 Rn 3). Das Werk darf bedingt durch seine Schwerkraft nicht ohne Weiteres fortbewegt werden können (Soergel/Krause § 836 Rn 8), wie es zB Leitern (OLG Düsseldorf 28. 2. 2018 – 19 U 17/17, r+s 2019, 610), Fahrzeugen oder Baumaterial der Fall ist (MünchKommBGB/Wagner [8. Aufl 2020] § 836 Rn 8; BGB-RGRK/Kreft § 836 Rn 13). Bei selbsttragenden Konstruktionen

von Werbe- oder Firmenschildern, die nicht fest mit einem Gebäude verbunden sind, wird es daher auf deren Größe, Gewicht und eine etwaige Verankerung im Boden ankommen (vgl RG JW 1906, 423, 424; 1916, 1019; BGB-RGRK/Kreft § 836 Rn 12; MünchKommBGB/Wagner § 836 Rn 8; Petershagen 114, 121; Petershagen NZV 2011, 528, 529 bzgl mobiler Verkehrsschilder). Die begriffliche Abgrenzung zwischen Gebäude und Werk ist grds ohne praktische Bedeutung und in Ansehung des umfassenderen Begriffs des Werks, welcher auch Bauwerke mit einschließt, völlig entbehrlich (Soergel/Krause § 836 Rn 7).

b) Beispiele von Werken iSv § 836 BGB

Mit dem Boden verbundene Baugerüste (RG JW 1910, 288; RG HRR 1935 Nr 370, BGH 21. 4. 1959 – VI ZR 74/58, VersR 1959, 694; BGH 4. 3. 1997 – VI ZR 51/96, LM Nr 25 = NJW 1997, 1853; BGH 27. 4. 1999 – VI ZR 174/98, 1999, 2593, 2594; OLG Koblenz 29. 8. 2002 – 5 U 1459/01, OLGR 2002, 468; OLG Rostock 27. 3. 2003 – 1 U 118/01, OLGR 2003, 372; OLG Stuttgart NJW-RR 2010, 451, 452; nicht aber an das Gerüst angelegte Leiter OLG Düsseldorf 28. 2. 2018 – 19 U 17/17, r+s 2019, 610) oder Markisenkonstruktionen (BGH NJW 2009, 3235, 3236 iVm OLG Koblenz 8. 2. 2008 – 8 U 397/07, juris Rn 55); auf Schienen montierte Turmdrehkräne (OLG Düsseldorf VersR 1976, 94; OLG Bamberg r+s 1989, 357; OLG Hamm VersR 1997, 194; VersR 2002, 69); Rutschanlagen zur Beförderung von Gegenständen auf einem Bau (RG HRR 1935 Nr 730); mit dem Boden verbundene Zäune jeder Art, insbesondere Bauzäune (RG LZ 1921, 268; LG Gera NJW-RR 2002, 961); durch Einlassen von Pfählen mit dem Grund verbundene Zelte, Schaubuden und Verkaufsstände (RG DJZ 1908, 341; RG WarnR 1909 Nr 23; JW 1916, 1019; LG Aachen VersR 1990, 63); auch Messezelte (OLG Rostock 15. 9. 2003 – 3 U 58/03, NJW-RR 2004, 825), Tragegerüste unter den Zuschauerrängen von Zirkuszelten (OLG Hamm 7. 6. 2001 – 6 U 45/01, NJW-RR 2002, 92) und der Vorbau eines Wohnwagens (LG Karlsruhe NJW-RR 2002, 1541; AG Laufen 23. 5. 2013 – 2 C 670/12, juris Rn 14); in den Boden fest eingerammte Turngeräte (RG Recht 1920 Nr 656); fest in das Erdreich eingelassene Kinderschaukeln (OLG Celle VersR 1985, 35); an einem Stahlrohrmast befestigte Drehpilze, wiederum in einen im Erdboden befindlichen Betonblock einbetoniert sind (KG 31. 1. 1986 – 9 U 6739/84, juris Rn 16). Bretterverschläge (RG HRR 1938 Nr 436); Grabsteine (BGH 29. 3. 1977 – VI ZR 64/76, NJW 1977, 1392, OLG Hamm NVwZ 1982, 333; OLG Rostock 6. 3. 2003 – 1 U 59/01, OLGR 2003, 348; LG Freiburg NJW-RR 1996, 476); in die Böschung einer Straße eingegrabene alte Steinkreuze (BGHZ 37, 165; OLG Karlsruhe VersR 1978, 471); Umgrenzungsmauern und die damit verbundenen Torflügel (RG WarnR 1920 Nr 12); Tore und Torflügel (BGH 19. 6. 1990 – VI ZR 197/89, NJW-RR 1990, 1423 f); Torpfeiler einer Einfahrt (OLG Naumburg SeuffA 57 Nr 62); Terrassen, Gartentreppen, Signalmasten (RG JW 1913, 808); Bautreppe, die sich aufgrund ihrer eigenen Schwere nicht ohne weiteres fortbewegen lässt (OLG Brandenburg 11. 1. 2023 – 4 U 136/21, juris Rn 27 f); Straßenlampen (LG Aachen NZV 1989, 29); an einer Halterung mit dem Boden verbundene Hinweisschilder (OLG Koblenz NVwZ-RR 2004, 322, 323); Carports (OLG Hamm NJW-RR 1995, 1230 mAnm K Schmidt JuS 1996, 172); Schleusenanlagen (RG HRR 1930 Nr 1104; OLG Kiel Recht 1906 Nr 690, SeuffA 64 Nr 92; OLG München VersR 1978, 554); Jagdhochsitze (OLG Stuttgart 12. 11. 1976 – 2 U 117/76, VersR 1977, 384, OLG Hamm 12. 10. 2011 – I-13 U 52/11, juris Rn 31; zum Umfang der Verkehrssicherungspflicht bei Hochsitzen vgl OLG Braunschweig r+s 1993, 339; weitergehend: OLG Hamm 12. 10. 2011 – I-13 U 52/11, juris Rn 36 f); Brücken (BGH VersR 1959, 948; BGH 21. 1. 1988 – III ZR 66/86, LM Nr 22 = NJW-RR 1988, 853; BGH 5. 4. 1990 – III ZR 4/89, NJW-RR 1990, 1500) sowie deren Abdeckung aus Brettern, Dielen, Kanthölzern und Folien (AG Neumarkt r+s 2010, 283); allein infolge ihrer Schwerkraft auf einem Grundstück stehender Bierpavillon (OLG Düsseldorf 24

VersR 1999, 854; LG Aachen VersR 1990, 63, 64); Toilettenhäuschen (LG Köln 14. 10. 2008 – 11 S 421/07, juris Rn 4) von Menschenhand geschaffene Erdwerke wie Wasserstaudämme (RGZ 97, 114; BGH 8. 2. 1972 – VI ZR 155/70, BGHZ 58, 149), Bahndämme (RG JW 1908, 196), Deiche (RG WarnR 1913 Nr 417), Böschungen (RGZ 60, 138; BGHZ 58, 152), Kanäle; von Menschenhand geschaffene Erdvertiefungen mit und ohne inneren Ausbau oder oberirdische Abdeckungen wie Baugruben (RG WarnR 1909 Nr 303), Öltanks (BGH 14. 6. 1976 – III ZR 81/74, VersR 1976, 1084), Brunnen (AG Bad Homburg RRa 2004, 111, 113), plattenbedeckte Durchlässe zur Regenwasserableitung (RGZ 76, 260), abgedeckte Kellerschächte, Überfluthydranten (OLG Karlsruhe OLGE 28, 310; LG Ellwangen VersR 1962, 75); unterirdische Anlagen wie Luftschutzstollen (BGH 7. 2. 1956 – VI ZR 345/54, LM Nr 9 = VersR 1956, 348), Wasserleitungs- und Kanalisationsschächte (OLG Karlsruhe OLGE 28, 310; OLG Stuttgart VersR 1964, 1275; näher zur Haftung für Überschwemmungsschäden Schmid VersR 1995, 1269); unterirdische Kraftstoffbehälter (BGH 14. 6. 1976 – III ZR 81/74, VersR 1976, 1084); Gülle- oder Jauchegruben mit Abdeckung (LG Kiel r+s 1998, 153; AG Nordhorn 17. 6. 2004 – 3 C 1223/03, NJOZ 2005, 183, 184); unter dem Erdboden verlegte Versorgungsleitungen wie Gas-, Wasser- und andere Rohrleitungen (BGHZ 55, 229, 235; BGH 30. 5. 2003 – V ZR 37/02, BGHZ 155, 99, 105 f; BGH 18. 12. 2020 – V ZR 193/19, NJW-RR 2021, 610 Rn 17; OLG Hamm VersR 1978, 1146; OLG Hamm 31. 1. 2011 – 5 U 91/10, juris Rn 29; zu Mineralölfernleitungen Engert BB 1963, 657); oberirdische, mit dem Boden verbundene Versorgungsleitungen und -einrichtungen wie Wasserstaustufen (BGH 12. 10. 1978 – II ZR 185/76, LM Nr 17 = MDR 1979, 206); Starkstromleitungen (RGZ 147, 353; SeuffA 79 Nr 168; HRR 1925 Nr 1633); Fernsprech- und Telegrafenleitungen (OLG Hamm JW 1927, 2438; OLG Stuttgart VRS 7, 246; OLG Karlsruhe NJW-RR 1988, 152); Telegrafenmasten (OLG Karlsruhe NJW-RR 1988, 152); Straßenlaternen jeder Art (RG Recht 1919 Nr 2121; RG SeuffA 75 Nr 76; AG Krefeld VersR 1968, 103; LG Osnabrück 5. 3. 2003 – 1 O 2803/02, IBRRS 2003, 1895); Verkehrszeichenträger bzw Straßenschilder (OLG Hamm 13. 8. 1999 – 9 U 39/99, OLGR 2000, 173, 174; LG Neubrandenburg NJW-RR 2010, 1248, 1250 mwNw; Petershagen NZV 2011, 528, 529); Einheiten aus Lichtmast und Wegweiser (OLG Köln NJW-RR 1991, 33, 34); Windkraftanlagen (Schulz 247 ff, für Offshore-Windenergieanlagen jenseits des Küstenmeeres aber § 837 f BGB); an Häusern angebrachte Firmenschilder, wobei es auf die Größe des jeweiligen Schildes, die Art der Zusammenfügung seiner Bestandteile und die Gefahr der Ablösung einzelner Teile ankommt (RG JW 1916, 1019; OLG Celle OLGE 34, 127; Weimar ZMR 1960, 328; Petershagen 121 ff vertritt dagegen die Ansicht, Firmenschilder könnten auch als Gebäudeteile eingeordnet werden. Der Werkbegriff werde nur deswegen gebraucht, weil beim Regress der Gefahrnächste – in aller Regel der Mieter als Eigenbesitzer – verpflichtet werden solle).

c) Beispiele, in denen kein Werk iSv § 836 BGB vorliegt

25 Ein nur angelehnter Bauzaun oder ein nur an die Wand gelehnter Torflügel sind zwar von Menschenhand zu einem bestimmten Zweck hergestellt, aber kein Werk iSv § 836 BGB, weil es an der Verbindung mit dem Grundstück fehlt (RG LZ 1921, 268; OLG Karlsruhe VersR 1955, 718; Soergel/Krause § 836 Rn 10), ebensowenig Gartenmöbel, die windbedingt auf ein Fahrzeug geschleudert werden (LG Hagen [Westfalen] 31. 1. 2023 – 4 O 111/22, juris Rn 74). Daher unterfallen auch zusammengekehrte Abfallhaufen nicht dem Werkbegriff des § 836 BGB (OLG Frankfurt VersR 1978, 157; MünchKommBGB/Wagner § 836 Rn 8). Weil nicht von Menschenhand zu einem bestimmten Zweck hergestellt, sind keine Werke iSv § 836 BGB die Naturerscheinungen wie natürlich gewachsene Felsen, Bäume (Mugdan II 456; Petershagen NZV 2011, 528, 530 mwNw) und natürliche Bodenbepflanzungen (RGZ 149, 205, 210; BGB-RGRK/Kreft § 836 Rn 13). Weil zwar menschliches Zutun vorliegt, aber keine Herstellung „nach gewissen Regeln der Kunst oder Erfahrung“ gegeben ist, sind zusammen geschüttete Schlammmassen und Erdhaufen ebensowenig Werke (RGZ 60, 138, 139; BGH 30. 5. 1961 – VI ZR 310/56, LM Nr 12 = NJW 1961, 1670; MünchKommBGB/Wagner § 836 Rn 8; Soergel/Krause § 836 Rn 10; anders OLG Kiel OLGE 9, 46). Entsprechendes gilt für durch ständige Benutzung angelegte (Alpen-)Wanderwege (Ebert VersR 2006, 899). Nur eine Naturerscheinung liegt auch vor, wenn die im Wasser liegenden Trümmer einer im Krieg gesprengten Brücke sich durch Schlammansammlung im Laufe der Zeit zu einer Schlammmauer verdichten und eine Art Sperrmauer bilden. Denn selbst wenn das für die Wasserwirtschaftsbehörde von Vorteil ist, so fehlt es doch an der für den Begriff des Werks erforderlichen Erstellung durch menschliches Tun zu einem bestimmten Zweck nach technischen Kunst- oder Erfahrungsregeln (BGH 30. 5. 1961 – VI ZR 310/56, LM Nr 12 = NJW 1961, 1670; BGB-RGRK/Kreft § 836 Rn 13; Petershagen 112).

d) Einsturz eines Gebäudes oder Werks

Einsturz ist der plötzliche und unwillkürliche (BGH 4. 3. 1997 – VI ZR 51/96, LM Nr 25 = NJW 1997, 1853) Zusammenbruch des gesamten Gebäudes bzw Werks infolge Lösung der Verbindungen, die es zusammenhalten (RGZ 97, 112, 114; RG Recht 1913 Nr 2297; BGH 5. 10. 1971 – VI ZR 268/69, NJW 1971, 2308; BGB-RGRK/Kreft § 836 Rn 18). Ein Einsturz liegt auch vor, wenn eine Schleuse in einem Deich zwar nicht als solche einstürzt, aber als Ganzes weggerissen wird, nachdem die umgebenden Deichteile, die zusammen mit der Schleuse ein einheitliches Werk bilden, weggespült sind (RG HRR 1930 Nr 1104). § 836 BGB ist dagegen unanwendbar, wenn ein Gebäude oder ein Werk wegen Baufälligkeit, zur Errichtung eines Neubaus oder aus anderen Gründen planvoll eingerissen und niedergelegt wird (RG Recht 1912 Nr 1790; HRR 1929 Nr 1313; BGH 26. 9. 1978 – VI ZR 150/77, LM Nr 16 = NJW 1979, 309 f; MünchKommBGB/Wagner § 836 Rn 12; vgl auch Rn 41 und 59), mag der „Abriss nach Plan“ teilweise auch schneller als zunächst beabsichtigt erfolgen (BGB-RGRK/Kreft § 836 Rn 18). 26

IV. Ablösung von Teilen des Gebäudes oder Werks

1. Teile des Gebäudes oder Werks

Teile iSv § 836 BGB sind nicht nur die wesentlichen Bestandteile iSv § 93 BGB (MünchKommBGB/Wagner § 836 Rn 10; Soergel/Krause § 836 Rn 6; OLG Schleswig 19. 5. 2022 – 11 U 108/21, juris Rn 14), sondern alle – auch kleinste – Gegenstände, die mit dem Gebäude oder Werk in eine derartige tatsächliche Verbindung gebracht werden, dass die dem Besitzer obliegende Fürsorge für die Beschaffenheit des Gebäudes oder Werks die Vermeidung einer fehlerhaften Einrichtung bei der Herstellung der Verbindung oder einer mangelhaften Unterhaltung während der Dauer der Verbindung mitumfasst (BGB-RGRK/Kreft § 836 Rn 14 im Anschluss an RGZ 60, 421, 422). Eine solche tatsächliche Verbindung liegt aber nur vor, wenn die Sache zur Herstellung des Gebäudes oder Werks eingefügt ist (BGH 30. 5. 1961 – VI ZR 310/56, LM Nr 12 = NJW 1961, 1670, 1672; BGH 12. 3. 1985 – VI ZR 215/83, NJW 1985, 2588). Die Verfestigung der Verbindung durch Einmauern des Teils, Einmörteln, Anschmieden usw ist – zumindest **bei Werken** – grds nicht erforderlich. Bei dem Teil eines Werkes kann es also genügen, wenn das Teil nur durch seine Schwerkraft dem Ganzen eingefügt ist (BGH 21. 4. 1959 – VI ZR 74/58, VersR 1959, 694; BGH 4. 3. 1997 – VI ZR 51/96, LM Nr 25 = NJW 1997, 1853), sofern es entweder zur Herstellung des Werkes organisch eingefügt oder aber aus 27 baulichen Gründen bzw zu baulichen Zwecken angebracht ist (BGH 30. 5. 1961 – VI ZR 310/56, LM Nr 12 = NJW 1961, 1670, 1672). Entscheidend ist in diesem Fall also nicht das Mittel der Verbindung, sondern die sachgerechte Einfügung der Teile zum bestimmungsgemäßen Zweck des Werks (OLG Celle BauR 1992, 251; OLG Düsseldorf 11. 9. 2019 – I-24 U 245/18, VersR 2020, 117, 118 f; OLG Schleswig 19. 5. 2022 – 11 U 108/21, juris Rn 14). Ein Holzbrett, welches als Trittbrett in eine Rüstung eingelegt wurde, gehört zu den Teilen der Rüstung, ist mithin Teil dieses Werks (BGH VersR 1959, 695; abweichendes Bsp unter Rn 29), weil es jedenfalls zur Herstellung des Werks und seiner Nutzung notwendig ist. Anders sieht es bei **Gebäudeteilen** aus. Hier genügt eine lose Verbindung prinzipiell nicht, so bei einer Spanplatte, die nicht zum Betreten, sondern lediglich als Abdeckung bzw zum Staubschutz auf eine Öffnung im Zwischendach gelegt worden ist (OLG Düsseldorf 27. 2. 1998 – 22 U 71/97, NZA-RR 1998, 289, 290; BGH 11. 9. 2019 – I-24 U 245/18, VersR 2020, 117, 118 f). Die Eingrenzung auf nicht-mechanische Verbindungen erweist sich demgegenüber aber als zu eng (anders Grüneberg/Retzlaff § 836 Rn 5). Jedenfalls dürfte ein schwerer Spiegel, der nicht in eine Wand eingelassen, sondern an ihr aufgehängt und am unteren Rande mit eisernen Klammern gestützt ist, kein Teil des Gebäudes iSv § 836 darstellen (RGZ 107, 337, 339; BGB-RGRK/Kreft § 836 Rn 17; Erman/Wilhelmi § 836 Rn 4; jurisPK-BGB/Moritz § 836 Rn 10; PWW/Schaub § 836 Rn 4; Dauner-Lieb/Langen/Katzenmeier Rn 10; **aA** noch vertreten bei Staudinger/Belling [2007] § 836 Rn 22). Gleiches dürfte für eine an Wand oder Decke befestigte Halogenlampe gelten (**aA** jurisPK-BGB/Moritz § 836 Rn 17; ebenso wohl OLG Koblenz VersR 2012, 374, 375, das eine Haftung aus § 836 BGB allerdings trotzdem ablehnte, weil im Fall des Zerplatzens und Herabfallens einer Halogenlampe und eines dadurch entstehenden Brandes der Tatbestand der „in Bewegung gesetzten Masse“ fehle). Spiegel und Lampe dienen nicht der Herstellung des Gebäudes. Zwar kann ein Gebäudeteil auch dann gegeben sein, wenn die Sache in einem so festen *baulichen* (und organischen) Zusammenhang mit dem Gebäude steht, dass sich daraus nach der Verkehrsanschauung ihre Zugehörigkeit zum Bauganzen ergibt (RGZ 107, 337, 339; BGH 12. 3. 1985 – VI ZR 215/83, NJW 1985, 2588; PWW/Schaub § 836 Rn 4). Ein solch fester baulicher Zusammenhang mit dem Gebäude ist jedoch in diesen Fällen nicht zu erkennen. Insofern darf der Tatbestand von § 836 BGB nicht so weit ausgedehnt werden, dass nahezu alle Einrichtungsgegenstände, welche lediglich an Haken oder Nägeln an Gebäudewänden aufgehängt sind, als Gebäudeteile anzusehen wären (ähnl RGZ 107, 337, 339). Diese Gegenstände sind – anders als deren Aufhängungsvorrichtung – gerade nicht *baulich* mit dem Gebäude verbunden (vgl auch BeckOK-BGB/Förster [1. 2. 2026] § 836 Rn 6). Entscheidend ist insofern letztlich auch nicht die *Zweckbestimmung* des Teils für die Nutzung des Gebäudes (so aber MünchKomm-BGB/Wagner § 836 Rn 10), weil ansonsten praktisch jeder Gegenstand, der irgendwie mit dem Gebäude verbunden ist, als Gebäudeteil anzusehen wäre, solange er nur eine bestimmte Nutzung des Gebäudes bezweckte.

2. Beispiele für Teile eines Gebäudes oder Werks

28 Erker, Balkon, Schornstein (RG JW 1936, 2913; OLG Köln NJW-RR 1992, 858), Zimmerdecke (BGH 13. 6. 1958 – VI ZR 135/57, LM Nr 11 = VersR 1958, 488), Fußboden und Fußbodenbelag wie Holzdielen und Steinfliesen (RGZ 52, 238; RG JW 1904, 486; RG JW 1912, 242; OLG Celle 13. 10. 1999 – 9 U 308/98, OLGR 2000, 140, 141), Treppengeländer und Treppenstufen (OLG Hamburg OLGE 18, 86; RG JW 1911, 450; RG WarnR 1913 Nr 13; OLG Hamm 24. 9. 2012 – I-6 U 16/12, MDR 2013, 31), Fenster und Fensterscheiben (RGZ 113, 286; LG Aachen r+s 1989, 358), Fensterläden (RGZ 60, 421; OLG Karlsruhe VersR 1955, 718; OLG Stuttgart VersR 1958, 85), Vorfenster (OLG Karlsruhe OLGE 34, 128), Rollläden (RG WarnR 1909 Nr 101), Jalousiestücke (OLG Karlsruhe OLGE 14, 52), die Kette eines Klappfensters (RG BayZ 1907, 237), Riegel an Oberfenstern (RGZ 113, 286), Ziergitter (BGH VersR 1963, 94), Geländer auf einem Flachdach (OLG Saarbrücken NJW-RR 2006, 1255, 1257), die Platten eines Wellblechdachs (BGH VersR 1960, 426), eines Teerpappendachs (BGH 23. 3. 1993 – VI ZR 176/92, NJW 1993, 1782; OLG Düsseldorf NJW-RR 1992, 1244), eines Eternitplattendachs (OLG Köln VersR 2005, 512) oder einer Giebelverkleidung (OLG Nürnberg 14. 6. 2000 – 4 U 1709/99, OLGR 2000, 349; LG Offenburg NJW-RR 2002, 596); unten an den Dachbalken zur Abtrennung und Dämmung befestigte Styroporplatte (OLG Schleswig 19. 5. 2022 – 11 U 108/21, juris Rn 14); die Arretierungsvorrichtung eines Fahrstuhls (RG WarnR 1914 Nr 334), Garagentore (AG Nürtingen WuM 1989, 184), Schaufensterscheiben (OLG Koblenz NJW-RR 1998, 673), Regenfallrohre (BGH 5. 4. 1990 – III ZR 4/89, NJW-RR 1990, 1500).

Teile eines Gebäudes oder Werks sind ferner Dachaufsätze (RG JW 1904, 91), Gesimsstücke (RG JW 1903, 115), einzelne Steine und Dachziegel (RG HRR 1928 Nr 1978; BGH 23. 3. 1993 – VI ZR 176/92, NJW 1993, 1782 f; OLG Düsseldorf NJW-RR 1992, 1440; 2003, 885; OLG Frankfurt 9. 11. 1992 – 20 W 395/92, OLGZ 1993, 188; LG Ansbach NJW-RR 1996, 278; LG Koblenz SVR 2007, 226; LG Nürnberg-Fürth 28. 2. 2003 – 15 S 7569/02, NJOZ 2003, 1681; AG Mönchengladbach NJW-RR 2002, 596), Ösen zum Einhängen einer Treppe (RG JW 1932, 1208), der zur Befestigung eines Signalmastes dienende Nagel (RG JW 1913, 869), Haken für Gardinenstangen (KG JW 1924, 1380), Fahnenstangen (OLG Hamm Recht 1905 Nr 1860), eine auf die Duschwanne gesetzte Duschkabine, deren Rahmen fest mit dem umgebenden Mauerwerk verbunden ist (BGH 12. 3. 1985 – VI ZR 215/83, NJW 1985, 2588). Die Galeriebrüstung ist Teil eines Theatersaals (RG JW 1909, 275), der zum Aufhängen der Tierkörper dienende Haken Teil eines Schlachthauses (OLG Marienwerder OLGE 28, 310). Die Ablösung eines Schildes von seiner mit dem Boden verbundenen Halterung (OLG Koblenz NVwZ-RR 2004, 322, 323) oder eines an einem Gebäude angebrachten Transparentes (OLG Koblenz 5. 7. 2002 – 10 U 251/02, OLGR 2002, 446) oder Werbeschildes (AG Dachau NJW-RR 2009, 678, 679) sind weitere Beispiele.

3. Beispiele, bei denen die Eigenschaft als Gebäude- oder Werksteil nicht gegeben ist

29 Kein Gebäudeteil ist ein Holzbrett, welches zum Zweck der Fertigung von Putzkanten an Fensterlaibungen benötigt und nur vorbereitend auf der Rüstung abgelegt wird. Ebenso fehlt es dem vom Fensterbrett herabfallenden Blumentopf an der Eigenschaft, Teil des Gebäudes zu sein, weil eine hinreichend feste Verbindung nicht bestand (vgl MünchKommBGB/Wagner § 836 Rn 10). Auch Photovoltaikmodule, welche auf dem Dach nur lose liegen und noch nicht mit diesem baumäßig verbunden wurden, stellen noch kein Teil des Gebäudes dar (LG Gera 1. 8. 2008 – 2 O 1288/07, juris Rn 22). Gleiches gilt bei einer mit einer Kette an einem Gebäude befestigten beweglichen Treppe (RG Recht 1907 Nr 3513) sowie bei Gegenständen, die schon vor dem Unfall aus dem baulichen Zusammenhang herausgelöst worden sind (RG WarnR 1920 Nr 12; LZ 1921, 268; BGB-RGRK/Kreft § 836 Rn 17).

4. Unfertige Teile

30 Bei einem erst im Aufbau begriffenen Gebäude (Werk) liegt ein Gebäudeteil vor, wenn das den Unfall verursachende Teil schon so mit dem zu errichtenden Gebäude

verbunden war, dass es seinen späteren Aufgaben zu dienen in der Lage gewesen wäre, wenn es nicht den Errichtungsfehler aufgewiesen hätte (BGH 13. 6. 1958 – VI ZR 135/57, LM Nr 11 = VersR 1958, 488, 489; SOERGEL/KRAUSE § 836 Rn 14). Damit ist Gebäudeteil eine neu gegossene Betondecke, die im Wesentlichen abgebunden und deshalb tragfähig ist, aber nach dem Abbau der Schalung zusammenstürzt (BGH 13. 6. 1958 – VI ZR 135/57, LM Nr 11 = VersR 1958, 488, 489). Werksteil ist ein einzelnes, einem Baugerüst lose eingefügtes Brett, wenn seine Schwerkraft eine genügend feste baumäßige Verbindung mit dem Baugerüst schafft (BGH 21. 4. 1959 – VI ZR 74/58, VersR 1959, 694; VersR 1969, 37). Dagegen ist ein noch nicht endgültig eingefügter Träger, der während des Einbaus abstürzt, noch *kein* Gebäudeteil, weil die baumäßige Verbindung fehlt (RG WarnR 1912 Nr 78; BGB-RGRK/KREFT § 836 Rn 17). Das gilt auch für die auf dem Baugerüst erst zum Einbau bereitliegenden Ziegel (BGH 13. 6. 1958 – VI ZR 135/57, LM Nr 11 = VersR 1958, 488), den auf dem Gerüst stehenden Eimer mit Mörtel (BGH VersR 1953, 401) oder die auf dem Dach nur lose verlegten, aber noch nicht fest montierten Solarmodule (vgl Rn 29).

5. Dachlawinen

31 Schnee und Eiszapfen auf Hausdächern oder Vorsprüngen oder an Rotorblättern einer Windkraftanlage sind mangels fester baulicher Verbindung mit dem Gebäude bzw mit der Anlage nicht Teile iSv § 836 BGB (BGH NJW 1955, 300; OLG Köln VersR 1958, 114; OLG Köln VersR 1988, 1244; OLG Düsseldorf VersR 1961, 911; OLG Stuttgart DAR 1964, 214; OLG Karlsruhe NJW 1983, 2946, 2947; OLG Düsseldorf NJW-RR 2012, 780, 782 mwNw; OLG Hamm NJW-RR 2013, 25, 26 mwNw; BEUERMANN, Grundeigentum 2010, 146; BGB-RGRK/KREFT § 836 Rn 17; SOERGEL/KRAUSE § 836 Rn 14; GAISBAUER VersR 1971, 199). Die Norm ist daher nicht anwendbar, wenn durch wegfliegende, abbrechende oder abgeworfene Eisbrocken oder -zapfen (sog Eiswurf) von Gebäuden/Werken oder durch herabstürzenden Schnee Rechtsgüter Dritter geschädigt werden (BGH NJW 1955, 300; LG Berlin VersR 1967, 69; OLG Hamm NJW-RR 1987, 412; OLG Hamm NJW-RR 2003, 1463; OLG Jena 20. 12. 2006 – 4 U 865/05, WuM 2007, 138; OLG Düsseldorf NJW-RR 2012, 780, 782 mwNw; SCHULZ 266 f für Windenergieanlagen). Entsprechendes gilt, wenn eine Dachrinne sich unter dem Gewicht einer Schnee- und Eislast nach vorn biegt, wodurch sich ein Eisblock aus der Rinne löst und herabfällt (**aA** LG Flensburg 15. 3. 2011 – 1 S 90/10, NJW-RR 2011, 1474). Denn der Eisblock ist nicht Teil des Gebäudes. Auch besteht die Funktion einer Dachrinne nicht darin, Dachlawinen oder Eis aufzuhalten (so aber KOBOR VRR 2011, 269; wie hier wohl jurisPK-BGB/MORITZ § 836 Rn 18). Dachrinnen sollen *nur* Niederschlags- und Schmelzwasser flüssig ableiten. Eine solche Gefahr lässt sich zwar durch eine beheizbare Dachrinne vermeiden. Derartige Dachrinnen sind aber in den Landesbauordnungen nicht vorgeschrieben und müssen deshalb nicht installiert werden.

Eine Haftung nach § 836 BGB kommt indes in Betracht, wenn nicht nur Schnee vom Dach fällt, sondern sich aufgrund der Schneemassen auch Dachziegel, Mauerteile, unzureichend befestigte Schneefanggitter usw lösen (KÜNNELL KrV 1982, 38, 42), obgleich sie diesen Witterungserscheinungen standhalten müssten.

32 Die Haftung des Gebäudebesitzers kann sich jedenfalls wegen Verletzung der allgemeinen Verkehrssicherungspflicht aus § 823 Abs 1 BGB ergeben (ausf BIRK NJW 1983, 2911, 2912 ff). Im Rahmen der allgemeinen Verkehrssicherungspflicht kann ein Hauseigentümer aus einem Unterlassen nur in Anspruch genommen werden, wenn

er eine Rechtspflicht hatte, Vorkehrungen zu treffen, um einen durch Schneesturz entstehenden Schaden abzuwenden (OLG Jena 20. 12. 2006 – 4 U 865/05, WuM 2007, 138). Dabei hängt es von Umständen des Einzelfalls ab, ob der Hauseigentümer für die Folgen eines Schneesturzes vom Dach haftet (OLG Stuttgart VersR 1983, 934; OLG Dresden r+s 1997, 396). Ganz allgemein sind zunächst die Passanten selbst verpflichtet, sich durch Achtsamkeit vor der Gefahr der Verletzung durch herabfallenden Schnee zu schützen (OLG Hamm NJW-RR 2003, 1463; OLG Hamm NJW-RR 2013, 25, 26; OLG Hamm 1. 2. 2023 – I-11 U 67/22 – juris Rn 7; OLG Jena 20. 12. 2006 – 4 U 865/05, WuM 2007, 138; OLG Düsseldorf NJW-RR 2012, 780, 781; kritisch dazu Linke SVR 2012, 141 f). Eine Verkehrssicherungspflicht gegen das Abgehen von Dachlawinen besteht nur unter *besonderen Umständen* (umfassend Birk NJW 1983, 2911, 2912 ff; OLG Karlsruhe NJW-RR 1986, 1404; OLG Dresden WuM 1997, 377; OLG Hamm NJW-RR 2003, 1463; NJW-RR 2013, 25, 26; OLG Hamm 29. 2. 2024 – 7 U 72/22, ZfS 2024, 497, 498; OLG Jena 20. 12. 2006 – 4 U 865/05, WuM 2007, 138; OLG Düsseldorf NJW-RR 2012, 780, 781; Strauch NZM 2012, 524 ff mwNw; bejaht vom LG Bückeburg NZV 2012, 135). Das gilt auch, wenn eine Abstellfläche für Kraftfahrzeuge vorhanden ist (OLG Karlsruhe NJW 1983, 2946; OLG Köln VersR 1988, 1244; OLG Naumburg NJW-RR 2011, 1535 sowie AG Berlin NJW-RR 2011, 1649 bzgl speziell für Mieter eingerichteter und unterhaltener Parkplätze). So kann es auf die Dachneigung (LG Ulm NJW-RR 2006, 1253; OLG Düsseldorf NJW-RR 2012, 780, 781) oder darauf ankommen, ob eine Gegend als schneereich oder -arm gilt und ob Schneeauffanggitter ortsüblich oder durch die Landesbauordnung bzw Ortssatzung vorgeschrieben sind (OLG Saarbrücken VersR 1985, 299; OLG Köln VersR 1988, 1244; OLG Köln NJW-RR 1992, 858; OLG Zweibrücken 9. 7. 1999 – 1 U 181/98, OLGR 2000, 7; OLG Jena 20. 12. 2006 – 4 U 865/05, WuM 2007, 138; OLG Düsseldorf NJW-RR 2012, 780, 781 mwNw; OLG Brandenburg NJW-RR 2012, 96; OLG Hamm 1. 2. 2023 – I-11 U 67/22, juris Rn 4; OLG Hamm 29. 2. 2024 – 7 U 72/22, ZfS 2024, 497, 498; AG Kiel SchlHA 2011, 407; vgl etwa § 32 Abs 8 BauO Berlin, § 28 Abs 9 S 1 BbgBO, § 32 Abs 8 LBauO Rh-Pf, § 35 Abs 8 BauO NRW, § 31 Abs 8 ThürBO). Entsprechendes gilt für Schilder mit Warnhinweisen vor Dachlawinen (OLG Hamm NJW-RR 2003, 1463, 1464; OLG Hamm 1. 2. 2023 – I-11 U 67/22, juris Rn 7; OLG Hamm 29. 2. 2024 – 7 U 72/22, ZfS 2024, 497, 498; OLG Naumburg NJW-RR 2011, 1535). Sind solche Warnschilder aber in unmittelbarer Nähe zum Gebäude, von welchem die Schneelawine abging, vorhanden, schließt das Mitverschulden nach § 254 BGB die Haftung regelmäßig aus (OLG Jena 20. 12. 2006 – 4 U 865/05, WuM 2007, 138). Zur Pflicht der Verhütung des Abgangs von Dachlawinen bei Tauwetter vgl OLG Jena NJW-RR 2009, 168; zur Pflicht im Einzelfall das Dach zu räumen vgl OLG Düsseldorf 19. 6. 2013 – I-18 U 1/13, juris Rn 20. Zur zivilrechtlichen Haftung nach einem Abgang von Dachlawinen von Photovoltaikanlagen, die aufgrund ihrer Oberflächenstruktur ein erhöhtes Abgangsrisiko begründen, ist bislang keine Rechtsprechung ersichtlich. Nach Schlösser (ZfIR 2026, 61, 63 f) erfassen die Kriterien der bisherigen Rechtsprechung für eine Verkehrssicherungspflicht vor Dachlawinen bereits jetzt das erhöhte Risiko durch Photovoltaikanlagen, so dass die Installation eines Schneefanggitters genügt, um dieser Pflicht nachzukommen.

6. Ablösung von Teilen

Unter Ablösung von Teilen ist **jede unwillkürliche und ungeplante** (BGH 26. 9. 1978 – VI ZR 150/77, LM Nr 16 = NJW 1979, 309 = VersR 1978, 1160) **Aufhebung der Verbindung zum übrigen unversehrt gebliebenen Ganzen** zu verstehen (BGH 4. 3. 1997 – VI ZR 51/96, LM Nr 25 = NJW 1997, 1853; OLG Koblenz 29. 8. 2002 – 5 U 1459/01, OLGR 2002, 468; OLG Saarbrücken NJW-RR 2006, 1255, 1257; BeckOK-BGB/Förster [1. 5. 2026] § 836 Rn 10; Soergel/Krause 33

§ 836 Rn 15). Der Begriff der Ablösung erfordert nicht die völlige Trennung des Teils vom Ganzen. Vielmehr genügt auch eine teilweise Loslösung oder eine Lockerung der Verbindung (BGH 8. 6. 1961 – III ZR 66/60, VersR 1961, 806; OLG Rostock 15. 9. 2003 – 3 U 58/03, NJW-RR 2004, 825). Es reicht aus, wenn das Teil nur in seinem eigenen inneren Zusammenhang oder Zusammenhalt beeinträchtigt wird (RGZ 131, 1, 6; RG HRR 1940 Nr 154; OLG Celle BauR 1992, 251; OLG München NJW-RR 1995, 540; LG Flensburg 15. 3. 2011 – 1 S 90/10, NJW-RR 2011, 1474; BGB-RGRK/Kreft § 836 Rn 19; zu der durch einen Eisblock verbogenen Dachrinne vgl Rn 31), also auch bei Auf- und Seitwärtsbewegungen von Bauwerksteilen, sofern eine mechanische Veränderung des Teils stattgefunden hat (Petershagen 134). Keine Ablösung liegt vor, wenn ein Rollladen in seiner Führung herabgleitet, ohne in seiner Form oder seinem inneren Zusammenhang verändert bzw in seiner Verbindung mit dem Gebäude gelöst oder gelockert worden zu sein (RG WarnR 1909 Nr 101; s auch OLG München VersR 1978, 553, 554; Soergel/Krause § 836 Rn 15), ebensowenig, wenn ein auf dem Grundstücksboden befestigter Parkbügel durch einen Anstoß ungewollt, aber entsprechend seiner vorgesehenen Funktion kippt (OLG Hamm 4. 5. 2022 – I-7 U 20/22, NJW-RR 2022, 1615 Rn 20). Anders wurde entschieden, als ein Garagentor schlagartig infolge einer Trennung vom elektrischen Anschluss herabfiel (OLG München NJW-RR 1995, 540, 541; Soergel/Krause § 836 Rn 15; Petershagen 131 f: § 836 BGB analog). Zur Ablösung genügt es, wenn infolge mangelhafter Beschaffenheit des Gebäudeteils, die auch durch Witterungseinflüsse herbeigeführt sein kann, der Zusammenhang mit dem Gebäude gelockert war, mag auch letzten Endes die völlige Ablösung durch menschliche Tätigkeit (Anstoßen, Anlehnen, Auftreten) bewirkt sein (RG WarnR 1919 Nr 169; Rn 39), etwa durch das Zusammendrücken zweier Scheunentorhälften (BGH 19. 6. 1990 – VI ZR 197/89, NJW-RR 1990, 1423). Eine Ablösung liegt auch vor, wenn Dachziegel herabfallen (OLG Frankfurt NJW-RR 1992, 164; LG Hanau Schaden-Praxis 2007, 136; LG Koblenz SVR 2007, 226), wenn eine unterirdisch verlegte Gas- oder Wasserleitung bricht (BGHZ 55, 235; BGH 14. 6. 1976 – III ZR 81/74, VersR 1976, 1084, 1085; BGH 17. 3. 1983 – III ZR 116/81, VersR 1983, 588; BGH 30. 5. 2003 – V ZR 37/02, BGHZ 155, 99, 105 f; OLG Hamm VersR 1978, 1146) oder ein unterirdisch angebrachter Kraftstofftank infolge eines Risses undicht wird (BGH 14. 6. 1976 – III ZR 81/74, VersR 1976, 1084, 1085), wenn eine Stufe einer auf den Dachboden führenden Holztreppe (OLG Hamm 24. 9. 2012 – I-6 U 16/12, MDR 2013, 31) das Brett eines Fußbodenbelags (RG JW 1912, 242), das Brett eines Laufstegs (RG HRR 1935 Nr 1515) oder die angerostete Platte eines Wellblechdachs (BGH VersR 1960, 426) beim Betreten durchbricht, wenn die Einfassung einer Loggia beim Dagegenlehnen abbricht (BGH 11. 12. 1984 – VI ZR 218/83, NJW 1985, 1076) oder wenn von einem Damm Teile durch Überflutung abgetrennt werden (BGH 8. 2. 1972 – VI ZR 155/70, BGHZ 58, 149). Zum Begriff der Ablösung ist auch nicht erforderlich, dass das Werk teilweise zerstört oder vernichtet wird. Die bloße Verstopfung einer Kanalisation ist kein Ablösen und lediglich nach § 823 BGB zu beurteilen (BGH 8. 6. 1961 – III ZR 66/60, VersR 1961, 806, 808; MünchKommBGB/Wagner § 836 Rn 12; Soergel/Krause § 836 Rn 15; Petershagen 131 f). Auch eine bloße vertiefende Verformung im weichen Asphalt stellt keine Ablösung von Teilen eines mit einem Grundstück verbundenen Werks iSd § 836 BGB dar (OLG Düsseldorf NJWE-VHR 1996, 69).

7. Weitere Beispiele für die Ablösung von Teilen eines Gebäudes oder Werks

34 Durchbrechen des Fußbodens (RGZ 52, 236), Abstürzen einzelner Steine, Balken, von Teilen des Verputzes oder einer Stuckverkleidung (OLG Hamburg OLGE 4, 285), He-

runterklappen eines Klappfensters infolge unzulänglicher Befestigung (RG HRR 1940 Nr 154), Abbrechen der sichernden Laufstange von einer Galerie (RG HRR 1929 Nr 1313), Absturz eines Fahrstuhls infolge Zerreißens des ihn tragenden Seils (RG WarnR 1914 Nr 334; ähnl OLG Frankfurt 16. 4. 2008 – 17 U 270/05), Bruch des eine Luke verschließenden Deckels (RG JW 1904, 486), Loslösung einer in Laufschienen geführten Tür (RG Recht 1911 Nr 1746), Herabfallen einer Starkstromleitung (RG HRR 1925 Nr 1633), Zersplitterung einer Glasscheibe (OLG Hamburg OLGE 5, 249; vgl aber OLG Düsseldorf VersR 1982, 1201), hingegen nicht bei einem durch eine fehlerhaft verlegte Elektroleitung verursachten Stromschlag (OLG Koblenz 2. 4. 2014 – 5 U 311/12, juris Rn 34).

V. Sonstige Fälle

Daneben kann nach der oben (Rn 6 ff) befürworteten Auslegung des Tatbestands die Gebäudehaftung bei Schädigungen eingreifen, die aus Stabilitätsmängeln resultieren, aber nicht durch den Einsturz des Gebäudes oder die Ablösung von Teilen verursacht worden sind. Haben Mängel der mechanischen Festigkeit und Standsicherheit (Stabilitätsmängel) andere als diese Schadensereignisse zur Folge (zB um- oder abstürzender Tank, Bruch der Versorgungsleitungen durch Absenkung eines Gebäudeteils, Risse im Fußboden), ist der Tatbestand von § 836 Abs 1 BGB erfüllt (anders die hM, weil nicht durch die kinetische Energie verursacht, zB RGZ 172, 156 [Feuer nach Gasrohrbruch]; BGH 14. 6. 1976 – III ZR 81/74, VersR 1976, 1084 [Leck im Öltank]; vgl zum Begriff der kinetischen Energie Rn 44). 35

§ 836 BGB ist analog anzuwenden, wenn Gebäude oder Werke entsprechend den anerkannten Regeln der Bau- und Ingenieurkunst nicht frei von *gemeingefährlichen Mängeln* errichtet und unterhalten sind, sodass erhöhte Gefahren für das Leben, den Körper oder die Gesundheit von Menschen oder für Sachen entstehen. Das ist der Fall beim Brand eines Gebäudes, wenn nicht durch den Einsturz, sondern durch das Feuer Menschen zu Schaden kommen, weil Fluchtwege fehlen, verstellt oder nicht gekennzeichnet sind. Gleiches gilt bei der Verwendung leicht entflammbarer Materialien (**aA** OLG Hamm NJW-RR 1987, 1315, 1316), bei einem nicht funktionierenden Rauchabzug oder beim Fehlen einer Brüstung zur Verhinderung des Absturzes. Bei schleichenden chemischen Ausdünstungen, etwa durch formaldehydhaltige Holzschutzmittel oder durch asbesthaltiges Dämmmaterial, fehlt es dagegen an dem eine Analogie rechtfertigenden gemeingefährlichen hohen Schadenspotential. Auch werden Mängel des Zubehörs nicht erfasst, das nicht zu der wesentlichen Gebäudesubstanz gehört, selbst wenn es gleichermaßen gemeingefährlich wirken kann, zB beim Öffnen der Tür zu einem Fahrstuhlschacht, bevor der Fahrstuhl die Etage erreicht hat. Vgl zum Ganzen Rn 12. 36

VI. Kausalität für den Einsturz oder die Ablösung

Die Ersatzpflicht nach § 836 BGB setzt voraus, dass der **Einsturz oder die Ablösung adäquat durch die fehlerhafte Errichtung oder die mangelhafte Unterhaltung des Gebäudes bzw des Werks** verursacht wurden (RGZ 52, 239; 97, 114; Soergel/Krause § 836 Rn 17). Das ist nicht der Fall, wenn die Möglichkeit eines Einsturzes oder einer Ablösung durch die in Rede stehende Ursache nach der allgemeinen Lebenserfahrung so wenig wahrscheinlich ist, dass sie vom Eigenbesitzer nicht berücksichtigt werden muss- 37 te. Darüber hinaus muss die konkrete Ursache des Einsturzes bzw der Ablösung vom Schutzzweck der Norm erfasst sein.

1. Fehlerhafte Errichtung bzw mangelhafte Unterhaltung

38 Die Fehlerhaftigkeit der Errichtung und die Mangelhaftigkeit der Unterhaltung lassen sich nicht allein nach formalen Kriterien wie der Einhaltung von Vorschriften der Landesbauordnungen oder technischer Normen beurteilen (MünchKommBGB/Wagner § 836 Rn 14). Vielmehr ist materiell danach zu fragen, ob das Gebäude in einer Art und Weise errichtet bzw unterhalten wurde, dass es den Anforderungen entsprach, die unter Berücksichtigung der voraussehbaren – nicht ganz unwahrscheinlichen – Umstände an seine Widerstandsfähigkeit und Sicherheit zu stellen waren. Fehlerfrei sind Gebäude demnach, wenn sie weder einstürzen noch sich Teile von ihnen ablösen und die Gebäude daher nicht Rechtsgüter Dritter gefährden (RGZ 76, 260; BGH 8. 2. 1972 – VI ZR 155/70, BGHZ 58, 149, 155; BGH 30. 5. 1961 – VI ZR 310/56, LM Nr 12 = NJW 1961, 1670, 1671 f; BGB-RGRK/Kreft § 836 Rn 22).

2. Adäquate Verursachung durch die haftungsbegründenden Tatumstände

39 Für den Einsturz bzw die Ablösung ist es grundsätzlich ohne Bedeutung, wie die Trennung oder Lockerung der Verbindung eintritt, ob also beispielsweise eine Wasserleitung ohne äußere Einwirkung – etwa durch Durchrostung – von selbst undicht wird (RGZ 133, 1, 6; BGHZ 55, 229, 235; BGH MDR 1983, 1000) oder ob die Trennung etc auf eine äußere Einwirkung zurückzuführen ist. Solche äußeren Einwirkungen können vor allem in einem Verhalten des Eigenbesitzers bzw einer dritten Person oder in klimatischen Faktoren wie Stürmen, Überflutungen uä liegen. So kann etwa ein Rotorblatt einer Windkraftanlage dadurch abbrechen, dass es aufgrund drehender Winde und Schwingungen infolge von Materialermüdung, Konstruktionsmängeln oder Materialfehlern den witterungsbedingten Kräftewirkungen nicht mehr standhalten kann. Bei einer (Mit-)Verursachung durch menschliches Zutun kommt es nicht darauf an, ob schuldhaftes oder schuldloses Verhalten oder das Tun eines Schuldunfähigen vorliegt. Häufig wird ein menschliches – mitunter sogar fahrlässiges (BGH VersR 1960, 426, 427; OLG Celle 13. 10. 1999 – 9 U 308/98, OLGR 2000, 140, 141) – Verhalten mitursächlich für ein von § 836 BGB erfasstes Geschehen sein, etwa beim Haltsuchen des Verletzten an der provisorischen Absicherung einer noch nicht fertiggestellten Loggia, was den Bruch der Absicherung mit der Folge eines Sturzes des Verletzten bewirkt (BGH 11. 12. 1984 – VI ZR 218/83, NJW 1985, 1076; vgl weiter OLG Naumburg SeuffA 57 Nr 62 [Einsturz eines Pfeilers infolge Anfahrens mit einem Erntewagen]; RG JW 1908 Nr 1561 [Festhalten eines Kindes an einem ungenügend befestigten Pfeilerkopf]; RG JW 1913, 869 [Herausziehen eines der Befestigung dienenden Nagels durch ein spielendes Kind]; RG WarnR 1913 Nr 365; OLG Hamm VersR 1972, 1173 [Anlehnung an eine ungenügend befestigte Säule, Stützen auf ein den Druck nicht aushaltendes Gesims]; OLG Koblenz 29. 8. 2002 – 5 U 1459/01, OLGR 2002, 468 [Abstützen eines Handwerkers an einer unzureichend befestigten Diagonalverstrebung des Baugerüsts]; LG Gera 26. 7. 2001 – 4 O 1292/01, NJW-RR 2002, 961 [Anlehnen an einen Zaun beim Urinieren]; OLG Saarbrücken NJW-RR 2006, 1255 [Festhalten an einem Geländer auf einem Garagenflachdach]; OLG Stuttgart NJW-RR 2010, 451, 452 [Anlehnen an einen nicht ordnungsgemäß befestigten Geländerholm auf einem Baugerüst]). Zur Anwendung von § 836 BGB genügt es in derartigen Fällen, wenn die fehlerhafte Errichtung oder mangelhafte Unterhaltung die wesentliche adäquate Ursache der Ablösung ist (RG HRR 1929 Nr 1313; BGH

VersR 1960, 426, 427; OLG Celle 13. 10. 1999 – 9 U 308/98, OLGR 2000, 140, 141; OLG Koblenz NVwZ-RR 2004, 322, 323), wenn also als Folge der fehlerhaften Errichtung oder der mangelhaften Unterhaltung eine Lage bestand, bei der das Hinzutreten eines besonderen auslösenden Umstands wie etwa eines menschlichen Verhaltens die Ablösung bewirken konnte (RG WarnR 1919 Nr 169; BGH 11. 12. 1984 – VI ZR 218/83, NJW 1985, 1076 mwNw; Soergel/Krause § 836 Rn 20). Die fehlerhafte Errichtung oder mangelhafte Unterhaltung muss also einerseits die wesentliche, braucht aber andererseits nicht die alleinige Ursache des Einsturzes (der Ablösung) zu sein (BGH 8. 2. 1972 – VI ZR 155/70, BGHZ 58, 149, 153; BGH 16. 6. 1952 – III ZR 142/50, LM Nr 4 = BeckRS 1952, 31386206; BGH 7. 10. 1975 – VI ZR 103/74, VersR 1976, 66; BGH 23. 3. 1993 – VI ZR 176/92, NJW 1993, 1782; OLG Stuttgart 23. 11. 2016 – 4 U 97/16, NJW-RR 2017, 793 Rn 41; Diehl ZfS 2011, 258). Die Freiheit von Fehlern bei der Errichtung und von Mängeln bei der Unterhaltung setzt also auch voraus, dass Gebäude oder Werk auch bei einer nach Lage der Dinge voraussehbaren – wenn auch seltenen (AG Dachau NJW-RR 2009, 678, 679) – Einwirkung menschlicher oder klimatischer Art hinreichende Widerstandsfähigkeit gegen Einsturz oder Ablösung von Teilen bieten (RG WarnR 1913 Nr 965; BGH 8. 2. 1972 – VI ZR 155/70, BGHZ 58, 149, 155; BGH 30. 5. 1961 – VI ZR 310/56, LM Nr 12 = NJW 1961, 1670, 1671 f; OLG Stuttgart NJW-RR 2010, 451, 452; LG Köln 28. 5. 2018 – 14 O 62/11, juris Rn 83). Lässt sich nicht klären, ob Einsturz bzw Ablösung die Folge fehlerhafter Errichtung oder aber mangelhafter Unterhaltung sind, so ist insoweit eine Wahlfeststellung zulässig, solange dem Eigenbesitzer dadurch nicht die Möglichkeit des Entlastungsbeweises abgeschnitten wird (BGH VersR 1962, 1105, 1106; BGH 23. 3. 1993 – VI ZR 176/92, NJW 1993, 1782; OLG Köln NJW-RR 1992, 858; BGB-RGRK/Kreft § 836 Rn 23).

Nach den oben genannten Grundsätzen scheidet eine Haftung nach § 836 BGB aus, 40
wenn Einsturz oder Ablösung von Teilen ausschließlich auf einer außergewöhnlichen (Natur-)Katastrophe beruhen, mit der nach Lage der Dinge nicht gerechnet werden musste (BGH 8. 2. 1972 – VI ZR 155/70, BGHZ 58, 149, 153; BGH VersR 1960, 428; BGH 23. 3. 1993 – VI ZR 176/92, NJW 1993, 1782; BGH 27. 4. 1999 – VI ZR 174/98, NJW 1999, 2593, 2594; OLG Stuttgart 23. 11. 2016 – 4 U 97/16, NJW-RR 2017, 793 Rn 43 f mwNw; s auch Rn 109). Daher kommt es im Einzelfall darauf an, ob die den Schaden (mit)verursachende Wetterlage bei Errichtung und Unterhalt des Gebäudes noch zu berücksichtigen war oder nicht (zB muss ein Leuchtfeuer in einer Art und Weise errichtet werden, dass es auch stärksten Stürmen trotzt). Diese Frage kann nur für den Einzelfall unter Berücksichtigung der lokalen Gegebenheiten und etwaiger klimatischer Besonderheiten beantwortet werden, ggf unter Berücksichtigung eines Sachverständigengutachtens (OLG Köln NJW-RR 1992, 858; OLG Hamm 8. 1. 1993 – 7 U 106/92, OLGR 1993, 65; OLG Düsseldorf NJW-RR 1992, 1440, 1441). Auch fehlt an dem erforderlichen Kausalzusammenhang zwischen der fehlerhaften Errichtung eines Gerüstes und dessen Einsturz, wenn selbst ein ordnungsgemäß errichtetes Gerüst der zum Einsturz führenden Dachlawine nicht standgehalten hätte (OLG Düsseldorf 19. 6. 2013 – I-18 U 1/13, juris Rn 11 f). Ebenso ist § 836 BGB auch nicht anwendbar, wenn Einsturz oder Ablösung die Folge eines vorsätzlichen menschlichen Verhaltens ist, gegen das Vorkehrungen zu treffen dem Eigenbesitzer nicht möglich oder aber nicht zumutbar ist (OLG Stuttgart VersR 1964, 1275; LG Hamburg VersR 1974, 915; OLG Hamm VersR 1978, 331; instruktiv BGH 3. 2. 1987 – VI ZR 189/86, VersR 1987, 1096 [Auf einem Grundstück wird von Unbekannten ein Brand gelegt, bezüglich dessen eine Verletzung der Verkehrssicherungspflicht des Grundstückseigentümers ausscheidet. Beim Übergreifen des Brands auf das Nachbargrundstück wird das dort stehende Haus beschädigt.] und LG Essen ZfS 1988, 345 [Ein Garagendach bricht durch das Aufspringen

eines Dritten ein, wodurch ein vom Mieter in die Garage eingestelltes Kfz beschädigt wird]). Beispielhaft dafür seien außerdem die Anschläge vom 11. 9. 2001 genannt, bei denen Terroristen bewusst und gewollt Verkehrsflugzeuge in Gebäuden zum Absturz brachten, wodurch nicht nur – umstehende – Sachwerte zerstört wurden, sondern auch tausende Menschen starben.

3. Schutzbereich der Norm

41 Der Schutzbereich von § 836 BGB ist nicht berührt und eine Haftung des Eigenbesitzers daher ausgeschlossen, wenn ein Abbruchunternehmer oder seine Arbeitnehmer beim Einsturz des Gebäudes oder bei der durch die Abbrucharbeiten verursachten Ablösung von Teilen einen Schaden erleiden (BGH 26. 9. 1978 – VI ZR 150/77, LM Nr 16 = NJW 1979, 309; OLG Karlsruhe VersR 1989, 82; OLG Rostock 15. 9. 2003 – 3 U 58/03, NJW-RR 2004, 825; s auch Rn 59). Durch seine Tätigkeit schafft der Abbruchunternehmer neue, von dem Eigenbesitzer nicht mehr uneingeschränkt beherrschbare, vom Gebäude ausgehende Gefahren. Die dadurch eintretende Neuverteilung der Risikobereiche entspricht nicht mehr dem § 836 BGB zugrundeliegenden Gedanken, wonach der Eigenbesitzer für den seiner Kontrolle unterliegenden Gefahrenbereich haften soll (BGH 26. 9. 1978 – VI ZR 150/77, LM Nr 16 = NJW 1979, 309). So verhält es sich auch, wenn ein Arbeitnehmer der Rüstbaufirma unmittelbar durch Arbeiten an einem Baugerüst verletzt wird (OLG Rostock 27. 3. 2003 – 1 U 118/01, OLGR 2003, 372). Als Grund für das Versagen der Haftung nach § 836 BGB zulasten des Abbruchunternehmers gilt die Tatsache, dass ein zum Abbruch freigegebenes Gebäude nicht mehr fehlerhaft im Sinne der Norm sein kann. Der Abbruchunternehmer hat in eigener Verantwortung zu prüfen, auf welche Art und Weise das Gebäude oder Werk bei Meidung von Schäden abzutragen ist (MünchKommBGB/Wagner § 836 Rn 26). Das gilt allerdings nicht, wenn Abbrucharbeiter durch einen Einsturz oder eine Teilablösung geschädigt werden, welche nicht durch die Abbrucharbeiten verursacht wurde (BGH 26. 9. 1978 – VI ZR 150/77, LM Nr 16 = NJW 1979, 309; MünchKommBGB/Wagner § 836 Rn 26). Entstehen beim Abbruch eines Hauses also Schäden am benachbarten Grundstück, so ist der Schutzbereich von § 836 BGB betroffen. Ein Anspruch aus § 836 BGB besteht, wenn das Abbruchunternehmen nicht sorgfältig ausgewählt, instruiert oder überwacht (BGH 18. 6. 1968 – VI ZR 153/67, LM Nr 12a = VersR 1968, 972) wurde. Ein Anspruch aus § 831 BGB scheidet dagegen aus, weil der Abbruchunternehmer nicht weisungsgebunden und daher nicht Verrichtungsgehilfe ist (BGH 3. 2. 1987 – VI ZR 189/86, VersR 1987, 1096). Zum Schutzbereich von § 836 BGB bei Arbeiten an Telegrafenleitungen vgl weiter OLG Karlsruhe NJW-RR 1988, 152; zum Kreis schutzbedürftiger Dritter bei der Sanierung eines abbruchreifen Schornsteins durch eine sachkundige Fachfirma vgl OLG Jena VersR 1998, 903, 904.

VII. Kausalität für die Rechtsgutverletzung

1. Adäquanz der Verursachung

42 Der Einsturz des Gebäudes oder die Ablösung von Gebäudeteilen muss die **Verletzung von Leben, Körper, Gesundheit oder Eigentum** des Geschädigten adäquat kausal verursacht haben. Nach allgemeinen Kausalitätsgrundsätzen muss die Rechtsgutverletzung weder allein noch unmittelbar durch den Einsturz oder die Teilablösung verursacht sein. Es reicht aus, dass der Einsturz oder die Ablösung **eine adäquate Bedin-**

gung für die Rechtsgutverletzung gewesen ist, wenn auch im Zusammenhang **mit anderen Umständen**. ZB ist die fehlerhafte Aufstellung eines Krans durch die Unterlassung einer Schienenfahrbegrenzung adäquate Bedingung für die Rechtsgutverletzung, wenn der Kran von den Schienen herunterfährt und umstürzt (OLG Bamberg r+s 1989, 357). Die Adäquanz kann auch gegeben sein, wenn der Einsturz oder die Ablösung von Teilen den Schaden nur **mittelbar** verursacht hat (RGZ 52, 239; JW 1913, 869; RG WarnR 1913 Nr 417; BGH HRR 1930 Nr 1104; BGH VersR 1960, 426, 427; BGH VersR 1973, 43; BGH 30. 5. 1961 – VI ZR 310/56, NJW 1961, 1670, 1671 f; BGH 8. 2. 1972 – VI ZR 155/70, BGHZ 58, 149, 153 ff). Das ist zB der Fall, wenn durch den Einsturz oder die Ablösung *andere Massen* in Bewegung versetzt werden und den Schaden verursachen (BGH 21. 1. 1988 – III ZR 66/86, LM Nr 22 = NJW-RR 1988, 853 [Einbruch einer Brücke mit Passanten]; BGH 17. 3. 1983 – III ZR 116/81, VersR 1983, 588; RGZ 97, 114 [Bruch eines Staudamms]; JW 1905, 370; RG WarnR 1913 Nr 417 [Sturz durch einen abgelösten Bodenbelag]; HRR 1930 Nr 1104 [Deichbruch, bei dem erst das stehende Wasser auf Feldern Schaden stiftet]). Ein Beispiel ist der Rohrbruch und die Entstehung des Schadens erst durch das austretende Wasser (BGH 19. 4. 1985 – V ZR 33/84, VersR 1985, 740; BGH 30. 5. 2003 – V ZR 37/02, BGHZ 155, 99, 105 f; s auch Rn 46).

Auch ein unmittelbarer **zeitlicher Zusammenhang** ist nicht erforderlich. Es genügt, 43
dass durch die Ablösung eines (Befestigungs-)Teils ein Gefahrzustand verursacht wurde, der erst später zum Schadensereignis führt (RG WarnR 1913 Nr 365 [Entfernung eines Befestigungsnagels, weswegen der damit zunächst gesicherte Signalmast erst geraume Zeit später umkippt]; BGB-RGRK/Kreft § 836 Rn 26). Adäquat verursacht ist auch die Verletzung eines Arbeitnehmers, der durch ein Dach oder ein Fußbodenbrett bricht, wenn sich zuvor auch nur ein Teil des Dachs oder des Bodens in seinem inneren Zusammenhang getrennt oder gelockert hat, das übrige Werk aber unversehrt geblieben ist (OLG Celle BauR 1992, 251).

Neuerdings soll es für § 836 BGB genügen, **dass** sich Dachteile gelöst haben, unabhängig davon, ob diese infolge des Sturms unmittelbar auf die dadurch beschädigten Fahrzeuge gefallen sind oder ob sie sich zunächst nur gelöst haben und dann aus Sicherheitsgründen von der herbeigerufenen Feuerwehr in die Garagen hinunter gedrückt wurden und dadurch auf die Fahrzeuge gerieten (OLG Hamm MDR 2010, 1386).

2. Schutzzweck der Norm

a) Erfordernis der bewegend wirkenden Kraft in der Rechtsprechung

Vielfach wird versucht, den Tatbestand von § 836 BGB zu begrenzen, vermutlich 44
weil häufig zu hohe Anforderungen an den Exculpationsbeweis gestellt werden. Um die haftungsbegründenden Ursachenabläufe einzuengen, wird verlangt, dass sich die Verletzung im Verlauf des Einsturzes oder der Ablösung von Teilen ereignet hat oder dass sie durch die *bewegend wirkende Kraft (kinetische Energie)* des Einsturzes oder der Ablösung herbeigeführt wurde (vgl zB OLG Koblenz NJW-RR 2010, 900, 901; OLG Koblenz VersR 2012, 374, 375). Die hM rechtfertigt dieses Erfordernis mit dem Sinn und Zweck der Vorschrift (RG Recht 1910 Nr 3921; RGZ 172, 161; BGH 30. 5. 1961 – VI ZR 310/56, LM Nr 12 = NJW 1961, 1670, 1671; BGH 14. 6. 1976 – III ZR 81/74, VersR 1976, 1084, 1085; BGH 5. 4. 1990 – III ZR 4/89, NJW-RR 1990, 1500, 1501; OLG Koblenz NJW-RR 2010, 900, 901; LG Flensburg 15. 3. 2011 – 1 S 90/10, NJW-RR 2011, 1474, 1475; BGB-RGRK/Kreft § 836 Rn 27; Staudinger/Schäfer[12] § 836 Rn 49; Grüneberg/Retzlaff § 836 Rn 10; Jauernig/Kern § 836

Rn 6; Wussow/Rüge/Fahl Kap 2 Rn 820 f; **aA** noch Wussow/Terbille [15. Aufl 2002] Kap 12 Rn 9). Die Norm nehme eine Sonderstellung nur für die *typischen Gefahren* ein, die sich aus der fehlerhaften Errichtung oder mangelhaften Unterhaltung von Gebäuden und anderen mit einem Grundstück verbundenen Werken ergeben (Staudinger/Schäfer[12] § 836 Rn 49). Verfehlungen, die im Wesentlichen erst durch die Vernachlässigung etwa der auf den Verkehr und seine Sicherheit zu nehmenden Rücksichten Schaden gestiftet haben, sollen von § 836 BGB nicht erfasst werden (BGH 30. 5. 1961 – VI ZR 310/56, LM Nr 12 = NJW 1961, 1670, 1671). Nach zutreffender **aA** fehlt dagegen dem Erfordernis der bewegend wirkenden Kraft die innere Rechtfertigung zur Bestimmung der typischen Einsturz- und Ablösungsgefahr (MünchKommBGB/Wagner § 836 Rn 18; Erman/Wilhelmi § 836 Rn 7; Soergel/Krause § 836 Rn 21; Dauner-Lieb/Langen/Katzenmeier Rn 17; Harke Rn 567; Hk-BGB/Staudinger § 836 Rn 9; PWW/Schaub § 836 Rn 7). Beleg ist einmal die Widersprüchlichkeit der dazu ergangenen Entscheidungen (Soergel/Krause § 836 Rn 21; BeckOK-BGB/Förster [1. 2. 2026] § 836 Rn 16). Auch ist in Ansehung der Beweissituation, vor welcher § 836 BGB bewahren soll, kein Unterschied zu erkennen, ob ein Kraftfahrer auf ein bereits auf der Straße liegendes abgelöstes Bauteil auffährt oder dieses Bauteil unmittelbar auf das vorbeifahrende Auto herabfällt (MünchKommBGB/Wagner § 836 Rn 18; **aA** OLG Koblenz NJW-RR 2010, 900, 901 mwNw: Glatteisbildung durch aus defekter Regenrinne laufendes Regenwasser).

aa) Adäquat verursachte Schäden

45 Die Rspr hat die Haftung nach § 836 BGB bejaht, sowohl wenn durch die Ablösung der Unterlagen eines Bodenbelags die abstürzenden Teile jemanden verletzen, als auch wenn jemand durch die entstehende Lücke stürzt und sich beim Aufprall auf den darunter liegenden Boden verletzt (RGZ 52, 236; RG WarnR 1913 Nr 417); ebenso wenn ein Glasreiniger durch die angerostete Platte des von ihm betretenen Wellblechdachs stürzt (BGH VersR 1960, 426), ein Gerüstbenutzer durch ein zur Gerüsterstellung verwendetes Brett bricht (BGH 4. 3. 1997 – VI ZR 51/96, LM Nr 25 = NJW 1997, 1853), bei einem Sturz durch eine zugängliche Zwischendecke in Form nicht durchtrittsicherer Styroporplatten (OLG Schleswig 19. 5. 2022 – 11 U 108/21, juris Rn 15), wenn jemand an einer provisorischen Brüstung einer Loggia Halt sucht und abstürzt, weil die Bretter nachgeben (BGH 11. 12. 1984 – VI ZR 218/83, NJW 1985, 1076). Die Rechtsgutverletzung muss also nicht notwendig durch die schadhaften Gebäudeteile verursacht werden, sondern kann auch durch den Sturz ausgelöst werden. Um dem Erfordernis der bewegend wirkenden Kraft zu genügen, wurde mitunter folgende Begründung konstruiert: Sofern ein Werk dazu bestimmt sei, als Schutz gegen die Fortbewegung eines anderen Körpers zu dienen, sei es unerheblich, ob der Einsturz oder die Teilablösung positiv den anderen Körper fortbewegt oder ob negativ das Werk seine Schutzbestimmung nicht mehr erfülle und die Fortbewegung des anderen Körpers bedinge. Bemerkenswert ist, dass der BGH (BGH 11. 12. 1984 – VI ZR 218/83, NJW 1985, 1076 – Loggia; BGH 4. 3. 1997 – VI ZR 51/96, LM Nr 25 = NJW 1997, 1853 – Baugerüst; vgl aber auch die Anm von Kullmann LM Nr 25 zu diesem Urteil, der zumindest eine „irgendwie" geartete Bewegung für erforderlich hält) neuerdings das Erfordernis der bewegend wirkenden Kraft (kinetische Energie) des Einsturzes oder der Ablösung unerwähnt lässt.

46 In den Fällen der **mittelbaren Verursachung** wurde die Ursächlichkeit angenommen, wenn zB freigesetztes ausströmendes Wasser Schäden verursachte, indem ein verankertes Schiff infolge der Teilablösung eines Flussstauwehrs losgerissen und beschädigt wurde (BGH 12. 10. 1978 – II ZR 185/76, LM Nr 17 = MDR 1979, 206), oder bei dem

Bruch eines Staudamms für Fischteiche (RGZ 97, 112). Nicht nur das in Bewegung gesetzte Wasser soll ursächlich für die Schäden iSv § 836 BGB sein, sondern auch dessen längeres Stehenbleiben auf den Feldern, das die Bodenbeschaffenheit verschlechterte (RG HRR 1930 Nr 1104). Wasserschäden an einem Grundstück durch Bruch einer Wasserleitung (BGHZ 55, 229, 235; BGH 30. 5. 2003 – V ZR 37/02, BGHZ 155, 99, 105 f; RGZ 133, 1, 6; vgl dazu BGH 14. 6. 1976 – III ZR 81/74, VersR 1976, 1084 f) oder an einer Wohnung durch den Bruch eines Wasserrohrs in der darüber liegenden Wohnung gelten auch als adäquat kausal verursacht (BGH 18. 12. 2020 – V ZR 193/19, NJW-RR 2021, 610 Rn 17).

bb) Nicht adäquat kausal verursachte Schäden

In Fällen, in denen die bewegend wirkende Kraft einem herabgefallenen Gegen- 47
stand nicht mehr innewohnt, wird dagegen regelmäßig die Adäquanz verneint. Löst sich ein Gebäudeteil, das sodann als Hindernis auf der Straße längere Zeit liegen bleibt und stürzt ein Fußgänger später darüber, seien seine Verletzungen nicht mehr iSv § 836 BGB verursacht (RG Recht 1910 Nr 3921; vgl dazu BGH 30. 5. 1961 – VI ZR 310/56, LM Nr 12 = NJW 1961, 1670; BGH 5. 4. 1990 – III ZR 4/89, NJW-RR 1990, 1500; OLG Koblenz NJW-RR 2010, 900, 901). Ebenso sei zu urteilen, wenn ein Draht (als Teil eines Bauwerks durchaus von § 836 BGB erfasst) auf die Straße fällt und nach einiger Zeit ein Unfall durch das Überfahren des Drahts verursacht wird (LG Konstanz MDR 1958, 691). Von der Rspr wird die Adäquanz ferner abgelehnt, wenn das aus einem abgelösten Regenrohr fließende Wasser von der Straße her in einen Keller eindringt und dort Gegenstände durchfeuchtet (RG Prax VersR 1930, 7), wenn wegen eines defekten Regenabfallrohrs Regenwasser direkt auf den Gehsteig läuft, sich Glatteis bildet und ein Passant deshalb stürzt (OLG Koblenz NJW-RR 2010, 900, 901) oder wenn die Trümmer einer eingestürzten Brücke Schlamm anstauen und Überschwemmungen verursachen (BGH 30. 5. 1961 – VI ZR 310/56, LM Nr 12 = NJW 1961, 1670; vgl dazu auch Rn 25). Wird durch die Ablösung eines Verschlusses zum Kanalisationssystem ein Kanalschacht offengelegt und jemand beim Hineinfahren verletzt, gilt das Gleiche (OLG Stuttgart VersR 1964, 1275).

Sofern ein gebrochenes Abwasserrohr sich mit Schutt füllt, der Wasser aufstaut und aus einer Schiebenaht austreten lässt, wobei es Schäden verursacht, ist nach der Rspr der Schutzbereich von § 836 BGB auch verlassen (BGH 17. 3. 1983 – III ZR 116/81, VersR 1983, 588). Gleiches gilt, wenn aus dem Riss eines Öltanks der versickernde Kraftstoff durch seine chemische Wirkung das Grundwasser beeinträchtigt und nicht durch seine bewegend wirkende Kraft (BGH 14. 6. 1976 – III ZR 81/74, VersR 1976, 1084, 1085). Wird ferner bei dem Einsturz oder der Teilablösung eines Gebäudes ein Gasrohr oder ein Stromkabel geöffnet und dadurch ein Mensch verletzt, ist nach der Rspr die Adäquanz zu verneinen, weil es an einer kinetischen Energieeinwirkung fehlt.

Allerdings ist die Rspr nicht frei von Widersprüchen. Reißt ein Hochspannungsdraht 48
und fällt er zu Boden, sodass sich später ein Mensch durch die Berührung des Drahts verletzt, weil die Leitung noch unter Strom steht, ist zwar die bewegend wirkende Kraft mit dem Reißen des Drahts abgeschlossen; das hinderte aber ebensowenig die Haftung aus § 836 BGB (RGZ 147, 353, 356 und RG JW 1938, 1254; wegen der Inkonsequenz kritisch: BGB-RGRK/Kreft § 836 Rn 27 und Staudinger/Schäfer[12] § 836 Rn 50) wie der Umstand, dass einströmendes Wasser ein Grundstück gem § 836 BGB beschädigt, obwohl der ursächliche Dammbruch bereits stattgefunden hatte (RGZ 172, 156).

b) Stellungnahme

49 Vom Ansatz her ist es einerseits richtig, § 836 BGB nur für die *typischen Gebäudegefahren* und nicht für sämtliche Umweltgefahren eines Grundstücks eingreifen zu lassen. Gefahren, die durch sonstige Verfehlungen (Verletzung allgemeiner Verkehrssicherungspflichten) entstehen, sind § 823 Abs 1 BGB zuzuordnen (BGH 30. 5. 1961 – VI ZR 310/56, LM Nr 12 = NJW 1961, 1670, 1671). Um typische Gebäudegefahren handelt es sich nur, wenn sie aus der Verletzung der spezifischen *Gebäudesicherungspflicht* und nicht aus einer *sonstigen Verkehrssicherungspflicht* resultieren, der in gleicher Weise Nichtgebäudebesitzer unterliegen. Die Gebäudesicherungspflicht wird verletzt, wenn Gebäude (oder Werke) nicht entsprechend den anerkannten Regeln der Bau- und Ingenieurkunst so errichtet und unterhalten werden, dass sie frei von *gemeingefährlichen Mängeln* sind, und dadurch erhöhte Gefahren für das Leben, den Körper oder die Gesundheit von Menschen oder für Sachen entstehen. Mehr als zweifelhaft ist dagegen die Annahme, dass *typische Gebäudegefahren* nur durch die bewegend wirkenden Kräfte des Einsturzes oder der Ablösung entstünden. Zwar ist das Merkmal der bewegend wirkenden Kraft geeignet, eine typische Gefahr durch ein Gebäude zu beschreiben. Die bewegend wirkende Kraft ist jedoch keineswegs die einzige Gebäudegefahr, welche der Tatbestand von § 836 BGB in direkter oder analoger Anwendung erfasst. Es gibt weitere Gefahren, die von der Bewegung unabhängig sind oder nach Beendigung der Bewegung noch fortwirken. Es lässt sich kaum leugnen, dass Gebäudegefahren zum einen auch im Stillstand bestehen (fehlende Brüstung, mangelhafte Brandsicherung, gefährliche Elektroinstallation), zum anderen nicht nur durch Kräfte, sondern auch durch die (chemische) Beschaffenheit vom Gebäude trennbarer Stoffe (Kontamination durch Asbest, leichte Entflammbarkeit von Dämmmaterial) entstehen können. Die auf die RG-Rspr zurückgehende Tatbestandsverengung ist begrifflich und sollte von der modernen Rspr aufgegeben werden; in diese Richtung deuten BGH 11. 12. 1984 – VI ZR 218/83, NJW 1985, 1076 (Loggia) und BGH 4. 3. 1997 – VI ZR 51/96, LM Nr 25 = NJW 1997, 1853 (Baugerüst). Anders als bei der Gefährdungshaftung nach § 2 HaftPflG, bei welcher dem Zurechnungszusammenhang mangels der Erfordernisse der Rechtswidrigkeit und des Verschuldens die besondere Bedeutung zukommt, die Haftung einzugrenzen, kann das Haftungsmaß von § 836 BGB besser durch die Anforderungen an die Sorgfaltspflichten sowie den Exculpationsbeweis bestimmt werden.

50 *Zur Verdeutlichung*: Ein porös gewordener Treibstofftank schädigt nicht durch die kinetische Energie des austretenden Inhalts, sondern durch dessen chemische Eigenschaften (dazu BGH 14. 6. 1976 – III ZR 81/74, VersR 1976, 1084, 1085; BGH 4. 4. 2006 – VI ZR 151/05, NJW-RR 2006, 1098, 1100). Ein morsches oder fehlendes Geländer stellt eine typische Gebäudegefahr dar, obwohl die Rechtsgutverletzung dadurch verursacht wird, dass es den Sturz des Passanten zulässt und nicht selbst Bewegungsenergie auf ihn ausübt. Eine typische Gefahr durch ein mangelhaftes Gebäude realisiert sich auch, wenn ein Dachziegel nicht im Flug einen Passanten oder ein Fahrzeug trifft, sondern auf die Straße unmittelbar vor ein Auto fällt und dieses nicht mehr über einen hinreichenden Bremsweg verfügt, um einer schadensstiftenden Kollision zu entgehen. Zwar ist der Ziegel in einem Ruhezustand, seine kinetische Energie ist erschöpft; doch ändert das nichts daran, dass er soeben vom fehlerhaften Dach eines Hauses gefallen ist und einen Unfall verursacht hat. Entsprechendes gilt, wenn ein sich von seiner Halterung ablösendes Schild nicht vertikal nach unten fällt, sondern wegen Sturms nahezu horizontal wegfliegt und auf ein vorbeifahrendes Fahrzeug trifft (Pe-

TERSHAGEN NZV 2011, 528, 529; offen gelassen OLG Koblenz NVwZ-RR 2004, 322, 323). Hier kann sich eine gemeingefährliche Gefahr iSd § 836 BGB realisiert haben, die keine sog *Normalgefahr* (STAUDINGER/SCHÄFER[12] § 836 Rn 49) ist. Einen ähnlichen Fall hatte der BGH (BGH 5. 4. 1990 – III ZR 4/89, NJW-RR 1990, 1500) zu entscheiden. Ein mangelhaft befestigtes Regenfallrohr war von einer Autobahnbrücke auf die Fahrbahn gefallen. Unklar blieb der Umstand, wie lange es schon dort gelegen hatte, als der Kläger mit 160 km/h darüberfuhr. Das Ergebnis der Beweisaufnahme ergab, dass das Rohr so kurz vor das herannahende Fahrzeug fiel, dass dieses praktisch in das herabstürzende Hindernis hineinfuhr. Das Gericht ließ es als bewegend wirkende Kraft gelten, obwohl das Rohr mit hoher Wahrscheinlichkeit bereits die Fahrbahn erreicht hatte. Hätte es dort nur einige Sekunden länger gelegen und hätte der Fahrer bei angepasster Geschwindigkeit ausweichen können, wäre ihm nicht der Vorteil der Beweislastumkehr nach § 836 BGB zugutegekommen. Er hätte zur Haftungsbegründung wegen Verletzung der allgemeinen Verkehrssicherungspflicht die volle Beweislast getragen. Der Fall zeigt, dass über die Einschränkung der Schadenverursachung durch die kinetische Energie die rechtliche Situation vom Zufall abhängt. Es gibt keine innere Rechtfertigung dafür, einen Unterschied zu machen, ob das Rohr von der Brücke auf den passierenden Wagen fällt oder bereits auf der Straße liegend den Fahrer so überrascht, dass er weder bremsen noch ausweichen kann (vgl auch MünchKommBGB/WAGNER § 836 Rn 18 sowie Rn 44 aE).

Die Einschränkung auf die *kinetische Energie* eines Gebäudes als typische Gebäude- **51**
gefahr führt zu *Widersprüchen* in der Fallpraxis der Rspr und zu gekünstelten Begründungen. Einerseits wird die Adäquanz auch bei mittelbaren und zeitlich auseinanderfallenden Bedingungen des Einsturzes und der Teilablösung angenommen, andererseits werden alle Gefahren, denen nicht mehr die bewegend wirkende Kraft innewohnt, als *Normalgefahren* (STAUDINGER/SCHÄFER[12] § 836 Rn 49) dargestellt. Die Widersprüche dieser Rspr zeigen sich auch in den Fällen mittelbarer Auswirkungen der kinetischen Energie. Es genügte den Anforderungen der Rspr für die Haftung nach § 836 BGB, dass die durch einen brechenden Damm in Bewegung gesetzten Wassermassen erst durch das *Stehenbleiben* Schäden auf den Feldern verursachten genauso wie das *Durchbrechen* durch ein schadhaftes Dach bzw ein Gerüstbrett und den dadurch dem Verletzten entstandenen Sturzverletzungen. In beiden Fällen hat sich die einem Bauwerk innewohnende kinetische Energie nur *technisch mittelbar* bzgl der einwirkenden Energie der Wassermassen, wie auch nur *zeitlich mittelbar* durch den Einbruch eines schon längere Zeit schadhaften Dachs verwirklicht. Zwar haben sich die Problemfälle der mittelbaren Einwirkungen durch § 2 HaftPflG (vorausgehend § 1a ReichshaftPflG) oder § 89 WHG insofern erledigt, als eine Gefährdungshaftung für Schäden durch Rohr- und Leitungsbrüche eines Gebäudes geschaffen wurde. Diese umfasst Schäden, die durch Gasexplosionen nach einem Rohrbruch entstehen, Stromschläge oder Wasserschäden durch beschädigte Leitungen oder eine Ölverseuchung durch einen undichten Tank, deren Subsumierung unter § 836 BGB stets unklar und widersprüchlich gewesen ist. Doch bleiben alle übrigen Fälle der mittelbaren Schadenverursachung offen und bewirken rechtlich bedenkliche Konstruktionen. Wenn in dem als Beispiel genannten Durchbruch durch eine Decke das Erfordernis der kinetischen Energie bejaht wird, weil es ohne Bedeutung sei, ob der Schaden positiv durch die Bewegung eines Gebäudeteils oder negativ durch die *Fortbewegung des menschlichen Körpers* verursacht werde, werden Ursache und Wirkung der Haftung vertauscht und der stürzende Körper einem fallenden Gebäudeteil

gleichgesetzt. Ein in Bewegung gesetzter menschlicher Körper verletzt sich nicht an einem ruhenden Gebäudeteil durch die kinetische Energie dieses Teils, auch nicht durch die des Bodens, auf den der Körper prallt, sondern durch die eigene Fortbewegungskraft. Gleiches gilt, wenn jemand sich gegen eine ungenügend befestigte Brüstung lehnt, diese abreißt und sich die Person im Fallen verletzt.

c) Bestimmung des Schutzbereichs der Norm

52 Ob sich eine typische Gebäudegefahr in einem Schaden verwirklicht hat oder ob dieser aus der Verletzung einer sonstigen Verkehrssicherungspflicht resultiert, ist vor allem nach dem Schutzbereich von § 836 BGB zu bestimmen. Während es hinsichtlich der Adäquanz nur auf die abstrakte Wahrscheinlichkeit des Schadenseintritts ankommt und dadurch allgemein nicht vorhersehbare Geschehensabläufe von der Haftung ausgeschlossen werden, wird die Haftung nach der Schutzzwecklehre dadurch eingeschränkt, dass der Haftungsgrund **(der Schutzzweck der Norm)** berücksichtigt wird (zur Überschneidung der Schutzzwecklehre und der Adäquanztheorie: Lange, Schadensersatz § 3 IX 3). Der Schädiger soll nur für diejenigen Verletzungshandlungen haften, welche die in der betreffenden Norm zum Ausdruck kommende Verhaltenspflicht verhindern soll. Der Schaden muss Folge des verletzten Verhaltensgebots sein, das die Norm aufstellt. Jeder Schaden ist also darauf zu untersuchen, ob er aus dem Bereich der Gefahren stammt, zu deren Abwendung das Verhaltensgebot der Norm besteht. Es muss ein innerer Zusammenhang mit der vom Schädiger zu verantwortenden Gefahrenlage bestehen, nicht nur eine zufällige äußere Verbindung (BGHZ 27, 37; BGHZ 35, 315; BGHZ 57, 137, 142).

53 Regelmäßig wird der Schutzzweck der Norm durch Auslegung und Anwendung der einzelnen Tatbestandsmerkmale bestimmt. Der in § 836 BGB geregelten Haftung des Gebäudebesitzers liegt der allgemeine Gedanke zugrunde, dass jeder für den durch seine Sachen verursachten Schaden einzustehen hat, soweit er ihn bei billiger Rücksichtnahme hätte verhüten müssen bzw können (Rn 3; BGH 8. 2. 1972 – VI ZR 155/70, BGHZ 58, 149, 156; BGH 18. 6. 1968 – VI ZR 153/67, LM Nr 12a = VersR 1968, 972; BGH 26. 9. 1978 – VI ZR 150/77, LM Nr 16 = NJW 1979, 309; OLG Rostock 27. 3. 2003 – 1 U 118/01, OLGR 2003, 372). Wie bereits ausgeführt (Rn 1), besteht nach der Vorstellung des historischen Gesetzgebers das durch § 836 BGB sanktionierte Fehlverhalten (Verletzungshandlung), also der *Haftungsgrund*, darin, dass der Besitzer in einem von ihm eröffneten und beherrschten Bereich erhebliche, jedermann drohende, verborgene Gefahren mit hohem Schadenspotential geschaffen hat, die auf Mängeln der mechanischen Festigkeit und Standsicherheit (Stabilitätsmängel) des Gebäudes oder Werks beruhen, welche durch die Beachtung der dem Schutz von Leben, Körper oder Gesundheit von Menschen oder dem Schutz von Sachen dienenden anerkannten Regeln der Bau- und Ingenieurkunst zu vermeiden sind. Nach heutigem, durch das Entstehen neuer Baugefahren verändertem Verständnis der Norm gebietet § 836 Abs 1 BGB, Gebäude oder Werke entsprechend den anerkannten Regeln der Bau- und Ingenieurkunst so zu errichten und zu unterhalten, dass sie frei von *gemeingefährlichen Substanzmängeln* sind, um ein erhöhtes Gefährdungspotential bei der bestimmungsgemäßen Nutzung des Bauwerks für die in § 836 Abs 1 BGB genannten Schutzgüter zu vermeiden.

54 Auch die innere Rechtfertigung für die Beweislastumkehr bietet gewisse Anhaltspunkte für die Abgrenzung typischer Gebäudegefahren von sonstigen Gefahren, de-

ren Verwirklichung jeder Verursacher vorzubeugen hat, nicht nur der Gebäudebesitzer. Die Beweislastumkehr nach § 836 BGB ist dadurch zu erklären, dass der schadenverursachende Mangel und die dadurch ausgelöste Gefahr aus einer gegenüber Dritten abgeschirmten, dem Besitzer vorbehaltenen, aber von ihm eröffneten, nur vom ihm überschaubaren und nur von ihm beherrschbaren *Sphäre seines Gebäudes* (LARENZ/CANARIS, Schuldrecht II/2 § 79 VI 1 a) stammt *(Beweisnähe)*. Dem Verletzten ist die Art und Weise der Errichtung des Gebäudes unbekannt; er kann nicht wissen, welche Maßnahmen der Besitzer zur Instandhaltung des Gebäudes ergriffen hat *(Beweisnot)*. Die wesentliche Zweckbestimmung von § 836 BGB liegt darin, dass der Gebäudebesitzer die *Aufklärungslast* für solche Umstände tragen soll, die nur er beherrschen und weitaus besser erkennen kann als der Verletzte; diesem sind allenfalls Rückschlüsse möglich. Dem *Gebäudebesitzer* ist das *Risiko der Unaufklärbarkeit* für Umstände aus der Gebäudesphäre zugewiesen (BGHZ 51, 91, 106). Die Gebäudesphäre und damit der Schutzbereich von § 836 BGB endet demnach dort, wo bei generalisierender Betrachtung keine – aus den genannten Gründen – besondere Beweisnähe des Gebäudebesitzers und keine über das normale Maß hinausgehende Beweisnot des Verletzten mehr besteht.

Unter diesen Gesichtspunkten ist es folgerichtig, dass die Haftung nach § 836 BGB **55**
nicht schon endet, wenn der Schaden nicht unmittelbar während des Einstürzens oder der Teilablösung eintritt. Im Wege der Auslegung ist eine Haftung auch zu bejahen, wenn weder eine unmittelbare Einwirkung noch ein unmittelbarer zeitlicher Zusammenhang bestehen, wie beim Wasserschaden nach einem Dammbruch bzw beim Sturz durch eine morsche Decke, ein schadhaftes Brett oder eine gebrochene Treppenstufe (OLG Hamm 24. 9. 2012 – I-6 U 16/12, MDR 2013, 31, 32). Freilich kann mit zeitlichem Abstand des Ereignisses (auf die Straße gefallene, nicht weggeräumte Ziegel) die Verletzung der Gebäudesicherungspflicht in die Verletzung einer sonstigen Verkehrssicherungspflicht übergehen. Auf der Straße vom Gebäudebesitzer liegengelassene Ziegel besitzen dann ein ähnliches Gefährdungspotential wie unsachgemäß gelagertes oder ungesichertes unverarbeitetes Baumaterial. Folglich ist das Aufklärungsrisiko nach der allgemeinen Beweislastregel (uU Beweis des ersten Anscheins) zu verteilen.

d) Grenzen des Schutzbereichs

Der Schutzbereich von § 836 BGB erfasst nicht jede erdenkliche Gefahr, die in **56**
einem Gebäude droht und sich in einem Schaden verwirklicht: Weil nur die Mängel der *Bauwerkssubstanz* relevant sind (alle sonstigen Gefahren durch Herabfallen etc von Zubehör im Sondertatbestand des § 729 BGB wurden nicht ins BGB übernommen, s Rn 1), führen Schäden, die durch *Einrichtungen* verursacht werden, welche nicht Teile der Bauwerkssubstanz sind, nicht zur Haftung nach § 836 BGB (vgl bereits Rn 27). Das gilt für das Mobiliar ebenso wie für eingebaute technische Einrichtungen, zB einen Fahrstuhl (**aA** PETERSHAGEN 128 f, der über eine analoge Anwendung eine Haftung bejaht, weil die Gebäudegestaltung auf den Einbau eines Fahrstuhls ausgerichtet worden sei und dieser somit einen engen Bezug zum Gebäudezweck aufweise). Indem das tatbestandliche Leitbild von § 836 BGB, ausgehend vom schlimmsten Fall, dem Einsturz, eine gemeingefährliche Wirkung der Bauwerksmängel verlangt, kommt es im Einzelfall auf das jeweilige Gefährdungspotential an. Dieses hängt ua davon ab, ob die durch den Mangel ausgelöste Gefahr erkennbar oder verborgen ist. So macht es einen Unterschied, ob ein Dachziegel in den fließenden Verkehr gefallen ist, wo er als erst im letzten Mo-

ment sichtbares Hindernis einen schweren Unfall verursachen kann, oder ob er auf dem Bürgersteig liegt, wo allenfalls ein unachtsamer Fußgänger darüber stolpern kann. Ein von einer Brücke abgelöstes und im Schatten auf der Autobahn liegendes Regenfallrohr gefährdet den Fahrer weitaus stärker, als wenn das Rohr im beleuchteten Parkhaus liegt, wo eine geringe Fahrgeschwindigkeit vorgeschrieben ist. Je offenkundiger die aus dem Bauwerksmangel resultierende Gefahr und je dementsprechend geringer das Gefährdungspotential ist, desto weiter entfernt sich der eingetretene Schaden aus dem Schutzbereich von § 836 BGB. Ferner werden vom Schutzbereich solche Gefahren nicht erfasst, die nicht im Zusammenhang mit der Zweckbestimmung des Bauwerks auftreten. Die Zweckbestimmung eines dem öffentlichen Verkehr dienenden Gebäudes ist erst erfüllt, wenn der Zugang eröffnet ist. Solange es eine Baustelle ist, muss mit überall lauernden Gefahren gerechnet werden, nicht aber bei dem gewöhnlichen Betrieb (zutreffend hält MünchKommBGB/Wagner § 836 Rn 7 daher fest, das Gebäude müsse im Zeitpunkt des Schadeneintritts bereits *entsprechend gewidmet* sein). Diese Zweckbestimmung endet, wenn das Haus erkennbar nicht mehr bewirtschaftet, vor allem nicht mehr bewohnt wird. In einem leerstehenden Gebäude oder in einer Ruine ist gleichermaßen mit allen erdenklichen Gefahren zu rechnen wie auf einer Baustelle. Sie dürfen deshalb gar nicht oder nur unter höchster Vorsicht betreten werden (BGH 11. 12. 1984 – VI ZR 218/83, NJW 1985, 1076 f).

57 Der Schutzbereich wird auch verlassen, wenn Bauwerksteile durch das **Zutun Dritter** eine Gefahr verursachen, etwa Kinder heruntergefallene Ziegel auf die Straße werfen (Bsp Staudinger/Schäfer[12] § 836 Rn 49). Unter diesem Gesichtspunkt erscheint die Ergebnisorientierung in einer der grundlegenden Entscheidungen des RG (Recht 1910 Nr 3921; s auch OLG Celle VersR 1991, 1382, 1383 [von Dritten aus der Öffnung entnommener und auf die Straße gelegter Gullydeckel]; OLG Karlsruhe 29. 2. 2012 – 7 U 92/11, juris Rn 33 [Sturz in den Schacht nach Entfernung einer schweren Schachtabdeckung]) richtig, wenn auch die Begründung nicht überzeugt. Die Haftung des Unterhaltspflichtigen für die abgelöste Bürgersteigrinnenabdeckung, die auf der Straße liegend einen Schaden verursacht hat, ist nicht mangels der beweglich wirkenden Kraft abzulehnen, sondern bereits aus Adäquanzgesichtspunkten. Weil eine solche Rinnenabdeckung jedermann zugänglich ist, überdies wegen ihrer Beweglichkeit leicht vom Gesamtwerk abgelöst werden kann, ist hier ein Lebenssachverhalt gegeben, der nach allgemeinem Erfahrungswissen auf eine Einwirkung durch einen Dritten schließen lässt, wofür der Bauwerksverantwortliche zu Recht keine Haftung zu übernehmen hat. Eine andere Frage ist es, ob den Pflichtigen eine allgemeine Verkehrssicherungspflicht trifft, Vorkehrungen gegen die missbräuchliche Handhabung solcher beweglichen Teile zu treffen. Ebenso ist es unwahrscheinlich, dass sich ohne Einwirkung Dritter ein Stück Draht aus einem Zaun löst und auf die Straße gerät, wo es einen Unfall verursacht (LG Konstanz MDR 1958, 691).

aa) Hinzutretende sonstige Ursachen

58 Schäden, die an einem LKW durch teilweisen Einsturz der Straßendecke entstehen, fallen nicht unter § 836 BGB, wenn die Ursache ein defektes Abwasserrohr war, durch das die Abwässer in ein unter der Straße liegendes Gewölbe eindrangen und es durch anhaltende Einwirkung und Durchfeuchtung instabil werden und schließlich einstürzen ließen (OLG Naumburg VersR 1994, 1432). In solchen Fällen von **Kausalitätsketten** sind die Grenzen ebenfalls mittels der Adäquanzlehre zu ziehen. Ein Straßenunterhaltspflichtiger kann sich hingegen nicht seiner Haftung dadurch entziehen,

dass er die Straße über ein fremdes Bauwerk verlegt und bei Schäden auf die Unterhaltspflicht dessen Besitzers verweist.

Legt ein Unbekannter auf einem Grundstück einen Brand, ohne dass eine Verkehrssicherungspflichtverletzung des Eigentümers anzunehmen ist, und beschädigt das Feuer beim Übergreifen auch das Haus des Nachbargrundstücks, so ist kein Fall des § 836 BGB gegeben (BGH 3. 2. 1987 – VI ZR 189/86, VersR 1987, 1096), weil regelmäßig durch die Einwirkung eines Dritten der Zurechnungszusammenhang zum Bauwerkspflichtigen durchbrochen wird.

Der Gebäude- bzw Werkbesitzer haftet auch nicht, wenn der Schaden des Dritten durch unsachgemäße und zweckfremde Überbeanspruchung von Gebäude- bzw Werkteilen eintritt, wie etwa durch das Aufstellen eines Baukrans auf ungeeignetem Untergrund (OLG Hamm VersR 1978, 331, 332: Baukran auf einer Betonplatte, welche für derartige Zwecke weder vorgesehen noch geeignet war).

bb) Schäden bei Herstellung und Abbruch von Bauwerken

Unter dem Gesichtspunkt der Sphärenzuordnung ist der Schutzbereich des § 836 BGB auch verlassen, wenn durch das erlaubte oder in Auftrag gegebene Einwirken Dritter bei Arbeiten am Bauwerk **neue, vom Besitzer nicht oder allenfalls beschränkt beherrschbare Gefahren** entstehen, welche Schäden verursachen, die nicht ihre alleinige Ursache in dessen fehlerhaftem Zustand haben (Rn 41). Der Grundstücksbesitzer haftet daher nicht für solche Gefahren, die ein Unternehmer oder dessen Verrichtungsgehilfe erst durch vertragliche Arbeiten an einem Bauwerk neu schafft. Das gilt im Verhältnis zu jedem Unternehmer, der Arbeiten an einem Werk durchführt. Gegenstand dieser Arbeiten kann die Errichtung, Bearbeitung oder Beseitigung (Abbruch) des Gebäudes oder Werks sein. Die Einschränkung des Schutzbereichs ist gerechtfertigt. Der Grundstücksbesitzer kann die mit der Verrichtung der Arbeiten am Gebäude oder Werk durch den Unternehmer geschaffenen Gefahren nicht, allenfalls nur beschränkt, beherrschen. Im Gegensatz dazu obliegt dem Unternehmer die Pflicht, sich vor Beginn der Arbeiten und während ihrer Durchführung ständig zu vergewissern, ob er die Arbeiten gefahrlos durchzuführen vermag. Deshalb kommt eine Haftung des Grundstücksbesitzers nach § 836 BGB nur in Betracht, soweit das zum Schaden führende Ereignis unabhängig von den Arbeiten des Unternehmers eingetreten ist oder wäre (OLG Rostock 27. 3. 2003 – 1 U 118/01, OLGR 2003, 372). Das ist zunächst regelmäßig dann der Fall, wenn die Tätigkeit des Abbruchunternehmers oder seiner Arbeiter zum Einsturz des Gebäudes oder zur Ablösung von Gebäudeteilen beigetragen hat (BGH 26. 9. 1978 – VI ZR 150/77, LM Nr 16 = NJW 1979, 309 – offen gelassen, ob der Gebäudebesitzer Dritten aus § 836 BGB haftet, so aber BGH 18. 6. 1968 – VI ZR 153/67, LM Nr 12a = VersR 1968, 972 bei Verletzung der Überwachungspflicht durch den Gebäudebesitzer; RG WarnR 1919, Nr 169; Soergel/Krause § 836 Rn 18; Erman/Wilhelmi § 836 Rn 7) oder wenn der Arbeitnehmer einer Rüstbaufirma anlässlich von Arbeiten an einem Baugerüst verletzt wird (OLG Rostock 27. 3. 2003 – 1 U 118/01, OLGR 2003, 372). Lässt ein Mitarbeiter einer mit dem Abbau von Telegrafenleitungen beauftragten Fachfirma Sicherungsmaßnahmen außer Acht und verletzt sich, weil er mit dem nicht ordnungsgemäß eingegrabenen Telegrafenmast zu Boden stürzt, ist der Schutzbereich von § 836 BGB daher nicht mehr berührt (OLG Karlsruhe VersR 1989, 82). Der Eigentümer eines Grundstücks haftet für Schäden, die durch den Abbruch seines Hauses am Nachbargrundstück entstehen nur, wenn er das beauftragte Abrissunter- 59 nehmen, das mangels Weisungsbefugnis nicht sein Verrichtungsgehilfe ist, nicht sorgfältig ausgewählt und über die Einzelheiten der Maßnahme unterrichtet hat (BGH 3. 2. 1987 – VI ZR 189/86, VersR 1987, 1096; BGH 26. 9. 1978 – VI ZR 150/77, LM Nr 16 = NJW 1979, 309 f) sowie bei unzureichender Überwachung des Unternehmens.

cc) Schäden bei mangelnder Errichtungspflicht

60 Der Schutzzweck des § 836 BGB ist auch verlassen, wenn der Schaden auch ohne die Errichtung des Werks und die mangelhafte Unterhaltung entstanden sein würde. Das gilt umso mehr, wenn der Eigenbesitzer des Werks zur Errichtung desselben nicht verpflichtet war. Das OLG Hamm (OLG Hamm 31. 1. 2011 – 5 U 91/10) hatte diesbezüglich einen Fall zu entscheiden, in welchem die Geschädigten eindringende Feuchtigkeit in den Keller ihres Hauses infolge einer undichten Bachverrohrung geltend machten. Zur Verrohrung des Bachs aber war die verklagte Kommune nicht verpflichtet (OLG Hamm 31. 1. 2011 – 5 U 91/10, juris Rn 33 u 37 ff]); zudem hatten die Geschädigten ihr Haus im natürlichen Terrain eines Bachverlaufs vor Errichtung der Bachverrohrung in Kenntnis dieser Umstände gebaut. Aus diesem Grund hatte das Gericht den Anspruch der geschädigten Kläger aus § 836 BGB zu Recht verneint. Anders als bei Wasserversorgungsleitungen wird durch die Errichtung einer Bachverrohrung nämlich keine zusätzliche Gefahrenquelle geschaffen, sondern das ohnehin vorhandene Bachwasser eingefangen (OLG Hamm 31. 1. 2011 – 5 U 91/10, juris Rn 40 u 42). Insofern wären die Hauseigentümer auch ohne die Bachverrohrung verpflichtet gewesen, ihr Haus gegen das versickernde Bachwasser entsprechend zu schützen.

VIII. Der nach § 836 BGB zu ersetzende Schaden

1. Umfang

61 Nach § 836 BGB werden nur diejenigen Schäden ersetzt, die aus der Tötung eines Menschen, der Verletzung des Körpers oder der Gesundheit eines Menschen und der Beschädigung einer Sache entstehen. Wegen des engen Wortlauts von § 836 BGB ist das Recht am eingerichteten und ausgeübten Gewerbebetrieb als geschütztes Rechtsgut ebensowenig erfasst (BGH 14. 6. 1976 – III ZR 81/74, VersR 1976, 1084; zweifelnd auch BeckOK-BGB/Förster [1. 5. 2026] § 836 Rn 17) wie andere Rechtsgüter, etwa ein zeitweiliger Freiheitsentzug nach Einschluss in den Trümmern eines Gebäudes. Reine Vermögensschäden sind gleichfalls nicht nach § 836 BGB zu ersetzen (MünchKommBGB/Wagner § 836 Rn 16). Allerdings sollen, sofern die Schadenersatzpflicht gem § 836 BGB dem Grunde nach feststeht, mit Recht auch Kosten für ein meteorologisches Kurzgutachten ersatzpflichtig sein, durch das geklärt wird, ob zum Schadenszeitpunkt Windgeschwindigkeiten herrschten, welche die Annahme eines außergewöhnlichen Naturereignisses rechtfertigen würden (AG Friedberg SVR 2010, 109; AG Leverkusen r+s 2010, 282). Im Falle der Beschädigung von Fahrzeugen sind außerdem folgende Schadenspositionen über § 836 BGB regulierbar: ein von der Versicherung in Abzug gebrachter Selbstbehalt, eine Wertminderung, ein Nutzungsausfall, die Kosten für eine Reparaturbestätigung, eine Auslagenpauschale sowie eine Versicherungsmehrprämie (LG Frankfurt aM VersR 2009, 228 ff). Die – sonstige – Erweiterung des Haftungsumfangs wird allgemein abgelehnt mit Hinweis auf den Ausnahmecharakter der Vorschrift (BGH 14. 6. 1976 – III ZR 81/74, VersR 1976, 1084, 1085; BGB-RGRK/Kreft § 836 Rn 25; **aA** MünchKommBGB/Wagner § 836 Rn 16). Für den Umfang des Schadenersatzes nach § 836 BGB gelten die allgemeinen Haftungsvorschriften (betr Tötung

und Körperverletzung s §§ 842 ff BGB), insbesondere § 253 Abs 2 BGB (§ 847 aF), weil § 836 BGB ein Fall der deliktischen Haftung ist.

2. Anspruch auf Vorbeugemaßnahmen

Nicht erst der eingetretene Schadensfall kann über § 836 BGB reguliert werden; unter besonderen Umständen besteht schon im Vorfeld ein Anspruch auf Vorbeugemaßnahmen. Ein in der II. Kommission gestellter Antrag, wonach der Anspruch jedem zustehen sollte, der vom Einsturz eines Bauwerks bedroht ist, konnte sich in diesem Umfang nicht durchsetzen (Prot II 657). Vielmehr kann (nur) jeder Grundstückseigentümer, der von der Einsturzgefahr eines Gebäudes auf dem **Nachbargrundstück** bedroht wird, von dessen Eigentümer im Rahmen des Zumutbaren gem § 908 BGB Schadensvorbeugung verlangen (BGH 8. 2. 1972 – VI ZR 155/70, BGHZ 58, 149, 156; Dernburg § 398 V). Ist gegebenenfalls die Durchführung sofortiger Maßnahmen zur Abwendung einer Gefahr unzumutbar und die drohende Beeinträchtigung vorübergehend hinzunehmen, steht aber dem Betroffenen ein Anspruch auf angemessenen Ausgleich zu (BGH 8. 2. 1972 – VI ZR 155/70, BGHZ 58, 149, 157 ff; vgl zu den nachbarrechtlichen Ansprüchen Staudinger/Roth [2025] § 908, zu Ersatzansprüchen aus GoA gem § 683 BGB nach Selbstvornahme vgl BGHZ 16, 12, 16; BGH 14. 6. 1976 – III ZR 81/74, VersR 1976, 1084, 1086). 62

IX. Anspruchsberechtigte

1. Grundsatz

Jeder, der unmittelbar einen Schaden an den von § 836 BGB bezeichneten Rechtsgütern erleidet, ist anspruchsberechtigt. Bei der Beschädigung einer Sache ist das deren Eigentümer oder Besitzer (BGB-RGRK/Kreft § 836 Rn 31), zB ein Grundstückseigentümer, dessen Land beim Bruch eines Flussdeichs durch das stehenbleibende Überschwemmungswasser Schaden erleidet. Er war nach der Zweckbestimmung des Deichs – nicht nur Sonderzwecken der unmittelbaren privaten Anlieger, sondern auch dem Schutz der Allgemeinheit vor großflächiger Überschwemmung zu dienen – berechtigt, auf den dauernden Schutz durch den Deich zu vertrauen und die Bebauung seines Landes danach einzurichten (vgl RG HRR 1930 Nr 1104). Dagegen hat nach Schadenseintritt der Erwerber eines Grundstücks keinen Ersatzanspruch, wenn er zur Beseitigung des Schadens Aufwendungen macht, da es sich um einen nicht ersatzfähigen allgemeinen Vermögensschaden handelt (BGH 14. 6. 1976 – III ZR 81/74, VersR 1976, 1084, 1086, auch kein Anspruch aus § 823 Abs 1 BGB). Im Fall einer Tötung sind auch Dritte nach § 844 BGB ersatzberechtigt. 63

2. Ausschluss des Ersatzanspruchs

Wer vertraglich Arbeiten an einem Bauwerk wie zB den Abriss übernimmt, hat grundsätzlich selbst keinen Ersatzanspruch für Schäden, die in seinem verantwortlichen Bereich durch Einsturz oder Teilablösung des Werks verursacht werden (zB OLG Karlsruhe VersR 1989, 82 [Arbeiten an einer Telegrafenleitung]; Rn 59). Denn durch seine eigenen eingesetzten Arbeiter und Gerätschaften schafft er innerhalb des Verantwortungsbereichs des Gebäudepflichtigen neue, von diesem nicht oder allenfalls beschränkt beherrschbare Gefahren (BGH 26. 9. 1978 – VI ZR 150/77, LM Nr 16 = NJW 1979, 64

309; OLG Rostock 27. 3. 2003 – 1 U 118/01, OLGR 2003, 372), deren Risiken er selbst zu tragen hat. Es ist die Aufgabe eines jeden gewissenhaften Unternehmers, sich vor Beginn der Arbeiten und während ihrer Ausführung ständig zu vergewissern, ob diese gefahrlos durchgeführt werden können. Nur wenn er zuvor seine begründeten Bedenken gegenüber dem Besitzer geäußert hat, kann er einen möglichen Anspruch offenhalten. Trotz dieser Einschränkung, die sich aus dem Gedanken ergibt, dass jeder für den durch seinen Einsatz verursachten Schaden selbst einzustehen hat, soweit er diesen bei billiger Rücksichtnahme hätte verhindern können (vgl Rn 2), ist die Haftung des Gebäudepflichtigen gegenüber Abrissunternehmen nicht generell ausgeschlossen, sofern der Einsturz oder die Teilablösung unabhängig von der Verantwortung des Abbruchunternehmens Schäden verursacht. Offen gelassen wurde dabei die Frage, ob das auch gilt, wenn die Abbrucharbeiten, etwa bei der entstehenden Erschütterung, zwar für den Einsturz (die Ablösung) mitursächlich sind, der Abbruchunternehmer aber die Primärursache, zB einen Konstruktionsfehler bei der Bauerrichtung nicht erkennen konnte. Fraglich ist auch, inwieweit diese Grundsätze auch für andere an einem Werk arbeitende Unternehmer gelten (bejahend MünchKommBGB/Stein [3. Aufl] § 836 Rn 30). Unberührt bleibt dagegen die Haftung des Gebäudepflichtigen gegenüber unbeteiligten Dritten (BGH 18. 6. 1968 – VI ZR 153/67, LM Nr 12a = VersR 1968, 972; offen gelassen in BGH 26. 9. 1978 – VI ZR 150/77, LM Nr 16 = NJW 1979, 309 = VersR 1978, 1160).

Ähnlich der Abbruchproblematik gestaltet sich die Situation bei einem Nutzungsberechtigten bezüglich der eigenen Grabstelle und dem darauf befindlichen Grabstein. Dieser Nutzungsberechtigte ist gegenüber dem Friedhofsträger nicht anspruchsberechtigt im Hinblick auf die Verkehrssicherungspflicht betreffend den Grabstein auf der nutzungsberechtigten Grabstelle iSd § 823 BGB bzw § 836 BGB, weil er entweder durch die Errichtung des Grabsteins die Gefahrenquelle selbst geschaffen hat oder aber sich deren Schaffung – etwa als Erbe – zurechnen lassen muss (OLG Brandenburg NJW 2004, 2103 f).

X. Mitwirkendes Verschulden des Verletzten

65 Das mitwirkende Verschulden des Verletzten kann nach den allgemeinen Vorschriften (§ 254 BGB) zur Minderung oder zum Ausschluss der Haftung führen (s bereits Rn 19). Es ist vom Anspruchsgegner zu beweisen (vgl BGH 27. 1. 1981 – VI ZR 204/79, BGHZ 79, 259, 264; BGB-RGRK/Kreft § 836 Rn 30).

66 Die Haftung nach § 836 BGB wegen fehlender *Aktivlegitimation* beim **unbefugten Betreten** eines Bauwerks insgesamt zu versagen (MünchKommBGB/Wagner § 836 Rn 26), geht fehl. Die Pflicht, ein Gebäude oder Werk ordnungsgemäß zu errichten und zu unterhalten, besteht gegenüber Befugten und Unbefugten gleichermaßen. **Meist** wird vom *Mitverschulden* bei dem unbefugten Betreten eines Bauwerks durch den Verletzten ausgegangen, auch wenn die Gefahr nicht unbedingt erkennbar gewesen ist (BGH 29. 11. 1988 – VI ZR 301/87, VersR 1989, 203; OLG Stuttgart 12. 11. 1976 – 2 U 117/76, VersR 1977, 384 [Jagdhütten, Jagdhochsitze]; Mitzschke/Schäfer, Komm zum BJagdG Rn 19 f des Anhangs zu § 18 BJagdG; LG Gera NJW-RR 2002, 961 [unbefugtes Anlehnen an einen Zaun, der als Abgrenzung zu einem Bahndamm dient]; BGB-RGRK/Kreft § 836 Rn 30). Gleiches soll gelten, wenn sich jemand unbefugt an einem Werk iSv § 836 BGB zu schaffen macht. So ist bei einem durch ein umfallendes Grabmal getöteten zwölfjährigen Schulkind das

Sichhinwegsetzen über ein entsprechendes Verbot als Mitverschulden zu einem Drittel bewertet worden (LG Freiburg NJW-RR 1996, 476). Das Verbot muss aber deutlich erkennbar gewesen sein. Verkehrssicherungspflichten auch gegenüber unbefugten Nutzern des Werks oder Gebäudes bestehen eher, wo mit der Gefährdung Dritter im Hinblick auf die örtlichen Verhältnisse gerechnet werden muss, vor allem, wenn der betreffende Bereich Unbefugte zur Benutzung reizt (LG Gera NJW-RR 2002, 961). Wenn sich der Geschädigte selbst zwar unbefugt im Bereich des Gebäudes aufhält, andere Dritte jedoch gleichfalls als Befugte der Gefahr ausgesetzt waren, es mithin vom Zufall abhing, ob ein Befugter oder ein Unbefugter Schaden nahm, ist für Mitverschulden wegen unbefugten Betretens aber kein Raum (OLG Saarbrücken NJW-RR 2006, 1255, 1257). Deshalb gilt die Norm auch für einen nächtlichen Einbrecher in ein Kaufhaus, welcher von einem herabfallenden Kronleuchter getroffen wird (**aA** MünchKommBGB/Wagner § 836 Rn 26). Kein Mitverschulden kommt außerdem in Betracht, wenn der Besitzer einer Scheune bei einer Veranstaltung ein Verbot, den Scheunenboden zu betreten, nur in einem Teil des Gebäudes durch ein Schild kenntlich macht, ferner den Zutritt nicht durch das Entfernen einer Leiter unterbindet und jemand in Unkenntnis des Verbots durch den Scheunenboden bricht und schwer verletzt wird (BGH 29. 11. 1988 – VI ZR 301/87, VersR 1989, 203). Aus dem Normzweck von § 836 BGB folgt, dass ein Mitverschulden des Geschädigten, der sein Kfz im Halteverbot parkte, wo es durch herabfallende Fassadenteile beschädigt wurde, nicht angenommen werden kann (OLG Dresden NJW 1994, 225), weil die Zielrichtung des Verbots nur der Leichtigkeit des Verkehrs dienen soll, nicht aber zur Absicherung gefährlicher Grundstücke.

Unabhängig von einem Verbot seitens des Eigenbesitzers kann das Mitverschulden 67
auch in **tatsächlicher Hinsicht** begründet sein. Wenn zB ein Passant auf der Straße strauchelt und sich an einer Steinsäule festhält, durch deren Umstürzen er verletzt wird, soll ihm ein hälftiges Mitverschulden zugerechnet werden (LG München VersR 1992, 193).

Vor allem im Rahmen eines **Vertragsverhältnisses** zwischen dem Pflichtigen und dem 68
Verletzten, bei dem die Haftung nach § 836 BGB nicht generell ausgeschlossen ist (vgl Rn 16), kann der Einwand des Mitverschuldens erhoben werden. Den mit Ausbesserungsarbeiten betrauten Unternehmer trifft beim Betreten eines erkennbar gefährlichen Arbeitsplatzes, etwa eines alten Dachbodens zwecks Dachdeckerarbeiten, eine eigene Prüfungs- und Sicherungspflicht (BGH 11. 5. 1965 – VI ZR 8/64, VersR 1965, 801). Auch der Reparateur eines Lastenaufzugs verhält sich grob fahrlässig, wenn er zur Vornahme von Reparaturarbeiten unnötiger Weise trotz eines entsprechenden Hinweis- bzw Verbotsschilds unter die ungesicherte Fahrstuhlplattform eines alten, maroden und reparaturbedürftigen Lastenaufzugs tritt und erheblich verletzt wird, weil die Plattform plötzlich nachgibt und herunterfällt (OLG Frankfurt 16. 4. 2008 – 17 U 270/05, juris Rn 23 ff). Zur Frage des Mitverschuldens des Mieters, der den Vermieter nicht gemäß § 536c BGB auf eine drohende Gefahr hingewiesen hat, vgl RG Gruchot 56, 962; Recht 1912 Nr 1902; RG WarnR 1916 Nr 223; BGH 23. 1. 1951 – III ZR 28/50, NJW 1951, 229 (nicht abgedruckt in BGHZ 1, 103); NJW 1977, 1237. Über Mitverschulden bei Verletzung durch Einsturz (Teilablösung) von Trümmergrundstücken aus Kriegs- und Katastrophenzeiten s BGH 23. 1. 1951 – III ZR 28/50, BGHZ 1, 103; OLG Frankfurt NJW 1948, 426. Kein Mitverschulden ist gegenüber einer Mieterin anzunehmen, wenn sie das langsame Ablösen von Schrauben an einem

Garagentor nicht bemerkte und nur ein Fachmann dies hätte sehen können (AG Nürtingen WuM 1989, 184). Die Verschuldensvermutung der Norm gilt nicht im umgekehrten Sinne, wenn der Gebäudeeigentümer bei Arbeiten an dem Gebäude geschädigt wird. Er muss sich daher im Rahmen des ihm entgegengehaltenen mitwirkenden Verschuldens nicht in Bezug auf die technische Sicherheit seines Gebäudes entlasten (MünchKommBGB/Wagner § 836 Rn 25).

XI. Ersatzpflichtige

1. Eigenbesitzer

a) Grundsatz

69 Im Unterschied zur Gebäudehaftung in Frankreich, Belgien, Italien, Spanien (vBar, Gemeineuropäisches Deliktsrecht Rn 234) und Ungarn (Gesetz Nr IV von 1959 § 352 Abs 1; § 6:558 Abs 1 Entwurf des ungarischen Zivilgesetzbuchs [2012]) ist nach § 836 Abs 3 BGB der Eigenbesitzer und nicht der Eigentümer ersatzpflichtig.

70 Schon bei dem ersten Entwurf eines Bürgerlichen Gesetzbuches für das Deutsche Reich war man übereingekommen, nur den Besitzer, nicht aber den Eigentümer bei der Gebäudehaftung in Verantwortung zu nehmen. Denn ein nicht besitzender Eigentümer sei außer Stande, die Verpflichtung zu erfüllen. Zwar lasse sich der Eigentümer regelmäßig leicht(er) ermitteln; der nicht besitzende Eigentümer sei jedoch vielfach nicht in der Lage, sich die nötige Kenntnis vom Gebäudezustand zu verschaffen und rechtzeitig die erforderlichen Maßregeln zu treffen. Das betreffe vor allem den vom Erbanfall nichts ahnenden Erbeneigentümer sowie denjenigen Eigentümer, welchem der Besitz am Gebäude widerrechtlich vorenthalten wird (Mugdan II 1151 u 1270). Eine Haftung des Eigentümers sei deshalb unbillig.

71 Diese Begründung des Gesetzgebers hat nur Sinn, wenn Eigentum und Besitz an derselben Sache auseinanderfallen, wenn also zwar zugleich Eigentum am Grundstück und Gebäude vorliegen, aber der Besitz fehlt. Während heutzutage beinahe jeder Grundstückseigentümer zugleich – zumindest mittelbarer – Besitzer seines Eigentums ist, stellte sich die Lage zu Beginn der Beratungen zum BGB noch anders dar. So stand zwar von Anfang an außer Frage, dass mit dem Erbfall das Vermögen des Erblassers als Ganzes im Wege der Universalsukzession auf den oder die Erben übergehen sollte; vgl § 1749 Abs 1 BGB des 1. Entwurfs (Mugdan V S 1 u 2). Der *Besitz* an den zur Erbschaft gehörenden Sachen sollte demgegenüber nach § 2052 BGB des 1. Entwurfs des BGB (vgl Mugdan V S LXVII) nicht kraft Gesetzes auf den (bzw die) Erben übergehen (Mugdan V 283 u III 56). Der Erbe war folglich Eigentümer, aber nicht Besitzer des Nachlasses. Diese Rechtslage wurde erst durch § 779a BGB im 2. Entwurf (heute § 857 BGB) geändert. Seitdem geht auch der (Eigen-)Besitz auf den Erben über (BGH VersR 1953, 433). § 836 BGB wurde in diesem Zusammenhang allerdings nicht mehr geändert. Die vom Gesetzgeber vorgestellte Situation kann sich heute in weiteren Konstellationen ergeben: etwa im Fall der illegalen Hausbesetzung. Hier fallen Eigentum und Besitz dadurch auseinander, dass der Hausbesetzer dem Eigentümer den (unmittelbaren) Besitz durch verbotene Eigenmacht entzogen hat (vgl LG Köln GuT 2008, 368, 369; LG Krefeld 30. 7. 1981 – 5 O 303/81, BeckRS 2006, 09603 unter III sowie Hinz NZM 2005, 841, 854). Ferner decken sich Eigentum und (Eigen-)Besitz nicht, wenn ein Ehegatte während des Trennungsjahrs aus

dem/der im Miteigentum beider stehenden Gebäude/Wohnung freiwillig ausgezogen ist und damit den Mit(Eigen-)Besitz ohne Rückkehrabsicht aufgegeben bzw auf sein Recht zum Mitbesitz aus § 1353 Abs 1 S 2 HS 1 BGB (dieses Recht zum Besitz besteht auch während des Getrenntlebens der Ehegatten grds fort, vgl OLG Hamm NJW-RR 1991, 708; Erbarth NJW 2000, 1379, 1383; zu den Ansprüchen auf Wiedereinräumung des Besitzes vgl OLG Brandenburg FamRZ 2008, 1930 f; AG Neustadt FamRZ 2005, 1253) verzichtet hat (zur Aufgabe des Mitbesitzes BGH 13. 10. 1971 – IV ZR 12/71, MDR 1972, 33 = NJW 1972, 44 LS). Andere spezielle Konstellationen eines Eigentümer-Besitzer-Verhältnisses können ebenfalls dazu führen, dass zwar Eigenbesitz, jedoch kein Eigentum vorliegt. Das betrifft zB den Fall, wenn ein Grundstück trotz unwirksamer Übereignung übergeben wird und der vermeintliche Erwerber das Grundstück nebst Gebäude als ihm gehörend besitzt. Die Inkongruenz von Eigentum und Eigenbesitz ergibt sich schließlich sowohl im Fall des Erbprätendenten als auch im Fall des erwartenden Eigentumserwerbers. Der Erbprätendent ist idR Eigenbesitzer, Eigentümer hingegen der wahre Erbe, weil er das Eigentum am Grundstück kraft Gesetzes und ohne zusätzliche Erwerbsvoraussetzungen im Zeitpunkt des Erbfalls (Tod des Erblassers) im Wege des „Von-selbst-Erwerbs" gem § 1922 Abs 1 BGB erlangt. Im zweiten Fall – erwartender Eigentumserwerb – wird der Eigenbesitz des Grundstückserwerbers zu Recht bereits zu der Zeit bejaht, in der zwar noch kein Eigentum, jedoch eine Auflassungsvormerkung zu seinen Gunsten vorliegt und er das Grundstück vereinbarungsgemäß einschließlich Nutzen, Lasten – dazu zählt auch die Gebäudehaftung nach § 836 BGB (LG Tübingen NJW-RR 1990, 610, 611) – und Gefahren bereits übernommen hat und tatsächlich – wie ein Eigentümer – die Nutzungen zieht und die Lasten trägt. Diese Sachlage rechtfertigt es, den erwartenden Grundstückserwerber als Eigenbesitzer zu betrachten (BGHZ 87, 296; LG Tübingen NJW-RR 1990, 610, 611; BeckOK-BGB/Fritzsche [1. 2. 2026] § 872 Rn 5; MünchKommBGB/Schäfer § 872 Rn 10). Eigenbesitzer ist also unter den o g Voraussetzungen auch ein ehemaliger Mieter, welcher das ehemals gemietete Grundstück einschließlich Gebäude käuflich in Raten erwirbt, wobei der Eigentumserwerb unter der aufschiebenden Bedingung der letzten Kaufpreiszahlung erfolgen soll und deshalb eine Auflassungsvormerkung zu seinen Gunsten im Grundbuch eingetragen ist. Insoweit hat es Sinn, dass der Gesetzgeber trotz der geänderten Besitzrechtsverhältnisse bei Erben an der ursprünglichen Begründung zur Haftung des Besitzers – anstatt des Eigentümers – festhielt (vgl Mugdan II 1151 u 1270).

Stattdessen an das Eigentum anzuknüpfen – wie in vielen europäischen Ländern, 72
wie zB in Frankreich, Belgien, Italien, Spanien, Ungarn und den Niederlanden – ist naheliegend. Dabei ist zu bedenken, dass sich Eigentum und Eigenbesitz bei Grundstücken und Gebäuden nach deutschem Recht in aller Regel decken (aber: Ausnahmen s oben).

b) Begriff des Besitzers iSd §§ 836 ff BGB

Besitzer iSd § 836 BGB ist nicht jeder Besitzer im sachenrechtlichen Sinn, sondern 73
gem Abs 3 nur der Eigenbesitzer. Daher wird auf den in § 872 BGB legal definierten Eigenbesitz verwiesen (BeckOK-BGB/Förster [1. 5. 2026] § 836 Rn 18; MünchKommBGB/Wagner § 836 Rn 28; Hk-BGB/Staudinger § 836 Rn 12). Eigenbesitzer iSv § 872 BGB ist die natürliche oder juristische Person, welche das Gebäude oder Werk als ihr gehörend oder wie ihr gehörend besitzt (RG JW 1916, 39; BGB-RGRK/Kreft § 836 Rn 32).

74 In § 836 BGB wird dem Wortlaut nach zwischen dem Besitzer (Abs 1) und dem Eigenbesitzer (Abs 3) unterschieden. Grund ist die rechtshistorische Entwicklung des Besitzbegriffs (vgl ausführlich zum Gesetzgebungsverfahren SCHUBERT, Die Entstehung der Vorschriften des BGB über Besitz und Eigentumsübertragung [1966] S 57 ff). Im 1. Entwurf wurde – weil zu diesem frühen Zeitpunkt über das Sachenrecht noch nicht beraten worden war – zunächst der Besitzer schlechthin haftbar gemacht (vgl Rn 70): *„Der Besitzer eines Grundstückes ist verpflichtet, unter Anwendung der Sorgfalt eines ordentlichen Hausvaters dafür zu sorgen, dass ein auf dem Grundstücke befindliches Gebäude oder sonstiges Werk nicht infolge fehlerhafter Errichtung oder infolge mangelhafter Unterhaltung einstürzt. Wird diese Pflicht verletzt, so ist der Besitzer nach Maßgabe der §§ 704, 722–726 und des § 728 Abs 1 zum Ersatze des Schadens verpflichtet, welcher einem Dritten aus dem dadurch verursachten Einsturze entstanden ist.“* Von der Wahl einer geeigneten Bezeichnung des Haftungsadressaten glaubte man vorläufig absehen zu müssen, bis über die Gestaltung des Besitzes beschlossen worden sei (JAKOBS/SCHUBERT, Schuldverhältnisse III 989, 990, ähnl 996). Besitzer im damaligen Sinne war der dem Pandektenrecht entlehnte Besitzer gem § 797 BGB des 1. Entwurfs, dh der Inhaber der tatsächlichen Gewalt über die Sache, der den Willen hat, die Sache als die seinige zu haben (MUGDAN III S IV sowie MUGDAN II 457; zum Pandektenrecht WINDSCHEID/KIPP, Pandektenrecht I [1906] § 148 f; zur Rechtsgeschichte der Besitzlehre unter germanischen u römischen Einflüssen sowie den bedeutendsten Wegweisern der Besitzlehre ausführlich HARTUNG, Besitz und Sachherrschaft 81 ff). Der Besitz sollte hauptsächlich dem Schutz und der Regelung des Eigentums dienen und wurde mithin seinerzeit als Eigentumsbesitz verstanden (HARTUNG 99; SCHUBERT, Die Entstehung [1966] 60). Den juristischen Fremdbesitz – nach heutigem Verständnis – gab es damals noch nicht. Stattdessen wurde die tatsächliche Sachgewalt sehr weit verstanden und konnte auch durch Vermittlung eines anderen ausgeübt werden. Entscheidend war die Beherrschbarkeit der Sache durch den Willen. Dementsprechend wurde zwischen Inhabung oder Detention und Besitz bzw natürlichem und juristischem Besitz unterschieden (der natürliche Besitz wurde „Inhabung“ oder „Detention“ genannt, vgl DERNBURG, Das bürgerliche Recht des Deutschen Reichs und Preußens, Bd III, Das Sachenrecht [1898] § 10 [2.], S 40; WINDSCHEID/KIPP Aufl 9 Bd 1 2. Neudruck [1984] § 148 [3.] S 745). Nur der Vermieter war demnach rechtlich gesehen Besitzer der Mietsache, der Mieter war nur Detentor (vgl SCHUBERT, Die Entstehung … [1966] 60; MUGDAN III 47 ff zur „Vertretung“ beim Besitz sowie MUGDAN II 1149 zur Gebäudehaftung: Man war sich darüber einig, „dass unter dem in § 735 [1. Entwurf der Gebäudehaftung] genannten ‚Besitzer‘ der juristische Besitzer iSd Entwurfs zu verstehen sei, sodass der Pächter, Miether usw nicht darunter falle […]“). Nach vielseitigem entschiedenen Widerspruch (DERNBURG; HARTUNG 101 ff; SCHUBERT 73 ff) wurde die Unterscheidung zwischen Inhabung und Besitz aufgegeben und § 797 BGB des 1. Entwurfs entsprechend dem später in Kraft getretenen § 854 BGB verstanden und geändert (so die 2. Kommission; vgl JAKOBS/SCHUBERT, Sachenrecht I 134; HARTUNG 104 f). Der Eigenbesitzwille (animus domini) war für den Besitz nicht mehr erforderlich. Besitz wurde nicht mehr nur als Eigenbesitz verstanden. Weil die 2. Kommission zu diesem Zeitpunkt allerdings den Terminus „Besitzer“ überwiegend nur iSd unmittelbaren Sachherrschaft verstand (vgl MUGDAN III 516; dazu auch JAKOBS/SCHUBERT, Sachenrecht I 130 f sowie HARTUNG 105), waren folglich nur Mieter und Pächter Besitzer. Erst die Redaktionskommission konnte die 2. Kommission davon überzeugen, unter den Besitzer auch den mittelbaren Besitzer zu fassen (MUGDAN sowie 966; JAKOBS/SCHUBERT 212), weil auch der mittelbare Besitzer tatsächliche Gewalt ausübt. All diese Änderungen führten dazu, dass als sachenrechtlicher Besitz nunmehr sowohl der (un-, wie mittelbare) Eigen- als auch der Fremdbesitz galt. Das hätte zur Konsequenz gehabt, dass jeder Besitzer nach § 836 BGB haftbar gewesen wäre. Dieses auszuschließen, ist die Funktion des – neuen – Abs 3 von § 759 BGB des 2. Entwurfs (heute § 836 Abs 3 BGB; vgl Jakobs/Schubert, Schuldverhältnisse III 996; Mugdan II S CXXXI u 1270). Man war sich bewusst, dass trotz des neuen Besitzverständnisses der Eigenbesitz unverzichtbar war, wenn auch nur für bestimmte Vorschriften außerhalb des possessorischen Besitzschutzes (Mugdan III 517 u 966; Hartung 105). Bezogen auf die Gebäudehaftung wurde durch die Anfügung des Abs 3 sichergestellt, dass auch nach dem modernen Verständnis des Besitzes der Kreis der Haftungsadressaten der gleiche wie nach dem 1. Entwurf blieb. § 836 Abs 3 BGB ist somit nur verständlich, wenn als Besitzer nach § 836 Abs 1 BGB der zeitgemäße Besitzerbegriff iSd heutigen Sachenrechts zu Grunde gelegt wird (ähnl Hartung 112).

Deshalb überzeugt es nicht, wenn Herrmann (Cantio damni infecti 210; ähnl Herrmann, 75
Der Störer nach § 1004 BGB 209 ff, 224 f) annimmt, § 836 Abs 1 BGB meine denjenigen Besitzer, der die Sachherrschaft innehat und animo domini besitzt, also den alten Besitzer-Begriff. Richtig ist nur, dass dieser sich mit dem heutigen Eigenbesitz iSd § 872 BGB (vgl dazu Mugdan III 45) deckt und der Eigenbesitz über § 836 Abs 3 BGB den Haftungsadressaten in §§ 836–838 BGB kennzeichnet. Da Herrmann den pandektischen Besitzerbegriff zugrundelegt, gelangt sie zwangsläufig zu der Annahme, „§ 836 III BGB hätte auf der Grundlage des neuen Rechts gestrichen werden müssen" (Cantio damni infecti 209). § 836 Abs 3 BGB zeigt indes, dass Herrmanns (Cantio damni infecti 210) Prämisse mehr als zweifelhaft ist.

Jedenfalls haftet nach § 836 BGB nicht der unmittelbare Fremdbesitzer, wie von 76
Herrmann (Cautio damni infecti 203, 211 ff; ähnl bereits in NJW 1997, 153, 155) befürwortet wird, also nicht zB der – fremdbesitzende – Nießbraucher, Mieter, Pächter, Entleiher. Dem steht nicht nur der Wortlaut von § 836 Abs 3 BGB, sondern auch die oben wiedergegebene historische Entwicklung entgegen. Selbst wenn es zuträfe, dass der Besitzer in § 836 Abs 1 BGB (als Relikt) im pandektistischen Sinn zu verstehen sei, wäre der unmittelbare Fremdbesitzer eben nicht haftpflichtig. Denn er war nach römisch-gemeinem Recht gar nicht Besitzer im Rechtssinn, sondern nur Detentor (s oben).

c) Begriff des Eigenbesitzers iSd §§ 836 Abs 3, 872 BGB

Besitzer iSd der §§ 836 ff BGB ist gem Abs 3 nur der Eigenbesitzer. Der Eigenbesitz 77
wiederum wird in § 872 BGB legal definiert. Danach ist Eigenbesitzer, „wer eine Sache als ihm gehörend besitzt". Eigenbesitzer ist, wer die tatsächliche Gewalt über eine Sache ausübt mit dem Willen, sie wie eine ihm gehörende Sache zu beherrschen (BGH 29. 3. 1996 – V ZR 326/94, BGHZ 132, 245, 257 f; BGH NJW 1981, 1517, 1518). Er muss sich nicht unbedingt für den Eigentümer halten; es genügt sein Wille, eine dem Inhalt des Eigentums entsprechende Stellung zur Sache innezuhaben (RG JW 1916, 39, 40; vgl ferner Staudinger/Gutzeit [2025] § 872 Rn 2; BGB-RGRK/Kreft § 836 Rn 32). Entscheidend sind daher der **Beherrschungswille** und seine Reichweite; wobei Eigenbesitz auch an nur zu einem vorübergehenden Zweck errichteten Werken bestehen kann (OLG Stuttgart NJW-RR 2010, 451; MünchKommBGB/Wagner § 836 Rn 8). Eigenbesitzer ist auch der durch im Grundbuch eingetragene Vormerkung gesicherte Grundstückskäufer ab dem Zeitpunkt der vereinbarten Übergabe und des vereinbarten Übergangs von Nutzen, Lasten und Gefahren (LG Tübingen VersR 1990, 1245 [vgl Rn 71]). Der Eigenbesitz an einem Grundstück schließt die darauf befindlichen Bauwerke und ihre Teile

jedoch nur insoweit ein, als sich der Besitzwille konkret auch darauf erstreckt (BGH 7. 2. 1956 – VI ZR 345/54, LM Nr 9 = VersR 1956, 348; VersR 1969, 517; s auch OLG Frankfurt VersR 1978, 967 [nur zu einem vorübergehenden Zweck mit dem Grundstück verbundenes Gebäude]). Eine Haftung besteht daher nicht für Werke, die ohne oder gegen den Willen und ohne die Kenntnis des Grundstückeigentümers und Eigenbesitzers auf seinem Land oder an seinen dortigen Werken entstehen. Der Wille zum Eigenbesitz muss daher gerade auch das Schaden verursachende Werk umfassen (Soergel/Krause § 836 Rn 22; OLG Celle 11. 6. 1999 – 4 U 201/98, OLGR 1999, 357). Wird zB von dritter Seite auf einem Gelände der früheren Reichsbahn ein Luftschutzstollen angelegt, ohne deren Zutun und ohne dass sie es hätte verhindern können, haftet sie nicht für die Gefahren, die von dort ausgehen (BGH 7. 2. 1956 – VI ZR 345/54, LM Nr 9 = VersR 1956, 348). Allerdings kann später ein entsprechender **Besitzergreifungswille** entstehen (zur Frage der Haftung der beiden Grundstücksbesitzer, wenn sich von der auf beiden Grundstücken stehenden Grenzmauer [sog halbscheidige Mauer] Teile lösen, s LG Karlsruhe VersR 1955 Rspr Nr 23492; zur Frage des Eigenbesitzes am Grabstein eines Erdbegräbnisses s Weimar MDR 1963, 985). Zum Aufschwung vom Fremd- zum Eigenbesitzer vgl § 837 Rn 7.

78 Für den Eigenbesitzer kommt es nicht darauf an, ob er unmittelbaren oder mittelbaren Besitz gemäß § 868 BGB hat oder ob er gut- oder bösgläubig ist (vgl BGH 30. 1. 1961 – III ZR 225/59, BGHZ 34, 206, 214 f; RG LZ 1916, 57; RG JW 1924, 1380; BGB-RGRK/Kreft § 836 Rn 32; für den insoweit ausreichenden *mittelbaren* Eigenbesitz OLG Hamm MDR 2010, 1386; Gottschalg DWE 2009, 81, 85; **aA** unter Hinweis auf die fehlende Sachnähe wohl nur: Herrmann, Cautio damni infecti 203, 211 u 213 f; Herrmann NJW 1997, 153, 155; Herrmann anders noch, Der Störer nach § 1004 BGB [1987] 248 ff, 268 [hier stellte sie den mittelbaren Besitzer dem Besitzer iSd § 836 BGB zumindest gleich]).

aa) Ver-/Mieter und Ver-/Pächter

79 Mieter und Pächter von Grundstücken sind regelmäßig nur Fremdbesitzer (BGH 19. 6. 1990 – VI ZR 197/89, NJW-RR 1990, 1423, 1424 betreffend Mieter; anders OLG Hamm 12. 10. 2011 – I-13 U 52/11, juris Rn 31, das die Haftung eines Jagdrevier-Pächters bzgl der Jagdhochsitze ganz offensichtlich versehentlich aus § 836 Abs 1, 3 BGB, und nicht aus §§ 836, 837 BGB herleitete, vgl hierzu § 837 Rn 10). Durch die Vermietung oder Verpachtung eines Grundstücks wird die den Grundstücksbesitzer nach § 836 BGB treffende Haftung deshalb nicht berührt (RG LZ 1916, 57; KG JW 1924, 1380). Mieter oder Pächter haften folglich – anders als Vermieter oder Verpächter (BGH 11. 12. 1984 – VI ZR 218/83, NJW 1985, 1076; OLG Frankfurt 15. 9. 2025 – 29 U 50/24, VersR 2025, 1393, 1395; OLG München 12. 8. 2020 – 20 U 6670/19, juris Rn 6; OLG Köln NJW-RR 1990, 224; Gottschalg, Wohnungseigentümergemeinschaft S 78 Rn 204) – grundsätzlich nicht nach dieser Bestimmung (im Gegensatz zu § 1319 des österreichischen ABGB [vBar, Gemeineuropäisches Deliktsrecht Rn 235]; s zur Haftung von Mieter und Pächter auch § 837 Rn 11 f und § 838 Rn 9; zum Fremdbesitz von Pächtern vgl OLG Jena 23. 8. 2010 – 9 W 307/10, juris Rn 17 ff). Der Mieter oder Pächter eines Grundstücks kann jedoch als Eigentümer des von ihm auf dem Grundstück errichteten Gebäudes, welches er nach Ablauf der Mietzeit wieder zu entfernen hat, welches also nur zu einem vorübergehenden Zweck mit dem Grundstück verbunden ist, nach § 837 BGB haften (s hierzu § 837 Rn 11; OLG Frankfurt VersR 1978, 966, 967; BGB-RGRK/Kreft § 836 Rn 32; Grüneberg/Retzlaff § 836 Rn 12). In diesem Fall ist der Vermieter kein Eigenbesitzer (OLG Frankfurt VersR 1978, 966, 967).

bb) Wohnungseigentümer-Gemeinschaft

Problematischer gestaltet sich die Situation im Wohnungseigentumsrecht. Im Grundsatz richtet sich die Haftung nach § 836 BGB auch für Gebäude im Wohnungseigentum nach dem Eigenbesitz, weil es für die Haftung aus der Norm nicht auf die Eigentumsverhältnisse ankommt. Knüpft man gesetzeskonform an den Eigenbesitz an, führt dies zwangsläufig zu einer Haftung der Wohnungseigentümer. So erkannte das AG Mönchengladbach-Rheydt (AG Mönchengladbach-Rheydt 7. 8. 2001 – 20 C 133/01, NJW-RR 2002, 596), dass jedes Mitglied einer Wohnungseigentümergemeinschaft als Eigenbesitzer einstandspflichtig gem § 836 BGB für Schäden sei, die durch vom Gebäude herabfallende Dachziegel verursacht werden. Diese konsequente Anknüpfung an den Eigenbesitz im Wohnungseigentumsrecht war jedenfalls sachgerecht bis zur Anerkennung der Teilrechtsfähigkeit der Wohnungseigentümergemeinschaft (BGH 2. 6. 2005 – V ZB 32/05, NJW 2005, 2061 = BGHZ 163, 154) und der Novellierung des WEG im Jahre 2007. Ab diesem Zeitpunkt lag die Verantwortung für die relevanten Gebäudeteile bei der Wohnungseigentümergemeinschaft. Die Frage nach dem Eigenbesitz wurde in diesem Zusammenhang in der Diskussion über die daraus folgenden Konsequenzen für den Haftungsadressaten gem § 836 BGB überwiegend vernachlässigt (Ausnahmen bspw: Schmid ZWE 2009, 295, 296; Schmid VersR 2012, 1098, 1100 f; Gottschalg DWE 2009, 81, 82, 85 u NZM 2010, 424, 425). Seit der WEG-Reform 2020 hat die Verantwortung des Verbands auch im Gesetz seinen Niederschlag gefunden, in dem die Verwaltungsbefugnis für das gemeinschaftliche Eigentum ihm überantwortet wurde (§ 18 Abs 1 WEG nF). Dabei lässt sich aber der Eigenbesitz des Verbands nur schwerlich konstruieren. Es stellt sich deshalb die Frage, ob die Haftung insoweit dem System des Wohnungseigentumsrechts folgend, beim Verband zu begründen ist, oder der fehlende Eigenbesitz der Haftung des Verbands aus § 836 BGB nicht doch entgegensteht. **80**

Hinsichtlich des Eigenbesitzes im Rahmen des WEG lässt sich zunächst zwischen dem gemeinschaftlichen Eigentum und dem Sondereigentum unterscheiden. Dafür spricht, dass der Inhaber des Sondereigentums dieses unter Ausübung seines exklusiven Herrschaftsrechts regelmäßig als ausschließlich ihm gehörend besitzt (vgl § 13 Abs 1 aF/nF WEG) und er für die Instandsetzung und Instandhaltung seines Sondereigentums allein verantwortlich ist (Bärmann/Armbrüster [16. Aufl] WEG § 5 Rn 1 f). Einer Differenzierung bedarf es im Rahmen von § 836 BGB gleichwohl idR nicht, weil es zu allererst – aber nicht nur – auf den Eigenbesitz am *Grundstück* ankommt. Das Grundstück, auf dem das Gebäude steht, als solches ist jedoch gem § 1 Abs 5 aF/nF WEG zwingend dem gemeinschaftlichen Eigentum zugewiesen (MünchKommBGB/Krafka § 1 WEG Rn 99); an ihm kann kein Sondereigentum begründet werden (zur Frage des eventuellen Sondereigentums an Gebäuden vgl § 837 Rn 13). Steht das Grundstück mithin im gemeinschaftlichen Eigentum, so ist jeder Wohnungseigentümer zugleich Miteigentümer am Grundstück, vgl § 1 Abs 2 u § 3 Abs 1 WEG aF/nF iVm § 10 Abs 1 aF/nF WEG (ebenso Erman/Grziwotz § 1 WEG Rn 5; zum Miteigentum iSd des WEG im Einzelnen s Staudinger/vProff [2021] § 741 Rn 178 ff). Miteigentümer – nach Bruchteilen – wiederum haben regelmäßig auch Mitbesitz (MünchKommBGB/Schäfer § 866 Rn 7; BGH 14. 1. 1959 – V ZR 82/57, BGHZ 29, 372, 377). Alle Wohnungseigentümer verfügen dementsprechend über Mitbesitz am gesamten Gemeinschaftseigentum und folglich gleichermaßen über Mitbesitz am Grundstück (BayObLG 30. 4. 1990 – BReg 1 b Z 20/89, BayObLGZ 1990, 115, 119; MünchKommBGB/Schäfer § 866 Rn 7; Bärmann/Suilmann [16. Aufl] WEG § 13 Rn 6; BeckOGK/Falkner [1. 3. 2026] § 10 WEG Rn 445). Dieser Mitbesitz muss nicht zwangs- **81** läufig gleichartig sein, dh ein Mitbesitzer kann durchaus Eigenbesitzer sein, während ein anderer Mitbesitzer Fremdbesitzer ist (Staudinger/Gutzeit [2025] § 866 Rn 21 u 3 mwNw; Grüneberg/Herrler § 866 Rn 1). Im Rahmen des WEG dürfte gleichwohl von Mitbesitz in Form des *Eigenbesitzes* jedes Wohnungseigentümers bezüglich des gesamten gemeinschaftlichen Eigentums auszugehen sein, zumal ein Mitbesitz nach ideellen Bruchteilen undenkbar und damit nicht möglich ist (Grüneberg/Herrler § 866 Rn 1; MünchKommBGB/Schmidt § 741 BGB Rn 17; Westermann/Gursky/Eickmann, Sachenrecht [2011] § 10 Rn 8; Erman/Aderhold § 741 Rn 12). Auch deshalb schließen sich Eigen- und Fremdbesitz auf der gleichen Besitzstufe richtigerweise aus (ebenso Westermann/Gursky/Eickmann, Sachenrecht [2011] § 11 Rn 5), sodass ein und dieselbe Person die Sache nicht gleichzeitig für sich und einen Dritten besitzen kann (BGH 10. 11. 1982 – V ZR 245/81, BGHZ 85, 263, 265; Grüneberg/Herrler § 866 Rn 1). Jeder Wohnungseigentümer ist mithin (Mit)Eigenbesitzer des gesamten Grundstücks und des übrigen Gemeinschaftseigentums – dazu zählen die bestands- und sicherheitsrelevanten Teile (wie Dach und Schornstein, Fundament und tragende Mauern und Wände; vgl § 5 Abs 2 aF/nF WEG) sowie andere Gebäudeteile (wie zB die Außenfassade, [Außen-]Fenster; Gemeinschaftsantenne, Außenjalousien- und Rollläden, Fensterläden, Schornstein, Balkon- bzw Dachterrassenbrüstungen und -geländer; vgl im Einzelnen Bärmann/Armbrüster [16. Aufl 2025] WEG § 5 Rn 35 ff, 55A ff; Bärmann/Pick/Baer [21. Aufl 2025] WEG § 5 Rn 4, 12 ff; Erman/Grziwotz § 5 WEG Rn 9 ff; Müller/Fichtner, Wohnungseigentum 2. Teil § 2 Rn 19 ff, 23a), welche regelmäßig eine Haftung aus § 836 BGB auslösen – jedoch keineswegs zugleich auch Fremdbesitzer derselben für die übrigen Wohnungseigentümer.

82 Wegen der Eigenbesitzerstellung jedes Wohnungseigentümers am Grundstück liegt nach dem Wortlaut von § 836 BGB die gesamtschuldnerische Haftung jedes einzelnen Wohnungseigentümers näher als die Haftung des Verbands. Der Verband ist nicht Eigenbesitzer des Grundstücks, weil das gemeinschaftliche (Mit-)Eigentum – aber auch das Sondereigentum – der Wohnungseigentümer nicht Bestandteil des Vermögens des rechtsfähigen Verbands sind (Baur/Stürner § 29 B II 3 f Rn 18; Wenzel ZWE 2006, 2, 7; BGH 17. 12. 2010 – V ZR 125/10, NJW 2011, 1351 Rn 7 mwNw; ähnl Elzer ZMR 2006, 228, 229 [„Träger des gemeinschaftlichen Eigentums (…) sind die Wohnungseigentümer selbst"]; vgl auch § 10 Abs 1 WEG aF/nF). Dementsprechend ist der Verband weder Miteigentümer des Grundstücks (BGH 17. 12. 2010 – V ZR 125/10, NJW 2011, 1351 Rn 7 mwNw; Staudinger/Wobst [2023] § 10 WEG Rn 23; Bub ZWE 2006, 253) noch Miteigentümer der sicherheitsrelevanten Teile eines Gebäudes. Daher können die Wohnungseigentümer nicht das Grundstück und das übrige Gemeinschaftseigentum als „subsidiäre Organe" des Verbands „Wohnungseigentümergemeinschaft" ausschließlich für diesen Verband und nicht für sich selbst besitzen.

83 Die Haftung des Verbands aus § 836 BGB lässt sich nach dem *Wortlaut* des Gesetzes demnach auch nach der WEG-Reform 2020 schwerlich begründen. Vor allem die Historie zur Gebäudehaftung (Rn 73 ff) zeigt, dass nur der Eigen-, nicht aber der Fremdbesitzer als Besitzer iSd §§ 836 ff BGB zu verstehen ist. Zudem ist der Eigenbesitzerbegriff in § 872 BGB legal definiert. Die extensive Auslegung des der Gebäudehaftung zugrunde liegenden (Eigen-)Besitzerbegriffs zwänge diesem Bedeutungen auf, die zur Genese des Gesetzes im Widerspruch stünden.

Anders ist es im Bereich des Sondereigentums. Seit der WEG-Reform 2020 ist Sondereigentum auch an Freiflächen möglich (§ 3 Abs 2 WEG nF). Unabhängig von der

Eigentumsfrage derartiger Gebäude (für Sondereigentum etwa BeckOK-BGB/Hügel [1. 2. 2022] § 3 WEG Rn 18; für Gemeinschaftseigentum Dötsch/Schultzky/Zschieschack Kap 1 Rn 30), ist hier der Sondereigentümer Allein- und Eigenbesitzer. Gleiches gilt für die Fälle, in denen der BGH schon bisher Sondereigentum angenommen hat, so bspw an Aufbauten auf einem im Sondereigentum stehenden Dachgarten (BGH 18. 11. 2016 – V ZR 49/16, ZfIR 2017, 409 Rn 8).

Mit der Anerkennung der (Teil-)Rechtsfähigkeit der „Gemeinschaft der Wohnungseigentümer" durch den BGH (BGH 2. 6. 2005 – V ZB 32/05, NJW 2005, 2061 = BGHZ 163, 154) und den Gesetzgeber (§ 10 Abs 6 WEG aF) im Rahmen der Novellierung des WEG im Jahr 2007 tendierte allerdings der überwiegende Teil des Schrifttums zur Haftung des Verbands „Wohnungseigentümergemeinschaft" (die Gemeinschaft der Wohnungseigentümer stellt einen der juristischen Person angenäherten Verband sui generis dar, vgl BGH 2. 6. 2005 – V ZB 32/05, NJW 2005, 2061, 2066 = BGHZ 163, 154, 172), lehnte die persönliche Haftung der Wohnungseigentümer ab und sah stattdessen die Wohnungseigentümergemeinschaft und den Verwalter (zum Verwalter s § 838 Rn 11) in der Verantwortung (Schmid ZWE 2009, 295, 296; Schmid VersR 2012, 1098, 1100 f; Wenzel ZWE 2009, 57, 58; **aA** Gottschalg NZM 2010, 424, 425 u DWE 2009, 81, 82, 85). 84

Schon aus dem Wortlaut von § 10 Abs 6 S 1 bis 3 WEG aF ließ sich nun folgern, dass dem Verband „Gemeinschaft der Wohnungseigentümer" die Sorge für das Gemeinschaftseigentum im Interesse aller Wohnungseigentümer überantwortet wird. Das Eigentum der Wohnungseigentümer war dabei ohne Belang. Im Vordergrund stand vielmehr die gesamte „Verwaltung des gemeinschaftlichen Eigentums" (S 1), in deren Folge der Verband auch gegenüber Dritten (S 1) Inhaber der als Gemeinschaft *gesetzlich begründeten* Pflichten ist (S 2) und die gemeinschaftsbezogenen Pflichten der Wohnungseigentümer wahrnimmt (S 3). Auch die Verkehrssicherungspflichten, und damit auch die Gebäudehaftpflichten, sind der Verwaltung des gemeinschaftlichen Eigentums zuzuordnen (vgl etwa Wenzel ZWE 2009, 57, 58; Schmid ZWE 2009, 295, 296), da es sich um Pflichten handelt, die im Interesse der Wohnungseigentümer und/oder des Gläubigers durch den Verband wahrgenommen werden müssen (sog geborene Wahrnehmungsbefugnis). Außerdem stellte § 10 Abs 6 S 2 WEG aF klar, „dass die Rechtsfähigkeit die in der Person der Gemeinschaft gesetzlich begründeten […] Pflichten erfasst" (BT-Drucks 16/887, 60). Das sind im Wesentlichen alle Maßnahmen, die der Verwalter im Rahmen der ihm gemäß § 27 Abs 1 und 2 WEG (§ 27 Abs 3 WEG – neu [jetzt § 27 WEG aF]) gesetzlich zugewiesenen oder ihm übertragenen Aufgaben wahrnimmt (BT-Drucks 16/887, 60), mithin auch die ihm gem § 27 Abs 1 Nr 2, Abs 3 Nr 3 WEG (jetzt aF) übertragene „Instandhaltung und Instandsetzung des gemeinschaftlichen Eigentums". § 10 Abs 7 S 1 u 2 WEG aF fügten sich in diese Rollenverteilung entsprechend ein und waren nach der Intention des Gesetzgebers als ergänzende Klarstellung zu Absatz 6 zu verstehen (BT-Drucks 16/887, 63): *„Das Verwaltungsvermögen gehört der Gemeinschaft der Wohnungseigentümer. Es besteht aus den im Rahmen der gesamten Verwaltung des gemeinschaftlichen Eigentums gesetzlich begründeten und rechtsgeschäftlich erworbenen Sachen und Rechten sowie den entstandenen Verbindlichkeiten."* Das Vermögen des Verbands umfasst nach dem Willen des Gesetzgebers mithin auch diejenigen Verbindlichkeiten, welche gesetzlich begründet wurden (BT-Drucks 16/887, 60). Dabei standen, dem Modell der WEG im deutschen Recht geschuldet, bei der Novellierung des WEG vertragliche Verpflichtungen der Gemeinschaft im Mittelpunkt, die deshalb zur Gesetzesbegründung herangezogen wurden (BT-Drucks 16/887, 60 ff). Gleichwohl wurden die gesetzlich begründeten Pflichten der Gemeinschaft in § 10 Abs 6 WEG aF ausdrücklich erwähnt. Daher bildeten auch sie sowohl in § 10 Abs 7 WEG aF (wie hier Bärmann/Suilmann [14. Aufl] WEG § 10 Rn 341) als auch in § 10 Abs 8 WEG aF „Pflichten" bzw „Verbindlichkeiten".

85 Durch die WEG-Reform 2020 hat sich die Verwaltungsstruktur des WEG-Rechts grundlegend geändert. Gemäß § 9a Abs 1 S 1 WEG ist die Gemeinschaft der Wohnungseigentümer nun vollständig rechtsfähig. In Abkehr des früheren Rechts, in dem eine eigene Pflicht des Verbands, bei der Verwaltung des gemeinschaftlichen Eigentums mitzuwirken, nicht vorgesehen war (vgl dazu BGH 8. 6. 2018 – V ZR 125/17, BGHZ 219, 60 Rn 16), weist das neue Recht in § 18 Abs 1 WEG nF die Verwaltung des gemeinschaftlichen Eigentums nun dem Verband als eigene Aufgabe zu, wozu als zentrale Aufgabe gem § 19 Abs 2 Nr 2 WEG nF auch die ordnungsgemäße Erhaltung des gemeinschaftlichen Eigentums gehört. Der Verband nimmt insoweit – anders als im früheren Recht – also nicht mehr treuhänderisch eine Aufgabe der Mitglieder (§§ 1008, 741 BGB) wahr (näher Dötsch/Schultzky/Zschieschack Kap 3 Rn 6 ff). Das „Verwaltungsmonopol" liegt beim Verband, die Eigentümer wirken nur noch als Organwalter im Rahmen der Beschlussfassung (§ 19 Abs 1 WEG nF) mit (Skauradszun/Elzer/Hinz/Riecke WEG-Reform 2020 § 1 Rn 24 ff). Die Verwaltung ist ihnen entzogen. Hierin liegt eine der zentralen Aussagen des neuen Rechts, die zu einer erheblichen Veränderung der Rechtsbeziehungen zwischen der Gemeinschaft, den Eigentümern und auch dem Verwalter geführt hat (Dötsch/Schultzky/Zschieschack Einl Rn 9).

Die daraus folgende Konsequenz wird nun in § 9a Abs 2 WEG nF – der den schwer verständlichen § 10 Abs 6 S 3 WEG aF ersetzt – gezogen. Danach übt die Gemeinschaft der Wohnungseigentümer die sich aus dem gemeinschaftlichen Eigentum ergebenden Rechte aus und nimmt die entsprechenden Pflichten der Wohnungseigentümer wahr. Der Gemeinschaft werden somit alle gesetzlichen Pflichten, die sich aus der Miteigentümerstellung am Gemeinschaftseigentum ergeben, zugewiesen (Lehmann-Richter/Wobst WEG-Reform 2020 Rn 145; Skauradszun/Elzer/Hinz/Riecke WEG-Reform 2020 § 1 Rn 24). Schon (allein) daraus folgt, dass Ersatzpflichtiger iSd § 836 BGB der Verband ist. § 836 BGB spielte allerdings weder bei der WEG-Reform 2020 (zur Entstehung Abschlussbericht der Bund-Länder-Arbeitsgruppe WEG-Reform, ZWE 2019, 429 ff; dazu instr Dötsch/Schultzky/Zschieschack ZfIR 2019, 649) noch in dem die Reform begleitenden wohnungseigentumsrechtlichen Schrifttum eine Rolle. Etwas anderes gilt aber für die Verkehrssicherungspflicht, wobei zu berücksichtigen ist, dass die hier interessierende Haftung aus § 836 BGB nur einen speziellen Fall der allgemeinen Verkehrssicherungspflichten regelt (BGH 11. 12. 1984 – VI ZR 218/83, NJW 1985, 1076; BGH 21. 1. 1988 – III ZR 66/86, LM Nr 22 = NJW-RR 1988, 853, 854; BGH 19. 6. 1990 – VI ZR 197/89, NJW-RR 1990, 1423, 1425; BGH 5. 4. 1990 – III ZR 4/89, NJW-RR 1500, 1501; BGH 4. 4. 2006 – VI ZR 151/05, NJW-RR 2006, 1098; Rn 3). Die Haftung aus § 836 BGB knüpft an den Eigenbesitz an, weil der Eigenbesitzer die tatsächliche Einwirkungsmöglichkeit auf die Gefahrenquelle besitzt. Das ist im WEG-Recht aber nicht der Fall, denn hier liegt die tatsächliche Einwirkungsmöglichkeit für das Gemeinschaftseigentum beim Verband und ist den einzelnen Wohnungseigentümern, obwohl sie Eigenbesitzer des gesamten Grundstücks und des übrigen Gemeinschaftseigentums sind (Rn 81 f), – mit Ausnahme der engen Grenzen des §§ 21 Abs 2 aF, 18 Abs 3 nF WEG – entzogen (vgl auch BGH 13. 12. 2019 – V ZR 43/19, NJW 2020, 1798 Rn 7 mwNw zu der höchstrichterlich nicht entschiedenen Frage, ob es sich bei der Verkehrssicherungspflicht um eine originäre Pflicht des Verbands gemäß § 10 Abs 6 S 2 WEG aF handelt oder ob die Wohnungseigentümer als Grundstückseigentümer verkehrssicherungspflichtig sind und eine Haftung des Verbands deshalb auf der in § 10 Abs 6 S 3 HS 1 WEG aF angeordneten „Wahrnehmung" von gemeinschaftsbezogenen Pflichten der Wohnungseigentümer beruht). Nach der WEG-Reform 2020 wird die Verkehrssicherungspflicht jedenfalls eindeutig dem Verband zugeschrieben. Abgeleitet aus der Erhaltungspflicht in § 18 Abs 2 Nr 1 WEG nF liegt sie beim Verband und wird nach § 9a Abs 2 WEG nF von ihm wahrgenommen (Lehmann-Richter/Wobst WEG-Reform 2020 Rn 145, 393). Die Gemeinschaft der Wohnungseigentümer nimmt deshalb nunmehr umfassend die aus der Sachherrschaft am Gemeinschaftseigentum fließenden Pflichten wahr und ist damit im rechtlichen Sinne die „Herrscherin über die Gefahrenquelle" (Dötsch/Schultzky/Zschieschack Kap 13 Rn 4, Kap 3 Rn 152; Lehmann-Richter/Wobst WEG-Reform 2020 Rn 145; Skauradszun/Elzer/Hinz/Riecke WEG-Reform 2020 § 2 Rn 47; Jennissen/Abramenko [8. Aufl 2023] § 9a Rn 83; Schmidt-Räntsch ZWE 2021, 1, 10 f; Hügel/Elzer [4. Aufl 2025] WEG § 9a Rn 74).

Die Entwicklung des Wohnungseigentumsrechts durch die WEG-Novelle von 2007 **86** und – spätestens – die Weiterentwicklung des WEG-Rechts durch WEG-Reform 2020 sprechen daher für eine Auslegung des § 836 BGB dahin, dass Ersatzpflichtiger trotz des bei den Miteigentümern liegenden Eigenbesitzes der Verband ist. Weder die Novellierung des WEG durch § 10 Abs 6 bis 8 WEG aF noch die WEG-Reform sind in § 836 BGB mitvollzogen worden. Durch den veränderten Normenzusammenhang erweist sich die Fixierung in der Norm auf den Eigenbesitzer aber als zu eng. Für eine dem historischen Gesetzgeber bewusste und von ihm beabsichtigte Regelungslücke – also ein bewusstes Schweigen – bestehen keine Anhaltspunkte. Da sich der Gesetzgeber bei der Schaffung des BGB aus Gründen der Übersichtlichkeit der Rechtsverhältnisse an Grundstücken ausdrücklich gegen ein Wohnungseigentum ausgesprochen hatte (Motive III 45 = Mugdan III 25 „eine Quelle fortwährender Streitigkeiten"), bestand für ihn kein Anlass, die eventuell auftretenden Besonderheiten einer Wohnungseigentümergemeinschaft in die Gebäudehaftung mit einzubeziehen. Erst im Jahr 1951 – gut ein halbes Jahrhundert nach dem Inkrafttreten des BGB – folgte das WEG in seiner ursprünglichen Gestalt. Im Wohnungseigentumsrecht haben sich zudem in dem interessierenden Zusammenhang tiefgreifende Veränderungen vollzogen, über die neue „Teilrechtsfähigkeit" des Verbands bezüglich der gesamten Verwaltung des Gemeinschaftseigentums durch die WEG-Novelle 2007 (Schmid ZWE 2009, 295, 298; Schmid VersR 2012, 1098, 1100 f) und Vollrechtsfähigkeit des Verbands durch die WEG-Reform 2020 mit der Folge, dass die Gemeinschaft der Wohnungseigentümer die Rechte und Pflichten aus dem Gemeinschaftseigentum ausübt (§ 9a Abs 1 S 1, Abs 2 WEG nF). Zur Bestimmung des Haftungsadressaten des § 836 BGB genügte dem historischen Gesetzgeber das Merkmal des Eigenbesitzes, als es darum ging, Nießbraucher, Mieter, Pächter und Entleiher uä von der Haftung auszunehmen; darin erschöpft sich die Funktion von § 836 Abs 3 BGB. Seit der Anerkennung der Teilrechtsfähigkeit des Verbands durch die WEG-Novelle 2007 stellt sich die Frage nach dem Haftungsadressaten bei der Gebäudehaftung aber neu und sollte – spätestens im Hinblick auf die WEG-Reform 2020 – dahingehend beantwortet werden, dass Adressat der Verband ist, da ihm die Verantwortung für das Gebäude und das Gefahrenmanagement gesetzlich zugewiesen ist.

Sinn und Zweck von § 836 Abs 1 BGB einerseits und andererseits von §§ 10 Abs 6 **87** aF, 9a Abs 2 nF WEG rechtfertigen danach die vorrangige, dh die ausschließliche

Haftung des Verbands aus § 836 BGB. Die Haftung des Verbands entspricht dem Willen des Gesetzgebers. Danach soll derjenige haften, der sich über den Zustand des Gebäudes unterrichten und das zur Abwendung der Gefahr Erforderliche unternehmen kann (vgl Mugdan II 1270). Diese Voraussetzungen erfüllt der Verband, wobei er sich in aller Regel bei der Verwaltung eines – nunmehr zertifizierten – Verwalters (vgl §§ 19 Abs 2 Nr 6, 26a, 27 Abs 1 WEG nF) bedient. Der Verband hat für die Erhaltung gem § 19 Abs 2 Nr 2 WEG nF, also die Instandsetzung und Instandhaltung (§ 13 Abs 2 WEG nF), zu sorgen. Es ist seine Aufgabe, dafür Sorge zu tragen, dass von dem Gebäude und vor allem dem gemeinschaftlichen Eigentum keine Gefahren iSd § 836 BGB ausgehen, und zwar auch nicht gegenüber dem Sondereigentum einzelner Wohnungseigentümer, da § 836 BGB auch innerhalb ein und desselben Gebäudes gilt (OLG Düsseldorf 12. 12. 1994 – 3 Wx 619/94, NJW-RR 1995, 587, 588). Die Aufgabenzuweisung an den Verband erfolgt demnach nicht anhand der Eigentumsverhältnisse, sondern danach, ob es sich um eine Angelegenheit der Verwaltung des Gemeinschaftseigentums handelt. Für die Haftung des Verbands spricht weiter, dass ihm gemäß § 9a Abs 2 WEG nF die allgemeine Verkehrssicherungspflicht obliegt und für eine Verletzung derselben nicht der Wohnungseigentümer als Einzelperson, sondern die Wohnungseigentümergemeinschaft als Verband haftet (vgl BGH 9. 3. 2012 – V ZR 161/11, NJW 2012, 1724 Rn 12; OLG München 24. 10. 2005 – 34 Wx 82/05, NZM 2006, 110; Jacoby ZWE 2014, 8, 10), obwohl der Verband als solcher nicht Eigentümer des Grundstücks ist. Insofern ist es nur folgerichtig, die Gebäudehaftung aus § 836 BGB als besondere Ausprägung der allgemeinen Verkehrssicherungspflicht (vgl Rn 3) ebenfalls dem Verband zu überantworten (so ausdrücklich auch BeckOK-BGB/Müller [1. 1. 2026] § 9a WEG Rn 126). Konsequenterweise muss die alleinige Wahrnehmungsverpflichtung der Gemeinschaft zugleich dazu führen, dass die einzelnen Wohnungseigentümer – bis auf die Ausnahme des §§ 21 Abs 2 aF, 18 Abs 3 nF WEG – nicht nur aus ihrer eigenen (Verkehrssicherungs-)Pflicht entlassen sind, mithin jede Ausübungskompetenz verloren haben, sondern Schuldner und Vollstreckungsschuldner ebenfalls allein der Verband ist (vgl aber dazu auch BeckOK-BGB/Müller [1. 1. 2026] § 9a WEG Rn 126). Die Haftung des Verbands erweist sich auch deshalb als sinnvoll, weil die meisten Schäden iSd § 836 BGB nicht einem bestimmten Wohnungseigentümer zugeordnet werden können. Für den Gläubiger aus § 836 BGB ist die Haftung des Verbands darüber hinaus von Vorteil, weil der Verband gem §§ 11 Abs 3 aF, 9 Abs 5 nF WEG nicht insolvenzfähig ist. Die Nachschusspflicht der Wohnungseigentümer (BGH 2. 6. 2005 – V ZB 32/05, NJW 2005, 2061, 2067 = BGHZ 163, 154) garantiert dem Gläubiger – im Falle einer fehlenden Haftpflichtversicherung – die Schadensbegleichung. Ferner dürften dem Gläubiger die Miteigentumsanteile und Adressen der einzelnen Wohnungseigentümer idR nicht bekannt sein bzw erst nach umfangreichen Recherchen zur Verfügung stehen.

Auch wenn bereits § 10 Abs 6 WEG aF die ausschließliche Haftung des Verbands aus § 836 BGB rechtfertigte (ausf Staudinger/Bernau [2018] § 836 Rn 86 ff; so auch MünchKommBGB/Wagner § 836 Rn 28; zustimmend, aber eine gesetzliche Regelung fordernd BeckOGK/Petershagen [1. 3. 2026] § 836 Rn 57 f), und sich die Haftung der Gemeinschaft aus § 836 BGB nach der WEG-Reform 2020 nunmehr zwangslos begründen lässt, so wäre es doch wünschenswert, die Haftungsfrage im Gesetz, vorzugsweise im WEG, zu lösen, da die für die Haftung des Verbands notwendige rechtliche Konstruktion der Norm fremd ist. Nach wie vor sind, wie für die Haftung aus § 836 BGB an sich ausschlaggebend, einerseits die Wohnungseigentümer Eigenbesitzer sowohl des Grundstücks als auch der relevanten Gebäudeteile, andererseits verwaltet aber der rechtsfähige Verband das Gemeinschaftseigentum, wobei ihm die allgemeine Verkehrssicherungspflicht, die auch den speziellen § 836 BGB umfasst, obliegt. Im Rahmen einer solchen gesetzlichen Regelung könnte der Verband Wohnungseigentümergemeinschaft durch eine eigenständige Bestimmung als Besitzer iSv § 836 Abs 1 BGB fingiert werden. Eine solche Fiktion des Besitzes ist dem Gesetz nicht fremd, wie § 739 ZPO zeigt. Entsprechend könnte in einem zu schaffenden § 9a Abs 2a WEG geregelt werden: „Als Besitzer im Sinne von § 836 BGB gilt bezüglich des Gemeinschaftseigentums die Gemeinschaft der Wohnungseigentümer."

Die vorstehenden Ausführungen gelten aber nur für das Gemeinschaftseigentum. **88**
Am Sondereigentum hat der Verband weiterhin weder Rechte noch Pflichten. Es sind deshalb Einzelfälle denkbar, bei denen eine Haftung des Wohnungseigentümers als Eigenbesitzer seines Sondereigentums aus § 836 BGB in Betracht kommt. So hat der BGH (BGH 18. 11. 2016 – V ZR 49/16, ZfIR 2017, 409 Rn 8) etwa Sondereigentum an einem Dachvorbau eines Wohnungseigentümers angenommen (Penthouse auf dem Gebäudedach). Diesbezüglich wird der Eigenbesitz des Sondereigentümers nicht vom Verwaltungsmonopol des Verbands für das Gemeinschaftseigentum überlagert. Des Weiteren kann sich nach § 3 Abs 2 WEG nF nunmehr das Sondereigentum auf einen außerhalb des Gebäudes liegenden Teil des Grundstücks erstrecken. Auf dieser Fläche errichtete Gebäude, zB Garagen, sind nach dem über § 5 Abs 1 S 2 WEG nF entsprechend anwendbaren § 94 Abs 1 S 1 BGB Sondereigentum (RegE BT-Drucks 1918791, 38; Jennissen/Grziwotz [8. Aufl] § 5 Rn 16a; **aA** Dötsch/Schultzky/Zschieschack Kap 1 Rn 30). Damit ist der Sondereigentümer allein für die Erhaltung seines Gebäudes zuständig und als Eigenbesitzer Haftungsadressat des § 836 BGB.

cc) Sicherungseigentümer

Bei Grundstücken sind Sicherungsübereignungen wegen der steuerlichen Folgen **89**
eher selten; die Problematik des Eigenbesitzes stellt sich daher zumeist nicht. Gegebenenfalls gelten die Ausführungen zu § 837 BGB (§ 837 Rn 9) entsprechend, sodass der Sicherungsnehmer (Bank) und nicht der Sicherungsgeber (ehemaliger Grundstückseigentümer) als Eigenbesitzer iSd § 836 BGB haftet. Daran ändert sich auch dadurch nichts, dass der Sicherungsgeber zumeist aus dem Sicherungsvertrag zur Instandhaltung und Instandsetzung des Gebäudes verpflichtet sein wird (§ 838 BGB) und letztlich im Innenverhältnis zum Sicherungsnehmer allein haftet; denn der Sicherungsnehmer haftet (aus § 836 BGB) neben dem Sicherungsgeber (aus § 838 BGB) als Gesamtschuldner unmittelbar gegenüber dem Geschädigten. In diesem Haftungsrisiko besteht ein weiterer Grund dafür, dass die Übereignung des Grundstücks in der Praxis nur selten als adäquates Sicherungsmittel gewählt wird.

d) Sonderproblem: Besitz aufgrund von Erbschaft

aa) Grundsatz

Mit dem Tod des Erblassers endet dessen tatsächliche Sachherrschaft unwiederbring- **90**
lich (Mugdan III 55 f). Der Erbe, der *kraft Gesetzes* in die Rechtsstellung des Erblassers im Wege der Universalsukzession einrückt, knüpft indes naturgemäß nicht lückenlos mit Eintritt des Todes an die Besitzerstellung an, vor allem nicht, wenn er von dem Erbanfall keine Kenntnis hat. Damit aber stünde er im Hinblick auf das Erbe besitzschutzrechtlich schlechter als eigentumsrechtlich. Dieser Missstand wurde durch § 857 BGB behoben. Danach geht der Besitz auf den Erben über, und zwar in

der Form, wie er bei dem Erblasser bestand. Folglich müsste der Erbe bereits *kraft Gesetzes* Eigenbesitzer iSd § 836 BGB sein, wenn der Erblasser es war, selbst wenn der Erbe weder von dem Erbfall noch von dem Eigenbesitz des Erblassers Kenntnis hatte (so BGB-RGRK/Kreft § 836 Rn 32; Soergel/Krause § 836 Rn 22; BGH VersR 1953, 433; vgl zum Eigenbesitz des Erben Mugdan V 422 aE). Für die Haftung aus §§ 836 ff BGB ist jedoch die Kenntnis sowohl vom Erbfall als auch von den vererbten Gegenständen ausschlaggebend. Wegen der besonderen erbrechtlichen Regelungen bleibt der Anwendungsbereich von § 857 BGB im Rahmen der Gebäudehaftung jedoch begrenzt.

bb) Verkehrsbesitz des (vermeintlichen) Erben

91 Weiß der Erbe von Anfang an, also unmittelbar nach dem Erbfall, dass er (Allein- oder Mit-)Erbe von Grundstück und Gebäude/Werk ist und nimmt er diese Sachen deshalb sofort für sich in Besitz, etwa dadurch, dass er die Immobilie selbst bezieht, spielt § 857 BGB keine Rolle. In diesem Fall benötigt der Erbe die Hilfskonstruktion über § 857 BGB nicht, weil er die Sachherrschaft *tatsächlich* ausübt. Mit dem Willen, die „Sache als ihm gehörend" zu besitzen, ist er Eigenbesitzer iSd §§ 836 Abs 3, 872 BGB und folgerichtig Haftpflichtiger iSd Gebäudehaftung. Seine Verkehrssicherungspflicht hängt vor allem nicht davon ab, ob das Grundstück einen Gewinn abwirft. Verfügt der Erbe über eigene Mittel, muss er zur notwendigen Unterhaltung auch sein übriges Vermögen in zumutbarer Weise verwerten, wenn er die Erbschaft behalten und deren Substanz erhalten will (BGH VersR 1953, 433).

92 Dasselbe gilt im Falle der Besitzergreifung für den vermeintlichen Erben (vgl Rn 71). Er ist Eigenbesitzer iSd §§ 836 Abs 3, 872 BGB und haftet gem § 836 BGB. Bei ihm ist § 857 BGB jedoch deshalb unanwendbar, weil er nicht der *wahre* Erbe ist, dessen Schutz § 857 BGB bezweckt. Problematisch gestaltet sich indes die Situation, wenn der wahre Erbe seinen Erbanspruch gegenüber dem vermeintlichen Erben (Erbprätendenten) zu einer Zeit geltend macht, in der dieser bereits Schadenersatz aus §§ 836 ff BGB an Dritte geleistet oder Aufwendungen am Gebäude/Werk getätigt hat, um der Haftung aus §§ 836 ff BGB zu entgehen. Als Eigentümer von Grundstück und Gebäude/Werk kann der wahre Erbe vom vermeintlichen Erben die Herausgabe „seiner" Sachen verlangen, und zwar entweder aus dem Erbschaftsanspruch (§ 2018 BGB) oder aus den Einzelansprüchen wie zB § 985 BGB oder § 812 Abs 1 S 1 BGB. Zudem ist an den Besitzentziehungsanspruch aus § 861 BGB zu denken, weil der Besitz nach § 857 BGB auf den – wahren – Erben übergegangen ist. In all diesen Fällen kann aber jedenfalls der gutgläubige (Erbschafts)Besitzer gem § 1000 BGB – ggf iVm § 2029 BGB (zur Anwendung der §§ 2022 Abs 1 S 2, 1000 BGB über § 2029 BGB bei dem Anspruch aus § 861 BGB trotz § 863 BGB vgl BeckOK-BGB/Müller-Christmann [1. 11. 2025] § 2029 Rn 4; MünchKommBGB/Helms § 2029 Rn 4; Soergel/Dieckmann § 2029 Rn 2; Staudinger/Raff [2025] § 2029 Rn 27 ff mwNw) – ein Zurückbehaltungsrecht wegen aller von ihm vor Rechtshängigkeit getätigten Verwendungen bzw Aufwendungen einredeweise geltend machen. Die §§ 2018 ff BGB dienen zwar vorrangig, nicht aber ausschließlich dem wahren Erben, sondern auch dem gutgläubigen Erbschaftsbesitzer (MünchKommBGB/Helms § 2018 Rn 3 u 6). Dieser soll nicht nur von der Haftungsbeschränkung (§ 2021 BGB) profitieren, sondern auch die Vorteile des erweiterten Verwendungsersatzanspruchs aus § 2022 BGB genießen. Verwendungen iSd § 2022 BGB sind auch solche, die zur Wahrnehmung von Verkehrssicherungspflichten betreffend Gebäude getätigt werden (vgl BGH NJW 2012, 453, 454), mithin alle Kosten, die bei der fehlerfreien Errichtung bzw sorgfältigen Unterhaltung von Gebäude/Werk anfallen. Ist es jedoch bereits zu einem Haftungsfall aus §§ 836 ff BGB gekommen und musste der Erbschaftsbesitzer deshalb Schadenersatz leisten, so greift § 2022 BGB nicht ein, weil es sich insoweit weder um Verwendungen zugunsten noch um Lasten des Grundstücks handelt. Da eine Haftung aus §§ 836 ff BGB (vermutetes) Verschulden des Eigenbesitzers/Haftenden voraussetzt, kann der aus §§ 836 f BGB haftende Erbschaftsbesitzer bezüglich seiner geleisteten Schadenersatzleistung überhaupt gar keinen Regress beim wahren Erben nehmen.

Mangels vertraglicher Grundlage wäre im Hinblick auf die *tatsächlich* getätigten *Aufwendungen* des (Erbschafts-)Besitzers im Übrigen an Ansprüche aus Geschäftsführung ohne Auftrag oder aus Bereicherung gegenüber dem wahren Erben zu denken, wenngleich die jeweiligen Anspruchsvoraussetzungen zweifelhaft sein dürften. **93**

Die Haftung des sog Verkehrsbesitzers endet erst, wenn auch sein Eigenbesitz(-wille) endet. **94**

cc) Erbenbesitz des Erben

Fehlt dem Erben bereits anfänglich in seiner Person der Eigenbesitzwille, etwa weil er von der Erbschaft und seiner Erbenstellung nichts wusste, kommt § 857 BGB zur Anwendung. Besitzschutzrechtliche Gründe gestehen ihm danach den Besitz in der Form zu, wie er bei dem Erblasser bestand. Sein Besitz entspricht jedoch in keiner Weise dem sachenrechtlichen Besitzbegriff; denn der Erbe braucht weder tatsächliche Gewalt über die Erbschaft noch positive Kenntnis von der Sachexistenz zu haben. Somit ist zumindest fraglich, ob der Erbenbesitz aus § 857 BGB die Gebäudehaftung aus §§ 836 ff BGB begründen kann. **95**

Historisch gesehen spricht manches dagegen. Entscheidend für die Haftung des Besitzers – und nicht des Eigentümers – war nämlich „die Annahme des Prinzips der Verschuldung" (MUGDAN II 1151). Danach „dürfe man die Ersatzpflicht nur dem auferlegen, dem es möglich war, durch rechtzeitige Abstellung vorhandener Mängel die Gefahr abzuwenden." (MUGDAN II 1151). Deshalb sollte der Erbe, welcher von seiner Erbschaft gar keine Kenntnis hat, auch nicht haften; denn er kann sich weder die nötige Kenntnis vom Zustand des Gebäudes verschaffen noch rechtzeitig die erforderlichen Maßregeln treffen (MUGDAN V 422 u 1270). **96**

Die gesetzgeberischen Intentionen von Gebäudehaftung und Erbenbesitz widersprechen sich. Während die Gebäudehaftung darauf abzielt, den adäquat Verantwortlichen in Gestalt des Eigenbesitzers haftend heranzuziehen, um dem *Geschädigten* deliktsrechtlichen Schutz zukommen zu lassen, schützt § 857 BGB primär den *Eigentümer* vor fremden Übergriffen, und zwar in besitzrechtlicher Hinsicht (zum Schutzzweck des § 857 BGB vgl LANGE, in: FS Felgentraeger, 295 sowie MUGDAN III 962 aE). Diese unterschiedlichen Schutzrichtungen von § 836 BGB und § 857 BGB legen nahe, dass der Erbenbesitz grundsätzlich nicht als Besitz iSd § 836 Abs 1, 3 BGB hinreichen kann.

Gleichwohl lässt sich die Anwendung des § 857 BGB im Rahmen der Gebäudehaftung rechtfertigen. Einerseits ist der Anwendungsbereich von § 857 BGB im Rahmen der Gebäudehaftung verschwindend gering und eher unwahrscheinlich. Andererseits relativiert das Erbrecht die denkbaren Nachteile auf Seiten des **97**

Erbenbesitzers. § 857 BGB greift in den allermeisten Fällen der Gebäudehaftung nicht: Tritt das schädigende Ereignis vor dem Tod des Erblassers ein, so ist die Schadenersatzpflicht aus § 836 BGB eine Erblasserschuld. Dasselbe gilt, wenn sich das schädigende Ereignis iSd § 836 BGB zwar erst nach dem Tod des Erblassers ereignet, aber vom Erblasser „herrührt"; vgl § 1967 Abs 2 BGB. Auch dann handelt es sich um eine Nachlassverbindlichkeit, für die der Erbe ohnehin haftet (Mugdan V 422 aE; RG DR 1942, 849 f; BeckOK-BGB/Lohmann [1. 2. 2026] § 1967 Rn 15; Burandt/Rojahn/Joachim, Erbrecht [4. Aufl 2022] § 1967 Rn 21; MünchKommBGB/Küpper § 1967 Rn 9, jeweils mwNw; **aA** betreffend die Gebäudehaftung Michel, Probleme des Erbenbesitzes S 123), es sei denn, er selbst hätte den Schaden abwenden können, vgl § 836 Abs 2 BGB (s auch Rn 101). Der potenzielle Erbe hat es in der Hand; er kann das Erbe – nach ggf eingehender Prüfung und Abwägung – annehmen oder ausschlagen. Schlägt er es aus, wird er nicht Erbe und § 857 BGB verschafft ihm den Besitz nicht (zum rückwirkenden Wegfall des Erbenbesitzes Hartung, Besitz und Sachherrschaft 254; Westermann/Gursky/Eickmann, Sachenrecht [2011] § 14 Rn 3). Nimmt er es an, ist es an ihm, sich über den Nachlass – soweit nötig – zu informieren oder aber einen Vertreter bzw Verwalter zu bestellen (BGH VersR 1953, 433; Michel, Probleme des Erbenbesitzes 121). Über ein zum Nachlass gehörendes Gebäude oder Werk und damit zusammenhängende Lasten (etwa solche aus § 836 BGB) wird er zum Zeitpunkt der Annahme der Erbschaft mithin regelmäßig in Kenntnis sein. Zudem wird das schädigende Ereignis regelmäßig innerhalb eines solchen Zeitrahmens liegen, dass die fehlerhafte Errichtung oder mangelhafte Unterhaltung noch immer dem Erblasser zugerechnet werden kann und muss (s oben sowie § 836 Abs 2 BGB: ein Jahr nach Ableben; **aA** Michel, Probleme des Erbenbesitzes 123 ff), sodass es auf die Eigenhaftung des Erben nach §§ 836, 857 BGB nur noch ankommt, wenn der Erblasser die erforderliche Sorgfalt beachtet hat oder aber das schädigende Ereignis lange nach dem Tod des Erblassers, aber noch vor der Annahme der Erbschaft und der Inbesitznahme durch den (wahren) Erben eingetreten ist. In diesem Fall kann der Erbe seine Haftung trotz (Eigen)Besitzes iSd §§ 836 Abs 3, 872 iVm § 857 BGB durch Beobachtung der erforderlichen Sorgfalt – § 836 Abs 1 S 2 BGB – abwenden (MünchKommBGB/Wagner § 836 Rn 27). Dazu kann er seine unverschuldete Unkenntnis vom Erbfall anführen (BGH VersR 1953, 433; BGB-RGRK/Kreft § 836 Rn 32; **aA** wohl Weimar MDR 1965, 109). Des Weiteren kann er nachweisen, dass er die tatsächliche Besitzergreifung nicht ungebührlich verzögert hat (Mugdan V 422 aE), etwa dadurch, dass er nach Mitteilung der bereits erfolgten Bestellung eines Abwesenheitspflegers gem § 1911 Abs 1 BGB nicht untätig bleibt, auf die Aufhebung der Pflegerbestellung hinwirkt und die Verkehrssicherungspflichten nunmehr selbst erfüllt (BGH VersR 1953, 433). Den abwesenden Alleinerben trifft die Verkehrssicherungspflicht nämlich auch dann, wenn er im Zeitpunkt seiner Kenntnis vom Erbfall gleichzeitig von der Bestellung eines Abwesenheitspflegers erfährt. Denn die behördliche Bestellung eines Abwesenheitspflegers stellt den Erben nicht von jeder Verantwortung frei und hat nicht den Sinn, dem handlungsfähigen Erben die Obhutspflicht über das Erbe abzunehmen.

98 Erlangt ein **Miterbe** zunächst allein Kenntnis von dem Erbfall, während die übrigen Miterben nicht erreichbar sind, so ist er allein berechtigt und verpflichtet, die im Interesse Dritter notwendigen Verkehrssicherungsmaßnahmen zu treffen. Andernfalls haftet er nach § 836 BGB, sofern er sich nicht entlasten kann (vgl BGHZ 6, 76 ff; BGH 23. 9. 1953 – VI ZR 313/52, LM Nr 6 = VersR 1953, 433).

Der Erbenbesitz iSd § 857 BGB endet, wenn entweder ein Dritter (zB ein Erbschaftsbesitzer) Besitz an der Sache ergreift oder der Erbe die tatsächliche Sachherrschaft erlangt (s Verkehrsbesitz des Erben; vgl auch MünchKommBGB/Schäfer § 857 Rn 10; Hartung, Besitz und Sachherrschaft 256). Wird ein Testamentsvollstrecker ernannt, wird dieser nicht ohne Weiteres Besitzer der Erbschaftsgegenstände. Vielmehr bleibt es (zunächst) beim Erbenbesitz nach § 857 BGB; der Testamentsvollstrecker ist aber gemäß § 2205 S 2 1. Alt BGB berechtigt, die Nachlassgegenstände in Besitz zu nehmen. Solange der Erbe (oder ein Dritter) noch nicht die tatsächliche Sachherrschaft über die Nachlassgegenstände ausübt, kann der Testamentsvollstrecker, ggf auch durch konkludentes Handeln, eigenmächtig die tatsächliche Sachherrschaft ergreifen und damit gemäß § 854 BGB den Besitz erwerben (VGH Baden-Württemberg 21. 12. 2017 – 10 S 1972/17, FamRZ 2018, 711). 99

2. Fremdbesitzer

Eine Haftung des Fremdbesitzers kommt nur aus § 838 BGB, nicht aber nach § 836 BGB in Betracht (anders Herrmann, Cautio damni infecti 203, 212 aE). ZB haftete ein (in der Nachkriegsbesatzungszeit) von der Militärregierung gemäß MilRegGes Nr 52 bestellter Treuhänder *(custodian)* für den Schaden durch Einsturz eines von ihm verwalteten Gebäudes nicht unmittelbar aus § 836 BGB, aber aus § 838 BGB iVm § 836 BGB (BGHZ 21, 285, 290 ff, vgl § 838 Rn 4). Entsprechend gilt für die Haftung des Insolvenzverwalters als Fremdbesitzer nur noch § 838 BGB (MünchKommInsO/Jaffe § 148 Rn 37; MünchKommBGB/Wagner § 838 Rn 5). 100

3. Haftung des früheren Eigenbesitzers

Nach § 836 Abs 2 BGB ist auch der frühere Eigenbesitzer haftbar, wenn das schädigende Ereignis innerhalb eines Jahres nach Beendigung seines Besitzes eintritt. Dadurch soll sich der Eigenbesitzer nicht durch Aufgabe des Besitzes seiner Verantwortlichkeit entziehen können (Prot II 656; MünchKommBGB/Wagner § 836 Rn 29). Für die Berechnung der Jahresfrist s §§ 187 Abs 1, 188 Abs 2 BGB. Wegen der Beendigung des unmittelbaren Besitzes vgl § 856 BGB, wegen der Beendigung des mittelbaren Eigenbesitzes s die Anm zu § 872 BGB. Früherer Besitzer iSd § 836 Abs 2 BGB im Verhältnis zum Erben ist vor allem auch der Erblasser (OLG Kassel OLGE 28, 311, 312; BGB-RGRK/Kreft § 836 Rn 34; Boehmer JW 1938, 2634, 2639; vgl auch Mugdan V 422 aE), dessen Eigenbesitz ohne Weiteres auf den Erben übergeht (Rn 90). Die Haftung des Erblassers (bzw seiner Erben) rechtfertigt sich aus dem Umstand, dass durch seine Untätigkeit der gefährliche Zustand von Gebäude/Werk überhaupt erst möglich und von ihm bis zu seinem Ableben nicht behoben wurde, mithin fortbesteht. Das Verschulden des Erblassers wirkt über dessen Tod hinaus fort, soweit und solange sein Nachfolger (der neue Eigenbesitzer) nicht selbst Kenntnis vom Erbfall und Gebäude/Werk erhält und dementsprechend selbst verantwortliche Maßnahmen zur Vermeidung von Schäden durch Gebäude/Werk ergreifen kann (vgl Rn 97). Die Verantwortung des Erblassers wirkt jedoch temporär bis maximal **ein Jahr** nach seinem Ableben fort; vgl Abs 2. Diese Zeitspanne liegt regelmäßig innerhalb des Zeitrahmens, in dem ein neuer Eigenbesitzer zur Gefahrabwendung zur Verfügung steht. Mit ihr wird außerdem sichergestellt, dass ein Geschädigter mangels greifbaren Verantwortlichen – vor allem wenn den Erben tatsächlich einmal selbst kein Verschul- 101 den trifft – nicht schutzlos steht. Wegen der Beweislast s Rn 106; wegen der Entlastung des früheren Besitzers s Rn 112.

XII. Mehrheit von Ersatzpflichtigen

102 Die **gegenwärtigen** gemeinschaftlichen Eigenbesitzer eines Grundstücks (Mitbesitz nach § 866 BGB, vgl Erl dort) haften dem Verletzten nach § 840 Abs 1 BGB als Gesamtschuldner (BGB-RGRK/Kreft § 836 Rn 35; Erman/Wilhelmi § 836 Rn 8; MünchKomm-BGB/Wagner § 836 Rn 31). Das Gleiche gilt für mehrere **frühere** Eigenbesitzer (§ 836 Abs 2 BGB), nicht nur wenn sie Mitbesitzer nach § 866 BGB waren, sondern auch, wenn sie innerhalb der einjährigen Frist nacheinander Besitzer des Grundstücks waren. Eine gesamtschuldnerische Haftung tritt schließlich ein, wenn **beide Besitzer**, sowohl der gegenwärtige nach § 836 Abs 1 BGB, als auch der frühere nach § 836 Abs 2 BGB, ersatzpflichtig sind (OLG Düsseldorf 23. 10. 1951 – 4 U 5/51, VersR 1952, 134; BGB-RGRK/Kreft § 836 Rn 34 f; Erman/Wilhelmi § 836 Rn 8; Baumgärtel/Laumen/Prütting/Luckey [5. Aufl 2023] Rn 21). Die Grundsätze des § 830 Abs 1 S 2 BGB sind auch im Rahmen der §§ 836, 838 BGB anwendbar (BGHZ 55, 96, 98; BGHZ 21, 285, 291 ff; vgl zur Möglichkeit der Streitverkündung gem § 72 ZPO bei der Nachhaftung im Fall der Entlastung des früheren Besitzers durch den Nachweis des Verschuldens seines Nachfolgers: Petershagen 176 ff).

103 **Der Ausgleich im Innenverhältnis** richtet sich nach den eventuellen vertraglichen Beziehungen, ansonsten nach § 426 BGB (Erman/Wilhelmi § 836 Rn 15), während § 840 Abs 3 BGB in diesem Fall unanwendbar ist. Wegen des Ausgleichs, wenn dazu eine Haftung aus § 838 BGB tritt, vgl § 838 Rn 2.

104 Besteht **neben einer Haftung aus § 836 BGB die eines sonstigen Dritten**, zB aus § 823 BGB oder § 831 BGB, gilt im Verhältnis zum Verletzten auch hier § 840 Abs 1 BGB. Dagegen ist für den Ausgleich im Innenverhältnis, soweit es sich um den aus den allgemeinen Vorschriften haftenden Dritten handelt, § 840 Abs 3 BGB anwendbar. Dann muss der Dritte im Verhältnis zu dem Besitzer oder den Besitzern den Schaden allein tragen (BGB-RGRK/Kreft § 836 Rn 36; Grüneberg/Retzlaff § 836 Rn 12; Näheres bei MünchKommBGB/Wagner § 823 Rn 486).

Dieser Innenausgleich basiert auf dem – fragwürdigen – Gedanken, dass die Verantwortlichkeit des unmittelbaren Schädigers grundsätzlich höher anzusetzen ist als die des mittelbaren Schädigers, der aufgrund mangelhafter Überwachung des Gebäudes haftet. Abgesehen davon, dass durch diese Regelung das Ausmaß des jeweiligen Verschuldens im Innenausgleich überhaupt keine Berücksichtigung findet (vgl MünchKommBGB/Stein [3. Aufl] § 840 Rn 25), versagt sie auch dann, wenn der Dritte aufgrund der Gefährdungshaftung zum Ersatz verpflichtet ist. Es geht über den Normzweck von § 840 Abs 3 BGB hinaus, den Anwendungsbereich auf Dritte zu erstrecken, die weder aus nachgewiesenem noch aus vermutetem Verschulden haften (Staudinger/Vieweg/Lorz [2023] § 840 Rn 82). Im Fall der Gefährdungshaftung ist daher § 840 Abs 3 BGB unanwendbar (heute hM; OLG Schleswig NJW-RR 1990, 470; Staudinger/Eberl-Borges § 833 Rn 216; Erman/Wilhelmi § 836 Rn 15; **aA** RGZ 53, 115, 121; RGZ 58, 335, 336). Nach dem Normzweck bedarf es der Privilegierung nach § 840 Abs 3 BGB auch nicht, wenn der Sorgfaltsverstoß des Eigenbesitzers positiv nachgewiesen und nicht nur durch die Verschuldensvermutung des § 836 BGB belegt ist (Erman/Wilhelmi § 836 Rn 15; Staudinger/Vieweg/Lorz [2023] § 840 Rn 83). Der Anwendungsbereich von § 840

Abs 3 BGB wird auf Fälle zu beschränken sein, in denen der Eigenbesitzer *nur* aufgrund der Verschuldensvermutung nach § 836 BGB haftet, dem Dritten jedoch die Pflichtverletzung positiv nachgewiesen ist (MünchKommBGB/Wagner § 836 Rn 31).

XIII. Beweislast des Geschädigten

1. Umfang

105 Die Beweislast des Geschädigten besteht in fünffacher Hinsicht (MünchKommBGB/Wagner § 836 Rn 32; Soergel/Krause § 836 Rn 29). Er muss *erstens* den gegenwärtigen oder früheren Eigenbesitz des in Anspruch Genommenen beweisen (BGH 7. 2. 1956 – VI ZR 345/54, LM Nr 9 = VersR 1956, 348) und *zweitens* seinen eigenen Schaden. Er hat *drittens* den Beweis der objektiven Fehlerhaftigkeit der Errichtung (BGH 4. 4. 2006 – VI ZR 151/05, NJW-RR 2006, 1098, 1099; OLG Zweibrücken NJW-RR 2002, 749; OLG Koblenz NVwZ-RR 2004, 322, 323; OLG Rostock 15. 9. 2003 – 3 U 58/03, NJW-RR 2004, 825; OLG Köln VersR 2005, 512), *viertens* der Ursächlichkeit der Mängel für den Einsturz oder die Teilablösung und *fünftens* deren Ursächlichkeit für den Schaden (BGH 16. 6. 1952 – III ZR 142/50, LM Nr 4 = BeckRS 1952, 31386206; BGH 4. 4. 2006 – VI ZR 151/05, NJW-RR 2006, 1098, 1099; OLG Zweibrücken NJW-RR 2002, 749; OLG Rostock 15. 9. 2003 – 3 U 58/03, NJW-RR 2004, 825; OLG Köln VersR 2005, 512) zu führen. Der Beweispflicht genügt der Kläger zB, wenn er darlegt, dass der schadenverursachende Einsturz oder die Teilablösung durch normale Witterungseinflüsse herbeigeführt wurde (RG JW 1936, 2913; OLG Rostock 15. 9. 2003 – 3 U 58/03, NJW-RR 2004, 825; Erman/Wilhelmi § 836 Rn 14). Dagegen braucht er wegen § 836 Abs 1 S 2 BGB nicht zu beweisen, dass den Besitzer oder jemand anderen ein Verschulden an Fehlern und Mängeln bei Errichtung und Unterhaltung trifft (RG Recht 1907 Nr 1835; RG HRR 1929 Nr 1313; BGH 16. 6. 1952 – III ZR 142/50, LM Nr 4 = BeckRS 1952, 31386206; BGH 14. 1. 1954 – III ZR 221/52, NJW 1954, 913, 914; BGHZ 21, 285, 292; BGH 14. 6. 1976 – III ZR 81/74, BB 1976, 1343; OLG Frankfurt VersR 1978, 966). Das Fehlen der Verletzung von Sorgfaltspflichten hat der Eigenbesitzer zu beweisen (Erman/Wilhelmi § 836 Rn 14). Würde der Verletzte auch das Verschulden des Eigenbesitzers beweisen, haftete dieser schon nach § 823 Abs 1 BGB.

106 Gegenüber dem **früheren Besitzer** (Rn 101) hat der Kläger weiter zu beweisen, dass ab der Beendigung von dessen (Eigen-)Besitz bis zum Einsturz oder der Ablösung noch kein Jahr verstrichen ist (BGB-RGRK/Kreft § 836 Rn 34; Baumgärtel/Laumen/Prütting/Luckey [5. Aufl 2023] Rn 11).

2. Beweiserleichterung durch Anscheinsbeweis

107 Hat ein Bauwerk Mängel, die nach dem **natürlichen Verlauf** der Dinge und nach der Erfahrung des Lebens besonders geeignet sind, einen bestimmten schädigenden Erfolg zu begünstigen, und tritt dieser Erfolg ein, so ist, wenn keine andere Ursache des Schadens feststellbar ist, bis zum Beweis des Gegenteils anzunehmen, dass sie zu dem schädigenden Erfolg mindestens als eine der Ursachen beigetragen haben; diese faktische Vermutung hat durch Beweis des Gegenteils zu widerlegen, wer die Mängel vertreten muss (RG LZ 1919, 1014 betr fehlerhaft errichtete Mauer; OLG Düsseldorf MDR 1975, 843 betr Einsturz eines Turmdockkrans; BGH 4. 3. 1997 – VI ZR 51/96, LM Nr 25 = NJW 1997, 1853 betr Durchbruch eines zur Gerüsterstellung verwendeten, zum Begehen durch Gerüstbenutzer bestimmten Bretts). Für den Eintritt der Verschuldensvermutung nach § 836 Abs 1 S 1

BGB ist daher der Nachweis ausreichend, das Gebäude oder Werk bzw ein baulicher Bestandteil des Gebäudes oder Werks sei in einem objektiv mangelhaften Zustand gewesen. Der Beweis einer Fehlerhaftigkeit des Bauwerks wird dem Geschädigten durch den Beweis des ersten Anscheins erleichtert. Ordnungsgemäß errichtete oder unterhaltende Bauwerke verlieren weder Teile, noch stürzen sie ein (BGHZ 58, 149, 154 f; BGH 4. 4. 2006 – VI ZR 151/05, NJW-RR 2006, 1098, 1099; vgl auch BGH NJW 2009, 3235 f). Deshalb spricht das Ablösen von Gebäudeteilen im Rahmen des Anscheinsbeweises grds für eine fehlerhafte Errichtung des Bauwerks oder eine mangelhafte Unterhaltung (OLG Hamm MDR 2010, 1386; 24. 9. 2012 – I-6 U 16/12, MDR 2013, 31; LG Hanau Schaden-Praxis 2007, 136; LG Hanau 5. 10. 2012 – 9 O 280/12, NZV 2013, 593; LG Duisburg 4. 1. 2013 – 6 O 142/11, NZV 2013, 590, 591 f). Ob ein Verstoß gegen DIN-Vorschriften vorlag, ist für die Verschuldensvermutung noch ohne Bedeutung. Diese Frage stellt sich erst im Zusammenhang mit dem Entlastungsbeweis (BGH 4. 3. 1997 – VI ZR 51/96, LM Nr 25 = NJW 1997, 1853). Der Anscheinsbeweis erstreckt sich auch auf die Kausalität für das schädigende Ereignis in Form des Einsturzes oder der Ablösung von Teilen (BGH 8. 2. 1972 – VI ZR 155/70, BGHZ 58, 149, 154; BGH VersR 1994, 324, 325; NJW-RR 2006, 1098, 1099). Demgegenüber greift der Beweis des ersten Anscheins nicht, wenn die ernsthafte Möglichkeit feststeht, dass das schädigende Ereignis auf einer anderen Ursache als der fehlerhaften Errichtung oder der mangelhaften Unterhaltung beruht (BGH 4. 4. 2006 – VI ZR 151/05, NJW-RR 2006, 1098, 1100; MünchKommBGB/Wagner § 836 Rn 15). Die zur Erschütterung des Anscheinsbeweises geeigneten Umstände müssen vom Gebäudebesitzer zur Überzeugung des Tatrichters nachgewiesen werden (BGH 4. 3. 1997 – VI ZR 51/96, LM Nr 25 = NJW 1997, 1853, 1854 mwNw).

108 Kommt es schon **verhältnismäßig kurze Zeit** nach der Errichtung eines Gebäudes (Bauwerks) zum Einsturz oder zur Ablösung von Teilen, spricht die Vermutung dafür, dass es fehlerhaft errichtet ist, zB wenn eine Neubaudecke schon nach wenigen Wochen bricht (BGH MDR 1958, 326). Der Pflichtige kann sich dann nur durch andere Tatsachen entlasten, etwa die übermäßige Beanspruchung der Deckenfläche. Durch eine übermäßige Inanspruchnahme wird die vorgesehene Nutzung des Bauwerks verlassen, damit fehlt es an der nötigen Kausalität (vgl BGH VersR 1969, 37; BGH 4. 3. 1997 – VI ZR 51/96, LM Nr 25 = NJW 1997, 1853).

109 Der Anscheinsbeweis gilt auch bei **Witterungseinflüssen**, mit denen naturgemäß zu rechnen ist (BGH 27. 4. 1999 – VI ZR 174/98, NJW 1999, 2593, 2594), wie etwa bei Hochwasser (Ahrens/Deutsch, Deliktsrecht [2009] § 21 Rn 473) oder Blitzschlag in einen nicht durch einen Blitzableiter geschützten Schornstein (LG Frankfurt aM VersR 2009, 228 mAnm Stein; BeckOK-BGB/Förster [1. 5. 2026] § 836 Rn 20; jurisPK-BGB/Moritz § 836 Rn 21; Grüneberg/Retzlaff § 836 Rn 9; Hk-BGB/Staudinger § 836 Rn 10; **aA** noch Palandt/Sprau [68. Aufl 2009] § 836 Rn 9 sowie Geigel/Haag [27. Aufl 2015] Kap 19 Rn 12), wenn dadurch der Schornstein zerstört wird und dessen Teile herabfallen. Zwar besteht in allen deutschen Bundesländern eine öffentlich-rechtliche Verpflichtung zur Installation von dauernd wirksamen Blitzschutzanlagen nur, wenn bei baulichen Anlagen nach Lage, Bauart oder Nutzung ein Blitzschlag leicht eintreten oder zu schweren Folgen führen kann (vgl zB § 12 Abs 3 BbgBauO; § 46 LBauO M-V sowie § 44 ThürBO). Wenn es deutschlandweit jährlich allerdings etwa zwei Millionen Blitze oder mehr gibt und davon circa ein bis zehn Prozent einschlagen, so kann dabei – anders als bei sehr starken Orkanen der Windstärke 14 bis 17 (s unten), selten vorkommenden Bergrutschen oder in Deutschland eher unwahrscheinlichen Erdbeben – nicht mehr von außergewöhnlichen Wetterphänomenen gesprochen werden (zustimmend Petershagen NZV 2011, 528, 529; Stein VersR 2009, 230). Insofern ändert auch eine fehlende *öffentlich-rechtliche* Blitzeinschlagschutzpflicht nichts an der Einstandspflicht des Eigenbesitzers gem § 836 BGB (wie hier LG Frankfurt VersR 2009, 228, 229), weil durch eine Blitzschutzanlage nicht nur Brände abgewehrt und elektrische Geräte geschützt, sondern gerade auch solche Schäden verhindert werden sollen, welche infolge des Blitzeinschlags durch herabfallende Gebäudeteile verursacht werden.

Nach der Lebenserfahrung legt die Ablösung von Gebäudeteilen infolge von Witterungseinflüssen die mangelhafte Errichtung oder Unterhaltung nahe (OLG Köln VersR 2005, 512). Dem Geschädigten kommt für den Beweis des objektiven Mangels der erste Anschein der fehlerhaften Errichtung und Unterhaltung eines Gebäudes auch zugute, wenn infolge eines ungewöhnlich starken Sturms der Windstärke 12 bis 13 Beaufort Gebäudeteile losgelöst werden (BGH 23. 3. 1993 – VI ZR 176/92, NJW 1993, 1782, 1783; OLG Stuttgart 23. 11. 2016 – 4 U 97/16, NJW-RR 2017, 793 Rn 47 mwNw; OLG Zweibrücken NJW-RR 2002, 749; AG Aachen SVR 2007, 227 f; AG Neumarkt r+s 2010, 283, 284). Gerade in der Küstenregion muss verstärkt mit orkanartigen Stürmen jedenfalls der Windstärke 12 gerechnet werden (LG Flensburg 29. 4. 2016 – 1 S 63/15, VersR 2017, 236, 237; LG Aurich 19. 1. 2018 – 3 O 1102/16, r+s 2018, 308, 309). Der Unterhaltspflichtige muss erhebliche Sturmstärken in seine Betrachtung mit einbeziehen und entsprechende Vorsorge für die Festigkeit der Teile des Gebäudes oder Werks treffen (für fliegende Bauten gilt eine geringere Windstandfestigkeit gem DIN 4112; vgl LG Karlsruhe NJW-RR 2002, 1541). In der Regel ist deshalb der Anscheinsbeweis noch nicht erschüttert, wenn die Schadenursache eine (besonders) starke Sturmböe war (BGH 27. 4. 1999 – VI ZR 174/98, NJW 1999, 2593, 2594; OLG Koblenz 5. 7. 2002 – 10 U 251/02, OLGR 2002, 446; OLG Düsseldorf NJW-RR 2003, 885; OLG Rostock 15. 9. 2003 – 3 U 58/03, NJW-RR 2004, 825; OLG Köln VersR 2005, 512; OLG Hamm MDR 2010, 1386; LG Karlsruhe NJW-RR 2002, 1541; LG Offenburg NJW-RR 2002, 596; LG Duisburg 4. 1. 2013 – 6 O 142/11, NZV 2013, 590, 592; LG Aurich 19. 1. 2018 – 3 O 1102/16, r+s 2018, 308, 309). Nur außergewöhnliche Naturereignisse, gleichsam eine Seltenheit im Maßstab „höchstens einmal im Leben", denen auch ein fehlerfrei errichtetes oder mit der erforderlichen Sorgfalt unterhaltenes Bauwerk nicht standhalten könnte, lassen den Anscheinsbeweis entfallen (BGH 8. 2. 1972 – VI ZR 155/70, BGHZ 58, 149, 153 f; BGH 23. 3. 1993 – VI ZR 176/92, NJW 1993, 1782, 1783; BGH 27. 4. 1999 – VI ZR 174/98, NJW 1999, 2593, 2594; OLG Hamm 3. 2. 1992 – 13 U 218/91, OLGR 1992, 123 [7 Beaufort]; OLG Koblenz NVwZ-RR 2004, 322, 323; OLG Rostock 15. 9. 2003 – 3 U 58/03, NJW-RR 2004, 825; OLG Köln VersR 2005, 512; LG Baden-Baden VersR 2003, 517; LG Flensburg 29. 4. 2016 – 1 S 63/15 VersR 2017, 236 f; LG Aurich 19. 1. 2018 – 3 O 1102/16, r+s 2018, 308, 309; Diehl ZfS 2011, 258). Keinesfalls außergewöhnlich idS sind Windgeschwindigkeiten von 120 km/h (12 Beaufort), wenn auch zB am Niederrhein selten damit gerechnet werden muss (OLG Düsseldorf VersR 1993, 841; vgl auch AG Aachen SVR 2007, 227, 228). Kann jedoch nach Schätzungen des Deutschen Wetterdienstes nicht ausgeschlossen werden, dass dieser Richtwert erheblich überschritten wurde, kommt ein Anscheinsbeweis dagegen nicht in Betracht (OLG Hamm 8. 1. 1993 – 7 U 106/92, OLGR 1993, 65 [Hangartor]). Entscheidend sind nicht die mittleren Windgeschwindigkeiten, sondern die Sturmspitzen (OLG Koblenz NVwZ-RR 2004, 322, 324). Jedenfalls Werte im mittleren Bereich von 14 Beaufort (Sturm „Lothar" – Weihnachten 1999) bzw von mehr als 150 km/h sollen den Anscheinsbeweis erschüttern (OLG Zweibrücken NJW-RR 2002, 749; OLG Koblenz NVwZ-RR 2004, 322, 323; LG Dortmund 27. 4. 2017 – 11 S 72/16, juris Rn 19). Es ist unerheblich, ob das Gebäude oder Werk ordnungsgemäß errichtet bzw unterhalten war, wenn es auch in diesem Fall nicht den extremen Witterungseinflüssen standgehalten hätte (LG Karlsruhe NJW-RR 2002, 1541; s auch Rn 135).

Trotz der Begrenzung der Windlast auf Windstärken bis 12 Beaufort nach den für die Baustatik geltenden Normen der DIN 1055 Teil 4 (OLG Koblenz NVwZ-RR 2004, 322, 323) darf bezweifelt werden, dass die übliche Begrenzung auf 12 bzw 13 Beaufort der auf 17 Stufen erweiterten Skala derzeit noch gerechtfertigt ist, um von einem noch gewöhnlichen Naturereignis sprechen zu können, weil im Zuge des Klimawandels vermehrt Orkane mit Spitzengeschwindigkeiten bis 200 km/h oder weit darüber hinaus – also Windstärken von bis zu 17 Beaufort in der Spitze – auftreten (ebenso LG Gera 1. 8. 2008 – 2 O 1288/07, juris Rn 18; ähnlich AG Wesel r+s 2010, 283 sowie AG Bad Hersfeld SVR 2010, 107; **aA** noch OLG Zweibrücken NJW-RR 2002, 749). Muss also mit derart starken Orkanen zukünftig häufiger gerechnet werden, so dürften diese keine außergewöhnlichen Naturereignisse mehr darstellen; zumal es ausreicht, wenn solche Orkane einmal im Jahr oder sogar lediglich alle paar Jahre auftreten (zutreffend OLG Köln VersR 1992, 1018, 1019; AG Aachen SVR 2007, 227 f; LG Aurich 19. 1. 2018 – 3 O 1102/16, r+s 2018, 308, 309). Zudem weist das OLG Koblenz (OLG Koblenz 5. 7. 2002 – 10 U 251/02, OLGR 2002, 446) zu Recht selbst für Windstärken bis zu 200 km/h (also 16 Beaufort) darauf hin, dass ein Sturm regelmäßig mit einer gewissen zeitlichen Verzögerung aufzieht. Im Wetterbericht werden dementsprechend meist vorab Sturmwarnungen ausgesprochen. Diese Umstände ermöglichen entsprechende Vorkehrungen. Dann kann es auch Aufgabe des Gebäudeeigentümers sein, für in besonderer Weise dem Angriff des Windes ausgesetzte Teile (hier ein an der Außenwand des Gebäudes angebrachtes Leuchttransparent mit den Maßen 1.750×230 cm) ergänzende Sicherungsmaßnahmen, notfalls sofort und vor Ort, zu treffen.

Ein Vergleich mit § 7 Abs 2 StVG bestätigt diese Sichtweise. Danach ist die Ersatzpflicht des Halters ausgeschlossen, wenn der Unfall durch *höhere Gewalt* verursacht wurde. *Höhere Gewalt* bedingt ein außergewöhnliches und nicht abwendbares Ereignis (Burmann/Hess/Hühnermann/Jahnke/Janker § 7 StVG Rn 18 f). Ein *außergewöhnliches* Ereignis liegt vor, wenn es sich um einen seltenen, in seiner Art einmaligen Vorfall mit Ausnahmecharakter handelt (Burmann/Hess/Hühnermann/Jahnke/Janker Rn 19 mwNw). Ein Naturereignis ist danach nur außergewöhnlich, wenn nach den konkreten Umständen des Einzelfalls nicht mit ihm gerechnet werden musste. *Unabwendbar* ist ein Ereignis erst, wenn es nach menschlicher Einsicht und Erfahrung unvorhersehbar war (Burmann/Hess/Hühnermann/Jahnke/Janker Rn 19 mwNw). Orkane mit Windstärken bis 17 Beaufort sind danach jedoch angesichts ihrer stetig ansteigenden Häufung weder außergewöhnlich noch die durch sie verursachten Schäden generell unabwendbar. Wäre danach sogar die Gefährdungshaftung aus § 7 StVG nicht ausgeschlossen, kann für die Haftung aus vermutetem Verschulden gem §§ 836 ff BGB nichts anderes gelten (zu einem anderen Ergebnis gelangt das OLG Koblenz NVwZ-RR 2004, 322, 324), zumal der Deutsche Wetterdienst im Zweifelsfall vorsorglich Unwetterwarnungen herausgibt.

3. Beschädigung durch einen Dritten

110 In dem völlig anders gelagerten Fall, dass ein Gebäude von einem Dritten beschädigt wird, zB durch Anprall eines von der Fahrbahn abgekommenen Kfz, und der Verletzer sich gegenüber dem Schadenersatzanspruch des Hauseigentümers darauf beruft,

diesen treffe ein Mitverschulden (§ 254 BGB) an dem eingetretenen Schaden, weil er in diesem Ausmaß nur auf die fehlerhafte Errichtung oder mangelhafte Unterhaltung des Gebäudes zurückzuführen sei, kommt eine Beweislastumkehr idS, dass der Geschädigte ein fehlendes Mitverschulden beweisen müsste, nicht in Betracht; auch eine entsprechende Anwendung des § 836 BGB ist ausgeschlossen (BGH 27. 1. 1981 – VI ZR 204/79, BGHZ 79, 259 und dazu Anm Dunz LM Nr 18; Soergel/Krause § 836 Rn 6). Anders als die Gefährdungshaftung beruht § 836 BGB nicht auf dem allgemein erhöhten Risiko durch Bauwerke, sondern darauf, dass dem Geschädigten die Aufklärung der Verschuldensfrage nicht zumutbar ist, weil er keinen Einblick in die Sphäre des Bauwerksbesitzers hat. Wer selbst schädigt, bedarf aber eines solchen beweisrechtlichen Schutzes gerade nicht (Erman/Wilhelmi § 836 Rn 13).

XIV. Entlastungsbeweis des Eigenbesitzers im Allgemeinen

1. Eigenbesitzer

Der Beweis des ersten Anscheins kann durch feststehende (erwiesene oder unstreitige) Tatsachen entkräftet werden, nach welchen die Möglichkeit eines anderen als des typischen Geschehensablaufs ernsthaft in Betracht kommt (BGH VersR 1994, 324, 325; BGH VersR 1997, 835, 836; BGH VersR 2006, 931). So besteht beispielsweise kein Erfahrungssatz, dass ein Wasserrohrbruch auf fehlerhafter Errichtung oder Unterhaltung beruht (OLG Karlsruhe 12. 5. 1978 – 12 U 193/77, VersR 1979, 59). Der **gegenwärtige Besitzer** kann einen Entlastungsbeweis in mehrfacher Hinsicht führen. Er kann nachweisen, dass er während seiner Besitzzeit die zur Abwendung von Gefahren im Verkehr erforderliche Sorgfalt beobachtet hat (BGH 23. 3. 1993 – VI ZR 176/92, NJW 1993, 1782, 1783; BGH 27. 4. 1999 – VI ZR 174/98, NJW 1999, 2593, 2594; vgl auch Mugdan II 1304) bzw dass er als Laie nicht die Notwendigkeit fachmännischer Hilfe erkennen konnte oder musste (BGH 23. 9. 1953 – VI ZR 152/52, LM Nr 5 = VersR 1953, 432; BGH 10. 1. 1956 – VI ZR 216/54, LM Nr 8 = NJW 1956, 506; BGH 18. 6. 1968 – VI ZR 153/67, LM Nr 12a = VersR 1968, 972; BGH 5. 10. 1971 – VI ZR 268/69, Nr 1 zu § 837 = NJW 1971, 2308). Er kann aber auch beweisen, dass der Schaden trotz seiner Sorgfalt entstanden sein würde (RG LZ 1922, 232; BGH 16. 6. 1952 – III ZR 142/50, LM Nr 4 = BeckRS 1952, 31386206; OLG Hamm 7. 6. 2001 – 6 U 45/01, NJW-RR 2002, 92; OLG Rostock 15. 9. 2003 – 3 U 58/03, NJW-RR 2004, 825; Soergel/Krause § 836 Rn 25; MünchKommBGB/Wagner § 836 Rn 24) oder, dass zum Schadenszeitpunkt ein außergewöhnliches Naturereignis stattfand, dem auch ein fehlerfreies oder sorgfältig unterhaltenes Gebäude oder Werk nicht standzuhalten vermag (OLG Hamm 14. 7. 2010 – 13 U 145/09, MDR 2010, 1386; LG Koblenz 22. 9. 2006 – 13 S 16/06, SVR 2007, 226). Ist nachgewiesen, dass die Ablösung eines Gebäudeteils auf mangelhafter Errichtung beruhte, und konnte ferner der Eigenbesitzer auch nicht belegen, dass er auf die Unterhaltung des Gebäudes die nötige Sorgfalt verwandt habe, kann er sich dennoch durch den Beweis entlasten, dass auch bei regelmäßiger sorgfältiger fachmännischer Überprüfung der Mangel nicht entdeckt worden wäre (BGB-RGRK/Kreft § 836 Rn 52). Letztlich kann der Eigenbesitzer auch den Beweis der ernsthaften Möglichkeit führen, dass die Schädigung auf einer anderen Ursache als der fehlerhaften Errichtung oder mangelhaften Unterhaltung beruht (BGH 4. 4. 2006 – VI ZR 151/05, NJW-RR 2006, 1098, 1100). Das ist etwa dann der Fall, wenn das Gebäude durch solche ungewöhnlichen, aber mutwilligen Eingriffe Dritter beschädigt wird, wie es beim gezielten Absturz der Flugzeuge am 11. 9. 2001 in New York geschehen ist (MünchKommBGB/Wagner § 836 Rn 15). Allerdings muss dieser neuen Bedrohung zumindest 111 beim Neubau von potenziell umweltgefährdenden Atomkraftwerken Rechnung getragen werden. Trotzdem kann nicht erwartet werden, dass *jedes* Gebäude sogar den kaltblütigsten Terroranschlägen trotzt.

Die Entlastungspflicht des gegenwärtigen Besitzers erstreckt sich nicht auf die Sorgfalt seines Vorbesitzers (RG JW 1904, 487; RG JW 1913, 867; OLG München OLGE 36, 139). Wer also als Käufer eines Grundstücks ein fertiges Haus übernommen hat, kann sich auf den Nachweis ordnungsgemäßer Unterhaltung beschränken, wozu aber auch gehört, dass ein später erkannter oder bei entsprechender Sorgfalt erkennbarer Errichtungsfehler beseitigt wird.

112 Ein **früherer Besitzer** hat darzutun, dass er während seiner Besitzzeit die verkehrserforderliche Sorgfalt für Errichtung bzw Unterhaltung beobachtet hat *oder* dass ein späterer Besitzer durch Beobachtung dieser Sorgfalt in der Lage gewesen wäre, die Gefahr abzuwenden (Prot II 655; BeckOK-BGB/Förster [1. 5. 2026] § 836 Rn 21). Er muss mithin die Verabsäumung der Sorgfalt durch den späteren Besitzer dahingehend dartun, dass dieser in der Lage war, für die Abwendung der Gefahr Sorge zu tragen. Dass der spätere Besitzer dieses unterlassen hat, ist nicht nachzuweisen, weil feststeht, dass die Gefahr nicht abgewendet wurde (BGB-RGRK/Kreft § 836 Rn 40).

113 Im Falle einer zulässigen Wahlfeststellung (vgl Rn 39 aE) muss der Eigenbesitzer den Entlastungsbeweis für alle Möglichkeiten (fehlerhafte Errichtung und mangelhafte Unterhaltung) führen (BGH 20. 9. 1962 – III ZR 106/61, DRiZ 1962, 422 = VersR 1962, 1105).

2. Inanspruchnahme von Hilfskräften

114 Der Entlastungsbeweis nach § 836 Abs 1 S 1 BGB geht weiter als die allgemeine Exculpation des Geschäftsherrn nach § 831 Abs 1 S 2 BGB (BGH 21. 4. 1959 – VI ZR 74/58, VersR 1959, 694; BGH 18. 6. 1968 – VI ZR 153/67, LM Nr 12a = VersR 1968, 972; OLG Stuttgart VRS 7, 246; LG Nürnberg-Fürth 28. 2. 2003 – 15 S 7569/02, NJOZ 2003, 1681). Es genügt daher nicht die Entlastung des Besitzers, er habe die Wahrnehmung der ihm obliegenden Sorgfaltspflichten einem sorgfältig ausgewählten und allgemein überwachten Fachkundigen übertragen. Es ist der Entlastungsbeweis nach § 836 Abs 1 S 2 BGB vielmehr darauf zu richten, dass der Eigenbesitzer die zur Abwendung der spezifischen Gefahren des § 836 BGB verkehrserforderliche Sorgfalt beobachtet habe (RG HRR 1935 Nr 1515; BGH 18. 6. 1968 – VI ZR 153/67, LM Nr 12a = VersR 1968, 972). Das ist der Fall, wenn er seine Hilfspersonen mit den erforderlichen Weisungen und Unterrichtungen versehen und sich überzeugt hat, dass sie die übernommenen Aufgaben ordnungsgemäß ausführen (BGH 11. 5. 1965 – VI ZR 8/64, VersR 1965, 801, 802; BGH 7. 10. 1975 – VI ZR 103/74, VersR 1976, 67; OLG Düsseldorf NJW-RR 2003, 885). Darüber hinaus muss er auch selbst alle erforderlichen Maßnahmen zur Gefahrenabwehr ergreifen (zur Verhinderung des Eigenbesitzers an der persönlichen Sorge vgl Rn 130).

3. Keine Übertragung auf § 536a BGB

115 Die Entlastungsmöglichkeit des Eigenbesitzers durch Beobachtung der im Verkehr erforderlichen Sorgfalt aus § 836 Abs 1 S 2 BGB kann richtigerweise nicht auf die verschuldens*unabhängige* Haftung des Vermieters aus § 536a Abs 1 Fall 1 BGB übertragen werden (wie hier jurisPK-BGB/Moritz § 836 Rn 5). Kommt es auf ein Verschulden

des Vermieters – wie bei § 536a Abs 1 Fall 1 BGB – gerade nicht an, so ist auch seine mögliche Entlastung (analog § 836 Abs 1 S 2 BGB) illusorisch.

Da § 278 BGB im Rahmen von § 836 BGB nicht anwendbar ist (vgl Rn 5 aE), verbietet sich eine Anwendung des § 836 Abs 1 S 2 BGB auch im Rahmen des § 536a Abs 1 Fall 2 BGB. Weil der Vermieter bei § 536a Abs 1 Fall 2 BGB nämlich auch für das Verschulden seiner Erfüllungsgehilfen haftet, reicht es nicht, wenn er selbst die im Verkehr erforderliche Sorgfalt zum Zwecke der Gefahrenabwehr beachtet hat. Zudem ist eine Entlastungsmöglichkeit des Vermieters wie bei § 836 Abs 1 S 2 BGB in § 536a BGB gesetzlich überhaupt nicht vorgesehen (darauf weist auch das KG NJW-RR 2008, 890, 892 hin).

XV. Beweis der Erfüllung der Sorgfaltspflicht

1. Maßstab

Generell müssen an die Befolgung der Rechtspflicht zur Unterhaltung des Bauwerks 116
und damit der sorgfältigen und fortgesetzten Überwachung seines Zustands sowie an die Substantiierungs- und Beweispflicht **hohe Anforderungen** gestellt werden (BGH 23. 3. 1993 – VI ZR 176/92, NJW 1993, 1782, 1783; BGH 21. 1. 1988 – III ZR 66/86, LM Nr 22 = NJW-RR 1988, 853, 854; OLG Stuttgart 23. 11. 2016 – 4 U 97/16, NJW-RR 2017, 793 Rn 66 mwNw; OLG Düsseldorf NJW-RR 2003, 885; OLG Köln VersR 2005, 512; OLG Hamm MDR 2010, 1386, 1387; LG Duisburg 4. 1. 2013 – 6 O 142/11, NZV 2013, 590, 592; AG Wesel r+s 2010, 283). Dabei genügt es im Allgemeinen zur Wahrung der im Verkehr erforderlichen Sorgfalt, wenn der Haftpflichtige einen **zuverlässigen Fachkundigen** mit der regelmäßigen Nachprüfung betraut (BGH 7. 10. 1975 – VI ZR 103/74, VersR 1976, 66 mwNw; VersR 1988, 629; OLG Köln VersR 2005, 512; Soergel/Krause § 836 Rn 26). Wie auch im sonstigen Recht der Verkehrssicherung können dabei die Sorgfaltsanforderungen auch über den DIN-Normen liegen (BGH VersR 1988, 629, 630 f; BGH 4. 3. 1997 – VI ZR 51/96, LM Nr 25 = NJW 1997, 1853; MünchKommBGB/Wagner § 836 Rn 14; kritisch Schmid VersR 2013, 293 ff).

Wegen der den Eigenbesitzer treffenden Unterhaltungspflicht (vgl § 836 Abs 1 S 1 BGB) muss das Gebäude/Werk nicht nur im Zeitpunkt der Errichtung den geltenden Sicherheitsstandards entsprechen, sondern grds auch im späteren Zeitpunkt des Einsturzes oder der Teilablösung. Dem Eigenbesitzer obliegt demnach eine fortwährende Überwachung und Untersuchung des baulichen Zustands (MünchKommBGB/Wagner § 836 Rn 19; vgl auch Rn 3).

a) Absperrungen, Betretungsverbote

Der Gebäudeunterhaltspflichtige braucht nicht alle erdenklichen Gefahren eines 117
Bauwerks der in § 836 BGB beschriebenen Art vollständig auszuschließen. Bei jeglichen Anforderungen an die Gefahrensicherung ist stets auf die Sicherungserwartungen des Verkehrs abzustellen (BGH VersR 1985, 336; VersR 1990, 1280; LG Gera NJW-RR 2002, 961). Der Besitzer eines Hochstandes ist gegenüber unbefugten Dritten nicht generell verpflichtet, diesen in einem gefahrenfreien Zustand zu erhalten, wohl aber **Maßnahmen** gegen die unerlaubte Benutzung zu ergreifen (OLG Braunschweig r+s 1993, 339; **aA** OLG Stuttgart 12. 11. 1976 – 2 U 117/76, VersR 1977, 384; Kümmerle/Nagel, Jagdrecht BaWü S 150). Ebenso muss der Gebäudebesitzer bei einer Baustelle diese nicht unbedingt so sichern, dass ein ungefährliches Betreten möglich ist, sondern er kann sich

auch dadurch entlasten, dass er einen **deutlichen Hinweis** auf die Gefährlichkeit der Baustelle bzw des Baugerüsts gegeben hat oder zur Schadensabwehr ein inhaltlich eindeutiges und für etwaige Benutzer erkennbares **Verbot** des Betretens ausgesprochen hat (BGH 11. 12. 1984 – VI ZR 218/83, NJW 1985, 1076; BGH MDR 1999, 1067; OLG Stuttgart NJW-RR 2010, 451, 452; vgl auch Rn 66). Demgemäß benutzt auch ein Erwachsener eine Kinder-Röhrenrutsche auf einem Spielplatz auf eigene Gefahr, wenn die Benutzung der Rutsche aufgrund einer Beschilderung ausdrücklich und deutlich erkennbar wegen der physischen Eigenschaften Erwachsener nur Kindern (von 6 bis 15 Jahren) erlaubt ist (LG Heidelberg 6. 10. 2010 – 5 O 85/10, juris Rn 31 ff). Auf eine „Gefahr, die vor sich selbst warnt", müssen potenzielle Opfer jedoch nicht extra aufmerksam gemacht werden (Soergel/Krause § 836 Rn 26).

Bei unfertigen Bauarbeiten oder Neubauten genügt regelmäßig ein Zugangsverbot. Zudem müssen nicht alle auftretenden Mängel eines Gebäudes sofort behoben werden. Wegen der mitunter sehr kostspieligen Sanierungsmaßnahmen müssen dem Eigentümer bzw -besitzer eine angemessene Bedenkzeit sowie genügende Planungs- und Ausführungsfristen zugestanden werden (wie hier MünchKommBGB/Wagner § 836 Rn 19; LG Flensburg 15. 3. 2011 – 1 S 90/10, NJW-RR 2011, 1474, 1476). Zwischenzeitlich kann sich der Eigentümer durch sichtbare Zugangsverbote exculpieren. Das gilt allerdings nur vorübergehend (OLG Rostock 6. 3. 2003 – 1 U 59/01, OLGR 2003, 348, 349 betreffend die allgemeine Verkehrssicherungspflicht in Bezug auf ein vor Monaten an einem Grabstein angebrachtes, jedoch abhanden gekommenes Hinweisschild). Mit Ablauf der Überlegungsfrist muss der Eigentümer oder -besitzer die Sanierung vornehmen oder aber das Gebäude bzw Werk abreißen.

b) Grenzen der Sorgfaltspflicht

118 Die Anforderungen an die Entlastung dürfen auch **nicht überspannt** werden. Absolute Sicherheit im Sinne des Ausschlusses jedweden Risikos ist nicht verlangt (MünchKommBGB/Wagner § 836 Rn 20; Baumgärtel/Laumen/Prütting/Luckey [5. Aufl 2023] Rn 15; vgl auch Diehl ZfS 2011, 258 mwNw). Anderenfalls besteht die Gefahr, dass aus der Verschuldens- eine Gefährdungshaftung wird. Es muss zB bei der Errichtung nicht mit allen denkbaren Gefahren durch das *Fehlverhalten Dritter* gerechnet werden. Ein Gastwirt haftet daher nicht für die Verletzung eines Gastes durch den herabgefallenen Splitter eines Glasdachs, das durch den Aufprall eines Sektkorkens beschädigt wurde, weil er diese Gefahr bei der Errichtung nicht bedacht hat (RG LZ 1915, 1525). Wenn auch ein Besitzer idR den Anforderungen der verkehrsüblichen Sorgfalt genügt, indem er einen Fachkundigen mit der Herstellung und Unterhaltung beauftragt, kann das aber nicht generell gefordert werden, wenn es sich um **technisch einfache** und **prinzipiell ungefährliche Werke** handelt (dazu Rn 121). Oder falls ein zuverlässiger Handwerker die Arbeiten übernommen hat, bedarf es nicht mehr einer fachkundigen Nachprüfung der Arbeitsleistung, es sei denn der Besitzer hegt ernsthafte Zweifel (RG JW 1908, 480; 1932, 1208).

c) Verkehrserforderliche Sorgfalt im Einzelfall

119 Im Weiteren kommt es nicht nur allgemein auf die Erkennbarkeit des Mangels bei der sorgfältigen Untersuchung an, sondern darauf, ob auch die **verkehrserforderliche Sorgfalt im Einzelfall** beobachtet worden ist (RG WarnR 1916 Nr 223; BGB-RGRK/Kreft § 836 Rn 37). Die bloße Sichtprüfung einer großen Temperaturschwankungen ausgesetzten Holzbodentreppe genügt nicht, erforderlich sind Belastungstest (OLG

Hamm 24. 9. 2012 – I-6 U 16/12, MDR 2013, 31, 32). Auch die Bundespost genügte etwa ihrer Sicherungspflicht für einen angefahrenen und schräg stehenden Telefonmasten nicht durch eine sog Klopfprobe (OLG Koblenz 13. 7. 1988 – 1 U 1835/87, VersR 1989, 159). Bei einer Hängeseilbrücke kann das Auftreten von Korrosionsschäden an den Bodenverankerungen gebieten, nicht nur exemplarisch eine der Aufhängungen freizulegen und zu überprüfen, sondern sämtliche kritischen Detailbereiche, vor allem, wenn in der Fachwelt dort auftretende Probleme allgemein bekannt sind (BGH MDR 1988, 758). Vergleichbar ist die notwendig regelmäßige und eingehende Sicht- und ggf Rüttelprobe jedes Verkehrszeichenträgers, wenn dieser wegen der speziellen Art des Aufstellens (zB bei fehlender Bodenhülse) oder bei Schiefstellung zusehends eine erhebliche Gefahr für Passanten und deren Sachen darstellt (vgl LG Neubrandenburg NJW-RR 2010, 1248, 1250; detailliert Petershagen NZV 2011, 528, 530; zur Verkehrssicherungspflicht bzgl Standfestigkeit von Verkehrsschildern OLG Nürnberg NZV 1997, 308 u NJW 2000, 3075). Demgegenüber gehört es nicht zu den Verkehrssicherungspflichten eines Pensionsinhabers, nach jedem Gastwechsel alle in Frage kommenden Gebäudeteile auf etwaige durch den letzten Gast verursachte Mängel zu untersuchen (BGH 12. 3. 1985 – VI ZR 215/83, NJW 1985, 2588 [Duschkabine]).

2. Erforderliche Sorgfalt bei der Errichtung eines Gebäudes (Werks)

a) Eigenhändige Errichtung

Wer ein Bauwerk errichtet, setzt sich der Haftung nach § 836 BGB aus, wenn es nicht **120**
frei von objektiven Fehlern, dh unter Verletzung der anerkannten Regeln der Bau- und Ingenieurskunst gebaut wird (vgl dazu Rn 10 u 38), und er dabei als Bauherr nicht die im Verkehr erforderliche Sorgfalt beachtet hat. Worin die verkehrserforderliche Sorgfalt besteht, bemisst sich zum einen nach den gewöhnlichen Regeln des Handwerks, zum anderen aber auch nach den äußeren Umständen, wie den zu erwartenden örtlichen Gegebenheiten und Witterungseinflüssen (BGH 8. 2. 1972 – VI ZR 155/70, BGHZ 58, 149, 153 ff; BGH 27. 4. 1999 – VI ZR 174/98, NJW 1999, 2593, 2594; BGH 23. 3. 1993 – VI ZR 176/92, NJW 1993, 1782 f; BGH 21. 1. 1988 – III ZR 66/86, LM Nr 22 = NJW-RR 1988, 853; BGH 7. 10. 1975 – VI ZR 103/74, VersR 1976, 66; OLG Düsseldorf NJW-RR 1992, 1440; OLG München VersR 2002, 69) und letztlich nach den spezifischen Umweltgefahren, welche von dem Gebäude – wie etwa einem Atomkraftwerk – ausgehen.

b) Errichtung durch einen beauftragten Fachkundigen

Sofern der Grundstücksbesitzer das Bauwerk nicht selbst, sondern durch einen be- **121**
auftragten Sachkundigen errichten lässt, erfüllt er damit im Allgemeinen seine Sorgfaltspflicht (RGZ 76, 260, 262; RG WarnR 1909 Nr 302; RG WarnR 1916 Nr 223; RG LZ 1922, 232; RG JW 1932, 1208; BGH 10. 1. 1956 – VI ZR 216/54, LM Nr 8 = NJW 1956, 506; BGH 5. 10. 1971 – VI ZR 268/69, LM Nr 1 zu § 837 = NJW 1971, 2308; LG Mühlhausen 12. 5. 2011 – 1 O 839/10, juris Rn 30; BGB-RGRK/Kreft § 836 Rn 42). Falls durch die Errichtung eines Bauwerks Gefahren für Dritte entstehen können, welche über die üblichen, von jedem Gebäude ausgehenden Gefahren hinausgehen, ist auch ein Laie als Bauherr verpflichtet, die ordnungsgemäße Errichtung zu überprüfen, ausgenommen die möglichen verborgenen Mängel (RG JW 1932, 1208; LG Mühlhausen 12. 5. 2011 – 1 O 839/10, juris Rn 31 ff).

c) Bauordnungsrechtliche Anforderungen

Die bauordnungsrechtliche Abnahme eines Werks durch die Baubehörde oder die **122**
sonstige baupolizeiliche Billigung ihres Zustands wirkt für sich allein nicht schlecht-

hin haftungsausschließend (BGH 7. 10. 1975 – VI ZR 103/74, VersR 1976, 66 f mwNw; Erman/Wilhelmi § 836 Rn 10; MünchKommBGB/Wagner § 836 Rn 22). Staatliche Kontrollen vermögen die dem Besitzer obliegende Überwachungspflicht nicht schlechthin zu ersetzen (Soergel/Krause § 836 Rn 26). Sie sind zunächst nur ein Indiz und bieten damit nur eine gewisse Gewähr für die Beachtung der bauordnungsrechtlichen Vorschriften (RG JW 1909, 275; LZ 1921, 226; BGH 10. 1. 1956 – VI ZR 216/54, LM Nr 8 = NJW 1956, 506; BGH 30. 1. 1961 – III ZR 225/59, BGHZ 34, 206, 208 ff). Wenn aber die Errichtung vorschriftsmäßig nach den allgemeinen bauordnungsrechtlichen Vorschriften oder den besonderen baupolizeilichen Anforderungen erfolgt ist, kann dieser Umstand schon zur Entlastung genügen. Falls sich nämlich der Bauherr auf die Sachgerechtigkeit zentraler Weisungen oder die Sachkenntnis der Baubehörde verlässt, trifft ihn kein Verschulden, selbst wenn eine objektiv fehlerhafte Errichtung gegeben ist. Allerdings darf er nicht untätig bleiben, falls er eine Gefahr erkennt, auch wenn es ihm an entsprechender Sachkunde fehlt (BGH 23. 1. 1951 – III ZR 28/50, BGHZ 1, 103, 106; BGH 10. 1. 1956 – VI ZR 216/54, LM Nr 8 = NJW 1956, 506; BGH 7. 10. 1975 – VI ZR 103/74, VersR 1976, 66, 67; OLG Köln NJW-RR 1992, 858, 859). Das gilt erst recht, wenn er selbst sachkundig ist und etwa Fehler des Bauplans oder seiner Ausführung erkannte oder hätte erkennen müssen (RG LZ 1916, 1240; BGH 23. 1. 1951 – III ZR 28/50, BGHZ 1, 103, 106; BGB-RGRK/Kreft § 836 Rn 42). Die erfolgte bauordnungsrechtliche Abnahme entlässt also den Besitzer nicht allgemein aus seiner Verantwortung, sondern bietet nur die Gewähr, dass die einschlägigen Vorschriften beobachtet worden sind.

Fehlt es dagegen an einer erforderlichen Baugenehmigung des eingestürzten Bauwerks, so scheitert daran bereits der Entlastungsbeweis, weil im Genehmigungsverfahren der Nachweis der Standsicherheit erbracht werden muss, unabhängig davon, ob der Pflichtige die Notwendigkeit der Baugenehmigung kannte (OLG Hamm NJW-RR 1995, 1230 [Carport]; Grüneberg/Retzlaff § 836 Rn 13).

3. Anforderungen an die ordnungsgemäße Unterhaltung

a) Regelmäßige Überprüfung

123 Eine der Sorgfaltspflicht entsprechende Fürsorge für ein Gebäude oder ein Werk erfordert die regelmäßige Überprüfung seines Zustands. Ein genereller Maßstab von Anforderungen an die Intensität und zeitliche Häufigkeit der Überprüfungen existiert nicht. Er muss erst im Einzelfall bestimmt werden. Auch bei einem Dach kommt es grundsätzlich zunächst darauf an, inwieweit Gefahren für die Allgemeinheit zu befürchten sind. Konkret ist bei der Bestimmung des Maßstabs für die Überprüfung eines Dachs zu beachten, ob es sich um ein alleinstehendes Gebäude ohne Publikumsverkehr handelt (vgl auch BGH 28. 9. 1955 – VI ZR 261/54, VersR 1955, 692, 693; BGH 12. 3. 1985 – VI ZR 215/83, NJW 1985, 2588; OLG Stuttgart 23. 11. 2016 – 4 U 97/16, NJW-RR 2017, 793 Rn 67), das Dach schon älter ist (OLG Stuttgart 23. 11. 2016 – 4 U 97/16, BeckRS 2016, 20765 Rn 67; OLG Hamm MDR 2010, 1386, 1687), bereits zuvor Schäden vorlagen (OLG Düsseldorf NJW 1992, 1440, 1441), es sich um die dem Wind und Wetter ausgesetzte Seite handelt (OLG Stuttgart 23. 11. 2016 – 4 U 97/16, NJW-RR 2017, 793 Rn 67), die Dachkonstruktion zu besonderer Schadensanfälligkeit neigt (OLG Köln VersR 2005, 512) oder das Gebäude sich in einer Gegend mit exponierter Lage (Nordseeinseln) und dort häufigen auftretenden starken Sturm- und Orkanereignisse befindet (LG Aurich 19. 1. 2018 – 3 O 1102/16, r+s 2018, 308, 309). Es ist nicht nur zu kontrollieren, ob das Gebäude oder Werk den Anforderungen zur Zeit der Errichtung noch entspricht, sondern es sind auch

spätere Einwirkungen zu berücksichtigen, mit denen zuvor noch nicht gerechnet werden konnte. So hat der Eigentümer eine Schaufensterscheibe, die vor mehr als 40 Jahren eingebaut wurde und dem seit dieser Zeit zunehmenden Straßenverkehr ausgesetzt war, auf ihre Bruchsicherheit zu überprüfen (OLG Koblenz NJW-RR 1998, 673). Allerdings richtet sich die Frage, welche Sicherheit und welcher Gefahrenschutz zu gewährleisten ist, nicht ausschließlich nach den modernsten Erkenntnissen und dem neusten Stand der Technik. Es besteht auch in Ansehung von § 836 BGB keine generelle Pflicht, ältere Bauwerke an die jeweils aktuell geltenden Standards anzupassen. Ansonsten wäre der Gebäudeunterhaltspflichtige gezwungen, die Bausubstanz ständig zu erneuern, um den gesteigerten sicherheitsrechtlichen Anforderungen zu genügen (OLG Karlsruhe 9 U 172/01 – 8. 5. 2002, OLGR 2002, 309; OLG Saarbrücken NJW-RR 2006, 1255, 1256 mwNw). Vom Eigenbesitzer zu verlangen, er müsse sich im Rahmen der fortlaufenden Überwachung und Überprüfung des baulichen Zustands in regelmäßigen Abständen über die Fortentwicklung der bautechnischen Standards informieren und das Bauwerk daraufhin überprüfen, ob es noch dem aktuellen Stand der Technik entspricht, um festgestellte Fehler zu beseitigen (so aber MünchKommBGB/Wagner § 836 Rn 19; LG Flensburg 15. 3. 2011 – 1 S 90/10, NJW-RR 2011, 1474, 1476), ist eine überzogene Forderung. Auf jeden Fall aber sind je nach Gefahrenpotential *sicherheitsrelevante Bauteile* binnen angemessener Frist den neuen technischen Erkenntnissen anzupassen (OLG Hamm NJW-RR 1989, 736, 737; OLG Dresden VersR 1995, 1501, 1502; OLG Saarbrücken NJW-RR 2006, 1255, 1256).

Auch darf der Pflichtige bei konkreten Anhaltspunkten für eine Gefahr nicht so lange warten, bis über die Presse Warnungen herausgegeben werden (vgl BGH 12. 10. 1978 – II ZR 185/76, LM Nr 17 = MDR 1979, 206 bzgl der Teilzerstörung einer Wasserstaustufe durch die Explosion einer Faulschlamm-Gasbildung als Folge einer erst in neuester Zeit eingetretenen anorganischen Verunreinigung des Flusswassers). Das Erfordernis der Regelmäßigkeit der Überprüfung bedeutet, dass es nicht genügt, wenn erst *anlässlich* der offensichtlich zutage tretenden Mängel Vorkehrungen zur Schadensverhinderung getroffen werden. Insbesondere reicht der Nachweis der regelmäßig nach Schäden vorgenommenen Reparaturen nicht aus (OLG Stuttgart 23. 11. 2016 – 4 U 97/16, NJW-RR 2017, 793 Rn 74 f; OLG Düsseldorf NJW 1992, 1440, 1441; OLG Düsseldorf NJW-RR 1996, 278 bei einem steilen und alten Kirchturmdach in exponierter Lage; anders zuvor OLG Düsseldorf ZfS 1989, 154; LG Ansbach NJW-RR 1996, 278). Je älter ein Gebäude ist, desto höher sind die Anforderungen an die Überprüfungsmaßnahmen (BGH 23. 3. 1993 – VI ZR 176/92, NJW 1993, 1782; Erman/Wilhelmi § 836 Rn 11).

Außer bei einfach aufgebauten Werken muss der Pflichtige die regelmäßige Prüfung **124**
durch **zuverlässige Sachkundige** durchführen lassen (BGH 7. 10. 1975 – VI ZR 103/74, VersR 1976, 66; OLG Düsseldorf NJW-RR 2003, 885; OLG Köln VersR 2005, 512; LG Offenburg NJW-RR 2002, 596; LG Neubrandenburg NJW-RR 2010, 1248, 1250 zur Überprüfung von Verkehrszeichenträgern). Auch an die Entlastung des Eigenbesitzers für die verkehrssorgfältige *Unterhaltung* nach § 836 Abs 1 S 2 sind dabei strengere Anforderungen zu stellen, als an die Entlastung des Geschäftsherrn nach § 831 Abs 1 S 2 BGB (BGH 18. 6. 1968 – VI ZR 153/67, LM Nr 12a = VersR 1968, 972; BGH 21. 1. 1988 – III ZR 66/86, LM Nr 22 = NJW-RR 1988, 853, 854; LG Nürnberg-Fürth 28. 2. 2003 – 15 S 7569/02, NJOZ 2003, 1681). Die Beauftragung eines zuverlässigen Fachmanns genügt nur, wenn dieser sachgerecht instruiert und hinsichtlich seiner Zuverlässigkeit im Allgemeinen beaufsichtigt wird (BGH 23. 1. 1951 – III ZR 28/50, BGHZ 1, 103, 105; BGH 7. 10. 1975 – VI ZR 103/74, VersR 1976, 66, 67; BGH

21. 1. 1988 – III ZR 66/86, LM Nr 22 = NJW-RR 1988, 853, 854; OLG München NJW-RR 1995, 540, 541; OLG Düsseldorf NJW-RR 2003, 885; OLG Celle BauR 2006, 388). Die Nachprüfung muss **gefahrspezifisch** erfolgen. Sofern eine Fernsehantenne an einem Kamin bereits fehlerhaft errichtet ist und diesen bei einem Sturm zum Einsturz bringt, kann sich daher der Unterhaltspflichtige nicht damit entlasten, dass der Schornsteinfeger, der den Kamin regelmäßig gesäubert und untersucht hat, ihn nicht auf den Mangel hingewiesen habe (OLG Köln VersR 1992, 1018; MünchKommBGB/Wagner § 836 Rn 23). Die periodische Kontrolle der Feuersicherheit eines Hochkamins durch den Bezirksschornsteinfegermeister befreit auch nicht den Besitzer von der Pflicht zur Überprüfung des Kamins auf Standsicherheit, weil diese Prüfungen nicht notwendig übereinstimmen (BGH 10. 1. 1956 – VI ZR 216/54, LM Nr 8 = NJW 1956, 506; BGB-RGRK/Kreft § 836 Rn 44). Bei einem Dach genügt die Sichtprüfung an der Oberfläche nicht. Die Überprüfung hat im Rahmen der technischen Möglichkeiten alle Konstruktionselemente zu erfassen, bei denen auftretende Mängel zu einer Lösung von Gebäudeteilen führen können (OLG Stuttgart 23. 11. 2016 – 4 U 97/16, NJW-RR 2017, 793 Rn 66; OLG Köln VersR 2005, 512; LG Hanau Schaden-Praxis 2007, 136; LG Aurich 19. 1. 2018 – 3 O 1102/16, r+s 2018, 308, 309: Ablaufen des Dachfirstes und die Überprüfung der Firststeine auf Klammerung; AG Friedberg r+s 2010, 283). Insofern ist allein die Prüfung der Dichtheit eines Gebäudes nicht gleichzusetzen mit der Prüfung seiner Standfestigkeit und Sicherheit (AG Bad Hersfeld SVR 2010, 107). Ohne besondere Anhaltspunkte ist der Pflichtige nicht gehalten, jährlich die Standsicherheit einer Schornsteinabdeckung und einen diese tragenden Betonkranz durch zerstörende Untersuchungen überprüfen zu lassen (LG Köln 28. 5. 2018 – 14 O 62/11, juris Rn 93 f). Bei der Überprüfung von Verkehrszeichenträgern reichen regelmäßige Sichtkontrollen aus einem im fließenden Verkehr fahrenden Pkw wegen der eingeschränkten Wahrnehmungsmöglichkeiten nicht aus, sondern es sind zumindest auch regelmäßige Sichtkontrollen (und ggf Rüttelproben) im Rahmen einer **Begehung** zu verlangen (Petershagen NZV 2011, 528, 530; OLG Köln NJW-RR 1991, 33, 34; OLG Nürnberg NJW 2000, 3075). Grabmale sind ebenfalls – vor allem unmittelbar nach der Frostperiode – durch eine sog Rüttelprobe auf ihre Standsicherheit hin zu überprüfen (Spranger, Bestattungsgesetz NRW [2006] § 4 S 96 ff mwNw; OLG Hamm NVwZ 1982, 333; OLG Rostock 6. 3. 2003 – 1 U 59/01, OLGR 2003, 348).

125 Auch eine bloße **Teilprüfung** und **Teilausbesserung** ist ungenügend, ebenso, wenn ein Sachkundiger nicht mit einer umfassenden Nachprüfung betraut wird. Die Prüfung des Dachziegelbelags und eines Teils des Dachbodenbelags auf Undichtigkeit reicht nicht aus, wenn von der Prüfung des gesamten Dachbodens abgesehen wird (BGH 11. 5. 1965 – VI ZR 8/64, VersR 1965, 801; BGH 7. 10. 1975 – VI ZR 103/74, VersR 1976, 67; OLG Köln VersR 2005, 512; vgl auch Teilprüfung einer Eisenkonstruktion bzgl der offensichtlich mangelhaften Stellen RG Recht 1914 Nr 350). Da sich die Überprüfung auf alle Gefahren erstrecken muss, mit denen nach der Lebenserfahrung zu rechnen ist, darf sie sich nicht nur auf die Feststellung mehr oder minder offensichtlicher Mängel beschränken (BGH 23. 3. 1993 – VI ZR 176/92, NJW 1993, 1782; OLG Düsseldorf NJW-RR 2003, 885). Hinsichtlich der bauordnungsrechtlichen Erfordernisse und Genehmigungen gilt das zur Errichtung Gesagte entsprechend (Rn 122).

b) Zeitabstände

126 Feste Regeln, in welchen **Abständen** eine Überprüfung zu erfolgen hat, existieren regelmäßig nicht (OLG Köln VersR 2005, 512). Ist der Gebäudeteil, von dem das schädigende Ereignis ausging, drei Jahre zuvor saniert worden, kann sich der Besitzer nicht ohne Weiteres auf die Fehlerfreiheit verlassen, vor allem wenn nur ein Teilbereich betroffen war. Andererseits ist es auch nicht selbstverständlich, dass der Besitzer bereits wieder mit ernsthaften Schäden zu rechnen hatte. Doch kann eine anschließende **jährliche** Kontrolle von einem Fachunternehmen durchaus genügen (BGH 23. 3. 1993 – VI ZR 176/92, NJW 1993, 1782). ZB wird für eine über die Straße ragende Markise mindestens eine jährliche Untersuchung verlangt (RG JW 1931, 194). Für ein mehr als 50 Jahre altes Dach eines nicht alleinstehenden Gebäudes im Bereich von erheblichem Fußgängerverkehr und Abstellplätzen für Kraftfahrzeuge soll eine Frist von einem Jahr nicht zu beanstanden sein (OLG Köln VersR 2005, 512). Andererseits werden bei einem 40 Jahre alten Dach Überprüfungen zweimal jährlich verlangt (AG Freiberg Schaden-Praxis 2002, 258). Die Überprüfung eines Daches im Abstand von 3 Monaten durch eine „alteingesessene und für ihre gute Arbeit bekannte Dachdeckerfirma" (OLG Düsseldorf NJW-RR 2003, 885) wird wohl auf jeden Fall genügen; jedenfalls müssen Dächer jährlich überprüft werden (AG Leverkusen r+s 2010, 282; LG Aurich 19. 1. 2018 – 3 O 1102/16, r+s 2018, 308, 309 für Nordseeinsel). Im Falle von *Turmdrehkränen* hat gem § 26 BGV D 6 mindestens einmal jährlich eine Überprüfung durch einen Sachkundigen bzw Sachverständigen (bei besonders alten Kränen) zu erfolgen; zusätzlich müssen Turmdrehkräne bei jeder Aufstellung und nach jedem Umrüsten durch einen Sachkundigen überprüft werden. *Jagdhochsitze* müssen gem § 7 Abs 1 Nr 3 der Unfallverhütungsvorschrift Jagd (VSG 4. 4) vor jeder Nutzung, jedoch mind einmal jährlich geprüft werden (vgl auch OLG Hamm 12. 10. 2011 – I-13 U 52/11, juris Rn 36 f). Diese Regelung ist umso wichtiger, als es sich bei einem Großteil aller Jagdunfälle um Stürze von baulichen Jagdeinrichtungen handelt und die überwiegend aus Holz errichteten Hochsitze den Witterungseinflüssen ganzjährig ausgesetzt sind.

c) Besondere Anforderungen

Es können sich besondere Sorgfaltsanforderungen zum einen aus der jeweiligen Be- **127**
schaffenheit und Zweckbestimmung eines Gebäudes ergeben, zum anderen aus seiner örtlichen Umgebung. Eine erhöhte Sorgfalt ist immer dann zu fordern, wenn ein Gebäude dem **öffentlichen Verkehr** gewidmet ist und stark frequentiert wird, vor allem der verstärkten Ansammlung von Menschen dient (Bahnhöfe, Verwaltungsgebäude, Vergnügungsstätten). Das gilt vor allem bei Schulen und Kindergärten, weil bei Kindern, anders als bei Erwachsenen, nicht die Beobachtung der eigenen Sorgfalt zu erwarten ist, sodass häufigere und umfassende Überprüfungen geboten sind (RG LZ 1921, 226). Ganz allgemein hat sich die Dauer der Wiederkehr der Gebäudedurchsicht nach der Beschaffenheit und örtlichen Lage, nach der Art des Materials und dessen Anfälligkeit gegenüber äußeren Einflüssen, nach der Art und Häufigkeit der Benutzung sowie nach dem gefahrbedrohten Personenkreis zu richten. Individuelles Kriterium sind vor allem die besonders Wind und Wetter ausgesetzten Gebäudeteile, aber auch die dem Publikumsverkehr zugewandten Straßenseiten (BGB-RGRK/Kreft § 836 Rn 44; OLG Köln VersR 2005, 512).

Der **schlechte Zustand** von Gebäuden in den **neuen Bundesländern** rechtfertigte ins- **128**
gesamt keine Haftungsfreistellung von Gebäudeeigentümern, war aber für das Maß der im Verkehr erforderlichen Sorgfalt zu berücksichtigen, das sich zudem nach den weiteren örtlichen Begebenheiten und Zeitumständen richtete (OLG Dresden DtZ 1994, 79 [herabstürzende Fassadenteile]; Soergel/Krause § 836 Rn 28; einschränkend Horst MDR 1998, 570, 573). Damit wurde die Rspr fortgeführt, die bereits anlässlich der Sorgfalt für **Trümmergrundstücke** und Gebäuderuinen aufgestellt wurde (vgl grundlegend

BGH 23. 1. 1951 – III ZR 28/50, BGHZ 1, 103, 105; umfassende Darstellung bei Rn 90 in der 11. Aufl; BGB-RGRK/Kreft § 836 Rn 49 ff). Angesichts der langen Zeit seit der Maueröffnung dürften diese Gesichtspunkte heute allerdings keine Rolle mehr spielen. Auch der Umstand, dass ein Bauwerk dem *Denkmalschutz* untersteht und zB an die Sanierung besondere Anforderungen gestellt werden, enthebt nicht von der Sorge um die Gefahrenfreiheit (BGH 20. 12. 1957 – VI ZR 285/56, VersR 1958, 178, 179). Der Entlastungsbeweis wird auch nicht dadurch geführt, dass der Verpflichtete erklärt, dass infolge eines Unwetters nicht nur Dachziegel vom eigenen als **unbewohntes Sanierungsobjekt** erworbenen Gebäude gefallen seien, sondern auch von den Dächern neuerer Gebäude, wenn keine detaillierten Angaben über den Zustand dieser Dächer gemacht werden (OLG Frankfurt NJW-RR 1992, 164).

d) Nachprüfung durch einen befähigten Sachkundigen

129 Sofern der Eigenbesitzer sachkundig ist und die Überprüfung selbst vornimmt, trifft ihn die volle Darlegungslast des § 836 Abs 1 S 2 BGB. Im Allgemeinen aber genügt der Haftpflichtige seiner Sorgfaltspflicht, wenn er zuverlässige Fachkräfte mit den Instandhaltungsarbeiten und der erforderlichen Überprüfung beauftragt (BGH 23. 3. 1993 – VI ZR 176/92, NJW 1993, 1782; BGH 7. 10. 1975 – VI ZR 103/74, VersR 1976, 66; LG Flensburg 29. 4. 2016 – 1 S 63/15, VersR 2017, 236, 237; LG Nürnberg-Fürth 28. 2. 2003 – 15 S 7569/02, NJOZ 2003, 1681; LG Offenburg NJW-RR 2002, 596; anders bei der Überprüfung von Dachhaken: OLG Karlsruhe 9 U 172/01 – 8. 5. 2002, OLGR 2002, 309). Insofern gilt auch das zur Sorgfalt bei der Errichtung Gesagte (vgl Rn 121 f). Ist er aber selbst nicht überzeugt, dass die Nachprüfung ordnungsgemäß erfolgt ist (vgl RG JW 1906, 336; RG LZ 1916, 1241) oder kennt er sogar den gefahrdrohenden Zustand, kann er sich nicht mit Verweis auf den sachkundigen Prüfer entlasten, wenn er selbst nicht die erforderlichen Maßnahmen ergriffen hat, um die Gefahr abzuwenden (RG HRR 1935 Nr 1515; BGH 23. 1. 1951 – III ZR 28/50, BGHZ 1, 103, 106; BGH 10. 1. 1956 – VI ZR 216/54, LM Nr 8 = NJW 1956, 506; BGH 7. 10. 1975 – VI ZR 103/74, VersR 1976, 66, 67; BGH 21. 1. 1988 – III ZR 66/86, LM Nr 22 = NJW-RR 1988, 853, 854; BGH 23. 3. 1993 – VI ZR 176/92, NJW 1993, 1782, 1783; OLG Köln NJW-RR 1992, 858, 859; OLG Celle BauR 2006, 388; LG Karlsruhe VersR 1955, 492).

e) Unzulängliches Entkräftungsvorbringen

130 Eine Vielzahl von Entlastungsvorbringen ist darauf gerichtet, dass etwa das Dach, von dem die schädigenden Ziegel gefallen waren, gerade erst repariert worden war. Dieses Vorbringen ist ungenügend, da eine Reparatur idR nur die teilweise Überprüfung der gesamten Konstruktion bedeutet, nämlich nur der Stelle, die gerade schadenanfällig gewesen ist. Außerdem deutet der zuvor behobene Schaden gerade auf den unzulänglichen Zustand der Bausubstanz hin und sollte dem Pflichtigen als Indiz dienen, dass noch weiteres Schadenspotential gegeben ist (Rn 125). Zur Entkräftung des Vorwurfs mangelhafter Unterhaltung reicht es auch nicht aus, wenn der Besitzer geltend macht, er sei durch auswärtigen Wohnsitz, Abwesenheit, Krankheit usw an der persönlichen Sorge für Gefahrenfreiheit verhindert gewesen. Bei persönlicher Verhinderung muss er seiner Sorgfaltspflicht durch Bestellung, Unterweisung und allgemeine Überwachung eines in Bausachen erfahrenen zuverlässigen Verwalters genügen (vgl RG WarnR 1910 Nr 333; JW 1932, 1210; HRR 1935 Nr 1515; BGH 23. 9. 1953 – VI ZR 313/52, LM Nr 6 = VersR 1953, 433; LG Nürnberg-Fürth 28. 2. 2003 – 15 S 7569/02, NJOZ 2003, 1681; BGB-RGRK/Kreft § 836 Rn 45), während die Übertragung der Hausverwaltung als solche an einen Rechtsanwalt oder eine Grundstücksverwaltungsgesellschaft nicht ausreicht (BGH 7. 10. 1975 – VI ZR 103/74, VersR 1976, 66). Die Beauftragung eines fachkundigen Hausverwalters und dessen allgemeine Beaufsichtigung sind nicht ausreichend, wenn das Gebäude oder Werk mit besonderen Gefahrenquellen behaftet ist. In diesem Fall ist der Verwalter in besonderem Maße anzuweisen und zu unterrichten (LG Nürnberg-Fürth 28. 2. 2003 – 15 S 7569/02, NJOZ 2003, 1681). Der Besitzer kann sich auch nicht darauf berufen, dass ihm die zur Gefahrenabwehr erforderlichen erheblichen Geldmittel gefehlt hätten (RG LZ 1920, 46; Recht 1921 Nr 2381; OLG Kiel OLGE 9, 47; Dernburg § 398 III 3: „Im Sinne des Gesetzes ist Geldmangel Verschulden!"; Erman/Wilhelmi § 836 Rn 11) oder der mit einer Dacherneuerung verbundene Kostenaufwand zu hoch wäre (OLG Hamm MDR 2010, 1386, 1387). Strenge Anforderungen an den Entlastungsbeweis schließen einen hohen Kostenaufwand zur Beseitigung möglicher Gefahrenquellen gerade mit ein (wie hier OLG Stuttgart 23. 11. 2016 – 4 U 97/16, NJW-RR 2017, 793 Rn 66, 77; OLG Hamm MDR 2010, 1386, 1387; LG Duisburg 4. 1. 2013 – 6 O 142/11, NZV 2013, 590, 592; zu den Konsequenzen vgl Rn 117 aE). Zur Entlastung genügt auch nicht, wenn der nicht fachkundige Besitzer Arbeiten, die Fachkunde erfordern, selbst vornimmt, ohne die Arbeit durch einen Fachkundigen nachprüfen zu lassen (vgl RG Gruchot 56, 926), oder dass die neuen Eigentümer das Gebäude nur kurze Zeit – ca 3 Monate – vor dem schädigenden Ereignis erworben bzw übernommen haben (OLG Hamm MDR 2010, 1386, 1387). Ebenso gelingt die Entlastung bei ungewöhnlichen Schadensursachen nicht, wenn der Pflichtige hierüber bereits im Voraus informiert war (OLG Brandenburg 16. 12. 2025 – 3 U 5/25, juris Rn 39 f – Vorschäden durch Waschbären, die zur Deckenablösung geführt haben).

f) Kasuistik

Die Kasuistik zur Frage der Erfüllung der Sorgfaltspflicht bei der Unterhaltung (in Auswahl): RG JW 1904, 91: Zeitabstände für Nachschau durch den Hausbesitzer; RG JW 1907, 45: Sicherheit von Dachfenstern; RG JW 1909, 275: Theatersaal; RG JW 1915, 190; 1916, 1910: Festigkeit des Verputzes in Gastwirtschaften und Räumen, in denen Tanzveranstaltungen stattfinden; RG WarnR 1914 Nr 55: Ablösung eines Fensterflügels; RG LZ 1916, 475: Befestigung einer außen am Haus angebrachten Bogenlampe; RG JW 1931, 3446: Hof-(Schiebe-)tor; BGH (10. 1. 1956 – VI ZR 216/54) LM Nr 8 = NJW 1956, 506: Standfestigkeit eines Hochkamins; BGH (5. 10. 1971 – VI ZR 268/69) NJW 1971, 2308; OLG Rostock (6. 3. 2003 – 1 U 59/01) OLGR 2003, 348: Zeitabstände bei der Überprüfung von Grabsteinen; OLG Hamburg VersR 1978, 747: Verschraubung einer Dachluke; OLG Hamm VersR 1978, 1146: Sicherheit eines Wasserbauwerks; OLG Karlsruhe (9 U 172/01 – 8. 5. 2002) OLGR 2002, 309: unerkannt gebliebener Materialfehler; LG Nürnberg-Fürth (28. 2. 2003 – 15 S 7569/02) NJOZ 2003, 1681: stark gegliedertes Dach mit steilen Schrägen und teilweise alter Dachziegelsubstanz im Gefahrenbereich mit häufigem Publikumsverkehr; OLG Köln VersR 2005, 512: Eternitplattendach einer Werkhalle; OLG Saarbrücken NJW-RR 2006, 1255, 1256: Geländer auf einem Garagenflachdach – Korrosionsschutz; LG Duisburg (4. 1. 2013 – 6 O 142/11) NZV 2013, 590, 592 f: Zeitabstand für Kontrolle eines 50–60 Jahre alten Dachs; OLG Hamm (24. 9. 2012 – I-6 U 16/12) MDR 2013, 31, 32: großen Temperaturschwankungen ausgesetzte Holzbodentreppe – Belastungstest. 131

Verneint wurde (unter gewöhnlichen Umständen) eine Verletzung der Sorgfaltspflicht zu Unrecht, wenn der Erwerber eines Hauses es nicht unmittelbar nach der Übernahme eingehend auf nicht wahrnehmbare Schäden untersuchen lässt (vgl RG Recht 1910 Nr 699; RG WarnR 1916 Nr 223; s auch BGH 12. 3. 1985 – VI ZR 215/83, NJW 1985, 2588; OLG München OLGE 36, 138; Soergel/Krause § 836 Rn 27; **aA** nunmehr zu Recht OLG Frankfurt 16. 4. 2008 – 17 U 270/05, juris Rn 15. Siehe dazu bereits Rn 130 aE sowie einschränkend 132

OLG Koblenz NJW-RR 2010, 900, 901: bezogen auf die allgemeine Verkehrssicherheit von Gebäuden); wenn der Besitzer das erst vor verhältnismäßig kurzer Zeit (ein halbes Jahr) vor dem Unfall errichtete Gebäude, mit dessen Überwachung er überdies einen zuverlässigen Mieter beauftragt hatte, nicht in der Zwischenzeit bis zum Unfall durch einen Sachverständigen untersuchen ließ (RG JW 1907, 45; RG LZ 1918, 843; Soergel/Krause § 836 Rn 27; BGB-RGRK/Kreft § 836 Rn 48), wenn der Hausbesitzer im Vertrauen auf die von der Baubehörde veranlassten Sicherungsmaßnahmen in den darauf folgenden ersten Monaten erneute Vorkehrungen nicht für erforderlich hielt (BGH 20. 12. 1957 – VI ZR 285/56, VersR 1958, 178).

XVI. Juristische Personen als Eigenbesitzer

133 Die für die Erfüllung der Sorgfaltspflicht geltenden die Maßstäbe, die an eine Privatperson angelegt werden, gelten gleichermaßen auch für juristische Personen. Für den nach § 836 BGB zu führenden Entlastungsbeweis ist es daher unerheblich, ob der Verantwortliche, dessen Verschulden zu überprüfen ist, Vertreter nach §§ 30, 31, 89 BGB oder Verrichtungsgehilfe nach § 831 BGB ist (Dauner-Lieb/Langen/Katzenmeier Rn 2). Inhalt und Anforderungen an den zu führenden Nachweis zur Widerlegung der Schuldvermutung sind jeweils gleich (RG JW 1913, 867; OLG Hamburg HRR 1928 Nr 1978; BGB-RGRK/Kreft § 836 Rn 47). Danach haftet zB eine Aktiengesellschaft für die verschiedenen örtlichen Leiter der einzelnen Werksniederlassungen (RG HRR 1935 Nr 1515) allein nach dem strengeren Maßstab von § 836 BGB, ohne dass es auf die Unterscheidung nach verfassungsmäßigem Vertreter oder Verrichtungsgehilfen ankommt (so auch BGB-RGRK/Kreft § 836 Rn 47).

134 Ebenso haften die **Körperschaften des öffentlichen Rechts** gem § 836 BGB als Eigenbesitzer von Gebäuden und anderen Werken (vgl für Wegweisertafeln OLG Köln NJW-RR 1991, 33), weil sie für die Erfüllung der Verkehrssicherungspflichten nach privatrechtlichen Grundsätzen einzustehen haben (Rn 17). Eine **Gemeinde** haftet als Eigenbesitzerin eines „alten Friedhofs" – bei dem es keine nutzungsberechtigten Grabstelleninhaber mehr gibt (vgl insoweit § 837 Rn 10) – nach § 836 Abs 1 und 3 BGB für vermutetes eigenes Verschulden (LG Freiburg NJW-RR 96, 476 f), ebenso als Trägerin der Straßenbaulast beim Einbruch einer Brücke (OLG Celle 1. 6. 1994 – 9 U 54/93, OLGR 1994, 281; vgl auch BGH 23. 9. 1953 – VI ZR 152/52, LM Nr 5 [Trümmergrundstück] = VersR 1953, 432; BGH 24. 1. 1958 – VI ZR 291/56, VersR 1958, 194 [Wasserrohrsystem]; RG JW 1923, 1026 [Sielanlagen]; Recht 1921 Nr 2180 [Bahnhofsgebäude]). Bei einer gleichzeitig erfüllten Amtspflichtverletzung ist die in § 836 BGB enthaltene Beweislastregelung und Verschuldensvermutung nicht durch § 839 BGB als lex specialis ausgeschlossen (OLG Köln NJW-RR 1991, 33; LG Neubrandenburg NJW-RR 2010, 1248, 1249 f; s auch Rn 18).

XVII. Fehlende Kausalität bei Sorgfaltsvernachlässigung

135 Obgleich die Norm einen derartigen **Entlastungsbeweis** explizit nicht vorsieht, kann sich, auch wenn die Nichtbeachtung der im Verkehr erforderlichen Sorgfalt feststeht, der verantwortliche Besitzer dahingehend entlasten, dass der Schaden auch bei Anwendung der nötigen Sorgfalt entstanden wäre (RG LZ 1922, 231; BGH 16. 6. 1952 – III ZR 142/50, LM Nr 4 = BeckRS 1952, 31386206; LG Karlsruhe NJW-RR 2002, 1541; LG Nürnberg-Fürth 28. 2. 2003 – 15 S 7569/02, NJOZ 2003, 1681; MünchKommBGB/Wagner § 836 Rn 24; Soergel/Krause § 836 Rn 25; Erman/Wilhelmi § 836 Rn 9; Jauernig/Kern § 836 Rn 7; BeckOK-BGB/

Förster [1. 5. 2026] § 836 Rn 21; Baumgärtel/Laumen/Prütting/Luckey [5. Aufl 2023] Rn 19). Das ist zB möglich, wenn er zwar nicht nachweisen kann, die erforderliche Sorgfalt aufgebracht zu haben, wohl aber, dass der Mangel derart verborgen war, dass ihn auch ein sachkundiger und zuverlässiger Unternehmer bei einer eventuellen Inspektion nicht hätte finden können (BGB-RGRK/Kreft § 836 Rn 52). Von dieser Ursächlichkeit ist die objektive Kausalität einerseits zwischen Mangel und Einsturz (Teilablösung) und andererseits zwischen letzterem und der Rechtsgutverletzung zu unterscheiden, deren Beweislast beim Geschädigten liegt (vgl Rn 105).

Weist der Pflichtige den Umstand fehlender Kausalität zwischen Schaden und schuldhafter Sorgfaltspflichtverletzung nach, wird er nach hM von der Haftung frei, obwohl diese Rechtsfolge in § 836 BGB anders als in den §§ 831–834 BGB **nicht ausdrücklich geregelt** ist (RG LZ 1922, 222; BGH 16. 6. 1952 – III ZR 142/50, LM Nr 4 = BeckRS 1952, 31386206; BGB-RGRK/Kreft § 836 Rn 52; Weimar ZMR 1960, 328). 136

Den Beweis muss der Besitzer in vollem Umfang zur Überzeugung des Gerichts führen; Zweifel hinsichtlich der Kausalität zwischen Verschulden und Schadenseintritt gehen zu seinen Lasten (BGH 16. 6. 1952 – III ZR 142/50, LM Nr 4 = BeckRS 1952, 31386206). ZB haftet ein Gebäudebesitzer nicht, wenn ein Dritter durch einen Sprung durch ein Garagendach einbricht und das darinstehende Fahrzeug beschädigt, auch wenn bei der Errichtung der Garage unter vollständiger Beachtung der Herstellerangaben der Schaden möglicherweise hätte vermieden werden können (LG Essen ZfS 1988, 345).

XVIII. Vertraglicher Ausschluss der Haftung

Der **vertragliche Ausschluss** der Haftung nach § 836 BGB ist – im Rahmen von §§ 276 Abs 3, 138 BGB – nach den allgemeinen Vorschriften zulässig (RG WarnR 1916 Nr 223; OLG München SeuffA 70 Nr 174; BGB-RGRK/Kreft § 836 Rn 29). Ein Haftungsausschluss durch einseitige Willenserklärung ist ausgeschlossen (BGH 8. 1. 1957 – VI ZR 60/56, VersR 1957, 132; BGB-RGRK/Kreft § 836 Rn 29). In einem Unterstellvertrag über einen Wohnwagen ist eine AGB-Klausel mit einem umfassenden Haftungsausschluss des Vermieters für Sturmschäden unwirksam (LG Duisburg 4. 1. 2013 – 6 O 142/11, NZV 2013, 590 f). 137

XIX. Landesgesetzliche Vorbehalte

Vgl Art 105–107 EGBGB; s auch Art 67 EGBGB. 138

XX. Prozessuale Besonderheiten

Im Zivilprozess ist zu beachten, dass § 26 ZPO generell keine Anwendung findet, es sei denn, es geht um die Beschädigung des Nachbargrundstücks (MünchKommZPO/Patzina/Windau § 26 Rn 5; Musielak/Voit/Heinrich § 26 ZPO Rn 5; Zöller/Schultzky § 26 ZPO Rn 2). 139

XXI. Reformvorschläge

Der **Referentenentwurf** eines Gesetzes zur Änderung und Ergänzung schadenersatzrechtlicher Vorschriften 1967 (E-1967, vgl insbesondere § 831 Rn 188) sah keine Ände- 140 rung der §§ 836–838 BGB vor. Andere in Art 3 des E-1967 vorgesehene Erweiterungen der Gefährdungshaftungstatbestände sind dagegen umgesetzt worden, wie § 2 HaftPflG, der nunmehr die von § 836 BGB bisher ausgeschlossenen Fälle mittelbarer Schadenverursachung erfasst, etwa durch Gasrohr- und Stromleitungsbrüche bei Einsturz bzw Teilablösung eines Gebäudes (vgl Rn 15). Auch künftig sollte der Gesetzgeber an der Verschuldenshaftung festhalten und keine Gefährdungshaftung einführen (vorgesehen in § 38 der Haftungsordnung des von der Akademie für Deutsches Recht im Jahr 1941 vorgelegten Systems des Volksgesetzbuches, Schubert [Hrsg], Protokolle der Ausschüsse Bd 3 [1988] 145).

141 Gegen die bestehende Fassung von § 836 BGB wurden aber im Schrifttum Bedenken geäußert, weil der Tatbestand Schäden durch unsachgemäße Tiefbauweise nicht erfassen könne (Esser/Weyers, Schuldrecht II/2 [8. Aufl 2000] § 58 III 2a; deutlicher Esser, Schuldrecht II [3. Aufl 1969] § 110 II 2); Schäden durch die Absenkung des Grundwassers (RGZ 167, 14) oder infolge von Erschütterungen durch Rammstöße (BGH 19. 10. 1965 – V ZR 171/63, VersR 1965, 1204, 1205; BGH 29. 4. 1966 – V ZR 155/63, VersR 1966, 756, 757) würden nicht erfasst, weil in diesen Fällen es an einem Einsturz bzw einer Teilablösung mangelt. Der Forderung nach einer entsprechenden Tatbestandserweiterung ist entgegenzuhalten, dass die genannten Gefahren bereits im Vorfeld der Gebäudehaftung entstehen, nämlich durch die Erschließung des Grundstücks und Vorarbeiten zur Errichtung des Bauwerks. Der Herstellungsvorgang ist mit eigenen Gefahren verbunden, die ebenso wie diejenigen beim Abriss eines Gebäudes von § 836 BGB nicht erfasst werden (Staudinger/Schäfer[12] § 836 Rn 96). Diese Gefahren fallen nicht unter die Verkehrssicherungspflicht für Einsturz und Teilablösung, weil sie nicht vom Zustand des Gebäudes ausgehen. Neben der Haftung aus § 823 BGB für die Verkehrssicherungspflichtverletzung bei dem Bauvorhaben kommt in diesen Fällen aber eine nachbarrechtliche Haftung in Betracht (vgl Rn 16).

Rechtspolitisch zu kritisieren ist, dass § 836 BGB in seiner heutigen Fassung überholt wirkt, weil gemeingefährliche Gefahren von Gebäuden oder Werken nicht mehr nur von Mängeln der mechanischen Festigkeit und Standsicherheit ausgehen. *De lege ferenda* sollte der Gesetzgeber für die Haftung nach § 836 BGB – wie im schweizerischen (Art 58 SchweizOR) und niederländischen (Art 6:174 Abs 1 BW; deutsche Übersetzung in vBar, Deliktsrecht in Europa, Niederlande 42) Recht – auf den Einsturz oder die Ablösung verzichten (ähnlich vBar, Gemeineuropäisches Deliktsrecht Rn 228). Die moderne niederländische Gesetzgebung hat sich bewusst von der Regelung in Art 1405 BW (1838) abgewandt; danach haftete der Eigentümer eines Gebäudes nur für dessen ganzen oder teilweisen Einsturz (Petershagen 71). vBar (Gemeineuropäisches Deliktsrecht Rn 228) ist darin zuzustimmen, dass das BW damit einen eigenständigen und gelungenen Schritt getan hat.

Künftig sollte auch in Deutschland die Gebäudehaftung ausgelöst werden, wenn der Besitzer ein Gebäude oder Werk fehlerhaft angelegt oder hergestellt oder mangelhaft unterhalten hat und durch daraus resultierende Mängel ein Mensch getötet, der Körper oder die Gesundheit eines Menschen verletzt oder eine Sache beschädigt worden ist; fehlerhaft angelegt, hergestellt oder unterhalten ist ein Gebäude oder Werk, wenn seine Beschaffenheit den anerkannten Regeln der Bau- und Ingenieurkunst zum Schutz dieser Rechtsgüter nicht entspricht. Auf diese Weise wird nicht nur die Verletzung der Rechtspflicht zur Sorge für die Vermeidung von Errichtungsmängeln, zur kontinuierlichen Unterhaltung des Gebäudes und Bauwerks und zu sorgsamer und fortgesetzter Überwachung seines Zustands (Gefahrenabwehr; Rn 3) mit einer wirkungsvollen haftungsrechtlichen Sanktion belegt, sondern es lassen sich auch gekünstelte Konstruktionen und widersprüchliche Ergebnisse (Rn 12; „Ungereimtheiten", so Petershagen 101) vermeiden.

Der historische Gesetzgeber glaubte, sich darauf beschränken zu können, nur wegen drohenden Einsturzes die Haftung des Gebäudebesitzers nach § 836 BGB auszulösen. Zum einen erschien die Einsturzgefahr offenbar als besonders bedrohlich für die Allgemeinheit. Zum anderen nahm der Gesetzgeber an, im Übrigen genügten nachbar-, polizei- und strafrechtliche Bestimmungen (Mugdan II 456). Die moderne Entwicklung widerlegt diese Annahmen: Es hat sich gezeigt, dass auch andere Mängel als solche, die in der mechanischen Festigkeit und Standsicherheit des Gebäudes bestehen, Gefahren mit hohem Schadenspotential auslösen können, die jedermann bedrohen (vor allem Konstruktionsmängel; Rn 12). Der gefährliche Zustand von Gebäuden ist in einem weiteren Sinne sanktionsbedürftig als der historische Gesetzgeber annahm. Katastrophale Ereignisse (zB Brände von Flughafengebäuden) haben vor Augen geführt, dass die Hauptgefahren von Gebäuden oder Werken keineswegs nur aus Stabilitätsmängeln hervorgehen, sondern beispielsweise auch durch die Verarbeitung ungeeigneter Baumaterialien und fehlerhafter Installationen ausgelöst werden können. Außerdem bietet das Nachbar-, Bau- und Strafrecht – ohne die Gebäudehaftung – Opfern aus dem allgemeinen Publikum keinen ausreichenden Rechtsschutz. Im Gegensatz zum deliktischen Haftungsrecht schützt namentlich das Baurecht das allgemeine Publikum, den quivis ex populo, nur reflexartig und weithin nur präventiv vor Gebäudegefahren. Überdies hat in einer von staatlichem Paternalismus freien Bürgergesellschaft vorrangig das Privatrecht, nicht das öffentliche Recht, die Aufgabe, Individualrechtsgüter zu schützen. Da sich die Normsituation von § 836 BGB in verschiedener Hinsicht verändert hat (neue Gebäudegefahren, stärkere Bedeutung des privatrechtlichen Schutzes), lässt sich die enge Fassung des Wortlauts von § 836 BGB nicht aufrechterhalten. Ohne eine Erweiterung könnte die Bestimmung obsolet werden, indem sich die Gebäudehaftung in den Tatbestand von § 823 BGB verlagert (in diesem Sinn vBar, Verkehrspflichten 20) – mit den nachteiligen beweisrechtlichen Folgen für den Geschädigten.

Die überwiegende Kritik des Schrifttums im Rahmen des § 836 BGB richtet sich weniger gegen die geltende Regelung als vielmehr gegen die Einschränkung ihres Anwendungsbereichs, wie sie seit den Entscheidungen des RG (zB RG Recht 1910 Nr 3921; RGZ 172, 161; BGH 30. 5. 1961 – VI ZR 310/56, LM Nr 12 = NJW 1961, 1670, 1671 f) von der Rspr praktiziert und von der Lehre weithin akzeptiert wird. Hauptziel der Kritik ist die Beschränkung der Haftung auf Schäden, die durch die bewegend wirkende Kraft des Einsturzes oder der Teilablösung herbeigeführt wurden (MünchKommBGB/Wagner § 836 Rn 18; Erman/Wilhelmi § 836 Rn 7; Soergel/Krause § 836 Rn 21; BeckOK-BGB/Förster [1. 5. 2026] § 836 Rn 16; PWW/Schaub § 836 Rn 7). Wie oben dargestellt (Rn 44 ff), führt diese Begrenzung des Schutzbereichs von § 836 BGB zu sachlich nicht zu rechtfertigenden Unterscheidungen. Statt einer Reform bedarf es weiterhin einer Neubestimmung des Schutzbereichs der Norm. 142

§ 837
Haftung des Gebäudebesitzers

Besitzt jemand auf einem fremden Grundstück in Ausübung eines Rechts ein Gebäude oder ein anderes Werk, so trifft ihn anstelle des Besitzers des Grundstücks die im § 836 bestimmte Verantwortlichkeit.

Materialien: E I § 735 Abs 2; II § 760; III § 821; Mot II 819; Prot II 657.

Schrifttum

Müller/Hannemann, Die Haftung für Schäden durch umgestürzte Grabsteine, MDR 1975, 796
Schmid, Die Haftung für den Einsturz oder die Ablösung von Gebäudeteilen, VersR 2012, 1098
Wenzel, Die Wahrnehmung der Verkehrssicherungspflicht durch den Wohnungseigentumsverwalter, ZWE 2009, 57.

Systematische Übersicht

I. Grundgedanke der Norm

1 Durch § 837 BGB kommt es zu einer Verlagerung der Haftung aus § 836 BGB auf den in Ausübung eines Rechts handelnden Besitzer des Gebäudes oder sonstigen Werks. Dieser haftet anstelle des Eigenbesitzers des *Grundstücks*, weil er die von dem Werk ausgehenden Gefahren eher beherrschen und entsprechende Abwehrmaßnahmen treffen kann als der Eigenbesitzer des Grundstücks (Mot II 819 und Prot II 657; RGZ 59, 8; Soergel/Krause § 837 Rn 1; BGB-RGRK/Kreft § 837 Rn 1; PWW/Schaub § 837 Rn 1; Petershagen 179). § 837 BGB setzt voraus, dass der (Eigen-)Besitz am Grundstück und an dem auf dem Grundstück befindlichen Gebäude oder sonstigen Werk auseinanderfallen (RGZ 59, 8; OLG Frankfurt 15. 9. 2025 – 29 U 50/24, VersR 2025, 1393, 1395; BGB-RGRK/Kreft § 837 Rn 1 mwNw). Das ist regelmäßig bei Scheinbestandteilen iSv § 95 Abs 1 S 1 BGB der Fall oder bei Gebäuden/Werken, welche in Ausübung eines Rechts an einem fremden Grundstück von dem Berechtigten mit dem Grundstück verbunden worden sind, § 95 Abs 1 S 2 BGB (vgl dazu beispielhaft OLG Düsseldorf 13. 2. 1998 – 22 U 124/97, MDR 1998, 1350 betreffend Bierpavillon). Die Fremdheit des Grundstücks ist allerdings nicht in jeder Hinsicht echtes Tatbestandsmerkmal. Sie besitzt gleichwohl Abgrenzungsfunktion: Ist der Eigenbesitzer des Werks zugleich Eigentümer und Eigenbesitzer des Grundstücks, haftet er aufgrund bestehen-

der Eigenbesitz-Identität und mangels Fremdheit bereits aus § 836 BGB (BGH 29. 3. 1977 – VI ZR 64/76, NJW 1977, 1392). Übt er hingegen den Besitz in Ausübung eines – auch nur vermeintlichen – Rechts auf seinem unerkannt eigenen Grundstück aus, hindert das die Haftung aus § 837 BGB richtigerweise nicht (MünchKommBGB/Wagner § 837 Rn 4), weil es bei der Gebäudehaftung primär auf den Eigenbesitz und nicht auf die Eigentümerstellung in Bezug auf das Grundstück ankommt.

Der Gesetzgeber hatte bei der Gebäudehaftung die Regelung von § 95 Abs 1 S 2 BGB (iVm S 1) im Blick (Mugdan II 457). § 95 Abs 1 S 2 iVm S 1 BGB weicht von dem Grundsatz ab, dass Gebäude oder Werke, solange sie mit dem Grund und Boden fest verbunden sind, als Bestandteile des Grundstücks (s § 94 BGB) anzusehen sind und deshalb im Eigentum des Grundstückseigentümers stehen. Ist nämlich das Gebäude/Werk in Ausübung eines Rechts mit einem fremden Grundstück nur vorübergehend verbunden und damit Scheinbestandteil, ist es sinnvoll, nur den (Eigen-) Besitzer und Eigentümer des Gebäudes/Werkes haften zu lassen, weil er schon um seines – wenn auch nur vorübergehenden – Eigentums Willen besser für Gebäude/ Werk sorgen wird und Sorge zu leisten hat. 2

II. Verhältnis zu anderen Vorschriften

Anders als bei § 838 BGB tritt die Haftung aus § 837 BGB nicht neben, sondern *an die Stelle* der Haftung des Eigenbesitzers aus § 836 BGB. Eigenbesitzer von Gebäuden und Werken ist regelmäßig der Eigenbesitzer des Grundstücks, auf dem das Gebäude oder Werk steht. Nur ausnahmsweise fallen Eigenbesitz am Grundstück und Eigenbesitz am Werk auseinander. Ist das der Fall, gilt daher allein § 837 BGB. Beide Vorschriften schließen einander aus (BGH 30. 1. 1961 – III ZR 225/59, BGHZ 34, 206 = VersR 1961, 353, 355; BGH 29. 3. 1977 – VI ZR 64/76, NJW 1977, 1392; OLG Rostock 6. 3. 2003 – 1 U 59/01, OLGR 2003, 348; Erman/Wilhelmi § 836 Rn 8), sind also nur alternativ anwendbar. Das gilt auch, wenn im konkreten Fall ausnahmsweise auch der Eigenbesitzer des *Grundstücks* in der Lage ist, die zur Abwehr der von dem *Werk* ausgehenden Gefahr erforderlichen Maßnahmen zu treffen, da auch in diesem Fall der Grund für die gesetzliche Haftungsverlagerung, die an den Besitz des Werks anknüpft, eingreift (Soergel/Krause § 837 Rn 1; BGB-RGRK/Kreft § 837 Rn 3; BGH 29. 3. 1977 – VI ZR 64/76, NJW 1977, 1392, 1393; **aA** KG 20. 11. 1970 – 9 U 2494/69, NJW 1971, 661; vgl auch Müller/Hannemann MDR 1975, 796). Allerdings kommt auch in diesem Fall eine – gesamtschuldnerisch neben die Haftung des Werkbesitzers aus § 837 BGB tretende – Haftung des Grundstückseigenbesitzers aus § 823 BGB wegen Verletzung der Verkehrssicherungspflicht in Betracht (BGH 29. 3. 1977 – VI ZR 64/76, NJW 1977, 1392; OLG Hamm 24. 11. 1981 – 9 U 137/81, NVwZ 1982, 333; OLG Rostock 6. 3. 2003 – 1 U 59/01, OLGR 2003, 348), für die dann aber nicht die Erleichterung der Verschuldensvermutung des § 836 BGB gilt (Larenz/Canaris, Schuldrecht II/2 § 79 VI 2 c). 3

Haftet neben dem aus § 837 BGB Verpflichteten ein Dritter aus unerlaubter Handlung – als Erbauer, Träger der Verkehrssicherungspflicht (zB der Friedhofseigentümer, vgl BGH 5. 10. 1971 – VI ZR 268/69, NJW 1971, 2308; Aufsteller eines Baukrans, OLG Frankfurt 15. 9. 2025 – 29 U 50/24, VersR 2025, 1393, 1397 mit Anm Grabriel r+s 2026, 84) oder auch als früherer Besitzer nach § 836 Abs 2 BGB (vgl BGB-RGRK/Kreft § 837 Rn 7) – so haften beide gemäß § 840 Abs 1 BGB als Gesamtschuldner (BGH 5. 10. 1971 – VI ZR 268/69, NJW 1971, 2308; BGH 29. 3. 1977 – VI ZR 64/76, NJW 1977, 1392, 1393; OLG Frankfurt 15. 9. 2025 – 4

29 U 50/24, VersR 2025, 1393, 1402). Im Innenverhältnis haftet der Dritte allein (vgl § 840 Abs 3 BGB als Ausnahme zu § 426 BGB). Das soll aber nicht im Verhältnis zwischen dem früheren Grundstücksbesitzer und dem nach § 837 BGB Haftpflichtigen gelten, § 426 BGB also dennoch Anwendung finden (BGB-RGRK/Kreft § 837 Rn 7).

III. Beweislast

5 Anstelle des Merkmals **Eigenbesitz am Grundstück** bei § 836 BGB muss der Geschädigte den Eigenbesitz am Gebäude oder Werk iSd § 837 BGB beweisen (BGB-RGRK/Kreft § 837 Rn 4).

IV. Besitz an dem Gebäude oder dem sonstigen Werk

6 Nur der *Eigenbesitzer* haftet gemäß § 837 BGB für die von dem Werk ausgehenden Gefahren, obwohl eine dem § 836 Abs 3 BGB entsprechende Bestimmung bei § 837 BGB fehlt (RGZ 59, 8; RG JW 1916, 39; OLG Stuttgart 28. 4. 2009 – 6 U 56/08, NJW-RR 2010, 451, 452). Auf die Eigentumsverhältnisse am Gebäude oder sonstigen Werk kommt es nicht an (BGB-RGRK/Kreft § 837 Rn 1).

V. Besitzrechte

7 Das Besitzrecht kann öffentlich-rechtlicher oder privatrechtlicher Natur, schuldrechtlich oder dinglich sein (RG Recht 1913 Nr 1887; RG SeuffA 79 Nr 168; RG HRR 1935 Nr 730; RG HRR 1940 Nr 1389; VGH Kassel 8. 5. 2015 – 4 A 1862/13, NVwZ-RR 2015, 855 Rn 6). Das Besitzrecht muss nicht wirklich bestehen. Es ist ausreichend, wenn der Besitzer es wie ein bestehendes Recht ausübt (RG JW 1916, 39; Soergel/Krause § 837 Rn 1; MünchKommBGB/Wagner § 837 Rn 2; OLG Stuttgart 28. 4. 2009 – 6 U 56/08, NJW-RR 2010, 451, 452). Auch dann hat er allein die notwendige Einwirkungsmöglichkeit (Jauernig/Teichmann § 837 Rn 2). So kann ein ursprünglicher Fremdbesitzer an einem Baugerüst dadurch zum alleinigen Eigenbesitzer iSv §§ 836 Abs 3, 837 BGB werden, dass er das ihm vorübergehend überlassene Baugerüst eigenmächtig, dh ohne Wissen und Erlaubnis des ursprünglichen Eigenbesitzers, abbaut und an anderer Stelle in anderer Form wieder aufbaut – sodass ein neues Werk iSd §§ 836, 837 BGB entsteht –, um es zur Fortführung seiner Bauarbeiten zu nutzen. Durch dieses Verhalten geriert sich der Bauunternehmer oder Handwerker als Eigenbesitzer bzw Berechtigter des neu errichteten Gerüstes (OLG Stuttgart 28. 4. 2009 – 6 U 56/08, NJW-RR 2010, 451, 452). Der ursprüngliche Eigenbesitzer hingegen wird durch den eigenmächtigen und ungenehmigten Umbau aus der Eigenbesitzerstellung verdrängt (OLG Stuttgart 28. 4. 2009 – 6 U 56/08, NJW-RR 2010, 451, 454; vgl auch OLG Brandenburg 11. 1. 2023 – 4 U 136/21, juris Rn 29 ff: Danach verliert ein Generalunternehmer seinen Eigenbesitz an der von ihm errichteten Bautreppe nicht schon durch den Abbau und ihren Wiederaufbau mit unzureichender Befestigung an derselben Stelle durch einen Subunternehmer, sondern erst dann, wenn so ein neues Werk iSd §§ 836, 837 BGB entsteht).

Inhalt des Besitzrechts muss aber stets auch sein, dass den Besitzer des Werks an Stelle des Eigenbesitzers des Grundstücks die Verantwortung für die fehlerhafte Errichtung oder die mangelhafte Unterhaltung des Werks treffen soll (RGZ 59, 8; BGH 30. 1. 1961 – III ZR 225/59, BGHZ 34, 206, 214 f = VersR 1961, 353, 356; BGH 29. 3. 1977 – VI ZR 64/76, NJW 1977, 1392 f; Erman/Wilhelmi § 837 Rn 2; Grüneberg/Retzlaff § 837 Rn 2).

1. Nießbrauch, Grunddienstbarkeit und Erbbaurecht

Als *Besitzrechte* iSd § 837 BGB kommen zunächst in Betracht: Nießbrauch und Grunddienstbarkeit (RG Recht 1914 Nr 1838: Hauseigentümer, der an dem Grundstück vor seinem Haus, wo sich ein Lichtschacht im Bürgersteig befindet, eine Dienstbarkeit hat; BGB-RGRK/Kreft § 837 Rn 5; Erman/Wilhelmi § 837 Rn 3; Grüneberg/Retzlaff § 837 Rn 2; Petershagen 196) sowie Erbbaurecht (Staudinger/Rapp [2021] § 2 ErbbauRG Rn 13), soweit in Ausübung dieser Rechte ein Gebäude oder anderes Werk errichtet wird. Im Gegensatz zum Erbbauberechtigten (dieser ist gem § 95 Abs 1 S 2 BGB Eigentümer des aufgrund eines Erbbaurechts auf einem fremden Grundstück errichteten Bauwerks; vgl MünchKommBGB/Stresemann § 95 Rn 24) ist aber der Nießbraucher in aller Regel nicht Eigenbesitzer der mit dem Nießbrauch belasteten Sache (BGH NJW 2011, 1009, 1010; BFH HFR 1965, 163; vgl auch Staudinger/Heinze [2025] § 1036 Rn 4), mithin regelmäßig nicht Eigenbesitzer des bereits vorhandenen Gebäudes/Werks auf dem mit einem Nießbrauch belasteten Grundstück. Deshalb fällt der Nießbrauch regelmäßig nicht unter § 837 BGB (Soergel/Krause § 837 Rn 4; MünchKommBGB/Wagner § 837 Rn 5; anders noch Staudinger/Belling [2007] § 837 Rn 6). Etwas anderes gilt nur, wenn der Nießbraucher selbst während des Nießbrauchs in Ausübung des Nießbrauchrechts ein Gebäude/Werk auf dem Nießbrauchgrundstück errichtet (BGB-RGRK/Kreft § 837 Rn 5). Dann wird das Gebäude/Werk gem § 95 Abs 1 S 2 BGB lediglich Scheinbestandteil des Grundstücks (VG Neustadt NVwZ-RR 2009, 227, 228) und verbleibt im Eigentum (BFH BFH/NV 1987, 786; FG Hamburg EFG 1986, 458, 459; vgl auch RGZ 106, 49, 51 f) und Eigenbesitz des Nießbrauchers. Außerhalb des Anwendungsbereichs von § 95 Abs 1 S 2 BGB gilt für den Nießbrauch nicht § 837 BGB, sondern nur § 838 BGB. 8

Im Hinblick auf Grunddienstbarkeiten ist der Dienstbarkeitsberechtigte (Eigentümer des herrschenden Grundstücks) Eigentümer von Gebäude/Werk (gem § 95 Abs 1 BGB) und damit Eigenbesitzer desselben, wenn er dieses in Ausübung der Dienstbarkeit mit dem dienenden Grundstück selbst verbunden hat (vgl Staudinger/Voigt [2025] § 1020 Rn 12 aE). Das ist etwa anzunehmen, wenn der Berechtigte auf dem dienenden Grundstück zum Zwecke des Abstellens seines PKW einen Carport errichten darf.

2. Bauunternehmer und Sicherungsübereignung

Ein Bauunternehmer, der auf einem fremden Grundstück ein Baugerüst errichtet, hat ein Besitzrecht an dem Gerüst aus dem Bauvertrag, dessen Erfüllung die Errichtung bzw Unterhaltung des Gerüsts erfordert, und haftet nach § 837 BGB, obwohl er zur Errichtung des Gerüsts nicht nur berechtigt, sondern aufgrund des Vertrages auch verpflichtet ist (RG Recht 1910 Nr 1257; BGH 4. 3. 1997 – VI ZR 51/96, LM Nr 25 = NJW 1997, 1853; BGH 27. 4. 1999 – VI ZR 174/98, NJW 1999, 2593, 2594; BGH 21. 4. 1959 – VI ZR 74/58, VersR 1959, 694; OLG Koblenz 28. 3. 2022 – 15 U 565/21, juris Rn 31; BGH 29. 8. 2002 – 5 U 1459/01, OLGR 2002, 468; OLG Stuttgart 28. 4. 2009 – 6 U 56/08, NJW-RR 2010, 451, 452; OLG Rostock 27. 3. 2003 – 1 U 118/01, OLGR 2003, 372; LG Bonn 18. 7. 2018 – 1 O 304/17 juris Rn 53; weiter RG SeuffA 76 Nr 116 zu einem Bauzaun); sein Eigenbesitz am Baugerüst folgt generell aus § 95 Abs 1 S 1 BGB. 9

Weil es im Rahmen von § 837 BGB auf den **Eigenbesitz** am Gebäude/Werk ankommt, dürfte Vorstehendes allerdings nicht für einen fremdbesitzenden Gerüstbauunternehmer gelten, der sein Baugerüst einer Bank zur Sicherheit übereignet hat. In diesem Fall ist nach zutreffender hM nämlich nicht der Sicherungsgeber (Gerüstbauer), sondern der Sicherungsnehmer (Bank) mit Begründung des Sicherungseigentums – mittelbarer – Eigenbesitzer iSd § 872 BGB (BGH LM § 929 Nr 8; LM § 1006 Nr 9 und 11; MünchKommBGB/Schäfer § 872 Rn 8; Grüneberg/Herrler § 872 Rn 1; Serick, Eigentumsvorbehalt und Sicherungseigentum Bd II § 20 III 1 S 136; Staudinger/Gutzeit [2025] § 868 Rn 60; Baur/Stürner § 7 E I Rn 90; **aA** BGH 21. 12. 1960 – VIII ZR 145/59, NJW 1961, 777, 778 = LM § 1006 Nr 8). Obgleich der Sicherungsgeber die größere Sachnähe aufweist, erscheint das Ergebnis letztlich gerechtfertigt (**aA** Schulz 245 f für Windenergieanlagen, der im Wege einer teleologischen Extension des § 837 BGB den Betreiber aufgrund der unveränderten Beherrschung als Haftungssubjekt ansieht). Die Sicherungsübereignung stellt eine besondere Form der eigennützigen Sicherungstreuhand dar, bei welcher der Treuhänder und Sicherungsnehmer Vollrechtsinhaber – mithin Eigentümer – wird. Weil der gewerbetreibende Gerüstbauer und Sicherungsgeber das Gerüst jedoch zum Zwecke der Gewinnerzielung (und nachfolgenden Forderungsbegleichung) benötigt, bleibt er in Anwendung des § 868 BGB unmittelbarer Besitzer des Gerüsts und seiner Teile, wohingegen der Sicherungsnehmer (Bank) mittelbaren Besitz erhält. Allein dessen Position als Eigentümer und Eigenbesitzer und dessen jedenfalls vermittelte Nähe zur Sache rechtfertigt seine Haftung aus §§ 836, 837 BGB. Es ist ihm zuzumuten, geeignete Sicherheitsmaßnahmen – ggf durch Hilfspersonen – zu ergreifen, zumal ihm im Bedarfsfall die Verwertung des Sicherungsguts offensteht. Er hat damit ein erhebliches Interesse an der ordnungsgemäßen Aufrechterhaltung des Sicherungsguts. Als Eigenbesitzer des Werks ist er mithin nicht nur imstande, sondern auch willens, für dessen Sicherheit zu sorgen (vgl zu diesen Voraussetzungen Mugdan II S 457 u 1270; BGH 29. 3. 1977 – VI ZR 64/76, NJW 1977, 1392). Letztlich wird es freilich häufig so sein, dass der Sicherungsgeber die Unterhaltung des Werks für den Sicherungsnehmer (Eigenbesitzer) vertraglich übernimmt und dementsprechend selbst aus § 838 BGB haftet; dabei wird er regelmäßig im Innenverhältnis auch allein haften müssen. Für den Geschädigten aber ist und bleibt es von Vorteil und interessengerecht, wenn er sich möglichst vielen Ersatzpflichtigen gegenüber sieht, zumal sowohl Sicherungsgeber als auch Sicherungsnehmer ein Interesse an der ordnungsgemäßen Errichtung und Unterhaltung des Werks haben. Gleiches gilt etwa, wenn der Eigentümer einer Windkraftanlage diese zur Sicherheit an die finanzierende Bank übereignet (vgl zu dieser Möglichkeit Witter ZfIR 2006, 41 f; Schulz 246 f).

3. Weitere Haftungsbeispiele

10 Die Haftung aus § 837 BGB greift bei der Errichtung von Messezelten (OLG Rostock 15. 9. 2003 – 3 U 58/03, NJW-RR 2004, 825) und trifft ferner denjenigen, der auf einem fremden Grundstück zu Bauarbeiten einen freistehenden oder auf Schienen montierten Kran betreibt (LG Traunstein VersR 1956, 310; OLG Düsseldorf VersR 1976, 94), den Eigentümer des Krans trotz Übertragung der Nutzungsrechte auf den bauausführenden Mieter desselben (OLG Frankfurt 15. 9. 2025 – 29 U 50/24, VersR 2025, 1393, 1395), einen Maler, der ein Gerüst an einer Hauswand errichtet (OLG Hamburg LZ 1924, 239; vgl auch RG HRR 1935, 730 für eine ebenfalls an der Hauswand errichtete Rutschwand) oder einen Zirkusbetreiber für Zelt und Tragegerüst der Zuschauerränge (OLG Hamm 7. 6. 2001 – 6 U 45/01, NJW-RR 2002, 92). Auch der (Eigen-)Besitzer einer elektrischen Leitungsanlage auf einem fremden Grundstück fällt unter § 837 BGB (RG JW 1913, 868; RG JW 1916, 39; RG SeuffA 79, 168), ebenso der Inhaber einer Windkraftanlage, sofern diese in Aus-

übung eines zeitlich begrenzten Nutzungsrechts errichtet worden ist; eine Windkraftanlage ist gem § 95 Abs 1 S 1 bzw 2 BGB regelmäßig nur Scheinbestandteil eines fremden Grundstücks (BGH 7. 4. 2017 – V ZR 52/16, NJW 2017, 2099 Rn 6 ff; MünchKommBGB/Stresemann § 94 Rn 17, § 95 Rn 18 u 32; Peters WM 2002, 110, 113 ff; Witter ZfIR 2006, 41, 42 ff; OLG Schleswig WM 2005, 1909, 1911 f; OLG Koblenz 21. 9. 2006 – 5 U 738/06, OLGR 2007, 78 f betreffend einen Fall, in welchem die Voraussetzungen des § 95 Abs 1 BGB nicht vorliegen). Der nutzungsberechtigte Inhaber einer Grabstelle, der einen Grabstein setzt (BGH 5. 10. 1971 – VI ZR 268/69, NJW 1971, 2308 f; BGH 29. 3. 1977 – VI ZR 64/76, NJW 1977, 1392 mwNw; OLG Hamm 24. 11. 1981 – 9 U 137/81, NVwZ 1982, 333; OLG Rostock 6. 3. 2003 – 1 U 59/01, OLGR 2003, 348; OLG Brandenburg NJW 2004, 2103, 2104; Staudinger/Heinze Jura 2003, 581, 586; vgl auch Staudinger/Wöstmann [2020] § 839 Rn 111) haftet ebenfalls nach § 837 BGB; ein Grabstein ist gem § 95 Abs 1 S 1 bzw S 2 BGB nur Scheinbestandteil des Friedhofgrundstücks (OLG Köln 17. 7. 1991 – 2 W 193/90, OLGZ 1993, 113, 116 f; Staudinger/Heinze Jura 2003, 581, 582; Koch JA 2011, 749, 751; MünchKommBGB/Stresemann § 95 Rn 18 f u 32 mit weiteren Bsp), auch die Denkmaleigenschaft eines Grabmals hat keinen Einfluss auf diese sachenrechtliche Einordnung. Setzt der Eigentümer des Grabmals die Nutzung nach Ablauf der Ruhefrist fort, trifft ihn weiter die Verkehrssicherungspflicht, der er sich auch nicht durch Dereliktion an dem Grabmal entziehen kann (VGH Kassel 8. 5. 2015 – 4 A 1862/13, NVwZ-RR 2015, 855 Rn 6 ff). Der Anstaltsträger (Besitzer oder Eigentümer) des Friedhofs wird dagegen nicht von § 837 erfasst, selbst wenn ihm nach der zugrundeliegenden Friedhofsordnung ein Mitspracherecht bezüglich der Gestaltung und Aufstellung zusteht (BGH 29. 3. 1977 – VI ZR 64/76, NJW 1977, 1392; BGH 30. 1. 1961 – III ZR 225/59, BGHZ 34, 206, 212 ff; OLG Rostock 6. 3. 2003 – 1 U 59/01, OLGR 2003, 348). Er kann aber neben dem Grabstelleninhaber wegen Verletzung der allgemeinen Verkehrssicherungspflicht haftbar sein (BGH 29. 3. 1977 – VI ZR 64/76, NJW 1977, 1392; OLG Hamm 24. 11. 1981 – 9 U 137/81, NVwZ 1982, 333; OLG Rostock 6. 3. 2003 – 1 U 59/01, OLGR 2003, 348). Die Betreiber von Telekommunikationsanlagen haften nach § 837 BGB, wenn sie aufgrund ihres Nutzungsrechts auf fremden Grundstücken Telefon- bzw Telegrafenmasten aufstellen (OLG Koblenz 13. 7. 1988 – 1 U 1835/87, VersR 1989, 159; OLG Stuttgart VRS 7, 246 = VersR 1954, 565 L zum TelegrafenwegeG). § 837 BGB kommt auch zur Anwendung, wenn ein anderer als der Deicheigentümer und Deichbesitzer in einen Deich eine Schleuse einbaut und diese unterhält (RG HRR 1930 Nr 1104). Schließlich haftet ein Jagdpächter nach § 837 BGB, weil auch Jagdhochsitze regelmäßig nicht im Eigentum des Grundstückseigentümers, sondern im Eigentum des Jagdpächters stehen (OLG Stuttgart 12. 11. 1976 – 2 U 117/76, VersR 1977, 384). Verbindet ein Pächter Sachen mit dem Grund und Boden, so spricht nach feststehender Rspr regelmäßig eine Vermutung dafür, dass dies mangels besonderer Vereinbarungen nur in seinem Interesse für die Dauer des Vertragsverhältnisses und damit zu einem vorübergehenden Zweck geschieht (BGH 4. 7. 1984 – VIII ZR 270/83, BGHZ 92, 70, 73 f; BGH 22. 12. 1995 – V ZR 334/94, NJW 1996, 916, 917). Jagdhochsitze werden regelmäßig für die Dauer des Jagdpachtvertrages errichtet und sind deshalb nur Scheinbestandteile des Grundstücks, auf dem sie stehen, § 95 Abs 1 S 1 BGB (vgl OLG Koblenz 28. 9. 1999 – 1 U 890/96, OLGR 2000, 195, 197; LG Landau 12. 7. 2002 – 3 S 366/01 juris Rn 8, Grüneberg/Ellenberger § 95 Rn 3; so schon zu § 29 des Reichsjagdgesetzes Behr/Ott/Nöth, Die dt Reichsjagdgesetzgebung [1935] S 227).

4. Mieter bzw Pächter

11 Mieter und Pächter eines Gebäudes oder Werks unterliegen im Regelfall nicht der Haftung aus § 837 BGB, da die Pflicht zur Unterhaltung der Miet- bzw Pachtsache gemäß § 535 Abs 1 S 2 BGB (iVm § 581 Abs 2 BGB) den Vermieter bzw Verpächter trifft (RGZ 59, 8; BGH 19. 6. 1990 – VI ZR 197/89, NJW-RR 1990, 1423, 1424; MünchKommBGB/Wagner § 837 Rn 3; Jauernig/Teichmann § 837 Rn 2; Ausnahme beim Landpachtvertrag: hier obliegt die Verkehrssicherung ggf auch dem Pächter; vgl Staudinger/vJeinsen [2024] § 586 Rn 25; unscharf Grüneberg/Retzlaff § 837 Rn 2). Auch besitzt der Mieter im Regelfall das Gebäude nicht abgesondert vom Grundstück – da der Besitz am Gebäude auch das Grundstück erfasst, auf dem das Gebäude steht (RGZ 59, 8; OLG Frankfurt VersR 1951, 103; BGB-RGRK/Kreft § 837 Rn 6) – bzw ist er nicht Eigenbesitzer des Gebäudes (BGH 19. 6. 1990 – VI ZR 197/89, NJW-RR 1990, 1423; LG Bad Kreuznach VersR 1986, 199). Eine Haftung des Mieters aus § 837 BGB kommt aber für die von ihm selbst am Gebäude angebrachten Einrichtungen in Betracht (etwa für Firmenschilder RG LZ 1916, 1241; OLG Celle OLGE 34, 127), sowie in den Fällen, wo der Mieter oder der Pächter auf dem gemieteten Grundstück ein Gebäude oder Werk iSd § 95 BGB errichtet, an dem er Eigenbesitz hat (RGZ 59, 8; OLG Düsseldorf VersR 1999, 854, 855; LG Aachen VersR 1990, 63, 64; BGB-RGRK/Kreft Rn 6; vgl RG Recht 1908, 3265: Ein Gastwirt, der auf einem von ihm gemieteten Platz ein Restaurationszelt errichtet, haftet gemäß § 837 BGB; weiter RG WarnR 1910 Nr 242). Diese Konstellation kann auch gegeben sein, wenn der Mieter ein massives Gebäude auf dem Grundstück errichtet, das aufgrund der Parteivereinbarung entgegen § 94 BGB nicht Eigentum des Grundstückseigentümers werden soll. Voraussetzung ist dann aber, dass sich der Mieter vertraglich verpflichtet hat, nach Ablauf der Mietzeit den ursprünglichen Zustand des Grundstücks wiederherzustellen (OLG Frankfurt 6. 4. 1978 – 1 U 200/76, VersR 1978, 966).

12 Hat der Mieter im Mietvertrag die Unterhaltung übernommen, so folgt seine Haftung aus § 838 BGB, nicht aus § 837 BGB (**aA** Wenzel ZWE 2009, 57, 58). Schließlich kommt immer eine Haftung des Mieters oder Pächters aus § 823 BGB wegen Verletzung der allgemeinen Verkehrssicherungspflicht in Betracht (LG Bad Kreuznach VersR 1986, 199; MünchKommBGB/Wagner § 837 Rn 3).

5. Wohnungseigentümergemeinschaft

13 Im Anwendungsbereich des WEG ergeben sich auch nach der WEG-Reform 2020 keine Veränderungen zur bisherigen Rechtslage. § 837 BGB findet wegen der Besonderheiten im WEG grundsätzlich keine Anwendung, weil hier das ausschließliche Sondereigentum des Einzelnen an seiner Wohnung und das gemeinschaftliche Eigentum untrennbar miteinander verbunden sind, vgl § 1 Abs 1 bis 3 iVm § 6 WEG (s auch BGHZ 49, 250, 251; BGHZ 50, 56; BGHZ 90, 174; BGHZ 91, 343; BGHZ 108, 156; BGHZ 125, 235, 237). Das hat zur Folge, dass Wohnungs- und Teileigentümer stets teilweise Allein- und Miteigentum in „unlöslicher Zweiheit" (so Prütting, Sachenrecht [37. Aufl 2020] Rn 600) innehaben. Sondereigentum am einzelnen Gebäude (auf sogenannten Mehrhausanlagen, dh mehrere Einfamilienhäuser auf einem WEG-Grundstück) – mit der Folge der alleinigen Herrschaftsmacht – kommt mithin grds nicht in Betracht. Das ergibt sich nach überwiegender Ansicht daraus, dass gem § 5 Abs 2 WEG alle tragenden Teile des Gebäudes trotz Sondereigentums zwingend dem Gemeinschaftseigentum zugewiesen sind (vgl BGHZ 49, 250, 251; 50, 56; 90, 174; 91, 343; BGH 23. 6. 1989 –

V ZR 40/88, BGHZ 108, 156; BGH 25. 1. 2001 – VII ZR 193/99, NJW-RR 2001, 800; MünchKomm-BGB/Krafka [9. Aufl 2023] § 5 WEG Rn 3, 26; Staudinger/Rapp/Wobst [2023] § 5 WEG Rn 38; BeckOGK/Meier [1. 8. 2025] § 5 WEG Rn 44). Bestünde diese Zuweisung zum Gemeinschaftseigentum nicht, würde das Wohnungseigentum derart dem Erbbaurecht angenähert, dass dies gegen den sachenrechtlichen Typenzwang verstieße (Bärmann/Armbrüster, WEG [16. Aufl 2025] § 5 Rn 36). Selbst wenn man der Gegenmeinung (Erman/Grziwotz § 5 WEG Rn 9; Jennissen/Grziwotz [8. Aufl 2023] § 5 Rn 7; jurisPK-BGB/Moritz § 837 Rn 2; so noch Bärmann/Pick [19. Aufl 2010] WEG § 5 Rn 15) mit dem nachvollziehbaren Argument folgte, dass die Eigentümer eines (freistehenden) Einfamilienhauses sich für „ihr“ Haus allein verantwortlich fühlen und alle übrigen Wohnungs- bzw Hauseigentümer der WEG daran kein Interesse haben, weil sie vom tadellosen Bestand des „fremden“ Einfamilienhauses nicht abhängig sind, so scheitert die Anwendung des § 837 BGB in diesem Fall dennoch. Denn selbst wenn der Eigenbesitz des Einzelnen am einzelnen Gebäude anerkannt würde – der Eigenbesitz muss sich gerade (auch) auf das Schaden verursachende Gebäude oder Werk erstrecken (OLG Celle 11. 6. 1999 – 4 U 201/98, OLGR 1999, 357; vgl auch § 836 Rn 77) –, so kann § 837 BGB dennoch nicht eingreifen, weil der Sondereigentümer des Gebäudes dieses nicht auf einem *fremden* Grundstück besitzt. Das Grundstück gehört gem § 1 Abs 5 WEG zwingend zum gemeinschaftlichen Eigentum und steht mithin *auch* im Eigentum des Haus(eigen)besitzers (vgl insoweit § 836 Rn 77). Ausschlaggebend für § 837 BGB aber ist das Auseinanderfallen von Eigenbesitz am Gebäude und dem Eigenbesitz am Grundstück (BGH 29. 3. 1977 – VI ZR 64/76, NJW 1977, 1392, 1393). Der Sonder-Hauseigentümer besitzt das Gebäude jedoch nicht abgesondert vom Grundstück.

§ 838
Haftung des Gebäudeunterhaltungspflichtigen

Wer die Unterhaltung eines Gebäudes oder eines mit einem Grundstück verbundenen Werkes für den Besitzer übernimmt oder das Gebäude oder das Werk vermöge eines ihm zustehenden Nutzungsrechts zu unterhalten hat, ist für den durch den Einsturz oder die Ablösung von Teilen verursachten Schaden in gleicher Weise verantwortlich wie der Besitzer.

Materialien: E I § 735 Abs 3; II § 761; II § 822; Mot II 819, Prot II 657.

Schrifttum

Dötsch/Schultzky/Zschieschack, WEG-Recht 2021 (2021)
Fritsch, Die Verkehrssicherungspflicht im Wohnungseigentum, ZWE 2005, 384
Gottschalg, Die Haftung von Verwalter und Beirat in der Wohnungseigentümergemeinschaft (2002)
ders, Verkehrssicherungspflichten des Wohnungseigentumsverwalters, NZM 2002, 590
Müller, Praktische Fragen des Wohnungseigentums (6. Aufl 2015)
Petershagen, Die Amtshaftung für stürzende Verkehrszeichen, NZV 2011, 528
Reimann/Keller, Architekten und Künstler und ihre Rechte am Bau, ZfIR 2019, 817
Schmid, Die Verkehrssicherungspflicht in Wohnungseigentumsanlagen, ZWE 2009, 295

ders, Die Haftung für den Einsturz oder die Ablösung von Gebäudeteilen, VersR 2012, 1098
Schulz, Haftung und Versicherung beim Betreiben von Windenergieanlagen (2020)
Weimar, Haftet ein gesetzlicher Vertreter aus vermutetem Verschulden gemäß § 838 BGB?, MDR 1957, 272
ders, Haftet ein Hausverwalter gemäß § 838?, MDR 1959, 724
Wenzel, Die Wahrnehmung der Verkehrssicherungspflicht durch den Wohnungseigentumsverwalter, ZWE 2009, 57.

Systematische Übersicht

I. Grundgedanke der Norm

1 Die Norm begründet – anders als § 837 BGB – die *zusätzliche* Haftung des kraft Übernahme oder aufgrund eines Nutzungsrechts zur Unterhaltung des Gebäudes oder sonstigen Werks Verpflichteten neben der Haftung des Eigenbesitzers des Grundstücks aus § 836 BGB bzw des Gebäudebesitzers aus § 837 BGB. Ein Verwalter fremden Vermögens, zu dessen Aufgaben die Unterhaltung des Werks oder Gebäudes gehört, übernimmt die dem Eigenbesitzer gegenüber der Allgemeinheit obliegenden Pflichten (OLG Koblenz 9. 2. 2004 – 12 U 11/03, NVwZ-RR 2004, 322 mwNw). In dieser Funktion – der Erweiterung des Kreises der Haftungsverpflichteten – entspricht die Vorschrift §§ 831 Abs 2, 832 Abs 2 und 834 BGB (Soergel/Krause § 838 Rn 1; MünchKommBGB/Wagner § 838 Rn 1). Bei der Bestimmung handelt es sich um einen gesetzlich geregelten Fall der Haftung des Übernehmers von Verkehrssicherungspflichten (MünchKommBGB/Wagner § 838 Rn 1; Soergel/Krause § 838 Rn 1; vgl dazu BGH 19. 6. 1990 – VI ZR 197/89, NJW-RR 1990, 1423). Der Unterhaltungspflichtige wird dem Haftungsregime von § 838 BGB unterworfen, was wegen des subsidiär ohnehin geltenden § 823 Abs 1 BGB seine praktische Bedeutung in der Beweislastverteilung hat (MünchKommBGB/Wagner § 838 Rn 1). Er muss nicht selbst Besitzer des Gebäudes oder Werks sein (BGB-RGRK/Kreft § 838 Rn 1; Soergel/Krause § 838 Rn 1).

II. Verhältnis zu anderen Normen

2 Der Gebäudeunterhaltungspflichtige und die nach §§ 836, 837 BGB Verpflichteten haften bei einem Schadenseintritt gemäß § 840 Abs 1 BGB als Gesamtschuldner (MünchKommBGB/Wagner § 838 Rn 1). Der Grundstücksbesitzer kann sich aber uU von

der Haftung nach § 836 BGB durch den Beweis befreien, dass er sich auf den unterhaltungspflichtigen Dritten habe verlassen dürfen (BGB-RGRK/Kreft § 838 Rn 7). Er muss den Übernehmenden sorgfältig auswählen, auf bereits vorhandene Gefahrenquellen aufmerksam machen und bei besonderem Anlass überwachen (Larenz/Canaris, Schuldrecht II/2 § 79 VI 2 d; Soergel/Krause § 838 Rn 2; MünchKommBGB/Wagner § 838 Rn 1; Gottschalg NZM 2002, 590, 593). Der nach § 838 BGB Unterhaltungspflichtige kann sich, da er in gleicher Weise wie der Grundstücksbesitzer verantwortlich ist, wie dieser durch den Beweis seines Nichtverschuldens von der Haftung befreien (RG WarnR 1913 Nr 13). Bei Vorliegen einer Gesamtschuld richtet sich der Ausgleich im Innenverhältnis nach § 426 BGB (Grüneberg/Retzlaff § 838 Rn 2). Bei gesamtschuldnerischer Haftung mit einem Dritten, nicht in §§ 836, 837 BGB Genannten – etwa dem Erbauer – gilt die Spezialregelung des § 840 Abs 3 BGB (BGB-RGRK/Kreft § 838 Rn 7).

III. Beweislast

Die vertragliche Übernahme der Gebäudeunterhaltung bzw das Nutzungsrecht sind vom Geschädigten zu beweisen (Baumgärtel/Laumen/Prütting/Luckey [5. Aufl 2023] Rn 1; BeckOGK/Petershagen [1. 6. 2026] § 838 Rn 12; vgl auch § 832 Rn 50); ebenso, dass die fehlerhafte Errichtung oder mangelhafte Unterhaltung die wesentliche adäquate Ursache der Ablösung oder des Einsturzes ist (BGH 27. 4. 1999 – VI ZR 174/98, NJW 1999, 2593, 2594; OLG Koblenz 9. 2. 2004 – 12 U 11/03, NVwZ-RR 2004, 322, 323). Dem Geschädigten kommt idR jedoch der Anscheinsbeweis zu Gute (vgl § 836 Rn 107 ff). Dabei können die Grundsätze der sekundären Darlegungslast Anwendung finden, um der Beweisnot des Geschädigten, der regelmäßig keinen Einblick in die internen Beziehungen zwischen dem originär sicherungspflichtigen Besitzer und dem nach § 838 BGB verantwortlichen Dritten hat, zu begegnen (MünchKommBGB/Wagner § 838 Rn 9; Baumgärtel/Laumen/Prütting/Luckey [5. Aufl 2023] Rn 2; BeckOGK/Petershagen [1. 6. 2026] § 838 Rn 12). Auch eine Streitverkündung gegenüber dem Eigenbesitzer ist in Betracht zu ziehen (MünchKommBGB/Wagner § 838 Rn 9). 3

IV. Anspruchsvoraussetzungen

1. Unterhaltungspflicht aufgrund Übernahme

a) Übernahme

Nach der früher vorherrschenden Betrachtungsweise lag eine **„Übernahme"** iSd § 838 BGB nur vor, wenn sich der in Anspruch Genommene vertraglich zur Unterhaltung des Gebäudes oder Werks verpflichtet hatte (so auch heute noch Jauernig/Kern § 838 Rn 1; Dauner-Lieb/Langen/Katzenmeier Rn 2; ebenso wohl PWW/Schaub § 838 Rn 2; **aA** BeckOK-BGB/Förster [1. 11. 2025] § 838 Rn 3; Hk-BGB/Staudinger § 838 Rn 1; MünchKommBGB/Wagner § 838 Rn 5; zu der Problematik ausführlich Petershagen 187 ff). Gegen diese Sichtweise spricht der Wortlaut der §§ 831 Abs 2, 832 Abs 2 und 834 Abs 1 BGB, nach denen die Haftung des Übernehmers nur eintritt, wenn die Übernahme der einem anderen obliegenden Unterhaltungspflicht durch Vertrag erfolgt (§ 831 Rn 179; § 832 Rn 31 ff). Eine entsprechende Einschränkung fehlt in § 838 BGB. Freilich darf dieser Unterschied nicht überbewertet werden, weil sich kaum nachweisen lässt, dass er dem Gesetzgeber bewusst und von ihm gewollt war. 4

Eine solche Beschränkung entspricht – wenn auch die Übernahme in den meisten Fällen durch einen Vertrag erfolgen wird – nicht mehr der Rechtsentwicklung, zumal selbst im Zusammenhang mit §§ 831, 832, 834 BGB eine wirksame Übernahmeverpflichtung, dh rechtsgeschäftliche, Vertrauen begründende Gewährsübernahme, statt eines wirksamen Übernahmevertrags, genügen soll. Entscheidend ist auch für § 838 BGB, dass der Übernehmer sich verbindlich für zuständig erklärt, vor allem dass er – sich selbst bindend – die Verantwortung für das Gebäude und die Obhut für den ordnungsgemäßen baulichen Zustand (Petershagen 190) übernimmt. Es genügt wie bei §§ 831, 832 BGB die tatsächliche Aufgabenübernahme im Einverständnis mit dem primär Sicherungspflichtigen (BeckOGK/Petershagen [1. 6. 2026] § 838 Rn 6; Soergel/Krause § 838 Rn 2; MünchKommBGB/Wagner [8. Aufl 2020] § 838 Rn 5; Schulz 246 f für die selbstständige Betriebsfortführung durch den Sicherungsgeber einer sicherungsübereigneten Windenergieanlage). Diese Position entspricht der Rspr des BGH. Das Gericht hat der vertraglichen Übernahme durch ein – **aufgrund behördlicher Bestellung begründetes** – gesetzliches Schuldverhältnis vertragsähnlicher Natur, das im Ergebnis ähnliche Verpflichtungen wie ein vertragliches Geschäftsbesorgungsverhältnis erzeugt, jedenfalls für den Fall gleichgestellt, dass der behördlich bestellte Verwalter freiwillig tätig wird und eine Vergütung erhält (BGH 13. 7. 1956 – VI ZR 32/55, BGHZ 21, 285, 292 f für die Haftung eines Custodian [Treuhänder] nach MilRegG Nr 52, eines Konkursverwalters oder eines Zwangsverwalters. Ebenso jetzt für die Haftung des Insolvenzverwalters nach § 838 BGB: MünchKommInsO/Jaffe [4. Aufl 2019] § 148 Rn 39: aber Haftung der Masse mwNw [in der 5. Aufl ohne ausdrückliche Erwähnung des § 838 BGB in Rn 37, 39]; MünchKommBGB/Wagner § 838 Rn 5; PWW/Schaub § 838 Rn 2).

5 Teilweise wird aus der Erweiterung des Adressatenkreises von § 838 BGB durch die Entscheidung BGHZ 21, 285 (BGH 13. 7. 1956 – VI ZR 32/55) gefolgert, dass es für die Anwendbarkeit der Norm genügt, wenn die Übernahme der Gebäudeunterhaltung einseitig und rein tatsächlich erfolgt, solange der Übernehmende damit nur ein eigenes Interesse verfolgt (BGB-RGRK/Kreft § 838 Rn 3; MünchKommBGB/Stein [3. Aufl] § 838 Rn 2 Fn 2; **aA** jetzt: MünchKommBGB/Wagner § 838 Rn 5). Damit dürfte die Tragweite der BGH-Entscheidung überschätzt worden sein, zu deren Verständnis die besondere Konfliktlage zu berücksichtigen ist: Würde durch einen Hoheitsakt die Verwaltung eines Grundstücks unter Ausschluss der Befugnisse und des Besitzes des bisherigen Besitzers auf einen Dritten übertragen werden, ohne dass dieser Dritte damit auch der Haftung aus § 836 BGB unterliegt, weil er nicht Eigenbesitzer wird, so würde bei gleichbleibender Gefahrenlage der Geschädigte die durch die Beweislastverteilung in den §§ 836, 838 BGB begründeten Vorteile verlieren. Zur Vermeidung dieser Unbilligkeit hat der BGH in BGHZ 21, 285 der vertraglichen Übernahme die Bestellung durch Hoheitsakt gleichgestellt. Der BGH (BGH 19. 6. 1990 – VI ZR 197/89, VersR 1990, 1280, 1281) hat seine Rspr zutreffend fortgeführt. Gebäudeunterhaltungspflichtig iSv § 838 BGB ist danach, wer die Zuständigkeit übernommen hat, dafür zu sorgen, dass keine Schäden durch den Einsturz des Gebäudes oder die Ablösung von Gebäudeteilen entstehen. Der BGH verlangte nicht, dass die Übernahme der Zuständigkeit durch Vertrag erfolgt sein müsse (im konkreten Fall war freilich ein solcher geschlossen worden).

6 Dann ist es nach dem Normzweck konsequent, in Fällen *öffentlich-rechtlicher* Verantwortungsübertragung, auch wenn diese ohne Rücksicht auf finanzielle Interessen erfolgt, die Haftung von § 838 BGB auf denjenigen zu erstrecken, der im Auftrag eines anderen für die Überwachung des Werkes verantwortlich ist. So ist der Bund Eigentümer – und Eigenbesitzer – der Bundesautobahnen und Bundesstraßen, Art 90 Abs 1 GG. Diese Bundesfernstraßen (§ 1 Abs 2 FStrG) werden nach Art 90 Abs 2 GG von den Ländern – als Fremdbesitzer (OLG Koblenz 9. 2. 2004 – 12 U 11/03, NVwZ-RR 2004, 322) – verwaltet. Der Bund ist zwar Träger der Straßenbaulast für Bundesfernstraßen, § 5 Abs 1 S 1 FStrG. Die Erfüllung der Aufgaben, die dem Träger der Straßenbaulast obliegen, wird durch die Straßenaufsicht sichergestellt; § 20 Abs 1 S 1 FStrG. Die *Länder* üben diese Straßenaufsicht jedoch im Auftrag des Bundes aus, § 20 Abs 1 S 2 FStrG. Die Länder haften als Fremdbesitzer der Bundesautobahnen und sonstigen Bundesstraßen nicht nach § 836 BGB und handeln auch nicht in Ausübung eines Rechts im Sinne von § 837 BGB, sondern aufgrund von Pflichten im Rahmen der Bundesauftragsverwaltung. Sie haften daher nach § 838 BGB für die Bundesautobahnen kraft gesetzlicher Übernahme (OLG Koblenz 9. 2. 2004 – 12 U 11/03, NVwZ-RR 2004, 322; Petershagen NZV 2011, 528, 530; BeckOGK/Petershagen [1. 6. 2026] § 838 Rn 7). Das gebietet auch der Normzweck von § 838 BGB. Danach soll – zusätzlich – derjenige haften, der vom Eigentümer bzw Eigenbesitzer berechtigt wurde, entsprechende bauliche Maßnahmen zu veranlassen, um Schäden durch Gebäude/Werk zu verhindern (OLG Koblenz 9. 2. 2004 – 12 U 11/03, NVwZ-RR 2004, 322, 323; vgl die Regelungen in den Straßengesetzen der Länder, bspw § 10 NdsStrG, § 10 StrG LSA, § 9a StrWG NRW). Auch den Verwalter nach § 15 Abs 1 VermG trifft die Übernehmerhaftung (BeckOK-BGB/Förster [1. 11. 2025] § 838 Rn 3).

Der vereinzelt vertretenen Ansicht, dass auch der gesetzliche Vertreter etwa eines 7
Minderjährigen der Haftung aus § 838 BGB unterliegt (Dittenberger, Der Schutz des Kindes [1903] 64; offen gelassen von BGHZ 21, 285, 291; vgl auch Weimar MDR 1957, 272), kann nicht beigetreten werden. Die Haftung aus § 838 BGB knüpft an die *freiwillige* Übernahme der Unterhaltungspflicht an (ebenso BeckOK-BGB/Förster [1. 11. 2025] § 838 Rn 3). Davon kann beim gesetzlichen Vertreter nicht die Rede sein. Die Entscheidung BGHZ 21, 285 (dazu Rn 5) lässt für behördlich bestellte Vertreter (etwa einen Vormund) keinen anderen Schluss zu, da diese zur Übernahme der Vormundschaft verpflichtet sind (§ 1785 BGB) und daher nicht wie die in der Entscheidung Genannten freiwillig tätig werden. Die Haftung der Eltern als gesetzliche Vertreter kommt daher nur in Betracht, wenn sie ein Nutzungsrecht am Kindesvermögen haben (dazu Rn 17).

b) Inhalt der übernommenen Verpflichtung

Unabhängig von der Art und Weise der Übernahme greift die Haftung aus § 838 8
BGB nur ein, wenn gerade die Verantwortlichkeit für Schäden des Gebäudes oder sonstigen Werks Inhalt der übernommenen Verpflichtung ist (Erman/Wilhelmi § 838 Rn 2). Gerade die **Unterhaltung** des Gebäudes oder Werks muss übernommen sein. Die Pflicht zur Errichtung eines Gebäudes oder Werks genügt nicht. Bauunternehmer, Architekten und Materiallieferanten haften nur nach den allgemeinen Vorschriften, vor allem nach § 823 Abs 1 BGB (MünchKommBGB/Wagner [8. Aufl 2020] § 838 Rn 2). Auch soll die bloße Verpflichtung, das Gebäude oder Werk zu unterhalten, ohne aber für die möglichen Schäden einzustehen, nicht ausreichend sein (RG JW 1916, 1019; BGH 13. 3. 1952 – III ZR 212/51, LM Nr 2 = VersR 1952, 207; BGB-RGRK/Kreft § 838 Rn 4; Erman/Wilhelmi § 838 Rn 2). Die Übernahme der Verkehrssicherungspflicht kann sich auch nur auf bestimmte abgrenzbare Teile eines Gebäudes oder Werks oder auf einzelne Aspekte der Verkehrssicherung beziehen (BGH 19. 6. 1990 – VI ZR 197/89, VersR 1990, 1280; MünchKommBGB/Wagner § 838 Rn 3). So kann die Unterhaltungs-

pflicht iSd § 838 BGB auf die Sorge für die Standsicherheit eines Gebäudes beschränkt sein (BGH 8. 7. 1953 – VI ZR 325/52, LM Nr 3 = VersR 1953, 340). Ob in einem konkreten Fall die Unterhaltungspflicht übernommen wurde, muss nicht ausdrücklich im zugrundeliegenden Vertrag geregelt sein, sondern kann sich auch aus dessen Sinn und Zweck ergeben (BGH 16. 6. 1952 – III ZR 215/51, BGHZ 6, 315; BGH 13. 3. 1952 – III ZR 212/51, LM Nr 2 zu § 836 BGB = VersR 1952, 207; BGB-RGRK/Kreft § 838 Rn 4). Der Vertrag muss nicht notwendigerweise mit dem Besitzer des Grundstücks oder des Gebäudes geschlossen sein (Erman/Wilhelmi § 838 Rn 2). Der Wegfall der öffentlich-rechtlichen Polizeipflicht, für den ordnungsgemäßen Zustand der Sache zu sorgen, lässt die zivilrechtliche Haftung aus §§ 836, 838 BGB nicht entfallen (BGH 16. 6. 1952 – III ZR 215/51, BGHZ 6, 315).

c) Mieter bzw Pächter

9 Die Haftung aus § 838 BGB kann den Mieter oder den Pächter treffen, sofern diese Personen unter Abweichung von §§ 535 Abs 1 S 2, 581 BGB die Pflicht zur Unterhaltung des Gebäudes oder Werks übernommen haben (BGB-RGRK/Kreft § 838 Rn 4; zu den Anforderungen an eine solche Übernahme BGH 19. 6. 1990 – VI ZR 197/89, NJW-RR 1990, 1423, 1424; OLG Düsseldorf 27. 2. 1998 – 22 U 71/97, NZA-RR 1998, 289, 290). Die aus § 536c BGB folgende Warnfunktion des Mieters ist für eine Übernahme nicht ausreichend (BeckOGK/Petershagen [1. 6. 2026] § 838 Rn 8).

d) Hausverwalter

10 Typischer Adressat der Norm ist der vertraglich bestellte Hausverwalter (vgl BGH 16. 6. 1952 – III ZR 215/51, BGHZ 6, 315; vgl auch LG Flensburg 15. 3. 2011 – 1 S 90/10, NJW-RR 2011, 1474). Fraglich ist aber, ob dessen Haftung allein schon durch die Übernahme der Hausverwaltung ausgelöst wird. Nach BGH VersR 1952, 207 (BGH 13. 3. 1952 – III ZR 212/51, LM Nr 2 = NJW 1952, 698 LS) wird die Tätigkeit des Hausverwalters nicht von § 838 BGB erfasst, wenn er Reparaturen nur nach vorheriger Einwilligung und nach Weisung des Eigentümers vornehmen lassen darf, er keine eigenen Befugnisse hinsichtlich des verwalteten Grundstücks hat und ihm keine Mittel für das verwaltete Anwesen zur Verfügung stehen (vgl aber auch BGH 8. 7. 1953 – VI ZR 325/52, LM Nr 3 = VersR 1953, 340). Anders soll es aber sein, wenn der Verwalter die Pflicht übernommen hat, notwendige Reparaturen durchführen zu lassen, wobei nur solche Ausgaben mit dem Eigentümer abgesprochen werden müssen, welche die laufenden Einnahmen übersteigen, oder wenn der Hausverwalter nur für die Vornahme außergewöhnlicher Instandsetzungsarbeiten der Zustimmung des Eigentümers bedarf (BGH 16. 6. 1952 – III ZR 215/51, BGHZ 6, 315). Letztlich kommt es nach der Rspr für die Haftung des Hausverwalters nach § 838 BGB auf die zwischen dem Eigentümer und dem Verwalter im Einzelfall getroffenen Abreden an (BGH 16. 6. 1952 – III ZR 215/51, BGHZ 6, 315, 317 f; BGH 8. 7. 1953 – VI ZR 325/52, LM Nr 3 = VersR 1953, 340; Wussow/Rüge Kap 12 Rn 23). Dagegen soll der Hausverwalter zur Vermeidung von Unsicherheiten immer von § 838 BGB erfasst sein (AG Mainz VersR 1955, 111; Weimar MDR 1959, 724). In der Literatur wird vorgeschlagen, § 838 BGB stets auch dann anzuwenden, wenn sich die Verpflichtung des Verwalters darauf beschränkt, den Bauwerkszustand zu überwachen und ggf Mängelanzeige an den Besitzer zu erstatten, es ihm aber verwehrt ist, ohne Rücksprache mit diesem Reparaturen zu veranlassen (MünchKommBGB/Wagner § 838 Rn 4). Außerdem obliege es dem Verwalter nachzuweisen, den übernommenen Pflichten – und nur diesen – in dem gebotenen Umfang nachgekommen zu sein (MünchKommBGB/Wagner § 838 Rn 4). Diese Sichtweise ist zu befür-

worten. Jedenfalls ohne Berücksichtigung des Umfangs der sich aus dem Innenverhältnis zwischen Eigentümer und Verwalter ergebenden vertraglichen Pflichten kann nicht beurteilt werden, ob im Einzelfall die Übernahme der Verpflichtung vorliegt, die Verkehrssicherungspflicht bezüglich des Gebäudes oder Werks zu übernehmen. Dem Verwalter obliegt deshalb zunächst der Entlastungsbeweis. Da der Geschädigte keinen Einblick in das Innenverhältnis zwischen Verwalter und Besitzer hat, gehört hierzu der Umfang des vereinbarten Pflichtenkreises und deren Beachtung (MünchKommBGB/Wagner § 838 Rn 4). Auch wenn eine Übernahme vorliegt, haftet ein Gebäudeverwalter nicht für Schäden, auf deren Eintritt er sich nicht vorbereiten konnte (LG Halle/Saale 2. 11. 1993 – 3 O 387/93, r+s 1994, 97: keine Haftung für den Einsturz eines unterirdischen Gewölbes, das bereits seit Jahrzehnten in Vergessenheit geraten war).

e) Verwalter einer Wohnungseigentümergemeinschaft

Anders gestaltet sich die Rechtslage bei dem gem § 26 WEG bestellten Verwalter 11
einer Wohnungseigentümergemeinschaft. Dieser konnte unter gewissen Umständen schon immer unter § 838 BGB fallen und haftete nach dieser Vorschrift, wenn die Herstellung und Aufrechterhaltung der Gebäudesicherheit zu seinen Aufgaben gehörte (BGH 23. 3. 1993 – VI ZR 176/92, NJW 1993, 1782; BGH 19. 6. 1990 – VI ZR 197/89, NJW-RR 1990, 1423, 1424; PWW/Schaub § 838 Rn 2). Das war (und ist) der Fall, wenn der Verwalter die Unterhaltung des Gebäudes im Verwaltervertrag oder sonst im Einverständnis mit den Wohnungseigentümern **ausdrücklich** übernommen hat (vgl auch MünchKommBGB/Engelhardt [7. Aufl 2017] § 27 WEG Rn 9; OLG Frankfurt WuM 2002, 619 zu laufenden Reparaturen; OLG München NZM 2006, 110, 111; offen gelassen in BayObLG NJW-RR 2005, 100; vgl dazu auch Staudinger/Bernau [2018] § 838 Rn 11). Andernfalls ließ sich seine Haftung vor der WEG-Novelle 2007 – wenn auch nicht vollumfänglich – mit § 27 Abs 1 Nr 2 WEG aF begründen (ohne Einschränkung bzgl der Pflichten: BGH 23. 3. 1993 – VI ZR 176/92, NJW 1993, 1782; Horst, Wohnungseigentümer [2009] 140, 143; mit Einschränkung bzgl der Pflichten: OLG Düsseldorf NJW-RR 1995, 587; OLGZ 1993, 107; Gottschalg NZM 2002, 590, 592 f; Gottschalg, Verwalter S 79 Rn 204; Demharter ZWE 2006, 45 f; Sauren [6. Aufl 2014] WEG § 27 Rn 94 iVm 12 ff; anders bereits vor Novellierung des WEG: Fritsch ZWE 2005, 384, 388 f, der eine Haftung des Verwalters aus §§ 836, 838 BGB im Außenverhältnis gänzlich ablehnt).

Nach der Neufassung des WEG im Jahr 2007 betrifft die Verpflichtung des Verwalters aus § 27 Abs 1 Nr 2 WEG aF zwar nur noch das Innenverhältnis des Verwalters zu den Wohnungseigentümern bzw zur Gemeinschaft (Wenzel ZWE 2009, 57, 59 f mwNw auch zur Gegenansicht, wonach weiterhin neben den Wohnungseigentümern in Rechtsgemeinschaft auch der Verwalter originär zur Verkehrssicherung verpflichtet ist); im Innenverhältnis entscheiden grds die Wohnungseigentümer durch Beschluss (vgl §§ 21 Abs 1, 5 Nr 2, 27 Abs 1 Nr 1 WEG aF), und zwar sowohl über das „Ob" als auch über das „Wie" einer Maßnahme. Das schließt die eigene Haftung des Verwalters aber nicht aus. Er haftet im Umfang seiner sich aus dem Gesetz an sich nur im Innenverhältnis ergebenen Pflichten (zB § 27 Abs 1 Nr 2 u Nr 1 WEG aF) auch nach außen (OLG Schleswig 19. 5. 2022 – 11 U 108/21, juris Rn 12 [iVm Vorinstanz LG Kiel 23. 7. 2021 – 6 O 73/21, juris Rn 45]). In seiner Stellung als Organ der Gemeinschaft der Wohnungseigentümer (-gemeinschaft) obliegt dem Verwalter nicht bloß eine gesellschaftsinterne Organisationspflicht, sondern – im Zusammenhang mit der ihm übertragenen anteiligen Verwaltung bzw Verkehrssicherung – zugleich der Schutz von Rechtsgütern Außenstehender (vgl insofern zu § 823 BGB BGH 12. 3. 1996 – VI ZR 90/95, NJW 1996, 1535, 1537; BGH

5. 12. 1989 – VI ZR 335/88, BGHZ 109, 297, 303 f zur Organhaftung bei einer GmbH; Wenzel ZWE 2009, 57, 59 f).

An dieser Rechtslage für den Verwalter hat sich auch durch die WEG-Reform 2020 nichts geändert. Die Gemeinschaft der Wohnungseigentümer (Verband) nimmt zwar nunmehr umfassend die aus der Sachherrschaft am Gemeinschaftseigentum fließenden Pflichten wahr und ist im rechtlichen Sinne Herrscherin über die Gefahrenquelle, § 9a Abs 2 WEG nF. Ihr obliegt die Verkehrssicherungspflicht für das Gemeinschaftseigentum. Ebenso obliegt ihr gem § 18 Abs 1 WEG nF die Verwaltung des gemeinschaftlichen Eigentums, wozu auch Erhaltungsmaßnahmen zählen. Die Wohnungseigentümer beschließen lediglich über die einzelnen Maßnahmen (§ 19 Abs 1 WEG nF). Damit liegt im Gegensatz zum früheren Recht (vgl BGH 17. 10. 2014 – V ZR 9/14, BGHZ 202, 375 Rn 19 ff) die Erhaltungslast (Instandhaltungs- und Instandsetzungslast) als eigene Pflicht (§ 9a Abs 1 S 1 WEG nF) bei der Gemeinschaft der Wohnungseigentümer. Es ist aber nach wie vor eine Organpflicht des Verwalters, im Innenverhältnis zum Verband dafür Sorge zu tragen, dass sich das Gemeinschaftseigentum in einem gefahrlosen Zustand befindet und die Eigentümer die erforderlichen Beschlüsse fassen können (Dötsch/Schultzky/Zschieschack Kap 13 Rn 3 f; näher zu den einzelnen Pflichten Jennissen/Zschieschack [8. Aufl 2023] § 27 Rn 97 ff).

Die Verwaltung und damit auch die Verkehrssicherungspflicht obliegen der Gemeinschaft der Wohnungseigentümer (vgl §§ 9a Abs 2, 18 Abs 1, 19 Abs 2 Nr 2 WEG nF). Dementsprechend muss § 27 Abs 1 WEG nF – wie bereits § 27 Abs 1 Nr 2 WEG aF vor der WEG-Reform 2020 (vgl Staudinger/Bernau [2018] § 838 Rn 11; LG Frankfurt aM 19. 6. 2018 – 2/9 S 21/18, ZMR 2019, 983 mwNw) – eng ausgelegt werden (Jennissen/Zschieschack [7. Aufl 2021] § 27 Rn 97 f). Die Aufgabe des Verwalters beschränkt sich danach – auch schon entgegen dem Gesetzeswortlaut des § 27 Abs 1 Nr 2 WEG aF – darauf, das gemeinschaftliche Eigentum in regelmäßigen Abständen selbst – etwa durch Begehung – zu untersuchen oder bei den Wohnungseigentümern die regelmäßige Kontrolle durch zuverlässige Fachfirmen anzuregen, die Wohnungseigentümer über entdeckte Mängel zu unterrichten, deren von ihm herbeizuführende Entscheidung abzuwarten und ggf die beauftragten Fachfirmen bei der Instandsetzung zu überwachen (im Einzelnen Jennissen/Zschieschack [8. Aufl 2023] § 27 Rn 99 ff; LG Frankfurt aM 19. 6. 2018 – 2/9 S 21/18, ZMR 2019, 983; OLG Frankfurt 28. 5. 2009 – 20 W 115/06, ZWE 2009, 359, 365; jeweils mwNw; BayObLG 29. 1. 2004 – 2Z BR 181/03, ZMR 2004, 601, 602). Der Verwalter schuldet mithin nicht die Vornahme der Handlung an sich, es sei denn, er hat wegen § 27 Abs 1 Nr 1 Fall 1 WEG die Beschlüsse der Wohnungseigentümer durchzuführen, bezogen auf die Instandhaltung bzw Instandsetzung des gemeinschaftlichen Eigentums also die beschlossenen Maßnahmen (§ 19 Abs 2 Nr 2 WEG nF) zu veranlassen oder es handelt sich um Maßnahmen untergeordneter Bedeutung, die nicht zu einer erheblichen Verpflichtung führen (§ 27 Abs 1 Nr 1 WEG nF, dazu Jennissen/Zschieschack [8. Aufl 2023] § 27 Rn 86 ff) oder ein sofortiges Handeln des Verwalters ist zur Gefahrenabwehr erforderlich (§ 27 Abs 1 Nr 2 WEG nF; dazu Jennissen/Zschieschack [8. Aufl 2023] § 27 Rn 49 ff). Im Übrigen trägt der Verwalter nur Sorge für die turnusmäßige Überprüfung und den ordnungsgemäßen Ablauf etwaiger Maßnahmen. Ihm obliegen lediglich alle im Zusammenhang mit der Instandhaltung und Instandsetzung des Gemeinschaftseigentums anfallenden Kontroll-, Hinweis- und Organisationspflichten (Jennissen/Zschieschack [8 Aufl 2023] § 27 Rn 98; BeckOGK/Elzer [1. 1. 2026] § 27 WEG Rn 187 f). Dadurch wird seine Gebäudehaftpflicht –

als Unterfall der allgemeinen Verkehrssicherungspflicht – jedoch nicht gänzlich ausgeschlossen, sondern lediglich in seinem Umfang begrenzt (anders MÜLLER, Wohnungseigentum 9. Teil Rn 284, 289, der die originäre Verkehrssicherungspflicht des Verwalters Dritten gegenüber ablehnt, inkonsequenterweise aber dessen Einstandspflicht aus §§ 836, 838 BGB bejaht). Der Wohnungsverwalter ist zwar idR nicht unmittelbar befugt, entsprechende bauliche Maßnahmen zur Gefahrenabwehr zu veranlassen (vgl insofern BGH 19. 6. 1990 – VI ZR 197/89, NJW-RR 1990, 1423, 1424). Zur Feststellung und Beseitigung von Gebäudemängeln obliegt ihm aber ein maßgebender Beitrag, welcher seine Haftung nach außen im Rahmen seiner Zuständigkeit nach wie vor rechtfertigt (so auch DÖTSCH/SCHULTZKY/ZSCHIESCHACK Kap 13 Rn 84; JENNISSEN/ZSCHIESCHACK [8. Aufl 2023] § 27 Rn 280; JENNISSEN/ABRAMENKO [8. Aufl 2023] § 9a Rn 83; JAHNKE/BURMANN/MÜLLER, Hdb Personenschadensrecht [2. Aufl 2022] Kap 2 Rn 387; LG Frankfurt aM 28. 5. 2025 – 2-01 S 68/24, ZWE 450 Rn 18 mit sehr kritischer Anm DÖTSCH ZWE 2025, 450, 453; einschränkend MünchKommBGB/WAGNER § 838 Rn 7: Haftung aus § 838 BGB nicht allein aufgrund der Übernahme der deliktischen Gebäudesicherungspflicht, sondern nur bei Übernahme der gebäudebezogenen Verkehrssicherungspflicht).

Für den Ausgleich nach § 426 Abs 1 BGB zwischen dem Verwalter und dem Verband (Gemeinschaft der Wohnungseigentümer) ist von einer anderen Bestimmung zulasten des Verwalters auszugehen. Dieser trägt im Innenverhältnis den Schaden allein. Die Eigentümer dürfen regelmäßig darauf vertrauen, der Verwalter erfülle seine gesetzliche Pflicht aus § 27 Abs 1 Nr 2 aF, 27 Abs 1 nF WEG im Innenverhältnis (vgl OLG München 24. 10. 2005 – 34 Wx 82/05, NZM 2006, 110, 111 betreffend die allgemeine Verkehrssicherungspflicht). Anders kann es sein, wenn schadhafte Stellen offensichtlich sind, der Verwalter darauf auch hingewiesen und sachdienliche Sanierungsvorschläge unterbreitet hat, die Eigentümer jedoch gleichwohl untätig blieben (GOTTSCHALG NZM 2002, 590, 593; OLG Düsseldorf 12. 12. 1994 – 3 Wx 619/94, NJW-RR 1995, 587, 588) oder den Verwalter an der sachgerechten Erledigung hinderten (SCHMID ZWE 2009, 295, 296), etwa dadurch, dass sie die erforderlichen Beschlüsse nicht gefasst oder die Finanzierung der notwendigen Maßnahmen nicht sichergestellt haben (OLG Düsseldorf 12. 12. 1994 – 3 Wx 619/94, NJW-RR 1995, 587, 588). 12

Im Falle des Verschuldens des Verwalters haftet zusätzlich der Verband analog § 31 13
für den dem Verwalter zuzurechnenden Schaden (BGH 13. 7. 2012 – V ZR 94/11, NJW 2012, 2955 Rn 18; BGH 8. 6. 2018 – V ZR 125/17, BGHZ 219, 60 Rn 10; offen gelassen BGH 17. 10. 2014 – V ZR 9/14, BGHZ 202, 375 Rn 25). Daran dürfte nach der WEG-Reform 2020 und der insoweit klaren Rechtsbeziehung zwischen Verband und Verwalter kein Zweifel (mehr) bestehen (BeckOK-BGB/SCHÖPFLIN [1. 2. 2026] § 31 Rn 3; DÖTSCH/SCHULTZKY/ZSCHIESCHACK Kap 13 Rn 9, 83; JENNISSEN/ZSCHIESCHACK [8. Aufl 2023] § 27 Rn 279; MünchKommBGB/WAGNER § 838 Rn 7; für eine analoge Anwendung des § 31 BGB auf die WEG und ihre Repräsentanten vor der WEG-Reform 2020: MünchKommBGB/LEUSCHNER § 31 Rn 9; STAUDINGER/JACOBY [2018] § 27 WEG Rn 249 mwNw; **aA** OLG Frankfurt 17. 1. 1985 – 20 W 94/84, OLGZ 1985, 144, 146 zur früheren Rechtslage vor der WEG-Novelle 2007). Denn die Verkehrssicherungspflicht trifft den Verband als solchen, § 9a Abs 2 WEG nF (DÖTSCH/SCHULTZKY/ZSCHIESCHACK Kap 13 Rn 4, Kap 3 Rn 152; HÜGEL/ELZER [4. Aufl 2025] WEG § 9a Rn 74, 100) und gemäß § 27 Abs 1 WEG nF gehört die Wahrnehmung dieser Verkehrssicherungspflicht grundsätzlich zu den Organpflichten des Verwalters. Verwalter und Verband – dieser ggf zusätzlich aus § 836 BGB (vgl § 836 Rn 84 ff) – haften dabei nach außen grds als Gesamtschuldner: § 840 Abs 1 BGB (STAUDINGER/SCHWENNICKE [2023] § 31 Rn 94

mwNw). Im Innenverhältnis dürfte jedoch in aller Regel der Verwalter allein haften (vgl oben).

2. Unterhaltungspflicht aufgrund eines Nutzungsrechts

14 Die Unterhaltungspflicht kann sich gemäß § 838 HS 2 BGB auch aus einem gesetzlichen oder rechtsgeschäftlichen (Weimar MDR 1957, 272) Nutzungsrecht ergeben. Durch die Erwähnung dieses Falls im Gesetz soll die Unterhaltungspflicht des Nutzungsberechtigten nicht nur gegenüber dem Eigentümer, sondern auch gegenüber Dritten verdeutlicht werden (Prot II 657; Dauner-Lieb/Langen/Katzenmeier Rn 3). Das Nutzungsrecht kann am Gebäude allein oder zugleich auch am Grundstück bestehen (BGB-RGRK/Kreft § 838 Rn 6).

a) Nießbrauch

15 Zu den Nutzungsrechten gehört der Nießbrauch (Mugdan II 1152 u 1270; vgl auch BGH 19. 6. 1990 – VI ZR 197/89, NJW-RR 1990, 1423, 1424). § 838 BGB ist anwendbar, wenn der Nießbraucher des Grundstücks nicht Eigentümer/Eigenbesitzer des Gebäudes/Werks ist. Das entspricht dem Regelfall. Ansonsten haftet der Nießbraucher ausnahmsweise schon aus § 837 BGB (vgl ausführlich § 837 Rn 8). Ist hingegen der Eigentümer des mit dem Nießbrauch belasteten Grundstücks auch Eigentümer des Gebäudes/Werks, so haftet dieser aus § 836 BGB und daneben der Nießbraucher aus § 838 BGB.

Zur Begründung der Haftung des Nießbrauchers im Rahmen von § 838 BGB ist § 1041 BGB heranzuziehen. Es ist aber zweifelhaft, ob sich eine *umfassende* Gebäudehaftung des Nießbrauchers aus § 1041 BGB ergibt (so im Ergebnis wohl Dauner-Lieb/Langen/Katzenmeier Rn 3; MünchKommBGB/Wagner § 838 Rn 8). Danach hat der Nießbraucher nämlich nur für die Erhaltung der Sache in ihrem wirtschaftlichen Bestand zu sorgen; es obliegen ihm Ausbesserungen und Erneuerungen nur insoweit, als sie zu der *gewöhnlichen Unterhaltung* der Sache gehören. Zum Letzten zählen nur solche Erhaltungsmaßnahmen, die bei ordnungsgemäßer Bewirtschaftung regelmäßig, und zwar wiederkehrend innerhalb kürzerer Zeitabstände zu erwarten sind. Darunter fallen die normalen Verschleißreparaturen, jedoch beispielsweise nicht die vollständige Erneuerung der Dacheindeckung eines Hauses (BGH NJW 2009, 1810, 1811 mwNw [einschließlich Ausführungen zum Verhältnis zwischen § 1041 BGB und § 1050 BGB „Abnutzung"]; vgl auch OLG Koblenz NJW-RR 1995, 15). Etwas anderes gilt nur, wenn der Nießbraucher *vertraglich* zur Durchführung auch außergewöhnlicher Unterhaltungsmaßnahmen verpflichtet ist (BGH NJW 2009, 1810, 1811); in diesem Fall dürfte sich seine Haftung aus § 838 BGB Fall 2 iVm Fall 1 ergeben. Hat der Nießbraucher die notwendige Erneuerung des Dachs jedoch nicht vorgenommen, weil er dazu vertraglich nicht verpflichtet war, und kam es infolge dessen zu einem Schaden iSd § 836 Abs 1 S 1 BGB, so haftet der Nießbraucher nicht aus § 838 BGB. Einerseits handelt es sich bei der Dacherneuerung um eine **außergewöhnliche** Unterhaltung, sodass § 1041 BGB nicht einschlägig ist. Andererseits obliegt ihm **bei** der *außergewöhnlichen* Unterhaltung lediglich eine **unverzügliche Anzeigepflicht** gegenüber dem Eigentümer. Außergewöhnliche Unterhaltungsmaßnahmen führen mithin idR nicht zu einer Unterhaltungs- und Gebäudehaftpflicht des Nießbrauchers (weitergehend: BeckOGK/Petershagen [1. 6. 2026] § 838 Rn 10, da die Differenzierung zwischen gewöhnlichen und außergewöhnlichen Unterhaltungsmaßnahmen als Schadensursache unnötige Beweisschwierigkeiten für den

Geschädigten hervorruft), weshalb der Eigentümer allein gebäudehaftpflichtig bleibt. Der Nießbraucher ist jedoch dem Eigentümer ggf im Innenverhältnis (gem § 280 Abs 1 BGB) schadenersatzpflichtig. Im Ergebnis bleibt die Gebäudehaftung des Nießbrauchers iSd §§ 838 Fall 2, 1041 BGB somit prinzipiell auf *gewöhnliche* Unterhaltungsmaßnahmen beschränkt.

b) Grunddienstbarkeit

Bei der Grunddienstbarkeit verhält es sich ähnlich dem Nießbrauch. Ist der Dienst- 16
barkeitsberechtigte selbst Eigentümer/Eigenbesitzer des Gebäudes/Werks, so haftet er aus § 837 BGB (vgl § 837 Rn 8). Ist hingegen der Eigentümer des mit der Grunddienstbarkeit belasteten Grundstücks zugleich Eigentümer des Gebäudes/Werks, so haftet dieser aus § 836 BGB und der Dienstbarkeitsberechtigte aus § 838 iVm § 1020 S 2 BGB. Demgegenüber dürfte für den Inhaber der Grunddienstbarkeit § 1021 Abs 1 S 2 BGB grds nicht einschlägig sein (so aber BeckOK-BGB/Förster [1. 11. 2025] § 838 Rn 5; Dauner-Lieb/Langen/Katzenmeier Rn 3; Geigel/Haag [27. Aufl 2015] Kap 19 Rn 21; MünchKommBGB/Wagner § 838 Rn 8). § 1021 Abs 1 S 2 BGB bedingt nämlich eine *vertragliche* Vereinbarung über die Übernahme der Unterhaltungspflicht – welche als zum Inhalt der Dienstbarkeit gehörend im Grundbuch eingetragen werden muss (BayObLG NJW-RR 1990, 600, 601) – und ermöglicht insofern eine Abweichung von den gesetzlichen Bestimmung der §§ 1020 S 2, 1022 BGB (vgl Staudinger/Weber [2017] § 1021 Rn 1). Hingegen regelt § 1020 S 2 BGB ausdrücklich, dass der Grunddienstbarkeitsberechtigte, welcher auf dem belasteten Grundstück eine – nicht ihm gehörende – Anlage hält, diese Anlage in ordnungsgemäßem Zustand zu erhalten hat, soweit das Interesse des Eigentümers es erfordert. Das gilt selbst, wenn der Eigentümer die Anlage mitbenutzen darf (vgl BGH 12. 11. 2004 – V ZR 42/04, BGHZ 161, 115, 118; BGH 17. 2. 2006 – V ZR 49/05, NJW 2006, 1428, 1429; in diesem Fall trägt der Eigentümer jedoch anteilig die Kosten). Den Grunddienstbarkeitsberechtigten trifft mithin eine gesetzliche Unterhaltungspflicht vermöge seines Nutzungsrechts (BGHZ 95, 144, 146 f; BayObLG NJW-RR 1990, 600 mwNw), und zwar auch dann, wenn eine entsprechende Verpflichtung nicht zum Inhalt der Grunddienstbarkeit gemacht worden ist (BGH 12. 11. 2004 – V ZR 42/04, BGHZ 161, 115, 121 ff). Diese Unterhaltungspflicht, zu der auch die Wahrung der Verkehrssicherungspflicht gehört (BGH 7. 7. 2006 – V ZR 156/05, NJOZ 2006, 4073, 4074 f mwNw; OLG Köln NJW-RR 1990, 1165), betrifft zwar nach dem Wortlaut von § 1020 S 2 BGB grds nur das Innenverhältnis zwischen Eigentümer und Berechtigtem; darüber hinaus trifft diese Vorschrift jedoch gleichzeitig eine Regelung zur Verkehrssicherungspflicht gegenüber der Allgemeinheit (KG 27. 3. 2008 – [4] 1 Ss 337/06 [44/07] = NotBZ 2009, 187, 188 mwNw). Das gilt umso mehr, als der Eigentümer ein berechtigtes Interesse daran hat, dass von seinen Gebäuden/Werken keine Gefahren für Dritte ausgehen, in deren Folge er möglicherweise zum Schadenersatz verpflichtet wäre.

Ist für den Eigentümer § 836 BGB und für den Grunddienstbarkeitsberechtigten § 838 BGB einschlägig, so wird trotz der kumulativen Haftung beider letztlich zumeist nur der Grunddienstbarkeitsberechtigte haften. Der Eigentümer ist trotz § 1020 S 2 BGB nämlich grds nicht von seiner Haftung und Verkehrssicherungspflicht befreit. Seine Haftung ist jedoch eingeschränkt und verengt sich auf eine Überwachungs- und Kontrollpflicht (KG 27. 3. 2008 – [4] 1 Ss 337/06 [44/07] = NotBZ 2009, 187, 188 f). Der Eigentümer darf sich demnach grds auf die Erfüllung der Verkehrssicherungspflicht durch den Grunddienstbarkeitsberechtigten verlassen (KG 27. 3. 2008 –

[4] 1 Ss 337/06 [44/07] = NotBZ 2009, 187, 189), wird den ihm obliegenden Kontroll- und Überwachungspflichten regelmäßig nachkommen und sich dementsprechend gem § 836 Abs 1 S 2 BGB exkulpieren können. Entsprechendes dürfte für den Nießbrauch gelten.

c) Recht der Eltern am Vermögen des Kindes

17 Schließlich gehört zu den Nutzungsrechten iSd § 838 Fall 2 BGB das Recht der Eltern am Vermögen ihres Kindes, soweit sie nach Maßgabe des § 1649 Abs 2 BGB von ihrem Recht Gebrauch machen, die Einkünfte aus einem zum Kindesvermögen gehörenden Gebäude oder Werk für sich zu verwenden (Weimar MDR 1957, 272; BGB-RGRK/Kreft § 838 Rn 6; BeckOK-BGB/Förster [1. 11. 2025] § 838 Rn 5; Dauner-Lieb/Langen/Katzenmeier Rn 3; Wussow/Rüge Kap 12 Rn 25). Über diesen Fall hinaus besteht ein Nutzungsrecht der Eltern am Vermögen des Kindes nicht. Nach **aA** (Petershagen 199 ff; BeckOGK/Petershagen [1. 6. 2026] § 838 Rn 11; MünchKommBGB/Wagner § 838 Rn 8) haften die Eltern nach § 838 BGB unabhängig davon, ob sie auch die Einkünfte aus einer zum Kindesvermögen gehörenden Immobilie für sich beanspruchen, weil sie schon kraft der Vermögenssorge nach § 1626 BGB zur Unterhaltung des Grundstücks gesetzlich verpflichtet sind.

d) Kein Nutzungsrecht

18 Letztlich begründet die Miete als solche keine Verpflichtung zur Unterhaltung des Mietobjekts, vgl § 535 Abs 2 BGB (BGH 19. 6. 1990 – VI ZR 197/89, VersR 1990, 1280).

Ein frei stehendes Kunstwerk, bspw eine Skulptur, wird vom Anwendungsbereich des § 836 BGB erfasst. Der Grundstückseigentümer haftet als Eigenbesitzer für die Verkehrssicherheit, insbesondere die Standsicherheit. Den Künstler trifft nur dann eine Haftung nach § 838 HS 2 BGB für die von seinem Kunstwerk ausgehenden Gefahren, wenn er sein Werk ohne jegliche Nutzungsrechte veräußert hat, diese also allein bei ihm verblieben sind, wobei es sich um einen Ausnahmefall handeln dürfte. Ohne ausdrückliche Vereinbarung ist davon auszugehen, dass die einfachen Nutzungsrechte gem § 31 Abs 2 UrhG mit dem Verkauf des Kunstwerkes auf den Grundstückseigentümer übertragen worden sind (Reimann/Keller ZfIR 2019, 817, 819 f).

Sachregister

Die fetten Zahlen beziehen sich auf die Paragraphen, die mageren Zahlen auf die Randnummern.

J. von Staudingers Kommentar zum Bürgerlichen Gesetzbuch mit Einführungsgesetz und Nebengesetzen

Übersicht vom 1. 11. 2026

Die Übersicht informiert über die Erscheinungsjahre der Neubearbeitungen der Kommentierungen (= Gesamtwerk STAUDINGER).

Die Übersicht ist zugleich ein Vorschlag für das Aufstellen des „Gesamtwerk STAUDINGER" (insbesondere für solche Bände, die nur eine Sachbezeichnung haben). Es wird empfohlen, die Austauschbände chronologisch neben den überholten Bänden einzusortieren, um bei Querverweisungen auf diese schnell Zugriff zu haben. Bei Platzmangel sollten die ausgetauschten Bände an anderem Ort in gleicher Reihenfolge verwahrt werden.

	Neubearbeitungen				
Buch 1. Allgemeiner Teil					
Einl BGB; §§ 1–14; VerschG	2004	2013	2018	2024	
§§ 21–79a	2005	2019	2023		
§§ 80–89	2017				
§§ 90–124; 130–133	2012	2017	2021		
§§ 125–129; BeurkG	2012	2017	2023		
§§ 134–138	2003	2011	2017	2021	2024
§§ 139–163	2003	2010	2015	2020	2025
§§ 164–240a	2004	2009	2014	2019	2024
Buch 2. Recht der Schuldverhältnisse					
§§ 241–243	2005	2009	2015	2019	2024
§§ 244–248; PrKG	2016	2021	2024		
§§ 249–254	2005	2017	2021	2026	
§§ 255–304	2004	2009	2014	2019	2025
§§ 305–310; UKlaG	2006	2013	2019	2022	2025
Anh zu §§ 305–310			2019	2022	2025
§§ 311, 311a–c	2012	2018	2023		
§§ 312–312m	2012	2019	2024		
§§ 313, 314	*2028*				
§§ 315–326	2004	2009	2015	2020	2026
§§ 327–327u	2023				
§§ 328–345	2009	2015	2020	2026	
§§ 346–354	2022				
§§ 355–361	2026				
§§ 362–396	2006	2011	2016	2022	2026
§§ 397–432	2005	2012	2017	2022	
§§ 433–480	2004	2013			
§§ 433–448			2023		
§§ 449–473; 480–487			2024		
Wiener UN-Kaufrecht (CISG)	1999	2005	2013	2018	2025
§§ 488–490; 607–609	2010	2015	2025		
§§ 491–512	2004	2012			
§§ 516–534	2005	2013	2021	2026	
§§ 535–556g	2011	2014	2018	2021	2024
§§ 557–580a; Anh AGG	2011	2014	2018	2021	2024
Leasing	2004	2014	2018	2023	
§§ 581–606	2005	2013	2018	2024	
§§ 607–610 (siehe §§ 488–490; 607–609)	./.				
§§ 611–613	2011	2016	2020	2022	2025
§§ 613a–619a	2011	2016	2019	2022	2025
§§ 620–630	2012	2016	2019	2022	2025
§§ 630a–630h	2021				
§§ 631–650h; §§ 650p–650t	2024				
§§ 650i–650o; §§ 650u–650v	2025				
§§ 651a–651y	2003	2011	2016	2024	
§§ 652–661a	2020	2026			
§§ 662–675b	2017				
§§ 675c–676c	2012	2020			
§§ 677–704	2015	2020	2025		
§§ 705–740	2003				
§§ 741–764	2002	2008	2015	2021	
§§ 765–778	2013	2020	2025		
§§ 779–811	2002	2009	2015		
§§ 779–782				2020	2026
§§ 809–811				2023	
§§ 812–822	1999	2007			
§§ 823 A–D	2017				
§§ 823 E–I, 824, 825	2009	2021			
§§ 826–829; ProdHaftG	2003	2009	2014	2018	2021
§§ 830–838	2008	2012	2018	2022	2026
§§ 839, 839a	2007	2013	2020	2026	
§§ 840–853	2007	2015	2023		
AGG	2018	2020			
UmweltHR	2002	2010	2017	2026	
Buch 3. Sachenrecht					
§§ 854–882	2000	2007	2012	2018	2025
§§ 883–888	2002	2008	2013	2020	2026
§§ 889–902	2019	2025			
§§ 903–924	2002	2009	2016	2020	2025

§§ 925–984; Anh §§ 929 ff	2004	2011	2017	2020	
§§ 985–1011	1999	2006	2013	2019	2023
ErbbauRG	2021	2026			
§§ 1018–1112	2025				
§§ 1113–1203	2002	2009	2015	2019	
§§ 1204–1296; §§ 1–84 SchiffsRG	2002	2009	2019		
§§ 1–17 WEG	2018	2023			
§§ 18–49 WEG	2018	2023			
Buch 4. Familienrecht					
§§ 1297–1352	2007	2012	2015	2018	2023
LPartG	2010				
§§ 1353–1362	2007	2012	2018	2024	
§§ 1363–1390	2017	2026			
§§ 1408–1563	2018	2023			
§§ 1564–1568b	2004	2010	2018	2024	
§§ 1569–1586b	2014				
§§ 1587–1588; VAHRG	2004				
§§ 1589–1600d	2000	2004	2011		
§§ 1601–1615n	2000	2018	2022		
§§ 1616–1625	2007	2015	2020	2026	
§§ 1626–1633; §§ 1–11 RKEG	2007	2015	2020		
§§ 1638–1683	2004	2009	2016	2020	
§§ 1684–1717	2006	2014	2018	2023	
§§ 1741–1772	2007	2019	2023		
§§ 1773–1895	2004	2014	2020		
§§ 1896–1921	2006	2013	2017		
Buch 5. Erbrecht					
§§ 1922–1966	2000	2008	2017		
§§ 1967–2063	2002	2010	2016	2020	
§§ 2018–2063					2025
§§ 2064–2196	2003	2013	2019		
§§ 2087–2196				2026	
§§ 2197–2228	2003	2012	2016	2021	
§§ 2229–2302	2022				
§§ 2303–2345	2015	2021	2026		
§§ 2346–2385	2010	2016			
§§ 2346–2352			2022		
§§ 2353–2370			2023		
EGBGB					
Einl EGBGB; Art 1, 2, 50–218	2005	2013	2018	2025	
Art 219–232	2016				
Art 233–248	2016				
EGBGB/Internationales Privatrecht					
Einl IPR	2012	2019	2024		
Art 3–6	2013				
Art 3–4		2019	2025		
Art 7–12, 47, 48	2007	2013	2019	2024	
IntGesR	1998	2024			
Art 13–17b	2003	2010			
Art 18; Vorbem A + B zu Art 19	2003				
Haager Unterhaltsprotokoll (HUP)		2016	2021		
Vorbem C–H zu Art 19	2009				
EU-VO u Übk z Schutz v Kindern		2018			
IntVerfREhe 2	2016				
IntVerfREhe (Brüssel IIb-VO)	2015	2023			
Art 19–24	2008	2014	2019	2022	
Art 25, 26	2000	2007			
Art 1–10 Rom I-VO	2011	2016	2021		
Art 11–29 Rom I-VO; Art 46b, c; IntVertrVerfR	2011	2016	2021		
IntVersDevR				2026	
IntVertrVerfR				2026	
Art 1–3; 10–14 Rom II-VO	2023				
Art 38–42	2001				
IntWirtschR	2006	2010	2015	2019	2023
Art 43–46	2015				
Eckpfeiler des Zivilrechts	2014	2018	2020	2022	2024
Demnächst erscheinen					
§§ 823 A-D				2026	
IntVerfREhe				2026	

Verlag Dr. Otto Schmidt und Walter de Gruyter Verlag OHG
Genthiner Str. 13, 10785 Berlin, Telefon (030) 2 60 05-0, E-Mail staudinger@degruyterbrill.com